Handbuch der bewaffneten Organe der DDR

Handbuch der bewaffneten Organe der DDR

Im Auftrag des Militärgeschichtlichen
Forschungsamtes herausgegeben
von Torsten Diedrich, Hans Ehlert
und Rüdiger Wenzke

Weltbild

Genehmigte Lizenzausgabe für Verlagsgruppe Weltbild GmbH,
Steinerne Furt, 86167 Augsburg

Die Originalausgabe erschien unter dem Titel *Im Dienste der Partei.*
Umschlaggestaltung: Christian Strohmayr,
Atelier Lehmacher, Friedberg (Bay.)
Umschlagmotiv: akg-images
Gesamtherstellung: GGP Media GmbH,
Karl-Marx-Straße 24, 07381 Pößneck

Printed in Germany

ISBN 3-8289-0555-2

2007 2006 2005 2004
Die letzte Jahreszahl gibt die aktuelle Lizenzausgabe an.

Inhalt

Vorwort

Moderne, in den nationalen und internationalen Wissenschaftsdiskurs integrierte Militärgeschichte richtet ihr Erkenntnisinteresse auf das breite Spektrum von Fragen, welche die bewaffnete Macht mit ihren Entwicklungen und Strukturen und ihren Wechselbeziehungen zu Staat und Gesellschaft aufwirft. Insbesondere geht es dabei auch um ihre Bedeutung als Mittel der Politik und als Instrument staatlicher Gewalt. Damit gerät ihr als ein wichtiges Forschungsfeld die nach der deutschen Wiedervereinigung und dem Ende des Ost-West-Konfliktes entworfene internationale Sicherheitsarchitektur in den Blick. Für die Bundesrepublik Deutschland sind hier die historischen Fundamente bereits weithin freigelegt: Im Anschluß an das vierbändige Reihenwerk »Anfänge westdeutscher Sicherheitspolitik 1945 bis 1956« ist das den Zeitraum bis Mitte der sechziger Jahre umfassende Folgeprojekt zur Militärgeschichte der Bundesrepublik begonnen worden. Parallel dazu soll auch die Aufarbeitung des entsprechenden Bereichs der DDR-Geschichte, insbesondere ihrer Militär- und Sicherheitspolitik im Rahmen der Warschauer Vertragsorganisation, in Angriff genommen werden.

Quellengestütze Forschungen zu dieser Thematik waren bis 1990 wegen strengster Geheimhaltungsvorschriften und der Verweigerung jeglicher Akteneinsicht für westliche Historiker kaum möglich gewesen. Auch DDR-Militärhistoriker unterlagen bei ihrer stets der politisch-legitimatorischen Zielsetzung untergeordneten Arbeit in der Regel Benutzungsbeschränkungen. Erst die Möglichkeiten des Zugangs zu einer Fülle von neuen oder bisher nicht verfügbaren Quellen schufen die Voraussetzungen für das seit 1991 laufende neue Forschungsvorhaben. Neben längerfristig angelegten Projekten der Grundlagenforschung, in denen die Militärgeschichte der SBZ/DDR analog zu den Großprojekten zur westdeutschen Sicherheitspolitik »von vorne« — 1945 beginnend — chronologisch-systematisch erforscht wird, betrachtet es das Militärgeschichtliche Forschungsamt als seine Aufgabe, im Rahmen der historisch-politischen Bildung der Bundeswehr, darüber hinaus aber auch für eine breite Öffentlichkeit wissenschaftlich fundierte, schnell verfügbare und knapp gefaßte Orientierungshilfen als Zwischenergebnisse bereitzustellen. Dieser doppelte Ansatz, Grundlagenforschung *und* das Anliegen historisch-politischer Bildung, entspricht auch der konzeptionellen Anlage des Projektes »Militärgeschichte der DDR«.

Auf den 1994 vorgelegten Band »Volksarmee schaffen — ohne Geschrei!«, in dem die Forschungen zur Phase der ›verdeckten Aufrüstung‹ (1947 bis 1952) präsentiert wurden, folgte 1996 die Vorlage der Bibliographie »Die Militär- und Sicherheitspolitik in der SBZ/DDR« mit dem Erfassungszeitraum 1945 bis 1995. Gleichzeitig mit den Forschungsarbeiten zur Geschichte der Kasernierten Volkspolizei (1952 bis 1956), deren Ergebnisse — einschließlich eines begleitenden Quellenbandes — im nächsten Jahr zur Veröffentlichung vorliegen werden, entstand das für einen breiten Leserkreis konzipierte vorliegende Handbuch über die bewaffneten Organe der DDR. Auch bei diesem Projekt wurde bewußt auf die Kooperation von Wissenschaftlern aus den alten und den neuen Bundesländern und somit aus unterschiedlichen Wissenschaftstraditionen gesetzt. Dies trifft für die Herausgeber und Mitarbeiter des Forschungsamtes ebenso zu wie auf die nicht zum Amt gehörenden Autoren des Bandes. Ein Teil von diesen arbeitet in anderen auf Fragen der DDR-Geschichte spezialisierten wissenschaftlichen Institutionen und ist aufgrund langjähriger Forschungstätigkeit bestens mit der Materie vertraut. Wie bei allen früheren Vorhaben des Forschungsamtes zur Militärgeschichte der DDR konnten auch hier die unterschiedlichen wissenschaftlichen Erfahrungen für den Diskussionsprozeß fruchtbar gemacht werden. Dafür danke ich insbesondere den Herausgebern des Bandes Torsten Diedrich, Hans Ehlert und Rüdiger Wenzke.

Das Handbuch vermittelt einen bisher einmaligen, den neuesten Forschungsstand berücksichtigenden Einblick in Entwicklung, Struktur, Aufgabenstellung und Funktion der einzelnen bewaffneten Organe im Militär- und Sicherheitsapparat des SED-Staates. Damit ist die Absicht verbunden, einen militärhistorischen Beitrag nicht nur zur Aufhellung eines bis heute weithin unscharfen und diffusen Bildes über einen zentralen Bereich des Herrschaftssystems, sondern darüber hinaus auch zum besseren Verständnis der Strukturen der DDR insgesamt zu leisten.

Friedhelm Klein M.A.
Oberst i.G. und Amtschef
des Militärgeschichtlichen Forschungsamtes — Potsdam, im Februar 1998

Einleitung

Die DDR, die sich nach der Interpretation ihrer politischen Führung zeit ihrer Existenz als friedliebendes Land und — bezogen auf die spezifisch deutsch-deutsche Situation im internationalen Kräftespiel — als der »deutsche Friedensstaat« verstanden hat[1], war im klaren Kontrast zu dieser Selbsteinschätzung nicht nur durch einen hohen Grad der militärischen Rüstung, sondern darüber hinaus durch eine nahezu alle staatlichen und gesellschaftlichen Bereiche umfassende Militarisierung gekennzeichnet. Die hypertrophe Aufblähung des Gewaltapparates, der mit einer ganzen Fülle von »bewaffneten Organen« den Schutz des »ersten sozialistischen Staates auf deutschem Boden« nach außen und — keineswegs als zweitrangige Aufgabe — die Sicherung des politisch-gesellschaftlichen Systems und der Macht der führenden Partei nach innen zu gewährleisten hatte, wurde immer deutlicher zu einem Charakteristikum der DDR.

Von den Interessen der UdSSR im Rahmen der globalen Systemauseinandersetzung des Kalten Krieges bestimmt und durch die spezifisch deutsch-deutsche Situation geprägt, bemühten sich die von der Besatzungsmacht eingesetzten SED-Machthaber darum, das von der Sowjetunion übernommene Gesellschaftssystem in der DDR ebenso durchzusetzen wie den sozialistischen deutschen Staat gegenüber äußeren Einwirkungen zu schützen. Die Perzeption einer permanenten Existenzbedrohung von innen — der 17. Juni 1953 wirkte hier fortwährend als eine traumatische Erfahrung — und durch den »Imperialismus« von außen gehörte zum durchgängigen Grundmuster der Militär- und Sicherheitspolitik der SED. »Sicherheit« nahm vor diesem Hintergrund für die Machthaber in Ost-Berlin zunehmend einen Stellenwert ein, der sich auch unter den Bedingungen des Kalten Krieges und unter Berücksichtigung der besonderen politischen und geographischen Bedingungen an der Nahtstelle der antagonistischen Blöcke nicht mehr mit staatlichen Schutzbedürfnissen legitimieren ließ, sondern zunehmend von pathologischen Einflüssen bestimmt war[2]. Das überzogene Sicherheitsdenken und die daraus resultierenden Formen der Militarisierung haben zweifellos die Deformation des Sozialismus in der DDR beschleunigt, gleichzeitig aber auch dem latenten Antikommunismus in der Bundesrepublik neue Nahrung gegeben, darüber hinaus im Innern dem Anwachsen des regimekritischen Potentials Vorschub geleistet und damit — im Gegensatz zur eigentlichen Absicht — letztlich für die Macht der SED destablisierend gewirkt.

Um den totalitären Führungsanspruch der SED, die von ihr betriebene rückhaltlose Vereinnahmung und die vollständige Unterwerfung unter diese Partei deutlich zu machen, haben sich die Herausgeber für den Titel »Im Dienste der Partei« entschieden. Die Sozialistische Einheitspartei Deutschlands und der Staatsapparat waren in der DDR auf das engste verbunden. Nach der bereits vor Gründung der DDR erfolgten, lediglich von der Besatzungsmacht sanktionierten, niemals aber vom Volk in freien Wahlen legitimierten Machtübernahme konnte die SED ohne Konkurrenz zu anderen Parteien den Staat nach ihren Vorstellungen völlig umgestalten. Als »Partei neuen Typus« unterwarf sich die SED alle staatlichen und gesellschaftlichen Subsysteme und dominierte sie in ihrer auf Dauer angelegten Herrschaft. Angesichts dieses Befundes ist zu Recht festgestellt worden, es sei präziser, die DDR als »Parteistaat« zu bezeichnen, als von der SED als »Staatspartei« zu sprechen[3].

Bei der Sicherung ihres Staates und der Machtstrukturen ist es der sich als absolut setzenden Partei dabei Schritt für Schritt nicht nur gelungen, ein flächendeckendes Netzwerk von bewaffneten Organen und wehrideologischer Indoktrination zu spannen, dem sich der einzelne Bürger kaum entziehen konnte, sondern auch die überzogenen Sicherheits- und Verteidigungsanstrengungen mittels eines übertriebenen Bildes der äußeren und inneren Bedrohung zu legitimieren. Alle staatlichen, insbesondere die bewaffneten Organe standen vor diesem Hintergrund »im Dienste der Partei« und ihrer anfangs noch gemäß dem Programm revolutionären, zunehmend dann der reinen Machtsicherung dienenden Ziele. Dieser Anspruch wurde in Form eines nahezu auf jedem Parteitag wiederkehrenden Rituals bekräftigt.

Es war das wesentliche ideologische Ziel bereits im Rahmen der »sozialistischen Wehrerziehung«, den jungen Menschen schon im Kindesalter »eine feste, klassenmäßige Haltung zum sozialistischen Staat, zu seinen Freunden und seinen Feinden« zu vermitteln[4]. Die Nationale Volksarmee und die übrigen bewaffneten Organe galten als integrale Bestandteile der sozialistischen Gesellschaft, in welcher insbesondere dem aktiven Wehrdienst die Aufgabe der »klassenmäßigen Erziehung« zur Prägung der »wertvollsten Eigenschaften der Verteidiger des Friedens, des Sozialismus und Kommunismus« zugedacht war.

Die bewaffneten Organe der DDR spielten im Staatsgefüge der DDR ihren Part als Werkzeuge der Partei, von der sie wie alle anderen staatlichen und gesellschaftlichen Organisationen Aufträge und Weisungen erhielten und von der sie mit den in jeder Institution installierten Parteiorganisationen kontrolliert wurde. Damit ist nicht gesagt, daß der einzelne Angehörige sich als Werkzeug der Partei begriff und daß er — etwa als Angehöriger der NVA — nicht von seinem Beitrag zum äußeren Schutz des Staates überzeugt war. Obwohl ein sehr hoher Prozentsatz der Führungskorps der jeweiligen bewaffneten Organe — in der NVA nahezu 100 Prozent der Offiziere — der SED angehörte und viele in dieser Gruppe sich verpflichtet fühlten, deren Ziele und Interessen auch im täglichen Dienst umzusetzen, kann man große Teile der Angehörigen der verschiedenen bewaffneten Organe oder Wehrorganisationen — etwa den wehrpflichtigen Soldaten in der NVA oder das jugendliche GST-Mitglied — nicht als willfährige Diener der Partei bezeichnen. Dennoch gilt uneingeschränkt: Die bewaffnete Macht in ihrer institutionalisierten Form bildete das stählerne Korsett des SED-Staates.

Aufgrund der strikten Geheimhaltung aller Fragen dieses staatlich tabuisierten Themas, welche den Zugang zu Quellen für Forscher aus den westlichen Staaten ausschloß und selbst für die »offizielle« DDR-Wissenschaft stark einschränkte, gehörte der Komplex der Militär- und Sicherheitspolitik zu den unbekanntesten Bereichen der DDR-Wirklichkeit. Vor diesem Hintergrund fristete die Forschung zu dieser Thematik auch in der Bundesrepublik ein Schattendasein. Forschungsergebnisse basierten in der Regel auf publizierten Quellen, Zeitungsmeldungen oder Zeitschriftenaufsätzen, dabei nicht selten auf in der DDR verfaßten Arbeiten mit der bei diesem Gegenstand besonders ausgeprägten ideologisch-propagandistischen Färbung. Aus heutiger Sicht ist es erstaunlich, daß trotz der Fülle von »weißen Flecken« ein Teil der damaligen, mit methodisch aufwendigem Instrumentarium im Westen erzielten Forschungsergebnisse — etwa in den Arbeiten von Alexander Fischer oder Gerhard Wettig[5] sowie in zahlreichen Aufsätzen des SBZ- bzw. Deutschland-Archivs und weiterer wissenschaftlicher, aber auch militärfachlicher Zeitschriften — inzwischen durch die quellengestützte Analyse in wichtigen Erkenntnissen bestätigt werden konnten. Obwohl insofern auch die Forschung zur Militär- und Sicherheitspolitik 1990 nicht auf einem gänzlich unbearbeiteten Terrain beginnen mußte, befindet sie sich nach wie vor noch am Anfang. Der Prozeß der Auffindung, Erschließung und Auswertung der Quellen ist weiter im Fluß und bei weitem noch nicht abgeschlossen. Während der Zugriff auf die Aktenbestände der SED in der »Stiftung Archiv der Parteien und Massenorganisationen der DDR im Bundesarchiv« (Berlin), auf die Materialien der DDR-Ministerien im Bundesarchiv, Abteilungen Berlin, sowie die Bestände des Bundesarchiv-Militärarchivs (Freiburg) bereits wichtige Einblicke in das militär- und sicherheitspolitische Denken — weniger aber die konkreten Entscheidungsprozesse — des Macht- und Herrschaftszentrums der SED sowie in das Innenleben von NVA, Grenztruppen und verschiedenen anderen bewaffneten Organen vermitteln, dürften die den Sicherheitsbereich beleuchtenden Aktenbestände des Ministeriums für Staatssicherheit bei weitem noch nicht ausgewertet sein. Die Materiallage ist sowohl in qualitativer wie in quantitativer Hinsicht für die vorzustellenden einzelnen Organe häufig nicht vergleichbar, dies begrenzt die Eindringtiefe und Aussagekraft der verschiedenen Beiträge. Noch problematischer ist derzeit die Untersuchung der internationalen Ebene, etwa der Beziehungen der DDR zur UdSSR oder ihrer Rolle in der Warschauer Vertragsorganisation. Es steht außer Frage, daß die DDR auf dem Gesamtgebiet der äußeren und inneren Absicherung von staatlichem und politischem System auf die Rückkopplung zur UdSSR und zur von dieser dominierten Warschauer Vertragsorganisation abhängig war und trotz aller erfolgreichen Emanzipationsbemühungen auf diesem Sektor bis zum Schluß eine eingeschränkte Souveränität besaß. Ohne die bisherigen Erfolge beim Zugang zu den osteuropäischen und den besonders wichtigen russischen Archiven, die unter anderem Bemühungen wie dem Cold War International History Project zuzuschreiben sind, schmälern zu wollen, muß wegen der kaum berechenbaren und im Zweifel restriktiven Handhabung der Zugangspraxis vor allem in Moskau die Quellenlage, insbesondere zur Frage der sicherheitspolitischen Beziehungen zwischen der DDR und der Sowjetunion sowie der Warschauer Vertragsorganisation, nach wie vor als unbefriedigend bewertet werden[6]. Eine Analyse dieses für den Sicherheitskonnex entscheidenden Beziehungsgeflechts, in dem die jeweiligen Motive, Zielvorstellungen oder Vorgehensweisen, ggf. auch Kontroversen und Konflikte offenzulegen wären, wird deshalb — mit Ausnahme bei einigen Detailproblemen — bis auf weiteres lediglich zu vorläufigen Ergebnissen kommen.

Trotz der genannten Einschränkungen spricht der Bestand der erschlossenen Quellen dafür, im Hinblick auf den Militär- und Sicherheitsapparat der DDR eine Zwischenbilanz in der militärgeschichtlichen Betrachtung der DDR zu ziehen. Zwar sind seit 1990 auf diesem Sektor eine Fülle von Erinnerungsberichten, Monographien oder z.T. wichtigen Einzelstudien erschienen — es sei hier nur an die im Rahmen der Arbeiten der Enquête-Kommission des Deutschen Bundestages zur »Aufarbeitung von Geschichte und Folgen der SED-Diktatur in Deutschland« vorgestellten Arbeiten, die Veröffentlichungen der Abteilung Bildung und Forschung des Bundesbeauftragten für die Unterlagen des Staatssicherheitsdienstes der ehemaligen DDR, die im Militärgeschichtlichen Forschungsamt entstandenen Publikationen sowie eine Reihe von Beiträgen etwa zur Geschichte der NVA, des Grenzregimes oder

der Kampfgruppen erinnert[7] —, es fehlt aber ein Kompendium, das den leichten Zugriff auf das ganze Spektrum ermöglicht. Frühere Versuche, die verschiedenen Militär- und Sicherheitsorgane der DDR im Zusammenhang darzustellen, verfolgten vornehmlich keine wissenschaftliche Zielsetzung, sondern dienten dem allgemeinen Informationsbedürfnis oder litten an Defiziten, die auf den fehlenden Quellenzugang zurückzuführen waren[8].

Herausgeber und Autoren dieses Handbuches wollen auf der Basis des aktuellen Forschungsstandes die einzelnen Elemente des Militär- und Sicherheitsapparates der DDR in ihrer Entstehungsgeschichte, ihrer Aufgabenstellung sowie ihrer Struktur und Wirkungsweise vorstellen und damit diese Lücke schließen. Da sich der Band nicht nur an den »Wissenschaftsbetrieb« richtet, sondern einem breiten Leserkreis Informationen über ein wichtiges Kapitel der DDR-Geschichte vermitteln will, waren neben dem Bemühen um eine verständliche Sprache Einschränkungen hinsichtlich des Umfangs der Beiträge erforderlich. Keine Kompromisse wurden bei der historiographischen Zuverlässigkeit gemacht, das bezieht auch die Nachprüfbarkeit der Aussagen durch den allerdings knapp gehaltenen wissenschaftlichen Apparat ein.

Zu den im vorliegenden Band in 14 Beiträgen in alphabetischer Reihenfolge vorgestellten bewaffneten Organen der DDR gehörten in erster Linie die Streitkräfte der Nationalen Volksarmee (NVA) und die Grenzpolizei bzw. Grenztruppen. Eine wichtige Rolle spielte die bereits 1952 geschaffene Gesellschaft für Sport und Technik (GST) als »sozialistische Wehrorganisation« mit dem Auftrag zur Planung und Durchführung der vormilitärischen Ausbildung als »Schule des Soldaten von morgen« und zur Förderung der Wehrbereitschaft aller Bürger. Auch die paramilitärischen »Kampfgruppen der Arbeiterklasse«, die den Bürger am Arbeitsplatz erfaßten, sowie die Stäbe und Einheiten der Zivilverteidigung bildeten wichtige Stützen bei der Organisation und Vorbereitung der äußeren Verteidigung, auch wenn die Zivilverteidigung ihrem Charakter nach nicht den klassischen bewaffneten Organen zuzuordnen war. Aufgabe des Ministeriums für Staatssicherheit war mit einem flächendeckenden Netz der Überwachung vornehmlich die Sicherung des politischen Systems nach innen. In diesen Kreis gehören darüber hinaus die verschiedenen Formationen der Polizei und des Ministeriums des Innern sowie die Zollverwaltung der DDR[9]. Gesondert behandelt werden auch Vorläuferinstitutionen, etwa die Hauptverwaltung für Ausbildung (HVA) und die Kasernierte Volkspolizei (KVP) als Kaderstamm für die NVA. Zusätzlich wurden aufgenommen der »Dienst für Deutschland«, der in einer frühen Phase der Aufrüstung der DDR für einen kurzen Zeitraum im Rahmen der Schaffung der militärischen Infrastruktur zum Einsatz kam.

In einem einführenden, die folgenden Beiträge in einen übergeordneten Kontext stellenden Kapitel werden die Grundzüge der Militär- und Sicherheitspolitik der DDR beginnend mit ihrer ideologischen Fundierung dargestellt, die auf diesem Gebiet zentralen politischen Entscheidungsgremien und Abläufe beschrieben, das Entstehen und die Entwicklung des »Systems der Landesverteidigung« der DDR im Zusammenhang nachgezeichnet und gleichzeitig das Ineinandergreifen und die Wechselbeziehungen der verschiedenen bewaffneten Organe im Überblick analysiert. Dabei handelt es sich um den erstmaligen Versuch, das sogenannte System Landesverteidigung zu beschreiben, ohne es derzeit bereits in allen Facetten und seiner Durchdringung des gesamten gesellschaftlichen Lebens erfassen zu können. Der abschließende Beitrag befaßt sich mit den sowjetischen bzw. russischen Streitkräften in Deutschland. Obwohl sie nicht zu den bewaffneten Organen der DDR zählten, wurde die Formation, die mit nahezu 400 000 Soldaten die stärkste militärische Kraft auf dem Boden der DDR darstellte und mehr als die Kulisse für die deutschen Sicherheitsanstrengungen bildete, in das Handbuch aufgenommen.

Beim Umfang der Beiträge wird der Stellenwert der einzelnen Organisation im Gesamtgefüge der bewaffneten Kräfte deutlich. So war NVA, Kampfgruppen oder dem MfS mehr Platz einzuräumen als etwa der HVA oder dem Dienst für Deutschland, die nur eine sicherheitspolitische Episode repräsentieren. Die insgesamt 16 Beiträge sind im wesentlichen historisch-chronologisch angelegt, eine inhaltliche Abstimmung wurde angestrebt, ist aber wegen der unterschiedlichen Aufgabenfelder nicht immer möglich gewesen. Im Mittelpunkt der Darstellung stehen Entwicklung, Führungsstruktur, Ausbildungsfragen und quantitative Angaben unter dem Aspekt der jeweiligen Aufgabe im Machtsicherungsapparat des SED-Staates. Aus Gründen der Authentizität wurde dabei auf historisch-politische und militärische Fachbegriffe zurückgegriffen, die für den Leser in der Regel gesondert erklärt werden. Fragen zu den allgemeinen Dienstbedingungen, zum Selbstverständnis der Angehörigen im Dienst sowie zur — durchaus differenzierten, von Akzeptanz bis Ablehnung reichenden — Außenansicht durch die Gesellschaft konnten oft nur gestreift werden. Gleiches gilt für die Beschreibung der Erlebniswelt der Menschen, die wehrpflichtig oder freiwillig oft über viele Jahre hinweg in den bewaffneten Organen Dienst leisteten. Die Untersuchung dieser Themenbereiche bedarf zum einen der weiteren vertiefenden Forschung, hätte aber zum anderen auch den Rahmen der hier vorgelegten Bestandsaufnahme gesprengt.

Jeder Beitrag ist in sich abgeschlossen so konzipiert, daß er auch ohne die Lektüre anderer Teile des Buches verständlich wird. Im Anschluß an den Text folgt jeweils ein Anhang mit einer Auflistung der zuständigen Leiter/Kommandeure, einer Aufstellung wichtiger Daten zur Entwicklung des Organs, einer Quellen- und Literaturauswahl sowie den Anmerkungen. Zum besseren Verständnis sind darüber hinaus die einzelnen Abschnitte mit Organigrammen und Schaubildern angereichert, ein gesonderter Teil enthält Abbildungen aus dem täglichen Dienst der Organe sowie eine Übersicht der wichtigsten Dienstgrad- bzw. Dienststellungsabzeichen (Stand: 1987). Spezielle heereskundliche Aspekte der Uniformierung, Bewaffnung und Ausrüstung sowie zu Auszeichnungen konnten ebensowenig beachtet werden wie technische Details, da diese Spezifika den Rahmen des Handbuchs gesprengt hätten.

Eine Zeittafel, ein Sach- und ein Personenregister bieten am Schluß des Bandes zusätzliche Informationen und sollen die Benutzbarkeit erleichtern. Die Zeittafel liefert ein zusammenfassendes Datengerüst und vermittelt damit gleichzeitig einen Überblick über die Militär- und Sicherheitspolitik der SED nach innen und außen. In das Sachregister konnten wegen der Fülle und Bandbreite der Fakten und Details der verschiedenen Beiträge nur eine Auswahl von Begriffen aufgenommen werden. Bei der Bearbeitung des Personenregisters war es nicht möglich, alle Fragen zu klären. Der gegenwärtige Forschungsstand und die noch nicht geklärte Einsichtnahme in Personalunterlagen bzw. Personaldaten bei verschiedenen Institutionen führte dazu, daß bei einigen wenigen Personen keine weiterführenden Angaben zur Person ermittelt werden konnten. Auf eine abschließende zusammenfassende Bibliographie wurde angesichts der Literaturangaben bei den einzelnen Beiträgen und der Verfügbarkeit einer einschlägigen Bibliographie zur Militär- und Sicherheitspolitik der DDR[10] verzichtet.

Für die Bereitschaft, trotz teilweise zahlreicher anderer Verpflichtungen und oft schwieriger Materiallage einen Beitrag für diesen Band zu übernehmen, schulden wir zunächst den Autoren Dank. Für die Unterstützung des Vorhabens gebührt unser Dank darüber hinaus den Archivaren in den verschiedensten Bereichen: vor allem der Stiftung Archiv der Parteien und Massenorganisationen der DDR im Bundesarchiv Berlin, dem Bundesarchiv Abteilungen Berlin, dem Archiv des Bundesbeauftragten für die Unterlagen des Staatssicherheitsdienstes der ehemaligen DDR und last but not least dem Bundesarchiv-Militärarchiv Freiburg, hier ganz besonders Herrn Albrecht Kästner. Wir danken Frau Inge Schmöker von der Bibliothek des Zentrums für Zeithistorische Forschung in Potsdam für die Hilfe bei der Literaturbeschaffung und dem Militärhistorischen Museum Dresden für die Bereitstellung von Fotomaterial. Unser besonderer Dank gilt Herrn Dr. Arnim Lang und den Damen und Herren der Schriftleitung und der Zeichenstelle des Militärgeschichtlichen Forschungsamtes für die engagierte Betreuung und zeitgerechte Druckvorbereitung des Projektes sowie Herrn Dr. Hans-Joachim Beth und Herrn Felix Brandt für die Übernahme der mühevollen Aufgabe des Lektorats und Korrektorats.

Torsten Diedrich, Hans Ehlert, Rüdiger Wenzke

Anmerkungen

1 Entsprechende Äußerungen und Bekenntnisse gibt es in kaum überschaubarer Zahl. Vgl. dazu u.a. Die Militär- und Sicherheitspolitik der SED 1945 bis 1988. Dokumente und Materialien, Berlin (Ost) 1989.

2 Vgl. dazu Christoph Kleßmann, Zwei Staaten — eine Nation. Deutsche Geschichte 1955–1970. 2., überarb. und erw. Aufl., Bonn 1997, S. 366.

3 Staatspartei und Staatssicherheit. Zum Verhältnis von SED und MfS, hrsg. von Siegfried Suckut und Walter Süß, Berlin 1997, S. 8.

4 Vortrag des Ministers für Nationale Verteidigung Heinz Hoffmann am 26.4.1973, zit. nach: Die Militär- und Sicherheitspolitik, S. 414.

5 Siehe hierzu u.a. Alexander Fischer, Anfänge der Wiederbewaffnung in der SBZ/DDR (1945/46–1955/56), in: Wiederbewaffnung in Deutschland nach 1945, hrsg.von Alexander Fischer, Berlin 1986, S. 11–30; ders., Militärische Tradition in der DDR, in: Nationale Volksarmee im Rahmen des Warschauer Paktes. München 1980, S. 96–111; Gerhard Wettig, Entmilitarisierung und Wiederbewaffnung in Deutschland 1943–1955. Internationale Auseinandersetzungen um die Rolle der Deutschen in Europa, München 1967 (= Schriften des Forschungsinstituts der Deutschen Gesellschaft für Auswärtige Politik e.V., Bd 25); ders., Die politischen Überlegungen bei der ostdeutschen Wiederbewaffnung 1947–1952, in: Aspekte der deutschen Wiederbewaffnung, hrsg. vom Militärgeschichtlichen Forschungsamt, Boppard am Rhein 1975 (= Militärgeschichte seit 1945, Bd 1), S. 1–37.

6 Erste Ansätze einer Besserung für den unmittelbaren Nachkriegszeitraum in: Norman N. Naimark, Die Russen in Deutschland. Die sowjetische Besatzungszone 1945–1949, Berlin 1997, insbesondere S. 445–499.

7 Es wird an dieser Stelle auf weiterführende Angaben zur Literatur verzichtet und auf die Auswahlliteratur zu den einzelnen Beiträgen dieses Bandes verwiesen.

8 Zu nennen wären hier z.B. die Veröffentlichungen: Joachim Nawrocki, Bewaffnete Organe in der DDR. Nationale Volksarmee und andere militärische sowie paramilitärische Verbände. Aufbau, Bewaffnung, Aufgaben, Berichte aus dem Alltag, Berlin 1979; Ullrich Rühmland, Die Bewaffneten Kräfte und paramilitärischen Verbände der DDR. Ihre Entwicklung und Struktur sowie ihre Einbettung in das politische System der DDR und in den Warschauer Pakt, Münster 1982; NVA — Nationale Volksarmee der DDR — in Stichworten, bearbeitet von Ullrich Rühmland, 6. Aufl., Bonn 1983; Thomas M. Forster, Die NVA. Kernstück der Landesverteidigung der DDR, 6., überarb. Aufl., Köln 1983; Gunter Holzweißig, Militärwesen in der DDR, Berlin 1985.

9 Vgl. zur Definition »bewaffnete Organe« bzw. »bewaffnete Kräfte«: NVA in Stichworten, S. 20, sowie Militärlexikon, 2. Aufl., Berlin (Ost) 1973, S. 52. Dort findet sich die offiziöse Definition: »Bewaffnete Kräfte: von sozialen Klassen bzw. Staaten dazu ausgebildete, ausgerüstete und organisierte Gruppe von Menschen, um die Politik einer Klasse bzw. eines Staates mit Waffengewalt durchzusetzen bzw. gegen bewaffnete Gewalt abzusichern.«

10 Die Militär- und Sicherheitspolitik in der SBZ/DDR. Eine Bibliographie (1945–1995), im Auftrag des Militärgeschichtlichen Forschungsamtes hrsg. von Hans Ehlert, bearb. von Hans-Joachim Beth, München 1996.

Torsten Diedrich · Hans Ehlert · Rüdiger Wenzke

Die bewaffneten Organe der DDR im System von Partei, Staat und Landesverteidigung. Ein Überblick

I. Die marxistisch-leninistische Ideologie und das SED-Herrschaftsmonopol als Fundament der Militärpolitik der DDR

Die DDR gehörte zweifellos zu den militarisierten Gesellschaften der Welt. Militärische und paramilitärische Formationen sowie ein hypertropher, vor allem auch zur Machtsicherung nach innen bestimmter Apparat aus anderen bewaffneten Organen besaßen seit Beginn ihrer staatlichen Existenz stets einen herausragenden Stellenwert. Annähernd zehn Prozent der erwerbsfähigen Bevölkerung, d.h. etwa eine dreiviertel Million Menschen, waren nach Schätzungen in irgendeiner Form — haupt- oder nebenberuflich, freiwillig oder dienstverpflichtet — in den militärischen, paramilitärischen sowie den Schutz- und Sicherheitskräften oder anderen Organen der Landesverteidigung beschäftigt. Fast 300 000 von ihnen waren fest als Berufs- und Zeitsoldaten oder als Zivilbedienstete angestellt[1]. Der Anteil des militärischen und paramilitärischen Personals an der Gesamtbevölkerung lag in den Staaten des Warschauer Paktes durchgängig etwa doppelt so hoch wie in den wichtigen NATO-Staaten, bei den sozialistischen Staaten wiederum war die DDR mit ihrem Militärapparat mit führend.

Für den Militarisierungsgrad einer Gesellschaft[2] sind über die quantitativen Dimensionen hinaus noch weitere Parameter entscheidend: 1. die Vernetzung von militärischen und paramilitärischen Organen und Erziehungseinrichtungen zum Zwecke der Wehrerziehung und Wehrhaftmachung; 2. die organisatorische und strukturelle Einbindung möglichst großer Teile der Bevölkerung zum Zwecke ihrer Disziplinierung und sozialen Kontrolle; 3. die Hierarchisierung der Gesellschaft durch die Übertragung militärischer Prinzipien und Strukturen wo immer möglich; 4. militärische Indoktrinierung der Bevölkerung; 5. die Pflege militärischer Formen und Rituale.

Will man die grundlegenden militär- und sicherheitspolitischen Eckdaten und Leitvorstellungen des SED-Staates erfassen, ist zunächst ein Blick auf die militärtheoretischen Aussagen der sozialistischen Staats- und Gesellschaftslehre, auf die militärtheoretischen Lehren von Engels, Lenin und Frunze erforderlich.

Die Militärpolitik der DDR diente nach dem Selbstverständnis der diesen Sektor als besondere Domäne betrachtenden SED der Sicherung von »Frieden und Sozialismus«[3]. Dabei leiteten sich deren in der Militärdoktrin[4] zusammengefaßte militärtheoretische Grundlagen wie in allen anderen sozialistischen Staaten Osteuropas vom sowjetischen Vorbild ab. Michail Vasil'evič Frunze hatte 1921 angesichts der unterschiedlichen militärwissenschaftlichen Auffassungen in der Roten Armee die Erarbeitung einer verbindlichen Militärdoktrin gefordert. Obwohl es in der UdSSR dazu nie ein offizielles Werk gegeben hat, wurden umfassende militärische Leitsätze entwickelt, die auf der marxistischen Auffassung vom Charakter der Kriege, auf dem Gedanken von der historischen Gesetzmäßigkeit der Verteidigung der sozialistischen Revolution sowie auf der leninistischen Imperialismustheorie beruhten, insbesondere aber auch von den historischen Erfahrungen der Sowjetunion — Bürgerkrieg, ausländische Interventionen in den Jahren 1918 bis 1922, deutscher Angriff 1941 und »Großer Vaterländischer Krieg« — geprägt waren.

Die aus der sowjetischen Militärtradition von den DDR-Militärs ohne Abstriche rezipierten Prinzipien von Bewegung und Überraschung, vor allem aber vom Angriff als zentralem Moment militärischer Operationen, gingen auf Frunze, den Organisator und Theoretiker der frühen bolschewistischen Streitkräfte, zurück. Weiterentwickelt durch die sowjetischen Lehren des Zweiten Weltkriegs, vor allem die außerordentliche Betonung der Panzerwaffe, der Schwerindustrie als Rückgrat der Waffenproduktion sowie der im Partisanenkrieg erfolgreichen Rolle paramilitärischer Verbände, fand die Doktrin vom Angriff, vom Austragen des Krieges auf dem gegnerischen Territorium als bestem Schutz für das sozialistische Vaterland schließlich Eingang in das militärische Denken aller Staaten des Warschauer Vertrages[5].

Obwohl die UdSSR die ihr von der Wehrmacht 1941 zunächst beigebrachte Niederlage 1945 durch den totalen Sieg über Deutschland mehr als wettgemacht hatte, Stalin sich nicht nur die baltischen Staaten, Teile Weißrußlands, der Ukraine und Ostpreußens einverleibt, sondern auch einen Gürtel mittelosteuropäischer Staaten gleichsam als Glacis für die Sowjetunion nach Westen okkupiert hatte, verminderten sich dessen Unsicherheitsgefühle vor den tatsächlichen oder angenommenen Feinden im Westen nicht. Im Gegenteil: Mit dem Kriegsende setzte in der Sowjetunion eine neue heiße Phase des Totalitarismus ein, die Sicherheitsmanie des sowjetischen Diktators wurde gleichzeitig zu einem wichtigen Impuls für den Kalten Krieg. Die USA setzten der angenommenen kommunistischen Expansion ihre Politik der Eindämmung (Containment) entgegen, die sich in der Truman-Doktrin vom 1947 idealisiert als grundsätzlicher Konflikt zwischen Freiheit und Unfreiheit präsentierte und sich vornehmlich gegen den ehemaligen Alliierten Sowjetunion richtete. Der

Kalte Krieg, ein Prozeß der wechselseitigen Eskalation in einem nach dem Zweiten Weltkrieg bipolar angelegten internationalen System, bestimmte in der Folgezeit die sicherheitspolitischen Grundparameter in Ost und West. Das auch nach Schaffung des Prellbocks aus sozialistischen Staaten im westlichen Vorfeld der Sowjetunion fortbestehende Bedrohungssyndrom übertrug sich in der Folge auch auf die Satelliten und beeinflußte zweifellos in erheblichem Maße die sowjetischen Deutschlandplanungen, in denen der Sicherheitsaspekt eine gesamtdeutsche Lösung seit den ausgehenden 40er Jahren immer unwahrscheinlicher werden ließ [6].

Das Gebäude der sowjetischen Militärdoktrin ruhte auf dem Fundament der von Vladimir Il'ič Lenin weiterentwickelten Marxschen Lehre vom Klassenkampf. Danach sind Krieg und Militärwesen »historisches Produkt jener Produktionsweisen, die auf dem Privateigentum an den Produktionsmitteln, auf Ausbeutung«, und somit ausschließlich auf ökonomischen Ursachen beruhen. Der Klassenantagonismus zwischen Proletariat und Bourgeoisie behielt nach diesem Verständnis auch nach seiner Überwindung in den sozialistischen Staaten — in Rußland seit 1917 — nicht nur innerhalb der kapitalistischen Staaten seine Schubkraft, sondern erlangte in den Beziehungen zwischen den sozialistischen Staaten und der übrigen Welt einen neuen Austragungsort[7]. Ebenso wie der Konflikt zwischen herrschender und unterdrückter Klasse innerhalb einer Gesellschaft wurde auch der Gegensatz zwischen den herrschenden Klassen unterschiedlicher Gesellschaftssysteme als Klassenkampf betrachtet. Krieg war, ausgehend von dieser Charakterisierung, nichts anderes als ein bewaffneter Kampf zwischen Klassen oder Staaten zur Durchsetzung politischer Ziele und ökonomischer Interessen von Klassen. Übertragen auf die internationale Politik handelte es sich bei den Beziehungen zwischen sozialistischen und kapitalistischen Staaten nicht mehr um Außenpolitik nach klassischem Muster, sondern um Klassenkampf. Krieg als gewaltsame Fortsetzung der Politik von Klassen konnte nach diesem Verständnis endgültig erst nach Ausweitung der sozialistischen Revolution, in einer weltumspannenden klassenlosen Gesellschaft überwunden werden, weil dort die konfliktbestimmenden sozioökonomischen Ursachen fehlen[8]. Bis dieser sich in historischer Eigengesetzlichkeit entwickelnde Zustand erreicht wird, so ein weiteres Axiom, mußte der Friede bewaffnet sein und konnte nur durch die Überlegenheit des sozialistischen Lagers gesichert werden.

Es war Lenins spezifischer Beitrag zu dem von Karl Marx und Friedrich Engels errichteten theoretischen Gebäude, daß mit dem Aufkommen des Imperialismus seit dem letzten Drittel des 19. Jahrhunderts Kriege absolut unvermeidlich geworden seien. Mit dem Imperialismus habe der Kapitalismus eine neue Qualität und gleichzeitig sein letztes Stadium erreicht. Da das Profit- und Machtstreben der Bourgeoisie mit der Eroberung von Absatzmärkten und Rohstoffquellen in anderen Ländern ein Ventil sucht, seien die imperialistischen Staaten bestrebt, im Prozeß der begonnenen Aufteilung der Welt weitere Territorien zu annektieren. Bei einem Konflikt zwischen imperialistischen Staaten würde notwendigerweise die ganze Welt in den Krieg um die Neuverteilung gezogen. Von diesem politiktheoretischen Deutungsmuster war es nur noch ein kurzer Weg bis zu der bis in die 80er Jahre verwendeten vereinfachenden Klassifizierung der Akteure auf der internationalen Bühne: den »friedliebenden« sozialistischen Staaten stehen die »aggressiven« imperialistischen Mächte und ihre Militärkoalitionen gegenüber. Imperialismus war nach diesem Verständnis ein Synonym für ökonomisch begründete, in militärischer Macht ausgeprägte gesetzmäßige Aggressivität. In der Zeit der Blockkonfrontation nach dem Zweiten Weltkrieg kam die daraus resultierende, auf Iosif Visarionovič Stalin zurückzuführende Lehre von den zwei Lagern — dem imperialistisch-antidemokratischen und antiimperialistisich-demokratischen bzw. sozialistischen — zu besonderer Blüte. Sie unterstellte der NATO und insbesondere ihrer Führungsmacht USA permanente Kriegstreiberei und beanspruchte auf der Gegenseite für die sozialistischen Länder unter Führung der Sowjetunion das Monopol für Friedfertigkeit und Friedensfähigkeit.

Ausgehend von der ideologischen Basis, welche Klassen den Krieg mit welchen Zielen führen, erfolgte auch eine Kategorisierung in »gerechte« und »ungerechte« bzw. »fortschrittliche« und »reaktionäre« Kriege[9]. Als grundsätzlich »gerecht« galten nach dieser Auffassung Kriege zur Verteidigung des Sozialismus, von nationalen Befreiungsbewegungen gegen »Kolonialismus oder Fremdherrschaft« oder »Bürgerkriege zur Befreiung unterdrückter Klassen«. Als »ungerecht« wurden dagegen folgerichtig alle Auseinandersetzungen eingestuft, die ihrem »objektiven« politischen Inhalt nach den Interessen der »revolutionären Arbeiterklasse« widersprechen, insbesondere Kriege »imperialistischer« gegen sozialistische Staaten, »konterrevolutionäre Bürgerkriege gegen die Arbeiterklasse« oder Kolonialkriege gegen nationale Befreiungsbewegungen. Bewaffnete Konflikte zwischen sozialistischen Staaten — wie sie später etwa zwischen China und Vietnam ausgefochten wurden — waren in dem Denkmodell überhaupt nicht vorgesehen.

Lenins These von der »Unvermeidbarkeit der Kriege« wurde auf dem XX. Parteitag der KPdSU 1956 durch Generalsekretär Nikita Sergeevič Chruščev modifiziert. Trotz Fortbestehen des Klassencharakters der internationalen Beziehungen und der Aggressivität des Imperialismus sei mit dem Entstehen des »Weltlagers des Sozialismus« nach 1945 der Arbeiterbewegung und der »Weltfriedensbewegung« eine derartige Macht zugewachsen, mit der die Imperialisten an der Entfesselung eines Krieges gehindert und dieser damit vermeidbar gemacht werden könnte. Chruščevs These von der Vermeidbarkeit der Kriege wurde durch den Beschluß der internationalen Konferenz von 64 kommunistischen Parteien 1957 zur verpflichtenden Generallinie der kommunistischen Bewegung[10].

Parallel dazu entstand die Theorie von der »friedlichen Koexistenz«, die besagt, daß bei Fortdauer der grundsätzlichen Klassenwidersprüche Staaten mit unterschiedlicher Gesellschaftsordnung friedlich nebeneinander bestehen können[11]. An die Stelle der militärischen Auseinandersetzung sollte ein friedlicher wirtschaftlicher Wettbewerb treten, von dem die sozialistischen Staaten überzeugt waren, ihn bis hin zur Weltrevolution siegreich zu gestalten. Die neue Koexistenzlehre wurde aber neben den Grundsätzen vom »friedlichen Nebeneinanderleben von Staaten mit unterschiedlicher Gesellschaftsordnung« und »dem friedlichen Wettbewerb zwischen Kapitalismus und Sozialismus« durch einen entscheidenden dritten Kernpunkt bestimmt: die permanente Fortsetzung des ideologischen Kampfes zwischen den beiden antagonistischen Systemen. Darin wurde klargestellt, daß trotz der Anerkennung des friedlichen Zusammenlebens der Staaten und des Verzichts auf militärische Mittel zur Durchsetzung der Weltrevolution der ideologische Kampf ohne jede Konzession auf allen Ebenen fortgesetzt werden muß. »Friedliche Koexistenz« als besondere Form des internationalen Klassenkampfes lautete seit den ausgehenden 50er Jahren die Formel, mit der das sozialistische Lager die weltrevolutionäre Mission verfolgte.

Die bis auf die sozialistischen »Gründerväter« zurückzuverfolgenden militärtheoretischen Vorstellungen, die — in Moskau fortentwickelt und modifiziert — den Charakter ideologischer Verfassungsgrundsätze trugen und ohne jeden Abstrich auch den Kurs der SED bestimmt haben, lassen sich in folgenden Punkten zusammenfassen:

- Internationale Politik ist Klassenkampf. Die sozialistischen Länder stehen mit der Sowjetunion an der Spitze auf seiten der weltgeschichtlich zum Sieg bestimmten Klasse;
- der Kapitalismus als Gegner des Sozialismus im internationalen Klassenkampf ist seinem Wesen nach aggressiv;
- Kriege, die der Verteidigung oder der Errichtung und Durchsetzung der sozialistischen Ordnung dienen, sind grundsätzlich »gerecht«;
- durch die Fortsetzung des ökonomischen Wettbewerbs und des ideologischen Kampfes zwischen den Systemen ist die Erreichung des weltgeschichtlich determinierten Endzustandes, die weltumspannende sozialistische Gesellschaft, auch ohne Einsatz militärischer Mittel möglich.

Die DDR galt im Gesamtverlauf ihrer Geschichte stets als »Musterschüler« der sozialistischen Staatengemeinschaft. Diese nach 1945 und insbesondere unter den Rahmenbedingungen des Kalten Krieges von der Sowjetunion geschaffene, völkerrechtlich durch ein Bündel von bi- und multilateralen Verträgen abgesicherte Staatenverbindung war durch abgestufte Abhängigkeitsverhältnisse gekennzeichnet. Vor allem aus drei Gründen besaß die Abhängigkeit der DDR von der östlichen Vormacht eine besondere Qualität: die DDR verfügte anders als die übrigen Staaten des Systems über keine nationale Identität, eine latente Schwachstelle des SED-Herrschaftssystems. Darüber hinaus war ihre staatliche Existenz durch die spezifische und vielschichtige deutsch-deutsche Lage, in der die Bundesrepublik mit ihrem durch das »offene Fenster« sichtbaren erfolgreichen Wirtschaftssystem und ihrer Integration in das westliche Bündnis als permanente Bedrohung empfunden wurde, gekennzeichnet. Schließlich war die DDR von einer außergewöhnlichen Massierung sowjetischer Truppen auf ihrem Territorium betroffen. Die Truppenpräsenz markierte ihren Stellenwert als westlicher Eckpfeiler des kommunistischen Staatenblocks, bedeutete nach innen gerichtet aber — wie am 17. Juni 1953 abzulesen — gleichzeitig die Bestandsgarantie für das Regime. Im Gegenzug gewann der militärische Beitrag der DDR sowie die bis in die zweite Hälfte der 80er Jahre meist bis zur Nibelungentreue reichende Zuverlässigkeit und Stetigkeit der SED-Politik für die Hegemonialmacht zunehmend an Bedeutung.

Dieses außen- und innenpolitische Abhängigkeitsverhältnis der DDR läßt sich nahezu idealtypisch an der Übernahme der von der Sowjetunion für alle Staaten ihres Machtbereichs vorgegebenen sozialistischen Militär- und Sicherheitspolitik ablesen. Dabei soll zunächst auf ein definitorisches Problem hingewiesen werden. In der DDR wurde der Begriff »Sicherheitspolitik« nicht analog zu der im Westen verbreiteten Definition als umfassende Beschreibung der politischen Aktivitäten zur Sicherung der staatlichen Existenz nach außen verwendet, das offiziöse »Militärlexikon« hat in seiner letzten Auflage von 1973 den Begriff nicht einmal erfaßt. Das vergleichbare Aufgabengebiet wurde hier mit ideologisch fundierter Schwerpunktsetzung begrifflich unter »Militärpolitik« gefaßt[12]. Diese ist beschrieben als »organischer und der Gesamtpolitik einer Klasse, einer Partei oder eines Staates untergeordneter Bestandteil, der die Sicherung bzw. Verwirklichung der Interessen dieser Klasse, dieser Partei oder dieses Staates mit militärischen Mitteln umfaßt. Die Militärpolitik trägt Klassencharakter und ist stets ein Mittel des Klassenkampfes. [...] Die Militärpolitik der SED und der Regierung der DDR dient der auf Frieden und europäische Sicherheit gerichteten Politik des sozialistischen deutschen Staates. Sie bestimmt die Aufgaben, den Aufbau und den Einsatz aller bewaffneten Organe der DDR, die Maßnahmen für den Aufbau einer dem neuesten Stand der Wissenschaft und Technik entsprechenden und mit den fortgeschrittensten Methoden geleiteten sozialistischen Landesverteidigung sowie das Zusammenwirken der bewaffneten Kräfte der DDR mit den Armeen der Teilnehmerstaaten des Warschauer Vertrags.«

Der erst in den 80er Jahren offiziell häufiger verwendete Begriff »Sicherheitspolitik« stand in der DDR offenbar nur für einen spezifischen Aufgabenbereich. Er bezog sich in der Regel lediglich auf den mit multilateralen Abkommen, Konferenzen oder sonstigen Maßnahmen zur Schaffung eines Systems kollektiver Sicherheit in Europa zusammenhängenden Komplex, etwa im Rahmen des KSZE- oder MBFR-Prozesses. Eine vereinfachte Definition gab der Generalsekretär der SED, Erich Honecker, als er 1981 auf dem X. Parteitag der SED »den obersten Grundsatz unserer sozialistischen Militär- und Sicherheitspolitik« mit den Worten beschrieb, »alles zu tun, um Sozialismus und Frieden zuverlässig zu sichern«[13].

Der die territoriale Integrität, aber auch die Systemerhaltung umfassende Aufgabenbereich der Militär- und Sicherheitspolitik hat auch Eingang in die Verfassung der DDR gefunden. Aus Artikel 6 und 7 der 1974 revidierten »sozialistischen Verfassung« lassen sich dazu folgende Grundprinzipien zusammenfassen:

- die »unwiderrufliche Verbundenheit« mit der UdSSR,
- das Bekenntnis zur »sozialistischen Staatengemeinschaft« und zu den Prinzipien des »sozialistischen Internationalismus«,
- die Unterstützung aller Staaten, Völker und Befreiungsbewegungen, die gegen den Imperialismus kämpfen,
- das Streben nach »Verwirklichung der Prinzipien der friedlichen Koexistenz«,
- das Eintreten für eine stabile Weltfriedensordnung und allgemeine Abrüstung[14].

Die politische Führung wurde beauftragt, »die Landesverteidigung sowie den Schutz der sozialistischen Ordnung« zu organisieren. Dabei sollte die NVA »im Interesse der Wahrung des Friedens und der Sicherung des sozialistischen Staates enge Waffenbrüderschaft mit den Armeen der Sowjetunion und anderer sozialistischer Staaten« pflegen.

Die genannten Passagen aus der Verfassung zeigen, welche Bedeutung in der SED-Spitze die militärischen Bindungen der DDR zur Sowjetunion hatten, für die es zeit ihrer Existenz nie eine Alternative gab. Sie bestätigen bei gleichzeitiger freiwilliger Einengung des außenpolitischen Spielraums und dem damit verbundenen Souveränitätsverzicht die verfassungsmäßige Anerkennung der sowjetischen Hegemonie. Gleichzeitig belegen sie, auf wessen Kraft die politische Führung der DDR bei der »Sicherung des sozialistischen Staates« einschließlich des Erhalts der SED-Herrschaft setzte.

In der »sozialistischen Demokratie« nach dem Muster der DDR ging per definitionem alle Gewalt von der Arbeiterklasse aus; ausgeübt wurde sie durch deren klassenbewußte Partei. Die SED kontrollierte und dominierte mit ihrer von der sowjetischen Besatzungsmacht verliehenen, demokratisch niemals legitimierten Herrschaft alle Bereiche des staatlichen Lebens. Da nach ihrem eigenen Verständnis der Staat als »Hauptinstrument der von der Arbeiterklasse geführten Werktätigen« galt, ist zutreffend darauf hingewiesen worden, anstelle von »Staatspartei« präziser die Bezeichnung »Parteistaat« für die DDR zu verwenden[15]. Die SED war tragende Säule und gleichzeitig Klammer der »durchherrschten Gesellschaft«[16] der DDR. Ihr Parteiapparat, der alle staatlichen und gesellschaftlichen Teilbereiche ohne Ausnahme steuern und kontrollieren konnte, repräsentierte in der Praxis deren unkontrollierte Exekutive.

Der nach den Parteistatuten als höchstes Parteiorgan vorgesehene Parteitag war ein reines Propaganda- und Akklamationsorgan. Eigentliches Machtzentrum und höchste Entscheidungsinstanz in Partei und Staat bildete die enge Führungsgruppe um den Generalsekretär der SED: das Politbüro und die Sekretäre des Zentralkomitees. Das turnusmäßig tagende Politbüro des ZK faßte verbindliche Beschlüsse; der Generalsekretär verfügte über die letzte Entscheidungsgewalt, die er auch ohne vorherige Beratung des Politbüros einsetzen konnte. Die Strukturen des Staates fanden sich spiegelbildlich im Parteiapparat wieder. Jedem Ministerium war eine Abteilung des ZK mit vergleichbarem Aufgabengebiet übergeordnet. Die Duplizierung der Strukturen setzte sich auf den unteren Ebenen in analoger Weise fort. Unter den Mitgliedern des Politbüros waren die Zuständigkeitsbereiche aufgeteilt. Selbstverständlich wurden bei einer derart ausgebildeten politischen Führungsstruktur insbesondere die Streitkräfte und die anderen bewaffneten Organe politisch sowie im Hinblick auf Ausbildung und Einsatz von der SED geführt. Als ZK-Sekretär für Sicherheit spielte seit 1956 Erich Honecker diesen Part des Verbindungsgliedes zwischen Parteiführung und bewaffneten Kräften. Alle wichtigen den inneren und äußeren Sicherheitsapparat betreffenden Angelegenheiten — Bündnis-, Haushalts- und Personalfragen ebenso wie Strukturplanungen oder Probleme der Bewaffnung und Ausrüstung — gingen seitdem über seinen Schreibtisch. Der Verteidigungsminister und die anderen zuständigen Fachminister hatten ihn zunächst zu informieren, er trug dem Politbüro vor und gab dessen Entscheidungen nach unten weiter.

Zur Vorbereitung und Begleitung der Entscheidungsprozesse in Fragen der inneren Absicherung und der Landesverteidigung war im August 1953 innerhalb des ZK-Apparats eine Abteilung für Sicherheitsfragen gebildet worden, die neben der unmittelbaren Zuarbeit die inneren Verhältnisse in den

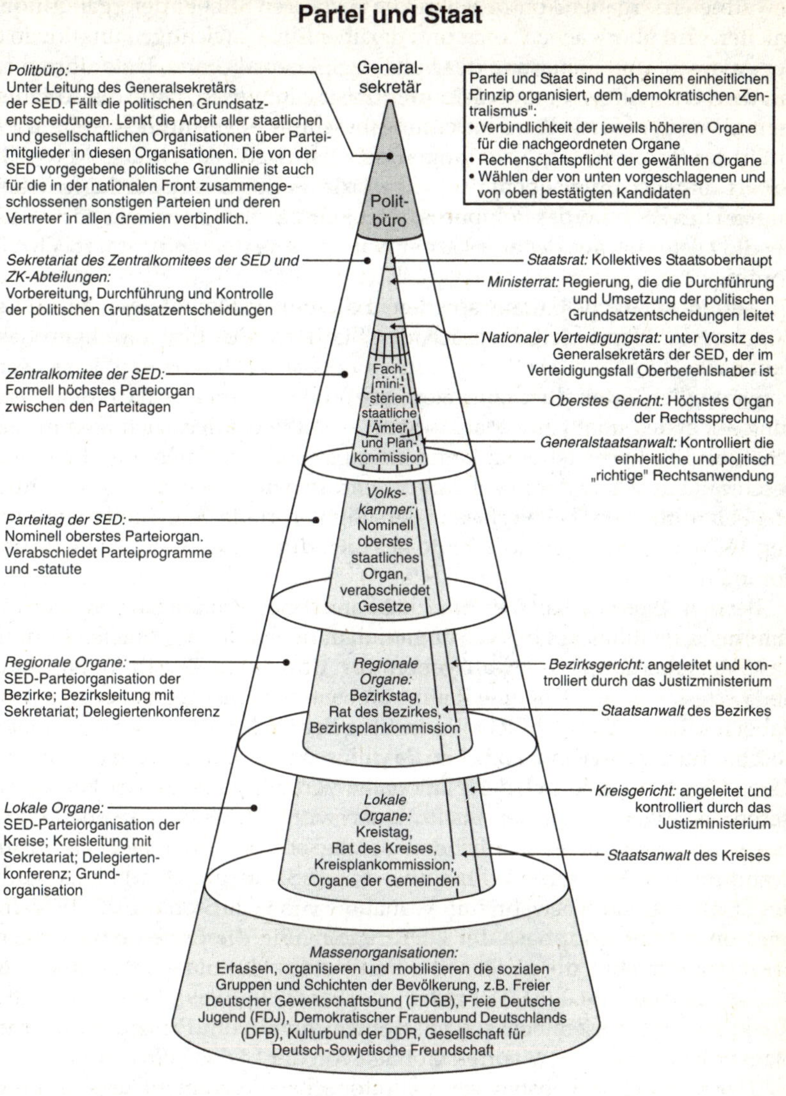

Nach: Lexikon des DDR-Sozialismus. Das Staats- und Gesellschaftssystem der Deutschen Demokratischen Republik, hrsg. von Rainer Eppelmann, Horst Möller, Günter Nooke und Dorothee Wilms, Paderborn 1996, S. 550.

bewaffneten Organen kontrollieren, die jeweiligen SED-Parteiorganisationen anleiten und überwachen sollte und darüber hinaus wichtige Funktionen bei der Auswahl und Steuerung des Führungspersonals hatte. Unter ihrem Leiter, dem ehemaligen Spanienkämpfer Gustav Roebelen, hatte die Abteilung bereits vor dem formellen Einrichtungsbeschluß — vermutlich Anfang 1950 unter der Bezeichnung Abteilung »Roebelen« bzw. Abteilung »M« — ihre Arbeit aufgenommen. Ebenfalls 1953 wurde die sogenannte Sicherheitskommission des ZK bzw. des Politbüros unter Leitung des Ersten Sekretärs des ZK der SED gebildet, aus der ab 1960 der Nationale Verteidigungsrat (NVR) hervorging[17].

Andere staatliche Organe spielten in diesem System, in dem die SED alle Zügel in der Hand hielt, lediglich eine Statistenrolle. Ihre jeweiligen Leiter hatten die Vorgaben der Partei in ihren Bereichen ohne wesentliche Gestaltungsmöglichkeiten durchzusetzen. Die Volkskammer — nach der Verfassung »oberstes staatliches Machtorgan« — hatte bei den wichtigen militärischen und Sicherheitsfragen kaum etwas mitzubestimmen, ihre Befugnisse beschränkten sich in der Regel darauf, getroffenen Entscheidungen nachträglich beizupflichten. Die verfassungsmäßig verbriefte Beschlußfassung über den Verteidigungszustand konnte bei Eilbedürftigkeit vom Staatsrat übernommen werden.

Bei dem 1960 geschaffenen Staatsrat handelte es sich um ein von der Volkskammer gewähltes kollektives Organ, dem neben der nominellen Funktion des Staatsoberhauptes — wahrgenommen durch den Vorsitzenden — nach der Verfassung der DDR eine Reihe von weiteren Aufgaben übertragen war, dabei u.a. die völkerrechtliche Vertretung der DDR nach außen und die Verabschiedung von grundsätzlichen Beschlüssen zur Landesverteidigung und deren Organisation durch den Nationalen Verteidigungsrat. Wie bei allen anderen wichtigen staatlichen Institutionen wurde auch die personelle Besetzung und Arbeit dieses staatlichen Führungsorgans durch die SED-Führung bestimmt. Bis 1960 nahm Wilhelm Pieck (als Staatspräsident) die Aufgaben des Staatsoberhauptes wahr, mit Ausnahme von Willi Stoph (1973–1976) folgten ihm bis zur Endphase der DDR regelmäßig die Ersten bzw. Generalsekretäre der SED, die gleichzeitig den Vorsitz des Staatsrates innehatten: Walter Ulbricht (1960–1973), Erich Honecker (1976–1989), Egon Krenz (1989, Rücktritt am 6. Dezember) sowie — abweichend vom Prinzip — als letzter Staatsratsvorsitzender Manfred Gerlach von der LDPD (1989/90).

Trotz der bereits konstatierten definitorischen Problematik des Wortes »Sicherheitspolitik« und der schließlich erfolgten Einengung auf den Sektor der »kollektiven Sicherheit« im Rahmen der internationalen Bündnispolitik ist der Begriff in der offiziellen DDR-Terminologie von Anfang an — mit einer gegenüber der westlichen Lesart allerdings erweiterten Aufgabenstellung — verwendet worden. Sicherheitsfragen hatten nach dem Verständnis der politischen Führung in der Staatspartei eine janusköpfige Gestalt. Neben dem Aspekt des Kriegsbildes und des Schutzes von Staats- und Gesellschaftssystem nach außen war unter dem Primat der Macht- und Herrschaftssicherung der Partei stets auch deren Blick nach innen gerichtet. Dabei ging es neben dem Schutz der Partei vor sogenannten parteifeindlichen Elementen — etwa im Rahmen von großangelegten Säuberungsaktionen oder der Arbeit von Parteikontrollkommissionen auf allen Ebenen — um die Sicherung der von der Partei okkupierten, dominierten und instrumentalisierten Staats- und Verwaltungsstrukturen. Militärische Landesverteidigung und die »tschekistische« Abwehr der Konterrevolution — seit dem 17. Juni 1953 bis zum Untergang der DDR für deren politische Spitze ein permanentes Trauma — sind im Rahmen einer »integrativen Sicherheitspolitik«[18] vor diesem Hintergrund zwei Seiten einer Medaille.

II. Im Klassenauftrag der Partei — die »sozialistische Landesverteidigung« der DDR

Die Landesverteidigung eines Staates umfaßt alle Maßnahmen zu seiner äußeren und inneren Sicherheit. Ihr Aufbau und ihre Entwicklung werden in der Regel u.a. durch die militärgeographische Lage, durch die herrschende Militärdoktrin bzw. das strategische Konzept, durch die wirtschaftliche Kraft sowie die politischen, verfassungsrechtlichen bzw. gesetzlichen Bedingungen des Landes bestimmt.

In der DDR wies Erich Honecker, damals ZK-Sekretär für Sicherheitsfragen, im Mai 1957 erstmalig in einer Veröffentlichung auf die Bedeutung einer umfassenden Landesverteidigung für den ostdeutschen Staat hin. Er stellte die Aufgabe, die bewaffneten Organe unter Führung der SED zu einem »System der Verteidigung« nach innen und außen zusammenzuführen und die Fragen der Verteidigung zu einer Angelegenheit aller Führungsorgane in Partei und Staat zu machen[19]. Das erste Verteidigungsgesetz der DDR aus dem Jahre 1961 hob demgemäß hervor, daß der Schutz der DDR und die Erfüllung der Bündnisverpflichtungen »auf allen Gebieten des staatlichen, wirtschaftlichen und gesellschaftlichen Lebens besondere Maßnahmen zur Stärkung der Verteidigungsfähigkeit« erfordern[20].

In den 60er Jahren wurde der Platz der Landesverteidigung beim sozialistischen Aufbau in der DDR genauer bestimmt. Im militärischem Schrifttum der DDR gewann diese Problematik zunehmend an Bedeutung. Insbesondere Verteidigungsminister Heinz Hoffmann ging in seinen Reden und Aufsätzen wiederholt ausführlich auf die Schaffung und Entwicklung eines »Systems der Landesverteidigung« ein[21] . Mit seiner 1971 publizierten Vorlesung an der Militärakademie Dresden erhielt die Öffentlichkeit erstmals einen näheren Einblick in die Organisation der nationalen Landesverteidigung[22]. Eine umfassende Darlegung der Grundlagen und Aufgaben der DDR-Landesverteidigung erfolgte mit dem »Gesetz über die Landesverteidigung« aus dem Jahr 1978[23], das das Verteidigungsgesetz von 1961 ablöste. Bereits seit dem Ende der 60er Jahre wurde im politischen Sprachgebrauch zunehmend die Bezeichnung »sozialistische Landesverteidigung« üblich.

Das DDR-Militärlexikon definierte die »sozialistische Landesverteidigung« allgemein als den »nach innen und außen organisierten bewaffneten Schutz eines sozialistischen Staates bzw. einer sozialistischen Staatenkoalition gegen eine imperialistische Aggression«[24]. Die von den »Gemeinsamkeiten der Klasseninteressen der sozialistischen Staaten« ausgehende Landesverteidigung der DDR spiegelte — unter Berücksichtigung der nationalen Gegebenheiten — die im wesentlichen von der Sowjetunion vorgegebenen Auffassungen über die Führung, die Gestaltung und die Organisation der Landesverteidigung wider. Sie wurde in Übereinstimmung mit den Leitsätzen der »sozialistischen Militärdoktrin« organisiert, die grundsätzlich davon ausging, daß Kriegsgefahr besteht, solange der »Imperialismus« existent ist.

Die Landesverteidigung der DDR setzte sich aus zwei Hauptbereichen zusammen. An erster Stelle stand als Hauptkraft der *mobile militärische Bereich*. Er umfaßte die Verbände und Truppenteile der NVA, die bereits im Frieden den Vereinten Streitkräften des Warschauer Paktes unterstellt waren. Bis Anfang der 80er Jahre zählte man auch die Grenztruppen der DDR zum mobilen Bereich. Ausschlaggebend dafür war ihre Aufgabe, im Verteidigungsfall das Eindringen feindlicher Kräfte zu verhindern, dabei die Voraussetzungen für die Entfaltung der Paktarmeen zu schaffen und letztlich mit den Vereinten Streitkräften auf gegnerisches Territorium vorzurücken. Die spätere Veränderung ihrer Einordnung in den Rahmen der Landesverteidigung hing vor allem mit ihrer vorwiegend politisch motivierten stärkeren Abgrenzung von den Streitkräften zusammen.

Der *territorial gebundene Bereich* stellte den zweiten großen Bereich der Landesverteidigung dar, der im wesentlichen Aufgaben der Territorialverteidigung zu erfüllen hatte. Er umfaßte die territorialen Stäbe, Truppen und Einrichtungen der NVA, darunter die Wehrkommandos der Bezirke und Kreise sowie Offiziers- und Unteroffiziersschulen, die Grenztruppen der DDR (seit den 80er Jahren), die »Kampfgruppen der Arbeiterklasse«, die Stäbe, Formationen, Aufklärungskräfte und Spezialeinrichtungen der Zivilverteidigung (ZV) sowie die Organe des Ministeriums für Staatssicherheit (MfS) und der Deutschen Volkspolizei (DVP), soweit sie Aufgaben im Interesse der Landesverteidigung wahrzunehmen hatten. Zu den Aufgaben dieser bewaffneten Kräfte im Rahmen der Territorialverteidigung gehörte die Aufrechterhaltung von Ruhe und Ordnung im eigenen Hinterland, dessen Schutz vor inneren und äußeren gegnerischen Kräften, die Sicherstellung der Handlungen der Vereinten Streitkräfte auf dem DDR-Territorium sowie der Schutz der Zivilbevölkerung. Aufgrund der militärgeographischen Lage und ihrer Rolle als Aufmarsch- und Durchmarschgebiet des Warschauer Paktes wäre die DDR im Kriegsfall unmittelbare Frontzone gewesen, was die Bedeutung der Territorialverteidigung als einen bestimmenden Faktor der Landesverteidigung unterstrich.

Das System der Landesverteidigung umfaßte darüber hinaus Verteidigungsmaßnahmen in den staatlichen Organen und in der Wirtschaft, die Leistungen der Wissenschaft, die Wehrerziehung sowie die militärpolitische Öffentlichkeitsarbeit[25]. Einen wichtigen Bereich bildeten dabei die staatlichen und wirtschaftlichen Einrichtungen, die für die materielle Sicherstellung der Truppen und die operative Vorbereitung des Territoriums auf die Landesverteidigung zu sorgen hatten. Darunter fielen alle Institutionen zur materiellen Ausrüstung, zur medizinischen Betreuung und zur personellen Auffüllung der bewaffneten Kräfte. Dazu gehörten die Rüstungsindustrie ebenso wie die zivile Erzeugung von verteidigungsrelevanten Produkten, der militärische Ausbau des Verkehrs- und Nachrichtennetzes, der Bau von Verteidigungsanlagen bis hin zu Forschungen und anderen wissenschaftlichen Leistungen, die für den Kriegseinsatz verwendbar waren.

Fest in die Landesverteidigung eingebunden waren auch die Parteien und Massenorganisationen bzw. staatlichen Organisationen, die Aufgaben zur Erhöhung der Wehrbereitschaft und in der Wehrerziehung zu erfüllen hatten. Zu nennen sind u.a. die GST, die FDJ , der FDGB oder das DRK[26]. Im Grunde galt für alle gesellschaftlichen Bereiche die 1978 im DDR-Verteidigungsgesetz formulierte Festlegung: »Alle staatlichen und wirtschaftsleitenden Organe, Kombinate, Betriebe, Einrichtungen, Genossenschaften, gesellschaftlichen Organisationen und Vereinigungen haben die ihnen von den zuständigen Organen übertragenen Verteidigungsaufgaben vorzubereiten und durchzuführen[27].«

Einen spezifischen Beitrag zur Verteidigungsfähigkeit hatten nicht zuletzt auch die Militärjustizorgane der DDR zu leisten. Den Militärstaatsanwaltschaften und Militärgerichten oblag als Teil des DDR-Gerichtswesens die Durchsetzung der gesetzlichen Bestimmungen und Verordnungen zur Landesverteidigung im Frieden wie im Verteidigungsfall.

Zur zentralen Führung des Verteidigungs- und Sicherheitsbereichs hatte sich die SED-Führung im September 1953 eine »Sicherheitskommission« geschaffen. Ihre Bildung war weder in den Parteistatuten vorgesehen, noch war sie durch ein Gesetz oder eine Verordnung zur Wahrnehmung staatlicher Aufgaben legitimiert. Das geheime Gremium behandelte wesentliche Fragen des Schutzes und der Sicherheit des Landes. Es setzte sich aus einem kleinen, ausgewählten Kreis führender Parteifunktionäre zusammen: Neben dem Vorsitzenden Walter Ulbricht gehörten der Kommission anfangs Otto Grotewohl, Hermann Matern, Gustav Roebelen, Karl Schirdewan, Willi Stoph und Ernst Wollweber an. Später kamen Erich Honecker, Karl Maron, Alfred Neumann, Bruno Leuschner und Alois Pisnik hinzu, während Wollweber und Schirdewan 1957/58 ihre Funktion verloren. Das erste überlieferte Sitzungsprotokoll stammt vom Juli 1954.

1960 wurde die Sicherheitskommission der SED durch den Nationalen Verteidigungsrat abgelöst. Mit dem am 10. Februar per Gesetz gebildeten NVR stand nunmehr für die Lenkung der DDR-Landesverteidigung ein zwar formal gesetzlich legitimiertes oberstes und zentrales staatliches Führungsorgan zur Verfügung, jedoch waren auch im NVR ausschließlich Mitglieder des Politbüros oder des ZK der SED vertreten. Den Vorsitz führten bis 1971 Walter Ulbricht, nachfolgend bis 1989 Erich Honecker und kurzzeitig Egon Krenz im selben Jahr. Als Sekretäre fungierten bis 1971 Honecker, danach nahm Generaloberst Fritz Streletz diese Funktion bis zur Auflösung des NVR im Dezember 1989 wahr.

Mitglieder des NVR 1960–1989

(in Klammern die Dauer der Zugehörigkeit)

- Albrecht, Hans (1972–89)
- Bräutigam, Alois (1963–72)
- Brünner, Horst (1986–89)
- Dickel, Friedrich (1963–89)
- Eberlein, Werner (1984–89)
- Felfe, Werner (1976–88)
- Grotewohl, Otto (1960–64)
- Hager, Kurt (1979–89)
- Herger, Wolfgang (1986–89)
- Hoffmann, Heinz (1960–85)
- Honecker, Erich (1960–89)
- Keßler, Heinz (1967–89)

- Kleiber, Günther (1988–89)
- Krenz, Egon (1985–89)
- Krolikowski, Werner (1973–89)
- Leuschner, Bruno (1960–65)
- Maron, Karl (1960–63)
- Matern, Hermann (1960–71)
- Mielke, Erich (1960–89)
- Mittag, Günter (1979–89)
- Neumann, Alfred (1960–89)
- Norden, Albert (1960–79)
- Pisnik, Alois (1960–79)
- Riedel, Sigfrid (1963–67)
- Sindermann, Horst (1972–89)
- Stoph, Willi (1960–89)
- Streletz, Fritz (1971–89)
- Tiedke, Kurt (1979–84)
- Ulbricht, Walter (1960–73)
- Verner, Waldemar (1960–79)

Stellung, Funktion, Hauptaufgaben, Arbeitsweise und Organe des NVR bestimmte ein Statut. Es erfolgten mehrere Neufassungen des ersten Statuts aus dem Jahr 1960, zuletzt 1981. Darin hieß es u.a.:

»Der Nationale Verteidigungsrat

- organisiert und leitet alle erforderlichen Verteidigungs- und Sicherungsmaßnahmen und regelt alle grundsätzlichen internationalen Fragen der Militär- und Sicherheitspolitik der Deutschen Demokratischen Republik
- bestimmt für alle staatlichen, wirtschaftsleitenden und gesellschaftlichen Organe, Institutionen und Organisationen verbindlich die zum Schutz und zur Sicherheit der Deutschen Demokratischen Republik, zur Erfüllung ihrer internationalen militärischen Bündnispflichten sowie zur Gewährleistung der Verteidigungsbereitschaft und Verteidigungsfähigkeit des Landes erforderlichen Aufgaben und Maßnahmen
- übt die oberste militärische Kommandogewalt gegenüber allen bewaffneten Kräften der DDR aus
- verwirklicht die unmittelbare Leitung des Einsatzes der Nationalen Volksarmee und der Schutz- und Sicherheitsorgane der DDR sowie dessen Koordinierung mit den Handlungen der Vereinten Streitkräfte bei Gefährdung der inneren und äußeren Sicherheit[28].«

Der NVR war damit zuständig für die Festlegung und Durchsetzung grundsätzlicher Verteidigungs- und Sicherheitsmaßnahmen auf politischem, militärischem, staatlichem, wirtschaftlichem und internationalem Gebiet.

Der NVR als Organ konnte Rechtsvorschriften in Form von Anordnungen und Beschlüssen, seine Vorsitzenden Befehle und Direktiven erlassen.

Zu den Hauptaufgaben einer straffen Führung der Landesverteidigung gehörte die Gewährleistung der operativen Führung der DDR im Verteidigungszustand, die Bestimmung der Verantwortung der Partei- und Staatsorgane und deren gesetzliche Verankerung.

Die Verfassung der DDR von 1949 enthielt zunächst keinerlei Bestimmungen zur Landesverteidigung. Erst mit dem Gesetz zur Ergänzung der Verfassung vom 26. September 1955 sicherte sich die DDR-Führung das verfassungsmäßige Recht (Art. 112) zur Gesetzgebung über den militärischen Schutz. Auf dieser Grundlage fußte nun eine Reihe von Gesetzen. Hervorzuheben sind das Verteidigungsgesetz vom 20. September 1961 und dessen Neufassung vom 13. Oktober 1978, die auf staatlicher Ebene die wesentlichen Fragen der Vorbereitung des Landes auf den Verteidigungszustand regelten.

Die im April 1968 neu in Kraft getretene und 1974 überarbeitete DDR-Verfassung legte fest, daß die Volkskammer den Verteidigungszustand beschließen, alle ihr notwendig erscheinenden Gesetze und Verordnungen zur Landesverteidigung erlassen (Art. 49) und den Vorsitzenden des NVR wählen sollte (Art. 50 und 52).

Bereits seit Anfang der 60er Jahre waren für die Führung der DDR im Kriegszustand zur Unterstützung der SED-Führung und des Ministerratsvorsitzenden besondere Funktionen im Partei-und Staatsapparat geschaffen worden. 1967 schuf man darüber hinaus die Position eines Generalbevollmächtigten für die Verteidigungswirtschaft und ein ihm unterstelltes Staatliches Komitee für die Verteidigungswirtschaft. Dem Generalbevollmächtigten unterstanden der Vorsitzende der Staatlichen Plankommission, ein Industrieminister als Leiter des Amtes für Verteidigungsindustrie, der Vorsitzende des Landwirtschaftsrates als Leiter des Amtes für Landwirtschaft und Ernährung sowie als Bevollmächtigte Minister und Staatssekretäre kriegswichtiger Bereiche der Volkswirtschaft. Im Staatsapparat fand dieses Modell sein Pendant im Ressort des Generalbevollmächtigten für die staatliche Verwaltung. Außerdem wurde ein Generalbevollmächtigter für den Außenhandel benannt[29]. Sie unterstanden fortan dem Vorsitzenden des Ministerrates und erhielten Weisungsbefugnis über die ihnen zugeordneten Bereiche bis zur Bezirksebene. Die Funktion der »Generalbevollmächtigten« wurde 1973 wieder abgeschafft. Dafür sollte es nunmehr sechs dem Ministerratsvorsitzenden unterstellte Bevollmächtigte geben: für Planung, für Leistungen, für Produktion, für Finanzen und Banken, für Versorgung sowie für Bildung und Recht[30]. 1985 verabschiedete der NVR letztmalig »Grundsätze der Führung der DDR«. Sie übertrugen im Kriegszustand die politische Führung des Landes dem Politbüro der SED, die militärische, staatliche und wirtschaftliche Führung dem NVR und die operative Führung einer »Hauptführungsstelle der Partei- und Staatsführung«, in der ausschließlich Mitglieder und Kandidaten des Politbüros vertreten waren[31].

Die im Kriegszustand auf dem Territorium der DDR verbleibenden bewaffneten Kräfte bildeten mit ihren speziellen Führungsorganen die wichtigsten Komponenten der Territorialverteidigung. Der Aufbau der Territorialverteidigung vollzog sich seit dem Ende der 60er bis zum Anfang der 80er Jahre in mehreren Etappen und war vor allem auf die Vervollkommnung der Ausrüstung, Ausbildung und Organisationsstrukur der »kämpfenden Truppe« (außerhalb der Streitkräfte) sowie der Zivilverteidigung gerichtet.

Als Führungsorgane waren seit 1953/54 Einsatzleitungen auf unterschiedlichen Ebenen geschaffen und entwickelt worden. Nach 1960 unterstanden dem NVR als Leitungsorgane auf der Ebene der Bezirke und der Hauptstadt die Bezirkseinsatzleitungen (BEL) und auf Kreisebene die Kreiseinsatzleitungen (KEL). Die BEL wurden vom 1. Sekretär der jeweiligen SED-Bezirksleitung geführt und setzten sich in den 80er Jahren aus dem 2. Sekretär der SED-Bezirksleitung, dem Chef des Wehrbezirkskommandos der NVA, dem Leiter der Bezirksverwaltung der Staatssicherheit, dem Chef der Bezirksbehörde der DVP, dem Vorsitzenden des Rates des Bezirkes als Vorsitzenden der ZV und dem Leiter der Abteilung für Sicherheitsfragen der Bezirksleitung zusammen[32].

Den Einsatzleitungen oblagen in Vorbereitung auf den bzw. während des Kriegszustands wichtige Aufgaben in dem zu ihrem Verantwortungsbereich gehörenden Territorium. Diese Aufgaben umfaßten u.a. die Planung, Koordinierung und Durchsetzung von Maßnahmen zur Verteidigung des Territoriums, zur Unterstützung der Handlungen der Vereinten Streitkräfte, zur Gewährleistung der Ordnung und Sicherheit, zu der auch die Niederhaltung »staatsfeindlicher« Aktionen der Bevölkerung zählte, zur Umstellung aller Bereiche auf den Kriegszustand, zur Realisierung der operativen Vorbereitung des Territoriums sowie zur personellen Auffüllung der Führungsorgane und Truppen der NVA und der anderen bewaffneten Kräfte[33].

Der NVR hatte seit Mitte der 60er Jahre unter Berücksichtigung der Bevölkerungs- und Wirtschaftsstruktur sowie der territorialen Lage die spezifischen Aufgaben der einzelnen BEL festgelegt. Sie leiteten sich u.a. von solchen Faktoren wie der geographischen Lage, den Besonderheiten industrieller Ballungsgebiete usw. ab. Gleichzeitig erließ der NVR wiederholt Grundsätze der Zusammenarbeit zwischen den Kräften des Verteidigungs- und des Innenministeriums. Das Zusammenwirken wurde in einer Vielzahl sogenannter Entfaltungs- und Mobilmachungs(Mob.)-Übungen erprobt.

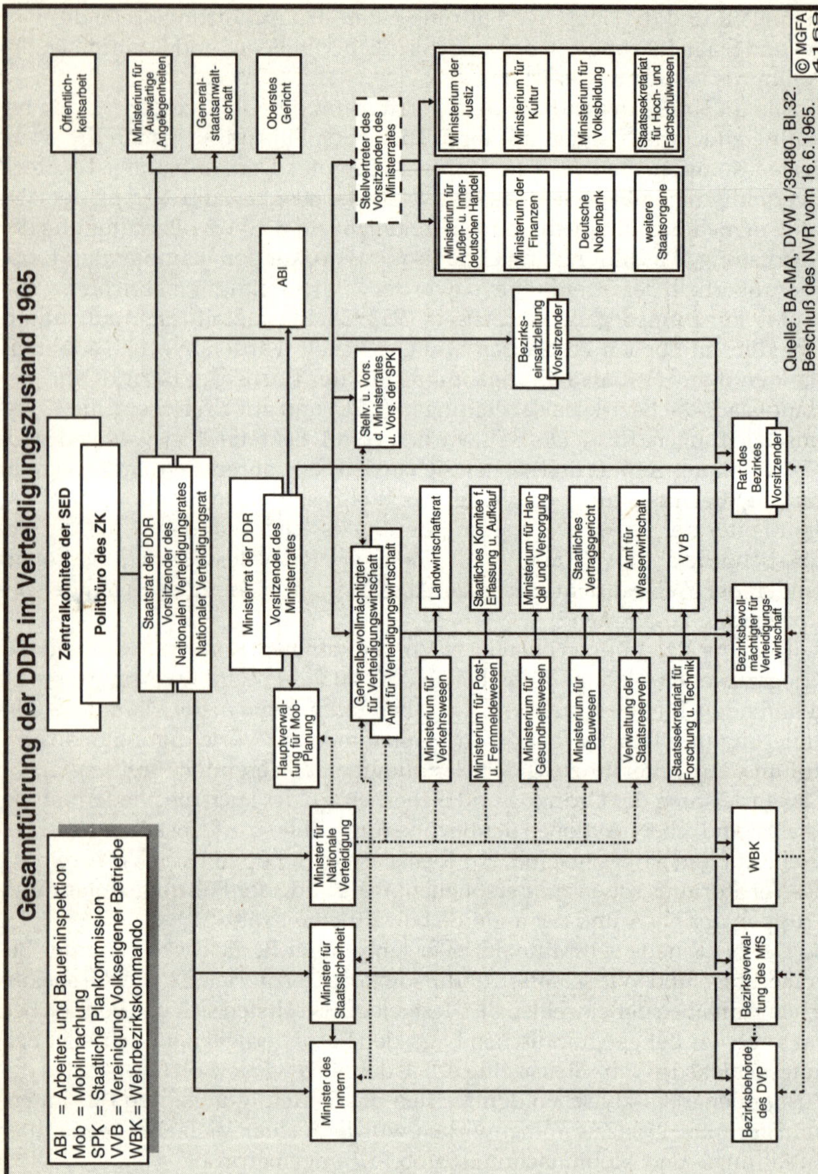

Gesamtführung der DDR im Verteidigungszustand 1965

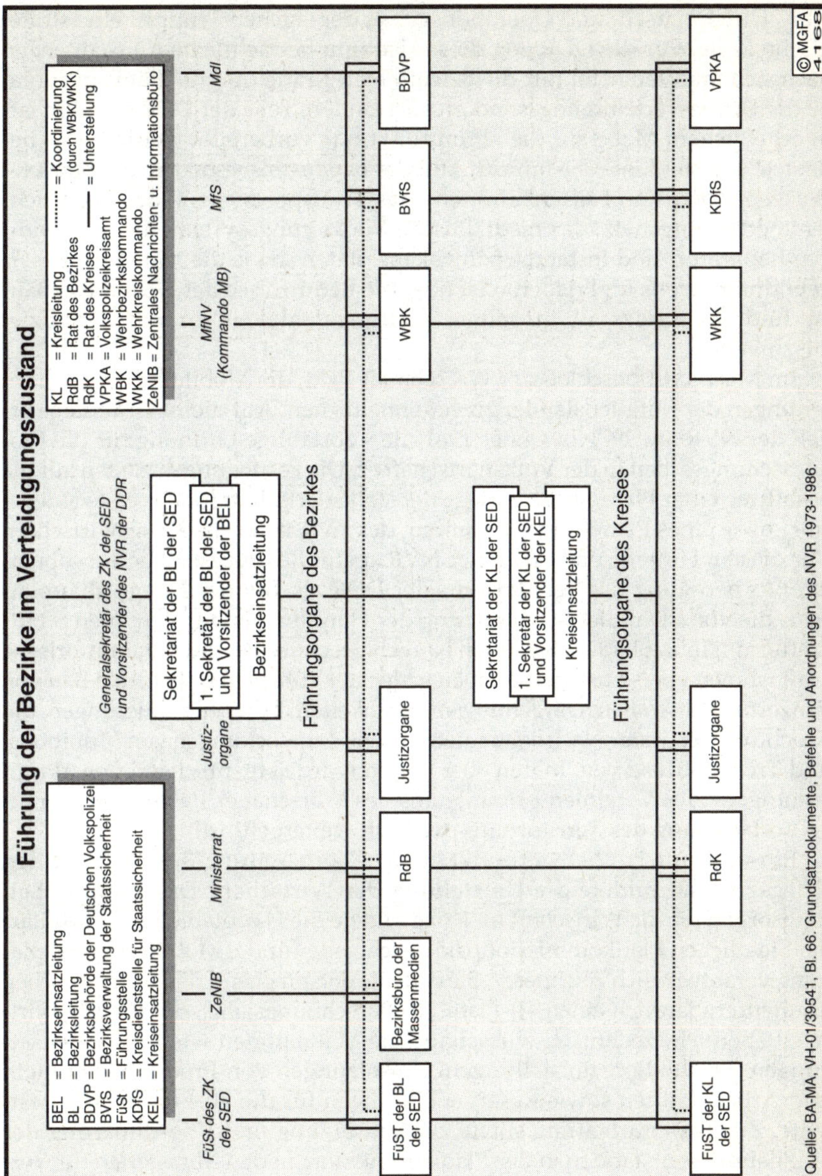
Führung der Bezirke im Verteidigungszustand
BEL = Bezirkseinsatzleitung
BL = Bezirksleitung
BDVP = Bezirksbehörde der Deutschen Volkspolizei
BVfS = Bezirksverwaltung der Staatssicherheit
FüSt = Führungsstelle
KDfS = Kreisdienststelle für Staatssicherheit
KEL = Kreiseinsatzleitung
KL = Kreisleitung
RdB = Rat des Bezirkes
RdK = Rat des Kreises
VPKA = Volkspolizeikreisamt
WBK = Wehrbezirkskommando
WKK = Wehrkreiskommando
ZeNIB = Zentrales Nachrichten- u. Informationsbüro
= Koordinierung (durch WBK/WKK)
= Unterstellung
Generalsekretär des ZK der SED und Vorsitzender des NVR der DDR
FüSt des ZK der SED
ZeNIB
Ministerrat
Justizorgane
MfNV (Kommando MB)
MfS
MdI
Sekretariat der BL der SED
1. Sekretär der BL der SED und Vorsitzender der BEL
Bezirkseinsatzleitung
Führungsorgane des Bezirkes
FüST der BL der SED
Bezirksbüro der Massenmedien
RdB
Justizorgane
WBK
BVfS
BDVP
Sekretariat der KL der SED
1. Sekretär der KL der SED und Vorsitzender der KEL
Kreiseinsatzleitung
Führungsorgane des Kreises
FüST der KL der SED
RdK
Justizorgane
WKK
KDfS
VPKA
© MGFA 4168
Quelle: BA-MA, VH-01/39541, Bl. 66. Grundsatzdokumente, Befehle und Anordnungen des NVR 1973-1986.

Im Kalkül sowjetischer Militärs spielte das ostdeutsche Territorium als Auf-, Durchmarsch- und Operationsgebiet der eigenen Truppen eine strategische Rolle. Für die DDR zog dieses Faktum beträchtliche Konsequenzen nach sich, mußten nicht nur die bewaffneten Kräfte und die Führungsorgane der Landesverteidigung, sondern auch andere Teile der DDR-Gesellschaft in erheblichem Maße auf die »Frontfunktion« vorbereitet werden. Das bedeutete in erster Linie, die Infrastruktur des Landes, insbesondere das Straßen-, Wasserstraßen- und Eisenbahnnetz, das Transportsystem, das Nachrichtenübertragungsnetz, das medizinische Versorgungssystem, die notwendigen Reparatur- und Instandsetzungskapazitäten sowie die materielle Reservebildung bereits im Frieden weit über die Bedürfnisse der DDR auszubauen und im Kriegsfall in seiner Leistungsfähigkeit zu erhalten bzw. auszuweiten.

Im März 1961 beschloß der Warschauer Pakt, die Mobilmachungsvorbereitungen der Mitgliedsländer zu vereinheitlichen. Auf dieser Grundlage erließ der NVR am 29. November 1961 die »Vorläufige Ordnung für die Mobilmachungsarbeit in der Volkswirtschaft«[34]. Die Festlegungen zielten auf die Schaffung einer Planungsgrundlage der Volkswirtschaft für das erste Kriegsjahr sowie eines Planes der Umstellung der zivilen auf die Kriegswirtschaft. Vor diesem Hintergrund erließ der NVR später Beschlüsse über die »operative Vorbereitung des Territoriums der DDR als Teil des Kriegsschauplatzes«, die vor allem die Unterstützung der Handlungen der Vereinten Streitkräfte zum Inhalt hatten. Sie sahen bauliche, technische und organisatorische Maßnahmen vor, so u.a. den Ausbau gedeckter Führungsstellen, den Bau von Panzermarschstraßen, Umgehungsmöglichkeiten, Brückendublierungen, die Errichtung separater Nachrichtennetze sowie Aufstockungen von Munitions- und Treibstoffreserven. In den 80er Jahren wurde entsprechend den »Empfehlungen« des Vereinten Kommandos des Warschauer Paktes die operative Vorbereitung des Territoriums der DDR weitergeführt.

Ein wesentlicher Schwerpunkt bei der Vorbereitung der DDR auf den Kriegszustand bildete die Umstellung der Wirtschaft. Das zentrale Leitungsorgan für die Wirtschaft im Krieg bildete die Hauptabteilung I (Militär) der Staatlichen Plankommission, die gleichzeitig für die Mobilmachungsplanung verantwortlich zeichnete[35]. Sie erstellte entsprechend den ökonomischen Kennziffern jährlich einen »B-Plan« (B=Berechnungsjahr), der für alle Wirtschaftsbereiche technisch-wirtschaftliche Maßnahmen wie Prioritätensetzungen, Produktionsumstellungen, Umsetzungen von Produktionsmitteln und Arbeitskräften sowie Reservenbildungen für die »B-Produktion« festlegte. Zur Planerarbeitung sowie zur Umsetzung und Koordinierung der Maßnahmen entstanden in der Plankommission, in den Ministerien für Verkehr, Gesundheitswesen, Bauwesen, Handel und Versorgung, Post- und Fernmeldewesen, Landwirtschaft, Wasser- und Forstwirtschaft sowie in den Räten der Bezirke in dieser Zeit strukturmäßige Mobilmachungsorgane. Sie erhielten 1964 die Tarnbezeichnung »Wirtschaftsstatistik«.

Hatte der NVR im Jahr 1963 für die operative Vorbereitung des DDR-Territoriums fast 182 Mill. DDR-Mark veranschlagt[36], so waren es für den Fünfjahrplan 1976 bis 1980 bereits 2,4 Mrd. DDR-Mark, davon fast 2 Mrd. für Investitionen[37]. Für den Zwanzigjahreszeitraum von 1965 bis 1985 sollten nach den Planunterlagen Investitionen von fast 8 Mrd. Mark für die operative Vorbereitung der DDR erfolgen; von 1970 bis 1989 sind jedoch nur etwa 4 Mrd. Mark tatsächlich aufgewendet worden. Ursachen hierfür sind in den ökonomischen Problemen der DDR zu suchen, so daß die Sollzahlen der Pläne immer wieder nach unten korrigiert werden mußten. Konnten im Planjahrfünft bis 1975 noch 70 % der geplanten Vorhaben realisiert werden, so sank 1985 die Erfüllung auf 35 %[38].

Eine weitere spürbare wirtschaftliche Belastung bildeten die Staatsreserven. Die damit betraute Staatliche Verwaltung für Staatsreserven unterschied die Kategorien A und B. Staatsreserven A waren gelagerte Materialien und Lebensmittel für die bewaffneten Organe sowie für Wirtschaft und Bevölkerung, wobei letzterer Anteil etwa zwei Drittel der Reserven ausmachte. Die B-Reserven sollten den Bedarf für das erste Kriegsjahr decken. 1967 ruhten Bestände im Wert von rund 3 Mrd. DDR-Mark in den Reservelagern, darunter Mangelgüter wie Benzin, Eisen, Kupfer, Aluminium, Kohle, Fleisch und Butter. Fast zwei Drittel der Reserven im Wert von etwa 1,8 Mrd. Mark waren für den Kriegsfall eingelagert. 1977 sank das Volumen der Reserven auf 2,5 Mrd. Mark.

Die Etablierung eines eigenständigen Rüstungsbereichs in der Volkswirtschaft mit einer zentralen Führung durch das Amt für Technik (1955–1958) und nachfolgend der VVB UNIMAK (1958–1961) schlug angesichts der beschränkten wirtschaftlichen Möglichkeiten der DDR fehl. Seit Anfang der 60er Jahre produzierten dennoch im Bereich der zivilen Industrieministerien bestimmte Bereiche für die Ausrüstung und Versorgung der bewaffneten Kräfte. 60 % der Ausrüstungsgegenstände der bewaffneten Organe lieferten DDR-Betriebe, wenngleich der Hauptteil der Bewaffnung für die Streitkräfte aus der UdSSR kam.

In der DDR existierten zunächst sechs Bereiche der Rüstungsproduktion: der Kriegsschiffbau, die Handfeuerwaffen-, Sprengstoff- und Munitionsproduktion, der Fahrzeugbau sowie die Reparatur- und Instandsetzungsindustrie; später kamen die optische und die chemische Industrie hinzu. Der Versuch zum Aufbau einer militärischen und zivilen, später nur noch zivilen Luftfahrtindustrie scheiterte Anfang der 60er Jahre. Von besonderer Bedeutung war der Bereich der Reparatur- und Instandstetzungsindustrie. Hier sollte nicht nur das aus den Ostblockländern bezogene militärische Gerät, sondern im Kriegsfall auch ein wesentlicher Teil der Waffentechnik der Vereinten Streitkräfte instandgesetzt werden. Die Auftragserteilung, Produktion und Zulieferung regelte die DDR in »Verordnungen über Lieferungen und Leistungen an die bewaffneten Organe« (LVO).

Die DDR wies offiziell Ausgaben des Staatshaushaltes für Verteidigung und Sicherheit aus, die nach neuesten Erkenntnissen zwischen 20 und 30 % unterhalb der tatsächlichen Ausgaben lagen[39]. Während bis zum Ende der 60er Jahre die offiziellen Zahlen zu den Verteidigungsausgaben bewußt so verfälscht wurden, daß sie 5 Prozent der Ausgaben des Staatshaushaltes nicht überschritten[40], verbargen sich die Verteidigungs- und Sicherheitsaufwendungen seit den 70er Jahren hauptsächlich in zwei getrennten Positionen: »Nationale Verteidigung« und »Öffentliche Ordnung, Rechtspflege und Sicherung der Staatsgrenze«. Alle weiteren diesbezüglichen Kosten fanden Eingang in die kaum verifizierbaren Posten »Staatsapparat« und »Sonstige Ausgaben«. Zählt man 1970 die offiziellen Angaben für Zivilverteidigung (67,1 Mill. DDR-Mark), Nationale Verteidigung/Sicherheit (6733,5 Mill.) zu den Ausgaben für den Staatsapparat (1088,0 Mill.) und zu den sonstigen Ausgaben (1369,9 Mill.) hinzu, so ergibt sich nahezu identisch die Summe, die im »geheimen Staatshaushalt« des Ministeriums für Finanzen aufgeschlüsselt wurde. »Sonderbereiche« des »geheimen Staatshaushaltes« waren: Nationale Verteidigung und Sicherheit; MdI; Staatsreserven; Zollverwaltung; Spezieller Außenhandel; B-Plan; GST, Zivilverteidigung sowie dazu separiert die Kosten der SDAG Wismut, der sowjetischen Truppen in der DDR sowie die Zuschüsse zu verschiedenen gesellschaftlichen Organisationen. Aufgrund der internen Angaben ergaben sich für den Staatshaushalt folgende Ausgaben:

Zuschüsse des Staatshaushalts für Militär- und Sicherheitsbereiche in Mill. DDR-Mark (zu lfd. Preisen), 1954–1989[41]

Jahr	MfNV	MfS	MdI	GST	ZV	Zoll	Staatsres.	B-Plan	Gesamt
1954	(1382)	(378)	2900	(46)	–	–	300	–	3200
1955	(1480)	(709)	3667	(45)	–	–	280	–	3947
1956	1466	780	632	45	–	–	220	–	3956
1957	1313	247	1056	37	–	–	220	–	3837
1958	1421	287	1226	35	–	–	–	–	3854
1959	1524	321	1328	44	–	+28	225	–	4276
1960	1613	378	1554	46	–	+27	47	–	3919
1961	2223	398	1277	44	–	+4	88	–	4359
1962	2821	431	1219	44	–	+1	137	–	4993
1963	2743	434	1076	40	–	+7	331	–	4991
1964	2589	487	1053	45	–	+12	270	–	4942
1965	2950	529	1119	44	–	+11	342	–	5283
1966	3575	627	1166	52	–	+9	158	–	5548
1967	3864	775	1275	64	–	2	407	–	6473
1968	4569	924	1301	72	–	0	118	–	7241
1969	5009	1143	1426	88	–	+1	197	–	8519
1970	5210	1337	1460	92	–	9	243	163	9205
1971	5429	1412	1585	128	–	17	88	249	9733
1972	5858	1465	1688	125	–	100	+127	260	9763
1973	6470	1552	1945	123	–	101	103	281	11265
1974	6862	1639	1958	137	–	114	309	215	11545
1975	7590	1790	2029	136	–	112	293	230	12770
1976	8017	1996	2118	151	63	111	168	198	13131
1977	8839	2180	2291	162	69	118	250	188	14102
1978	9570	2335	2362	175	73	117	211	222	14961
1979	9754	2536	2431	179	87	111	83	241	15590
1980	10831	2657	2605	189	118	145	227	209	17367
1981	10954	2885	2612	203	125	154	18	206	17516
1982	11722	3001	2676	192	122	172	+43	193	18301
1983	11938	2977	2890	194	122	165	190	156	18956
1984	12870	3087	2954	207	114	181	41	134	19812
1985	13095	3306	3034	197	78	192	63	107	20560
1986	13277	3523	3223	214	75	217	72	122	21320
1987	13560	3530	3343	215	71	221	95	148	21505
1988	13728	3642	3536	209	91	220	103	133	21881
1989	13015	3546	3322	219	94	226	77	89	20885

Die Gesamtausgaben für die Landesverteidigung stiegen im Laufe der Jahrzehnte kontinuierlich, schwankten jedoch prozentual zum Gesamtvolumen der Staatsausgaben zwischen 13 % im Jahr 1970, 11,4 % 1980 und etwa 9 % in den letzten zwei Jahren der DDR-Existenz. Gemessen am produzierten Nationaleinkommen beliefen sich die Nettoausgaben für Verteidigung und innere Sicherheit 1970 auf 9 % und 1980 auf 10,8 %. In den 80er Jahren bewegten sie sich fast beständig um etwa 11 %[42]. Sie lagen damit — gemessen an der Wirtschaftskraft der DDR und vergleichbaren Aufwendungen anderer Staaten — weit über dem Durchschnitt.

III. Machtsicherung nach innen und außen — Aufbau und Konsolidierung der bewaffneten Kräfte (1955/56 bis 1967/68)

Mit Blick auf den Zeitraum bis Ende der 60er Jahre lassen sich in der Entwicklung der bewaffneten Organe und der Landesverteidigung zwei Etappen erkennen.

Die *erste Etappe* war vor allem durch den Aufbau eines inneren Sicherheitssystems geprägt, welches unmittelbar nach dem 17. Juni 1953 sowie vor dem Hintergrund der Krisen in Polen und Ungarn 1956 erneut in den Mittelpunkt der Politik der SED gerückt war. Den bestehenden bewaffneten Organen — der Volkspolizei, dem MfS, den Kampfgruppen, dem AKW/AZKW und auch den militärischen Verbänden der HVA/KVP — wurden somit in erster Linie Schutz- und Sicherungsaufgaben nach innen zugedacht. Durch die Umwandlung der KVP in offizielle Streitkräfte per Gesetz vom 18. Januar 1956 schuf sich die SED-Führung in Form der NVA den militärischen Kern einer Landesverteidigung.

Anfang der 60er Jahre begann die *zweite Etappe* der Entwicklung der DDR-Landesverteidigung, die 1967 mit dem Übergang zur Schaffung eines umfassenden Systems endete. 1960 verkündete die KPdSU die neue sowjetische Militärdoktrin, die nunmehr den Rahmen für die Landesverteidigung des Ostblocks absteckte. Mehrere internationale und blockinterne Krisen gaben dieser Etappe zudem das Gepräge — die Berlinkrise mit dem Mauerbau im August 1961, die Kubakrise 1962 und die mitteleuropäische Krise (ČSSR) 1968. Seit Anfang der 60er Jahre waren die Ostblockstaaten stärker bemüht, ihre Landesverteidigung ebenso wie die Vorbereitung auf einen künftigen Krieg aufeinander abzustimmen und zu vereinheitlichen. Grundlage hierfür bildeten die sich im sozialistischen Lager entwickelnden Vorstellungen von einem System der Landesverteidigung, in das schrittweise die gesamte Gesellschaft einzubinden war. Richtungweisend verkündete die SED auf ihrem VI. Parteitag im Januar 1963 den umfassenden Aufbau des Sozialismus in der DDR, der auch eine höhere Stufe der Einheit von Politik, Ökonomie, Ideologie und Landesverteidigung beinhalten sollte[43].

Der Aufbau von Elementen der DDR-Landesverteidigung begann Anfang der 50er Jahre.

Die Zeit von 1945 bis 1948 war von dem Bemühen der KPD/SED geprägt, unterstützt durch die Besatzer, die politische Vorherrschaft in der SBZ zu erlangen und diese nach innen abzusichern. Es entstanden auf Länderebene Schutz-, Transport- und Grenzpolizeiformationen, die mit der 1946 geschaffenen Deutschen Verwaltung des Innern (DVdI) — ab 1949 MdI — bereits ein schrittweise ausgebautes zentrales Koordinierungsorgan besaßen, wenngleich die Hauptverantwortung für den Polizeiapparat bis zur DDR-Gründung noch bei den Länderregierungen belassen wurde. Bereits 1948/49 kam es aber zum Aufbau von Polizeibereitschaften mit militärischer Gliederung, die den Grundstock künftiger ostdeutscher Militärformationen bildeten[44]. Durch die Einführung eines Politoffiziersystems, die Bildung von Parteistrukturen in allen Polizeiformationen sowie durch eine aktive Personalpolitik sicherte sich die SED von Anfang an die alleinige uneingeschränkte Einflußnahme auf die bewaffneten Kräfte.

Zur vornehmlichen Absicherung nach innen entstand 1950 im weiteren der Geheimpolizei- und Sicherheitsapparat des Ministeriums für Staatssicherheit[45]. Als ein zunehmend militärisch orientierter Bereich entwickelten sich im Rahmen des MdI die Bereitschaften und Schulen der HVA weiter[46]. Wehrerziehung und Wehrideologie als solche spielten bis 1952 eine eher untergeordnete Rolle, erfolgten doch alle militärischen Aufrüstungsmaßnahmen noch unter strenger Geheimhaltung.

Der Koreakrieg, die Ablehnung der Stalinnote durch den Westen sowie die zunehmenden politischen und militärischen Integrationbestrebungen in Westeuropa und zur Einbeziehung der Bundesrepublik in einen westlichen Verteidigungspakt wurden Anfang der 50er Jahre von der Sowjetunion und ihren Verbündeten als weitere Verschärfung des Kalten Krieges und als unmittelbare Bedrohung perzipiert. In den Augen der Führungsmacht hatte sich die DDR nunmehr auch als ein militärisches »Bollwerk« gegen den westdeutschen Staat zu profilieren. Konkret wies Stalin Anfang April 1952 die Schaffung von Streitkräften, den Aufbau einer Rüstungsindustrie sowie weitere wehrvorbereitende und wehrideologische Maßnahmen in der DDR an. Aus den Formationen der HVA entstanden im Juli 1952 die militärischen Einheiten der KVP nach sowjetischem Vorbild. Ursprünglichen Wunschvorstellungen Moskaus von einer 300 000-Mann-Armee konnte die DDR nicht gerecht werden, wenngleich allein die Personalstärke der Militärformationen von

55 000 Mann Anfang 1952 auf das Doppelte im Sommer 1953 anstieg[47]. Mit der schrittweisen Ausformung der Deutschen Grenzpolizei (DGP) als militärisches Grenzschutzorgan entstand zugleich der zweite Teil künftiger mobiler Einsatzkräfte der DDR-Landesverteidigung[48].

Im Sommer 1952 wurden darüber hinaus mit der Gesellschaft für Sport und Technik und dem Dienst für Deutschland (DD) Organisationen geschaffen, die der Erhöhung der Verteidigungsbereitschaft in der Bevölkerung, insbesondere unter der Jugend, dienen sollten[49]. Da sich der DD bereits 1953 wieder auflöste, behielt vor allem die GST ihre Funktion als wichtigstes Vorbereitungsorgan der Jugend auf den Wehrdienst. Ein Beschluß der Sicherheitskommission der SED legte im März 1955 zudem fest, daß das staatliche Sportkomitee ein Programm zur Durchführung von Wehrsport in Betriebssportgemeinschaften erarbeiten sollte und gleichzeitig wehrpolitische Aufklärungsarbeit zu leisten habe. Im April 1955 sollte bereits mit einer umfassenden Wehrsportausbildung begonnen werden[50]. Seit 1952 hatte die SED auch die Parteien und Massenorganisationen der Nationalen Front sowie das Deutsche Rote Kreuz verpflichtet, die Schutzwürdigkeit der neuen DDR-Gesellschaft zu propagieren und ihre Mitglieder wehrpolitisch zu erziehen.

Seit 1945 gewährleistete die Gruppe der Sowjetischen Besatzungstruppen in Deutschland (GSBT), ab 1954 in Gruppe der Sowjetischen Streitkräfte in Deutschland (GSSD) umbenannt, den äußeren Schutz der kommunistischen Herrschaft in der SBZ/DDR. Sie bildete mit ihren dort stationierten Armeen in einer Gesamtstärke von etwa 350 000 Mann die größte Militärformation außerhalb des sowjetischen Hoheitsgebiets und damit das wohl wichtigste Instrument sowjetischer Militär- und Sicherheitspolitik in Europa[51]. Daß die sowjetischen Truppen ihre Rechte bedingungslos zur Erhaltung des inneren Gefüges der DDR einsetzten, verdeutlichten nicht zuletzt die Ereignisse um den 17. Juni 1953.

Die Durchpeitschung des SED-Kurses zum »Aufbau des Sozialismus« hatte die DDR 1953 in eine tiefe wirtschaftliche Krise gestürzt. Versuche der Regierenden, den Krisenerscheinungen durch administrative Maßnahmen, z.B. durch verordnete Normenerhöhungen und Einsparungen im sozialen Bereich zu begegnen, führten zu einer wachsenden Zahl von offenen Protesten der Bevölkerung gegen die SED-Politik. Die Berliner Bauarbeiterdemonstration vom 16. Juni 1953 gab das Signal zu einer spontanen Volkserhebung am Folgetag in fast allen Bezirken der DDR. Die zur Niederwerfung des Aufstands eingesetzten bewaffneten Organe der DDR erfüllten ihre Aufgabe nicht. Erst die sowjetischen Besatzungstruppen erstickten den Massenprotest des Volkes mit Waffengewalt. In Berlin kamen 3 sowjetische Divisionen mit insgesamt 500 Panzern, in den DDR-Bezirken weitere 13 Divisionen in nahezu vollständigem Bestand zum Einsatz. Angehörige des DDR-Polizei- und Sicherheitsapparats erlangten erst in den Abendstunden des 17. Juni ihre Handlungsfähigkeit zurück und erwiesen dann aber bei der Unterdrückung neuerlicher Streiks und Demonstrationen sowie bei der Verfolgung der Protestierenden ihre Regimetreue.

Die für die SED-Führung traumatische Erfahrung der Volkserhebung führte 1953/54 zur Herausbildung von Grundlagen eines inneren Sicherheitssystems gegen die eigene Bevölkerung[52]. Die Kräfte der DVP wurden aufgestockt, mit den Schnellkommandos der BDVP schlagkräftige Einsatzreserven gebildet und das polizeiliche und nichtpolizeiliche Betriebsschutzsystem ausgebaut. Die KVP, bislang nur mit militärischen Ausbildungsaufgaben betraut, erhielt zusätzlich innere Sicherungsaufgaben. Darüber hinaus schuf sich die Partei in Gestalt der »Kampfgruppen der Arbeiterklasse« eine unmittelbar von ihr geführte Miliz.

Die am 17. Juni und an den Folgetagen gebildeten Einsatzleitungen in den Bezirken und Kreisen wurden im Juli 1953 und im Januar 1954 mit zwei Beschlüssen des Politbüros institutionalisiert. Am 26. Januar 1954 beschloß das Politbüro »Maßnahmen in Ausnahmefällen«, die einen Stufenplan des Einsatzes der bewaffneten Organe bei inneren Unruhen vorsahen[53]. Mit dem Befehl des Ministers des Innern vom 28. Januar 1954 über »Maßnahmen zur Abwehr von Angriffen auf die Staatsordnung der Deutschen Demokratischen Republik«[54] begann die Realisierung der Einsatzstrukturen und -planungen, so daß Mitte der 50er Jahre erste Organisationsstrukturen für ein inneres Einsatzsystem existierten. 1956 wurden die ein Jahr zuvor aus Formationen des MdI und der Staatssicherheit gebildeten »Inneren Truppen« unter der Bezeichnung »Hauptverwaltung Innere Sicherheit (HVIS)« zusammengefaßt. Allerdings wurden die HVIS wegen der Unterschiedlichkeit der Aufgabenstellungen der einzelnen Organe im Frühjahr 1957 aufgelöst und ihre Teile — die DGP, die Bereitschafts- sowie die Transportpolizei — wieder unter getrennten Führungsorganen in das Innenministerium eingegliedert.

Am 8. November 1956 widmete sich das Politbüro angesichts einer schweren inneren Krise in der DDR mit seinem Beschluß »Maßnahmen zur Unterdrückung konterrevolutionärer Aktionen« erneut der Ausgestaltung des Schutz- und Sicherheitsapparats[55]. Vorgesehen war die Schaffung einer zentralen Kommission für die politische und operative Führung aller bewaffneten Kräfte unter Führung von Walter Ulbricht, während die acht Kommissionsmitglieder sich ausschließlich aus Mitgliedern des ZK oder des Politbüros des ZK der SED rekrutierten, so daß von vornherein der SED-Führungsanspruch gewährleistet war. Der Maßnahmenkatalog des Beschlusses sah die

Übernahme der Führungsfunktionen in den Bezirken und Kreisen durch die Bezirks- und Kreiseinsatzleitungen unter dem Vorsitz der 1. Sekretäre der SED-Bezirks- bzw. Kreisleitungen sowie drei Einsatzetappen vor. Im Ernstfall sollten zuerst die Polizeikräfte, die Kampfgruppen und das MfS zum Einsatz gelangen. Auch Mitglieder der GST über 18 Jahre durften dazu herangezogen werden. Die zweite Etappe sollte vom Einsatz der NVA geprägt sein, soweit nicht schon in Ausnahmefällen Einheiten einbezogen worden waren. Den NVA-Kommandeuren waren in jedem Fall alle vorhandenen bewaffneten Kräfte zu unterstellen. Die dritte Etappe sah den Einsatz sowjetischer Truppen vor.

Die Planungen des inneren Einsatzes ließ die SED-Führung auch nach 1956 weiter vervollkommnen und ausbauen. Im Januar 1958 erarbeitete die Sicherheitskommisson eine Analyse, in der sie die in ihren Augen vorhandene existentielle Bedrohung der DDR umriß und die daraus erforderlichen Konsequenzen festlegte. Erstmalig wurde damit ein Gesamtkonzept zum inneren und äußeren Schutz der SED-Herrschaft in seinen Grundzügen erarbeitet[56].

Ein Jahr später erließ die Parteiführung einen sehr konkreten »Einsatzplan für die bewaffneten Kräfte der Deutschen Demokratischen Republik zur Gewährleistung der staatlichen Sicherheit« [57], der die Einsatzaufgaben der einzelnen bewaffneten Organe im Krisenfall nach folgendem Szenario umriß:

Grundsätzlich lag die Verantwortung für die Aufrechterhaltung und Wiederherstellung der Ruhe und Ordnung in der DDR beim MdI. Schwerpunkte dazu bildeten die Ostseehäfen, Berlin und Umgebung, der Raum Magdeburg, das mitteldeutsche Industriegebiet um Halle/Leipzig, der Dresdner Raum, das Industriegebiet Cottbus sowie Teile der Bezirke Karl-Marx-Stadt und Gera. Die Bereitschaftspolizei hatte u.a. 8 Abteilungen als zentrale Reserve bereitzuhalten; die Bereitschaft Basdorf war für den speziellen Einsatz in der Hauptstadt der Einsatzleitung Berlin zu unterstellen. Den Kampfgruppen oblag der Schutz der Betriebe und der Stadt- und Kreisgebiete. In Bataillonen zusammengeschlossen, konnten sie zudem als Reserve der Bezirkseinsatzleitungen Verwendung finden. Die Planungen von 1959 sahen die Bereitstellung von 80 Kampfgruppenbataillonen als zentrale Bezirkseinsatzreserven sowie die Bildung von 6–9 Bataillonen in Industriegebieten und 3–4 in ländlichen Regionen vor. Die Kampfgruppenformationen der Reichsbahn allerdings waren nur für die Absicherung der Bahnanlagen zu verwenden und hatten mit der Transportpolizei zusammenzuwirken. Die Truppen der DGP hatten die Grenzen nach innen und außen zu sichern. Die NVA sollte im Innern dort zum Einsatz gelangen, wo die Bezirkskräfte der DVP bzw. die DGP-Einheiten nicht ausreichten.

Das MfS betrauten die Regierenden im Krisenfall mit Objektschutzaufgaben für die Staats- und SED-Führung, mit der Überwachung des Funkverkehrs auf DDR-Territorium und unterstützenden Maßnahmen zur Vorbeugehaft von »Staatsfeinden« und ausländischen Bürgern. Der im Aufbau befindliche zivile Luftschutz zeichnete für die notwendigen Maßnahmen zum Schutz von Gebäuden, Betrieben und der Bevölkerung verantwortlich und sollte für die Nothilfe bereitstehen. Die GST konnte entsprechend ihren Möglichkeiten vom MdI und den Kampfgruppen zur Unterstützung herangezogen werden, wobei man vor allem Motorrad-, Hunde- und Reiterstaffeln ins Auge faßte. Das DRK erhielt die Aufgabe, alle sanitären und medizinischen Aufgaben der entsprechenden Einrichtungen und Organe der Waffenträger zu unterstützen und die gesundheitliche Betreuung der Bevölkerung zu gewährleisten.

Die Verschärfung der Auseinandersetzung in der Berlinfrage dokumentierte sich in gesonderten Einsatzfestlegungen für Berlin. Hier sollten die Westsektoren durch Polizeikräfte, die 5. Grenzbrigade und Teile der 1. MSD der NVA hermetisch abgeriegelt, und mögliche Unruhen in Ost-Berlin durch Bereitschaftspolizei, DVP, Kampfgruppen und NVA-Kräfte erstickt werden[58]. Die BEL Berlin hatte den ihr verfügbaren Einsatzkräften konkrete Aufgaben zur Sicherung der Sektorengrenzen, wichtiger Objekte, der Reichs- und S-Bahnanlagen zuzuweisen. Vorbereitet wurde zudem eine Abriegelung der Innenstadt von den Außenbezirken sowie ganz Ost-Berlins vom Umland. Zwei weitere NVA-Divisionen hatten die Verlegung und den Einsatz im Berliner Raum vorzubereiten. Letztlich bestand neben spezifischen Einsatzplänen der Organe des MdI, der DGP und der NVA ein Plan »Sonderregelung Berlin«[59]. Insgesamt errechnete die Planvorlage eine Einsatzstärke der MdI-Kräfte von fast 17 000 Mann in den 11 VP-Bereitschaften. Dazu kamen 82 Bataillone der Kampfgruppen mit zusammen fast 24 000 Mann. An Grenzsicherungskräften rechnete man mit 36 527 Mann in 8 Grenzbrigaden, 2000 Grenzern aus anderen Bereichen sowie 2000 Angehörigen des AZKW[60].

Ihre praktische »Bewährungsprobe« bestanden die Streitkräfte und die anderen bewaffneten Organe der DDR beim Schließen der Grenzen und beim Bau der Berliner Mauer im Jahr 1961. In der Nacht vom 12. zum 13. August 1961 waren Angehörige der Volkspolizei, der Grenzpolizei, der Bereitschaftspolizei, der Transportpolizei, der Kampfgruppen, des AZKW, des Luftschutzes und der NVA direkt an der Abriegelung und damit an der Einmauerung der DDR beteiligt.

Aus den Verteidigungs- und Mobilmachungsplanungen der DDR-Führung ergaben sich in den 60er Jahren neue Aufgaben für die sich weiter entwickelnden

Bereiche der Landesverteidigung, deren Handeln immer stärker aufeinander abgestimmt werden mußte.

Zum Bereich der mobilen Einsatzkräfte zählten weiterhin die NVA als Kern der Landesverteidigung und die seit 1961 auch dem Verteidigungsministerium unterstehenden Grenztruppen.

Die *NVA* durchlebte seit Anfang der 60er Jahre eine Ausbau- und Konsolidierungsphase. Sie sollte zu einer modernen und schlagkräftigen »sozialistischen Koalitionsarmee« aufwachsen[61]. Formal von inneren Einsatzvorbereitungen aufwachsen[62], konzentrierte sie sich auf die Erfüllung ihres militärischen Auftrages im Rahmen des Warschauer Paktes. Dabei entwickelte sie sich in ihrer Ausstattung und Zuverlässigkeit im Laufe der Jahre zum Vorzeige- und Juniorpartner der sowjetischen Streitkräfte, deren führende Rolle im Bündnis von den DDR-Militärs zu keinem Zeitpunkt in Frage gestellt wurde. Das zeigte sich nicht zuletzt in der Einbindung der DDR-Volksarmee in die völkerrechtswidrige Intervention von Warschauer-Pakt-Truppen in die ČSSR 1968.

Die zweite Kraft der mobilen Kräfte der Landesverteidigung, die *Grenztruppen,* hatten seit dem Mauerbau den Auftrag erhalten, die Grenze der DDR zur Bundesrepublik und zu Berlin (West) nicht nur für »Eindringlinge« aus dem Westen, sondern in erster Linie für die eigene Bevölkerung faktisch unüberwindbar zu machen. Jede »Republikflucht« war unter allen Umständen und mit Waffengewalt zu verhindern. Ihre Aufgaben im Kriegsfall hatten sie jedoch seit den 50er Jahren im wesentlichen behalten. Seit 1957 wurde ihrem militärischen Auftrag u.a. mit einer Brigadestruktur und verstärkter militärischer Ausbildung und Ausrüstung sowie auch mit schweren Waffen Rechnung getragen. In den 60er Jahren erfolgte ein sukzessiver Ausbau der Grenzanlagen[63].

Die anderen bewaffneten Organe befanden sich seit Ende der 50er Jahre im Auf- und Ausbau. Die *Bereitschaftspolizei* war zu einer vollmotorisierten, leichten militärischen Formation mit Schützenpanzern, leichter Artillerie und panzerbrechenden Waffen entwickelt worden. Sie konnte damit sowohl zu polizeilichen Aufgaben als auch zur Unterstützung der Streitkräfte und der Grenztruppen herangezogen werden. Im Kriegsfall sollte sie die Sicherung des rückwärtigen Operationsgebiets übernehmen und diente der Auffüllung der NVA und der zentralen Reservenbildung. Zur Unterstützung ihrer Funktion als zentrale schlagkräftige Einsatzreserve wurde 1961 eine Mot.-Brigade im Bestand der Bereitschaftspolizei gebildet. Sie besaß mit 5 Abteilungen zu je 2 Schützen-, 1 SPW- und 1 schweren Kompanie eine ähnliche Struktur wie ein Infanterieregiment. Im Mob.-Fall war die zusätzliche Aufstellung von 9 weiteren Bereitschaften geplant. Zudem sollten Sicherungskompanien ent-

Aufgaben der Territorialverteidigung

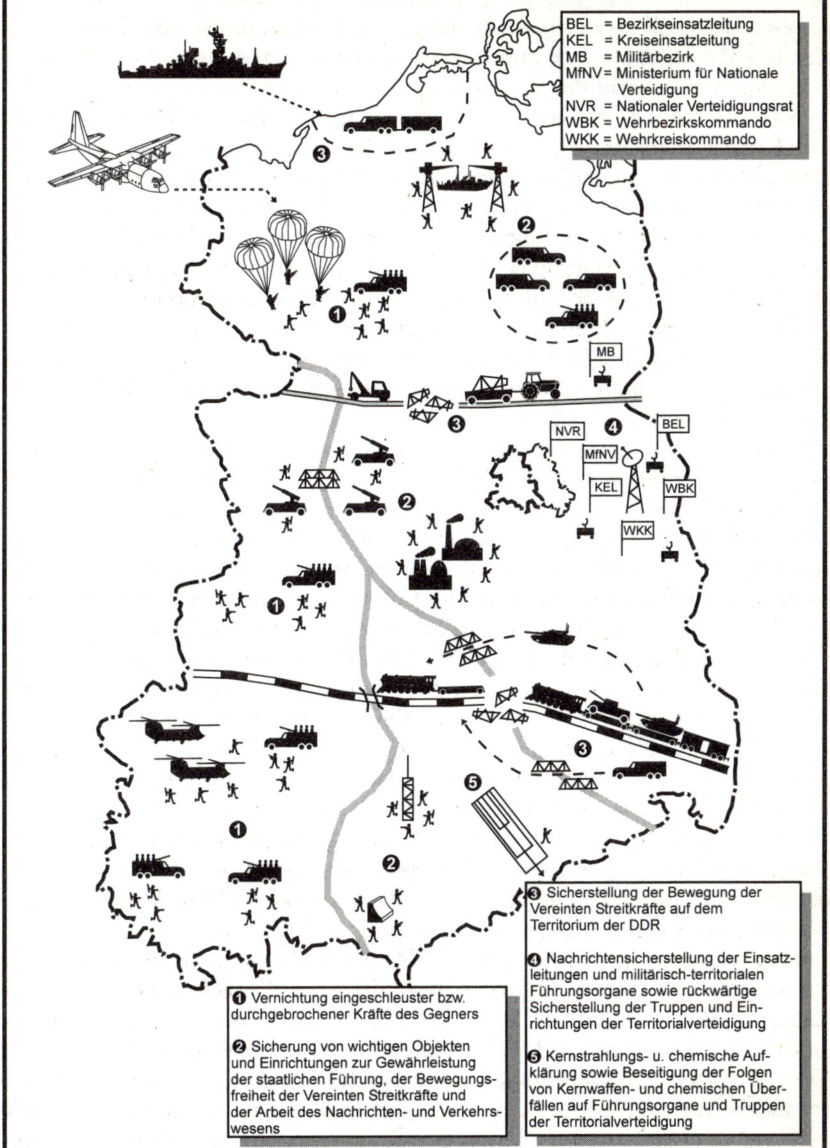

Quelle: BA-MA, DVW1/39488, Bl.33. Protokoll des Nationalen Verteidigungsrates vom 25.3.1968.

stehen, die im Zusammenwirken mit der Transportpolizei Objekte, Anlagen sowie Internierungs- und Kriegsgefangenenlager zu bewachen hatten[64]. Ein ähnliches Aufgabenprofil wurde der *DVP* angetragen[65]. Für die *Transportpolizei* blieben die Aufgaben zum Schutz des Bahnnetzes bestehen, sie hatte mit den Organen des Militärtransportwesens eng zusammenzuwirken und »Diversantengruppen« im Bahngebiet zu bekämpfen. Unter der straffen Führung von Erich Mielke entwickelte sich das *MfS* seit dem Ende der 50er Jahre zu einem effektiven Geheimdienst- und Sicherheitsapparat[66]. Die *Kampfgruppen* hatten sich seit den 50er Jahren von den Aufgaben der Betriebs- und regionalen Sicherung weg zu mot. Einsatzverbänden und allgemeinen Sicherungskräften für die Landesverteidigung entwickelt[67]. Mit der weiteren Motorisierung und Ausrüstung der mot. Bataillone mit Pak-Geschützen, Granatwerfern, schweren Maschinengewehren und leichter Flak erhöhte sich deren Schlagkraft bedeutend. Neben der Verwendung als Bezirksreserven und zur Absicherung des grenznahen Raumes erweiterten sich die Aufgaben im Kriegsfall dahingehend, daß man die kasernierte Unterbringung der Einsatzreserve erwog und Kampfgruppenangehörige für den produktiven Einsatz in der Rüstung herangezogen werden konnten.

Auch für den sich auf dem Weg zu einer Zivilverteidigung befindlichen *Luftschutz* erweiterten sich in den 60er Jahren die Aufgaben. Mitte 1955 hatte die DDR-Führung einen Beschluß zum Aufbau eines zivilen Luftschutzsystems gefaßt, dessen Aufgaben und Grundlagen in dem Luftschutzgesetz von 1958 fixiert worden waren. Das Verteidigungsgesetz vom 20. September 1961 legte eine Luftschutzdienstpflicht für Männer und Frauen fest. 1966 traf der NVR erste Entscheidungen zur Schaffung eines Systems der Zivilverteidigung[68]. Es entstanden Grundsätze, die die Aufgaben der ZV, deren materielle und finanzielle Sicherstellung sowie deren geplantes Zusammenwirken mit den bewaffneten Organen umrissen. Aus dem AZKW entwickelte sich seit Anfang des Jahrzehnts die Zollverwaltung der DDR[69].

Große Bedeutung für die Entwicklung der Landesverteidigung wurde der »sozialistischen Wehrerziehung« beigemessen. Der Ausbau solcher Organisationen wie der GST zielte vor allem auf eine stärkere Einbindung in die vormilitärische Ausbildung der Jugendlichen[70] .

1962 verfügte das Politbüro der SED die Bildung von Wehrerziehungskommissionen bei den Vorsitzenden der Räte und Kreise auf der Grundlage des Verteidigungsgesetzes, zu denen Vertreter gesellschaftlicher Organisationen, der Wehrkreis- und Bezirkskommandos, der örtlichen Räte sowie der DVP gehörten. Sie sollten unter Führung der Partei die wehrpolitische Öffentlichkeitsarbeit lenken und koordinieren sowie die vormilitärische Ausbildung an den Schulen, Hochschulen sowie der GST und FDJ unterstützen.

Die FDJ trat immer wieder als Initiator wehrpolitischer Initiativen zur Mobilisierung der Bevölkerung und insbesondere der Jugend auf. Im Mai 1965 beschloß das ZK der SED ein Dokument über die Verantwortung der leitenden Parteiorgane für die sozialistische Wehrerziehung. Die Partei unterstrich darin, daß die sozialistische Wehrerziehung ein immanenter Bestandteil der politisch-ideologischen Erziehungsarbeit sein müsse. Seit 1966 existierte eine Vereinbarung des Verteidigungsministeriums mit dem Ministerium für Volksbildung, die die Zusammenarbeit bei der Wehrerziehung an den Schulen festlegte.

In immer breiterem Maße bezog die SED die anderen Parteien und die Massenorganisationen der DDR in die wehrideologische Arbeit und die Propagierung der Verteidigungswürdigkeit der DDR ein. Sie nahmen in ihre Programme und Statuten die Formel von der Notwendigkeit des »Schutzes der revolutionären Errungenschaften der DDR« auf, beschworen ihre enge Verbundenheit mit den bewaffneten Organen und verpflichteten ihre Mitglieder zur aktiven Teilnahme an der Verteidigungsvorbereitung. Für den Kriegsfall bestimmte der NVR für die Parteien, Massenorganisationen und andere gesellschaftliche Institutionen eine rigide Unterwerfung unter die zentralen Befehlsstrukturen der SED. Die Blockparteien und wichtigen Massenorganisationen, unter ihnen FDJ, FDGB, DFD, DTSB, die Pionierorganisation wie auch die GST sollten beispielsweise ihre Tätigkeit fortführen und zudem wichtige Hilfeleistungen bei der Mobilisierung der Bevölkerung zu »vorbildlicher Pflichterfüllung« übernehmen[71].

Am 10. Februar 1960 hatte die Volkskammer die Bildung eines »Ausschusses für Nationale Verteidigung« beschlossen. Dieses vermeintlich demokratisch gewählte Parlamentsgremium setzte sich entsprechend den Fraktionsstärken aus Vertretern aller in der Volkskammer vertretenen Parteien und Massenorganisationen zusammen und sollte ein Mitspracherecht vornehmlich der Blockparteien in Verteidigungsfragen dokumentieren. Der Verteidigungsausschuß der Volkskammer hatte jedoch zu keinem Zeitpunkt Einfluß auf relevante Verteidigungs- und Sicherheitsfragen der DDR.

Seit 1961, so stellte Verteidigungsminister Hoffmann 1968 rückblickend fest, habe die »Parteiführung das gegenwärtige System der Landesverteidigung entsprechend den Bedingungen der Deutschen Demokratischen Republik konzipiert und gestaltet«[72]. Die bewaffneten Organe hatten sich dabei in den Händen der SED als einsatzbereite Instrumente der Herrschafts- und Systemstabilisierung in der DDR erwiesen.

IV. Militarisierung im »System der Landesverteidigung« — Wesensmerkmal der DDR-Gesellschaft (1967/68 bis 1990)

Nach dem Beschluß des VII. Parteitages der SED (17.–22. April 1967) sollte die DDR zu einem »entwickelten gesellschaftlichen System des Sozialismus« gestaltet werden. Die Teilbereiche der Gesellschaft waren dabei einheitlich auszubauen und ihre wechselseitige Durchdringung voranzutreiben. Der Systembegriff wurde von der Partei theoretisch begründet und zu einem Synonym für Modernität und die progressive Weiterentwicklung der sozialistischen Gesellschaft erhoben. Als sogenannte Teilsysteme galten u.a. das »ökonomische System des Sozialismus«, das »einheitliche sozialistische Bildungssystem« und nicht zuletzt das »System der Landesverteidigung«, das nunmehr in eine neue Phase eintrat.

Obwohl sich bereits bis Anfang der 60er Jahre wichtige Elemente und Führungsorgane der Landesverteidigung herausgebildet hatten und in den folgenden Jahren begonnen worden war, sie zu einem System zusammenwachsen zu lassen, konzentrierte die Partei- und Staatsführung ihre Anstrengungen nunmehr in zunehmenden Maße darauf, sie »als integrierten Bestandteil des Gesamtsystems des Sozialismus voll zu entwickeln, und zwar zugleich auf einem höheren Niveau der inneren Verflechtung«[73].

Die dazu notwendigen politischen, ideologischen, militärischen, wirtschaftlichen, staatlich-administrativen und juristischen Maßnahmen erfolgten unter der unmittelbaren Führung der Partei: »Im System der Landesverteidigung wird die führende Rolle der Partei der Arbeiterklasse einmal dadurch verwirklicht, daß alle grundsätzlichen Fragen durch Beschlüsse des Zentralkomitees der Sozialistischen Einheitspartei Deutschlands entschieden werden, zum anderen dadurch, daß die höheren Führungsfunktionen mit Mitgliedern des Zentralkomitees oder anderen bewährten Funktionären der Partei besetzt sind, drittens dadurch, daß alle Entscheidungen mit Hilfe der Tatkraft der Parteiorganisationen und der Parteimitglieder in den bewaffneten Organen und im Staatsapparat durchgesetzt werden[74].« Die staatsrechtliche Verankerung erhielt das »System der Landesverteidigung« erstmalig in der bereits erwähnten Verfassung von 1968.

Besondere Aufmerksamkeit sollte bei der ideellen und materiellen Vorbereitung auf einen möglichen Krieg vier Bereichen gelten: der Einbindung der Landesverteidigung in die Gesellschaft, einschließlich ihrer abgestimmten Führung und Leitung; der Verstärkung der »allseitigen Wehrbereitschaft« und des Bevölkerungsschutzes im Rahmen der ZV; der ständigen Erhöhung der Gefechts- und Einsatzbereitschaft der bewaffneten Organe sowie der Vorbereitung des gesamten Volkes auf einen möglichen Krieg. Ausdrücklich als zum System der Landesverteidigung gehörig genannt wurde auch »die spezielle Organisierung der inneren Sicherheit«[75].

Die stringente Weiterentwicklung der Landesverteidigung einschließlich ihrer inneren Komponente bezog seit Ende der 60er/Anfang der 70er Jahre alle wesentlichen Bereiche der Gesellschaft ein und schuf so einen »militarisierten Sozialismus«[76]. Sichtbare Zeichen dafür waren die Verflechtung der paramilitärischen und militärischen Institutionen mit den Erziehungseinrichtungen, die Disziplinierung und soziale Kontrolle der Bevölkerung in diesen Strukturen, die Organisation verschiedener gesellschaftlicher Bereiche nach dem militärischen Prinzip von Befehl und Gehorsam, die ideologische Indoktrination der bewaffneten Organe sowie die Pflege soldatischer Tugenden und militärischer Rituale[77]. Erich Honecker selbst sprach anläßlich eines Truppenbesuches 1978 davon, daß es keinen Bereich des gesellschaftlichen Lebens gebe, der nicht von den Belangen der Landesverteidigung durchdrungen sei[78].

Im Programm der SED von 1976 wurde die Landesverteidigung prononciert als ein »Wesensmerkmal der entwickelten sozialistischen Gesellschaft« definiert[79]. Sie galt als mit allen Bereichen und Seiten der Gesellschaft eng verflochten und als durch deren Entwicklungsniveau sowie durch die konkrete »Klassenauseinandersetzung« beeinflußt. Insofern bildete die Landesverteidigung im Selbstverständnis der Parteiführung eine lebensnotwendige Voraussetzung und Bedingung für die DDR-Gesellschaft. Diese Bedeutung sowie ihr Charakter als ein gesamtgesellschaftliches Phänomen wurde in den Parteidokumenten der 70er und 80er Jahre herausgestellt[80].

Die vorgeblich neuen Anforderungen und Möglichkeiten der Landesverteidigung waren seit 1971 in konzentrierter Form in einem »Klassenauftrag« der SED formuliert worden, der eine eigenartige Verknüpfung von ideologischen und militärischen Elementen bildete.

Der X. Parteitag der SED 1981 beschloß erstmalig einen *gemeinsamen* »Klassenauftrag« für die Streitkräfte sowie die Schutz- und Sicherheitsorgane: »Für unsere Nationale Volksarmee und die Schutz- und Sicherheitsorgane ist es auch bei der Weiterführung der sozialistischen Revolution Klassenauftrag, die sozialistische Ordnung und das friedliche Leben der Bürger der DDR und aller Staaten der sozialistischen Gemeinschaft gegen jegliche Angriffe der aggressiven Kräfte des Imperialismus und der Reaktion zu schützen, die Souveränität der DDR, ihre territoriale Integrität, die Unverletzlichkeit ihrer Grenzen und ihrer staatlichen Sicherheit zu gewährleisten. Schulter an Schulter mit den Waffenbrüdern der Sowjetunion und der anderen verbündeten sozialistischen Bruderländer müssen sie jederzeit bereit und fähig sein, diesen Auftrag zu erfüllen[81].«

Dieser »Klassenauftrag« baute auf Formulierungen auf, die schon als »militärische Hauptaufgabe« auf dem VIII. Parteitag 1971[82] bzw. als »militärischer Klassenauftrag der NVA« auf dem IX. Parteitag der SED 1976[83] in den Parteidokumenten festgeschrieben worden waren.

Nunmehr galt der »Klassenauftrag« aber für *alle* Bereiche der Landesverteidigung. Der letzte SED-Parteitag 1986 bestätigte dessen Grundgedanken nochmals ausdrücklich: »Die Nationale Volksarmee, die Grenztruppen der DDR, das Ministerium für Staatssicherheit, die Deutsche Volkspolizei und die anderen Organe des Ministeriums des Innern, die Kampfgruppen der Arbeiterklasse und die Angehörigen der Zivilverteidigung erfüllen standhaft ihren Klassenauftrag, die sozialistische Ordnung und das friedliche Leben der Bürger gegen jeden Feind zu schützen. Es bleibt ihr Auftrag, die Souveränität, die territoriale Integrität, die Unverletzlichkeit der Grenzen und die Sicherheit der DDR zu gewährleisten. In fester Waffenbrüderschaft mit der ruhmreichen Sowjetarmee und den anderen Armeen des Warschauer Vertrages, im engen Zusammenwirken mit den verbündeten Schutz- und Sicherheitsorganen stehen sie auf Wacht für den Frieden und für den kollektiven militärischen Schutz der sozialistischen Länder[84].«

Der SED gelang es seit Beginn der 70er Jahre, den Komplex der in der Landesverteidigung organisierten bewaffneten Kräfte noch unmittelbarer zu steuern und enger als je zuvor mit anderen Teilbereichen der Gesellschaft zu verweben. Die langjährige personelle Kontinuität in der Führung der bewaffneten Organe unterstützte diesen Prozeß[85]. Verteidigungsminister Heinz Hoffmann und der Minister für Staatssicherheit Erich Mielke gehörten seit 1973 dem entscheidenden Führungsgremium der SED, dem Politbüro, an. Innenminister Friedrich Dickel war seit 1967 Mitglied des SED-Zentralkomitees. Darüber hinaus gehörten die drei Minister dem NVR an.

Der NVR hatte sich ohne Zweifel zum wichtigsten Fachorgan für Fragen der äußeren Landesverteidigung und des inneren Schutzes des Sozialismus entwickelt. Ihm oblag die Leitung der Verteidigungs- und Sicherheitsmaßnahmen der DDR im Kriegsfall[86].

Erich Honecker[87] nahm ab 1971 als Erster Sekretär bzw. ab 1976 als Generalsekretär des ZK der SED, als Vorsitzender des Staatsrates (ab 1976) und Vorsitzender des NVR (ab 1971) entscheidenden persönlichen Einfluß auf die Militär- und Sicherheitspolitik. Er war faktisch Oberster Befehlshaber aller bewaffneten Kräfte der DDR. Unter Honecker wurde die Arbeitsweise des NVR strikt reguliert. Er ließ alles bis ins letzte Detail vorbereiten, woran nicht zuletzt auch die Akribie des 1971 neu eingesetzten NVR-Sekretärs und Chefs des Hauptstabes der NVA Generaloberst Fritz Streletz Anteil hatte. Die Diskussionen über die umfangreichen Vorlagen verkürzten sich dagegen oft bzw. fielen ganz weg. Der NVR wurde zwar so zunehmend zu einer »Akklamationsmaschine« für SED-Chef Honecker[88], gleichzeitig faßte er aber eine Reihe grundlegender militärpolitischer und militärischer Anordnungen und Beschlüsse, die auch direkt auf die Entwicklung der einzelnen bewaffneten Organe Einfluß hatten[89].

Am 30. November 1973 beschloß der NVR »Grundsätze für die Führung der Deutschen Demokratischen Republik im Verteidigungszustand«[90]. Bis 1989 gehörten diese »Grundsätze« zur Vorbereitung von Staat und Partei auf den Kriegszustand, die letzte Fassung war vom 27. November 1985 datiert[91], zu den wichtigsten Dokumenten der SED- und Staatsführung zur Organisierung der Landesverteidigung. Auf ihrer Grundlage wurden verschiedene Nachfolgedokumente erlassen, so u.a. Direktiven des Generalsekretärs der SED und Vorsitzenden des NVR über die Verteidigungsbereitschaft der DDR sowie weitere Anordnungen, Pläne und Grundsätze.

Alle Dokumente verdeutlichten für den Kriegsfall die Suprematie der SED über den Staat noch stärker, als dies bereits in Friedenszeiten sichtbar war. Danach hatten das Politbüro die politische Führung, der NVR die militärische, staatliche und wirtschaftliche Führung sowie eine »Hauptführungsstelle« der Partei- und Staatsführung die operative Führung zu übernehmen. Als Leiter »Zentraler Führungsbereiche« sollten drei SED-Spitzenfunktionäre sowie der Vorsitzende des Ministerrates, der Minister für Nationale Verteidigung, der Minister für Staatssicherheit und der Minister des Innern fungieren. Zudem waren sogenannte Bevollmächtigte, in der Regel Mitglieder des Politbüros, für wichtige staatliche Bereiche wie »Staat und Recht« (u.a. Aufgaben Staatsrat, Justiz), »Planung« (u.a. Sicherstellung des Bedarfs der bewaffneten Organe, Bevölkerung), »Leistungen« (u.a. Bereitstellung Transportkapazität, Nachrichtenwesen, medizinische und soziale Versorgung), »Produktion« (u.a. Sicherstellung materiell-technischer Bedarf Militärtechnik, Energieversorgung), »Finanzen und Banken« (Finanz-, Geld- und Kreditwirtschaft), »Versorgung« (u.a. Versorgung mit Nahrungsmitteln für bewaffnete Organe und Bevölkerung) und »Bildung und Kultur« (u.a. Evakuierung von Kindern, Truppenbetreuung) vorgesehen[92]. In den Bezirken und Kreisen sollten die von den jeweiligen 1. Sekretären der SED geleiteten Bezirks- bzw. Kreiseinsatzleitungen agieren[93].

Neu umriß man ab 1982 auch die Tätigkeit der leitenden SED-Organe im Kriegszustand. Um u.a. die Aufgaben einer umfangreichen »partei- und massenpolitischen Arbeit« zur Mobilisierung der DDR-Bürger für die Verteidigung des Landes erfüllen zu können, war vorgesehen, den Parteiapparat umzustrukturieren. Das ZK und die ZK-Abteilungen (außer Sicherheitsabteilung) sollten ihre Tätigkeit einstellen. Die Führung der SED sollte von den — dem

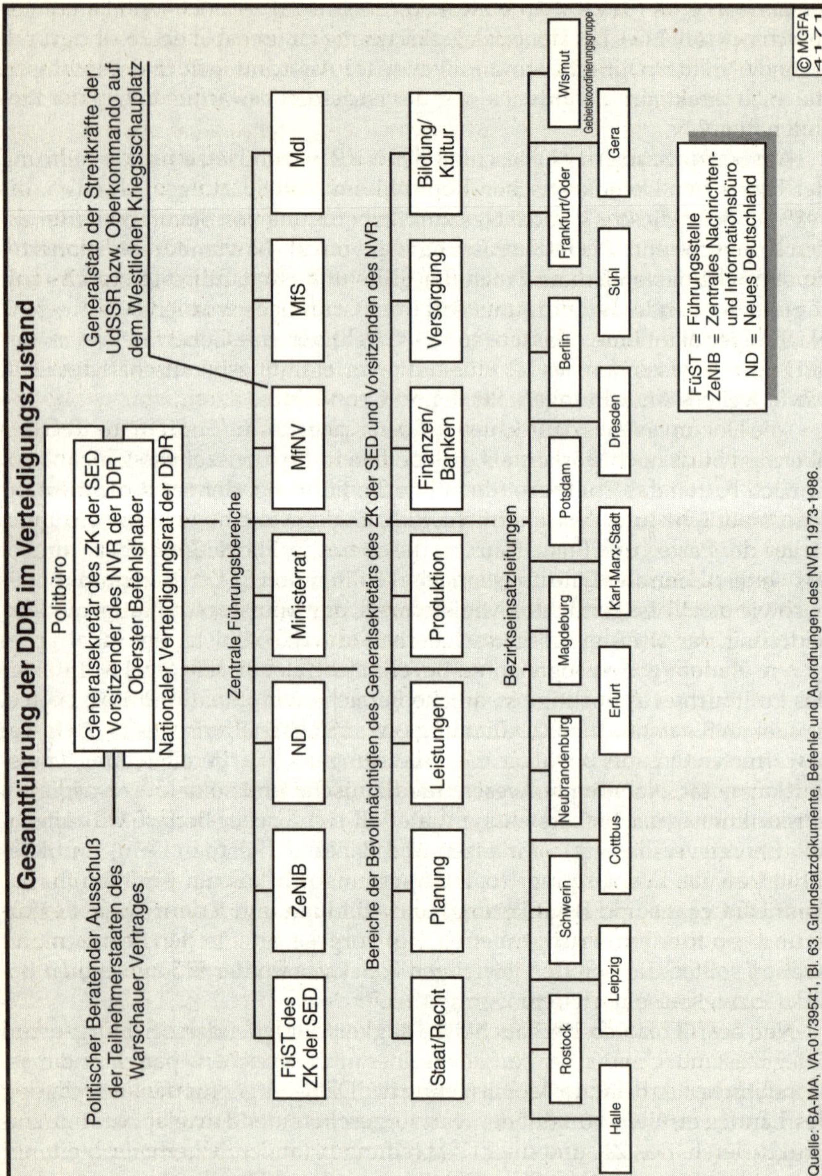

Quelle: BA-MA, VA-01/39541, Bl. 63. Grundsatzdokumente, Befehle und Anordnungen des NVR 1973-1986.

Generalsekretär direkt unterstellten — Leitern der Führungsbereiche (Führungsstelle des ZK der SED, Zentrales Nachrichten- und Informationsbüro[ZeNIB], SED-Zentralorgan »Neues Deutschland«) übernommen werden. Die Strukturen auf Bezirks- und Kreisebene entsprachen denen der zentralen Ebene[94].

Die Überführung der DDR vom Friedens- in den Kriegszustand sollte auf Befehl des Vorsitzenden des NVR in mehreren Stufen erfolgen. Generell war von den Führungsorganen und bestimmten Einsatzkräften eine »Ständige Gefechts- und Einsatzbereitschaft (SG/SE) zu gewährleisten. Auf entsprechenden Befehl hin folgten dann die Stufen »Erhöhte Gefechts-/Einsatzbereitschaft (EG/EE)«, »Gefechts-/Einsatzbereitschaft bei Kriegsgefahr (GK/EK)« und »Volle Gefechts-/Einsatzbereitschaft (VG/VE)«. Ebenfalls auf Befehl des Vorsitzenden des NVR waren die Maßnahmen der gedeckten militärischen Mobilmachung und die Bekanntgabe der offenen Mobilmachung durchzuführen.

Um eine optimale Vorbereitung des Territoriums der DDR als Teil des Kriegsschauplatzes zu erreichen, galt es, bereits im Frieden eine Vielzahl von baulichen, materiellen, technischen und organisatorischen Maßnahmen zur Schaffung günstiger Voraussetzungen für die Handlungen der Vereinten Streitkräfte durchzuführen. Dazu mußten u.a. Führungsstellen vorbereitet und gebaut, Dezentralisierungsmöglichkeiten für die NVA-Truppen und für wichtige staatliche Bereiche sowie Einlagerungs- und Bevorratungsmöglichkeiten für Versorgungsgüter usw. geschaffen werden.

Die operative Vorbereitung des Territoriums der DDR war in erster Linie darauf gerichtet, den Truppen der Vereinten Streitkräfte des Paktes, insbesondere den sowjetischen Verbänden, einen raschen und reibungslosen Durchmarsch an die Grenze zur Bundesrepublik zu gewährleisten. Die Vorbereitungen dazu konnten in der zweiten Hälfte der 80er Jahre im wesentlichen abgeschlossen werden. Das betraf vor allem die Straßen- und Brückenkapazitäten, den Ausbau eines Militärstraßennetzes, die Vorbereitung von Feldlazaretten, die Einlagerung von Treibstoffen, Verpflegung, Bekleidung und Ausrüstung. »Die Stufe um Stufe und systematisch von den Sowjets geforderte ›Operative Vorbereitung der DDR als Teil des Kriegsschauplatzes‹ machte das Territorium der DDR zum größten Aufmarsch-, Sammel- und Konzentrierungsraum nach dem Zweiten Weltkrieg[95].«

Auf der Tagesordnung des NVR standen wiederholt auch Berichte und Beschlüsse über die Aufgaben der Staatsorgane und der Wirtschaft zur Sicherstellung der Belange der Landesverteidigung. Alle Kombinate, Betriebe, Einrichtungen, Genossenschaften, gesellschaftlichen Organisationen und Vereinigungen hatten die ihnen von der Parteiführung zugewiesenen Verteidigungsaufgaben vorzubereiten und durchzuführen. In diesem Zusammenhang galten vor allem die Verordnungen über Lieferungen und Leistungen an die bewaffneten Organe (LVO) vom 8. Mai 1972 bzw. vom 15. Oktober 1981 als wirksame Instrumente zur Planung, Bilanzierung und Realisierung dieser Aufgaben.

Die in der Regel geheimen Entscheidungen des NVR fanden bei Bedarf ihre Umsetzung in Gesetzen und anderen Rechtsvorschriften. Von herausragender Bedeutung war das Verteidigungsgesetz der DDR. Nicht zuletzt unter der Prämisse, daß der »Kampf um den Frieden und die Sicherheit des Sozialismus« in Zukunft »härter und komplizierter« werde[96], verabschiedete die Volkskammer 1978 — siebzehn Jahre nach der erstmaligen Verkündung eines solchen Gesetzes — ein neues Verteidigungsgesetz. Durch die Aufnahme fast aller grundsätzlichen Fragen der Landesverteidigung einschließlich der Zivilverteidigung in das neue Gesetz konnten mehrere bisherige Gesetze außer Kraft gesetzt werden.

Die Landesverteidigung sollte nunmehr auch gesetzlich fixiert als fester Bestandteil der Gesellschaftsordnung und als Teil des östlichen Verteidigungsbündnisses organisiert werden. Stellung, Aufgaben und Befugnisse des NVR wurden erweitert. So legte man fest, daß der NVR Rechtsvorschriften in Form von Anordnungen und Beschlüssen erlassen konnte und damit eine Rechtsverbindlichkeit gegenüber allen Bürgern und Organen erlangte. Diese Entscheidung legalisierte freilich lediglich die bisherige Praxis.

Im Absatz 2 des Paragraphen 4 des Verteidigungsgesetzes wurde bestimmt, daß im Falle der Gefahr eines unmittelbar bevorstehenden Angriffs oder eines bewaffneten Überfalls auf die DDR sowie in Erfüllung internationaler Bündnisverpflichtungen der Verteidigungzustand beschlossen und verkündet werden konnte. Neu hinzu kam eine Festlegung, die die Beschlußfassung über die Mobilmachung durch den NVR auf Grund einer bedrohlichen Lage noch vor Verkündung des Verteidigungszustandes regelte. Der NVR erhielt zudem die Berechtigung, auch solche Maßnahmen einzuleiten, die von Gesetzen und anderen Rechtsvorschriften abwichen. Das neue Gesetz enthielt darüber hinaus Festlegungen zu den Aufgaben und der Leitung der Zivilverteidigung sowie im III. Abschnitt Bestimmungen zur ökonomischen Sicherstellung[97].

Das Verteidigungsgesetz übertrug somit dem NVR die zentrale Leitung der Verteidigungs- und Sicherheitsmaßnahmen. Der NVR hatte über die zeitweise oder allgemeine Mobilmachung zu entscheiden, worunter die Umstellung des Friedenszustandes auf den Verteidigungsfall zu fassen war. Dazu gehörten insbesondere die Auffüllung der Armee mit Reservisten, die Alarmierung der territorialen Kräfte und die Umstellung der Industrieproduktion auf Rüstungswirtschaft. Das Ministerium für Nationale Verteidigung bildete das zentrale Organ des Nationalen Verteidigungsrates für die komplexe Planung, Koordinierung und Durchsetzung grundsätzlicher Maßnahmen der Landesverteidigung.

Nur vier Jahre später, am 25. März 1982, beschloß die Volkskammer ein weiteres, für die Entwicklung der bewaffneten Kräfte und der Landesverteidigung allgemein bedeutsames Gesetz: das Wehrdienstgesetz[98]. Dieses Gesetz und seine Folgebestimmungen (Einberufungsordnung, Dienstlaufbahnordnung, Reservistenordnung usw.) sollte den veränderten Bedingungen Rechnung tragen, die u.a. auch die personelle Auffüllung der bewaffneten Kräfte angesichts geburtenschwacher Jahrgänge betrafen.

Das Wehrdienstgesetz setzte das Wehrpflichtgesetz von 1962 außer Kraft. Es regelte die Wehrpflicht und den freiwilligen Wehrdienst, den aktiven Wehrdienst und den Reservistenwehrdienst, den Wehrdienst während der Mobilmachung und im Verteidigungszustand sowie die vorbereitenden Maßnahmen für den Wehrdienst, die Förderung nach dem Wehrdienst und die Reserve der NVA. Das Gesetz bestimmte u.a. die Verlängerung der Gesamtzeit für Reservistenübungen und die Möglichkeit der Einbeziehung von Frauen während der Mobilmachung und im Verteidigungszustand. Die Vorbereitung auf den Wehrdienst wurde zum Bestandteil der Bildung und Erziehung an den Schulen, Einrichtungen der Berufsbildung, Fach- und Hochschulen sowie Universitäten erklärt. Allen Einrichtungen, Institutionen usw. erlegte man dafür konkrete Pflichten auf. Zeitgleich verabschiedete die Volkskammer das »Gesetz über die Staatsgrenze der DDR« (Grenzgesetz)[99], das erstmalig alle grundlegenden Bestimmungen über das Hoheitsgebiet und die Staatsgrenze sowie über die Stellung und Aufgaben der Grenztruppen zusammenfaßte.

Die *NVA* war als bedeutendstes bewaffnetes Organ weiterhin der Kern des Systems der »sozialistischen Landesverteidigung«. Das Ministerium für Nationale Verteidigung bildete die für die Streitkräfte, aber auch für die Grenztruppen und die Zivilverteidigung (ab 1976) die oberste Führungs- und Verwaltungsbehörde[100]. Die Verbände und Truppenteile der Land-, Luft- und Seestreitkräfte, die in die Vereinten Streitkräfte integriert waren, bildeten als sogenannter militärisch-mobiler Bereich die Hauptkraft der Landesverteidigung der DDR. Ihre Funktion war vorrangig auf die Verteidigung des Landes nach außen gerichtet. Für den inneren Gewalteinsatz war die NVA formal seit spätestens Anfang der 60er Jahre nicht mehr vorgesehen. Es gehörte aber zum Auftrag des Verteidigungsministers, den Einsatz der anderen bewaffneten Organe bei der Vorbereitung und Durchführung militärischer Aktionen im Spannungs- und Verteidigungsfall zu koordinieren. Da die DDR-Volksarmee als fester Bestandteil der Gesellschaft galt, war sie nicht nur ein

Vorzeigeobjekt bei Paraden, sondern sie hatte spezifische, vor allem gesellschaftliche Funktionen im Innern wahrzunehmen, die in westlichen Armeen eher unüblich waren. So trug sie als Integrations- und Stabilisierungselement mittels der politisch-ideologischen Erziehung und der Vernetzung mit paramilitärischen und schulischen Einrichtungen militärspezifische Denk- und Verhaltensweisen in andere Gesellschaftsbereiche hinein.

Mit dem Wechsel von den 60er zu den 70er Jahren begann für die DDR-Volksarmee ein Abschnitt, der vor allem durch eine planmäßige professionelle Entwicklung charakterisiert war[101]. Militärisches Können, Organisationsfähigkeit und Leistungsbereitschaft zeichneten die NVA auf dem Höhepunkt dieser Entwicklung aus. Im Mittelpunkt aller Anstrengungen stand nach wie vor die Erhöhung bzw. Vervollkommnung der ständigen Gefechtsbereitschaft, in deren Rahmen u.a. mindestens 85 Prozent des Personals präsent sein mußten. Nach dem Willen der Parteiführung sollte die Gefechtsbereitschaft trotz militär- und außenpolitischer Veränderungen ab Mitte der 80er Jahre einen neuen Höchststand erreichen. Doch zu diesem Zeitpunkt waren die Erscheinungen der allgemeinen Stagnation, des Verlustes des Feindbildes, der strukturellen Verkrustung und der sinkenden Wehrmotivation in den Streitkräften nicht mehr zu überdecken. Die Lage in der NVA war 1989/90 äußerst gespannt. Ihre Gefechts- und Mobilmachungsbereitschaft galten zuletzt als beträchtlich eingeschränkt. Im Sog des Zusammenbrechens der DDR entstanden 1990 neue militärpolitische Leitsätze. Sie sahen zwar weiterhin Streitkräfte vor, plädierten aber für eine weltanschaulich und parteipolitisch nicht gebundene »Armee des gesamten Volkes«. Ihr Auftrag sollte künftig einzig und allein darin bestehen, einen Beitrag zur Bewahrung der äußeren Sicherheit zu leisten. Die NVA sollte darüber hinaus in wachsendem Maße an der Vorbereitung und Durchführung von Abrüstungsschritten, an der Lösung ökologischer Probleme sowie an friedenserhaltenden Missionen der UNO teilnehmen[102].

Die NVA war mit ihren Truppen und Kräften operativ-taktischer Bestimmung seit den 60er Jahren umfassend in das operative Gesamtkonzept des Westlichen Kriegsschauplatzes der Warschauer Vertragsorganisation integriert. Alle Entscheidungen der SED im militärischem Bereich wurden maßgeblich und oft direkt von der Sowjetunion beeinflußt und bestimmt. Im Kriegsfall war die klare Unterordnung der Armeeverbände unter sowjetischen Oberbefehl vorgesehen. Entsprechend der geltenden Militärdoktrin des Paktes sollte der Gegner mit schnellen und in die Tiefe stoßenden Operationen auf seinem eigenen Territorium geschlagen werden. Bis 1987 war deshalb in allen Verbänden vorrangig der Angriff geübt worden, seit dem Anfang der 80er Jahre hatte sich die Anzahl der Kommandostabs- und Truppenübungen sogar erhöht. Erst danach erhielt die Übungstätigkeit der Truppen einen neuen Schwerpunkt.

In den Jahren 1975, 1980 und 1985 entstanden zwischen dem Vereinten Kommando und der NVA Protokolle über die Bereitstellung von Truppen und Flottenkräften der NVA für die Vereinten Streitkräfte und ihre Entwicklung in den folgenden fünf Jahren. Das letzte Protokoll dieser Art bestätigte Erich Honecker am 5. Dezember 1985[103]. Darin war die Stärke der Truppen der NVA festgelegt, die für die Vereinten Streitkräfte bereitgestellt wurden: im Frieden zwischen 148 000 und 153 000 Mann, im Krieg 430 000 bis 460 000 Mann. Der sogenannte Mob.-Faktor, d.h. der Multiplikator zur Errechnung der Kriegsstärke im Vergleich zur Friedensstärke, betrug damit für die NVA 2,5. Die DDR-Volksarmee verfügte im Kriegsfall unterhalb des Vereinten Oberkommandos über folgende Hauptführungsorgane: zwei Armeefeldführungen auf der Basis der Kommandos der Militärbezirke, ein Kommando LSK/LV und ein Kommando Volksmarine. In kürzester Zeit konnten auf der Grundlage eines nahezu perfekten Mobilmachungssystems 5 neue Divisionen der Landstreitkräfte zu den schon bestehenden 6 Verbänden aufgestellt werden. Daß die NVA in den 80er Jahren in Fragen der Mobilmachung tatsächlich eine Spitzenstellung im Warschauer Pakt einnahm, zeigte sich 1988 in einer Lehrvorführung vor den Generalstabschefs der verbündeten Armeen.

Der mobile militärische Bereich der Landesverteidigung fand — wie bereits eingangs beschrieben — im sogenannten territorial gebundenen Bereich seine Ergänzung, wozu seit Anfang der 80er Jahren auch die Grenztruppen der DDR gezählt wurden[104]. Als »Kampftruppen« dieses Bereiches, die u.a. im Zusammenwirken mit der NVA für eine Operation zur Einnahme von Berlin (West) feldverwendungsfähig waren bzw. Gefechtsaufgaben zur Sicherung rückwärtiger Einrichtungen übernehmen konnten, galten die Einheiten der Grenztruppen, das MfS-Wachregiment und die VP-Bereitschaften sowie die mit gut ausgebildeten Reservisten durchsetzten Kampfgruppen.

Der Aufbau der Territorialverteidigung, der in den 60er Jahren begann, sollte im wesentlichen bis zum Anfang der 80er Jahre abgeschlossen sein. Tatsächlich konnte man auf diesem Gebiet erhebliche Fortschritte verzeichnen. Das betraf die Modernisierung und Neuausrüstung der »Kampftruppen« mit Bewaffnung und Gerät ebenso wie die Bildung von Transportkommandanturen, die Einrichtung zentraler Lager- und Instandsetzungseinheiten oder den Aufbau von speziellen »Basiseinheiten« in verschiedenen Ministerien. Des weiteren konnten die Strukturen der Stäbe der Einsatzleitungen und der Wehrbezirkskommandos durch die Schaffung eines Territorialverteidigungsorgans in den Militärbezirken der NVA verbessert und die Nutzung der vorhandenen Nachrichtenanlagen und Führungsstellen optimiert werden. Geschützt untergebrachte Führungsstellen existierten für die Partei- und Staatsführung, die militärische Führung, die Organe des Ministerrates und die Bezirkseinsatzleitungen. Die Hauptführungsstelle der Partei- und Staatsführung umfaßte z.B. 270 operative Kräfte und 180 Nachrichten- und technische Kräfte, eine Bezirksführungsstelle etwa 100 operative und 60–80 Nachrichtenkräfte. Mobilmachungsübungen zur Aufstellung von Mob.-Divisionen der NVA oder zur Überprüfung von Teilbereichen der staatlichen Infrastruktur bzw. von Bezirken fanden unter den Bezeichnungen »Prüffeld«, »Elektronik«, »Territorium« oder »Eichraum« vor allem in den 70er Jahren in größerer Anzahl statt.

Einen wichtigen Bestandteil des territorial gebundenen Bereichs bildeten die *Grenztruppen der DDR*.

Sie wurden vom stellvertretenden Verteidigungsminister und Chef der Grenztruppen geführt, waren aber seit dem Jahreswechsel 1973/74 offiziell kein Teil der NVA mehr[105]. Ihre Hauptaufgabe war es, »alle erforderlichen Maßnahmen zum zuverlässigen Schutz der Staatsgrenze« zu treffen[106], was in der Regel darauf hinauslief, sogenannte Grenzdurchbrüche an der innerdeutschen Grenze von Ost nach West zu verhindern. Im Fall einer Offensive der Warschauer-Pakt-Truppen gegen die Bundesrepublik war aber auch die Einbeziehung von Grenzregimentern in die Kampfhandlungen auf westdeutschem Territorium vorgesehen.

Die Länge der Grenze zur Bundesrepublik betrug knapp 1400 km, davon waren Mitte der 70er Jahre bereits zwei Drittel mit Grenzzaun (3 m Streckmetall) sowie hunderte Kilometer mit Minensperren (erdverlegten Minen), mit Selbstschußanlagen SM-70, Kolonnenwegen, Grenzsignalzäunen oder mit Kfz-Sperrgraben ausgestattet. Eine 130 km lange Grenzmauer trennte Berlin in zwei Teile. Die Länge der Seegrenze betrug 378 km. Es war geplant, den gesamten pionier-, signal- und nachrichtentechnischen Ausbau der Staatsgrenze bis 1981 abzuschließen.

Jährlich unternahmen hunderte DDR-Bürger den Versuch, die Grenzsperren zu durchbrechen. Über 90 Prozent dieser Grenzdurchbrüche wurden durch Sicherheitskräfte verhindert. Nur wenigen Personen gelang der Durchbruch[107].

Seit den 70er Jahren setzte sich immer stärker die Auffassung durch, das Grenzregime als eine komplexe Aufgabe der Grenztruppen der DDR, der Volkspolizei und des MfS, der Räte der Bezirke und Kreise zu betrachten. Dadurch konnte die Mehrzahl der »Grenzverletzer« bereits im Hinterland gestellt werden. Einen besonderen Anteil an den Festnahmen hatten die Polizei und die Transportpolizei. Freiwillige Helfer der VP und der Grenztruppen unterstützten die Arbeit der bewaffneten Organe[108].

Bereits 1971 fand eine Umgliederung der Grenztruppen statt, die fast zwei Jahrzehnte Bestand haben sollte: Aus den bisherigen Grenzbrigaden wurden neue Formationen geschaffen, so daß die Grenzregimenter nunmehr drei Grenzkommandos unterstanden. Erst 1989 begann man mit Vorbereitungen, die Grenztruppen erneut umzuformen. Struktur und Dislozierung sollten nunmehr weitgehend mit der politischen Territorialstruktur in Übereinstimmung gebracht werden. Mit der Einführung territorialer Bezeichnungen wie Grenzbezirkskommando und Grenzkreiskommando wollte man noch stärker unterstreichen, daß die Grenztruppen keinen Bestandteil der NVA bildeten. Hauptziel blieb es jedoch, trotz Einsparungen eine höhere Dichte an Kräften und Mitteln in der Grenzsicherung erreichen[109].

Eine wachsende Bedeutung im territorial gebundenen Bereich der Landesverteidigung erlangten die paramilitärischen Organisationen sowie die Schutz- und Sicherheitskräfte. Sie sollten das eigene Hinterland gegen »Agenten, Saboteure und bewaffnete Banden« von außen und innen sichern sowie den Schutz der Zivilbevölkerung und die Lebensfähigkeit des Landes gewährleisten helfen. Unmittelbar im Dienst der SED standen die »*Kampfgruppen der Arbeiterklasse*« als bewaffnetes Milizorgan[110]. Der NVR-Beschluß vom 30. September 1971 über die »Grundsätze für die Hauptrichtung der Entwicklung der Kampfgruppen der Arbeiterklasse im System der Landesverteidigung der Deutschen Demokratischen Republik bis 1980«[111] war Grundlage für eine rasche Erhöhung der Kampfkraft und Gefechtsbereitschaft. Dazu gehörten die Einführung neuer Bewaffnung und Ausrüstung (hundertprozentige Ausrüstung mit Schützenwaffen, Flak, rückstoßfreien Geschützen usw.) sowie neue Organisationstrukturen, so u.a. die Umstrukturierung der Kampfgruppenbataillone (mot.) zu SPW-Hundertschaften mit SPW in den Grenzbezirken. Die Kampfgruppen waren 1976 durchschnittlich zu 99,5 % aufgefüllt. Fast 70 % ihrer Angehörigen waren Mitglied der SED[112].

Zu den Einsatzaufgaben der Kampfgruppen zählten neben dem territorialen Schutz von Betrieben und öffentlichen Einrichtungen nunmehr stärker die operativ-taktische und logistische Unterstützung der NVA und der verbündeten Streitkräfte. Bereits im Manöver »Waffenbrüderschaft« 1970 wurden Kampfgruppeneinheiten in die Übungshandlungen eines Großmanövers des Warschauer Paktes einbezogen, ohne letztlich die an sie gestellten Erwartungen im militärischen Bereich erfüllen zu können.

Die Kampfgruppen entwickelten sich mehr und mehr zu einem wirkungsvollen Faktor der Landesverteidigung. Eine Direktive des NVR definierte 1981: »Die Kampfgruppen sind das unmittelbar bewaffnete Organ der Arbeiterklasse und dienen dem Schutz der sozialistischen Errungenschaften der Deutschen Demokratischen Republik. Auf der Basis der Freiwilligkeit aufgestellt, nach militärischen Prinzipien gegliedert, geführt, ausgerüstet und ausgebildet, werden sie zur Verteidigung des Territoriums der Bezirke und Kreise der DDR eingesetzt. Die Kampfgruppen gehören zu den bewaffneten Kräften der Deutschen Demokratischen Republik und sind fester Bestandteil der sozialistischen Landesverteidigung. Sie sind eingeordnet in den Bestand der territorialen Kräfte der Bezirke und Kreise und bilden deren Hauptkraft[113].«

In Zusammenwirken mit anderen bewaffneten Organen hatten die »Kampfkräfte« der Kampfgruppen u.a. die Hauptaufgabe, gegnerische Sabotage- oder Aufklärungsgruppen zu zerschlagen bzw. zu vernichten, die Grenztruppen bei der gefechtsmäßigen Grenzsicherung zu unterstützen, an der Aufrechterhaltung der öffentlichen Ordnung und Sicherheit mitzuwirken und zur Sicherung und Verteidigung der Ausweichführungsstellen der Einsatzleitungen beizutragen. Die »Sicherungskräfte« erhielten die Aufgabe, wichtige Objekte der Landesverteidigung zu sichern und zu verteidigen.

Die Kampfgruppen verfügten 1980 über insgesamt 191 662 Mann sowie 19 479 Mann Reserve, davon waren 78 764 Mann »Kampfkräfte«. Im Bezirk Halle waren mit knapp 30 000 Mann die meisten Kampfgruppenangehörigen zu finden[114]. Zu einem befürchteten Einsatz der Kampfgruppen im Herbst 1989 kam es trotz Drohgebärden in der Presse nicht[115].

Das Hauptanliegen einer *Zivilverteidigung* besteht im Grunde darin, den Schutz der Bevölkerung sowie materieller und kultureller Werte vor Gefahren zu gewährleisten sowie zur Beseitigung oder Milderung von Kriegseinwirkungen, Katastrophen usw. beizutragen[116]. In diesem Sinne bildete die Zivilverteidigung der DDR eigentlich kein bewaffnetes Organ im klassischen Sinn, da u.a. eine umfassende Bewaffnung nicht vorhanden war. Dennoch spielte sie im System der Landesverteidigung eine wichtige Rolle und wurde im Warschauer Bündnis ab Mitte der 70er Jahre sogar zu einem Faktor mit zunehmend strategischer Bedeutung hochstilisiert. In Rahmen der »einheitlichen Planung und Führung der Landesverteidigung« bekam sie — in Koordinierung mit den bewaffneten Kräften — konkrete Aufgaben im Interesse der Handlungen der Vereinten Streitkräfte auf dem Territorium der DDR zugewiesen. In Konsequenz dessen wurde die Zivilverteidigung 1976 dem Verteidigungsminister unterstellt. Damit entstanden die bis zum Ende der DDR gültigen Strukturen. Die beiden bisherigen Organisationsprinzipien der ZV — das »territoriale Prinzip« vom Ministerrat zu den örtlichen Räten sowie das »Produktionsprinzip« vom Ministerrat zu den Betrieben — wurde nunmehr durch das militärische Prinzip vom Verteidigungsministerium zu den territorialen militärischen Führungsorganen ergänzt, das zunehmend dominierend wurde. Im Jahr 1980 bezog man Formationen der Zivilverteidigung erstmalig in ein militärisches Großmanöver des Warschauer Paktes (»Waffenbrüderschaft 80«) ein. Die Verantwortung der Zivilverteidigung für den Katastophenschutz trat damit zeitweise hinter den militärisch orientierten Auftrag zurück. Eine vollständige Militarisierung wie sie z.B. in der UdSSR zu beobachten war, erfolgte in der DDR jedoch nicht. Erst ab Mitte der 80er Jahre gab es Anzeichen, den Charakter der Zivilverteidigung — auch unter Einbeziehung des DRK — als Zivil- und Katastrophenschutz wieder stärker in den Mittelpunkt zu rücken.

Soweit sie Aufgaben »im Interesse der Landesverteidigung« erfüllten[117], wurden auch die Organe der Deutschen Volkspolizei und der Staatssicherheit dem territorial gebundenen Bereich der DDR-Landesverteidigung zugeordnet.

Die *Deutsche Volkspolizei* stellte das älteste Schutz- und Sicherheitsorgan der DDR dar[118]. Sie hatte nach dem Polizeigesetz von 1968[119] die öffentliche Ordnung und Sicherheit jederzeit zu gewährleisten bzw. zu erhöhen. Die Organisation der Mobilmachung im Führungsbereich des Ministers des Innern und Chefs der DVP sowie die Bestimmung der Dienstverhältnisse im Verteidigungszustand basierten auf Beschlüssen des NVR aus den Jahren 1966, 1968, 1973 und 1979[120]. Dabei ging es um abgestimmte Maßnahmen zur Gewährleistung der öffentlichen Ordnung und Sicherheit, insbesondere zur Operationsfreiheit der Vereinten Streitkräfte, die Verstärkung der Kampfkraft des MdI und die Sicherung von Ausweichobjekten zentraler Führungsstellen. Mobilzumachen waren die DVP, die Organe der Feuerwehr und des Strafvollzugs, die Kampfgruppen und die Brandschutzeinheiten. Allein 47 000 Reservisten sollten die bewaffneten Kräfte des MdI ergänzen.

Insgesamt erweiterten sich die militärischen Bestandteile in der Einsatzausbildung der Volkspolizisten. Vor allem seit den 80er Jahren ging es darum, in der Aus- und Weiterbildung relevante Probleme der polizeilichen Arbeit verstärkt aus der Sicht der Landesverteidigung zu behandeln. Eine vorläufige Dienstvorschrift aus dem Jahr 1978 beschrieb den Kampfeinsatz der DVP auf Bezirks- und Kreisebene zur Bekämpfung kleiner bewaffneter Gruppen auf dem eigenen Territorium. Erst zehn Jahre später wurden polizeispezifische Aufgaben der Volkspolizei für den Verteidigungszustand festgelegt, die nunmehr stärker die Prävention, z.B. gegen innenpolitische Widerstände bei der Mobilmachung der DDR, vorsahen.

Zu den kasernierten Einheiten des MdI gehörten *VP-Bereitschaften*[121] und *Kompanien der Transportpolizei*[122]. Sie konnten zur Absicherung bei besonderen Anlässen und von Veranstaltungen, zur Ergreifung flüchtiger Rechtsverletzer, zur Beseitigung von Katastrophenfolgen sowie zu speziellen Aufgaben der Landesverteidigung eingesetzt werden.

Die Kampfkraft und Einsatzmöglichkeiten der 21 VP-Bereitschaften in Bataillonsstärke, denen in der Territorialverteidigung eine wichtige Rolle zukam, wurden in den 70er und 80er Jahren weiter verbessert. Das gelang u.a. durch die Einführung neuer SPW, die Erhöhung der Zahl von Panzerabwehrmitteln, die Bildung von Flak-Zügen mit 23-mm-Zwilling-Kanonen oder die Einführung von Scharfschützengewehren. Der Auffüllungsstand betrug 1980 bei den Offizieren 98,4 %, bei den Unterführern und Wachtmeistern 100 %. 99,8 % aller Offiziere gehörten der SED an[123].

Die Verteidigungsplanung sah im Rahmen der Territorialverteidigung Kampfhandlungen der VP-Bereitschaften »zur Aufklärung und Vernichtung subversiver Kräfte des Gegners« vor und zielte auf das »Zusammenwirken mit anderen bewaffneten Kräften, insbesondere den Kampfgruppen der Arbeiterklasse«[124]. Beim Manöver »Waffenbrüderschaft« 1970 wurde sogar eine Bereitschaft an der Seite der Streitkräfte eingesetzt. Darüber hinaus gab es Überlegungen, den VP-Bereitschaften auch Aufgaben bei möglichen Angriffsoperationen, z.B. bei der Besetzung von Berlin (West) zu übertragen[125]. Erst ab Mitte der 80er Jahre wurden den Bereitschaften im Frieden wie auch für den Kriegsfall vorrangig wieder polizeiliche Einsatzaufgaben zugewiesen. Sie hatten nunmehr vor allem den operativen Dienst der DVP zu verstärken, Ordnungs- und Sicherungseinsätze zu leisten oder waren in der Volkswirtschaft eingesetzt. Im Mobilmachungsfall wäre die Teilnahme an der Sicherstellung der Mobilmachung, die Sicherung besonderer Objekte, die Bewachung von Kriegsgefangenen usw. hinzugekommen.

Die Transportpolizei war seit 1970 in die Befehlsstrukturen der Bezirksbehörden der Deutschen Volkspolizei eingebunden. Die SED hatte der über 6000 Mann starken Truppe die Rolle einer militärischen Reservetruppe für den Kriegsfall zugedacht. Die Leiter der Transportpolizei-Ämter waren zwar nicht in den Bezirkseinsatzleitungen vertreten, wirkten aber in den Einsatzleitungen des Verkehrswesen bei den Reichsbahndirektionen mit. Erst in zweiter Linie legitimierten allgemeine polizeiliche Aufgaben die Tätigkeit der Transportpolizei auf dem Gebiet der Deutschen Reichsbahn.

Als »Schild und Schwert der Partei« blieb auch in den 70er und 80er Jahren das *Ministerium für Staatssicherheit* das vorrangige Überwachungs- und Repressionsinstrument der SED im Innern, das nach dem Amtsantritt Honeckers strukturell und personell weiter ausgebaut wurde[126]. Aus der Tatsache, daß Themen des Ministeriums für Staatssicherheit unter Honecker nicht ein einziges Mal auf der Tagesordnung des NVR standen, ist jedoch nicht zu folgern, daß das MfS im System der Landesverteidigung keine oder nur eine untergeordnete Rolle gespielt hätte. Das MfS nahm sehr wohl auch Funktionen in diesem Bereich wahr. Die Angelegenheiten der Staatssicherheit wurden aber von Honecker und Mielke bewußt aus den Besprechungen des NVR herausgehalten, um anstehende Entscheidungen in Vier-Augen-Gesprächen treffen zu können[127].

Die Vorbereitung auf den inneren Krisen- und den Verteidigungsfall gehörte zu den wichtigsten Aufgaben des MfS. Die sogenannte Arbeitsgruppe des Ministers (AGM) koordinierte verschiedene vorbereitende Aktivitäten, u.a. für den Schutzbunkerbau. Bis 1988 gehörte zu ihrem Dienstbereich auch eine militärische bzw. paramilitärische Spezialtruppe, die z.B. Sabotageakte im »Operationsgebiet« vorbereiten sollte. Unabhängig davon wurde das Wachregiment »Feliks E. Dzierżyński« seit Beginn der 70er Jahre von knapp 8000 Mann auf 11 000 Mann erweitert und mit Schützenpanzern und Granatwerfern ausgerüstet. Nicht zuletzt hatten die Hauptabteilungen I und VII spezifische Aufgaben zur Absicherung und Überwachung der Angehörigen von Armee und Polizei zu erfüllen.

Die Strukturen der *Zollverwaltung der DDR* hatten sich seit Anfang der 60er Jahre nicht mehr wesentlich verändert[128]. Dennoch waren in der Entwicklung des Zolls Tendenzen nicht zu übersehen, die sich in einer zunehmenden Abkehr des Organs von typischen zöllnerischen Aufgaben, in einer massiven Unterwanderung der Zollverwaltung durch das MfS sowie in einer stärkeren Einordnung in die Belange der Landesverteidigung widerspiegelten. So standen für alle männlichen Mitarbeiter des Zolls Pistolen und Maschinenpistolen zu Verfügung, die in den Dienststellen lagerten. Eine regelmäßige militärische Ausbildung war ebenso wie Alarmübungen obligatorisch. Seit 1976 war der Zoll in die Planungen des Militärbereichs der Staatlichen Plankommission der DDR zu Aufgaben der Außenhandelsorgane einbezogen. Dabei ging es u.a. um die vereinfachte Abfertigung militärischer Transporte oder um die Überwachung des Warenverkehrs in den von den verbündeten Streitkräften besetzten Gebieten.

Das Militärische prägte in den 70er und 80er Jahren den Lebensalltag der DDR-Bürger zweifellos in einem ganz anderen Umfang als etwa den der Bürger der Bundesrepublik. Der Gesellschaft wurden dadurch erneut enorme politische, ökonomische und militärische Belastungen auferlegt. So stiegen die Nettoausgaben für den Verteidigungs- und Sicherheitsbereich von 9 Mrd. Mark im Jahre 1970 auf 24 Mrd. Mark im Jahr 1987. Hinzu kamen Stationierungskosten und weitere wirtschaftliche Belastungen. Es gab kein Ministerium und kein volkseigenes Kombinat ohne spezielle Militärbereiche bzw. Beauftragte für Zwecke der Landesverteidigung.

Um die Wende zu den 80er Jahren erreichte insbesondere die Militarisierung des Erziehungssystems eine neue Dimension. 1978 wurde der sogenannte Wehrunterricht für die 9. und 10. Klassen der Polytechnischen Oberschulen (POS) eingeführt, es folgten 1981 die Einführung dieses Unterrichts an den Erweiterten Oberschulen und die Ausweitung der Zivilverteidigungsmaßnahmen.

Seit den 70er Jahren gab es eine Regelung, wonach Abiturienten ihren Grundwehrdienst vor Aufnahme des Hochschulstudiums zu leisten hatten. Die gedienten Reservisten wurden während des Studiums durch Einberufung zum Reservistendienst in mehrwöchigen Lehrgängen militärisch qualifiziert. Wehrdienstuntaugliche und weibliche Studenten hatten sich einer Ausbildung in der Zivilverteidigung zu stellen. Als Ergebnis verstärkter wehrerzieherischer Aktivitäten nach dem IX. Parteitag der SED (1976) hob Hochschulminister Hans-Joachim Böhme 1978 hervor, daß in seinem Verantwortungsbereich vielfältige Anstrengungen unternommen worden sind, »um ein begründetes marxistisch-leninistisches Feindbild zu vermitteln« und unter den Studenten die Bereitschaft zur Vaterlandsverteidigung zu entwickeln[129]. Immerhin hatte man von 1963 bis zum Ende der 70er Jahre fast 200 000 Studenten militärisch ausgebildet. Besonderen Wert legte man auf die Qualifizierung von Studenten zu Reserveoffizieren. Jährlich sollten mehrere tausend Reservisten dafür »gewonnen« werden. Knapp ein Drittel von ihnen lehnte es jedoch in den 80er Jahren aus den unterschiedlichsten Gründen ab, sich zum Offizier ausbilden zu lassen[130].

Die *sozialistische Wehrerziehung* als Bestandteil der Erziehung und Bildung in der DDR gehörte zugleich zum System der Landesverteidigung. Sie war fest in die politisch-ideologische Arbeit der SED, aller staatlichen Organe und gesellschaftlichen Organisationen integriert. Der ihr von der SED gestellte Auftrag bestand darin, »alle Bürger, insbesondere die Jugend, in ihrer Überzeugung von der Notwendigkeit der Verteidigung des sozialistischen Vaterlandes zu bestärken. Ihre Fähigkeiten zur Verteidigung sind durch zielstrebig organisierte Ausbildung zu vervollkommnen[131].« Die Kommissionen für sozialistische Wehrerziehung bei den Räten der Bezirke und Kreise, die seit den 60er Jahren bestanden, hatten die wehrerzieherische Tätigkeit der staatlichen Organe, der bewaffneten Kräfte und der gesellschaftlichen Organisationen zu koordinieren.

Die Wehrerziehung umfaßte die wehrpolitische Arbeit, die vormilitärische Ausbildung und die sportliche Ertüchtigung. Die wehrpolitische Arbeit stand unter Verantwortung der FDJ und der Pionierorganisation und konzentrierte sich auf Formen wie Mitgliederversammlungen, FDJ-Studienjahr, persönliche Gespräche usw. Sie sollte ein klares Feindbild ausprägen und das Vertrauen in die SED-Politik stärken.

Zu den Aufgaben der wehrpolitischen Massenarbeit gehörten u.a.

- die allseitige Vorbereitung der Jugend auf den Wehrdienst,

- die Sicherung des militärischen Berufsnachwuchses,
- die Aufrechterhaltung einer stabilen Wehrbereitschaft bei den Reservisten,
- die Entwicklung von »Patenschaftsbeziehungen« von Betrieben zur NVA,
- die Erreichung einer breiten Mitwirkung von Frauen und Mädchen in der ZV,
- die bewußte Erfüllung der ökonomischen Aufgaben in der Landesverteidigung.

Ein sichtbarer Erfolg für die Erhöhung der Wehrbereitschaft konnte damit aber nicht erreicht werden.

Die vormilitärische Ausbildung wurde durch die *Gesellschaft für Sport und Technik* im Zusammenwirken mit der FDJ organisiert und durchgeführt[132], um die Verteidigungsbereitschaft der Jugendlichen auszuprägen und einen Vorlauf in der militärischen Grund- und Spezialausbildung für die NVA zu erreichen. Schwerpunktmäßig waren die 16- bis 18jährigen in die vormilitärische Ausbildung einbezogen.

Der VII. Kongreß der GST 1982 legte darüber hinaus fest, die Entwicklung »sozialistischer Persönlichkeiten« durch eine umfassende wehrpolitische Erziehung, vormilitärische Ausbildung und Wehrsport zu fördern. Die GST entwickelte sich zum Zentrum der vormilitärischen Ausbildung. Eine gewisse Attraktivität der GST bei den Jugendlichen resultierte vor allem aus der Tatsache, daß man als Mitglied z.B. preiswert den Führerschein machen oder sich im Motorsport und im Schießsport engagieren konnte. Obwohl der Bereich des Wehrsports ausgebaut wurde, war das Interesse an diesem Bereich gering.

Am 5. Juli 1972 faßte der Ministerrat einen Beschluß über die Nachwuchsgewinnung für die NVA. Im Zusammenwirken mit der FDJ sollte die GST stärker an der Gewinnung und Vorbereitung von Bewerbern für die Unteroffiziers- und Offizierslaufbahn teilnehmen. 1971/72 wurden etwa 260 000 männliche Jugendliche in der vormilitärischen Ausbildung erfaßt, das waren rund 95 Prozent. Dazu wirkten über 53 000 Ausbilder in der GST, unter ihnen 29 000 Reservisten. Um jedoch qualitative Fortschritte zu machen, wurden weitere Ausbilder, Ausbildungsbasen und materielle Ausrüstungen benötigt. Wie aus Studien hervorging, nahm die Bereitschaft der jungen Generation zur Verteidigung der DDR in den 80er Jahren stetig ab. Im Mai 1989 waren es nur noch 16 % der Jugendlichen, bei denen diese Haltung stark ausgeprägt war[133].

Die sportliche Ertüchtigung der Bevölkerung wurde dem Deutschen Turn- und Sportbund übertragen, wobei dieser vom FDGB, der FDJ, der Nationalen Front und der GST unterstützt werden sollte. Sie hatte die physische Leistungskraft vor allem der männlichen Bevölkerung bei der Erfüllung der Aufgaben in der Produktion und zur Verteidigung zu erhöhen. Besonders gefördert werden sollten solche Wehrsportarten wie Geländelauf, Hindernislauf, Handgranatenweit- und -zielwurf und Schießen mit dem Luftgewehr.

Die DDR-Führung besaß angesichts der mannigfaltigen Abhängigkeiten von der Führungsmacht UdSSR in militär- und sicherheitspolitischen Fragen von Anfang an nur einen engen Spielraum[134].

Es war keine Phrase, wenn Armeegeneral Heinz Hoffmann 1978 bei der Begründung des Verteidigungsgesetzes nochmals unterstrich, daß die DDR-Landesverteidigung nur »im unverbrüchlichen Bündnis mit der Union der Sozialistischen Sowjetrepubliken« sowie als »Teil der kollektiven Anstrengungen der sozialistischen Verteidigungsgemeinschaft« entwickelt werden könne[135]. Der langjährige sowjetische Botschafter Petr' Abrasimov freilich formulierte diese Erkenntnis später weitaus drastischer: »Streng genommen kann man die DDR mit einem Homunkulus vergleichen, der in der sowjetischen Retorte gezüchtet wurde. [...] Unter fester Vormundschaft befand sich die Armee der DDR, beginnend vom Verteidigungsminister bis zum Divisionskommandeur — überall saßen Berater aus der UdSSR. [...] Formal mußten sie nur konsultiert werden. [...] Aber faktisch waren die Ratschläge unserer Emissäre auszuführen. In der DDR befand sich die geballte Faust [udarny kulak] der Sowjetarmee. Die damalige Führung betonte das Wort ›nasch‹ [unser], die einen mehr, die anderen weniger. [...] Allein unsere Militärpräsenz dort bezeugt, daß wir die DDR in erster Linie als unsere vorgeschobene Verteidigungslinie betrachteten[136].«

Die Sowjetunion hatte auch nach dem Vertrag über Freundschaft, Zusammenarbeit und gegenseitigen Beistand vom 7.Oktober 1975 noch mehr als doppelt soviel Truppen in der DDR stationiert, wie die NVA an Personal vorweisen konnte[137]. Diese sowjetischen Truppen wurden in der DDR massiv wahrgenommen. Garnisonen, Sperrgebiete, Übungsgelände, Kraftfahrzeuge auf den Straßen u.a.m. zeigten ihre Präsenz deutlich an. Die Bestimmungen des Stationierungsabkommens vom März 1957 galten noch, entsprachen aber im Grunde nicht mehr den veränderten Bedingungen, besonders im wirtschaftlichen Bereich. In den 80er Jahren wurde es daher um so dringlicher, neue Vereinbarungen mit der GSSD abzuschließen. Ganz in diesem Sinne unterzog die SED-Führung das Stationierungsabkommen erstmals einer umfassendenAnalyse[138]. Man beabsichtigte eine mögliche Ergänzung oder Neufassung, die insbesondere die Anerkennung der Rechtsvorschriften der DDR auf dem Gebiet der Ordnung und Sicherheit stärker in den Mittelpunkt stellen sollte.

Der Ausbau der bewaffneten Organe in der DDR machte deutlich, daß die SED auf die Entwicklung und Veränderung der internationalen Politik der frühen 70er Jahre, die durch Entspannungstendenzen, das Viermächteabkommen über Berlin (1971), den Vertrag über die Grundlagen der Beziehungen zwischen der Bundesrepublik und der DDR sowie europäische Sicherheitsvorstellungen geprägt waren, nicht etwa mit einem sichtbaren Zurücknehmen militärischer und sicherheitspolitischer Maßnahmen reagierte, sondern eher mit einem verschärften Militarisierungskurs. Das völlig überzogene Bedrohungs- und Feindbild wurde nicht oder nur in Nuancen verändert, die Haßerziehung beibehalten, die Geheimniskrämerei verstärkt.

Die Entspannungsbemühungen des Westens oder die Schlußakte von Helsinki 1975 waren für den NVR zu keiner Zeit ein bestimmendes Diskussionsthema. Regelmäßig wurden dagegen die als massive Bedrohung perzipierten militärischen Aktivitäten der NATO analysiert. Die SED-Führung erhielt dazu recht genaue Informationen von den Aufklärungsorganen der NVA und des MfS. Einen Einfluß auf eine realistische Analyse des militärischen Gegners hatten diese Aufklärungsergebnisse offenbar nicht, da kein Mitglied des Verteidigungsrates von seinen einmal angenommenen, überwiegend ideologisch determinierten militär- und sicherheitspolitischen Positionen abging. Das zeigte sich auch im Zusammenhang mit den polnischen Ereignissen in den Jahren 1980/81, die von der SED als existentielle Bedrohung ihrer eigenen Macht gesehen wurden. Die SED-Führung gehörte zu den Befürwortern einer militärischen Intervention von Truppen des Warschauer Paktes — darunter auch der NVA — in Polen, falls die polnische »Bruderpartei« die sozialistische Macht zu verlieren drohte.

Die SED erhob in der Militär- und Sicherheitspolitik in besonderem Maße den Anspruch auf den alleinigen Besitz der Wahrheit. In zahllosen SED-Beschlüssen, Dokumenten, Reden führender Funktionäre sowie in fast allen Veröffentlichungen über die bewaffneten Kräfte fand sich so die Feststellung, die Partei habe auf dem Gebiet der Landesverteidigung und der Entwicklung der bewaffneten Organe von Anfang das Erforderliche jeweils zum rechten Zeitpunkt und in richtigem Umfang getan. Das bedeutete, daß es keine Fehler gab. Kleinere Konflikte und Widersprüche zwischen dem Machtzentrum der SED und der Armeeführung sowie zeitweise Unstimmigkeiten zwischen einzelnen Politikern, Militärs, Fachministern hatten demzufolge ihre Ursache fast ausschließlich in Ressortdenken, Bürokratie oder ökonomischen Problemen. Ein Abweichen von der generellen Parteilinie gab es nicht .

Niemand in der DDR wollte einen Krieg oder eine bewaffnete Auseinandersetzung. Die Rede vom atomaren Inferno, von der großen Kriegsgefahr und der »Aggressivität des Imperialismus« erzeugte freilich ein Gemisch von Unsicherheit, diffuser Angst und fatalistischem Denken unter der Bevölkerung, das nicht zuletzt auch in der Wehrerziehung funktionalisiert werden konnte.

Vor allem im Konnex der auch im Westen umstrittenen Durchsetzung des Nachrüstungsteils des NATO-Doppelbeschlusses von 1979 und der militärischen Machtdemonstration der Reaganadministration Anfang der 80er Jahre, der freilich die Stationierung sowjetischer SS-20 Raketen in Mitteleuropa und die militärische Intervention der UdSSR in Afghanistan vorausgegangen waren, ergab sich für die SED die Möglichkeit, sowohl mit einer eigenen »konkreten Friedenspolitik« gegenüber dem Westen und im Rahmen des Bündnisses aufzutreten als auch den weiteren Ausbau der militärischen Macht in der DDR zu begründen.

1983 prägte Honecker die Losung »Jetzt erst recht — alles für den Frieden!« Er sprach sich damit entgegen der von der sowjetischen Führung verfolgten Linie eines harten Kurses gegen die USA und die NATO für eine »Koalition der Vernunft« aus und forderte, »daß es auf jeden Fall besser ist, zehnmal zu verhandeln als einmal zu schießen«[139]. In einer Situation allgemein herrschender Sprachlosigkeit zwischen den Blöcken waren seine Ambitionen darauf gerichtet, im Alleingang die Vorstellung von der besonderen Verantwortung beider deutscher Staaten in Mitteleuropa durchzusetzen. Honecker ging damit — nicht zuletzt aus pragmatischen Gründen zur Verbesserung des deutsch-deutschen Verhältnisses und wohl auch aus persönlichen Prestigegründen — tatsächlich für kurze Zeit auf einen Sonderkurs innerhalb des Ostblocks[140]. Dieses Unterfangen entsprang jedoch sowohl der permanenten Notwendigkeit der Legitimation des SED-Staates als auch dem Versuch der politischen Führung, beginnende innere Krisenerscheinungen mit einer aktiven Friedens- und Außenpolitik zu kompensieren.

Honeckers erklärte Absicht war es jedoch zugleich, die Kampfkraft und Gefechtsbereitschaft der eigenen Streitkräfte und die Einsatzbereitschaft der anderen bewaffneten Organe weiter zu erhöhen. Im Selbstverständnis der Parteiführung war der Ausbau von Militär und Rüstung immer nur von außen aufgezwungen. »Die innergesellschaftliche Militarisierung hatte in der Perzeption der äußeren Bedrohung durch den Westen ihre wesentliche Legitimationsgrundlage[141].« Unter der Losung des »Friedenskampfes« sollten nochmals alle Potentiale der Gesellschaft instrumentalisiert werden, um die SED-Herrschaft nach außen und innen zu stabilisieren. So bezeichnete es die SED auf ihrem XI. Parteitag 1986 als den Sinn des Soldatseins im Sozialismus, den Frieden zu erhalten und zu verhindern, daß Waffen sprechen. Die Waffenträger der DDR erklärte man zu aktiven »Mitgestaltern der auf den Frieden und das Wohl des Volkes gerichteten Politik der SED«[142]. Auch die Blockparteien, der FDGB und andere gesellschaftliche Organisationen waren von der SED gefordert, ihre Mitglieder für den »Friedenskampf« zu mobilisieren und zugleich die »Bereitschaft und Fähigkeit der Bürger zur Landesverteidigung weiter zu entwickeln«[143]. Die GST erhielt im Rahmen der vormilitärischen Ausbildung ab 1982/83 neue Ausbildungsprogramme, die darauf zielten, »daß sich wichtige Elemente der Kampfkraft und Gefechtsbereitschaft schon vor dem Wehrdienst herausbilden konnten«[144].

Eine wichtige Zäsur in der Entwicklung der Landesverteidigung der 80er Jahre bildete zweifellos die Annahme einer neuen Militärdoktrin im Warschauer Pakt. Auf der Tagung des Politischen Beratenden Ausschusses in Berlin wurde am 29. Mai 1987 eine Erklärung über die Militärdoktrin verabschiedet, die ausdrücklich den künftig ausschließlichen Verteidigungscharakter des östlichen Bündnisses hervorhob. Damit stellte die neue Militärdoktrin die bisherige Vorstellungswelt der Militärs auf den Kopf. Es galt nunmehr, nicht nur die bisher vorherrschende Orientierung auf Angriffsoperationen zugunsten von Verteidigungsoperationen zu verändern, sondern sich u.a. auch von der bisherigen Feindbildpropaganda zu verabschieden. Der Umstrukturierungs- und Umdenkungsprozeß vollzog sich in der NVA aber eher schleppend: Erst Anfang 1989 verkündete die DDR eine einseitige Truppenreduzierung.

Die international zur Schau gestellte Bereitschaft der SED-Führung zu einer Politik der Abrüstung und Entspannung ging stets einher mit weiteren Anstrengungen zur Vervollkommnung der inneren Überwachung und Repression. Die (para)militärische Disziplinierung und Uniformierung hatte den Alltag der DDR erfaßt und spielte z.B. eine zentrale Rolle bei der Sozialisation und Integration der männlichen Bürger. Sie erzeugten gleichwohl Kritik und Widerstände in Teilen der Bevölkerung, die sich u.a. in einer rasch wachsenden pazifistischen Friedensbewegung bündelten[145].

Seit Mitte der 70er Jahre begannen sich die politischen Konfliktfälle und Auseinandersetzungen zwischen Staat, Kirche und Friedensbewegung zu häufen. Die Einführung des obligatorischen Wehrunterrichts 1978 erfolgte gegen scharfe Proteste der Kirchen und einzelner Lehrer. Als Reaktion auf die verstärkten Militarisierungsanstrengungen der SED-Führung enstanden in einigen Gemeinden der evangelischen Kirche sogenannte Friedenskreise, denen sich auch Nichtchristen anschlossen. Ihnen gehörten vor allem junge Menschen an, die als sogenannte Bausoldaten oder Wehrdienstverweigerer persönliche Erfahrungen einbringen konnten.

In dieser Situation beschloß der DDR-Kichenbund im Herbst 1979, für das folgende Jahr eine zehntägige Veranstaltungsreihe unter dem Motto »Frieden schaffen ohne Waffen« ins Leben zu rufen. Als Erkennungssymbol wurde die Plastik »Schwerter zu Pflugscharen« gewählt, die vor dem New Yorker UNO-Gebäude steht. Die sogenannte Friedensdekade gewann in den 80er Jahren zunehmend an Bedeutung und avancierte zu einem Podium der Wehrdienstverweigerer. Die Symbolik der »Schwerter zu Pflugscharen« wurde von einem Teil der DDR-Jugend als Erkennungszeichen und Identifikationssymbol gegen Militarisierung, Aufrüstung, gegen Administrierung und staatliche Gängelei angenommen. Mit verschiedenen Aktionsformen wie »Friedensdekaden«, »Friedensseminaren« oder »Bluesmessen« versuchte man, eine größere Öffentlichkeit zu erreichen.

Partei, Staat und Sicherheitsorgane gingen gegen diese Bewegung und gegen andere kirchliche oder unabhängige Friedensgruppen ebenso vor wie gegen deren Forderungen nach einem »Sozialen Friedensdienst«, der 1981 als ziviler Ersatzdienst vorgeschlagen worden war.

Wer sich den in allen gesellschaftlichen Bereichen mehr oder weniger offen vollziehenden Militarisierungsbestrebungen widersetzte, sich z.B. als Student weigerte, nach seinem Wehrdienst Reserveoffiziersanwärter zu werden, es als Facharbeiter ablehnte, den Kampfgruppen beizutreten oder gar offene Kritik an Auswüchsen der Landesverteidigung und der Wehrerziehung laut werden ließ, der mußte nicht selten mit negativen Wirkungen auf seine Ausbildung bzw. auf seine weitere berufliche Karriere rechnen.

Dennoch konnten es die zahlreichen Diskriminierungen durch den Staat nicht verhindern, daß in den 80er Jahren Widerstände und pazifistisches Gedankengut vor allem unter Jugendlichen an Gewicht gewannen. Dabei spielten die Wehrdienstverweigerer- und Bausoldatenbewegung sowie die Friedensarbeit unter dem Dach der Kirchen eine herausragende Rolle, die Anfang der 80er Jahre in eine öffentlich immer stärker wirksam werdende, vom Staat unabhängige Friedensbewegung mündeten.

Kirchliche Friedenskreise, kirchenunabhängige Gruppen wie die »Friedensgemeinschaft Jena« und Dissidentenkreise vertraten dabei im Grunde ähnliche Forderungen, die sich vor allem gegen die alltägliche Militarisierung in der Gesellschaft, gegen Feindbilder und die Aufrüstung in Ost und West wandten. Sie bildeten eine Keimzelle der DDR-Bürgerrechtsbewegung der späten 80er Jahre[146].

1989/90 endete der weltumspannende Systemkonfklikt, der sich seit 1945 herausgebildet und durch den Kalten Krieg zugespitzt hatte. Der rasche Niedergang der SED-Herrschaft war Teil des Zusammenbruchs des diktatorischen Staatssozialismus. Jahrzehntelang war die DDR auf den Schutz der UdSSR angewiesen. Doch im Herbst 1989 konnte sie im innergesellschaftlichen Konflikt — anders als 1953 — nicht mehr auf die Hilfe des »großen Bruders« UdSSR bauen.

Am 17. Oktober 1989 wurde Erich Honecker von seinen Posten als Parteichef, Vorsitzender des Staatsrates und Vorsitzender des NVR entbunden. Honecker hatte seit Mitte der 50er Jahre für die Entwicklung der bewaffneten Kräfte im System der Landesverteidigung, für die »Verteidigung und den Schutz der Arbeiter-und-Bauern-Macht« in der DDR eine besondere Verantwortung getragen. Sein Nachfolger als SED-Generalsekretär und Vorsitzender des NVR wurde für nur kurze Zeit Egon Krenz, vormals verantwortlicher ZK-Sekretär für Sicherheitsfragen. Die erneuerte Parteiführung erwies sich jedoch als unfähig, die anstehenden Probleme zu lösen. Sie hielt bis zu ihrem Untergang an den Grundaxiomen ihrer überholten Politik fest. Spätestens aber seit dem Fall der Berliner Mauer am 9. November 1989 war der endgültige Zusammenbruch des SED-Staates besiegelt.

Zu den letzten Aktionen der SED gehörte der Versuch, die innere Stabilität ihrer Herrschaft durch Repression und Gewalt bzw. durch die Erfüllung von Teilforderungen zu wahren bzw. herzustellen.

In den ersten Oktobertagen 1989 kam es in verschiedenen Städten, wie Dresden, Leipzig und Berlin, zu Demonstrationen der Bevölkerung. Auf Befehl der Partei gingen anfangs noch Angehörige von bewaffneten Organen mit Schlagstöcken und Wasserwerfern gegen die Demonstranten vor. Insgesamt nahm man fast 3000 Personen fest. Doch die friedlichen Demonstrationen konnten letztlich aufgrund ihrer ständigen Zunahme und ihrer von der Bevölkerung getragenen inneren Stärke nicht mehr gestoppt werden.

Im weiteren Verlauf der Gesellschaftskrise in der DDR blieben weitergehende Einsatzbefehle der Parteiführung aus, da man offenbar eine Eskalation der Gewalt befürchtete. Die Sprachlosigkeit der SED-Führung lähmte den gesamten Sicherheitsapparat. Volkspolizei, Kampfgruppen und MfS waren damit führungslos und nicht mehr in der Lage, ihren »Klassenauftrag« zu erfüllen. Der Einsatz von NVA-Truppen wurde offensichtlich kurzzeitig erwogen, letztlich jedoch verworfen.

Die in ähnlichen inneren Krisensituationen bisher im Pakt übliche Praxis der Drohung bzw. des Einsatzes militärischer Potentiale war seit dem Machtantritt Michail Gorbačevs in der Sowjetunion obsolet. Die sowjetischen Truppen in der DDR hielten sich auf Weisung Moskaus zurück, zumal der ostdeutsche Staat seine bedeutende und bisher unverzichtbare Funktion als vorgeschobene Bastion der sowjetischen Militärmacht längst verloren hatte.

Die letzte Sitzung des NVR hatte am 16. Juni 1989 stattgefunden[147]. Nach der endgültigen Einstellung der Tätigkeit des NVR als koordinierendes Organ der Landesverteidigung und der Außerkraftsetzung wichtiger Beschlüsse Anfang Dezember 1989[148] sollten die Aufgaben des NVR vorerst durch periodische Beratungen des Vorsitzenden des Ministerrates wahrgenommen werden.

Für die NVA sollte eine Militärreform den Bestand der Streitkräfte für künftige Zeiten sichern. So wurden u.a. die Partei- und Politorgane in der Armee bis Mitte Februar 1990 aufgelöst, die Dauer des Grundwehrdienstes von 18 auf 12 Monate und des Dienstes auf Zeit von 3 auf 2 Jahre verkürzt, Zehntausende Offiziere, Unteroffiziere und Soldaten entlassen. Entgegen anders gerichteter Hoffnungen in der NVA stand für die Sicherheitspolitiker und führenden Militärs in der Bundesrepublik fest, daß es im geeinten Deutschland keine zwei Armeen geben werde. Am 2. Oktober 1990 hörte die DDR-Volksarmee auf zu bestehen. Teile ihres Personals, Bewaffnung und Ausrüstung wurden anfangs von der Bundeswehr übernommen, um in der folgenden Zeit entweder integriert oder abgewickelt zu werden.

Auch alle anderen bewaffneten Organe der DDR verloren mehr oder weniger ihre Daseinsberechtigung. Sie sahen sich in einer Umgebung des Zerfalls der gesellschaftlichen Verhältnisse ohne Gegner und ohne Fürsprecher. Mit Umbennungen und Umstrukturierungen versuchte man noch Ende 1989/Anfang 1990, sich dem drohenden Ende zu entziehen. Die Grenztruppen waren mit der Maueröffnung am 9. November überflüssig geworden. Ende Juni 1990 wurde die Grenzüberwachung an der innerdeutschen Grenze eingestellt, am 21. September 1990 erfolgte der Befehl zur Auflösung der Grenztruppen.

Die Kampfgruppen hatten ihre Tätigkeit bereits Ende Oktober 1989 eingestellt; bis zum Mai 1990 wurden die Einheiten und Stäbe aufgelöst und demobilisiert.

Der Versuch, die Zivilverteidigung unter der neuen Bezeichnung »Zivilschutz« zu einem Zivil- und Katastrophenschutz — beschränkt auf Natur- und technische Katastrophen — umzuformieren, hatte keinen Erfolg. In einem Befehl vom 3. September 1990 legte der noch zuständige Minister für Abrüstung und Verteidigung, Rainer Eppelmann, fest, den Zivilschutz bis Jahresende 1990 aufzulösen.

Am 3. Oktober 1990 erfolgte die Übernahme der bundesdeutschen Polizeihoheit auf Landesebene; die Bereitschaftspolizei und die Transportpolizei wurden aufgelöst. Ein Großteil des Personals der ehemaligen Volkspolizei fand in den neuen Polizeistrukturen Aufnahme, so gingen z.B. rund 1700 Transportpolizisten als Bahnpolizei in den Bundesgrenzschutz-Ost über.

Das MfS mutierte im November 1989 noch zu einem »Amt für Nationale Sicherheit«, das jedoch schon wenig später wieder aufgelöst wurde. Als letzter Versuch, Strukturen des MfS zu retten, beschloß die Modrow-Regierung die Einrichtung eines Auslandsnachrichtendienstes und eines Verfassungsschutzes. Der Aufbau dieser Organe blieb jedoch schon im Ansatz stecken. Bis zum März 1990 wurden das MfS und seine Nachfolgeeinrichtungen aufgelöst.

Am 3. Oktober 1990 hörte auch die Zollverwaltung der DDR als eigenständige Verwaltung auf zu existieren. Die früheren Bezirksverwaltungen benannte man in Zolldirektionen um. Ein nicht unerheblicher Teil der ehemaligen Zollmitarbeiter bekam im Bundesdienst eine neue berufliche Perspektive.

Im Frühjahr 1990 war die Trennung der GST von der NVA erfolgt. Nach einer kurzen Phase der Umbenennung, die mit dem Zusatz »Vereinigung Technischer Sportverbände« verbunden war, endete die Geschichte der GST faktisch mit der Bildung eines »Bundes Technischer Sportverbände e.V.« im April 1990, der sich letztlich bereits zum Jahresende 1990 wieder auflöste.

Der schrittweise Abzug der sowjetischen bzw. russischen Truppen aus Deutschland begann im Herbst 1990 und endete am 31. August 1994 mit der Rückkehr des letzten russischen Soldaten in seine Heimat.

Weder das umfassende System der Landesverteidigung noch der stets einsatzbereite innere Sicherheitsapparat sowie die beispiellose Militarisierung der Gesellschaft haben den Zusammenbruch und Untergang der SED-Herrschaft verhindern können. Sprachlosigkeit und Handlungsunfähigkeit der Parteiführung waren symptomatisch und übertrugen sich auf ihre stärksten Machtinstrumente.

Die ehemaligen Stützen des SED-Staates — die bewaffneten Kräfte — hatten ihre Daseinsberechtigung verloren. Das System, das sie bisher verteidigt und geschützt, und die Partei, in deren Dienst sie gestanden hatten, waren gescheitert.

Quellen- und Literaturauswahl

Armee für Frieden und Sozialismus. Geschichte der Nationalen Volksarmee der DDR, 2., durchges. und erw. Aufl., Berlin (Ost) 1987

Baule, Bernhard, Die politische Freund-Feind-Differenz als ideologische Grundlage des Ministeriums für Staatssicherheit (MfS), in: Deutschland Archiv, 26 (1993), 2, S. 170–184

Berliner Debatte Initial, 8 (1997), 6, S. 2–107

Bruns, Wilhelm, Die Außenpolitik der DDR, Berlin 1985 (= Beiträge zur Zeitgeschichte, Bd 16)

Engelmann, Roger, Diener zweier Herren. Das Verhältnis der Staatssicherheit zur SED und den sowjetischen Beratern 1950–1959, in: Staatspartei und Staatssicherheit, S. 51–72

DDR-Geschichte in Dokumenten. Beschlüsse, Berichte, interne Materialien und Alltagszeugnisse, hrsg. von Matthias Judt, Berlin 1997 (= Forschungen zur DDR-Gesellschaft)

Diedrich, Torsten, Der 17. Juni 1953 in der DDR. Zu militärhistorischen Aspekten bei Ursachen und Verlauf der Unruhen, in: Militärgeschichtliche Mitteilungen, 51 (1992), H. 2, S. 357–384

Forster, Thomas M., Die NVA. Kernstück der Landesverteidigung der DDR, 6. Aufl., Köln 1983

Gesetzblatt der Deutschen Demokratischen Republik, Teil I, 1968–1982

Gießmann, Hans-Joachim, Das unliebsame Erbe. Die Auflösung der Militärstruktur der DDR, Baden-Baden 1992 (= Militär, Rüstung, Sicherheit, Bd 74)

Hoffmann, Heinz, Die Einfügung Westdeutschlands in die Globalstrategie der USA und die militärische Konzeption der westdeutschen Regierung — Probleme der Militärpolitik der SED nach dem VII. Parteitag, in: Ders., Sozialistische Landesverteidigung, T. 2, S. 603–621

Hoffmann, Heinz, Für eine moderne, sozialistische Landesverteidigung, in: Ders., Sozialistische Landesverteidigung, T. 2, S. 714–721

Hoffmann, Heinz, Sozialismus und Frieden werden jederzeit zuverlässig geschützt, in: Ders., Sozialistische Landesverteidigung. Aus Reden und Aufsätzen Juni 1978 bis Mai 1982, Berlin (Ost) 1983, S. 70–79

Hoffmann, Heinz, Sozialistische Landesverteidigung. Aus Reden und Aufsätzen 1963 bis Februar 1970, T. 1.2, Berlin (Ost) 1971

Hoffmann, Heinz, Die Vervollkommnung des Systems der Landesverteidigung im Prozeß der Schaffung des entwickelten gesellschaftlichen Systems des Sozialismus und die sich daraus ergebenden Aufgaben für die Führungstätigkeit in der Nationalen Volksarmee, in: Ders., Sozialistische Landesverteidigung, T. 2, S. 646–663

Hohwieler, Joachim, NVA und innere Sicherheit. Der Einsatz der Armee im eigenen Land, in: Nationale Volksarmee — Armee für den Frieden. Beiträge zu Selbstverständnis und Geschichte des deutschen Militärs 1945–1990, hrsg. von Detlef Bald, Reinhard Brühl und Andreas Prüfert, Baden-Baden 1995, S. 75–90 (= Militär- und Sozialwissenschaften, Bd 17)

Honecker, Erich, Der Schutz des sozialitischen Vaterlandes liegt in guten Händen. Ansprache beim Besuch eines Truppenteils der Landstreitkräfte der NVA am 8.6.1978, in: Ders., Dem Frieden unsere Tat. Ausgewählte Reden und Aufsätze zur Militär- und Sicherheitspolitik der SED (1976–1981), Berlin (Ost) 1982, S. 105–109

Honecker, Erich, Die Verantwortung der Arbeiterklasse für die Verteidigung der Deutschen Demokratischen Republik, in: Ders., Zuverlässiger Schutz des Sozialismus. Ausgewählte Reden und Schriften zur Militärpolitik der SED, 2., erw. Aufl., Berlin (Ost) 1977, S. 9–16

Jetzt oder nie — Demokratie. Leipziger Herbst '89, hrsg. vom Neuen Forum Leipzig, 2. Aufl., Leipzig 1989

Karlsch, Rainer, »Ein Buch mit sieben Siegeln«. Die Schattenhaushalte für den Militär- und Sicherheitsbereich in der DDR und ihre wirtschaftliche Bedeutung, in: Wirtschaft im Umbruch. Strukturveränderungen und Wirtschaftspolitik im 19. und 20. Jahrhundert. Festschrift für Lothar Baar zum 65. Geburtstag, hrsg. von Wolfram Fischer, Uwe Müller und Frank Zschaler, St. Katharinen 1997

Karlsch, Rainer, Wirtschaftliche Belastungen durch bewaffnete Organe. Expertise für die Enquete-Kommission beim Deutschen Bundestag, Manuskript 1997

Kocka, Jürgen, Eine durchherrschte Gesellschaft, in: Sozialgeschichte der DDR, hrsg. von Hartmut Kaelble, Jürgen Kocka und Hartmut Zwahr, Stuttgart 1994, S. 247–253

Krüger, Joachim, Votum für bewaffnete Gewalt. Ein Beschluß des SED-Politbüros vom November 1956, in: Beiträge zur Geschichte der Arbeiterbewegung (BzG), 34 (1992), 4, S. 75–87

Laufer, Jochen, Die Ursprünge des Überwachungsstaates in Ostdeutschland. Zur Bildung der Verwaltung des Innern in der Sowjetischen Besatzungszone (1946), in: Die Ohnmacht der Allmächtigen. Geheimdienste und politische Polizei in der modernen Gesellschaft, hrsg. von Bernd Florath, Armin Müller und Stefan Wolle, Berlin 1992, S. 146–168

Leonhard, Wolfgang, Sowjetideologie heute, Bd 2: Die politischen Lehren, Frankfurt a.M. [1976]

Mahler, Gerhard, Die operative Vorbereitung des Territoriums der DDR als Teil des Kriegsschauplatzes, in: NVA. Anspruch und Wirklichkeit nach ausgewählten Dokumenten, hrsg. von Klaus Naumann, 2. Aufl., Hamburg, Berlin, Bonn 1996, S. 249–285

Militärlexikon, 2. Aufl., Berlin (Ost) 1973

Die Militär-und Sicherheitspolitik der SED 1945 bis 1988. Dokumente und Materialien, Berlin (Ost) 1989

Mutz, Reinhard, »Sozialistische Landesverteidigung« und Abrüstung. Fragen zur Militärdoktrin der DDR, in: Aus Politik und Zeitgeschichte, Beilage zur Wochenzeitung »Das Parlament«, B 43/79, vom 27.10.1979, S. 27–46

Naimark, Norman, Moskaus Suche nach Sicherheit und die sowjetische Besatzungszone 1945–1949, in: Staatspartei und Staatssicherheit, S. 39–50

Die neue Verfassung der DDR. Mit einem einleitenden Kommentar von Dietrich Müller-Römer, Köln 1974

Neubert, Ehrhart, Geschichte der Opposition in der DDR 1949–1989, Berlin 1997

Ökonomie und Landesverteidigung in unserer Zeit, Berlin (Ost) 1985

Oldenburg, Fred und Gerd-Rüdiger Stephan, Honecker kam nicht bis Bonn. Neue Quellen zum Konflikt zwischen Ost-Berlin und Moskau 1984, in: Deutschland-Archiv, 28 (1995) H. 8, S. 791–805

Poppe, Gerd, Friedensbewegung, in: Lexikon des DDR-Sozialismus. Das Staats- und Gesellschaftssystem der Deutschen Demokratischen Republik, hrsg. von Rainer Eppelmann [u.a.], Paderborn 1996, S. 216–217

Programm der Sozialistischen Einheitspartei Deutschlands, in: Protokoll der Verhandlungen des IX.Parteitages der Sozialistischen Einheitspartei Deutschlands, Bd 2, Berlin (Ost) 1976, S. 209–266

Protokoll der Verhandlungen des VI. Parteitages der Sozialistischen Einheitspartei Deutschlands, Bd 1, Berlin (Ost) 1963

Protokoll der Verhandlungen des VII. Parteitages der Sozialistischen Einheitspartei Deutschlands, Bd 1, Berlin (Ost) 1967

Protokoll der Verhandlungen des VIII. Parteitages der Sozialistischen Einheitspartei Deutschlands, Bd 1, Berlin (Ost) 1971

Protokoll der Verhandlungen des IX. Parteitages der Sozialistischen Einheitspartei Deutschlands, Bd 1, Berlin (Ost) 1976

Protokoll der Verhandlungen des X. Parteitages der Sozialistischen Einheitspartei Deutschlands, Bd 1, Berlin (Ost) 1981

Schultke, Dietmar, Das Grenzregime der DDR. Innenansichten der siebziger und achtziger Jahre, in: Aus Politik und Zeitgeschichte. Beilage zur Wochenzeitung »Das Parlament«, B 50/97 vom 5.12.1997, S. 43–53

Schumann, Silke, Parteierziehung in der Geheimpolizei. Zur Rolle der SED im MfS der fünfziger Jahre, Berlin 1997

Seubert, Heribert, Zum Legitimitätsverfall des militarisierten Sozialismus in der DDR, Münster, Hamburg 1995 (= Studien zu Konflikt und Kooperation im Osten, Bd 3)

Sozialistische Landesverteidigung im Friedenskampf, Berlin (Ost) 1986 (= Serie Politik und Landesverteidigung)

Staatspartei und Staatssicherheit. Zum Verhältnis von SED und MfS, hrsg. von Siegfried Suckut und Walter Süß, Berlin 1997 (= BStU, Analysen und Dokumente, Bd 8)

Verfassung der Deutschen Demokratischen Republik vom 6. April 1968, Berlin (Ost) 1968

Verfassung der Deutschen Demokratischen Republik (vom 6. April 1968 in der Fassung des Gesetzes zur Ergänzung und Änderung der Verfassung der Deutschen Demokratischen Republik vom 7. Oktober 1974), Berlin (Ost) 1974

Volksarmee schaffen — ohne Geschrei! Studien zu den Anfängen einer ›verdeckten Aufrüstung‹ in der SBZ/DDR 1947–1952. Im Auftrag des Militärgeschichtlichen Forschungsamtes hrsg. von Bruno Thoß, München 1994

Wagner, Armin, Der Nationale Verteidigungsrat der DDR als sicherheitspolitisches Exekutivorgan der SED, in: Staatspartei und Staatssicherheit, S. 169–198

Wenzel, Otto, Kriegsbereit. Der Nationale Verteidigungsrat der DDR 1960 bis 1989, Köln 1995

Anmerkungen

1 Vgl. Gießmann, Das unliebsame Erbe, S. 75.

2 Die Verfasser schließen sich der Definition des Militarisierungsbegriffs von Seubert an: Unter Militarisierung »sollen die prozeßhaften Veränderungen bzw. empirisch meßbaren Tendenzen des gesellschaftlichen Stellenwerts des Militärischen verstanden werden« (vgl. Seubert, Zum Legitimitätsverfall, S. 88). Die Debatte über Militarismus und/oder die Militarisierung der Gesellschaft in der DDR kann in diesem Beitrag nicht nachgezeichnet werden (vgl. dazu ausführlich ebd., S. 79–101). Siehe dazu auch die Diskussion »Militarisierter Sozialismus«, zusammengestellt von Harald Blum, in: Berliner Debatte Initial, 8 (1997), 6, S. 2–107.

3 Dieses Begriffspaar bestimmt alle grundlegenden Aussagen zu diesem Komplex, vgl. auch den Titel des offiziösen Werkes über die NVA: Armee für Frieden und Sozialismus.

4 Unter Militärdoktrin verstand man in der DDR nach einer einschlägigen Definition »die in einem Staat (einer Militärkoalition) herrschenden offiziellen und verbindlichen prinzipiellen Ansichten über den Charakter, die Vorbereitung und Führung möglicher Kriege. [...] Die Militärdoktrin legt die Hauptrichtungen für die Vorbereitung der Streitkräfte, der Bevölke-

rung und des gesamten Landes auf den möglichen Krieg [...] fest. [...] Eine Militärdoktrin wird von der politischen Führung des Staates unter Teilnahme der höchsten militärischen Organe erarbeitet und für eine längere Geltungdauer festgelegt. Sie hat ausgeprägten Klassencharakter« (Militärlexikon, S. 232). Im Zuge des internationalen Entspannungsprozesses und der ab Mitte der 80er Jahre von der Sowjetunion ausgehenden politischen Öffnung erfuhr die Militärdoktrin des Warschauer Paktes auf der Tagung des Politischen Beratenden Ausschusses der Teilnehmerstaaten des Warschauer Vertrages vom 28./29. Mai 1987 eine gewandelte, stärker auf Verteidigung zielende Neuformulierung.

5 Vgl. Wagner, Der Nationale Verteidigungsrat, S. 196 ff.

6 Vgl. Naimark, Moskaus Suche, S. 39 f.

7 Vgl. Mutz, »Sozialistische Landesverteidigung« und Abrüstung, S. 32. Siehe zur Freund-Feind-Bestimmung im Denken der SED u.a. Baule, Die politische Freund-Feind-Differenz, S. 170 ff.

8 Vgl. Ökonomie und Landesverteidigung, S. 12.

9 Vgl. Militärlexikon, S. 183 ff.

10 Vgl. Leonhard, Sowjetideologie, S. 88 ff.

11 Vgl. ebd., S. 225 ff.

12 Vgl. Militärlexikon, S. 247 f. Eine offiziöse Publikation formulierte 1989 abgewandelt Militärpolitik der DDR als den »Teil der Gesamtpolitik der marxistisch-leninistischen Partei der Arbeiterklasse, der die Sicherung des Friedens und den Schutz der Arbeiter-und Bauern-Macht durch die Gewährleistung der Verteidigungsfähigkeit des sozialistischen Staates in Gemeinschaft mit der Sowjetunion [...] zum Gegenstand hat« (Die Militär- und Sicherheitspolitik der SED, S. 6).

13 Protokoll des X. Parteitages der SED, Bd 1, S. 128.

14 Die neue Verfassung der DDR, S. 36 ff. und 80 ff.; Bruns, Außenpolitik, S. 62 ff. Vgl. auch Seubert, Zum Legimitätsverfall, S. 71 f.

15 Vgl. Staatspartei und Staatssicherheit, S. 8 f.

16 Kocka, Eine durchherrschte Gesellschaft.

17 Vgl. dazu ausführlich Teil II dieses Beitrages.

18 Wagner, Der Nationale Verteidigungsrat, S. 195.

19 Vgl. Honecker, Die Verantwortung, S. 217 ff.

20 Gesetzblatt der DDR, T. I, 1961, S. 175. Der Begriff Landesverteidigung taucht übrigens im Verteidigungsgesetz nicht auf.

21 Vgl. Heinz Hoffmann, Sozialistische Landesverteidigung. Aus Reden und Aufsätzen, 5 Bde, Berlin (Ost) 1971–1982.

22 Vgl. Hoffmann, Die Vervollkommnung, S. 648 ff.

23 Vgl. Gesetzblatt der DDR, T. I, 1978, Nr. 35.

24 Militärlexikon, S. 201.

25 Vgl. Hoffmann, Die Vervollkommnung des Systems, S. 650; Sozialistische Landesverteidigung, S. 65 f.

26 Vgl. Hoffmann, Die Vervollkommnung des Systems, S. 714 ff.

27 Gesetzblatt der DDR, T. I, 1978, Nr. 35, S. 378.

28 Zit. nach Wenzel, Kriegsbereit, S. 267 f.

29 Vgl. BA-MA, DVW 1/39485, Bl. 7 ff., Protokoll der Sitzung des NVR vom 26.1.1967.

30 Vgl. ebd., DVW 1/39502, Bl. 31 ff. Protokoll der Sitzung des NVR vom 30.11.1973.

31 Vgl. ausführlich Wenzel, Kriegsbereit, S. 117 ff.

32 Die Zusammensetzung der KEL erfolgte analog mit Vertretern der Organe auf Kreisebene.

33 Vgl. Statut der Einsatzleitungen der DDR, abgedr. in: Wenzel, Kriegsbereit, S. 275.

34 Vgl. BA-MA, DVW 1/39465, Bl. 41 f. Protokoll der Sitzung des NVR vom 29.11.1961.

35 Vgl. Karlsch, Wirtschaftliche Belastungen, S. 29.

36 Vgl. BA-MA, DVW 1/39472, Bl. 51 ff., Protokoll der Sitzung des NVR vom 13.6.1963.

37 Vgl. ebd., DVW 1/39509, Bl. 254, Protokoll der Sitzung des NVR vom 18.11.1976.

38 Vgl. Karlsch, Wirtschaftliche Belastung, S. 33.

39 Vgl. ebd., S. 8 ff.

40 Vgl. BArch, DN-1, VS Nr. 0004/2, Schreiben des Ministers der Finanzen an Stoph vom 1.11.1967.

41 Zusammengestellt nach BA-MA, MdF 001–009; BArch, DN-1/21886 b, Bd 1 und 2. Die Gesamtsumme in Mill. Mark erfaßt auch Ausgaben für Valutamittel der bewaffneten Organe, für Grenzbauten, für wirtschaftliche Organe und Einrichtungen/Betriebe im Verteidigungssektor bis hin zu Zins- und Kredittilgungen. Die in der Übersicht ausgewiesenen Zuschüsse des Staatshaushaltes ergeben sich aus den zumeist höheren Ausgaben abzüglich der eigenen Einnahmen der bewaffneten Organe und stellen die Belastung des Staatshaushaltes, d.h. des in der DDR erwirtschafteten und im Staatshaushalt zentrierten und in Ausgaben umverteilten Jahresnettovermögens dar. Im Budget des Ministeriums für Nationale Verteidigung (MfNV) sind die Ausgaben für die Grenztruppen, in dem des MdJ jene für die Kampfgruppen, die Bereitschaftspolizei und die Anfänge des Luftschutzes enthalten. Abgesehen vom Zeitraum 1945 bis 1955, in dem das MdJ alle Ausgaben der bewaffneten Organe tätigt (weshalb die Einzelausgaben für KVP, MfS und GST in Klammern stehen). Die Bereitschaftspolizei und die Anfänge des Luftschutzes enthalten. Für die ZV liegen erst seit dem Jahr 1976 konkrete Angaben vor. Dasselbe gilt für den Bereich der »B-Planung« seit dem Jahr 1970. Die Summe der Gesamtausgaben bemißt sich dabei an tatsächlich für die Verteidigung und die bewaffneten Organe der DDR getätigten Ausgaben. Nicht enthalten sind Ausgaben in weiterem Sinne, zu denen Aufwendungen für die sowjetischen Truppen, den Uranbergbau oder Sonderausgaben zählen.

42 Vgl. Karlsch, Wirtschaftliche Belastungen, S. 15.

43 Vgl. Protokoll des VI. Parteitags der SED, S. 174 f.

44 Siehe hierzu Beiträge in: Volksarmee schaffen — ohne Geschrei.

45 Vgl. u.a. Laufer, Ursprünge, S. 146 ff; Schumann, Parteierziehung, S. 22 f.

46 Siehe hierzu Beitrag Ehlert in diesem Band.

47 Siehe hierzu Beitrag Diedrich (KVP) in diesem Band.

48 Siehe hierzu Beitrag Diedrich (DGP) in diesem Band.

49 Siehe hierzu Beitrag Heider und Beitrag Diedrich (DD) in diesem Band.

50 Vgl. BA-MA, DVW 1/39545, Bl. 3 f., Protokoll der Sitzung der Sicherheitskommission vom 4.3.1955.

51 Siehe hierzu Beitrag Arlt in diesem Band.

52 Vgl. Diedrich, Der 17. Juni 1953, S. 381 ff.

53 Vgl. SAPMO-BArch, DY 30/ I IV 2/2/334, Protokoll der Politbürositzung vom 26.1.1954.

54 Vgl. BA-MA DVH 3/2007, Bl. 27 ff., Befehl des Ministers des Innern vom 28.1.1954.

55 Vgl. SAPMO-BArch, DY 30/ I IV 2/2/511, Bl. 8 ff., Protokoll der Politbürositzung vom 8.11.1956. Vgl. auch Krüger, Votum, S. 79.

56 Vgl. BA-MA, DVW 1/39561, Bl. 6 ff., Beschluß der Sicherheitskommission über Maßnahmen zur Stärkung der Verteidigungsbereitschaft der DDR vom 9.1.1958.

57 Vgl. im folgenden: BStU, ZA, SdM 410, Bl. 23–50, Einsatzplan für die bewaffneten Kräfte (1959).

58 Vgl. ebd., Bl. 32 f.

59 Vgl. ebd., ZA, SdM 408, Bl. 8, Protokoll der Sicherheitskommission vom 22.1.1959.

60 Vgl. ebd., SdM 410, Bl. 23 ff., Einsatzplan für die bewaffneten Kräfte (1959).

61 Siehe hierzu Beitrag Wenzke in diesem Band.

62 Vgl. Hohwieler, NVA und innere Sicherheit, S. 75 ff.

63 Siehe hierzu die Beiträge Diedrich (DGP) und Lapp in diesem Band.

64 Siehe hierzu Beitrag Steike in diesem Band.

65 Siehe hierzu Beitrag Lindenberger in diesem Band.

66 Siehe hierzu Beitrag Gieseke in diesem Band.

67 Siehe hierzu Beitrag Wagner in diesem Band.

68 Siehe hierzu Beitrag Jahn in diesem Band.

69 Siehe hierzu Beitrag Suwalski in diesem Band.

70 Siehe hierzu Beitrag Heider in diesem Band.
71 Vgl. BA-MA, DVW 1/39492, Bl. 51 ff., Protokoll der Sitzung des NVR vom 21.11.1968.
72 Hoffmann, Die Vervollkommnung, S. 649.
73 Ebd.
74 Ebd., S. 650.
75 Hoffmann, Die Einfügung Westdeutschlands, S. 614.
76 Vgl. Seubert, Zum Legitimitätsverfall, S. 15 ff. Der Begriff selbst stammt von Michael Mann.
77 Vgl. ebd., S. 16.
78 Vgl. Honecker, Der Schutz des sozialistischen Vaterlandes, S. 109.
79 Vgl. Sozialistische Landesverteidigung, S. 27; Programm der SED, S. 220.
80 Vgl. Sozialistische Landesverteidigung, S. 27 ff.
81 Protokoll des X. Parteitages der SED, Bd. 1, S. 126 f.
82 Die militärische Hauptaufgabe bestand darin, »die Staatsgrenzen, das Territorium, den Luftraum und das Küstenvorfeld der Deutschen Demokratischen Republik sowie der verbündeten sozialistischen Staaten gemeinsam mit der Sowjetarmee und den anderen Bruderarmeen des Warschauer Vertrages zuverlässig zu schützen« (Protokoll des VIII. Parteitages der SED, Bd 1, S. 68).
83 Der militärische Klassenauftrag der NVA bestand darin, »Schulter an Schulter in fester Waffenbrüderschaft mit der ruhmreichen Sowjetarmee und den anderen sozialistischen Bruderarmeen die sozialistische Ordnung und das friedliche Leben der Bürger der Deutschen Demokratischen Republik und aller Staaten der sozialistischen Gemeinschaft zuverlässig gegen alle Angriffe der aggressiven Kräfte des Imperialismus und der Reaktion zu schützen, die Unverletzlichkeit der Staatsgrenzen, des Territoriums, des Luftraumes und der Territorialgewässer der DDR sowie den Schutz ihres Festlandsockels zu gewährleisten und durch eine hohe Kampfkraft und ständige Gefechtsbereitschaft jederzeit bereit und fähig zu sein, imperialistische Aggressionen abzuwehren und den Gegner entscheidend zu schlagen« (Protokoll des IX. Parteitages der SED, Bd 1, S. 119).
84 Zit. nach: Die Militär- und Sicherheitspolitik, S. 575.
85 Minister für Nationale Verteidigung: 1960–1985 Armeegeneral Heinz Hoffmann, 1985–1989 Armeegeneral Heinz Keßler; Minister des Innern und Chef der Deutschen Volkspolizei: 1963–1989 Armeegeneral Friedrich Dickel; Minister für Staatssicherheit: 1957–1989 Armeegeneral Erich Mielke.
86 Vgl. Wagner, Der Nationale Verteidigungsrat, S. 195.
87 Honecker war seit 1956 Sekretär des ZK für Sicherheitsfragen und nach 1960 Sekretär des NVR.
88 Vgl. Wenzel, Kriegsbereit, S. 231.
89 Vor allem im Zeitraum von 1967–1970 waren zahlreiche Grundsatzdokumente zur Entwicklung der bewaffneten Organe und des »Systems der Landesverteidigung« erstmalig beschlossen worden, u.a. die Grundsätze über die Schaffung eines Systems der Zivilverteidigung, die Direktive zur Gewährleistung der einheitlichen Arbeit der Partei-, Staats- und Wirtschaftsorgane im Verteidigungszustand oder die Gesamtkonzeption zur Vervollkommnung der Territorialverteidigung sowie Materialien zur Entwicklung von Polizei und Armee.
90 Vgl. BA-MA, DVW 1/39502, Bl. 31 ff., Protokoll des NVR vom 30.11.1973.
91 Vgl. Wenzel, Kriegsbereit, S. 117 ff.
92 Vgl. dazu ausführlich ebd.
93 Vgl. dazu ausführlich ebd., S. 152 ff. Siehe auch Abschnitt II in diesem Beitrag.
94 Vgl. BA-MA, DVW 1/39526, Bl. 72 ff., Protokoll des NVR vom 23.4.1982.
95 Mahler, Die operative Vorbereitung, S. 281.
96 Vgl. Hoffmann, Sozialismus und Frieden, S. 73.
97 Vgl. Gesetzblatt der DDR, T. I, 1978, Nr. 35, S. 377 ff.
98 Vgl. ebd., 1982, Nr. 12, S. 221 ff.
99 Vgl. ebd., Nr. 11, S. 203 ff.
100 Vgl. u.a. Forster, Die NVA, S. 130.

101 Siehe hierzu Beitrag Wenzke in diesem Band.
102 Vgl. BA-MA, VA-01/37625, Bl. 145 f., Militärpolitische Leitsätze der DDR, bestätigt am 27.2.1990 vom Runden Tisch beim Verteidigungsministerium.
103 Vgl. ebd., AZN 32439, Bd 4, Bl. 1 ff., Protokoll über die Bereitstellung 1986–1990 vom 5.12.1985.
104 Vgl. Sozialistische Landesverteidigung, S. 65. Diese Festlegung sollte offensichtlich nach außen hin die Trennung der Grenztruppen von der NVA verdeutlichen, die vermutlich vor dem Hintergrund der internationalen Verhandlungen über Truppenreduzierungen erfolgte.
105 Siehe hierzu Beitrag Lapp in diesem Band.
106 Gesetzblatt der DDR, T. I, 1982, Nr. 11, S. 200.
107 Vgl. BA-MA, DVW 1/39509, Bl. 6 ff., Bericht über die Lage an der Staatsgrenze. Protokoll des NVR vom 18.11.1976.
108 Zum Netzwerk des Grenzregimes in den 70er und 80er Jahren vgl. ausführlich Schultke, Das Grenzregime, S. 44 ff.
109 Vgl. BA-MA, DVW 1/39539, Bl. 61 ff., Protokoll des NVR vom 16.6.1989.
110 Siehe hierzu Beitrag Wagner in diesem Band.
111 Vgl. BA-MA, DVW 1/39496, Bl. 55 ff., Protokoll des NVR vom 30.9.1971.
112 Vgl. ebd., DVW 1/39509, Bl. 268 f., Protokoll des NVR vom 18.11.1976.
113 Ebd., DVW 1/39523, Bl. 6 f., Protokoll des NVR vom 21.11.1980.
114 Vgl. ebd., Bl. 28.
115 Der Kommandeur einer Leipziger Kampfgruppenhundertschaft warnte am 6. Oktober vor »konterrevolutionären Aktionen«, die es seiner Ansicht nach zu unterbinden galt (vgl. Leipziger Volkszeitung vom 6.10.1989; auch Dokumente in: Jetzt oder nie).
116 Siehe hierzu Beitrag Jahn in diesem Band.
117 Sozialistische Landesverteidigung, S. 65.
118 Siehe hierzu Beitrag Lindenberger in diesem Band.
119 Vgl. Gesetzblatt der DDR, T. I., 1968, Nr. 11, S. 232.
120 Vgl. BA-MA, DVW 1/39520, Bl. 147 ff., Protokoll des NVR vom 23.11.1979.
121 Siehe hierzu Beitrag Steike in diesem Band.
122 Siehe hierzu Beitrag Mittmann in diesem Band.
123 Vgl. BA-MA, DVW 1/39522, Bl. 178, 185, Protokoll des NVR vom 23.6.1980.
124 Vgl. ebd., Bl. 174 ff.
125 Vgl. Wenzel, Kriegsbereit, S. 86.
126 Siehe hierzu Beitrag Gieseke in diesem Band.
127 Vgl. Wenzel, Kriegsbereit, S. 82. Ausgenommen davon waren sogenannte Kaderfragen im Rahmen der NVR-Nomenklatur.
128 Siehe hierzu Beitrag Suwalski in diesem Band.
129 Vgl. BA-MA, DVW 1/39516, Bl. 129, Protokoll des NVR vom 16.11.1978.
130 Vgl. ebd., Bl. 130.
131 Protokoll des X. Parteitages der SED, Bd 1, S. 126.
132 Siehe hierzu Beitrag Heider in diesem Band.
133 Vgl. Seubert, Zum Legitimitätsverfall, S. 291 ff.
134 In den 80er Jahren zeigten sich vereinzelt Anzeichen, daß eigene Interessen in Fragen der militärischen Entwicklung sowie der Militär- und Sicherheitspolitik von DDR-Militärs selbstbewußter artikuliert wurden. Das betraf z.B. die — wenngleich letztlich aus ökonomischen Gründen notwendige — Reduzierung von Auflagen des Oberkommandos der Vereinten Streitkräfte für die Vorbereitung des Landes auf den Kriegsfall. Dabei ging es aber nie um eine Gegenstellung oder gar offene Kritik an der Führungsmacht, sondern nur um die partielle Ausweitung des gebotenen Spielraumes.
135 Hoffmann, Sozialismus und Frieden, S. 74.
136 Interview mit P. Abrasimov in der Izvestija vom 11.8.1992, zit. nach: Oldenburg/Stephan, Honecker, S. 791 f.
137 Siehe hierzu Beitrag Arlt in diesem Band.

138 Vgl. BA-MA, DVW 1/39538, Bl. 95 ff., Protokoll des NVR vom 25.11.1988.
139 Zit. nach: Die Militär- und Sicherheitspolitik, S. 549.
140 Vgl. Oldenburg/Stephan, Honecker, S. 792 ff.
141 Vgl. Seubert, Zum Legitimitätsverfall, S. 22.
142 Zit. nach: Die Militär- und Sicherheitspolitik, S. 575.
143 Zit. nach: Ebd., S. 518.
144 Ebd., S. 493 f.
145 Vgl. dazu u.a. Neubert, Geschichte der Opposition.
146 Vgl. dazu ebd., S. 355 ff.; Poppe, Friedensbewegung, S. 216 f.
147 Auf der Tagesordnung dieser 78. Tagung des NVR standen u.a. ein Informationsbericht über die NATO-Kommandostabsübung »Wintex/Cimex 89« durch den Chef Aufklärung des Verteidigungsministeriums, eine Vorlage über geplante Umstrukturierungen der Grenztruppen, die Beschlußfassung über ein neues Statut der Einsatzleitungen, ein Bericht über den Stand der Vorbereitung des Bezirkes Rostock auf den Verteidigungszustand sowie eine Information über den Stand und den Verlauf der Reduzierung der NVA seit Januar des Jahres (vgl. BA-MA, DVW 1/39539, Bl. 4 f., Protokoll des NVR vom 16.6.1989).
148 Am 6.12.1989 trat Egon Krenz als Vorsitzender des Staatsrates und des NVR zurück. Auf Beschluß des Staatsrates wurden alle Mitglieder des NVR von ihrer Funktion abberufen. Damit hörte der NVR faktisch auf zu bestehen.

Jörn Steike

Von den »Inneren Truppen« zur Bereitschaftspolizei (1953–1990)

Die Volkspolizeibereitschaften sind »kasernierte, vollmotorisierte, ständig einsatzbereite, nach militärischen Prinzipien organisierte und geführte Einheiten der Deutschen Volkspolizei«[1], so hieß es jedenfalls im »Auskunftsdokument über die Volkspolizeibereitschaften und Kompanien der Transportpolizei« vom 1. Oktober 1989. Tatsächlich sind diese Einheiten als eine Schlußfolgerung der Regierenden aus der Volkserhebung im Juni 1953 entstanden. Kaserniert und motorisiert, sollte diese Polizeitruppe einen raschen und geballten Einsatz gegen Unruheherde im Innern der DDR ermöglichen. Die Bereitschaftspolizei übernahm zudem Ordnungsaufgaben wie die Absicherung von Großereignissen, übte jedoch in den Jahrzehnten ihrer Existenz auch zunehmend die Erfüllung militärischer Aufgaben im Kriegsfalle.

Die Aufstellung der »Inneren Truppen«

Die Aufbauphase der Bereitschaftspolizei bis 1957 war durch die Suche nach Konzepten und Strukturen geprägt, die von dem Trauma »17. Juni« geprägt und von dem Bestreben bestimmt war, neben Truppen für den äußeren Schutz der DDR »Innere Truppen« für die Herrschaftssicherung der SED zu schaffen.

Die ersten Überlegungen zur Bildung der »Inneren Truppen«, wie die Bereitschaftspolizei anfänglich hieß, sind unmittelbar nach den Juni-Unruhen 1953 erfolgt. Am 22. Juni 1953 unterbreitete Polizeichef Chefinspekteur Karl Maron einen Vorschlag zur Erhöhung der Schlagkraft der Deutschen Volkspolizei (DVP), der neben der Erhöhung der Gesamtstärke der Schutzpolizei die Bildung von Polizeibereitschaften für den inneren Einsatz vorsah. Nach diesen Vorstellungen waren 24 vollmotorisierte Bereitschaften zu je 180 Mann in den Großstädten der DDR zu schaffen, die über Handfeuerwaffen und daneben auch über Schützenpanzerwagen und leichte Artillerie verfügen sollten. Angedacht war die Aufstellung von je zwei Bereitschaften in Frankfurt/Oder, Cottbus, Potsdam, Magdeburg, Leipzig, Halle, Dresden, Karl-Marx-Stadt, Erfurt und Gera sowie einer in Schwerin, Rostock, Neubrandenburg und Suhl. Die geplante Dislozierung der aufzustellenden Bereitschaften reflektierte damit auch auf die Unruheherde im Juni 1953[2]. Die 2. Arbeitskonferenz des Ministeriums des Innern (MdI) am 30./31. Oktober 1953 bestätigte dieses Konzept[3].

Der Aufstellungsprozeß der nun unter dem Namen »Innere Truppen« (IT) firmierenden Polizeiregimenter und -bataillone jedoch zog sich hin. Das durch die Werbeorgane des MdI angeworbene Personal wurde zunächst für die Aufstockung der Grenzpolizei und zur Aufstellung von Schnellkommandos benötigt. Durch den Planungsstab IT waren zudem noch die notwendigen materiellen und logistischen Voraussetzungen für den Aufbau der IT zu schaffen. Daher konnte real erst 1955 mit dem Aufbau der Inneren Truppen begonnen werden[4].

Der Gründung ging ein Beschluß der Sicherheitskommission des ZK der SED zur Aufstellung die Organisation der Inneren Truppen vom 31. März 1955 voraus. Die Haupteinheit sollte danach in Berlin zum Schutz der Staatsgrenze mit rund 4000 Mann entstehen. Weiter waren 4 Regimenter mit insgesamt 5000 Mann mit Regimentsstäben in Rostock, Erfurt, Halle und Dresden vorgesehen[5]. Das Politbüro der SED segnete die Pläne zusammen mit den Beschlüssen zur Reorganisation des Ministeriums des Innern auf seiner Sitzung vom 12. April 1955 ab[6].

Offensichtlich wird bei der Planung der Inneren Truppen bereits die Absicht der Regierenden, mit den kasernierten und militärisch formierten Polizeieinsatztruppen eine Komponente für den inneren Einsatz bei Unruhen als Folgerung der Juni-Erhebung 1953 zu schaffen. Durch die Vollmotorisierung sollte ein geschlossener Einsatz größerer Polizeikräfte in Großstädten und industriellen Ballungszentren ermöglicht werden. Mit Blick auf den sich abzeichnenden Beitritt der DDR zu dem in Entstehung begriffenen sozialistischen Militärpakt plante die SED-Führung jedoch bereits weiter; mit den IT sollten militärisch organisierte und ausgerüstete Einsatzreserven im Hinterland für den Kriegsfall realisiert werden.

Zumindest in personeller Hinsicht lassen sich Kontinuitäten zwischen der Bereitschaftspolizei und den Wacheinheiten des Ministeriums für Staatssicherheit (MfS) feststellen[7]. Mit Ausnahme des Wachregiments Berlin bildeten diese Formationen den Grundstock der neuaufzubauenden Inneren Truppen[8]. Zu den MfS-Wacheinheiten gehörten das Wachregiment des Ministeriums in Berlin und die Wachbataillone in Schwerin, Potsdam, Halle, Erfurt und Dresden, die allesamt in unmittelbarem Zusammenhang mit der Schaffung des MfS im März 1950 aufgestellt worden waren. Sie hatten bis dato hauptsächlich Sicherungsaufgaben wahrzunehmen. Im Ergebnis des 17. Juni 1953 war das Ministerium für Staatssicherheit — nach sowjetischem Vorbild — als Staatssekretariat für Staatssicherheit (SfS) in das Ministerium des Innern eingegliedert worden. Mit ihm unterstanden nunmehr erstmals die Wacheinheiten dem Ministerium des Innern.

Am 1. Mai 1955 entstand unter der Leitung von Generalmajor Ottomar Pech[9] im SfS die »Verwaltung Innere Truppen«, in deren Verfügung die Bereitschaften als Teil der Inneren Truppen neu aufgestellt wurden. Ende Juni 1955 veranlaßten die Regierenden eine Umbewaffnung der Inneren Truppen. Die bislang benutzten Handfeuerwaffen deutscher Bauart wurden an die Kampfgruppen abgegeben. Die Inneren Truppen erhielten analog zur Deutschen Grenzpolizei und der Transportpolizei schrittweise sowjetische Waffen[10] — ein Prozeß, der sich jedoch bis weit in die Folgejahre hinzog.

Am 24. November 1955 erfolgte die Ausgliederung des SfS aus dem MdI. Das Staatssekretariat erlangte erneut den Status eines selbständigen Ministeriums. Die Verwaltung Innere Truppen verblieb beim MfS.

Aus taktischen Gründen erhielten die Inneren Truppen ab dem 1. Mai 1956 allerdings den offiziellen Namen »Bereitschaftspolizei«, der diese Formationen nunmehr als Polizeiorgane ausweisen sollte. Das zentrale Führungsorgan hieß nunmehr »Verwaltung Bereitschaftspolizei«.

Aufgrund der Unruhen in Ungarn und Polen im Krisenjahr 1956 beschloß die Sicherheitskommission des ZK der SED am 24. August 1956 die Bildung der Hauptverwaltung Innere Sicherheit (HVIS) im Staatssicherheitsministerium[11]. Chef der HVIS wurde Generalmajor Hermann Gartmann. Diesem zentralen Führungsorgan der »inneren« Sicherheitsorgane wurde Ende des Jahres neben der Grenzpolizei, den MfS-Wacheinheiten und der Transportpolizei auch die Verwaltung Bereitschaftspolizei unterstellt. Vom 16. bis 20. Oktober 1956 fand eine Übung der »militärischen« Verbände der HVIS statt. Erprobt wurde die Zerschlagung einer Agentengruppe in einem Waldgebiet unter Teilnahme von Formationen der Grenz-, der Bereitschafts- und der Transportpolizei. Die Übung ergab allgemein ungenügende Kenntnisse auf militärischem Gebiet sowie Mängel in der Truppenführung und im Zusammenwirken der Formationen. Die Sicherstellung der Versorgung klappte nicht, die veralteten Nachrichtenmittel ließen ein effektives Operieren der Einheiten nicht zu. Die SED-Spitze und die MfS-Führung mußten sich eingestehen, daß die von ihnen als militärische Organe für die innere Sicherheit zusammengefaßten Formationen »noch nicht die notwendigen Voraussetzungen besitzen und Erfahrungen erreicht haben, um den inneren Schutz der Deutschen Demokratischen Republik zu gewährleisten«[12].

Das hatte durchaus objektive Gründe, insbesondere bei den mot. Einheiten der Bereitschaftspolizei. Diese existierten kaum mehr ein Jahr. Personalbestand wie materielle Ausstattung wiesen große Lücken auf, die eine gezielte Ausbildung erschwerten. Ende 1956 bestand die Bereitschaftspolizei aus 6 Sicherungseinheiten und 5 motorisierten Schützeneinheiten. Hinzu kamen die Offizierslehranstalt und das Lehrkommando Potsdam. Die Mot.-Schützeneinheiten waren hauptsächlich für den inneren Einsatz bei Unruhen in der DDR vorgesehen und gliederten sich in die Mot.-Kommandos Berlin I und Berlin II, Halle, Erfurt und Schwerin. Alle Mot.-Kommandos verfügten über 3 Abteilungen zu je 4 Kompanien. 3 der Kompanien waren Schützenkompanien, die vierte eine Panzerspähwagenkompanie. Die Schützenkompanien gliederten sich in je 3 Schützenzüge und einen sMG-Zug. Das Mot.-Kommando Berlin I hatte einen Sollpersonalbestand von 1541 Mann, die Mot.-Kommandos Berlin II und Halle von 912 Mann. Für die Mot.-Kommandos Erfurt und Schwerin sah die Personalplanung 898 Mann vor. Den Mot.-Kommandos Berlin II, Halle, Erfurt und Schwerin stand je eine Artilleriebatterie mit vier 57-mm-Geschützen zur Verfügung. Das Mot.-Kommando Berlin I verfügte über 2 Artilleriebatterien. Hinzu kam bei den Mot.-Kommandos Berlin I, Berlin II und Halle jeweils 1 Scheinwerferzug.

Die Verteilung der schweren Einheiten verdeutlichte das Bestreben, die möglichen Hauptunruhegebiete nach den Erfahrungen des 17. Juni 1953 abzusichern und gleichzeitig ein Einsatznetz über die DDR zu ziehen. Diese Zielstellung dokumentierte sich in der Dislozierung:

Mot.-Kdo Schwerin	1. und 2. Abteilung (Abt.) in Schwerin
	3. Abt. in Willigrad nahe Schwerin
Mot.-Kdo Basdorf	1. und 2. Abt. in Basdorf bei Berlin
	3. Abt. in Eiche bei Potsdam
Mot.-Kdo Fürstenberg	1. und 2. Abt. in Fürstenberg
	3. Abt. in Grugau
Mot.-Kdo Halle	1. und 2. Abt. in Halle
	3. Abt. in Magdeburg
Mot.-Kdo Erfurt	1. Abt. in Erfurt
	2. Abt. in Eisenberg
	3. Abt. in Meiningen

Die außerdem existenten Sicherungseinheiten waren vornehmlich für Objektsicherungsaufgaben aufgestellt worden. Ihre Struktur und Größe wies erhebliche Unterschiede auf, die durch die Größe der zu sichernden Objekte bestimmt waren. Die Sicherungskommandos Berlin und Dresden mit einer geplanten Stärke von 1560 Mann bzw. 1495 Mann verfügten über jeweils 4 Abteilungen mit 3 Kompanien à 3 Zügen zu 3 Gruppen. Die Gruppenstärke betrug 9 Mann. Das Sicherungskommando Halle strukturierte sich in nur 2 Abteilungen, eine davon zur Sicherung des Sprengstoffwerkes in Schönebeck.

Die Gliederung der Abteilungen war im wesentlichen einheitlich. Die selbständigen Sicherungsabteilungen in Karl-Marx-Stadt (Chemnitz) und Alt-Rehse bei Neubrandenburg differierten hauptsächlich im Personalbestand von 330 Mann in Alt-Rehse und 482 Mann in Karl-Marx-Stadt.

Die Sicherungsabteilung in Alt-Rehse zeichnete für die Bewachung des Panzerreparaturwerkes Neubrandenburg, die Karl-Marx-Städter für das Industriewerk Karl-Marx-Stadt verantwortlich. Beide Werke waren bedeutende Rüstungsproduzenten für KVP und NVA. In Karl-Marx-Stadt bestand darüber hinaus eine Sicherungsbrigade mit 4844 Mann, die sich in 6 Abteilungen gliederte. Diese weitaus stärkste Sicherungseinheit der Bereitschaftspolizei entstand eigens für die Absperrung des Uranfördergebiets der SDAG Wismut zwischen Zwickau und Aue.

Die Offizierslehranstalt der Bereitschaftspolizei in Dresden wies einen Personalbestand von 251 Mann auf, davon 50 Offiziershörer und 100 Offiziersanwärter. Das Lehrkommando der Bereitschaftspolizei in Potsdam besaß 2 Abteilungen, 1 Schützenabteilung mit 484 Mann Sollbestand, gegliedert in 3 Schützenkompanien sowie 1 sMG-Kompanie, und 1 mechanisierte Abteilung (260 Mann) mit 1 Artilleriebatterie, 1 Nachrichtenkompanie sowie 1 Kfz-Kompanie[13].

Der Verwaltung Bereitschaftspolizei unterstanden somit stark heterogen strukturierte Einheiten mit unterschiedlichen Aufgaben. Ein großer Teil der Formationen allerdings existierte nur in den Stäben oder auf dem Papier. Von dem im September 1956 tatsächlich erreichten Personalbestand von 11 806 Mann dienten 10 398 Mann in den Sicherungseinheiten. Die Mot.-Einheiten wurden insbesondere im Juli/August 1956 durch die Abgabe von 4500 Mann für die Sicherung von Anlagen der SDAG Wismut erheblich ausgedünnt[14], nachdem das ursprünglich von sowjetischen Truppen abgesicherte Wismutgebiet per Beschluß der Sicherheitskommission des ZK der SED vom 24. August 1956 in das Wachaufgabenfeld der Bereitschaftspolizei überführt wurde[15]. Daneben gab es aber bereits die ersten homogen strukturierten Mot.-Schützenkommandos, die in der Lage waren, bestimmte Territorien abzusichern, also eine »dynamische« Aufgabenstellung hatten.

Ende 1956 lag der Sollpersonalbestand bei insgesamt 16 200 Mann. Bewaffnet war die Bereitschaftspolizei mit 3137 Pistolen, 8335 Karabinern (K 98), 5941 Maschinenpistolen, 1247 lMG (DP), 111 sMG-42, 194 MG (DTM), 63 sMG-43 und 30 Geschützen. Sie verfügte über insgesamt 1462 Fahrzeuge, davon 516 Lkw H 3 a, 63 Schützenpanzerwagen BTR und 194 Panzerspähwagen (PSW) BA-64. Die Sicherungseinheiten verfügten über 227 Diensthunde[16].

Umformierung zum militärisch orientierten Organ des MdI

Am 15. Februar 1957 wurde die gesamte Hauptverwaltung Innere Sicherheit aus dem MfS aus- und in das MdI eingegliedert, bevor sie im März 1957 letztlich zu existieren aufhörte. Was folgte, war eine einschneidende Reorganisation der Bereitschaftspolizei hin zu militärischen Strukturen und Ausbildungsinhalten, die die zweite Phase der Entwicklung dieser Formation bis 1962 prägen sollte.

Die Bereitschaftspolizei verblieb im Verfügungsbereich des MdI, geführt vom neugebildeten »Kommando Bereitschaftspolizei« mit Sitz in Berlin. Kommandeur der Bereitschaftspolizei wurde Generalmajor Hans-Hugo Winkelmann, Chef des Stabes Oberst Klaus Mansfeld. Die Neuordnung brachte den Bereitschaftspolizisten Polizeiuniformen anstelle der bisher getragenen khakifarbenen KVP-Uniformen. Die Mannschaften und Unteroffiziere erhielten Polizeidienstgrade, die Offiziere durften ihre militärischen Ränge behalten[17].

Die Reorganisation des MdI beinhaltete veränderte Aufgabenstellungen, Strukturen und Standorte der Bereitschaftspolizei. Die Bereitschaftspolizei wurde zugunsten einer durchgängigen militärischen Ausrichtung von allen Wachaufgaben befreit, der letzte verbliebene Wachdienst bei der SDAG Wismut endete am 3. August 1957[18]. Die Objektbewachung übernahm nun der Betriebsschutz (A) der DVP.

Es folgte eine vollständige Umstrukturierung der Bereitschaften. Auf Beschluß der Sicherheitskommission vom 15. April 1957[19] entstanden aus dem vorhandenen Personalbestand 10 motorisierte Bereitschaften mit einer Sollstellenzahl von je 1621 und eine Lehrbereitschaft mit 575 Mann. Die Lehrbereitschaft in Potsdam sollte zugleich die zentrale Reserve bilden[20]. Zusammen mit dem Stab und den Stabseinheiten des Kommandos der Bereitschaftspolizei im Ministerium des Innern, mit den Wachkräften des Zentrallagers Grugau, den Musikkorps in Dresden und Berlin sowie der Reserve und den Sonderlehrgängen für Offiziere gehörten der Bereitschaftspolizei strukturmäßig 17 500 Mann an[21].

Dislozierung und tatsächlicher Personalbestand der motorisierten Bereitschaften ergaben am 1. August 1957 folgendes Bild[22]:

1.	Bereitschaft	Schwerin	1380 Mann
2.	Bereitschaft	Basdorf/Berlin	1400 Mann
3.	Bereitschaft	Potsdam	1370 Mann
4.	Bereitschaft	Magdeburg	900 Mann
5.	Bereitschaft	Leipzig	660 Mann

6.	Bereitschaft	Halle	1200 Mann
7.	Bereitschaft	Erfurt	1500 Mann
8.	Bereitschaft	Dresden	1570 Mann
9.	Bereitschaft	Karl-Marx-Stadt	1280 Mann
10.	Bereitschaft	Zwickau	1360 Mann
	Lehrbereitschaft	Potsdam	940 Mann
	Sonstige		320 Mann
	Gesamt		13880 Mann

Die Bereitschaften besaßen jetzt eine einheitliche Gliederung. Dem jeweiligen Kommandeur unterstanden 3 Mot.-Abteilungen, 1 Artilleriebatterie und 1 Granatwerferkompanie. In die Struktur gehörten neben dem Stab Pionier- und chemische Dienste, 1 Nachrichtenkompanie, 1 Transportzug sowie 1 Diensthundegruppe. Jede Mot.-Abteilung verfügte ihrerseits über 1 Stab und 3 Schützenkompanien mit 3 Zügen à 3 Gruppen zu je 8 Mann, 1 sMG-Zug, 1 Transportgruppe und 1 Funktrupp. Hinzu kam die Panzerspähwagenkompanie, die sich aus 2 PSW-Zügen und einem Kradschützenzug zusammensetzte. Weiterhin existierte in der Abteilung 1 Panzerabwehrzug mit 2 Panzerabwehrgeschützen (45 mm).

Die Lehrbereitschaft setzte sich aus 8 Lehrkompanien, 1 Artilleriebatterie und 1 Panzerabwehrkanonenbatterie zusammen. Die 1. Kompanie diente der Offiziersausbildung. Sie bestand aus 4 Zügen zu je 30 Offiziershörern. In der 2. bis 5. Kompanie wurden in je 4 Zügen Mot.-Schützengruppenführer herangebildet. In der 6. Kompanie lernten zukünftige Unterführer für die Maschinengewehrgruppen, in der 7. (technischen) Kompanie in je 2 Zügen Kfz- und Nachrichtengruppenführer, in 1 Zug Waffenmeister. Die 8. (PSW-) Kompanie letztlich schulte in 2 Zügen PSW-Kommandanten und in 1 Zug zukünftige Kradschützengruppenführer.

Die Granatwerferkompanie verfügte über 3 Züge zu je zwei 82-mm-Granatwerfern, die Artilleriebatterie über 3 Züge zu je zwei 76-mm-Geschützen, in der Pakbatterie fanden sich 3 Züge zu je zwei 45-mm-Panzerabwehrkanonen.

Eine eigenständige Offizierslehranstalt gab es in der Bereitschaftspolizei nun nicht mehr.

Mit der Bildung des Kommandos der Bereitschaftspolizei unterstanden die einheitlich strukturierten Formationen nunmehr auch einer einheitlichen, zentralen Führung, die dem Charakter der Bereitschaftspolizei als selbständiger militärischer Formation Rechnung trug. Die Einheiten waren in zentrale Reserven, die durch den Minister des Innern eingesetzt wurden, und Formationen zur Verwendung durch die jeweils territorial zuständigen Bezirksbehörden der Deutschen Volkspolizei (BDVP), gegliedert[23].

Die erläuterten Strukturveränderungen zielten eindeutig auf eine militärische Ausrichtung der Bereitschaftspolizei für den inneren Einsatz, beginnend jedoch ebenfalls für den Verteidigungsfall zur Absicherung des Hinterlandes. Mit der entsprechenden Bewaffnung sollte ein Vorgehen gegen bewaffnete gegnerische Gruppierungen ermöglicht werden.

Die Bereitschaftspolizei war zur Lösung derartiger Einsatzaufgaben voll zu motorisieren und laut Plan mit 1550 Kraftfahrzeugen auszustatten. Ende 1957 besaß sie jedoch tatsächlich nur 999 Fahrzeuge, ein Problem, welches daher rührte, daß die DDR-Fahrzeugindustrie mit den gewaltigen Anforderungen der bewaffneten Organe nicht Schritt halten konnte und sowohl NVA als auch DGP, die vorrangig zu beliefern waren, noch nicht vollständig mit Kfz versorgt waren.

Besser war die Ausstattung mit Handfeuerwaffen, die nicht selten sogar über dem Soll lag. Die Einheiten besaßen zudem 990 lMG, 119 sMG-43, 60 Kanonen (76 mm) und 60 Granatwerfer (82 mm). Der Bestand an SPW lag mit 60 Stück um ein Drittel unter Soll, dafür waren anstatt der 240 geplanten Panzerspähwagen 343 dieser Fahrzeuge verfügbar.

Die Waffenausstattung wies insbesondere dort Fehlbestände auf, wo andere Waffenträger, so die NVA oder die DGP, Prioritäten in der Zulieferung besaßen. Zudem konnten Qualität und Einsatzbereitschaft der Technik nicht befriedigen. Sie entstammte oft sowjetischer Kriegsproduktion und war von den regulären Streitkräften ausgesondert worden. Bei etwa 30 % der Karabiner waren die Läufe »bis zum letzten ausgebohrt«, die Maschinenwaffen z.T. erheblich veraltet. Von der Kfz-Technik waren durchschnittlich 70 % der Fahrzeuge einsatzfähig, aber ebenfalls überaltert; und es fehlten Ersatzteile[24].

Die Aufgabenstellung an die Bereitschaftspolizei war im Jahre 1958 bereits deutlich auf den Kriegsfall zur Sicherung des eigenen Hinterlandes ausgerichtet, wobei auf den Einsatz gegen bewaffnete Diversantengruppen oder Luftlandeeinheiten besonderes Augenmerk gelegt wurde[25]. Entsprechend der Bedrohungsperzeption der DDR-Führung würde Westdeutschland versuchen, durch den Einsatz von bewaffneten Banden und regulären Streitkräften eine »konterrevolutionäre Situation« zu schaffen[26]. Hieraus wurden die Aufgaben der Bereitschaftspolizei bei »der Aufrechterhaltung der sozialistischen gesellschaftlichen Ordnung« abgeleitet[27]. Sie sollte innere und äußere Gefahren beseitigen, deren Bekämpfung die Kräfte der anderen Organe der Volkspolizei überstieg, für deren Bekämpfung also Polizeieinheiten in geschlossenen Formationen eingesetzt werden mußten. Insbesondere hatte sie »konterrevolutionäre Umtriebe zu unterdrücken und zu zerschlagen«.

Als Schwerpunkte des inneren Einsatzes sah die DDR-Führung die Stadt Berlin mit ihren Randgebieten, den Raum Magdeburg/Halberstadt, das mitteldeutsche Industriegebiet um Halle, Leuna und Bitterfeld, den Raum Dresden und Teile des Bezirkes Karl-Marx-Stadt. In dieser Bedrohungsperzeption spiegelten sich deutlich die Erfahrungen der Herrschenden mit der Volkserhebung im Juni 1953 wider. Bei größeren Unruhen sah die Einsatzkonzeption, für die die nach dem 17. Juni 1953 gebildeten Einsatzleitungen der Bezirke verantwortlich zeichneten, ein Zusammenwirken der Bereitschaftspolizei mit den Kampfgruppen und sogar mit Einheiten der NVA zur Wiederherstellung von Ruhe und Ordnung vor. Zu den weiteren Aufgabenfeldern zählten Hilfeleistungen in Katastrophenfällen und die Unterstützung der polizeilichen Tätigkeit der anderen DVP-Organe, z.B. bei Fahndungen und der Absicherung von Großveranstaltungen. Als ein wesentlicher Unterschied zu Einsätzen von Militäreinheiten wurde gesehen, daß der Kampf- bzw. Einsatzraum der Bereitschaftspolizei in der Regel nicht von »Zivilpersonen entblößt« ist, sondern daß sich die Einsätze »unter Anwesenheit der Öffentlichkeit« abspielen würden und somit die von der Bereitschaftspolizei eingesetzten Mittel verhältnismäßig in bezug auf den Gegner sein müssen. Im übrigen müsse die Bereitschaftspolizei schnell Anfangserfolge erringen, um zu zeigen, daß Widerstand zwecklos ist, um so zumindest Mitläufer auf seiten der Gegner zu entmutigen[28].

Entsprechend dieser Zielsetzung erhielt die Ausbildung einen deutlichen militärischen Zuschnitt von der Einzel- über die Zug-, Kompanie- bis hin zur Bataillonsausbildung. In den folgenden Jahren gewann der Häuserkampf einen ausgewiesenen Platz in der Schulung der Bereitschaftspolizisten. Im Selbstverständnis der Staats- und MdI-Führung hatten im wesentlichen Bereitschaftspolizei, Kampfgruppen und DGP die Sicherheit gegen feindliche Aktionen im Innern der DDR und Berlin zu gewährleisten[29].

Die Ausbildung der Bereitschaftspolizei erfolgte aufgrund von Ausbildungsprogrammen des Ministeriums des Innern und der Nationalen Volksarmee. Für Offiziere und Unterführer wurden Lehrgänge mit unterschiedlicher Dauer sowohl an der Lehrbereitschaft als auch an anderen Lehreinrichtungen organisiert. Daneben erhielten die Offiziere und Unterführer eine Breitenschulung in Schulungsgruppen sowie Qualifizierungen in ihren jeweiligen Fachgebieten. Allerdings scheinen jedenfalls im Jahre 1957 weder der Ausbildungsstand der Offiziere und Unterführer noch die Ausbildung der Wachtmeister in allen Punkten befriedigend gewesen zu sein. 30 % der Gruppenführerplanstellen waren zu diesem Zeitpunkt mit Wachtmeistern besetzt, die Kenntnisse und Fähigkeiten der vorhandenen Unterführer erwiesen sich als lückenhaft, insbesondere methodische Fähigkeiten zeigten sich schwach entwickelt. Gefechtsausbildung und Dienstsport entsprachen nicht den Anforderungen, die ein modernes Gefecht stellen würde, die Nachtausbildung wurde vernachlässigt, was sich z.B. in den Ergebnissen des Artillerienachtschießens niederschlug. Auf der Ebene der Zug- und Kompanieführungen waren ebenso Nachqualifizierungen erforderlich, wie die Stabsausbildung verbesserungswürdig war. Letzteres lag an »den zum Teil unbefriedigenden Fähigkeiten der Stabschefs und der Vernachlässigung der Stabsausbildung«[30].

Im Hinblick auf den mangelhaften Ausbildungsstand der Offiziere wurde bereits 1957 die Schaffung einer Offiziersschule gefordert. Erhebliche Probleme für die Einsatzfähigkeit der Einheiten ergaben sich durch die fehlende Qualifizierung des zumeist sehr jungen Offiziersbestands ebenso wie durch eine hohe Personalfluktuation und durch die relativ geringe Allgemeinbildung in den Reihen der Bereitschaftspolizei. Die materiellen Mängel an Bewaffnung und Ausrüstung und die unzweckmäßige Unterbringung einiger Einheiten aufgrund des Fehlens von Kasernen verstärkten die inneren Probleme in der Bereitschaftspolizei. Auch im Nachrichtenwesen blieben die Defizite gravierend[31]. Die SED-Sicherheitskommission stellte Anfang 1958 fest, daß die Einsatzvorbereitungen der Bereitschaftspolizei infolge ungenügender praktischer Erprobungen und Erfahrungen nicht allen zu erwartenden gegnerischen Aktionen gerecht werde[32]. Im Offizierskorps gäbe es Probleme mit der »sozialistischen Moral«. Offiziere und Unterführer besäßen ungenügende pädagogische Fähigkeiten. Die Mannschaften seien politisch ungenügend gefestigt, was sich in einer hohen Zahl von Disziplinarverstößen und Desertionen niederschlage[33]. Nach Einschätzungen der Sicherheitskommission des ZK der SED waren Anfang 1958 nur die 1. (Schweriner), die 2. (Basdorfer), die 6. (Hallenser) und die 8. (Dresdner) Bereitschaft fähig, polizeitaktische Aufgaben zu erfüllen[34].

Einschneidende Veränderungen nach dem Mauerbau

Die dritte Phase der Entwicklung der Bereitschaftspolizei begann unmittelbar vor dem Mauerbau. Aufgrund des Befehls des Ministers des Innern Nr. 27/61, der die Gesamtstärke der Bereitschaftspolizei auf 19 837 Mann festschrieb, wurde vom Kommandeur der Bereitschaftspolizei am 18. Juli 1961 ein Vorschlag zur Neustrukturierung der Bereitschaftspolizei vorgelegt[35]. Die Einheiten sollten die Fähigkeit haben, selbständig, ohne Zuteilung von Verstärkungsmitteln, Sicherungseinsätze durchzuführen[36]. Dementsprechend wurden die einzelnen Abteilungen strukturiert. Die Abteilungen, nunmehr als »Bereitschaften« bezeichnet und mit verstärkten Stäben operierend, erlangten vollständige Selbständigkeit: Die eigentlich geplanten Brigadestäbe fanden bis 1989 keine Realisierung[37]. Lediglich in der Kaserne Basdorf, in der mehrere Berliner Bereitschaften lagen, entstand eine »Arbeitsgruppe Kasernenfragen«[38], die im Verteidigungszustand aufgefüllt als Brigadestab für die vom Präsidenten der Deutschen Volkspolizei Berlin (PdVP) einzusetzenden 2 bis 6 Bereitschaften fungieren sollte[39].

Die Entscheidung für selbständige Bereitschaften ging auf eine Weisung des Nationalen Verteidigungsrates der DDR vom 6. April 1962 zurück, nach der jedem Bezirk eine selbständige Einheit der Bereitschaftspolizei zur Verfügung zu stellen war[40]. Im Zusammenhang mit dieser Weisung wurde das Kommando Bereitschaftspolizei als militärisches Führungsorgan im MdI zum 1. Juli 1962 aufgelöst und durch ein fachliches Leitungsorgan, die Inspektion, später Abteilung und danach Hauptabteilung Bereitschaften ersetzt. Chef der Inspektion wurde Oberst Klaus Mansfeld, der die Leitung der Bereitschaftspolizei bereits 1959 von Generalmajor Winkelmann übernommen hatte. Das Führungsorgan, welches später auch Abteilungen in jeder BDVP und im PdVP Berlin einrichtete, hatten keine militärische Kommandogewalt mehr über die Einheiten der Bereitschaftspolizei, sondern leitete die Tätigkeit der Bereitschaftspolizei fachlich an und sorgte für die materielle, personelle und finanzielle Sicherstellung und Verwaltung.

Die aus dem Bestand der Bereitschaftspolizei gebildete erste Mot.-Brigade, die Ende 1961 als Mot.-Brigade (B) bezeichnet wurde, bestand aus dem Stab sowie 5 Abteilungen mit 2 Schützen-, 1 SPW- und 1 schweren Kompanie. Die Schützenkompanie gliederte sich in 4 Schützenzüge, 1 MG-Zug und 1 Transportgruppe. 1 SPW-Kompanie verfügte über 3 SPW-Züge und 1 Transportgruppe. Die schwere Kompanie unterteilte sich in 1 Zug mit 82-mm-Granatwerfern, 1 Zug mit 82-mm-rückstoßfreien Geschützen sowie 1 Flakzug mit 14,5-mm-Geschützen. Zentral leitete die Mot.-Brigade (B) 1 Artillerie-Abteilung mit 76-mm-Geschützen und 1 Granatwerferbatterie mit 120-mm-Granatwerfern.

Damit besaß die Brigade eine ähnliche Struktur wie ein militärisches Regiment. Doch auch die Bewaffnung dokumentiert, daß der Brigade als wesentlichste Aufgabe die Zerschlagung stärkerer bewaffneter Kräfte im Fall eines Krieges zugedacht war. Das drückt sich besonders durch die Komponenten der Panzerbekämpfung und Luftabwehr aus. Zudem sollte die Vollmotorisierung auf gepanzerten Fahrzeugen erreicht werden. In der Mot.-Brigade befanden sich 47 Schützenpanzerwagen (SPW) BTR-40, 44 SPW BTR-152 sowie 5 SPW BTR-40 zur Chemieaufklärung[41]. Die Mot.-Brigade (B) wurde zur Absicherung der Sektorengrenze in Berlin eingesetzt und später als Grenzbrigade (B) in die Grenztruppen eingegliedert.

1962 wurden aus dem restlichen Personal der Bereitschaftspolizei neben zentralen Einrichtungen (z.B. Kommando der Bereitschaftspolizei, Lehrbereitschaft) 21 Bereitschaften aufgestellt, davon 15 der Kategorie I mit 567 Mann und 6 der Kategorie II mit 450 Mann[42]. Die Einteilung in zwei Kategorien erfolgte, weil eine vollständige Aufstellung aller Volkspolizeibereitschaften (VPB) zu dieser Zeit weder personell noch materiell möglich war[43]. Von den 15 Kategorie-I-Bereitschaften sollten 14 Einheiten auf Bezirksebene eingesetzt werden. Eine weitere Kategorie-I-Bereitschaft sowie die restlichen 6 Kategorie-II-Bereitschaften waren Einheiten, deren Einsatz durch den Minister des Innern erfolgen sollte. Die Bereitschaften waren wie folgt disloziert:

1.	VPB	Schwerin
2.	VPB	Stralsund
3.	VPB	Potsdam
4.	VPB	Magdeburg
5.	VPB	Leipzig
6.	VPB	Halle
7.	VPB	Erfurt
8.	VPB	Dresden
9.	VPB	Chemnitz
10.	VPB	Rudolstadt-Kumbach
11.	VPB	Magdeburg
12.	VPB	Halle
13.	VPB	Meiningen
14.	VPB	Neustrelitz
15.	VPB	Eisenhüttenstadt
16.	VPB	Cottbus
17.	VPB	Basdorf
18.	VPB	Basdorf
19.	VPB	Basdorf
20.	VPB	Potsdam
21.	VPB	Leipzig.

Die Struktur der Bereitschaften entsprach im wesentlichen einer Abteilung der beschriebenen Mot.Brigade, d.h., daß bei der Bereitschaftspolizei, abgesehen von der Mot.-Brigade, nunmehr allgemein nicht mehr Regiments-, sondern Bataillonsstrukturen ihre Einführung fanden. Die Stabskompanie der Bereitschaften verfügte über Aufklärungs-, Pionier-, Nachrichten-, Transport-, Kommandantendienst- und Kfz- sowie Waffenreparaturkräfte[44]. Diese Struktur änderte sich bis zum Ende der DDR in ihren Grundzügen nicht mehr. Lediglich durch die Einführung neuer Waffensysteme kam es geringfügig zu Veränderungen.

Die Bereitschaftspolizei hatte Ende 1962 einen Gesamtsollpersonalbestand von 12 204 Mann, davon 978 Offiziere, 2322 Unterführer und 8904 Wachtmeister[45]. Als Standardbewaffnung der Bereitschaftspolizei setzten sich nunmehr Pistolen, Maschinenpistolen (Kalaschnikow), lMG, Scharfschützengewehre, Panzerfäuste (RPG-2), 82-mm-Granatwerfer und 82-mm-rückstoßfreie Geschütze (B-10) durch. Auf andere Geschütze wurde vollständig verzichtet[46].

Die Verteidigungsplanung der DDR sah für den Kriegsfall die Aufstellung von 9 weiteren Volkspolizeibereitschaften vor. Die Standorte und die Strukturen der VPB sollten sich nicht wesentlich verändern. Lediglich die 1. Stellvertreter der betreffenden Bereitschaftskommandeure hätten als Kommandeure die neu aufzustellenden Bereitschaften übernommen. Zudem war die Bildung von Sicherungskompanien geplant, die dann im Strafvollzug, bei der Bewachung von bestimmten Objekten und bei der Sicherung von Internierungs- und Kriegsgefangenenlagern zum Einsatz gelangt wären. Zusammen mit den aus den 8 Transportpolizei-Kompanien zu bildenden Transportpolizeibereitschaften sollte somit eine Kriegsstärke von 26 685 Mann erreicht werden, davon 16 381 Mann in den Bereitschaften, 3224 Mann in den Transportpolizeibereitschaften und 7080 Mann in den Sicherungskompanien[47].

Mit der Umstrukturierung im Jahre 1962 war die Schaffung von Verfügungseinheiten auf Bezirksebene, die selbständig zur Unterstützung der nichtmilitärischen Polizei eingesetzt werden konnten, abgeschlossen. Darüber hinaus schuf sich das Ministerium des Innern durch die Bildung einer Zentralen Reserve (1 Kategorie-I-Bereitschaft und 6 Kategorie-II-Bereitschaften) die Möglichkeit, die bezirklichen Verfügungsverbände schwerpunktmäßig zu verstärken oder zentrale Maßnahmen (z.B. Staatsbesuche) abzusichern. Allerdings wurden selbst nach Einschätzung des Nationalen Verteidigungsrates der DDR die Bereitschaften durch den mit der Aufstellung der 1. und später der 2. Grenzbrigade (B), die insgesamt über 13 000 Mann zur Grenzsicherung in Berlin verfügten, verbundenen Rückgriff auf Bereitschaftspolizeioffiziere »ausgeblutet«[48]. Auch bei den Unterführern und Wachtmeistern machte sich der Aderlaß bemerkbar. Der Grad der Organisiertheit in der FDJ und der SED sank z.B. erheblich. Hinzu kam, daß die Grenzbrigaden Personal, welches ihnen als unzuverlässig erschien, der Bereitschaftspolizei überstellte[49].

War die Rekrutierung des Personalbestandes der Bereitschaftspolizei bis 1962 durch die Werbung Freiwilliger für den Polizeidienst und durch Umversetzungen vor allem aus der DVP erfolgt, so änderte sich die Situation mit der Einführung der allgemeinen Wehrpflicht im Januar 1962. Aufgrund des § 25 des Wehrpflichtgesetzes konnten nunmehr Wehrpflichtige auch in die Bereitschaftspolizei eingezogen werden. Wegen anfänglicher Irritationen mußte die ZK-Abteilung für Sicherheitsfragen Mitte 1962 zunächst Klarheit schaffen, »daß der Wehrersatzdienst gegenüber dem Grundwehrdienst nur einen Unterschied aufweist, er wird nicht in der Nationalen Volksarmee abgeleistet, sondern in [...] den bewaffneten kaserniert untergebrachten Einheiten des MdI«[50]. Dennoch gab es immer wieder Schwierigkeiten mit der Zuteilung der Wehrdienstleistenden. Den Volkspolizeibereitschaften der BDVP Leipzig und der 1. Kompanie der Transportpolizei der BDVP Rostock wurden z.B. bei mehreren Einberufungen in den 80er Jahren zwischen 35 und 56 % Wehrpflichtige mit einer Schulbildung der 6. bis 8. Klasse zugewiesen, obwohl den kasernierten Einheiten des Ministeriums des Innern der gleiche Prozentsatz an Absolventen der 10. und 12. Klasse zustand wie der NVA[51]. Außerdem durften die einzuberufenden Wehrpflichtigen, die ja in einem Organ der Deutschen Volkspolizei Dienst leisten sollten, nicht vorbestraft sein[52].

Ende 1962 wurde die Militärschule des MdI als »Zentrale Lehranstalt des MdI«, später Fachschule des Ministeriums des Innern — Bereitschaften — gegründet, sie nahm ihren Lehrbetrieb im Januar 1963 auf. An der Schule liefen sowohl längerfristige Lehrgänge zur Ausbildung als auch solche zur Weiterqualifizierung von Offizieren[53]. Die zunächst vorgesehene Ausbildung auf Regimentsebene mit einer Einweisung in die Kommandohöhe Division fand nicht statt, allerdings wurde ausgewähltes Personal an die Militärakademie der NVA in Dresden delegiert[54].

Am 12. Mai 1971 erlangte die Offiziersausbildungseinrichtung im Rahmen der 3. Hochschulreform die Aufwertung zur Offiziershochschule des Ministeriums des Innern (Bereitschaften) »Artur Becker«[55]. Die Dauer der Offiziersausbildung steigerte sich auf 3, später auf 4 Jahre zuzüglich eines weiteren Jahres für Offiziersschüler, die entweder kein Abitur oder keine Berufsausbildung vorweisen konnten. Ab 1986 schlossen die Absolventen der Offiziershochschule mit dem Diplom ab.

1962 wurde die Lehrbereitschaft Potsdam aufgelöst und eine Unteroffiziersschule, zunächst in Leipzig und ab 1. April 1963 unter der Bezeichnung Unterführerschule in Dresden geschaffen[56].

In den ersten Jahren des Bestehens der Schulen gab es verschiedene Probleme. So kritisierte eine Leitungsvorlage für das MdI 1965 die »nur lose Verbindung zwischen den Bereitschaften und [den] Schulen«, die Ausbildung entspräche noch nicht den Anforderungen[57]. Eine ähnlich harsche Kritik ist aus den späteren Jahren nicht bekannt.

Im Rahmen der Erarbeitung der Prinzipien der Territorialverteidigung durch das MfNV wurde die Bereitschaftspolizei in »Volkspolizei(VP)-Bereitschaften« umbenannt. Sie bildeten mit den Kompanien der Transportpolizei und den motorisierten Kampfgruppenbataillonen der Bezirksreserve den

Kern der Streitkräfte der Territorialverteidigung der DDR. Zum 1. November 1968 fiel die Unterscheidung zwischen den VP-Bereitschaften der Kategorie I und Kategorie II weg[58]. Die VP-Bereitschaften formierten sich nunmehr einheitlich nach der Kategorie I. Sowohl die Anzahl als auch die Dislozierung der Einheiten blieben gleich. Damit war der Übergang zu vollständig homogenen und insbesondere ohne Zuführung von Verstärkungskräften selbständig operierenden Einheiten vollzogen. Da das Planstellensoll dennoch nicht überschritten werden durfte, war es unumgänglich, die Gruppenstärke der Schützen- und der SPW-Kompanien zu verringern. Die Kategorie-II-Bereitschaften wurden durch die Schaffung eines zweiten Granatwerferzuges, eines dritten SPW-Zuges sowie durch die Aufstockung der Aufklärungs- und Pionierkräfte angeglichen[59].

1971 erhielten die Schützeneinheiten die Panzerbüchse RPG-7 anstelle der Panzerbüchse RPG-2, die rückstoßfreien Geschütze SPG-9 ersetzten die 82-mm-RG vom Typ B-10[60]. Mitte der 70er Jahre wurden im übrigen die SPW-Kompanien durchgängig mit dem SPW PSH ungarischer Bauart ausgerüstet. Den Selbstschutz der Einheiten vor gegnerischen Luftangriffen leisteten Flakzüge mit zwei 23-mm-Flak ZU-23/2. Außerdem entstanden 4 pioniertechnische Zentren mit schwerem Pionierbaugerät. Bis Mitte 1980 erhielten alle 21 VP-Bereitschaften einen zweiten sPG-9-Zug. Ferner übernahm die Bereitschaftspolizei 2 Truppenübungsplätze in Belzig und in Neuruppin[61]. In Basdorf entstand eine Nachrichtenbereitschaft neu. Für spezielle Aufgaben wurden zudem die 9. und die 10. Volkspolizeikompanie aufgestellt. Die 9. VPK (Potsdam) war eine spezielle Aufklärungseinheit, die 10. VPK (Berlin) hatte Versorgungsaufgaben.

Im Hinblick auf die Aufgaben der VP-Bereitschaften verblieb es bei der Einteilung in Kampf-, Ordnungs- und Katastropheneinsätze. Allerdings war bereits im April 1962 durch Beschluß des Nationalen Verteidigungsrates der DDR eine Abgrenzung der Aufgaben der NVA zu denen der anderen bewaffneten Formationen dahingehend getroffen worden, daß die NVA nicht mehr für den Einsatz im Innern zu verplanen war. Sie hatte dennoch bereit zu sein, auf besonderen Befehl kurzfristig Aufgaben im Innern der DDR zu erfüllen. Vorrangig zuständig für die Aufrechterhaltung der inneren Sicherheit waren die Einheiten des MdI, des MfS und die Kampfgruppen. Die Sicherung militärischer Objekte hatte zum Teil durch das MdI, aber auch durch die NVA selbst zu erfolgen.

Die DDR-Verteidigungsplanung sah im Rahmen der Territorialverteidigung Kampfhandlungen der inneren Kräfte im Gesamtbestand oder im Rahmen von Kräftegruppierungen gegen subversive Kräfte und Einheiten des Gegners vor[62]. Die VP-Bereitschaften hatten hierbei mit den Kampfgruppen, mit Einheiten der NVA, mit Truppen der Gruppe der Sowjetischen Streitkräfte in Deutschland (GSSD), mit der Zivilverteidigung und mit operativen Kräften des MfS zusammenzuwirken[63]. Diese Aufgabe wurde u.a. während des Manövers »Waffenbrüderschaft« vom 12. bis 18. Oktober 1970 von der 17. VP-Bereitschaft und dem 1. und 20. Kampfgruppenbataillon (mot.) geübt[64]. Die taktische Idee dieser Übung war die Bildung einer Kräftegruppierung im Verlauf des Kampfes bei zeitversetzter Zusammenführung der Einheiten mit dem Ziel, schnell und eindeutig die Kräfteüberlegenheit in einem bestimmten Raum zu sichern und die Operationsfreiheit der Streitkräfte der Teilnehmerstaaten des Warschauer Vertrages zu gewährleisten. Die Einheiten hatten hierzu eine gemischte Kräftegruppierung längerfristig unter einer nicht strukturmäßigen überbezirklichen Führungsgruppe, deren Arbeitsbereitschaft stufenweise hergestellt wurde, zu bilden und ein dezentralisiertes Truppenlager zu beziehen. Während des Truppenlagers probten die Einheiten in ihrem Gesamtbestand unter hoher physischer und psychischer Belastung die einzelnen Übungsteile. Höhepunkt der Übung bildete eine Lehrvorführung. Bei diesem Manöver stellte sich insbesondere bei den beteiligten Kampfgruppenbataillonen, aber auch bei der 17. VP-Bereitschaft heraus, daß die Einheiten nur bedingt in der Lage waren, die Kampfaufgaben gegen reguläre Kräfte des Gegners zu erfüllen. Nachteilig wirkten sich insbesondere das hohe Durchschnittsalter der Kampfgruppenangehörigen, das nicht hinreichend organisierte Zusammenwirken sowohl der Einheiten als auch der Führungsgruppen in den gemischten Kräftegruppierungen im Kampfeinsatz sowie technische Probleme im Kühlsystem des inzwischen weit veralteten SPW BTR-152 aus. Nicht hinreichend waren auch die Leistungen im Orts- und Häuserkampf[65].

Modernisierung und Auflösung

Die letzte Phase der Entwicklung der VP-Bereitschaften von Mitte der 70er Jahre bis zum Untergang der DDR war durch eine Divergenz von Anspruch und Wirklichkeit geprägt. Zwar mühte sich das MdI, die militärische Einsatzfähigkeit insbesondere durch die Vervollkommnung der Bewaffnung weiter zu erhöhen, die Einsätze der Einheiten verlagerten sich jedoch dermaßen auf polizeiliche und wirtschaftliche Bereiche, daß die militärische Ausbildung unterminiert wurde.

Aufgrund von Strukturveränderungen in der Bundeswehr trachtete das MdI danach, in der Bereitschaftspolizei insbesondere die Panzerabwehrkraft und die Artilleriekomponente für prognostizierte Kampfeinsätze gemäß einer im Jahre 1976 angefertigten Studie zu verstärken[66]. Darin war festgestellt worden, daß die VP-Bereitschaften und die Kampfgruppen den gegnerischen Einheiten sowohl im Angriff als auch in der Verteidigung zum Teil erheblich unterlegen waren, selbst wenn man bei den durchgebrochenen Einheiten lediglich einen Kampfbestand von 70 % ansetzte. Ein verstärktes Mot.-Schützenbataillon der NVA hätte demgegenüber die Chance gehabt, sich erfolgreich mit den gegnerischen Einheiten auseinanderzusetzen. Allerdings sei die Bewaffnung und Ausrüstung eines verstärkten Mot.-Schützenbataillons der NVA für eine VP-Bereitschaft weder vertretbar noch möglich, da dessen Struktur und Bewaffnung nicht geeignet seien, erfolgreich den Kampf gegen subversive Kräfte zu führen, weil solche Kampfhandlungen speziell ausgebildete und ausgerüstete Schützeneinheiten erfordere. Nachdem sowohl die Teilnahme an Kampfeinsätzen als auch die Bekämpfung von subversiven Kräften nichtmilitärischer Natur zu den Aufgaben der VP-Bereitschaften gehörten, ergab sich ein Zielkonflikt.

Dieser wurde dahingehend gelöst, daß zunächst ein zweiter Zug rückstoßfreier Geschütze vom Typ SPG-9 und eine höhere Anzahl Panzerbüchsen RPG-7 eingeführt wurde. Später erfolgte durch das Aufmontieren der SPG-9 auf strukturmäßige Jeeps UAS-69 eine erhebliche Mobilisierung der Panzerabwehrkräfte. Durch die Einführung der Panzerbüchse RPG-18 verbesserten sich die Panzerabwehrmöglichkeiten der Bereitschaftspolizei erheblich[67]. Im Ergebnis standen jeder VP-Bereitschaft die Zwillingsflak ZU-23/2, die im direkten Richten wirkungsvoll mit kurzen Feuerstößen auch gegen Kampfpanzer eingesetzt werden konnte, als Panzerabwehrmittel auf weitere Distanz, die SPG-9 auf mittlere Distanz und die RPG-7 sowie die RPG-18 auf Nahdistanz zur Verfügung. Zur erwogenen Einführung von Panzerabwehrlenkraketen kam es nicht, da diese zu kosten- und zu ausbildungsintensiv waren. Eine Komplettausstattung beider Schützenkompanien mit SPW PSH ist bereits 1971 angedacht worden[68], die Umsetzung erfolgte jedoch nicht mehr. Mitte der 80er Jahre erhielten die Bereitschaften zur Verstärkung der Panzerabwehr ferner je 2 automatische Granatwerfer AGS-17[69].

Die Bereitschaften strukturierten sich im Oktober 1989 in 2 Schützen- und 1 SPW-Kompanie mit jeweils 3 Zügen, 1 Artilleriekompanie mit 1 Granatwerfer-, 1 Flak- und 2 SPG-9-Zügen sowie 1 Stabskompanie mit 1 Aufklärungszug, 1 Nachrichtenzug, 1 Pionierzug und 1Transportzug. In der Stabskompanie der 3., 8., 12. und 14. VPB bestand ein zusätzlicher technischer Pionierzug, der zuvor als pioniertechnisches Zentrum bezeichnet worden war. Jede Bereitschaft verfügte strukturmäßig über 275 Pistolen (Makarow), 590 Maschinenpistolen und über 15 SPW PSH. Für den Transport standen jeder VP-Bereitschaft 53 Mannschaftstransportwagen LO 2200 und W 50 L/A zur Verfügung.

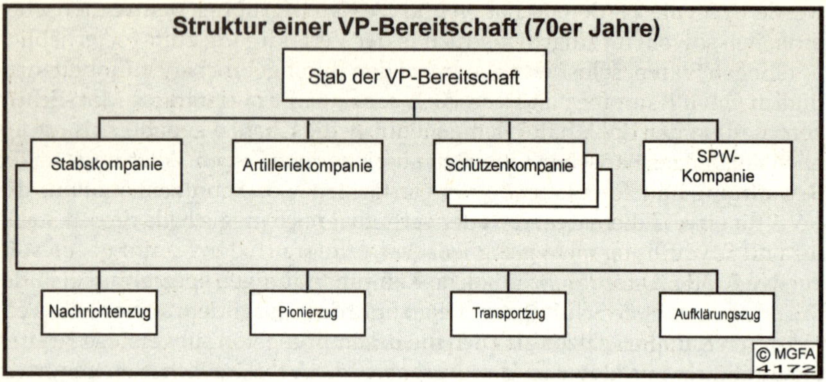

Der Sollpersonalbestand der Bereitschaften erreichte 10 814 Mann, davon 1240 Offiziere, 3533 Unterführer und 6041 Wachtmeister. Inklusive aller Sicherstellungseinheiten, der 1. bis 7. Transportpolizeikompanie, der Nachrichtenbereitschaft, der 9. und 10. Volkspolizeikompanie, der Offiziershochschule und der sonstigen Sicherstellungseinheiten erreichte die Sollstärke der kasernierten Einheiten des MdI einen Umfang von 14 115 Mann, davon 1706 Offiziere, 690 Offiziersschüler, 4534 Unterführer und 7185 Wachtmeister[70].

Allerdings hatte die demographische Entwicklung (geburtenschwache Jahrgänge im wehrpflichtigen Alter) Mitte der 80er Jahre erhebliche Auswirkungen auf die Besetzung der Planstellen und die gesamte Struktur der VP-Bereitschaften. So wurde beispielsweise mit dem Ende des 45. Unterführerlehrgangs im April 1985 die Unterführerschule in Dresden aufgelöst, die Ausbildung der Unterführer erfolgte von diesem Zeitpunkt an in jeweils einer Ausbildungskompanie der 8., 14., 15., 16. und 20. Bereitschaft[71]. Da diese Kompanie strukturmäßig eine Schützenkompanie war, die nun nicht mit Wachtmeistern, sondern mit Unterführerschülern aufgefüllt wurde, wirkte sich die Verlagerung der Unterführerausbildung auf die Bereitschaften negativ auf die Einsatzbereitschaft aus. Hiermit verband sich im übrigen die Zerschlagung des eingespielten Lehrkörpers und der gewachsenen materiell-technischen Ausbildungsbasis der Unterführerschule. Im Entscheidungsprozeß im MdI war die Auflösung der Unterführerschule ursprünglich genau mit diesem Argument abgelehnt worden. Es sollte statt dessen die 8. VPB (Dresden) aufgelöst und an ihrer Stelle eine Volkspolizeikompanie zur Lösung operativer Aufgaben in Dresden gebildet werden. Eine alternativ angedachte Variante, die Schule aufzulösen und an ihrer Stelle die 8. VPB mit der zentralen Unterführerausbildung zu betrauen, wurde einerseits aus dem genannten Grund abgelehnt, andererseits auch deshalb, weil die Veränderung des Charakters der 8. VPB vom Nationalen Verteidigungsrat hätte bestätigt werden müssen[72].

Die 6. VP-Bereitschaft (Halle) war bereits traditionell eine Einheit zur Ausbildung von Reservisten. Ab 1986 wurden darüber hinaus die ersten (Schützen-)Kompanien der 2., 4., 5., 7. und 9. VP-Bereitschaft ausschließlich mit Reservisten aufgefüllt[73]. Dies schwächte die Bereitschaftspolizei, da sich in den Reservisteneinheiten aufgrund der stärkeren Fluktuation keine geschlossenen »Kampfkollektive« bilden konnten, so wie es in den strukturmäßigen ersten (Schützen-)Kompanien der Fall war.

Unter dem Druck der demographischen Entwicklung gestand sich die SED-Führung 1985 ein, daß »der Kampf gegen reguläre kampfstarke Einheiten von NATO-Streitkräften die Ausnahme darstellt und deswegen nicht bestimmend für Struktur und Hauptausrüstung ist«[74]. Die Bereitschaften wurden somit als Polizeieinheiten definiert und den »polizeilichen Einsatzaufgaben unter allen Lagebedingungen der Vorrang« eingeräumt[75]. Polizeiliche Einsatzaufgaben gehörten jedoch bereits von Anfang an zu den Aufgaben der Bereitschaftspolizei. Diese standen im übrigen vor anderen Aufgaben, da gerade sie es waren, die zur Bildung der Bereitschaftspolizei geführt hatten und für die diese nach dem Willen des NVR auch in erster Linie zuständig waren. Dies scheint den Verantwortlichen im MdI eine Zeitlang aus dem Blick geraten zu sein, da die Bereitschaften in den 60er und 70er Jahren immer stärker in die militärischen Aufgabenstellungen der Territorialverteidigung einbezogen wurden und versucht worden war, sie dementsprechend auszurüsten.

Schwerpunktaufgaben des polizeilichen Einsatzes der VP-Bereitschaften bestanden in der Verstärkung des operativen Dienstes der Deutschen Volkspolizei und in der Absicherung der öffentlichen Ordnung. Die Verstärkung des operativen Dienstes der DVP konnte erfolgen durch:

- die Verdichtung des Streifendienstes,
- die Unterstützung der Verkehrspolizei bei der Regelung und Überwachung des Verkehrs und
- die Beherrschung von Lagen, die einen unverzüglichen Kräfteeinsatz erfordern[76].

Die Durchführung von Ordnungs- und Sicherungseinsätzen sollte vorrangig

- der Gewährleistung der öffentlichen Ordnung und Sicherheit bei bedeutsamen Anlässen und Veranstaltungen,
- der Sicherung von Staatsfahrten,
- der Unterstützung von Fahndungsmaßnahmen nach flüchtigen Rechtsbrechern,
- der Suche und Sicherstellung wichtiger Sachen,

- der Auflösung von Ansammlungen mit Störabsichten und
- der Bekämpfung von Gewaltakten bewaffneter Rechtsbrecher

dienen[77].

Eine weitere Einsatzart, die unter Ordnungs- und Sicherungseinsätzen subsumiert werden kann, war der Einsatz zur Vorbeugung, zur Abwehr und Bekämpfung von Katastrophen, von schweren Havarien, Bränden und anderen Ereignissen mit erheblichen Auswirkungen[78]. Solche Einsätze wurden sowohl bei Naturkatastrophen (Hochwasser) als auch bei schweren Unglücksfällen (Flugzeugabstürzen, Zugentgleisungen) durchgeführt. Im Verteidigungsfall wären die Teilnahme an der Sicherstellung der Mobilmachung, die Sicherung besonderer Objekte und die Bewachung von Kriegsgefangenen zu den Aufgaben der VP-Bereitschaften hinzugekommen.

Aufgrund der immer schwieriger werdenden wirtschaftlichen Situation der DDR wurden in immer stärkerem Umfang Einheiten der VP-Bereitschaften zu »Einsätzen in der Volkswirtschaft« abkommandiert. Dies hatte bereits zum Jahreswechsel 1978/79 ernste Auswirkungen auf die Einsatzbereitschaft der Einheiten. So wurden »ca. 50 % der Wachtmeister aus 16 Volkspolizeibereitschaften für den Zeitraum des ersten Ausbildungshalbjahres 1978/79 nicht ausgebildet«. Hierdurch war »der Kampfwert der Einheit [...] stark gemindert«. Die Einheiten wurden über mehrere Wochen zu Entladearbeiten im Überseehafen Rostock sowie in der Kohle- und Energiewirtschaft und bei der Bergung der Hackfruchternte eingesetzt, im Jahre 1979 kamen Entladearbeiten im Hafen Wismar sowie Einsätze zur Überwindung der Folgen der Schlechtwetterperiode am Jahreswechsel 1978/79 hinzu[79]. Aufgrund des schlechten Ausbildungszustands der Einheiten mußten Kompanie- und Stabsübungen im ersten Ausbildungshalbjahr 1978/79 abgesetzt werden.

Zeitweilig verfügte nur ein Drittel der Wachtmeister über die erforderlichen militärischen Kenntnisse und Fertigkeiten. Im Zeitraum vom 31. Juni bis zum 31. Oktober 1982 beispielsweise waren zur Vorbereitung des VII. Deutschen Turn- und Sportfestes die 1. Kompanien von 15 VP-Bereitschaften, insgesamt 1215 Mann, als Sporteinheiten zur Durchführung der Sportschauübung der Sportvereinigung Dynamo eingesetzt, was wesentliche Ausbildungsdefizite zur Folge hatte[80].

Im Ausbildungsjahr 1984/85 wurden in einem solchen Umfange Teilkräfte der VP-Bereitschaften in der Volkswirtschaft eingesetzt, daß manche Einheit selbst das Ausbildungsminimum nicht mehr erreichte[81]. Im Folgejahr leisteten die Bereitschaftspolizei und Kompanien der Transportpolizei 754 Ordnungs- und Sicherungseinsätze, im Tagesdurchschnitt waren 1559 Angehörige der VP-Bereitschaften in der Volkswirtschaft beschäftigt, was einem Äquivalent von 6,5 eingesetzten VP-Bereitschaften entsprach. Diese Belastung stieg in der Folgezeit weiter an. 1987/88 wurden 1186 Ordnungs- und Sicherungseinsätze mit einem Tagesdurchschnitt von 2037 Angehörigen der Bereitschaften geleistet. Das entsprach dem Einsatz von 8,5 Bereitschaften[82]. Berücksichtigt man hierbei, daß in 5 Bereitschaften jeweils 1 Kompanie für die Unterführerausbildung und in weiteren 5 je 1 Kompanie zur Reservistenausbildung abgestellt und eine andere Bereitschaft insgesamt für die Reservistenausbildung verwendet wurden, so wird deutlich, daß über die Hälfte des Personalbestands zu Zwecken genutzt wurde, die mit den eigentlichen Einsatzaufgaben der VP-Bereitschaften nichts zu tun hatten.

Es verwundert daher nicht, daß die durchschnittliche Erfüllung der Programme der Einsatzausbildung im Ausbildungsjahr 1987/88 lediglich noch 48 % betrug. Die erforderliche Geschlossenheit der Einheiten bis hinunter zur Gruppe konnte nicht mehr erreicht werden. Lediglich 40 % der Gruppen und 31 % der Züge schossen Einheitsgefechtsschießen. Die Teilnahme an Normenkontrollen der Körperertüchtigung lag bei durchschnittlich 48 %[83].

Mit diesem Ausbildungsstand war der Hauptauftrag — der geschlossene polizeiliche Einsatz im Falle innerer Unruhen — nicht mehr gewährleistet. Wenn die sowohl für den polizeilichen als auch für den Kampfeinsatz erforderliche Geschlossenheit der Einheiten nicht mehr erreicht werden konnte, so dürfte das nicht nur zu einer Beeinträchtigung, sondern zur Aufhebung der Einsatzbereitschaft der Einheiten geführt haben. Dies wird insbesondere dann deutlich, wenn man sich vergegenwärtigt, daß die VP-Bereitschaften dort eingesetzt werden sollten, wo der geschlossene Einsatz polizeilicher Einheiten erforderlich wird. Hierin dürfte zumindest ein Grund gelegen haben, weshalb die VP-Bereitschaften in der Situation im Herbst 1989, die zumindest aus der Sicht des Ministers für Staatssicherheit, Armeegeneral Erich Mielke, der Situation im Juni 1953 entsprach, mit Einsatzaufgaben überfordert waren und nur noch beschränkt eingesetzt werden konnten. Im Oktober/November 1989 wurde in der Führung der DDR folgerichtig mit dem Gedanken gespielt, die Aufrechterhaltung der inneren Sicherheit in die Hände der NVA zu legen[84]. Vereinzelt kam es in dieser Zeit tatsächlich zu polizeilichen Handlungen von »Hundertschaften« der NVA[85].

1990 existierten die 21 Bereitschaften fort, die Personalsollstärke von 14 115 Mann nahm jedoch um etwa 20 % ab, da in diesem Jahr das dritte Diensthalbjahr Wehrpflichtiger vorzeitig entlassen und gleichzeitig die Wehrpflichtdauer auf ein Jahr gesenkt wurde. Mit dem Ende der DDR und dem Beitritt der 5 Länder zur Bundesrepublik endete auch die Geschichte der VP-Bereitschaften der DDR. Die Länder übernahmen die Polizeihoheit, die Bereitschaftspolizei wurde als zentrales Organ aufgelöst. 1992 erfolgte die Neugründung von Bereitschaften für den geschlossenen polizeilichen Sicherungseinsatz in der Länderhoheit.

Zusammenfassung

Die Polizeibereitschaften wurden im Juni 1955 neu aufgestellt. Ziel war die Bildung schlagkräftiger Polizeiformationen für den geschlossenen Einsatz. Die Aufbauphase war von den Erfahrungen des 17. Juni 1953 geprägt. Die Polizeibereitschaften sollten derartige Situationen beherrschen können, so daß die SED-Führung ihre Streitkräfte nicht im Innern einzusetzen brauchte. Die Neuaufstellung erfolgte im Bestand des SfS, zu dessen vormaligen Wacheinheiten zumindest personelle Kontinuitäten bestanden. Die Bereitschaften verblieben nach der Ausgliederung des SfS aus dem Ministerium des Innern bei der Staatssicherheit. Erst Ende 1956 erfolgte die Rückgliederung der Bereitschaften in das MdI.

In der ersten Phase (1955–1957) hatten die Bereitschaften im wesentlichen Wachaufgaben zu leisten. Motorisierte Einheiten gab es zwar, ihr Personalbestand wurde jedoch zunehmend zugunsten der Sicherungskräfte ausgedünnt. Die Einsatzfähigkeit der Einheiten litt in dieser Phase unter personeller und technischer Minderausstattung sowie veralteten Waffen. Die Ausbildung des Personals war verbesserungsbedürftig; die Geschlossenheit der Einheiten wurde durch die ständigen Umstrukturierungen beeinträchtigt.

Am Beginn der zweiten Phase (1957–1962) stand eine umfassende Umstrukturierung. Die Einheiten erhielten einheitliche militärische Struktur. Sie hatten keine »statischen« Wachaufgaben mehr zu erfüllen, sondern »dynamische« Funktionen in polizeilichen Ordnungs- und Sicherungseinsätzen und in Einsätzen zur Abwehr von Katastrophen. Die Ausbildung beherrschte jedoch die Befähigung zu Kampfeinsätzen. Schwerpunkt war das Verhindern oder zumindest das Beherrschen von »konterrevolutionären« Situationen, wie die SED Ausbrüche der Unzufriedenheit der Bevölkerung mit ihrer Politik zu nennen pflegte. Die Bereitschaften verfügten schwerpunktmäßig über Mot.-Schützen-Einheiten, die von Panzerspähwagen und Artillerie unterstützt wurden. Noch immer hatte die Bereitschaftspolizei mit z.T. gravierenden Ausbildungsmängeln sowie mit überalterter und verschlissener Technik zu kämpfen. 1958 waren von 10 Bereitschaften, die jeweils über 1621 Mann verfügen sollten, nur 4 tatsächlich in der Lage, polizeitaktische Aufgaben zu lösen.

Die dritte Phase (1962–1978) wurde wiederum durch eine Umstrukturierung eingeleitet, die gleichzeitig einen erheblichen Aderlaß insbesondere in personeller Hinsicht bedeutete. Aus dem Bestand der VP-Bereitschaften wurden die besten Polizisten herausgelöst und in Grenzsicherungseinheiten für die innerstädtische Grenze in Berlin zusammengefaßt. Die Abteilungen (Bataillone), die nunmehr »Bereitschaften« hießen, wurden verselbständigt und den Bezirksbehörden der Deutschen Volkspolizei (in Berlin dem Präsidium der Volkspolizei) zur Aufgabenerfüllung im jeweiligen Bezirk zur Verfügung gestellt. Das MdI behielt nur eine Zentrale Reserve zum Einsatz bei überbezirklichen Schwerpunktaufgaben zurück. Insgesamt existierten ab 1962 21 Bereitschaften, deren Aufgabenstellung mit der Entwicklung der Territorialverteidigung immer stärker militärisch geprägt wurde. Die Ausbildung verbesserte sich ebenso kontinuierlich wie die Ausrüstung. Bei der Bewaffnung ist der Versuch erkennbar, die Ausrüstung den Mot.-Schützen-Bataillonen der NVA anzunähern, was allerdings mangels materieller Ressourcen mißlang. Die verstärkte Hinwendung zu militärischen Aufgaben führte zu einem Zielkonflikt mit den polizeilichen Aufgaben, weil der innere Einsatz eine andere Ausbildung und Ausrüstung erforderte als der militärische gegen reguläre Streitkräfte. Um den Zielkonflikt abzumildern, behalf man sich mit einer halbherzigen Verstärkung der Panzerabwehrkapazität der Bereitschaften. Die konsequente Rückorientierung auf die Priorität der polizeilichen Aufgaben erfolgte erst, als die demographische Entwicklung sie erzwang und nicht mehr genügend Wehrpflichtige zur Verfügung standen. Wesentlich für die Rekrutierung war die Einführung der allgemeinen Wehrpflicht 1962 in der DDR, von der die Bereitschaftspolizei als Organ über den Wehrersatzdienst profitierte. Letzterer war dem Wehrdienst in allen Fragen gleichgestellt.

Die vierte Phase (1978–1990) war dadurch geprägt, daß zwar die Bewaffnung und Technik der Bereitschaften weiter verbessert, insbesondere modernisiert wurde. Allerdings traten zwei Probleme auf, die die Einsatzfähigkeit der Bereitschaftspolizei zumindest beeinträchtigten. Ein immer größer werdender Teil der Bereitschaftspolizisten fand für Tätigkeiten Verwendung, die nur mittelbar oder gar nicht in seinen Aufgabenbereich gehörten. Sie wurden in Sporteinheiten verwendet und in immer umfangreicherem Maße in der Volkswirtschaft eingesetzt. Hierdurch kam es zu empfindlichen Ausbildungsdefiziten, so daß zum Ende der DDR lediglich die wichtigsten militärischen Grundfertigkeiten noch beherrscht wurden. Zur artfremden Verwendung summierte sich der Rückgang der verfügbaren Rekruten. Ab 1986 konnte ein erheblicher Teil der Planstellen nicht mehr besetzt werden. Die Gegenmaßnahmen wie die Verlagerung der Unterführerausbildung in die Bereitschaften und das verstärkte Einziehen von Reservisten mögen nominell Entlastung gebracht haben, der Geschlossenheit der Einheiten waren sie jedoch abträglich. Damit erwiesen sich die VP-Bereitschaften im Herbst 1989 als nur bedingt einsatzfähig.

Leitung

1955–1957	Ottomar Pech
1957–1959	Hans-Hugo Winkelmann
1959–1963	Klaus Mansfeld
1964–1968	Willi Seifert als Stellvertreter des Ministers für die bewaffneten Organe
1968–1985	Heinz Eichler
1985–1989	Lothar Ahrendt

Wichtige Daten

31. Oktober 1953	Beschluß zur Aufstellung von Polizeibereitschaften
1. Mai 1955	Formung der Inneren Truppe aus MfS-Wacheinheiten
15. Mai 1957	Schaffung des Kommandos Bereitschaftspolizei
ab August 1961	Einsatz der Bereitschaftspolizei zur Sicherung des Mauerbaus
1962/1963	Reorganisation und Vereinheitlichung der Bereitschaftspolizei
August 1968	Verlegung von VP-Bereitschaften an die Grenze zur ČSSR
1990	Auflösung der Bereitschaftspolizei

Quellen- und Literaturauswahl

Wesentliche Quellen zur Geschichte der Bereitschaftspolizei finden sich im SAPMO-BArch (DY 30/...) in den Beständen Politbüro (I IV 2/2/...) und ZK-Abteilung Sicherheit (IV 2/16...) sowie im BArch (DO-1...) in den Beständen MdI (11/...) und Bereitschaftspolizei (20.0/...). Von Bedeutung ist weiterhin der Bestand des NVR im BA-MA Freiburg (DVW 1/ 39...)

Literatur über die Bereitschaftspolizei gibt es bislang sehr wenig:

Diedrich, Torsten, Der 17. Juni 1953 in der DDR. Bewaffnete Gewalt gegen das Volk, Berlin 1991

Geschichte der Deutschen Volkspolizei, hrsg. vom Ministerium des Innern, 2 Bde, 2. Aufl., Berlin (Ost) 1987

Hertle, Hans-Hermann, Chronik des Mauerfalls, Berlin 1996

Steike, Jörn, Die Bereitschaftspolizei der DDR 1950–1990. Geschichte, Struktur, Aufgaben, rechtliche Ausgestaltung, München 1992 (tuduv-Studien, Reihe Politikwissenschaft, Nr. 55)

Anmerkungen

1 BArch, DO-1/ 20.0/54132, Bl. 4, Auskunftsdokument über die Volkspolizeibereitschaften und Kompanien der Transportpolizei vom 1.10.1989.
2 Vgl. BArch, DO-1/ 11/ 304, Bl. 163, Vorschlag zur Erhöhung der Schlagkraft der DVP vom 22.6.1953; Diedrich, Der 17. Juni 1953, S. 184 f.
3 Vgl. Geschichte der Deutschen Volkspolizei, Bd 1, S. 232.
4 Vgl. BArch, DO-1/ 20.0/226/1, Bl. 2, Einschätzung der Situation in der Bereitschaftspolizei vom 15.8.1957.
5 Vgl. BA-MA, DVW 1/ 39546, Bl. 3, Protokoll der 4. Sitzung der Sicherheitskommission vom 31.3.1955.
6 Vgl. SAPMO-BArch, DY 30/ I IV 2/2/415, Bl. 5, Protokoll der Sitzung des Politbüros vom 12.4.1955.
7 Vgl. ebd., Bl. 10.
8 Vgl. Steike, Bereitschaftspolizei, S. 24.
9 Vgl. BStU, ZA, SdM, 1550, Bl. 48, Protokoll der 11. Sitzung des Kollegiums des SfS vom 1.4.1955.
10 Vgl. BA-MA, DVW 1/ 39547, Bl. 5, Protokoll der 5. Sitzung der Sicherheitskommission vom 29.6.1955.
11 Vgl. ebd., DVW 1/ 39552, Bl. 5, Protokoll der 10. Sitzung der Sicherheitskommission vom 24.8.1956.
12 Ebd., DVW 1/ 39554, Bl. 9, Bericht zur Übung der militärischen Verbände des MfS vom 24.11.1956.
13 Vgl. zur Struktur BArch DO-1/ 20.0/ 54130, Bl. 1 ff.
14 Vgl. ebd., DO-1/ 20.0/226/1, Bl. 2, Einschätzung der Situation in der Bereitschaftspolizei vom 15.8.1957.
15 Vgl. BA-MA, DVW 1/ 39552, Bl. 5, Protokoll der 10. Sitzung der Sicherheitskommission vom 24.8.1956.
16 Vgl. BArch, DO-1/ 20.0/54130, Strukturschemata und Dislozierungskarte aus dem Jahre 1956.
17 Die Soldaten- und Unteroffiziersdienstgrade Soldat, Gefreiter, Unteroffizier, Feldwebel und Oberfeldwebel wurden abgelöst durch : Anwärter, Unterwachtmeister, Wachtmeister, Oberwachtmeister, Hauptwachtmeister, Meister und Obermeister; an Offiziersdienstgraden existierten weiter: Unterleutnant, Leutnant, Oberleutnant, Hauptmann, Major, Oberstleutnant, Oberst sowie Generalmajor und Generalleutnant. Zudem gab es noch die Dienstgrade des Unteroffiziers- und des Offiziersschülers im jeweiligen Ausbildungsjahr (vgl. Steike, Bereitschaftspolizei, S. 26 ff.).
18 Vgl. BArch, DO-1/ 20.0/226/1, Bl. 2, Einschätzung der Situation der Bereitschaftspolizei vom 15.8.1957.
19 Vgl. BA-MA, DVW 1/ 39558, Bl. 3, Protokoll der 16. Sitzung der Sicherheitskommission vom 15.4.1957.
20 Vgl. ebd., Bl. 15.
21 Zusammengestellt nach BArch, DO-1/ 20.0/54130, Strukturschemata und Dislozierungskarte aus dem Jahre 1957.
22 Vgl. ebd., DO-1/ 20.0/226/1, Bl. 3 f., Einschätzung der Situation der Bereitschaftspolizei vom 15.8.1957.
23 Vgl. ebd., Bl. 25.
24 Vgl. BA-MA, DVW 1/ 39561, Bl. 53 f., Protokoll der 19. Sitzung der Sicherheitskommission vom 9.1.1958.
25 Vgl. BArch, DO-1/ 20.0/226/1, Bl. 2, Kommando Bereitschaftspolizei, Thesen zum Hauptreferat für die erste Beratung der Bereitschaftspolizei 1958.

26 Vgl. BA-MA, DVW 1/ 39561, Bl. 2 f., Protokoll der 19. Sitzung der Sicherheitskommission vom 9.1.1958.
27 Vgl. BArch, DO-1/ 20.0/226/1, Bl. 2, Kommando Bereitschaftspolizei, Thesen zum Hauptreferat für die erste Beratung der Bereitschaftspolizei 1958.
28 Vgl. ebd., Bl. 10.
29 Vgl. BA-MA, DVW 1/ 39561, Bl. 10 f., Beschluß über Maßnahmen zur Stärkung der Verteidigungsbereitschaft der DDR vom 9.1.1958.
30 Ebd., Bl. 21 ff.
31 Vgl. ebd., Bl. 4 ff.
32 Vgl. ebd., Bl. 13, Protokoll der 19. Sitzung der Sicherheitskommission vom 9.1.1958.
33 Vgl. ebd., Bl. 43 f.
34 Vgl. ebd., Bl. 60.
35 Vgl. BArch, DO-1/ 20.0/54130, Bl. 1 ff., Vorschlag zur Neuformierung der operativen Einheiten der Bereitschaftspolizei in den Bezirken der Republik vom 18.7.1961.
36 Vgl. ebd.
37 Vgl. ebd., DO-1/ 20.0/54132, Bl. 10, Auskunftsdokument über die Volkspolizeibereitschaften und Kompanien der Transportpolizei vom 1.10.1989.
38 Vgl. ebd.
39 Vgl., BArch, DO-1/ 20.0/54130, Vorschlag zur Bildung eines Strukturelementes zur Führung der dem Präsidenten der Volkspolizei Berlin im Verteidigungszustand unterstellten Volkspolizeibereitschaften vom 8.3.1985.
40 Vgl. BA-MA, DVW 1/ 39467, Bl. 10, Protokoll der 10. Sitzung des NVR vom 6.4.1962.
41 Vgl. BArch, DO-1/ 20.0/54130, Strukturschemata der Mot.-Brigade (B) aus dem Jahre 1961.
42 Vgl. ebd., Bl. 1, Schreiben von Dickel an Honecker o.D. (nach dem 18.10.1967).
43 Vgl. ebd., Bl. 5, Vorschlag zur Neuformierung der operativen Einheiten der Bereitschaftspolizei in den Bezirken der Republik vom 18.7.1961.
44 Vgl. ebd., Anlagen 4 ff.
45 Vgl. ebd., DO-1/ 20.0/238/3, Zusammengefaßte Personalstatistik, Stichtag 31.12.1962.
46 Vgl. ebd., DO-1/ 20.0/54130, Anlage 2 ff.
47 Vgl. BA-MA, DVW 1/ 39484, Bl. 51 f., Protokoll der 27. Sitzung des NVR vom 27.10.1966.
48 Vgl. ebd., DVW 1/39473, Bl. 110, Protokoll der 16. Sitzung des NVR vom 20.9.1963.
49 Vgl. ebd., Bl. 110 f.
50 SAPMO-BArch, DY 30/ IV 2/12/84, Bl. 1, Aktennotiz o.D. (nach dem 17.7.62) über die Auswertung des Schreibens von Maron an Hoffmann vom 6.7.1962.
51 Vgl. BArch, DO-1/ 20.0/52352, Bl. 34, Ausführungen des Stellvertreters des Ministers für die Arbeitstagung am 31.10./1.11.1989.
52 Vgl. ebd., DO-1/ 20.0/54133, Bl. 25, Hauptabteilung Bereitschaften, Vortrag (1986) über Rolle, Platz und Aufgaben der Volkspolizeibereitschaften und Kompanien der Transportpolizei.
53 Vgl. BArch, DO-1/ 20.0/0567, Bl. 1, Entwurf des Befehls des Ministers des Innern über den Aufbau der Zentralen Lehranstalt des Ministeriums des Innern für die Ausbildung militärischer Kader (1962).
54 Vgl. ebd., Bl. 1 sowie Bl. 2, Entwurf der Durchführungs-Anweisung Nr. 1 über den Aufbau der Zentralen Lehranstalt des Ministeriums des Innern für die Ausbildung militärischer Kader (1962).
55 Vgl. Geschichte der Deutschen Volkspolizei, Bd 2, S. 181.
56 Vgl. BArch, DO-1/ 20.0/0562, Dienstanweisung des Kommandeurs der Lehrbereitschaft Nr. 9/62 vom 4.6.62; ebd., Dienstanweisung des Kommandeurs der Unteroffiziersschule Nr. 1/62 vom 15.8.1962; ebd., Entwurf des Befehls des Stellvertreters des Ministers des Innern für die bewaffneten Organe über die Verlegung der Unterführerschule (M) Sago (1963).
57 Vgl. ebd., DO-1/ 20.0/228/1, Bl. 11, Leitungsvorlage über die Kampf- und Einsatzbereitschaft der Bereitschaften der Deutschen Volkspolizei, o.D. (1965).
58 Vgl. BA-MA, DVW 1/ 39492, Bl. 110, Protokoll der 35. Sitzung des NVR vom 21.11.1968.
59 Vgl. BArch, DO-1/ 20.0/54130, Bl. 1 f., Schreiben von Dickel an Honecker o.D.
60 Vgl. ebd., DO-1/ 20.0/289, Bl. 1, Rundschreiben Generalleutnant Seiferts an die BDVP 1

bis 14 und das PdVP Berlin, Leiter Inspektion Bereitschaften/Kampfgruppen vom 2.4.1971; ebd., DO-1/ 20.0/228/1, Bl. 8, Beschlußvorlage für den NVR (November 1970).

61 Vgl. ebd., DO-1/ 20.0/54132 Bl. 2, Schreiben von Dickel an Honecker vom 3.10.1978.

62 Vgl. ebd., DO-1/ 20.0/228/1, Bl. 6, Beschlußvorlage des MdI für den NVR über die Einschätzung des Standes der Kampf- und Einsatzbereitschaft der VP-Bereitschaften, o.D. (1970).

63 Vgl. ebd., DO-1/ 20.0/232/2, Bl. 6, Konzeption des Ministerrats über die Entwicklung der VP-Bereitschaften und Kompanien der Transportpolizei sowie der Offiziershochschule und Unterführerschule des Ministeriums des Innern — Bereitschaften — 1971 bis 1980 vom 1.9.1971.

64 Vgl. BArch, DO-1/ 20.0/287/1 o.D., Befehl Nr. 69/70 des Chefs des Militärbezirks V über die Vorbereitung der Stäbe, Verbände, Truppenteile und Einheiten des MB V auf die gemeinsame zweiseitige operativ-taktische Übung der Vereinten Streitkräfte der Teilnehmerstaaten des Warschauer Vertrages vom 9.7.1970; ebd., DO-1/ 20.0/287/1, Erfahrungsbericht zum Einsatz der Kräfte der Territorialverteidigung der DDR im Rahmen des Manövers »Waffenbrüderschaft« vom 20.10.1970; ebd., DO-1/ 20.0/54132, Bericht der Abteilung Bereitschaften über Erfahrungen und Schlußfolgerungen aus dem Einsatz der Kräfte der Territorialverteidigung der DDR im Rahmen des Manövers »Waffenbrüderschaft« auf dem Truppenübungsplatz Lieberose II o.D. (1970).

65 Vgl. ebd., DO-1/ 20.0/228/1, Bl. 10, Beschlußvorlage des MdI für den NVR zum Stand der Einsatzbereitschaft der Bereitschaftspolizei o.D. (1970).

66 Vgl. ebd., DO-1/20.0/234/1, Studie über Grundprobleme der Erhöhung der Aggressionsfähigkeit der Bundeswehr und Kampfmöglichkeiten der VP-Bereitschaften sowie Sicherungskräfte der Kampfgruppen der Arbeiterklasse, o.D. (1976).

67 Vgl. ebd., DO-1/ 20.0/54131, Bl. 3, Arbeitsmaterial der Hauptabteilung Bereitschaften zur Entwicklung der kasernierten Einheiten des MdI bis zum Jahre 2000 vom 25.2.1985.

68 Vgl. ebd., DO-1/ 20.0/232/2, Bl. 25, Konzeption des Ministerrats vom 1.9.1971.

69 Vgl. ebd., DO-1/ 20.0/54131, Bl. 13, Konzeption des Stellvertreters des Ministers für Bereitschaften/Kampfgruppen für die Weiterentwicklung der Kampfkraft und Einsatzbereitschaft der kasernierten Einheiten des Ministeriums des Innern bis zum Jahre 2000, Oktober 1985.

70 Vgl. ebd., DO-1/ 20.0/54132, Bl. 8–11, Auskunftsdokument über die VP-Bereitschaften und Kompanien der Transportpolizei vom 1.10.1989.

71 Vgl. ebd., Bl. 8 und ebd., DO-1/ 20.0/49092, Bl. 1, Konzeption zur Auflösung der Unterführerschule — Bereitschaften — »Kurt Schlosser« vom 20.11.1984.

72 Vgl. ebd. — DO-1/ 20.0/234/1, Vorschlag zur Reduzierung der zusätzlich zum Stellenplan vorhandenen Angehörigen der VP-Bereitschaften vom 15.12.1981.

73 Vgl. ebd., DO-1/ 20.0/54132, Bl. 8–11, Auskunftsdokument über die VP-Bereitschaften und Kompanien der Transportpolizei vom 1.10.1989; ebd., DO-1/ 20.0/50764, Bl. 14 f., Rededisposition 1985 der Hauptabteilung Bereitschaften.

74 Ebd., DO-1/ 20.0/54131, Bl. 1, Arbeitsmaterial vom 25.2.1985.

75 Vgl. ebd.

76 Vgl. ebd., DO-1/ 20.0/54132, Bl. 5, Auskunftsdokument vom 1.10.1989; Steike, S. 180 ff.

77 Vgl. ebd., DO-1/ 20.0/232/2, Bl. 7, Konzeption des Ministerrats vom 1.9.71. Zu den Einzelheiten vgl. Steike, Bereitschaftspolizei, S. 105 ff. und 180 ff.

78 Vgl. BArch, DO-1/ 20.0/54132, Bl. 5, Auskunftsdokument vom 1.10.1989.

79 Vgl. BA-MA, DVW 1/ 39470, Bl. 51 f., Protokoll der 13. Sitzung des NVR vom 23.11.1962.

80 Vgl. BArch, DO-1/ 20.0/234/1, Bl. 4, Vorschlag zur Reduzierung vom 15.12.1981.

81 Vgl. ebd., DO-1/ 20.0/50107, Bl. 24, Ausführungen vor Leitern der Bereitschaften/Kampfgruppen der BDVP am 14.11.1985.

82 Vgl. ebd., DO-1/ 20.0/54132, Bl. 1, Kollegiumsinformation über die Kampfkraft und Einsatzbereitschaft der Volkspolizeibereitschaften im Ausbildungsjahr 1987/88 vom 10.1.1989.

83 Vgl. ebd., Bl. 6 f.

84 Vgl. Hertle, Chronik, S. 79 ff. und 220 ff.

85 Vgl. ebd., S. 79 ff.

Thomas Lindenberger

Die Deutsche Volkspolizei (1945–1990)

Die unter der Bezeichnung »Deutsche Volkspolizei« (DVP) bzw. »Organe des Ministeriums des Innern« zusammengefaßten und hier zu behandelnden Dienstzweige und Einheiten umfaßten die nichtkasernierten, für die alltägliche Ordnungssicherung zuständigen Polizeikräfte der SBZ/DDR und darüber hinaus weitere, eher »polizeiferne« Exekutivorgane wie die Feuerwehr und den Strafvollzug. Letztere können hier ebenso wie die nichtoperativen Dienstzweige (Politische Verwaltung, Versorgungsdienste, Kaderverwaltung) nur am Rande mitbehandelt werden. Ebenfalls zur DVP gehörende spezialisierte Polizeikräfte, wie Transportpolizei und Bereitschaftspolizei, werden aufgrund ihrer militärischen und organisatorischen Besonderheiten in selbständigen Beiträgen dargestellt. Der Kürze halber wird im folgenden trotz dieser Weglassungen immer von der DVP die Rede sein.

Die Hauptbasis der Darstellung sind neben internen Berichten der umfangreiche Weisungsbestand des Ministeriums des Innern der DDR (MdI) und die Beschlüsse der für Sicherheitsfragen zuständigen Gremien an der Spitze der SED und des MdI bzw. des Nationalen Verteidigungsrates (NVR). Der Beitrag liefert daher eher Informationen über den Sollzustand denn über den Istzustand der DVP.

Die Gründungsphase (1945–1949)

Die DVP ist aus den ersten, von den sowjetischen Besatzungsbehörden bereits im Frühsommer 1945 provisorisch gebildeten und ihr unmittelbar unterstellten neugebildeten Polizeiformationen entstanden. Aus dieser ab Mai 1949 auch offiziell »Deutsche Volkspolizei« genannten bewaffneten Staatsexekutive heraus wurden die Grenzpolizei (Ende 1946) und die Bereitschaften (1948) gebildet, die in eigenständigen Beiträgen behandelt sind. Die Polizeiformationen unterstanden den Innenministerien der fünf Länder. Im Herbst 1946 wurde auf sowjetische Weisung die Deutsche Verwaltung des Innern (DVdI) gebildet, die gegenüber den Polizeibehörden der Länder anfänglich mehr koordinierende Funktionen ausübte, sich aber alsbald zu einem zentralen länderübergreifenden Führungsorgan entwickelte.

Beim Wiederaufbau von Polizeibehörden griff man nach 1945 auch in der SBZ zunächst auf die Vorbilder aus der Weimarer Republik zurück: Auf örtlicher Ebene entstanden Einzel- und Gruppenposten, Reviere, Orts- und Kreisbehörden, schließlich nach Bildung der Länder Landespolizeibehörden. Für die höheren Ränge verwendete man die Dienstgradbezeichnungen der zivilen Verwaltungen (Kommissar, Rat usw.). Die Befugnisse der Länderinnenminister gegenüber den ihnen unterstellten Dienststellen und Dienstzweigen wurden nach der Bildung der DVdI nach und nach auf die Ausführung bzw. Weiterleitung von deren Weisungen reduziert. Damit war in Abweichung vom Staatsrecht der Weimarer Republik eine länderübergreifende, einheitliche und ausschließliche Polizeigewalt auf zentraler Ebene geschaffen worden, die bis zum Ende der DDR erhalten blieb. Der Aufbau dieser Polizeibehörden wurde von deutscher Seite ausschließlich von Kommunisten bzw. linientreuen SED-Mitgliedern geleitet; frühere Sozialdemokraten hatten — obwohl etliche unter ihnen Berufserfahrungen aus der Weimarer Zeit vorweisen konnten — kaum Einfluß an leitender Stelle. Als Präsident der DVdI fungierte zunächst mit Erich Reschke ein KPD-Veteran und ehemaliger Widerstandskämpfer. Er wurde 1948 durch Kurt Fischer, einen »Moskauer« Emigranten und besonders engen Vertrauten der Sowjetischen Militäradministration in Deutschland (SMAD), ersetzt. Vizepräsidenten waren während dieser Jahre Erich Mielke, der ebenfalls im Exil überlebt hatte und später Chef des 1950 aus Abteilungen der DVdI gebildeten Ministeriums für Staatssicherheit wurde, Willi Seifert, ein ehemaliger Buchenwald-Häftling, und Kurt Wagner, der ebenfalls unter den Nazis lange Zeit inhaftiert gewesen war.

Den Landesbehörden der Volkspolizei (LdVP) bzw. der DVdI unterstanden zunächst folgende operative Dienstzweige:

- die Schutzpolizei, die auch für die Bewachung von Betrieben und Objekten der SMAD zuständig war;
- die Verkehrspolizei;
- die Kriminalpolizei, deren Kompetenz sich nicht nur auf die Bekämpfung der Kriminalität im herkömmlichen Sinne erstreckte. Im Rahmen der Durchführung des SMAD-Befehls 201 über die Entnazifizierung aller öffentlichen Ämter und der Wirtschaft wuchs ihrer Abteilung K 5 eine herausragende Machtstellung innerhalb der deutschen Behörden in der SBZ zu. Sie übte bald die Funktion einer politischen Polizei im Interesse der SED aus;
- die Verwaltungspolizei, die neben dem Melde- und Erlaubniswesen das umfangreiche Feld der Preisüberwachung und damit auch Zuständigkei-

ten auf dem Gebiet des Wirtschaftsstrafrechts und der Wirtschaftspolitik bearbeitete.

In den hier behandelten nichtmilitärischen Bereichen der DVP gab es vor 1951 keine spezialisierten Einheiten für den geschlossenen Einsatz etwa gegen Menschenmengen oder bewaffnete Gegner, auch wenn dieser im Chaos der Nachkriegsgesellschaft zum Beispiel im Kampf gegen den Schwarzmarkt oder bewaffnete Bandenkriminalität zum Alltag der Polizeiarbeit gehörte.

Obgleich die Angaben über die Stärke der Polizeiformationen der SBZ bruchstückhaft und schwierig zu interpretieren sind, kann zweifellos von einem kontinuierlichen Ausbau des Polizeiapparats in den Jahren 1945 bis 1948 gesprochen werden. Anfang 1946 gab es 21 973 Polizisten in der SBZ[1]. Einer in der Hauptverwaltung Deutsche Volkspolizei (HVDVP) 1953 erarbeiteten Aufstellung zufolge stiegen die *Soll*stellen der der DVdI direkt und indirekt unterstellten Kräfte zwischen 1946 und 1948 von 41 613 auf 86 788 an, wovon allerdings 18 229 auf die Grenzpolizei und die Bereitschaften entfielen. *De facto* verfügte die DVdI 1948 über 83 750 Angehörige, davon 19 163 Grenz- und Bereitschaftspolizisten. Zu den »nichtmilitärischen« Dienstzweigen gehörten 64 587 Mann, was einer Verdreifachung seit Anfang 1946 entspricht. Hinzuzurechnen sind 9631 Mann im Präsidium der Volkspolizei (PdVP) Berlin, das, dem Berlinstatus scheinbar Rechnung tragend, formell nicht der DVdI unterstand. Die Phase der raschen quantitativen Expansion war damit abgeschlossen; 1949 folgte aufgrund des Ausbaus der militärischen Formationen und infolge von personalpolitischen Säuberungsaktionen eine Verminderung dieser Dienstzweige um rund 10 000 Personen.

Die Auffüllung der Polizeidienststellen erforderte eine intensive Werbung für den Polizeidienst, die jedoch durch politische Prämissen bestimmt war. Der Vorrang der politischen Zuverlässigkeit gegenüber Fachkenntnissen und Bildungsniveau prägte von Anfang an die soziale Zusammensetzung der DVP. Nicht nur an der Spitze der jeweiligen Verwaltungsbehörden in Ländern und Provinzen, sondern auch in den Dienststellen vor Ort hatten von Anfang an Angehörige der beiden Arbeiterparteien bzw. der SED das Sagen. Vor allem in Thüringen und Sachsen waren KPD-Funktionäre, die im Widerstand gewirkt hatten oder jahrelang in KZs inhaftiert waren, zunächst maßgeblich am Aufbau der Polizei beteiligt. Es kann vermutet werden, daß einigen von ihnen dabei organisatorische und verwaltungstechnische Fertigkeiten, die sie gezwungenermaßen in ihrer Tätigkeit als »Funktionshäftlinge« unter dem Terrorregime der SS erworben hatten, zugute kamen. 1948 wurden einzelne dieser frühen Polizeiführer auf sowjetischen Druck von ihren Positionen entfernt und in sowjetische Lager geschickt, so der bereits erwähnte Präsident der DVdI, Erich Reschke[2]. Willi Seifert hingegen, der ebenfalls zum inneren Führungskreis der mit Verwaltungsfunktionen betrauten KPD-Häftlinge im KZ Buchenwald gehört hatte, behielt seine Spitzenposition in der HVDVP bzw. im MdI als Stellvertreter des jeweiligen Innenministers bis zu seinem Ausscheiden im Jahre 1983.

Tabelle 1:
Ist- und Sollstärken der Deutschen Volkspolizei 1946–1949 (ohne Bereitschaften und Grenzpolizei)

Dienstzweig	1946		1947		1948		1949	
	Ist	Soll	Ist	Soll	Ist	Soll	Ist	Soll
Kriminalpolizei	–	3525	3940	4025	6516	6526	5432	6264
Schutzpolizei	–	28341	31096	31536	39080	44139	27042	32500
Verwaltungspolizei		7143	7916	7171	11070	9424		
ab 1949: Paß- u. Meldewesen							5090	5471
Verkehrspolizei	–	–	–	–	0	0	2695	3191
Wacheinheiten	–	–	–	–	0	0	1215	1673
Transportpolizei					6855	7400	6802	7400
Sonstige					1066	1070	6617	7472
Summe		39009	42952	42732	64587	68559	54893	63971
PdVP Berlin					9631	10000	7367	9478

Schutzpolizei: inklusive Wasserschutzpolizei
Sonstige: Leitungen und Sekretariate, Personalabteilung, Intendantur, Dienststelle DVdI, Zentralschulen
PdVP Berlin: Die Verteilung auf die Dienstzweige ist nicht ausgewiesen.
–: keine Angaben
Quelle: Berechnet nach BArch, DO-1, 26.0, Nr. 246/2.

Die soziale Zusammensetzung der »einfachen« DVP-Angehörigen der frühen Jahre zu bestimmen, ist allein schon aufgrund der enormen Fluktuationsraten von jährlich 20 bis über 50 Prozent ein schwieriges Unterfangen. Auch wenn es anfangs dem einen oder anderen ehemaligen SS- oder NSDAP-Mitglied gelungen sein mag, der neuen, »antifaschistischen« Polizei anzugehören[3], kann insgesamt mit ziemlicher Sicherheit gesagt werden, daß Polizisten des Dritten Reiches und Mitglieder von NS-Organisationen nur in verschwindend geringem Umfang in Kenntnis dieses Umstandes eingestellt wurden. Stellt man in Rechnung, daß auch der Anteil der vor 1933 der Polizei angehörenden Sozialdemokraten nicht zuletzt infolge des Kalten Krieges äußerst gering blieb, so stellt sich der Aufbau der DVP unter personalpolitischem Gesichtspunkt als das historisch einmalige Experiment dar, eine flächendeckende Polizeiexekutive aufzubauen, die fast ausschließlich aus berufsfremden Personen bestand. Diese entstammten 1949 zu 83 Prozent der Arbeiterklasse und gehörten zu 86 Prozent der SED an. Der Anteil derjenigen, die bereits das 40. Lebensjahr überschritten hatten, war mit 30 Prozent (1947) verhältnismäßig hoch[4]. Sie zu rekrutieren, bedurfte es in den Notzeiten unmittelbar nach 1945 zunächst keiner besonderen Werbemaßnahmen, da die Aussicht auf eine Lebensmittelkarte und eventuell sogar Berufskleidung anziehend genug war. Mit der Rückkehr der ersten Kriegsgefangenen aus der Sowjetunion ab 1948 bot sich zusätzlich ein ideales Betätigungsfeld zur Rekrutierung von jungen Männern, die jahrelang von westlichen oder sozialdemokratischen Einflüssen isoliert und an militärische Disziplin gewohnt waren und nun, da sie oftmals ohne Berufsausbildung waren, nach beruflichen Perspektiven suchten. Zugleich stieg jedoch in diesen Jahren die Fluktuation wegen schlechter Arbeitsbedingungen und Berufsaussichten auf die oben erwähnten Spitzenwerte. Mit der 1948 geschaffenen Polit-Kultur (PK)-Verwaltung war außerdem eine politische Kontroll- und Disziplinierungsinstanz innerhalb der Polizei geschaffen worden, die ab 1949 systematisch eine kaderpolitische Gleichschaltung des Personals vorantrieb. Möglichst zu senken war auch — ähnlich wie im gesamten Staats- und Parteiapparat — der Anteil an Personen, die Westbeziehungen hatten bzw. aus westlicher Kriegsgefangenschaft gekommen waren[5].

Durch das Anknüpfen an die rechtliche Stellung der Polizei in der Weimarer Republik bewegten sich die Aufgaben der DVP-Organe in den Jahren unmittelbar nach 1945 *formal* zunächst im herkömmlichen Rahmen des rechtsstaatlichen Polizeibegriffs, wonach die Polizeibehörden als solche »im Rahmen der geltenden Gesetze die nach pflichtgemäßem Ermessen notwendigen Maßnahmen zu treffen [haben], um von der Allgemeinheit oder dem einzelnen Gefahren abzuwehren, durch die die öffentliche Sicherheit und Ordnung bedroht wird«[6], und als Hilfsorgane der Staatsanwaltschaft an der Aufklärung von Straftaten und der Ergreifung von Straftätern mitzuwirken haben. Unter geordneten rechtsstaatlichen Verhältnissen stellte diese Generalermächtigung in Verbindung mit verfassungsmäßig geschützten Bürgerrechten und einer funktionierenden Verwaltungsgerichtsbarkeit ohne Zweifel eine Begrenzung von Polizeikompetenzen dar, die politische oder klassenmäßige Instrumentalisierungen der Polizei zumindest in der Theorie verhindern konnte. Nach dem Zweiten Weltkrieg herrschten zunächst weder in der Ost- noch in den Westzonen derartige Verhältnisse. Die »Zusammenbruchsgesellschaft« mit ihrer enorm hohen Eigentumskriminalität und umherziehenden Menschenmassen erweiterte gerade in der SBZ die faktische Aufgabenstellung der meist berufsfremden Polizisten ins schier Unermeßliche und überforderte sie zugleich. Zusätzlich nahmen die örtlichen SMAD-Stellen vorübergehend oder dauerhaft einen größeren Teil der Polizeikräfte für die Bewachung ihrer Einrichtungen in Anspruch. Diese Situation änderte sich in den späten 40er Jahren; durch die allmähliche Normalisierung des öffentlichen Lebens trat eine relative Entlastung ein[7].

Den Notwendigkeiten und Aufgaben entsprechend wurden 1946 die ersten Waffen — Pistolen und Karabiner — durch die SMAD aus deutschen Beständen an die Polizeieinheiten ausgegeben. Diese Bewaffnung blieb aber äußerst lückenhaft. Eine größere Bewaffnungsaktion 1948 kam in erster Linie den kasernierten Bereitschaften zugute. In vielen Fällen waren Volkspolizisten im Einsatz gegen kriminelle Gruppen (Schieber, marodierende Rotarmisten) waffenmäßig unterlegen und demzufolge machtlos.

Die ersten Polizeischulen der Landesbehörden wurden bereits Anfang 1946 eröffnet. Militärische Elemente waren von Anfang an Bestandteil der Ausbildung von Volkspolizisten, auch wenn sie nicht den kasernierten Einheiten angehörten. Neben den polizeifachlichen Inhalten enthielten schon die allerersten Anwärterkurse auch eine Grundausbildung in geschlossener Ordnung (Gruppe-Zug-Kompanie) und eine Schießausbildung[8]. Dabei muß allerdings betont werden, daß die Ausbildung bis zum Herbst 1952 dank des permanenten Personal- und Ausrüstungsmangels und der Kürze der 4-Wochen-Lehrgänge nur oberflächlich sein konnte, wenn sie denn überhaupt stattfand. Im April 1947 lag der Anteil der nicht geschulten Polizisten in den Landesbehörden Thüringen, Sachsen-Anhalt, Mecklenburg-Vorpommern und Brandenburg zwischen 65 und 95 Prozent[9].

In dem Maße, wie die SED mit Hilfe der SMAD sowohl in den Ländern wie in den Zentralverwaltungen der SBZ ihr diktatorisches Machtmonopol errichten konnte, fiel die DVP vor allem hinsichtlich ihrer Mitwirkung bei der Strafverfolgung und bei politischen Säuberungen einer umfassenden politischen Instrumentalisierung anheim. Verschärfungen des Wirtschaftsstrafrechts zum Schutz der verstaatlichten und jetzt »volkseigenen« Betriebe und die umfassenden Neudefinitionen von politischen Straftatbeständen (»Boykotthetze« lt. Art. 6 der Verfassung der DDR, »Gesetz zum Schutz des Friedens« 1950) konnten willkürlich zur Kriminalisierung von Verhaltensweisen, die nach Ansicht der SED ihren politischen Absichten im Wege standen, eingesetzt werden. Vor allem das Aufgabenprofil der Kriminalpolizei erweiterte sich dementsprechend und führte zu neuen Arbeitsteilungen. Im Mai 1949 wurde aus ihrem Referat K 5 und der DVdI-»Abteilung zum Schutz der Volkswirtschaft« eine »Hauptverwaltung zum Schutz der Volkswirtschaft« gebildet, aus der 1950 das Ministerium für Staatssicherheit hervorging. Diese Hauptverwaltung bzw. das Ministerium wurden mit umfassenden Kompetenzen der präventiven Bekämpfung mutmaßlicher oder tatsächlicher politischer »Gegner« ausgestattet; ihre Dienststellen konnten in der Regel aus eigener Machtvollkommenheit der DVP entsprechende Vorgänge und Fälle abnehmen. Das Nebeneinander einer überwiegend konspirativ arbeitenden Geheimpolizei und einer weniger für »politische« Aufgaben zuständigen »öffentlichen« Polizei blieb bis zum Ende der DDR charakteristisch für die polizeiliche Institutionenlandschaft der DDR. Von den allgemeinen Polizeiaufgaben und -befugnissen zu unterscheidende Polizeiaufgaben für den Fall innerer Unruhen oder des Verteidigungszustands waren in der SBZ nicht vorgesehen.

Die Hauptverwaltung DVP unter Karl Maron (1950–1962/63)

Mit der Gründung der DDR trat, was die Führung der bewaffneten Exekutive anbelangt, das MdI an die Stelle der DVdI. Am 12. Oktober 1949 wurden innerhalb des MdI die vorrangig mit der Aufrechterhaltung von öffentlicher Sicherheit und Ordnung befaßten Bereiche zur »Hauptverwaltung Deutsche Volkspolizei« (HVDVP) zusammengefaßt[10]. An ihre Spitze als »Chef der Deutschen Volkspolizei« trat nach dem Tod von Kurt Fischer im September 1950 Karl Maron. Der HVDVP unterstanden folgende operative Dienstzweige:
- Schutzpolizei,
- Kriminalpolizei,
- Paß- und Meldewesen und Erlaubniswesen,
- Verkehrspolizei,
- Wasserschutzpolizei,
- Transportpolizei,
- Betriebsschutz und Betriebsfeuerwehr

und die dazugehörigen Verwaltungsstellen einschließlich einer eigenen Politischen Verwaltung, eigener Ausbildungseinrichtungen und Versorgungsdienste. Ferner unterstanden der HVDVP als Exekutivorgane der 1950 vom Ministerium für Justiz übernommene Strafvollzug und die Hauptabteilung Feuerwehr, der ab 1950 alle Feuerwehren der DDR unterstellt waren.

Die Entwicklung und Unterstellungsverhältnisse der verschiedenen Dienstzweige und einzelner ihrer Sachgebiete vollständig nachzuvollziehen, würde den Rahmen dieses Beitrags sprengen. Wiederholt wurden Zuständigkeiten zusammengelegt und wieder getrennt. Weitgehend unberührt von derartigen Veränderungen blieben lediglich der Strafvollzug und die Feuerwehr.

1952 wurden zusammen mit den Ländern auch die Landespolizeibehörden als mittlere Hierarchieebene abgeschafft. Im Zuge der Bildung der Bezirke und der Neueinteilung zahlreicher Kreise enstanden 14 Bezirksbehörden der Deutschen Volkspolizei (BDVP) und etwa 215 Volkspolizeikreisämter (VPKÄ). Die Ostberliner Behörde behielt die Bezeichnung Präsidium der Volkspolizei Berlin (PdVP Berlin), war aber einer BDVP gleichgestellt. HVDVP — BDVP — VKPA bildeten von nun an die drei Führungsebenen für die hier beschriebenen Polizeiorgane. Als 1962 die HVDVP aufgelöst wurde, gingen ihre Abteilungen als Hauptabteilungen in das direkte Unterstellungsverhältnis unter den Stellvertreter des Ministers des Innern über.

Aufgrund eines SMAD-Befehls vom 17. Mai 1949 ordnete die DVdI die Aufstellung eines insgesamt 3500 Mann starken Betriebs- und Objektschutzes zum Schutz von wichtigen SMAD-Objekten, von SAG- und volkseigenen Betrieben und zur verstärkten Bekämpfung des Diebstahls in diesen Einrichtungen durch die Landesbehörden der DVP an. Die Kosten dafür hatten die jeweiligen Betriebe und Einrichtungen aufgrund von Verträgen mit DVP-Dienststellen bzw. zwischen den zuständigen Industrieministerien und der HVDVP zu tragen. Der Betriebsschutz wurde in zwei Formen organisiert: als BS »A« in Großbetrieben mit uniformierten DVP-Angehörigen, die dienstrechtlich der DVP unterstanden, und als BS »B« in kleineren Einrichtungen durch zivile, von den Einrichtungen selbst angestellte Bewachungskräfte, die aber von der DVP angeleitet und kontrolliert wurden. Hinsichtlich der Dienstdurchführung waren die BS-Angehörigen den Leitern der bewachten Einrichtungen unterstellt. Die DVP übernahm die Schulung und Ausbildung, Einstellung und Entlassung, Bewaffnung und Versorgung und die disziplinarische Kontrolle der BS-Angehörigen. Entlohnung und Dienststellungen des BS entsprachen denen der Schutzpolizei, als deren Abteilung er zunächst auch eingerichtet wurde. Anfang 1951 avancierte er zum Dienstzweig mit eigener Hauptabteilung[11]. Bis Ende 1952 holte er die Schutzpolizei dem Umfang nach ein: Der BS »A« umfaßte 10 749 Mann in 329 Betrieben. In 81 Betrieben stellte die DVP außerdem die Betriebsfeuerwehr mit 2188 Mann. Auf den für Objekte der SED zuständigen BS »O« entfielen 2385 Mann in 374 Objekten, und dem BS »B« unterstanden 13 779 Mann in 1686 Betrieben. Zu einer Verwaltung im Rang einer Bezirksbehörde wurde der Betriebsschutz in der SAG Wismut in Siegmar-Schönau zusammengefaßt; ihm gehörten zu diesem Zeitpunkt 2223 Mann an[12]. 1960 wurde der BS als eigenständiger Dienstzweig aufgelöst und mit dem Dienstzweig Schutzpolizei vereinigt[13].

Für den geschlossenen Einsatz bei Störungen der öffentlichen Ordnung mit Menschenansammlungen oder Großveranstaltungen kamen in erster Linie Angehörige der Schutzpolizei und Dienstanfänger in den Ausbildungseinheiten und in den bezirklichen Wacheinheiten in Frage. Letztere dienten ebenso wie alle DVP-Schulen einschließlich ihrer jeweiligen »Kursanten« den Chefs der BDVP bzw. der HVDVP als Einsatzreserven. Auf Kreisebene wurden 1951 zusätzlich Schnellkommandos der Schutzpolizei als Einsatzreserve geschaffen, die im Rahmen der alltäglichen Ordnungssicherung für besondere Lagen zur Verfügung stehen, zugleich aber der einjährigen Einführung in die schutzpolizeilichen Aufgaben dienen sollten. Je nach Größe des VPKA sollten sie 9 bis 30, ab 1953 21 bis 39 Wachtmeister umfassen, die, in 3 Gruppen eingeteilt, von 3 Unterführern und 1 Offizier geleitet wurden. Für jeden Polizisten im Schnellkommando war als Bewaffnung eine Pistole und ein Karabiner 98 k vorgesehen. Im Unterschied zu anderen VP-Dienststellen auf unterster Ebene sollten bei diesen Einheiten durchgängig Pkw und MTW mit Funkausrüstung und pro Gruppe ein ausgebildeter Kraftfahrer sichergestellt sein[14]. In den 50er Jahren betrug die Stärke der Schnellkommandos insgesamt zwischen 4000 und 5000 Mann bzw. zwischen 200 und 600 Mann pro Bezirk[15].

Die Schnellkommandos sollten eingesetzt werden »bei Störungen der demokratischen Ordnung oder anderen Vorkommnissen«, wenn »mit den an Ort und Stelle vorhandenen VP-Kräften ein erfolgreiches Einschreiten nicht gewährleistet ist«. Zu solchen besonderen Einsatzlagen zählten im Juni 1952 nicht nur Menschenaufläufe, Unfallkatastrophen und Überfälle, sondern auch »organisierte [...] Provokationen und Zusammenrottungen von Gegnern der demokratischen Ordnung« und »Sabotageakte«; 1958 enthielt eine entsprechende Auflistung das »Auftreten bewaffneter Gruppen«, »Angriffe [...] auf staatliche Einrichtungen und Objekte«, »Überfälle [...] auf Funktionäre unserer Arbeiter-und-Bauernmacht«, »Auftreten von Rowdys und Rowdygruppen«, »Provokationen und Schlägereien«, »Katastrophen, Brände [...] und Verkehrsunfälle«, »Fahndungsmaßnahmen« und die Verwendung als Reserve bei der Sicherung von Veranstaltungen[16]. Vereinzelten Berichten zufolge dürften vor allem eher unpolitische Störungen der öffentlichen Ordnung abends und am Wochenende zu Einsätzen der Schnellkommandos geführt haben, wobei die Beteiligung von Angehörigen anderer bewaffneter Organe an diesen Störungen immerhin so oft in Erscheinung zu treten pflegte, daß die Leiter der Schnellkommandos für diesen besonders »komplizierten« Fall wiederholt angewiesen wurden, Anweisungen des Leiters des VPKA einzuholen[17]. Im Rahmen ihrer besonderen Aufgaben war auch für die Kräfte des Betriebsschutzes und des Strafvollzugs der Übergang zum geschlossenen Einsatz mit der Befehlsstruktur Gruppe–Zug–Kompanie vorgesehen. Ab 1960 wurde ein Teil der Kräfte der DVP ferner zu »taktischen Einheiten« zusammengefaßt, die im Rahmen der Aufgaben der bewaffneten Kräfte des MdI in Spannungsperioden und im Verteidigungsfall den Chefs der BDVP neben den Bereitschaften, LS-Kompanien und Kampfgruppen-Bataillonen zur Verfügung standen.

Die personelle Struktur der DVP entwickelte sich in den 50er Jahren sehr ungleichmäßig und war in einzelnen Jahren durch enorme Fluktuation und Fehlstellenanteile gekennzeichnet. Den Hintergrund dieser permanenten Personalprobleme bildeten zunächst die durch die SED-Führung gesetzten sicherheits- und wirtschaftspolitischen Prioritäten zugunsten des Ausbaus anderer bewaffneter Organe und der Volkswirtschaft. Anfang der 50er Jahre degradierte die SED-Führung die HVDVP mit ihren operativen Einheiten zu einem »Kaderspender« des zum inoffiziellen Verteidigungsministerium ausgebauten MdI. Ab Mitte der 50er Jahre zogen dann die sich stetig verbessernden Verdienst- und Aufstiegsmöglichkeiten in der Industrie zu Tausenden VP-Angehörige vor allem der unteren Dienstgrade ab. Erst ab Ende der 50er Jahre und dann zunehmend nach dem Mauerbau stabilisierte sich die personalpolitische Situation auf einem relativ hohen Stand (96–98 Prozent der Sollstärken) bei normaler Fluktuation (etwa 4 Prozent)[18].

Die in Tabelle 2 zusammengestellten Iststärken für die Zeit zwischen 1950 und 1957 veranschaulichen die krisenhafte Entwicklung, auch wenn die Zahlen »cum grano salis« zu nehmen sind. 1950 mußte vor allem der größte Dienstzweig, die Schutzpolizei, erhebliche Kürzungen hinnehmen. Aufgrund eines zentral gefaßten Beschlusses, 20 000 Volkspolizisten in die Volkswirtschaft zu entlassen, löste die HVDVP bis Anfang 1951 eine entsprechende Anzahl aus den operativen Dienstzweigen heraus. Dabei wurden allerdings nur rund 6000 Mann regelrecht entpflichtet und damit tatsächlich »der Produktion« zur Verfügung gestellt, während die übrigen zu »öffentlichen Dienststellen und anderen Organen« (Feuerwehr, Strafvollzug und HVA) wechselten[19]. Insbesondere der Aufbau der KVP entzog auch im folgenden Jahr zusätzliche Kräfte, da alle bis zu 20 Jahre alten VP-Angehörigen per Befehl in diese militärischen Einheiten überzuwechseln hatten. Erst nach dem sicherheitspolitischen Debakel des 17. Juni 1953 gelang es Chefinspektor Karl Maron, bei der SED-Führung endlich eine Erhöhung des Planstellensolls um rund 14 000 Stellen durchzusetzen[20]. Diese kamen vorrangig im Dienstzweig Schutzpolizei dem Aufbau des ABV-Systems und der flächendeckenden Aufstellung von Schnellkommandos sowie der Neueinrichtung von VP-Bereitschaften zugute[21].

In den folgenden Jahren bildete die »Entpflichtung auf eigenen Wunsch« nach Ablauf der vereinbarten Dienstzeit vor »Krankheit« und »polizeifachlicher« sowie »moralischer Nichteignung« mit großem Abstand die häufigste Ursache für hohe Entlassungsraten von 14 (1956), 15 (1957) Prozent pro Jahr,

Tabelle 2: Ist- und Sollstärken der Deutschen Volkspolizei, 1950–1957 (ohne Transportpolizei, Bereitschaften und Grenzpolizei)

Dienstzweig	1950		1951		1952		1953		1955		1957	
	Ist	Soll	Ist	Soll	Ist	Soll	Ist	Soll	Ist	Soll	Ist	Soll
Schutzpolizei	17165	26317	15444	16682	17405	17011	14101	18719	18233	20437	17048	17273
ABV ab 1953							7347	8294	8382	8724	8484	9934
Kriminalpolizei	5139	7344	4768	5384	3902	3970	4154	4219	5004	5002	4956	5172
Verkehrspolizei	1827	3031	1698	1940	1874	1920	1830	1924	2993	3436	3401	3649
Paß- und Meldewesen	3346	5367	3282	3391	3792	3740	3706	3752	4326	4357	4462	4602
Betriebsschutz	13035	14961	13799	15551	18726	20798	21038	26601	21056	24117	16398	18738
Wach-/Ausbildungseinh.	1562	2872	2388	2178	1376	1667	3147	5604	–	–	4167	4372
PdVP Berlin bis1953	8319	13206	8969	10023	9013	10996	11454	14640				
Strafvollzug	2663	4567	3949	4651	8414	9568	8681	10053	9064	9870	–	–
Feuerwehr	5759	6465	6207	6666	7146	7390	6799	7033	7455	7500	7225	8117
Sonstige	6596	9922	6664	6403	8427	9103	8499	9002	12529	12710	12385	12939
Summe	65411	94052	67168	72869	80075	86163	90756	109841	89042	96153	78526	84796

Schutzpolizei: inklusive Wasserschutzpolizei; PdVP Berlin: Die Verteilung auf die Dienstzweige ist nicht ausgewiesen. Sonstige: Leitungen und Sekretariate, Personalabteilung, Versorgungsdienste, Dienststelle HVDVP, Zentralschulen, Orchester, Sportler, Abteilungen Ausbildung und Schulung, Operativstab, Politverwaltung. –: keine Angaben.
Quellen: 1950–1953 berechnet nach BArch, DO-1, 26.0, Nr. 246/2; DO-1, 11, Nr. 1638, Bl. 27; 1955 nach BArch, DO-1, 11, Nr. 1638, Bl. 31; 1957 nach BArch, DO-1, 26.0, Nr. 409/2.

die erst danach auf 10 Prozent (1958 und 1959) zurückgingen[22]. Dabei war die Fluktuation im größten operativen Dienstzweig, der Schutzpolizei, besonders hoch (1956 20, 1957 18 Prozent)[23]. Angesichts solcher Zahlen formulierte die Hauptabteilung Personal der HVDVP in einem Bericht im August 1957: »Wenn es nicht gelingt, die Anzahl der Entpflichtungen erheblich zu senken, ergibt sich die Tatsache, daß rein schematisch gesehen, sich der Personalbestand der DVP im Verlaufe von 7 — 8 Jahren vollkommen erneuert.« Der Kampf gegen die hohe Zahl freiwilliger Entpflichtungen stelle daher das Hauptmittel dar, den Personalbestand zu stabilisieren. Das Haupthindernis für die Erreichung dieses Ziels wurde ebenfalls benannt: »Es kann auch nicht unerwähnt bleiben, daß bei einer Reihe von Entpflichtungen die Vergütung eine Rolle spielt. Es ist Tatsache, daß in den Orten und Städten, wo Industrie vorhanden ist, eine ganze Anzahl der ehemaligen VP-Angehörigen sich heute verdienstmäßig besser steht als bei der Volkspolizei[24].«

Bis 1962 konsolidierte sich der Personalbestand auf dem Mitte der 50er Jahre erreichten Niveau von gut 50 000 Stellen für die hier näher behandelten Dienstzweige der DVP, die sich zusammen mit den Stellen der anderen Einheiten und bewaffneten Organe des MdI (Bereitschaften, Trapo, Betriebsschutz, Strafvollzug, Feuerwehr) 1958 zu knapp 110 000 dem MdI unterstellten Planstellen addierten.

Zu den Kräften, die der DVP zur Verfügung standen, sind ferner die »freiwilligen Helfer der Volkspolizei« zu rechnen. Aufgrund eines Ministerratsbeschlusses im September 1952 konnten politisch zuverlässige Bürger und Bürgerinnen die örtliche Polizei in ihrer Freizeit insbesondere im Aufgabenbereich der Schutz- und Verkehrspolizei unterstützen. Nach dem Aufbau des ABV-Systems ein halbes Jahr später war es in erster Linie die Aufgabe der ABV, Freiwillige Helfer zu werben, zu schulen und einzusetzen. Ihre Anzahl stieg von 27 285 Ende 1952 über 82 060 Ende 1955 auf 159 547 Ende 1960 an[25].

Die Personalpolitik der HVDVP zielte in den frühen 50er Jahren vor allem darauf ab, politisch zuverlässige und junge Männer für den Dienst in der DVP zu verpflichten. Ein Garant dafür wurde in der sozialen Herkunft aus der Arbeiterklasse und in der Mitgliedschaft in der SED bzw. FDJ gesehen. 1952 waren 60 % der DVP-Angehörigen unter 30 Jahre alt, 60 % gehörten der SED, 40 % der FDJ an, gänzlich unorganisiert waren 12 %. Der Anteil von Mitgliedern anderer Blockparteien dokumentiert sich als verschwindend gering. Seine Senkung bis an die Grenze der Nachweisbarkeit war ebenso wie im Fall des Anteils von ehemaligen Nazis und Mitgliedern der Nazipolizei ein wichtiges Kriterium für die erfolgreiche Kaderpolitik, auch wenn die berichteten Werte zwischen ein und zwei Promille schwankten. Innerhalb des Gesamtpersonalbestands sind einige charakteristische Unterschiede feststellbar: Ehemalige Nazis und Mitglieder der Nazipolizei in den operativen Polizeieinheiten ließen sich an wenigen Händen abzählen, wurden hingegen bei der Feuerwehr und im Gesundheitswesen in immer noch minimalem Umfang eher toleriert. In diesen beiden Dienstzweigen konnten Berufserfahrung und im Fall von Ärzten im Offiziersrang gesetzlich vorgeschriebene Qualifikationen den absoluten Vorrang der politischen Zuverlässigkeit geringfügig relativieren. Ansonsten zeichneten sich die Offiziere mit einem Parteimitgliedschaftsanteil von 97 — 98 % und einer Herkunft aus der Arbeiterklasse zu 90 % gegenüber dem Gesamtdurchschnitt durch extrem hohe Übereinstimmung mit den von der SED gestellten Anforderungen aus. In groben Zügen blieben diese sozialen Eigenschaften der DVP in den folgenden Jahrzehnten bestehen, wozu allerdings auch die entsprechenden Definitionen der Herkunftsmerkmale, insbesondere der zunehmend auch durch politische Funktionen charakterisierte Arbeiterbegriff, beitrugen[26]. Parallel zu den Bemühungen um eine allgemeine Hebung des Bildungsniveaus fanden auch allgemein- und polizeifachliche Bildung verstärkt Eingang in die als personalpolitisch relevant berichteten Eigenschaften der Volkspolizisten. Ende 1958 hatten knapp zwei Prozent von ihnen eine höhere Schule besucht, ein knappes halbes Prozent hatte studiert. Eine VP-Schule hatten zu diesem Zeitpunkt 33 % besucht, 7 % eine Parteischule[27].

Vergleichbar der Personalzuführung stellten auch die Polizeiorgane der HVDVP hinsichtlich ihrer Bewaffnung das »Aschenputtel« der bewaffneten Organe der DDR dar, das lange Zeit die abgelegten Bestände der militärischen Verbände »auftragen« mußte. Bis 1952 blieb der Waffenbestand der DVP vollkommen veraltet und äußerst lückenhaft. 1952 faßte Karl Maron die dadurch gerade im Bereich der Ausbildung eingetretene Lage in einem direkt an Walter Ulbricht gerichteten Brief folgendermaßen zusammen:

> »Es ist klar, daß ein Volkspolizist, der nicht schießen kann, nicht als Volkspolizist angesehen werden kann und diese Schießausbildung [neueingestellter Anwärter — T.L.] kann infolge des weiter andauernden Mangels an Waffen und insbesondere an Munition nicht gegeben werden. Trotz aller mündlichen Versprechen und Beschlüsse über die Abgabe von Waffen und Munition seitens anderer Dienstzweige an die HVDVP hat sich die Lage seit dem Frühjahr nicht gebessert, sondern weiterhin verschlechtert. Als einen charakteristischen Beweis für die Unhaltbarkeit sei auf folgendes Beispiel verwiesen:
> Bei einem augenblicklich an der Zentralschule Biesenthal laufenden Kurzlehrgang für höhere Offiziere der Schutzpolizei über die Fragen der Ausbildung (Schaffung von Ausbildern) stellte es sich heraus, daß nicht weniger als 30 % der Anwesenden, die zumeist schon seit einiger Zeit der Volkspolizei angehören, noch nicht ein einziges Mal scharf geschossen haben. Wie gesagt,

es handelt sich um höhere Offiziere, wie z.B. Abteilungsleiter Schutzpolizei in einer Bezirksbehörde usw.«

Vorgesehen war zu diesem Zeitpunkt die Ausrüstung der DVP mit Pistolen 7,65 mm und 9 mm und Karabinern 7,92 mm sowie des Strafvollzugs zusätzlich mit MPi 44 und MG 34/42. Die im Laufe des Jahres von der KVP übernommenen Bestände waren veraltet bzw. in hohem Maße instandsetzungsbedürftig. Die vorhandene Munition reichte gerade mal dazu aus, um jeden Waffenträger mit drei bis vier Patronen auszustatten[28]. Aufgrund der Übernahme weiterer Posten von der KVP nach dem 17. Juni 1953 konnte die Abteilung Technische Dienste im Januar 1954 folgenden Bestand an Waffen per 30. November 1953 festhalten: 3161 Gewehre, 27 073 Karabiner, 10 034 MPi, 225 sMG (zwei verschiedene Typen) , 1151 MG (vier verschiedene Typen), 60 116 Pistolen (3 verschiedene Typen), 1018 KK-Gewehre und -Pistolen sowie 694 Leuchtpistolen.

Aus diesem Sammelsurium wurden zunächst die neugebildeten Bereitschaften und Schnellkommandos sowie die Zentralschulen des MdI versorgt. Dank Zuweisungen durch die KVP konnte das Munitionsproblem vorübergehend behoben und im 4. Quartal 1953 mit sämtlichen VP-Angehörigen ein Übungsschießen durchgeführt werden[29]. Bis 1955 konnte die restlose Bewaffnung aller ABV, der Angehörigen der Schnellkommandos und der übrigen Schutzpolizisten wenigstens mit Pistolen 9 mm gewährleistet werden[30]. Danach verbesserte die HVDVP nach und nach die Ausstattung mit Maschinenwaffen. 1956 meldete das Referat Waffenwesen der Abteilung Technische Dienste, daß unter Beachtung der Bewaffnungsprinzipien für die DVP und den Strafvollzug (ein Drittel des Personals mit taktischer Bewaffnung [je Zug 1 MG, 12 MPi und 18 Karabiner], ein Drittel mit Karabiner und ein Drittel nur Pistolen), die VP-Angehörigen nach dem vorhandenen Waffenbestand zu 100 % mit Pistolen 9 mm , 95 % mit Pistolen 7,65 mm, zu 50 % mit MPi, zu 60 % mit MG und zu 75 % mit Karabinern bewaffnet werden können[31].

Ein Situationsbericht vom Februar 1958 führt an Bewaffnung der DVP an: Pistolen, Karabiner, Maschinenwaffen sowie an gepanzerten Fahrzeugen den Polizeipanzerwagen SK I, den Wasserwerfer SK II, den kleinen Panzerspähwagen BA 64 mit Bewaffnung. Dabei wurde ein Bewaffnungssoll auf je 100 VP-Angehörige von 100 Stück Pistolen 9 mm und 7,65 mm, 51 Stück Karabiner 98, 12 Stück MPi 41 und 1 Stück lMG 34 und 42 genannt. Ferner waren 600 lMG für den Betriebsschutz in den Schwerpunktbetrieben vorgesehen. Die Fehlbestände in der DVP machten aber immer noch bei den Karabinern 12 %, bei den MPi 42 % und bei den lMG 24 % aus. Für die DVP, so hieß es in einem Bericht, würde sich diese Situation so schnell nicht ändern, denn »bei der Auffüllung [aus NVA-Beständen] wird in erster Linie die DGP und die BePo berücksichtigt«, erst wenn diese Waffen aus der demnächst anlaufenden DDR-eigenen Produktion übernehmen würden, könnten sie ihre alten sowjetischen Waffen wiederum an die DVP abgeben, die dann ihre noch älteren deutschen Waffen der Reserve zuführen werde. Auf jeden Fall sei die militärische Ausbildung bei diesen Mängeln der Bewaffnung »nur bedingt gewährleistet«[32].

Ein Auskunftsbericht der mittlerweile in Wirtschaftsverwaltung umbenannten Versorgungsdienste vermeldete 1959 einen Fehlbestand von 26 % der für die DVP insgesamt vorgesehenen 224 798 Schützenwaffen. Mittlerweile waren in das Soll zudem in geringem Umfang schwere MGs (18 Stück), Panzerbüchsen (90 Stück), Granatwerfer und Pak (16 Stück) sowie Handgranaten aufgenommen worden. Nur im Bereich der Sonder-Kfz. erreichte und übertraf der Bestand das Ausrüstungssoll. Die DVP verfügte über die vorgesehenen 15 Wasserwerfer SK II und anstatt der vorgesehenen 212 Panzerspähwagen (BA 64 und SK I) sogar über 320 Stück[33].

Trotz des Waffenmangels gelangte aber immer mehr Kontinuität in die Ausbildung der Polizisten. In den Wacheinheiten der LdVP bzw. BDVP erfolgte unmittelbar nach der Einstellung eine vierwöchige Dienstanfängerausbildung, die bei entsprechendem Erfolg in den Schnellkommandos der Schutzpolizei fortgesetzt wurde. Diese waren internatsmäßig im Sitz eines VPKA untergebracht und unterstanden einer Disziplinar- und Dienstordnung, die denen der Ausbildungseinheiten vergleichbar war. Im Dritteldienst wechselten sich Dienst, Bereitschaft und dienstfreie Zeit ab; tagsüber absolvierte jeweils eine Hälfte des diensttuenden Drittels das Ausbildungs- und Schulungsprogramm, während die andere Hälfte im örtlichen Posten- und Streifendienst Verwendung fand. Nach der Schaffung der VP-Bereitschaften im Herbst 1953 wurde das Ausbildungsprogramm der Schnellkommando-Unterführer dem der Bereitschaften angeglichen. Die Dienstanfänger, die von den Bereitschaften zur DVP überwechselten, erhielten einen Teil ihrer Dienstzeit bei den Bereitschaften auf die obligatorische Dienstzeit im Schnellkommando angerechnet.

Auf zentraler Ebene entstand eine das Ausbildungswesen vereinheitlichende Hauptabteilung Ausbildung innerhalb der DVP überhaupt erst im September 1952[34]. Sie nahm vor allem die berufsbegleitende Nachqualifizierung aller VP-Angehörigen in Angriff. Pro Woche wurden für alle VP-Angehörigen zehn Stunden zur Absolvierung des Pensums der Ausbildung und Schulung von Anwärtern angeordnet. Politische und dienstkundliche Schulung machten dabei nur 94 von 250 Unterrichtsstunden aus, wie auch die Reihenfolge der Zielsetzungen in den Überschriften der entsprechenden Befehle — »Maßnahmen zur Festigung der Disziplin und zur Hebung des Ausbildungsstandes und der fachlichen Schulung« — für sich spricht. Im Zuge der

Weiterentwicklung des Ausbildungswesens wurde Anfang 1953 ferner festgelegt, daß sämtliche Angehörige der HVDVP nicht nur während der Lehrgänge, sondern auch für eventuelle Einsätze in Kompanien, Züge und Gruppen einzuteilen sind[35].

Nach dem 17. Juni 1953 bot die Bildung von VP-Bereitschaften zugleich die Möglichkeit, eine verbindliche einjährige Dienstanfängerausbildung einzuführen: »Es muß endlich mit dem Zustand Schluß gemacht werden, daß neueingestellte Anwärter sofort und ohne jede Grundausbildung und Elementar-Fachschulung in den Revier- und Einzeldienst eingereiht werden«, begründete der Chef der Volkspolizei, Karl Maron, im März 1954 diese für Anwärter bis zu 25 Jahren geltende Neuerung. Ältere Bewerber und ehemalige KVP-Angehörige sollten nach einem dreimonatigen Ausbildungslehrgang mindestens neun Monate Dienst im Schnellkommando absolvieren, bevor sie im Revier- und Einzeldienst eingesetzt werden durften[36]. Zugleich wurde die dienstbegleitende Breitenausbildung und -schulung der übrigen VP-Angehörigen ein weiteres Mal intensiviert: Zusätzlich zum wöchentlichen Schulungstag war dreimal im Jahr ein einwöchiges Ausbildungsprogramm zu absolvieren, in dem die militärische Grundausbildung dominierte, Übungen des geschlossenen Kampfeinsatzes hingegen noch von untergeordneter Bedeutung waren[37]. Dies änderte sich mit dem nächsten Programm der Breitenausbildung ab Herbst 1955: Unter Verweis auf die »durch die Ratifizierung der Pariser Kriegsverträge entstandene neue Lage« erklärte der Chef der Volkspolizei die taktische Ausbildung auch unter Gefechtsbedingungen zum Schwerpunkt der Breitenausbildung. Bei der Schießausbildung wurde nun für alle VP-Angehörigen das Schießen mit der MPi und für 20 % des männlichen Personalbestandes zusätzlich mit dem MG verbindlich. Offiziere waren zu befähigen, mindestens einen Zug im Kampfeinsatz und in der Ausbildung zu führen, das gleiche galt für die Unterführer in bezug auf die Gruppe. Die Ausbildung nach diesem Programm sollte monatlich zweimal sechs Stunden umfassen[38]. Wie dem nächsten, im Juni 1956 herausgegebenen Ausbildungsbefehl zu entnehmen ist, beeinträchtigte dieses Programm die Diensttätigkeit in einem solchen Maße, daß Umstrukturierungen geboten erschienen: Im Rahmen der Breitenschulung und -ausbildung sollte nur noch ein achtstündiger Ausbildungstag pro Quartal mit den Schwerpunkten Selbstverteidigung und Schießausbildung absolviert werden, während an den übrigen, zweimal pro Monat abzuhaltenden Schulungstagen neben dem marxistisch-leninistischen Lehrjahr vor allem der spezielle polizeifachliche Unterricht im Vordergrund zu stehen hatte. Zusätzlich dazu sollte der militärische Ausbildungsstand durch 30tägige Internatslehrgänge, an denen jeder Volkspolizist einmal in zwei Jahren teilnehmen mußte, aufrechterhalten werden[39].

In einer Dienstanweisung zu diesem Befehl im Dezember 1956 — also kurz nach der Niederschlagung des ungarischen Aufstandes — wurde dieses von der Annahme eines bereits ausreichenden Ausbildungsstandes ausgehende Konzept grundlegend modifiziert: Zum ersten Mal formulierte eine für die gesamte DVP gültige Weisung die Anforderung, »das Schwergewicht [...] auf die Ausbildung der Volkspolizei im Verbandseinsatz zur Lösung von Ordnungs- und Sicherungsaufgaben und auf die Ausbildung der Volkspolizei und Kampfgruppen zur Lösung von Kampfaufgaben im Straßen- und Häuserkampf zu legen«. Diesen Erfordernissen der »Taktikausbildung« seien alle übrigen Ausbildungsdisziplinen unterzuordnen, auch die Waffen- und Schießausbildung sei nun »weitgehendst den Besonderheiten des Straßen- und Häuserkampfes anzupassen«. Zusätzlich wurde die »Grundausbildung im Schutzdienst« vor atomaren, chemischen und bakteriologischen Waffen einbezogen. Die Breitenausbildung der DVP wurde von 8 auf 32 Stunden im Quartal erhöht und inhaltlich der Ausbildung der Kampfgruppen angepaßt[40]. Dieses Konzept wurde bis 1959 beibehalten. Dieses Jahr brachte schließlich die Umwandlung der bezirklichen Ausbildungseinheiten in Bezirksschulen der DVP, in denen die militärisch vorgebildeten Anwärter, die von der NVA, der DGP und der BePo übernommen wurden, 15 Wochen, die übrigen »aus den Reihen der Bevölkerung neu geworbenen« DVP-Angehörigen hingegen 6 Monate »Grundlehrgang« absolvieren mußten; die Breitenausbildung wurde wieder auf 8 Stunden im Quartal reduziert[41]. Folgt man dem Jahresbericht der HVDVP für 1959, dann wurden aber gerade die taktischen Inhalte in der Breitenausbildung stark vernachlässigt[42].

In den folgenden Jahren wurde die militärische Qualifizierung im Bildungssystem der DVP ausgebaut und systematisiert. Entsprechend den militärischen Aufgaben der DVP wurde die »militärische Ausbildung« Gegenstand spezieller Befehle bzw. Abschnitte von Befehlen. In der Direktive für die Arbeit der DVP im Jahre 1960 forderte der Minister, die Dienststellenleiter als »militärische Kommandeure auszubilden bzw. zu qualifizieren«. Den Volkspolizisten sollten »Kenntnisse und Fertigkeiten in den grundsätzlichen taktischen Methoden (Suche, Blockierung, Einkreisung und Verfolgung [...])« vermittelt werden, mit denen entsprechend der Aufgabenstellung der Organe des MdI »gegen einen plötzlich auftauchenden Gegner, der über Westberlin, die Staatsgrenze West, von der Küste oder aus der Luft in das Gebiet der Deutschen Demokratischen Republik eindringt«, vorgegangen werden sollte. Dabei kam es »besonders darauf an, die Einheiten im geschlossenen Handeln (Gruppe bis Kompanie) auszubilden«. Die Zahl der speziell von Offizieren zu absolvierenden Übungen wurde erhöht; auch wurde ihnen auferlegt, sich regelmäßig an Lehrvorführungen der Bereitschaftspolizei, der DGP und der NVA zu beteiligen[43].

Die militärische Ausbildung zu »allgemeinen Kommandeuren« wurde für alle Besucher von zentralen Offiziersschulen der DVP obligatorisch. Für die Höhere Polizeischule war die Bataillons-, für die mittlere die Kompanie-Ebene vorgesehen; auch Offiziere der Feuerwehr und des Strafvollzugs mußten, wenn auch mit gewissen Abstrichen, eine solche Ausbildung absolvieren. Der Offiziersnachwuchs an den Bezirksschulen mußte bis zum Zugführer ausgebildet werden[44]. In speziellen Befehlen zur militärischen Breitenausbildung wurden darüber hinaus Jahr für Jahr besondere Ausbildungsziele festgelegt; jeder DVP-Angehörige, auch derjenige, der nicht taktischen Einheiten angehörte, hatte im Rahmen seines normalen Dienstes grundlegende Kenntnisse und Fertigkeiten in Topographie, Grund- und Schießausbildung zu erwerben und zu üben. Die weiblichen VP-Angehörigen waren zu Gesundheitshelfern für den Sanitätsdienst bzw. zu Nachrichtenhilfskräften auszubilden. Darüber hinaus wurden für die Dienstzweige Strafvollzug, Transportpolizei und Betriebsschutz, aber auch für die Betriebswachen sowie Gruppen und Züge der freiwilligen Helfer der Volkspolizei spezielle Themenpläne sowie »für die Qualifizierung der als Kompanie-, Zug- und Gruppenführer eingesetzten Volkspolizisten« ein gesondertes Programm entwickelt[45]. An diesem Programm nahmen laut Jahresbericht der HVDVP im Jahr 1960 94,1 % aller DVP-Angehörigen teil. Allerdings wurde zugleich bemängelt, daß die militärische Ausbildung der leitenden Offiziere trotz intensiver Bemühungen erhebliche Mängel bei der Arbeit als Kommandeur und in der Führung von Einheiten nicht zu beheben vermochte, was sich nicht nur bei Übungen, sondern auch bei der »Zerschlagung von Provokationen« — vulgo: Jugendkrawallen — in Dresden, Cottbus und Karl-Marx-Stadt gezeigt hatte. Generell fand die im allgemeinen festgestellte »gute Einsatzbereitschaft« »noch nicht genügend in der alltäglichen polizeilichen Arbeit ihren Niederschlag«, auch war »der erzieherische Wert der Ausbildung, z.B. in der konsequenten Durchführung der Befehle zur Herstellung eines richtigen Verhältnisses zwischen Offizieren und Wachtmeistern, [...] noch nicht ausreichend«[46]. Im folgenden Jahr wurde daher durch einen weiteren Befehl die Einrichtung von Sonderlehrgängen für alle Offiziere ab Ebene VPKA-Leiter angeordnet, und ab 1962 wurde an der Zentralen Lehranstalt des MdI in Dresden für ausgesuchte Kader die spezielle Einsatzausbildung in Polizeitaktik durchgeführt[47]. Diese Bemühungen brachten schon 1961 die Ausbildung von 22 leitenden Offizieren zur Kommandohöhe Divisionskommandeur, von 91 Offizieren zur Kommandohöhe Regimentskommandeur und von 371 Offizieren und Unterführern zur Kommandohöhe Bataillonskommandeur[48].

Einen gesonderten Schwerpunkt in der militärischen Qualifikation der DVP stellte die Ausbildung leitender Offiziere der BDVP und der VPKÄ für ihre Funktionen in den 1957 gebildeten Stäben der Einsatzleitungen der Bezirke und Kreise dar. Anfang 1958 hieß es in einem Bericht an die Sicherheitskommission des Politbüros der SED, daß der Ausbildungsstand der meisten Stabsoffiziere bisher überwiegend nur bis zur Führung eines Zuges, teilweise einer Kompanie erfolgt sei. »So fehlen bei dem überwiegenden Teil der Stabsoffiziere die militärischen Voraussetzungen, die notwendig sind für die Organisierung und Durchführung von Einsätzen zur Einkreisung, Zerschlagung bzw. Vernichtung bewaffneter gegnerischer Gruppierungen. Es wurden bisher fast keine Stabsübungen und auch kein Stabstraining durchgeführt[49].« (Ein weiterer Schwachpunkt in der Führungsstruktur der Einsatzleitungen war darüber hinaus die mangelnde militärische Qualifikation der 1. Bezirkssekretäre, wodurch deren Auftragserteilung an die ihnen unterstellten Stabschefs von der BDVP zu einer rein formalen Bestätigung der von diesen erarbeiteten Einsatzunterlagen wurde[50].) Spezielle Befehle zur Arbeit der Stäbe in den VPKÄ und BDVP ordneten nun ein dienstbegleitendes regelmäßiges Stabstraining sowie die regelmäßige Durchführung von Schulungen, Stabsübungen und Kommandostabsübungen an[51].

Die der DVP nach der Bildung des MfS verbleibenden Aufgabenbereiche und Institutionen wurden nach sowjetischem Vorbild den politischen Zielsetzungen der SED entsprechend weiterentwickelt. Die im Selbstverständnis der Polizeiführung wichtigste Neuerung stellte dabei die Einführung des Systems der Abschnittsbevollmächtigten (ABV) 1952/53 dar, die zusammen mit den von ihnen rekrutierten und geschulten »Freiwilligen Helfern der Volkspolizei« eine »enge Verbindung zur Bevölkerung« garantieren sollten. Das Konzept des ABV kann daher durchaus als paradigmatisch für den in den 50er und 60er Jahren entwickelten »sozialistischen Polizeibegriff« der DDR angesehen werden. In dieser auf der untersten Ebene der Hierarchie angesiedelten Funktion wurden Zuständigkeiten für alle Dienstzweige zusammengeführt: Der ABV hatte in seinem »Abschnitt« nicht nur die breitangelegten Aufgaben der Schutzpolizei, der er auch formal angehörte, sondern auch Belange der Kriminalpolizei, der Verkehrspolizei, des Paß- und Meldewesens, des Erlaubniswesens, der Feuerwehr (vorbeugender Brandschutz) und des Strafvollzugs wahrzunehmen. Zum direkten polizeilichen Eingreifen im Sinne der Gefahrenabwehr oder bei Gesetzesverletzungen kam nun die präventiv ausgerichtete Gewinnung von vielfältigen Informationen über alle wirtschaftlichen, sozialen und politischen Fakten im Abschnitt hinzu. Sie sollte insbesondere durch regelmäßige Kooperationsbeziehungen zu den örtlichen Partei- und Massenorganisationen, Staatsorganen und zum sozialistischen Sektor gehörenden Betrieben gewonnen werden und prädestinierte den ABV zum lokalen Ansprechpartner für Einsätze der höheren Dienststellen vor Ort.

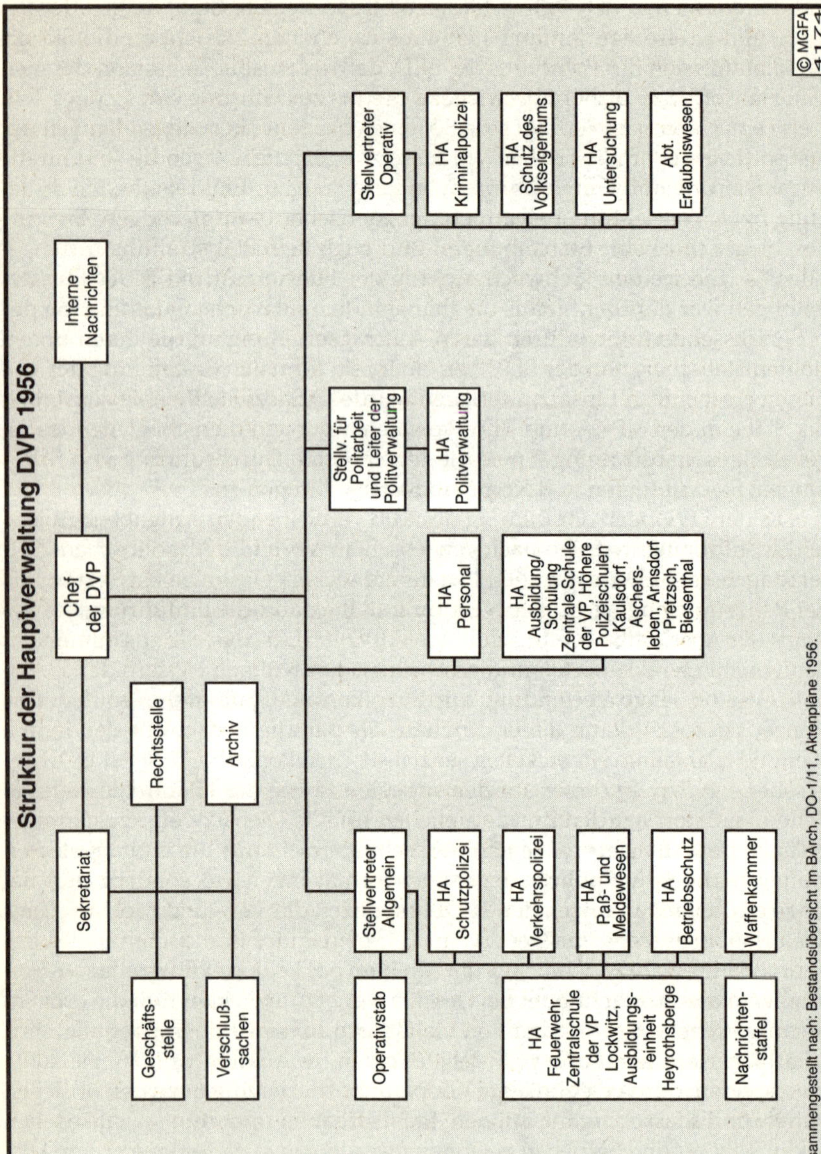

Zusammengestellt nach: Bestandsübersicht im BArch, DO-1/11, Aktenpläne 1956.

Zugleich sollte der ABV seine Befugnisse dazu einsetzen, über die öffentliche Ordnungssicherung hinausgehend an der Umsetzung der politischen Zielsetzungen der SED mitzuwirken, also zum Beispiel die Kollektivierung der Landwirtschaft zu fördern bzw. gegen deren »Feinde« zu schützen[52].

Was hier exemplarisch am Beispiel des ABV skizziert wurde, gilt auch für die Gesamtheit der Zuständigkeiten der DVP: Betrachtet man diese vor dem Hintergrund der Polizeigeschichte in Deutschland, so sticht die dezidiert positive Aufgabenbestimmung der Polizei als eine bestimmte erstrebenswerte bzw. politisch gewollte gesellschaftliche Zustände fördernde Institution ins Auge. Im Bereich der Schutzpolizei galt es ebenso wie auf anderen Gebieten eine vor allem politisch definierte Prävention (»Bekämpfung des Gegners«) mit umfassenden fürsorgerischen Maßnahmen zu verbinden, etwa bei der Eingliederung Straffälliger. Das bescherte der DVP zumindest auf dem Papier eine beeindruckende Fülle an Zuständigkeiten. Ein solches durchaus an die »Wohlfahrts-Polizey« des Spätabsolutismus erinnerndes Polizeiverständnis war in Deutschland gegen Ende des Kaiserreiches in Ansätzen und formaljuristisch so recht erst im Laufe der Weimarer Republik überwunden worden. In pervertierter Form hatten derartige »positive« und soziale Beziehungen direkt verändernde Polizeiaufgaben während der Nazidiktatur im Zuge der Instrumentalisierung der Polizei für die rassenpolitischen Zielsetzungen des Regimes eine Renaissance mit katastrophalen Konsequenzen erlebt[53]. Demgegenüber stellte die von den Alliierten verfügte Wiedereinsetzung des Rechtszustandes von vor 1933 also eine Rückkehr zum rechtsstaatlich begrenzten »negativen« Polizeibegriff dar. Dieses dezidiert antinazistische und zugleich gegen Traditionen des deutschen Obrigkeitsstaates gerichtete Vorverständnis von Polizei sorgte dafür, daß es in der frühen DDR auf der *formalen* Ebene lange Zeit beim Preußischen Polizeiverwaltungsgesetz von 1931 als rechtlicher Handlungsgrundlage blieb, und *zugleich* dessen faktische Bedeutung durch einschlägige Ergänzungen zum Strafgesetzbuch, zur Strafprozeßordnung und durch zahlreiche andere Verordnungen untergraben wurde. Zumindest die Verwaltungsrechtsexperten in der frühen DDR waren sich dieser widersprüchlichen Konstellation durchaus bewußt, wenn sie an Entwürfen für ein neues Polizeirecht arbeiteten und dabei sowohl den »bürgerlich-progressiven« Errungenschaften des herkömmlichen Polizeirechts als auch dem neuen Selbstverständnis einer Polizei beim Aufbau des Sozialismus gerecht werden wollten. Da ihre Vorschläge nach der rechtspolitischen Babelsberger Konferenz 1958 endgültig in den Schubladen verschwanden, blieb es zunächst beim ausgesprochen pragmatisch-zynischen Umgang mit dem rechtsstaatlichen Erbe der Weimarer Republik. Erst ab Anfang der 60er Jahre griffen systematische Anstrengungen, ein staatssozialistisches Polizeiverständnis zu definieren, Platz.

Die enorme Entgrenzung des materiellen Polizeibegriffs wurde jedoch von einer Auflösung seiner formellen Begrenzung begleitet. Sie führte also keineswegs zu einem relativen Machtzuwachs der Polizei etwa auf Kosten anderer Institutionen; diese partizipierte lediglich am Machtzuwachs aller Institutionen der Parteidiktatur gegenüber den DDR-Bürgern. Polizeiliches Handeln in der DDR stand beileibe nicht nur den Staatsorganen zu, die das Wort »Polizei« in ihrer Bezeichnung führten. Von einem in der Institution »Polizei« konzentrierten staatlichen Monopol physischer Gewalt kann daher in der DDR keineswegs die Rede sein, nicht nur wegen der über alle polizeilichen Kompetenzen verfügenden Konkurrenz des MfS. Die systematische Zurücknahme von in der deutschen Verfassungsgeschichte bereits erreichten Standards der Gewaltenteilung hatte auch auf diesem Gebiet vielfältige Überschneidungen mit anderen Institutionen und Organisationen zur Folge, die ebenfalls polizeilich bzw. polizeiähnlich handeln konnten. Neben der Zusammenarbeit mit ehrenamtlich tätigen gesellschaftlichen Kräften, zu denen neben den Freiwilligen Helfern auch die Ordnungsgruppen der FDJ und in lokalen Verkehrssicherheitsaktivs organisierte Bürger zählten, mußte die DVP, obwohl ausschließlich an zentrale Weisungen gebunden, eng mit den örtlichen Staatsorganen der Kreise und Bezirke zusammenarbeiten, denen Befugnisse übertragen waren, die mit dem früheren Polizeiverordnungsrecht vergleichbar sind. Gleiches galt auch für die seit Ende der 50er Jahre eingeführten Gesellschaftlichen Gerichte, die weniger »gesellschaftsgefährdende« Gesetzesverstöße verhandeln und ahnden sollten. Ferner nahm die Staatsanwaltschaft in bestimmten Fällen über die Strafverfolgung hinaus allgemeine Kontrollfunktionen wahr, denen sich noch ähnliche Kompetenzen der aus der Zentralen Kommission für Staatliche Kontrolle hervorgegangene Arbeiter-und-Bauern-Inspektionen an die Seite stellen lassen[54]. Daß zusätzlich im Innern der Partei- und Massenorganisationen, insbesondere der SED, Kontroll- und Disziplinierungspraktiken institutionalisiert waren, die mit ihren Ritualen der Beweissicherung, Anklage, Geständnis in Form der Selbstkritik und Bestrafung ihrerseits an »Polizeimethoden« erinnern, sei nur der Vollständigkeit halber erwähnt[55]. Mit dem Betriebsschutz war zudem ein weiteres, äußerst umfangreiches Tätigkeitsfeld der staatlichen Polizei unterstellt worden, für das aufgrund der Eigentumsverhältnisse in der DDR zugleich andere staatliche Leitungen zuständig waren.

Aufgaben der DVP bei inneren Unruhen und im Verteidigungszustand

Daß die regulären Einsatzkräfte der DVP in den 50er Jahren gegenüber Menschenansammlungen ebensowenig Durchsetzungsvermögen und Autorität an den Tag legten wie die »Waffenbrüder« von der KVP, ist nicht nur durch die Forschungen zum 17. Juni 1953 hinreichend belegt. Auch Berichte über die Bergarbeiter-Krawalle in Saalfeld im August 1951 sowie zahlreiche andere Quellen belegen dies[56]. Teilweise ist dies dem politischen Selbstverständnis der DVP als einer Polizei »aus dem Volk und für das Volk« zuzuschreiben, das den gewaltsamen geschlossenen Einsatz gegen aufbegehrende Arbeiter tabuisierte bzw. gerade, was den Gebrauch der Schußwaffe betraf, politisch motivierten Restriktionen unterwarf[57].

Setzt man die parteiamtliche Umdeutung des Aufstands vom 17. Juni 1953 als »faschistische« oder »konterrevolutionäre Provokation« bzw. als Putsch voraus, so ist von Aufgaben der DVP bei inneren Unruhen in einer Anordnung des MdI zum ersten Mal im Dezember 1953 die Rede. Sie regelte die Zusammenarbeit der Dienststellen der HVDVP und der Staatssicherheit, die zwischen 1953 und 1955 als Staatssekretariat für Staatssicherheit (SfS) ebenfalls dem MdI unterstellt war[58]. Noch Ende desselben Monats befahl der Chef der DVP die Einführung eines einheitlichen Alarmierungssystems in der DVP zu dem Zweck, a) schlagartige Aktionen zu ermöglichen, die dem Gegner unerkennbar bleiben müssen, b) überraschende gegnerische Tätigkeit oder auch plötzlich eintretende Natur- und Brandkatastrophen sowie andere Vorkommnisse, die das schnelle Eingreifen starker Polizeikräfte erfordern, abwehren zu können[59]. Eine genauere Abgrenzung des politisch verursachten Alarmfalls vom unpolitischen Katastrophenfall findet sich hier also noch nicht. Ein im Januar und Februar 1954 in zwei Teilen erlassener Befehl des Chefs der DVP bestätigte die ministerielle Anordnung über die Zusammenarbeit mit dem SfS und fügte außerdem Bestimmungen über die Bildung von Einsatzleitungen auf Bezirks- und Kreisebene hinzu. Demzufolge waren Dienststellen der DVP bei der Lösung von Aufgaben im Kampf gegen feindliche Elemente gegenüber den SfS-Dienststellen zur Amtshilfe verpflichtet, ohne sich formell deren Befehlsgewalt unterstellen zu müssen. Ferner waren die Kreisamtsleiter zur Weitergabe von Informationen über Einzelpersonen und Vorkommnisse sowie der regelmäßigen Rapporte aus den ihnen unterstellten Dienststellen verpflichtet. Den SfS-Dienststellen auf Kreis- und Bezirksebene wurden weitreichende Eingriffsrechte in den Tätigkeitsbereich der DVP eingeräumt: Sie konnten zum Beispiel Fahndungen auslösen, die inoffiziellen

Mitarbeiter der ABV überprüfen, Unterlagen des Paß- und Meldewesens einsehen und in den Strafvollzugsanstalten permanente Arbeitsstellen einrichten. Zur sofortigen Liquidierung auftretender Gruppen von Provokateuren sollten die Dienststellen der HVDVP zusammen mit denen des SfS Einsatzpläne für die schnell beweglichen DVP-Kräfte entwickeln[60]. Alle Alarmpläne der DVP waren von den Kreisdienststellen- bzw. Bezirksverwaltungsleitern des SfS zu bestätigen. Diese entsandten bei der Auslösung von Alarm auch einen Offizier in die Kreis- bzw. Bezirkseinsatzleitung, der dort koordinierende Aufgaben wahrzunehmen hatte. Einsatzleitungen sollten bei außergewöhnlichen Vorkommnissen, die auf eine Gefährdung oder einen Angriff auf die staatliche Ordnung und Sicherheit der Deutschen Demokratischen Republik schließen ließen, gebildet werden. Ihr gehörten der 1. Sekretär der SED-Parteileitung, der Leiter bzw. Chef der SfS-Dienststelle sowie der Bezirkschef bzw. Kreisamtsleiter der DVP an. Die operative Leitung lag bei den Verantwortlichen des SfS. Die Bestimmungen über die Zusammensetzung der Einsatzleitungen im zweiten, Anfang Februar erlassenen Teil dieses Befehls stellten die Umsetzung eines Beschlusses des Politbüros des ZK der SED vom 26. Januar über Maßnahmen in Ausnahmefällen dar[61].

Auf Grundlage der Alarmordnungen vom Dezember 1953 befahl der Chef der DVP während der ersten beiden Jahrestage des 17. Juni für die gesamte DVP erhöhte Einsatzbereitschaft. Die Schnellkommandos waren jeweils vom 16. bis 18. Juni vollständig zu kasernieren und die Operativstäbe zu Einsatzstäben zu erweitern. In allen Dienststellen mußten detaillierte Einsatz- und Kräftepläne erarbeitet werden[62]. Bei diesen Anordnungen bzw. Befehlen ging man davon aus, daß der »Gegner« versuchen würde, Arbeitsniederlegungen, Zusammenrottungen aller Art und Wirtschafts- und Verkehrsstörungen herbeizuführen sowie Gerüchte und Hetzschriften zu verbreiten; im Unterschied zu späteren Einsatzplanungen spielte die Vorstellung von im Innern der DDR operierenden bewaffneten Gruppierungen, die militärisch zu liquidieren waren, noch keine Rolle[63].

Dies änderte sich unter dem Eindruck des Volksaufstandes in Ungarn im Herbst 1956. Am 8. November beschloß das Politbüro ein zweistufiges Verfahren zur »Unterdrückung konterrevolutionärer Aktionen«, das in einer gemeinsamen Direktive von MdI und MfS mündete. Demnach waren in einer 1. Etappe die DVP, die bewaffneten Kräfte des MfS, die Kampfgruppen der Arbeiterklasse und weitere »Kräfte der Arbeiterklasse« einzusetzen. In der 1. Etappe sollte eine Unterstützung dieser Kräfte durch die NVA nur in Einzelfällen erfolgen. Reichte dies nicht aus, so galt die 2. Etappe, in der alle Kräfte der 1. Etappe der NVA unterstellt wurden und dieser die Lösung der Aufgabe übertragen wurde. Den zur Führung dieser Maßnahmen zu bildenden

Einsatzleitungen auf Kreis- und Bezirksebene sollten der 1. Sekretär der SED, der Vorsitzende des Rates, der Chef der BDVP bzw. Leiter des VPKA, der Chef der Bezirksverwaltung des MfS bzw. Leiter der Kreisdienststelle des MfS und der zuständige Truppenkommandant der NVA angehören. Die Befehlsgewalt über die Kräfte der 1. Etappe sollte zunächst beim jeweiligen Chef der Bezirksverwaltung des MfS liegen. Aufgrund der vom Politbüro noch Ende Dezember 1956 beschlossenen Unterstellung der Bereitschaftspolizei, der Grenzpolizei und der Transportpolizei unter das MdI wurde diese Funktion dem Chef der BDVP übertragen[64]. Gelegentlich dieser Zusammenfassung verschiedener bewaffneter Einheiten unter dem Dach des MdI beschloß die Sicherheitskommission im Februar 1957 u.a. für alle MdI-Organe die Einführung der »früher in Deutschland gebräuchlichen einheitlichen Dienstgrade«. Fortan fanden in der DVP für Offiziere die militärischen anstelle der 1945 eingeführten zivilen Bezeichnungen Anwendung[65].

Während noch bis Ende 1956 innerhalb der Einsatzleitungen die Rolle des Kommandeurs auf Kreis- und Bezirksebene beim Vertreter des MfS lag, nahmen innerhalb der ab 1957 gültigen Führungsstruktur DVP-Offiziere eine hervorgehobene Stellung ein. Sie wurde erstmals im Befehl des MdI Nr.18/57 im April 1957 ausführlicher beschrieben. Die Chefs der BDVP bzw. die Leiter der VPKÄ hatten für die Ausarbeitung und ständige Aktualisierung von Einsatzplänen und operativen Unterlagen zu sorgen, und ihre Stellvertreter Allgemein fungierten als Stabschefs der Stäbe der Einsatzleitungen. Regelmäßige Alarm- und Einsatzübungen sollten die ständige Einsatzbereitschaft aller Kräfte auf Bezirksebene sicherstellen. Insbesondere wurde den Chefs der BDVP befohlen, den »Personalbestand der Einheiten vordringlich in der Spezialtaktik, im Straßen- und Häuserkampf, im Zerschlagen von Agenten- und Diversionsgruppen und im Blockieren und Durchsuchen bestimmter Geländeabschnitte zu schulen und auszubilden«. Besondere Richtlinien regelten das »Einrichten von Sperrgebieten« bei »Verschärfung der Lage in einem Bezirk der DDR [...] durch größere Aktionen des Gegners«, die sich gegen Dienststellen der Partei und des Staates, Betriebe und wichtige Verkehrsknotenpunkte richten, und das »Zusammenwirken der bewaffneten Kräfte des MdI« untereinander und mit Kräften des MfS, der NVA und des AZKW[66]. Eine differenzierte Aufgabenbestimmung der verschiedenen dem MdI bzw. den Chefs der BDVP unterstellten bewaffneten Kräfte erfolgte zunächst nicht.

Im Fall eines punktuellen Einsatzes der NVA im Rahmen der 1. Etappe hatte der gemeinsame Befehl von MdI und MfS vom Januar 1957 noch die Übernahme der »Befehlsgewalt über alle an der Lösung der betreffenden Aufgabe beteiligten Kräfte« durch den »zuständige[n] Militärkommandant[en] oder Truppenkommandeur« vorgesehen. Aufgrund eines Berichts zur Arbeit der Einsatzleitungen beschloß die Sicherheitskommission im Januar 1959 hingegen, diese Festlegung ebenso wie die über die alleinige Befehlsgewalt der NVA beim Übergang zur 2. Etappe aufzuheben. »Für alle Aufgaben zur Aufrechterhaltung der Ruhe und Ordnung bei inneren Aktionen sind die Einsatzleitungen der Bezirke voll verantwortlich und führen alle zur Erfüllung dieser Aufgaben eingesetzten Einheiten[67].« Die Umsetzung dieses Beschlusses führte im darauffolgenden Monat zu einer Strukturveränderung in den BDVP: Auf Anweisung des MdI waren eigens Planstellen für den Stab des militärischen Leiters des Bezirks zu schaffen. Die dem Stellvertreter Allgemein des Chefs der BDVP unterstellten Stabsoffiziere waren für alle vorbereitenden Maßnahmen auf Bezirksebene verantwortlich, sowohl hinsichtlich der Entschlußfassung des Kommandeurs als auch hinsichtlich der Koordinierung der verschiedenen Einheiten des MdI und der Zusammenarbeit mit den Kräften anderer Ministerien, und vor allem in bezug auf die Gewährleistung der Einsatzbereitschaft der Kräfte, die Erarbeitung und ständige Aktualisierung von Einsatzunterlagen und die Qualifizierung insbesondere der Offiziere in der »Allgemeinen und Spezialtaktik«. Im März 1960 wurden in den BDVP und allen größeren VPKÄ zusätzlich Planstellen für die Funktion des Stabschefs, die bis dahin durch den Stellvertreter Allgemein wahrgenommen werden sollte, geschaffen[68].

Die sich bereits im Beschluß der Sicherheitskommission vom Januar 1959 andeutende Differenzierung der Aufgaben zwischen zentral und bezirklich geführten Formationen wurde im Mai desselben Jahres von demselben Gremium in einer »Direktive über die Aufgaben der Einsatzleitungen der Bezirke und ihrer Mitglieder« präzisiert: »Die Einsatzleitungen sind entsprechend dem Beschluß vom 8.11.1956 das operative, politische und militärische Führungskollektiv des Bezirkes. Sie sind für alle Fragen der inneren Sicherheit voll verantwortlich und beschließen die politischen und militärischen Maßnahmen zum Schutze der sozialistischen Errungenschaften im Bezirk sowohl bei normaler Lage als auch im Einsatzfall [...]. Die Stäbe bei den Dienststellen der Deutschen Volkspolizei sind das ständige Arbeitsorgan der Einsatzleitung und arbeiten auf deren Weisung und Anordnung.« Dabei sollten die Kräfte der NVA, der DGP, der Trapo und des MfS allerdings zentral geführt werden, die Kompetenz der Einsatzleitung erstreckte sich also nur auf die Kräfte der DVP, der Bereitschaftspolizei und der Kampfgruppen sowie des Luftschutzes und des Deutschen Roten Kreuzes. Unter den Mitgliedern der Einsatzleitung nahm nun der Chef der BDVP durch seinen umfangreichen Aufgabenbereich eine besondere Stellung ein. Er hatte Auskunft zu geben über die konkrete militärische Lage und den Stand der Einsatzbereitschaft der ihm unterstellten Kräfte. »b) Als Kommandeur der bewaffneten Kräfte des Bezirkes hat er die unmittelbare Anleitung und Kontrolle des Stabes der Einsatzleitung durchzuführen. c) Auf der Grundlage der Beschlüsse der Einsatzleitung hat er den Einsatz der bewaffneten Kräfte des Bezirkes zu befehlen und die Führung mit Hilfe des Stabes zu gewährleisten.« Ferner sollte er Entschlußvorschläge vortragen und begründen, im Auftrag des Vorsitzenden der Einsatzleitung für die militärische Planung verantwortlich sein, die Einsatzbereitschaft laufend überprüfen, für die Schulung der Kommandeure und in Zusammenarbeit mit dem Rat des Bezirkes für die ausreichende Ausstattung der bewaffneten Kräfte mit Kraftfahrzeugen sorgen. Schließlich war er noch für den Einsatz der Kräfte des Luftschutzes, des Deutschen Roten Kreuzes und der GST, für das Zusammenwirken mit den Nachbarbezirken und den zentral geleiteten Kräften, die Berichterstattung an die Zentrale und »den politisch-moralischen Zustand der bewaffneten Kräfte« verantwortlich; dementsprechend hatte er »an die Polit-Organe die erforderlichen politischen Aufgaben zu stellen«. Unter seinen »Rechten« werden die Alarmierung der ihm unterstellten Einheiten »bei erforderlichen Einsätzen« und »mit Genehmigung des Vorsitzenden der Einsatzleitung zur Überprüfung des Standes der Einsatzbereitschaft« sowie der Erlaß von Befehlen und Anordnungen an die bewaffneten Kräfte auf der Grundlage der Beschlüsse der Einsatzleitungen genannt. Für den Vertreter der NVA in der Einsatzleitung waren als Aufgaben hingegen nur Beratung und Unterstützung vorgesehen[69].

Das dieser Führungsstruktur zugrundeliegende Szenario sah die Bekämpfung eines im Innern der DDR in kleinen Gruppen operierenden Gegners vor; das legen jedenfalls die zur gleichen Zeit in die militärische Ausbildung vor allem der DVP-Offiziere eingeführten Themen nahe. Eine genaue Abgrenzung der Aufgaben der Einheiten der »territorialen« DVP im Unterschied zu denen der VP-Bereitschaften und Kampfgruppen wurde in dieser Direktive nicht vorgenommen. Der spezifische Beitrag der DVP im Fall eines Bürgerkrieges lag also in erster Linie in der Bereithaltung einer dezentralen militärischen Führungsstruktur, die unterhalb des Einsatzes der in erster Linie auf die Landesverteidigung ausgerichteten zentral geführten Kräfte NVA, DGP und Trapo wirksam werden konnte.

Im Rahmen der Beschlußfassung der Sicherheitskommision über »Grundsätze der Mobilmachungsarbeit« im Januar 1960 wurde dann auch der Beitrag der DVP im regulären Kriegsfall in einer gesonderten Anlage mit dem Titel »Hauptprinzipien für den Einsatz der Kräfte der bewaffneten Organe des Ministeriums des Innern in der Anfangsperiode und im Verlaufe des Krieges« erstmals festgelegt. »Hauptaufgaben« aller MdI-Organe waren demnach: »1. Sicherstellung und Gewährleistung der Mobilmachungsmaßnahmen in der Republik«, 2. die »Sicherung und Verteidigung der Land- und Seegrenzen gegen Angriffe regulärer Truppen — in den Hauptrichtungen im Zusammenwirken mit den grenznahen Kräften der Nationalen Volksarmee und in Nebenrichtungen selbständig, um die Entfaltung der Hauptkräfte der Armee zu garantieren«, 3. die »Sicherung aller wichtigen strategischen und operativen Objekte sowie Einrichtungen der staatlichen Führung, der Wirtschaft [etc.] gegen eingedrungene bzw. abgesetzte Diversionsgruppen und Einheiten des Gegners«, 4. die »Beseitigung der Folgen von Luftangriffen und Schlägen mit Massenvernichtungsmitteln in der Tiefe [der DDR]«, Sicherung von Evakuierungsmaßnahmen in grenznahen Gebieten und in Massenvernichtungsmitteln ausgesetzten Räumen, 5. »Aufrechterhaltung der Ruhe und Ordnung (Verhinderung von Paniken und Plünderungen), besonders in den durch Schläge des Gegners betroffenen Gebieten«, 6. »Bei Verlegung der Front im Verlaufe des Krieges mit Teilen der bewaffneten Kräfte des Ministeriums des Innern in das von der Armee freigekämpfte Gebiet zu folgen und Maßnahmen zur Normalisierung des Lebens, der Ordnung und Sicherheit einzuleiten und durchzusetzen«, 7. die Entfaltung von bewaffneten Kräften des MdI entsprechend den Mobplänen, im weiteren Verlauf des Krieges die zusätzliche Aufstellung von Einheiten der Bereitschaftspolizei.

In eigenen Abschnitten wurden dann die besonderen Aufgaben der bewaffneten MdI-Organe festgelegt, wobei diejenigen der DGP und der BePo mit großem Abstand den meisten Raum beanspruchten. Die DVP war hiernach »entsprechend ihrer Gliederung, Ausrüstung und Bewaffnung dafür bestimmt, die *allgemeine* Ordnung und Sicherheit auf dem Territorium der Deutschen Demokratischen Republik aufrechtzuerhalten bzw. wiederherzustellen [...] Durch das Zusammenziehen von Kräften der Deutschen Volkspolizei zu taktischen Einheiten ist es den Bezirksbehörden (Einsatzleitungen) möglich, bei konterrevolutionären Aktionen u.a. gefährlichen Anschlägen gegen die innere Sicherheit des Staates geschlossene Einheiten zur Unterstützung der Bereitschaftspolizei einzusetzen [...] Bei Notwendigkeit werden die Volkspolizeiangehörigen der Kat. I und II in den Bestand der Nationalen Volksarmee überführt. Die Wiederauffüllung ist durch nur bedingt militärtaugliche Jahrgänge zu garantieren. Voraussetzung ist eine stabile innere Lage [...] Unter Weiterführung der allgemeinen polizeilichen Tätigkeit und unter Beachtung ihrer Möglichkeiten erfüllen die Kräfte der Deutschen Volkspolizei zusätzlich solche Aufgaben, wie sie bei der Bereitschaftspolizei genannt wurden, wie die Sicherung notwendiger Evakuierungen u.a.[70].«

Die DVP hatte also — wie in Friedenszeiten auch — vorrangig die öffentliche Ordnung und Sicherheit aufrechtzuerhalten. Alle darüber hinausgehenden Aufgaben im Kriege leiteten sich aus der Ergänzung und Unterstützung anderer bewaffneter Organe ab, sei es der NVA oder der BePo. Darauf wurden die DVP-Angehörigen allerdings auch im Rahmen ihrer militärischen Qualifikation indirekt vorbereitet. Die bereits von der Sicherheitskommission im Januar 1959 beschlossene Abgrenzung der Zuständigkeiten von NVA und bewaffneten Kräften des MdI bekräftigte im April 1962 der Beschluß des NVR zur »Organisierung des inneren Einsatzes«. Die noch gültigen Grundsätze der Zusammenarbeit von MfNV und MdI, wie sie 1956/57 bei der Bildung von Einsatzleitungen eingeführt worden waren, wurden zunächst außer Kraft gesetzt. Grundsätzlich war für die NVA der innere Einsatz nicht vorgesehen, allenfalls kurzfristig und nur auf besonderen Befehl[71]. Im September 1962 verabschiedete der NVR neue »Grundsätze der Zusammenarbeit zwischen Dienststellen und Einrichtungen des Ministeriums für Nationale Verteidigung mit den bewaffneten Kräften des Ministeriums des Innern«, unterteilt in die »Zusammenarbeit mit Verkündigung des Verteidigungszustands« und die »Zusammenarbeit zur Gewährleistung der inneren Sicherheit in Friedenszeit«. Im Falle des Verteidigungszustands wurden die Aufgaben der MdI-Kräfte ausschließlich an den Aufgaben des MfNV und der Vereinten Streitkräfte ausgerichtet; summarisch hieß es: »Alle Fragen des öffentlichen Lebens sind [gemäß Verteidigungungsgesetz] den militärischen Belangen unterzuordnen.« Als Ziel der Zusammenarbeit in Friedenszeit wurde die »Aufrechterhaltung der Ordnung und Sicherheit im Innern der Deutschen Demokratischen Republik zur Gewährleistung der Handlungsfreiheit der Vereinten Streitkräfte« bestimmt. Die NVA konnte jedoch kurzfristig zu inneren Aufgaben herangezogen werden, wobei ihr alle zur Herstellung von Ruhe und Ordnung eingesetzten Einheiten zu unterstellen waren[72]. Damit waren die Unterstellungsverhältnisse, wie sie 1957 für die 1. Etappe vorgesehen waren, wiederhergestellt; der wesentliche Unterschied bestand darin, daß nun nicht mehr zwischen der 1. und 2. Etappe im Rahmen der »Unterdrückung und Zerschlagung konterrevolutionärer Umtriebe«, sondern zwischen »Gewährleistung der inneren Sicherheit in Friedenszeiten« und »Zusammenarbeit mit Verkündung des Verteidigungszustandes« unterschieden wurde.

Besondere Aufgaben einzelner Organe des MdI wurden in diesem Dokument nicht aufgeführt. Diese beschrieb eine im November 1962 vom NVR beschlossene »Direktive über die Aufgaben der bewaffneten Kräfte und zivilen Organe des Ministerium des Innern im Verteidigungszustand«. Als »Hauptaufgaben des MdI« standen nunmehr: 1. die Gewährleistung der inneren staatlichen Ordnung und Sicherheit, 2. »Verhinderung bzw. Zerschlagung konterrevolutionärer Aktionen, Nichtzulassen von Paniken und Plünderungen, besonders in den durch Schläge des Gegners betroffenen Gebieten«, 3.

»Teilnahme an der Sicherstellung der Mobilmachungsmaßnahmen«, 4. die Sicherung von militärisch bedeutsamen Anlagen, Einrichtungen und Betrieben. In Fortfall kamen, da die DGP mittlerweile dem MfNV unterstand, die Sicherungsaufgaben an den Grenzen. Neu im Aufgabenkatalog war 5. »Bewachung, Unterbringung und Versorgung der Kriegsgefangenen«, ferner die sich aus dem Gesetz über den Luftschutz in der DDR ergebenden Aufgaben sowie die Aufgaben der dem MdI angehörenden zivilen Verwaltungen (Vermessungs- und Kartenwesen, Meteorologischer und Hydrologischer Dienst, Staatliche Archivverwaltung). Im Verteidigungszustand hatte das MdI die maximale Gefechtsbereitschaft der ihm unterstellten Kräfte durch »Formierung von Stäben, Dienststellen und zivilen Organen entsprechend der Einsatzstruktur«, das »Beziehen von Ausweichführungspunkten nach den Erfordernissen der Lage« und »den Einsatz von Kräften zur Lösung von Aufgaben als freiwillige Helfer der Deutschen Volkspolizei, Angehörigen der Kampfgruppen der Arbeiterklasse und im System des Luftschutzes aus den Kräften, die nicht von der Nationalen Volksarmee für die Landesverteidigung geplant sind«, zu gewährleisten. Für die Bezirksebene wurden die Aufgaben der einzelnen Organe des MdI spezifiziert. Demnach war die »DVP mit den freiwilligen Helfern der Volkspolizei [...] entsprechend ihrer Gliederung, Ausrüstung und Bewaffnung zur Aufrechterhaltung der allgemeinen Ordnung und Sicherheit auf dem Territorium [der DDR] bestimmt«, wobei sie ihre im Normalfall vorgesehenen Aufgaben »mit folgender Erweiterung zu erfüllen« hat:

»(1) Formierung nach der Einsatzstruktur. Bildung taktischer Einheiten.
(2) Weitgehendste Kasernierung der operativen Kräfte und Einführung des 12-Stundendienstes.
(3) Erhalt der ständigen Einsatzbereitschaft und Soll-Stärke durch Auffüllung mit freiwilligen Helfern der Volkspolizei, die nicht zum aktiven Wehrdienst herangezogen werden, und Veränderung der Rechtsstellung der freiwilligen Helfer mit dem Ziel der Berechtigung zur Durchführung polizeilicher Handlungen.
(4) Gewährleistung der Ausweisung bzw. Internierung von Ausländern, deren Staaten mit uns im Kriegszustand stehen.
(5) Gewährleistung der Rückführung der Staatsangehörigen befreundeter und neutraler Staaten.
(6) Unterbringung, Bewachung und Versorgung der Kriegsgefangenen.
(7) Einleitung und Durchführung von Maßnahmen zur Verhinderung von Plünderungen, Spekulationen, Schiebungen u.ä.
(8) Durchsetzung der geplanten Aufenthaltsbeschränkungen in bestimmten Gebieten und in Gebieten, die Aufenthaltsbeschränkungen auf Grund einer entstandenen Lage erfordern.

(9) Einleitung und Durchsetzung der geplanten und auf Grund der Lage erforderlichen Maßnahmen im Erlaubniswesen, die zur Erhöhung der inneren Sicherheit beitragen wie
- Einziehung der Jagdwaffen
- Sonderbestimmungen für den Umgang und die Lagerung von Giften und Sprengmitteln
- Verbot der Tätigkeit von Amateurfunkern und entsprechende Ausnutzung der Geräte, usw.

(10) Verhinderung und Bekämpfung von Spionage, Sabotage und Diversionshandlungen.

(11) Sicherung [verteidigungsrelevanter] Anlagen, Einrichtungen und Betriebe [...]

(12) Bekämpfung und Liquidierung subversiver Elemente, Diversions- und Aufklärungsgruppen und Banden sowie Zerschlagung konterrevolutionärer Aktionen im Zusammenwirken mit anderen bewaffneten Kräften.

(13) Schutz führender Persönlichkeiten und bestimmter Personengruppen sowie Verhinderung von Terror gegenüber der Bevölkerung.

(14) Durchführung der Erfassung und Unterstützung der Wehrbezirks- und Kreiskommandos bei der Einberufung.

(15) Kontrolle und Durchsetzung vorbeugender Luftschutzmaßnahmen sowie Teilnahme an der Behebung bzw. Milderung der Folgen von Luftangriffen und Schlägen mit Massenvernichtungsmitteln.

(16) Erfüllung der dem Strafvollzug übertragenen Aufgaben sowie Einsatz von Häftlingen zum Bau von Schutzbauwerken, zu Aufräumungs- und Wiederherstellungsarbeiten, zur Lösung von Produktionsaufgaben auf bestimmten Gebieten usw[73].«

Das entsprach den Grundsätzen der Zusammenarbeit zwischen MfNV und MdI, wonach die dem MdI unterstellten Organe sich ausschließlich auf den inneren Einsatz zu konzentrieren hatten.

Konsolidierte Zweitrangigkeit: Die DVP unter Friedrich Dickel (1963–1989)

Nach dem Mauerbau, an dem die dem MdI unterstellten Kräfte wesentlich beteiligt waren, begann eine Phase der strukturellen, personellen und konzeptionellen Erneuerung des MdI. Zunächst wurde noch im September 1961 die DGP dem MfNV unterstellt und Ende 1962 die HVDVP als Instanz zwischen den Dienstzweigen der VP und dem zuständigen Stellvertreter des Ministers des Innern aufgelöst. Im März 1963 legte die ZK-Abteilung für Sicherheitsfragen dem NVR einen »Bericht über den inneren Zustand in der DVP« vor. Ausgehend von »ernsten Erscheinungen der Zersetzung und Aufweichung« in VP-Bereitschaften und Dienststellen der DVP, womit neben schweren Amtsvergehen vor allem gemeinsamer Empfang von Westradio gemeint war, wurde festgestellt, daß die »gesamte Führungstätigkeit im Ministerium des Innern nicht den Erfordernissen« entsprach. In der Substanz stellte dieser Bericht eine schonungslose Demontage des langjährigen Ministers selbst dar[74]. Nachdem dieser dem NVR im September desselben Jahres über die von ihm eingeleiteten Maßnahmen zur Abstellung der monierten Mißstände berichtet hatte, wurde er mit Beginn der neuen Wahlperiode der Volkskammer im November 1963 von Friedrich Dickel, bis dahin stellvertretender Verteidigungsminister, abgelöst. Die nun einsetzende Veränderung in den Leitungsmethoden manifestierte sich recht bald in zahlreichen voluminösen Grundsatzdokumenten[75]. Ihr umfassender systematischer Anspruch entsprach dem sich in allen Bereichen von Politik und Staat durchsetzenden Ideal der »wissenschaftlichen« Leitungstätigkeit, die im Gefolge des NÖS seit 1963 unter Bemühung kybernetischer Planungsmodelle zu einem Hauptanliegen der SED geworden war[76]. Direkte Auswirkungen auf die Verhältnisse in der DVP hatten hingegen eine Reihe von »Ordnungen« zu einzelnen Sachgebieten, die ebenfalls Mitte der 60er Jahre zum ersten Mal erlassen wurden. Die wichtigste von ihnen stellte zweifellos der vom Staatsrat am 9. Dezember 1964 beschlossene Erlaß »über das Dienstverhältnis in der Deutschen Volkspolizei sowie in den Organen Feuerwehr, Strafvollzug und Luftschutz des Ministeriums des Innern (Dienstlaufbahnordnung)« dar, in der die arbeits- und dienstrechtlichen Beziehungen der Volkspolizisten in allgemeiner Form festgelegt wurden[77]. Ebenfalls in diesen Jahren entstanden Neuerer-, Melde- und Berichts-, Auszeichnungs-, Kontroll-, Ausweis-, Veteranen-, Vereidigungs-, Fahnen- und andere Ordnungen[78].

Der staatssozialistische Polizeibegriff in seiner Auswirkung auf die DVP

Der pragmatische Umgang mit dem rechtsstaatlichen Erbe der Weimarer Republik machte erst Anfang der 60er Jahren systematischen Anstrengungen, ein staatssozialistisches Polizeiverständnis zu definieren, Platz, die schließlich 1968 im Zuge einer großangelegten staats- und verfassungsrechtlichen »Reform« in der Verabschiedung des »Gesetzes über die Aufgaben und Befugnisse der Deutschen Volkspolizei« mündeten[79]. Demnach »gewährleistet« die DVP

»als Organ der einheitlichen sozialistischen Staatsmacht der Deutschen Demokratischen Republik die öffentliche Ordnung und Sicherheit«. Durch den Übergang von der bloßen »Gefahrenabwehr« zur notwendigerweise vorausschauenden, präventiv in gesellschaftliche Zustände intervenierenden »Gewährleistung« wurde die aktive Unterstützung der sozialistischen Entwicklung in der DDR als Polizeiaufgabe definiert, der allgemeine Begriff der »öffentlichen Ordnung und Sicherheit« mithin in erster Linie in Hinblick auf die Förderung der SED-Politik und erst in zweiter Linie in Hinblick auf die Wahrung von individuellen Bürgerrechten bestimmt. In der Substanz blieb diese Prioritätensetzung bis 1989 unverändert. Auf ihrer Grundlage sollte die DVP neben ihrer zentralen Rolle bei der Strafverfolgung gemäß Strafprozeßordnung vor allem durch breitangelegte *Erziehungsmaßnahmen* auf das Verhalten der DDR-Bürger Einfluß nehmen; diesem Ideal dienten weitere gesetzliche Regelungen wie das Gesetz zur Bekämpfung von Ordnungswidrigkeiten, das Verfehlungs-Gesetz und die Beteiligung der Volkspolizei an der Arbeit der »gesellschaftlichen Gerichte«[80].

Anhand der neuen Aufgabenbeschreibung der Kriminalpolizei in einem Befehl vom November 1964 läßt sich die Herausbildung des staatssozialistischen Polizeibegriffs veranschaulichen. Nach dem Mauerbau wähnte die SED den Einfluß des Klassenfeindes als kriminogenen Faktor ein für allemal überwunden. Auf der Basis sozialistischer Produktionsverhältnisse, die die »sozialökonomischen Wurzeln der Kriminalität im wesentlichen« beseitigt haben, und aufgrund der daraus erwachsenden zunehmenden »politisch-moralischen Einheit der Bevölkerung« galt es nun, »die Kriminalität unter breiter Ausnutzung aller Vorzüge und Gesetzmäßigkeiten der sozialistischen Gesellschaftsordnung planmäßig und schrittweise aus dem Leben der Gesellschaft zu verdrängen«. Dabei sollten im Sinne des Rechtspflege-Erlasses des Staatsrates vom 4. April 1963 »Erziehung und Überzeugung« zur »Hauptmethode der staatlichen Tätigkeit« entwickelt werden. Als »Kernstück« der kriminalpolizeilichen Arbeit wurde daher die »Organisierung einer umfassenden vorbeugenden Tätigkeit« bestimmt, zugleich sollte aber auch »der Kampf um die Aufdeckung und Aufklärung jedes Vergehens und Verbrechens« geführt werden. In der Arbeitsorganisation der Kriminalpolizei schlug sich diese mit Strategien der teilweisen Entkriminalisierung geringfügigerer Straftaten verbundene Neubestimmung ihrer Aufgaben als Neugliederung ihrer Arbeitsgebiete nieder: Das Arbeitsgebiet I war für »die Bekämpfung der Kriminalität mit speziellen Mitteln und Methoden«, »unter strenger Wahrung der Konspiration« zuständig und bearbeitete insbesondere Verbrechen gegen das sozialistische Eigentum und die Volkswirtschaft sowie gegen den Staat. Damit war ein separater Bereich politischer Strafverfolgung geschaffen, der unmittelbar an die Kompetenzen des MfS grenzte. Arbeitsgebiet II sollte für die Bekämpfung von »Delikten mit hoher Gesellschaftsgefährlichkeit« (einschließlich Mord-, Unfall- und Brandkommission) und das Arbeitsgebiet III in erster Linie für die »Vorbeugung und komplexe Verdrängung häufig auftretender Kriminalität« zuständig sein[81].

Die Einteilung in Dienstzweige, die von entsprechenden Hauptabteilungen des MdI geleitet wurden, blieb in den Jahrzehnten bis zum Ende der DDR weitgehend unverändert bestehen. Die Zusammenlegung von Schutz- und Verkehrspolizei zwischen 1962 und 1966 blieb ein kurzes Experiment. Als organisatorische Änderung wäre ferner die Herauslösung des Betriebsschutzes aus der Schutzpolizei und seine »Profilierung« zu einem eigenständigen Dienstzweig im Jahre 1982 zu nennen[82].

Unter dem Gesichtspunkt der Verfügbarkeit von Kräften für den geschlossenen Einsatz waren ferner strukturelle Veränderungen auf der Kreisebene, die vor allem die Schutzpolizei betrafen, von Bedeutung. Im Zuge der Motorisierung des Streifendienstes und angesichts anhaltender Personalprobleme setzte ab 1963 ein teilweiser Abbau von Dienststellen unterhalb der Kreisamtsebene ein. Vor allem in ländlichen bzw. kleinstädtischen und grenzfernen Gebieten wurden Gruppenposten und Reviere aufgelöst. Ihre Kräfte wurden ebenso wie die der Schnellkommandos in den meisten VPKÄ (außer in Groß- und Bezirkshauptstädten) für den motorisierten Streifendienst eingesetzt und direkt der Abteilung Schutzpolizei des VPKA unterstellt[83].

Nachdem 1967 die Schnellkommandos endgültig abgeschafft worden waren[84], wurden durch einen Befehl im Juli 1968 auf Kreisebene »Formationen der Schutzpolizei« als Einheiten für geschlossene Einsätze der DVP eingeführt. Wie die Schnellkommandos sollten sie als Reserve des Leiters des VPKA dann eingesetzt werden, wenn die »Einsatzformen des Einzeldienstes nicht ausreichen bzw. nicht zweckmäßig sind«, dies aber nicht nur »im Rahmen des allgemeinen polizeilichen Dienstes«, sondern — entsprechend den verteidigungspolitischen Aufgaben, die die DVP mittlerweile wahrzunehmen hatte (siehe unten) — auch »in einer Spannungsperiode oder im Verteidigungszustand«. Im Unterschied zu den Schnellkommandos handelte es sich aber nicht um permanente, internatsmäßig untergebrachte Einheiten für Dienstanfänger, sondern um nur zeitweilige, anläßlich der einsatztaktischen Ausbildung und bei geschlossenen Einsätzen zu bildende Diensteinheiten. Erforderlichenfalls konnten sie auch dem Kommandeur einer VP-Bereitschaft unterstellt werden. Sie wurden aus den unmittelbar dem VPKA unterstellten Einsatzkräften der Schutzpolizei (vor allem den motorisierten Streifen) und einem Teil der den VP-Revieren, -Wachen und -Gruppenposten unterstellten Schutzpolizisten gebildet. Unabhängig davon war jeder im Streifendienst tätige Schutzpolizist in den Einsatzgrundsätzen der Formationen auszubilden, um im Bedarfsfall alle Schutzpolizisten dafür aufbieten zu können. Die Formationen gliederten sich zunächst lediglich in Gruppen 1:6 und Züge mit drei Gruppen, die bei Bedarf zu Hundertschaften zusammengefaßt werden konnten. Die Bewaffnung entsprach dem zu dieser Zeit in der DVP erreichten Stand der strukturmäßigen Bewaffnung, also eine Pistole und MPi pro Mann sowie ein lMG pro Gruppe, nebst der üblichen polizeitaktischen Ausstattung (Gummiknüppel, Handfessel)[85]. Einem Bericht an die Leitung des MdI zufolge existierten 1970 insgesamt 5 Hundertschaften, 120 selbständige Züge und 324 selbständige Gruppen als Formationen im Sinne dieses Befehls, in denen 5316 Schutzpolizisten zusammengefaßt waren[86]. In einem Änderungsbefehl von 1972 wurde dann die Zusammenfassung in Hundertschaften zu drei Zügen und die Erfassung aller im Streifendienst tätigen Schutzpolizisten in Formationen sowie die Stärke der Gruppen auf 1:7 (wie bei den VP-Bereitschaften) festgelegt[87].

Am 28. September 1989 wurde der Befehl von 1968 ersetzt. Es ging weiterhin darum, jederzeit und möglichst rasch alle im Streifendienst tätigen Schutzpolizisten zu militärischen Einheiten zusammenfassen zu können. Gerade ihre Führung nach militärischen Prinzipien wurde ausdrücklich hervorgehoben, auch sollten sie »in der Lage sein, Aufgaben im Zusammenwirken mit Einheiten und Kräften anderer bewaffneter Organe, den Kampfgruppen der Arbeiterklasse sowie anderen bewaffneten Dienstzweigen der DVP und Organen des MdI zu erfüllen«. Da sich in der Substanz am Konzept selbst nichts änderte, dürfte der Sinn dieses Befehls angesichts der innenpolitischen Zustände der DDR seit der Öffnung der ungarischen Grenze im Sommer 1989 in der symbolischen Aktualisierung seiner Anwendung bestanden haben, und zwar weniger für den (ebenfalls angeführten) Fall der Mobilmachung und des Verteidigungszustands, sondern für Friedenszeiten. »Formationen sind vorrangig einzusetzen [...] bei der Erfüllung von Aufgaben im Rahmen polizeilicher Einsätze zur Durchführung von Sofort- bzw. Sicherungsmaßnahmen, bei plötzlicher Eskalation der Lage, die zu erheblichen Störungen der öffentlichen Ordnung und Sicherheit führen kann, sowie zur Demonstration der staatlichen Autorität im Posten- und Streifendienst[88].«

In der Entwicklung des Personalbestands ab 1962 ist als einschneidendste Veränderung zunächst die Reduktion des Gesamtumfangs der dem MdI unterstellten Kräfte in den Jahren nach dem Mauerbau zwischen 1962 und bis 1968 zu erkennen.

Tabelle 3:
Sollstärken der DVP und anderer Organe des MdI, 1958–1987

	1958	1962	1968	1974	1981	1987
Stellenplan des MdI	109835	107474	94655	94641	95621	98476
davon:						
Feuerwehr	8117	7884	6427	6096	5995	5928
Strafvollzug	9918	9229	7906	7810	8231	8526
Betriebsschutz	18738					
DVP	60644	60750	52824	58308	58523	59857
davon:						
Schutzpolizei	16721	27526	15170	14998	14650	15646
ABV	9934	–	8333	7920	6105	6226
Kriminalpolizei	5172	5367	5562	7226	7970	8294
Paß- und Meldewesen	3585	3624	–	3177	3247	3377
Verkehrspolizei	3649	4638	5955	5866	6224	6212
Betriebsschutz (ab 1959 nicht im Stellenplan des MdI)		15747	13436	13417	14523	15129
Insgesamt dem MdI unterstellte Planstellen	109835	123221	108091	108058	110144	113605

Schutzpolizei: ohne Wasserschutzpolizei, Erlaubniswesen, Wachkommando, 1962 mit ABV
–: keine Angaben
Quellen:
1958: BArch, DO-1, 2.2, Nr. 54844, Bl. 571–577.
1962: BArch, DO-1, 2.2., Nr. 54844, Bl. 317, 318v.
1968–1987: BArch, DO-1, 2.2, Nr. 52886.

Mit Ausnahme der Kriminalpolizei und der Verkehrspolizei wiesen die Sollstärken für alle hier in Betracht stehenden Dienstzweige einen kräftigen Rückgang auf, der sich abgeschwächt in den folgenden Jahren fortsetzte bzw. in eine Stagnation überging. Lediglich der Strafvollzug nahm in den 80er Jahren wieder deutlich zu. Zum Ende der DDR hin bewegte sich das Niveau der Sollstärken insgesamt wieder langsam auf die Werte der frühen 60er Jahre zu. Allerdings wandelte sich das relative Gewicht der hier behandelten Dienstzweige: Für die Kriminalpolizei sind 1987, zwei Jahre vor der Wende, 14 % der Stellen vorgesehen (1962: 9 %), für die Verkehrspolizei 10 % (1962:

8 %), die Schutzpolizei, für die 1962 einschließlich des ABV-Systems noch 45 % der Stellen reserviert waren, sollte hingegen nur noch 37 % stellen. Auch die Zahl der freiwilligen Helfer der VP reduzierte sich in den 60er Jahren: Für 1965 und 1967 ist eine Stärke von 127 451 bzw. 116 923 Personen überliefert. Zum Ende der 80er Jahre hingegen ist ihre Zahl wieder auf rund 150 000 angestiegen[89].

Die Personalpolitik des MdI bemühte sich seit den 60er Jahren vor allem um ein höheres Bildungsniveau bei den Dienstanfängern. Durch gezielte Werbemaßnahmen gelang es in den Jahren von 1964 bis 1967, den Anteil der Neueingestellten ohne Abschluß der achten Volksschulklasse von 24 auf 1 % und den derjenigen mit diesem Abschluß von 66 auf 46 % zu senken. Die Mehrheit der Neueingestellten des Jahres 1967 hatte entweder die 10. Klasse abgeschlossen (42 %) oder das Abitur erreicht (11 %), noch 1964 waren es lediglich 8 bzw. 3 %[90]. Des weiteren versuchte man durch Verbesserungen der Altersversorgung und gezielte Werbemaßnahmen gegen eine sich abzeichnende Überalterung der DVP anzugehen[91]. Eine Kollegiumsvorlage aus dem Jahr 1973 zeichnet folgendes soziales Profil der DVP: 85 % der Angehörigen wurden herkunftsmäßig der Arbeiterklasse zugerechnet, wobei im Betriebsschutz, im Strafvollzug und bei den ABV diese Kennziffer über-, bei der Kriminalpolizei hingegen unterdurchschnittlich war. Die Parteimitgliedschaft lag insgesamt bei 87 %, bei den Wachtmeistern hingegen nur bei 81 %. Die Gruppe der bis zu 35 Jahre alten VP-Angehörigen machte 44 % aus — eine Ziffer die 1958 noch bei 71 % gelegen hatte. Zugleich hatte das Dienstalter erheblich zugenommen: 75 % der Volkspolizisten waren nun seit mindestens 10 Jahren dabei (1958: 18 %). In der Zeit von 1963 bis 1972 war es gelungen, die Zahl der Offiziere mit Hochschulabschluß von 525 auf 2302 und derjenigen mit Fachschulabschluß von 790 auf 9977 zu erhöhen. Zugleich hatte sich der Anteil der Neueingestellten mit Schulabschluß der 10. Klasse oder Abitur auf 75 % zu erhöht; dieses Merkmal traf nun auf 42 % aller DVP-Angehörigen zu[92]. 1980 finden sich in einer Kollegiumsvorlage Hinweise darauf, daß schließlich auch die DVP, darin anderen Polizeiapparaten durchaus ähnlich, Anstrengungen unternahm, sich aus sich selbst zu rekrutieren — die »unzureichende Gewinnung der eigenen Kinder der Angehörigen der DVP und der anderen Organe des MdI« wurde als ein bei vielen untergeordneten Dienststellen einer erfolgreichen Werbungsarbeit im Wege stehendes Hindernis angeführt[93].

Nur mäßiger Erfolg blieb zunächst den Bemühungen beschieden, ab den 60er Jahren wieder verstärkt Frauen für die DVP zu gewinnen. In der Nachkriegszeit und zu Beginn der 40er Jahre waren Frauen nicht nur in Innendienstbereichen, vor allem dem Paß- und Meldewesen, konzentriert, sondern teilweise auch in operativen Dienstzweigen eingesetzt worden und hatten zum Beispiel noch 1953 15 % aller Volkspolizisten ausgemacht. Anfang 1964 war ihr Anteil auf 6 % gesunken, womit die DVP bei der Verwirklichung des »Frauenkommuniques« der SED hinter den anderen Staatsorganen zurücklag[94]. Bis 1968 konnte ihr Anteil auf 9 % der DVP-Gesamtstärke bzw. 20 % der Neueinstellungen gesteigert werden. Ende der 80er Jahre hingegen stellte die DVP offiziell einen Frauenanteil von 20 % in ihren Reihen fest[95].

Um das Nebeneinander von 15 verschiedenen deutschen und sowjetischen Waffentypen zu beseitigen, wurde 1960 mit einer Umbewaffnung der DVP begonnen. Außer den Generälen und Angehörigen der Kriminalpolizei, für die die etwas leichtere Pistole 7,65 mm vorgesehen war, sollten alle anderen VP-Angehörigen nur mit der Pistole Makarow 9,02 mm ausgerüstet werden. Gleichzeitig sah man bis 1965 eine einheitliche Bewaffnung der DVP mit der MPi K und dem lMG-D vor[96]. Mit Bildung von Formationen der Schutzpolizei ab 1968 ging man 1969 außerdem daran, eine spezielle Klein-MPi sowie polizeitaktische Waffen und Schutzmittel zu entwickeln. Zu letzteren gehörten Reizwurfkörper mit Abschußgerät, aber auch Schilde und leichte Schutzhelme aus Kunststoff, die den Tschako ablösen sollten[97]. Ein 1974 erstelltes Verzeichnis mit Soll- und Istzahlen für die Jahre 1967 bis 1975 weist aus, daß dies weitgehend gelang. Die Kräfte der DVP waren demnach 1971 bewaffnet bzw. bis 1975 zu bewaffnen mit 215 395 Pistolen, davon ungefähr 75 % Pistole M 9 mm, 179 613 MPi, hauptsächlich des Typs KM, sowie 5478 MG, die Kriminalpolizei außerdem mit 4515 der kleinformatigen MPi Mod. 63. Die Maschinengewehre konzentrierten sich bei den operativen Dienstzweigen auf die Schutzpolizei (1623), den Strafvollzug (502) sowie die Verkehrspolizei (56), während der Rest überwiegend als Reserve leitender Dienststellen (Bezirksbehörde, MdI) bzw. bei den Schulen aufgeführt wurde. Bei der Feuerwehr beschränkte sich die Bewaffnung mit Maschinenwaffen hingegen insgesamt auf 12 Stück. Bis 1975 sollten im MdI insgesamt 5000 Abschußgeräte für Reizwurfkörper angeschafft werden, wovon 1795 für die Dienstzweige Schutzpolizei, Verkehr, Trapo und Strafvollzug und 1203 für Schulen und zentrale Reserven eingeplant waren. Weiterhin plante man die Einführung von 59 Scharfschützengewehren Dragonow bei der Kriminalpolizei. Von der schweren Bewaffnung blieben die hier behandelten Dienstzweige der DVP ganz ausgenommen, wenn man von den 109 Stück 40-mm-Panzerbüchsen im Dienstzweig Strafvollzug einmal absieht. Für die Schulen hingegen waren diese Waffen (Flak, sPG, Granatwerfer) in geringem Umfang vorgesehen[98]. Einem Normativkatalog zur Sollbestimmung für die Jahre 1976 bis 1980 zufolge blieb es zunächst bei dieser Ausrüstung[99]; 1984 erwähnt ein Bericht für das Kollegium des MdI zusätzlich als neueingeführte Waffen die Pistole M 74 und die MPi 7,65 mm Modell 61 »Skorpion«[100].

Den materiellen Möglichkeiten des MdI, den Waffenbestand seiner Organe noch einmal grundlegend zu erneuern, waren, wie eine Geheime Kollegiumsvorlage des MdI aus dem Jahre 1983 feststellte, enge Grenzen gesetzt. Man ging davon aus, daß entsprechend den außenpolitischen und außenwirtschaftlichen Bedingungen der DDR für den Zeitraum 1986 bis 1990 grundsätzlich keine weitere Erhöhung der materiellen und finanziellen Fonds für das MdI möglich sein würde. Daher sollte durch vorbildliche Pflege, Wartung, Instandhaltung und sachgemäße Nutzung die Lebensdauer der Technik, Ausrüstung sowie baulichen Grundmittel maximal verlängert und die Ersatzbeschaffung auf das unbedingt Notwendige beschränkt werden[101].

Die Ende 1964 vom Innenminister erstmals erlassenen »Grundsätze des Bildungssystems in den Organen des Ministerium des Innern« verdeutlichen die zentrale Stellung, die mittlerweile militärpolitische Inhalte und militärische Einsatzformen in der Polizeiausbildung der DDR einnahmen. Bei den »Allgemeinen Grundsätzen« der Schulen für Dienstanfänger standen die »Grundfragen der Politik der Partei im Kampf um die Sicherung des Friedens, das Wesen und der Inhalt der Militärpolitik der SED im Gegensatz zur Militärpolitik der Bonner Imperialisten und Militaristen sowie die Politik der Partei zur Lösung der nationalen Frage in Deutschland« an erster Stelle unter den aufgeführten allgemeinen Lehrinhalten. Unter den Inhalten der »Einsatzausbildung und Körperertüchtigung« wurden an erster Stelle »Grundkenntnisse und Fähigkeiten zur Durchführung von Handlungen der Posten- und Einsatzgruppen zur Sicherung, Verteidigung und Freikämpfung lebenswichtiger Objekte, Anlagen und Verbindungslinien, u.a. als Einzelkämpfer und im Rahmen von Gruppen und Halbgruppen« und die Orientierung nach topographischen Karten angeführt. Der Abschnitt über die Offiziers-Fachschulen benannte als Ziel der Einsatzausbildung die Befähigung der Offiziersschüler, »Einheiten der bewaffneten Organe des MdI im Rahmen der operativen Kampftätigkeit unter beliebigen Bedingungen der Lage zu führen und sie ausbildungsmäßig auf diese Handlungen vorzubereiten«. Auch bei den unter Polizeitaktik zusammengefaßten Ausbildungsinhalten stand hier der »militärische« Teil an erster Stelle, nämlich »Suche, Blockierung, Verfolgung und Einkreisung bewaffneter Gruppen inner- und außerhalb von Ortschaften«, während die polizeispezifischere »Sicherung von Großveranstaltungen und Bekämpfung von Katastrophen« an letzter Stelle stand; die Waffen- und Schießausbildung schloß das Schießen mit Infanteriewaffen ein. Die »operativ-taktische Ausbildung« für die höhere Offizierslaufbahn an der Hochschule der DVP sollte noch eindeutiger den Schwerpunkt auf die sich aus dem Verteidigungszustand ergebenden Aufgaben in der »Kampf- und Diensttätigkeit« legen, was insbesondere die Befähigung zur koordinierten Führung aller bewaffneten Kräfte des MdI im Kreis- und Bezirksmaßstab einschloß. In den Plänen für die außerschulische dienstbegleitende Qualifizierung war die Einsatzausbildung mit 48 Stunden im Jahr im gleichen Umfang wie die Fachausbildung und die Körperertüchtigung vertreten. Dabei wurde für den Verteidigungszustand die »Liquidierung kleiner vom Gegner eingeschleuster Kräfte und Gruppen« sowie die »Aufrechterhaltung der öffentlichen Ordnung und Sicherheit auch unter den Bedingungen der Anwendung radioaktiver, chemischer und bakteriologischer Kampfstoffe durch den Gegner« in den Mittelpunkt der Ausbildung gerückt[102].

Auch in den in den folgenden Jahren vom Innenminister erlassenen Programmen für Einsatzausbildung war die Vorbereitung auf begrenzte bewaffnete Konflikte im Innern der DDR ein fester Bestandteil. Ausgebildet wurde an den Waffen Pistole, MPi und lMG. Für die polizeitaktische Ausbildung war neben den zur Ordnungssicherung bei Menschenansammlungen üblichen geschlossenen Einsatzformen, die im engeren Sinne als »polizeitaktisch« anzusehen sind (Festnahmen in einer Menschenmenge, Handhabung des Polizeiknüppels, Räum- und Sperrkette, Kordon) die Ausbildung in Themen wie »Die Gruppe und der Zug bei der Einkreisung und Liquidierung bewaffneter Kräfte des Gegners« und »Die Grundsätze der Verteidigung von Objekten und Anlagen« vorgesehen. Dabei wurden neben der für alle DVP-Angehörigen verbindlichen Ausbildung gesondert Lehrinhalte für die Ausbildung der Zug- und Gruppenführer und der Offiziere ausgewiesen. Als Schulungsliteratur wurden neben Materialien und Dienstvorschriften des MdI auch Dienstvorschriften und Lehrbücher der NVA herangezogen[103].

Die in der Folgezeit erstellten Programme für die Einsatzausbildung erweiterten die militärischen Bestandteile. So kamen Ende 1971 noch Schießübungen mit der Panzerbüchse RPG-2, der Panzergranate PG-2 und dem Bodenzünder DK-2 hinzu. Zugleich wurde mit der Ausbildung am »Abschußgerät für Reizwurfkörper« ein modernes polizeitaktisches Element hinzugefügt. Die Polizeitaktik-Ausbildung zielte nun auf die Einsatzfähigkeit der bereits beschriebenen Formationen der Schutzpolizei als größte reguläre Einsatzeinheiten. Dabei sticht gerade hier die Nachrangigkeit der rein ordnungspolizeilichen geschlossenen Einsatzformen im Themenplan hervor: Für die Bekämpfung eines bewaffneten, militärisch operierenden Gegners bedeutsame Themen wie »Vorwärtsbewegung im Gelände«, »Aufklärung« und »Angriff auf« ein vom Gegner besetztes Geländeobjekt (einschließlich dessen »Liquidierung«) sowie »Verteidigung eines Geländeobjekts« rangierten deutlich vor der Sicherung von Großveranstaltungen und dem Auflösen einer Menschenansammlung, vor allem auch hinsichtlich der dafür vorgesehenen Stundenzahl (2 von 50). Die Ausbildung der Gruppen- und Zugführer wurde nun mit einem dem Feindbild gewidmeten Thema begonnen: »Die Aufgaben und Handlungen der Diversions- und Aufklärungskräfte des Gegners im System des verdeckten Krieges gegen die DDR und andere sozialistische Staaten«. Das Ziel des dafür vorgesehenen dreistündigen Lehrgesprächs wurde folgendermaßen umrissen: »Die Zugführer sind mit den Plänen des verdeckten Krieges als Ausdruck der Aggressivität des Imperialismus vertraut zu machen. Die Skrupellosigkeit der dafür ausgebildeten Kräfte ist herauszuarbeiten. Durch die Vermittlung des Bildungsstoffes ist die Überzeugung zu vertiefen, daß eine hohe Kampf- und Einsatzbereitschaft der bewaffneten Kräfte des MdI als Bestandteil des Systems der Landesverteidigung, die unerschütterliche Waffenbrüderschaft mit der NVA und insbesondere mit der ruhmreichen Sowjetarmee sowie die kampferprobte Führung durch die Partei der Arbeiterklasse den zuverlässigen Schutz unserer sozialistischen DDR gewährleisten[104].«

Einen besonderen Schwerpunkt bildete auch weiterhin die Ausbildung von Offizieren zu militärischen Kommandeuren. Dazu wurden seit 1972 wieder verstärkt Chefs der BDVP und Leiter der VPKÄ sowie deren Stellvertreter in zentralen Lehrgängen zusammengefaßt, um die für die Führung von VP-Bereitschaften im Ordnungs- und Kampfeinsatz erforderlichen Qualifikationen zu erwerben. Bis 1984 wurden auf diese Weise 287 Führungskader qualifiziert. Ab 1980, insbesondere ab 1983/84, ist eine Intensivierung dieser Bemühungen, in der Aus- und Weiterbildung »die Probleme der Hauptprozesse der polizeilichen Arbeit aus der Sicht der Landesverteidigung weiter zu verstärken«, deutlich erkennbar, was sich in der Ausweitung des Anteils der entsprechenden Lehrinhalte in den Themenplänen niederschlug[105].

Aufgaben in Spannungsperioden und im Kriege

Aus der Sicht der DVP enthielten die im Juni 1965 vom NVR beschlossenen »Grundsätze des Führungssystems im Verteidigungszustand« eine einschneidende Veränderung: Innerhalb der Bezirkseinsatzleitung verringerte sich das Gewicht des Chefs der BDVP, indem nun nicht mehr er, sondern der Chef des Wehrbezirkskommandos der NVA von Amts wegen als 1. Stellvertretender Vorsitzender dieses Gremiums und zugleich Chef des Bezirks-Führungsstabes fungierte. Der Chef der BDVP war nur noch als »einfaches« Mitglied neben dem Vorsitzenden des Rates des Kreises, dem Leiter der Bezirksverwaltung des MfS und anderen bezirklichen Leitern Teil der BEL, sein operativer Stellvertreter entsprechend Mitglied des Bezirksführungsstabes. Die mit diesem Führungssystem verbundene sicherheitspolitische Herabstufung des MdI zeigt sich auch in der Einteilung und Bestimmung der zwei »Führungssäulen« »Militärische Führung« und »Führung Staatssicherheit (innere Sicherheit und Ordnung)«: Bei militärischen Einsätzen von MdI-Kräften erfolgte die Führung durch das MfNV im Rahmen der 1. Führungssäule. Unter der 2. Führungssäule wurde als erstes die Bekämpfung subversiver Handlungen, die Gewährleistung der Sicherheit in der Volkswirtschaft, in Haftanstalten, Kriegsgefangenen- und Internierungslagern angeführt, für die das MfS in Zusammenarbeit mit MdI und MfNV verantwortlich war, als zweites folgten die Verantwortungsbereiche des MdI. Diese hatten sich wiederum, sofern es um den Einsatz der MdI-Truppen und die Bekämpfung von Staatsverbrechen ging, im Rahmen der Planungen des MfNV bzw. MfS zu bewegen; als genuin eigenständige Verantwortungsbereiche verblieben demnach die Aufrechterhaltung der öffentlichen Ordnung und Sicherheit und die Bekämpfung vor allem der die Verteidigungsfähigkeit der DDR beeinträchtigenden Kriminalität, der Schutz verteidigungsrelevanter Objekte der staatlichen Verwaltung, der Volkswirtschaft und der Infrastruktur, die Einrichtung, Verwaltung und Betreuung von Haft-, Kriegsgefangenen- und Internierungslagern, der Schutz der Zivilbevölkerung und der zivile Warndienst[106]. Die durch dieses Führungssystem erfolgte Kompetenzverschiebung von den Chefs der BDVP zu den Chefs der Wehrbezirkskommandos schlug sich in einem NVR-Beschluß im Oktober des folgenden Jahres auch in entsprechenden Kontrollbefugnissen nieder: Demnach sollte NVA-Offizieren des Hauptstabes der NVA im Rahmen von Überprüfungen in Bezirken und Kreisen auch das Recht zustehen, Einsatzdokumente der BDVP und VPKÄ einzusehen. Ferner beschloß der NVR die Unterbringung der Führungsstellen der Bezirkseinsatzleitungen in Objekten der NVA (nicht wie bisher in der BDVP)[107]. In derselben Sitzung wurden ferner »Grundsätze über Maßnahmen zur Ergänzung der DVP mit Kräften und Mitteln für die Aufrechterhaltung der Ordnung und Sicherheit auf dem Territorium der DDR im Verteidigungszustand« verabschiedet, in denen es nicht nur um die Neuaufstellung und Entfaltung von Bereitschaften und Trapo-Bereitschaften, sondern auch um die Ergänzung der operativen Kräfte der DVP ging. Speziell dafür sollten aufgrund §§ 3 (2) und 21 Verteidigungsgesetz sowie einer Anordnung des NVR Bürger zum Dienst in der DVP verpflichtet werden können, und zwar »gediente und ungediente Reservisten der Reservegruppe II der NVA sowie Frauen, die in der Regel zuvor als Freiwillige Helfer der Deutschen Volkspolizei auf eine solche Aufgabe vorbereitet wurden«, nicht hingegen jedoch »Spezialkräfte« der Volkswirtschaft[108].

Den Beschlüssen des NVR zufolge blieben Stellung und Aufgaben des MdI auch in weiteren Versionen des »Führungssystems im Verteidigungszustand« praktisch unverändert. In Direktiven des MdI wurden dementsprechend die Einzelheiten dieses Führungssystems in Hinblick auf die Aufgaben der Bezirkschefs der DVP festgelegt[109]. Weitere Beschlüsse des NVR galten noch den Grundsätzen zur Internierung von Bürgern nichtbefreundeter Staaten bei Kriegsausbruch, die durch DVP-Organe auszuführen war[110]. Wie Armeegeneral Hoffmann als Berichterstatter dem NVR in einer Sitzung im November 1973 anläßlich einer anstehenden Veränderung der »Grundsätze der Führung im Verteidigungszustand« vortrug, betraf diese in erster Linie den Bereich der Volkswirtschaft und der zivilen Staatsorgane. Für die »Führung auf dem Gebiet der öffentlichen Sicherheit und Ordnung« gelte ebenso wie für die auf den Gebieten Militär und Staatssicherheit: »Im Prinzip entspricht — gemäß dem Charakter dieser Bereiche — hier die Führungsstruktur für den Frieden bereits den Erfordernissen des Verteidigungszustandes[111].«

Die Bekämpfung eines auf dem eigenen Territorium in kleinen bewaffneten Gruppen operierenden Gegners blieb das der Vorbereitung auf den Verteidigungszustand zugrundliegende Szenario. Die lange Zeit maßgebliche Weisung stellte die umfangreiche »Vorläufige Dienstvorschrift« Nr. 30/78 über den Kampfeinsatz der DVP auf Bezirks- und Kreisebene dar, in der detailliert die Elemente dieser Einsatzart (Führung, Einsatzsicherung, Unterbringung, Verlegung, taktische Handlungen, Einsatzgruppen und Posten, materielle, technische und medizinische Sicherstellung) beschrieben wurden[112]. In zahlreichen Diplomarbeiten und Dissertationen analysierten Absolventen an der Hochschule der DVP die Durchführung dieser Dienstvorschrift im Rahmen der regelmäßig durchzuführenden Alarm-, Kampfeinsatz- und Stabsübungen. Erst zwei Jahre vor der Wende legte eine Weisung in aller Ausführlichkeit *polizeispezifische* Aufgaben der DVP für den Verteidigungszustand fest: Wohl stand darin noch immer die Bekämpfung subversiver bewaffneter Gruppen im Mittelpunkt, zugleich galt es jedoch auch, der Beeinträchtigung der Verteidigungsfähigkeit im weitesten Sinne vorzubeugen, u.a. durch eine enge Zusammenarbeit mit der Militärjustiz. Die für die Dezernate I der Kriminalpolizei festgelegten Aufgaben stellten dabei eindeutig die Prävention gegen innenpolitische Widerstände gegen die Mobilmachung bzw. die Verteidigung der DDR in den Mittelpunkt, wenn ihr beispielsweise die gezielte, durch geheime Informatoren unterstützte Aufklärung »von Absichten und Handlungen zum organisierten Nichtbefolgen von Rechtsvorschriften, staatlichen Weisungen oder festgelegten Regimen [gemeint sind die Regime an der Staatsgrenze]« oder das »frühzeitige Erkennen von Anzeichen für gegnerische und kriminelle Handlungen« in Haftanstalten auferlegt wird. Auch sollte die Kriminalpolizei erforderlichenfalls »gefährliche Rechtsbrecher und solche Personen, zu denen ein besonderes staatliches Interesse vorliegt«, »soweit sie nicht zum Wehrdienst einberufen werden«, in Absprache mit dem MfS unter Ausnutzung aller rechtlichen Möglichkeiten inhaftieren oder anderweitig isolieren, während auf die in normalen Zeiten übliche regelmäßige Kontrolle der übrigen vorbestraften und wiedereinzugliedernden Personen verzichtet werden sollte[113].

Die DVP in der Wende

Die Ereignisse im Herbst 1989 führten für die Führung wie die Einheiten der DVP zu einer bislang unbekannten öffentlichen Konfrontation, dann aber auch Zusammenarbeit zwischen Bürgern und Staatsmacht. Aus zwei Anlässen kam es zunächst in größerem Umfang zum gewaltsamen Vorgehen gegen Demonstranten: Am 3. und 4. Oktober versuchten mehrere tausend Ausreisewillige in die Nähe eines jener Dresden durchfahrenden Eisenbahnzüge zu gelangen, in denen DDR-Bürger, die in den Wochen zuvor in die BRD-Botschaft in Prag geflüchtet waren, über die DDR in die Bundesrepublik reisten. Am Abend des 7. Oktobers zogen kleine protestierende Gruppen am Rande der offiziellen Feiern zum 40. Jahrestag der DDR in der Berliner Innenstadt in die Nähe des Palastes der Republik. Abends und in der Nacht weiteten sich diese Ansammlungen im Bezirk Prenzlauer Berg zu größeren Demonstrationen aus. Obwohl von den Demonstranten keinerlei physische Gewalt ausging, gingen in beiden Städten Einheiten der DVP zusammen mit denen anderer Sicherheitsorgane mit massiven polizeitaktischen Mitteln (Schlagstockeinsatz, Wasserwerfer, spezielle Räumfahrzeuge) vor. Dieses Repertoire an Verhaltensweisen »ihrer« Polizei traf die Demonstranten ebenfalls völlig unvorbereitet. Im Verlauf beider Ereignisse kam es zu mehreren hundert Zuführungen. Insbesondere bei den Festnahmen und im polizeilichen Gewahrsam verübten Volkspolizisten Übergriffe gegen die Festgenommenen, hauptsächlich durch schwere Körperverletzungen, Verweigerung von Hilfeleistungen und Schikanen. Wie nachträgliche Rekonstruktionen der Ereignisse durch unabhängige Untersuchungsausschüsse wie offizielle Ermittlungen ergaben, erlebten beide Seiten diese im DDR-Alltag erzwungener Harmonie bisher ungekannte Qualität gewaltsamer Ordnungssicherung als regelrecht traumatisch.[114]

Schon bei den nächsten größeren politischen Ereignissen auf der Straße, namentlich den Montagsdemonstrationen in Leipzig, verzichtete die SED auf eine gewaltsame polizeiliche Verhinderung der Zusammenkünfte. Als Künstler und Intellektuelle zusammen mit den Bürgerrechtsgruppen am 4. November auf dem Berliner Alexanderplatz eine Großdemonstration mit 500 000 Teilnehmern organisierten, sorgte dann eine Sicherheitspartnerschaft zwischen Organisatoren und DVP für einen gewalt- und störungsfreien Verlauf, ein Verfahren, das bei derartigen Anlässen in den folgenden Monaten zur Regel wurde.

Der politische Legitimitätsverlust des SED-Regimes in den letzten Jahren seiner Existenz zog nun, da die politische Wende unwiderrufbar schien, u.a. einen dramatischen Autoritätsverfall der DVP nach sich. Da deren Angehörige zusätzlich in bezug auf die Legitimität ihrer Kompetenzen zutiefst verunsichert waren, konnten gerade im Bereich des Straßenverkehrs, der in normalen Zeiten den häufigsten Anlaß zum polizeilichen Einschreiten gegen gesetzwidriges Verhalten bietet, Gefährdungen und Rücksichtslosigkeiten kaum unterbunden werden, was neben den sprunghaft ansteigenden Kfz-Zulassungen erheblich zum Ansteigen der Verkehrsunfälle und deren Todesopfer um mehr als das Doppelte geführt haben dürfte. Mit der grundsätzlichen Verunsicherung und der Ablösung Friedrich Dickels durch seinen Stellvertreter Lothar Ahrendt in der Regierung Modrow begannen Versuche der selbstkritischen Auseinandersetzung mit der Rolle der DVP im SED-Regime, die zu ersten Reformschritten führten. Dazu gehörten der Abbau militärischer Strukturen und Gebräuche, die Abkoppelung von der SED als oberster Leitinstanz, die Trennung des Amtes des Chefs der DVP von dem des Innenministers, die Beendigung des faktischen Unterstellungsverhältnisses unter das sich in Auflösung bedindliche MfS sowie erste Arbeiten an einem neuen Aufgaben-und-Befugnisse-Gesetz. Ein solches eng an den bundesdeutschen Musterentwurf für Landes-Polizeigesetze angelehntes Gesetz wurde noch drei Wochen vor dem Beitritt der fünf neuen Bundesländer zur BRD in der Volkskammer verabschiedet, um eine Gesetzeslücke bis zur Verabschiedung späterer Landes-Polizeigesetze zu vermeiden[115].

Vor allem nachdem nach den Wahlen im März 1990 die Grundsatzentscheidung in Richtung auf Wiedervereinigung gefallen war, verließen tausende von Polizisten die DVP, sei es, weil bisherige materielle Sicherheiten und Privilegierungen wegfielen oder weil sie sich aufgrund ihres früheren politischen Verhaltens und der Zusammenarbeit mit dem MfS keine Chancen in einer zukünftigen bundesrepublikanischen Landespolizei ausrechneten. Einigen tausend DVP-Angehörigen wurde aber auch gekündigt. Unter den übrigen DVP-Angehörigen hatten die jüngeren Wachmeisterdienstgrade mit Abstand die größten Chancen, in die neuen Landespolizeien übernommen zu werden, während gerade ältere Offiziere entlassen wurden. In die Führungsetagen rückten aus westlichen Landespolizeien abgeordnete Polizeibeamte ein.

Resümee

Wenngleich eine abschließende Bewertung des historischen Stellenwerts der DVP sowohl als öffentlicher Polizei der DDR wie als integraler Bestandteil ihrer Militär- und Sicherheitspolitik angesichts des derzeitigen Forschungsstandes nur unter dem Vorbehalt der Vorläufigkeit formuliert werden kann, lassen sich folgende Grundzüge zusammenfassen:

Als staatliche Exekutive zur Aufrechterhaltung von öffentlicher Sicherheit und Ordnung im herkömmlichen Sinne war die DVP — sieht man von den letzten elf Monaten ihrer Existenz ab — immer den sicherheitspolitischen Notwendigkeiten und Interessen der SED-Diktatur untergeordnet. Das schlug sich zunächst in einer besonders konsequenten Rekrutierung ausschließlich aus politisch loyalen Kreisen der Arbeiterschaft bei nahezu vollständigem Ausschluß von ehemaligen Nazis oder Angehörigen der Nazi-Polizei nieder. Die Entwicklung ihrer personellen und materiellen Basis stand zugleich vor allem in den späten 40er und in den 50er Jahren in enger Wechselbeziehung mit den durch die Aufrüstungspolitik der SED gesetzten Prioritäten. Wiederholt mußten Kader an die paramilitärischen Bereitschaften bzw. die KVP abgegeben oder später wieder von diesen übernommen werden; bei der Modernisierung der Bewaffnung stand die DVP gegenüber allen anderen bewaffneten Organen immer an letzter Stelle. Lediglich die Junikrise 1953 erlaubte kurzfristig eine Prioritätensetzung zugunsten der DVP.

In ihrer Funktion als öffentliche Polizei war die DVP von einem widersprüchlichen Verhältnis zur deutschen Polizeigeschichte geprägt. Zunächst arbeitete sie formal auf der Grundlage des bürgerlichen Polizeiverwaltungsgesetzes Preußens aus dem Jahr 1931, dies allerdings zu jedem Zeitpunkt unter der Voraussetzung der mit dem diktatorischen Charakter des Herrschaftssytems verbundenen Einschränkungen von Bürgerrechten und gestützt auf durch zahlreiche Spezialgesetze erweiterte Befugnisse. Zugleich spielte sie im Bereich der politischen Strafverfolgung durch ihre faktische Unterordnung unter das MfS eine für die Aufrechterhaltung der Diktatur mit repressiven Mitteln sekundäre Rolle. Der Beitrag der DVP zur Sicherung der Herrrschaftsverhältnisse lag eindeutig in der alltäglichen Ordnungssicherung und Kriminalitätsbekämpfung, mit denen sie ihren spezifischen Beitrag zur Durchsetzung und allgemeinen Anerkennung sozialistischer Machtverhältnisse leisten sollte. Dabei waren extreme, durch Indiviualrechte kaum behinderte Präventionsstrategien und die Betonung von Erziehung und Belehrung im Umgang mit dem Bürger handlungsleitend. Angesichts der im Vergleich mit westlichen Gesellschaften niedrigen Kriminalitätsrate und sensationell hohen Aufklärungsquoten ist für die DDR daher auch das Etikett des »primärpräventiven Gesamtkunstwerks« geprägt worden, dessen Polizei aber zugleich unter den Arbeitsbedingungen eines »generalpräventiven Gefängnisses« um so erfolgreicher fahnden und ahnden konnte[116].

Im Rahmen der ersten ab 1957 entwickelten Führungsgrundsätze für den Fall innenpolitischer Unruhen und der Landesverteidigung kam den nichtkasernierten Einheiten der DVP, also vor allem der Schutzpolizei, eine nachgeordnete, in erster Linie auf Aufrechterhaltung der öffentlichen Ordnung und Sicherheit auch im Verteidigungszustand ausgerichtete Funktion zu. Durch die seit Mitte der 50er Jahre verstärkt auf den gefechtsmäßigen Einsatz in militärischen Formationen ausgerichtete Ausbildung aller Volkspolizisten stellte die DVP ferner im Mobilisierungsfall eine zusätzliche Reserve für die NVA dar.

Von 1957 bis 1962 nahmen darüber hinaus die Leitungen der DVP auf Bezirks- und Kreisebene eine besondere Stellung in der für die Bekämpfung von Aufständen vorgesehenen Führungsstruktur ein. Innerhalb der der SED unterstehenden Bezirks- und Kreiseinsatzleitungen fungierten in dieser Zeit die Bezirkschefs und Kreisamtsleiter als Stabschefs und militärische Kommandeure. Danach übernahmen die entsprechenden Offiziere der NVA auch für den innenpolitischen Spannungsfall diese Positionen, ein Kompetenzverlust des MdI, der zudem von der Abgabe der DGP an das MfNV begleitet wurde. Dennoch blieben die im Zuge dieser vorübergehenden besonderen Zuständigkeiten auf Bezirks- und Kreisebene herausgebildeten stabsmäßigen Arbeitsmethoden und Qualifikationsanforderungen insbesondere an Offiziere unverändert bestehen und trugen erheblich zur umfassenden Militarisierung der DVP bei, die im offiziellen Selbstverständnis zur Voraussetzung erfolgreicher Polizeiarbeit überhöht wurde: »Gleich wie im [geschlossenen - T.L.] Einsatz sind in der täglichen Dienstdurchführung ständig und mit aller Konsequenz die militärischen Normen durchzusetzen. Es kann und darf keine Trennung der Aufgaben des täglichen polizeilichen Dienstes und des polizeilichen Einsatzes geben. Die Führungs- und Einsatzgrundsätze sind im wesentlichen gleich und müssen ständig Anwendung finden. Jederzeit muß der Übergang von der einen Art zur anderen gesichert sein[117].«

Leitung

Präsidenten der DVdI

1946–1948	Erich Reschke
1948–1949	Kurt Fischer

Minister des Innern

1949–1952	Karl Steinhoff
1952–1955	Willi Stoph

Chef der DVP

1949–1950	Kurt Fischer
1950–1955	Karl Maron

Minister des Innern und Chef der DVP

1955–1963	Karl Maron
1964–1989	Friedrich Dickel
1989	Lothar Ahrendt

Chef der DVP

1990	Dieter Wunderlich

Wichtige Daten

Juni 1946	Bildung der DVdI
Juli 1948	Herauslösung der DVP aus der Länderbefugnis und Unterstellung unter die DVdI
1952/53	Einführung der Gruppen freiwilliger Helfer der Volkspolizei und des Systems der Abschnittsbevollmächtigten
Juni 1953	Einsatz der DVP gegen die Bevölkerung in der DDR
August 1961	Teilnahme der DVP an den Sperrmaßnahmen zum Mauerbau
1. Juli 1968	Gesetz über die Aufgaben und Befugnisse der Deutschen Volkspolizei
13. September 1990	Gesetz über die Aufgaben der Polizei, Organisation auf Landesebene
3. Oktober 1990	Bundesdeutsche Polizeihoheit auf Landesebene

Quellen- und Literaturauswahl

Die Archivalien der Deutschen Volkspolizei können in den Abteilungen des Bundesarchivs (BArch) in Berlin-Lichterfelde sowie in den Landesarchiven der östlichen

Bundesländer und Berlins benutzt werden. Der zentrale Weisungsbestand der Deutschen Volkspolizei befindet sich in der Schriftgutverwaltung der Berliner Außenstelle des Bundesministeriums des Innern (BMI). Im Bundesarchiv sind die Bestände der Deutschen Verwaltung des Innern (DO-1, Bestand 7, 1946–1950/52), der Hauptverwaltung der Deutschen Volkspolizei als einer von mehreren Unterabteilungen des Ministerium des Innern für die Zeit von 1950/52 bis 1962 (DO-1, Bestand 11) und für die Zeit ab 1962 die Bestände der Dienstzweige des Ministeriums des Innern, die allerdings vereinzelt auch Material aus der Zeit der HVDVP enthalten, relevant.

Die Unterlagen der für die politische Steuerung der Volkspolizei zuständigen ZK-Abteilung Sicherheitsfragen in der Stiftung Archiv der Parteien und Massenorganisationen der DDR im Bundesarchiv in Berlin-Lichterfelde (SAPMO-BArch, DY 30, IV/2/12) enthalten für die Zeit bis in die frühen 50er Jahre wenig Material, spätere Jahrzehnte sind besser dokumentiert. Die Protokolle und Sitzungsunterlagen der seit 1954 bestehenden Sicherheitskommission beim ZK der SED bzw. des Nationalen Verteidigungsrates werden im Bundesarchiv-Militärarchiv in Freiburg i. Br. aufbewahrt (DVW 1/39...). Die Überlieferung von Sachakten zur DVP bzw. zum MdI beim Bundesbeauftragten für die Unterlagen des Staatssicherheitsdienstes (BStU) umfaßt in erster Linie Vorgänge über das Organ Strafvollzug in den 70er und 80er Jahren.

Die wissenschaftliche Literatur zur Geschichte der DVP hingegen nimmt seit 1990 beständig zu. Auf die wichtigsten Publikationen sei hier verwiesen:

Bessel, Richard, Grenzen des Polizeistaates. Polizei und Gesellschaft in der SBZ und frühen DDR, 1945–1953, in: Die Grenzen der Diktatur. Staat und Gesellschaft in der DDR, hrsg. von Richard Bessel und Ralph Jessen, Göttingen 1996, S. 224–252

Bessel, Richard, Polizei zwischen Krieg und Sozialismus. Die Anfänge der Volkspolizei nach dem Zweiten Weltkrieg, in: Von der Aufgabe der Freiheit. Politische Verantwortung und bürgerliche Gesellschaft im 19. und 20. Jahrhundert. Festschrift für Hans Mommsen zum 5. November 1995, hrsg. von Christian Jansen, Lutz Niethammer und Bernd Weisbrod, Berlin 1995, S. 517–531

Browning, Christopher M., Ganz normale Männer. Das Reserve-Polizeibataillon 101 und die »Endlösung« in Polen, Reinbek 1993

Busch, Heiner, Nach Art des Musterentwurfs — das Polizeiaufgabengesetz der DDR, in: Bürgerrechte und Polizei/Cilip, 38 (1991), S. 12–16

DDR-Handbuch, hrsg. vom Bundesministerium für innerdeutsche Beziehungen, unter der wiss. Ltg. von Hartmut Zimmermann, 3., überarb. u. erw. Aufl., 2 Bde, Köln 1985

DDR: Wer war wer? 2146 Biographien zur DDR-Geschichte. Ein elektronisches Lexikon unter Windows, hrsg. von Bernd-Rainer Barth [u. a.], Berlin 1994

Die deutsche Polizei und ihre Geschichte. Beiträge zu einem distanzierten Verhältnis, hrsg. von Peter Nitschke, Hilden/Rhld. 1996 (= Schriftenreihe der Deutschen Gesellschaft für Polizeigeschichte e. V., Bd 2)

Diedrich, Torsten, Die Kasernierte Volkspolizei und der 17. Juni 1953. Zum Polizeieinsatz gegen die Demonstrierenden, in: Die Deutsche Polizei, S. 231–257

Diedrich, Torsten, Der 17. Juni 1953 in der DDR. Bewaffnete Gewalt gegen das Volk, Berlin 1991

Ebeling, Wolfgang, Polizeigewalt in der DDR, in: Archiv für Polizeigeschichte, 1995, Nr. 15/16, S. 23–27

Das Ende der Volkspolizei. Chronologie des Zerfalls, in: Bürgerrechte und Polizei/Cilip, 37 (1990), S. 7–17

Der ›gesäuberte‹ Antifaschismus. Die SED und die roten Kapos von Buchenwald. Dokumente, hrsg. von Lutz Niethammer unter Mitarbeit von Karin Hartewig [u.a.], Berlin 1994

Geschichte der Deutschen Volkspolizei, hrsg. vom Ministerium des Innern, 2 Bde, Berlin(Ost) 1979

Die Gestapo — Mythos und Realität. Mit einem Vorwort von Peter Steinbach, hrsg. von Gerhard Paul und Michael Mallmann, Darmstadt 1995

Kaden, Marion, Kriminalität, Polizei-, Justiz- und Sicherheitsapparat in der »Uranprovinz« 1946 bis 1958, in: »Strahlende Vergangenheit«, S. 134–170

Klein, Thomas, Die Herrschaft der Parteibürokratie. Disziplinierung, Repression und Widerstand in der SED, in: Aus Politik und Zeitgeschichte, B 20/96, S. 3–12

Lindenberger, Thomas, Der ABV im Text. Zur internen und öffentlichen Rede über die Deutsche Volkspolizei der 1950er Jahre, in: Akten, Eingaben, Schaufenster: Die DDR und ihre Texte. Erkundungen zu Herrschaft und Alltag, hrsg. von Peter Becker und Alf Lüdtke, Berlin 1997

Lindenberger, Thomas, Aus dem Volk, für das Volk? Bemerkungen zur Entstehung der bewaffneten Organe der SBZ/DDR aus sozialhistorischer Sicht, in: Nationale Volksarmee — Armee für den Frieden. Beiträge zu Selbstverständnis und Geschichte des deutschen Militärs 1945 — 1990, hrsg. von Detlef Bald, Reinhard Brühl und Andreas Prüfert, Baden-Baden 1995, S. 165–180

Lüers, Hartwig, Das Polizeirecht der DDR. Aufgaben, Befugnisse und Organisation der Deutschen Volkspolizei, Köln 1974 (= Abhandlungen zum Ostrecht, Bd 12)

Menker, Franz-Josef, Berufsausbildung der Polizeianfänger im Land Nordrhein-Westfalen in den Jahren 1947–1968. Drill — Profession — Bildung, in: Die Deutsche Polizei und ihre Geschichte, S. 190–206

Möller, Lothar, Die Grundprinzipien der Taktik des Kampfeinsatzes der Deutschen Volkspolizei, Diss. A Hochschule der Deutschen Volkspolizei, Berlin (Ost) 1983

Naimark, Norman M., The Russians in Germany. A History of the Soviet Zone of Occupation, 1945–1949, Cambridge, Mass. 1995

Northoff, Robert, Ohne Vorurteil und Verlegenheit. Die DDR, ein kriminalpräventives Gesamtkunstwerk?, in: Kriminalistik, 1995, Nr. 1, S. 51–54; Nr. 2, S. 129–133

Polizeiverwaltungsgesetz vom 1. Juni 1931, erl. von Karl Friedrichs, Berlin 1932

Roth, Heidi und Torsten Diedrich, Wir sind Kumpel — uns kann keiner. Der 17. Juni 1953 in der SAG Wismut, in: »Strahlende Vergangenheit«, S. 228–259

»Strahlende Vergangenheit«. Studien zur Geschichte des Uranbergbaus der Wismut, hrsg. von Rainer Karlsch und Harm Schröter, St. Katharinen 1996

Und diese verdammte Ohnmacht. Report der unabhängigen Untersuchungskommission zu den Ereignissen vom 7./8. Oktober 1989 in Berlin, Berlin 1991

Wagner, Patrik, Volksgemeinschaft ohne Verbrecher. Konzeptionen und Praxis der Kriminalpolizei der Weimarer Republik und des Nationalsozialismus, Hamburg 1996

Wenzke, Rüdiger, Auf dem Weg zur Kaderarmee. Aspekte der Rekrutierung, Sozialstruktur und personellen Entwicklung des entstehenden Militärs in der SBZ/DDR bis 1952/53, in: Volksarmee schaffen — ohne Geschrei. Studien zu den Anfängen einer ›verdeckten‹ Aufrüstung in der SBZ/DDR 1947–1952. Im Auftrag des Militärgeschichtlichen Forschungsamtes hrsg. von Bruno Thoß, München 1994, S. 205–272

Wolfe, Nancy T., Policing a Socialist Society. The German Democratic Republic, New York, Westport, London 1992 (= Contributions in Criminology and Penology, 34)

Anmerkungen

1 Vgl. Wenzke, Kaderarmee, S. 237.

2 Vgl. Der gesäuberte Antifaschismus, insbes. die Einleitung von Karin Hartewig und Lutz Niethammer, S. 142 f.

3 Vgl. Naimark, The Russians, S. 355.

4 Vgl. Bessel, Polizei, S. 521–523.

5 Vgl. Wenzke, Kaderarmee.

6 Preußisches Polizeiverwaltungsgesetz vom 1.6.1931, § 14, Abs. 1, in: Polizeiverwaltungsgesetz.

7 Vgl. Bessel, Grenzen.

8 Vgl. BMI, Ausbildungsbefehl des Präsidenten der DVdI Nr. 2 vom 23.11.1948; Die Grundausbildung, hrsg. von der HVDVP, Berlin 1951. In dieser Zeit unterschied sich die Grundausbildung der frühen DVP nicht von der westdeutscher Polizeikräfte (vgl. Menker, Berufsausbildung, S. 202 f.).

9 Bessel, Polizei, S. 523.

10 Vgl. Geschichte der Deutschen Volkspolizei, Bd 1, S. 355.

11 Vgl. BArch, DO-1, 11, Nr. 493, Bl. 1–8, Schreiben der DVdI an die LdVP und das PdVP Berlin vom 3.6.49; Geschichte der Deutschen Volkspolizei, Bd 1, S. 124 f., 356; BMI, Instruktion des Präsidenten der DVdI für den Betriebsschutz der SAG- und volkseigenen Betriebe vom 21.6.1949; BMI, Befehl Nr. 83/50 HVDVP vom 21.4.1950.

12 Vgl. BArch, DO-1, 11, Nr. 506, Bl. 91–101, Jahresbericht der Hauptabteilung Betriebsschutz für das Jahr 1952, 14.1.1953; vgl. zur DVP im Gebiet der SAG Wismut auch Kaden, Kriminalität.

13 Vgl. BMI, Befehl Nr. 9/60 MdI vom 13.2.1960, Vereinigung der Dienstzweige Schutzpolizei und Betriebsschutz.

14 Vgl. ebd., Befehl Nr. 84/51 HVDVP vom 27.12. 1951; Befehl Nr. 46/53 HVDVP vom 15.7.1953; Befehl Nr. 91/54 des Chefs der DVP vom 4.8. 1954, Erfassung und Ausbildung von VP-Angehörigen in Schnellkommandos; HVDVP, Dienstordnung Nr. 1/52 für die Schnellkommandos der DVP vom 20.6.1952. Ein Teil der Schnellkommandos wurde Anfang 1953 vorübergehend aufgelöst, um Personal für die Einführung des ABV-Systems zu gewinnen.

15 Vgl. BArch, DO-1, 11, Nr. 1638, Stärkemeldungen für das Jahr 1955.

16 Vgl. BMI, HVDVP, Dienstordnung Nr. 1/52 für die Schnellkommandos der DVP vom 20.6.1952; HVDVP, Hinweise für die Organisation und den Einsatz der Schnellkommandos, vom 21.4.1958.

17 Ebd., Befehl Nr. 137/54 Chef der DVP vom 16.12. 1954, Einsatz der Schnellkommandos; Richtlinie für den Einsatz und die Dienstdurchführung der Schnellkommandos der DVP zum Befehl des Leiters der HVDVP Nr. 8/62 vom 18.7.1962.

18 Vgl. BArch, DO-1, 26.0, Nr. 249/1, 30508, 41532, Berichte der Verwaltung Kader; DO-1, 1.0,

26.0, Nr. 53087, 53099, 53100, 53121, 53124, 54564, 54572, 54574, Kollegiumsvorlagen der Verwaltung Kader.

19 Vgl. ebd., DO-1, 11, Nr. 1638, Bl. 276, Bericht der Hauptabteilung Personal vom 23.1.1951; ebd., Nr. 1612, Bl. 1–4, Bericht der Hauptabteilung Personal über die Zusammensetzung der DVP, Stand 2.1. 1951.

20 Vgl. ebd., Nr. 56, Bl. 89–102; Nr. 45, Bl. 162–166, 169–174, Schreiben Marons an den MfS-Chef Zaisser zur Erhöhung der Planstellen bei der Schutzpolizei von März und Juni 1953; ferner SAPMO-BArch, DY 30, J IV 2/2/303 und 324, Beschlüsse des Politbüros »über die Verstärkung der Schlagkraft der VP« am 8.7. und 22.9. 1953.

21 Vgl. BArch, DO-1, 2.2, Nr. 54844, Bl. 477–505, Tabellen »Gesamtstellensoll DVP 1953«.

22 Vgl. ebd., DO-1, 11, Nr. 1612, Bl. 63 f., Analyse der Hauptabteilung Personal über die Fluktuation, sozialpolitische und bildungsmäßige Zusammensetzung der DVP im Jahre 1956, Stand 31.12.1956; ebd., Nr. 1615, Bl. 31, Hauptabteilung Personal, Personalstärkemeldungen Januar-Dezember 1957; ebd., Nr. 1637, Bl. 69, 72, Hauptabteilung Personal, Personalstärkemeldungen 1958, 1959.

23 Vgl. ebd., Nr. 1614, Bl. 119, Hauptabteilung Personal, Personalstärkemeldungen der S[schutzpolizei] für 1956; ebd., Nr. 1615, Bl. 33, Hauptabteilung Personal, Personalstärkemeldungen der S für 1957.

24 Ebd., Nr. 1610, Bl. 256 f., Bericht der Hauptabteilung Personal vom 28.8. 1957, über Strukturveränderungen in der DVP im Jahre 1957.

25 Vgl. ebd., Nr. 415, Bl. 12, Übersicht der Hauptabteilung Schutzpolizei; ebd., Nr. 1614, Bl. 133, Hauptabteilung Schutzpolizei, Personalstärkemeldung »Freiwillige Helfer der VP«; BArch, DO-1, 10.0, Nr. 146/4, Bl. 35, 142, Bericht der Hauptabteilung Schutzpolizei vom 15.5. 1961, Tabelle »Anzahl der Freiwilligen Helfer«.

26 Vgl. ebd., Do-1, 11, Nr. 1618, Bl. 79–80, Quartalsbericht der Hauptabteilung Personal für das II. Quartal 1952, 16.7.52.

27 Berechnet nach ebd., DO-1, 26.0, Nr. 249/1, VVS B 3/29 — 82/59.

28 Vgl. ebd., DO-1, 11, Nr. 1060, Bl. 294–296, Schreiben Maron an Ulbricht, 28.10.1952.

29 Vgl. ebd., Nr. 1061, Bl. 28–30, Jahresbericht der Abteilung Technische Dienste, 22.1.54.

30 Vgl. ebd., Bl. 243, Bericht 1. Quartal 1954 der Hauptabteilung Intendantur, Abteilung Technische Dienste, Referat 1, vom 14.4.54; ebd., Nr. 1062, Bl. 52, Bericht 2. Quartal 1955 der Abteilung Technische Dienste, 19.7.1955.

31 Vgl. ebd., Bl. 82, Abteilung Technische Dienste, Jahresbericht des Referats Waffenwesen 1956, 22.1.1957.

32 BArch Hoppegarten, DO-1, 36.2, Nr. 197/2, Vereinigte Versorgungsdienste, Bericht »Die Situation im Waffenwesen des Ministerium des Innern«, Februar 1958.

33 Vgl. ebd., 36.1, Nr. 202/1, Auskunftsbericht des Leiters der Wirtschaftsverwaltung zu den Fragen der materiell-technischen Sicherstellung, 15.6.1959.

34 Vgl. BMI, Befehl Nr. 128/52 HVDVP vom 24.9.1952 über Maßnahmen zur Hebung der Disziplin und des Ausbildungsstandes der Deutschen Volkspolizei.

35 Vgl. ebd., Befehl Nr. 155/52 HVDVP vom 11.12.1952 und die dazugehörige Dienstanweisung 6 vom 28.1.1953, Ausbildung in der HVDVP.

36 Vgl., ebd., Befehl Nr. 26/54 Chef der DVP vom 3.3.1954; vgl. auch Befehl 13/54 Chef der DVP vom 22.1.1954.

37 Vgl. ebd., Befehl Nr. 30/54 Chef der DVP vom 30.3.1954, Durchführung der einheitlichen Ausbildung und Schulung der Deutschen Volkspolizei im zweiten Ausbildungsabschnitt; »Ausbildungsprogramm« in Anlage 2 zu diesem Befehl vom 1.5.1954; im Befehl Nr. 3/55 MdI vom 26.1.1955, Aufgabenstellung für die Deutsche Volkspolizei im Jahre 1955, wurde die für jeden Volkspolizisten verbindliche Ausbildung noch einmal auf zwei 14tägige internatsmäßige Lehrgänge im Jahr erhöht.

38 Vgl. ebd., Befehl Nr. 27/55 Chef DVP vom 20.5.1955, Breitenausbildung der Angehörigen der Deutschen Volkspolizei im Jahre 1955.

39 Vgl. ebd., Befehl Nr. 17/56 MdI vom 19.6.1956, Ausbildung und Schulung der Deutschen Volkspolizei.

40 Vgl. ebd., Dienstanweisung des Chefs der DVP zum Befehl Nr. 17/56 MdI vom 29.12.56, Maßnahmen zur Verstärkung der militärischen und polizeitaktischen Ausbildung der Deutschen Volkspolizei.

41 Vgl. ebd., Befehl Nr. 12/58 MdI vom 21.3.1958, Ausbildung und Schulung der Deutschen Volkspolizei im Jahre 1958 und Befehl Nr. 15/59 MdI vom 29.4.59, Ausbildung und Schulung der Deutschen Volkspolizei.

42 Vgl. BArch, DO-1, 2.1., Nr. 253/1, Bl. 71, HVDVP, 11.2.1960, Bericht der Deutschen Volkspolizei für das Jahr 1959.

43 Vgl. BMI, Direktive Nr. 4/60 MdI vom 23.2.1960, Politische, polizeiliche und militärische Arbeit der Deutschen Volkspolizei im Jahre 1960.

44 Vgl. ebd., Befehl Nr. 10/60 MdI vom 17.2.1960, Lehrgänge an den Schulen der Deutschen Volkspolizei 1960–1965.

45 Vgl. ebd., Befehl Nr. 3/60 HVDVP vom 29.2.60, Militärische Qualifizierung der Angehörigen der Deutschen Volkspolizei in der Breitenausbildung 1960.

46 BArch, DO-1, 2.1., Nr. 253/1, Bl. 22 f., HVDVP, 8.3.61, Bericht der Deutschen Volkspolizei für das Jahr 1960.

47 Vgl. BMI, Befehl Nr. 2/61 HVDVP vom 12.1.1961, Militärische Qualifizierung der Angehörigen der Deutschen Volkspolizei in der Breitenausbildung und in Sonderlehrgängen 1961; ebd., Befehl Nr. 50/62 MdI vom 8.10.1962, Aufbau der Zentralen Lehranstalt des MdI für die Ausbildung militärischer Kader — ZLA (M); ebd., Befehl Nr. 9/63 MdI vom 9.1.1963, Ausbildung an den Lehranstalten und Schulen der Deutschen Volkspolizei.

48 Vgl. BArch, DO-1, 2.1., Nr. 251/2, Bl. 5v,HVDVP, 1.3.1962, Bericht der Deutschen Volkspolizei für das Jahr 1961.

49 BA-MA, VA-01/39561, Bl. 58, Protokoll Sicherheitskommission vom 9.1.58, Auskunftsbericht über den Zustand der Einsatzbereitschaft und der Kampfbereitschaft der bewaffneten Organe des MdI.

50 Vgl. ebd., VA-01/39562, Bl. 14, Protokoll Sicherheitskommission vom 15.3.1958.

51 Vgl. BMI, Befehl Nr. 52/60 MdI vom 19.9.60, Maßnahmen zur Erhöhung der militärischen Qualifikation der Stabsoffiziere der bewaffneten Kräfte der Bezirke und Kreise; ebd., Befehl Nr. 67/60 MdI vom 19.9.1960, Aufgaben der Kommandeure der bewaffneten Kräfte der Bezirke und Kreise und ihrer Stäbe für das Jahre 1961; ebd., Befehl Nr. 1/63 Stellvertreter des MdI für die bewaffneten Organe vom 5.2.1963, Einsatzausbildung im Ausbildungsjahr 1963.

52 Vgl. Lindenberger, Der ABV im Text.

53 Vgl. Wagner, Volksgemeinschaft ohne Verbrecher; Browning, Ganz normale Männer; Gestapo — Mythos und Realität.

54 Vgl. Artikel »Arbeiter-und-Bauern-Inspektion«, in: DDR-Handbuch, Bd 1, S. 53 f.

55 Vgl. Klein, Herrschaft.

56 Vgl. Roth/Diedrich, Wir sind Kumpel, S. 236 f.; Diedrich, Die Kasernierte Volkspolizei.

57 Vgl. BA-MA, VA-01/39566, Bl. 13, Protokoll Sicherheitskommission des Politbüros der SED vom 22.1.1959, Richtlinie zu den Schußwaffengebrauchsvorschriften der bewaffneten Organe der DDR: »Die Anwendung von Schußwaffen gegen Arbeiter und Angestellte in Betrieben, öffentlichen Gebäuden und Plätzen ist untersagt. Zusammenrottungen und die Aufwiegelung Werktätiger zu konterrevolutionären Handlungen sind nur dann unter Anwendung von Schußwaffen zu verhindern, wenn dazu der ausdrückliche Befehl der Bezirkseinsatzleitung unter persönlichem Vorsitz des 1. Sekretärs der Bezirksleitung der SED nach vorheriger Einholung der Genehmigung durch den Vorsitzenden der Sicherheitskommission beim Politbüro gegeben wurde« (vgl. auch Ebeling, Polizeigewalt; Lindenberger, Aus dem Volk).

58 Vgl. BMI, Anordnung des MdI Nr. 15/53 vom 8.12.1953.

59 Vgl. ebd., Befehl des Chefs der DVP Nr. 99/53 und Alarmordnung für die DVP, vom 28.12.1953.

60 Vgl. ebd., Befehl des Chefs der DVP Nr. 3/54 vom 7.1.1954 und Nr. 3a/54 vom 4.2.1954.

61 Vgl. SAPMO-BArch, Dy 30 J IV 2/2–344, Bl. 82, Protokoll Sitzung des Politbüros Nr. 6/54 vom 26.1.54. Dieser Beschluß hob gleichzeitig die Anordnung des Staatsekretärs Eggerath, Leiter der Koordiniergs- und Kontrollstelle für die Arbeit der örtlichen Organe der Staatsgewalt, über die Bildung von Einsatzleitungen vom 16.7.1953 auf. Vgl. Brandenburgisches Landeshauptarchiv (BLHA) Rep. 401, Bezirkstag und Rat des Bezirkes Potsdam, Nr. 1395, o.D.

62 Vgl. BMI, Anordnung des MdI Nr. 1454 vom 2.6.1954 und Befehle des Chefs der DVP Nr. 57/54 vom 6.6.1954 und Nr. 33/55 vom 3.6. 1955.

63 Vgl. BArch, DO-1, 11, Nr. 46, Bl. 13–17, [Nichtnumerierter] Befehl des Chefs der DVP vom 13.6.1955.

64 Vgl. BMI, Gemeinsame Direktive Nr. 3/56 des MfS und MdI vom 5.12.1956, Maßnahmen zur Verhinderung von Provokationen und konterrevolutionären Umtrieben; Gemeinsamer Befehl Nr. 3/57 des MdI und MfS vom 10.1.1957, Aufgaben zur Gewährleistung der inneren Sicherheit der [DDR]; ferner SAPMO-BArch, DY 30, J IV 2/2–511 u. -519, Sitzungen des Politbüros der SED am 8.11.1956 und vom 18.-20.12.1956.

65 BA-MA, VA-01, Nr. 39555, Bl. 3 f., Protokoll Sicherheitskommission vom 9.2.1957; BMI, Befehl Nr. 34/57 des MdI vom 26.6.1957.

66 Vgl. ebd., Befehl Nr. 18/57 MdI vom 25.4.1957, Maßnahmen zur Erhöhung der Einsatzbereitschaft.

67 BA-MA, VA-01/39566, Bl. 4, Protokoll Sicherheitskommission vom 22.1.1959.

68 Vgl. BMI, Durchführungs-Anweisung Nr. 4 zum Befehl Nr. 24/58 MdI vom 3.2. 1959, Bildung der Stäbe in den BDVP und VPKÄ; ebd., Befehl Nr. 17/60 MdI vom 18.3.1960, Einsatz von Stabschefs sowie Struktur und Aufgabenverteilung der Leitungen in der Hauptverwaltung Deutsche Volkspolizei und den nachgeordneten Dienststellen.

69 Vgl. BA-MA, VA-01/39567, Bl. 47 f., 56–59, Protokoll Sicherheitskommission vom 13.5. 1959, Anlage 6, Direktive über die Aufgaben der Einsatzleitungen der Bezirke und ihrer Mitglieder.

70 Ebd., VA-01/39571, Bl. 23–34, Protokoll Sicherheitskommission vom 28.1.1960.

71 Vgl. ebd., VA-01/39467, Bl. 4 f., Protokoll NVR vom 6.4.1962.

72 Vgl. ebd., VA-01/39469, Bl. 29–32, Protokoll NVR vom 14.9.1962.

73 Ebd., VA-0 1/39470, Bl. 50–74, Protokoll NVR vom 23.11.1962.

74 Vgl. ebd., VA-01/39471, Bl. 85–99, Protokoll NVR vom 13.3.1963.

75 Vgl. z.B. BArch, DO-1, 2.2, Nr. 54841, Grundsätze über Aufgaben, Arbeitsweise und Arbeitsorganisation sowie Hinweise zur Erarbeitung der Struktur und der Stellenpläne in den BDVP und VPKÄ vom 20.3.1965; Grundsätze über Aufgaben, Stellung, Prinzipien der Führung, Arbeitsweise, Organisation und Struktur der Volkspolizeikreisämter, 15.11.1967; Grundsätze über Aufgaben, Stellung, Prinzipien der Führung, Arbeitsweise, Organisation und Struktur der Bezirksbehörde der Deutschen Volkspolizei — Grundsätze BDVP — vom 10.6.1968, in der Fassung vom 1.6.1969.

76 Vgl. Geschichte der Deutschen Volkspolizei, Bd 2, S. 40–46.

77 Vgl. Gesetzblatt der DDR, T. I, 1965, S. 65–71.

78 Vgl. BMI.

79 Vgl. Gesetzblatt der DDR, T. I, 1968, S. 232 ff.

80 Vgl. Lüers, Polizeirecht.

81 Vgl. BMI, Befehl Nr. 22/62 MdI vom 9.11.1964 über Aufgaben und Arbeitsorganisation der Kriminalpolizei.

82 Vgl. ebd., Befehl Nr. 018/82 MdI vom 2.4.1982 über die Bildung des Dienstzweiges Betriebsschutz.

83 Vgl. Geschichte der Deutschen Volkspolizei, Bd. 2, S. 79.

84 Vgl. BMI, Befehl 11/67 MdI vom 24.7.1967, der Richtlinie Nr. 8/62 (Vgl. Anm. 17) außer Kraft setzte.

85 Vgl. ebd., Befehl 0020/68 MdI über die Aufstellung, Bildung und Aufgaben von Formationen der Schutzpolizei vom 16.7.1968.

86 Vgl. BArch, DO-1, 1.0, Nr. 53078, Bl. 4, Geheime Leitungsvorlage 12/71 vom 5.2.1971, Aufgaben zur weiteren Erhöhung der Rolle der Schutzpolizei, insbesondere auf einigen Gebieten der Führungs- und Leitungstätigkeit im Bereich VPKÄ sowie der Kampf- und Einsatzbereitschaft der Formationen der Schutzpolizei.

87 Vgl. BMI, 1. Änderung zum Befehl Nr. 0020/68 MdI vom 26.6.1972.

88 Ebd., Befehl Nr. 025/89 MdI über Formationen Schutzpolizei vom 28.9.1989.

89 Vgl. BArch, DO-1, 10.0, Bl. 142, Hauptabteilung Schutzpolizei/Verkehrspolizei, Einschätzung des Standes der Arbeit mit den freiwilligen Helfern der DVP und ihre Wirksamkeit bei der Unterstützung zur Erhöhung der öffentlichen Ordnung und Sicherheit vom 2.1.1967; Wolfe, Policing, S. 56.

90 Vgl. BArch, DO-1, 1.0, Nr. 54572, Bl. 18, Verwaltung Kader, Geheime Leitungsvorlage 57/68, Einschätzung der Stabilität des Personalbestands, besonders hinsichtlich der Einstellungs- und Entlassungspraxis vom 18.6.1968.

91 Vgl. ebd., Nr. 54568, Bl. 361–387, Leitungs- und Kollegiumsvorlagen; ebd., Nr. 53100, Geheime Kollegiumsvorlage 11/83; ebd., Nr. 53099, Kollegiumsmaterial für den 10.2.1984.

92 Vgl. ebd., Nr. 53121, Geheime Kollegiumsvorlage 5/73, 6.4.73; die Zahlen für 1958 siehe wie Anmerkung 27.

93 Vgl. ebd., DO-1, 1.0, Nr. 53107, Bl. 5, Geheime Kollegiumsvorlage 20/80, Einschätzung des Standes des Ergebnisses der Werbung und langfristigen Nachwuchssicherung sowie der Einstellungspraxis.

94 Vgl. ebd., Nr. 53069, Protokoll Nr. 1/65 der Kollegiumssitzung des MdI am 26.2.1965.

95 Vgl. ebd., Nr. 53087, Bl. 7, Verwaltung Kader, Geheime Leitungsvorlage 13/69, 11.2.1969; Wolfe, Policing, S. 55.

96 Vgl. BArch Hoppegarten, DO-1, 36.1, Nr. 54137, Auskunftsbericht des Stabes des MdI über die Ausstattung mit Waffen und den Zustand der Einsatzbereitschaft vom 31.3.1960; ebd., 36.2, Nr. 192/2, Schreiben des 1. Stellvertreter des Ministers an den Leiter der HVDVP vom 8.8.1960; ebd., Nr. 54137, Vereinigte Versorgungsdienste, Abt. Bewaffnung, Begründung zum Waren- und Materialplan 1966 vom 4.3.1965.

97 Vgl. ebd., Nr. 209/2, Hauptabteilung Schutzpolizei, 23.4.1969, Plan der Forschung und Entwicklung (materiell-technischer Teil); Information vom Leiter der Versorgungsdienste an das MdI, o.D. [Anfang 1971], betr. Abschußgerät für Reizwurfkörper als Ergänzung zur Strukturwaffe MPi.

98 Vgl. BArch, DO-1, 2.2., Nr. 525/1, Bd 3, GVS I 029572.

99 Vgl. ebd.,Nr. 525/2, Bl. 1–38, Normativkatalog zur Bestimmung des Solls Hauptausrüstung (Stoffgebiete 01–05) für den Zeitraum 1976–1980, 31.12.1976.

100 Vgl. ebd., Nr. 45141, S. 4, Verwaltung Ausbildung, Information vom 15.3.1984; ein vollständiger Katalog zur Bewaffnung in den späten 80er Jahre konnte nicht ermittelt werden.

101 Vgl. ebd., 1.0, Nr. 53100, Bl. 5 f., Geheime Kollegiumsvorlage 2/83.

102 Vgl. BMI, Grundsätze des Bildungssystems in den Organen des Ministeriums des Innern vom 18.12.1964, S. 13 ff.

103 Vgl. ebd., Programm für die Einsatzausbildung und Köperertüchtigung in den Ausbildungsjahren 1968 und 1969, bestätigt am 27.10.1967, S. 41 und passim.

104 Ebd., Programm für die Einsatzausbildung der Angehörigen der Deutschen Volkspolizei und der anderen Organe des Ministeriums des Innern, bestätigt am 1.11.1971, S. 66 ff; vgl. auch das am 12.11.1973 verabschiedete »Programm für die Einsatzausbildung der Deutschen Volkspolizei und der anderen Organe des Ministeriums des Innern«.

105 Vgl. ebd., Befehl Nr. 60/78 MdI vom 15.6.1978 über die Durchführung von Lehrgängen zur Qualifizierung von Führungskadern auf militärischem Gebiet; BArch, 1.0., Nr. 53100, Leiter Kader/Ausbildung, Kollegiumsmaterial, Information vom 15.4.83, Konzeption zur weiteren Erhöhung der Qualität und Effektivität der Aus- und Weiterbildung auf militärischem Gebiet; DO-1, 27.0, Nr. 45141, Verwaltung Ausbildung, Information vom 15.3.1984, S. 1.

106 Vgl. BA-MA, VA-01/39480, Bl. 17–32, Protokoll NVR vom 16.6.1965.

[107] Vgl. ebd., VA-01/39484, Bl. 12 f., Protokoll NVR vom 27.10.1966.

[108] Vgl. ebd., Bl. 51–59.

[109] Vgl. z.B. BMI, Direktive Nr. 0051/73 MdI vom 5.9.1973 über Aufgaben der BDVP in einer Spannungsperiode und im Verteidigungszustand.

[110] Vgl. BA-MA, VA-01/39492, Bl. 115–117, Protokoll NVR vom 21.11.1968; VA-01/39517, Bl. 103–113, Protokoll NVR vom 9.3. 1979.

[111] Ebd., VA 01/39500, Bl. 61–67, Protokoll NVR vom 30.11.1973.

[112] Vgl. BMI, Vorläufige Dienstvorschrift Nr. 30/78 MdI vom 2.10.1978 über den Kampfeinsatz der Deutschen Volkspolizei — BDVP/VPKA -.

[113] Vgl. ebd., Ordnung Nr. 0059/87 MdI über die Aufgaben, Organisation und Führung der Kriminalitätsvorbeugung und -bekämpfung während der Mobilmachung des Landes und im Verteidigungszustand — Ebene BDVP und VPKÄ vom 21.10.1987.

[114] Vgl. Und diese verdammte Ohmacht; BMI, [unveröffentlichte Broschüre] Das Ministerium für Innere Angelegenheiten in der gesellschaftlichen Entwicklung. Bestandsaufnahme und Schlußfolgerungen, Berlin 1990.

[115] Vgl. Wolfe, Policing, S. 172–179; Das Ende der Volkspolizei; Busch, Nach Art des Musterentwurfs.

[116] Vgl. Northoff, Ohne Vorurteil.

[117] BMI, Für eine grundsätzliche Verbesserung der militärischen Ausbildung sowie der Ausbildung zur Führung von Einheiten im Ordnungs- und Kampfeinsatz, Informationsblatt der Leitung des MdI, Nr. 5/70, 9.9.1970.

Torsten Diedrich

Der »Dienst für Deutschland« (1952–1953)

Am 24. Juli 1952 beschloß der Ministerrat der DDR einen »Dienst für Deutschland« (DD) zu schaffen. Dieser Versuch zur Bildung einer von der FDJ und der KVP betreuten paramilitärischen Verfügungstruppe für Arbeitsdienst und Wehrausbildung sollte eine Episode in der DDR-Geschichte bleiben und scheiterte bereits innerhalb eines Jahres.

Im Zusammenhang mit der in den Spitzengesprächen zwischen der UdSSR- und der DDR-Führung im April 1952 in Moskau beschlossenen Militarisierung der DDR war neben dem Aufbau von Streitkräften und einer Rüstungsindustrie auch die Schaffung ziviler Organisationen für die Verteidigung und Wehrertüchtigung gefordert worden. Bereits die SED-Vorbereitungspapiere für diese Gespräche enthielten die Formulierung »Dienst der Jugend für das Vaterland« und meinten offenbar eine Arbeitsorganisation mit militärischem Hintergrund[1]. Durch Moskau bestätigt, erfolgte die Umsetzung dieser Aufgaben umgehend. Am 11. April 1952 beschloß das Politbüro des ZK der SED die Bildung einer Organisation, die freiwillige Arbeitsleistungen der Jugend zum Aufbau »sozialistischer Großprojekte« mit den Zielen wehrsportlicher und ideologischer Erziehung vereinen sollte[2]. SED-Generalsekretär Walter Ulbricht nahm sich speziell der Kontrolle der neu entstehenden militärischen Bereiche und mithin des DD an; die Organisation des Arbeitsdienstes oblag dem Zentralrat der FDJ. Am 6. Mai 1952 legte die vom Sekretariat des ZK der SED berufene Kommission unter Federführung Honeckers die Konzeption für die neuzuschaffende Arbeitsorganisation vor. Auf dieser Grundlage erließ der Ministerrat an besagtem 24. Juli die »Verordnung über die Gründung der Organisation ›Dienst für Deutschland‹«.

Bewußt wählten die Planer die historische Anlehnung an den Reichsarbeitsdienst des nationalsozialistischen Staates, denn sie nahmen an, daß dieser ob seiner Arbeitserfolge und erzieherischen Funktion gegenüber der Jugend unter der Bevölkerung ein eher positives Echo fand[3]. So griff man auf Strukturelemente, Aufgabenstellungen und Ziele des Reicharbeitsdienstes (RAD) zurück[4], orientierte sich aber auch am sowjetischen Vorbild und an Polens »Służba Polsce«. Es waren die drei Zielrichtungen des RAD, die die DDR-Führung an der nationalsozialistischen Arbeitsorganisation faszinierten und die den Dienst für Deutschland unter anderen Vorzeichen prägen sollten. Mit dem Arbeitsdienst gedachte man, militärpolitische, ökonomische und ideologische Ziele unter der Jugend zu verwirklichen.

Die DDR-Staats- und Parteiführung setzte darauf, daß die Bereitschaft zum Aufbau der DDR, gefördert durch Abenteuerlust und »jugendgerechtes« Lagerleben, unter den jungen Menschen sehr groß sei. Den erwarteten Enthusiasmus der Jugend sollte der DD auf den wirtschaftlichen Aufbau lenken und damit gleichzeitig ein schier unerschöpfliches Reservoir an billigen Arbeitskräften schaffen. In der Phase der beschleunigten Aufrüstung seit der 2. Parteikonferenz im Sommer 1952 benötigte die DDR für die militärischen Bauvorhaben im Nordosten des Landes dringend eine Vielzahl von Arbeitskräften. In der dünnbesiedelten, waldreichen Region nahe der polnischen Grenze entstand das erste Armeekorps der KVP. In der zweiten Jahreshälfte 1952 mußten hier im Raum Prenzlau/Eggesin 54 Kasernen und 650 Wohnkomplexe für die Soldaten und ihre Familien geschaffen werden. Eine Arbeitsdienstorganisation bot hierfür scheinbar ein williges und kostensparendes Potential.

In seiner Abgeschirmtheit von der übrigen gesellschaftlichen Entwicklung und vor allem von konträren Einflüssen bot der DD mit seiner halbjährigen Dienstverpflichtung und einem fast militärischen Dienstbetrieb den idealen Boden für eine optimale ideologische Beeinflussung der Jugendlichen. Über politische Schulungs- und Ausbildungsprogramme, eine von SED und FDJ organisierte Freizeitgestaltung und ein ideologisiertes Kultur- und Sportangebot sollte der Arbeitsdienst große Teile der Jugend für die gesellschaftlichen Verhältnisse in der DDR und die Politik der SED einnehmen.

Letztlich war dem Staat an einer intensiven wehrerzieherischen Arbeit des DD unter der Jugend gelegen, die den für den freiwilligen Arbeitsdienst geworbenen Jungen und Mädchen aufgezwungen wurde. Die von FDJ-Funktionären erarbeitete Ausbildungskonzeption sah eine militärische Grundausbildung, Schießübungen, Topographieunterricht und taktische Geländespiele sowie für die Mädchen eine Sanitätsgrundausbildung vor. Die DD-Funktionäre hatten zugleich die Aufgabe, die männliche Jugend direkt für die Streitkräfte zu gewinnen. Im Unterricht sollten »wahrhafte Patrioten mit militärischen Kenntnissen« erzogen werden[5]. Damit war im Dienst für Deutschland ein vormilitärisches Ausbildungs- und Erziehungsspektrum angedacht, welches in dieser Breite weder die FDJ noch die GST zu verwirklichen vermochte[6].

66 Lager waren geplant, die Gesamtgröße des DD war auf 100 000 Mann konzipiert[7]. Von den knapp 1 Million Jugendlichen der Hauptalterszielgruppe 17 bis 21 Jahre sollten mit halbjährlicher Verpflichtung im Jahr 200 000, also ein Fünftel, den Arbeitsdienst »durchlaufen«. Kontinuierlich durchgeführt

und auf die nachfolgenden Jahrgangsgruppen von etwas mehr als 200 000 Kindern pro Jahrgang in den 50er Jahren berechnet, wäre bei erfolgreicher Installierung des DD fast jeder Jugendliche in der DDR in den »Genuß« von Arbeitsdienst und intensiver Erziehung gelangt.

Für den Aufbau der Arbeitsorganisation waren insgesamt Investitionen von 667 Mill. DDR-Mark (DM) veranschlagt[8]. Das Sekretariat des Zentralkomitees der SED beauftragte im Juni 1952 die Staatliche Plankommission, dem DD für das Jahr 1952 120 Mill. Mark zur Verfügung zu stellen. Der Finanzplan 1952 sah für die Erstausstattung der Lager 85 Mill., für Verwaltungskosten 6,2 Mill., für Gehälter 10,7 Mill. und für Verpflegung und Tagegelder 21,1 Mill. DM vor. Die Gehälter der DD-Funktionäre entsprachen denen der KVP-Offiziere. Der Leiter des DD erhielt monatlich 1600 DM, Brigadeleiter bekamen 1200, Lagerleiter rund 1000 und Sachbearbeiter 750 DM. Der Durchschnittslohn eines Industriearbeiters lag zur selben Zeit bei 330 DM[9].

Bis zum 1. August 1952 wurde in direkter Unterstellung unter das Ministerium des Innern als zentrales Führungsorgan der Arbeitsorganisation die Hauptverwaltung Dienst für Deutschland (HVDD) in Eberswalde gebildet. Die HVDD zeichnete von nun an für den Aufbau der ersten Brigade zum Kasernenbau Nordost verantwortlich. Der Struktureinheit Brigade sollten idealtypisch 10 Gruppen mit 10 Abteilungen unterstehen. Ein Lager war der Gruppe gleichgesetzt und untergliederte sich in bis zu 10 Abteilungen mit jeweils 3 Zügen. Den Zug formierten 3 Gruppen zu jeweils 15 Dienstleistenden. Den militärischen Charakter des DD verstärkten die seit Ende Oktober ausgegebenen khakifarbenen Uniformen, die denen der KVP glichen und sich nur durch die Schulterstücke und Kragenspiegel abhoben. Die paramilitärische Dienstgradhierarchie sah Brigademann und Brigadier als einfache Arbeiter, Unteroffiziere in den Rängen Truppführer, Ober- und Haupttruppführer sowie Offiziersränge vom Unterfeldmeister, Feldmeister bis zum Ober- und Hauptfeldmeister vor. Zumeist Hauptamtliche besetzten die höheren Ränge der Brigade- , Brigadeober- und Brigadehauptfeldmeister. Ranghöchste Leiter des Arbeitsdienstes sollten in der Zukunft General-, Generalober- und Generaloberstfeldmeister sein.

Als Führungskader des DD bestimmte die SED-Führung Parteifunktionäre, die »Hauptamtlichen« in den niederen Dienstgraden hatte die FDJ zu stellen. 1952 fungierten etwa 350 hauptamtliche Mitarbeiter in der Arbeitsorganisation[10]. Zum Leiter des DD berief das SED-Politbüro Gerhard Balzer, zu seinem Stellvertreter Otto Findeisen. Am 4. November 1952 verlieh der KVP-Chef, Generalleutnant Hoffmann, Balzer den Rang eines Generalfeldmeisters und Findeisen den des Brigadehauptfeldmeisters. Damit wird gleichzeitig die direkte Anbindung des DD an die KVP deutlich.

Die HVDD gliederte sich in Abteilungen für Ausbildung, Politische Erziehung, Kader, Organisation/Planung, Finanzen, Versorgung, Sanitätswesen und Arbeitseinsatz, von denen die letzteren auf Grund der Anfangswirren nicht oder nur teilweise aufgebaut wurden. Über die personelle Besetzung der Abteilung Ausbildung sowie über Verbindungsoffiziere und die nach offensichtlichen Organisationsproblemen in die HVDD und die Lager delegierten KVP-Chefberater und Instrukteure, setzte die KVP schrittweise ihren Einfluß auf den DD durch.

Mit Sollzahlen von der SED-Führung beauflagt, hatten die Bezirks- und Kreisleitungen der FDJ seit Anfang August 1952 bis zum Jahresende 30 000 Mitglieder für den DDR zu werben. Auf seiner Tagung am 16. August 1952 beschloß der Zentralrat der FDJ das »Wilhelm-Pieck-Aufgebot«. Mit dieser initiierten »Jugendbewegung« wollte die FDJ den massiven Werbeauflagen zur Auffüllung der KVP, der GST und des DD gerecht werden. Bezüglich des Arbeitsdienstes versprachen die FDJ-Zeitung »Junge Welt« und Werbeplakate der DDR-Jugend ein lustiges Lagerleben und große Qualifikationsmöglichkeiten unter dem Slogan: »Heute Dienst für Deutschland — Morgen Werkleiter, Ingenieur, Techniker und Meister«[11]. Die Werbung wirkte anfänglich. Bereits am 6. September meldete die FDJ aus den Bezirken und Berlin 7731 Freiwillige. Bis zum 20. des Monats waren es 17 846[12]. Die meisten der Geworbenen kamen aus den Bezirken Dresden, Halle und Leipzig, also aus den industriellen Zentren der DDR, in denen die Bevölkerungsballung und somit die mögliche Einflußnahme der SED und FDJ am größten war.

Die Facetten für die mehr oder minder freiwillige Bereitschaftserklärung waren reichhaltig. Ein großer Teil der Geworbenen kam mit dem Willen, etwas zum Wiederaufbau Deutschlands beizutragen. Dieser war zumeist mit Abenteuerlust gepaart. Viele Jugendliche delegierte ein Verbandsauftrag der SED oder der FDJ in den Arbeitsdienst. Andere versprachen sich die Forcierung ihres persönlichen Fortkommens durch den Dienst, u.a. Jungen und Mädchen, die studieren wollten oder sich bessere Chancen für die Aufnahme an einer Fachschule erhofften. Viele glaubten an echte berufliche Profilierungsmöglichkeiten im DD oder suchten Möglichkeiten für eine gehobene Laufbahn im DD oder anderen gesellschaftlichen Organisationen. Letztlich ließen sich junge Menschen werben, die damit dem Druck einer Verpflichtung zur KVP entgehen, ihrem Elternhaus für eine Zeit den Rücken kehren wollten oder die sich nach einem freiwilligen Dienst die Zuweisung einer Wohnung und damit den Sprung vom Lande in die Stadt erträumten. Der Aufbau »sozialistischer Großprojekte« verhieß in dieser Richtung große Chancen.

Die Werbung unter drückenden Sollauflagen und das SED-Anliegen, bislang ideologisch kaum erreichte Jugendliche für den DD zu rekrutieren, hatte eine Kehrseite. Unter den Geworbenen befanden sich Jugendliche aus asozialem Milieu oder mit persönlichen Integrierungsproblemen in den Arbeitsprozeß. Der von der SED propagierte Erziehungs- und Ausbildungsanspruch des DD wurde von öffentlichen Stellen falsch interpretiert. Leiter aus den Heimen für Schwererziehbare sandten ihre Problemfälle zum DD, um sie dort erziehen und ausbilden zu lassen. Gefängnisse entließen vorfristig, wenn damit die Auflage zu einem freiwilligen Dienst in der Organisation DD erfüllt wurde[13]. Aufs Ganze gesehen war die Haltung der DDR-Jugend, anders als bei älteren DDR-Bürgern, die auf einen Erziehungseffekt wie beim RAD hofften, gegenüber der neugeschaffenen Arbeitsorganisation eher ablehnend. Viele kritisierten den mangelnden materiellen Anreiz durch das Tagegeld von nur einer Mark. Mancher Jugendliche erkannte den unmittelbaren Zusammenhang mit der Aufrüstung und der Werbung zur KVP und lehnte den Dienst aus pazifistischen Gründen ab[14].

Am 8. August 1952 trafen die ersten Vorkommandos der Brigade I an den geplanten Lagerorten ein, um die DD-Lager vorzubereiten. Sie fanden planlos gewählte Lagerplätze in unerschlossenen Waldstücken weitab menschlicher Ansiedlungen vor. Einzig der Gesichtspunkt der Baustellennähe zu den Kasernenanlagen hatte die Wahl bestimmt. Der Lageraufbau begann mit umfangreichen Rodungsarbeiten. Die SED- und FDJ-Funktionäre offenbarten dabei, daß sie weder über Erfahrungen noch konkrete Vorstellungen vom Aufbau sowie von der Organisation und Versorgung von Zeltlagern verfügten. Entsprechend chaotisch verliefen die ersten Wochen des DD-Einsatzes.

In der Zeit vom 18. August bis zum 10. September 1952 reisten etwa 6000 Jugendliche aus allen DDR-Regionen in den Nordosten Mecklenburg-Vorpommerns an. Sie belegten die Lager Prora mit 10 Abteilungen und einer geplanten Endkapazität von 1500 Arbeitsdienstleistenden, Altwarp (4/650), Karpin (7/1050), Spechtberg/Neuhaus (10/1500), Drögeheide (4/650) und Stallberg (4/650). Darüber hinaus existierten zeitweilig Nebenlager in Gumnitz, Scharfbrück, Spechthausen und Jagen und Kommandos im Brigadestab in Pasewalk, an der Jugendhochschule »Wilhelm Pieck« am Bogensee und auf dem Bahnhof Ferdinandshof. Am 30. September leisteten 3677 Jungen und 2367 Mädchen zwischen 15 und 25 Jahren Arbeitsdienst in den DD-Lagern.

Die Jugendlichen fanden deprimierende Verhältnisse vor. Oft standen nicht einmal genügend Schlafplätze zur Verfügung. Nirgends gab es Zelteinrichtungen, die es den Jugendlichen gestattet hätten, ihre persönlichen Gegenstände zu verstauen. Man mußte mit Strohsäcken vorlieb nehmen, an deren Kopfende das Reisegepäck plaziert wurde. In einer Großaktion mußte die HVDD in allen Teilen der DDR Ferienzeltlager der Pionierorganisati-

Struktur der Organisation „Dienst für Deutschland"

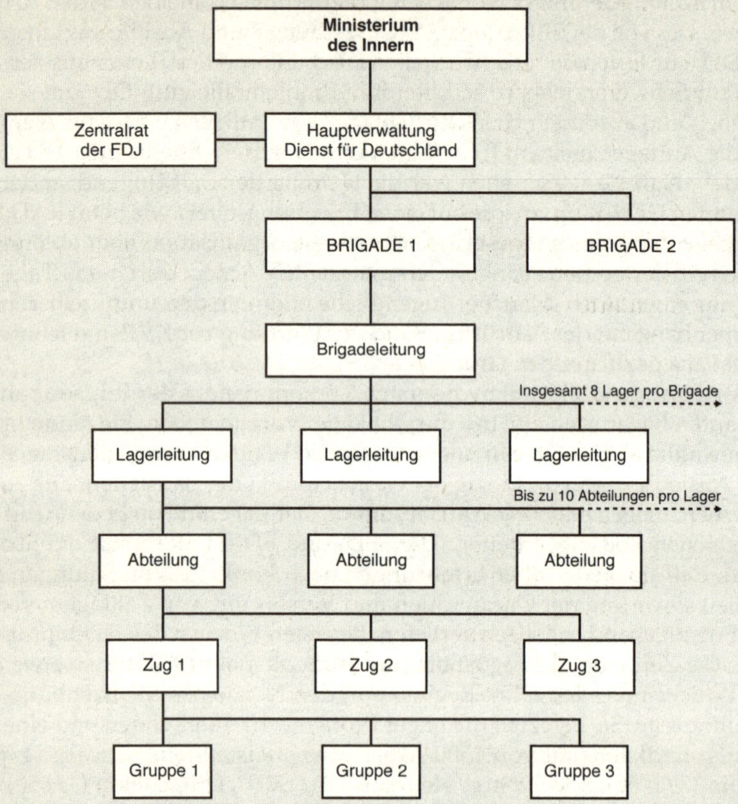

Quelle: Michael Buddrus, Die Organisation „Dienst für Deutschland". Arbeitsdienst und Militarisierung in der DDR, Weinheim, München 1994, S. 72.

© MGFA 4173

on »requirieren«, um die gröbste Not zu lindern. Dadurch blieben die Überlegungen zur Anlage der Lager oberflächlich, Pläne hatte die HVDD hierfür gar nicht erst erstellt. So gab es keine Konzeptionen der Abfallbeseitigung, der Wasserversorgung und Abwasserbeseitigung, zum Aufbau der WC- und Sanitäranlagen bzw. zur Stromversorgung.

Bei der voraussetzungslosen DD-Planung war nicht an die Installierung eines Versorgungsapparates gedacht worden. Die Bereitstellung von Verpflegung und Ausrüstung erfolgte somit höchst unplanmäßig. Die Verpflegungslieferungen entsprachen nicht den Lagerstärken, die Kapazität der Feldküchen reichte zur Versorgung der DD-Angehörigen nicht aus. In Karpin fehlten noch Ende September aufgrund falscher Stärkemeldungen täglich 120 Essenportionen. Durch schlechte Vorratshaltung verdarben zudem viele Lebensmittel. Die in der Nähe dislozierten KVP-Einheiten mußten die größten Versorgungslöcher des DD stopfen und übernahmen bald die gesamte Verpflegungssicherstellung der DD-Lager[15].

Eine weitere Planungslücke zeigte sich, als die Belegung der Lager vor Ort erstmalig diskutiert wurde. Es herrschte Unklarheit darüber, ob es nach Geschlechtern getrennte oder aber gemischte Lager geben sollte. Da im Bauwesen kaum Arbeitsaufgaben von Mädchen allein gelöst werden konnten, votierten die Baubetriebe und der Brigadestab für gemischte Lager. Diese Lagerbelegung führte allerdings schnell zu disziplinarischen und moralischen Problemen, so daß im September 1952 beschlossen wurde, die Lager zu trennen[16]. Die Umstrukturierung dauerte jedoch bis Oktober an.

Der Zeltlageralltag wurde durch das Fehlen von Einrichtungsgegenständen und Dingen des täglichen Bedarfs wie Bestecke, Eßschüsseln sowie von Werkzeugen erschwert. Trotzdem an die etwa 6000 DD-Angehörigen insgesamt 12 000 Bestecke ausgegeben worden waren, besaß im September noch nicht jeder ein eigenes Besteck. Die Zulieferung der Uniformen und Einheitsbekleidung konnte durch die mit Uniformaufträgen von KVP, GST und DD überforderte DDR-Textilindustrie nicht fristgerecht realisiert werden. So mußten die DD-Angehörigen ihre Arbeitsstunden mancherorts in Sportzeug ableisten, was diese Kleidung für Sport und Freizeit unbrauchbar werden ließ. Socken avancierten zur absoluten Mangelware, weil vergessen worden war, die Lager mit Näh- und Flickzeug auszustatten. Innerhalb weniger Wochen fand sich selbst in Lagern, die mit Bekleidung relativ gut versorgt waren, keine saubere Wäsche mehr. Die wenigen Wäschereien des logistisch kaum erschlossenen Gebiets um Pasewalk waren der Wäscheflut nicht gewachsen.

Nur langsam gelang es, im September in den Zeltstädten einen geregelten Tagesablauf durchzusetzen. Die vorab erstellte Tagesdienstplanung sah das morgendliche Wecken um 6.00 Uhr, nach Frühsport, Revierdienst und Frühstück dann Arbeitsleistungen von 8.00 bis 13.00 Uhr, nach der Mittagspause ab 15.00 Uhr eine zweistündige militärische und anschließend eine 1 1/2stündige politische Ausbildung vor. Der Abendmahlzeit folgte organisierte Weiterbildung und Freizeitgestaltung bis zur Nachtruhe um 22.00 Uhr. Lediglich zwischen 19.45 und 20.15 Uhr sollten den Jugendlichen 30 Minuten zur eigenen Verfügung eingeräumt werden[17]. Notwendigkeiten des Barackenbaus für den DD selbst, Entladungsarbeiten im Schichtsystem, hohe Krankenstände, notwendige und andere Wachdienste sowie eine schlechte Innendienstorganisation ließen einen solchen Tagesablauf jedoch nicht zu.

Aufgrund der Zustände in den Lagern scheiterten die Versuche, eine militärische und politische Ausbildung nach erbrachter Arbeitsleistung durchzuführen, bis zum Oktober 1952 völlig. Es fehlte an Ausbildern, Materialien und Schulungsräumlichkeiten, aber auch an Exerzier-, Schieß- und Übungsplätzen. Daran änderte auch nichts die Tatsache, daß in allen DD-Lagern zur Durchsetzung der »führenden Rolle« der SED Grundorganisationen der Partei und der FDJ eingerichtet wurden, die gleichzeitig für die politische Schulung und die Gestaltung des Freizeitangebots verantwortlich gemacht wurden. Sie hatten ebenso mit den widrigen Umständen zu kämpfen und wurden erst im Oktober schrittweise wirksam.

Angesichts der Lebensbedingungen in den Lagern verwundert es nicht, daß schon im August ernstzunehmende gesundheitliche Probleme entstanden. Im September 1952 wiesen einige Lager einen Krankenstand bis zu 40 % der Belegschaft auf. Besonders nachhaltig wirkten die fehlende Wasser- und Stromversorgung auf die hygienischen Lagerbedingungen. Eine ausreichende Körperpflege war kaum möglich. Duschmöglichkeiten oder nur warmes Wasser waren in den Lagern bis zum Oktober nicht verfügbar. Die provisorische Unterbringung in Zelten und auf Strohsäcken förderte alsbald die großflächige Verbreitung von Kopf-, Filz- und Kleiderläusen. Hauterkrankungen häuften sich. Im Herbst wurden Magen- und Darminfektionen sowie Erkältungskrankheiten zu Massenerscheinungen. Für beide Krankheitsarten bot die schlechte Ernährung beste Voraussetzungen. Die verabreichte Konservennahrung, das Fehlen von Frischobst und Gemüse ließen die Körper der Jugendlichen infektionsanfällig werden. Ein Gesundheitsbericht weist erleichtert darauf hin, daß es trotz der Zustände in den Lagern nicht zu Epidemien gekommen ist[18].

Die medizinische Versorgung in den DD-Lagern war katastrophal. Anfangs fehlte es fast völlig an Sanitätern oder Ärzten. Die Betreuung der Erkrankten übernahmen die Jugendlichen selbst, obwohl die meisten keine oder nur geringe medizinische Kenntnisse besaßen. Erst im Oktober verfügte jedes Lager über einen Arzt oder Sanitäter. Reihenuntersuchungen wurden jetzt möglich. Diese offenbarten eine rapide Ausbreitung von Geschlechtskrankheiten[19]. Insbesondere in den gemischten Lagern hatte sich ein sehr lockerer Kontakt zum anderen Geschlecht herausgebildet, sprunghaft stieg die Zahl der Geschlechtskranken aber auch bei den KVP-Soldaten und Bauleuten. Der Lagerarzt der Zeltstadt Karpin berichtete von einer zügellosen Prostitution. Der FDJ-Verbindungs-Funktionär Heinz Lippmann kritisierte, daß eine solche Konzentration von Mädchen in einem »sexuellen Notstandsgebiet« mit seinen vielen KVP-Angehörigen und Bauleuten unzumutbar sei[20]. Auch SKK-Offiziere hatten vor einem solchen Problem bereits im Vorfeld gewarnt[21].

Ernsthafte Mängel zeigte auch die Organisation der Arbeitseinsätze. Die Zusammenarbeit mit den Betrieben der Bau-Union war schlecht, keiner fühlte sich für eine Koordinierung verantwortlich. Dem DD fehlte es an den einfachsten Arbeitsgeräten und Hilfsmitteln, auch Arbeitsschutzbekleidung, wie die dringend zum Ziegelabladen benötigten Arbeitshandschuhe, war nicht vorhanden. Damit konnte die Kapazität und das Kräftepotential des DD nicht ausgenutzt werden. Im Oktober verrichteten auf Grund von Organisationsproblemen am Tag von den 6000 oft nur 1000 bis 2000 DD-Angehörige Arbeitsleistungen. Die Hauptarbeiten auf den militärischen Großbaustellen in Prora auf Rügen und im Raum Prenzlau und Eggesin bestanden in Hilfsdiensten. Beim Ausschachten der Fundamente, bei Abladearbeiten am Hauptzulieferpunkt, dem Bahnhof Gumnitz, oder bei Transportaufgaben waren Möglichkeiten einer beruflichen Schulung, wie sie die Verordnung zur Bildung des DD versprach, nicht gegeben. Sie waren nur ein Werbeversprechen, denn eine Planung von Qualifizierungsmaßnahmen für die Jugendlichen gab es nicht.

Insgesamt wurde den DD-Angehörigen eine überaus harte, allen gesetzlichen Grundlagen zuwiderlaufende Arbeit zugemutet. Die Jugendlichen der Lager Gumnitz und Neuhaus mußten Tag für Tag in schwerster körperlicher Arbeit die Züge mit den Baumaterialien für die Kasernen entladen. In vier Schichten wurden die Verladearbeiten rund um die Uhr sichergestellt. Dabei interessierte nicht, daß das Jugendschutzgesetz der DDR die Nachtarbeit von Jugendlichen untersagte. Mangelnde Arbeitsorganisation und vor allem fehlender Arbeitsschutz führten zu einer wachsenden Zahl von Arbeitsunfällen, einige mit Todesfolge.

Im Monat Oktober erbrachte die Brigade I alles in allem etwa 65 % der von den Verantwortlichen geforderten Tagesnorm. Die DD-Angehörigen leisteten 543 000 Arbeitsstunden an den KVP-Bauten und zudem 108 540 Stunden für den Aufbau ihrer Lager[22]. Symptomatisch für den Arbeitsdienst im Jahr 1952 war das Fehlen jeglicher technischer Hilfsmittel wie Hubanlagen, Förderbänder etc.

Im Oktober nahm im Raum Fürstenberg/Oder die Brigade II mit 325 Angehörigen ihre Tätigkeit auf. Die Direktanbindung an den Aufbau des Eisenhüttenkombinats Ost sowie die weit bessere Organisation, Versorgung und Unterbringung der Jugendlichen ließ die Arbeitserfolge der Brigade pro Kopf schnell weit über denen der Brigade I liegen. Im Nordosten ging die Arbeitsleistung des DD aus objektiven und subjektiven Gründen deutlich zurück. Nur nach und nach wurden die Barackenlager für die DD-Angehörigen bezugsfertig. Inzwischen aber war die Winterperiode angebrochen. Die Organisation der Arbeit im DD stockte noch mehr. Die Baubetriebe, selbst unter hartem Zeitdruck, weil die Kasernen nicht fertig wurden und es an Material fehlte, zogen sich immer mehr auf ihr eigenes Arbeitskräftepotential zurück und verzichteten auf die aufwendige Organisation der Arbeit des DD.

Dadurch entstanden bessere Möglichkeiten für die staatlich so sehr gewünschte vormilitärische Ausbildung. Im gesamten Oktober konnte in den Lagern durchschnittlich 7 Stunden ausgebildet werden. Im November gelang es in der Regel, die Jugendlichen 8 Stunden zu schulen, und erst im Dezember kann mit 25 Ausbildungsstunden — davon 8 Stunden Schießen und 8 Stunden militärische Grundausbildung — von einer vormilitärischen Ausbildung im engeren Sinne gesprochen werden[23]. Die Jugendlichen wurden in Einzel- und Gruppenausbildung auf militärisches Grundverhalten gedrillt, Sturmbahnen entstanden teils schneller als Barackenlager. Die KVP lieferte dem DD 3000 Kleinkalibergewehre für die ab Oktober vorrangig durchgeführten Schießübungen. Konfrontiert mit lustlosen Jugendlichen gestaltete sich die vormilitärische Ausbildung für die KVP-Offiziere schwierig, zumal es nicht leicht war, in den DD-Trupps geeignete Jugendliche zur Leitung der Ausbildung auf unterer Ebene zu finden. Vorschriften für die militärische und politische Ausbildung fehlten völlig, ebenso Lehrpläne.

Ähnlich schlecht gestaltete sich die Freizeitgestaltung. Sportgeräte fehlten oder litten unter ihrer Lagerung im Freien. Viele Jungen und Mädchen hatten nach organisiertem Früh- und Dienstsport keine Lust auf sportliche Freizeitbetätigung, zumal vieles auf militärisch verwendbaren Kampf- oder Motorsport hinauslief. Die geplante Motorradfahrausbildung scheiterte, weil zwar Motorräder vom Typ AWO in den Lagern vor sich hin rosteten, jedoch keine Fahrlehrer verpflichtet worden waren. Geplante Film-, Dia- und Musikvorführungen konnten wegen fehlender Stromanschlüsse nicht realisiert werden. Bücher, Musikinstrumente und Freizeitutensilien wurden erst im Oktober in die Lager überführt[24].

Eine Ursache der Probleme in den DD-Abteilungen ist in der mangelnden Qualifikation der unteren und mittleren Führungsschicht zu suchen. Die Truppführer waren aus den DD-Freiwilligen bestimmt worden, die Lagerleitungen setzten sich aus unerfahrenen FDJ-Funktionären zusammen. Weder Unterführer noch Offiziere hatten vorab eine Schulung erhalten und zeigten sich angesichts der äußeren Lager- und Arbeitsumstände nunmehr überfordert. Das Durchschnittsalter der Zugführer belief sich auf 18,5 Jahre, die Abteilungsleiter erreichten einen Altersdurchschnitt von nur 19 Jahren, die Lagerleiter von 26 Jahren. Die DD-Funktionäre verfügten damit kaum über Erfahrungen in der Menschenführung. Ebenso mangelhaft war das Bildungsniveau der Offiziere und Unterführer. Von 70 Offizieren verfügten 56 nur über einen Grundschulabschluß, 4 hatten die Mittelschule, 8 eine Oberschule besucht. Von 301 Unterführern hatten 280 nur Grundschulausbildung. Damit lag der Prozentsatz der untersten Schulbildung im Unterführerkorps bei 93 %[25].

Zwangsläufig mußten sich die schlechten Lebensumstände und die Leitungsmängel unmittelbar auf die Moral in den Lagern auswirken. Bis in den November hinein herrschten in sämtlichen Lagern des DD unhaltbare Zustände. Mancherorts reagierten die Jugendlichen auf die Unzulänglichkeiten mit Arbeitsverweigerung und Protesten. Disziplinarische Verstöße waren an der Tagesordnung. Ausgangsüberschreitungen bis zum nächsten Morgen oder aber unerlaubtes Entfernen über Stunden und Tage häuften sich. In den nähergelegenen Dörfern fielen die Jugendlichen durch ihr ausgelassenes Auftreten, die ungepflegte Erscheinung und durch reichlichen Alkoholkonsum auf. Beschwerden waren die unausbleibliche Folge. Durch die mangelnde Lagerordnung und das fehlende Durchsetzungsvermögen der Vorgesetzten regierte in den Lagern bisweilen das Faustrecht. Vom 1. Oktober 1952 bis zum 31. Januar 1953 wurden 114 schwere Vorkommnisse gemeldet, darunter 65 unerlaubte Entfernungen, 15 Diebstähle und 34 Unfälle. Erstaunen mag, daß in diesem Zeitraum bei Diebstählen der Brigadestab Nordost und bei allgemeinen Vorkommnissen die HVDD führend waren[26]. Allgemein sank die Dienstmoral der Jugendlichen. Insbesondere unter den Mädchen wuchs die Zahl der Depressionen und hysterischen Anfälle; »Fahnenfluchten« und Suizidversuche blieben nicht aus.

Durch Briefe erfuhren Eltern und Freunde von den katastrophalen Lebensumständen der 3677 männlichen und 2367 weiblichen Lagerinsassen[27]. Eine Welle der Empörung schwappte über die Kreis- und Bezirksleitungen von SED und FDJ bis hoch zum SED-Politbüro. Der »Dienst für Deutschland« stand nicht ganz zufällig am 14. Oktober 1952, als Walter Ulbricht abwesend war, erneut auf der Tagesordnung einer Politbürositzung[28]. Kritisiert wurde die Arbeitsorganisation in ihren Mängeln, vor allem aber in ihrer militanten Form. Als Hauptschuldige für die DD-Zustände griffen Politbüromitglieder vor allem Ulbricht und Honecker an. Ulbricht hatte das Politbüro nicht einmal über die grundlegenden Beschlüsse unterrichtet, die Existenz der Mädchenlager war im Politbüro unbekannt. Die SED-Führung beschloß, die FDJ von der Hauptverantwortung über GST und DD zu entbinden und die DD-Mädchenlager aufzulösen. Die anwesenden Politbüromitglieder beantragten gegen die Verantwortlichen ein Untersuchungsverfahren bei der Zentralen Parteikontrollkommission (ZPKK). Nach der Rückkehr Ulbrichts allerdings verlief dieses Verfahren im Sande, allein DD-Chef Balzer und Brigadeleiter Frey erhielten eine Rüge bzw. eine strenge Rüge[29].

In der Zeit vom 12. bis zum 30. November erfolgte die Auflösung der Mädchenlager. Weit besser organisiert als der gesamte DD, funktionierten

Rücktransport und Überführung in das zivile gesellschaftliche Leben nahezu reibungslos[30]. Staatliche und gesellschaftliche Organisationen waren zu jeder Hilfestellung verpflichtet, um weiteren ideologischen Schaden von der Staatsmacht fernzuhalten.

Konnten nunmehr zwar die materiellen Probleme in den DD-Lagern gelöst werden, indem man die Stärke der Arbeitsorganisation von 6488, darunter 2431 Mädchen, Mitte November auf 4086 DD-Angehörige, davon nur 106 weibliche Angehörige im Versorgungs- und Sanitätsdienst, im Dezember gesenkt hatte[31], so wirkten doch die allgemeinen Probleme weiter. Der Umzug in die Barackenlager ab Ende Oktober hatte die schwersten Unterbringungsprobleme gelöst, die Barackenlager waren allerdings nicht winterfest. Gravierender waren die Probleme des Arbeitseinsatzes. Im Dezember und Januar kam die Tätigkeit des DD nahezu völlig zum Erliegen.

Jetzt setzten sich die Stimmen in der DDR-Führung durch, die für eine radikale Veränderung der Arbeitsorganisation plädierten. Nüchterne Zahlen gaben den »Reformern« recht.

Der ökonomische Nutzen der Organisation blieb weit hinter den Erwartungen der SED-Führung sowie dem materiellen und ideellen Aufwand für den Dienst zurück. Im Sommer 1952 war man vom DD als einer sich selbst tragenden Organisation ausgegangen. Die Jugendlichen sollten alle Ausgaben des DD bis hin zu den Gehältern der Funktionäre erarbeiten. 1952 gab die DDR 64 Mill., 1953 noch einmal 7,4 Mill. Mark für ihre Arbeitsorganisation aus. 3,5 Mill. DM kostete das Stammpersonal, mit 0,3 Mill. DM kamen nur 4 % der Ausgaben über das Tagegeld von 1 DM den Jugendlichen direkt zugute. Auch in der Ausbeutung der Arbeitskraft stand der real existierende DDR-Sozialismus dem RAD in nichts nach. Die Erlöse des Arbeitsdienstes 1952/53 beliefen sich insgesamt auf 384 000 DM. Das entsprach einem Prozentsatz von nur 0,54 % an den Gesamtausgaben. Die immense Differenz zwischen Aufwand und Nutzen macht die Ineffektivität des DDR-Arbeitsdienstes deutlich.

Der Arbeitsdienst wurde zwar im Januar 1953 in seiner ursprünglichen Form völlig aufgelöst[32], doch im März 1953 wurde in Anbindung an des Ministerium für Arbeit eine Organisation »Arbeitseinsatz Dienst für Deutschland« (ADD) ins Leben gerufen. Wiederum warnten SKK-Funktionäre vor einem neuen Versuch. Dennoch hoffte die DDR-Führung, mit der Anbindung an direkte Wirtschaftsvorhaben und Betriebe die Arbeitseffektivität zu erhöhen, der Organisation mit der Verwendung arbeitsloser Jugendlicher eine soziale Zielrichtung zu geben, den ökonomisch-politischen Nutzen erhalten zu können und nur die militärische Komponente zurückzudrängen.

Erneut wurden Jugendliche geworben oder verpflichtet. Das Lager Fürstenberg nahm bis zum Sommer 1953 1100 Jugendliche auf, die bei Bauarbeiten in Stalinstadt (Eisenhüttenstadt) halfen. Auch beim Aufbau des Eisenhüttenwerks Calbe, in der Bau-Union Wismar, in der Großkokerei Lauchhammer und der Maxhütte Unterwellenborn kamen ADD-Mitglieder zum Einsatz. Der ADD erreichte Ende Mai eine Stärke von fast 2000 Jugendlichen. Problematisch bei dieser Form des Arbeitsdienstes jedoch war, daß die Staatsführung die gesamte finanzielle und arbeitsorganisatorische Last den Betrieben aufbürdete, die über ihre Lohnfonds oft lieber qualifizierte Arbeiter beschäftigten. Das führte schnell zu Konflikten, so daß das Ziel des ADD, beschäftigungslose Jugendliche in den Arbeitsprozeß zu integrieren, nicht erfüllt wurde.

Am 7. Juni 1953 wies Ulbricht telefonisch die Auflösung des ADD an[33]. Der DDR-Arbeitsdienst hatte sich ökonomisch wie politisch nicht bewährt. In aller Stille wurden die Reste der Jugendarbeitsorganisation nach dem 17. Juni 1953 aufgelöst. Reste der Organisation und die Lager sollten nunmehr der militärischen Ausbildung von Parteifunktionären dienen. In den 50er Jahren existierten in der politischen Führung Überlegungen über einen Arbeitsdienst fort, erst nach der Einführung der allgemeinen Wehrpflicht wurden die gesetzlichen Grundlagen des DD am 15. Mai 1962 aufgehoben[34].

Leitung

1952–1953 Gerhard Balzer

Wichtige Daten

April 1952	»Empfehlung« zur Bildung eines DDR-Arbeitsdienstes durch die UdSSR
24. Juli 1952	Verordnung des Ministerrates zur Schaffung des DD
1. August 1952	Bildung der HVDD und Beginn des Lageraufbaus im Nordosten der DDR
November 1952	Auflösung der Mädchenlager
Januar 1953	Auflösung des DD
März 1953	Schaffung des ADD
Juni 1953	Auflösung des ADD

Quellen- und Literaturauswahl

Die Stiftung Archiv der Parteien und Massenorganisationen der DDR (SAPMO) im Bundesarchiv besitzt wesentliche Quellen zu Aufbau, Funktion und Auflösung des DD von politischen Entscheidungen über die Tätigkeit der FDJ bis hin zu Berichten der HVDD in den Beständen des Politbüros, des Sekretariats des ZK der SED (DY 30 I IV 2/2/... und I IV 2/3/...), der ZPKK (I IV 2/4/...), der Abteilung Jugend (IV 2/16/...), der Abteilung Parteiorgane (IV 2/5/...) und in den Nachlässen Grotewohl (NY 90/...), Ulbricht (NY 182...) und Pieck (NY 36/...). Im Bundesarchiv findet sich ebenfalls ein Aktenbestand zum ADD im Bestand des Ministeriums für Arbeit (Q-2...) mit Berichten zum DD und der Nachfolgeorganisation ADD. Im Jugendarchiv des Instituts für zeitgeschichtliche Jugendforschung (JA, IzJ) befinden sich die Bestände des Zentralrats der FDJ, der Verbandsorgane in den bewaffneten Kräfte u.a.m., die Rolle, Einflußnahme und Werbung der FDJ für den DD dokumentieren. Das Bundesarchiv-Militärarchiv in Freiburg besitzt den Bestand Dokumente der HVDD (DVH 6/6121–6137). Des weiteren befinden sich im Bestand Kasernierte Volkspolizei/Stab verschiedene Dokumente zur Organisation und zur Finanzierung des DD (DVH 3/...).

Über den relativ wenig bekannten und eine Marginalie der DDR-Geschichte darstellenden DD gibt es bislang nur wenige Veröffentlichungen. Zu nennen sind hier vor allem:

Buddrus, Michael, Die Organisation »Dienst für Deutschland«. Arbeitsdienst und Militarisierung in der DDR, Weinheim, München 1994

Diedrich, Torsten, »Dienst für Deutschland«. Eine Wehr- und Arbeitsorganisation für die Jugend der DDR, in: Deutschland-Archiv, 27 (1994), S. 830–841

Lippmann, Heinz, Honecker. Biographie eines Nachfolgers, Köln 1971

Mählert, Ulrich und Gerd-Rüdiger Stephan, Blaue Hemden — Rote Fahnen. Die Geschichte der Freien Deutschen Jugend, Opladen 1996

Anmerkungen

1 SAPMO-BArch, NY 36/ 696, Bl. 28, Plan der Besprechung am 1.4.1952 von 21.00 bis 23.00 Uhr.

2 Vgl. ebd., DY 30/ I IV 2/2/206, Bl. 2 ff., Protokoll der Politbürositzung vom 11.4.1952.

3 Vgl. BArch, Q-2, 2182, Bl. 1 ff., Info-Bericht zu Umfragen des Amtes für Information vom 27.10.1952.

4 Vgl. BA-MA, DVH 6/ 6124, Bl. 24 ff., Untersuchung der HVDD über den Reichsarbeitsdienst weibliche Jugend.

5 Vgl. JA, IzJ, A 11922/2, o.B., Abschlußbericht der Abteilung Ausbildung o.D.

6 Vgl. Diedrich, »Dienst für Deutschland«, S. 830 f.

7 Vgl. SAPMO-BArch, DY 30/ I IV 2/3/308, Bl. 102, Protokoll der Sekretariatssitzung vom 17.6.1952

8 Vgl. ebd., NY 90/449, Bl. 6 ff., Finanzplan vom Juli 1952.

9 Vgl. ebd., DY 30/ I IV 2/3/308, Bl. 2 ff., Protokoll der Sekretariatssitzung vom 17.6.1952.

10 Vgl. ebd., Bl. 87 ff.

11 Vgl. Junge Welt vom 7.8.1952.
12 Vgl. SAPMO-BArch, DY 30 / IV 2/16/57, o. Bl., Statistik der Sekretariatssitzung des Zentralrats der FDJ vom 10.9.1952.
13 Vgl. JA, IzJ, A 3.342, o. Bl., Bericht über die bisherige Entwicklung der Organisation Dienst für Deutschland (ODD) vom 5.10.1952.
14 Vgl. BArch, Q-2,2182, Bl. 1 ff., Info-Bericht zu Umfragen des Amtes für Information vom 27.10.1952.
15 Vgl. BA-MA, DVH 6/ 6135, Bl. 192, Abschlußbericht der Abt. Org.-Planung vom 5.3.1953.
16 Vgl. SAPMO-BArch, DY 30 I IV 2/4/267, Bl. 41 ff., Bericht der ZPKK vom 12.11.1952.
17 Vgl. ebd., NY 90/ 449, Bl. 3 f., Planungsdokumente des DD im Nachlaß Grotewohl.
18 Vgl. BA-MA, DVH 6/ 6135, Bl. 205 ff., Abschlußbericht der Abteilung Sanitätswesen o.D.
19 Vgl. ebd., Bl. 149, Situationsbericht vom 22.10.1952.
20 Vgl. SAPMO-BArch, DY 30/ IV 2/16/84, Bl. 217 ff., Info-Bericht von Heinz Lippmann vom 21.10.1952.
21 Vgl. ebd., DY 30/ I IV 2/2/249, Bl. 35, Bericht der ZPKK vom 25.11.1952.
22 Vgl. BA-MA, DVH 6/ 6124, Bl. 21, Anlage zum Jahresbericht der Abteilung Ausbildung o.D.
23 Vgl. ebd., Bl. 15 f., Jahresbericht der HVDD vom 7.1.1953.
24 Vgl. zur Ausbildung ebd., DVH 6/ 6134, Bl. 13 ff., Jahresbericht der Abteilung Ausbildung 1952 o.D.
25 Vgl. ebd., DVH 6/ 6135, Bl. 176 ff., Abschlußbericht der Abteilung Kader o.D.
26 Vgl. ebd., Bl. 195, Abschlußbericht der Abt Org.-Planung.
27 Vgl. ebd., Bl. 192.
28 Vgl. SAPMO-BArch, DY 30/ I IV 2/2/ A-222, Protokoll der Politbürositzung vom 14.10.1952.
29 Vgl. ebd., DY 30/ I IV 2/2/249, Bl. 40.
30 Vgl. JA, IzJ A 357, o.B., Plan der Rückführung der weiblichen Angehörigen der Brigade I vom 8.11.1952.
31 Vgl. BA-MA, DVH 6/ 6135, Bl. 192.
32 Vgl. SAPMO- BArch, DY 30/ I IV 2/2/258, Bl. 4, Protokoll der Politbürositzung vom 20.1.1953.
33 Vgl. BArch, Q-2 1552, o.B., Abschlußbericht der ADD vom 22.12.1953.
34 Vgl. Gesetzblatt der DDR, T. II, Nr. 35, 29.5.1962, S. 315.

Paul Heider

Die Gesellschaft für Sport und Technik (1952–1990)

Die Gesellschaft für Sport und Technik (GST) zählte mit der Aufgabenstellung, durch die vormilitärische Ausbildung die Wehrbereitschaft und Wehrfähigkeit der Bevölkerung, insbesondere der jungen Menschen, zu erhöhen, zu den großen sozialistischen Massenorganisationen der DDR.

Die GST war — obwohl die Schießausbildung zu ihren Hauptbetätigungsfeldern zählte — zu keiner Zeit bewaffnet, besaß eigenständig keinen Kampfwert und es war auch nicht vorgesehen, daß sie selbständig oder im Zusammenwirken mit militärischen Verbänden Kampfaufgaben erfüllt. Aus diesem Grunde gehörte sie nicht im eigentlichen Sinn zu den bewaffneten Organen. Dennoch ist es gerechtfertigt, sie im Rahmen dieser Organe zu behandeln, hatte die GST doch einen festen Platz im System der Wehrerziehung in der DDR und war sie nach den Vorstellungen der Armeeführung unverzichtbar für die Vorbereitung der Jugendlichen auf den Militärdienst. Das fand seinen Niederschlag in zahlreichen Gesetzen und Verordnungen der Volkskammer und des Ministerrates der DDR, mit denen den für die Tätigkeit der GST grundlegenden Beschlüssen der SED-Führung Gesetzeskraft verliehen wurde.

Gründungs- und Aufbauphase

Die Gründung der GST fällt in die Zeit der Verschärfung des Kalten Krieges zwischen den sich gegenüberstehenden antagonistischen Gesellschaftssystemen und den sich herausbildenden Militärblöcken. Dieser Prozeß wurde auf beiden Seiten durch den Ausbruch und Verlauf des Korea-Krieges beschleunigt, der von der Sowjetunion und der DDR propagandistisch als auch in Europa wiederholbarer Angriff der »imperialistischen« Westmächte interpretiert wurde. Sie steht in unmittelbarer Verbindung mit jenen Maßnahmen, die Stalin und die SED-Führung zur militärischen Aufrüstung der jungen DDR für notwendig erachteten. Die Anstöße zur Gründung der GST kamen aus Moskau, Ziel und Zweck der Organisation bestimmte das Politbüro der SED. Während einer Beratung in Moskau am 1. April 1952 hatte Stalin neben anderen Schritten zum weiteren Aufbau bewaffneter Formationen in der DDR auch angeregt, einen »Jugenddienst — vormilitärische Erziehung« zu bilden. Die Jugend müsse schießen lernen und die militärische Ausbildung sei zu organisieren[1]. Etwa zwei Wochen später beschloß man in einer Besprechung beim Chef der Sowjetischen Kontrollkommission in Deutschland, V.I. Čuikov, und dem Botschafter der UdSSR in der DDR, V. Semenov, an der Wilhelm Pieck, Otto Grotewohl und Walter Ulbricht teilnahmen, eine Organisation »Schutz der Heimat« zu bilden. Gleichzeitig stimmte man darin überein , daß angesichts der zu erwartetenden Reaktionen von innen und außen eine zivile Bezeichnung besser wäre. Einigkeit bestand auch darüber, daß es eine Organisation sein müßte, die sich — ausgerichtet auf das beabsichtigte vormilitärische Ausbildungsziel, gleichzeitig aber auch die Interessen der Jugendlichen ansprechend — mit Motorrad- und Automobilsport, mit Schießsport (Kleinkaliber), mit Segelflug- und Fallschirmsport, Radiosport (womit Funk- und Fernmeldewesen gemeint war), sowie mit Sport auf dem Meer und auf Seen beschäftigten sollte[2]. Damit war der Zweck der neuzuschaffenden Organisation, für die schließlich eine von Heinz Hoffmann, dem damaligen Chef der Hauptverwaltung für Ausbildung (HVA), geleitete Kommission den Namen »Gesellschaft für Sport und Technik« fand, umrissen. Struktur, personelle Zusammensetzung der Leitung sowie alle Schritte zur Gründung und zum Aufbau der Organisation wurden bis in die Einzelheiten vom Politbüro der SED beschlossen und mit den zuständigen sowjetischen Organen in der DDR abgestimmt. Erziehung der Jugend und darüber hinaus der gesamten Bevölkerung im »Geiste des Patriotismus«, der seinen Ausdruck darin finden sollte, zum »Schutz der Heimat« bereit zu sein, wurde als allgemeiner Zweck der Organisation formuliert. Bezüglich der militärpolitischen und militärtechnischen Funktionsbestimmung war man zunächst noch recht zurückhaltend. Vielmehr wurde das sportlich-technische Element der neuen Organisation hervorgehoben. Das entsprach durchaus einem verbreiteten Interesse bei den Jugendlichen. Der FDJ wurde übertragen, die Teilnahme der Jugend an der Arbeit der GST zu fördern und die Organisation mit entsprechenden Funktionären zu unterstützen.

Nachdem in internen Beratungen der Parteispitze alle Entscheidungen für die militärische Vorbereitung der Jugend getroffen waren, bemühte man sich, unter Verschleierung der tatsächlichen Abläufe, die Weichenstellung als mehr oder weniger aus der Masse der Jugend gewachsene Willenserklärung erscheinen zu lassen. Dazu erklärte der Vorsitzende des Zentralrates der FDJ, Erich Honecker, auf dem IV. Parlament der FDJ, das vom 27. bis 30. Mai 1952 in Leipzig tagte, es gäbe keinen Hinderungsgrund, »im Interesse der Erhöhung der Kampfbereitschaft für den Frieden«, die Jugend auf die Verteidigung der

Heimat vorzubereiten. »Wir schlagen daher dem Parlament vor, alle Anträge in bezug auf die Einführung des Schießsports, des Segel- und Motorflugsports, des Wasserfahrsports in einem Beschluß zusammenzufassen« und an die Regierung die Bitte zu richten, »die Jugend in der Schaffung solcher Einrichtungen zu unterstützen, die es ihr ermöglichen, in den angeführten Sportarten einen hohen Leistungsstand zu erzielen[3].«

Am 7. August 1952 schließlich erließ der Vorsitzende des Ministerrates der DDR, Grotewohl, die Verordnung über die Bildung der Gesellschaft für Sport und Technik[4]. Danach erhielt die GST als Körperschaft des öffentlichen Rechts nicht nur die Aufgabe, »auf freiwilliger Grundlage Jugendliche und Erwachsene beiderlei Geschlechts [...] durch den Sport körperlich zu ertüchtigen und mit technischen Kenntnissen auszurüsten«, sondern darüber hinaus viel allgemeiner »die Regierung beim Aufbau des Sozialismus und bei der Stärkung der volksdemokratischen Grundlagen zu unterstützen«[5]. Die Leitung der GST sollte unter Kontrolle des Innenministeriums — ab 1956 des Ministeriums für Nationale Verteidigung — ein Zentralvorstand mit einem Sekretär als Leiter übernehmen. Zu ihrem ersten Sekretär wurde Arno Berthold ernannt, ein wegen seiner politischen Überzeugungen von den Nationalsozialisten inhaftierter früherer Sozialdemokrat, der nach dem Kriege verschiedene Funktionen in der Volkspolizei innegehabt hatte.

In der Aufbauphase der GST war die Unterstützung der FDJ maßgeblich. Zahlreiche FDJ-Funktionäre wurden in die neue Gesellschaft delegiert. Den Grundstock bildeten die Interessengemeinschaften für Sport, die bereits seit 1950 in der FDJ bestanden. Etwa 45 000 Mitglieder dieser Interessengemeinschaften wurden Mitglieder der GST. Dennoch gab es zwischen beiden Organisationen gewisse Kompetenzprobleme, zudem mußten erst praktische Erfahrungen gesammelt werden, ehe es später zu einer Abgrenzung der Verantwortlichkeiten und einer mehr oder weniger geordneten Zusammenarbeit kam. Der Aufbau der GST wurde mit außerordentlichem Tempo vorangetrieben, damit sie den gestellten Erwartungen, möglichst rasch den Eintritt männlicher Jugendlicher in die Kasernierte Volkspolizei (KVP) zu fördern, gerecht werden konnte. Mit Gründungsversammlungen in Großbetrieben, wie in den Optischen Werken Rathenow, in den Leuna-Werken und im Chemiewerk Buna, wurden Beispiele geschaffen, die republikweit ausstrahlen sollten. In der Tat breitete sich die GST in den folgenden Jahren mit ihren Grundorganisationen in Ausbildungsstätten und Betrieben aus. Auf diesem Wege konnte schließlich ein großer Teil der jugendlichen Zielgruppe mit in oder außerhalb der Ausbildungs- bzw. Arbeitszeit angesetzten Übungsstunden erfaßt werden.

Offiziere und Unteroffiziere der KVP, später der NVA, halfen bei der Heranbildung und Schulung von Ausbildern der GST, und stellten die Masse des hauptamtlichen Personals. Bereits im Januar 1953 kam das Sekretariat des provisorischen Zentralvorstandes zu der Bewertung, in den knapp fünf Monaten seit Gründung der Organisation seien die Voraussetzungen geschaffen worden, um den planmäßigen militärsportlichen Ausbildungsbetrieb aufnehmen zu können. Allerdings wirkten diesem Vorhaben eine Reihe von Vorbehalten und Hemmnissen entgegen. Während es für Funkausbildung, Motorradfahren und Fliegen reges Interesse gab, stießen militärische Ordnungsübungen und Schießen weitgehend auf Ablehnung. In verschiedenen Bezirken versuchte die »Junge Gemeinde« der evangelischen Kirche, Widerstand gegen die GST zu organisieren.

Von Anfang an orientierte sich die GST an der 1951 gegründeten sowjetischen DOSAAF, die Vorbildcharakter für alle vormilitärischen Organisationen in den Staaten des Ostblocks hatte. In organisationsintern verbreiteten Schriften wurde hervorgehoben, daß die Bruderorganisation ihre gesamte Tätigkeit darauf ausrichtete, ihre Mitglieder für den Militärdienst in den Streitkräften vorzubereiten.

Der weitere Aufbau der noch wenig gefestigten Organisation wurde durch den Volksaufstand vom 17. Juni 1953 und die anschließende Verkündung des »Neuen Kurses« der SED, der das Aufrüstungstempo in der DDR verlangsamte, erheblich gebremst und teilweise zurückgeworfen. Es kam zu Auflösungserscheinungen, verschiedentlich erhielten GST-Grundorganisationen sogar die Anweisung, die militärsportliche Ausbildung einzustellen. Auf einer Tagung des Sekretariats des Zentralvorstands wurde im September 1953 festgestellt, seit Anfang 1953 sei der sportliche Charakter der Organisation vernachlässigt und ihr »ein betont militärischer Anstrich gegeben« worden. Das habe eine bedenkliche Lockerung des Verhältnisses zwischen Leitungen und Mitgliedern zur Folge gehabt. An die Stelle der Überzeugung sei das Kommando getreten, hauptamtliche Funktionäre hätten Kritik an übergeordneten Leitungen unterdrückt und verschwiegen. Als Hauptaufgabe der GST im Rahmen des »Neuen Kurses« nannte die Tagung in ihrer Entschließung die systematische und planmäßige Vermittlung technischer Kenntnisse und sportlicher Fähigkeiten[6]. Doch es verging nur eine relativ kurze Zeit, bis die Abteilung für Sicherheitsfragen beim ZK der SED diese Aufgabenbeschreibung als »Nur-Sportlertum« kritisierte und zudem feststellte, die anfangs enge Zusammenarbeit zwischen GST und KVP hätte sich gelockert, die vormilitärischen Ausbildungsanteile seien in den Hintergrund getreten. Eine neuerliche Kursänderung ließ deshalb nicht lange auf sich warten.

Am 4. Januar 1955 faßte das Politbüro der SED einen Beschluß über die Aufgaben der GST. Er ist im Verbund zu sehen mit weiteren Schritten zur Militarisierung des gesamten gesellschaftlichen Lebens in der DDR, mit denen die SED-Führung auf den Abschluß der Pariser Verträge reagierte, in denen im Oktober 1954 die Grundlagen für den Aufbau nationaler westdeutscher Streitkräfte geschaffen wurden. Nimmt man diesen Beschluß wörtlich, entsteht der Eindruck, daß das gesamte Leben in der DDR möglichst weitgehend nach militärischen Prinzipien und Normen ausgerichtet werden sollte. Wenn er u.a. organisierte Märsche ganzer Betriebsbelegschaften vorsah, wurde das Zumutbare weit überschritten, weshalb erhebliche Teile dieses Beschlusses nie realisiert worden sind. In der Diktion des Politbürobeschlusses wurden der GST folgende Aufgaben übertragen[7]:

- Vormilitärische Ausbildung der jugendlichen Arbeiter und werktätigen Bauern sowie der Söhne der fortschrittlichen Intelligenz, um sie für den Dienst in der KVP vorzubereiten;
- vormilitärische Ausbildung *aller* Arbeiter und werktätigen Bauern, um sie zur Verteidung der Heimat zu befähigen;
- Vermittlung von militärischen und militärtechnischen Kenntnissen unter den Werktätigen;
- Erziehung der Arbeiter und werktätigen Bauern zum Haß gegen die Kriegstreiber und Feinde der DDR sowie zur Liebe zur Heimat und zur Erkenntnis der Notwendigkeit ihrer bewaffneten Verteidigung durch eine breite mündliche und schriftliche Agitation und Propaganda.

Konkret wurde festgelegt, die Arbeiter und Bauern im Alter von 20 bis 50 Jahren allgemein vormilitärisch und darüber hinaus an allen Hand- und automatischen Waffen auszubilden. Die Chefs der Volkspolizei wurden verpflichtet, Offiziere und Spezialisten im Rahmen »freiwilliger« außerdienstlicher Tätigkeit als Ausbilder für die GST abzustellen.

Bemerkenswert an dieser Aufgabenstellung ist der sozialpolitische Aspekt, denn sie konzentrierte sich hauptsächlich auf die Arbeiter und Bauern; Angehörige des gewerblichen Mittelstands und anderer Schichten, die wohl nicht zu unrecht als Gegner forcierter Wehrerziehung galten, blieben ausgeklammert. Natürlich fand dieser Kurs auch bei den Zielgruppen, die die große Masse der Bevölkerung stellten, keine uneingeschränkte Resonanz. Hinzu kam, daß die GST nicht nur die vormilitärische Ausbildung der männlichen Jugendlichen im Alter von 17 bis 22 Jahren betreiben sollte, sie wurde immer mehr auch zum hauptsächlichen Träger der Werbung für die KVP erkoren. Vor allem diese Aufgabe überforderte die ohnehin noch ungefestigte Organisation.

Die Durchsetzung des Militarisierungskurses in der GST bedurfte nach Überzeugung der SED-Führung eines personellen Wechsels an der Spitze. Berthold wurde aus »gesundheitlichen Gründen« von seiner Funktion entbunden und als neuer Vorsitzender des Zentralvorstands der GST im Januar 1955 Richard Staimer eingesetzt. Staimer bot mit seiner Vita, die ihn als langjährigen KPD-Funktionär, Gauleiter des Roten Frontkämpferbundes und Teilnehmer am Spanischen Bürgerkrieg — zuletzt als Kommandeur der XI. Internationalen Brigade — und nach dem Krieg als Chef der Brandenburger Polizei auswies, offenbar die Gewähr für die zuverlässige Umsetzung der politischen Aufgabenstellung.

Im April 1955 erfolgte der Umzug des Zentralvorstands der GST von seinem bisherigen Sitz in Halle nach Neuenhagen bei Berlin. Staimer, der offenbar mit großem Elan an die ihm übertragene Aufgabe ging, gelang es bald, die bisherige Improvisation in der Organisationsarbeit zu überwinden. Wie er bei Kontrollen feststellte, standen die registrierten Grundorganisationen oft nur auf dem Papier, die bestehenden wußten vielfach nicht, wie sie ihre Arbeit organisieren sollten, und auch über die Ausbildung war man sich noch im unklaren. Bei der Überwindung dieser Unzulänglichkeiten erhielt Staimer die Unterstützung der Parteiführung, die die Mitglieder der SED innerhalb der GST für die Verwirklichung des im Januar 1955 gefaßten Beschlusses verantwortlich machte.

Den Genossen in der GST wurde die Verantwortung übertragen, »der Jugend in periodischen Ausbildungs- und Unterrichtungsabschnitten ausreichende militärische Kenntnisse zu vermitteln. Das erfordert breite Möglichkeiten zur Schieß- und Geländeausbildung überall in unserer Republik durch die GST-Einheiten zu schaffen[8].« Mit einer Verordnung vom 12. April 1956 sanktionierte schließlich der Ministerrat der DDR den von der Parteiführung der SED gewiesenen Kurs. Es hieß darin: »Sie [die GST, P.H.] vereinigt in ihren Reihen auf freiwilliger Grundlage Jugendliche und Erwachsene beiderlei Geschlechts mit dem Ziel, sie durch den Sport körperlich zu ertüchtigen und sie durch sportliche und technische Ausbildung zur weiteren Stärkung der Verteidungsfähigkeit der DDR vorzubereiten[9].« Die staatliche Anleitung und Kontrolle der GST wurde dem Verteidungsministerium übertragen.

Mit dem ersten Kongreß der GST, der im September 1956 in Karl-Marx-Stadt (Chemnitz) stattfand und an dem die Delegierten und Abordnungen aus Grundorganisationen bereits in Uniformen auftraten, kam die Aufbauphase der Organisation zum Abschluß. Die Teilnahme von zehn ausländischen Delegationen, darunter Abordnungen der sowjetischen DOSAAF, des Zentralen Sportklubs der Volksrepublik China sowie aus den Nachbarländern Polen und ČSR, zeigte, daß die GST in allen sozialistischen Ländern als Partner zur Kenntnis genommen wurde. Der Kongreß betonte, es dürfe für die Mitgliedschaft keine Behinderung nach Klassenzugehörigkeit, Weltanschauung oder Geschlecht geben, denn jeder Bürger habe die Pflicht, zur Verteidigung der DDR beizutragen. Das bedeutete eine gewisse Korrektur jener sozialpolitischen Abgrenzung, wie sie der Politbürobeschluß vom 4. Januar 1955 enthielt. Somit wurde dem am 18. Januar 1956 von der Volkskammer einhellig angenommenen Gesetz zur Bildung der NVA entsprochen, bei dessen Beschlußfassung die gemeinsame Verantwortung aller Klassen und sozialen Schichten der DDR-Bevölkerung für den militärischen Schutz des Sozialismus betont worden war. Staimer verlangte in seinem Bericht, den Schieß- und Geländesport mit Hilfe der GST zu einem festen Bestandteil des gesellschaftlichen Lebens im Lande zu machen, das in der GST noch weit verbreitete »Nur-Sportlertum« zu überwinden und die sportlich-technische Ausbildung enger mit der politisch-ideologischen Erziehung zu verbinden. Er forderte die Organisation dazu auf, ihren Einfluß in den Betrieben und bei der Landjugend zu erweitern, um sich die angestrebte Massenbasis zu schaffen. Darüber hinaus sollte sie ihren Einfluß geltend machen, um vorhandene pazifistische Auffassungen zu überwinden.

Der damalige Verteidigungsminister, Generaloberst Willi Stoph, betonte als verantwortliches Regierungsmitglied für die GST die Notwendigkeit, die Mitglieder weitaus stärker als bisher mit dem Leben in der NVA vertraut zu machen. Er regte an, ständige Beziehungen zu Einheiten und anderen Dienststellen der Armee zu entwickeln, und erteilte der Organisation konkret den Auftrag, möglichst viele Jugendliche auf den Dienst in der NVA vorzubereiten und für eine Dienstverpflichtung zu gewinnen. Entsprechende Soll-Zahlen wurden vorgegeben. Die GST wurde damit zeitweilig zur Basisorganisation für die Werbung und Rekrutierung von Jugendlichen für die NVA, womit sie einen Beitrag dazu leistete, das Quorum der offiziell »freiwilligen« Meldungen zu erfüllen. In Berichten ist dazu zu lesen, wieviel GST-Mitglieder jeweils zur NVA »abverfügt« oder »zugeführt« worden waren — Begriffe, die allerdings nichts mit Freiwilligkeit zu tun haben. Trotz massiven moralischen Drucks zeigte sich aber nicht nur, daß die Möglichkeiten, die NVA weiterhin auf freiwilliger Grundlage zu rekrutieren, erschöpft waren. Beispielsweise waren im Februar 1961 erst 40 Prozent des gestellten Solls der NVA-Werbung für die Frühjahrseinstellung erreicht. Hinzu kam, daß die überspannten Forderungen zu rückläufigen Tendenzen in der Organisationsarbeit führten. Eine Reihe von Grundorganisationen zerfielen, weil sie keine Leitungen mehr hatten, da deren Mitglieder zur NVA »abverfügt« waren. Eine ständig wachsende Zahl junger Männer, darunter auch Mitglieder der GST, suchten dem zunehmenden Druck durch Übertritt in die Bundesrepublik zu entkommen. Als die SED-Führung und die Regierung der DDR im Einvernehmen mit den Partei- und Staatsführungen der UdSSR und der anderen Mitgliedsländer des Warschauer Paktes am 13. August 1961 zur Eindämmung der immer breiter werdenden Fluchtbewegung die Grenze zu Berlin (West) und zur Bundesrepublik durch den Bau der Mauer und anderer Grenzbefestigungen schloß, rief Staimer die Grundorganisationen der GST auf, Einsatzgruppen — wie es hieß — »zum Kampf gegen Provokateure und Diversanten« zu bilden und durch deren Aufmärsche in Städten und Dörfern Stärke zu demonstrieren und die Präsenz der GST unter Beweis zu stellen. Während die Anweisung des GST-Vorsitzenden nicht überall auf Zustimmung stieß, waren andererseits solche Gruppen verschiedentlich spontan entstanden, so in einigen Dörfern in Mecklenburg, wo sie gemeinsam mit der Feuerwehr vorbeugend den Schutz von Landwirtschaftlichen Produktionsgenossenschaften und Maschinen-Traktoren-Stationen übernahmen. Insgesamt aber blieben die Einsatzgruppen eine Episode in der Geschichte der GST.

Die Instrumentalisierung der GST durch die NVA

Am 20. September 1961 beschloß die Volkskammer der DDR mit den Stimmen der sogenannten Blockparteien das Verteidigungsgesetz und am 24. Januar 1962 das Wehrpflichtgesetz. Bereits Anfang Januar 1962 erläuterte Stophs Nachfolger als Verteidigungsminister, Armeegeneral Heinz Hoffmann, vor dem Zentralvorstand der GST seine Vorstellungen über die künftigen Aufgaben der Organisation.

Sein Referat war ein Konglomerat von Visionen über einen angeblich gesetzmäßigen Siegeszug des Sozialismus, missionarisch anmutendem nationalem Eifer und einer völlig überzogenen Bedrohungsperzeption über vermeintlich von der Bundesrepublik ausgehende Gefahren. So behauptete der Minister, die »Bonner Ultras«, ein in dieser Zeit häufig benutzter Ausdruck, seien bereits in die entscheidende Etappe der Kriegsvorbereitungen gegen die DDR und andere sozialistische Länder eingetreten. Die Argumentation blieb bei den Mitgliedern der GST nicht ohne Wirkung, denn es handelte sich um ein Thema, das in den Medien der DDR, freilich völlig einseitig interpretiert, ständig im gleichen Tenor behandelt wurde. Dieser Hintergrund vermag zu verdeutlichen, warum die auf penetrante Feindbildprägung ausgerichtete ideologische Indoktrination bei einem erheblichen Teil der Mitglieder der GST Anklang fand.

Dem Minister war offensichtlich daran gelegen, bei den Mitgliedern der GST Verständnis für seine Auslegung des Verteidigungsgesetzes zu erreichen, so, wenn er betonte, die Maßnahmen zur militärischen Sicherung der DDR dürften keineswegs nur auf die NVA beschränkt werden, vielmehr sei es — wie in dem neuen Gesetz festgelegt — notwendig, die Armee, das Land und das gesamte Volk auf die »Abwehr einer imperialistischen Aggression« und zur »Vernichtung des Aggressors« unter den Bedingungen eines Raketen-Kernwaffen-Krieges vorzubereiten. In Übereinstimmung mit der sowjetischen Militärdoktrin ging man in den 60er Jahren von der Führ- und Gewinnbarkeit eines solchen Krieges aus, der — falls von der NATO provoziert und aufgezwungen — nur von kurzer Dauer sein würde. Dieser Krieg werde der gesamten Bevölkerung nie gekannte moralische und physische Leistungen bei außerordentlichen psychischen Belastungen abverlangen. Entscheidend für seinen Ausgang sei die Vorbereitung des Landes in Friedenszeiten.

Vor diesem Szenario leitete der Minister die künftigen Aufgaben der GST aus zwei sich gegenseitig bedingenden Faktoren ab: zum einen aus den Aufgaben der NVA, die den weiteren Vormarsch des Sozialismus in der DDR militärisch zu sichern und die Unantastbarkeit der Grenzen zu gewährleisten habe, zum anderen aus den Erfordernissen, die sich aus der Revolution im Militärwesen ergäben. Beides verlange »einen politisch bewußten, disziplinierten, standhaften und militärisch *gut vorgebildeten* Soldaten«[10]. In dieser Vorbildung sah er den Kern der künftigen Aufgabe der GST. Diese könne freilich nur erfolgreich sein, wenn die »patriotische« Erziehungsarbeit grundlegend verbessert werde. Als Voraussetzung dafür betrachtete Hoffmann allerdings, zunächst den politisch-moralischen Zustand der Organisation zu festigen, eine straffe Disziplin und Ordnung herzustellen. Der Minister hielt die qualitative Entwicklung der Organisation, nicht ihre zahlenmäßige Erweiterung für entscheidend. Darüber hinaus sollte die GST eine qualifizierte vormilitärische Ausbildung für *alle* Jugendlichen — auch die Nichtmitglieder — sichern.

Bei der Durchsetzung der vom Verteidigungsminister genannten Vorgaben sollten sich indes erhebliche Schwierigkeiten einstellen, denn die GST mußte auch weiterhin auf der Basis der Freiwilligkeit arbeiten. Weil insgesamt viele Fragen ungeklärt waren — etwa die Zusammenarbeit mit den Schulen — fühlte sich die GST-Führung überfordert. Da es außerdem um die Beziehungen zwischen Hoffmann und Staimer nicht gerade zum besten stand, wurde — wie stets in der Geschichte der GST — der Ausweg in einem Revirement an der Spitze gesucht. Staimer wurde am 26. Februar 1963 von seiner Funktion entbunden und durch Kurt Lohberger ersetzt. Lohberger, wie sein Vorgänger KPD-Altkader und Spanienkämpfer, hatte vor seiner Berufung leitende Funktionen in KVP und NVA innegehabt. Wie zuvor bei Staimer ruhte während der Tätigkeit in der GST das Dienstverhältnis in der NVA, beide führten als GST-Vorsitzende keinen Dienstgrad.

Bald nach dem Führungswechsel erfolgte auch eine erneute Veränderung des Aufgabenschwerpunkts. Im Januar 1964 erweiterte das Sekretariat des

ZK der SED die Aufgaben der GST gemäß dem 1963 auf dem VI. Parteitag eingeschlagenen Kurs zum umfassenden Aufbau des Sozialismus in der DDR[11]. Danach sollten »eine breite, interessante massensportliche Arbeit« entwickelt und der Jugend »vielseitige technische Kenntnisse« mit dem Ziel vermittelt werden, »die in der Gesellschaft für Sport und Technik sichtbar gewordene Enge und fast ausschließliche Beschränkung auf die allgemeine vormilitärische Ausbildung zu überwinden«. Wegen dieser Enge sei es zu einem beachtlichen Rückgang der Mitgliederzahlen gekommen. Die Zusammenarbeit zwischen GST, FDJ, DTSB und FDGB in Fragen der Wehrerziehung sollte gleichzeitig verbessert werden. Die Parteiführung betrachtete die Wehrerziehung als wesentlichen Bestandteil der »Herausbildung des neuen sozialistischen Menschen«.

Aufbau und Gliederung der GST

Aufbau und Führung der GST erfolgten nach den Prinzipien des »demokratischen Zentralismus«, d.h. die nachgeordneten Gremien hatten sich den Beschlüssen und Weisungen der übergeordneten Führungsorgane zu fügen. Oberstes Organ war der vom GST-Kongreß »gewählte« Zentralvorstand. Insgesamt fanden acht GST-Kongresse mit teilweise über 1000 Delegierten aus den Gliederungen der Organisation statt (1956: Karl-Marx-Stadt, 1960: Magdeburg, 1964: Görlitz, 1968: Ost-Berlin, 1972: Dresden, 1977: Karl-Marx-Stadt, 1982: Cottbus, 1987: Karl-Marx-Stadt)[12]. Unterhalb des Zentralvorstands, der unmittelbar für die zentralen Schulen und Ausbildungslager verantwortlich zeichnete, gliederte sich die GST in Bezirks- und Kreisleitungen. Die unterste Gliederungsebene bildeten die Grundorganisationen und Sektionen in Betrieben und Ausbildungsstätten.

Daneben unterhielten die Leitungsgremien und Grundorganisationen der GST enge Beziehungen zu Truppenteilen der NVA und zu gesellschaftlichen Organisationen, wobei eine besonders enge Zusammenarbeit mit der FDJ und dem Deutschen Turn- und Sportbund (DTSB) erfolgte. Die Beziehungen zwischen der GST und dem Hochschulwesen und sonstigen Bildungseinrichtungen regelten Arbeitsvereinbarungen, die periodisch erneuert und vom Vorsitzenden der GST und den zuständigen Ministern unterzeichnet wurden.

In der vormilitärischen Ausbildung galten militärische Führungsprinzipien. Die Ausbildung erfolgte gegliedert in Gruppen, Züge und Hunderschaften. Je nach Erfordernis gab es besonders für die laufbahnbezogene Ausbildung selbständige Züge, die ebenso wie die teilweise im Kreismaßstab organisierten Hundertschaften den Wirkungsbereich mehrerer Grundorganisationen umfaßten.

Die GST verfügte über ein breit gefächertes Netz von Schulen und Ausbildungslagern:

1. Schulen
- Zentralschule »Ernst Schneller« in Schönhagen mit: Funktionärsschule, Fliegerschule und Sektionen Nachrichten- und Modellsport
- Marineschule in Greifswald-Wieck
- Schule für Kfz-Ausbildung in Ballenstedt
- Fliegerschule in Jahnsdorf
- Fallschirmsprungschule in Halle-Oppin.

2. Ausbildungszentren
- Zentrale Ausbildungslager (ZAL): Breege bzw. Storkow, Prerow, Scheibe-Alsbach, Schirgiswalde, Tambach-Dietharz
- Bezirks- und Kreisausbildungszentren (AZ).

Alle Schulen und ZAL unterstanden dem Zentralvorstand, während die AZ den Vorständen der Bezirks- bzw. Kreisleitungen zugeordnet waren.

Konzeption und Ergebnisse der vormilitärischen Ausbildung

An der vormilitärischen Ausbildung, die nach zentralen Weisungen für die ganze GST erfolgte, nahmen viele Jugendliche freilich in erster Linie aus technischem Interesse teil, in dieser Beziehung war gegenüber der Aufbauphase kein grundlegender Wandel eingetreten. In den militärtechnischen Disziplinen konnten sie am ehesten persönlichen Wünschen und Neigungen nachgehen. Auf besonderes Interesse stieß der Erwerb der Fahrerlaubnis im Motorsport; aber auch Flugsport, Sportschießen, Funken oder Seesport erfreuten sich großen Zulaufs. Weitaus weniger Begeisterung gab es bei dem für alle Sparten obligatorischen politischen Unterricht. Ebenfalls auf Vorbehalte stieß die allgemeine vormilitärische Ausbildung, insbesondere die in den 60er Jahren noch unter der Bezeichnung »Ordnungsübungen« laufende Exerzierausbildung. In die allgemeine vormilitärische Ausbildung, für die alle wehrpflichtigen Jugendlichen gewonnen werden sollten, waren einzubeziehen: die Mitglieder der GST in allen wehrsportlichen Disziplinen; die Jugendlichen im Alter von 14 bis 18 Jahren, die Wehrpflichtigen bis zum 26. Lebensjahr sowie Studenten und Fachschüler. Die vormilitärische Grundausbildung setzte mit dem 14. Lebensjahr ein. Sie gliederte sich in den 60er Jahren in 3 Ausbildungsabschnitte zu je 60, 72 bzw. 62,5 Stunden und sollte nach 2 Jahren abgeschlossen sein. Inhaltlich umfaßte sie Exerzier-, Gelände-, Pionier-, Schieß-, Schutz- und Kfz-Ausbildung, Sport, Schwimmen, Topographie und Erste Hilfe. Bei der Durchführung der Ausbildung in der nächsthöheren Stufe waren die Kenntnisse aus der vorangegangenen zu überprüfen, zu wiederholen und zu festigen, wobei auch ein schrittweiser Übergang zur Geländeausbildung bei Nacht erfolgte. Die sogenannten Ordnungsübungen erstreckten sich von der Einzelkämpfer- bis zur Zugausbildung mit dem Ziel, zu Disziplin und zu exakter Ausführung von Kommandos zu erziehen, die Körperbeherrschung zu erhöhen und die Geschlossenheit der Ausbildungseinheiten zu erreichen. In der Geländeausbildung, in der man verschiedene Ausbildungsfächer kombinierte, wurde Einzelkämpfer- und Gruppenausbildung im Angriff, in der Verteidigung und als Aufklärungstrupp geübt. In der Pionierausbildung wurde besonderer Wert auf den Gebrauch des Feldspatens und die Schnelligkeit des Eingrabens (Schützenlöcher etc.) gelegt. In der Schießausbildung kam es auf treffsicheres und treffdichtes Schießen mit dem Kleinkalibergewehr (insgesamt 7 Übungen, eine davon bei Nacht) an. Die Kfz-Ausbildung hatte den Erwerb der Fahrerlaubnis Klasse 1 (Motorrad) bzw. Klasse 5 (LKW) zum Ziel. Auch in allen anderen, hier nicht näher erklärten Ausbildungsfächern war die militärische Form bestimmend.

Sektionen der vormilitärischen Spezialausbildung der GST

- Schießsport (Schießsport, Geländesport, Tiersportarten)
- Motorsport (Motorradsport, Autosport)
- Nachrichtensport (Fernmelde-, Fernschreib-, Funktechnik)
- Flugsport (Segel-, Motorflug, Fallschirmspringen, Modellbau)
- Seesport (Seesport, Tauchsport, Modellbau)

In der vormilitärischen Ausbildung wurden verschiedene Themen und Ausbildungsfächer zu sogenannten Komplexübungen zusammengefaßt. Als Bestandteil dieser Ausbildung und zur Erhöhung des physischen Leistungsvermögens wurde der Militärische Mehrkampf zur wichtigsten wehrsportlichen Disziplin entwickelt und verstärkt gefördert. Er umfaßte die Überwindung von Hindernissen hoher Schwierigkeitsgrade (u.a. Schwebebalken, Eskaladierwand, Wassergraben, Hürden); Umgang mit Karte und Kompaß, Orientieren im Gelände; Handgranatenzielwurf; Schießen mit Kleinkalibergewehr; Erste Hilfe, Bergen von Verletzten. Im Militärischen Mehrkampf fanden Einzel- und Mannschaftswettkämpfe statt und es wurden Kreis- und Bezirksmeisterschaften ausgetragen. Für die Teilnahme am Mehrkampf, die unabhängig von der GST-Mitgliedschaft allen Bürgern ab vollendetem 14. Lebensjahr offenstand, konnte das »Mehrkampfabzeichen« in drei Stufen (Bronze, Silber, Gold) als Einzel- und Kollektivabzeichen verliehen werden. Die Bedingungen für das Abzeichen konnten jährlich wiederholt werden.

Diese Form der Ausbildung sollte den Jugendlichen solche Eigenschaften anerziehen wie Standhaftigkeit, Mut, Entschlossenheit, Kraft, Schnelligkeit, Ausdauer, Gewandtheit und Geschlossenheit. Gepaart mit einem gleichzeitig angestrebten hohen politischen Bewußtsein, das meist mit festem Klassenstandpunkt umschrieben wurde, sah man in diesen Eigenschaften grundlegende Voraussetzungen, um die Jugendlichen auf den Dienst in der Nationalen Volksarmee vorzubereiten. Sie sollten folglich systematisch auf die politisch-ideologischen, physischen und psychischen Belastungen des Armeedienstes, sei es als Wehrpflichtiger oder Zeitsoldat, eingestimmt werden.

Bei der Realisierung der gestellten Ziele traten vor allem im Zusammenhang mit der allgemeinen vormilitärischen Ausbildung eine Reihe von Problemen auf, mit denen die GST- und Armeeführung nicht gerechnet hatten. Unzureichende Qualifikation des meist ehrenamtlichen Ausbildungspersonals und mangelnde direkte Unterstützung durch Einheiten und Truppenteile der NVA wirkten sich negativ aus. Geringschätzung von Truppenvorgesetzten gegenüber den von den Wehrpflichtigen mitgebrachten Vorkenntnissen waren durch Rückkopplung zu den GST-Grundorganisationen der vormilitärischen Ausbildung abträglich. Auch die Zuordnung von Spezialisten zu bestimmten Teilstreitkräften oder Waffengattungen lag im argen. So wurden jahrelang maritim vorgebildete Jugendliche für andere Teilstreitkräfte gemustert und einberufen, während beispielsweise im Frühjahr 1963 von den zur Marine Einberufenen weniger als 20 Prozent auf eine Ausbildung in den Sektionen Seesport der GST zurückgreifen konnten. Immer wieder kritisierte die militärische Führung die unzureichenden Ergebnisse der vormilitärischen Ausbildung, deren Qualität ein sehr unterschiedliches Niveau aufwies. Der Jahresbedarf der NVA in der Dienstlaufbahnausbildung konnte oft nicht gedeckt werden; so wurden u.a. bei Militärkraftfahrern und Funkern 1966 nur 65 Prozent erreicht — eine Folge des Fehlens von Fahrlehrern und Ausbildern.

Weiterhin machte sich in der Armeeführung Unmut darüber breit, daß der Bewußtseinsstand eines Teils der Wehrpflichtigen nicht den Vorstellungen entsprach. Kontrollberichte konstatierten nicht selten erhebliche Defizite in der »patriotischen Erziehung«. Man beklagte unzureichend entwickelten Stolz auf die »sozialistischen Errungenschaften« und daraus resultierende mangelnde Überzeugung von der Verteidigungswürdigkeit der DDR. In kirchlichen Kreisen nahmen die Vorbehalte und verschiedentlich auch Widerstand gegen die mit der Tätigkeit der GST zusammenhängenden Militarisierungstendenzen zu. So protestierten beispielsweise im April 1964 im Kreis Weißwasser/Bezirk Cottbus 14 evangelische Pfarrer gegen die Ausbildung von Schülern der Klassen 9 und 10 an Handfeuerwaffen und die Unterweisung im Umgang mit chemischen Kampfstoffen. Auch unter Studenten machte sich immer wieder Unmut und Widerwille in Fragen vormilitärische Ausbildung und Sicherheitspolitik der DDR bemerkbar.

Einen gewissen Überblick über die in der vormilitärischen Ausbildung Mitte der 60er Jahre erreichten Ergebnisse vermitteln nachfolgende ausgewählte Zahlen, die sich auf die Jahre 1964 bis 1967 beziehen[13]. In dieser Zeit nahmen insgesamt 1 281 672 Jugendliche an der vormilitärischen Ausbildung teil, davon erhielten nur 579 545, d.h. etwa 45 Prozent, das bereits 1962 gestiftete »Abzeichen für gute vormilitärische und technische Kenntnisse« als Zeichen für programmgemäße Ausbildungsergebnisse. Die Fahrerlaubnis Klasse 1 erwarben 103 913 Jugendliche und 57 876 die Klasse 5. Leistungsabzeichen in der Nachrichtenausbildung erhielten 20 202, die Segelflugprüfung absolvierten 1824 und Prüfungen im Seesport legten 27 816 Personen ab, den Ausbildungsnachweis als Flugzeugführer-Ingenieur erhielten 278 GST-Mitglieder. Als Zeitsoldaten wurden in diesem Zeitraum insgesamt 56 000 Jugendliche geworben.

Die GST im Griff der Militärs

Am 24. Januar 1968 beriet das Sekretariat des ZK der SED erneut über weitere Aufgaben der Wehrerziehung und nahm einen Bericht über die Tätigkeit der GST entgegen. Im Mittelpunkt der gemeinsam von der »Arbeitsgruppe Wehrerziehung«, Sicherheitsabteilung des ZK und Verteidigungsministerium ausgearbeiteten Beschlußvorlage, die ohne Teilnahme von GST-Chef Lohberger beraten und verabschiedet wurde, stand eine äußerst zugespitzte Kritik an der GST-Führung, der man mangelhaftes Erfassen der Parteibeschlüsse, Selbstgefälligkeit, Routine und Ideenarmut vorwarf. Wegen des Unvermögens der GST-Führung habe die von der Arbeitsgruppe Wehrerziehung und von der Sicherheitsabteilung gewährte Hilfe und Anleitung zu keiner wesentlichen Verbesserung der Arbeit geführt, eine Feststellung mit der man sich selbst Absolution erteilte. Das Fazit lautete: »Das Sekretariat des Zentralvorstands der GST ist in der jetzigen Zusammensetzung den gegenwärtigen und künftigen Anforderungen nicht mehr gewachsen[14].« Die diagnostizierten Defizite wurden auf strukturelle Unzulänglichkeiten und auf fehlende Möglichkeiten zur internen Schwachstellenanalyse zurückgeführt. Im folgenden Beschluß wurde die seit langem bestehende Verantwortung des Verteidigungsministeriums erneut hervorgehoben und durch die Einsetzung einer Arbeitsgruppe des Ministeriums zur intensiveren Einflußnahme auf die GST bekräftigt. Damit hatte Hoffmann das von ihm bereits 1962

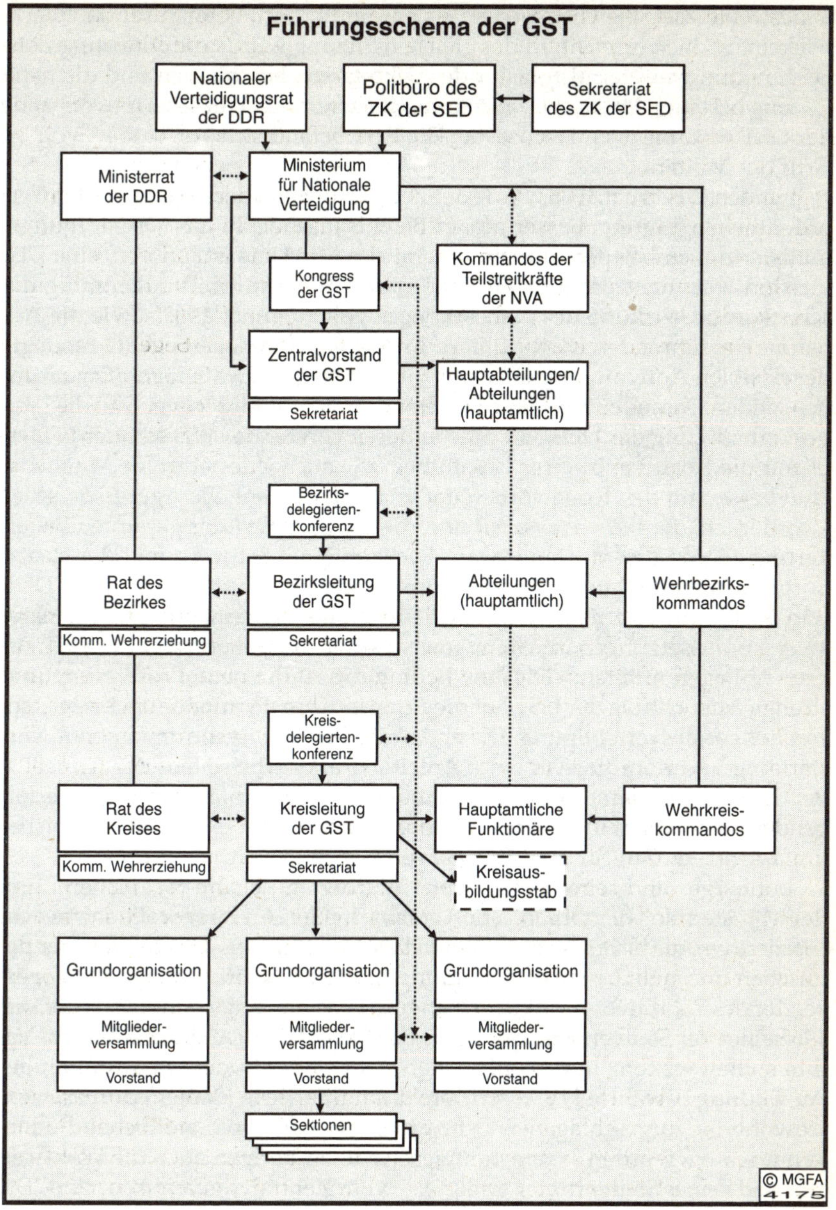
Führungsschema der GST
Nationaler Verteidigungsrat der DDR
Politbüro des ZK der SED
Sekretariat des ZK der SED
Ministerrat der DDR
Ministerium für Nationale Verteidigung
Kongress der GST
Kommandos der Teilstreitkräfte der NVA
Zentralvorstand der GST
Sekretariat
Hauptabteilungen/ Abteilungen (hauptamtlich)
Bezirks- delegierten- konferenz
Rat des Bezirkes
Komm. Wehrerziehung
Bezirksleitung der GST
Sekretariat
Abteilungen (hauptamtlich)
Wehrbezirks- kommandos
Kreis- delegierten- konferenz
Rat des Kreises
Komm. Wehrerziehung
Kreisleitung der GST
Sekretariat
Hauptamtliche Funktionäre
Wehrkreis- kommandos
Kreisaus- bildungsstab
Grundorganisation
Mitglieder- versammlung
Vorstand
Grundorganisation
Mitglieder- versammlung
Vorstand
Grundorganisation
Mitglieder- versammlung
Vorstand
Sektionen
© MGFA 4175

angestrebte Ziel, die GST forciert als paramilitärische Organisation zu entwickeln, endlich erreicht. In der gleichen Sitzung wurde die Ablösung Lohbergers und weiterer Mitglieder des Sekretariats beschlossen und die neue Leitung bestätigt. Die nachträglich erfolgte Zustimmung des Zentralvorstands der GST war nur noch Formsache. Die GST befand sich von nun an voll im Griff der Militärs.

Für den 1. Februar 1968 wurde der Zentralvorstand der GST zu einer außerordentlichen Tagung, besser gesagt Befehlsausgabe, in das Verteidigungsministerium einberufen, um ein Referat des Ministers anzuhören, eine Diskussion war nicht vorgesehen. Hoffmanns Rede spiegelt augenfällig die schockartige Wirkung des Nahostkrieges vom Sommer 1967 sowie die Annahme der führenden DDR-Militärs, im Rahmen der neuen NATO-Strategie der flexiblen Antwort sei mit einem frühzeitigen Kernwaffeneinsatz zu rechnen, wider. Daraus entwickelte der Minister neue Anforderungen an die Landesverteidigung der DDR wie aller anderen Länder des Warschauer Paktes. Damit die Koalition in ihrer Gesamtheit wie auch jedes einzelne Mitgliedsland besser auf den Krieg vorbereitet sei als der potentielle Aggressor, sei es erforderlich, die *Wehrbereitschaft* und die *Wehrfähigkeit* der gesamten Bevölkerung zu verbessern. Damit war gleichzeitig der Schwerpunkt der staatsbürgerlichen Erziehung bzw. der vormilitärischen Ausbildung in der DDR und die künftige Kernaufgabe der GST formuliert. Hoffmann nannte konkret zwei Voraussetzungen, die dem gewachsenen Aufgabenprofil der GST zugrunde liegen müßten: »Die eine Bedingung ist die neue Profilierung und strenge Ausrichtung der GST auf die Erfordernisse des modernen Krieges sowie der Landesverteidigung. Die andere Bedingung ist die umfassende Verstärkung und Koordinierung der Anleitung und Hilfe seitens der Armee[15].« Bei dem als Konsequenz der Kritik und der neuen Aufgabenstellung erfolgenden Revirement in der Führung der GST handelte es sich um den bisher umfassendsten Zugriff der NVA auf die Institution.

Lohberger und seine Stellvertreter wurden mit einem förmlichen Dank des Ministers aus der Organisation verabschiedet. An ihrer Stelle setzte man Offiziere ein, die bisher, wie Hoffmann betonte, an Schlüsselpositionen der politischen und militärischen Ausbildung in der NVA tätig waren. Als Vorsitzender des Zentralvorstands der GST wurde Generalmajor Günther Teller, seit 1965 einer der Stellvertreter des Chefs der PHV der NVA, vorgeschlagen. Mit ihm sollten weitere, in der politischen Arbeit oder in der Organisation der Ausbildung bewährte NVA-Offiziere das militärische Element durchsetzen. Obwohl die vorgeschlagenen Offiziere in der GST wohl weitgehend unbekannt waren, wurden sie einstimmig — wie im übrigen auch die Wahl Tellers und seiner Stellvertreter erfolgte — vom Zentralvorstand kooptiert. Die

GST-Führung sanktionierte den völligen Austausch ihrer Spitze ohne Fragestellung und Diskussion und fügte sich damit dem Willen der Partei- und Armeeführung. Mit dem aus der ersten FDJ-Funktionärsgeneration hervorgegangenen und seit 1949 bei der Volkspolizei tätigen Günther Teller rückte erstmalig ein aktiver General an die Spitze der GST.

Mit Energie ging die neue Führung daran, die GST voll auf die vom Nationalen Verteidigungsrat und der Armeeführung bestimmten Erfordernisse der Landesverteidigung auszurichten und als paramilitärische Organisation auszubauen. Dem entsprach auch die unzweideutige Formulierung der künftigen *Hauptaufgabe* der GST. Es gelte, »die Jugend im vorwehrpflichtigen Alter so vorzubereiten, daß sie den Wehrdienst als Klassenauftrag erkennt und sich in der vormilitärischen Ausbildung die dafür notwendige Befähigung erwirbt«[16]. Die vormilitärische Ausbildung wurde als ein einheitliches System planmäßiger und langfristig organisierter Maßnahmen charakterisiert, die der politisch-moralischen, militärfachlichen und -technischen, physischen und psychischen Vorbereitung der Jugend auf den Wehrdienst zu dienen hat. Ziel war es, die jungen Menschen zu befähigen, »klassenbewußte«, »selbständig handelnde« und »gestählte Kämpfer« der NVA zu werden. Vor diesem Hintergrund war die Ausbildung nach militärischen Prinzipien zu organisieren und durchzuführen. Deshalb sollten möglichst viele gediente Reservisten als haupt- und ehrenamtliche Funktionäre und Ausbilder für die GST gewonnen werden. Im Rahmen der Wehrerziehung ging es darum, das sozialistische Wehrmotiv herauszubilden. Den Jugendlichen sollten solche politisch-moralischen Überzeugungen und Eigenschaften anerzogen werden wie festes Vertrauen zur SED, Treue zur DDR, Freundschaft und Waffenbrüderschaft mit der Sowjetunion und ihren Streitkräften sowie Haß und Verachtung gegenüber dem »Klassenfeind« und Einsatz der ganzen Person für die Verteidigung des Sozialismus.

Nach außen demonstrierte die GST ihre aufgewertete Rolle durch ihr Auftreten in neuer Ausbildungskleidung, an der auch Dienststellungszeichen für Funktionäre und Ausbilder zu ersehen waren[17]. Bei Gruppen- und Zugführern sowie Kommandeuren von Hundertschaften waren es rote Querstreifen auf den Stoff-Schulterklappen. Die See-, Flug- und Motorsportler erhielten eine Bekleidung, die den speziellen Erfordernissen dieser Sportarten entsprach. Ab 1. Juli 1968 eingeführt, ist die neue Bekleidung auf zahlreichen Abbildungen von Aufmärschen der GST zu ersehen. Überhaupt fallen ab dieser Zeit in Publikationen und Presseerzeugnissen militärisch formierte und aufmarschierte GST-Formationen weitaus häufiger ins Auge als zuvor.

Nachdem alle weitreichenden Festlegungen über die künftige Entwicklung der GST und ihre Aufgaben im Rahmen der Wehrerziehung auf höchster Ebene beschlossen worden waren, hielten die politische und militärische Führung es für geboten, den Inhalt der bislang teilweise geheimgehaltenen Direktiven soweit als notwendig in der ganzen Organisation und in der Öffentlichkeit bekannt zu machen und den Kurs der verstärkten militärischen Ausrichtung pro forma auch durch die Mitgliedschaft absegnen zu lassen. Diese Aufgabe erfüllte der IV. Kongreß der GST im September 1968 in Ost-Berlin. Es war nur folgerichtig, wenn die GST in dessen Entschließung ebenso wie im Referat von Günther Teller — in dieser Form erstmalig — als *Schule des Soldaten von morgen* bezeichnet wurde.

Für die absolut systemkonforme Ausrichtung der GST verdienen zwei Momente, die auf diesem Kongreß im Mittelpunkt standen, besonders hervorgehoben zu werden: *Erstens* sollte durch die klassenmäßige Erziehung bei allen Jugendlichen die erforderliche *Wehrbereitschaft* entwickelt werden. In der dafür notwendigen politisch-ideologischen Arbeit sollte die GST eng mit der FDJ zusammenwirken, wobei es bei auftretenden Unklarheiten und bei Auseinandersetzung mit »gegnerischen« Argumenten kein Zurückweichen geben sollte. Was damit gemeint war, brachte Heinz Hoffmann in seiner Rede auf die einfache Formel: »Schafft Klarheit im Kopf[18]!« Damit war nichts anderes gemeint, als das Denken der jungen Menschen nach den Beschlüssen der SED gleichzuschalten. Teller machte in diesem Zusammenhang greifbarer, was damit etwa gemeint war, wenn er beispielsweise das Hören von »Westsendern« als unwürdig für einen jungen Sozialisten bezeichnete. Mit diesen, keinerlei Toleranz oder gar Abweichungen duldenden Erklärungen war die Marschroute für künftige ideologische Indoktrination gewiesen, die in der Folgezeit mit weit größerer Konsequenz als bisher verfolgt wurde. *Zweitens* erachtete Teller es für erforderlich, die Wehrbereitschaft in wirkliche *Wehrfähigkeit* umzusetzen. Dazu sollte zunächst die Qualität der vormilitärischen Ausbildung entschieden verbessert werden. Das hieß im Klartext: Die Ergebnisse bei der militärfachlichen, militärtechnischen und psychischen sowie insbesondere der physischen Vorbereitung der Jugendlichen auf den Wehrdienst waren zu optimieren. Die Aufgaben der vormilitärischen Ausbildung erschöpften sich freilich nicht in dem Genannten. In Vorbereitung auf den Wehrdienst, der die »bedingslose Ausführung« von Befehlen forderte, sollte den Jugendlichen Disziplin und Ordnung antrainiert werden. Die gesamte Ausbildung der GST war gemäß dieser Aufgabenstellung noch konsequenter als bisher nach militärischen Prinzipien zu organisieren und zu gestalten. Natürlich wollte man eine durch Ideologie bestimmte bewußte Disziplin, womit nichts anderes gemeint war, als freiwillige Unterordnung unter den Willen des Ausbilders, später des Vorgesetzten in der Armee und Einordnung in das Kollektiv.

Die 1968 endgültig durchgesetzte, aus politisch-ideologischen Vorgaben und militärischem Effizienzdenken entwickelte grundsätzliche Aufgabenstellung, einschließlich der daraus resultierenden Erziehungs- und Ausbildungsziele, blieb bis zum Ende der GST im wesentlichen unverändert. Im Hinblick auf die konkreten Inhalte erfolgten von Fall zu Fall situationsbedingte Veränderungen, dies traf gleichermaßen auf die Formen und Methoden der Ausbildung zu. Aufbau und Struktur der Organisation, die zwar immer wieder sogenannten neuen Erfordernissen angepaßt wurden, blieben ebenfalls weitgehend konstant.

GST — Schule der »Soldaten von morgen«

Um die gestellten Aufgaben den Erwartungen der Armeeführung entsprechend zu lösen, wurden die Beziehungen zwischen GST und NVA ab 1968 noch enger gestaltet. Anfangs sorgte eine mit weitreichenden Kompetenzen ausgestattete »Gruppe GST-Arbeit« beim Minister für eine kritische Bestandsaufnahme des vormilitärischen Ausbildungsstandes. Diese bemängelte, daß es oft an einer kontinuierlichen Ausbildung fehlte. Statt einen zweijährigen Ausbildungszyklus vorwiegend in der Freizeit abzuwickeln, wurde nicht selten versucht, bisher Versäumtes unmittelbar vor der Einberufung zum Wehrdienst in einem GST-Ausbildungslager aufzuholen. Auch die Verwendung in den entsprechenden Dienstlaufbahnen der NVA, für die in der GST vormilitärisch ausgebildet worden war, war nicht immer gewährleistet. Diese Probleme wurden aber in den 70er Jahren schrittweise überwunden. Gestützt auf Vereinbarungen zwischen dem Zentralvorstand der GST und den Kommandos der Teilstreitkräfte der NVA, auf gemeinsame Jahresarbeitspläne zwischen Wehrkommandos und GST-Vorständen in den Bezirken und Kreisen sowie auf Patenschaftsverträge, die zwischen Grundorganisationen bzw. Ausbildungseinheiten der GST und Einheiten bzw. Einrichtungen der NVA abgeschlossen wurden, bildete sich auf allen Ebenen ein dichtes Netz der Zusammenarbeit heraus. Die GST entwickelte sich als sozialistische Wehrorganisation und ordnete sich voll den Vorgaben des Verteidigungsministeriums für die vormilitärische Ausbildung unter. Dieser Prozeß verlief nicht ohne Friktionen, etwa als in den 70er Jahren in der Bevölkerung die Zweifel an der Notwendigkeit der übertriebenen Anstrengungen auf dem Gebiet der Landesverteidigung zunahmen. Probleme, die zu Turbulenzen in der Führung führten, ergaben sich in der Sektion der Flug- und Fallschirmausbildung. So nutzte 1975 eine Lehrerin das Kunstflugtraining zur Flucht in die Bundesrepublik. 1979 verließen innerhalb von vier Monaten 6 Personen mit drei Flugzeugen der GST die DDR in Richtung Bundesrepublik. Die GST-Führung mußte sich im Hinblick auf die erteilten Fluggenehmigungen den Vorwurf politischer Sorglosigkeit machen lassen[19]. In Zusammenarbeit mit dem MfS und den zuständigen Gremien der SED wurden in der ganzen Organisation Überprüfungen durchgeführt, die Sicherheitsbestimmungen verschärft und andere Vorkehrungen getroffen, um derartige Vorkommnisse künftig zu unterbinden.

In den 70er Jahren sah sich die GST einer schwindenden Akzeptanz der vormilitärischen Ausbildung unter der Jugend gegenüber. Der in der Konferenz von Helsinki gipfelnde internationale Entspannungsprozeß und die Auswirkungen der neuen Ostpolitik der Regierung Brandt/Scheel ließen das Feindbild abbröckeln und — gefördert durch verwandtschaftliche Bindungen und zunehmende Kontakte zwischen den Menschen der beiden deutschen Staaten — gesamtdeutsche Gefühle neu aufleben, wie in verschiedenen Berichten festgestellt wird.

Die SED-Führung bemühte sich, diesem Trend entgegenzusteuern und verlangte in Anbetracht »verschärfter Klassenauseinandersetzung mit dem Imperialismus auf politisch-ideologischem Gebiet« die Verteidigungskraft des Warschauer Paktes weiter zu stärken und die Wehrmoral zu festigen. Konkret wurde der Platz der GST dabei erneut klar bestimmt: »Hauptfeld der direkten Vorbereitung auf den Wehrdienst ist die vormilitärische Grund- und Laufbahnausbildung für die 16–18jährigen Jugendlichen durch die GST. Eine vollständige Teilnahme aller Jugendlichen an der vormilitärischen bzw. der Zivilverteidigungsausbildung ist zu gewährleisten[20].«

Vormilitärische Ausbildung der GST (Stand 1977)

Vormilitärische Grundausbildung (60 Stunden)	Vormilitärische Ausbildung für Laufbahnen der NVA (56 Stunden)
– Wehrpolitische Bildung	– Mot.-Schützen
– Geländeausbildung	– Militärkraftfahrer
– Schießausbildung	– Tastfunker, Fernschreiber
– Körperertüchtigung	– Fallschirmjäger
– Exerzierausbildung	– Flugzeugführer
– Schutzausbildung	– Taucher
– Sanitätsausbildung	– Matrosen-Spezialist
– Dienstvorschriften	
– Abschlußübung	

In die vormilitärische Ausbildung der GST wurden die männlichen Jugendlichen mit Beginn der 11. Klasse der Erweiterten Oberschule bzw. mit ihrem Eintritt in die Lehre einbezogen. In der vormilitärischen Grundausbildung waren laut Ausbildungsprogramm 1977 60 Stunden zu leisten, die wie folgt aufgeteilt waren: Wehrpolitische Bildung 9, Geländeausbildung 12, Schießausbildung 12, Dienstvorschriften 2, Exerzierausbildung 3, Körperertüchtigung 9, Sanitätsausbildung 2, Schutzausbildung 3, Abschlußübung 8 Stunden. In den Ausbildungsfächern für die Speziallaufbahnen der NVA hatten Teilnehmer unterschiedlich hohe Stundenzahlen zu absolvieren. Sie betrugen in den 70er Jahren beispielsweise für Militärkraftfahrer 115 Stunden, für die maritimen Laufbahnen 240 und für Flugzeugführer/Ingenieur gar 766 Stunden. Zu bedenken ist, daß der in den Programmen und jährlichen Ausbildungsanordnungen vorgegebene stundenmäßige Aufwand kontinuierlich auf das ganze Ausbildungsjahr verteilt werden sollte und in der Freizeit an Wochenenden und während der Ferien bzw. im Urlaub teilweise in Ausbildungslagern zu leisten war. Für die programmgemäße Teilnahme an der vormilitärischen Grundausbildung wurde das »Abzeichen für vormilitärische und technische Kenntnisse« (VTK) Stufe I und an der vormilitärischen Laufbahnausbildung das VTK Stufe II verliehen. Grundvoraussetzungen für den Erwerb dieser Abzeichen waren die Teilnahme an mindestens 80 Prozent der Ausbildung laut entsprechendem Programm, Erfüllung der festgelegten Schießübungen sowie die Teilnahme an der Abschlußübung. Dem jeweiligen Ausbilder oblag es, das allgemeine Verhalten, die Disziplin und Ordnung und die Aktivität des Einzelnen während der Ausbildung einzuschätzen. Dabei hatte er die erworbenen Kenntnisse, Fähigkeiten und Fertigkeiten ebenso zu beurteilen wie das Vermögen, sie einzeln oder im Rahmen der Ausbildungseinheit anzuwenden.

Eine Einschätzung, wieviel Jugendliche insgesamt die vormilitärische Ausbildung der GST durchlaufen haben, ist derzeit noch nicht möglich. Doch eine statistische Übersicht für den Zeitraum von 1968 bis 1980[21] vermittelt einen ungefähren Eindruck von den Größenordnungen. In dieser Zeit waren 3 206 038 Jugendliche in die vormilitärische Ausbildung einbezogen, von denen 1 461 815 das VTK Stufe II in den Speziallaufbahnen und in der Laufbahn Mot.-Schützen erwarben. 83 723 Schüler der EOS nahmen an zentralen Ausbildungslagern der GST teil. Die Zahl der Ausgebildeten lag höher als die Mitgliederzahlen. 1980 zählte die GST 557 346 Mitglieder, die in 7639 Grundorganisationen und in 36 118 Ausbildungseinheiten (1790 Hundertschaften, 2199 selbständige Züge, 5422 Züge, 22 707 Gruppen) erfaßt waren.

Mitgliederzahlen der GST[22]

1956	444 541	1980	557 346
1977	506 513	1988	679 820

Sicher waren die Gründe und Motive für die Teilnahme der Jugendlichen an der vormilitärischen Grund- und Laufbahnausbildung vielfältiger Natur, ebenso trifft dies auf die Vorbehalte zu. Gleichwohl ist zu bedenken, daß ein relativ hohes Maß an Überzeugung und Interesse an der Sache allgemein wie an der jeweiligen Spezialdisziplin vorhanden sein mußte, um die Belastungen und Unannehmlichkeiten der Ausbildung in der Freizeit auf sich zu nehmen. Bei großen Teilen der Jugend resultierten der Zuspruch zur GST und die Bereitschaft zu aktiver Mitarbeit aus ihrem Interesse an Technik und teilweise auch an einem militärischen Beruf. Unter dem Einfluß von Elternhaus, Schule, Pionier- und FDJ-Organisation machte ein nicht unerheblicher Teil aus Überzeugung mit, selbst einen Beitrag für die »Verteidigung des Sozialismus und die Bewahrung des Friedens« leisten zu müssen. Andererseits war es vielfach moralischer Zwang, der zur Teilnahme an der vormilitärischen Ausbildung veranlaßte, und in den 11. Klassen der Erweiterten Oberschule sowie in den Berufsschulen war die Teilnahme mehr oder weniger obligatorisch. Wenn man allerdings mit Blick auf den erzielten Ausbildungserfolg bedenkt, daß von den in die vormilitärische Ausbildung einbezogenen Jugendlichen nur etwa ein Drittel das Abzeichen VTK Stufe II erwarb, blieb das erheblich hinter den Erwartungen der NVA zurück.

Auflagenhöhe der GST-Publikationen (1980)[23]

– Sport und Technik (Organ der GST)	1 999 000
– Flieger-Revue	608 000
– Modellbau heute	415 000
– Poseidon. Tauchsport-Seesport-Maritimes	193 000
– Visier. Zeitschrift für Sportschießen und Waffenkunde	189 000
– Mitteilungsblatt Motorsport	167 000
– Funkamateur	115 400
– Konkret. Zeitschrift für Funktionäre und Ausbilder	331 000

An diesem Befund konnte auch der zur ideologischen und fachlichen Fundierung der Ausbildung installierte publizistische Apparat der GST nichts wesentliches ändern. Ein Blick auf die Auflagezahlen der GST-Publikationen vermag die Anstrengungen zu verdeutlichen, welche die Organisation unternahm, um für das vormilitärische Aufgabenspektrum zu werben.

GST und gesellschaftliches Umfeld

Sollte die GST dem ihr übertragenen Auftrag gerecht werden, reichten die Beziehungen zwischen NVA und Wehrorganisation allein nicht aus. Wie für andere Bereiche der Wehrerziehung und für die Landesverteidigung generell waren staatliche Regelungen erforderlich. Am 13. Dezember 1972 nahm der Nationale Verteidigungsrat der DDR einen Bericht des Vorsitzenden der GST entgegen. In seinem Beschluß betonte er, daß zur Vorbereitung der männlichen Jugendlichen auf den Wehrdienst nicht allein die GST, sondern alle Partei- und gesellschaftlichen Organisationen wie auch die staatlichen Organe eine gemeinsame Verantwortung hätten. Diese Forderung fand im neuen Jugendgesetz der DDR vom Januar 1974 nachhaltigen Ausdruck.

Der Ministerrat der DDR reagierte bereits am 9. August 1973 mit einem »Beschluß über staatliche Maßnahmen zur Förderung der Arbeit der Gesellschaft für Sport und Technik« auf das Votum des NVR[24]. Er legte die Verantwortung der staatlichen Einrichtungen der verschiedenen Ebenen und der Betriebe bei der Erweiterung der vorhandenen und der neu zu schaffenden materiellen Basis für die vormilitärische Ausbildung und wehrsportliche Betätigung fest. Die Räte der Bezirke und Kreise reagierten mit eigenen Maßnahmeplänen. Auch in einer Reihe von Kombinaten und Betrieben wurden die materiellen Voraussetzungen für die Tätigkeit der GST-Grundorganisationen und ihrer Ausbildungseinheiten verbessert. Fragen der sozialistischen Wehrerziehung sollten nunmehr im ganzen Staatsapparat und von wirtschaftsleitenden Körperschaften stärker als bisher beachtet werden. Die Ausbildungsbasis wurde allgemein verbessert, Kreisausbildungszentren wurden modernisiert, Schießstände und Kfz-Wartungsstützpunkte neu errichtet. Die GST-Arbeit nahm dadurch insgesamt einen Aufschwung, wie 1979 befriedigt auch ihr Vorsitzender feststellte. Ausdrücklich lobte er die Unterstützung seiner Organisation durch die staatlichen und wirtschaftsleitenden Organe sowie die Kombinate, Betriebe und Genossenschaften. Etwa 40 Prozent aller bestehenden Ausbildungsbasen waren nach 1973 entstanden. Darüber hinaus war die Sicherheit bei der Unterbringung von Waffen und Ausbildungsgeräten erhöht, etwa 70 Prozent aller Waffenkammern neu errichtet worden. Hemmend wirkten sich aber einige nicht eindeutig geklärte Verantwortlichkeiten für die Verwendung zentraler und örtlich zur Verfügung gestellter finanzieller und materieller Mittel aus.

Nunmehr legte der Ministerrat definitiv fest[25], daß die für die vormilitärische Ausbildung der Jugendlichen und für die Qualifizierung der Ausbilder erforderlichen, zentral bereitzustellenden materiellen und finanziellen Fonds wie bisher in die Jahrespläne des Verteidigungsministeriums aufzunehmen waren. Den Ministern, dem Oberbürgermeister von Ost-Berlin und den Vorsitzenden der Räte der Bezirke wurden eindeutige Auflagen erteilt. Unter Bezugnahme auf das Jugendgesetz hatten sie die ihnen unterstehenden Kombinate, Betriebe und Genossenschaften sowie die Räte der Kreise und Gemeinden zu beauftragen, Maßnahmen zur Erhaltung, Erweiterung oder Neuerrichtung von Anlagen für den Wehrsport, wie Schießstände, Waffenkammern, Hindernisbahnen, Wartungsstützpunkte für Motorsport oder für Funkamateurklubs, in die Pläne der Kombinate, Betriebe, Genossenschaften und der örtlichen Räte aufzunehmen. Für den Einsatz finanzieller Zuschüsse, die der GST aus dem Kultur- und Sozialfonds der Betriebe zur Verfügung gestellt werden konnten, lag die volle Verantwortung bei den jeweiligen Vorständen der GST. Den Betrieben wurde außerdem gestattet, Maßnahmen zur Verbesserung der vormilitärischen Ausbildung und des Wehrsports aus dem betrieblichen Leistungsfonds zu finanzieren und gesondert nachzuweisen. Für Gebäude und andere bauliche Anlagen galt als Grundsatz, daß sie in der Rechtsträgerschaft desjenigen verblieben (z.B. Kombinat, Betrieb, Gemeinde usw.), der sie plante, finanzierte und realisierte. Die GST schloß mit dem Rechtsträger Verträge über die kostenlose Nutzung dieser Einrichtungen. So befanden sich beispielsweise 1981 allein im Kreis Oranienburg 41 Objekte für vormilitärische Ausbildung und Wehrsport in der Rechtsträgerschaft von Betrieben und anderen Einrichtungen. Sie waren ausschließlich im Rahmen der Volkswirtschaftspläne der Betriebe und als Initiativbauten realisiert worden. Aus der Anordnung des Ministerrates und den genannten Beispielen ist zu ersehen, daß der GST zusätzlich zu den vom Verteidigungsministerium zu planenden Haushaltsmitteln erhebliche materielle und finanzielle Ressourcen aus den Fonds von Kombinaten und Betrieben sowie der Bezirke, Kreise und Gemeinden zur Verfügung standen.

Rückschlüsse über den Umfang des Etats der GST erlauben die im Zeitraum von 1970 bis 1984 im Verteidigungshaushalt aufgewandten finanziellen Mittel, wobei die durch Bezirke, Kommunen und Kombinate zu leistenden zusätzlichen Aufwendungen nicht erfaßt sind. Sie übertrafen die Mittel für die Zivilverteidigung um ein Vielfaches und entwickelten sich wie folgt[26]:

Ausgaben der Gesellschaft für Sport und Technik (in Mill. M)

Planjahr	Bestätigter Plan	Ist-Ausgaben	darunter Spez.-Import	Bauinvestition
1970	96,3	91,1	0,3	3,9
1971	133,9	126,5	3,2	2,7
1975	137,0	136,0	0,4	4,4
1976	157,5	151,1	1,4	5,7
1980	194,3	188,9	0,3	2,3
1981	211,9	202,5	0,2	5,9
1983	208,3	200,3	0,9	5,7

Die Anteile der GST an den zentral nachgewiesenen Gesamtausgaben für die Verteidigung gehen aus nachfolgenden Vergleichszahlen der Ist-Ausgaben für die einzelnen Bereiche (in Mill. Mark) hervor:

	1970	1983
Nationale Verteidigung (NVA)	4600	10 740
Grenztruppen	610	982
GST	91,1	200,3
Hauptverwaltung Zivilverteidigung	20,8	122

Nach den seit 1973 erfolgten erheblichen Anstrengungen verfügte die GST Ende des Jahrzehnts über die erforderlichen personellen, materiellen und finanziellen Voraussetzungen, um den ihr übertragenen Auftrag, die männliche Jugend auf den Wehrdienst vorzubereiten, im wesentlichen zur Zufriedenheit der NVA zu erfüllen.

In den 80er Jahren setzte die GST unter Leitung von Vizeadmiral Günter Kutzschebauch, der nach dem Tod von Günther Teller im Juni 1982 die Leitung der Organisation übernahm, ihre Arbeit auf dem eingeschlagenen Weg fort. Mit dem Gesetz über den Wehrdienst in der DDR vom 25. März 1982 wurden in einem gesonderten Abschnitt (»Vorbereitende Maßnahmen für den Wehrdienst«) die Aufgaben der staatlichen Organe, der Betriebe, Schulen, Hochschulen und Universitäten zur Vorbereitung der männlichen Jugendlichen auf diesem Sektor festgelegt. Zur GST hieß es lapidar: »In der Gesellschaft für Sport und Technik wird zur Vorbereitung der Jugend auf den Wehrdienst vormilitärische Ausbildung durchgeführt. Die dazu notwendigen Anforderungen legt der Minister für Nationale Verteidigung fest[27].« Damit wurde in dieser Form erstmalig der praktischen Vorbereitung auf den Wehrdienst, dem eigentlichen Auftrag der GST, Gesetzeskraft verliehen. Die vormilitärische Ausbildung war immanenter Bestandteil der Lehrlingsausbildung an den Berufsschulen, und sie erfaßte die Schüler der 11. und 12. Klassen der Erweiterten Oberschulen, wobei sie an den vorangegangenen Wehrunterricht in den Klassen 9 und 10 der allgemeinbildenden polytechnischen Oberschulen anknüpfte. Ab 1982/83 konzentrierte sich die vormilitärische Ausbildung auf die Laufbahnausbildung. Auch an den Universitäten, Hoch- und Fachschulen der DDR unterhielt die GST Grundorganisationen und Sektionen, deren Aufgabe es war, die allgemeine Wehrerziehung zu fördern, die Wehrfähigkeit der Reservisten zu erhalten und die nicht in andere Formen vormilitärischer Ausbildung einbezogenen Studenten auf den Wehrdienst vorzubereiten. In den 80er Jahren wurden somit die männlichen Jugendlichen im Alter von 16 bis 18 Jahren nahezu vollständig in die vormilitärische Ausbildung der GST einbezogen.

Auch für die Verwendung der GST im Spannungs- sowie im Verteidigungsfall wurden Vorkehrungen getroffen. Nach einem Beschluß des NVR vom 3. Juli 1987 hatte die GST in einer Spannungsperiode ein vormilitärisches Programm in verkürzter Fassung als allgemein-militärische Ausbildung in den Disziplinen Mot.-Schütze, Militärkraftfahrer, Nachrichtenwesen, Taucher und Matrosenspezialist durchzuführen; im Verteidigungszustand sollte sie nur noch auf die Aufgabe als Mot.-Schütze und Militärkraftfahrer vorbereiten[28].

Von der Öffentlichkeit nicht immer wahrgenommen, besaß die GST auch die Funktion eines Dachverbandes für verschiedene Sportverbände der DDR und damit Verantwortung für die international prestigeträchtige Heranbildung von Spitzensportlern. Dies traf insbesondere auf folgende, in der DDR klar dem militärischen Umfeld zugehörige Verbände zu:

- Deutscher Schützenverband der DDR
- Flug- und Fallschirmsportverband der DDR
- Militärischer Mehrkampfverband der DDR
- Seesportverband der DDR
- Tauchsportverband der DDR

Die Endphase der GST

Am 30.9.1989 waren 643 581 Mitglieder der GST statistisch erfaßt, die in 8526 Grundorganisationen und 15 810 Sektionen organisiert waren. Anfang der 80er Jahre hatte die GST 2800 hauptamtliche Mitarbeiter (ohne technische Kräfte), diese Zahl dürfte sich in den Folgejahren noch erhöht haben. Wie dem Arbeits- und Lagebericht des Zentralvorstands der GST vom 5. Oktober 1989 entnommen werden kann, berauschte sich das Sekretariat weiterhin an den gemeldeten Wettbewerbsergebnissen zum 40. Jahrestag der Gründung der DDR und verkündete, öffentliche Rechenschaftslegungen der GST-Organisationen vor den Leitungen der SED hätten die feste Entschlossenheit der Mitglieder, Funktionäre und Ausbilder zur weiteren Stärkung der Verteidigungsbereitschaft der DDR bestätigt. Wohl nicht zuletzt wegen dieser selbstgefälligen Einschätzung zeigte man sich gegenüber den bald danach eintretenden Zerfallserscheinungen der GST überrascht und unbeholfen. Bis Mitte Januar 1990 sank der Mitgliederbestand auf etwa 300 000, ähnlich dramatisch reduzierte sich die Zahl der Grundorganisationen und Sektionen um etwa 50 Prozent. In der illusorischen Annahme, die GST als allgemeine Wehrsportorganisation erhalten zu können, hatte die Leitung bis zu diesem Zeitpunkt alle Regelungen, Vorschriften und Ordnungen über die vormilitärische Ausbildung außer Kraft gesetzt und die Ausbildungswaffen der NVA übergeben; Ausbildungsobjekte wurden einer anderen Verwendung zugeführt. Am 27. Januar 1990 trat die militärische Führung zurück, und der gewählte Zentralvorstand der GST löste sich auf. Durch einen Beschluß des Ministerrates der DDR vom 14. Februar 1990 wurden die rechtlichen Regelungen über die staatliche Aufgabenstellung für die vormilitärische Ausbildung sowie die Anleitung der GST durch das Ministerium für Nationale Verteidigung aufgehoben. Damit war das Ende der GST besiegelt.

Der ständige Einfluß der Parteiführung der SED und des Nationalen Verteidigungsrates, die gesetzgeberischen Maßnahmen des DDR-Ministerrates und die unmittelbare und direkte Einwirkung des Verteidungsministeriums sicherten eine insgesamt kontinuierliche Entwicklung der GST zur sozialistischen Wehrorganisation der DDR, zur Schule des »Soldaten von morgen«. Den entscheidenden Einschnitt auf diesem Weg markiert das Jahr 1968 mit dem Einsatz der militärischen Leitung. Geht man davon aus, daß der Sozialismus in der DDR ein militarisierter Sozialismus war[29] und die vielbeschworene weitere Gestaltung der entwickelten sozialistischen Gesellschaft eben auch mit immer weiterer Perfektionierung ihrer militärischen Wesenszüge und Ausdrucksformen verbunden war, erhärtet gerade die Geschichte der GST diesen Befund überaus augenscheinlich und nachdrücklich. Die GST als paramilitärisch ausgerichtete und geformte »sozialistische Wehrorganisation« war einerseits Resultat dieser Gestalt des »Sozialismus in den Farben der DDR« und hatte selbst erheblichen Anteil an der Ausprägung seiner militarisierten Wesenszüge. Dem Verteidigungsministerium zugeordnet, erfüllte sie in der vormilitärischen Ausbildung faktisch staatliche Aufgaben und trug de facto zur Verlängerung der Wehrdienstzeit nach vorne bei. Daß die GST ein aktives Element des militarisierten Sozialismus war, wird durch den hohen personellen, materiellen und finanziellen Aufwand nur noch erhärtet. Außerdem trug die GST zweifellos zur innergesellschaftlichen Formierung und Disziplinierung der Jugend bei, förderte die Wehrbereitschaft großer Teile der Bevölkerung und half in diesem Sinne bei ihrer Mobilisierung, wobei das öffentliche Auftreten der Organisation immer stärker und einförmiger nach ritualisierten militärischen Mustern ablief.

Die GST fand lange Zeit bei großen Teilen der Jugend Zuspruch und die Bereitschaft zu aktiver Mitwirkung. Andererseits wuchs in der zweiten Hälfte der 80er Jahre immer stärkeres Unbehagen unter weiten Kreisen der Bevölkerung und besonders auch unter der Jugend über das Festhalten an den überzogenen Forderungen der Wehrerziehung. Vieles spricht dafür, daß die GST gerade damit zur Krise der gesellschaftlichen und staatlichen Ordnung und zu ihrer Delegitimierung und somit zu ihrem eigenen Untergang beigetragen hat.

Leitung

Leiter der GST

1952–1955	Arno Berthold
1955–1956	Richard Staimer

Vorsitzende des Zentralvorstandes

1955–1963	Richard Staimer
1963–1968	Kurt Lohberger
1968–1982	Günther Teller
1982–1990	Günter Kutzschebauch

Wichtige Daten

7. August 1952	Regierungsverordnung zur Gründung der GST
14. bis 16. September 1956	1. Delegiertenkongreß der GST (Karl-Marx-Stadt) schließt Aufbauphase ab
1. Februar 1968	Außerordentliche Tagung des Zentralvorstands — die Organisation erhält eine militärische Führung
9. August 1973	Beschluß des Ministerrates der DDR legt die Verantwortung der staatlichen Einrichtungen und Betriebe zur Vervollkommnung der materiell-technischen Basis der GST fest
14. Februar 1990	Verordnung des Ministerates der DDR zur Aufhebung der staatlichen Zuständigkeit für die vormilitärische Ausbildung

Quellen- und Literaturauswahl

Die Akten des Zentralvorstands der GST werden von der Stiftung Archive der Parteien und Massenorganisationen der DDR (SAPMO) im Bundesarchiv (Berlin-Lichterfelde) aufbewahrt. Der Bestand (DY 59) ist nicht foliiert und enthält nicht die Dokumente, die ehemals als Geheime Veschlußsache eingestuft waren. Am gleichen Ort sind auch für die GST relevante Aktenvorgänge in den Beständen des Politbüros und des Sekretariats des ZK der SED sowie der Abteilung für Sicherheitsfragen beim ZK der SED zu finden. Für die Untersuchung des Beziehungsgeflechts zwischen GST und NVA sowie die Auswertung der Beschlüsse des NVR zur GST sind darüber hinaus die im Bundesarchiv-Militärarchiv (BA-MA), Freiburg, aufbewahrten Materialien unverzichtbar.

Wichtige Veröffentlichungen:

Chronik zur Geschichte der Gesellschaft für Sport und Technik (1952–1984), hrsg.vom Zentralvorstand der Gesellschaft für Sport und Technik, Berlin (Ost) 1987

Dokumente der Sozialistischen Einheitspartei Deutschlands, Bd 6, Berlin (Ost) 1958

Gesetzblatt der Deutschen Demokratischen Republik, Teil I, 1952–1989

Henkel, Rüdiger, Gesellschaft für Sport und Technik, in: Ders., Im Dienste der Staatspartei. Über Parteien und Organisationen der DDR, Baden-Baden 1994, S. 347–364

Holzweißig, Gunter, Paramilitärische Verbände und Organisationen in der DDR, in: Paramilitärische Organisationen, S. 119–160

Konkret. Zeitschrift des Zentralvorstandes der GST für Funktionäre und Ausbilder, Berlin (Ost), Jg. 19 (1985)
Marks, Heinz, GST. Vormilitärische Ausbildung in der DDR. Eine Organisation der »sozialistischen Wehrerziehung« für die Jugend, Köln 1970
Die Militär- und Sicherheitspolitik der SED 1945 bis 1988. Dokumente und Materialien, hrsg. und eingel. von einem Autorenkollektiv des Militärgeschichtlichen Instituts der DDR, Berlin (Ost) 1988
Paramilitärische Organisationen im Sowjetblock, hrsg. von Peter Gosztony, Bonn-Bad Godesberg 1970
Seubert, Heribert, Zum Legitimitätsverfall des militarisierten Sozialismus in der DDR, Münster, Hamburg 1995
Sport und Technik, Berlin (Ost), Jg. 1 (1952) ff.

Weitere Literaturangaben in:
Die Militär- und Sicherheitspolitik in der SBZ/DDR. Eine Bibliographie (1945–1995), hrsg. im Auftrag des Militärgeschichtlichen Forschungsamtes von Hans Ehlert, bearb. von Hans-Joachim Beth, München 1996, S. 233–238

Anmerkungen

1 Vgl. SAPMO-BArch, NL 36 (Wilhelm Pieck) 696, Bl. 21–27.
2 Vgl. ebd., Bl. 302.
3 Die Militär- und Sicherheitspolitik der SED 1945 bis 1988, S. 113 f.
4 Vgl. Gesetzblatt der DDR, T. I, Nr. 106 vom 14. August 1952, S. 712 f.
5 Ebd.
6 Vgl. Sport und Technik, 2 (1953), 16, Beilage, S. 1–4.
7 SAPMO-BArch, DY 30/J IV 2/2/398, Bl. 15–21, Über die Aufgaben der GST, Beschluß des Politbüros vom 4. Januar 1955.
8 Der Jugend unser Herz und unsere Hilfe. Beschluß des Politbüros vom 24. Januar 1956, in: Dokumente der SED, Bd 6, Berlin 1958, S. 32.
9 Gesetzblatt der DDR, T. I, Nr. 41 vom 28. April 1956, S. 343.
10 SAPMO-BArch, DY 59/22, S. 8, Rede Hoffmann. Die Zeitschrift »Sport und Technik in Wort und Bild« (Nr. 1/1962) veröffentlichte Auszüge aus der Rede.
11 SAPMO-BArch, DY 30/IV A 2/12/161, »Die Aufgaben der Gesellschaft für Sport und Technik in der Periode des umfassenden Aufbaus des Sozialismus in der Deutschen Demokratischen Republik«, Beschluß des Sekretariats des ZK der SED, 24. Januar 1964.
12 Protokolle der GST-Kongresse finden sich in SAPMO-BArch, DY 59, sowie in organisationseigenen Publikationen.
13 Vgl. SAPMO-BArch, DY 59/389. Die Zahlenangaben sind einem Bericht Lohbergers an die Abteilung für Sicherheitsfragen im ZK vom 31. Oktober 1967 entnommen. Da nur absolute Zahlen genannt sind, ist ein »Soll«-»Ist«-Vergleich nicht möglich. Auch anderen Unterlagen waren für diese Zeit solche Angaben nicht zu entnehmen.
14 SAPMO-BArch, DY 30/J IV 2/3/1368, Bl. 17, Anlage Nr. 3 und 4 zum Protokoll der Sekretariatssitzung des ZK der SED vom 24. Januar 1968.
15 SAPMO-BArch, DY 59/382, S. 9, Protokoll der außerordentlichen Tagung des ZV der GST.
16 BA-MA, VA-01/23874, Bl. 73, Grundsätze für die Arbeit der GST.

17 Übersicht über Dienststellungskennzeichen in der GST in: Konkret, 19 (1985), 1.
18 Sport und Technik. Sonderdruck: IV. Kongreß der GST, 12. bis 14. September 1968, S. 25.
19 Vgl. BA-MA, AZN, 32639, Rede des Ministers zur Auswertung von Flugvorkommnissen bei der GST vom 1.9.1979.
20 SAPMO-BArch, DY 30/J IV /2/3/A 2439, Bl. 4, Die weiteren Aufgaben bei der sozialistischen Wehrerziehung, Beschluß des Sekretariats des ZK vom 12.12.1973.
21 Vgl. SAPMO-BArch, DY 59/412, Statistische Aufstellung über die Ergebnisse der GST in der vormilitärischen Ausbildung 1968 bis 1980.
22 Ebd. sowie Henkel, GST, S. 363.
23 Vgl. SAPMO-BArch, DY 59/412, Bl. 12, Statistische Aufstellung für die Jahre 1968–1980. Die Periodika erschienen monatlich, das Blatt »Poseidon« zweimal im Monat.
24 Vgl. dazu Chronik zur Geschichte der GST, S. 240.
25 Vgl. SAPMO-BArch, DY 59/396, Beschluß des Ministerrates der DDR über weitere staatliche Maßnahmen zur Förderung der Arbeit der GST vom 9. August 1979.
26 BA-MA, AZN 32646, Übersicht über die Entwicklung der Verteidigungsausgaben im Zeitraum 1970 bis 1984, übergeben vom Verteidigungsminister an Erich Honecker auf dessen Anforderung.
27 Gesetzblatt der DDR, T. I, Nr. 12 vom 2. April 1982, S. 222.
28 Vgl. BA-MA, VA-01/39535, Bl. 261–266, Beschluß des NVR vom 3.7.1987: »Grundsätze für die wehrerzieherische Tätigkeit der FDJ, des DTSB und der GST im Verteidigungszustand«.
29 Siehe dazu Seubert, Legitimitätsverfall des militarisierten Sozialismus.

Torsten Diedrich

Die Grenzpolizei der SBZ/DDR (1946–1961)

Mit der Besetzung Deutschlands übernahmen die vier Alliierten die Hoheitsrechte in den Besatzungszonen sowie in den Sektoren Berlins. Die oberste Regierungsgewalt beinhaltete die Gewährleistung der äußeren Sicherheit, der inneren Ruhe und Ordnung und somit auch die Sicherung und Kontrolle der Grenzen zu den Nachbarstaaten und der oft verkürzt als D-Linie bezeichneten Demarkationslinie zwischen den Zonen. Bereits die Nachkriegsumstände, die im Zusammenhang mit der kriegsbedingten Not ein Anwachsen von Kriminalität, Schmuggel und Schiebergeschäften mit sich brachten, machten stärkere Kontrollen notwendig. Das betraf die äußeren Grenzen Deutschlands in gleichem Maße wie die Demarkationslinie. Im September 1945 und im Juni 1946 mußte sich der Alliierte Kontrollrat mit der Grenzproblematik befassen. Er verfügte die Sperrung und Kontrolle der Demarkationslinie und machte den Übertritt erlaubnispflichtig.

Neben den für die Grenzsicherung verantwortlichen Einheiten der Besatzungsmächte wurden alsbald in den einzelnen Ländern deutsche Polizisten als Hilfskräfte für die Kontrolle an den Grenzen herangezogen. Der Aufbau einer Grenzpolizei, der in der SBZ auf Befehl der Sowjetischen Militäradministration (SMAD) im November 1946 erfolgte[1], war kein ostdeutscher Alleingang. 1945/46 waren in Niedersachsen, Bayern und Hessen ähnliche Formationen aufgestellt worden. Die als Hilfsorgan der SMAD seit dem Spätherbst 1946 durch die Landespolizeibehörden der fünf Länder gebildeten und den Kommandeuren der Gruppe der Sowjetischer Besatzungstruppen in Deutschland (GSBT) operativ unterstellten Grenzpolizeieinheiten erhielten an der Ostgrenze wie an der Demarkationslinie ihre Aufgaben zur Ordnung des Grenzverkehrs und zur Verhinderung des illegalen Überschreitens. Insbesondere an der Trennlinie zu den osteuropäischen Nachbarn bereiteten neben dem blühenden Schwarzhandel über die Grenze hinweg operierende organisierte Banden sowie ein breiter Strom von Umsiedlern der SBZ Probleme.

Die Grenzpolizei (GP) entstand in einer Stärke von 2543 Mann. Große Unterschiede herrschten in Gliederung und Struktur. Das Land Mecklenburg baute 4 Stabsgruppen mit 41 Gruppen und Stützpunkten auf, Brandenburg schuf 4 Grenzschutzstützpunkte mit 7 bis 10 Grenzschutzposten à 5 Mann, Sachsen-Anhalt 3 Abschnitte mit je einem Stützpunkt zu 9 Posten mit 10 Grenzpolizisten. Thüringen entschied sich für die Bildung zweier Gruppen zu 3 Abschnitten mit jeweils 11 bzw. 12 Gruppenposten, die aus jeweils 9 Mann bestanden. Sachsen hingegen gliederte seine 67 Grenzstationen 4 Inspektionen unter. Ende 1946 verfügte Thüringen insgesamt über 892 Grenzpolizisten, Sachsen über 771, in Sachsen-Anhalt leisteten 300, in Brandenburg 205 und in Mecklenburg 375 Mann ihren Dienst. Die Stärken richteten sich nach der Länge der zu bewachenden Grenze; je Grenzkilometer stand zumeist nur ein Grenzpolizist zur Verfügung.

Die Bewaffnung der Grenzpolizeiformationen war äußerst bunt gemischt. Mecklenburg rüstete seine Einheiten mit der italienischen Pistole Beretta aus, auch in Sachsen führte man als Waffe die Pistole. In Brandenburg erhielt das Personal Karabiner sowjetischer, polnischer, italienischer und deutscher Herkunft. Überall fehlte es an Waffen, verteilt wurde, was in der Verfügungsgewalt der SMAD-Länderadministration vorhanden war und zugewiesen werden konnte. Munition und Bekleidung stellten ebenfalls eine absolute Mangelware dar. Andere Ausrüstungsgegenstände sowie Pkw oder Lkw standen der Grenzpolizei faktisch nicht zur Verfügung, auch kaum Fahrräder oder Pferde. Die Unterbringung der Grenzschutzstützpunkte erfolgte zumeist in zivilen Gebäuden, da keine kasernierten Unterkünfte für die Grenzpolizei nutzbar waren. Zudem mußten sich die Grenzer selbst versorgen.

Die Grenzpolizeiformationen der SBZ stellten anfangs nicht mehr als eine Hilfstruppe der mit der Grenzsicherung beauftragten sowjetischen Armee-Einheiten dar, sie standen auch unter deren Kommando. Da es kaum eine Ausbildung für die Grenzpolizisten gab und die Ausrüstung nicht den Anforderungen genügte, war ein Dienst allerdings nur im Zusammenwirken mit sowjetischen Soldaten effektiv. Zudem existierten keine einheitlichen Richtlinien für den Grenzdienst. In den Ländern arbeiteten die Innenministerien unabhängig voneinander kurzfristig Grenzdienstanweisungen aus, allgemein hatten die Verordnungen der Schutzpolizei Gültigkeit.

Durch die gesellschaftlichen Veränderungen in der SBZ und das Auseinanderdriften der politischen Entwicklungen in den Besatzungszonen begannen sich spezielle Probleme an der Demarkationslinie herauszukristallisieren. Mit den Enteignungen und der beginnenden Verfolgung Andersdenkender in der SBZ 1946/47 wuchs der Bevölkerungszustrom in die westlichen Zonen. Viele versuchten dabei, ihr Hab und Gut in Sicherheit zu bringen, was unweigerlich ein Abfließen von Zahlungsmitteln, Wertgegenständen bis hin zu Produktionsanlagen aus der SBZ zur Folge hatte. So wurden allein 1947 an der thüringischen Demarkationslinie 165 000 Personen wegen illegalen Grenzübertritts verhaftet. Eine einzige Grenzpolizeidienststelle beschlagnahmte im Juli des Jahres 33 Lkw voller Maschinen und Betriebsausstattungen. Die UdSSR sah sich erstmalig mit dem Problem des »Ausblutens und der Entvölkerung« ihrer ohnehin wirtschaftlich schwächeren und disproportionierten Besatzungszone konfrontiert, die gleichzeitig jedoch die sowjetischen Reparationsansprüche befriedigen sollte.

Deshalb führten die sowjetische Besatzungsmacht und die SBZ-Führung 1947 eine umfassende Reorganisation der Grenzpolizei durch. Die Einheiten wurden im September um fast genau ein Drittel auf 3779 Mann verstärkt und die Struktur vereinheitlicht. Auf SMAD-Befehl gliederte sich die Grenzpolizei nunmehr in Abteilungen, Kommandanturen und Kommandos. Eine Abteilung befehligte 4 bis 5 Kommandanturen, eine Kommandantur 10 bis 15 Kommandos. Das Kommando bestand in der Regel aus 8 bis 10 Grenzpolizeiangehörigen. Die Einheiten wurden einheitlich mit blauen Uniformen und durchgängig mit deutschen Karabinern 98 k und Pistolen ausgestattet.

Gleichzeitig verschärfte die Besatzungsmacht das Grenzregime. Der nichtgenehmigte Grenzübertritt stand fortan unter Strafe und zog die Beschlagnahme der mitgeführten Güter und Zahlungsmittel mit sich. Durch die Einrichtung deutscher Zollbehörden an den Grenzen zu Polen und zur ČSR normalisierte sich der länderübergreifende Warenverkehr. Im operativen Dienst war die Grenzpolizei weiterhin den regionalen Truppenkommandeuren der GSBT unterstellt; für die Finanzierung, Unterbringung und Ausrüstung zeichneten die Innenministerien der Länder verantwortlich. Waffen und Munition sowie Nachrichten- und Transportmittel erhielt die GP über die SMA der Länder.

Mit den gewachsenen Aufgabenstellungen wuchs auch die GP sehr rasch. Im April 1948 verfügte die Grenzpolizei bereits über 9096 Angehörige. Die verstärkten Kontrollen führten zu einer rapide steigenden Zahl von Verhaftungen und Beschlagnahmen. Vom Juni 1948 bis zum Juli 1949 wurden durch die GP nach internen Berichten und eigenem Sprachgebrauch 214 »Spione und Saboteure«, 2418 »Kriminelle«, 667 »Großschieber« und 2115 »Schmuggler« festgenommen sowie 1513 Fahrzeuge und 24 267 kg Lebensmittel und Industriewaren beschlagnahmt[2]. Die Zahlen verdeutlichen sowohl Probleme der wirtschaftlichen, politischen und personellen Trennung der einst einheitlichen Nation wie auch die Kriminalisierung jedweden ungenehmigten Warenaustausches zwischen den Zonen durch die SBZ. Tatsache ist, daß die wirtschaftliche und politische Auseinandersetzung zwischen den Besatzungszonen an der Demarkationslinie kulminierte.

1948 erweiterte die SMAD die administrativen Entscheidungsrechte der Deutschen Verwaltung des Innern (DVdI) über die GP im Zonenmaßstab, was den Tendenzen zur Zentralisierung in der SBZ 1948 entsprach[3]. Die Leitungsbefugnisse übernahm die seit 1946 in der DVdI existierende Hauptabteilung Grenzpolizei (HAGP), die unter der Leitung von Chefinspekteur Josef Schütz stand. Die operative Anbindung an die sowjetischen Kommandos sowie die verwaltungsmäßige an die Polizeibehörden der Länder blieb bestehen. Versorgungstechnisch zeichneten weiterhin die DVdI und die Deutsche Wirtschaftskommission, finanziell die Innenministerien der Länder für die Grenzpolizei verantwortlich.

Im Oktober 1947 erließ die DVdI eine Schußwaffengebrauchsbestimmung für die Grenzpolizei, die den Waffeneinsatz nur zur Selbstverteidigung, bei einem bewaffneten Überfall oder bewaffnetem Widerstand zuließ[4]. Eine bedeutende Änderung gegenüber dem von der SMAD 1946 recht restriktiven »Waffenanwendungsverbot« für die ostdeutschen Grenzer, die allen anderen Gebrauch als den in Notwehr untersagten, wurde nunmehr der Waffeneinsatz »zur Festnahme gefährlicher Verbrecher« erlaubt, wenn diese nicht anders möglich sei[5]. Die 1948 herausgegebene Instruktion änderte diese Bestimmungen nur unwesentlich.

Entsprechend den Prinzipien der »Kaderauswahl« achtete die SED streng darauf, daß die Führungspositionen bei der Grenzpolizei durch Antifaschisten und der neuen Ordnung treu ergebene Personen besetzt wurden. Das Gros der GP-Angehörigen rekrutierte sich aus umversetzten Schutzpolizisten und aus in SED, FDJ und staatlichen Institutionen geworbenen Jugendlichen, die der sozialen Herkunft nach aus der Arbeiterschaft kamen. Ab 1948 verlängerte die DVdI die Dienstzeit der Freiwilligen auf drei Jahre. Nach der Staatspolitischen Konferenz in Werder/Havel im Juli 1948 führte die SED das Politoffizierssystem auch in der Grenzpolizei ein, und baute dort ihre Organisationsstrukturen auf. 1949 erhielt auch die FDJ dieses Recht; den anderen Parteien des Demokratischen Blocks wie auch den Gewerkschaften blieb diese Möglichkeit verwehrt. Die Maßnahmen dienten der Durchsetzung des SED-Führungsanspruchs in der Grenzpolizei ebenso wie der gezielten ideologischen Beeinflussung der Angehörigen im Sinne der gesellschaftlichen Verhältnisse und herrschaftlichen Strukturen in der SBZ.

Zur Durchsetzung ihrer »Kaderpolitik« in allen Polizeiorganen hatte die SED-Führung in der Grenzpolizei mit dem Befehl 2 der DVdI vom 14. Januar 1949 eine »politische Säuberungswelle« begonnen[6]. Hintergrund der Aktion waren sowohl das SED-Bestreben nach einem treu und ergeben dienenden Personalbestand wie auch mangelnde »politische Zuverlässigkeit«, Probleme der Disziplin und die hohen Desertionsraten innerhalb der Grenzpolizei. Allein im Juli und August 1949 flüchteten 106 »Grenzer« in den Westen. Die DVdI forderte eine verbesserte Personalauswahl, die Kennzeichnung der

Flüchtigen als »Verräter« und »Verbrecher« und disziplinarische Maßnahmen gegen alle »Schuldigen«[7].

Einschneidende Verschärfungen an der Demarkationslinie waren mit der eskalierenden politischen Auseinandersetzung im Gefolge der separaten Währungsreform in Westdeutschland und Berlin (West) im Sommer 1948 verbunden. Im Zusammenhang mit der heraufziehenden Berlin-Krise hatte die DVdI im April 1948 ständige Kontrollstellen am äußeren Stadtrand Berlins errichtet. Es entstand der »Ring um Berlin«, dessen Aufbau im Verantwortungsbereich der Landespolizeibehörde Brandenburg lag und der aus einem inneren und einem äußeren Gürtel von Kontrollpunkten an Straßen, Wasserstraßen und auf Bahnhöfen bestand. 800 Grenzpolizisten waren nunmehr an diesen Kontrollpunkten tätig. Auf Weisung der SMAD erfolgte die völlige Unterbrechung des Personen- und Güterverkehrs auf dem Landweg am 19. Juni und auf den Wasserwegen am 8. Juli 1948. Die Berlin-Blockade begann.

Im Zuge einer generellen Umstrukturierung und Zentralisierung der Exekutivkräfte löste der Präsident der DVdI im November 1948 die Grenzpolizei und die neuentstandenen kasernierten Bereitschaften aus der Verfügungsgewalt der Länder heraus und unterstellte sie der im Juli gebildeten Hauptabteilung Grenzpolizei und Bereitschaften (HA GP/B) in der DVdI direkt. Damit entstand ein gemeinsames zentrales Führungsorgan der Grenzpolizei und der neu aufgebauten Bereitschaften mit Chefinspekteur Hermann Rentzsch an der Spitze, in die die HA Grenzpolizei eingegliedert wurde. Gleichzeitig verlegten die Kommandos der GP jetzt in Kasernen. Nunmehr konnte eine intensive und zielgerichtete Grenzfachausbildung beginnen, zumal sich in der zweiten Hälfte des Jahres 1948 der Zustand der Bewaffnung so verbessert hatte, daß jeder Grenzpolizist eine eigene Schußwaffe besaß, wenngleich eine einheitliche Ausrüstung mit Handwaffen sowjetischer Produktion noch nicht möglich war. Die SBZ verfügte nunmehr über zwei zentral geleitete, militärisch organisierte und insgesamt fast 20 000 Mann starke Sonderpolizeiformationen, für die es in den westlichen Besatzungszonen kein Pendant gab.

Im Zuge der Trennung der für eine militärische Entwicklung bestimmten Bereitschaften von der führungsmäßigen Einbindung in ein gemeinsames Leitungsorgan wurden die Einheiten der Grenzpolizei im Juli 1949 wieder den jeweiligen Chefs der Landespolizeibehörden unterstellt. In der DVdI wirkte als Führungsorgan die HA Grenzpolizei unter Chefinspekteur Schütz weiter, die gegenüber den Innenministern der Länder in bezug auf die Entwicklung der GP Weisungsrecht besaß und die Abteilungen GP in den Ländern anleitete[8].

Nach Beendigung der Blockade im Mai 1949 beließ die SED-Führung den Ring um Berlin. Es entsprach ihrem politischen Interesse, den Personen- und

Warenverkehr von und nach Berlin zu kontrollieren und die Abwanderungsbewegung aus der SBZ über Berlin zu bremsen. Mit Befehl 31/49 der DVdI vom 24. April 1949 übernahm die HA GP/B die Verantwortung für den Ring, der damit »regulär« wurde. Eine der HA GP/B unterstehende verstärkte Grenzpolizeibereitschaft mit 4 Kommandanturen und 48 Kommandos kontrollierte den inneren Ring. 1007 Grenzpolizisten regulierten den Personen- und Warenverkehr am inneren, 512 am äußeren Ring. Für die Sicherstellung des Personals wurden im Land Brandenburg Kräfte der Schutzpolizei abgeworben[9]. Vom 20. Mai bis zum 20. Juni 1949 beschlagnahmte die Grenzpolizei am Ring um Berlin 13 000 kg Lebensmittel, 721 000 Eier, 35 kg Textilien und 550 kg Metall als Schmuggelgut. Mit der Reorganisation des Rings im September 1949 wurde die Grenzpolizeibereitschaft am inneren Ring um Berlin in eine Grenzpolizeiabteilung mit drei Bereitschaften mit 9 Kommandanturen und 36 Kommandos (Zügen) umgewandelt und dem Präsidium der DVdI direkt unterstellt[10]. Im August 1950 gab es erneut Strukturveränderungen mit der Festlegung von 21 Kontrollpassierpunkten (KPP)[11].

Die Gründung der DDR im Oktober 1949 brachte für den bereits deutlich strukturierten Staatsapparat erneute Veränderungen. Aus der DVdI entstand das Ministerium des Innern (MdI), in dem als Teil der Hauptverwaltung Deutsche Volkspolizei (HVDVP) eine eigene Hauptabteilung Grenzpolizei als Führungsorgan der Grenzsicherungskräfte gebildet wurde. Damit erfüllte die Grenzpolizei nach SED-Verständnis von einer zentralisierten Führung unter der Kontrolle der Staatspartei die erste Voraussetzung, um sich zu einem eigenständigen Grenzschutzorgan der DDR zu entwickeln.

In diesem Zusammenhang erfuhr die DGP eine Neugliederung zum 1. Januar 1950. Neu aufgestellt wurde die Grenzbereitschaft Küste mit 709 Mann Sollstärke und die Lehrbereitschaft Mecklenburg. Eine Grenzpolizeibereitschaft (GPB) sollte fortan ein Lehr- und ein Bereitschaftskommando, 3 Kommandanturen zu je 5 Kommandos mit je 4 Gruppen zu 9 Mann besitzen. In Mecklenburg waren damit 4 GPB und eine Seeschule mit 5214 Grenzpolizeiangehörigen, in Brandenburg 2 GPB mit 1577, in Sachsen-Anhalt 4 GPB mit 3270, in Thüringen 7 GPB mit 5495 und in Sachsen 3 GPB mit insgesamt 2297 Mann disloziert. Am Ring um Berlin fungierten weiterhin 3 GPB mit 2256 Angehörigen der Grenzpolizei. Damit verfügte die Grenzpolizei über eine Gesamtstärke von 20 109 Mann. Zur Auffüllung der neuen Personalsollstellen warb man erneut in der Schutzpolizei; die Einheiten der Transportpolizei, die für die Küstensicherung tätig waren, wurden der DGP unterstellt[12].

Jetzt waren die Voraussetzungen gegeben, ab 1. Januar 1951 im Rahmen der Zentralisierung der Führung alle Grenzbereitschaften fachlich, personell, dienstaufsichtsmäßig und versorgungstechnisch der HA Grenzpolizei direkt zu unterstellen und die Abteilungen Grenzpolizei der Länder endgültig aufzulösen[13]. Operativ allerdings unterstanden die Bereitschaften weiterhin den Kommandeuren der sowjetischen Militäreinheiten, die im Rahmen der Sicherung der DDR als Besatzungsmacht noch immer an den Grenzen eingesetzt waren.

Am 21. April 1950 verabschiedete die Provisorische Volkskammer der DDR das »Gesetz zum Schutz des innerdeutschen Handels«. Es sah die umfassende Kontrolle des Warenverkehrs mit der Bundesrepublik und von und nach Berlin (West) vor. Am 10. Juni des Jahres übergab die UdSSR die Kontrollfunktionen an den KPP in die Zuständigkeit der Grenzpolizei. Ausgenommen waren allein die Kontrollen der Alliierten. Ab 1. November 1950 verfügte die DDR, daß Warenlieferungen nur noch über festgelegte KPP erfolgen durften[14]. Die SED-Führung verschärfte gleichzeitig das Grenzregime insbesondere an der Demarkationslinie. Der Ring um Berlin wurde ausgebaut, die GPB umfaßten statt 3 nun 4 Kommandanturen mit je 4 Kommandos. Gleichzeitig endete die verwaltungsmäßige Unterstellung unter die Landespolizeibehörden[15]. Ab Januar 1951 oblag dem Amt für Kontrolle des Warenverkehrs, ab August 1952 dem daraus gebildeten Amt für Zoll und Kontrolle des Warenverkehrs (AZKW) die Güterüberprüfung an den Kontrollpassierpunkten[16]. Das Personal unterstand verwaltungsmäßig den GPB, operativ und personell dem AZKW.

Insgesamt verschärfte sich das Grenzregime an der Linie zu den Westzonen seit 1948 mehr und mehr, allein der Zugang zu Berlin (West) blieb davon nahezu unberührt. Folglich wuchs auch die Zahl der Toten und Verletzten an der Demarkationslinie. Für die Schußwaffengebrauchsinstruktion von 1947 war noch deutlich die Ausrichtung gegen Verbrecher und bewaffnete Banden typisch. Im Zuge des Kalten Krieges und der Abschottung zur Bundesrepublik verlagerten sich Grenzdurchbrüche und Todesopfer durch Schußwaffeneinsatz immer stärker von der Ost- an die Westgrenze. Die Gründe zum Grenzübertritt entwickelten sich weg von kriminellen hin zu politischen und wirtschaftlichen Motivationen. Vom 1. Juli 1949 bis zum 31. Dezember 1950 starben 30 Menschen an den Grenzen der SBZ/DDR, darunter auch Grenzpolizisten. 65 Personen wurden zum Teil erheblich verletzt. Allein von Oktober 1949 bis März 1950 erfolgten 154 271 Festnahmen wegen Verstößen gegen die DDR-Grenzbestimmungen[17]. Nur erwähnt sei, daß es in der HA GP eine Abteilung K gab, die Kriminalpolizeistrukturen bis in die Kommandos der Grenzpolizei anleitete[18].

Im Verlaufe des Jahres 1951 gab es zwei weitere Reorganisationen in der DGP. Im Juni begann unter dem Kennwort »Marta« der Ausbau der DDR-Küstensicherung mit der Umstrukturierung der GPB Nord in die Grenzbereitschaften Greifswald, Stralsund und Bad Doberan. Damit entstanden drei Abschnitte mit jeweils 2 Kommandanturen und 6 Kommandos, die auf das gesamte Küstengebiet verteilt und mit einem kleinen Bootsbestand an Schnell-, Strecken- und Hafenbooten ausgerüstet waren[19]. Die Absicht der Staatsführung, die Grenzpolizei zunehmend nach sowjetischem Vorbild auch für militärische Aufgaben des Grenzschutzes gegenüber der Bundesrepublik, d.h. für die Verteidigung der Grenze gegen bewaffnete Gruppierungen vorzusehen, kam in der Neugliederung der Grenzpolizei im Dezember 1951 zum Ausdruck. Es entstanden 4 Abteilungen mit Stäben in Schwerin, Magdeburg, Berlin und Weimar, denen entsprechend der zu sichernden Grenzabschnitte eine unterschiedliche Anzahl von Bereitschaften (3 bis 6) unterstellt waren[20].

Die DDR grenzt sich ab

Einschneidende Veränderungen an der deutsch-deutschen Demarkationslinie brachte das Jahr 1952. Im Rahmen der Abschottung der DDR von der Bundesrepublik und deren Ausbau als »Bollwerk« des Ostblocks gegen den Westen formte die SED-Führung aus einer bis dahin »fast normalen« Grenzlinie auf der Grundlage Moskauer Weisungen einen »Eisernen Vorhang«. Zur »Sicherung der Unantastbarkeit« der Demarkationslinie unterstellten die Regierenden, dem sowjetischen Vorbild folgend, die Grenzpolizei dem Ministerium für Staatssicherheit (MfS) als »Deutsche Grenzpolizei« (DGP)[21] und richteten diese zunehmend militärisch und staatssichernd aus[22]. Chef der Grenzpolizei wurde nunmehr MfS-Oberst Hermann Gartmann. Am 27. Mai erließ die Regierung eine »Polizeiverordnung über die Einführung einer besonderen Ordnung an der Demarkationslinie«. In ihr war die Errichtung einer 5 km breiten Sperrzone an der Grenze zu Westdeutschland festgelegt. Diese sollte einen 500 m breiten Schutz- und einen 10 m breiten Kontrollstreifen unmittelbar an der Grenzlinie einschließen. Die Grenzlinie erhielt mit der Umsetzung der Verordnung unter dem Decknamen »Aktion Amboß« Befestigungen und Stacheldrahtverhaue[23]. Jeder Grenzübertritt war erlaubnispflichtig. Zuwiderhandlungen sollten mit bis zu zwei Jahren Gefängnis oder Geldstrafen bis 2000 DM geahndet werden. Der Paragraph 4 verbot das Betreten des Kontrollstreifens, bei Nichtbefolgen der Anordnungen im Grenzstreifen war der Schußwaffengebrauch angewiesen. Zur Perfektionierung der Grenzkontrolle wurden neben Polizei und MfS ab August 1952 freiwillige Helfer der Grenzpolizei als Kontrolleure und Informanten eingesetzt. Der »kleine Grenzverkehr« existierte fortan nicht mehr.

Ein Leidensweg für die Bewohner des grenznahen Raumes begann. Die geschilderten Maßnahmen waren mit Zwangsaussiedlungen aus dem unmittelbaren Grenzgebiet verbunden. Allein Ende Mai/Anfang Juni wurden in einer Nacht-und-Nebel-Aktion mit dem bezeichnenden Namen »Ungeziefer« 8175 »unzuverlässige« Personen aus dem Grenzgebiet ausgesiedelt[24]. Zusätzliche Erschwernisse für die Bewohner der 5-km-Zone brachten eine Registrierung und eine Passierscheinpflicht für den Aufenthalt in der Grenzzone[25].

Im Juni 1952 dehnte die DDR-Führung die Maßnahmen analog auf die Küstenregion und den Ring um Berlin aus. Berlin (West) wurde sowohl von der Moskauer als auch Ostberliner politischen Führung als »Pfahl im Fleische der DDR« gesehen; eine Veränderung des Status quo von Berlin war jedoch noch nicht möglich. Das freie Betreten der Westsektoren von Ost-Berlin aus blieb weiter möglich, allerdings sollte der Zugang für die DDR-Bürger zu Ost-Berlin erschwert werden. Obgleich man gegenüber Berlin (West) keine Schutzzone einrichten konnte, wurden die Kontrollmaßnahmen verstärkt und eine Passierscheinpflicht für Westberliner zur Einreise in die DDR eingeführt. Dem Ziel der Verhinderung von illegalen Grenzübertritten trug die im Mai 1952 erlassene verschärfte Direktive zum Schußwaffengebrauch Rechnung[26]. Ausdrücklich war hier das Recht formuliert, bei Fluchtversuchen die Waffe anzuwenden. Besonders negative Folgen zeitigte die schon damals erlassene Bestimmung, Verletzte und Tote am Ort zu belassen, bis eine Untersuchung erfolgt sei. Die DDR hatte ihren »Aufbau der Grundlagen des Sozialismus« durch eine relativ lückenlose Grenzziehung zu Westdeutschland abgeschottet. Allein das »Loch« zu Berlin (West) war geblieben.

Für das DDR-Grenzorgan resultierte daraus eine weitere personelle Aufstockung — das Politbüro beschloß eine Stellenplanerhöhung um etwa 10 000 Mann[27]. Zur Perfektionierung des Grenzsystems und der Ausbildung nahmen ab 1. Juni 1952 sowjetische »Berater« ihre Tätigkeit in der DGP auf. Mit der Einführung eines geschlossenen Systems der politischen Schulung und Kampfausbildung ab Oktober 1952 erhoffte sich die SED eine Intensivierung der Indoktrination und Ausbildung. Gleichzeitig erachtete sie es für wichtig, die Grenzpolizisten auch materiell an ihre Dienstaufgaben zu binden. Es wurde eine Besserstellung der Grenzer an der Demarkationslinie durch eine Zusatzvergütung von 15 Prozent Gehaltszulage sowie eine allgemeine Anhebung der Verpflegungsnormen beschlossen.

Diente die Grenzsicherung der DDR vordergründig zwar der Verhinderung von »Republikfluchten« und des Eindringens von »DDR-feindlichen« Personen aus dem Westen, so verstand sich der Grenzschutz in der sowjetischen Militärtheorie eigentlich als der vorgeschobenste Verteidigungsstreifen des eigenen Landes. Die Grenzeinheiten der DDR sollten im Zusammenhang mit der 1952 vollzogenen Neuorientierung in der Militärpolitik befähigt und ausgerüstet sein, einen militärischen Angriff aufzuhalten, bis die Streitkräfte einsatzbereit waren. In den Grenzbereitschaften der DDR entstanden jetzt in schrittweiser Umsetzung dieser Grenzschutzauffassung verstärkte Reservegruppen, die Ausrüstung wurde mit sowjetischen Waffen modernisiert[28]. Offensichtliche Zeichen der neuen Ausrichtung der DGP stellten die seit Oktober 1952 eingeführten militärischen Dienstgrade, khakifarbenen Uniformen und Rangabzeichen dar.

Während der Volkserhebung im Juni 1953 blieb es an den Grenzen der DDR relativ ruhig, ein deutliches Zeichen dafür, daß es sich um eine innere Erhebung, nicht einen über die Grenze zur Bundesrepublik von außen gesteuerten »konterrevolutionären Putsch« handelte. Allein in und um Berlin kam es zu massenhaften Überschreitungen der Sektorengrenzen. An der Grenze zu Polen wurden Grenzschilder zerstört, was verdeutlicht, daß die von der DDR-Regierung beschworene Oder-Neiße-Friedensgrenze in der Bevölkerung nicht ausnahmslos auf Gegenliebe stieß.

Das Versagen der DDR-Sicherheitsorgane, insbesondere des MfS, am 17. Juni 1953 quittierte die SED-Führung mit einer »Degradierung« des Staatssicherheitsdienstes zum Staatssekretariat im MdI. Damit war gleichwohl die Herauslösung der DGP aus dem Staatssekretariat für Staatssicherheit und die Schaffung einer selbständigen Hauptverwaltung Deutsche Grenzpolizei im MdI verbunden. Das Grenzorgan der DDR erfuhr nach den Unruhen schon aus dem Selbstverständnis der Herrschenden über einen von außen gesteuerten Putschversuch eine weitere Aufstockung. Die Gesamtstärke der Grenzpolizei wuchs von 25 541 Mann im September 1953 auf 30 745 Mann im Jahre 1954[29]. Die personelle Verstärkung kam besonders der deutsch-deutschen Grenzsicherung und dem Ring um Berlin »zugute«. Bereits 1953 waren von der Gesamtstärke der DGP mit 13 131 Mann an der innerdeutschen Grenze und 5269 Grenzpolizisten am Ring um Berlin fast vier Fünftel an der Demarkationslinie zur Bundesrepublik und zu Berlin (West) eingesetzt[30]. Die mit der personellen Verstärkung neu geschaffenen Grenzbereitschaften verteilten sich wie folgt: 2 Bereitschaften mit je 1144 Mann Sollstärke an der Demarkationslinie, 2 Bereitschaften à 951 Mann an der Küste und 2 Bereitschaften mit nur 334 Grenzpolizeiangehörigen an der Grenze zu Polen und der Tschechoslowakei[31]. Damit dokumentiert sich deutlich das Anliegen der Maßnahmen. Vor allem die Westgrenzen sollten dichter werden: nach innen, um den »schädlichen Einfluß« des Westens auf die Bevölkerung einzudämmen, nach außen, um noch wirksamer dem Verlassen der Republik begegnen zu können.

Dementsprechend wurde das Grenzsicherungssystem weiter ausgebaut. Im November 1953 erhielt der Ring um Berlin eine vierte, 1094 Mann starke Grenzbereitschaft mit Dislokation in Schenckendorf bei Berlin[32], 1954 entstanden die beiden geplanten GPB an der Westgrenze der DDR in Oschersleben und Eisenach mit jeweils 1079 Mann[33]. Gewisse Erleichterungen im Grenzregime schuf die DDR Mitte 1954 mit der Aufhebung der Polizeiverordnung vom Mai 1952 und der Eröffnung weiterer Kontrollpunkte am Ring um Berlin. Diese Zugeständnisse sollten nicht von langer Dauer sein und wurden bereits 1956 rückgängig gemacht.

Mit der Einführung der Innendienstvorschrift DV 10/3 am 7. Juli und der Disziplinarvorschrift DV 10/6 am 9. November 1954 erhoffte sich das Ministerium des Innern eine Festigung der inneren Verhältnisse und der Disziplin in der DGP. Dieses Organ stand insbesondere bei der Desertionsrate an der Spitze der besonderen Vorkommnisse in allen bewaffneten Organen der DDR. Gleichzeitig sollte der Einfluß des Offizier- und Unteroffizierkorps auf die Einheiten und dieses selbst als Träger der Einsatzfähigkeit des Grenzorgans gestärkt werden. Im gleichen Jahr begann der Aufbau eines Funksystems der DGP, welches eine gedeckte Truppenführung ermöglichte und die Einsatzbereitschaft und Flexibilität der Grenzbereitschaften erhöhte.

Mit Blick auf die mögliche Teilnahme der DDR an einer Militärkoalition des Ostblocks forderte die Staats- und Parteiführung 1955 von der Grenzpolizei größere Anstrengungen zur Unterbindung der Fluchtbewegung und beschloß zugleich den Übergang zu militärisch strukturierten und funktionierenden Grenztruppen nach sowjetischem Vorbild. Am 17. März stimmte die Sicherheitskommission des Politbüros der Beschlußvorlage über die Umunterstellung der Grenzpolizei unter das Staatssekretariat für Staatssicherheit sowie über Veränderungen der Ausbildungsinhalte zu. Mit dem Befehl 6/55 erfuhr die DGP die Eingliederung in das SfS zum 1. April 1955[34]. Die Grenzbereitschaften am Ring um Berlin sollten umgehend aufgefüllt und zusätzliche Reservebereitschaften aufgestellt werden. Die Auffüllung der Einheiten war durch Werbung von Mitgliedern und Kandidaten der SED vorgesehen. Mit der Veränderung wollte man die militärische Einsatzbereitschaft der DGP gegenüber Berlin (West) erhöhen. Im Vordergrund stand allerdings die Eindämmung des immer weiter ausufernden Flüchtlingsstroms. Übersiedlungen in den Westen wurden verboten, das Betreten von Berlin (West) für weitere Personengruppen eingeschränkt.

Das 23. Plenum des ZK der SED im April 1955 forderte von der DGP eine weitere militärische Ausrichtung. Die DGP sollte jedes illegale Überschreiten der Demarkationslinie verhindern, im Verteidigungsfall jedoch als erstes Sicherungsorgan die Unverletzlichkeit der DDR-Grenze garantieren und bei der Abwehr eines Angriffs eng mit der NVA kooperieren können. Dafür legte die Sicherheitskommission ein Ausbildungsprogramm zur militärischen Befähigung der Einheiten bis zum Handeln im Bataillonsmaßstab bis Ende 1956 fest, höhere Offiziere sollten zum Führen von Einheiten im Regimentsmaßstab befähigt werden[35]. Entsprechend diesen Intentionen befahl der für die Bewaffnung aller DDR-Organe verantwortliche Innenminister im Juni 1955, die veralteten deutschen Waffen an die Transportpolizei abzugeben und die DGP mit sowjetischer Technik auszurüsten[36]. Wegen akuten Waffenmangels vollzog sich der Prozeß langsam, zumal für die DGP nunmehr Artillerie und Panzertechnik vorgesehen waren, die selbst in der KVP/NVA noch in der Ausrüstung fehlten.

Im Zusammenhang mit der Umstrukturierung des MdI im Sommer 1955 wurde der Chef der DGP, Generalmajor Hermann Gartmann, militärischer Berater im MfS. Als Chef der DGP fungierte von nun an bis 1957 Oberst Heinrich Stock. Die Grenzpolizei erhöhte die Zahl ihrer Grenzbereitschaften auf 22, wovon mit zwei neuzubildenden 10 an der Grenze zur Bundesrepublik, 4 am Ring um Berlin, 5 an der Staatsgrenze zu Polen und der Tschechoslowakei und mit 2 weiteren neuaufgebauten nun 3 an der Küste Sicherungsaufgaben zu erfüllen hatten. Allein die Dislozierung verdeutlicht die Ausrichtung des DDR-Grenzsicherungsorgans.

Eine wesentliche Aufwertung erfuhren die DDR und ihre Grenzpolizei Ende des Jahres 1955. Auf der Grundlage des Staatsvertrages mit der UdSSR vom 20. September 1955 übernahm die DGP als Zeichen der neugewonnenen Souveränität der DDR ab Dezember 1955 die alleinige Sicherung der DDR-Grenze. Sie erhielt mit Ausnahme des Kontrollrechts gegenüber den Alliierten alle Aufgaben eines Grenzschutzorgans. Zur Unterstützung bei den neu zu bewältigenden Aufgaben erbat die DDR erneut Berater aus der UdSSR, 1956 wurden 15 Führungsoffiziere der DGP zum Studium an das Institut des Ministeriums des Innern der UdSSR delegiert. Gleichzeitig vereinbarte die DDR eine Zusammenarbeit mit den Grenzorganen Polens[37].

Mehr denn je richtete sich das Grenzregime der DDR 1956 gegen den Massenexodus aus der DDR, der 1955/56 einen neuen traurigen Höhepunkt erlebte. Dazu dienten die »Verordnung zur Regelung und Erleichterung der Lage im Grenzgebiet an der Westgrenze der Deutschen Demokratischen Republik« vom 1. Juli 1956 trotz der im Titel versprochenen Zugeständnisse ebenso wie die Kriminalisierung der »Republikflüchtigen«. Die Generalstaatsanwaltschaft des MdI erließ am 26. September 1956 eine Rundverfügung, die eine restriktive Bestrafung des »ungesetzlichen« Überschreitens der Staatsgrenze und Demarkationslinie forderte. Als rechtliche Vorwände wurden die Ausfuhr von Zahlungsmitteln oder Waren nach dem Gesetz zum

Schutz des innerdeutschen Handels bzw. nach dem eigentlich nicht mehr gültigen SMAD-Befehl gegen Spekulation empfohlen; beschleunigte Verfahren wurden angemahnt[38].

Im April 1956 entstand in der Abteilung Grenzdienst der HVDGP eine Unterabteilung Küste, die sich speziell der Probleme der Küstensicherung annehmen und die ihr neu unterstellten Grenzbereitschaften Küste in Greifswald, Rostock und Glowe anleiten sollte[39]. Die DGP erhielt schrittweise sowjetische Handfeuerwaffen und gab jene deutscher Fabrikation an die Transportpolizei ab. Im Oktober 1956 löste die HVDGP zur Vereinfachung der Führungsstrukturen die Grenzkommandanturen auf. Die Anleitung der Grenzkommandos erfolgte nunmehr direkt durch die GPB. In Köppelsdorf wurde eine neue GPB mit 7 Kommandos aufgestellt, am Ring um Berlin und an der Grenze zur Bundesrepublik die Kommandostärke auf 70 Mann erhöht[40].

Im Herbst 1956 versuchte die DDR-Staatsführung angesichts der Krisensituationen in Polen und Ungarn, durch die Zusammenführung der Hauptorgane für den inneren Einsatz in einer Hauptverwaltung Innere Sicherheit (HVIS) innerhalb des MfS die Führung und Koordinierung dieser Organe zu optimieren. Dies geschah zur Vorbereitung eines inneren Einsatzes für den Fall des Überschwappens der Krisenerscheinungen auf die DDR. Den Schwächen in der Führung und im Zusammenwirken, die eine Überprüfung der Kampffähigkeit der inneren Einsatzkräfte im Oktober 1956 gezeigt hatte, sollte mit der Zusammenfassung der DGP, der Transport- und der Bereitschaftspolizei begegnet werden[41].

Bereits Ende 1956 beschloß die Sicherheitskommission, die DGP wieder aus der HVIS herauszulösen. Das Grenzschutzorgan erhielt mit dem Kommando der Deutschen Grenzpolizei ein selbständiges Führungsorgan, das dem Stellverteter des Ministers für Staatssicherheit direkt unterstehen sollte, dann aber ab 1. März 1957 dem MdI zugeschlagen wurde[42]. Dies widerspiegelte sich auch in der Führung der DGP, die 1957 kurzzeitig zum Leiter der HVIS, Generalmajor Gartmann wechselte, um dann im gleichen Jahr im MdI von Oberst Paul Ludwig übernommen zu werden. Die Entwicklungsvorgaben der DDR-Führung für die DGP zielten in der Folgezeit darauf, die Anbindung an die NVA zur Koordinierung des militärischen Zusammenwirkens bei der Verteidigung der Westgrenze zu optimieren. Es wurde festgelegt, daß die Grenzpolizei zwar zur Geheimhaltung weiter »Polizei« heißen werde, sich jedoch in Ausbildung und Einsatzbereitschaft zu einer militärischen Truppe zu entwickeln habe[43]. Dem diente die Übergabe der Kontrollfunktionen an den KPP an das AZKW. Das Amt blieb dem Ministerium für Außen- und innerdeutschen Handel unterstellt, die operative Anleitung oblag jedoch der DGP und wurde durch Grenz- und Paßoffiziere koordiniert.

Militärische Grenzsicherung nach innen und nach außen

Der zunehmende militärische Zuschnitt der DGP dokumentierte sich zum einen in der Planung des Zusammenwirkens mit der NVA im Ernstfall[44], zum anderen in der Umgliederung der DGP in Brigaden im Jahr 1957 und der Dislozierung der knapp 35 000 Grenzpolizisten[45]. Insgesamt entstanden 8 Brigaden: 1. Schwerin, 2. Magdeburg, 3. Erfurt, 4. Rudolstadt, 5. Groß-Glienicke, 6. Rostock, 7. Frankfurt (Oder), 8. Karl-Marx-Stadt mit 25 Bereitschaften und 101 Grenzabteilungen. Die Grenze zur Bundesrepublik und um Berlin (West) untergliederte sich in 5 Abschnitte, denen im Kriegsfalle konkrete militärische Aufgaben im Zusammenwirken mit zugeordneten Einheiten der NVA gestellt wurden. Die Abschnittssicherung übernahmen 5 der Brigaden mit 18 Bereitschaften. Die Küstensicherung oblag 1 Brigade mit 3 Bereitschaften. An den Ostgrenzen wirkten nur 2 Brigaden mit insgesamt 4 Bereitschaften.

Anstelle der 1956 abgeschafften Kommandanturen nahmen jetzt Grenzabteilungen die Führung der GPB und der Kompanien wahr. Im Unterschied zu den Vorgängern, die vorrangig die Aufgaben der wirtschaftlichen und verwaltungstechnischen Sicherstellung erfüllten, stellten die Abteilungen ein politisches und militärisches Führungsorgan nach militärischen Prinzipien dar. Dementsprechend wurden die Stäbe umformiert. Gleichzeitig ging man vom bislang linearen zum tiefgestaffelten beweglichen System der militärischen Grenzsicherung über, was sich mit einem pioniertechnischen Ausbau der Grenze zur Bundesrepublik verband. Die DGP sollte befähigt werden, einen »imperialistischen Überfall« in der Anfangsphase abzuwehren[46]. Dementsprechend bildeten die Brigaden nun Reservetruppen, die über schwere Grenzabteilungen mit Panzer-, Panzerabwehr- Granatwerfer- und MG-Einheiten sowie über eigene Versorgungskräfte verfügten. Ab Mai 1957 begann die Ausbildung der »Grenzer« an SFL-76 und Panzer T-34 sowie an Artillerie. In den Lehrbataillonen 6 und 11 zog die DGP Panzerkommandanten, Richtschützen und Funker, an der Artillerie- und Panzertechnischen Schule Gruppenführer für technische Wartung, Reparaturspezialisten und Geschützmeister heran[47]. In den Waffenbestand führte die Grenzpolizei nun schrittweise 1600 Pak, 102 Geschütze, 18 Flak und 69 gepanzerte Fahrzeuge ein. Im Januar 1958 verfügte die DGP über 38 996 Sollstellen, von denen jedoch nur 34 635 besetzt waren. Die Werbung für das Grenzorgan konnte, hinter der NVA in der Zuführungspriorität an zweiter Stelle rangierend, mit dem raschen Ausbau der DGP nicht mithalten, zumal eine große Fluktuation immer wieder Lücken riß. Mit der Einführung des Schwurs und der Verleihung von Truppenfahnen an die Grenzbrigaden und -bereitschaften im Januar 1958 entsprach auch das Zeremoniell dem der NVA.

Im Rahmen ihres Verständnisses von »sozialistischen Militärformationen« war die SED-Führung bemüht, die DGP zu einem »zuverlässigen Instrument der Diktatur des Proletariats« zu entwickeln. Was die NVA als Parteiarmee kennzeichnete, wurde analog in der DGP umgesetzt. Nahezu alle Offiziere der DGP waren Mitglieder der SED, der Anteil der SED-Angehörigen am Gesamtpersonalbestand wuchs von 25,7 % im Jahr 1954 auf ein Drittel 1960. Trotzdem war die SED-Führung unzufrieden. Die inneren Probleme in den Grenzpolizeieinheiten verdeutlichten Mängel in der Führung und in der Indoktrination der Grenzer. Hochgerechnet auf den Personalbestand traf die Zahl der Vergehen mit 18 367 ausgesprochenen Bestrafungen bei 34 630 Mann Gesamtstärke 59 % aller DGP-Angehörigen, darunter 770 Offiziere. Im Jahr 1957 desertierten 279 Grenzpolizisten in den Westen. Allein 1000 Angehörige, das entsprach der Personalstärke von 4 Bereitschaften, baten um eine vorfristige Entpflichtung. In den Zahlen kommen sicherlich nicht nur Unstimmigkeiten des inneren Dienstes der DGP zum Ausdruck, sondern auch eine Vielzahl von moralischen Bedenken, die mit dem Vorgehen gegen die Abwanderung von Bürgern der DDR zusammenhingen[48].

Im ersten Halbjahr 1957 mußte die DGP an der Grenze zu Westdeutschland 99 erfolgreiche Grenzdurchbrüche mit 148 Personen registrieren. Im gleichen Zeitraum erfolgten 53 399 Festnahmen. Bis zum November stieg die Zahl der sogenannten Grenzverletzungen auf 857 mit 1216 Personen. Gleichzeitig wuchs die Zahl der Desertionen von Grenzpolizisten von insgesamt 252 im Jahr 1956 auf 279 von Januar bis November 1957. Im genannten Zeitraum gab es in den Reihen der Grenzpolizei 17 Selbsttötungen, 25 Suizidversuche sowie 19 Tote und 137 Verletzte durch fahrlässigen Schußwaffengebrauch[49]. 1958 stieg diese Negativbilanz weiter, erst 1959 konnte die DGP-Führung einen leichten Rückgang der Desertionen, Grenzverletzungen und Dienstvergehen registrieren.

Um so intensiver waren die DDR-Regierung und die Führung der Grenzpolizei bemüht, den ideologischen Einfluß der SED und der FDJ auf die DGP-Angehörigen zu erweitern. 1958 wurden neue »Bestimmungen für die Arbeit der Politorgane der Deutschen Grenzpolizei« und die »Instruktion für die Arbeit der Parteiorganisationen der Sozialistischen Einheitspartei Deutschlands in der Deutschen Grenzpolizei« wirksam, die auf eine Intensivierung der parteipolitischen Arbeit und ideologischen Erziehung der DGP-Angehörigen im Sinne der Staatsmacht zielten. Eine wesentliche Schiene zur politischen Ausrichtung und Disziplinierung der »Grenzer« war die Werbung für die Mitgliedschaft in der SED. 1960 waren 32,8 % aller DGP-Angehörigen Mitglieder oder Kandidaten der SED.

Im Jahr 1960 verabschiedete der aus der Sicherheitskommission 1960 gebildete Nationale Verteidigungsrat eine Direktive zum Schußwaffengebrauch, die nur für die Westgrenze galt. Hier wurde der Schußwaffeneinsatz zur Gewährleistung der Unantastbarkeit der Grenze, bei bewaffneten Überfällen, bei der Festnahme von »Grenzverletzern«, bei Widerstand oder Fluchtversuch, wenn keine andere Möglichkeit der Festnahme bestehe, erlaubt und angewiesen. Die Bestimmungen zum Schußwaffengebrauch auf Befehl der Vorgesetzten wurden erweitert[50].

Ende 1960 verfügte die DGP über einen Personalbestand von knapp 38 000 Mann. Das Kommando der Deutschen Grenzpolizei lag in Pätz bei Königs Wusterhausen. Die Führung hatte ab dem 15. Mai 1960 Oberst Erich Peter übernommen, der auf dieser Position (später als Chef der Grenztruppen der DDR) bis 1979 verblieb. Ihm unterstanden 8 Grenzbrigaden mit Führungssitzen in Perleberg, Magdeburg, Erfurt, Dittrichshütte, Groß-Glienicke, Rostock, Frankfurt (Oder) und Karl-Marx-Stadt mit insgesamt 25 GPB, die im wesentlichen motorisierten Regimentern entsprachen. Ein Meilenstein zur Ausprägung als militärisches Organ war die Aufstellung schwerer Abteilungen (Bataillone) mit 3 SFL- und einer SPW-Kompanie im Brigadebereich. Die Bereitschaften gliederten sich in drei operative und eine Ausbildungsabteilung in Bataillonsstärke. Letztere bildete gleichzeitig die Einsatzreserve. Jede Abteilung führte 4 Schützenkompanien.

Im Januar 1961 wurde die DGP erneut umgruppiert. Die strukturelle Veränderung diente der Einführung eines beweglichen Sperrsystems unter militärischen Aspekten, die mit einer Neuausrüstung der Grenzpolizei verbunden war. Die beweglichen Reserven für militärische Operationen wurden wesentlich vergrößert. Die Maßnahmen galten dem weiteren Ausbau der Westgrenze, an der nach Umgruppierungen von Ost nach West nunmehr über 30 000 Grenzpolizisten eingesetzt waren. Gleichzeitig wurde ein Plan zur Bewaffnung der DGP-Einheiten West mit neuester Waffentechnik verabschiedet[51]. Das Grenzorgan sollte in der Lage sein, »Verletzungen der Souveränität der Grenze« zu vereiteln und bei Einbruch des Gegners in den Hauptrichtungen die Abschnitte zu halten und die Voraussetzungen für die Entfaltung der NVA und der GSSD zu schaffen sowie im Zusammenwirken die Angriffe des Gegners abzuwehren. Im Osten dagegen wurde die Grenzsicherung durch eine einfache Überwachung und Kontrolle ersetzt. Die DDR bereitete sich damit auf die völlige Abschottung und militärische Grenzsicherung gegenüber der Bundesrepublik und Berlin (West) vor und setzte erste Achtungszeichen für die im Sommer 1961 folgenden Maßnahmen.

»Niemand hat die Absicht, eine Mauer zu errichten«

Seit 1958 bereits schwelte die zweite Berlinkrise; für die DDR-Führung erlangte die Berlin-Frage angesichts des Massenexodus existentielle Bedeutung. Von 1949 bis 1960 hatten über 2,6 Millionen Menschen die DDR verlassen, die meisten über die offenen Sektorengrenzen nach Berlin (West). Ein weiteres schwerwiegendes Problem für die DDR bildete die »Schaufensterfunktion« des überlegenen ökonomischen Systems im Westteil der Stadt. Annähernd 60 000 Grenzgänger aus Ost-Berlin oder dem Umland gingen täglich ihrer Arbeit in den westlichen Sektoren nach. In der »Hauptstadt der DDR« fehlten hingegen über 45 000 Arbeitskräfte vor allem in dem als Aushängeschild der DDR dienenden Bauwesen. Die Schäden durch Abwanderungen insbesondere junger Menschen und ausgebildeter Fachkräfte, Mediziner und Ingenieure bezifferte die DDR mit jährlich 2,5 Mrd. Mark[52].

Seit Anfang 1961 rang die DDR-Führung um grünes Licht aus Moskau für eine Lösung des Berlin-Problems. Vom 3. bis 5. August trafen sich die Parteichefs der Warschauer Paktstaaten in Moskau. Sie genehmigten der DDR, »eine solche Kontrolle an den Grenzen der Deutschen Demokratischen Republik einschließlich der Grenzen zu den Westsektoren von Groß-Berlin« einzuführen, »wie sie an den Grenzen jedes souveränen Staates üblich ist«[53]. Als ersten Schritt der mit Moskau abgestimmten Maßnahmen entsandte die UdSSR am 7. August 1961 mit Marschall Konev ihren Kriegsspezialisten für Städtekampf als Oberkommandierenden des GSSD nach Berlin.

Am 8. und 11. August 1961 erteilte das SED-Politbüro alle notwendigen Instruktionen zur Grenzabriegelung. Auf Weisung des Ministeriums für Nationale Verteidigung nahm am 9. August 1961 eine operative Arbeitsgruppe ihre Tätigkeit auf. Sie schuf die Einsatz-, Alarm- und Verlegungspläne für die beteiligten Truppen. Im Ostberliner Polizeipräsidium entstand ein Haupteinsatzstab unter der Leitung Honeckers. Hier wurden der Einsatz der Kampfgruppen-, Schutz- und Grenzpolizeieinheiten vorbereitet, die Pläne für die Abriegelung der 45 km langen Sektorengrenze durch die Stadt und der etwa 160 km Grenze zum Umland von Berlin (West) ausgearbeitet.

In der Nacht zum 12. August legte die SED-Führung ihre Pläne sowjetischen Diplomaten und GSSD-Befehlshabern vor. Der für die Aktion gewählte Sonntag sicherte, daß eine gemeinsame Willensbildung in den Ostberliner Betrieben erst nach erfolgter Absperrung am Montag möglich wurde. Für diesen Fall bereiteten sich Polizei und Kampfgruppen zum Einsatz vor. Der Vorsitzende des Nationalen Verteidigungsrates Ulbricht unterzeichnete am 12. August gegen 16.00 Uhr die Befehle für die Grenzabriegelung. Die Demarkationslinie zu den Westsektoren wurde in drei Abschnitte unterteilt, die mit »X« plus 180 Minuten in höchster Dichte zu besetzen waren. Dreißig Minuten nach Auslösung des Alarms sollten die Grenzkontrollpunkte schließen und innerhalb der nächsten zweieinhalb Stunden pioniermäßig gesperrt werden. 13 Kontrollpunkte zwischen den Sektoren blieben vorerst zur Beruhigung in West und Ost geöffnet. Um 22.30 Uhr löste Honecker mit verschlüsselten Einsatzbefehlen an die Grenzpolizei deren Einsätze aus.

Um Mitternacht erloschen die Lichter an der Sektorengrenze, Posten zogen auf, die Grenzübergänge schlossen. Um 1.00 Uhr löste Ulbricht für alle Bezirkseinsatzleitungen Alarmstufe I aus, 30 Minuten später befahl er der Bezirkseinsatzleitung Potsdam den Vollalarm und den Einsatz der Kampfgruppen[54]. Gegen 1.30 Uhr besetzte Polizei die Bahnhöfe an den Sektorengrenzen, kurz darauf stellte der DDR-Verkehrsminister den S- und U-Bahnverkehr zwischen Ost-Berlin und Berlin (West) ein. Am Morgen des 13. August 1961 hielten über 5000 Grenz-, 5000 Schutz- und Bereitschaftspolizisten sowie 4500 Kampfgruppenangehörige die Sektorengrenzen in und um Berlin besetzt[55]. Sie rissen Straßen auf, installierten spanische Reiter, schlugen Pfähle ein und spannten Stacheldraht. Gegen 6.00 Uhr morgens war die Sektorengrenze verriegelt. Gleichzeitig war der DGP seit dem 12. August eine verstärkte Präsenz an der Westgrenze zur Bundesrepublik befohlen.

In den Nachmittagsstunden des 13. August begann die Westberliner Bevölkerung ihrem Unmut gegen die Absperrungen und über die fehlenden politischen Reaktionen der Bundesregierung und der Westmächte Luft zu machen. Vor dem Brandenburger Tor hatten sich auf Westberliner Seite an die 3000 Menschen versammelt. Sprechchöre, Pfiffe und auch Steine prasselten auf die als »Verräter« erachteten DDR-Uniformierten nieder. Viele Ostdeutsche aber suchten ihre letzte Chance zur Flucht. Allein am 13. August schwammen noch 26 Menschen durch den Teltow-Kanal, unzählige fanden andere Lücken. Von Tag zu Tag nahmen die »Grenzdurchbrüche« zu, man nutzte nun Lkw, Pkw und Busse, um die Drahtverhaue zu durchstoßen. Vom 13. August bis zum 18. September 1961 meldete der zentrale Einsatzstab 216 gelungene Fluchtversuche, bei denen über 400 Menschen »entkamen«. Umgehend wurde der Bau von Sperren befohlen, immer mehr Versuche scheiterten.

Die Einsatzkräfte, unter ihnen die Grenzpolizisten, erfüllten — sieht man von der hohen Desertionsrate ab — die befohlenen Aufgaben zur Zufriedenheit des SED-Staates. Ausgewählt und politisch geschult, glaubte die Mehrheit an eine NATO-Bedrohung, an florierenden Menschenhandel und an ein »gesteuertes Ausbluten« ihrer Heimat. Für sie war die Absperrung eine Friedensmission, legitimes Recht der DDR. Manch anderer ergab sich nur dem Zwang des Befehls, nicht wenige aber entschlossen sich zur Flucht in den Westen. Bis Mitte September desertierten von den eingesetzten Sicherungskräften 85 Mann nach Berlin (West).

Bereits am 15. August 1961 beschloß der Nationale Verteidigungsrat den weiteren pioniermäßigen Ausbau der Grenzlinie, zwei Tage später zog die DDR-Führung die Schlußfolgerung, daß der Westen nichts dagegen unternehmen werde. Man ging nunmehr zur »Regulären Grenzsicherung« in Berlin, zur totalen Sperrung der Westgrenze sowie zur »Säuberung« der Grenzkreise über. Mit dem 21. August 1961 begann die zweite Etappe des Mauerbaus. Die Grenze durch Berlin wurde in sechs Abschnitte unterteilt, für die Grenzsicherung entstand die Grenzbrigade Berlin. Die Kampfgruppen und die Einheiten der NVA wurden schrittweise aus dem Einsatz abgezogen. Am 29. August beauftragte das SED-Politbüro Verteidigungsminister Hoffmann, die Grenzabsperrung so zu verstärken, daß ein Panzerdurchbruch von westlicher Seite verhindert werden könne. Angesichts von 216 Grenzdurchbrüchen mit 417 Personen bis zum 20. September forderte der NVR in einem einstimmigen Beschluß: »Gegen Verräter und Grenzverletzer ist die Schußwaffe anzuwenden«. DDR-Flüchtlinge wurden damit endgültig kriminalisiert.

Am 14. September 1961 veranlaßte der Oberkommandierende der GSSD, Marschall Konev, die DDR-Führung, mit Maßnahmen zur neuerlichen Aussiedelung aus dem Grenzstreifen sowie zum pioniertechnischen Ausbau in den »hauptsächlichen Grenzverletzerrichtungen« zu beginnen[56]. Es waren die Errichtung von Drahtsperren, Minenfeldern, Signalvorrichtungen und Beobachtungstürmen festgelegt, selbst die Minentypen (POMS-2 und PMD-6) wurden »empfohlen«. Letztlich sollte in der Ordnung zum Schußwaffengebrauch »Klarheit und eine höhere Verantwortlichkeit der Grenzsoldaten sowohl für Untätigkeit bei vorliegender Notwendigkeit der Anwendung der Waffe als auch für ein Überschreiten der ihnen gewährten Rechte«[57] formuliert werden. Diese Forderungen, darunter die zur Behandlung von Deserteuren als »Landesverräter«, und deren konsequente und bedenkenlose Umsetzung durch die Staats- und DGP-Führung sollten das Grenzschutzorgan in der Folgezeit deutlich prägen und das Grenzregime der DDR an den internationalen Pranger stellen.

Nach dem Befehl des Vorsitzenden des NVR vom 12. September 1961 über die Eingliederung der DGP als Grenztruppen der DDR in das Ministerium für Nationale Verteidigung begann ein neuer Entwicklungsabschnitt der militärischen Grenzsicherung in der DDR[58]. Das Kommando der Deutschen Grenzpolizei wurde vorerst unter der Bezeichnung »Kommando Grenze« zum Führungsorgan der Grenzeinheiten im MfNV. Das Verteidigungsministerium nahm mit den DGP-Formationen 2 Generale, 4167 Offiziere und 34 149 Unteroffiziere und Mannschaften an Personal, 70 Panzer, 66 SFL, 156 SPW und

191 Geschütze sowie über 3000 Fahrzeuge unter seinen Befehl[59]. Damit fand die Entwicklung der Grenzpolizei hin zu einem militärischen Organ seinen faktischen Vollzug. Von den 38 318 Grenzsoldaten standen Ende 1961 68 % an der Grenze zur Bundesrepublik, 6 % an der DDR-Küste, weitere 6 % an den Grenzen zu Polen und der Tschechoslowakei. Die restlichen 20 % waren an den Schulen und Einrichtungen der DGP tätig. Ein neuer Abschnitt in der Geschichte des Grenzregimes der DDR begann — der der DDR-Grenztruppen.

Leitung

Leiter der Hauptabteilung Grenzpolizei

1946–1949	Josef Schütz
1949	Max Zaspel
1949	Josef Schütz
1950	Josef Schuldt
1951	Erich Kurschinski

Leiter der Hauptabteilung Deutsche Grenzpolizei

1952	Richard Smolorz
1952–1955	Hermann Gartmann
1955–1957	Heinrich Stock

Leiter des Kommandos Deutsche Grenzpolizei

1957	Hermann Gartmann
1957–1960	Paul Ludwig
ab 1960	Erich Peter

Wichtige Daten

1. Dezember 1946	Aufstellung der Grenzpolizei per SMAD-Befehl vom November 1946
1. Oktober 1947	Länderübergreifende Vereinheitlichung der Strukturen
1. April 1948	SMAD-Befehl zur Bildung des »Ringes um Berlin«
16. Mai 1952	Die Grenzpolizei wird als Deutsche Grenzpolizei dem MfS unterstellt
27. Mai 1952	Verschärfung des Grenzregimes an der Demarkationslinie zur Bundesrepublik Deutschland und zu Berlin (West)

1. Dezember 1955	Übernahme der alleinigen Sicherung der DDR-Grenzen durch die DGP
1. März 1957	Bildung des Kommandos Deutsche Grenzpolizei
13. August 1961	Bau der Berliner Mauer
15. September 1961	Die DGP wird dem Kommando Grenze im MfNV als Grenztruppe unterstellt

Quellen- und Literaturauswahl

Die Stiftung Archiv der Parteien und Massenorganisationen der DDR (SAPMO) im Bundesarchiv Lichterfelde besitzt wesentliche Quellen zu Aufbau, Funktion und Aufgabenstellungen für die GP/DGP in den Beständen des Politbüros und des Sekretariats des ZK der SED (DY 30/I IV 2/2/. .. und I IV 2/3/...), in den Nachlässen Grotewohl (NY 90/...), Ulbricht (NY/182...) und Pieck (NY 36/...), in den Beständen der Abteilung Jugend (IV 2/16/...) und der Abteilung Parteiorgane (IV 2/5/...). Im Bundesarchiv finden sich auch Akten zur Tätigkeit der GP im Bestand der DVdI und des MdI (DO-1...).

Das Bundesarchiv-Militärarchiv in Freiburg besitzt den Bestand Pt 7000 ff. mit Befehlen, Weisungen und Berichten über die DGP. Hier schließt sich ein Bestand GT mit Akten zur DGP und den Grenztruppen an. Im Bestand NVR (DVW 1/39 545 ff.) befinden sich die richtungweisenden Beschlüsse zur DGP.

Als die wichtigsten Veröffentlichungen zur Geschichte der GP/DGP sind zu nennen:

Bennewitz, Inge und Rainer Potratz, Zwangsaussiedlungen an der innerdeutschen Grenze. Analysen und Dokumente, Berlin 1994 (= Forschungen zur DDR-Geschichte, Bd 4)

Catudal, Honoré M., Kennedy and the Berlin Wall Crisis. A Case Study in U.S. Decision Making, Berlin 1980

Diedrich, Torsten, Die militärische Grenzsicherung an der innerdeutschen Demarkationslinie und der Mauerbau 1961, in: Vom Kalten Krieg zur deutschen Einheit. Analysen und Zeitzeugenberichte zur deutschen Militärgeschichte 1945 bis 1995, hrsg. von Bruno Thoß, München 1995, S. 127–143

Gelb, Norman, The Berlin Wall, London 1986

Hanisch, Wilfried, Für den Schutz der Staatsgrenze der jungen Republik, hrsg. an der OHS der GT, o.O., o.D. (= Beiträge zur Geschichte der Grenztruppen der DDR, H. 2)

Hanisch, Wilfried, Grenzsicherung und Grenzpolizei der DDR. Die Politik von SED- und Staatsführung zur Sicherung der Staatsgrenze der DDR. Die Rolle der Grenzpolizei bei ihrer Verwirklichung (Von den Anfängen bis 1961). Unveröffentlichter Manuskriptdruck, Potsdam 1974

Hanisch, Wilfried, Vom schweren Anfang, hrsg. an der OHS der GT, o.O., o.D. (= Beiträge zur Geschichte der Grenztruppen der DDR, H. 1)

Koop, Volker, »Ausgegrenzt«. Der Fall der DDR-Grenztruppen, Berlin 1993

Koop, Volker, »Den Gegner vernichten«. Die Grenzsicherung der DDR, Bonn 1996

Krasselt, Lothar, Die Entwicklung der Deutschen Grenzpolizei der Deutschen Demokratischen Republik von 1946–1957, Diplomarbeit, Leipzig 1963

Lapp, Peter Joachim, Frontdienst im Frieden. Die Grenztruppen der DDR. Entwicklung — Struktur — Aufgaben, Koblenz 1986

Lapp, Peter Joachim, Geschichte der ehemaligen DDR-Grenztruppen, in: Werner Filmer und Heribert Schwan, Opfer der Mauer. Die geheimen Protokolle des Todes, München 1991, S. 347–361

Petschull, Jürgen, Die Mauer August 1961. Zwölf Tage zwischen Krieg und Frieden, Hamburg 1981

Prokop, Siegfried, Unternehmen »Chinese wall«. Die DDR im Zwielicht der Mauer, 2. Aufl., Frankfurt a.M. 1993

»Reorganisation der Polizei« oder getarnte Bewaffnung der SBZ im Kalten Krieg? Dokumente und Materialien zur sicherheits- und militärpolitischen Weichenstellung in Ostdeutschland 1948/49, hrsg. von Günther Glaser, Frankfurt a.M. 1995

Rühle, Jürgen und Gunter Holzweißig, 13. August 1961. Die Mauer von Berlin, Köln 1988

Wenzel, Otto, Kriegsbereit. Der Nationale Verteidigungsrat der DDR 1960 bis 1989, Köln 1995

Anmerkungen

1 Vgl. BA-MA, Pt 7431, Bl. 1 ff., Befehl der SMAD zur Aufstellung einer Grenzpolizei zum 1.12.1946.

2 Siehe hierzu auch Hanisch, Vom schweren Anfang, S. 32–36; Lapp, Frontdienst, S. 5.

3 Vgl. BA-MA, Pt 7433, Bl. 1, Instruktion vom 9.8.1948.

4 Vgl. ebd., Pt 7001, Bl. 205, Schußwaffengebrauchsvorschrift vom 6.10.1947.

5 Vgl. ebd.

6 Vgl. ebd., Pt 7005, Bl. 4, Befehl 2/49 der DVdI vom 14.1.1949.

7 Vgl. ebd., Bl. 29 f., Befehl 100/49 der DVdI vom 6.9.1949.

8 Vgl. ebd., Bl. 15 ff., Befehl 70/49 vom 19.7.1949.

9 Vgl. ebd., Bl. 12 f., Befehl 31/49 der DVdI vom 24.4.1949 zur Übernahme des Ringes um Berlin.

10 Vgl. ebd., Bl. 33 f., Befehl 108/49 der DVdI vom 20.9.1949 über die Neugliederung des Ringes um Berlin.

11 Vgl. ebd., Bl. 56, Befehl 127/50 der DVdI vom 10.8.1950.

12 Vgl. ebd., Bl. 80 ff., Befehl 207/49 des MdI vom 24.12.1949 zur Neugliederung der GP.

13 Vgl. dazu Hanisch, Für den Schutz, S. 6.

14 Vgl. BA-MA, Pt 7005, Bl. 132, Befehl 147/50 des MdI vom 14.10.1950.

15 Vgl. ebd., Bl. 148, Befehl 161/50 des MdI vom 21.12.1950.

16 Vgl. ebd., Bl. 146, Befehl 154/50 des MdI vom 8.12.1950.

17 Vgl. ebd., Pt 7621/1, Bl. 297 und 422, Lageberichte 1949/50.

18 Vgl. ebd., Pt 7007, Bl. 142, Befehl 76/51 des MdI zur Reorganisation der Grenzkriminalpolizei. Die Dienststellen der Grenzkripo wurden Mitte 1952 aufgelöst.

19 Vgl. ebd., Pt 7005, Bl. 159, Befehl 37/51 des MdI vom 8.6.1951.

20 Vgl. ebd., Bl. 173 f., Befehl 80/51 des MdI vom 12.12.1950.
21 Vgl. ebd., DVH 3/2011, Bl. 56, Befehl des Ministers des Innern vom 18.3.1955. Siehe auch Hanisch, Grenzsicherung, S. 104.
22 Vgl. SAPMO-BArch, DY 30/I IV 2/3/309, Protokoll der Sekretariatssitzung des ZK der SED vom 21.7.1952.
23 Vgl. BA-MA, Pt 7032, Bl. 1 ff.
24 Vgl. SAPMO-BArch, DY 30 I IV 2/2/217, Protokoll der Politbürositzung vom 24.6.1952; BA-MA, Pt 7941, Bl. 7 ff., Bericht über die »Aktion Amboß« vom 9.6.1952. In Streutdorf/Kreis Hildburghausen versuchten 500 Menschen am 5.6.1952 die Ausweisung durch Widerstand und Barrikadenbau zu verhindern.
25 Vgl. hierzu Bennewitz, Potratz, Zwangsaussiedlung, S. 36 ff.; Koop, »Den Gegner vernichten«, S. 48 f.
26 Vgl. BA-MA, Pt 7007, Bl. 164, Befehl des Minister für Staatssicherheit Zaisser vom 1.7.1952.
27 Vgl. SAPMO-BArch, DY 30/I IV 2/2/225, Bl. 2 f., Protokoll der Politbürositzung vom 12.8.1952.
28 Vgl. BA-MA, Pt 7007, Bl. 200, Befehl 8/52 des Ministers für Staatssicherheit Zaisser vom 30.9.1952.
29 Vgl. ebd., DVH 3/2006, Bl. 53 ff., Strukturmeldung der DGP vom September 1953.
30 Vgl. ebd. Bl. 53.
31 Vgl. ebd. Bl. 58, Stärkefestlegung für die DGP 1954 vom 29.9.1953.
32 Vgl. ebd., Bl. 2, Befehl des Ministers des Innern vom 12.11.1953.
33 Vgl. ebd., DVH 3/2007, Bl. 3 f., Befehl 32/54 vom 24.4.1954.
34 Vgl. ebd., DVH 3/2011, Befehl 6/55 des MdI vom 18.3.1955 über Strukturänderung der DGP.
35 Vgl. BStU, SdM 407, Bl. 196 f., Protokoll der Sitzung der Sicherheitskommission vom 31.3.1955.
36 Vgl. BA-MA, Pt 7021, Bl. 31, Befehl 44/55 vom 18.6.1955.
37 Vgl. ebd., DVW 1/39551, Bl. 4 f., Beschluß der Sicherheitskommission lt. Protokoll vom 21.4.1956.
38 Vgl. ebd., Pt 7005, Bl. 106, Rundverfügung der Generalstaatsanwaltschaft des MdI vom 26.9.1956.
39 Vgl. ebd., Pt 7021, Bl. 23, Befehl 18/56 des MfS vom 3.4.1956.
40 Vgl. ebd., Pt 7021, Bl. 113 f., Befehl 354/56 des MfS vom 12.10.1956.
41 Vgl. BStU, ZA, SdM 1551, Bl. 110 ff., Protokoll der Kollegiumssitzung des MfS vom 13.10.1956.
42 Vgl. BA-MA, DVW 1/39554, Bl. 3.
43 Vgl. SAPMO-BArch, DY 30/IV 2/12/9, Bl. 197, Beschluß der Abteilung Sicherheit des ZK der SED, ohne Datierung.
44 Vgl. ebd., S. 11 ff.
45 Vgl. BA-MA, DVW 1/39554, Bl. 2 f., Beschluß der Sicherheitskommission vom 30.11.1956.
46 Vgl. Koop, Ausgegrenzt, S. 16.
47 Vgl. BA-MA, DVW 1/2112, Bl. 89, Befehl 20/57 des MfNV vom 20.3.1957.
48 Vgl. ebd., DVW 1/39561, Bl. 42 ff., Auskunftsbericht über den Zustand der Einsatzbereitschaft und der Kampfkraft der bewaffneten Organe des MdI ohne Datierung; Pt 7169, Bl. 159 ff.
49 Vgl. ebd., Pt 7169, Bl. 145 ff., Disposition zur Erfüllung der Aufgaben der DGP 1957.
50 Vgl. ebd., Bl. 20 ff., Befehl 39/60 des MdI vom 8.6.1960.
51 Vgl. ebd., DVW 1/39461, Bl. 6 und 76 ff., Protokoll der 4. Sitzung des NVR vom 20.1.1961.
52 Petschull, Die Mauer, S. 33.
53 Zit. nach Prokop, Unternehmen, S. 207.
54 Vgl. BA-MA, DVW 1/40335, Bl. 207 f. und 218 f., Befehle Ulbrichts vom 13.8.1961.
55 Vgl. Diedrich, Grenzsicherung, S. 138.
56 Vgl. BA-MA, AZN 32595, Bl. 66 f., Schreiben Konevs an Hoffmann vom 14.9.1961.
57 Ebd., Bl. 68.
58 Vgl. ebd., DVW 1/40335, Bl. 198 ff., Befehl des Vorsitzenden des NVR Ulbricht vom 12.9.1961.
59 Vgl. Wenzel, Kriegsbereit, S. 74.

Peter Joachim Lapp

Die Grenztruppen der DDR (1961–1989)

Aus der Deutschen Grenzpolizei (DGP) im Verantwortungsbereich des Ministeriums des Innern der DDR entstanden am 15. September 1961 durch Beschluß des Nationalen Verteidigungsrates die Grenztruppen der NVA unter der Führung des Kommandos der Grenztruppen mit Sitz in Pätz bei Königs Wusterhausen. Dieses neue Kommando wurde nunmehr dem Ministerium für Nationale Verteidigung in Strausberg bei Berlin unterstellt[1]. Zum Chef des Kommandos berief die SED-Führung Oberst Erich Peter.

Das Kommando übernahm Mitte September 1961 von der DGP knapp 40 000 Angehörige, die über leichte bis mittelschwere Waffen verfügten[2]. Darunter befanden sich 70 Panzer, 270 Geschütze, mehrere hundert Schützenpanzerwagen und Selbstfahrlafetten sowie 2800 Panzerabwehrmittel. Die DGP gliederte sich Ende 1960 in 8 Grenzbrigaden, die jeweils aus 2 bis 5 Bereitschaften (Regimentern) bestanden. Nach der Unterstellung unter das Ministerium für Nationale Verteidigung (MfNV) erfolgte eine geringfügige Änderung: Mitte der 60er Jahre standen an der Grenze zu Berlin (West) 3, an den Grenzen zur Bundesrepublik 6 Grenzbrigaden. An der Küste der DDR war die 6. Grenzbrigade Küste eingesetzt, die am 1. November 1961 operativ dem Kommando der Volksmarine in Rostock unterstellt wurde[3].

In und um Berlin (West) ergab sich eine etwas modifizierte Unterstellungssituation: Erst mit Wirkung vom 23. August 1962 wurden durch Befehl des Vorsitzenden des Nationalen Verteidigungsrates der DDR (NVR) die 1. und 2. Grenzbrigade (Berlin) sowie die 4. Brigade (Ausbildungsbrigade) aus dem Bestand des Innenministeriums herausgelöst und dem Minister für Nationale Verteidigung zugeordnet; als Kommandeur der Grenztruppen Berlin fungierte ab 1962 der Stadtkommandant von Ost-Berlin, Generalmajor der NVA Helmut Poppe[4].

Kommando Grenze der NVA — die 60er Jahre

Bei Übernahme der DGP durch das MfNV dienten in den Reihen der Grenzpolizei 4167 Offiziere, 6617 Unteroffiziere und 27 532 Mannschaften. Im September 1961 betrug der Anteil der Offiziere mit SED-Parteidokument nur 34 %; demgegenüber lag dieser Anteil bei den »normalen« NVA-Offizieren weit über 90 %[5].

Mit der Einführung der allgemeinen Wehrpflicht in der DDR am 24. Januar 1962 rekrutierten nunmehr auch die Grenztruppen ihren Personalbestand zu bedeutenden Teilen aus Wehrpflichtigen. War man bis dahin zur Personalauffüllung auf die Freiwilligenwerbung angewiesen, kamen ab 1962 — mit Verabschiedung des Wehrpflichtgesetzes — auch junge Männer in die grenzsichernden Einheiten, die zwar die Nachforschungen des MfS bei der Musterung überstanden hatten, jedoch längst nicht immer das Vertrauen »der Arbeiterklasse und ihrer führenden Partei«, der SED, genossen. Man achtete bei der Einberufung darauf, daß die künftigen Grenzer keine Westverwandtschaft und keine Westkontakte hatten, konnte aber doch nicht in die Seelen und Köpfe der jungen Grenzer hineinsehen. Ob dieser intensiven Kontrollen konnte 1963 eingeschätzt werden, daß sich die »kadermäßige Zusammensetzung« der Einheiten durch die Wehrpflicht verbessert habe[6].

Die Wehrpflichtigen leisteten in den Grenztruppen ihren 18monatigen Grundwehrdienst ab, z.T. auch in den grenzsichernden Kompanien. Ihre Ausbildung orientierte sich an der der mot. Schützen der NVA. Darüber hinaus erfolgte die Vermittlung eines elementaren grenztaktischen Wissens, z.B.:
- Abriegelung der Grenze nach Grenzalarm,
- Verfolgung von »Grenzverletzern«,
- Suche nach Flüchtlingen im Grenzgebiet,
- Legen von Hinterhalten und
- Kontrolle von Kraftfahrzeugen.

Soldaten auf Zeit und Bewerber für militärische Berufe in den Grenztruppen erhielten eine breitere Ausbildung bzw. ein recht umfangreiches Bildungsangebot:

Unteroffiziere konnten sich an der Grenztruppen-Unteroffiziersschule in Perleberg qualifizieren; Fähnriche, seit 1973/74 eine eigenständige Laufbahn zwischen den Unteroffizieren und Offizieren, wurden in Sonderlehrgängen an der Offiziershochschule der Grenztruppen ausgebildet und gingen dann als Spezialisten für administrative oder technische Fragen (auch als »Grenzaufklärer«) in die Truppe.

Offiziere der Grenztruppen erhielten ab 1. September 1983 eine vierjährige Ausbildung an der Offiziershochschule »Rosa Luxemburg« in Plauen (ab 1984 in Suhl). Dieses Studium wurde in zwei »Profilen« angeboten:
- Kommandeur von Einheiten der Grenztruppen der DDR und
- Politoffizier in den Grenztruppen der DDR[7].

Die Offiziershochschule (OHS) in Suhl leitete ein Generalmajor, sie verfügte über drei Sektionen und 23 Lehrstühle. Absolventen erhielten akademische Grade.

Die führende Partei in der DDR versuchte, die Grenzoffiziere zu »klassengestählten Kämpfern für Frieden und Sozialismus« heranzubilden, sie zu »Opferbereitschaft« zu erziehen und zum Haß auf den Klassenfeind festzulegen sowie ihnen hohe Fertigkeiten im grenztaktischen Dienst zu vermitteln. Theoretisch waren die sowjetischen KGB-Grenztruppen ein politisches Vorbild, insbesondere jene Grenzeinheiten, die sich 1941 den Soldaten der deutschen Wehrmacht in den Weg gestellt hatten.

In der Erziehung konzentrierte sich die SED auf die Vermittlung eines Feindbildes vom Westen, vor allem hinsichtlich des Bundesgrenzschutzes (BGS). Jede Kontaktaufnahme zu diesem »Organ« war untersagt, Kontaktversuche von BGS-Angehörigen zu Soldaten der DDR-Grenztruppen galten als »Provokation« und waren meldepflichtig.

Als Hauptaufgabe verordnete die Staats- und Parteiführung der DDR den Grenztruppen, keine Verletzung der Souveränität der DDR-Grenzen zuzulassen und das »Eindringen von Spionen, Agenten, Diversanten und bewaffneten Banditengruppen« zu verhindern[8]. Bei Einbruch des Gegners sollten die Abschnitte gehalten werden, bis Einheiten der NVA und der GSSD ihre Hauptkräfte entfaltet hätten. Diesem in den 60er Jahren fortbestehenden militärischen Auftrag der Grenztruppen stand ein zweiter, nicht so deutlich formulierter, aber die täglichen Aufgaben der Grenztruppen dominierender Auftrag voran — die Verhinderung der Flucht von DDR-Bürgern, der im Mauerbau 1961 seinen deutlichsten Ausdruck fand. Die Aufgabenstellung der Regierenden an die Grenztruppen richtete sich in Friedenszeiten eindeutig nach innen und gegen die eigene Bevölkerung.

Nach der Absperrung von Berlin (West) am 13. August 1961 ging die Partei- und Staatsführung der SED/DDR daran, die »Grenzsicherung« auch an der innerdeutschen Grenze zu verstärken. Auf Grundlage des Befehls 85/61 des Ministers für Nationale Verteidigung vom 19. Oktober 1961 wurde damit begonnen, ein umfangreiches (neues) Sperrsystem an der Grenze zur Bundesrepublik zu errichten. In mehreren Etappen verlegte man an dieser Grenze Bodenminen (Infanterieminen) verschiedener Typen. An der 1378 km langen innerdeutschen Grenze befand sich bereits im Sommer/Herbst 1963 eine Minensperre von 774 km Länge. Die Grenztruppenführung reduzierte die Zahl dieser Minen im Laufe der späten 70er und frühen 80er Jahre; die Wirksamkeit der alten Minen ließ ferner nach. Pioniereinheiten der Grenztruppen »warteten« die Minenfelder, manche Minenabschnitte erneuerte man jedoch nicht, so daß Ende der 70er Jahre nur noch Bodenminen auf einer Länge von knapp 300 km existierten.

Die »Schußwaffengebrauchsbestimmungen« in der Grenztruppe der DDR wurden durchgängig als normale Rechtsnormen vorgestellt, wie sie an vielen Grenzen der Welt praktiziert würden. Skrupel beim Einsatz der Schußwaffen sollten nicht aufkommen, die Grenzsoldaten sollten vielmehr deren Anwendung als Routine begreifen — wenn schon nicht im Ergebnis einer Erziehung zu klassenmäßigem Verhalten, das aus einer sozialistischen Überzeugung kam.

Die Lehrkräfte und Ausbilder hatten darauf zu achten, daß diejenigen Grenztruppenangehörigen, die Zweifel an der gängigen Grenzsicherung erkennen ließen, festgestellt werden konnten; diese Soldaten wurden dann meist in rückwärtigen Einheiten der Truppe eingesetzt.

Die Partei- und Staatsführung der SED/DDR hatte seit 1961 eine Unzahl von »Grenzdirektiven«, Ordnungen, Verordnungen, Anweisungen und Befehlen erlassen, die alle eines zum Hauptinhalt hatten: Die Kontrolle der Grenzen »freundwärts« sowie die Absperrung und militärische Abriegelung der Grenzen zur Bundesrepublik und Ostsee. Die DDR-Grenztruppen unterschieden selbst verschiedene Arten der Grenzsicherung:
a) die normale,
b) die verstärkte und
c) die gefechtsmäßige Sicherung.
Der wesentlichste Teil der Baumaßnahmen und Handlungen der DDR-Grenztruppen bezog sich primär auf die Abwehr von Fluchten aus dem eigenen Hinterland. Der »Schutz«, die »feindseitige« Abschottung, die Bestimmungen in Richtung West, wirkten dagegen vielfach nur als Alibi.

Der militärische Auftrag der Grenztruppen dokumentierte sich in Bewaffnung, Ausrüstung und Ausbildung der Einheiten gleichermaßen. Die Waffenausstattung der DDR-Grenztruppen wechselte mehrmals. Üblich war die Ausrüstung mit sowjetischen Schützenwaffen wie Karabinern, Maschinenpistolen, lMG, leichten Panzerbüchsen, Pistolen und Handgranaten. Entsprechend dem militärischen Charakter der Grenztruppen zählten zudem schwere Waffen zum Bestand. Bis Anfang der 60er Jahre gab es z.B. in den sogenannten schweren Zügen der Grenzabteilungen, in den Batterien der Grenzbereitschaften und in den schweren Grenzabteilungen Flakgerät, Panzerabwehrkanonen, Feldkanonen, Granatwerfer und Panzer des Typs T 34/85; in den schweren Grenzkompanien der Grenzregimenter und in den Grenzausbildungsregimentern an der Grenze in und um Berlin verfügten die Einheiten bis Anfang der 70er Jahre über vergleichbares Gerät sowie über Tornisterflammenwerfer.

Die militärische Ausbildung in den Regimentern der Grenzkommandos konzentrierte sich auf die Beherrschung der vorhandenen Waffentechnik, die

Erprobung der Verteidigung des tiefgestaffelten Grenzsystems unter Verwendung der bereitstehenden Reserven und auf die Vorbereitung des Angriffs im Zusammenwirken mit Einheiten der NVA und GSSD. Für diese Aufgaben verfügten die Grenzregimenter über eigene Pionier- und Instandsetzungskompanien, die in Friedenszeiten zum Ausbau der Grenzsicherungsanlagen eingesetzt wurden. Wesentlichen Anteil an der Ausbildungszeit nahmen Schieß- und Wachübungen ein, die der »Unverletzlichkeit der Grenzlinie« besonders dienlich waren.

Mißtrauen bestimmte von Anfang an das Binnenklima in den Ausbildungseinrichtungen und mehr noch in den grenzsichernden Einheiten, also den Grenzkompanien, die im direkten Kontakt zum angeblichen Klassenfeind waren bzw. ihm gegenüberstanden. Fast beschwörend versuchte die Armeeführung um DDR-Minister Heinz Hoffmann, den Grenzern eine Art von Elitegefühl zu vermitteln, insbesondere in den 60er Jahren. Da war dann die Rede von der »Garde der NVA« in bezug auf die Grenztruppe, da sprach man vom »Frontdienst im Frieden«, vom »Gefechtsdienst« im Angesicht der Imperialisten und »Bonner Machthaber«.

Nicht ganz ohne Grund: Schließlich waren die DDR-Grenzsoldaten als einzige deutsche Uniformträger in Friedenszeiten rechtlich verpflichtet, notfalls auf Menschen/Flüchtlinge zu schießen. Wer in den Ausbildungskompanien mit dieser Tatsache konfrontiert wurde, konnte Bedenken äußern und dann darauf hoffen — wenn auch bei denkbaren Nachteilen in der Zukunft — nicht in die grenzsichernden Einheiten versetzt zu werden. Wer durchblicken ließ, daß ihm das Schießen auf »Verräter«, »Republikflüchtige« und/oder »Verbrecher« keine größeren Probleme bereiten würde, kam an die Grenze. Ausbilder und Erzieher, vorgesetzte Unteroffiziere und Offiziere, versuchten die jungen Grenzsoldaten darauf einzustimmen, daß das Schießen letztlich eine Notwendigkeit sei und als Klassenauftrag einzuschätzen sei. Schließlich seien die »Schußwaffengebrauchsbestimmungen« — von einem Schießbefehl war nicht die Rede — ähnlich formuliert, wie viele polizeiliche Bestimmungen auf der Welt, einschließlich der in der »BRD«. Daß aber nur an der deutsch-deutschen Grenze Menschen im Frieden und in einer Phase, die weltweit bereits auf Entspannung ausgerichtet war, ihr Leben oder ihre Gesundheit verlieren konnten, darüber gab es in den FDJ- und den SED-Parteiorganisationen in der Truppe keine Diskussion.

Mit der obersten Führung der Grenztruppen war die Partei- und Staatsführung zunächst überhaupt nicht zufrieden. Am Tage der Übernahme der DGP durch das DDR-Verteidigungsministerium — also am 15. September 1961 — lehnte die Abteilung für Sicherheitsfragen des ZK der SED die vom Ministerium vorgeschlagene Ernennung des Kommandeurs der Grenzformation vom Oberst zum Generalmajor kategorisch ab. In einer »Stellungnahme« wurde der Karrierestopp des betreffenden Offiziers wie folgt begründet:

»Beim Einsatz des Genossen Peter im Jahre 1960 wurde durch das Politbüro festgelegt, daß seine Ernennung zum Generalmajor erst dann in Vorschlag zu bringen ist, wenn eine sichtbare Veränderung im Gesamtzustand der Deutschen Grenzpolizei erreicht wurde. Der Genosse Peter erhielt die Aufgabe, schnell die bestehenden Schwächen in militärischer, politischer und materiell-technischer Hinsicht zu beseitigen und einen hohen Grad in der Gefechtsbereitschaft der Deutschen Grenzpolizei herzustellen [...] Genosse Peter hat die in ihn gesetzten Erwartungen bisher nicht voll gerechtfertigt. In seiner Arbeit ließ er sich nicht genügend von den Schwerpunkten auf politischem und militärischem Gebiet leiten und verfiel oft in eine sporadische Arbeitsweise [...] Seine Zusammenarbeit mit der Parteileitung des Kommandos der Deutschen Grenzpolizei war ungenügend. Eine der Ursachen dafür ist, daß der Genosse Peter sich nicht immer in allen Fragen parteimäßig verhalten hat und Kritik an seiner Arbeit nicht zugänglich ist. Der gegenwärtige Zustand in der Deutschen Grenzpolizei, das Nichtzurückgehen der Fahnenfluchten, der schweren Grenzdurchbrüche und anderer negativer Erscheinungen veranlassen uns zu der Empfehlung, die Ernennung des Genossen Peter zum Generalmajor bis auf weiteres zurückzustellen[9].«

»Etatmäßig« hätte der Oberst am 15. September 1961 Generalmajor sein müssen. Aber es kam noch schlimmer für ihn: Ende 1961 betrieb man seine Entlassung aus der Truppe[10].

Aber die Partei- und Staatsführung der SED/DDR konnte sich nicht auf einen geeigneten Nachfolger verständigen. Ergebnis: Der Oberst »überlebte« die Krise, die Partei erzog den Mann doch noch zu einem brauchbaren Kommandeur, Erich Peter wurde im Oktober 1963 endlich General, bekam Ende der 60er Jahre den zweiten Generalsstern und verblieb bis 1979 (!) als Chef der Grenztruppen auf seinem Posten; mit der Verabschiedung beförderte man ihn noch zum Generaloberst[11].

In enger Zusammenarbeit mit den Offizieren des MfS in der Truppe (Verwaltung 2000) versuchte die Grenztruppe, generell jedes Risiko im unmittelbaren Grenzeinsatz zu begrenzen: Einmal im Monat hatte der Kompaniechef in Abstimmung mit dem MfS-Offizier eine »Personalanalyse« der unterstellten Grenzsoldaten anzufertigen. Als Ergebnis dieser Maßnahme wollte man Zuverlässigkeitskriterien festschreiben, die dann Grundlage für den Posteneinsatz im Grenzdienst sein sollten. Es gab da verschiedene, fein abgestimmte Kategorien, die festlegten, wer mit wem auf »Wacht für den Frieden« gehen durfte. Bei den Grenzern selbst war diese Maßnahme bekannt, inhaltlich hatten sie jedoch keine Ahnung, wie diese »Blutgruppen« zustande kamen[12].

In allen Dienstgradgruppen, in allen Grenzkompanien dienten verdeckt tätige »Inoffizielle Mitarbeiter« (IM) des MfS, um vor allem über »unzuverlässige Kandidaten« Nachforschungen anzustellen bzw. über Fluchtabsichten etwas in Erfahrung zu bringen. Die Außenkontakte jedes Grenzers überwachten Angehörige der Verwaltung 2000 in der Truppe, die privaten Beziehungen unterlagen einer engen Kontrolle, Telefongespräche und die Post konnten abgehört bzw. kontrolliert werden. Der Empfang von Westmedien war verboten.

Das alles erzeugte in den Grenzkompanien eine Atmosphäre des Mißtrauens, ließ echte Kameradschaft selten aufkommen. Allenfalls Dienstgradgleiche hielten untereinander einen gewissen Kontakt und unterstützten sich gegenseitig, ansonsten kennzeichneten die Verhältnisse in der Truppe Zwänge, sich gegenseitig abzuschotten, weil man sich schützen mußte. Auch die FDJ- und SED-Parteiorganisationen in der Grenztruppe konnten die Entfremdung zwischen Vorgesetzten und Unterstellten nicht aufheben.

Eine zentrale »Parteiinstruktion« für NVA und Grenztruppen legte fest, wie die SED organisatorisch in den Einheiten, Truppenteilen und Verbänden verankert war. Als wichtigste Gruppierung, als Basis der Partei, galten die Grundorganisationen der SED, die es in den Bataillonen, Kompanien und »gleichartigen Einheiten« gab. Letztlich standen diese Organisationen immer unter der direkten oder indirekten Anleitung der Politorgane. Dabei handelte es sich um ein Ensemble von Politverwaltungen, an deren Spitze die Politische Hauptverwaltung stand. Dieser nachgeordnet waren auf der Ebene des Kommandos der Grenztruppen die Politische Verwaltung mit einem General. Diesem wiederum unterstanden Politabteilungen in den Verbänden und Truppenteilen, deren leitende Offiziere die (einfachen) Politoffiziere (Politstellvertreter) in den Kompanien anleiteten und überwachten.

Die »Parteipolizei« in der SED, die Parteikontrollkommissionen, kontrollierten ihrerseits, oft in Abstimmung mit dem MfS, die Genossen in den Einheiten. Abweichendes Verhalten aller Art, insbesondere politische Kritik, wurde schon im Keim erstickt. Und ohne die »Segnungen« der Partei war eine Karriere in der Truppe unmöglich. Im Ergebnis ergaben die vielen Überwachungspraktiken — auch bei Genossen — Unlustgefühle und Verhaltensweisen, die eher auf absolute Anpassung und Unauffälligkeit ausgerichtet waren als von revolutionärem Elan zeugten. Initiativen waren vielfach unerwünscht, unkonventionelles Herangehen an eine Aufgabe suspekt, selbst systemimmanente Kritik meistens gefährlich für das weitere Fortkommen.

Parteileitung und MfS versuchten dennoch, die Grenztruppe bei Stimmung zu halten. Sozialpolitische Maßnahmen sollten die Laune heben, sollten die »Sorge der Partei« um das Wohlergehen der Grenzer belegen. Aber bis auf höhere Offiziere — also die Generale — hatten die Soldaten, Unteroffiziere, Fähnriche und Offiziere kaum besondere Vergünstigungen, sieht man einmal von einem recht guten Gehalt und einem längeren Urlaub ab. Die Unterbringung der Grenzsoldaten war oft spartanisch, die Grenzorte zumeist abgelegen und ohne ausreichende Infrastruktur, die Beförderungsaussichten für Leute ohne Beziehungen bescheiden. Und das Verhältnis Vorgesetzte — Unterstellte orientierte sich längst nicht immer an den hehren Normen der realsozialistischen Ethik. Hinzu kam für die Grenzsoldaten im unmittelbaren Grenzdienst die Furcht vor einem »Grenzzwischenfall« mit Anwendung der Schußwaffe, eine Situation, vor der sich die meisten Angehörigen der Truppe bewahren wollten.

Ein besonderes Problem war das der Fahnenflucht. Tausende Angehörige der DGP, der NVA-Grenztruppen und der DDR-Grenztruppen flohen bis 1989/90 in den Westen, unter ihnen Offiziere und Kommandeure bis zum Dienstgrad Oberstleutnant. Immer wieder kamen Grenzsoldaten auf die Idee, »von der Fahne zu gehen« und in den Westen überzutreten. Dabei wurden öfter Kameraden verletzt, angeschossen und manchmal getötet. Auch dies war ein Hinweis auf den allgemein labilen »politisch-moralischen« Zustand in den Grenztruppen.

Aus einer dem NVR vorliegenden »Information« über den Zustand der NVA-Grenztruppen von 1963 geht hervor, daß die Führung die Mängel kannte: »Eine große Zahl Offiziere hat sich an Disziplinlosigkeit und Unordnung gewöhnt [...] Bei einem nicht geringen Teil von Unteroffizieren und Offizieren findet man folgende ›Ideologie‹: ›In den Landstreitkräften der NVA kann man eine straffe Disziplin fordern, jedoch bei den Grenztruppen ist das durch die hohen Belastungen der Soldaten im Grenzdienst nicht möglich‹. Oder eine andere Meinung: ›Wenn ich den Soldaten hart anfasse, dann wird er vielleicht fahnenflüchtig‹[13].« Das Kommando Grenztruppen vermeldete für 1962 488 gelungene Fahnenfluchten, davon an der Berliner Grenze 77. Im ersten Halbjahr 1963 mußten 196 Deserteure registriert werden, 17 Fluchtversuche konnten verhindert werden. Ebensolche Besorgnis erregten die Kontaktaufnahmen zu Bundesbürgern, von denen im Mai 1963 272 und im Juni bereits 439 festgestellt wurden[14].

Die besagte »Information« macht eine Reihe von Defiziten aus, die nach SED-Sicht die »Zuverlässigkeit« der Truppe beeinträchtigten:

1. mangelhafte politisch-ideologische Arbeit,
2. Unzulänglichkeiten in der Behandlung der Grenzer durch Vorgesetzte,

3. Verletzung der Kaderrichtlinien bei Einstellung und Versetzung und
4. der direkte Einfluß des Gegners durch Propaganda (z.B. die Kampagne »Schießt daneben!«).

Die Verfasser der »Information« lassen erkennen, daß sie in Teilbereichen die Sorgen und Nöte erkannt hatten, auch wenn das unter Phrasen verborgen wurde. In erster Linie ging es der Partei- und Staatsführung um die künftige Verhinderung von Fahnenfluchten. Aus diesem Grunde entschloß man sich, die soziale Situation der Grenzer, die »direkt am Gegner stehen«, zu verbessern.

Vor allem waren die Verantwortlichen darum bemüht, die Anzahl der Fahnenfluchten zu senken, die Bedingungen, die dazu führten, zu reduzieren. Mit diesem Ziel entsandte die SED zuverlässige Genossen in die Grenztruppen, die sich in anderen bewaffneten Organen bereits bewährt hatten. Vorgesetzte wurden dazu angehalten, die Unterstellten anständig zu behandeln, neue Beförderungschancen wurden angeboten, Verbesserungen bei der Besoldung, den Zulagen und Prämien angekündigt, die Versorgung mit »Waren des täglichen Bedarfs« verbessert, Wohnraum in der Nähe des Dienstortes bereitgestellt. Die ab Ende 1963 eintretende Besserung wurde zustimmend zur Kenntnis genommen, die Fahnenfluchten gingen zurück.

Der Umbruch — die 70er Jahre

Im Jahr 1971 gliederte die DDR-Führung die Grenztruppen erneut um. Begleitend beschloß das Politbüro am 6. Juli 1971 Maßnahmen zur Erhöhung von Sicherheit und Ordnung an der Staatsgrenze, wozu das Sekretariat des ZK der SED am 20. Oktober eine Direktive erließ. Aus den bisherigen Grenzbrigaden wurden neue Formationen geschaffen. Die Grenzregimenter wurden in 3 Grenzkommandos zusammengefaßt:

- Grenzkommando Nord (Stabssitz: Kalbe, Stendal)
- Grenzkommando Süd (Stabssitz: Erfurt)
- Grenzkommando Mitte (Stabssitz: Ost-Berlin).

Die der Volksmarine unterstehende Grenzbrigade Küste existierte fort.

Im Verlauf der Umformierung wurden die Grenzsicherungskräfte der Stadtkommandantur Berlin dem Kommando der Grenztruppen der NVA unterstellt, die Grenztruppen standen nunmehr unter einheitlichem Kommando. Die 2 Grenzbrigaden an der Grenze zu Berlin (West) wurden aufgelöst und unter die einheitliche Führung des Grenzkommandos Mitte gestellt, dem weiterhin der Stadtkommandant von Ost-Berlin vorstand.

Damit konzentrierte das MfNV die Befehlsgewalt in den NVA-Grenztruppen im Kommando der Grenztruppen in Pätz, d.h., daß nunmehr das neue Führungsorgan des Chefs der Grenztruppen aus Teilen des bisherigen Kommandos der Grenztruppen und der Stadtkommandantur Berlin bestand. Das neue, erweiterte Kommando der NVA-Grenztruppen in Pätz sollte als »zentrales Führungsorgan alle grundsätzlichen Aufgaben zur Festigung und Entwicklung der Grenztruppen [und] des Grenzsicherungssystems [...] einheitlich ausarbeiten und durchsetzen«[15].

Aus den bisher bestehenden 6 Grenzbrigaden an der »Staatsgrenze zu Westdeutschland« entstanden je 6 Regimenter mit drei Grenzbataillonen in der Verfügungsgewalt der Grenzkommandos Nord und Süd. Die Reduzierung der Bataillone und Kompanien war von einer Verstärkung ihrer Stäbe und einer Erhöhung der Stärke der einzelnen Einheiten begleitet. An den Grenzen zu Polen und der ČSSR verblieben die beiden Grenzregimenter mit ihren Stabssitzen in Frankfurt/Oder und Pirna. Die der Volksmarine unterstehende Grenzbrigade Küste gliederte sich in 3 Grenzabteilungen mit je 6 Minensuch- und Räumschiffen und 2 Grenzbootgruppen zu 10 Grenzbooten bzw. 6 Grenzkuttern.

Die Trennungslinien der Grenzregimenter auf dem Festland der DDR sollten mit der Neuformierung »weitgehend« mit den Kreisgrenzen in Übereinstimmung gebracht werden, um bessere Bedingungen für eine enge Zusammenarbeit mit den SED-Kreisleitungen zu erreichen[16]. Insgesamt war das neue System dazu ausersehen, die Grenzsicherung »unter allen Lagebedingungen« zu verbessern, die Kräfte »variantenreicher« einzusetzen, um damit vor allem die Fluchtbewegung in Richtung Westen zu verhindern.

Aus den Grenzausbildungsregimentern, deren Zahl ebenfalls reduziert wurde, sollten infolge der Strukturreform 1971 »starke, geschlossene Truppenteile geschaffen« werden, die sowohl für die »Verstärkung der gefechtsmäßigen Sicherung der Staatsgrenze als auch für eine kurzfristige Auffüllung der Kampfverbände der Landstreitkräfte« zur Verfügung stehen[17].

Die Gliederung des Jahres 1971 blieb im wesentlichen bis ins Jahr 1989 bestehen. Seit dem Jahreswechsel 1973/74 fungierten die Grenztruppen allerdings nicht mehr offiziell als Teil der NVA, obwohl sie jedoch nach wie vor dem Ministerium für Nationale Verteidigung unterstanden. Maßgeblicher Hintergrund dieser »Herauslösung« war, daß die DDR-Führung verhindern wollte, daß die Grenztruppen Verhandlungsgegenstand bei den anstehenden Verhandlungen zur Abrüstung und Entspannung würden.

Der Auftrag an die Grenztruppen hingegen blieb, wenngleich der Vorschlag von 1969 zur Strukturveränderung neben der militärischen Grenzsicherung bereits deutlicher das Ziel, »die Unverletzlichkeit der Grenzlinie [...] zu wahren, Grenzdurchbrüche nicht zuzulassen, die Ausdehnung gegnerischer Provokationen auf das Staatsgebiet [...] zu verhindern und die Sicherheit und Ordnung im Grenzgebiet unter allen Lagebedingungen aufrechtzuerhalten«[18], formulierte.

Dementsprechend konzentrierte sich die Ausbildung sowohl auf die optimale Schulung des Steifendienstes an der Grenze als auch auf die Vorbereitung der Grenztruppen zum militärischen Handeln im Kriegsfalle. Weiterhin hatten die Grenztruppen ein Vordringen »feindlicher Kräfte« auf das Territorium der DDR abzuwehren. Die »Operativen Kriegsspiele« der DDR verdeutlichen zudem, daß im Falle einer militärischen Operation der Vereinten Streitkräfte des Warschauer Vertrages auch den Grenzregimentern Aufgaben bei der Vorbereitung und Durchführung von Angriffsoperationen einer Armee zukamen und erlernt werden mußten[19].

Dieser Aufgabenstellung entsprach die weitere Ausrüstung der Grenztruppen mit schwerer Militärtechnik. Ab Anfang der 70er Jahre erhielten auch die Batterien der Grenzregimenter an der Berliner Grenze mittelschwere Infanteriebegleitwaffen; eine beim Grenzkommando Mitte (Berlin) bestehende Geschoßwerferabteilung wurde erst Ende 1985 ebenso wie ein bislang grenztruppeneigenes Artillerieregiment, das u.a. mit Haubitzen 122 mm ausgerüstet war, an die NVA übergeben[20].

Das Hauptaugenmerk der Grenzsicherung richtete sich allerdings weiterhin auf die »Unantastbarkeit der Grenzlinie«, d.h. vor allem nach innen. Unter dem Druck der Weltöffentlichkeit nach der Unterzeichnung der KSZE-Verträge auch durch die DDR bemühte sich die SED-Führung, die »Besonderen Vorkommnisse« an der Grenze zu Berlin (West) und zur Bundesrepublik zu reduzieren. Dem diente das ab Mitte der 70er Jahre neu eingeführte Bataillonssicherungssystem, wonach die Grenzkompanien eines Bataillons geschlossen zum Einsatz kamen[21]. Im Gegensatz zum alten Regime übernahmen 2 Bataillone des Regiments die unmittelbare Grenzsicherung, das dritte diente als Reserve. In den diensthabenden Grenzkompanien waren nicht mehr 4, sondern nur noch 3 Züge für die unmittelbare Grenzüberwachung ihres 12 bis 15 km breiten Streifens verantwortlich. Der 4. Zug, zum Grenzaufklärungszug umstrukturiert, suchte im hinteren Grenzgebiet patrouillierend, bereits hier Grenzdurchbrüche zu verhindern[22]. Die Umstellung des Grenzregimes zog sich bis in den Anfang der 80er Jahre hinein und endete mit der Bildung von Grenzwachen aus diensterfahrenen Unteroffizieren nach sowjetischem Vorbild und der Umformierung der Kompanien in gefechtsbereite Einheiten bei gleichzeitiger Wiedereinführung einer modifizierten »Kompaniesicherung« ab Mitte der 80er Jahre. Dazu wurde die Bewaffnung verstärkt und die militärische Ausbildung intensiviert[23].

Dieses System erwies sich zunächst als durchaus wirksam im Sinne der Staatsführung. Die Zahl der Fluchtversuche sank von 3004 im Jahre 1973 auf

1397 im Jahre 1975. Vom 1. Januar 1975 bis zum 30. Juni 1976 gelangen 75 Fluchtversuche, davon 12 über die Ostsee, 1288 wurden verhindert. An der Grenze zu Berlin (West) erreichten 17 Personen den freien Teil der Stadt, 320 scheiterten. Somit gelang nur jeder 15. Versuch, in den Westen zu kommen. 95 % der DDR-Bürger, die den gesellschaftlichen Verhältnissen in der DDR den Rücken kehren wollten, landeten in den Fängen des MfS und der Justiz, die einen Schwerpunkt der Flüchtlinge in der Altersgruppe der 14- bis 25jährigen konstatierten[24].

Die Fluchtvereitelung gelang zudem effektiver, weil freiwillige Helfer der Grenztruppen, Polizei und MfS immer enger mit den Grenztruppen und den Grenzsicherungskräften des Volksmarine zusammenarbeiteten. 30 % der »Grenzverletzungen« konnten 1977 bereits durch »Grenzaufklärer« im Grenzvorfeld vereitelt werden. Außerdem gab es weitere Vereinbarungen zwischen den Sicherungskräften und dem MfS, so über die Zuordnung der Zuständigkeiten bei der Kontrolle und Abfertigung von Wasserfahrzeugen, die nunmehr vom MfS bzw. der Zollverwaltung übernommen wurden. Die Grenzsicherungskräfte der Volksmarine konnten damit zur Verstärkung der Grenzsicherung eingesetzt werden.

Gleichzeitig baute die DDR das Sicherungssystem an der Grenze weiter aus. Im Jahre 1977 waren 85 % des geplanten Ausbaus realisiert. Die 167 km Sperranlagen am Ring um Berlin (West) waren vollständig befestigt, an der Grenze zur Bundesrepublik existierten 870 km Grenzzaun, 271 km mit Splitterminen SM-70 und ebenso viele Kilometer mit Erdminen Typ 66, dazu 602 km Kfz-Sperrgräben, 434 Beobachtungstürme und Führungsstellen[25].

Seit 1970 hatte die DDR-Führung am letzten »Sperrelement« der DDR-Grenze (Grenzzaun I) die Splittermine SM-70, die sogenannten Selbstschußgeräte des Typs 501 und (später) 701, installieren lassen. Dabei handelte es sich um völkerrechtswidrige Systeme, die Dum-Dum-Charakter hatten und deren Geschoßsplitter (kantig) bei Auslösung der Geräte furchtbare Verletzungen bei Flüchtlingen hervorriefen. Der »Minenkörper« bestand aus einem dünnwandigen Aluminiumblechkegel, gefüllt mit 110 g TNT und versehen mit Metallsplittern. Die Auslösung des Selbstschußapparates erfolgte durch Berührung von am Grenzzaun I angebrachten Spanndrähten elektrisch. Die Mine war parallel zum Zaun ausgerichtet, die Wirkungsweite lag bei etwa 20 m, in unmittelbarer Nähe konnte die Detonation tödliche Verletzungen hervorrufen. Bei Jahresende 1979 waren diese Geräte auf knapp 400 km der innerdeutschen Grenze im Einsatz, ihre höchste Dichte erreichte die Mine im Sommer 1983 mit rund 60 000 Apparaten auf 440 km Länge[26].

Unzufrieden zeigte sich eine Arbeitsgruppe des ZK der SED zur Einschätzung der Wirksamkeit der Grenzsicherung 1977 mit den Erdminen des

Typs 66. Sie erzielten zu wenig »Wirkung auf die Grenzverletzer«, hätten jedoch 96 Grenzsoldaten seit 1961 beim Verlegen verletzt. Man vertröstete sich auf die in der Erprobung befindliche, wirksamere Erdmine PPM-2[27] — ein Beispiel, welches sehr wohl die Verantwortlichkeiten der politischen und militärischen Führung der DDR mit dem Grenzsystem dokumentiert.

1979 gab es eine Veränderung in der Führung der Grenztruppen der DDR. Zum Generaloberst a.D. befördert, schied Erich Peter aus dem Dienst aus. Zu seinem Nachfolger bestimmte das Politbüro Generalmajor Klaus-Dieter Baumgarten, der die Grenztruppen der DDR bis 1990 führen sollte.

Die Grenztruppen in den 80er Jahren

Anfang der 80er Jahre begann die letzte Etappe der Entwicklung der Grenztruppen und des Grenzregimes der DDR. Sie war geprägt von dem Versuch der SED, alle gesellschaftlichen Bereiche in die Verteidigungsanstrengungen der DDR zur Erhaltung des Systems zu integrieren.

Die Intentionen der Regierenden richteten sich Anfang der 80er Jahre darauf, durch die Verbesserung der Zusammenarbeit der Grenztruppen mit dem MfS, den anderen Sicherheitsorganen, den örtlichen SED- und Staatsorganen und der Bevölkerung des Grenzgebietes das Grenzregime zu optimieren, aber letzteres auch in der Öffentlichkeit plausibler zu machen. Am 25. März 1982 verabschiedete die Volkskammer der DDR das Gesetz über die Staatsgrenze der Deutschen Demokratischen Republik (Grenzgesetz), welches die Verordnung zum Schutz der Staatsgrenze aus dem Jahr 1964 und die Grenzordnung von 1972 modifizierte. Dem Gesetz und der daraus folgenden Grenzverordnung und Grenzordnung der DDR lag die Absicht zugrunde, den völkerrechtlichen Status der DDR-Grenzen zu untermauern und zugleich auf dieser Basis die Rechtsvorschriften zur Gewährleistung der »Unantastbarkeit der Grenze« und die weitgefächerten Verantwortlichkeiten festzuschreiben. Dieses Grenzgesetz galt bis zur Wende in der DDR und enthielt mit § 27 eine Bestimmung, die es Grenzern erlaubte, notfalls auf Menschen zu schießen. Entsprechende Weisungen waren bereits in den »Schußwaffengebrauchsbestimmungen« enthalten.

Die Perfektionierung der Grenzsicherung im Hinterland, der politische Druck der Weltöffentlichkeit sowie der weitere Rückgang von »Fluchtversuchen« schufen letztlich die Voraussetzung für die DDR-Führung, sich Erleichterungen im Grenzregime von der Bundesrepublik abkaufen zu lassen. Auf Grund von Absprachen zwischen dem SED-Generalsekretär Erich Honecker und dem CSU-Vorsitzenden Franz Josef Strauß im Jahre 1983 im Zusammenhang mit einem Milliardenkredit westdeutscher Banken an die DDR bauten die DDR-Grenztruppen 1984/85 alle Boden- und Splitterminen (soweit noch auffindbar) ersatzlos ab; die Selbstschußgeräte 501/701 (SM 70) deponierte man allerdings im rückwärtigen Raum[28]. Als Ausgleich hierfür hatte der NVR im Juni 1983 den weiteren pionier- und signaltechnischen Ausbau der Grenzanlagen beschlossen; mit Befehl des Ministers für Nationale Verteidigung 61/84 wurde das neue System schrittweise realisiert[29].

Der ziemlich abrupte Abbau überraschte die Grenztruppenführung ebenso wie die sowjetische Armeeführung[30]. Nur die Weitergeltung des »Schießbefehls« verhinderte, daß der seit Mitte der 80er Jahre zunehmende »Druck auf die Grenze« so stark wurde, daß die Grenztruppen in Schwierigkeiten geraten wären. Inzwischen hatten die Grenzer jahrzehntelange Erfahrungen gesammelt, die eine effektive Sicherung der Staatsgrenze auch ohne Waffeneinsatz garantierten; mehr als 90 % der »Grenzverletzer« wurden schon weit vor dem letzten Sperrelement festgenommen. Besonders häufig geschossen wurde nur an der Berliner Mauer. Hier gab es nie Bodenminen oder Selbstschußapparate. Und der »Schutzstreifen« mit einer durchschnittlichen Breite von nur 100 m ermöglichte es »Grenzverletzern«, ungesehen dicht an die Mauer heranzukommen. An der Grenze zur »BRD« erschwerte ein etwa 5 km breiter Bereich, die sogenannte Sperrzone, eine unerkannte Annäherung an den letzten DDR-Grenzzaun erheblich. Schon der Aufenthalt in der Sperrzone war genehmigungspflichtig.

Im Lauf der Jahrzehnte veränderten die Verantwortlichen immer wieder einmal die Einsatzdichte der grenzsichernden Einheiten. Von der punktuellen Sicherung in unmittelbarer Grenznähe gingen sie in den 80er Jahren mehr und mehr zu einer tiefengestaffelten Grenzsicherung über, die im wesentlichen den Augen des »Klassengegners« entzogen war.

Die einzelnen Bestimmungen wurden in der 18erReihe der Grenztruppen-Dienstvorschriften (DV) zusammengefaßt: Die DV 018/0/008 (»Einsatz der Grenztruppen zum Schutz der Staatsgrenze/Grenzkompanie«) listete alle denkbaren Maßnahmen, die zur »Grenzsicherung« notwendig waren, minutiös auf[31].

Eine »Analysekarte der Grenzverletzerbewegung« in jeder Grenzkompanie, geführt rückwirkend für 10 Jahre, gab darüber Auskunft, wo »Sperrbrecher« (Westbezeichnung für Flüchtlinge) bzw. »Grenzverletzer« (SED-/DDR-Bezeichnung) in den letzten Jahren versucht hatten, in den Westen zu gelangen. Im Rahmen der »normalen Grenzsicherung« wurde der Kräfteeinsatz der Grenztruppen auf die Nachtstunden konzentriert.

Die tägliche »Vergatterungsformel« der Grenzsoldaten zum Posten-Wachaufzug beinhaltete bis Mitte der 80er Jahre den Satz: »Grenzverletzer [sind]

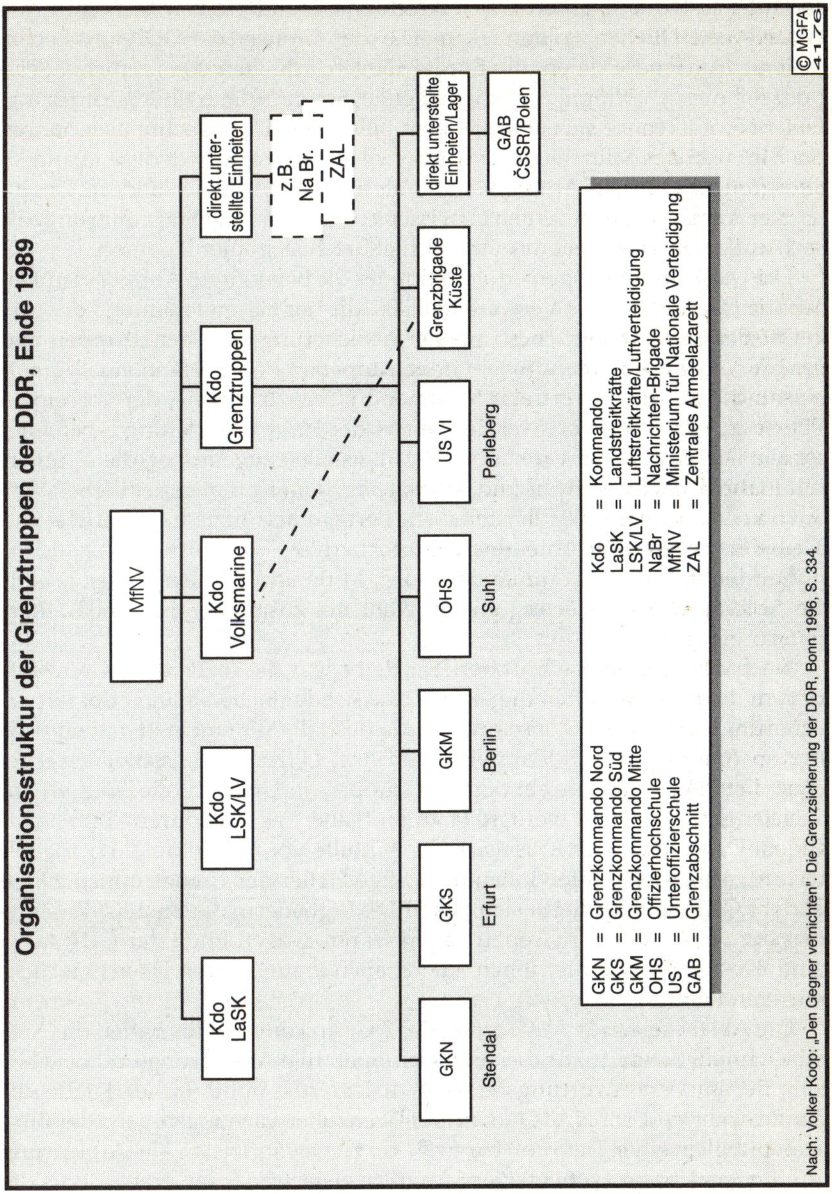

Organisationsstruktur der Grenztruppen der DDR, Ende 1989

Nach: Volker Koop: „Den Gegner vernichten". Die Grenzsicherung der DDR, Bonn 1996, S. 334.

vorläufig festzunehmen oder zu vernichten«. Hunderte von Menschen, die in den Westen fliehen wollten[32], kamen an den Grenzen der DDR ums Leben. Diejenigen Grenzsoldaten, die Bürger töteten, erhielten von amtlicher Seite Auszeichnungen, Prämien, Sachgeschenke, Sonderurlaub und Beförderung. Zugleich mußten sie sich jedoch einem peinlichen Untersuchungsverfahren des MfS und des Militärstaatsanwalts stellen. Danach wurden sie in andere Einheiten versetzt, auf Antrag konnten sie auch ihren Namen ändern. Das alles war Ausfluß des schlechten Gewissens der Partei- und Staatsführung, die nach außen hin die Existenz eines »Schießbefehls« immer leugnete.

Die DDR-Grenztruppen erfuhren immer die bevorzugte Aufmerksamkeit der Staatssicherheit. Die Verwaltung 2000, die der Hauptabteilung I des MfS in Ost-Berlin unterstand, besorgte die Absicherung der Grenztruppen und der NVA. Beim Kommando der Grenztruppen in Pätz bestand ein »Verantwortungsbereich Stellvertreter Kommando Grenztruppen«, der von einem Oberst (zugleich Stellvertreter des Leiters der Hauptverwaltung I) befehligt wurde. Diesem Oberst waren über 100 Planstellen zugeordnet, die — unterteilt in die Bereiche Abwehr und Aufklärung, dem Kommando zuarbeiteten. Dazu kamen weitere 100 Planstellen für Berufsunteroffiziere/Fähnriche und Berufsoffziere in einer Abteilung Grenzsicherheit.

Bei den drei Grenzkommandos Nord, Mitte und Süd existierten jeweils die Abteilungen Aufklärung und Abwehr mit zusammen rund 600 Mitarbeitern.

Nach den Dienstvorschrift der 18er Reihe war die sogenannte Grenzaufklärung in den 80er Jahren die »wichtigste Art der Sicherstellung der Grenzsicherung«; jede Grenzkompanie wurde deshalb mit einem »Grenzaufklärerzug« (mit 15 Fähnrich-Planstellen und einer Offiziers-Planstelle) versehen. Diese Leute konnten einzeln oder in Gruppen, in Uniform oder in Zivil, im Grenzsperrgebiet aktiv werden. Hauptaufgabe: das Aufspüren von Flüchtlingen. Dabei versicherten sie sich der Mithilfe von Teilen der Grenzbevölkerung. Außerdem halfen ihnen freiwillige Helfer der Grenztruppen. Diese letztere Gruppe rekrutierte sich aus SED-Mitgliedern, die zumeist Reservisten der NVA oder der Grenztruppen waren. Gegen Ende der DDR taten rund 3000 »Helfer«, unter ihnen zuletzt auch Frauen, ihren Dienst im rückwärtigen Raum der Grenzen.

Die Abteilungen für Aufklärung der 3 Grenzkommandos hatten die Aufgabe, gemäß Befehl 10/81 die »politisch-operative Aufklärung und Bearbeitung der im Verantwortungsbereich« dislozierten militärischen Kräfte der Bundeswehr und der NATO sowie der Grenzüberwachungsorgane der Bundesrepublik in einer Tiefe von bis zu 30 km zu gewährleisten, die Aufklärung und Untersuchung »subversiver« Angriffe gegen die Staatsgrenze bzw. die

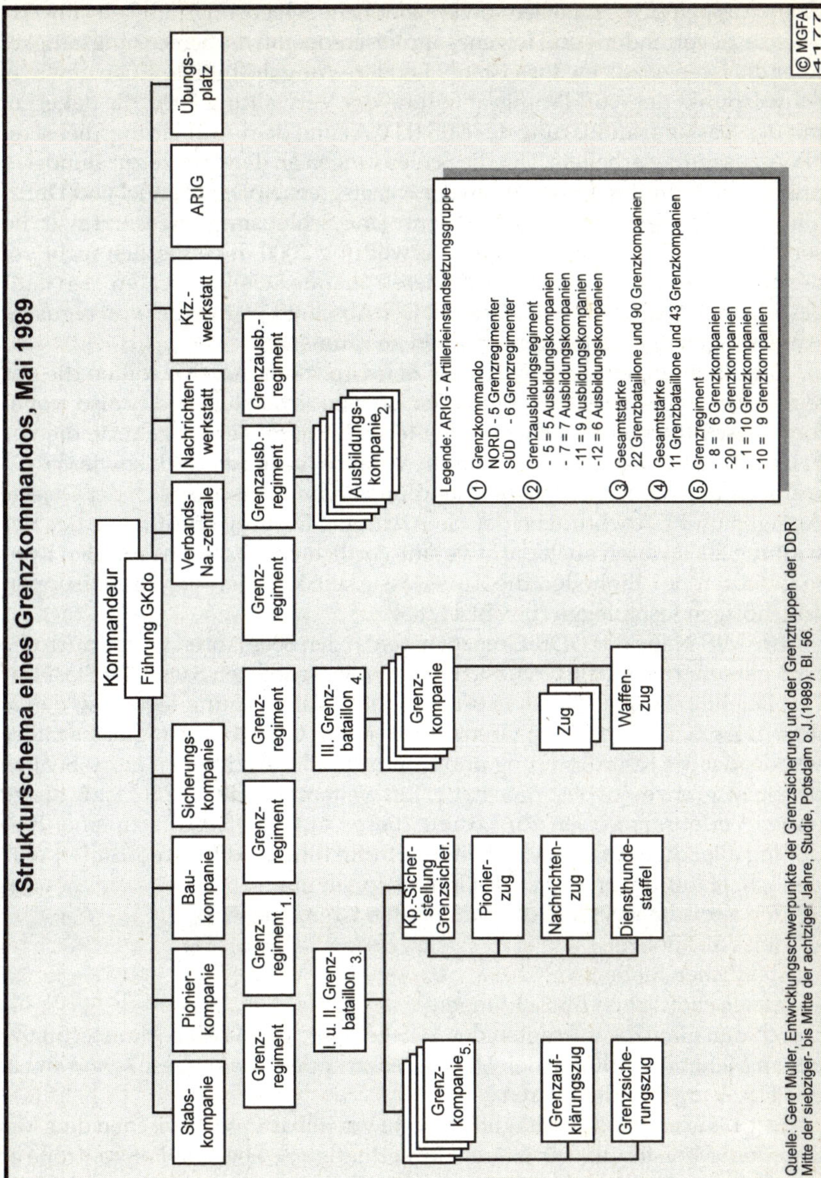

Quelle: Gerd Müller, Entwicklungsschwerpunkte der Grenzsicherung und der Grenztruppen der DDR Mitte der siebziger- bis Mitte der achtziger Jahre, Studie, Potsdam o.J.(1989), Bl. 56.

Grenztruppen sicherzustellen sowie »feindliche Schleusungstätigkeit« über die Grenze zu verhindern und (eigene) »politisch-operative« Schleusungstätigkeit über die Grenze zu gewährleisten[33]. Letztere Aufgabe bildete einen gewissen Schwerpunkt der Aufklärungsabteilung der Verwaltung 2000, die dabei eng mit der Auslandsaufklärung des MfS (HV A) und dem Aufklärungsdienst der NVA zusammenarbeitete. Um die Schleusungen an der Grenze zur Bundesrepublik durchzuführen, wurden an der »Staatsgrenze West« Tunnel und Durchgänge in den Sperren errichtet. Wenn eine Schleusung angesetzt war, besetzten Aufklärungsoffiziere der Verwaltung 2000 die äußerlich nicht von den normalen Grenzsoldaten/-offizieren zu unterscheiden waren, den dafür bestimmten Abschnitt an der Grenze. Der Abschnitt war vorher von regulären Angehörigen der DDR-Grenztruppen zu räumen[34].

Die Abteilungen für Abwehr bei den Grenzkommandos sollten die personelle und funktionelle Stabilität der Truppe sicherstellen, d.h. also, vor allem Fahnenfluchten der eigenen Leute verhindern. Ferner gehörte die vorbeugende Spionageabwehr zu ihrem Verantwortungsbereich sowie die Gewährleistung der Sicherheit im »Handlungsraum«, einschließlich der Objekte, Anlagen und Einrichtungen der Grenztruppe. Die Abwehroffiziere der Verwaltung 2000 waren auch dafür verantwortlich, in Absprache mit den Kommandeuren der Einheiten die Zuverlässigkeitskriterien der Grenztruppenangehörigen festzulegen (Befehl 44/83).

Die MfS-Nähe der DDR-Grenztruppen in den 80er Jahren wurde auch deshalb garantiert, weil die Grenzsicherheit im wesentlichen Sache der Stasi war: Der Befehl 2/86 des Ministers für Nationale Verteidigung legte fest, daß ab dem 1. April 1986 in jedem Grenzregiment ein Grenzbeauftragter installiert wurde, der die Koordinierung und Kontrolle aller Aktivitäten zum »Schutze der Staatsgrenze« zu besorgen hatte. Ein weiterer Befehl (36/86) legte die genauen Verfahrensweisen zur Lösung dieser Aufgabe fest, die zu einer Bündelung aller an der Grenze stehenden Kräfte führen sollte. Koordiniert wurden z.B. Handlungen der DDR-Grenztruppen mit

- den Kreisdienststellen des MfS (in den Grenzkreisen),
- der Volkspolizei,
- staatlichen Stellen,
- gesellschaftlichen Einrichtungen[35].

Durch den Grenzbeauftragten des MfS gelangte das Mielke-Ministerium zu einem Mehr an Einfluß in den DDR-Grenztruppen, die sowieso schon eng an das Haus angebunden waren.

Seit 1962/63 gab es vertraglich fixierte Vereinbarungen zwischen dem MfS und dem Ministerium für Nationale Verteidigung über die Paßkontrolle an den Grenzen: Die Paßkontrolleinheiten (PKE) wurden »operativ« dem MfS zugeordnet. Den gesamten Ein- und Ausreiseverkehr überwachten ausschließlich Angehörige der Stasi. Dabei handelte es sich entweder um ehemalige Grenzsoldaten oder um Personen, die von vornherein dem MfS verpflichtet waren und in die Grenztruppen »delegiert« wurden. Zuletzt soll es sich um etwa 7800 Angehörige des MfS gehandelt haben[36]. Diese Kräfte wurden von der MfS-Hauptverwaltung VI geführt und standen unter Befehl eines MfS-Generalmajors. 1989 verfügte diese Abteilung über mehr als 2000 Mitarbeiter[37].

Die PKE-Angehörigen hatten gegenüber der DDR-Grenztruppe Vorzugsrechte, die z.B. in einer besonderen »Benutzungsordnung« im Bereich der DDR-Grenzübergangsstellen zum Ausdruck kamen. Zwar bestimmte nach außen hin der Kommandant der Übergangsstelle den Tagesablauf, doch intern hatte der Leiter der PKE den größeren Einfluß. Der Kommandant gehörte den Grenztruppen an, er mußte sich in aller Regel dem MfS-Offizier der PKE unterordnen. Die normalen Grenzsoldaten in den Sicherungseinheiten, die an der Grenzübergangsstelle standen, durften den Abfertigungsbereich nicht betreten, eine Zwei-Klassen-Ordnung herrschte vor, das Verhältnis zwischen den beiden Gruppen war stets gespannt[38].

Bei den Abteilungen der Verwaltung 2000 wurden Dutzende von Planstellen für »IM-führende Mitarbeiter« in den Diensteinheiten geführt, ebenso wie bei der Hauptabteilung VI, die darüber hinaus auch Offiziere im besonderen Einsatz (OibE) führte, die in erster Linie im Bereich der DDR-Zollverwaltung im Einsatz waren.

Die den beiden MfS-Hauptabteilungen I und VI zugeordneten Kräfte in den DDR-Grenztruppen sorgten für erheblichen Unwillen in der normalen Truppe, da diese Leute auch schneller befördert wurden und ein höheres Gehalt erhielten.

Mitarbeiter des MfS wurden auch bei allen »Besonderen Vorkommnissen« eingeschaltet, vor allem bei Fahnenfluchten und Schußwaffengebrauch. Meldungen über Tote und Verletzte gab die Führung des Ministeriums bzw. der DDR-Grenztruppen direkt an den SED-Generalsekretär und Vorsitzenden des Nationalen Verteidigungsrates weiter. Erich Honecker und Egon Krenz waren immer über »Grenzzwischenfälle« aus erster Hand informiert[39].

Auf Grund der sich verändernden politischen Bedingungen und wirtschaftlichen Möglichkeiten der DDR dachte die SED-Spitze im Jahre 1989 erneut über das gesamte Grenzsystem nach. In Absprache mit den Warschauer Paktstaaten sollte die Grenzsicherung effektiver gestaltet und die Struktur der Grenztruppen der politischen Territorialstruktur angepaßt werden. Erneut ging es um die weitere Auffächerung der Verantwortung zur Verhinderung von »Republikfluchten« bereits im Vorfeld des Grenzgebietes. Letztlich sollte mit der Einführung territorialer Bezeichnungen wie »Grenzbezirkskommando« und »Grenzkreiskommando« in Zeiten des Umbruchs im Ostblock und von Abrüstungsinitiativen unterstrichen werden, »daß die Grenztruppen der DDR kein Bestandteil der Nationalen Volksarmee sind«[40].

Die Maßnahmen sahen die Auflösung der Führungsorgane von 2 Grenzkommandos, 11 Grenzregimentern, 4 Grenzausbildungsregimentern und 33 Grenzbataillonen an der »Staatsgrenze der DDR zur BRD« und die Neuformierung von 6 Grenzbezirkskommandos, 16 Grenzkreiskommandos und 2 Grenzausbildungszentren vor.

Mit dieser geplanten Umstrukturierung wollte die Partei- und Staatsführung die Anzahl der Führungsorgane von 50 auf 24 reduzieren und gleichzeitig deren Personalbestand um etwa 17 % verringern. Angestrebt wurde ferner die »Erhöhung der Dichte und Mittel in der Grenzsicherung« durch die Anhebung der Anzahl der Grenzkompanien von 93 auf 107 Einheiten. Damit sollte die zu sichernde Grenzlänge je Grenzkompanie von durchschnittlich 15 auf 13 km verkürzt werden.

Fest steht, daß die Partei- und Staatsführung bis zuletzt bestrebt war, die Grenze »zu sichern«. Zwar mußte sie, auch auf Grund wirtschaftlicher Zwänge, die Anzahl der Kräfte reduzieren, doch wollte sie das »Grenzregime« beibehalten — auch in den 90er Jahren.

An der Westgrenze der DDR zur Bundesrepublik standen zu diesem Zeitpunkt etwa 30 000 »Grenzsoldaten« auf Wacht für »Frieden und Sozialismus«, an der Grenze zu Berlin (West) taten rund 8000 Grenzer Dienst. An der Grenze der DDR zu Polen und zur ČSSR hingegen versahen nur 600 Grenztruppenangehörige ihre Einsatzaufgaben[41]. Bei einer Gesamtstärke von knapp 50 000 Soldaten — der »Rest« war im rückwärtigen Dienst und in den Ausbildungseinheiten eingesetzt — bildeten die DDR-Grenztruppen so etwas wie eine »vierte Teilstreitkraft« der NVA, auch wenn die Truppe seit 1973/74 nicht mehr zur Armee gehörte. Aber »Personalaustausche« und »Abversetzungen« von der NVA zu den Grenztruppen waren durchaus üblich. Und die meisten Vorschriften der NVA galten analog auch für die Grenztruppen und deren Angehörige.

Zur durchgängigen Realisierung des neuen Grenzsystems jedoch kam es nicht mehr. Im gleichen Jahr brachte die friedliche Revolution der DDR-Bürger das allgemein verhaßte Grenzregime zu Fall.

Grenztruppengliederung 1989

Führungsgliederung Gesamtstärke: 47 000 Mann

Dem Kommando Grenztruppen in Pätz bei Berlin unterstanden

- Stabs- und Versorgungsbataillon	Pätz
- Nachrichtenbataillon	Motzen
- Wachkompanie	Motzen
- Stabsmusikkorps	Pätz
- Hubschrauberstaffel	Salzwedel
- Hubschrauberstaffel	Meiningen
- Nachrichteninstandsetzungskompanie	Magdeburg
- Hundeschule	Potsdam
- Fähnrichsakademie	Suhl
- Offiziershochschule	Suhl
- Unteroffiziersschule	Perleberg
- Grenzabschnittskommando (Polen)	Frankfurt/Oder
- Grenzabschnittskommando (Tschechoslowakei)	Pirna
- Grenzkommando Nord	Stendal
- Grenzkommando Mitte	Berlin-Karlshorst
- Grenzkommando Süd	Erfurt
- Grenzbrigade Küste	Rostock

Truppengliederung

Grenzkommando Nord Stendal

- Stabs- und Versorgungsbataillon	Stendal
- Musikkorps	Stendal
- Grenzregiment 6 »Hans Kollwitz«	Schönberg
- Grenzregiment 8 »Robert Abshagen«	Grabow
- Grenzregiment 20 »Martin Schwantes«	Halberstadt
- Grenzregiment 23 »Wilhelm Bahnik«	Kalbe
- Grenzregiment 24 »Fritz Heckert«	Salzwedel
- Grenzregiment 25 »Neithardt von Gneisenau«	Oschersleben
- Grenzausbildungsregiment 5 »Gustav Sobottka«	Glöwen
- Grenzausbildungsregiment 7 »Martin Hoop«	Halberstadt

Das Grenzregiment 25 wurde höchstwahrscheinlich aufgelöst.

Grenzkommando Mitte Berlin-Karlshorst

- Stabskompanie	Berlin-Karlshorst
- Nachrichtenbataillon 26	Berlin-Rummelsburg
- ABC-Abwehrkompanie 26	Groß-Glienicke
- Transport- und Instandsetzungskompanie 26	Groß-Glienicke
- Amphibische Pionierkompanie 26	Groß-Glienicke
- Musikkorps	Berlin-Karlshorst
- Grenzregiment 33 »Heinrich Dorrenbach«	Berlin-Treptow
- Grenzregiment 34 »Hanno Günther«	Groß-Glienicke
- Grenzregiment 35 »Nikolai Bersarin«	Berlin-Rummelsburg
- Grenzregiment 38 »Clara Zetkin«	Hennigsdorf
- Grenzregiment 42 »Fritz Perlitz«	Blankenfelde
- Grenzregiment 44 »Walter Junker«	Potsdam-Babelsberg
- GÜST-Regiment »Walter Husemann« (nahm den Kontrolldienst an den Grenzübergangsstellen [GÜST] der Berliner Sektorengrenze wahr)	Berlin-Niederschönhausen
- Grenzausbildungsregiment 39 »Ho Chi Minh«	Berlin-Wihelmshagen
- Grenzausbildungsregiment 40 »Hans Coppi«	Oranienburg

Grenzkommando Süd Erfurt

- Stabs- und Versorgungsbataillon	Erfurt
- Musikkorps	Erfurt
- Grenzregiment 1 »Eugen Leviné«	Erfurt
- Grenzregiment 3 »Florian Geyer«	Mühlhausen
- Grenzregiment 4 »Willy Gebhardt«	Heiligenstadt
- Grenzregiment 9 »Konrad Blenkle«	Meiningen
- Grenzregiment 10 »Ernst Grube«	Plauen
- Grenzregiment 15 »Herbert Warnke«	Sonneberg
- Grenzausbildungsregiment 11 »Theodor Neubauer«	Eisenach
- Grenzausbildungsregiment 12 »Rudi Arnstadt«	Plauen

Grenzbrigade Küste Rostock

- Stabskompanie 6	Rostock
- Nachrichtenkompanie 6	Rostock

- Grenzbataillon I	Bansin
- Grenzbataillon II	Stubbenkammer
- Grenzbataillon III	Graal-Müritz
- Grenzbataillon IV	Tarnewitz
- Grenzausbildungsbataillon	Kühlungsborn
- Grenzschiffabteilung 1 (Kompaniegröße)	Saßnitz
- Grenzschiffabteilung 2	Warnemünde
- Grenzschiffabteilung 4	Warnemünde
- Grenzschiffausbildungsabteilung	Barhöft
- Grenzschiffausbildungsabteilung	Barendorf

Ferner gab es noch einige Beobachtungskompanien, die mit den von ihnen betriebenen Radarstationen den Schiffsverkehr vor der Küste der Deutschen Demokratischen Republik überwachten.

Den Grenzregimentern unterstanden:
- Stabskompanie;
- Nachrichtenkompanie;
- Pionierkompanie und
- 3 Bataillone, wobei sich der Stab des III. Bataillons immer am Standort des Regimentskommandos befand.

Die Bataillone waren in
- Sicherstellungskompanie (= Stabs- und Versorgungskompanie) und
- 4 Grenzkompanien gegliedert; beim III. Bataillon fehlte die Sicherstellungskompanie.

Das Ende — ein Resümee

Mit der Mauer- und Grenzöffnung am 9. November 1989 wurde das Grenzorgan der DDR zunehmend überflüssig, brach die »Moral« der DDR-Grenztruppen zusammen. Bereits zu Jahresbeginn 1990 beschloß die Modrow-Regierung die Reduzierung der Grenzeinheiten um 50 %. Der Versuch, unter der Leitung des Stellvertretenden Chefs der DDR-Grenztruppen, Generalmajor Dieter Teichmann, aus den Resten der Grenztruppen einen DDR-Grenzschutz aufzubauen, scheiterten schnell. Mit der Einführung der Wirtschafts-, Währungs- und Sozialunion am 1. Juli 1990 zwischen beiden deutschen Staaten war es um die Zukunft dieser Formationen geschehen. Am 26. Juni 1990 befahl der DDR-Minister für Abrüstung und Verteidigung, Rainer Eppelmann, die Einstellung der Grenzüberwachung an den bundesdeutschen Grenzen, am 21. September des gleichen Jahres gab er den Befehl zur Auflösung der Grenztruppen. Eines der unrühmlichsten Kapitel der DDR-Geschichte ging zu Ende. Immerhin wurden einige Tausend Mann, darunter PKE-Angehörige, vom BGS-Ost übernommen.

Anzuerkennen ist, daß sich die Kommandeure und Unterstellten bei der Maueröffnung 1989 zurückhaltend verhalten haben und daß es dank ihrer Besonnenheit nicht zu Zwischenfällen kam; ebenso ist denen zu danken, die bis 1995/96 mithalfen, die restlichen Minen an der ehemaligen innerdeutschen Grenze zu räumen. Die übergroße Mehrheit der Grenztruppenangehörigen hat sich keiner Verbrechen oder Vergehen schuldig gemacht. Nach dem Ende der DDR und der Wiedervereinigung unseres Landes kamen die »Mauerschützen« vor Gericht und wurden in vielen Fällen wegen Totschlags zu Haftstrafen auf Bewährung verurteilt. Ihre Vorgesetzten sowie die oberste Partei- und Staatsführung standen wegen des gleichen Delikts ebenfalls seit Anfang der 90er Jahre vor Gericht; inzwischen sind einige der Verantwortlichen zu langjährigen Haftstrafen (bis zu 7 1/2 Jahren) verurteilt worden, darunter auch der Ex-Grenztruppen-Chef Baumgarten[42].

Tote an den DDR-Grenzen

Die Grenztoten können folgenden Gruppen zugeordnet werden:

	vor 13.08.61	ab 13.08.61	gesamt
Berliner Grenze/Mauer	16	239	255
innerdeutsche Landgrenze	100	271	371
Ostsee	15	174	189
Ostgrenzen	3	41	44*
Sonstige Fluchtwege	0	7	7
Angehörige der GT	11	16	27
Sowjetische Fahnenflüchtige	1	5	6
Flugzeugabschüsse im Grenzgeb.	14	3	17
gesamt	160	756	916

* Bulgarien, ČSSR, Polen, Ungarn (nur DDR-Bürger); (Quelle: 111. Pressekonferenz der Arbeitsgemeinschaft »13. August« am 11. August 1997, Skript, S. 3)

Für die Partei- und Staatsführung der DDR waren Grenzschutz und Grenzorgan stets fester Bestandteil des Sicherheitssystems ihres Staates zur Erhaltung des Gesellschaftssystems nach innen und außen. Aufgrund der Abkehr vieler DDR-Bürger von den gesellschaftlichen Verhältnissen in der DDR erlangte die Grenzsicherung herausragende Bedeutung bei der Abschottung vom westdeutschen Nachbarstaat. Wegen der Zweiteilung der Aufgaben der Grenztruppen nach außen zum militärischen Schutz der DDR und nach innen gegen die Abwanderungsbewegung der Bevölkerung »erfreuten« sich die Grenztruppen einer ständigen Aufmerksamkeit der SED- und Staatsführung. Sie blieben deshalb organisatorisch bis 1989/90 beim DDR-Verteidigungsministerium, politisch-operativ jedoch ebenso eng an das MfS angebunden. Die Grenztruppen bildeten in Abstimmung mit den Teilnehmerstaaten des Warschauer Paktes aufgrund sowjetischer militärdoktrinärer Auffassungen eine Art vierte Teilstreitkraft; die Einheiten ähnelten in Struktur und Aufbau deshalb durchaus mot. Schützenverbänden der NVA und waren dazu ausersehen, im Konfliktfall wie diese Formationen zu handeln.

In der Friedenszeit jedoch war dieses Organ von der Aufgabenstellung nach innen geprägt; die Bedrohungsperzeption vom ständig »aggressiven BRD-Imperialismus« und die Auffassung von der »verbrecherischen Flucht aus der DDR« pervertierten die Grenzsicherung zu einem diktatorischen Zwangssystem. Die SED-Führung trug trotz bindender Vereinbarungen mit dem Oberkommando der Vereinten Streitkräfte der Warschauer Vertragsorganisation, das die Grenztruppen als Teil des Systems der Landesverteidigung begriff, und trotz Weisungen aus Moskau die volle Verantwortung für die Aufgabenstellung, bestimmte Entwicklunglinien und Beschaffenheit des Grenzregimes.

Leitung

1960–1979	Erich Peter
1979–1990	Klaus-Dieter Baumgarten
1990	Dieter Teichmann

Wichtige Daten

12. September 1961	Beschluß des NVR zur Bildung des Kommandos Grenztruppen der NVA im MfNV und Unterstellung der DGP als Grenztruppen (ohne Grenzbrigaden Berlin)
1. November 1961	Unterstellung der Grenzbrigade Küste unter das Kommando der Volksmarine
August 1968	An der ČSSR-Grenze gehen die Grenztruppen von der Grenzüberwachung zur Grenzsicherung über
Februar 1971	Auflösung der Grenzbrigaden, Schaffung von Grenzkommandos

Frühjahr 1974	Umbenennung des Kommandos der Grenztruppen der NVA in Kommando der Grenztruppen der DDR
25. März 1982	Volkskammer beschließt neues Grenzgesetz
5. Oktober 1983	Honecker kündigt vollständigen Abbau der Minen an
9. November 1989	Öffnung der Mauer
21. September 1990	Befehl zur Auflösung der Grenztruppen der DDR

Quellen- und Literaturauswahl

Eine Gesamtdarstellung kommt nicht vorbei an einer Aktenauswertung (Bundesarchiv-Militärarchiv/«Gauck«-Behörde/SAPMO) und der Heranziehung der Aussagen und Erinnerungen von Zeitzeugen/Angehörigen der Grenztruppen; ferner sind die Urteile wegen der Mauer- und Grenztoten eine wichtige Quelle.

Die Geschichte der Grenzpolizei und -truppen ist noch zu schreiben. Die am 1. Dezember 1946 ins Leben gerufene Grenzpolizei, aus der 1961 die NVA-Grenztruppe wurde (1973/74 Grenztruppen der DDR) fand zu DDR-Zeiten vor allem aus Geheimhaltungsgründen nie die Aufmerksamkeit wie beispielsweise die NVA. Nunmehr sind — seit 1989/90 — erste Arbeiten speziell zu den Grenztruppen erschienen bzw. der Öffentlichkeit zugänglich. Zu erwähnen sind:

Anatomie der Staatssicherheit. Geschichte, Struktur, Methoden. MfS-Handbuch, hrsg. von Klaus-Dietmar Henke [u.a.], Berlin 1995

Filmer, Werner und Heribert Schwan, Opfer der Mauer. Die geheimen Protokolle des Todes, München 1991

Gesicherte Grenze — gesicherter Frieden, hrsg. an der OHS der GT, o.O., o.J. (= Beiträge zur Geschichte der Grenztruppen der DDR, H. 5.1 und 5.2)

Gießmann, Hans-Joachim, Das unliebsame Erbe. Die Auflösung der Militärstruktur der DDR, Baden-Baden 1992

»Grenzerprotokolle«. Gespräche mit ehemaligen DDR-Offizieren, hrsg. von Gisela Karau, 2. Aufl., Frankfurt a.M. 1992

Hanisch, Wilfried, Für den Schutz der Staatsgrenze der jungen Republik, hrsg. an der OHS der GT, o.O., o.J. (= Beiträge zur Geschichte der Grenztruppen der DDR, H. 2)

Hanisch, Wilfried, Vom schweren Anfang, hrsg. an der OHS der GT, o.O., o.J. (= Beiträge zur Geschichte der Grenztruppen der DDR, H. 1)

Hirtschulz, Stefan Ulrich und Peter Joachim Lapp unter Mitwirkung von Dietmar Uxa, Das DDR-Grenzregime, in: Die SED-Herrschaft, S. 143–198

Horn, Karl, Bewährung in den sechziger Jahren, hrsg. an der OHS der GT, o.O., o.J. (= Beiträge zur Geschichte der Grenztruppen der DDR, H. 4)

In der ersten Sicherungsstaffel, hrsg. an der OHS der GT, o.O., o.J. (= Beiträge zur Geschichte der Grenztruppen der DDR, H. 3)

Koop, Volker, »Ausgegrenzt«. Der Fall der DDR-Grenztruppen, Berlin 1993

Koop, Volker, »Den Gegner vernichten«. Die Grenzsicherung der DDR, Bonn 1996

Lapp, Peter Joachim, Frontdienst im Frieden. Die Grenztruppen der DDR. Entwicklung — Struktur — Aufgaben, 2., überarb. Aufl., Koblenz 1987

Müller, Gerd, Entwicklungsschwerpunkte der Grenzsicherung und der Grenztruppen der DDR Mitte der siebziger bis Mitte der achtziger Jahre, unveröffentlichte GVS-Studie, Potsdam [1989]

Potstawa, Roland, Die Bewaffnung der ehemaligen DDR-Grenztruppen, in: Werner Filmer und Heribert Schwan, Opfer der Mauer. Die geheimen Protokolle des Todes, München 1991, S. 362–364

Richter, Peter, Kurzer Prozeß. Honecker & Genossen — Ein Staat vor Gericht, Berlin 1993

Die SED-Herrschaft und ihr Zusammenbruch. Am Ende des realen Sozialismus. Beiträge zu einer Bestandsaufnahme der DDR-Wirklichkeit in den 80er Jahren, hrsg. von Eberhard Kuhrt, Gunter Holzweißig und Hansjörg F. Buck, Opladen 1996

Wenzel, Otto, Kriegsbereit. Der Nationale Verteidigungsrat der DDR 1960 bis 1989, Köln 1995

Wiener, Friedrich, Die Streitkräfte der Warschauer Paktstaaten, Teil A, 8. Aufl., Wien 1990

Das Wörterbuch der Staatssicherheit. Definitionen zur »politisch-operativen Arbeit«, hrsg. von Siegfried Suckut, Berlin 1995 (= Analysen und Dokumente. Wissenschaftliche Reihe des Bundesbeauftragten für die Unterlagen des Staatssicherheitsdienstes der ehemaligen Deutschen Demokratischen Republik, Bd 5)

Zeittafel zur Militärgeschichte der Deutschen Demokratischen Republik 1949–1988, 2., erw. Aufl., Berlin (Ost) 1989

Anmerkungen

1 Vgl. Zeittafel zur Militärgeschichte, S. 146, siehe hierzu auch den Beitrag Diedrich, Grenzpolizei in diesem Band.

2 Vgl. BA-MA, DVW 1//39465, Bl. 100 f.; siehe hierzu auch: Wenzel, Kriegsbereit, S. 74.

3 Vgl. Zeittafel zur Militärgeschichte, S. 149. Die Grenzbrigade Küste (GBK) verblieb aber im Bestand der DDR-Grenztruppen. Personalstärke 1989: 1800 Angehörige.

4 Vgl. BA-MA, DVW 1/40335, Bl. 180 f., Befehle des NVR.

5 Wenzel, Kriegsbereit, S. 74.

6 Vgl. BA-MA, DVW 1/39473, Bl. 25, Bericht an den NVR auf der Sitzung vom 20.9.1963.

7 Vgl. Lapp, Frontdienst, S. 50 ff.

8 Vgl. BA-MA, DVW 1/39461, Bl. 76, Protokoll der 4. Sitzung des NVR vom 20.1.1961.

9 Vgl. SAPMO-BArch, DY 30/ IV 2/12/29, Bl. 53 f.

10 Vgl. ebd., Bl. 81.

11 Vgl. Zeittafel zur Militärgeschichte, S. 426.

12 Vgl. Lapp, Frontdienst, S. 116 ff.

13 BA-MA, DVW 1/39473, Bl. 5, Protokoll der Sitzung des NVR vom 20.9.1963.

14 Vgl. ebd., DVW 1/39473, Bl. 17 f., Bericht an den NVR auf der Sitzung vom 20.9.1963.

15 Ebd., DVW 1//39493, Bl. 21 f., Protokoll der 36. Sitzung des NVR vom 23.10.1969.

16 Vgl. ebd., Bl. 24.

17 Vgl. ebd., Bl. 24.

18 Ebd., DVW 1/39493, Bl. 21, Vorlage zur Veränderung der Struktur der Grenztruppen auf der 36. Sitzung des NVR vom 23.10.1969.

19 Vgl. BA-MA, GT 6724, Bl. 165 ff. Operatives Kriegsspiel »Die Vorbereitung und Durchführung einer Angriffsoperation einer Armee zu Beginn eines Krieges« o.D.

20 Vgl. Potstawa, Die Bewaffnung, S. 362 ff.

21 Vgl. BA-MA, DVW 1/39503, Bl. 6 ff., Protokoll der 50. Sitzung des NVR vom 18.11.1976.

22 Vgl. ebd., GT 13 403, Bl. 226 ff., Grundsätze über den Einsatz des Grenzbataillons zur Sicherung der Staatsgrenze zur Erprobung eines weiterentwickelten Systems der Grenzsicherung.

23 Vgl. Müller, Entwicklungsschwerpunkte, Bl. 23.

24 Vgl. BA-MA, DVW 1/39503, Bl. 12 und 23.

25 Vgl. ebd., DVW 1/39511, Bl. 183, Bericht der Arbeitsgruppe des ZK zur Einschätzung der Wirksamkeit der Grenzsicherung im Protokoll der 59. Sitzung des NVR vom 30.9.1977.

26 Vgl. Tabelle: Das Sperrsystem an der innerdeutschen Grenze in Zahlen, in: Die SED-Herrschaft, S. 145.

27 Vgl. BA-MA, DVW 1/39511, Bl. 187 f., Bericht der Arbeitsgruppe des ZK zur Einschätzung der Wirksamkeit der Grenzsicherung im Protokoll der 59. Sitzung des NVR vom 30.9.1977.

28 Vgl. Wenzel, Kriegsbereit, S. 77 und 188.

29 Vgl. BA-MA, DVW 1/36528, Bl. 337 ff., Protokoll der 67. Sitzung des NVR vom 1.7.1983; Müller, Entwicklungsschwerpunkte, Bl. 51.

30 Vgl. ebd., Bl. 188. Siehe dazu auch Egon Krenz am 20.2.1996 in »Neues Deutschland«, S. 12, wo er — im Zusammenhang mit dem Abbau der Minen — von der »tiefsten Krise« in den Beziehungen zwischen der SED und KPdSU berichtet, die diese Entscheidung 1983/84 auslöste.

31 Vgl. Lapp, Frontdienst, S. 141 ff. Siehe auch Hirtschulz/Lapp, DDR-Grenzregime, S. 151 f.

32 Vgl. Tabelle der AG »13. August« vom 9.8.1996, die von insgesamt 899 Toten ausgeht.

33 Vgl. Anatomie Staatssicherheit, S. 226 ff.

34 Vgl. Die SED-Herrschaft, S. 152 und 166.

35 Vgl. Lapp, Frontdienst, S. 153 ff.

36 Vgl. Gießmann, Erbe, S. 26.

37 Vgl. Anatomie der Staatssicherheit, S. 234 ff.

38 Vgl. Koop, »Ausgegrenzt«, S. 30 ff.; Wörterbuch Staatssicherheit, Stichwort: Grenzübergangsstelle (GÜST) S. 154 f., Stichwort: Betretungsordnung, S. 155.

39 Vgl. Filmer/Schwan, Opfer, S. 395 ff.

40 BA-MA, DVW 1/39539, Bl. 61, Begründung des Vorschlages über Maßnahmen der Vervollkommnung des Schutzes der Staatsgrenze im Protokoll der 78. Sitzung des NVR am 16.6.1989.

41 Erklärung von Fritz Streletz vor Gericht am 14.12.1992 (vgl. Richter, Prozeß, S. 222 ff.).

42 Dabei handelte es sich um Prozesse gegen Mitglieder des Politbüros des ZK der SED, des Nationalen Verteidigungsrates der DDR, des Kollegiums des MfNV und des Kommandos der Grenztruppen der DDR, bei denen es zu Verurteilungen wegen Totschlags kam.

Hans Ehlert

Die Hauptverwaltung für Ausbildung (1949–1952)

Die Hauptverwaltung für Ausbildung (HVA) bildete mit den ihr unterstellten Volkspolizeibereitschaften und Ausbildungseinrichtungen vom Herbst 1949 bis zum Sommer 1952 als Vorläufer der Kasernierten Volkspolizei eine wichtige Etappe auf dem unter strikter Geheimhaltung eingeschlagenen Weg zur Schaffung eines militärischen Instruments der DDR. Vor dem Hintergrund der Auflagen des Potsdamer Abkommens, das die völlige Entmilitarisierung und Abrüstung Deutschlands vorsah, ließ die Sowjetunion in der von ihr besetzten Zone ab Frühsommer 1945 den Aufbau von deutschen Polizeiorganen zu. Als verlängerter Arm der sowjetischen Führung übte die SMAD[1] unter ihrem Obersten Chef, Marschall der Sowjetunion Georgij Žukov, bis zur Gründung der DDR im Oktober 1949 die unmittelbare Besatzungsgewalt aus; alle die SBZ betreffenden Entscheidungen wurden von dieser, mit ihren zentralen Bereichen in Berlin-Karlshorst angesiedelten sowjetischen Besatzungsbehörde getroffen. Die militärischen Fragen lagen dabei im Zuständigkeitsbereich von Žukovs Erstem Stellvertreter, Armeegeneral Vasilij Sokolovskij; unterhalb der Zentrale waren Chefs der Militäradministration in den 5 Ländern der SBZ eingesetzt.

Zur Aufrechterhaltung von Sicherheit und Ordnung verfügte die SMAD im Rahmen des Aufbaus der Länderverwaltungen im Sommer 1945 auch die Einrichtung eigenständiger Landespolizeiorganisationen. Während diese in den Strukturen noch weitgehend den Vorläufern vor 1933 glichen, wurde wie insgesamt beim Verwaltungsaufbau in der SBZ auf dem personellen Sektor ein völliger Wandel vollzogen, der die Hegemonie der deutschen Kommunisten von Anfang an sichern sollte. Alle verantwortlichen Führungspositionen der Polizei wurden mit Funktionären der KPD, einigen zuverlässig erscheinenden Mitgliedern der SPD sowie ehemaligen Wehrmachtangehörigen, die sich in der Sowjetunion dem Nationalkomitee »Freies Deutschland« angeschlossen hatten, besetzt[2].

Im Zuge der von der Besatzungsmacht bestimmten »antifaschistisch-demokratischen Umgestaltung« der SBZ, zu deren wichtigsten Zielen auch die Sicherung der Macht für die im Frühjahr 1946 aus der Zwangsvereinigung von KPD und SPD entstandenen SED gehörte, kam es rasch auch zu organisatorischen Veränderungen in der inneren Verwaltung. Die SMAD ordnete im Juli 1946 die Schaffung der Deutschen Verwaltung des Innern (DVdI) an. Die gesamte Führungsspitze wurde mit bewährten Altkommunisten besetzt, das Amt des Präsidenten übernahm bis 1948 der bisherige Chef der Polizei in Thüringen, Erich Reschke. Zu einem seiner drei Stellvertreter, verantwortlich für die wichtigen Bereiche Sekretariat und Personal, wurde das langjährige, durch seine Beteiligung als Interbrigadist am spanischen Bürgerkrieg als zuverlässig ausgewiesene KPD-Mitglied Erich Mielke ernannt.

Die Einrichtung der DVdI diente dem vorrangigen Zweck, die Zentralisierung und Vereinheitlichung der inneren Verwaltung der SBZ zu forcieren. Dabei ging es vorrangig um die bisher nur auf Länderebene bestehende Schutz- und Ordnungspolizei. Mit der in kurzer Zeit aufgebauten neuen Behörde schufen sich Besatzungsmacht und die von ihr in der SBZ eingesetzten deutschen Machthaber die Basis für die Zentralisierung des gesamten, in seinen Strukturen immer stärker dem der Sowjetunion angepaßten inneren Sicherheitsapparats in der SBZ. Aus der anfangs vornehmlich planend und koordinierend tätigen DVdI entwickelte sich ab 1947 die zentrale Instanz zur Vereinheitlichung und Kontrolle des gesamten Polizeiwesens. Das besondere Augenmerk der Behörde lag dabei auf Fragen der Personalauswahl, des Personalaufbaus und der Ausbildung. Nachdem bei der Auswahl des Führungspersonals das Prinzip der politischen Zuverlässigkeit ohne Kompromisse durchgesetzt worden war, erfüllte die DVdI bald die ihr von der SMAD und SED zugedachte Doppelfunktion: Umsetzung des Willens der Besatzungsmacht und Sicherung des Einflusses der Partei im gesamten inneren Sicherheitsapparat[3].

Im November 1946 begann auf Weisung der SMAD unter Beteiligung der DVdI der Aufbau einer deutschen Grenzpolizei. Administrativ anfangs noch den Landespolizeibehörden unterstellt, wurden ihre Einheiten operativ von den sowjetischen Grenzsicherungsorganen geführt, deren Entlastung sie dienen sollten. Ende 1946 in einer Stärke von etwa 2500 Mann aufgestellt, wuchs die neue, mit Pistolen und Karabinern ausgerüstete, einheitlich uniformierte und nach einer in allen Ländern gültigen Dienstanweisung handelnde Spezialformation bis zum Sommer 1948 auf mehr als 9000 Mann an. Das Personal rekrutierte sich in der Regel aus dem Bestand der Schutzpolizei, die Führungspositionen wurden auch hier nahezu ausschließlich mit kommunistischen Altkadern besetzt.

Ließen der nach sowjetischem Vorbild erfolgte Aufbau ebensowenig wie Gliederung und Bewaffnung der verschiedenen Sparten der Polizei in der SBZ bis Ende 1947 eine eindeutige militärische Option erkennen, markiert das Jahr 1948 einen Wandel. Im Zuge internationaler Entwicklungen — das

Angebot des Marshall-Plans signalisierte ein langfristiges Engagement der USA in Europa, die Anzeichen für die Gründung eines westdeutschen Separatstaates mehrten sich, und das Scheitern verschiedener Konferenzen der Alliierten ab 1947 hatte eine Verschärfung des Kalten Krieges zur Folge — sah die Sowjetunion die Möglichkeiten auf maßgeblichen Einfluß in den gesamtdeutschen und europäischen Angelegenheiten schwinden. Dies führte zu einer Bestandsaufnahme der sowjetischen Deutschlandpolitik, die als Ergebnis — bei grundsätzlicher Beibehaltung einer mittelfristigen gesamtdeutschen Option — das Ziel eines ostdeutschen Separatstaates zum Inhalt hatte. Diese Entscheidung führte zu einem konsequenten Ausbau der kommunistischen Machtpositionen in der SBZ. Der Einfluß aller nichtkommunistischen Parteien und Organisationen wurde zurückgedrängt, die SED sollte nach bolschewistischem Vorbild zur Partei »neuen Typus«, zu einem von Moskau gelenkten, alleinigen Machtzentrum umgeformt werden. Schon vor Bildung des eigentlichen Separatstaates sollten nach dem Modell der sogenannten Volksdemokratien die sowjetischen Machtstrukturen soweit wie möglich auf die SBZ übertragen werden.

Der neue Kurs wirkte sich wie nicht anders zu erwarten verzugslos auch auf die Gestalt des Sicherheitsapparats aus: neben dem Ausbau und der Umstrukturierung der Grenzpolizei begannen im Sommer 1948 die Vorbereitungen zur Schaffung zentral geführter kasernierter Polizeibereitschaften. Im Parteivorstand der SED wurde zwar bereits im Herbst 1947 über die Absicht der SMAD berichtet, »eine zentralisierte, schlagkräftige Polizeitruppe zu schaffen«[4], für eine praktische Umsetzung gibt es freilich zu diesem Zeitpunkt keine eindeutigen Belege. Diese verdichteten sich dafür seit dem Frühjahr 1948. Das Thema stand auf der Tagesordnung verschiedener Innenministerkonferenzen und war zentraler Gegenstand der Besprechungen zwischen SMAD und SED-Spitze[5]. Während der Innenministerkonferenz am 21. und 22. April 1948 in Werder/Havel informierte Ulbricht über die beabsichtigte Schaffung einer »kasernierten Polizei«, die allerdings mit Rücksicht auf den alliierten Kontrollrat unter der Bezeichnung »Bereitschaften« entstehen sollte. Zur Sicherung der politischen Zuverlässigkeit und des uneingeschränkten Parteieinflusses in den Verbänden kündigte er nach sowjetischem Vorbild die Einführung von »politischen Leitern«, Polit-Kultur(PK)-Offizieren, an, die neben den Kommandeuren für die Durchsetzung des Parteikurses und für die führende Rolle der SED sorgen sollten. Auch wenn zu diesem Zeitpunkt eine klare militärische Ausrichtung der zu schaffenden Formationen noch nicht zu erkennen war, sondern ein auf den Einsatz im Innern zugeschnittenes Auftragsspektrum durchaus plausibel erschien, hatte die SED-Führung eine militärische Option offenbar schon vor Augen. Eindeutig war jedenfalls Ulbrichts in Werder formuliertes Anforderungsprofil für die Besetzung der Führungspositionen der neuen Formationen: »Wir brauchen Leute, die Fronterfahrungen, Leute, die Spanienerfahrungen oder sich auch sonst im Kampf bewährt haben [...] In der Polizeifrage verstehen wir keinen Spaß, dort sollen kampferfahrene Leute hinkommen[6].« Im Mai und Juni gab die SMAD endgültig grünes Licht und ordnete zusätzlich zur Grenzpolizei die Aufstellung von kasernierten Polizeikräften in Stärke von 10 000 Mann an, die folgende Bestätigung des SED-Führungsgremiums war nur noch eine Formsache.

Nicht zuletzt unter dem Eindruck der Zuspitzung der Deutschland betreffenden Konflikte unter den Alliierten — die Sowjetunion reagierte auf die in den Westzonen und Westsektoren Berlins Ende Juni 1948 durchgeführte separate Währungsreform mit der Blockade der Zufahrtswege nach Berlin — begann ohne Verzögerung die Umsetzung der beschlossenen Maßnahmen auf dem Polizeisektor. Im Juli wurde auf Druck der SMAD Reschke als Präsident der DVdI vom bisherigen sächsischen Innenminister Kurt Fischer abgelöst, der sich — bewährt als KPD-Mitglied seit 1919, Emigrant in der Sowjetunion und Offizier der Roten Armee — intern besonders für die uneingeschränkte Führungsrolle der Partei innerhalb der Sicherheitskräfte stark gemacht hatte. Bisher vornehmlich koordinierend tätig, übernahm die DVdI unter Fischers Ägide nun die Leitung des gesamten Polizeiapparats der SBZ. Gleichzeitig erfolgte mit der Bestallung Fischers eine Neuorganisation der Behörde[7], die den neuen Kurs kennzeichnete. Zu den neugebildeten Strukturelementen gehörte nicht nur die zur Sicherung des permanenten Führungsanspruches der SED in der Polizei vorgesehene Hauptabteilung Polit-Kultur (PK) unter dem Altkommunisten Robert Bialek, sondern zur Leitung der paramilitärisch ausgerichteten Zweige Grenzpolizei sowie der jetzt aufzustellenden kasernierten Bereitschaften auch die Haupabteilung Grenzpolizei und Bereitschaften (HA GP/B). Der HA GP/B wurden bis zum 15. November 1948 Grenzpolizei und Bereitschaften unterstellt; geleitet von dem ehemaligen Hauptmann der Wehrmacht und NKFD-Angehörigen Hermann Rentzsch, war sie Fischer unmittelbar nachgeordnet.

In den folgenden Monaten wurden bei ständiger Kontrolle durch die SMAD unter Federführung der DVdI 40 Bereitschaften mit jeweils 250 Mann gebildet. Auf die 5 Länder verteilt, waren sie kaserniert und — aus Gründen der Geheimhaltung — möglichst isoliert von der örtlichen Bevölkerung unterzubringen. Neben dem Leiter stand als 1. Stellvertreter der PK-Leiter an ihrer Spitze, der im Auftrag der Partei alle Befehle des Kommandeurs gegenzuzeichnen hatte. Mit der Ausbildung sollte unverzüglich begonnen werden, die Bewaffnung bestand aus Karabinern, Pistolen und Maschinengewehren, durchweg sowjetische Beutewaffen, zumeist aus deutscher Produktion. Die dabei erfolgte Zuweisung von 200 schweren Maschinengewehren deutete bereits in der Aufstellungsphase auf ein den Polizeibereich überschreitendes, militärisches Einsatzspektrum hin.

Ein erhebliches Problem bildete die Bereitstellung des notwendigen Personals, an das die politische Führung besondere Ansprüche stellte. Gefordert wurden junge, politisch zuverlässige Kräfte aus dem Reservoir der Polizei und möglichst mit militärischen Vorkenntnissen. Insbesondere für Offiziers- und Unterführerfunktionen sollten »proletarische Elemente aus den fortschrittlichen Schichten der Arbeiterklasse« geworben, auf ehemalige Wehrmachtoffiziere soweit wie möglich verzichtet werden[8]. Obwohl SED-Parteiorganisationen und Massenorganisationen in den Ländern beträchtliche Anstrengungen unternahmen, um die zugeteilten Werbequoten im Rahmen von Aufgeboten aus der Mitgliedschaft zu erfüllen, ließen sich die geforderten Sollzahlen auf diesem Wege nicht erreichen. Bei denen, die sich bereit fanden, den kasernierten Polizeidienst anzutreten, waren es in der Regel weniger politische als materielle Motive, wie die wesentlich bessere Verpflegung, Einkleidung, Urlaub sowie ein gutes Gehalt. Obwohl trotz dort bestehender personeller Engpässe Kräfte aus anderen Zweigen der Polizei — nicht selten gegen ihren Willen — zu den Bereitschaften versetzt wurden, konnte der Bedarf von etwa 10 000 Mann bei weitem nicht gedeckt werden. Dies gelang erst mit Hilfe der Sowjetunion, die sich bereit erklärte, die Lücke von 5000 Mann kurzfristig mit in Kriegsgefangenenlagern angeworbenen, möglichst »antifaschistischen« ehemaligen deutschen Soldaten zu schließen. Wer sich zum Dienst bei der Polizei verpflichtete, wurde vorzeitig aus der Gefangenschaft in die SBZ entlassen. Auch der Verzicht auf Führungskräfte aus der Wehrmacht ließ sich nicht durchhalten. Die Heranziehung der für die Aufbauphase dringend benötigten militärischen Spezialisten erfolgte allerdings unter weitgehender Geheimhaltung. Nach entsprechender Auswahl durch sowjetische Offiziere und KPD-Funktionäre in Kriegsgefangenen- und Antifalagern, insbesondere bei Angehörigen des NKFD, kehrten im September 1948 5 Generale und 100 Offiziere der Wehrmacht aus der Sowjetunion zurück, um verantwortliche Aufgaben beim Aufbau der militärisch ausgerichteten Formationen zu übernehmen. Die meisten von ihnen wurden auf Leitungsfunktionen verschiedener Ebenen eingesetzt. Unter großen Kraftanstrengungen konnte die Aufstellung der 40 kasernierten Bereitschaften noch im Jahre 1948 abgeschlossen werden. Die Stationierungsorte waren mit einem Schwerpunkt im Süden der SBZ auf die 5 Länder verteilt. Im Dezember umfaßten die Bereitschaften 9874 Mann, der Personalbestand der paramilitärisch ausgerichteten Grenzpolizei belief sich auf 9289 Mann, die übrigen Polizeikräfte in den Ländern der SBZ hatten eine Stärke von 64 015 Mann. Grenzpolizei und Bereitschaften waren aus der Länderzuständigkeit herausgelöst und unterstanden seit November der DVdI unmittelbar. Mit dem Erlaß allgemeiner Dienstvorschriften für den Bereich der gesamten Polizei und der Festlegung einheitlicher Dienstbezeichnungen und Dienstgradabzeichen durch die zentrale Innenbehörde war die Reorganisation der Polizei mit dem Schwerpunkt bei Bereitschaften und Grenzpolizei abgeschlossen.

Die Bereitschaften (Stärke 250 Mann) gliederten sich in Stab, Radfahrerstaffel und 4 Züge mit je 3 Gruppen. Die Ausbildung in den Bereitschaften begann im Herbst 1948 unter erheblichen Schwierigkeiten. Es gab kaum qualifizierte Ausbilder, auch mangelte es an Kraftfahrzeugen, Waffen und Munition sowie sonstigem Material, die Unterbringung war unzulänglich. Wegen des Fehlens der entsprechenden sowjetischen Vorschriften mußte nicht selten auf Ausbildungsmaterialien aus der Wehrmacht wie den »Reibert« zurückgegriffen werden. Von Anfang an ließen die vorgegebenen Themenschwerpunkte allerdings erkennen, daß die politische Führung eher den militärischen Einsatz als die Vermittlung polizeifachlicher Kenntnisse im Blick hatte. Die Grundschulung des Bereitschaftsangehörigen in der Schieß- und Geländeausbildung sollte möglichst rasch zur Ausbildung der Gruppe im Schützenzug erweitert werden, im Frühjahr 1949 stand im Rahmen der Verbandsausbildung bereits das Thema »Die Polizeibereitschaft im Angriff« auf dem Dienstplan. Zur Verbesserung der Ausbildung der Offiziers- und Unterführerkader verfügte die SMAD im April den Aufbau von Polizeischulen.

Trotz erheblicher finanzieller Anreize und sonstiger materieller Vergünstigungen führten schwierige Lebensumstände und Dienstbedingungen bei den oft mit falschen Versprechungen Geworbenen zu Frustrationen und mangelnder Dienstbereitschaft, deren Ausmaß eine hohe Zahl von Desertionen widerspiegelte, die sich nach der Bildung der beiden deutschen Staaten auf monatlich über 100 einpendelte. Dieser Entwicklung versuchte die SED mit der Anlegung einer hohen Meßlatte im politisch-ideologischen Bereich entgegenzusteuern. Mehr noch als die Vermittlung einer fachlichen Qualifikation besaßen eine hohe politische Zuverlässigkeit der sogenannten militärpolitischen Kader sowie der Aufbau der SED-Parteiorganisation einen besonderen Stellenwert. Der Organisationsgrad in dieser Gruppe lag — abgestuft nach den verschiedenen Laufbahnen — 1948/49 insgesamt bereits bei 86 Prozent[9]. Die unmittelbare Unterstellung der durch die Hauptabteilung PK beim DVdI angeleiteten Parteiorganisation der Polizei unter die SED-Führung unterstrich deren absoluten Führungsanspruch. Die Aufgabe der PK-Offiziere, die in der Regel mit Parteiauftrag in die Bereitschaften entsandt waren, galt der politischen Indoktrination der VP-Angehörigen im »Geiste der Demokratie« zur »Liebe gegenüber der Heimat und dem werktätigem Volk«, zur Freundschaft mit der UdSSR und zum »unversöhnlichen Haß« gegen »Reaktion und Kriegstreiber«. Nach dem Statut der Politorgane hatten die PK-Leiter aller Ebenen das Recht, gemeinsam mit den Chefs der Einheiten und Verbände alle grundsätzlichen Befehle und Anweisungen zu unterzeichnen. Dies galt bis Anfang der 50er Jahre auch in allen politisch-ideologischen Fragen, als die Einzelverantwortlichkeit des parteipolitisch ergebenen Kommandeurs durchgesetzt wurde.

Besondere Bedeutung besaßen die PK-Organe aber bei der Personalauswahl für die Bereitschaften sowie bei der Überwachung des gesamten Personalbestandes unter politisch-ideologischen Vorzeichen. Nach eigenem Selbstverständnis »Kämpfer an der ideologischen Front«, richtetete sich der Einsatz der PK-Offiziere gegen das Eindringen »klassenfeindlicher« Tendenzen in jeglicher, insbesondere aber westlicher Form. Dem Ausschalten westlicher Einflüsse und anderer unerwünschter Elemente diente auch eine im Zuge des in der SBZ 1947/48 anlaufenden Stalinisierungsprozesses angeordnete große Säuberungsaktion in der Polizei. Auf der Basis des Befehls Nr. 2 des Präsidenten der DVdI setzte im Januar 1949 eine in der Grenzpolizei beginnende, bald aber auch die kasernierten Bereitschaften einbeziehende Überprüfungswelle mit dem Ziel ein, den für die politische Machterhaltung unverzichtbaren Apparat von unzuverlässigen Kräften zu befreien[10]. Entlassen oder in andere Bereiche der Polizei versetzt werden sollten Polizisten, die Angehörige ersten Grades in den Westzonen hatten, in westlicher Kriegsgefangenschaft waren oder sich charakterlich und politisch als unzuverlässig erwiesen hatten. Die mit mehreren Modifizierungen bis Anfang der 50er Jahre dauernde Umsetzung des Befehls führte — zumal aufgrund unklarer Ausführungsbestimmungen — in den vielfach ohnehin noch im Experimentierstadium befindlichen Verbänden zu einer weiteren Verunsicherung. Die Mißstände im dienstlichen und disziplinaren Bereich ließen sich nur unzureichend beseitigen, die Entlassung von teilweise qualifiziertem Personal erhöhte die vorhandenen Defizite in der Ausbildung.

Trotz der vorhandenen Mängel im Ausbildungs- und Ausrüstungsbereich gelang es der SED dennoch, sich mit der Volkspolizei noch vor Gründung der DDR ein zuverlässiges Instrument zur inneren Machtsicherung zu schaffen. Mit den etwa 20 000 Mann in Grenzpolizei und Bereitschaften waren — unter zentralem Kommando, zusammengefaßt in Kasernen, geführt von ehemaligen Soldaten, militärisch ausgebildet und bewaffnet — gleichzeitig erste Kader für den Aufbau militärischer Formationen verfügbar. Alle wichtigen Führungspositionen in der Polizei befanden sich in der Hand der SED, die Weichenstellungen für die politische Kontrolle des gesamten Personalbestandes waren erfolgt.

Leitung der DVdI im Juli 1949[11]

Präsident
  Generalinspekteur Kurt Fischer
Vizepräsidenten
  Generalinspekteur Heinz Hoffmann
  Generalinspekteur Wilhelm Zaisser
  Generalinspekteur Erich Mielke
  Generalinspekteur Kurt Wagner
  Generalinspekteur Willi Seifert
Leiter der Hauptabteilungen
  Polit-Kultur: Heinz Hoffmann
  GP/B: Hermann Rentzsch

Konsequent im Sinne des Kurswechsels in der sowjetischen Politik, der 1947/48 vor dem Hintergrund der insbesondere in der »Deutschen Frage« aufbrechenden Konflikte zwischen den Alliierten in Richtung einer eigenstaatlichen Entwicklung der SBZ und zur Sicherung der Macht der eigenen Satrapen in der SED erfolgte, fielen 1949 im Vorfeld der Gründung der DDR weitere Entscheidungen zur Konsolidierung und zum Ausbau des Sicherheitsapparats. Mit einem Bündel von Maßnahmen begannen Besatzungsverwaltung und SED-Führung, die kasernierten Verbände unter strenger Geheimhaltung zu einem schlagkräftigen Kadergerüst für künftige Streitkräfte auszubauen. Die Entscheidung für eine beträchtliche Aufstockung des Personalbestandes — vorgesehen wurde die Aufstellung von jetzt 35 Bereitschaften — erforderte zunächst die Schaffung der notwendigen Ausbildungsorganisation. In 12 neuaufzubauenden Schulen sollten in 9-Monats-Kursen zusätzlich insgesamt 11 000 Batterie- und Kompanieführer und 35 000 Unterführer ausgebildet werden. Bei der Ausbildung des Führungspersonals ab der Ebene Regimentskommandeur wollte sich die Besatzungsmacht die Zügel nicht aus der Hand nehmen lassen, dieser Ausbildungsabschnitt sollte in der UdSSR erfolgen. Ein erster Lehrgang mit über 100 handverlesenen Teilnehmern, vorgesehen durchweg für militärische Spitzenpositionen, wurde ab Herbst 1949 in der Nähe von Saratov an der Volga durchgeführt. Der Kurs dauerte etwa ein Jahr und war vornehmlich auf die Vermittlung theoretischer und praktischer Kenntnisse der sowjetischen Militärwissenschaft angelegt. Der Unterrricht erfolgte in russischer Sprache, die Teilnehmer trugen sowjetische Uniformen ohne Schulterstücke. Bis 1954 fanden vier weitere Lehrgänge statt, viele der Absolventen rückten in Spitzenverwendungen der HVA, KVP und später der NVA.

Der Ausbau eines militärischen Apparats in dieser Größenordnung mit einem zumal anders gearteten Aufgabenspektrum erforderte eine neue Führungsstruktur innerhalb der Innenbehörde. Bereits im Juli 1949 erfolgte die Herauslösung der Grenzpolizei aus der HA GP/B, wenig später wurde die für die Führung der Bereitschaften zuständige HA in »Verwaltung für Schulung« (VfS) umbenannt; diese bildete unter Leitung des zum Vizepräsidenten ernannten bisherigen sächsischen Innenministers Wilhelm Zaisser ein eigenes Strukturelement innerhalb der DVdI.

Die VfS blieb indes unter dieser Bezeichnung lediglich eine Übergangslösung. Nach der Gründung der DDR am 7. Oktober 1949 ging die DVdI im neu geschaffenen Ministerium des Innern (MdI) auf[12]. Wie schon bei der Vorläuferinstitution lag der Aufgabenschwerpunkt des MdI auf der inneren Sicherheit sowie bei vorbereitenden Maßnahmen für eine militärische Absicherung, was nach Lage der Dinge in beiden Fällen vor allem die Sicherung des Bestandes und der Stabilität des Regimes beinhaltete. Dieser Aufgabenschwerpunkt kam auch in der Gliederung des MdI zum Ausdruck, die auf dem Sektor Sicherheit durch drei Hauptverwaltungen geprägt war: die Hauptverwaltung Deutsche Volkspolizei (HVDVP) mit den Zweigen Schutzpolizei, Kriminalpolizei, Eisenbahnpolizei, Grenzpolizei, Betriebsschutz und Verwaltungspolizei, die Hauptverwaltung zum Schutz der Volkswirtschaft sowie die Verwaltung für Schulung.

Noch im selben Monat erfolgte die Umbennung der VfS in Hauptverwaltung für Ausbildung (HVA). Ihr Leiter unterstand jetzt unmittelbar dem Minister des Innern Steinhoff. Die Strukturen blieben trotz der neuen Bezeichnungen im wesentlichen unverändert. Zaisser wurde bereits im Februar 1950 wieder von der Spitze der HVA abberufen und mit dem Aufbau des späteren Ministeriums für Staatssicherheit beauftragt. Seine Funktion übernahm im April Generalinspekteur Heinz Hoffmann.

Dem Leiter der HVA stand eine Führungsorganisation mit einem Personalbestand von über 800 Personen zur Verfügung, die sich in fünf Hauptabteilungen gliederte.

Der HVA war die Aufgabe zugedacht, mit den ihr unterstellten VPB und VPS in möglichst kurzer Zeit Offiziere und Unteroffiziere auszubilden und damit die Voraussetzungen für den Aufbau künftiger Streitkräfte der DDR zu schaffen. Während die Bereitschaften die Ausbildung des Unterführerstammes zu gewährleisten hatten, sollten die VP-Schulen die Offiziere heranbilden. Das von der SED vorgegebene Ausbildungsziel sah vor, junge Männer »zu kämpferischen Menschen zu erziehen, die sich mit ihrer ganzen Person für den Schutz der Deutschen Demokratischen Republik einsetzen«[13].

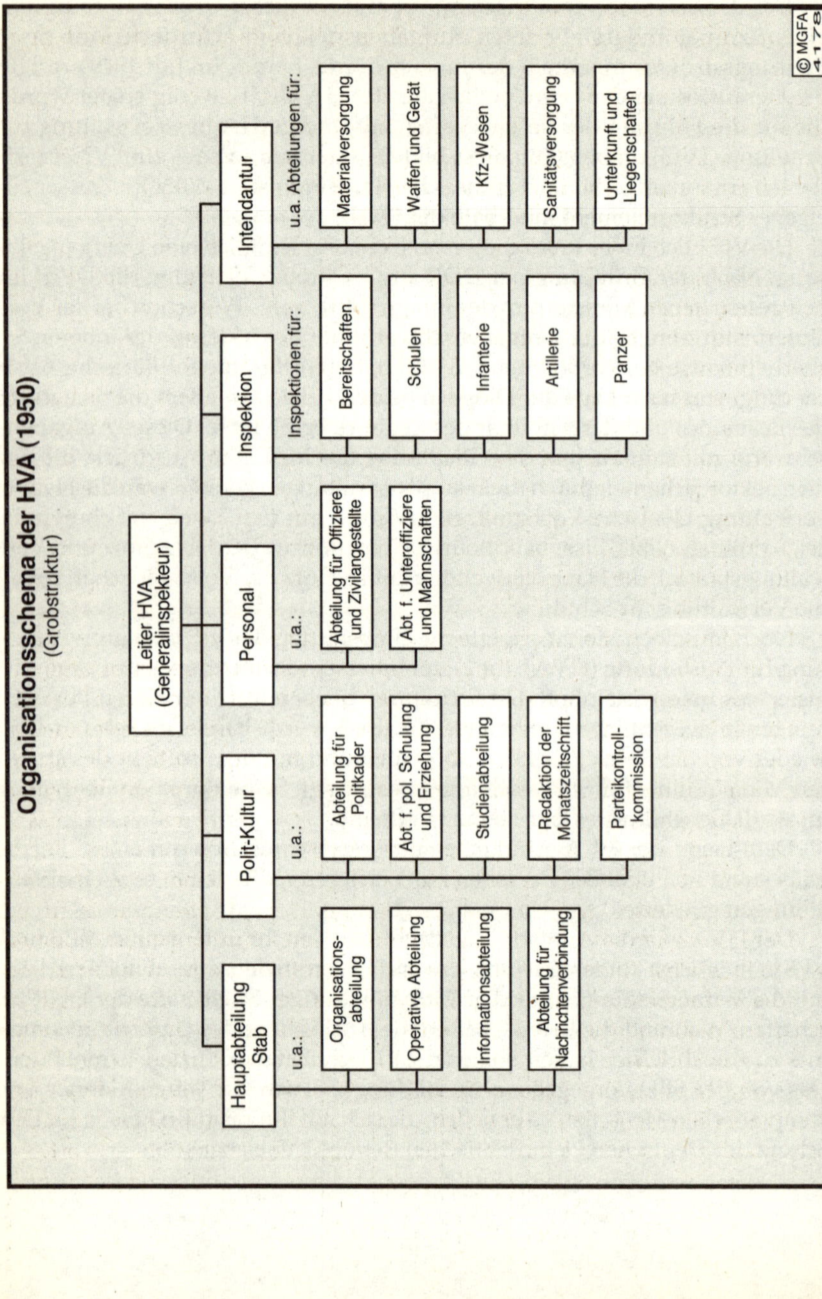
Organisationsschema der HVA (1950)
(Grobstruktur)
Leiter HVA
(Generalinspekteur)
Hauptabteilung Stab
u.a.:
Organisations-abteilung
Operative Abteilung
Informationsabteilung
Abteilung für Nachrichtenverbindung
Polit-Kultur
u.a.:
Abteilung für Politkader
Abt. f. pol. Schulung und Erziehung
Studienabteilung
Redaktion der Monatszeitschrift
Parteikontroll-kommission
Personal
u.a.:
Abteilung für Offiziere und Zivilangestellte
Abt. f. Unteroffiziere und Mannschaften
Inspektion
Inspektionen für:
Bereitschaften
Schulen
Infanterie
Artillerie
Panzer
Intendantur
u.a. Abteilungen für:
Materialversorgung
Waffen und Gerät
Kfz-Wesen
Sanitätsversorgung
Unterkunft und Liegenschaften
© MGFA 4178

Führungsspitze der Verwaltung für Schulung/Hauptverwaltung für Ausbildung (1949/50)

Leiter
 Generalinspekteur Wilhelm Zaisser (bis Februar 1950)
 Chefinspekteur Heinz-Bernhard Zorn (Februar–April 1950)
 Generalinspekteur Heinz Hoffmann (ab 26. April 1950)
Stabschef
 Chefinspekteur Heinrich Heitsch
Leiter Polit-Kultur
 Chefinspekteur Rudolf Dölling
Leiter Intendantur
 Chefinspekteur Hans von Weech
Allgemeines
 Chefinspekteur Hans Wulz
Leiter Inspektion
 Chefinspekteur Heinz-Bernhard Zorn
Leiter Personalabteilung
 Inspekteur Fritz Köhn

Der Aufbau der 35 Bereitschaften und 12 Schulen war noch von der VfS in Angriff genommen worden, dabei bereitete erneut die Rekrutierung des Personals große Schwierigkeiten. Über den Stamm hinaus, den das Personal der bestehenden Bereitschaften bildete, sollten 8000 Mann aus den Länderpolizeiorganisationen bereitgestellt werden. Überhaupt mußte die Volkspolizei beim militärischen Aufbau immer wieder als Personalreserve herhalten. Zusätzlich sollten etwa 20 000 junge Männer aus der SED und aus den Massenorganisationen sowie aus der Arbeiterschaft angeworben werden. Um die in kurzer Zeit aufzubringenden Sollzahlen zu erreichen, konnte nur eine oberflächliche Auswahl des Personals erfolgen, und nicht selten wurde in den Werbegesprächen im Hinblick auf Unterbringung und Dienstgestaltung ein gänzlich falsches Bild gezeichnet, was sich negativ auf die Motivation der Betroffenen auswirken mußte. Alles in allem ließen aus Sicht der politischen Führung personelle Qualität und innerer Zustand der neuen militärischen Formationen zu wünschen übrig. Daran vermochte auch das von der Besatzungsmacht — an die Stelle der SMAD war im Oktober 1949 die Sowjetische Kontrollkommission (SKK) getreten — oktroyierte Kontrollsystem zunächst nichts zu ändern: Allen Einheiten in Schulen und Bereitschaften bis zur Kompanieebene wurden sowjetische Offiziere als »Berater« im Rang des jeweiligen deutschen Kommandeurs zugewiesen, die für die Durchsetzung der Weisungen der SMAD/SKK und der sowjetischen militärischen Grundsätze in der beginnenden Ausbildung zu sorgen hatten. Darüber hinaus sollten sie aber alle Entwicklungen und Abläufe in den zu Schulungszwecken allmählich mit sowjetischen schweren Waffen ausgestatteten deutschen Formationen überwachen.

Die Dienstgradbezeichnungen orientierten sich auch in der HVA trotz deren jetzt immer klarer werdenden militärischen Ausrichtung weiter an denen der Volkspolizei: in der Gruppe der Mannschaften und Unteroffiziere gab es VP-Anwärter, VP-Wacht-/Oberwacht-/Hauptwachtmeister sowie VP-Meister; die Offiziersdienstgrade hießen VP-Unterkommissar (Dienstgrad wurde erst im Januar 1951 eingeführt), VP-Kommissar , VP-Oberkommissar, VP-Rat, VP-Oberrat, VP-Kommandeur, VP-Inspekteur, Chefinspekteur der VP, Generalinspekteur der VP.

Die zur Ausbildung der Offiziere vorgesehenen Schulen gliederten sich in Kompanien, Züge und Gruppen, die für die Heranbildung des Unterführernachwuchses aufgestellten Bereitschaften ähnlich — allerdings mit teilweise anderer Bezeichnung — in Kommandos, Abteilungen und Gruppen. Die mit der Reorganisation beabsichtigte militärische Ausrichtung der Bereitschaften und Schulen kam durch ihre Einteilung in die Kategorien A bis D zum Ausdruck, was nichts anderes als Waffengattungsausbildung bedeutete:

A = Infanterie (Schützengruppen- und Schützenzugführer),
B = Artillerie (Geschützführer, Batterie- und Beobachtungsoffiziere),
C = Panzer (Panzerkommandanten, Richt- und Ladeschützen, Fahrer sowie Panzerzugführer),
D 1 = Nachrichten-/Fernmeldewesen (Funk- und Fernsprechtruppführer bzw. Funk- und Fernsprechzugführer),
D 2 = Pionierwesen (Pioniergruppen- sowie Pionierzugführer).

War das Personal der ein Jahr zuvor aufgestellten Bereitschaften noch im Kompanierahmen ausgebildet worden, reichte die Zielsetzung jetzt weiter. Offiziere und Unteroffiziere sollten als Kader künftiger militärischer Formationen im Einsatz der jeweiligen Waffengattung bis zur Führungsebene Regiment geschult werden. Auch die Dislozierung der Bereitschaften orientierte sich als Folge der Reorganisation immer stärker an militärischen Kriterien.

Im September 1949 wurden bereits 24 A-, 8 B- und 3 C-Bereitschaften sowie 5 Schulen der Kategorie A, 3 der Kategorie B, eine der Kategorie C und eine der Kategorie D 1 und D 2 zentral von der VfS geführt. Zwei weitere Schulen unterstanden ihr für die Ausbildung von Offizieren für höhere Dienststellungen und für Verwendungen im Polit-Kultur-Bereich. Die Gesamtstärke lag bei 9252 Mann in den Schulen und 22 006 Mann in den Bereitschaften. Die Sollstärke der Bereitschaften differierte je nach Kategorie: während für die Artillerieverbände 754 Mann vorgesehen waren, wurden in der Kategorie Panzerausbildung 1105 Mann benötigt. Auch bei den Schulen schwankten die Zahlen je nach Ausbildungsbereich um Stärken von etwa 1200 Mann für Stammpersonal und Lehrgangsteilnehmer.

Die Reorganisation und die sich bis weit in das Jahr 1950 erstreckende Aufbauphase bei den kasernierten Formationen verliefen allerdings keineswegs reibungslos. Schwierigkeiten ergaben sich nicht nur bei der Bereitstellung von Unterkünften und Übungsplätzen, auch Ausrüstung, Bewaffnung und Bekleidung konnte häufig nicht im notwendigen Umfang bereitgestellt werden. An den Schulen stand anfangs nur für jeden vierten bis fünften Lehrgangsteilnehmer eine Handfeuerwaffe zur Verfügung, ein Teil der von der HA GP/B übernommenen Waffen war nicht funktionstüchtig, darüber hinaus mangelte es an Vorschriften für Waffen und Gerät[14]. Die Ende 1949 von der Sowjetunion gelieferten Schützenwaffen umfaßten eine Fülle unterschiedlichster Modelle und Kaliber[15]. Neben sowjetischen wurden Beutewaffen diverser Armeen geliefert; so bestand die Sendung von 6254 Pistolen aus 27 verschiedenen Modellen. Dies führte zu gravierenden Problemen bei Ausbildung und Instandsetzung. Die Ausbildung an schweren Waffen und Fernmeldeeinrichtungen erfolgte anfangs oft lediglich in theoretischer Form. Für die zunächst spärlich bereitgestellten schweren Waffen wie Granatwerfer und Geschütze verfügte man — wenn überhaupt — nur über Beschreibungen bzw. Vorschriften in russischer Sprache. Mehr noch als durch diesen Mangel wurde die Waffen- und Schießausbildung allerdings durch den Mangel von Munition erschwert, die von der SKK nur in Ausnahmefällen zur Verfügung gestellt wurde. Auf Drängen der SED-Führung bei der SKK erhielt die HVA Anfang 1950 einen Grundbestand schwerer Waffen zu Ausbildungszwecken: 36 Panzerabwehrkanonen, 52 Feldhaubitzen, 4 Kanonen und 4 Flugabwehrkanonen aus deutscher Produktion sowie 33 Kanonen 42, 32 Haubitzen und 7 Haubitzen sowjetischer Bauart. Zögerlicher noch als bei diesen Waffen, deren Bestand in den nächsten Jahren kontinuierlich zunahm, zeigte sich die SKK bei gepanzerten Fahrzeugen. Hier konnte die HVA bis 1952 lediglich über 19 mittlere Panzer T-34/76, 19 Selbstfahrlafetten der Typen SU-76 bzw. SU-85 und 19 leichte Schützenpanzer BA-64 verfügen. Alle Versuche der SED, bei der SKK höhere Kontingente durchzusetzen, schlugen fehl. Trotz der grundsätzlichen Billigung der Rüstungsmaßnahmen in der DDR betrachtete man den Prozeß offenbar mit Mißtrauen. Waffen wurden vor diesem Hintergrund nur in begrenztem Umfang und ausschließlich zu Zwecken der Kaderausbildung bereitgestellt; »grünes Licht« für die Aufstellung regulärer Truppen hatte Moskau noch nicht gegeben. Da nach den alliierten Kontrollratsbeschlüssen Polizeiformationen nicht mit derartigen schweren Waffen ausgerüstet sein durften, die Sowjetunion zudem ihr Vorhandensein bestritt, mußte die Waffenausbildung meist nachts oder in unzugänglichem Übungsgelände erfolgen, zur Tarnung trugen die Waffen überdies sowjetische Hoheits- und Fahrzeugkennzeichen.

Lehrpläne wurden zentral und zugeschnitten auf die einzelnen Kategorien (A bis D 2) für jeweils ein Jahr von der Ausbildungsabteilung der HVA herausgegeben. Das erste Ausbildungsjahr erstreckte sich über den Zeitraum vom 20. September 1949 bis zum 14. Oktober 1950 und war in mehrere zeitlich aufeinanderfolgende Etappen eingeteilt: Ausbildung des Einzelkämpfers, Gruppenausbildung und Ausbildung zum Gruppenführer, Einweisung in die Ausbildung zum Zugführer bei den VPB bzw. Ausbildung zum Zugführer und Einweisung in die Aufgaben eines Kompanieoffiziers bei den VPS, abschließender Wiederholungs- und Vertiefungsabschnitt. Die nach den Ausbildungsprogrammen der HA PK in allen VPB und VPS durchzuführende politische Schulung begleitete die einzelnen Ausbildungsetappen als zentraler Bestandteil.

Wegen der Mängel bei der Personalauswahl, den Liegenschaften und der sonstigen materiellen und technischen Voraussetzungen lief die Ausbildung freilich nur schleppend an. Aufgrund der bereitgestellten Bewaffnung und Ausrüstung und des Ausbildungsstandes besaßen die in der HVA zusammengefaßten Formationen trotz der eindeutig in diese Richtung zielenden Absichten anfangs noch nicht die Qualität einsatzfähiger militärischer Verbände. Die SED war jedoch von Anfang bemüht, die zahlreichen organisatorischen und materiellen Mängel vor allem auf politisch-ideologischem Sektor zu kompensieren. Auf der im März 1950 abgehaltenen ersten zentralen Konferenz der Parteiorganisation in der HVA wurden die vorhandenen Defizite angesprochen und — ohne klare Handlungsmaximen für die Ausbildungspraxis — die Parteigliederungen, aber auch jedes einzelne Parteimitglied zur Durchsetzung der von der politischen Führung gesteckten Ziele verpflichtet. Obwohl die SED sich mit ihrem Apparat konsequent bemühte, gerade in den Sicherheitsorganen ihre führende Rolle auf jeder Ebene durchzusetzen, und sie den gesamten Bereich kontrollierte, ließen sich die Probleme bei der HVA nicht allein durch ideologische Phrasen und verbale Bekenntnisse lösen. Die Einheiten hatten neben materiellen Problemen — und zu einem erheblichen Teil durch sie und die falschen Versprechungen bei der Werbung bedingt — mit Dienstunwilligkeit und Disziplinschwierigkeiten zu kämpfen. Eine hohe Zahl von Entlassungsgesuchen, unerlaubten Abwesenheiten und Desertionen war die Folge. Zwar sank die Zahl der Desertionen von 600 im Jahr 1950 im folgenden Jahr auf 395, doch 1952 fiel sie allerdings wieder dreimal so hoch aus. Die meisten Deserteure entzogen sich der Strafverfolgung durch die Flucht in die Bundesrepublik oder den Westteil Berlins, nur wenige kehrten freiwillig zurück oder konnten verhaftet werden. 13,6 % der Deserteure waren sogar Parteimitglieder, nahezu ein Viertel gehörte der FDJ an[16]. Die SED bemühte sich, dem Trend im Vorfeld gegenzusteuern und verfügte im Rahmen einer großangelegten Kampagne im ersten Ausbildungsjahr der HVA die Entlassung von etwa 10 000 Angehörigen, von denen 8300 erst kurz zuvor durch eine aufwendige Werbeaktion eingestellt worden waren.

Im Jahre 1950 versuchte die HVA, seit April unter Leitung von Generalinspekteur Heinz Hoffmann, das begonnene militärische Ausbildungsprogramm planmäßig zu absolvieren; die Strukturen nahmen mit der Einrichtung der notwendigen Infrastruktur, der Lieferung weiterer Waffen und Fahrzeuge aus der Sowjetunion sowie dem Aufbau der vorgesehenen Schulen und Bereitschaften Form an. Mitte des Jahres konnte Hoffmann über 38 VP-Bereitschaften und 10 VP-Schulen in den verschiedenen Waffengattungskategorien (A bis D 2) an folgenden Standorten verfügen[17]:

Bereitschaften
- 23 A-Bereitschaften (Sollstärke je 974 Mann): Apolda, Apollensdorf, Berlin, Dessau, Erfurt, Frankenberg (2), Gera, Gotha, Kirchmöser, Küchensee, Langensalza, Leipzig (2), Löbau, Meiningen, Mühlhausen, Prenzlau, Quedlinburg, Rostock, Stern-Buchholz, Suhl und Weißenfels
- 8 B-Bereitschaften (Sollstärke je 815 Mann): Eiche, Erfurt, Leipzig, Löbau, Klietz, Mühlhausen, Potsdam, Selterhof
- 3 C-Bereitschaften (Sollstärke je 1227 Mann): Burg, Großenhain, Pinnow
- 2 D1-Bereitschaften (Sollstärke je 1157 Mann): Kochstedt
- 2 D2-Bereitschaften (Sollstärke je 1148 Mann): Hohenstücken

Schulen (Sollstärke 1276–1296 Mann)
- 5 A-Schulen: Döbeln, Naumburg, Prenzlau, Prora, Rostock
- 3 B-Schulen: Eggesin, Glöwen, Zittau
- 1 C-Schule: Priemerwald
- 1 D-Schule: Pirna

Diese Struktur wurde im Laufe des Jahres durch weitere Aufstellungen im Bereich der politischen Schulung, Spezialausbildung, medizinischen Versorgung, Instandsetzung und Betreuung abgerundet. Es entstanden eine Polit- (Torgau) sowie eine höhere Polizeischule (Kochstedt), in der auch Lehrgänge für Bereitschaftsleiter und Kompanieführer stattfanden, eine waffen- und munitionstechnische Schule (Doberlug) — gleichzeitig zentrale Instandsetzungseinheit —, eine Kfz-technische Schule (Gotha, später Apolda), eine Sportschule (Potsdam) sowie eine Dolmetscherschule (Leipzig). Ein zentrales Versorgungslager wurde in Prossen, ein HVA-Krankenhaus in Leipzig, ein Erholungsheim in Heringsdorf eingerichtet, in Berlin-Biesdorf wurde darüber hinaus das Erich-Weinert-Ensemble als HVA-Musikkorps aufgestellt. Mit den Aufstellungs- und Strukturmaßnahmen stabilisierte sich schrittweise auch die Personallage; durch die von der SKK veranlaßte weitere Freigabe von Ausrüstung und Waffen verschiedenster Herkunft verbesserte sich allmählich auch die Versorgungs- und Materiallage. Im Verbund wirkten sich die Konsolidierungsmaßnahmen auch positiv auf den Ausbildungserfolg aus.

Die SED war allerdings mit dem politisch-ideologischen Zustand der Formationen und ihrer Leitungen häufig nicht zufrieden und sah sich daher veranlaßt, unmißverständlich darauf hinzuweisen, daß in der HVA kein Platz für den unpolitischen Offizier sei, man nicht nur von den im PK-Bereich eingesetzten Offizieren ein klares politisches Bekenntnis und die Wahrnehmung des politisch-ideologischen Erziehungsauftrages erwartete. Deshalb bildete die politisch-ideologische Formierung des Führerkorps, dies galt insbesondere auch für die Lehrgänge in Kochstedt und Torgau, im Rahmen des Ausbildungsprogramms, einen besonderen Schwerpunkt. Den prägenden Einfluß der SED auf die im Aufbau befindlichen bewaffneten Organe markierten 1950 zwei Konferenzen der Parteiorganisation. Im März fand die Erste zentrale Konferenz der Parteiorganisation der SED in der HVA statt, und im Juli folgte zur Vorbereitung des III.Parteitages der SED (20.–24. Juli 1950) eine Delegiertenkonferenz der HVA-Parteiorganisation. Zum Zwecke der Verbesserung der politisch-ideologischen Arbeit und damit zur Hebung des Ausbildungserfolgs in der HVA wurde auch die FDJ eingespannt, die sich neben der tätigen Unterstützung außerhalb der militärischen Formationen — etwa im Bereich der Werbung — bemühte, ebenso über die FDJ-Organisation innerhalb der HVA zur Verbesserung der Ausbildungserfolge und zur Intensivierung der politisch-ideologischen Arbeit beizutragen. Auch im Hinblick auf den Zulauf zur SED trugen die Bemühungen ihre Früchte. Im Sommer 1950 gehörten beim Stammpersonal im Stab der HVA, in Schulen und Bereitschaften bereits über 90 % der Offiziere sowie mehr als 50 % der Unteroffiziere und Mannschaften der Partei an, von den Lehrgangsteilnehmern waren immerhin gut 20 % SED-Mitglied, mehr als 75 % gehörten der FDJ an. Im November 1951 bekannte sich mit über 16 000 Mitgliedern und Kandidaten bereits nahezu ein Drittel aller HVA-Angehörigen zur SED, über 41 000 (mehr als 80 %) gehörten der FDJ an[18]. Auf die wenigen Mitglieder der sogenannten Blockparteien in der HVA wurde entgegen offiziellen Beteuerungen immer wieder Druck ausgeübt, zur SED zu wechseln oder die Polizei zu verlassen. Selbst die Mitglieder der NDPD, die mit dem Segen der SED als Sammelbecken für ehemalige Offiziere und bürgerlich-nationale Kreise gegründet worden war, hatten keinen leichten Stand. Zu den nicht zuletzt auch aufgrund ihrer Fachkompetenz noch einige Jahre geduldeten Angehörigen der NDPD im Offizierkorps — 1952 waren es noch zehn — zählten auch die Wehrmachtgenerale Vincenz Müller, Arno von Lenski und Otto Korfes.

Mit dem gegenüber anderen Bereichen weit über dem Durchschnitt liegenden Organisationsgrad und der parteipolitischen Zuverlässigkeit ihrer Mitglieder in den Sicherheitsorganen war die SED aber längst nicht zufrieden. Im Rahmen eines großangelegten Programms zum Aufbau des Sozialismus forcierte sie — freilich bei allen Maßnahmen von der Zustimmung der sowjetischen Besatzer abhängig — die Bemühungen zur Zementierung ihres uneingeschränkten Machtmonopols in der DDR. Auf dem III.Parteitag präsentierte sich die SED im Juli 1950 als »organisierter Vortrupp« der »deutschen Arbeiterklasse« und »Partei neuen Typus«. Analog dem Moskauer Vorbild wurde der bisherige Parteivorstand durch das Zentralkommitee (ZK) ersetzt, das auf seiner konstituierenden Sitzung Walter Ulbricht zum Generalsekretär wählte. Zwar wurde die Abteilung für Sicherheitsfragen beim ZK der SED zur Überwachung aller die bewaffneten Organe betreffenden Belange unter Chefinspekteur Gustav Roebelen erst im August 1953 geschaffen, Roebelen war aber offensichtlich vor dem späteren formellen Beschluß ab 1950 in diesem Bereich — einer sogenannten M-Abteilung beim ZK — koordinierend tätig. Roebelens frühe Aktivitäten und die Einrichtung eines besonderen Parteiorgans markierten augenfällig den Machtanspruch der Partei gerade im Hinblick auf den dem MfS und dem MdI nachgeordneten Sicherheitsapparat.

Eine vom Parteitag beschlossene Aktion zur Überprüfung aller Parteimitglieder auf politische Zuverlässigkeit ergänzte die organisatorischen Maßnahmen. Die »Säuberungen« sollten auch an der HVA nicht spurlos vorübergehen. Die Fluktuation im Gesamtbestand hielt sich 1951 mit 4000 Entlassungen bei 6000 Neueinstellungen in Grenzen. Die von höchster Stelle verfügte Überprüfungsaktion hatte nicht nur den Ausbau des Überwachungsapparats der Partei in der HVA, sondern konkret auch 1400 sogenannte Parteiverfahren zur Folge, die bei einem Drittel der Fälle zum Parteiausschluß führten, was in den meisten Fällen auch den Ausstoß aus der HVA bedeutete. Bei vielen derartigen Verfahren lagen die Vorwürfe im politischen Bereich, dazu gehörten »Verfehlungen« wie eine »feindliche Haltung zur Sowjetunion«, die »Nichtanerkennung der Oder-Neiße-Friedensgrenze«, ganz allgemein »Versöhnlertum, Pazifismus, Objektivismus und Sozialdemokratismus« oder die »Verbreitung von RIAS-Meldungen«. In den Monaten nach dem Parteitag verloren 109 Parteisekretäre ihre Ämter wegen Unzuverlässigkeit. Mit den »Säuberungen« ging, getreu nach der Devise, daß der künftige Soldat — als wichtigste Grundlage für eine hohe militärfachliche Qualifikation — vor allem durch die »richtige« politische Überzeugung geprägt sein müsse, eine Intensivierung der politisch-ideologischen Schulung und Erziehung einher. Obwohl die politische Schulung bei Mannschaften und Unterführern etwa 30 % der gesamten Ausbildungszeit einnahm, war die HVA-Führung mit dem erreichten »Bewußtseinsstand« noch nicht zufrieden, sondern klagte über »pazifistische Tendenzen« oder »mangelnden Stolz auf das Ehrenkleid der Volkspolizei«. In diesen Zusammenhang stellten HVA- und politische Führung auch die wachsende Zahl disziplinarer Verfehlungen sowie die — tatsächlich eher auf Enttäuschung über falsche Versprechungen und andere Erwartungen zurückzuführende — relativ hohe Rate von Entlassungsgesuchen, eigenmächtigen Abwesenheiten und Desertionen. Unter den 395 HVA-Angehörigen, die 1951 desertierten, befanden sich 73 Offiziere, dabei ein VP-Kommandeur[19]. Da man in der Ursachenforschung für diese Entwicklung strukturelle Defizite, materielle Probleme und persönliche Lebensumstände (z.B. Versetzungen, Wohnungsnot, Einödstandorte) in den von Neueinstellungen, Säuberungen, turnusmäßigen Entlassungen und einer Fülle von sonstigen Schwierigkeiten gebeutelten HVA-Formationen weitgehend ausklammerte, mußte als Begründung einmal mehr mangelndes politisches Bewußtsein herhalten. Generalinspekteur Hoffmann setzte denn auch die politische Erziehung, die zur Hebung des politisch-ideologischen Niveaus führen sollte, als einen wichtigen Schwerpunkt für das Ausbildungsjahr 1952 fest[20].

In der täglichen Dienstorganisation führte der Dualismus zwischen der militärischen und der Parteileitung immer wieder zu Konflikten. Das Prinzip der Einzelleitung, der uneingeschränkten Verantwortung des Verbands- oder Einheitsführers für Ausbildungsstand, Einsatzwert, aber auch politischen Zustand setzte sich erst ab Ende 1952 in der KVP vollständig durch. Zu HVA-Zeiten mußten wichtige Befehle und Anordnungen des Kommandeurs vom PK-Leiter gegengezeichnet werden. Ausgehend vom Primat der führenden Rolle der Partei in der HVA, folgerten manche Kommandeure, PK-Stellvertreter und Parteisekretäre, die Parteiorganisation habe in Zweifelsfällen das entscheidende Wort.

Gewisse Probleme bereitete den deutschen Schul- bzw. Bereitschaftskommandeuren und Kompanieführern die Zusammenarbeit mit den sowjetischen »Gehilfen«, wie die mit klarem Kontrollauftrag teilweise bis zur Kompanieebene eingesetzten sowjetischen Verbindungsoffiziere beschönigend genannt wurden. Konfliktsituationen gingen regelmäßig zugunsten des sowjetischen Kontrolleurs aus, nicht selten verloren in diesen Fällen die deutschen Offiziere — unter anderem wegen des Vorwurfs »antisowjetischer Tendenzen« — ihr Amt. Analog zum Staats- und Gesellschaftssystem der DDR, dem das Sowjetmodell kompromißlos aufgepfropft wurde, führten auch beim Aufbau des militärischen Instruments die Dominanz der SKK und der Vorbildcharakter der Sowjetarmee zu wichtigen Weichenstellungen. Mit Beginn des Ausbildungsjahres 1950/51 wurde eine völlige Reorganisation der HVA vorgenommen[21]. Für die trotz offizieller Geheimhaltungsmaßnahmen immer unverhohlener verfolgte militärische Option der HVA hatte sich die für den Ausbildungsbetrieb angelegte, bisherige strikte parallele Gliederung der HVA in A-(Infanterie), B-(Artillerie), C-(Panzer) und D-(Nachrichten bzw.Pioniertruppe)Ausbildungszweige als unzweckmäßig erwiesen, weil sie ein Zusammenwirken der verschiedenen Waffengattungen auf Verbandsebene nicht zuließ. Nachdem es im ersten Ausbildungsjahr darauf angekommen war, das für den weiteren Aufbau erforderliche Führer- und Unterführerkorps heranzuziehen, sollte die HVA in den folgenden Jahren zu einem einsatzfähigen militärischen Instrument umgestaltet werden.

Aus den bisher 38 reinrassigen wurden jetzt 24 gemischte Bereitschaften mit einer Sollstärke von je 1800 Mann gebildet; auch die VPS wurden reorganisiert. Die VPB vom neuen Typ A glichen nach Zuordnung folgender Spezialabteilungen in ihrer Struktur dem sowjetischen mechanisierten Regiment: S 1 (Aufklärung), S 2 (Nachrichten), S 3 (Pioniere), S 4 (Panzerabwehr), S 5 (Fla-MG), S 6 (Granatwerfer), S 7 (Panzer). Die Ausbildung erfolgte etappenweise von Einzelausbildung bis zur Ausbildung auf Kompaniebene, Offiziere übten am Sandkasten bereits den Einsatz der verstärkten Panzerbrigade im Angriff. Wegen der materiellen Lage wies die Ausbildung aber eine deutliche Diskrepanz zwischen Theorie und Praxis auf. Weil die Sowjetunion nach wie vor Ausrüstung und Bewaffnung, vor allem schwere Waffen und Munition, nur zögerlich und lediglich zu Ausbildungszwecken bereitstellte, was sich allerdings je nach Änderung der internationalen Lage jederzeit rasch ändern ließ, blieb der aktuelle Einsatzwert der HVA auch nach der Reorganisation noch begrenzt.

Für den Bereich der VPS hatte die Reorganisation ebenfalls erhebliche Auswirkungen. Ihr Bestand änderte sich aufgrund der neuen Anforderungen. Neben der Höheren Schule (Kochstedt) erfolgte die Führerausbildung auf den A-Schulen (Döbeln, Erfurt, Naumburg), der B-VPS (Glöwen), der C-VPS (Priemerwald), der D1-VPS (Pirna) und der D2-VPS (Klietz), den Polit-Schulen (Berlin-Treptow, Potsdam), der Sportschule (Potsdam), der Waffentechnischen Schule (Doberlug), der Kfz-Schule (Apollensdorf) und der Dolmetscherschule (Weimar). 1951 wurden zusätzlich eine Flak- und eine Schwesternschule eingerichtet.

Alle Maßnahmen einschließlich der parallel verlaufenden personellen Aufstockung erfolgten wie bisher unter strenger Geheimhaltung. Der politische

Wille zur Machtsicherung nach außen und innen kommt eindrucksvoll in der personellen Stärkeentwicklung der HVA zum Ausdruck[22]:

Personelle Entwicklung der HVA (Iststärke ohne Stab HVA)

	Schulen	Bereitschaften
Oktober 1949	11265	24040
Oktober 1950	13364	35279
Oktober 1951	8832	40537

Die enormen Anstrengungen — unter dem politisch motivierten, möglichst weitgehenden Verzicht auf Wehrmachtpersonal —, eine neue militärische Führungsschicht heranzubilden, die in nur zwei Jahren zu einer Steigerung des Offiziersbestandes um das Dreizehnfache, bei den Unterführern sogar um das Achtzehnfache führten, werden in der folgenden Übersicht deutlich:

Personelle Entwicklung der HVA nach Dienstgradgruppen (Iststärken)

	Offiziere (ohne PK)	Unteroffiziere	Mannschaften Lehrgangsteilnehmer	Gesamt
Oktober 1949	886	1308	32603	34797
Oktober 1950	3284	5550	39624	48458
Oktober 1951	11556	24040	16410	52006

Im Ausbildungsjahr 1950/51 trat in der HVA eine gewisse Konsolidierung ein. Es gelang nach und nach, die chaotischen Zustände der Anfangszeit zu überwinden; trotz fortbestehender erheblicher Mängel auf dem Sektor Bewaffnung und Ausrüstung war die Führung der Truppe mit dem Erreichten zufrieden: Die HVA galt als »einsatzfähig« und »einsatzbereit«[23].

Anfang 1952 verfügten Sowjetunion und DDR mit der zu zwei Dritteln aus Offizieren und Unteroffizieren bestehenden, insgesamt 52 000 Mann zählenden HVA über eine militärische Kadertruppe von beachtlicher Stärke und — trotz aller Aufstellungsprobleme — ständig zunehmender Qualität. Aus diesem Grundstock von nach sowjetischen Vorschriften ausgebildetem militärischem Führungspersonal ließ sich im Zuge weiterer Schritte ein militärisches Instrument von erheblich größerem Umfang schmieden. Dies verdient auch deshalb erwähnt zu werden, weil die Entscheidung des Bundestages über die Einrichtung des Bundesgrenzschutzes erst ein Vierteljahr später fiel. Diese paramilitärische, allerdings nicht an schweren Waffen ausgebildete und zum Schutz der innerdeutschen Grenze geschaffene Polizeitruppe umfaßte Ende 1951 knapp 10 000 Mann und hat bis zum Aufbau der Bundeswehr im Jahre 1955, als in der DDR längst militärische Formationen in Stärke von über 100 000 Soldaten zur Verfügung standen, nie den Umfang von 20 000 Mann überschritten[24].

Die Hauptverwaltung der Seepolizei (HVS)

Mit geringem Verzug nach Formierung der HVA erfolgten mit dem notwendigen Rückenwind aus Moskau im Jahre 1950 auch die grundlegenden Weichenstellungen zur Bildung von Keimzellen für die beiden anderen Teilstreitkräfte. Bereits in den ausgehenden 40er Jahren hatte der Schutz der Küste und des Küstenvorfeldes von SBZ/DDR auf deutscher Seite durch Wasserschutz- und Grenzpolizei zu den Aufgaben der DVdI gehört. Anfang 1950 wurden die Grundlagen für eine militärische Marinekomponente der DDR geschaffen, nachdem die Sowjetunion die grenzpolizeilichen Befugnisse in der Ostsee der DDR übertragen und mit der Zusage, erste Minensuch- und Minenräumeinheiten bereitzustellen, gleichzeitig grünes Licht für die Vorbereitung des Aufbaus einer deutschen Marine gegeben hatte. Aus einer im Februar 1950 im MdI eingerichteten Hauptabteilung z.b.V. entstand im Juni 1950 die Hauptverwaltung der Seepolizei[25]. An die Spitze der gleichrangig neben der HVA im MdI installierten Hauptabteilung wurde Generalinspekteur Waldemar Verner, ein KPD-Altkader, gestellt. Die HVS konnte zunächst über den ehemaligen Seefliegerhorst Parow sowie Hafenanlagen und Gebäude in Wolgast verfügen. Als Erstausstattung übergab die Sowjetunion — meist aus deutschen Beutebeständen stammend — 6 Räumboote, 2 Minenleger, 1 Minensuch- und 1 Fischereischutzboot, die Genehmigung zum Bau von 24 weiteren Minensuchbooten durch deutsche Werften war erteilt. Auf dieser Basis begann zusammen mit der Personalrekrutierung der Aufbau der Infrastruktur und der Ausbildungsorganisation.

Bei der zeitweise rasanten Entwicklung des Personalbestands gab es gegenüber der HVA einige prägende Unterschiede. Unterhalb der von SED-Kadern dominierten Führungsebene bestimmten in der Aufbauphase der HVS in erster Linie nicht die strikten politischen Vorgaben des Befehls Nr. 2, sondern vor allem technische und seemännische Spezialkenntnisse (Nautik, Schiffstechnik, Signaldienst) die Personalauswahl. Derartige Spezialisten standen über den aus Wasserschutz- und Grenzpolizei übernommenen personellen Basisbestand hinaus mit kriegsgedienten Unteroffizieren und Mannschaften der Wehrmacht sowie Angehörigen der Handelsmarine zur Verfügung, auf die in erheblichem Umfang zurückgegriffen wurde. Bei den Neueinstellungen bemühte man sich mit Unterstützung der SED- und FDJ-Gliederungen offenbar erfolgreich darum, junge Arbeiter — möglichst aus technischen Berufen — für den dreijährigen Dienst zu werben. Insgesamt konnten SED und FDJ mit zahlreichen Mitgliedern und Kandidaten — trotz der genannten Einschränkungen — auch der HVS rasch ein »fortschrittliches« politisches Profil geben. Der weitgehende Verzicht auf Offiziere der Kriegsmarine mußte für eine Übergangszeit durch die Besetzung von wichtigen Positionen mit sowjetischen Marineoffizieren kompensiert werden.

Entwicklung der Personalstärke der HVS

April 1950 (HA z.b.V.)	32
Dez. 1950	2071
Dez. 1951	2558
Dez.1952	5904

Ende 1950 fand die HVS mit den der Leitung unterstellten Hauptabteilungen (Personal, Polit-Kultur, Lehr- und Fachausbildung, Intendantur und Stab) ihre Gestalt. Nach vorgeschalteten Ausbildungsmaßnahmen für das benötigte Lehrpersonal und dem Start der praktischen Seeausbildung begann Anfang 1951 die systematische Fachausbildung an der neueröffneten Seepolizeischule Parow sowie weiteren Ausbildungseinrichtungen an der Ostseeküste (Heringsdorf, Kühlungsborn, Wolgast); in Stralsund wurde 1952 eine Seeoffiziers-Lehranstalt eingerichtet. Nach verschiedenen Neuaufstellungs- und Umgliederungsmaßnahmen und dem Zulauf der ersten in der DDR umgebauten Schiffseinheiten setzte im Herbst 1952 die seetaktische Ausbildung ein.

Dislozierung der HVS (1951)

Leitung/Stab (Berlin-Niederschönweide)
Schiffsstammabteilung (Kühlungsborn)
Räum- und Küstenschutz-Division (Wolgast)
Bergungs- und Räumkommando (Saßnitz)

Mit dem Ende der Aufstellungsphase konnte die HVS zu Beginn des Jahres 1952 über einen Bootsbestand von 22 mit Flak und MG 34 leicht bewaffneten Einheiten (davon 18 KS-Boote) verfügen und die Aufgabe des Küstenschutzes durchaus sicherstellen. Auf die Übernahme von weiteren militärischen Aufgaben (Sicherung, Minenlegen, Minenräumen usw.) war man weder waffentechnisch noch vom Ausbildungsstand her ausreichend vorbereitet. Die klar auf die militärischen Aufgabenstellungen ausgerichtete Prioritätensetzung prägte den Aufbau der HVS (ab Sommer 1952 VP-See genannt) in der Folgezeit. Konsequent im Rahmen dieser Schwerpunktverlagerung erfolgte im Juni 1952 die Abgabe von 8 KS-Booten einschließlich des Personals an die Grenzpolizei, die damit die Aufgabe der Grenzsicherung an der Ostseeküste übernahm.

Vorbereitungen für die Aufstellung von Luftstreitkräften

Zu einer ähnlich rasanten Entwicklung kam es — leicht zeitversetzt — bei der Bildung der Keimzelle für künftige Lufstreitkräfte der DDR[26]. Aus einem am 30. Oktober 1950 geschaffenen Referat z.b.V. (Luft) der HVA wuchs in den Folgejahren der Führungsapparat für die neue Teilstreitkraft (Bezeichnung ab Mitte 1952 VP-Luft und ab September 1953 Verwaltung der Aeroklubs). An die Spitze des Aufstellungsstabes, der im Januar 1951 nach Berlin-Johannisthal verlegt wurde und wenig später unter der Tarnbezeichnung »HVA/Zweigstelle Johannisthal« firmierte, stellte die SED ebenfalls einen politisch bewährten Kommunisten: den Sekretär des FDJ-Zentralrates, im Kriege Infanterist und Gründungsmitglied des NKFD, Generalinspekteur Heinz Keßler; zum Stabschef wurde Chefinspekteur Heinz-Bernhard Zorn ernannt. Keßler, mit dem eine Reihe von weiteren FDJ-Funktionären die Leitungsebene der HVL dominierte, sollte nach der Aufbauphase viele weitere Jahre das Gesicht der Teilstreitkraft bestimmen. Unter strengster Geheimhaltung setzte Keßlers Stab den erteilten Auftrag um, in einer ersten Phase bis 1952 die Aufstellung und Ausbildung der künftigen Luftstreitkräfte der DDR vorzubereiten.

Der personelle Aufwuchs der HVL nahm vor allem 1952 fast aus dem Stand einen überaus dynamischen Verlauf:

Personalstärke der HVL/VP-Luft

Ende 1950	26
Ende 1951	123
Ende 1952	4954

Die Schulung der Jagdflugzeugführer sollte auf dem sowjetischen Düsenjäger Typ MiG 15 ebenso in der Sowjetunion erfolgen wie die Instruktion und Ausbildung von für militärische Spitzenpositionen ausgewählten Partei- und FDJ-Mitgliedern.

Die konkreten Aufstellungs- und Ausbildungsschritte folgen 1952 Schlag auf Schlag:

Im Februar 1952 begann der erste vorbereitende Lehrgang für Flugzeugführer (MiG-15); die fliegerische Ausbildung führte im September 271 Teilnehmer im geheimnisumwitterten »Lehrgang X« für ein Jahr in die Sowjetunion[27]. Im März startete der erste Ausbildungsabschnitt für Lehrpersonal auf dem flugzeugtechnischen Sektor. Im Juni 1952 folgte die Einrichtung einer fliegertechnischen Schule (Kamenz), im August wurde die 1.Fliegerdivision (Cottbus) aufgestellt.

Zusammenfassung

Nach vorangegangener Weisung aus Moskau, in der DDR »ohne Geschrei«, eine »Volksarmee [zu] schaffen«[28], beschloß die 2. Parteikonferenz der SED (9.–12. Juli 1952), im Rahmen des planmäßigen Aufbaus des Sozialismus auch offen die forcierte Aufstellung von Streitkräften zu betreiben. Diese erfolgte unter Einbeziehung der in der HVA entstandenen Strukturen ab Juli 1952 unter der Bezeichnung Kasernierte Volkspolizei (KVP) und bildete den personellen und materiellen Grundstock für die 1956 geschaffene Nationale Volksarmee (NVA). Damit ging 1952 in der DDR ein mit ersten grundlegenden Weichenstellungen bereits in die Zeit der SBZ zurückreichender, 1948 einsetzender erster Aufrüstungsabschnitt zu Ende. In diesem Zeitraum wurden gegenüber der eigenen Bevölkerung und dem Ausland alle Aufrüstungsmaßnahmen getarnt und verschleiert, so daß man zu Recht von einer Phase der »verdeckten« Aufrüstung sprechen kann. HVA und HVS waren wegen der Probleme in Ausrüstung und Ausbildung als militärische Kaderorganisationen erst für ein eng begrenztes Einsatzspektrum verfügbar, auf dem erreichten Ausbildungsstand konnte aber zügig aufgebaut werden. Auch für den Aufbau einer Luftwaffe waren die vorbereitenden Entscheidungen getroffen und die Ausbildungsvorbereitungen abgeschlossen. Der SED war es damit gelungen, nach dem Vorbild und mit Hilfe der Sowjetunion, die als Besatzungsmacht alle wichtigen politischen Entscheidungen bestimmte, die totalitären Macht- und Herrschaftsstrukturen in der DDR zu konsolidieren. Die Staatspartei kontrollierte alle Bereiche des staatlichen, wirtschaftlichen und gesellschaftlichen Lebens. Neben der Installation eines auf die Machtsicherung nach innen ausgerichteten Überwachungs- und Repressionssystems waren die politischen Weichenstellungen für den Streitkräfteaufbau gefallen. Die DDR verfügte beim Übergang zur KVP, VP-See und VP-Luft — wie die Teilstreitkräfte jetzt genannt wurden — über militärische Kaderformationen in einer Stärke von über 50 000 Mann, die trotz aller Anlaufprobleme und Unzulänglichkeiten zufriedenstellend ausgebildet, kurzfristig verfügbar und in ihrem Personalumfang rasch zu ergänzen waren.

Leitung der HVA

Leiter

1949–1950 (Februar)	Wilhelm Zaisser
1950 (Februar–April)	Heinz-Bernhard Zorn (als Chefinspekteur)
1950–1952	Heinz Hoffmann

Wichtige Daten

21./22. April 1948	Innenministerkonferenz in Werder/Havel beschließt Schaffung zentralisierter Polizeiverbände
ab Juli 1948	Aufstellung von kasernierten Polizeibereitschaften unter der HA GP/B in der DVdI
Juli/August 1949	Umbennung der HA GP/B in Verwaltung für Schulung (VfS)
7. Oktober 1949	Gründung der DDR, Übergang von der DVdI zum MdI
November 1949	Umbennung der VfS in Hauptverwaltung für Ausbildung (HVA)
Juni 1950	Gründung der Hauptverwaltung der Seepolizei (HVS)
30. Oktober 1950	Einrichtung eines Referats z.bV. (Luft) bei der HVA als Keimzelle der späteren VP-Luft
1. Juli 1952	Umbenennung der HVA in KVP.

Quellen- und Literaturauswahl

Die wesentlichen Quellen zur Geschichte der HVA befinden sich:
- im Bundesarchiv, Abteilung Berlin: Bestand DY 30/Stiftung Archiv der Parteien und Massenorganisationen der DDR — SAPMO (u.a. Politbüro der SED IV/2/2...; Staat und Recht IV 2/13/109 u. 110; Nachlaß Wilhelm Pieck NY 36/...) sowie Bestand DO-1 (DVdI und MdI)

– im Bundesarchiv-Militärarchiv Freiburg (BA-MA): Bestand DVH 1 (Stab HVA), DVH 2 (Dienststellen HVA), DVH 3 (Stab KVP) und DVM 1 (HV Seepolizei 1950–1952), DVM 2 (Verwaltung der VP-See 1952–1956) sowie DVL 1 (Verwaltung der Aeroklubs/VP Luft). Im BA-MA befinden sich auch eine Reihe von Studien- und Befragungsmaterialien (teilweise von Zeitzeugen), die zu DDR-Zeiten entstanden sind und im Hinblick auf ihren wissenschaflichen Wert unterschiedliche Qualität besitzen.

Zu den Quellen sind auch die beiden für das Militärgeschichtliche Institut der DDR (MGI) erarbeiteten Studien zu zählen, die heute in der Bibliothek des Militärgeschichtlichen Forschungsamtes, Potsdam verfügbar sind: Kurt Schützle, Zur geschichtlichen Entwicklung der Hauptverwaltung für Ausbildung (HVA) 1949–1952, Studie o.O.u.J.; Heinz-Bernhard Zorn, Der Aufbau der Volkspolizei-Luft, später Aeroklubs (1950–1955), Materialstudie o.O. 1970

Arlt, Kurt, Das Wirken der Sowjetischen Militäradministration in Deutschland (SMAD) im Spannungsfeld zwischen den Beschlüssen von Potsdam und den sicherheitspolitischen Interessen Moskaus 1945–1949, in: Volksamee schaffen — ohne Geschrei!, S. 91–139

Baarß, Klaus-Jürgen, Lehrgang X. In geheimer Mission an der Wolga, Berlin, Bonn, Hamburg 1995

Diedrich, Torsten, Aufrüstungsvorbereitung und -finanzierung in der SBZ/DDR in den Jahren 1948 bis 1953 und deren Rückwirkungen auf die Wirtschaft, in: Volksarmee schaffen — ohne Geschrei!, S. 273–336

Diedrich, Torsten und Rüdiger Wenzke, Von der Polizeitruppe zur Volksarmee. Geschichte der Kasernierten Volkspolizei 1952–1956 (in Vorb.)

Ehlert, Hans, Innenpolitische Auseinandersetzungen um die Pariser Verträge und die Wehrverfassung 1954 bis 1956, in: Anfänge westdeutscher Sicherheitspolitik 1945–1956, hrsg. vom Militärgeschichtlichen Forschungsamt, Bd 3: Die NATO-Option, München 1993, S. 235–560

Eisert, Wolfgang, Zu den Anfängen der Sicherheits- und Militärpolitik der SED-Führung 1948 bis 1952, in: Volksarmee schaffen — ohne Geschrei!, S. 141–204

Gniffke, Erich, Jahre mit Ulbricht, Köln 1966

Inventar der Befehle des Obersten Chefs der Sowjetischen Militäradministration in Deutschland (SMAD) 1945–1949. Offene Serie, im Auftrag des Instituts für Zeitgeschichte zsgst. u. bearb. von Jan Foitzik, München usw. 1995 (= Texte und Materialien zur Zeitgeschichte, Bd 8)

»Reorganisation der Polizei« oder getarnte Bewaffnung der SBZ im Kalten Krieg? Dokumente und Materialien zur sicherheits- und militärpolitischen Weichenstellung in Ostdeutschland 1948/49, hrsg. u. eingel. von Günther Glaser, Frankfurt a.M. usw. 1995

SBZ-Handbuch. Staatliche Verwaltungen, Parteien, gesellschaftliche Organisationen und ihre Führungskräfte in der Sowjetischen Besatzungszone Deutschlands 1945–1949, hrsg. von Martin Broszat und Hermann Weber, München 1990

Thoß, Bruno, Die Sicherheitsproblematik im Kontext der sowjetischen West- und Deutschlandpolitik 1941–1952, in: Volksarmee schaffen — ohne Geschrei!, S. 23–89

Volksarmee schaffen — ohne Geschrei! Studien zu den Anfängen einer ›verdeckten‹ Aufrüstung in der SBZ/DDR 1947–1952. Im Auftrag des Militärgeschichtlichen Forschungsamtes hrsg. von Bruno Thoß, München 1994

Wegmann, Bodo, Entstehung und Vorläufer des Staatssicherheitsdienstes der DDR. Strukturanalytische Aspekte, Berlin 1997 (= Hefte zur DDR-Geschichte, 46)

Wenzke, Rüdiger, Auf dem Wege zur Kaderarmee. Aspekte der Rekrutierung, Sozialstruktur und personellen Entwicklung des entstehenden Militärs in der SBZ/DDR bis 1952/53, in: Volksarmee schaffen — ohne Geschrei!, S. 205–272

Wettig, Gerhard, Neue Erkenntnisse aus sowjetischen Geheimdokumenten über den militärischen Aufbau in der SBZ/DDR 1947–1952, in: Militärgeschichtliche Mitteilungen, 53 (1994), Nr. 2, S. 399–419

Pieck, Wilhelm, Aufzeichnungen zur Deutschlandpolitik 1945–1953, hrsg.von Rolf Badstübner und Wilfried Loth, Berlin 1994

Anmerkungen

1 Zu Aufgaben, Struktur und Wirken der SMAD siehe: Arlt, SMAD; Inventar SMAD.

2 Zur Kaderpolitik der SMAD, der KPD und später der SED beim Aufbau von Polizei und Militär in der SBZ siehe ausführlich Wenzke, Kaderarmee, S. 207 ff.

3 Vgl. Eisert, Zu den Anfängen, S. 148 ff.; SBZ-Handbuch, S. 211 ff.

4 Gniffke, Jahre mit Ulbricht, S. 262; G. gehörte bis zu seiner Flucht nach Westdeutschland im Jahr 1948 dem Parteivorstand des SED an.

5 Siehe dazu ausführlich und mit Dokumenten unterlegt: »Reorganisation der Polizei«, S. 24 ff. und 111 ff. sowie Eisert, Zu den Anfängen, S. 160 ff.; Wettig, Neue Erkenntnisse, S. 402 ff.

6 SAPMO-BArch, DY 30/IV 2/13/109, Bl. 260 f., Protokoll der Konferenz der Innenminister der Länder in Werder/Havel am 21./22. April 1948; Auszüge des Protokolls sind abgedruckt in: »Reorganisation der Polizei«, S. 111 ff.

7 Vgl. BArch, DO-1 7/6, Bl. 1, Befehl der DVdI vom 13.7.48.

8 Vgl. zur Frage der Kaderpolitik beim Aufbau der Bereitschaften ausführlich Wenzke, Kaderarmee, S. 214 ff., Zitat (Kurt Fischer) ebd., S. 216.

9 Vgl. dazu ausführlich und mit detailliertem Zahlenmaterial Wenzke, Kaderarmee, S. 227 ff., die folgenden Zitate S. 228.

10 BA-MA, DVH 3/7005, Bl. 4 ff., Befehl Nr. 2/49 des Präsidenten der DVdI vom 14.1.1949.

11 Auszug für Bereich der kasernierten Polizei.

12 Vgl. dazu Wegmann, Entstehung, S. 26 f.

13 Zit. nach Wenzke, Kaderarmee, S. 240.

14 Vgl. dazu Schützle, Zur geschichtlichen Entwicklung, S. 8 f.

15 Vgl. BA-MA, DVH 3/2073, Bl. 36 ff., Bericht über Entstehen und Entwicklung der KVP vom 16.12.1953.

16 Vgl. zu dieser Entwicklung Wenzke, Kaderarmee, S. 242 f.

17 Angaben nach Schützle, Zur geschichtlichen Entwicklung, S. 16 f.; die angegebenen Sollstärken wurden nirgends erreicht.

18 Siehe dazu und zum folgenden Wenzke, Kaderarmee, S. 242 ff. sowie 259 f.; Schützle, Zur geschichtlichen Entwicklung, S. 17, nennt für 1950 einen SED-Organisationsgrad von 43,1 % bei den VPS und 24,6 % bei den VPB.

19 BA-MA, DVH 3/034, Bl. 17, Jahresbericht über die Durchführung und den Stand der Ausbildung der HVA 1951 vom 29.12.1951.

[20] BA-MA, DVH 1/004, Bl. 9 ff., Befehl Nr.697/51 vom 12.12.1951.

[21] BA-MA, DVH 1/017, Bl. 2, Befehl zur Reorganisation der VPS und VPB vom 22.11.1950, die Reorganisation der VPB und VPS erfolgte im Zeitraum vom 25.11. bis 10.12.1950. Siehe dazu auch Schützle, Zur geschichtlichen Entwicklung, S. 28 ff.

[22] Siehe dazu und zur folgenden Übersicht detaillierter Wenzke, Kaderarmee, S. 247 f.

[23] BA-MA, DVH 1/034, Bl. 27, Jahresbericht über die Durchführung und den Stand der Ausbildung der HVA 1951 vom 29.12.1951.

[24] Vgl. dazu Ehlert, Innenpolitische Auseinandersetzungen, S. 476 ff.

[25] Beschluß des Ministerrates der DDR vom 15.6.1950, siehe zur Entstehung der HVS: BA-MA, DVH 3/2073, Bl. 21 ff., Bericht über Entstehen und Entwicklung der KVP vom 16.12.1953; ebd., DVM 3/1211, »Bericht über die Entwicklung der VP-See« vom 9.12.1953 sowie ebd., DVH 3/3147, Chronik der Verwaltung der VP-See.

[26] Zu den Anfängen der HVL knapp ebd., DVH 3/2073, Bericht über Entstehen und Entwicklung der KVP vom 16.12.1953, Bl. 28 ff.; Zorn, Der Aufbau der Volkspolizei-Luft.

[27] Siehe dazu ausführlich: Baarß, Lehrgang X.

[28] SAPMO-BArch, NL 36/696, Bl. 14, Handschriftl. Notiz W. Piecks über Besprechung mit sowjetischer Führung in Moskau am 1.4.1952, abgedruckt in: Pieck, Aufzeichnungen, S. 395.

Armin Wagner

Die Kampfgruppen der Arbeiterklasse (1953–1990)

Am 23. September 1983 beschwor der Generalsekretär des ZK der SED und Vorsitzende des Staatsrates und des Nationalen Verteidigungsrates (NVR) der DDR, Erich Honecker, bei einem abendlich-festlichen Beisammensein im Palast der Republik anläßlich des dreißigjährigen Bestehens der Kampfgruppen der Arbeiterklasse die enge Verbundenheit der SED mit ihrer von der Partei geführten, staatlich ausgebildeten und in das System der Landesverteidigung eingebundenen Miliz: »Indem unsere Partei die Kampfgruppen ins Leben rief und ständig weiterentwickelte, hat unsere Partei nach der Leninschen Erkenntnis gehandelt, daß nur diejenige Revolution etwas wert ist, die sich auch zu verteidigen versteht. So sind die Kampfgruppen eine unserer großen revolutionären Errungenschaften. Sie sind mit dem Entstehen und Erstarken unseres Landes aufs engste verbunden[1].« Der von Honecker betonte Schulterschluß von Partei und wehrhaft organisierter Arbeiterschaft paraphrasierte die Rolle der Kampfgruppen als »unmittelbar bewaffnetes Organ der Arbeiterklasse«, verwurzelt in einer bereits von Lenin geprägten Perspektive, die »Klassenkampf« letztlich immer auf »Klassenkrieg« zuspitzte. In diesem Denken konnten erstens radikale gesellschaftliche Veränderungen nur durch eine bewaffnete Machtübernahme qua Revolution erreicht werden, zweitens sodann die revolutionären Errungenschaften nur militärisch gesichert werden. Daher entsprach die Notwendigkeit zur Schaffung bewaffneter Arbeiterformationen in der DDR scheinbar »den allgemeingültigen Gesetzmäßigkeiten des sozialistischen Aufbaus nach dessen militärischem Schutz und ergab sich in Anbetracht der verstärkten Kriegsvorbereitungen der imperialistischen Mächte«[2].

Diese »allgegenwärtige Vorstellung vom arbeitenden und damit den Sozialismus stärkenden und verteidigenden Menschen« bildete als »ideologisches Versatzstück«[3] den Kern eines den einzelnen Bürger mindestens propagandistisch verpflichtenden Appells, »nicht nur Produktionserfolge zu erringen«, sondern auch »das Schießsportabzeichen sowie das Scharfschützenabzeichen zu erwerben«[4].

Die Bildung der Kampfgruppen nach dem 17. Juni 1953

Zum Kanon der bewaffneten Kräfte der DDR gehörten Ende 1952 bereits die Deutsche Volkspolizei (DVP), die Deutsche Grenzpolizei (DGP), die Kasernierte Volkspolizei (KVP), das Ministerium für Staatssicherheit (MfS) sowie das Amt für Zoll und Kontrolle des Warenverkehrs (AZKW). In den volkseigenen und SAG-Betrieben bestand seit Mai 1949 der Betriebsschutz der Volkspolizei, dem die Sicherung der Objekte, die Kontrolle von Beschäftigten und betriebsfremden Personen und des Transportguts sowie der Schutz der Betriebe in der Nacht und in Ruhephasen oblag. Nach sozialistischer Lesart war damit jedoch der unmittelbare Arbeitsplatz, das als materielle Existenzgrundlage dienende engere Produktionsfeld, nur indirekt erfaßt. »Gerade dort lag aber ein ganz konkreter Angriffspunkt für Sabotage- und Störmanöver des Gegners, um Diskontinuität im Produktionsablauf, Verunsicherung in den Belegschaften, Exportprobleme, Versorgungsschwierigkeiten und Verletzungen der Arbeitsdisziplin hervorzurufen, um das Vertrauen der Bevölkerung in die Führungsqualitäten von Partei und Regierung zu untergraben[5].«

1951 waren in knapp fünftausend volkseigenen Betrieben der DDR Betriebskollektivverträge abgeschlossen worden, die u.a. auch Maßnahmen zur Gewährleistung von Ordnung und Sicherheit in den Werken einschlossen. Auf dieser Basis wurden in einzelnen Industriezentren der DDR Schutzorganisationen gebildet, die unter verschiedenen Namen wie »Friedenswacht«, »Arbeiterwehr«, »Sabotage-Schutz-Kommando«, »Selbstschutzbrigade« oder — nachweisbar seit März 1953 — »Kampfgruppe« firmierten. Sie wirkten mit dem Betriebsschutz der DVP zusammen und besaßen eine rein innerbetriebliche Sicherungsfunktion. Das Chemnitzer SED-Organ »Volksstimme« schrieb später, daß die sich im März 1953 zusammenfindenden Arbeiter des VEB Bau-Union Chemnitz spontan gehandelt hätten, ohne Anweisung von oben, gleichsam »aus dem Volk, für das Volk«. Doch die ebenda beschriebene Ausbildung auch im Schießen negierte implizit die behauptete Spontaneität — denn ohne Wissen und Zustimmung der Partei hätte es weder Waffen noch eine Ausbildung an ihnen gegeben[6].

Der Juni-Aufstand 1953 diente als Auslöser für den Ausbau des »Selbstschutzes« in größerem Maßstab. Die Sicherheitsorgane der DDR, aber auch die Parteiorganisationen in den Bezirken und Kreisen hatten in den Augen der SED-Führung an diesem Tag weitgehend versagt[7]. Auf der 14. Tagung des ZK der SED wurde bereits am 21. Juni die Bildung von Arbeiterwehren »zum Schutz der Errungenschaften des Arbeiter-und-Bauern-Staates« angeregt, auf dem 15. Plenum einen Monat später die Schaffung und systematische Ausbildung von Kampfgruppen[8] als bewaffnetes Organ der Arbeiterklasse in den volkseigenen Betrieben und Gütern, in den Maschinen-Traktoren-Stationen (MTS), den staatlichen Verwaltungen und Institutionen beschlossen. Die neuzuschaffenden Formationen sollten einerseits für den Fall zur Verfügung stehen, daß sich in den Betrieben Arbeitsniederlegungen, Protestzüge oder Werkbesetzungen in naher oder ferner Zukunft wiederholten, um unverzüglich gegen ihre auf diese Weise demonstrierenden Kollegen vorgehen zu können. Diese interne Schutzfunktion wurde durch die Aufgabe ergänzt, mit solchen Gruppierungen die Industrieanlagen auch nach außen hin zu sichern. Andererseits ermöglichte die Einbeziehung in die Formationen, die Angehörigen einer disziplinierenden Kontrolle und parteilichen Erziehung durch die SED zu unterwerfen.

Während sich im Verlauf des Jahres 1953 Kampfgruppen (KG) bildeten, blieb zunächst allerdings unklar, ob sie in erster Linie in Agitationseinsätzen wirksam werden oder von vornherein als bewaffnete Betriebsschutztruppe fungieren sollten. Diese Frage führte in der Kampfgruppenarbeit zu Problemen, die sich im Zuge der Wiederbewaffnungsdiskussion in der Bundesrepublik und der DDR stellten. Die SED-Führung stand dabei nicht nur vor dem ideologischen Problem, die eigene Friedensrhetorik nun derart umzuprägen, daß der Remilitarisierungsprozeß der DDR politisch legitim erschien; sie mußte auch eine teilweise vorhandene Ablehnung des Waffendienstes als uneinsichtig-pazifistische Auffassung desavouieren. Im Zusammenhang mit dem Aufbau der Kampfgruppen waren ebenfalls konfessionelle Bindungen, in Grenzkreisen zudem familiäre Beziehungen als Hemmnisse in der Gewinnung von »Kämpfern« zu überwinden[9].

Nachdem am 12. Oktober 1953 eine Beratung des Zentralkomitees mit den 1. Sekretären der SED-Bezirksleitungen stattgefunden hatte, in der verbindliche Regelungen für die weitere politische und organisatorische Entwicklung der Kampfgruppen beschlossen wurden, kam es am 9. Dezember im ZK-Sekretariat unter Vorsitz von Karl Schirdewan zu einem ersten Grundsatzbeschluß über die »Ausbildung von Kampfgruppen«. Für die Bildung von Kampfgruppen in den Bezirken wurden die Sekretariate der Bezirksleitungen der Partei verantwortlich gemacht, für ihre Aufstellung und Registrierung in den Kreisen die dortigen Kreisleitungssekretariate. Der Beschluß legte fest, daß die Teilnahme an Ausbildung und Einsatz freiwillig war, alle körperlich voll einsatzfähigen Mitglieder und Kandidaten sie aber als Ehre und Pflicht zum Schutz der Partei und der Republik ansehen sollten. Für die taktische und technische Ausbildung und Schulung der KG-Angehörigen wurde die Gesellschaft für Sport und Technik (GST) in die Pflicht genommen, ohne daß die Verantwortung der Parteileitung für die Führung, den Kadereinsatz und »alle anderen Fragen« irgendwelche Einschränkungen erfuhr.

Der zentrale Punkt des Beschlusses verdeutlichte jedoch, daß zu diesem Zeitpunkt noch immer kein genaues Bild der den Formationen zugedachten Rolle existierte: »Die Leitung der Kampfgruppen, die ein Instrument der politischen Massenarbeit und ein Instrument des Kampfes gegen Terroraktionen des Feindes sind, liegt in den Händen des Parteisekretärs.« Für Fragen der Organisation und Technik erhielt der Sekretär einen Stellvertreter, der Mitglied der Parteileitung sein mußte. Nach diesem Modell sollte die Ausbildung im Kreis Dessau sofort durchgeführt werden, die dort gewonnenen Erfahrungen waren für die Parteiorganisationen der Republik zu verallgemeinern[10].

Mit dem Beschluß des ZK-Sekretariats vom Dezember 1953 wurde die Verantwortung für die politische Führung der Kampfgruppen, für ihren Aufbau, ihre Entwicklung und ihren Einsatz der SED übertragen. Die Zuständigkeit für die Ausbildung, hier zunächst an die GST delegiert, hat ebenso wie die organisatorische Gliederung der Parteimiliz in den folgenden Jahrzehnten Veränderungen erfahren — jene Bereiche, in denen das ZK-Sekretariat im ersten Beschluß der Parteiführung für sich die Entscheidungskompetenz beanspruchte, blieben jedoch fortan unverändert.

Auf der Suche nach der gültigen Organisationsstruktur: Die Entwicklung der Kampfgruppen bis 1955

Während in den bereits bestehenden Einheiten der Kampfgruppen einmal monatlich an einem Wochenende unter Anleitung eines militärisch ausgebildeten Instrukteurs u.a. in der Bedienung des Kleinkalibergewehrs geschult wurde, ohne daß vorerst einheitliche Ausbildungspläne bestanden, bereitete der weitere Aufbau, die Organisation und auch die genaue Aufgabenzuweisung für die Parteimiliz der politischen Führung erhebliches Kopfzerbrechen. So erwiesen sich die 50er Jahre als Phase eines Experimentierens, eines Suchens nach der geeigneten Formierung der neugeschaffenen Verbände. Die ZK-Abteilung für Sicherheitsfragen, der in einem Dokument vom Dezember 1953 die Zuständigkeit für »technische Ausbildungsfragen« übertragen worden war, legte dem Politbüro im Mai 1954 »Richtlinien für die Organisierung und Ausbildung der Kampfgruppen« vor. Hier zeigte sich einmal mehr, daß es Unstimmigkeiten über den Charakter der Truppe gab. Gustav Roebelen, der 1956 von seinem Posten entfernte Abteilungsleiter, besaß offensichtlich ganz andere Vorstellungen, als sie in der politischen Führung verbreitet waren. Er hielt sich genau an den Dezember-Beschluß und kritisierte, daß in den Pateiorganisationen von der Ebene der Bezirksleitung bis hinunter zu den Grundorganisationen »Unklarheiten über das Wesen und die Aufgaben« der Kampfgruppen bestünden. Roebelen bemängelte die Tendenz, sie weniger als Instrument der politischen Massenarbeit zu betrachten als vielmehr »aus ihnen eine Art halbmilitärisches Organ mit vorwiegend polizeilichen Aufgaben« zu machen. »Vielfach wird die Meinung vertreten, daß mit den Kampfgruppen die Tradition des Roten Frontkämpferbundes (RFB) wieder aufleben und diese ihren Ausdruck in einer gleichen Organisationsform und sogar ›Uniformierung‹ finden soll«, so der ZK-Abteilungsleiter.

Offensichtlich war es aber gerade Roebelen, der aus den provisorischen Aufmärschen erster KG-Einheiten während der Maifeier 1954, bei denen die Kämpfer zu ziviler Kleidung oder blauen Monteuranzügen eine rote Armbinde mit der Aufschrift »Kampfgruppen« trugen, unklare Schlüsse zog, indem er beispielsweise eine besondere Kennzeichnung der Kämpfer ablehnte[11]. So fand er auch mit seinen Vorschlägen kein Gehör, die Verantwortung für die Kampfgruppen der Abteilung »Leitende Organe der Partei und Massenorganisationen« zu übertragen und die Miliz vielfältig zu differenzieren: nach Kampfgruppen »I« in Industriebetrieben, »W« in Wohngebieten und »L« in Landwirtschaftsbetrieben. Die Richtlinie der Abteilung für Sicherheitsfragen wurde vom ZK-Sekretariat am 2. Juni 1954 abgelehnt und Roebelen angewiesen, eine neue Vorlage auszuarbeiten. Die Kampfgruppen blieben damit auf betrieblicher Basis organisiert; Wohngebiete und Gemeinden als territoriale Organisationsebenen wurden frühzeitig und endgültig ausgeschlossen[12].

Die verlangte Neufassung der Vorlage über die Organisation und Ausbildung reichte Roebelen wenige Tage vor Weihnachten 1954 ein. Sie bildete die Grundlage des Politbüro-Beschlusses vom 4. Januar 1955 »Über die Organisierung und Ausbildung der Kampfgruppen«. Im Beschluß wurden die Lehren aus den Unzulänglichkeiten in der Entwicklung der Kampfgruppen seit dem Sommer 1953 gezogen. Nicht nur der Auftrag der Miliz war unklar formuliert gewesen; auch die praktische Arbeit hatte den Vorgaben der Sekretariatsweisung vom Ende 1953 nicht standgehalten. Der Status der GST als Organisation für die sozialistische Wehrertüchtigung der Jugend unterschied sich in der Aufgabe und in der kadermäßigen, sozialen und altersgeschichteten Zusammensetzung so deutlich von den Kampfgruppen, daß sich die Durchführung der KG-Ausbildung und ihre materielle Sicherstellung in der Praxis ohnehin von der GST zur DVP verschoben hatte. Die Kampfgruppen selbst kennzeichnete ein nach Betriebsgröße und Belegschaftsstärke völlig unterschiedlicher Umfang der einzelnen Einheiten. Besonders in strukturschwächeren und landwirtschaftlichen Gebieten waren die Kämpfer einer

Einheit auf viele Betriebe verteilt und wohnten in mehreren Orten. Schichtarbeit in den Industriebetrieben, saisonbedingte Arbeitsspitzen in der Landwirtschaft und schließlich die aufgrund der unterschiedlichen Altersstruktur differierende Belastbarkeit der Angehörigen erschwerten neben der örtlichen Zersplitterung die Ausbildungsmöglichkeiten auch nach Feierabend und an Sonntagen[13].

1955 hatten sich zudem die politischen Rahmenbedingungen geändert. Nachdem sich die SED nach der Juni-Erhebung 1953 verstärkt auf den Ausbau des inneren Sicherheitsapparats konzentriert und wesentliche Teile ihres Militarisierungskonzepts aus ökonomischen und politischen Gründen zurückgenommen hatte, war auf der Konferenz sozialistischer Staaten in Moskau im Dezember 1954 die Entscheidung gefallen, bei Ratifizierung der Pariser Verträge einen sozialistischen Militärpakt zu schaffen. Die DDR, offiziell noch ohne Streitkräfte und Landesverteidigung, wurde angewiesen, sofort die notwendigen Voraussetzungen für eine Teilnahme an der Militärkoalition zu schaffen. Das berührte alle militärischen und paramilitärischen Organe der DDR und mithin die Kampfgruppen[14].

Laut Beschluß vom Januar 1955 sollten die Kampfgruppen zu einem »wirksamen Instrument der Heimatverteidigung entwickelt werden«, das gemeinsam mit der DVP und bei der Reichsbahn mit der Transportpolizei »die innere Sicherheit gewährleistet«. Unter der politischen Führung der SED stehend, wurde durch Beschluß des Politbüros vom 12. April 1955 die Verantwortung für die Unterstützung und Anleitung der KG auf der Regierungslinie explizit der Hauptverwaltung Deutsche Volkspolizei (HVDVP) des MdI übertragen[15]. Volks- und Transportpolizei waren nun für Ausbildung und Einsatzleitung zuständig. Damit war vordergründig das staatliche Gewaltmonopol gewahrt, zugleich jedoch sicherte die SED auch mit Hilfe der Kampfgruppen ihre Führungsrolle. Als Basis für die KG-Einheiten hatten zukünftig die Volkseigenen Betriebe (VEB) in der Industrie und die MTS in der Landwirtschaft zu dienen. In letzteren sollten kleinere Formationen konzentriert werden, um wenigstens die Stärke einer Hundertschaft zu erreichen und das Problem der Kräftezersplitterung zu lösen. Aber auch in Verwaltungen, wissenschaftlichen Instituten und Parteidienststellen waren Einheiten aufzubauen. Ausgenommen blieben Universitäten, Hoch- und Fachschulen sowie Schulen der Partei und Massenorganisationen, wo die GST für die Organisierung von Schülern, Lehrkräften und Verwaltungspersonal zu sorgen hatte. Im Hoch- und Parteischulwesen bereits bestehende Gruppen waren unverzüglich in die GST zu überführen.

Die Kampfgruppen sollten in Gruppen, Zügen und Hundertschaften (HS) organisiert werden. In vierwöchigen Ausbildungslagern hatte die DVP begonnen, von den Parteileitungen ausgewählte, geeignet erscheinende SED-Mitglieder zu Kommandeuren der Einheiten auszubilden. Dabei stand nicht so sehr das militärische Profil der künftigen Führer im Vordergrund, das ja durch gezielte Maßnahmen entwicklungsfähig war, sondern deren politische Linientreue; im Idealfall traf sie sich mit militärischem Können.

Die Kreisleitungen mußten der bis dahin unbefriedigenden Aufbauarbeit mit einer schnellen zahlenmäßigen Verstärkung an Kämpfern Abhilfe schaffen und zusammen mit dem Leiter des jeweiligen Volkspolizeikreisamtes die Organisationsstruktur im Kreis bestimmen. Festgelegt wurde, daß die Kopfstärke der Einheiten 12 bis 15 Prozent der Gesamtbeschäftigten eines Betriebes nicht überschreiten sollte. Bei einer Gesamtzahl von 4 635 000 Beschäftigten im volkseigenen, genossenschaftlichen, staatlichen und kommunalen Sektor und der Zugrundelegung der zwölfprozentigen Untergrenze ergab sich republikweit immerhin eine Zahl von 556 000 potentiellen Kämpfern. Auf dieser Berechnungsgrundlage schien der SED eine Selbstbeschränkung auf eine angestrebte Zahl von 300 000 Angehörigen ein realistisches Unterfangen.

In die Kampfgruppen sollten Mitglieder und Kandidaten der SED aufgenommen werden — nur sie durften Leitungsfunktionen wahrnehmen und unterlagen deshalb der Nomenklatur der Parteikreisleitungen —, außerdem »fortschrittliche, klassenbewußte parteilose Arbeiter und Angestellte«, die ihre politische Einstellung durch Mitgliedschaft in der Gewerkschaft oder FDJ unter Beweis zu stellen hatten, und gleichgesinnte Genossenschafts- und »werktätige Einzelbauern«, schließlich progressive »Angehörige der technischen, wissenschaftlichen und künstlerischen Intelligenz«[16].

Ausdrücklich aber vermerkte das Politbüro, das zahlenmäßige Verhältnis von Parteimitgliedern und -kandidaten gegenüber Parteilosen müßte zum Ausdruck bringen, »daß es sich bei den Kampfgruppen um Kampfgruppen der *Partei* handelt«. Der Beschluß regelte sodann die Befugnisse der Volkspolizei (im Falle des Einsatzes die alleinige Befehlsgewalt), das auch für die Kampfgruppen der Partei gültige Prinzip der militärischen Einzelleitung und Einzelheiten der Ausbildungsorganisation (wöchentlich vier Ausbildungsstunden außerhalb der Arbeitszeit). Zusätzliche Regelungen galten für die Kampfgruppen bei der Deutschen Reichsbahn (DR): Neben der Verantwortung der Transportpolizei in Ausbildungsfragen wurde hier die politische Führung der Politischen Verwaltung bei der DR-Generaldirektion übertragen. Die Einheiten der Bahn sollten aber nach den gleichen Grundsätzen wie alle übrigen Kampfgruppen gegliedert werden[17].

Im Beschluß war eindeutig definiert: »Für alle Fragen der Kampfgruppen im Kreis ist der 1. Kreissekretär unmittelbar verantwortlich.« Damit sicherte sich die SED ihre direkte Zugriffsmöglichkeit auf die Milizverbände. Deren politische Führung wurde allein auf der Parteischiene geregelt, die staatliche Linie mit dem MdI als Oberbehörde der Polizei hatte befohlene Zuarbeit zu leisten.

Die Kampfgruppen konstituierten sich in einem Spannungsfeld zwischen parteilicher und staatlicher Zuständigkeit, in einem Schwebezustand zwischen Verantwortlichkeiten, dem bei scheinbar rein staatlichen Organen wie der KVP oder den verschiedenen DDR-Polizeidienstzweigen die Errichtung von Politischen (Haupt-)Verwaltungen entsprach. Jene Konstruktion der doppelten Leitungslinie vernetzte die Sicherheitsorgane ebenso untereinander wie die unscharfe, die Einsatzspielart nicht genau definierende Bestimmung der Kampfgruppen zum Instrument der »Heimatverteidigung« zwecks der Gewährleistung »innerer Sicherheit«. Dies hatte trotz der angeordneten Zusammenarbeit mit der DVP nichts mit der polizeigewaltlichen Abwehr von Kriminaldelikten gegen die VEB zu tun: Wo nach innen zu »verteidigen« war, konnte nur das »Juni-Syndrom« Pate stehen, wenngleich in offizieller Artikulation »Agenten- und Rangergruppen« des imperialistischen Klassenfeindes den propagandistischen Hintergrund und in den KG-Übungen den simulierten Gegner stellten[18].

Im weiteren Verlauf des Jahres 1955 trieben verschiedene Führungsgremien die Organisation der KG-Arbeit voran. Am 30. März beschloß das ZK-Sekretariat die Zusammenfassung der Mitarbeiter des zentralen Parteiapparats in Kampfgruppen; am darauffolgenden Tag behandelte die Sicherheitskommission die Frage einer Bewaffnung der Einheiten mit leichten Waffen, für die jedoch zunächst keine Bezugsquelle in Aussicht stand, da »die Freunde« in Moskau paßten. Auf seiner 23. Tagung beschäftigte sich das ZK Mitte April u.a. mit der Verstärkung der Verteidigungsfähigkeit der DDR. Beschlüsse wurden nicht nur zum Ausbau der KVP, der DVP, des Staatssekretariats für Staatssicherheit (SfS) und der DGP, sondern ebenso zur Verbesserung von Ausbildung, Ausrüstung und Bewaffnung der Kampfgruppen gefaßt. Und tatsächlich löste sich das letztere Problem schneller, als noch die pessimistische Diagnose im März vermuten ließ. Die Grenzpolizei, die Transportpolizei und die Inneren Truppen erhielten sowjetische Waffen und gaben ihre bisher benutzten älteren deutschen Modelle an die Kampfgruppen ab. An eine direkte Aushändigung der Waffen an die Kämpfer war nicht gedacht. Mit Wirkung vom 20. April 1955 trat ein von der Hauptabteilung Ausbildung/Schulen (A/S) der HVDVP erarbeitetes Programm für die Parteitruppe in Kraft, das bei wöchentlich 4 Ausbildungsstunden und einem jährlichen Umfang von 33 Wochen also 132 Ausbildungsstunden im Jahr umfaßte, in denen die Kämpfer eine Grundausbildung, eine Waffen- und Schießausbildung und eine Schulung in elementaren taktischen und topographischen Fragen zu durchlaufen hatten. Im Bereich der Armierung wurden neben Pistolen für die taktischen Führer (»Kommandeure«) der Karabiner 98 k ausgegeben, sehr allmählich und mit langen zeitlichen Verzögerungen dann das MG 34 und die MPi 44 — die Handfeuerwaffen der »faschistischen« Wehrmacht[19].

Den Januarbeschluß des Politbüros präzisierte eine Direktive des ZK-Sekretariats vom 7. Juli 1955. Die Vorlage dafür hatte Ende Juni die ZK-Abteilung für Sicherheitsfragen eingebracht, die wiederum Unklarheiten über Aufgaben und Charakter der Kampfgruppen bemängelte — diesmal bei der Zusammensetzung der Einheiten, bei der die Delegierung siebzigjähriger Genossen und personelle Überschneidungen mit der GST und den Freiwilligen Helfern der Volkspolizei kritisiert wurden[20]. Die Direktive legte nunmehr die Gliederung der Hundertschaften in drei Züge mit je drei Gruppen genau fest. Für die einzelnen Kreise der DDR war ein Stab der Kampfgruppen zu bilden, dem sämtliche KG-Einheiten des Verwaltungsgebiets unterstanden, kommandiert von einem Offizier der DVP. Befehle für Ausbildung und Einsatz erhielt der Stab allein vom Leiter des zuständigen Volkspolizeikreisamtes (VPKA) oder übergeordneten Dienststellen der Polizei. In größeren VEB mit mehreren Hundertschaften entstand zudem eine Kampfgruppenleitung des Betriebes. Die politische Anleitung übernahm der Betriebs-Parteisekretär, der selbst nicht den Einheiten angehören durfte, um im Einsatzfall das Werk nicht ohne seinen höchsten SED-Funktionär zurückzulassen. Um die politische und Parteierziehungsarbeit für die von der Werkbank ins Feld geholten Kämpfer nicht ruhen zu lassen, mußten die jeweiligen Parteileitungen zur Unterstützung der Kommandeure Beauftragte für die Parteiarbeit während der Ausbildung und des Einsatzes stellen. Eine parallele Mitgliedschaft in der GST wurde verboten, als frühestes Aufnahmedatum das 25. Lebensjahr angesetzt. Frauen durften als Sanitätskräfte in der Miliz dienen.

Das Maßnahmepaket des Jahres 1955 ergänzte im selben Monat eine vom MdI erlassene »Vorläufige Dienstordnung der Kampfgruppen«, welche die Aufgaben und Pflichten der Kämpfer, Vorgesetzten und übrigen Funktionsträger klärte. Mitte 1955 waren damit die Voraussetzungen geschaffen, die Ausbildung nach einheitlichen Kriterien in allen Kreisen durchzuführen. Zur Ausbildung der Führungskader dienten in diesen frühen Jahren hauptsächlich die Schulen der DVP, insbesondere für Hundertschaftskommandeure und Zugführer (u.a. DVP-Schulen in Aschersleben, Arnsdorf, Weimar, Ludwigsfelde), daneben für Gruppenführer die Bezirksparteischulen der SED. Schließlich nahm bei der Hauptabteilung A/S im MdI eine Abteilung Kampfgruppen ihre Tätigkeit auf, die die hauptamtlichen Kampfgruppen-Instrukteure bei den Bezirksbehörden der Deutschen Volkspolizei (BDVP) und den für die KG-Arbeit zuständigen A/S-Offizier der VPKÄ anleiteten. Diese arbeiteten ihrerseits mit den in den Kampfgruppen vor Ort eingesetzten Instrukteuren zusammen. Am 1. Juli 1957 waren 5701 Offiziere und Unterführer der DVP in den Kampfgruppen tätig, auf jede Hundertschaft entfielen im Durchschnitt 3 bis 4 Instrukteure[21].

Erweiterung der Aufgaben, Strukturmaßnahmen und erste Einsätze: Die Kampfgruppen Mitte bis Ende der 50er Jahre

Die in den folgenden Jahren vorgenommenen Änderungen in der Struktur der Kampfgruppen begründeten sich maßgeblich aufgrund von Aufgaben, die sich aus der Bildung der Nationalen Volksarmee im Januar 1956 und dem Ungarn-Aufstand vom Oktober 1956 ergaben. Zwar änderte sich der zugewiesene Auftrag der Gewährleistung der inneren Sicherheit im Zusammenwirken mit der DVP nicht, doch mußten die Maßnahmen zur Sicherung der Einrichtungen im Territorium der DDR jetzt mit der NVA abgestimmt werden. Die Hauptabteilung A/S bei der HVDVP legte im Juni 1956 einen Entwurf vor, in dem sie auf die Forderung nach einer verstärkten Einbeziehung der Kampfgruppen in die Heimatverteidigung reagierte. Nach der Vorstellung der Verantwortlichen im Ministerium sollte die Miliz künftig auch in Aufgaben der Luftabwehr (mit einer Flak-Komponente), eines nach verschiedenen Aufträgen differenzierten Pionierdienstes (Eisenbahnpioniere, Baupioniere, Allgemeiner Pionierdienst) und einer mit Granatwerfern, Panzerabwehrwaffen und Aufklärungsabteilung versehenen Infanterie sowie Rückwärtigen Diensten zur Versorgung ausgestattet werden. Obwohl die weiteren organisatorischen Vorschläge der Hauptabteilung, die praktisch den Aufbau einer zweiten regulären Armee bis hin zur Bildung von 3 »KG-Verbänden« in Korpsstärke (mit je 54 000 Kämpfern) vorsahen, nie umgesetzt wurden, zeichnete sich bereits zu diesem frühen Zeitpunkt die in den 60er Jahren konsequent durchgeführte militärische Ausrichtung der Kampfgruppen ab, welche die ursprünglich intendierte reine Schutzbestimmung der Formationen hinter sich ließ.

Im Februar 1956 protestierten die drei Westmächte beim sowjetischen Botschafter in der DDR Georgij M. Puškin gegen die Teilnahme bewaffneter KG-Einheiten an den Gedenkfeierlichkeiten zum 37. Jahrestag der Ermordung Rosa Luxemburgs und Karl Liebknechts. Puškin rechtfertigte ihre Existenz mit dem Hinweis auf »Diversionsgruppen«, »Spionageorganisationen« und militärische und »faschistische« Traditionsverbände in der Bundesrepublik und in Berlin (West), obwohl es sich bei den angegriffenen Traditionsverbänden um durchweg zivile Kameradschaften ehemaliger Soldaten handelte[22].

Im Sommer 1956 wurde es um die Kampfgruppen vermutlich in Folge des XX. Parteitages der KPdSU zunächst etwas ruhiger. Der »konterrevolutionäre Putsch« in Ungarn führte dann aber neben neuen Beschlüssen zur KG-Arbeit zu einem ersten Einsatz Berliner Einheiten, die Anfang November 1956 bei einer Versammlung von protestierenden Studenten der Veterinärmedizinischen und der Philosophischen Fakultät der Humboldt-Universität demonstrativ Präsenz zeigten. Der Aufmarsch der Arbeitermilizen Unter den Linden und die Besetzung der Tiermedizinischen Sektion waren ein Schachzug der SED-Führung, der den Studenten vor Augen führen sollte, daß sie eben nicht die — vermeintlich durch die Kampfgruppen repräsentierte — Bevölkerung der DDR hinter ihrer »antisozialistischen« Position vereinigen könnten.

Das ZK-Sekretariat reagierte im März 1957 mit dem Vorschlag, nun doch im Hochschulbereich Kampfgruppen zu bilden, »die in hohem Maße dazu beitragen, jegliche Provokationen an Universitäten und Hochschulen zu verhindern«. Hier sollten sowohl Arbeiter und Angestellte als auch Professoren, Dozenten und Studenten einbezogen werden. Die Sicherheitskommission der SED lehnte jedoch diese Eingabe im April ab. Die militärische Ausbildung »der politisch zuverlässigen Kräfte« blieb weiterhin der GST vorbehalten — eine organisatorische Maßnahme, die offenbar dazu diente, die vormilitärische Ausbildung im Schulwesen nicht mit den Sicherungs- und neuerdings Kampfaufgaben der sozial deutlich anders strukturierten KG-Einheiten zu vermengen und das an den Hochschulen vermutete kritische Denkpotential nicht in die KG Einzug halten zu lassen[23].

Das Politbüro legte in zwei Beschlüssen die Erweiterung des Einsatzbereiches der Kampfgruppen auf das gesamte Stadt- oder Kreisgebiet fest. Der Einsatz selbst sollte künftig im engen Zusammenwirken mit allen anderen im Territorium eingesetzten bewaffneten Kräften erfolgen. Die Lösung von der Betriebssicherung durch die Übertragung von Aufgaben im Orts- und Häuserkampf mit dem Ziel der Liquidierung von feindlichen Stützpunkten und zum beweglichen Einsatz zur Bekämpfung und Niederschlagung von luftgelandetem Gegner oder »anderer bewaffneter feindlicher Kräfte«, die immer wieder pauschal unter der Kategorie »Diversanten« subsumiert wurden, dokumentierte ein am 30. November 1956 gefaßter Beschluß der Sicherheitskommission der SED. Noch einmal wurde hier auch mit Nachdruck auf die Verantwortlichkeit der Bezirks- und Kreisleitungen für die Kaderauswahl, die Vorbereitung und Organisierung der Ausbildung und für die regelmäßige Beteiligung der Kämpfer an Ausbildung und Einsatz hingewiesen. Um die

Kommandeure der Miliz fortan zentral auszubilden, sollte eine geeignete Schulungsstätte gefunden werden[24]. Zugleich bestimmte der Innenminister am 10. Januar 1957 die Aufgabe der Leiter der VPKÄ, erweiterte den Verteidigungsauftrag der Kampfgruppen und befahl die volle Verantwortung der DVP zur Bereitstellung von Bewaffnung, Technik und Ausrüstung sowie die finanzielle und medizinische Sicherstellung der Ausbildung.

Anfang 1957 übten die Kampfgruppen erstmals republikweit auf Kreisebene ihren neuen Auftrag. Diese Maßnahme erlaubte der SED und den zuständigen Stellen des MdI nicht nur eine Einschätzung des erreichten Ausbildungsstandes, sondern diente zugleich als politische Drohgebärde gegen jegliche Gefährdung des »Friedens« nach innen und außen. Die Sicherheitskommission beschäftigte sich mit Maßnahmen, die kampfgruppenspezifisch identitätsstiftend wirken sollten: die Uniformierung, die Schaffung eines einheitlichen Emblems, eine Grußordnung und die Herausgabe eines Mitteilungsblatts. Die Einkleidung mit der Uniform, welche die Overall-Improvisation nach und nach ablöste, begann im Oktober 1957, zog sich mühsam dahin und wurde Ende 1959 weitgehend abgeschlossen[25].

Im Mai 1957 nahm die Zentrale Schule der DVP — ab 1. Oktober 1959 »Zentrale Schule für Kampfgruppen« (ZSfK/ZSKG)[26] — in Schmerwitz, der zu Ehren ihres zehnjährigen Bestehens am 12. Mai 1967 der Name »Ernst Thälmann« verliehen wurde, im Bezirk Potsdam die KG-Ausbildung auf. In Schmerwitz schulten Instrukteure der DVP zunächst nur die Hundertschaftskommandeure, ab 1962 dann auch die KG-Bataillonskommandeure, die ihrerseits seit 1959 an der Zentralschule der DVP für operative Ausbildung und Schulung in Biesenthal bei Berlin ausgebildet worden waren, wo auch die Schulung der Kommandeure der KG-Kreisstäbe lief. Die Zug- und Gruppenführer erhielten ihre Ausbildung in den Bezirksschulen der DVP.

Noch 1957 konnten sich KG-Einheiten im Sinne der Parteiführung nach dem Herbst 1956 das zweite Mal bewähren, als sie, in der Geldumtauschaktion vom 13. Oktober 1957 eingesetzt, den »Ausverkauf« der DDR-Konsumgüterproduktion durch gegen geringere Beträge an westdeutscher DM erstandene große Summen an DDR-Geld verhindern helfen sollten. Die Parteimiliz sicherte dabei die Transporte und Umtauschstellen und war beim eigentlichen Tausch eingesetzt.

Trotz aller organisatorischen Fortschritte wurde in Analysen über die Anleitung und die Arbeit der Kampfgruppen seit Anbeginn durch die in der SED und im Staatsapparat verantwortlichen Gremien permanent Kritik geübt, die bis zur Auflösung der Kampfgruppen nie ganz abflaute. Nun war Kritik und Selbstkritik der parteilichen Gestaltung realsozialistischer Lebensformen immanent, einerseits, um die Mitglieder auf der gewünschten Parteilinie zu halten, andererseits, um sie fortwährend im Parteiinteresse für zugewiesene Aufträge zu mobilisieren. Doch auch bei Berücksichtigung des derart verankerten Kritikzwanges waren die Schwierigkeiten beim Aufbau der Kampfgruppen gerade in ihren ersten zwei Jahrzehnten ganz objektiv gegeben.

Die Sicherheitskommission bemängelte Ende Juli 1957, daß die bisher durchgeführten Straßen- und Häuserkampfübungen keinen Aufschluß über die wirkliche Alarm- und Einsatzbereitschaft der KG-Einheiten gäben. Deshalb hatten Alarmübungen ab September des Jahres ohne Vorbereitung und Terminbekanntgabe zu erfolgen, wobei zugleich alle Organe der inneren Sicherheit und die GST sowie das Deutsche Rote Kreuz (DRK) mit einzubeziehen waren. Das Ministerium für Nationale Verteidigung (MfNV) sollte die taktische Ausbildung unterstützen und die notwendigen Waffen bereitstellen. Ähnlich äußerte sich die Hauptabteilung A/S in einem Bericht vom November 1957. Für die Schwierigkeiten bei der Auffüllung der Einheiten wurde die »mangelnde politische und ideologische Hilfe der Parteiorganisationen« verantwortlich gemacht[27]. In einer Aussprache mit den Berliner Kampfgruppen-Kommandeuren Mitte August 1958 ließ Erich Honecker als zuständiger ZK-Sekretär für Sicherheitsfragen keine Zweifel an den Prioritäten. Nach seinen Ausführungen gehörte zur Ausbildung der Truppe noch vor der Waffen- und Kampfschulung die Erhöhung des sozialistischen Bewußtseins aller Kämpfer und besonders ihrer Kommandeure. Bei der Teilnahme an der Ausbildung wurde in den meisten Bezirken nur die Hälfte der Ist-Stärke erreicht. Auch fehlten hauptamtliche VP-Instrukteure. Für die weitere Schulung der Kommandeure wurde gefordert, als besonderen Schwerpunkt neben ihrer taktischen Qualifizierung die Aufgaben zur politischen Sicherstellung des Einsatzes zu betrachten — klare Hinweise auf die unzureichende Akzeptanz der Kampfgruppen bei der zu rekrutierenden Zielgruppe zu diesem Zeitpunkt. Allerdings spielten auch technische Probleme, etwa ein unzulängliches System der Alarmierung und der Erfassung der Kämpfer, eine nicht zu unterschätzende Rolle.

Am 28. Oktober 1957 existierten 1879 KG-Hundertschaften mit 149 376 Angehörigen. Da war es ein überaus ambitioniertes Unterfangen, 1958 eine Stärke von 200 000 Kämpfern erreichen zu wollen. Gelang dies bis Ende 1958 mit 196 896 Mann in 2276 Hundertschaften noch halbwegs, so blieben die Pläne zur Personalerhöhung 1959 auf 250 000 und 1960 auf 300 000 Mann Illusion. Anfang 1961 verfügten die 2132 Hundertschaften über einen Gesamtpersonalbestand von 193 030 Angehörigen. Nach diesem Berechnungssatz hätten drei Jahre hintereinander jeweils 50 000 Kämpfer Ausrüstung und Waffen erhalten müssen. Allerdings hielt der zahlenmäßige Anstieg mit der tatsächlichen Beteiligung an der Ausbildung nicht Schritt, die 1958 nur 49,1 % (1955:

37,6 %; 1957: 49,5 %) betrug. Den absoluten Tiefstand leistete sich der Bezirk Schwerin, in dem die Teilnahme von ohnehin schwachen 46,3 % im Jahre 1957 auf wenig mehr als 25 % im Folgejahr sank.

Ein besonderes Problem ergab sich, weil nicht immer alle Kämpfer an den Ausbildungstagen erschienen (»heute dieser und morgen jener«). Beständig waren Nachzügler auszubilden. Im ersten Halbjahr 1957 konnte die geforderte monatliche Ausbildungszeit von 8 Stunden (96 Stunden pro Jahr) nicht erreicht werden und lag im Durchschnitt um mehr als eine Stunde darunter.

Die Verantwortlichen im MdI erkannten zudem sehr bald »Potemkinsche Dörfer« — die Neubildung von Hundertschaften, ohne daß bei bestehenden Einheiten die Sollstärke erreicht wurde. Die Sicherheitskommission rügte dafür die Bezirks- und Kreisleitungen. Die Hundertschaftskommandeure, die die Zentralschule in Schmerwitz bis Mitte 1958 erfolgreich durchlaufen hatten, wiesen alsbald in den Kampfgruppen eine bessere Qualifikation auf als die Instrukteure, deren Abzug vorgeschlagen wurde. Solche Mängel setzten sich bis in die für Ausbildung und Einsatzleitung verantwortlichen VPKÄ fort, wo die VP-Offiziere, die als Kommandeure der Kampfgruppenstäbe im Kreisgebiet fungierten, außerdem ihren eigentlichen Auftrag, nämlich die Ausbildung und Schulung der Offiziere, Unterführer und Wachtmeister der DVP und ihrer Freiwilligen Helfer, durchzuführen hatten. Durch die Einsetzung eines weiteren VP-Offiziers als Stellvertreter Versorgung konnte hier wenigstens teilweise Abhilfe geschaffen werden[28].

Anfang Februar 1958 legte das Ministerium des Innern ein modifiziertes Ausbildungsprogramm vor, das die Einsatzbereitschaft im Gruppen- und Zugrahmen und die selbständige Lösung von Kampfaufgaben bis auf Hundertschaftsebene in den Vordergrund rückte. Die Entwicklung von einem lokal begrenzten Betriebsschutz mit Sicherungsaufgaben hin zu einer breiter verwendbaren Truppe für den militärisch — nicht polizeitaktisch — ausgelegten Ortskampf wurde damit bestätigt. Für die Orientierung auf ein militärisches Anforderungsprofil sah die Bewaffnung zu diesem Zeitpunkt allerdings noch sehr dürftig aus. Den Einheiten standen 140 023 Karabiner und 12 796 Maschinenpistolen zur Verfügung, was nicht einmal für die Ausgabe einer Waffe an jeden Kämpfer reichte. Planungsgrundlage für die 300 000 Mann, die bis 1960 rekrutiert werden sollten, waren allein 233 350 Karabiner, dazu 60 000 MPi, 6650 leichte MG und 1000 Panzerbüchsen.

Der V. Parteitag der SED stellte die Kampfgruppen in seiner Forderung nach gemeinsamem Schutz durch alle bewaffneten Organe der DDR gegen die Konterrevolution den anderen Waffenträgern gleich. Mit Beginn des Jahres 1959 trat ein für alle Einheiten verbindliches Ausbildungsprogramm in Kraft. 8 Stunden monatlich, 96 Stunden im Jahr waren dafür angesetzt — wie bereits

1957 praktiziert. Der Rückgang in der Ausbildungszeit gegenüber den Vorgaben von 1955 (132 Stunden) lag wohl zu einem guten Teil darin begründet, daß zu viel Zeit für die Arbeit im Produktionsprozeß verlorenging, der Ansatz für eine zusätzliche Ausbildung am Feierabend zu hoch und belastend für die Kämpfer gewählt war. Die in ländlichen Gebieten abweichend von der Monatsregelung zugelassene kompakte Ausbildung an Wochenenden einmal im Quartal oder Halbjahr untergrub in der Beschränkung der Ausbildung auf die Aneignung militärischer Kenntnisse die politische und organisatorische Festigung der Einheiten[29]. Die von der Parteiführung gewünschte Einheit von politischer Erziehung und militärischer Unterweisung, die Formung »sozialistischer Kollektive« beschränkte sich in den bei den MTS angesiedelten Kampfgruppen daher auf ein Minimum.

Zur »Erhöhung der politisch-moralischen Geschlossenheit und Disziplin« beschloß das Politbüro am 19. Mai 1959 die Einführung eines einheitlichen Gelöbnisses der Kampfgruppen-Angehörigen, erstmalig abzulegen am Vorabend des 10. Jahrestages der Gründung der DDR, danach jeweils am Abend vor dem 1. Mai und dem 7. Oktober eines jeden Jahres. Schließlich wurde zur Stärkung der inneren Formierung, zugleich aber mit dem Effekt einer äußeren, eventuell gar als werbewirksam intendierten Präsentation die militärsportlich angelegte Spartakiadebewegung ins Leben gerufen. Sie nahm im Mai 1959 mit einer Kreisspartakiade in Berlin-Köpenick ihren Ausgang und fand noch im selben Jahr auf Bezirksebene in Halle ihre Fortsetzung. Danach vergingen fünf Jahre, bis in Leipzig eine weitere Bezirksspartakiade folgte. Die Kampfgruppenspartakiaden wurden Ende der 70er Jahre eingestellt, nicht zuletzt deshalb, weil die Kreisleitungen sich zu sehr auf bestimmte Einheiten, die in den Wettbewerben für ihre Region Erfolge einzuholen hatten, konzentrierten und die Mehrzahl der anderen Gruppierungen vernachlässigten[30].

Die eigentliche Reform, die das Jahr 1959 in der Arbeit mit den Kampfgruppen kennzeichnete, betraf jedoch die organisatorische Gliederung der gesamten Miliz, die auf Anregungen der Abteilung für Sicherheitsfragen Mitte 1957 zurückging. Sie sah eine stärkere Zentralisierung der Einheiten durch die Zusammenfassung mehrerer Hundertschaften zu Bataillonen vor. Seit der zweiten Jahreshälfte 1958 wurde mit der Aufstellung solcher Verbände begonnen, und zwar von Kampfgruppenbataillonen allgemein — KGB (allgem.) —, von Kampfgruppenbataillonen der Bezirksreserve, die später als Kampfgruppenbataillone motorisiert — KGB (mot.) — bezeichnet wurden, sowie von selbständigen Hundertschaften. Die Hauptabteilung A/S der HVDVP reichte zu Jahresbeginn, am 10. Januar 1959, einen vom Leiter der Abteilung Kampfgruppen, Oberst der VP Karl Mellmann, entworfenen Vorschlag zur

Bildung der Kampfgruppenbataillone der Bezirksreserve, unter Einbeziehung schwerer Infanteriewaffen, und zur Ausbildung von Spezialeinheiten ein. Für diese Verbände wurde insbesondere die Qualifizierung der Führungskader, die verstärkte Schulung im »Städtekampf«, die Fähigkeit zur Vernichtung größerer bewaffneter konterrevolutionärer Kräfte und luftgelandeter »Diversantengruppen« gefordert, im Bereich der Waffenausbildung zusätzlich das Training an Panzerabwehrkanonen (Pak), Granatwerfern und schwerem Maschinengewehr (sMG). Allerdings konnten diese schweren Waffen nicht sofort im geforderten Umfang in den Formationen eingeführt werden. Daher sollten zunächst 36 Bataillone voll ausgerüstet werden, weitere 44 mußten auf Granatwerfer und sMG vorerst verzichten. Möglichst schnell waren die Kommandeure und Stabschefs der 36 Bataillone an der Zentralschule der DVP in Biesenthal und bei der BDVP Cottbus in dreimonatigen Lehrgängen, beginnend bereits im März des Jahres, auszubilden, wobei der abgelegte Lehrgang für Hundertschaftskommandeure als Voraussetzung gefordert wurde. Auch die lehrgangsgebundene Einweisung der Zugführer und des Bedienungspersonals für die schweren Waffen wurde sogleich geplant.

Genau eine Woche später erließ der Stellvertreter des Innenministers für die bewaffneten Organe, Generalmajor der VP Willi Seifert, eine Weisung zur Schaffung dieser Bataillone der Bezirksreserve an die sechzehn Chefs der BDVP[31]. Die KGB (allgem.) und die selbständigen Hundertschaften entstanden überall dort, wo Bezirksreservebataillone aufgrund territorialer Bedingungen nicht möglich oder nicht erforderlich waren; sie erhielten den Auftrag zum Schutz ihrer Betriebe und des umliegenden Territoriums. Die KGB der Bezirksreserve sollten im Ernstfall zusammen mit den anderen bewaffneten Organen selbständig Kampfhandlungen auf dem Gebiet der DDR führen können. Zwei Hundertschaften pro Bataillon wurden zur Erfüllung dieses Auftrags zumindest auf dem Papier motorisiert, die dritte, schwere Hundertschaft bestand aus je einem Pak-, Granatwerfer- und sMG-Zug. Außerdem wurden Aufklärungs-, Nachrichten- und Pioniergruppen geschaffen. Bis Ende 1959 konnten schon 75 % der Kommandeure der KGB der Bezirksreserve für ihre Funktion in Biesenthal ausgebildet werden. Diese Verbände dienten also, was ihr Auftrag und ihre Bewaffnung unzweifelhaft bestätigten, nicht als Reserve im Sinne eines Feldersatzes der übrigen KG-Einheiten, sondern als besonders verfügungsbereiter Kern der Parteimiliz, als in den Bezirken dislozierte militärische Reserve der SED-Führung.

Dennoch befriedigte der erreichte Stand beim Aufbau der Kampfgruppen die politische Führung auch 1959 nicht. Die Neugewinnung von Kämpfern hielt mit der Zahl der Ausscheidenden nicht Schritt. Die Zusammenarbeit der

Volkspolizei mit den örtlichen und Betriebs-Parteiorganisationen blieb ungenügend. Hauptamtliche Instrukteure wirkten nicht im gewünschten Maß auf die Ausbildung ein, nebenamtlichen fehlte das Können. Die Kaderarbeit zeigte große Schwächen, die sich in einer mangelhaften Personalauswahl, einer hohen Fluktuation ausgebildeter Kämpfer und einer unzureichenden Auslastung der Lehrgangskapazitäten äußerten. Vorgesetzten aller Ebenen fehlten erforderliche Qualifikationen und praktische Erfahrungen. Bei den allgemeinen Hundertschaften war der Stand der Ausbildung nicht ausreichend, die Beteiligung mangelhaft und das Niveau der Einheiten sehr unterschiedlich. Die Einsatzstärke erreichte teilweise nur die Kopfzahl eines Zuges. Damit nicht genug: Das Alarmierungssystem litt unter mangelnder Koordinierung; die »materielle Gewährleistung« war nicht in vollem Umfang sichergestellt. Als Ursache erkannten die Verantwortlichen, daß die Arbeit mit den Kampfgruppen zu wenig planmäßig und beständig geleistet wurde. Zu besonderen Anlässen stiegen die Anstrengungen, waren Erfolge zu verzeichnen, danach aber blieb die Schulung mehr oder weniger dem Selbstlauf überlassen. Immerhin konnte festgehalten werden, daß sich die durchschnittliche Ausbildungsbeteiligung gegenüber 1958 um knapp 15 % auf 66,2 % erhöht hatte. 70–75 % aller KG-Angehörigen waren Mitglieder oder Kandidaten der SED. Sozial setzten sich die Formationen zu 65 % aus Arbeitern und Genossenschaftsbauern zusammen, die Anzahl der Arbeiter überwog die der Angestellten, allerdings verhielt es sich in der Besetzung der Führungsfunktionen genau umgekehrt.

Zu allem Überfluß lokalisierten einzelne Bezirksleitungen nun auch noch den personifizierten Klassenfeind in den Kampfgruppen: Ehemalige Angehörige der NSDAP, der SS und SA, ja sogar ein Träger des Spanienkreuzes in Silber mit Schwertern aus der Legion Condor wurden in den Reihen der KG-Angehörigen identifiziert, wo sie als Gruppen- und Zugführer, stellvertretende Hundertschaftskommandeure und gar als Parteibeauftragte Dienst taten. Ihre Entfernung aus dem Milizdienst ging einher mit der Entwicklung systematischer Kaderentwicklungspläne[32].

Die Kampfgruppen zwischen fortgesetzter Reorganisation und Einsatz an der Grenze 1960/61

Anfang der 60er Jahre hatte sich die Parteimiliz nach Ansicht des MdI politisch, organisatorisch und militärisch so gefestigt, daß sie als integraler Bestandteil der Territorialverteidigung im System der Landesverteidigung weiter entwickelt werden konnte. In diesem Zusammenhang wurde 1960 bis 1962 die Gliederung der Formationen Veränderungen unterzogen. Die Reorganisation bezweckte, den erhöhten Anforderungen an die Miliz zur Kooperation mit den anderen bewaffneten Organen der DDR und der Fähigkeit, größere Gruppen von äußeren Feinden zu bekämpfen, strukturell Rechnung zu tragen. Zugleich sollten vorhandene ideologische, organisatorische und militärische Defizite abgebaut werden. Der permanente Hang zur Verbesserung durch Restrukturierungen blieb auch nach der Formierungsphase der 50er Jahre ein typisches Kennzeichen der KG-Arbeit.

Am 28. Oktober 1960 durften 13 Kampfgruppenbataillone der Bezirksreserve und weitere Hundertschaften in den Bezirken Erfurt, Gera und Suhl ihre Belastbarkeit zusammen mit Kräften der Bereitschaftspolizei, der DVP und der NVA in einer eintägigen Übung unter Beweis stellen. Das Ziel der Übung, »den angenommenen Gegner in kürzester Frist außerhalb bzw. am Rande der Städte zu liquidieren«, wurde jedoch nach Einschätzung des Nationalen Verteidigungsrates (NVR) nicht erreicht. Die schon in der Aufbauphase konstatierten Mängel, etwa das unzureichende militärische Führungsvermögen der Stäbe und die zu langwierige Aktivierung des Alarmsystems, fanden erneute Kritik. Sie trafen jedoch nicht nur die Kampfgruppen, sondern alle beteiligten Organe. Manche Kreiseinsatzleitungen nahmen ihre Arbeit erst vier und mehr Stunden nach der Alarmierung auf, bei anderen unterblieb sie ganz. Es mangelte an der Organisation des Zusammenwirkens und der Verbindungen der handelnden Kräfte untereinander, so daß eine schnelle »Liquidierung« des Gegners nicht möglich war.

In Auswertung der Übung wiesen die Verantwortlichen eine nachhaltige Stärkung in der Führungsarbeit des MdI durch die Übernahme militärischer Organisationsstrukturen an. Für die Parteimiliz beschloß das Politbüro in seiner Sitzung vom 22. November 1960 eine Direktive zur »Verbesserung der Arbeit mit den Kampfgruppen der Arbeiterklasse und weitere[n] Erhöhung der Einsatzbereitschaft«. Im Mittelpunkt standen die Durchführung von Alarmierungen und gemeinsame Übungen mit der Volks-, Grenz- und Bereitschaftspolizei, für die Bataillonsleitungen und die Bataillone der Bezirksreserve auch mit der NVA. Kämpfer mit militärischer Ausbildung (Reservisten der NVA) sollten in besonderen Hundertschaften und selbständigen Zügen zusammengefaßt werden. Dazu wurden drei verschiedene Ausbildungsgruppen geschaffen, Gruppe I für die Bataillone der Bezirksreserve, Gruppe II für die Allgemeinen Bataillone und Hundertschaften, Gruppe III schließlich für ehemalige Angehörige von KVP/NVA, Bereitschafts- und Grenzpolizei. Um die Führung der KG-Verbände zu immediatisieren, wurde mit Befehl Nr. 1/61 des Ministers des Innern vom Januar 1961 die Abteilung Kampfgruppen bei der Hauptabteilung A/S der HVDVP zu einer selbständigen, dem Stellvertreter des Ministers des Innern für die bewaffneten Organe direkt unterstellten Abteilung umgebildet. Sie gliederte sich in Unterabteilungen für Spezialausbildung (Reservisteneinheiten, Taktik), für Organisation (Ausbildung in KG-Einheiten und -Lehranstalten, Kader, Bewaffnung, Nachweisführung) und für Ausbildung (Reichsbahn-KG, militärpolitische Arbeit, Waffen- und Schießausbildung, Ausbildung für spezialisierte Formationen wie Pioniere, Nachrichtengruppen usw.) mit insgesamt 25 Planstellen, einer Zahl, die bis 1989 in etwa gleich blieb. In den BDVP entstanden ebenfalls aus der Abteilung A/S herausgelöste Abteilungen Kampfgruppen, in den VPKÄ KG-Arbeitsgruppen oder ein VP-Offizier für Kampfgruppen. Dafür wurden die KG-Stäbe in den Kreisen aufgelöst. Im Stab des MdI verblieb statt einer eigenen Unterabteilung lediglich ein KG-»Richtungsoffizier«.

Doch halfen Beschlüsse und Reorganisationsmaßnahmen allein nicht. Die Sollstärke von 255 081 Kämpfern — bereits eine klare Reduktion gegenüber der ursprünglichen Zielvorgabe von 300 000 — wurde mit einem Ist von 197 526 deutlich unterschritten. Dennoch mahnte der Verteidigungsrat, die Prinzipien der Kaderauswahl nicht um bloßer Planerfüllung willen zu mißachten. Das Mindestalter von 25 Jahren als Voraussetzung zur KG-Zugehörigkeit blieb bestehen (noch 1961 befanden sich über 22 000 Kämpfer (11,5 %) im Alter bis 25 Jahren in den Verbänden, darunter mehr als 3000 Angehörige unter 20 Jahren). Mehrfachfunktionen, die im Einsatzfall nicht zu realisieren waren, so die gleichzeitige Zugehörigkeit von Kämpfern zu den Freiwilligen Helfern der Volks- und Grenzpolizei, zur Freiwilligen Feuerwehr, zum Luftschutz oder zum DRK wurden verboten. Die Ausstattung der KGB der Bezirksreserve mit schweren Waffen hinkte hinterher, weil die Wirtschaft der DDR die Anforderungen zur gleichzeitigen Ausrüstung aller bewaffneten Organe nicht zu erfüllen vermochte. Selbst bei Pistolen und MPi lag der Bewaffnungsstand nur bei 30 %. Für den Abschluß der Ausstattung mit leichten Maschinengewehren wurde das Jahr 1965 bestimmt. Insgesamt erhielten die Einheiten der Grenzbezirke und in Ost-Berlin bei der Ausrüstung den Vorrang. Um die Waffen im Einsatzfall schneller zugänglich zu machen, sollten sie nicht mehr in den Dienststellen der DVP, sondern möglichst dezentral in Betrieben gelagert werden.

Die Beteiligung an der Ausbildung, von der politischen und ministeriellen Führung all die Jahre über als Gradmesser der tatsächlichen Verfügbarkeit der Formationen betrachtet, differierte z.B. in den KGB der Bezirksreserve erheblich. An der Spitze lag Halle mit 92,4 %, das Schlußlicht bildete noch immer Schwerin mit lediglich 40,6 %. Dabei darf hier nicht ohne weiteres auf die politische Zuverlässigkeit geschlußfolgert werden, da der industriell geprägte Bezirk Halle bessere Voraussetzungen zur Konzentrierung der Beschäftigten in Verbänden hatte als der agrarisch strukturierte Bezirk Schwerin[33].

In den mittlerweile KGB (mot.) genannten Bataillonen der Bezirksreserve war zusätzlich zur schweren und den beiden motorisierten Hundertschaften eine weitere HS (mot.) zu bilden. Mitte 1961 belief sich die personelle Auffüllung dieser Verbände auf durchschnittlich 84 %. Durchschnittswerte aber berücksichtigten nicht die Probleme einzelner Kreise und Bezirke. Um dem hauptsächlichen Organisationsproblem — der Zersplitterung der Truppe auf viele Betriebe — entgegenzutreten, wurde für ländliche Gebiete die Bildung von selbständigen Zügen befohlen. Außerdem waren in Ergänzung der KGB (mot.) auch Hundertschaften (mot.) aufzustellen, die langfristig einen schweren Zug erhalten sollten; insbesondere war hier an die Grenzkreise gedacht.

Die Ausbildung der Funktionsträger hingegen machte Fortschritte, alle Kommandeure und Stabschefs der KGB (mot.) hatten mittlerweile ihre Ausbildung als Bataillonskommandeur durchlaufen. 1961 waren 60 % der Hundertschaftskommandeure (90 % bei schweren HS) und 30 % ihrer Stellvertreter dienstpostengemäß qualifiziert. Die zur Verfügung stehende Lehrgangskapazität wurde allerdings nicht entsprechend den Möglichkeiten genutzt. Die für die Kaderauswahl zuständigen SED-Bezirksleitungen beschickten die Lehrgänge für Gruppen- und Zugführer an den Bezirksschulen nur zu 50–60 %. Personalfragen und die Sicherstellung des technischen und Bewaffnungsbedarfs blieben unveränderte Sorgenkinder. Im ersten Vierteljahr 1961 hatten 24,4 % (47 208) Kämpfer nicht ein einziges Mal an der Ausbildung teilgenommen. Wenngleich diese Zahl im 2. Quartal deutlich gesenkt werden konnte, hatten 9 % aller KG-Angehörigen nicht an einer einzigen der 48 Ausbildungsstunden der ersten Jahreshälfte teilgenommen — immerhin der Personalbestand von 180 vollzähligen Hundertschaften. Dabei lag der Ausbildungsstand der KGB (mot.) insgesamt wesentlich über dem der allgemeinen Bataillone und Hundertschaften.

Die Beteiligung an der Ausbildung stieg von 45,3 % 1960 über 54 % 1961 auf 62,2 % 1962 dennoch relativ stark an. Am 30. September 1962 existierten insgesamt 1932 selbständige KG-Einheiten und Verbände, darunter 81 KGB (mot.) und 103 KGB (allgem.) mit einer Gesamtstärke von 187 359 Kämpfern; davon hatten 123 689 Angehörige regelmäßig an der Ausbildung teilgenommen. Dieser positiveren Entwicklung im Personalbereich stand jedoch eine unzureichende Waffenausstattung gegenüber, die nach Einschätzung der ZK-Abteilung für Sicherheitsfragen für eine volle Gefechtsbereitschaft der Formationen nicht genügte. Die fehlenden automatischen Waffen schränkten die Feuerkraft ein, die Ausstattung mit leichten Panzerabwehrgeräten (RPG-2) betrug 1961 nur 7 % vom Soll. Im Munitionsnachschub und in der Ausbildung gab es durch die Vermischung von Handwaffen sowjetischer und deutscher Bauart Schwierigkeiten, außerdem wies die überalterte Technik, vor allem auch die der Funknachrichtenmittel, einen hohen Abnutzungsgrad auf. Die Ausstattung der schweren Hundertschaften mit Granatwerfern, Pak, Fla-MG und sMG allerdings entsprach dem strukturmäßigen Soll[34]. Bei aller Unzufriedenheit der politischen und ministeriellen Führung mit dem Erreichten war damit eine nicht zu unterschätzende Aufbauarbeit geleistet worden, da die KG hinsichtlich materieller, aber auch personeller Ressourcen stets mit anderen bewaffneten Organen konkurrieren mußten.

Eine mindestens partielle Zufriedenheit der SED-Spitze mit ihren Kampfgruppen drückte sich in dem politisch-propagandistischen Schachzug aus, die Verbände in die Absperrungsmaßnahmen in Berlin seit dem 13. August 1961 und später an der Staatsgrenze West zur Bundesrepublik in vorderster Reihe einzubeziehen. Wie schon 1956 Unter den Linden, so sicherten jetzt erneut KG-Angehörige »von nebenan« vermeintlich im Interesse des Allgemeinwohls die »sozialistischen Errungenschaften« und den Frieden — zusammen mit der DVP — gegen den imperialistischen Klassenfeind. Nicht nur in ungezählten Medienberichten und im großen »Kampfappell« am 23. August 1961 in Berlin, sondern auch im resümierenden Bericht des Verteidigungsrats erhielt das »hohe Klassenbewußtsein« und das »entschlossene Handeln« der Kämpfer gegen die »gegnerischen Provokationen« Lob gezollt. Zudem wurden die Kämpfer mit einer im September 1961 vom Ministerrat gestifteten »Verdienstmedaille der Kampfgruppen der Arbeiterklasse« belohnt, die erstmals am 1. Mai 1962 überreicht wurde. Dieses System der auf weitere Anbindung an die Partei zielenden Gratifikationen in Ordensform wurde in den 60er Jahren ausgebaut. Seit 1966 existierte die jährlich zum 7. Oktober verliehene »Medaille für treue Dienste in den Kampfgruppen der Arbeiterklasse«, im Oktober des Vorjahres ebenfalls vom Ministerrat gestiftet und für langjährige KG-Zugehörigkeit in drei Stufen verliehen (Bronze für 10, Silber für 15, Gold für 20 Jahre), und die »Medaille für ausgezeichnete Leistungen in den Kampfgruppen der Arbeiterklasse«, die an einzelne KG-Angehörige wie auch an Kollektive und ganze Einheiten gehen konnte.

Bis auf 1000 Kämpfer, die als Bezirksreserve in Bereitschaft blieben, wurden die übrigen etwa 7000 KG-Angehörigen zehn Tage nach der Abriegelungsaktion des 13. August auf Befehl des 1. Bezirkssekretärs der SED und Vorsitzenden der Bezirkseinsatzleitung Berlin, Paul Verner, aus ihren Sicherungsaufgaben herausgelöst. Wiederum hatten sich allerdings »ernste Schwächen und Mängel« gezeigt, wie es — nach dem Lob — im Bericht des

NVR hieß. Die Berliner und Potsdamer KGB (mot.) hatten nur mit einem Personalbestand von zwei Dritteln der Iststärke zur Verfügung gestanden, was ihren Einsatzwert deutlich reduzierte. Zahlreiche Partei-, Staats- und Wirtschaftsfunktionäre mußten bereits nach kurzer Zeit aus dem Einsatz herausgenommen und für Aufgaben außerhalb der Kampfgruppen freigestellt werden[35]. Auch das Alarmierungssystem befand sich in desolatem Zustand. Nach der Alarmauslösung für die Kampfgruppen um 1.40 h nachts waren in Berlin um 7.00 h erst 5,2 % der allgemeinen KG-Verbände (8.40 h: 13,8 %) und nur 3,6 % der KGB (mot.) (8.40 h: 12,7 %) einsatzbereit. Selbst nach 14 Stunden hatten gerade einmal 28,8 % bzw. 36,6 % Einsatzbereitschaft hergestellt. Daraus zog der Nationale Verteidigungsrat seine Schlußfolgerungen. Das Alarmierungssystem mußte von der DVP abgekoppelt werden, die bisher über ihre Abschnittsbevollmächtigten die Hauptlast der Alarmierung per pedes trug. Das System hatte je nach den örtlichen und personellen Bedingungen flexibler zu funktionieren, mit drei denkbaren Spielarten, über welche die regional zuständigen Einsatzleitungen zu entscheiden hatten: Alarmierung
a) auf territorialer Ebene ohne Berücksichtigung der Zugehörigkeit der Kämpfer zu ihren taktischen Einheiten,
b) im Rahmen der Einheiten oder,
c) insbesondere in ländlichen Gebieten, eine Kombination beider Methoden.

Als nächstes Ziel — gemessen an den bisherigen Erfahrungswerten unrealistisch hoch gesteckt — forderte das Gremium die Herstellung der Einsatzbereitschaft für 75 % aller KG-Kräfte in maximal zwei Stunden; 1963 wurde für 75 % sogar nur eine Zeit von 90 Minuten vorgegeben, tatsächlich schafften es in 120 Minuten aber gerade 17 %. In den 60er Jahren orientierten sich die Alarmzeiten noch sehr an denen regulärer Truppen und berücksichtigten die Spezifik der Milizformation zu wenig[36].

Im Rahmen der Errichtung von Absperrungen gegen Berlin (West) und die Bundesrepublik wurden die Kampfgruppen zu weiteren Einsätzen herangezogen. Noch im August 1961 hatte das Politbüro die Ausweisung von Personen aus dem Gebiet an der Westgrenze beschlossen. In dieser als Aktion »Festigung« bekannt gewordenen Maßnahme, die an einen ähnlichen Vorgang aus dem Jahr 1952 anschloß, wurden DDR-Bürger, die aus den verschiedensten Gründen »operativ verdächtig« waren, aus ihren Wohnorten in Grenznähe zwangsweise ausgesiedelt. MfS, NVA und MdI wirkten in der am 1. Oktober 1961 beginnenden Aktion eng zusammen, wobei das Innenministerium auch Kampfgruppen zum Einsatz brachte, allein im Bezirk Schwerin 1349 Kämpfer. Einerseits waren die Einsatzleitungen vom Auftreten der KG-Mitglieder »positiv beeindruckt«, andererseits gab es offensichtlich Einsatzpannen und Verweigerungen seitens einiger Angehöriger.

Im April 1962 entschied der Verteidigungsrat darüber hinaus, den Kampfgruppen rund um Berlin bei der Grenzsicherung eine aktive Rolle zuzuweisen. Die Verbände sollten Objekte in der »Sicherungszone« schützen, die sich in einer Tiefe von 100 bis 500 Meter unmittelbar den Grenzanlagen anschloß. Menschenansammlungen und »Zusammenrottungen« waren zu verhindern, außerdem mußten Maßnahmen zur zeitweiligen Isolierung von Transitreisenden vorbereitet werden. Zur Erfüllung dieser Aufträge wurden im Raum Potsdam/Berlin die KG-Verbände weit überdurchschnittlich massiert, ein Schritt, der vergleichbar nur noch in den Grenzkreisen zur Bundesrepublik zum Tragen kam[37].

Aus den Konflikten an der Grenze zu Berlin (West) bilanzierten die Funktionäre, daß die Gruppierungen ausbildungsmäßig zusätzlich in der Verhinderung der Bildung von Ansammlungen und ihrer Auflösung, im Bau und der Sicherung von Sperren sowie im Posten- und Streifendienst zu trainieren waren. »Politisch unzuverlässige Elemente« mußten aus den Reihen der Kämpfer herausgelöst werden, womit eine vorübergehende Schwächung der Kopfzahl akzeptiert wurde. Im Gegenzug sollten »fortschrittliche Kräfte, die nicht Angehörige der Kampfgruppen sein können«, gesondert als »Kampfgruppen-Reserve« erfaßt werden und zweimal im Jahr an einem Tag militärpolitisch und schießtechnisch weitergebildet werden — ein Schritt, der der Aktivierung eines nicht uniformierten »letzten Aufgebots« gleichkam, was in den 50er Jahren noch abgelehnt worden war, nach 1961 aber Bestand hatte. In den 70er und 80er Jahren wurde großer Wert darauf gelegt, daß alle KG-Verbände einen Kaderersatz von 10 Prozent der aktiven Kämpfer besaßen. Mit der Gründung betriebsspezifischer Spezialverbände, etwa im Bereich der Bauindustrie durch Ausbildung im Pionierdienst, wurde eine ebenfalls in der Folge ausgebaute Maßnahme beschlossen[38].

1961–1965: Verstärkung der politisch-ideologischen Erziehung

Die Kampfgruppen entwickelten sich in den 60er Jahren unter Übertragung militärischer Unterstützungsaufgaben zu einem fest eingeplanten Bestandteil im System der Landesverteidigung der DDR, ohne daß ihr Auftrag, zur inneren Sicherheit beizutragen, aufgehoben wurde. Nach dem Mauerbau war jedoch die Gefahr gesunken, daß die eigene Bevölkerung mit ihrer Regierung und der sie dominierenden Staatspartei noch einmal »budapestisch« reden würde. Zugleich erlebte die SED-Führung die weltpolitische Situation der Kuba-Krise als Bedrohung durch den imperialistischen Feind — Ereignisse auf dem internationalen Parkett, die nach Einschätzung der jüngeren DDR-Historiographie »zu einer Überbewertung der militärischen Momente der Kampfgruppen führten und sie zu sehr in die Nähe regulärer bewaffneter Kräfte rückten. Das waren Aufgaben, die nicht ihrem Charakter entsprachen und sich in der Endkonsequenz als nicht erfüllbar erwiesen[39].«

Das MdI hatte gemäß ausdrücklicher Weisung des NVR vom 14. September 1962 ab sofort mit dem Ministerium für Nationale Verteidigung enger zusammenzuarbeiten. Ziel dieser Kooperation war die »Koordinierung der Handlungen aller bewaffneten Kräfte zur Gewährleistung der Handlungen und der Bewegung der Vereinten Streitkräfte sowie der inneren Sicherheit« in der DDR. Im einzelnen erhielt der noch amtierende Innenminister Karl Maron den Auftrag, die Aufrechterhaltung der Truppen- und Nachschubbewegungen und der Nachrichtenverbindungen zu sichern sowie die Mobilmachungsmaßnahmen zu gewährleisten und zu schützen, die Folgen gegnerischer Luftangriffe und Kernwaffenschläge zu beseitigen und auf militärische Forderung die Zivilbevölkerung aus der Kampfzone zu evakuieren. Diese Grundsätze fanden in der nächsten Sitzung des Gremiums zwei Monate später ihre Präzisierung in einer Direktive über die Aufgaben des MdI im Verteidigungszustand. Zum 1. Oktober 1966 nahmen auf Vorschlag des Chefs der Luftstreitkräfte/Luftverteidigung der NVA, Generalleutnant Heinz Keßler, in 13 ausgewählten Großbetrieben der DDR ebensoviele KG-Flak-Batterien mit insgesamt 80 37-mm-Geschützen den Dienst auf, die 1977 in das System der Luftverteidigung integriert wurden. Die Kampfgruppen sollten nach der Erklärung des Verteidigungsfalles in ihren Einsatzschwerpunkten oder in deren Nähe kaserniert werden, wobei nur die notwendigen Teilkräfte diensthabend einzusetzen waren, während der Hauptteil weiterhin seinen Produktionsaufgaben nachzukommen hatte[40].

Zugleich wurde weiter an der Verbesserung der Strukturen gearbeitet, mit der die Defizite der bisherigen KG-Arbeit, vor allem im Personalbereich, aufgefangen werden sollten. Im November 1962 ordnete der Nationale Verteidigungsrat an, KGB (mot.), die sich über ein zu großes Territorium und eine Vielzahl von Betrieben erstreckten, um eine Hundertschaft zu reduzieren. In Fällen, in denen sich ein KGB (mot.) wegen einer zu großen Zersplitterung der Kräfte als nicht zweckmäßig erwies, sollte es in verstärkte Hundertschaften (mot.) umgewandelt werden. Motorisierte Verbände setzten sich fortan nur aus Kämpfern eines Kreises zusammen. Die ZK-Abteilung für Sicherheitsfragen legte den Finger in eine altbekannte Wunde, als sie trotz der gewachsenen Ausbildungsbeteiligung einmal mehr die Differenz zwischen der Ist-Stärke der Kampfgruppen und der Anzahl ihrer regelmäßig zur Schulung erscheinenden Angehörigen rügte. Als Ursache sah die Abteilung in erster Linie die fehlende kontinuierliche politisch-ideologische Erziehungsarbeit der Parteiorganisationen. Während dies klassischen realsozialistischen Deutungsmustern entsprach — wonach in der objektiv fortschrittlichsten Gesellschaftsordnung für Rückschritte und Probleme primär subjektive Faktoren verantwortlich sein mußten —, erkannte die politische Führung sehr wohl auch handfestere Hindernisse. Für das Ausbildungsjahr 1963/64, beginnend am 1. Oktober 1963, beschloß das ZK-Sekretariat am 22. Mai des Jahres, die Monate Juli bis September »zukünftig aufgrund der angespannten Belastung in der Landwirtschaft für die Kämpfer der Kampfgruppen der Arbeiterklasse als Ausbildungspause vorzusehen«. Zur Begründung hieß es, daß in der Haupterntezeit eine geschlossene Teilnahme an den Übungen nicht zu gewährleisten sei. Die Nachzüglerausbildung böte nicht den Rahmen der taktischen Einheit, des handelnden Kampfkollektivs.

Das ZK-Sekretariat orientierte sich damit an Erfahrungen der ungarischen Arbeitermiliz, mit der seit 1962 engere Kontakte bestanden. Das freie dritte Quartal eines jeden Kalenderjahres galt es künftig für die Vorbereitung aller Kommandeure auf das folgende Ausbildungsjahr zu nutzen. Bewußt wurde eine Reduzierung der Ausbildungszeit von jährlich 96 auf 72 Stunden in Kauf genommen. Die Sollstärke der Kampfgruppen wurde 1963 auf 200 000 Mann nach unten korrigiert und dennoch nicht erreicht[41].

Der Verteidigungsrat bemühte sich Mitte 1963, wenigstens Teilerfolge zu konstatieren: Die *Gesamt*teilnahme an der Ausbildung hatte sich innerhalb eines dreiviertel Jahres, seit dem September 1962, von durchschnittlich 73,7 % auf 84 % gesteigert. Gleichwohl betrug die Zahl der *regelmäßig* Teilnehmenden nur etwa 67 %. Die Reihen der Kämpfer hatten sich zudem weiter gelichtet (auf 183 630 Mann), die hohe Fluktuation blieb deshalb das Hauptproblem jeder systematischen Schulung. Es konnte auch in den Folgejahren nicht gelöst werden. In einem Schreiben an die 1. Sekretäre der SED-Bezirksleitungen und den für die Kampfgruppen der Reichsbahn verantwortlichen Stellvertreter des Ministers für Verkehrswesen wandte sich Honecker gegen unrichtige Beschönigungen. Er verlangte (»empfahl«) statt dessen, »die personelle Entwicklung der Einheiten entsprechend den realen Bedingungen einzuschätzen. So gibt es bei den allgemeinen Hundertschaften noch über 50 % der Einheiten, die ihre strukturmäßige Stärke bis jetzt nicht erreicht haben. Teilweise können sie nur als selbständige Züge eingesetzt werden. In den Einsatzdokumenten werden sie aber mit der Sollstärke einer Hundertschaft für die Lösung der operativen Aufgaben geplant[42].« Insgesamt sah die Personallage miserabel aus: Vom Frühjahr 1962 bis zum Dezember 1963 betrug der Rückgang der Ist-Stärke 30 000 Kämpfer. Zudem verlief die Lehrgangsplanung für die Kommandeurskader nicht wie erwünscht. Die ZSfK »Ernst Thälmann« hatte eine Auslastung von 74,1 %. 1964 befanden sich

40 bis 50% der anreisenden Teilnehmer nicht in den Funktionen, für die sie auf den einzelnen Lehrgängen geschult werden sollten. So schickten die Bezirksleitungen auch einfache Kämpfer in die Kurse für Bataillonskommandeure.

Ungeachtet aller Unzulänglichkeiten schraubte die SED die Anforderungen an die KG-Verbände weiter in die Höhe: Im Ausbildungsjahr 1963/64 waren sie zu befähigen, unter den Bedingungen eines Kernwaffenkrieges sowohl selbständig als auch im Zusammenspiel mit den anderen bewaffneten Kräften Kampfaufgaben zu erfüllen. Um diesen Aufgaben gerecht zu werden und um im Kaderbereich Fortschritte zu machen, mußte die Parteiarbeit in den Verbänden verstärkt werden. Dazu setzten sich die Bezirksleitungen der SED und die Abteilung für Sicherheitsfragen mit ihrem Vorschlag, ehrenamtliche Sektoren Kampfgruppen bei den Bezirksleitungen (BL) und entsprechende ehrenamtliche Arbeitsgruppen bei den Kreisleitungen (KL) zu schaffen, gegen die Abteilung Kampfgruppen im MdI durch. Da im doppelgleisigen Fortbestehen der alten Arbeitsgruppen bei den VPKÄ die Gefahr der Zersplitterung der Kräfte gesehen wurde, verschob sich die Anleitungsfunktion auf die Parteileitungen — eine Schwächung der ministeriell-administrativen Führung, eine Stärkung der parteilich-politischen Arbeit. Die KG-Arbeitsgruppen, denen Parteiveteranen, Reserveoffiziere, aktive und ehemalige KG-Kommandeure und Mitglieder der BL/KL angehörten, sollten vor allem die Grundorganisationen der SED bei der Durchsetzung der Parteibeschlüsse in den Kampfgruppen unterstützen. Auf dem umgekehrten Weg stellten sie eine schnelle Information der Partei über den Zustand »ihrer« Truppe sicher. Die Verantwortung der Chefs der BDVP und der Leiter der VPKÄ für die Ausbildung blieb unverändert. Für diese Aufgabe blieben die Abteilungen Kampfgruppen bei den BDVP und die KG-Offiziere bei den VPKÄ trotz der nunmehr doch eintretenden Zweiteilung der Zuständigkeit bestehen.

Die Kampfgruppen hatten sich Mitte der 60er Jahre soweit konsolidiert, daß aus Sicht der SED-Führung eine umfassendere Planung für einen längeren Zeitraum möglich wurde, was sich positiv auf die Qualität der Ausbildung wie auf eine bessere Koordinierung der betrieblichen und der KG-Aufgaben der Angehörigen auswirken sollte. Erstmals umfaßte ein Ausbildungsprogramm die Dauer von zwei Jahren. Als längerfristige »Orientierung« gedacht, wurde diese Form auf Vorschlag von Innenminister Friedrich Dickel auch für die Ausbildungsperioden 1966/68 und 1968/70 übernommen, bevor seit 1971 wieder das Kalenderjahr als Grundlage der Ausbildungsplanung diente. Im typischen Raster galt der erste Abschnitt der Ausbildung den einzelnen Kämpfern. Im zweiten Teil wurden die taktischen Einheiten im geschlossenen Handeln geschult[43].

Am 15. Februar 1964 beschloß das ZK-Sekretariat einheitliche Richtlinien für den sozialistischen Wettbewerb und die Besten- und Neuererbewegung in den Kampfgruppen. Mit dem Ziel, gemeinsame Normen republikweit einzuführen und einheitliche Bewertungskriterien für den Wettbewerb zu schaffen, wollte die SED durch die Möglichkeit eines DDR-weiten Vergleiches zusätzliche Leistungssteigerungen in der KG-Arbeit erreichen. Diesem Ziel diente zuallererst auch der bedeutsamste Beschluß der 60er Jahre, die Direktive des ZK-Sekretariats vom 10. November 1965, die die Verantwortung der Bezirks- und Kreisleitungen für die Kampfgruppen hervorhob und die Führungsaufgaben der Partei in den Verbänden erhöhte. Da die Kämpfer aus mehreren Betrieben und Institutionen, nach militärischen Prinzipien überbetrieblich zusammengefaßt, eine KG-Einheit bildeten, konnten sie während der Einsätze nicht am Parteileben ihrer Grundorganisationen teilnehmen. Deshalb sollten nun für diese Zeit in den Einheiten auf Zugebene Parteigruppen gebildet werden, um so potentiellen politischen Bewußtseinsverlusten zuvorzukommen. Der Posten des 1. Stellvertreters des Kommandeurs erfuhr eine Umbenennung in »Stellvertreter für politische Arbeit« — nach SED-Auffassung eine wesentliche Erhöhung der Verantwortung des Funktionärs. Die noch gültigen Festlegungen zur politisch-ideologischen Erziehung vom Juli 1955 wurden aufgehoben. Die Direktive hob darüber hinaus für die inhaltliche KG-Arbeit die Gewinnung neuer Kämpfer und die verstärkte sozialistische Wehrerziehung durch die Grundorganisationen hervor[44].

Militärische Einbindung und politische Illusionen: Die Kampfgruppen in der zweiten Hälfte der 60er Jahre

Erstmals seit 1961 verbuchten die Kampfgruppen 1965 einen Anstieg ihrer Mitgliederzahl, die freilich mit 173 647 Kämpfern deutlich unter dem schon einmal erreichten Niveau blieb, im Ausbildungsjahr 1966/67 aber immerhin weiter auf ein Ist von 181 500 Mann kletterte. Die mot. Einheiten besaßen 95 %, die allgemeinen Einheiten 91,5 % ihrer Sollstärken. Ausgehend von den bestehenden 66 selbständigen Hundertschaften (mot.) visierte die Abteilung Kampfgruppen 1966 insgesamt 160 Einheiten dieser Struktur an. Die Zahl der beweglich einsetzbaren motorisierten Formationen sollte auf Kosten allgemeiner KG-Verbände erhöht werden. Letztere wurden in operative Reserven und in Objektsicherungskräfte unterschieden. In der Bewaffnung plante die Abteilung die Herausnahme der 76-mm-Pak im Austausch gegen weitere Granatwerfer. Die schweren Hundertschaften und Granatwerferzüge waren in selbständige Panzerabwehr- und Fla-MG-Züge und Granatwerfer-Hun-

dertschaften umzubilden. Schon im März 1964 hatte die ZK-Abteilung für Sicherheitsfragen dem zuständigen ZK-Sekretär Honecker diesen Schritt aufgrund territorial-geländemäßiger und logistischer Gegebenheiten für die südlichen Bezirke (Erfurt, Gera, Suhl, Karl-Marx-Stadt, Wismut) vorgeschlagen. Doch in ihrem Bestreben, zur Verbesserung der KG-Arbeit nicht nur politisch-ideologisch auf das Rekrutierungsreservoir einzuwirken, sondern auch durch eine ständige Reorganisation der Gliederung, erschwerten sich die SED-Führung und das MdI den Weg zu einem guten Teil selbst. In den Nordbezirken blieb nämlich die schwere Hundertschaft mit einem 76-mm-Pak-Zug bestehen, dafür wurden die Granatwerfer in einem selbständigen Zug zusammengefaßt. In der Folge stellte das MdI fest, daß sich die mangelhafte Führungstätigkeit vieler Kommandeure und die ohnehin teilweise ungünstige Zusammensetzung einzelner Untereinheiten durch die Bildung von zwei grundsätzlich unterschiedlichen Kategorien von KGB (mot.) noch weiter komplizierte. Doch schon innerhalb der Abteilung Kampfgruppen im Ministerium war man sich 1966 über eine Lösung dieser strukturellen Probleme nicht einig.
Es bestanden nunmehr:
KGB (mot.) Nord, KGB (mot.) Süd, jeweils nochmals unterteilt in reguläre Bataillone und solche, die um eine Hundertschaft (mot.) reduziert waren — jeder Bezirk verfügte über 3 bis 8 dieser Verbände; selbständige Hundertschaften (mot.) — vorrangig in den Grenzkreisen zu Berlin (West) und an der Grenze zur Bundesrepublik als operative Reserven der Kreiseinsatzleitungen; KGB (allgem.) — nur dort, wo die Hundertschaften eng beieinander stationiert waren; KG-Hundertschaften — anzahl- und stärkemäßig der höchste Anteil an den Kampfgruppen; hinzu kamen: KG-Hundertschaften ohne einen (dritten) Zug; selbständige KG-Züge mit drei, vier oder fünf Gruppen; und schließlich die KG-Batterien (Flak). Einsatztaktisch teilten sich diese Verbände in Bezirksreserven, Kreisreserven, Objektsicherungskräfte und KG-Einheiten auf dem Gebiet der Reichsbahn sowie Flak. KGB (mot.) dienten ausschließlich als Bezirksreserven.

Dieses im Verhältnis zu den Anfängen fast schon zu sehr ausgeklügelte, zumindest auf dem Papier perfektionierte System bot den Verantwortlichen jedoch immer noch Anlaß zu alten und neuen, objektiven und subjektiven Klagen. Von einer Parteimiliz, die gemäß Aufgabenkatalog nicht nur mit den Volkspolizei-Bereitschaften kooperierte, sondern in ihren motorisierten Teilen zeitweilig dem Kommandeur der zuständigen Einheit der NVA operativ unterstellt werden konnte, mußte mehr als früher verlangt werden. Galt 1960 der Kämpfer als ausgebildet, der an mehr als 75 % der durchgeführten Ausbildungs*stunden* teilgenommen hatte, erfüllte 1966 derjenige die Forderungen, der an allen Ausbildungs*themen* partizipierte. Daher standen 45,0 % aus dem Jahre 1960 einer klar gesteigerten Quote von 91,6 % 1966 gegenüber; ein schneller Zuwachs, der als statistische Ziffer jedoch nur in begrenztem Maße einen »Erfolg« der politischen Erziehungsarbeit ausdrückte.

Die seit 1955 bestehende Anweisung, die Ausbildung außerhalb der Arbeitszeit durchzuführen, fand in der Praxis häufig keine Beachtung. Dieser Umstand ist wohl deshalb so selten kritisiert worden, weil die Führung erkannte, daß bei einer strikten Befolgung der personellen Auffüllung der Verbände noch weniger Erfolg beschieden wäre. Mit der Einführung des arbeitsfreien Samstags in der DDR-Wirtschaft mußte sich das allerdings ändern. In einem Brief vom 28. August 1967 an alle Kreisleitungen forderte Walter Ulbricht, trotz der höheren Anforderungen an die Kampfgruppen unter den Bedingungen der Fünf-Tage-Arbeitswoche die Ausbildung konsequent außerhalb der Arbeitszeit ohne Beeinträchtigung der Produktion durchzuführen.

Die Anforderungen stiegen auch im Jahr darauf weiter, als der Nationale Verteidigungsrat im März 1968 beschloß, die Kampfgruppen im Rahmen der »Konzeption zur Vervollkommnung des Systems der Verteidigung des Territoriums der DDR« zu Kampf- und Sicherungseinheiten der Territorialverteidigung zu formieren. Das ZK-Sekretariat setzte diese Richtungsbestimmung im folgenden Monat um. Hatten bisher die Kommandeure ihr Ausbildungsprogramm auf der Grundlage der vom MdI erlassenen Richtlinien anhand allgemeiner Zielsetzungen im einzelnen selbst festgelegt, so wurden im neuen System der »Einsatzausbildung« die Anforderungen genau definiert. Die Ausbildung richtete sich nach »Stundenbildern«, einem Lehr- und Lernkatalog, in dem exakte Ausbildungsziele bestimmt wurden, die vereinheitlichend wirken und dadurch subjektive Momente in der Leistungsbewertung verbannen sollten. Zugleich wurde die Kooperationsfähigkeit mit den anderen bewaffneten Organen gefördert. Hier ging es in der Ausbildung letztlich darum, eine Entwicklung zu ihrem Höhepunkt zu führen, die zu Beginn des Jahrzehnts begonnen hatte: die militärische Einsetzbarkeit der Kampfgruppen[45].

Dies zeigte sich im Großen mit Direktiven und Beschlüssen, in denen grundsätzlich »militärische« Leistungen verlangt wurden, wie im Kleinen. Die vom ZK-Sekretariat verfügte Ablösung des Leiters der ZSfK im September 1969 erfolgte offiziell aus gesundheitlichen Gründen, de facto jedoch wegen »der für die künftigen Anforderungen unzureichend gewordenen militärischen Qualifikation«[46]. Als Absolvent der Militärakademie »Friedrich Engels« besaß sein Nachfolger offenbar die erforderlichen Fähigkeiten.

Den militärischen Ritterschlag erhielt die Parteimiliz in einem Junktim im Felde und auf der politischen Bühne: Im Rahmen des großen Manövers »Waffenbrüderschaft« durften 1970 zwei Bataillone aus den Bezirken Frankfurt/Oder und Cottbus, weithin sichtbar, erstmals im Verbund mit den Armeen des Warschauer Vertrages üben. Dahinter stand allerdings Kalkül: »Um die noch bestehenden Schwierigkeiten bei der Auffüllung der Einheiten zu beseitigen, ist der gesellschaftlichen Würdigung der hohen Leistungen der Kämpfer größere Aufmerksamkeit zu widmen«, hatte der Nationale Verteidigungsrat angeordnet. Dazu trug prompt der Stellvertreter des Leitenden beim Manöver »Waffenbrüderschaft«, Generaloberst Heinz Keßler, bei, als er in der Kampfgruppenzeitung »Der Kämpfer« bilanzierte: »Die Leistungen der Kampfgruppen, vollbracht unter den widrigsten Witterungsbedingungen, stehen würdig neben den Leistungen der verbündeten Armeen[47].«

Doch das Gold, das da glänzte, war allzu oft nur Katzengold. Das galt auch für die vielgepriesene »Einsatzausbildung«: »Kritisch muß vermerkt werden, daß dieses neue System der Einsatzausbildung nicht frei von Illusionen war, die es auch in anderen gesellschaftlichen Bereichen gab. Die Einordnung bestimmter bewährter Methoden in sogenannte Systeme, ja selbst die Kennzeichnung bisheriger Methoden als System bringt nicht zwangsläufig eine neue Qualität hervor.« Ähnliches war zur militärischen Integration anzumerken: »Der Einsatz von Kampfgruppen im Rahmen eines derartigen Manövers entsprach der zu dieser Zeit noch vorherrschenden Meinung, daß die Kampfgruppen in der Lage wären, wie reguläre Streitkräfte direkte Verteidigungsaufgaben im Ernstfall erfüllen zu können. Darin widerspiegelt sich eine Überschätzung des militärischen Potentials der Kampfgruppen und nicht zuletzt auch eine Entfernung von ihren eigentlichen Aufgaben[48].« Dieser Kritik in der Rückschau entsprach durchaus manch zeitgenössische Einsicht hinter den Kulissen. Als das ZK-Sekretariat im Spätsommer 1969 einmal mehr den Auffüllungsstand der Gruppierungen bemängelte, machte es dafür sowohl die »nicht ausreichenden Anstrengungen der Parteiorganisationen zur Gewinnung neuer Kämpfer« als auch die »ungenügende Koordinierung der Maßnahmen zwischen Kreisleitung, Wehrkreiskommando und Volkspolizei-Kreisamt« verantwortlich, letztere »besonders bei der Festlegung der realen Sollzahl«. Dahinter verbarg sich schlicht Personalnot, mußten doch neben den hauptamtlichen Sicherheitsorganen zusätzlich und auf ehrenamtlicher Basis KG-Angehörige, Freiwillige Helfer der Volks- und Grenzpolizei, Angehörige der freiwilligen Feuerwehr und Kräfte der Zivilverteidigung geworben werden[49].

Die Kampfgruppen in den 70er Jahren: Volle Integration in das System der Landesverteidigung

Die Proklamation des VIII. Parteitages der SED im Juni 1971, in der DDR die entwickelte sozialistische Gesellschaft zu gestalten, wurde in unausweichlicher Folge auch für die Kampfgruppenarbeit ausgewertet. Das geschah, nicht minder unausweichlich, in neuen Beschlüssen, Regelungen und Verordnungen, die jedoch auf ein altes Rezept zurückgriffen: Umbildungen der Struktur[50]. Der Verteidigungsrat bestimmte im September 1971 die »Hauptrichtung der Entwicklung« für die Verbände im System der Landesverteidigung bis 1980. Ab 1973 waren zwei hauptamtliche Kader in den motorisierten Bataillonen einzusetzen (verwirklicht 1974, später auf bis zu acht Hauptamtliche ausgeweitet), deren Aufgabe in der Wartung des technischen Geräts bestand. Beginnend 1976, sollten Schützenpanzerwagen-Hundertschaften (SPW-HS) in den KGB (mot.) gebildet werden. (Diese Maßnahme führte jedoch zu dem Problem, daß die Fahrzeuge halbzugweise eingesetzt wurden, die Hundertschaft sich aber nach Gruppen gliederte, was eine aufgesessene Gefechtsführung erschwerte.) Auf die Weisung vom September 1971 ging die letzte große Reorganisation der Kampfgruppen zurück, die 1972 eingeleitet und bis 1974 abgeschlossen wurde.

Ziel der Umgliederung war es, die KG-Verbände in kürzester Zeit gefechtsbereit zu haben, ihre »straffe und ununterbrochene Führung« zu gewährleisten, sie unter allen Lagebedingungen einsetzen zu können und eine hohe Feuer- und Manövrierfähigkeit sowie eine »relative Selbständigkeit« in der »Gefechts- und rückwärtigen Sicherstellung« (also der Logistik) zu erreichen. Hier kam wiederum die in den 60er Jahren entwickelte und erst in den 80ern überwundene Integration der Kampfgruppen als militärische Territorialtruppe in die Landesverteidigung zum Ausdruck. Die Kampfgruppen-Bataillone und -Hundertschaften (mot.) und (allgem.) sowie die selbständigen Züge wurden zu Bezirkskampfkräften, Kreiskampfkräften und Sicherungskräften je nach regionalem Verwendungszweck umgebildet, ohne daß man die alte Unterteilung in verschiedene Formationen (KGB, HS) aufgab. Dieser Prozeß lief in vier Etappen ab. Zunächst waren bis Ende März 1973 der gegenwärtige Zustand zu analysieren und die künftige Dislozierung festzulegen, wobei die Vorgaben für die Kampfkräfte zentral, diejenigen für die Sicherungskräfte regional durch die betroffenen Einsatzleitungen bestimmt wurden. Anschließend erfolgte bis Ende August 1973 die Auswahl des Kommandeurs- und Unterführerbestandes und die Festlegung der personellen Zusammensetzung für die Kampf- und Sicherungseinheiten. Bis Ende des

Jahres kam es zur Präzisierung der erforderlichen Dokumente für die militärische Führung, Kaderzusammensetzung, Bewaffnung und Technik sowie Alarmierung und Einsatzplanung. Die praktischen Maßnahmen waren bis Ende Februar 1974 zu verwirklichen. Mit der vorgeschlagenen Umstrukturierung sollte die Feuerdichte eines KG-Bataillons nahezu jene eines Mot.-Schützenbataillons der NVA erreichen.

Eine solche Neustrukturierung mußte auch in der Kaderarbeit Abstützung finden, worauf die »Richtlinie für die Auswahl und Zugehörigkeit zu den Kampfgruppen der Arbeiterklasse« des ZK-Sekretariats vom 6. September 1972 zielte. Mitglieder und Kandidaten der SED, Mitglieder der Demokratischen Bauernpartei Deutschlands und parteilose Werktätige konnten nach diesem Beschluß KG-Angehörige sein. Sie mußten »in der Regel« das 26. Lebensjahr vollendet haben und geschulte Reservisten sein. Weibliche DDR-Bürger konnten in den Sanitäts-, Nachrichten- und Versorgungseinheiten dienen. Reservisten, die in die Ersatzgestellung für die NVA oder andere bewaffnete Organe eingeplant waren, durften nicht gewonnen werden, ebensowenig Führungskader aus dem Partei- und Staatsapparat und Beschäftigte in verteidigungs- und lebensnotwendigen Produktions- und Dienstleistungsbetrieben. Die zuständigen leitenden Parteiorgane mußten sicherstellen, daß alle KG-Einheiten ständig personell aufgefüllt waren und mindestens 10 % Reservekader für die Dienststellung Kämpfer zur Verfügung standen; daß die Mehrheit der Kämpfer in allen Einheiten sowie alle Kommandeure bis zur Zugführerebene und die Inhaber besonderer Dienstposten (Codierer, Gruppen- und Truppführer im Nachrichten- und Aufklärungswesen) Mitglieder oder Kandidaten der SED waren[51]. In den Formationen als dem »unmittelbar bewaffneten Organ der Arbeiterklasse« sollten Kämpfer dienen, die dementsprechend im überwiegenden Teil aus der Produktion oder der Arbeiterschaft kamen. Wichtig war den Verantwortlichen vor allem, daß die Angehörigen zwanzig Jahre und länger in den Einheiten Dienst versahen, um Kontinuität und Planungssicherheit zu erreichen. Hier wollten ZK und Ministerium dem Problem der übermäßigen Fluktuation offensichtlich einen Riegel vorschieben. Für die Personalplanung entstanden deshalb auf Kreisebene Koordinierungskommissionen aus Vertretern der NVA-Wehrkreiskommandos, der VPKÄ, der MfS-Kreisdienststellen und dem Bereich Planung bei den Vorsitzenden der Räte der Kreise.

Nach erfolgter Umgliederung sollte die Ausbildung ab März 1974 fortgesetzt werden können. Zu diesem Zeitpunkt lief bereits die vom ZK-Sekretariat am 23. Februar 1972 beschlossene Ausbildungsperiode 1973/76, die erstmals eine vierjährige Dauer vorsah. Die jede Ausbildung überregulierenden »Stundenbilder« gab man zugunsten der Einführung von »Fachmethodiken«

Gliederung der Kampfgruppen 1988

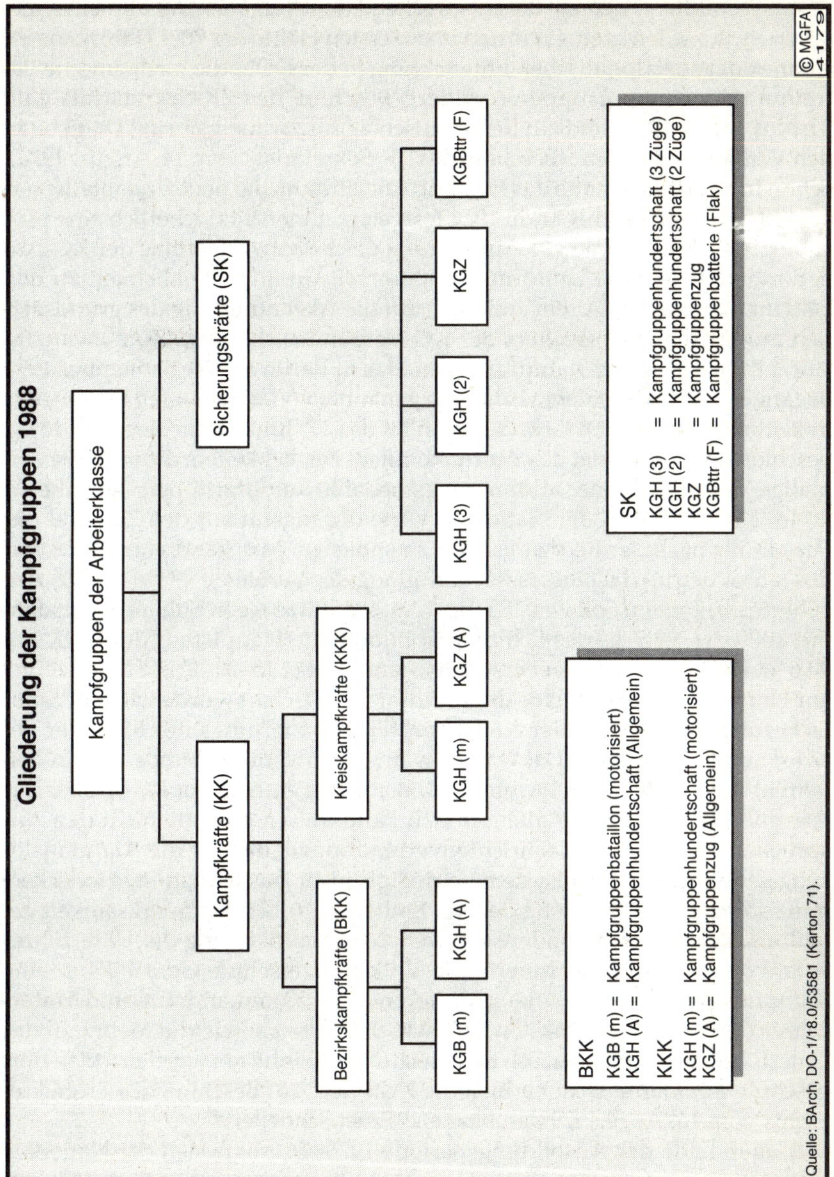

Quelle: BArch, DO-1/18.0/53581 (Karton 71).

zu ausgewählten Themen, die entsprechend den Aufgaben der Einheiten differierten, auf. Gleichzeitig wurden in der ersten Hälfte der 70er Jahre, ganz im Konnex der sozialpolitischen Entwicklung in der DDR, die medizinische Betreuung der Kampfgruppen reguliert (Beschluß des ZK-Sekretariats vom 21. November 1972) und ein Rentenzuschlag für zwanzigjährige Tätigkeit in den Verbänden gewährt (Beschluß des ZK-Sekretariats vom 14. August 1974). Schon im April 1970 hatte das Politbüro die Einführung neuer, qualitativ verbesserter Uniformen bis Ende 1974 festgelegt. Einerseits sicherlich eine psychologische Maßnahme zur Aufwertung des Selbstwertgefühls der KG-Angehörigen, ließen die Uniformen andererseits in ihrer Ähnlichkeit zu den Feldanzügen der NVA rein äußerlich auf die Akzentuierung des grundsätzlich militärischen Charakters der KG-Verbände schließen. Zum zwanzigjährigen Bestehen der Kampfgruppen, das in Berlin am 29. September 1973 begangen wurde — einem vorher nie genannten oder gefeierten Datum, das in zeitlicher Ferne zum Gründungsanlaß des 17. Juni konstruiert wurde —, beschloß das Sekretariat des Zentralkomitees Festlichkeiten, die auch die einmalige Verleihung einer »Erinnerungsmedaille Kampfgruppen« vorsahen[52].

Im Mai 1974 kam der Nationale Verteidigungsrat auf den Zustand der Parteimiliz nach der Reorganisation zu sprechen. Mit Stand vom 20. Januar des Jahres betrug die personelle Auffüllung der Verbände 97 % (179 686 Angehörige bei einem Soll von 185 215). An der Spitze lagen Suhl und Potsdam mit 100 bzw. 99,9 %, das Schlußlicht bildete die Hauptstadt der DDR mit 90,6 %. Die Fluktuation im Personalbestand lag bei 15–20 %. Die Normzeiten zur Herstellung der Gefechts- bzw. Einsatzbereitschaft wurden von 95 % der Sicherungskräfte, 96 % der Kreiskampfkräfte, allerdings nur 83 % der Bezirkskampfkräfte erfüllt. Das waren zwar Spitzenwerte gegenüber den frühen Jahren, aber der NVR suchte und fand dennoch Fehler in der KG-Arbeit. Das Alarmierungssystem vor allem in den Landkreisen genügte nicht den Ansprüchen; es fehlte an Nachrichtenverbindungen, das für die Alarmauslösung genutzte Schneeballsystem befriedigte nicht. Nach Meinung Honeckers mußte auch der Ausbildung der KG-Einheiten größere Aufmerksamkeit gewidmet werden. Insbesondere zur weiteren Qualifizierung der Unterführer befahl der Minister des Innern, die Volkspolizeischule Gera 1974 in eine Kampfgruppenschule »umzuprofilieren«. Die Kommandeure und Unterführer der Artillerie-, Flak- und Fla-MG-Einheiten sowie die Mehrzahl der Unterführer der infanteristisch eingesetzten KG-Einheiten wurden fortan dort geschult. Fünf Jahre später erhielt die KGS Gera auf Beschluß des ZK-Sekretariats vom 16. April 1979 den Namen »Ernst Schneller«[53].

Gegen Ende der Ausbildungsperiode 1973/76 zeigte sich der Nationale Verteidigungsrat mit den Leistungen der Miliz zufrieden. Die Einheiten waren zu 99 % aufgefüllt. Die geforderten Normzeiten zur Herstellung der Gefechts- und Einsatzbereitschaft wurden »ausnahmslos erreicht und teilweise unterboten«; 1975 hatten zum ersten Male alle Einheiten an beiden jährlichen Alarmübungen teilgenommen und sie mit 100 % erfüllt. Diese »Traumzahlen« erreichten die Funktionäre jedoch nur mit Mogeleien, so dem Wiederholen von nicht erfüllten Alarmübungen, bis das Manko behoben war. Die Erfolge gründeten in der KG-Umgliederung sowie in der Verringerung der Anzahl der Trägerbetriebe. Die Übernahme der operativen Führung und rückwärtigen Sicherstellung der Kampfkräfte der Kampfgruppen im Spannungs- und Verteidigungszustand durch die Wehrkommandos der NVA war vorbereitet.

Der Anteil der Mitglieder und Kandidaten der SED in den Verbänden belief sich 1975 auf 68,3 %, er lag damit relativ stabil bei etwas über zwei Dritteln der Gesamtstärke. 93,7 % aller KG-Angehörigen waren bis 50 Jahre alt, das Durchschnittsalter betrug 43 Jahre. An der Ausbildung hatten 1975 95,2 % der Kämpfer regelmäßig teilgenommen. Etwa 13 % des Personals gehörten den Kampfgruppen länger als 20 Jahre an. Auch bei der Qualifizierung der Vorgesetzten gab es Fortschritte, allerdings nicht so schnell wie in anderen Bereichen. 86,4 % der Kommandeure, Stellvertreter, Zug- und Gruppenführer waren entsprechend ihrer Dienststellung geschult.

Recht gute Ergebnisse erzielte erstmals die materielle Ausstattung der KG. Die Bewaffnung mit Flak, schwerem Panzergeschütz (SPG), 76-mm-Kanone und Granatwerfer betrug Mitte 1976 100 %, bei den Panzerbüchsen sollte im Folgejahr dieser Stand erreicht werden. Pistole M[akarov] und MPi-K[alašnikov] als Standard-Handfeuerwaffen waren zu 100 % in den Gruppierungen vorhanden. Nur Fla-MG 12,7 mm, die zur Lieferung aus Polen anstanden, befanden sich noch nicht im Zulauf. Bei den Kraftfahrzeugen gab es jedoch größere Fehlbestände. Die Ausstattung mit den älteren SPW 152 erreichte 33 %, das Fehl sollte bis Ende 1977 geliefert werden. 20 % der neueren SPW 40 waren an die Kampfgruppen übergeben, bis Ende 1977 sollte die Quote auf 68 % erhöht werden (1983 waren alle SPW dieses Typs zugeführt, 1986 begann die Ausrüstung mit den modifizierten SPW 40 P 2). War die Motorisierung der Verbände bis weit in die 60er Jahre ein aus Kapazitätsgründen der Volkswirtschaft ungelöstes Problem, so gab es mittlerweile einen recht differenzierten Bestand an SPW, Mannschaftstransportwagen (MTW) in verschiedenen Spezialausführungen, Krad (zu 100 % im Bestand) und PKW Kübel (zunächst nur zu einem Prozent des Solls vorhanden). Ergänzend erließ das Präsidium des Ministerrates der DDR im Dezember 1977 einen Beschluß zur »Sicherstellung der Ausbildung der Kampfgruppen der Arbeiterklasse mit Kfz aus der Volkswirtschaft«, der bereits für Ausbildungszwecke die Gestellung von Kfz aus Betrieben vorsah[54].

Unter diesen Vorzeichen stand die wiederum vierjährige Ausbildungsperiode 1977/80, die das ZK-Sekretariat am 14. Juli 1976 festlegte. In diesen Jahren sollte im »Republikmaßstab« u.a. folgendes erreicht werden: Angleichung von Struktur, Bewaffnung und Ausrüstung; Stabilisierung von Ausbildungsteilnahme und Gefechtsbereitschaft auf hohem Niveau; Vereinheitlichung der KG-Verbände aller Bezirke und Kreise. Die erwünschte innere Normierung der Einheiten ging einher mit einer angestrebten Kompatibilität in der Einsatzfähigkeit mit den anderen bewaffneten Organen. Nach wie vor besaß der militärische Einsatz Priorität. Am 24. Mai 1977 erhielt das MdI vom ZK-Sekretariat den Auftrag, den Kampfgruppen eine verbesserte Nutzung vorhandener Ausbildungseinrichtungen von NVA, Grenztruppen und MfS zu ermöglichen und für sie einen eigenen Standortübungsplatz in der Nähe von Berlin zu schaffen. Hatte im November 1970 bereits ein Verband des Bezirkes Potsdam eine Lehrvorführung »Das KGB (mot.) im Angriff auf eine Ortschaft« abgehalten, so konfrontierte eine Überprüfung ihres militärischen und spezialfachlichen Wissens die Leiter der Abteilung Kampfgruppen der BDVP — wahrscheinlich 1977 — mit einem konkret benannten Feind: Angenommen wurde in der Lage eine Luftlandung von Teilen des wirklich existierenden Fallschirmjägerbataillons 262 der Bundeswehr auf DDR-Territorium[55].

All jene Maßnahmen zur sozialen Aufwertung und zur militärischen Einbindung in die Territorialverteidigung führten wohl in der Tat dazu, daß bei den KG-Angehörigen »zwangsläufig das Empfinden entstehen oder verstärkt werden« mußte, »sie seien eine der wesentlichen militärischen Stützen der DDR, ohne sie sei der Sozialismus zum Scheitern verurteilt[56].« Genau das war beabsichtigt. In den 70er Jahren erreichten die Kampfgruppen den Zenit ihrer Entwicklung; trotz aller Probleme bildeten sie einen nicht unerheblichen militärischen Faktor. Gelegentlich mußte sogar gebremst werden: Zur Vorbereitung des 25. Jahrestages der Parteimiliz schlug Konrad Naumann, 1. Sekretär der SED-Bezirksleitung Berlin, Honecker im Dezember 1977 vor, im September des folgenden Jahres auf dem Truppenübungsplatz der GSSD Jüterbog eine Übung aller KG-Kampfkräfte Berlins mit 5600 Kämpfern durchzuführen. Die ZK-Abteilung für Sicherheitsfragen unterband die Idee, da sie »keine politischen und operativen Notwendigkeiten« sah. Gegen ein solches Manöver sprach, daß in den gültigen und vom Verteidigungsrat bestätigten Einsatzgrundsätzen derartig große Massierungen an KG-Einheiten nicht eingeplant waren. So wurden letztlich nur die vier Berliner KGB (mot.) zu einer Übung im Spätsommer 1978 herangezogen — noch immer eine recht umfangreiche Manövertruppe[57].

Die starke Einbindung der Kampfgruppen in das System der Landesverteidigung verlangte aus Sicht der Parteiführung eine intensivere politisch-ideologische Arbeit. Schließlich wurden im Interesse der Wehrmoral von den Kämpfern auch Verhaltensweisen gefordert, die sich »nicht gesetzmäßig« aus der sozialistischen Gesellschaftsform ergaben: »Haß, Härte gegen den Imperialismus, unbedingter Siegeswille zur Vernichtung des Feindes«. Die Ausprägung solchen Verhaltens mußte Aufgabe einer Wehrerziehung sein, die den Charakter der Handlungen des imperialistischen Gegners in seiner Brutalität, Hartnäckigkeit und Hinterhältigkeit aufdecken und dadurch »ideologiebildend« wirken sollte. In der aus SED-Sicht positiv gewendeten Spielart dieser Wehrerziehung nahmen seit Anfang der 70er Jahre die Pflege und »Popularisierung« der revolutionären Traditionen der Arbeiterklasse, insbesondere ihrer Schutz- und Wehrorganisationen, sowie die Berufung auf eigene Traditionen der erst zwei Jahrzehnte jungen Kampfgruppen an Bedeutung zu[58].

Innenminister Friedrich Dickel brachte in einem Vortrag im Februar 1978 die höheren Anforderungen an Kampfkraft und Gefechtsbereitschaft der Parteimiliz exemplarisch in Zusammenhang mit den Leitbildern des bewaffneten Arbeiterkampfes. Er bemühte die Novemberrevolution 1918, die Rote Ruhrarmee 1920, die proletarischen Hundertschaften der Märzkämpfe 1921, den Hamburger Aufstand von 1923 und den Roten Frontkämpferbund (RFB). Das waren an sich keine neuen Leitbilder; die KG-Hundertschaften orientierten sich in ihrer ursprünglichen Untergliederung in drei Züge à drei Gruppen genau an den Einheiten des RFB. Auch das Symbol der Kampfgruppen, der am Arm hochgestreckte Karabiner mit roter Flagge, fand dort seinen Ursprung. Doch in den 70er Jahren wurde die Traditionsarbeit verstärkt. Aufhänger dafür waren der 150. Geburtstag Friedrich Engels' und der 90. Geburtstag des Militärtheoretikers der KPD, Ernst Schnellers. Mit dem 50. Jahrestag der Gründung des RFB ergab sich ein weiterer Jubiläumsbezug. Aus marxistischer Sicht hatte Engels, selbstredend »gemeinsam mit Karl Marx«, nachgewiesen, »daß die Arbeiterklasse ihre historische Mission nur erfüllen kann, wenn sie sich die moderne Militärtheorie umfassend aneignet und schöpferisch anwendet und weiterentwickelt. Von dieser Fähigkeit der SED zeugt nicht zuletzt auch die Führung der Kampfgruppen durch die Partei der Arbeiterklasse[59].« Die marxistisch-leninistische Vorstellung von der Armierung der Massen verkörperten für die SED-Führung die Kampfgruppen. Sie entsprachen im militärtheoretischen Konzept der DDR am ehesten den Lehrsätzen Marx-Engelsscher Prägung, hier dem der Volksmiliz.

Als unmittelbare Vorbilder sind die von Minister Dickel benannten historischen Formationen zu werten. »Volksmarinedivision« und »Spartakusbund« lagen noch im Vorstellungs-, in den 50er Jahren sogar im persönlichen Erfahrungshorizont einzelner KG-Angehöriger. Im Duktus des Kalten Krieges hinterfragte in der Bundesrepublik Werner Bader 1963 inhaltlich zugespitzt die Authentizität der konstruierten Traditionsreferenz. Die Kampfgruppen setzten nach Bader insofern die RFB-Tradition fort, als auch sie bedingungslos auf die kommunistische Partei, die Weltrevolution und die »absolute Ergebenheit« gegenüber der Sowjetunion eingeschworen seien. »Nur daß dieses Gelöbnis vor 30 Jahren noch weithin einer echten, wenn auch utopischen Sehnsucht entsprach und damit dem Roten Frontkämpferbund ein enormer Kampfgeist innewohnte. Die Kampfgruppen heute dagegen sind eine Zwangsorganisation, die zwar Kampfwaffen hat, der es aber in der Masse an der echten Überzeugung mangelt[60].«

Neben der Berufung auf die Vorbilder des bewaffneten Kampfes vor 1945 setzte eine Form eigener KG-Traditionsbildung ein, die den Kämpfern nicht nur den Heroismus ihrer Väter und Vorväter suggerieren, sondern den Stolz auf eigene Leistungen erwecken sollte, so vor allem im Einsatz der KG-Verbände im August 1961. Durch die Betonung der militärischen Leistung jener Wochen wurde von der politischen Bedeutung der Ereignisse abgelenkt, die hervorgehobene Exaktheit der Aktion machte sie zu einer Operation sui generis. Der Erfolg bezeugte in propagandistischer Erhöhung die Zuverlässigkeit der Kampfgruppen, was auf oppositionelles Potential im eigenen Lande, aber auch auf viele Unentschiedene eine Disziplinierungsfunktion anzunehmen vermochte. Die Pflege der eigenen Tradition, die mit dem großen Aufmarsch der fünf Jahre zuvor beteiligten Sicherheitskräfte im August 1966 eingeläutet und auch nach außen augenfällig wurde, diente also einerseits der Festigung des inneren Gefüges der Miliz, andererseits aber auch als Stabilisierungsfaktor in der Gesellschaft.

Rückbesinnung auf den Kampf gegen »die Konterrevolution« und politische Handlungsunfähigkeit (1980–1989)

Im März 1980 resümierte der Nationale Verteidigungsrat die zehnjährige Entwicklung von 1971 bis 1980. Die Kampfgruppen konnten nunmehr selbständig und im Zusammenwirken mit anderen bewaffneten Kräften Aufgaben zur Verteidigung von Objekten auf dem Territorium der DDR, zur Gewährleistung der Operationsfreiheit der Vereinten Streitkräfte sowie zur Sicherung der Mobilmachung der NVA erfüllen. Der Personalbestand betrug etwa 78 500 Kämpfer in den Kampfkräften (42,4 %) und ca. 106 500 Kämpfer in den Sicherungskräften (57,6 %). Mit der personellen Reserve von 17 000 KG-Angehörigen ergab das eine Gesamtstärke von etwa 202 000, nach anderer Rechnung sogar von über 211 000 Kämpfern. Bis 1990 sollte der hohe Grad der

Kampfkraft und Gefechtsbereitschaft zur Erfüllung militärischer Anforderungen unter Beibehaltung der bestehenden Organisationsstrukturen weiter vervollkommnet werden. Dazu wurden im März und November 1980 Grundsätze für den Zeitraum 1981–1990 und eine Direktive »über Rolle, Platz, Aufgaben, Organisation und Ausbildung« der Verbände erlassen. Gemäß dieser Direktive waren im Einsatzfall die Kampfkräfte im Auftrag der BEL und KEL durch die Chefs und Leiter der Wehrkommandos der NVA, die Sicherungskräfte durch die Chefs der BDVP und Leiter der VPKÄ zu führen. Die Kampfgruppeneinheiten konnten für die Dauer gemeinsamer Handlungen den Kommandeuren anderer bewaffneter Kräfte operativ unterstellt werden. »Präzisierungen« in der Dislozierung der Bezirkskampfkräfte mußten deshalb mit dem Hauptstab der NVA abgestimmt werden. Aus der im wesentlichen nicht geänderten Fortführung der KG-Arbeit sprach die »Einschätzung«, daß sich die Grundsätze der letzten Jahre bewährt hatten. Eine Änderung gab es mit dem neuen Ausbildungszeitraum 1981/85, der der zeitlichen Struktur der Fünfjahrpläne angepaßt wurde.

Kampfkräfte absolvierten nun 56, Sicherungskräfte 40 Stunden Ausbildung; Kommandeure mußten 72 Stunden ableisten. Zur optimalen Nutzung der verbliebenen Zeit dienten verstärkt Wettbewerbe und Leistungsvergleiche, um so »gute Arbeitsmethoden schnell zu verallgemeinern und vorhandene Reserven zu mobilisieren«. Die Ausbildung war durchgeplant, die Beteiligung der einzelnen Kämpfer in einem persönlichen »Kompaß« nach einem Punktesystem genau zu vermerken. Der Teufel steckte allerdings im Detail, denn ein solches System zur Auswertung der Ausbildung »ermöglichte es eben auch, mit zweimaligem Waffenreinigen das Fehlen selbst bei der Abschlußübung zu kompensieren«[61]. Die Verbände nahmen im Laufe der 80er Jahre trotz der bestätigten Erfolge allerdings allmählich eine andere Entwicklung, die von den Erfahrungen der »Solidarność«-Bewegung in der Volksrepublik Polen ausging. Hier glaubte die SED-Führung, die unterstellte imperialistische Strategie des »Aufweichens« sozialistischer Länder von innen heraus und den Versuch einer schleichenden Liberalisierung der sozialistischen Gesellschaftsordnung bestätigt zu finden. Ein »konterrevolutionärer« Dreistufenplan prägte angeblich die westliche Politik der Ära Reagan: Durch ideologisches »Präparieren« sollte ein politisches »Reformieren« vorbereitet werden, das anschließend in ein kapitalistisches »Restaurieren« zu münden hätte. Dieser neuen »imperialistischen Bedrohung« begegnete die KG-Arbeit durch veränderte taktische Ausbildungs- und Einsatzaufgaben. Neben die militärischen Anforderungen traten wieder solche Ausbildungsinhalte, die angesichts der polnischen Ereignisse Rückbezug auf das Profil der 50er Jahre nahmen. Dazu gehörten die Bekämpfung »subversiver Banden« und die

Verhinderung oder Auflösung zusammengerotteter Gruppierungen, die die öffentliche Ordnung und Sicherheit stören. Möglich wurde jetzt der zivile Einsatz der Formationen, den es allerdings bei den Aussiedlungen der »Aktion Festigung« an der innerdeutschen Grenze 1961 schon gegeben hatte[62].

Mitte der 80er Jahre war das alte und stets erste Problem der Personalrekrutierung für die Entwicklung der Kampfgruppen noch immer nicht zufriedenstellend gelöst, obwohl der Zustand nicht mehr die Dramatik des ersten Jahrzehnts besaß. Zu Beginn der 80er Jahre setzte mit dem Ausscheiden älterer Jahrgänge ein Verjüngungsprozeß ein, der die Fluktuationsrate naturgemäß steigerte, so daß zwischen 1981 und 1985 fast ein Drittel der KG-Angehörigen ausgetauscht wurde. 1983 waren 72 % der KG-Angehörigen nicht älter als 45 Jahre.

Gegen den personellen Notstand wurde zu zwei Rezepten gegriffen. In einem undatierten Memorandum, wahrscheinlich von 1982, entsann sich die HA Kampfgruppen eines Beschlusses des ZK-Sekretariats vom 6. September 1972 zur Aufnahme von Frauen in die Verbände. Da angesichts der Entwicklung der Bevölkerungsstruktur der DDR und der vorrangigen Auffüllung aller anderen Sicherheitsorgane die Bedingungen zur Sicherung der vollen Soll-Stärke der Parteitruppe künftig komplizierter würden, so hieß es in dem Papier, sollten verstärkt weibliche Bürger zum Dienst in den Kampfgruppen gewonnen werden. In der Hauptabteilung des MdI gingen die verantwortlichen Offiziere davon aus, daß insgesamt drei bis fünf Prozent der KG-Gesamtstärke durch Frauen gestellt werden könnten. Denkbar war eine ganze Reihe von Verwendungen: Bataillonsärztin, Sanitäterin, Funkerin, Codiererin, Köchin, Fourier oder Gehilfin für Organisation und Nachweisführung. Tatsächlich stieg die Anzahl der Frauen in den Verbänden von 375 noch 1982 auf 1830 zwei Jahre darauf. Es ist also schlichtweg eine aktenmäßig nachweisbare Irreführung, wenn die DDR-Historiographie die Einbeziehung der Frauen mit dem von ihnen selbst gewollten Bestreben erklärte, beim »Schutz der sozialistischen Errungenschaften« ihre Gleichberechtigung wahrnehmen zu wollen, und behauptete: »Die Einbeziehung von Frauen war weniger ein Problem der Gewährleistung des zahlenmäßigen Bestandes, sondern eine zutiefst politische Frage[63].«

Mit Beginn der neuen (und letzten) Ausbildungsperiode 1986/90 beschloß das ZK-Sekretariat am 8. Januar 1986, in Ergänzung des Beschlusses vom September 1972, eine neue Richtlinie für die Auswahl und die Zugehörigkeit zu den Kampfgruppen. Als zweite Maßnahme zusätzlicher Personalgewinnung erlaubte sie nun die Aufnahme von Mitgliedern befreundeter Parteien, »die hervorragende Arbeiter sind«, in die Reihen der KG-Verbände. Offiziell berücksichtigte die SED dadurch »den gewachsenen eigenständigen Beitrag der Blockparteien zur Sicherung des Friedens«. Sie konnte sich einen solchen Schritt bei einem Anteil von 72,6 % Mitgliedern und Kandidaten ihrer Partei 1985 offenbar leisten. Nur im Bezirk Potsdam lag der Satz der SED-Angehörigen in den KG-Einheiten 1983 noch unter 60 %. In 16 DDR-Kreisen betrug der Parteianteil unter den Kämpfern weniger als 50 %, allein 6 dieser Kreise befanden sich im Bezirk Potsdam[64].

Ende Mai 1985 wog der Nationale Verteidigungsrat Erreichtes und Defizite ab. Zu den 188 564 Kämpfern kam eine Reserve von 10,6 % (20 515 Kämpfer), zusammen also über 209 000 Männer und eine verschwindend geringe Frauenquote von unter einem Prozent des aktiven Bestandes. Die Bewaffnung der Einheiten mit Schützenwaffen, Artillerie, Flak und Fla-MG belief sich auf 100 %, die Umrüstung der KGB (mot.) von der veralteten 76-mm-Kanone auf das Schwere Panzerabschußgerät 9 (SPG-9) sollte bis Ende des Jahres bereits abgeschlossen sein. Die Ausstattung der KGH (allgem.) und der Flak-Batterien mit Kfz wurde in der Planung bis 1990 vorgesehen. In jenem Jahr sollte auch die Ausrüstung aller KG-Einheiten mit Funkgeräten bis zur Gruppenebene erfolgen. Selbst das Problem der ungünstigen Gefechtsgliederung durch Halbzugfahrzeuge in den SPW-Hundertschaften war durch die Einführung von Gruppen-SPW überwunden. Sorgen bereitete in der technischen Ausstattung, daß die Altersstruktur der gepanzerten Räder-Kfz und Lkw einen zunehmenden Wartungs- und Instandsetzungsaufwand verursachte. Für die kommende Ausbildungsperiode 1986/90 konnte diese Bilanz in stereotyper Manier nur bedeuten: systematisch stabilisieren, vervollkommnen, ausprägen, festigen, erweitern ...[65].

Und doch kam es vor dem Zusammenbruch der DDR noch einmal zu einem Entschluß von grundlegender Bedeutung für die Ausrichtung der Kampfkräfte der Kampfgruppenverbände, als der Verteidigungsrat im Februar 1988 deren operative Führung im Verteidigungszustand nicht mehr — wie seit 1975 — den Wehrkommandos der NVA zudachte, sondern fortan beim MdI beließ: »Dabei wurde insbesondere berücksichtigt, daß bereits heute im Friedenszustand das Ministerium des Innern für die Ausbildung und operative Führung der Kampfgruppen der Arbeiterklasse insgesamt zuständig ist.« Berichterstatter Generaloberst Fritz Streletz, Chef des Hauptstabes der NVA, begründete diesen Schritt damit, daß die Überführung der rund 80 000 Mann in den Kampfkräften (40 % der Gesamtstärke) vom Frieden in den Verteidigungszustand somit weniger störanfällig und »eine Umunterstellung mit allen erforderlichen Konsequenzen« nicht erforderlich wäre. Bei der Behandlung des Themas im Politbüro am 1. März wurde jedoch deutlich, daß hinter der Reorganisation primär der Zweck stand, die KG-Verbände »vor allem als Organ der Arbeiterklasse für Handlungen im Interesse der jederzeitigen Gewährleistung des Schutzes der sozialistischen Errungenschaften der DDR, vorrangig gegen subversive und konterrevolutionäre Handlungen des Gegners« bereitzuhalten. Die Neuregelung sollte in den laufenden Schulungsprozeß integriert und mit Beginn der Ausbildungsperiode 1991/95 voll wirksam werden. Die materielle Ausrüstung der Kampfkräfte mußte aus den Depots der NVA in solche des MdI umgelagert werden. Geplante Instandsetzungskapazitäten waren vom Verteidigungs- an das Innenministerium zu übergeben. Das MfNV behielt aber seine Verantwortlichkeiten bei der Personalabstimmung und der Planung von Leistungen für die KG-Verbände aus der Volkswirtschaft, für Ausbildungs- und Bewaffnungsunterstützung und für die Erstellung operativer Forderungen im Interesse der NVA[66]. Mit den Beschlüssen vom Februar und März 1988 wurde zuletzt noch eine operative Entwicklung der letzten Jahrzehnte korrigiert, die den militärischen Auftrag der Kampfgruppen zwar nicht beendete, aber doch zugunsten der inneren Sicherheitsfunktion klar beschnitt.

Die Rückbesinnung auf den Feind in Gestalt der inneren »Konterrevolution« führte im Herbst 1989 jedoch nur in sehr geringem Umfang zum Einsatz der Kampfgruppen gegen das eigene Volk auf der Straße. Zwar sollten im Oktober während einer der Montagsdemonstrationen in Leipzig auch Kampfgruppen eingesetzt werden, aber es zeigte sich nun, »daß die Distanz zwischen SED-Führung und den Kampfgruppen weit größer war als der Abstand, den einzelne Angehörige einer Kampfgruppe zum protestierenden Arbeitskollegen oder zur Jugend empfanden«[67]. Die Stimmung bei den Angehörigen der Kampfgruppen war nicht minder desillusioniert wie in anderen für die innere Ordnung zuständigen bewaffneten Organen. Die Führung der Kampfgruppen war wie das MfS von unzutreffenden Bedrohungsanalysen ausgegangen. Nirgendwo waren imperialistische Agenten- und »Ranger«-Gruppen luftgelandet, nirgendwo hetzten konterrevolutionäre »Diversanten« das Volk auf. Die Protestbewegung konstituierte sich aus sich selbst heraus als spontane Versammlung politisch eigenständig denkender Bürger. Dabei hatte die politische Führung im Vergleich mit dem MfS bei den KG-Verbänden den zusätzlichen Denkfehler begangen, die Einbindung der Beschäftigten am Arbeitsplatz und im privaten Lebensraum mit allen sich daraus ergebenden dienstlichen und persönlichen Bindungen zu unterschätzen. Bei der Rücknahme von Planungen zum inneren Einsatz der NVA, die es bis 1962 noch gab, erkannte die SED-Führung richtig, daß mit Einführung der Wehrpflicht die jungen Rekruten gegen ihre Väter und Freunde nicht einzusetzen waren. In der Entwicklung der Kampfgruppen hinterfragte sie unter zunehmender Betonung eines äußeren, militärischen Auftrags die Funktionabilität der ursprünglichen inneren Zweckbestimmung, die im Herbst 1989 dann plötzlich abverlangt wurde, nicht mehr.

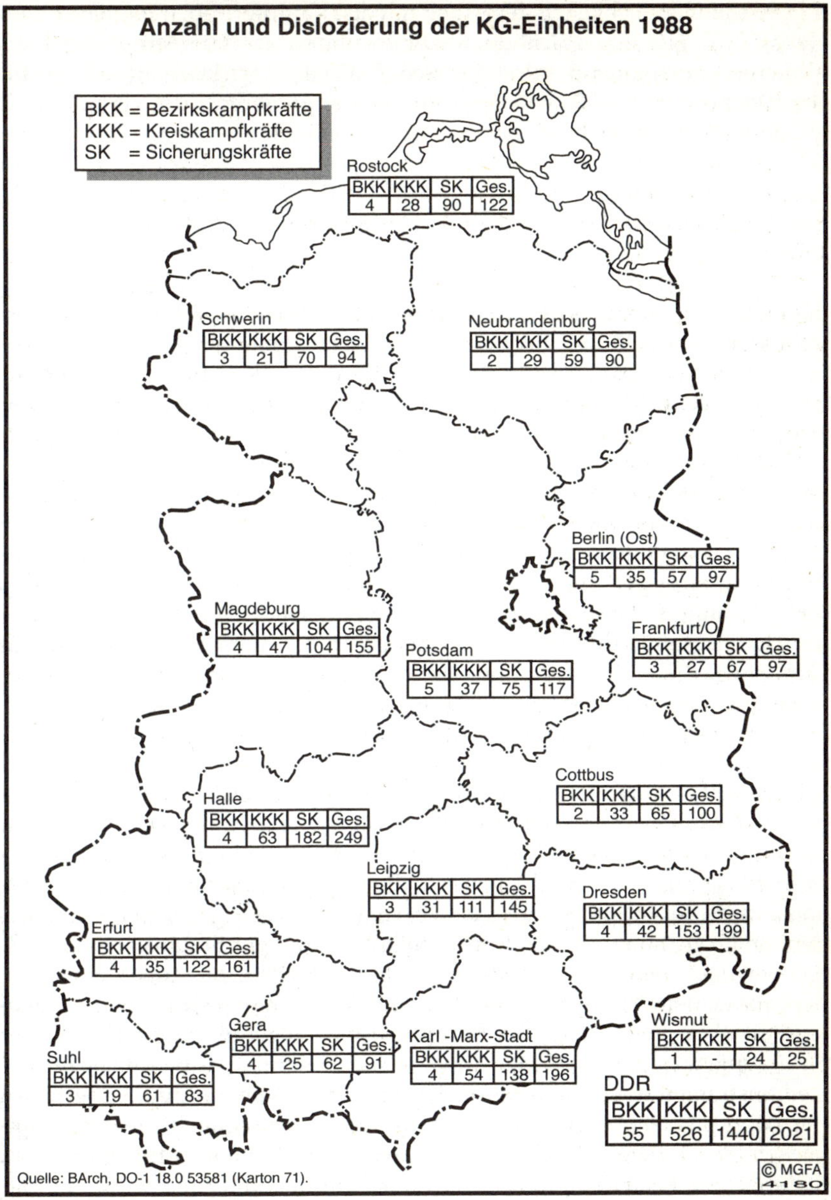
Anzahl und Dislozierung der KG-Einheiten 1988
BKK = Bezirkskampfkräfte
KKK = Kreiskampfkräfte
SK = Sicherungskräfte
Rostock
BKK KKK SK Ges.
4 28 90 122
Schwerin
BKK KKK SK Ges.
3 21 70 94
Neubrandenburg
BKK KKK SK Ges.
2 29 59 90
Berlin (Ost)
BKK KKK SK Ges.
5 35 57 97
Magdeburg
BKK KKK SK Ges.
4 47 104 155
Frankfurt/O
BKK KKK SK Ges.
3 27 67 97
Potsdam
BKK KKK SK Ges.
5 37 75 117
Cottbus
BKK KKK SK Ges.
2 33 65 100
Halle
BKK KKK SK Ges.
4 63 182 249
Leipzig
BKK KKK SK Ges.
3 31 111 145
Dresden
BKK KKK SK Ges.
4 42 153 199
Erfurt
BKK KKK SK Ges.
4 35 122 161
Gera
BKK KKK SK Ges.
4 25 62 91
Karl -Marx-Stadt
BKK KKK SK Ges.
4 54 138 196
Wismut
BKK KKK SK Ges.
1 - 24 25
Suhl
BKK KKK SK Ges.
3 19 61 83
DDR
BKK KKK SK Ges.
55 526 1440 2021
Quelle: BArch, DO-1 18.0 53581 (Karton 71).
© MGFA
4180

Die Unzulänglichkeiten der Arbeit mit den Kampfgruppen zeigten sich im Herbst 1989, als sie aus Sicht der SED-Führung weder innerbetrieblich disziplinierend noch innenpolitisch herrschaftssichernd wirkten und die westliche Prognose von 1970: »Wie sie sich in einer größeren Krise verhalten, ist ungewiß«[68] im Sinne des Regimes negativ bestätigten.

Schnelle Demobilisierung: Zum Ende der Kampfgruppen 1989/90

Fünf Tage nach der Presseerklärung von Günter Schabowski, die noch in derselben Nacht zur Öffnung der Grenzübergänge in Berlin führte, traf am 14. November 1989 die für Ausbildung und Einsatz der Kampfgruppen verantwortliche fachliche Führungsriege zu einer zweitägigen Dienstbesprechung zusammen. Zur Beratung hatte der Leiter der Hauptabteilung Kampfgruppen im Ministerium des Innern der DDR, Generalmajor Wolfgang Krapp, die sechzehn Leiter der entsprechenden Abteilungen Kampfgruppen in den BDVP und die Leiter der ZSfK »Ernst Thälmann« und der KGS »Ernst Schneller« gebeten. Hinzu kamen aus den SED-Bezirksleitungen die Mitarbeiter der Sektion Kampfgruppen und aus dem MdI die Leiter der Politischen Abteilung, der Abteilung für Grundsatzarbeit und für Ausbildung und Kontrolle mitsamt ihren Stellvertretern. Für das Treffen an der KGS »Ernst Schneller« in Gera verhieß das Programm mit einer »Einschätzung ausgewählter Ergebnisse des Ausbildungsjahres 1989« und der »Beratung inhaltlicher Schwerpunkte für das Ausbildungsjahr 1990« scheinbar eine Tagung im üblichen Rahmen[69].

Tatsächlich erwies sich die Beratung in den beiden Novembertagen als ambivalente Mischung routinemäßiger Einschätzung der Arbeit mit den Kampfgruppen der Arbeiterklasse und einer auf die Leitungsebene des Sicherheitsapparats durchschlagenden allgemeinen Desorientierung. Hauptabteilungsleiter Krapp gestand zunächst ein, daß es eine ganze Reihe zu überdenkender Schwierigkeiten hinsichtlich kurzfristiger Stabilisierungsmaßnahmen und bezüglich der weiteren KG-Entwicklung gäbe. Außerdem müsse der Einsatz der Kampfgruppen im Frieden klargestellt werden. In die Ungewißheit über die Haltung der Kampfgruppen gegenüber dem Protest der Straße spielte zudem die Frage, inwieweit ein energischer Einsatz gegen die Demonstranten politisch durchsetzbar und zu diesem Zeitpunkt überhaupt noch opportun sei, ebensosehr wie der Aspekt einer mangelnden polizeitaktischen Einsatzfähigkeit nach innen hinein. Generalmajor Krapp mahnte an, daß gegenüber den Kampfgruppen-Mitgliedern Sinn und Anliegen der Einsätze in Städten und Kreisen angesichts der gegenwärtigen politischen Situation und »eines gewissen Generationswechsels in den Einheiten« »politisch-ideologisch« und »operativ« erläutert werden müßten. Er gab weiterhin zu, daß Meinungsäußerungen aus den Reihen der Kampfgruppen Unzufriedenheit über die entstandene Situation und einen erheblichen Vertrauensschwund in die Partei und ihre Führung zeigten. Der Diagnose entspräche ein Anwachsen des personellen Fehls in der Mehrzahl der Bezirke. Krapp unterließ es aber nicht, den weiteren Kurs im Sinne der SED abzustecken: »Unsere Partei hat keinen Zweifel daran gelassen, daß die sozialistische Gesellschaftsordnung nicht zur Disposition steht[70].« Immerhin lag der Anteil an Mitgliedern und Kandidaten der SED in den Kampfgruppen mit etwa 70 % bis zu diesem Zeitpunkt im Vergleich zu 72 % 1988 noch im Rahmen des wie gewohnt leicht schwankenden Pegels. Bei allen zugestandenen Problemen sprach der Hauptabteilungsleiter von einer insgesamt positiven Gesamtbilanz in der Entwicklung der Kampfgruppen 1989, wobei es darauf ankomme, die »Ausstrahlung der Kampfgruppen als stabilisierenden Faktor« zu erhöhen und dazu ihre »Zweckbestimmung« auszugestalten. Für die praktische Arbeit sah Krapp einen Bedeutungszuwachs in der Objektsicherung und der Bekämpfung offensiv handelnder Kräfte des Gegners. Die letztgenannte Aufgabe erhielt deutlicheres Profil durch einen Videofilm, den sich das versammelte Plenum zu den bisherigen »Problemen des polizeilichen Einsatzes der Einheiten« am Spätnachmittag des 14. November anschaute, um tags darauf über den Inhalt des Films zu diskutieren.

Mitte November 1989 herrschte in der Kampfgruppenarbeit auf Ministerial- und staatlicher wie parteilicher Bezirksebene Planungsunsicherheit. Zwar kalkulierte die zuständige Hauptabteilung im MdI für das Jahr 1990 einen minimierten Ausbildungsaufwand ein, der eine geringere Kaderweiterbildung und eine teilweise reduzierte taktische Verbands- sowie Schießausbildung vorsah; mit einer Auflösung der Kampfgruppen wurde zu diesem Zeitpunkt aber nicht gerechnet. Noch akzeptierten die unmittelbar zuständigen Funktionäre nicht, daß die Kampfgruppen in einer aus Sicht der SED-Führung ähnlichen Situation handlungsunfähig waren, für die sie die SED 1953 doch geschaffen hatte : zur Abwehr eines zweiten »17. Juni«.

Auf den Tag genau einen Monat nach der Konferenz in Gera kamen am 15. Dezember 1989 24 leitende Offiziere im Ministerium für Innere Angelegenheiten, wie das MdI inzwischen hieß, zu einer rund sechsstündigen Dienstbesprechung zusammen. Der Kreis hatte sich im Vergleich zum Geraer Treffen auf die hauptamtlich für die Kampfgruppen zuständigen Verantwortlichen, auf die 16 führenden KG-Offiziere der BDVP und auf 7 Offiziere der HA Kampfgruppen im Ministerium, reduziert. Jegliche Vorstellungen, die Ausbildung der Verbände in geringerem Maßstab 1990 fortführen zu können, waren durch das Eiltempo der politischen Entwicklung obsolet geworden. Noch am 28. November hatte das Politbüro einen Brief des neuen Generalsekretärs des ZK der SED, Egon Krenz, an die Kommandeure, Unterführer und Kämpfer der Kampfgruppen bestätigt, in der ein Weiterbestehen der Formationen bekräftigt wurde. »Dienst in den Kampfgruppen«, hieß es dort, »das war und bleibt Dienst am Volk, eine Form demokratischer Mitverantwortung für den Schutz des Sozialismus. Ihr Recht auf Verteidigung lassen sich die Werktätigen der DDR nicht streitig machen.« Deshalb sollte alles beim alten bleiben: »Unsere Partei, die SED, spricht sich dafür aus, die Kampfgruppen der Arbeiterklasse in die sozialistische Erneuerung einzubeziehen.« In den ursprünglichen Überlegungen sollte allerdings die enge Verbindung der KG-Verbände mit der SED gelöst werden: »Sie dürfen nicht länger als bewaffnetes Organ der Partei verstanden werden.« Doch diese Formulierung wurde im Brief wieder gestrichen. Angesichts der somit fehlenden Aussage zur Rolle der Partei kann auch der Krenz-Brief mit seiner Forderung, die Volkskammer solle das Innenministerium legitimieren, »die Organisation, Ausbildung, Führung und Sicherstellung der Kampfgruppen zu verantworten«, als ein noch in der Auflösungsphase des sozialistischen Regimes vorhandenes Unvermögen zu wirklichen Brüchen mit alten Machtansprüchen, zu wirklichen Reformansätzen der SED gelesen werden[71].

Am 1. Dezember strich dann die Volkskammer den Führungsanspruch der SED aus der Verfassung der DDR, zwei Tage darauf traten Politbüro und Zentralkomitee geschlossen zurück. Als Nikolausgabe für die KG-Formationen ordnete der neue Innenminister, Generalleutnant Lothar Ahrendt, am 6. Dezember deren Entwaffnung an. Auf dem außerordentlichen Parteitag der SED am 8./9. Dezember plädierte der neue Parteivorsitzende, Gregor Gysi, für die Auflösung der Kampfgruppen, und sechs Tage später beschloß der Ministerrat der DDR, die Tätigkeit der Verbände bis zum 30. Juni 1990 zu beenden. Noch am selben Tag setzte der Innenminister die Bestimmung des Ministerrats in einen Befehl für seinen Kommandobereich um, der Minister für Nationale Verteidigung folgte am 20. Dezember.

Vor diesem Hintergrund ging es bei den Ausführungen des Hauptabteilungsleiters KG, Generalmajor Wolfgang Krapp, nur noch um die Frage, wie denn die beschlossene Abwicklung zu bewerkstelligen sei. Die SED, die für die politische Führung verantwortlich gewesen war und die sich die Formation als »Prätorianergarde« geschaffen hatte, war mit ihren Bezirks- und Kreisleitungen keine Stütze mehr. Nahezu alles lag in der Verantwortung der DVP. Jetzt, so resümierte Krapp, gehe es darum, »alle diejenigen einzubeziehen, die sich für eine ordnungsgemäße und planmäßige Beendigung der Tätigkeit der Kampfgruppen im jeweiligen Territorium noch verantwortlich fühlen«. Dabei blieb noch vieles zu regeln: Die dienstlichen Unterlagen mußten kassiert oder archiviert werden, die Bewaffnung, Technik, Bekleidung und Ausrüstung an die DVP rückgeführt werden; alle Verträge waren zu stornieren, die Lehrtätigkeit an der KGS »Ernst Schneller« und an der ZSfK »Ernst Thälmann« mußte beendet, Weisungen außer Kraft gesetzt werden. Die weitere Verwendung der KG-Offiziere im Ministerium, in den BDVP und in den VPKÄ galt es zu klären. Die Chefs der BDVP hatten bis zum 30. Mai 1990 beim Minister für Innere Angelegenheiten ihre Abschlußberichte einzureichen. Anfang 1990 versuchte Krapp in Schreiben an die Leiter der HA Feuerwehr und der HA Transportpolizei, die künftige Nutzung der beiden Kampfgruppenschulen sicherzustellen. Die ZSfK »Ernst Thälmann« in Schmerwitz schlug Krapp als Schule für die Ausbildung der Dienstanfänger, Unterführer und Spezialisten (Motorkettensägenführer, Atemschutzgerätewarte) der Feuerwehr vor, die im Gegenzug Objekte der bisherigen Feuerwehrschule »Helmut Just« wieder der BDVP Cottbus übergeben könnte, von der sie diese einmal erhalten hatte. Einer solchen Lösung stimmte auch Innenminister Ahrendt zu. Die KGS »Ernst Schneller« bot Krapp als Transportpolizeischule für die Grundausbildung neueingestellter Wachtmeister und für Weiterbildungen an, um so Reparatur- und Erweiterungsmaßnahmen an der Transportpolizeischule Halle einzusparen. Der Vorschlag wurde nicht verwirklicht, statt dessen wurde die KGS in Gera dem Rat des Bezirkes als Körperbehindertenschule übergeben[72].

Am 23. Mai 1990 legte der Generalinspekteur der DVP, Generalleutnant Karl-Heinz Schmalfuß, dem amtierenden Innenminister Peter-Michael Diestel den »Bericht über die Beendigung der Tätigkeit der ›Kampfgruppen der Arbeiterklasse‹« vor, das offizielle Abschlußdokument dieses bewaffneten Organs der DDR. Ende Oktober hatten alle KG-Einheiten ihre Tätigkeit eingestellt, die letzte Ausgabe des »Kämpfers« erschien im November 1989. Bis Februar 1990 war die Einlagerung der Waffen bei der DVP und der NVA abgeschlossen, die weitere Ausrüstung in den Bezirken und Kreisen aus dem Besitz des MdI an das MfIA zurückgegeben. Ende April wurden in den VPKÄ, Ende Mai 1990 in den BDVP die Tätigkeiten zur Auflösung der Einheiten abgeschlossen. Von den 570 Offizieren und Wachtmeistern des Bereichs Kampfgruppen in den VPKÄ, BDVP und in der HA KG wurden 74 % in eine andere Dienststellung versetzt, 17 % schieden aus dem Dienst aus, für 54 Mann wurde eine Verwendung im Bereich der DVP noch gesucht. Wie das MfS erwiesen sich damit auch die Kampfgruppen keineswegs als eines der »dauerhaften Ergebnisse« des »revolutionären Umgestaltungsprozesses in der DDR« (Josef Gabert): Alle 2022 KG-Einheiten mit ihren 189 370 Kämpfern, darunter die 39 KG-Bataillone (mot.), waren im

Mai 1990 demobilisiert. »Für die Arbeit des Ministeriums des Innern und die Dienststellen der Deutschen Volkspolizei«, beendete der Generalinspekteur der DVP Schmalfuß unter Verwendung der alten Behördenbezeichnung seinen Bericht, »ergeben sich aus der abgeschlossenen Auflösung der Kampfgruppen der Arbeiterklasse keine weiteren Konsequenzen[73].«

Leitung

Leiter der HA Kampfgruppen im MdI

1957–1961	Willi Seifert,
1961–1972	Karl Mellmann,
1972–1989	Wolfgang Krapp

Wichtige Daten

Mitte 1952	Maßnahmen zur Sicherung einiger VEB durch Arbeiter
24.–26. Juli 1953	ZK beschließt Schaffung von Kampfgruppen
4. Januar 1955	PB-Beschluß zur militärischen Formierung, Ausbildung und Bewaffnung der KG
November 1956	Einsatz von KG-Einheiten gegen Studierende an der Humboldt-Universität in Ost-Berlin
1959	Schaffung der KGB der Bezirksreserve
3. Januar 1961	Befehl zur Bildung der Abteilung KG im MdI (ab 1969 Hauptabteilung)
13.–23. August 1961	Einsatz von KG-Verbänden beim Mauerbau in und um Berlin
Oktober 1970	Teilnahme von zwei KGB (mot.) am Manöver »Waffenbrüderschaft«
April 1974	Beendigung der Umgliederung zu Bezirkskampfkräften, Kreiskampfkräften und Sicherungskräften
14. Dezember 1989	Ministerratsbeschluß zur Auflösung der KG bis zum 30. Juni 1990

Quellen- und Literaturauswahl

Als wichtigster geschlossener Quellenbestand ist der im Bundesarchiv Berlin/Dahlwitz archivierte Aktenfundus der Hauptabteilung Kampfgruppen im Ministerium des Innern zu nennen (DO-1 18.0 ...) Er dokumentiert die Organisationsgeschichte der KG seit den 50er Jahren bis zur Abwicklung 1989/90. In der Stiftung Archiv der Parteien und Massenorganisationen der ehemaligen DDR im Bundesarchiv (SAPMO-BArch) sind die Provenienzen Politbüro (DY 30/J IV 2/2/...), ZK-Sekretariat (DY 30/J IV 2/3/...) und ZK-Abteilung für Sicherheitsfragen (DY 30/IV 2/12/...) sowie für die 80er Jahre Büro Egon Krenz (DY 30/IV 2/2.039/...) hervorzuheben.

Wichtig sind die Protokolle der Sicherheitskommission des ZK der SED (1954–1960) und des Nationalen Verteidigungsrates der DDR (1960–1989) im Bundesarchiv-Militärarchiv (DVW-1/39...).

Die Beschäftigung der Staatssicherheit mit den Kampfgruppen findet ihren Niederschlag in den Akten des Bundesbeauftragten (BStU), insbesondere in solchen der MfS-Hauptabteilungen VII (Abwehrarbeit MdI/DVP), VIII (Beobachtung/Ermittlung) und IX (Untersuchungsorgan).

Zu den Primärquellen kann die von Oktober 1957 bis November 1989 monatlich erscheinende KG-Zeitung »Der Kämpfer« gezählt werden. »Der Kämpfer« fand vereinzelt in analogen KG-Informationsblättern ab 1962/63 seine regionalen Miniaturausgaben (»Der Rote Wittstocker Sender«, »Die rote Hundertschaft« etc.). Als Quelle im weiteren Sinn sind die verschiedenen Handbücher zum Dienst in den KG heranzuziehen (vgl. dazu Lapp, Handbücher).

Literatur

In der DDR gab das ZK-Sekretariat in den 80er Jahren eine »Geschichte der Kampfgruppen« in Auftrag. Als Voraussetzung für eine populäre Darstellung wurden zwei »Dissertationen (B)« (= Habilitationen) und eine einfache »Dissertation (A)« erstellt. Die Arbeiten von *Josef Gabert*, *Roland Grau* und *Herbert Nicolaus* entsprechen zwar nicht dem Standard vergleichbarer westdeutscher akademischer Leistungen, bringen aber neben viel Ideologie auch Fakten und Bewertungen, die in ihren kritischen Momenten belegen, daß die Dissertationen erst 1989 vorgelegt wurden. Ihr wissenschaftliches Niveau sollte allerdings nicht überbewertet werden. Außer *Werner Franz*, Kampfgruppen des Bezirkes Potsdam, und *Ewald Heerda*, Kampfgruppen im Eichsfeldkreis Heiligenstadt, ist die Masse der regionalen und betrieblichen KG-Geschichten — meist in Broschürenform — kaum von Wert für die wissenschaftliche Erforschung der Parteimiliz, gelegentlich versteckte Einzelinformationen bilden die eine Gesamtauswertung nicht lohnende Ausnahme.

In der Bundesrepublik erschien 1963 eine federführend von *Werner Bader* erstellte Dokumentation: »Kampfgruppen — die Spezialtruppe der SED für den Bürgerkrieg«. Das recht reißerisch aufgemachte Bändchen zeugt eindrucksvoll vom politischen Klima im damaligen deutsch-deutschen Gegeneinander. Plakativ auch der Titel der englischen Ausgabe: »Civil War in the Making«. Ebenfalls 1963 erschien, informativer und sachlicher, wenngleich mit ähnlicher politischer Botschaft, »Die Bürgerkriegsarmee« von *Armin Hindrichs*. 1970 veröffentlichte *Heinz Marks* eine aktualisierte und geringfügig entschärfte Neuausgabe des Bader-Buches. Die recht kontinuierliche Aufmerksamkeit, welche die Kampfgruppen erfuhren (*Dissmann* 1978 und 1979, *Nawrocki* 1979, *Holzweißig* 1985), fand ihre Grenzen im mangelnden Quellenzugang. Noch in den 70er und 80er Jahren wurde auf Beschreibungen von Struktur und Ausbildung der KG zurückgegriffen, die aus den beiden Jahrzehnten davor stammten und daher längst unstimmig waren.

Nach 1989/90 wurden die KG zunächst kaum beachtet. Vollkommen unzulänglich und nicht auf Akten beruhend *Rüdiger Henkel*, Im Dienste der Staatspartei (1994). Obwohl sich hier eine Analyse der Quellen geradezu aufgedrängt hätte, basiert Henkels Abschnitt über die Kampfgruppen allein auf der älteren Literatur. Erst 1997 erschien das Sachbuch von *Volker Koop*, »Armee oder Freizeitclub?«. Koop hat im wesentlichen die gleichen Akten gesehen und ausgewertet, die als Grundlage des vorliegenden Beitrags dienten. Außer einer Reihe von Fehlern im Detail sind zugunsten eher nebensächlicher Episoden die 70er und 80er Jahre, gerade auch organisatorische Fragen der KG-Entwicklung, in seinem Buch in den Hintergrund gerückt. An Darstellungen zu den KG sind zu nennen:

Bahr, Eckhard, Sieben Tage im Oktober. Aufbruch in Dresden, Leipzig 1990

Baumann, Gerhard, Der militärische Wert der SED-Kampfgruppen, in: Wehrkunde, 8 (1959), S. 520–527

Baumeister, Rudolf, Die »Betriebskampfgruppen« in der Sowjetzone, in: Wehrkunde, 4 (1955), S. 562–563

Bennewitz, Inge und Rainer Potratz, Zwangsaussiedlungen an der innerdeutschen Grenze. Analysen und Dokumente, Berlin 1994 (2. Aufl., Berlin 1997) (= Forschungen zur DDR-Geschichte, Bd 4)

Bienert, Georg und Elwir Storch, Der Beitrag der Deutschen Volkspolizei in Berlin im Zusammenwirken mit den Kampfgruppen der Arbeiterklasse und den zugeteilten Kräften der Volkspolizei zur Errichtung des antifaschistischen Schutzwalles in den Tagen des 13. August 1961, Diplom-Arbeit (Ms.), Hochschule der Deutschen Volkspolizei, Berlin (Ost) 1966

DDR-Handbuch. Wissenschaftliche Leitung: Hartmut Zimmermann unter Mitarbeit von Horst Ulrich und Michael Fehlauer, 2 Bde, hrsg. vom Bundesministerium für innerdeutsche Beziehungen, 3. Aufl., Köln 1985

Die deutsche Vereinigung. Dokumente zu Bürgerbewegung, Annäherung und Beitritt, hrsg. von Volker Gransow und Konrad H. Jarausch, Köln 1991 (= Bibliothek Wissenschaft und Politik, Bd 47)

Dickel, Friedrich, Aufgaben und Rolle der Kampfgruppen der Arbeiterklasse in der entwickelten sozialistischen Gesellschaft. Vortrag am 24. Januar 1972, Berlin (Ost) 1972 (= Militärpolitisches Schulungsmaterial für die Kampfgruppen der Arbeiterklasse)

Diedrich, Torsten, Der 17. Juni 1953 in der DDR. Bewaffnete Gewalt gegen das Volk, Berlin 1991

Dissmann, Wilfried, Kampfgruppen der Arbeiterklasse — Bürgerkriegsarmee der SED?, München 1979 (= Informationen zur Deutschlandpolitik, Heft 14)

Dissmann, Wilfried, Die kommunistische Militärdiktatur, in: DDR-Bild im Wandel, hrsg. von Jean-Paul Picaper, Berlin 1982, S. 146–163

Dissmann, Wilfried, Parteiarmee der SED. Die Kampfgruppen der Arbeiterklasse, Erftstadt 1978

Das Ende der SED. Die letzten Tage des Zentralkomitees, hrsg. von Hans-Hermann Hertle und Gerd-Rüdiger Stephan, Berlin 1997 (= Forschungen zur DDR-Gesellschaft)

Eitner, Hans-Jürgen, Die »Kampfgruppen der SED« — die Bürgerkriegs-Miliz der SBZ, in: Wehrwissenschaftliche Rundschau, 10 (1960), S. 302–321

Forster, Thomas M., Die NVA. Kernstück der Landesverteidigung der DDR, 6. Aufl., Köln 1983

Franz, Werner, Zur Entwicklung des sozialistischen Wettbewerbs in den Kampfgruppen der Arbeiterklasse, in: Militärgeschichte, 18 (1979), S. 687–695

Franz, Werner, Zur Geschichte der Kampfgruppen der Arbeiterklasse des Bezirkes Potsdam von 1953 bis zur Gegenwart, Potsdam 1978

Gabert, Josef, Die Entstehung der Kampfgruppen und ihre Entwicklung bis zum Sommer 1961 zu einem schlagkräftigen bewaffneten Instrument der Arbeiterklasse der DDR, Dissertation (B) (Ms.), Institut für Marxismus-Leninismus beim ZK der SED, Berlin (Ost) 1989

Gabert, Josef, Roland Grau und Volker Steinke, 30 Jahre Kampfgruppen der Arbeiterklasse in der Deutschen Demokratischen Republik, in: Beiträge zur Geschichte der Arbeiterbewegung, 25 (1983), S. 489–502

Gabert, Josef, und Herbert Nicolaus, Die Kampfgruppen der Arbeiterklasse der DDR. Entstehung und Entwicklung, in: Militärgeschichte, 28 (1989), S. 473–482

Graf, Hasso, Die »Kampfgruppen« der SED. Organisation und Aufbau einer Miliz in den Betrieben, in: SBZ-Archiv, 5 (1954), S. 195–196

Graf, Hasso, Neue Aufgaben der SED-Kampfgruppen, in: SBZ-Archiv, 6 (1955), S. 337–339

Grau, Roland, Aufgaben und Funktion der Kampfgruppen der Arbeiterklasse der DDR beim umfassenden Aufbau des Sozialismus in den Jahren 1961 bis 1970, Dissertation (B) (Ms.), Institut für Marxismus-Leninismus beim ZK der SED, Berlin (Ost) 1989

Grau, Roland und Volker Steinke, Zur Führung der Kampfgruppen der Arbeiterklasse der DDR durch die SED, in: Beiträge zur Geschichte der Arbeiterbewegung, 31 (1989), S. 605–618

Heerda, Ewald, Zur Geschichte der Kampfgruppen der Arbeiterklasse der DDR im Eichsfeldkreis Heiligenstadt 1953–1985, Heiligenstadt [1985 o. 1986]

Heikenroth, Heinz, Die Kampfgruppen der Arbeiterklasse der Akademie der Wissenschaften der DDR in der Hauptstadt Berlin (1953–1985), Dissertation (B) (Ms.), Akademie der Wissenschaften der DDR, Berlin (Ost) 1986

Henkel, Rüdiger, Im Dienste der Staatspartei. Über Parteien und Organisationen der DDR, hrsg. von der Unabhängigen Kommission zur Überprüfung des Vermögens der Parteien und Massenorganisationen der DDR, Baden-Baden 1994

Herbst, Andreas, Winfried Ranke und Jürgen Winkler, So funktionierte die DDR, Bd 1: Lexikon der Organisationen und Institutionen, Reinbek bei Hamburg 1994, S. 465–468

Hindrichs, Armin, Die Bürgerkriegsarmee. Die militanten Kampfgruppen des deutschen Kommunismus, Berlin [1963]

Holzweißig, Gunter, 25 Jahre Kampfgruppen in der DDR, in Deutschland-Archiv, 11 (1978), S. 1026–1029

Holzweißig, Gunter, Innenpolitische Aspekte der Militarisierung in der DDR (Ms.), Gesamtdeutsches Institut, Bonn 1982

Holzweißig, Gunter, Kampfgruppen der Arbeiterklasse — Neuere Aspekte und Tendenzen (Ms.), Gesamtdeutsches Institut, Bonn 1981

Holzweißig, Gunter, Die Kampfgruppen der Arbeiterklasse in der DDR, in: Die bewaffneten Organe der DDR. Die Nationale Volksarmee / Die Kampfgruppen der Arbeiterklasse in der DDR, hrsg. vom Bundesministerium der Verteidigung, [Bonn], o.J.

Holzweißig, Gunter, Militärwesen in der DDR, Berlin 1985

Holzweißig, Gunter, Paramilitärische Verbände und Organisationen in der DDR, in: Paramilitärische Organisationen im Sowjetblock, hrsg. von Peter Gosztony, Bonn-Bad Godesberg 1977, S. 121–160

Holzweißig, Gunter, Vom Betriebsschutz zur Territorialarmee — 30 Jahre SED-Kampfgruppen, in: Deutschland-Archiv, 16 (1983), S. 1158–1163

Honecker, Erich, Wer seine Hand gegen die Arbeiter- und Bauern-Macht erhebt, wird vernichtet. Aus der Eröffnungsvorlesung des 7. Zentralen Lehrganges für Kampfgruppenkommandeure in Schmerwitz (am 20. April 1959), in: ders., Zuverlässiger Schutz des Sozialismus, Berlin (Ost) 1977, S. 30–42

Im Schatten der Mauer. Dokumente, 12. August bis 29. September 1961, hrsg. von Hartmut Mehls, Berlin 1990

Jetzt oder nie — Demokratie. Leipziger Herbst '89, hrsg. vom Neuen Forum Leipzig, 2. Aufl., Leipzig 1989

Kampfgruppen — die Spezialtruppe der SED für den Bürgerkrieg. Eine Dokumentation von Werner Bader und anderen, Köln 1963

Koop, Volker, Armee oder Freizeitclub? Die Kampfgruppen der Arbeiterklasse in der DDR, Bonn 1997

Kowalczuk, Ilko-Sascha, Die Niederschlagung der Opposition an der Veterinärmedizinischen Fakultät der Humboldt-Universität zu Berlin in der Krise 1956/57. Dokumentation einer Pressekonferenz des Ministeriums für Staatssicherheit im Mai 1957, Berlin 1997 (= Schriftenreihe des Berliner Landesbeauftragten für die Unterlagen des Staatssicherheitsdienstes der ehemaligen DDR, Bd 6)

Kuhn, Ekkehard, Der Tag der Entscheidung. Leipzig, 9. Oktober 1989, Berlin, Frankfurt a.M. 1992

Lapp, Peter Joachim, Handbücher für NVA und Kampfgruppen, in: Deutschland-Archiv, 22 (1989), S. 1291–1293

Marks, Heinz, Die Kampfgruppen der Arbeiterklasse. Ein wichtiges Organ des Militärapparates der DDR, Köln 1970

Nawrocki, Joachim, Bewaffnete Organe in der DDR. Nationale Volksarmee und andere militärische sowie paramilitärische Verbände. Aufbau, Bewaffnung, Aufgaben, Berichte aus dem Alltag, Berlin 1979

1953–1988 Kampfgruppen der Arbeiterklasse VEB Werkzeugmaschinenfabrik Aschersleben. Redaktion: Walter Strutz, Aschersleben 1988

Nicolaus, Herbert, Lehren und Erfahrungen des wehrhaften Kampfes der revolutionären deutschen Arbeiterbewegung und die Entwicklung der Kampfgruppen der Arbeiterklasse der DDR von 1981 bis 1986, Dissertation (A) (Ms.), Institut für Marxismus-Leninismus beim ZK der SED, Berlin (Ost) 1989

Rabehl, Bernd, Militarisierung und Modernisierung der Humboldt-Universität zwischen 1956 und 1968, in: Zeitschrift des Forschungsverbundes SED-Staat (ZdF), 1996, Nr. 2, S. 18–28

Rühmland, Hans Ullrich, Die bewaffneten Kräfte und paramilitärischen Verbände der DDR, Münster 1982

Rühmland, Hans Ullrich, NVA in Stichworten, 6. Aufl., Bonn 1983

Sachau, Hans-Joachim, Stellenwert und politische Einbindung der Kampfgruppen der Arbeiterklasse in der DDR, in: Wehrwissenschaftliche Rundschau, 26 (1977), S. 118–123

Sachse, Christian, Sozialistische Wehrerziehung in der DDR und die kommunistische Tradition, in: ZdF, 1996, Nr. 2, S. 3–17

Seubert, Heribert, Zum Legitimitätsverfall des militarisierten Sozialismus in der DDR, Münster, Hamburg 1995 (= Studien zu Konflikt und Kooperation im Osten, Bd 3)

Stang, Renate, 30 Jahre Kampfgruppen der Arbeiterklasse der DDR (Auswahlbibliographie), in: Militärgeschichte, 22 (1983), S. 379–381

Stein, H., Entstehung und Entwicklung der Kampfgruppen der Arbeiterklasse in der Stadt Gera, Diplomarbeit (Ms.), Dresden 1973

Wagner, Dietrich, Die Kampfgruppen der Arbeiterklasse in der DDR. Militärischer Auftrag und ideologische Einbindung im SED-Staat, in: Beiträge zur Konfliktforschung, 11 (1981), H. 4, S. 115–128

Wenzel, Otto, Kriegsbereit. Der Nationale Verteidigungsrat der DDR 1960 bis 1989, Köln 1995

Wenzel, Otto, Der Tag X. Wie West-Berlin erobert wurde, in: Deutschland-Archiv, 26 (1993), S. 1360–1371

Woehl, Hans-Joachim, Die Kampfgruppen in der Sowjetischen Besatzungszone Deutschlands. Ihre innere Ausrichtung und Steuerung durch die kommunistische Staatspartei, in: Wehrkunde, 5 (1956), S. 501–508

Zwahr, Hartmut, Ende einer Selbstzerstörung. Leipzig und die Revolution in der DDR, Göttingen 1993 (= Sammlung Vandenhoeck)

Anmerkungen

1 SAPMO-BArch, DY 30/J IV-830.
2 Gabert/Grau/Steinke, 30 Jahre Kampfgruppen, S. 490.
3 Seubert, Legitimitätsverfall des militarisierten Sozialismus, S. 95, siehe auch S. 96.
4 Eitner, »Kampfgruppen der SED«, S. 302. — Ein Scharfschützenabzeichen hat es in den Kampfgruppen allerdings nie gegeben.
5 Gabert/Nicolaus, Entstehung und Entwicklung, S. 474. Vgl. dazu Gabert, Entstehung der Kampfgruppen, S. 6 ff.
6 Vgl. Eitner, »Kampfgruppen der SED«, S. 302.
7 In einer Analyse des ZK vom 20. Juli 1953 »Über die Vorbereitung, den Ausbruch und die Niederschlagung des faschistischen Abenteuers vom 16.-22.6.1953« hieß es: »Es gelang am 17. und 18.6. in der Regel erst nach dem Eingreifen der sowjetischen Einheiten, Ruhe und Ordnung wiederherzustellen und die Arbeitsaufnahme zu erreichen. In einer Reihe von Fällen konnten durch entschlossenes Auftreten von Parteimitgliedern und Funktionären Streiks und Demonstrationen in einigen Betrieben verhindert werden, und es wurden zum Teil Arbeiterwehren aufgestellt. Im allgemeinen ist es jedoch der Partei, die von der Provokation völlig überrascht wurde, nicht gelungen, am 17. oder 18. breite Teile der Arbeiterklasse zum geschlossenen offensiven Auftreten gegen die Provokateure und zur Niederschlagung des Putsches zu mobilisieren« (SAPMO-BArch, DY 30/J IV 2/202/15; vgl. auch Diedrich, 17. Juni 1953, S. 184 f.).
8 Die Bezeichnung »Kampfgruppen« stammt aus dem Sommer 1953; auf der 15. ZK-Tagung wurde über die systematische Ausbildung solcher Kampfgruppen beraten. ZK-Sekretär Karl Schirdewan sprach auf der Beratung der 1. SED-Kreissekretäre am 27. August 1953 explizit von »Kampfgruppen«, ebenso Walter Ulbricht auf der 16. ZK-Tagung im September. Dagegen scheint erst auf der 25. ZK-Tagung im Oktober 1955 die Formulierung »Kampfgruppen der Arbeiterklasse« gebraucht worden zu sein (vgl. Gabert, Entstehung der Kampfgruppen, S. 23 ff.; Wagner, Kampfgruppen der Arbeiterklasse, S. 126, Anm. 19).
9 Dieses Problem deutet an Heerda, Kampfgruppen im Eichsfeldkreis Heiligenstadt, S. 10.
10 Vgl. SAPMO-BArch, DY 30/J IV 2/3/410, Ausbildung der Kampfgruppen.
11 SAPMO-BArch, DY 30/J IV 2/3A/419, Richtlinie für die Organisierung und Ausbildung der Kampfgruppen.
12 Vgl. SAPMO-BArch, DY 30/J IV 2/3/430, Richtlinie für die Organisierung und Ausbildung der Kampfgruppen; Koop, Armee oder Freizeitclub?, S. 35 ff., nimmt diese Einteilung in Kampfgruppen »I«, »W« und »L« fälschlich für bare Münze, als sei der Vorschlag der Abteilung für Sicherheitsfragen umgesetzt worden. Allerdings war die Bezirksleitung Erfurt vorgeprescht und hatte auf territorialer Ebene kurzfristig Kampfgruppen gegründet (vgl. Gabert, Entstehung der Kampfgruppen, S. 33).
13 Vgl. ebd., S. 38 f.
14 Vgl. dazu die Beiträge über die KVP, die NVA und das »System der Landesverteidigung« in diesem Band.
15 Vgl. SAPMO-BArch, DY 30/J IV 2/2 A/397, Über die Organisierung und Ausbildung der Kampfgruppen (4. Januar 1955) und DY 30/J IV 2/2/415 (12. April 1955).
16 Der Politbüro-Beschluß vom 4. Januar 1955 sah neben der Aufnahme von SED-Mitgliedern/Kandidaten nur die Teilnahme parteiloser »Werktätiger« vor (vgl. SAPMO-BArch, DY 30/J IV 2/2 A/397). Bereits in der Direktive des ZK-Sekretariats vom 7. Juli des Jahres wurden auch Mitglieder der DBD, die einer LPG angehörten, zugelassen (vgl. SAPMO-BArch, DY 30/J IV 2/3/477, Direktive zur Arbeit mit den Kampfgruppen).
17 Zur Bildung von Kampfgruppen im Bereich der DR vgl. SAPMO-BArch, DY 30/J IV 2/6.05/44, Direktive über die Organisierung, Ausbildung und den Einsatz der Kampfgruppen bei der Deutschen Reichsbahn sowie über die Schaffung von freiwilligen Helfern zur Un-

terstützung der Transportpolizei. Zu den Berechnungen auf der Basis von 4 635 000 Beschäftigten vgl. SAPMO-BArch, DY 30/J IV 2/202/69, Bewaffnungsplan für die Kampfgruppen der Partei.

18 Vgl. Gabert, Entstehung der Kampfgruppen, S. 43 f.

19 Vgl. SAPMO-BArch, DY 30/J IV 2/3/464, Durchführung des Beschlusses des Politbüros [vom 4. Januar 1955] über die Ausbildung der Kampfgruppen; BA-MA, DVW-1/39546, Fragen der Ausrüstung der Kampfgruppen und der GST. Zur Lösung des Bewaffnungsproblems ebd., DVW-1/39547, Fragen der Bewaffnung der Kampfgruppen; das Ausbildungsprogramm vom 20. April 1955 in: SAPMO-BArch, DY 30/IV 2/12/99.

20 Vgl.SAPMO-BArch, DY 30/J IV 2/3/477, Vorlage und Direktive vom 7. Juli 1955.

21 Vgl. BArch, DO-1 18.0 17924.

22 Vgl. Baumann, Der militärische Wert, S. 520.

23 Vgl. SAPMO-BArch, DY 30/J IV 2/3/552 und DY 30/J IV 2/3 A/557. Ablehnung in BA-MA, DVW-1/39558; siehe dazu auch Rabehl, Militarisierung und Modernisierung, S. 18 ff.

24 Vgl. BA-MA, DVW-1/39554; dazu Gabert/Nicolaus, Entstehung und Entwicklung, S. 477, sowie die »Lektion« vom 16. Dezember 1956 in BArch, DO-1 18.0 17924.

25 Vgl. BA-MA, DVW-1/39558 und SAPMO-BArch, DY 30/J IV 2/3/574 und DY 30/J IV 2/3 A/579.

26 Zur Umbenennung vgl. SAPMO-BArch, DY 30/IV 2/12/99, Bl. 185 f., 201 f.

27 Vgl. BA-MA, DVW-1/39559; BArch, DO-1 18.0 17924, Bericht über den gegenwärtigen Stand der Entwicklung der Kampfgruppen vom November 1957.

28 SAPMO-BArch, DY 30/J IV-32, Honecker-Rede. Vgl. zu den Zahlenangaben BArch, DO-1 18.0 17924. Zu Schwerin siehe BA-MA, DVW-1/39564.

29 Vgl. SAPMO-BArch, DY 30/J IV 2/12/99, Ausbildungsprogramm vom 1. Februar 1958. Siehe auch Franz, Kampfgruppen des Bezirkes Potsdam, S. 51.

30 Vgl. SAPMO-BArch, DY 30/J IV 2/2/647, Politbüro-Beschluß zum Gelöbnis. Der schließlich gewählte Gelöbnistext lautete: »Ich bin bereit/als Kämpfer der Arbeiterklasse/die Weisungen der Partei zu erfüllen/die Deutsche Demokratische Republik/ihre sozialistischen Errungenschaften/jederzeit/mit der Waffe in der Hand/zu schützen/und mein Leben für sie einzusetzen./Das gelobe ich.« — Zum Stand der Bewaffnung der Kampfgruppen im Februar 1958 vgl. SAPMO-BArch, DY 30/IV 2/12/99, Bl. 204. — Zu den Spartakiaden vgl. Gabert/Nicolaus, Entstehung und Entwicklung, S. 478.

31 Vgl. BArch, DO-1 18.0 17924; Gabert, Entstehung der Kampfgruppen, S. 100 f., 108. Weisung an die Chefs der BDVP in BArch, DO-1 18.0 85.

32 Vgl. BArch, DO-1 18.0 85, Bericht »Erfahrungen und Schlußfolgerungen aus der Einschätzung der Arbeit mit den Kampfgruppen 1959«; vgl. Gabert, Entstehung der Kampfgruppen, S. 115. »Faschistische Spanienkämpfer« in den KG: SAPMO-BArch, DY 30/IV 2/12/99, Bl. 211, 221 f.

33 Vgl. SAPMO-BArch, DY 30/J IV 2/2/734; dazu die Protokolle des NVR vom 20.1. und 3.5.1961 in BA-MA, DVW-1/39461 und DVW-1/39462, sowie MdI-Bericht vom 29.3.1961 in BArch, Do-1 18.0 85. Vgl. auch Gabert, Entstehung der Kampfgruppen, S. 120, 129. — Daß die Abstimmung zwischen MdI und MfNV bezüglich der Zuführung von Reservisten mangelhaft war, zeigt eine Meldung des Verteidigungsressorts, wonach für die Ausbildungsgruppe III zunächst mit 150 000 Reservisten zu rechnen gewesen wäre, obwohl die KG-Ausrüstung ohnehin nicht ausreichte und schon die Ausbildung und Kaderarbeit mit den bisherigen Verbänden Rückstände zeigte (vgl. SAPMO-BArch, DY 30/IV 2/12/100, Bl. 161).

34 Vgl. ebd., Berichte aus den Jahren 1961 und 1962. Wie stark die Ausbildungsteilnahme in den einzelnen Bezirken variierte, zeigt folgendes Beispiel: Im ersten Halbjahr 1961 hatten 18,9 % aller Angehörigen der KGB (mot.) des Bezirkes Neubrandenburg, aber nur 0,5 % der entsprechenden Kämpfer in Halle alle Ausbildungstage versäumt.

35 Vgl. BA-MA, DVW-1/39465, Protokoll der Sitzung des NVR vom 29.11.1961. Zu den pragmatischen Gründen, KG-Angehörige zum Ausbau der Befestigungsanlagen in Berlin und zu Arbeiten an der Grenze im Thüringer Wald einzusetzen, vgl. Gabert, Entstehung der

Kampfgruppen, S. 143, 148. Vgl. ferner Wagner, Kampfgruppen der Arbeiterklasse, S. 124, und Marks, Kampfgruppen, S. 117.

36 Zum Einsatz der Kampfgruppen am 13. August 1961 vgl. Bienert/Storch, Beitrag der Deutschen Volkspolizei; zur geringen Einsatzbereitschaft siehe dort S. 36.

37 Vgl. Bennewitz, Potratz, Zwangsaussiedlungen, S. 122 f., 127 f., 130, 133, 155 f., 160 und Dokumente 19, 23, 29. Vgl. weiter BA-MA, DVW-1/39467. Siehe ferner Koop, Armee oder Freizeitclub?, S. 116 ff.

38 Vgl. BA-MA, DVW-1/39465.- Seit 1965 wurden spezialisierte Einheiten auch im Post- und Fernmeldewesen, der Energie- und Wasserwirtschaft und dem Transportwesen geschaffen (vgl. Grau, Aufgaben und Funktion, S. 70).

39 Ebd., S. IV; vgl. Gabert/Nicolaus, Entstehung und Entwicklung, S. 478.

40 Vgl. BA-MA, DVW-1/39469 und DVW-1/39470. Zur Bildung der Flak-Batterien siehe Grau, Aufgaben und Funktion, S. 79. Die Flak-Batterien sollten gemäß einem Vorschlag von MdI und Sicherheitsabteilung des ZK von 1989 bis zum Jahresende 1990 aufgelöst werden, weil der Aufwand zu groß wurde (vgl. Koop, Armee oder Freizeitclub?, S. 238).

41 Vgl. BA-MA, DVW-1/39470; SAPMO-BArch, DY 30/IV A 2/12/125, zu Ungarn DY 30/IV 2/12/100, Bl. 216 ff.; SAPMO-BArch, DY 30/J IV 2/3/886. Vgl. auch Grau, Aufgaben und Funktion, S. 16, 21.

42 Vgl. SAPMO-BArch, DY 30/IV A 2/12/125, Schreiben Honeckers. Vgl. auch BA-MA, DVW-1/39472.

43 Vgl. SAPMO-BArch, DY 30/J IV 2/3/1400; Grau, Aufgaben und Funktion, S. 46, 53 f., 78, 125.

44 Zur Direktive vom November 1965 vgl. SAPMO-BArch, DY 30/J IV 2/3/1106, DY 30/J IV 2/3/1126 und DY 30/J IV 2/3/1240; Grau, Aufgaben und Funktion, S. 65 f.; Franz, Kampfgruppen des Bezirkes Potsdam, S. 102 f.

45 Vgl. BArch, DO-1 18.0 224; Heerda, Kampfgruppen im Eichsfeldkreis Heiligenstadt, S. 52, zu den gesteigerten Anforderungen; BA-MA, DVW-1/39488; SAPMO-BArch, DY 30/J IV 2/3/1400 und DY 30/J IV 2/3 A/1579; siehe dazu auch Franz, Kampfgruppen des Bezirkes Potsdam, S. 132 f.

46 Vgl. SAPMO-BArch, DY 30/J IV 2/3/1550 und DY 30/J IV 2/3 A/1776.

47 Vgl. SAPMO-BArch, DY 30/J IV 2/3/1553; Keßler zitiert nach Gabert/Grau/Steinke, 30 Jahre Kampfgruppen, S. 496.

48 Grau, Aufgaben und Funktion, S. 106, 122.

49 SAPMO-BArch, DY 30/J IV 2/3/1553.

50 Vgl. im folgenden BA-MA, DVW-1/39496; SAPMO-BArch, DY 30/J IV 2/3/1842; ebd., DY 30/J IV 2/3/1912, Richtlinien zur Kaderauswahl; BArch, DO-1 18.0 53585 (Karton 75).

51 Die Mitgliedschaft in der SED gehörte den Akten zufolge offenbar nicht zu den primären Problemen in der KG-Arbeit. Die 1972er Richtlinie kommentierten Gabert/Grau/Steinke, 30 Jahre Kampfgruppen, S. 479: »Deshalb wurde der Anteil von Mitgliedern und Kandidaten der SED in den Reihen der Kampfgruppen erweitert sowie die soziale Zusammensetzung durch die verstärkte Gewinnung von Angehörigen der Arbeiterklasse verbessert. Das waren wesentliche Bedingungen, um den Anforderungen an einen höheren Kampfwert gerecht zu werden.« Damit entsprach diese Richtlinie der allgemeinen sozialpolitischen Entwicklung der beginnenden Ära Honecker. — Interessanterweise läßt Grau, Aufgaben und Funktion, S. 118, darauf schließen, daß die alte Regel aus den 50er Jahren, wonach KG-Angehörige Mitglieder oder Kandidaten der SED, Mitglieder der DBD oder parteilos sein mußten, nicht immer beachtet wurde: Im Bezirk Rostock befanden sich im Ausbildungsjahr 1969/70 unter 9467 Kämpfern auch 25 Mitglieder der NDPD, 11 der LDPD und 5 der CDU.

52 Die Beschlüsse des ZK-Sekretariats vom 23. Februar und 21. November 1972 sowie 14. August 1974 in SAPMO-BArch, DY 30/J IV 2/3/1842, DY 30/J IV 2/3/1943 und DY 30/J IV 2/3/2188. Der Maßnahmeplan für die Vorbereitung und Durchführung des zwanzigjährigen Bestehens der Kampfgruppen ist enthalten in ebd. DY 30/J IV 2/3/1935.

53 Vgl. BA-MA, DVW-1/39503; BArch, DO-1 18.0 53585 (Karton 75). Zur Namensgebung »Ernst Schneller« vgl. SAPMO-BArch, DY 30/J IV 2/3/2890.

54 Vgl. die Sitzungsprotokolle vom 12. März und 18. November 1976 in BA-MA, DVW-1/39508 und DVW-1/39509.

55 Zum Lagetraining der KG-Offiziere vgl. BArch, DO-1 18.0 44164.

56 Koop, Armee oder Freizeitclub?, S. 164.

57 Vgl. SAPMO-BArch, DY 30/J IV B 2/12/80.

58 Franz, Kampfgruppen des Bezirkes Potsdam, S. 119; Wagner, Kampfgruppen der Arbeiterklasse, S. 123; Gabert/Grau/Steinke, 30 Jahre Kampfgruppen, S. 498 f.

59 Grau, Aufgaben und Funktion, S. 121; die Rede Dickels in BArch, DO-1 18.0 43441.

60 Kampfgruppen — die Spezialtruppe der SED, S. 86; vgl. Hindrichs, Die Bürgerkriegsarmee, S. 21 ff.

61 Nicolaus, Lehren und Erfahrungen, S. 124 f.; die Beschlüsse des Verteidigungsrats in BA-MA, DVW-1/39521 und DVW-1/39523; die endgültige Fassung der Direktive in ebd., DVW-1/39542.

62 Vgl. Gabert, Nicolaus, Entstehung und Entwicklung, S. 480; Nicolaus, Lehren und Erfahrungen, S. 94, 104 f., 109.

63 Zum Verjüngungs- und Fluktuationsprozeß vgl. ebd., S. 116, 149; siehe auch BArch, DO-1 18.0 50136. Das Memorandum des MdI in BArch, DO-1 18.0 10198. Zu den Frauen in den Kampfgruppen vgl. den grundsätzlichen Beschluß vom 6. September 1972 in SAPMO-BArch, DY 30/J IV 2/3/1912, zu ihrem Anteil Mitte der 80er Jahre siehe BA-MA, DVW-1/39531. Zitat bei Nicolaus, Lehren und Erfahrungen, S. 140.

64 Zur Aufnahme von Mitgliedern der Blockparteien vgl. SAPMO-BArch, DY 30/J IV 2/3/3915 und DY 30/J IV 2/3 A/4344 sowie das Schreiben des Leiters der ZK-Abteilung für Sicherheitsfragen Wolfgang Herger an Egon Krenz vom 3. Dezember 1985 in ebd., DY 30/IV 2/2039/203, Bl. 3 f. Offiziell befanden sich Anfang 1986 »aus den verschiedensten Gründen« bereits 84 Mitglieder befreundeter Parteien in den Kampfgruppen; vgl. dazu aber die Zahlen allein für den Bezirk Rostock 1969/70 in Anm. 51.

65 Vgl. BA-MA, DVW-1/39531.

66 Vgl. ebd., DVW-1/39536, dazu SAPMO-BArch, DY 30/J IV 2/2 A/3099.

67 Herbst, Ranke, Winkler, So funktionierte die DDR, Bd 1, S. 468. Der Einsatz von KG-Verbänden wird erwähnt im »Bericht über die Beendigung der Tätigkeit der ›Kampfgruppen der Arbeiterklasse‹« vom Mai 1990 in BArch, DO-1 18.0 10201. Dort werden zu den wenigen Einsatzhandlungen der Parteimiliz auch jene im Oktober 1989 gezählt, »insbesondere als Abriegelungs- und Reservekräfte sowie in Einzelfällen als Räumkräfte (Einheiten aus Karl-Marx-Stadt, Halle, Leipzig, Dresden, Cottbus, Gera und Berlin)«. Vgl. auch die Dokumente in dem vom Neuen Forum Leipzig noch im Herbst 1989 herausgegebenen Band »Jetzt oder nie — Demokratie«, S. 47 f., 61, 63, besonders eindrucksvoll 90 ff.

68 Marks, Kampfgruppen, S. 124; vgl. Holzweißig, Innenpolitische Aspekte der Militarisierung, S. 10, und Wagner, Kampfgruppen der Arbeiterklasse, S. 121.

69 Vgl. BArch, DO-1 18.0 10199.

70 BArch, DO-1 18.0 10200.

71 SAPMO-BArch, DY 30/J IV 2/2/2365 und DY 30/J IV 2/2 A/3263. Der Text des Briefes ist abgedruckt bei Koop, Armee oder Freizeitclub?, S. 312 f.

72 Die Ausführungen des Leiters der HA Kampfgruppen am 15. Dezember 1989 in BArch, DO-1 18.0 10199; vgl. ebenso den Teilbeitrag der Hauptabteilung zur Chronik des MfIA — Jahrgang 1989 — 1. Halbjahr 1990 in ebd., DO-1 18.0 10201. Zu Krapps Bemühungen um die künftige Verwendung der KG-Schulen siehe ebd., DO-1 18.0 34036.

73 BArch, DO-1 18.0 10201.

Torsten Diedrich

Die Kasernierte Volkspolizei (1952–1956)

Die Kasernierte Volkspolizei (KVP) war die militärische Vorläuferorganisation der Nationalen Volksarmee (NVA), in der sie in einem Überleitungsprozeß 1956 aufging. Sie entstand aus den 1949 geschaffenen militärischen Kaderformationen der Hauptverwaltung für Ausbildung und bildete in der Zeit ihrer Existenz von 1952 bis 1956 das stärkste bewaffnete Organ der DDR mit dem von der SED gestellten Auftrag, die Grundlagen für den militärischen Schutz der DDR gegen Angriffe von außen herauszubilden. Die KVP war von Anbeginn Instrument zur Sicherung des SED-Staates und wurde während der Volkserhebung im Juni 1953 auch zur inneren Machtsicherung eingesetzt. Die Staatspartei setzte gegenüber und in der KVP kompromißlos ihren Führungsanspruch durch und verstand ihr Militärorgan gleichzeitig als »gesellschaftspolitische Schule« der zum Dienst für zwei bis drei Jahre geworbenen Freiwilligen. Die KVP war trotz aller Bemühungen der KVP- und SED-Führung zu keiner Zeit fähig, die DDR militärisch zu verteidigen. Die Sicherheit des DDR-Staates nach außen gewährleisteten die Truppen der GSBT/GSSD, in deren Bestand die ostdeutschen Einheiten im Kriegsfall aufgenommen worden wären. Die KVP bildete bei Übernahme des sowjetischen Streitkräftemodells unter sowjetischer Anleitung und Kontrolle vielmehr den personellen, strukturellen und materiellen Grundstock für die 1956 geschaffene NVA heraus und ermöglichte der DDR, in einem relativ kurzen Zeitraum mit der NVA einsatzfähige Streitkräfte aufzustellen.

Die erste Militarisierungsphase im Zeichen der Abschottung nach Westen

Im Juli 1952 beschloß die 2. Parteikonferenz der SED den Aufbau des Sozialismus in der DDR sowie im Grundsatz die Schaffung »Nationaler Streitkräfte«. Bereits Anfang April 1952 war die SED-Parteispitze nach Moskau beordert worden. Stalin verkündete, daß die »Phase des Pazifismus« in der DDR nunmehr vorbei sei und Streitkräfte zu Land, zu Wasser und in der Luft, eine Rüstungsindustrie sowie wehrvorbereitende Organisationen geschaffen werden müßten. Moskau reagierte damit auf die Ablehnung der Stalin-Note vom 10. März 1952 durch die Westmächte und die bevorstehende Unterzeichnung der EVG-Verträge, die die Einbindung der Bundesrepublik in die westeuropäische Staatengemeinschaft und einen westdeutschen Verteidigungsbeitrag vorsahen. Die DDR sollte jetzt für das sozialistische Lager eine »Bollwerksfunktion« gegen die »imperialistischen Kriegstreiber« in der Bundesrepublik erhalten.

Mit Wirkung vom 1. Juli 1952 wurden — entsprechend einem Befehl des neuernannten Innenministers Willi Stoph — aus den bestehenden militärischen Formationen der Hauptverwaltung für Ausbildung (HVA)[1] die KVP, aus den Formationen der Hauptverwaltung Seepolizei (HVS) die Volkspolizei-See gebildet sowie der Neuaufbau von Fliegerkräften der VP-Luft eingeleitet. Während für die Land- und See-Einheiten bereits eine feste personelle und materielle Basis existierte, traten die Lufteinheiten nunmehr aus der Planungs- in die Realisierungsphase.

Die unmittelbare Leitung und Führung der drei Teilstreitkräfte übernahm Innenminister Willi Stoph. Im Ministerium des Innern (MdI) entstand ein zentraler Stab als Führungsorgan der Militärkräfte, der ehemalige Generalleutnant der Wehrmacht Vincenz Müller wurde Stabschef und erster Stellvertreter Stophs und befand sich damit als »militärischer Kopf« der KVP in führender Stellung noch vor dem hierüber verärgerten Chef der HVA Heinz Hoffmann. Zeitgleich entstand mit der Politischen Verwaltung im Innenministerium ein politisches Führungsorgan zur ideologischen Erziehung und politischen Ausrichtung der KVP-Angehörigen, welches über spezielle Abteilungen in den Divisionen und Regimentern verfügen sollte. Das MdI wurde damit im wesentlichen zu einem Ministerium für die innere und äußere Verteidigung des DDR-Staates aufgebläht, denn es blieb auch für die anderen Polizeizweige verantwortlich. Die innenministeriellen Aufgaben der staatlichen Verwaltung übernahm das Staatssekretariat für innere Angelegenheiten im MdI.

Wie schon bei der HVA bildete das sowjetische Streitkräftemodell die Grundlage für den KVP-Aufbau in der DDR. Die HVA-Bereitschaften entsprachen bis 1952 sowjetischen Regimentern und wiesen eine Mischung verschiedener Waffengattungen und Dienste auf. Nunmehr erfolgte die Aufstellung von Infanterie- und mechanisierten Divisionen mit den dazugehörigen Regimentern und Bataillonen anderer Waffengattungen. Zur Führung der Einheiten entstanden schrittweise 4 Territorialverwaltungen (TV) — im Aufbau jeweils sowjetischen Armeekorps entsprechend. Begonnen wurde mit der Aufstellung der TV Pasewalk in den Wäldern des Nordostens der DDR. Durch Zuführung von HVA-Regimentern und Bataillonen aus der gesamten DDR entstanden die vorgesehenen

2 Infanteriedivisionen mit je 13 127 Mann Sollstärke in Prora und Rostock sowie eine Mechanisierte Division mit 13 565 Mann Sollstärke in Eggesin. Zum Armeekorps gehörten zudem selbständige Kommandos und Abteilungen (Regimenter und Bataillone) des Fernmeldewesens (in der DDR Nachrichtenwesen genannt), der Panzer- und Flugabwehr, der Aufklärung und des Pionierwesens, die dem Stab der TV unmittelbar unterstanden.

Die Infanteriedivision untergliederte sich in 3 Infanterieregimenter (zur Tarnung A-Kommandos genannt), ein Artillerie- (B), ein Panzer/SFL-Regiment (C), je ein Nachrichten- (D-1), Flak- (S-5), Aufklärungs- (S-1), Panzerabwehr- (S-4), Pionier- (D-2) und Sanitätsbataillon (Abteilung) sowie Kfz-, Schutz- und Führungseinheiten. Die Mechanisierte Division war in den drei Stammeinheiten stärker mit Panzern und Schützenpanzerwagen ausgerüstet und verfügte zusätzlich über ein mittleres, ein schweres Panzer- und ein Granatwerferregiment (S-6). Zur Tarnung waren während der gesamten KVP-Zeit die genannten Buchstaben für die Waffengattungen und -bezeichnungen gebräuchlich. Die anderen drei geplanten TV Dresden, Leipzig und Dessau (später Schwerin als Sitz des Korpsstabes), deren Aufbau im Oktober 1952 begann, verblieben aus Personalmangel zunächst kadriert, sollten jedoch nach und nach aufgefüllt werden.

Im September 1952 befahl Innenminister Stoph die Einführung militärischer Dienstgrade und neuer, nach sowjetischem Vorbild gestalteter khakifarbener Uniformen in die KVP. Letztere brachte den Angehörigen in der Bevölkerung schnell den spöttischen Namen »nachgemachte Russen« ein.

Die Generalität und somit militärische Führung der KVP, der VP-Luft und VP-See bestand nunmehr aus:

Generalleutnant Vincenz Müller	– 1. Stellvertr. des Innenministers und Chef des Stabes MdI
Generalleutnant Heinz Hoffmann	– Stellvertr. des Ministers und Chef für Ausbildung
Vizeadmiral Waldemar Verner	– Stellvertr. des Ministers und Chef der VP-See
Generalmajor Heinz Keßler	– Stellvertr. des Ministers und Chef der VP-Luft
Generalmajor Rudolf Dölling	– Stellvertr. des Ministers und Chef der Politischen Verwaltung
Generalmajor Bernd Weinberger	– Stellvertr. des Ministers für Wirtschaftsfragen
Generalmajor Bernhard Bechler	– Stellvertr. des Chefs des Stabes des MdI
Generalmajor Kurt Wagner	– Chef der Verwaltung Operativ m.d.F.b.

Generalmajor Heinrich Heitsch	– Chef der Verwaltung Versorgung
Generalmajor Arno von Lenski	– Chef der Verwaltung für Motorisierung
Generalmajor Hans Wulz	– Chef der Verwaltung für B-Versorgung
Generalmajor Karl Walther	– Chef der Medizinischen Verwaltung
Generalmajor Ewald Munschke	– Chef der Verwaltung Kader
Generalmajor Walter Allenstein	– Chef der Verwaltung Finanzen
Generalmajor Karl Linke	– Chef der Verwaltung Allgemeine Fragen (Aufklärung)
Generalmajor Fritz Johne	– Chef der Verwaltung Lehranstalten
Generalmajor Helmut Borufka	– Chef der Verwaltung Ausbildung und Inspektion
Generalmajor Hermann Rentzsch	– Chef der TV Pasewalk m.d.F.b.
Generalmajor Heinz-Bernhard Zorn	– Stabschef der VP-Luft
Konteradmiral Heinz Neukirchen	– Stabschef der VP-See[2]

Die SED-Führung hatte bereits im Frühjahr 1952 die personelle Auffüllung der Militärformationen in den Mittelpunkt ihrer militärpolitischen Aktivitäten gerückt. Dies geschah nicht ohne Grund. Rechnet man die Pläne des Armeeaufbaus hoch, so wollte die DDR eine Landstreitkräftestärke von 160 000 Mann realisieren. Diese Größenordnung lag weit unter der in den Aprilgesprächen mit Stalin vorgesehenen 300 000-Mann-Armee, jedoch über dem Limit, das die DDR wirtschaftlich verkraften konnte. Von der HVA übernahm die neuzubildende KVP knapp 55 000 Militärangehörige, bei denen zudem noch zum Teil die freiwillige Dienstzeit von in der Regel drei Jahren ablief, so daß auch hier dringlichst Ersatz benötigt wurde. Die somit ab März 1952 rasch ausufernde Werbekampagne unter der Jugend der DDR führte innerhalb von zwei Monaten zur Einstellung von über 10 000 neuen KVP-Angehörigen. Entscheidende Einstellungskriterien waren vor allem die soziale Herkunft (insbesondere aus der Arbeiterschaft) und die politische Loyalität gegenüber dem SED-Staat. Im Dezember 1952 lag der Personalbestand der KVP, der See- und Lufteinheiten bei 90 250 Mann, im Sommer 1953 wurde bereits eine Gesamtstärke von etwa 113 000 Mann erreicht. Damit hatte sich das Personalreservoir der Militärformationen innerhalb eines Jahres mehr als verdoppelt.

Eine besondere Rolle bei der Werbung wies die SED der staatlichen Jugendorganisation FDJ zu. Sie hatte auf ihrem IV. Parlament im Mai 1952 die »Patenschaft« für die KVP übernommen und gleichzeitig die Aufgabe, im Rahmen des »FDJ-Aufgebots« etwa 37 000 junge Männer für den Dienst in der KVP und der Grenzpolizei zu gewinnen. Die SED selbst sollte 5000 Parteimitglieder in die KVP »delegieren«. Die gewaltigen Sollzahlen konnten allgemein 1952 nicht erfüllt werden. Anfang August 1952 übertrug die SED der KVP eine Mitverantwortung für die Personalgewinnung. In den Bezirken und Kreisen entstanden zu diesem Zweck 15 Registrierverwaltungen und 225 Registrierabteilungen zur Sondierung und Anwerbung von Jugendlichen für den Militärdienst.

Entsprechend dem für die Aufstellung sozialistischer Streitkräfte konzipierten »Kaderprinzip« übernahmen Altkommunisten und SED-Funktionäre die führenden Positionen in der KVP. Aufs Ganze gesehen waren jedoch über 80 % der KVP-Offiziere in Führungsfunktionen erst in der DDR oder UdSSR während der HVA-Zeit ausgebildete ostdeutsche Militärs und nur etwa 100 Offiziere altgediente Kommunisten. Die KVP kam trotz der Tätigkeit von nahezu 500 sowjetischen Beratungs- und Kontrolloffizieren auf allen Leitungsebenen nicht ohne die Nutzung der Kriegs- und Militärerfahrung ehemaliger Wehrmachtangehöriger aus. Von den 13 000 Offizieren der KVP im Jahr 1953 hatten 4177 der Wehrmacht angehört. Auf den Gesamtbestand der KVP-Offiziere gerechnet, besaßen 3,5 % einen Offiziers-, 9,1 % einen Unteroffiziers- und 19,4 % einen Mannschaftsdienstgrad der Wehrmacht, der Rest war erst in der SBZ/DDR zu den bewaffneten Organen gekommen[3]. In militärischen Führungspositionen befanden sich 5 frühere Generale und etwa 30 Stabsoffiziere.

Diese Zahlen verdeutlichen, daß das Offizierkorps der KVP zum größten Teil sehr jung und unerfahren war. Hinzu kam, daß zwar bei der Einstellung auf die politische Zuverlässigkeit und soziale Herkunft geachtet, weniger jedoch Schulbildung und Befähigung als Auswahlkriterien herangezogen wurden. Gut zwei Drittel aller Offiziere waren 1953 Angehörige oder Kandidaten der SED [4], die Kriterien »soziale Lage/soziale Herkunft« wurden bei großzügiger Auslegung der Kategorie mit zwischen 70 und 80 % durchaus zufriedenstellend erfüllt. Dagegen lag das Bildungsniveau trotz schrittweiser Verbesserung Mitte der 50er Jahre sehr niedrig. Die Mehrheit der Offiziere besaß nur einen Volksschulabschluß, 5 % nicht einmal diesen[5].

Gleichzeitig mit der Aufstellung der KVP-Einheiten begann die Zulieferung von Kriegstechnik des Zweiten Weltkrieges aus der UdSSR. Die Bewaffnung erfolgte strukturmäßig vergleichbar sowjetischen Divisionen und Regimentern mit Panzern, Artillerie und Handfeuerwaffen. Bereits im Juni 1952 lieferte die UdSSR 23 000 Karabiner 44, 11 000 Pistolen TT, 22 000 MPi 41, 4000 Maschinengewehre der Typen DP, Maxim, und DSchK, 1000 mittlere und schwere Granatwerfer, 300 Panzerabwehrkanonen vom Typ 42 und 80 Fliegerabwehrkanonen 39, 300 Kanonen 42 und 100 Haubitzen 38. Die in der

HVA noch verwendeten sowjetischen Beutewaffen deutscher und englischer Bauart erhielten nunmehr die Deutsche Volkspolizei (DVP) und das Ministerium für Staatssicherheit (MfS). Im Mai/Juni 1952 erreichten 100 T 34/76 und 150 SFL SU-76 die Einheiten. Auch hier folgte die Zulieferung von Weltkriegswaffen der Sowjetunion, welche nicht selten jedoch verschlissen waren. Die UdSSR verkaufte im Zuge der Demobilisierung ihrer Kriegstruppen die nichtbenötigten Waffen an die Nachbarländer. Ein Großteil gelangte mithin in die DDR und mußte — z.T. über 5 bis 10 Jahre kreditiert — mit hochwertigen Maschinenbauerzeugnissen bezahlt werden. Im Dezember 1953 verfügte die KVP z.B. über 47 schwere Panzer IS-II, 361 mittlere Panzer T-34/85, 119 ältere Panzer T-34/76, 278 selbstfahrende Geschütze der Typen SU-76, 85 und 100, 268 Schützenpanzerwagen BTR-152 und 238 Panzerspähwagen BA-64[6].

Im Gegensatz zur Ausstattung der Land- und Lufteinheiten mit sowjetischen Waffen erhielten die seit 1950 aufgebauten und 1952 in VP-See umbenannten Marineeinheiten der DDR ihre Schiffe und Boote hauptsächlich aus DDR-eigener Produktion. Das lag ursächlich daran, daß die UdSSR nach dem Krieg als konventionelle Großmacht mit kleiner Flotte ein strategisches Schiffbauprogramm zu verwirklichen suchte, welches vor allem darauf zielte, der traditionellen Seemacht Großbritannien ein Pendant entgegenzustellen. Die DDR übernahm im Rahmen der Reparationsleistungen und später im Export wichtige Bereiche der Ausstattung der zivilen Schiffahrt der UdSSR, aber auch Instandsetzungen für die Kriegsmarine. Der seit 1946 von der Sowjetunion forcierte Aufbau der Werftindustrie in der SBZ kam nunmehr dem eigenen militärischen Schiffbauprogramm zugute. 1952 lagen auf DDR-Werften 18 Wasserfahrzeuge für die VP-See auf Kiel; insbesondere Materialknappheit verzögerte die Indienststellung jedoch seit 1950 permanent. Die Decksbewaffnung und elektronisches Gerät bezog die VP-See allerdings aus der UdSSR. 1953 verfügte die ostdeutsche Marine über ein Flaggschiff, 4 MLR-Boote, 6 Räumboote, 20 KS-Boote, 3 Räumpinassen, 5 Schulboote, 11 Hilfs- und Bergungsfahrzeuge sowie über 19 Vermessungs- und Seezeichen-Schiffe[7].

Dem Stab der VP-See in Berlin unterstanden 1952 eine Schiffsstammabteilung in Kühlungsborn, eine Schulschiffdivision in Parow, eine Räum- und eine Hilfsschiffdivision sowie zwei Küstenschutzdivisionen in der Flottenbasis Wolgast, die Bergungs- und Rettungsabteilung in Saßnitz, der Seehydrographische Dienst sowie diverse andere Einheiten. Zur Ausbildung des Personalbestands wurden bis 1953 die Seeoffizierslehranstalt Stralsund, die Nachrichtenoffiziersanstalt Stubbenkammer, die Ingenieuroffiziersanstalt Rostock und die Unteroffiziers- und Mannschaftsschule Parow eröffnet. Anfang 1953 begann die DDR auf Drängen Moskaus mit der Aufstellung einer U-Boot-Waffe und dem Bau eines eigens für U-Boote und Großkampfschiffe geeigneten Hafens auf Rügen. Das Projekt verschlang bereits in der Anfangsphase enorme Geldsummen und mußte im Zusammenhang mit der Junikrise 1953 eingestellt werden[8].

Der Personalbestand der VP-See belief sich 1953 auf 6432 Mann. Anhand von Struktur und Ausrüstung läßt sich erkennen, daß die DDR-Marine als leichte Küstenschutz- und Sicherungskräfte aufgebaut wurde. Das hing damit zusammen, daß erfahrenes Marinepersonal in der DDR kaum verfügbar war, lag doch die Mehrzahl der Häfen des Dritten Reiches an nunmehr westdeutschen Küsten, in denen auch das Gros der deutschen Kriegsmarine 1945 kapituliert hatte. Deshalb rekrutierte sich nur ein geringer Teil des VP-See-Personals aus Kriegsmarineangehörigen. Hinzu kamen angeworbene Handelsschiffer und mehrheitlich fachfremdes Personal. Letzteres mußte das Seefahrtshandwerk von der Pike auf erlernen, was wiederum durch das Fehlen von geeigneten Ausbildern erschwert wurde.

Mit ähnlichen Problemen hatte auch die seit Anfang 1952 neuaufgebaute DDR-Luftwaffe zu ringen. Für diese Teilstreitkraft waren größeres Wissen und Fähigkeiten vonnöten; eine Nutzung von Personal der deutschen Luftwaffe im größeren Stil erfolgte auch hier nicht. So rekrutierte sich die Mehrheit des Personalbestands der VP-Luft durch Umversetzung aus für die Landstreitkräfte geworbenen Freiwilligen, die das Führen eines Flugzeuges bzw. die technische Sicherstellung des Flugbetriebes erst erlernen mußten. Aus diesem Grunde stellten die sowjetischen Besatzungstruppen aus ihren Reihen 1952 ein Lehrregiment für die Ausbildung der Flugschüler zur Verfügung, welches gleichzeitig die notwendige Flugtechnik mit einbrachte. Die fliegerische Ausbildung erfolgte auf dem propellergetriebenen Schulflugzeug Jak-18 und anschließend auf dem Übungsjäger Jak-11.

1952 begann der sogenannte Lehrgang X[9], in dem 250 ostdeutsche Piloten in der UdSSR das Fliegen erlernen und anschließend eine Ausbildung auf den damals hochmodernen Strahljägern MiG-15 erhalten sollten. Im Frühjahr 1953 lieferte die Sowjetunion die ersten 106 Maschinen diesen Typs an die DDR, das Projekt wurde jedoch im Zusammenhang mit den Juni-Unruhen 1953 abgebrochen, die gelieferten MiG-15 von der UdSSR wieder eingezogen[10]. Alles in allem war der Zeitraum 1952/53 für die VP-Luft durch den Aufbau und die Ausbildung des Personalbestands gekennzeichnet, eine Phase, die noch von vielen Unzulänglichkeiten, Aufbauproblemen und Unfällen geprägt war.

Der aus dem Referat z.b.V. im Sommer 1952 offiziell gebildeten VP-Luft sollten eine Jagdfliegerdivision mit 3 Jagdfliegerregimentern in Cottbus, Drewitz und Bautzen, 3 fliegertechnische Bataillone an den Flugplatzstandorten, eine Divisionsmechanikerschule sowie die fliegertechnische Schule in

Kamenz unterstehen. Der Aufbau der Einheiten vollzog sich 1952/53 jedoch schrittweise. Zuerst entstanden Ausbildungseinheiten, die im Verlauf des Jahres 1953 z.T. aufgelöst und in strukturmäßige Einheiten überführt wurden. Damit war die Aufbauphase durch ständige Umformierungen gekennzeichnet; die eigentlich geplante Struktur von Luftstreitkräften mit hauptsächlich Luftverteidigungscharakter wurde erst 1954 erreicht.

Die Hauptstützpunkte der VP-Luft bildeten die von 1952 bis 1954 ausgebauten Flugplätze in Cottbus, Drewitz, Preschen, Bautzen und Kamenz. Auch hier bestimmte lange das Baugeschehen die Ausbildungsmöglichkeiten. Dennoch erreichten Ende 1952 die Lufteinheiten eine Gesamtpersonalstärke von 4954 Mann. An Flugzeugen verfügte die VP-Luft 1952/53 über je 35 Jak-18 und Jak-11 sowie 2 AN-2 und 5 Flugzeuge vom Typ La zu Ausbildungszwecken[11]. Die Rücknahme des dynamischen Rüstungstempos im Gefolge des »Neuen Kurses« der SED im Zusammenhang mit der Krise 1953 bremste auch den extensiven Aufbau der Luftwaffe, die — zur Verschleierung ihres eigentlichen Charakters — im Sommer 1953 den umständlichen Namen »Verwaltung der Aeroklubs« erhielt.

Die militärische Ausbildung in den Verbänden der Landstreitkräfte sollte ab Sommer 1952 parallel zu den Waffenlieferungen von der Einzel- bis zur Zugausbildung nach sowjetischen Vorschriften und unter Anleitung der Berater erfolgen. Es ging dabei um eine rein militärische Ausbildung, die sich in zwei Perioden unterteilte und deren Stand nach Abschluß der Sommerperiode in Übungen überprüft wurde. Die Aufgabenstellung der Winterperiode umfaßte die militärische Grundausbildung über Einzel-, Gruppen- und Zugschulung in den entsprechenden Waffenkategorien. Die Themen lauteten beispielsweise »Der Infanteriezug im Angriff«, »Der Panzer im Marsch« oder »Der Panzerzug im Angriff auf eine vorbereitete Stellung des Gegners«. Die Sommerausbildung sollte dann idealtypisch mit der Ausbildung im Kompanie-, Bataillons- und Regimentsrahmen anschließen. Analog zu den Grundzügen sowjetischer militärdoktrinärer Auffassungen stellte bei der KVP-Ausbildung der Angriff nach kurzer Verteidigungsphase das Nonplusultra der modernen Gefechtsführung dar. Damit wurde der Angriff — langfristig betrachtet — die bedeutend intensiver geschulte Komponente der KVP-Ausbildung.

Grundanliegen der Erziehung und Ausbildung in der KVP war für die DDR-Führung die Heranbildung der KVP-Angehörigen zu »wertvollen politisch, fachlich und kulturell hochentwickelten Mitgliedern der sozialistischen Gesellschaft« [12]. Die SED begriff im kommunistischen Sinne die Armeezeit als eine »Lebensschule«, in der nicht nur die Bereitschaft und Fähigkeit zur Verteidigung des DDR-Staates entwickelt, sondern eine ideologische

Gleichschaltung der Angehörigen mit den Zielen und Prinzipien der Staatspartei erreicht werden sollte. Das hatte um so größere Bedeutung, als die KVP eine »Freiwilligentruppe« war und der Soldat nach zwei- bzw. dreijähriger Dienstzeit und nach Reintegration in das Zivilleben nachhaltige Wirkung auf das gesellschaftliche Umfeld ausüben sollte. Auch aus diesem Grund beschwor die SED von Anbeginn eine »Einheit von fachlicher und politischer Ausbildung«.

Für die politisch-ideologische Indoktrination des Personalbestands waren 1948/49 nach sowjetischem Muster verschiedene Organisationsstrukturen in den kasernierten Einheiten entwickelt worden, die auch in die KVP übernommen wurden. An erster Stelle ist dabei das modifizierte »Kommissarprinzip« zu nennen. Neben dem Einheitskommandeur bis hinunter zur Kompanieebene fungierte zumeist im gleichen Rang ein Politoffizier, der für die politische Schulung sowie für Agitation und Propaganda verantwortlich zeichnete. Im Stab des MdI und später der KVP entstand 1952 als ideologisches Führungsorgan die Politverwaltung unter Generalmajor Rudolf Dölling, die — einer Bezirksleitung der SED gleichgestellt — über Politabteilungen die Politoffiziere in den Einheiten anleitete und kontrollierte. Die Bedeutung des Politoffiziers in der KVP verdeutlicht sich allein schon über deren Anteil am Offizierkorps. Mit über 3000 Politoffizieren waren fast 20 % des Offizierkorps mit Aufgaben der politischen Erziehung des Personalbestandes und mit der kulturellen Arbeit in der KVP betraut[13].

Neben dem PK-Strang wirkten SED und FDJ politisch in der KVP. Als einzige Partei der DDR durften die SED sowie die SED-nahe Staatsjugendorganisation FDJ bis auf die Kompanieebene hinunter ihre Organisationsstrukturen entwickeln. Beide Institutionen waren insbesondere für die ideologische Schulung im Freizeitbereich sowie als treibende und gleichzeitig kontrollierende Kraft für den politischen Erziehungsprozeß der KVP-Angehörigen verantwortlich. Die Parteistrukturen der SED in den Streitkräften sollten überdies helfen, die »führende Rolle« der Staatspartei in den Einheiten und gegenüber dem bewaffneten Organ insgesamt durchzusetzen. Die Arbeitsgrundlage der Politorgane und Parteiorganisationen bildeten vom Zentralkomitee der SED herausgegebene Instruktionen wie das »Statut für die Politischen Organe, Partei- und Jugendorganisationen«, welches 1954 das »Statut der Organe der Parteiarbeit in den Nationalen Streitkräften der DDR« von 1952 ablöste [14].

Doch die KVP unterlag von Anbeginn nicht nur der direkten politischen Kontrolle der SED-Führung, sondern gleichwohl der Überwachung durch den Staatssicherheitsapparat. Zuständig für die KVP war die 1952/53 aus der Abteilung VII a hervorgegangene Hauptabteilung (HA) I im MfS, die auch als »Verwaltung 2000« bezeichnet wurde. Als Aufgabe des MfS gegenüber und in den bewaffneten Organen formulierte das Politbüro die »Abwehrtätigkeit unter dem Personal der kasernierten See-, Luft-, Transport- und übrigen Volkspolizei einschließlich der Kriminalpolizei mit dem Ziel, diese Organe vor dem Eindringen der Agenten der imperialistischen Spionagedienste und der westdeutschen Untergrundzentralen zu schützen« [15].

Die Arbeit der HA I umfaßte nach dieser Festlegung sowohl die traditionelle Militärspionageabwehr als auch die Überwachung und Bekämpfung Andersdenkender in der KVP. Dazu wirkten neben den Abwehroffizieren offizielle Verbindungsoffiziere (VO) in den Einheiten der KVP, die ein schrittweise geschaffenes Netz von geheimen Mitarbeitern und Informanten bis in höchste Stabsstellungen hinein betreuten und abfragten. Daneben existierte jedoch mit der Verwaltung für allgemeine Fragen (Verwaltung 1000) seit August 1952 ein eigenständiger KVP-Bereich zur Aufklärung des westlichen Militärpotentials, dessen Tätigkeit in einem gewissen Konkurrenzverhältnis zu den Aufgaben des Auslandsnachrichtendienstes des MfS stand. Ab 1954 wurde zwischen diesen Institutionen zunehmend ein Informationsaustausch organisiert. Innerhalb der bewaffneten Organe hatte das MfS/SfS die Aufgabe, die individuellen Dispositionen der KVP-Angehörigen zu ergründen und ein ideologisches Lagebild der KVP herzustellen. Besonderes Mißtrauen galt den ehemaligen höherrangigen Angehörigen der Wehrmacht, unter ihnen Stabschef Vincenz Müller[16]. Die Hauptabteilung I interessierte sich jedoch ebenso für Stimmungs- und Meinungsberichte, für Negativäußerungen zur Politik der SED, für das Abhören von westlichen Rundfunksendern, private Westkontakte oder aber einen »unmoralischen Lebenswandel« als Zeichen für die »Tätigkeit des Klassengegners«. Zu diesem Zweck erlangte der Ausbau des inoffiziellen Spitzelnetzes in der KVP 1954/55 oberste Priorität. Letztlich steuerte der Staatssicherheitsdienst die politische Strafverfolgung durch die Justizorgane dort, wo »Zersetzungsarbeit« vermutet wurde. Die rigorose Aburteilung von Deserteuren und Agenten — 1954 hatte die HA I 22 vermeintliche und wirkliche Agenten ausländischer Dienste enttarnt [17] — diente natürlich neben der allgemeinen Kenntnis der Tätigkeit des MfS in den Einheiten auch der inneren Disziplinierung des Personalbestands der KVP.

Die problematischen Zustände in den Einheiten durch den voraussetzungslosen Aufbau der KVP-Standorte insbesondere im Raum Pasewalk im Jahr 1952, Neuformierungen und ständige Umversetzungen hatten entschiedene Defizite bei der Ausbildung und Schulung zur Folge. Permanent erhielten die Einheiten neues Personal, insbesondere im Nordosten mußten gleichzeitig mit der Aufstellung der Einheiten und der Waffenzuführungen die Kasernen und Wohnunterkünfte erst erbaut werden. Die Truppenkörper im Süden hatten bei besserem materiellen Umfeld mit einer hohen Personalfluktuation durch Umversetzungen zu ringen, was ebenfalls eine geregelte Ausbildung behinderte. Zudem standen für die vorrangig in die TV Pasewalk gelieferte Technik kaum Vorschriften zur Verfügung, wenn doch, dann zumeist in russischer Sprache.

Entsprechend kritisch mußte die DDR-Führung am Ende des Ausbildungsjahres 1952 im November konstatieren, daß die Ausbildungsziele allgemein nicht erreicht werden konnten, die KVP ihre Waffentechnik nicht beherrsche. Die harscheste Kritik übte die militärische Führung jedoch an der Organisation und Durchführung der Ausbildung durch die Kommandeure und Stäbe. Es seien 1952 allgemein weder organisierte Programme noch Ausbildungsmethodik erkennbar geworden. Die Ausbilder hätten sich ihren Aufgaben größtenteils nicht gewachsen gezeigt [18].

Das läßt sich allerdings nicht nur auf materielle Ursachen zurückführen. Wie beschrieben, hatte die HVA ihr eigenes sehr junges Offizierkorps seit 1948/49 herangezogen, gab es in der KVP nur wenige erfahrene Militärs. Für die Nachwuchsausbildung standen die Offiziersschulen der einzelnen Waffengattungen und Dienste zur Verfügung. 1952 waren das 22 Schulen, an denen Panzer-, Nachrichten-, Artillerie- und andere Fachoffiziere in zwei Jahren ausgebildet wurden, um danach ihren Truppendienst anzutreten. Das Niveau an den Schulen ist als eher niedrig einzuschätzen, waren doch die Ausbilder hier ebenfalls noch Lernende und zumeist ohne truppenpraktische Erfahrung. Es fehlte allerorten an Ausbildungsmaterialien, Vorschriften und didaktischen Unterweisungen. Dieses Problem zog sich durch die gesamte Entwicklungsgeschichte der KVP hindurch, wenngleich 1954/55 schrittweise Verbesserungen in der Qualität und Kontinuität der Ausbildung erreicht werden konnten. Das hing auch unmittelbar mit der Verbesserung des materiellen und Lebensumfeldes der KVP-Angehörigen in der Konsolidierungsphase zusammen.

Die Lebensbedingungen in dem kulturell und wirtschaftlich kaum erschlossenen Gebiet Pasewalk/Prenzlau waren 1952/53 sehr schlecht. Die zumeist rasch aufeinanderfolgenden Umversetzungen trennten die Soldaten von ihren Familien; konnten jedoch Familienangehörige nachziehen, so eröffneten sich schnell Probleme bei der Arbeits- und Wohnungssuche. Die Kasernen und Wohnkomplexe für die KVP-Angehörigen mußten mit Hilfe von Baubetrieben (Bau-Union) und dem »Dienst für Deutschland« (siehe dort) erst errichtet werden. So manche Einheit verbrachte den Winter in Zelten bzw. mußte wie die VPB Prora in ein Winterquartier im Süden umverlegen. Kultur- und Freizeitangebote gab es kaum, ja selbst die materielle Versorgung der Einheiten mit Verpflegung, Uniformen, Ausrüstungen und Ausstattungen der Kasernen bereitete 1952/53 große Probleme. Einer geregelten Ausbildung standen die Lebensumstände in den Einheiten konträr gegenüber.

Das konnte nicht ohne Folgen bleiben. Der hohe moralische Anspruch einer freiwilligen, bewußt disziplinierten Truppe, den die SED postulierte und durchzusetzen wünschte, stand im krassen Gegensatz zur realen inneren Situation der KVP. Die schlechten Lebens- und Dienstumstände führten zu allgemeiner Mißstimmung und Unlust in den Einheiten, zu Disziplinlosigkeit und einer hohen Zahl von Desertionen und anderen besonderen Vorkommnissen. Besonders beunruhigte die Staatsführung die hohe Desertionsrate, zumal die Deserteure zumeist in die Bundesrepublik flohen und Wissen über die streng gehüteten Geheimnisse der Aufrüstung in der DDR mitnahmen. 1952 desertierten 1218, im Folgejahr 1667 KVP-Angehörige. Darunter befanden sich 49 bzw. 62 Offiziere. Das jedoch war nur die Spitze des Eisberges. Allein 1953 registrierte die KVP-Führung 14 596 »Unerlaubte Entfernungen«[19]. Diese Disziplinarkategorie erfaßte Soldaten, die ihre Ausgangs- oder Urlaubszeiten deutlich überschritten, freiwillig zurückkehrten oder aber verhaftet werden konnten. Auch unter dieser Gruppe befanden sich Desertionswillige. Unter der Rubrik »besondere Vorkommnisse« registrierte die militärische Führung auch Selbstmorde und Suizidversuche (1952/53 jeweils über 100 Fälle), Tote oder Verwundete durch fahrlässigen Schußwaffengebrauch oder Unfälle (1952/53 je 300–400), Diebstähle bis hin zu Geschlechtskrankheiten, von denen 1952/53 jeweils über 3000 Fälle erfaßt wurden[20]. Allgemein verdeutlichen diese Zahlen, daß die innere Disziplin ebenso wie die allgemeine Moral in den meisten Dienststellen recht schlecht war.

Bis 1953 bestand für die KVP-Dienststellenleiter die Möglichkeit, ihre Untergebenen nach einem Maßnahmenkatalog zu bestrafen oder aber das Verfahren an das MfS und die zivile Gerichtsbarkeit abzugeben. Im Frühjahr 1953 begann jedoch der Aufbau spezieller Justizorgane im MdI-Bereich, 1954 leitete das Politbüro mit einem Beschluß über die Bildung der Staatsanwaltschaften der VP beim MdI weitere Schritte zur Schaffung einer Militärjustiz der DDR ein[21]. Im Verlauf des Jahres 1954 wurden die 1953 eingerichteten Untersuchungsbüros des MdI zu Dienststellen des Oberstaatsanwaltes der VP umgebildet. In der KVP entstanden Staatsanwaltschaften in der TV Nord, der TV Süd, der VPB Potsdam sowie für die Verwaltungen VP-See und Aeroklubs. Für die Untersuchungshaft richtete man spezielle Arrestanstalten der KVP in Prenzlau und Berlin-Köpenick ein; rechtskräftig Verurteilte saßen ihre Strafen in den normalen Zuchthäusern und Gefängnissen ab und wurden üblicherweise aus der KVP ausgestoßen. Seit dem Herbst 1954 stand jedoch in Berndshof/Kreis Ückermünde ein spezielles Straflager der KVP für

Verurteilte mit Freiheitsstrafen zwischen drei Monaten und zwei Jahren zur Verfügung. Dies sicherte, daß die Masse der Verurteilten nicht mehr in den regulären Strafvollzug kam und weiter unter der Kontrolle der KVP blieb[22].

Der allgemein schlechte disziplinarische Zustand der KVP widerspiegelte sich auch in deren Ansehen in der Öffentlichkeit, wo die KVP-Angehörigen nicht nur im Pasewalker Raum durch übermäßigen Alkoholkonsum und Prügeleien auffielen. Entsprechend negativ wertete die Bevölkerung das stärkste bewaffnete Organ der DDR. Wenige Jahre nach Kriegsende lehnten die meisten DDR-Bürger sowieso die Aufrüstung in der DDR ab, begriffen sie als eine den von der SED propagierten Wiedervereinigungsbestrebungen gegenläufige Zementierung der Spaltung und fürchteten, daß dereinst Deutsche auf Deutsche schießen würden[23]. Vor allem aus ökonomischen Gründen sowie um die Akzeptanz in der Bevölkerung zu heben, kamen KVP-Einheiten insbesondere 1954/55 sowohl in Katastrophenfällen, in der Ernte oder aber in der Produktion zum Einsatz. Dennoch wurden von der Bevölkerung die Besserstellung der KVP-Angehörigen in Verpflegung und Versorgung, die weit über dem DDR-Durchschnitt liegenden Gehälter wie auch die Aufrüstung allgemein als Mitursache für die sich verschlechternde Lebenslage angesehen. Die Divergenzen zwischen »Volk und Armee« kamen während der Unruhen des 17. Juni 1953 deutlich zum Tragen. Wesentliche Forderungen der Protestierenden richteten sich gegen die KVP, die hohen Offiziersgehälter und die Aufrüstung allgemein[24].

Die KVP in der Junikrise 1953

Der 1952 durch die SED eingeleitete Kurs zum Aufbau der Grundlagen des Sozialismus mit seinen Zwangsmaßnahmen zur Kollektivierung der Landwirtschaft und der Zurückdrängung des privatwirtschaftlichen Sektors in Industrie, Handel und Gewerbe sowie der Schwerpunktsetzung auf die Entwicklung der Schwerindustrie in der DDR führte seit Ende 1952 zu einer sich verschärfenden Wirtschafts- und Versorgungskrise, die im Sommer 1953 mit oktroyierten Sparmaßnahmen, Senkung des Lebensstandards der Bevölkerung und beabsichtigter Zwangseinführung von zehnprozentigen Normerhöhungen in offene politische Proteste mündete. Die Kosten der Aufrüstung und der Militarisierung der Gesellschaft trugen mitentscheidend zum Ausbruch der Krise bei.

Die Bauarbeiterdemonstration in Berlin am 16. Juni 1953 gab das Signal für DDR-weite Bevölkerungsproteste am Folgetag. Über 500 000 Arbeiter und Angehörige unterschiedlicher gesellschaftlicher Schichten der DDR-Bevölkerung taten ihren Unmut über die Politik der SED mit Streiks und auf Straßen und Plätzen der DDR kund. Neben den Unruhen in der DDR-Hauptstadt gab es die intensivsten Protestbewegungen im Raum zwischen Magdeburg, Erfurt, Gera und Leipzig sowie im Raum Niesky/Görlitz/Dresden. Sie erlangten regional unterschiedliche Qualitäten bis hin zu den Anfängen einer Aufstandsbewegung mit Neuwahl der Stadtverwaltung, Besetzung strategisch wichtiger Objekte und Aufstellung einer unbewaffneten Arbeiterwehr in Görlitz. Den Organen der inneren Sicherheit, den Schutz- und Transportpolizeiformationen sowie dem MfS gelang es zumeist nicht, die Massenproteste zu unterbinden. In den Mittagsstunden verkündete die UdSSR in ihrer Rolle als Besatzungsmacht dann in vielen Städten und Regionen den Ausnahmezustand und setzte sowjetische Truppen gegen die Demonstranten ein.

Erst sehr spät gelangten mit sowjetischer Genehmigung auch KVP-Einheiten gegen die Bevölkerung zum Einsatz. Unmittelbar am 17. Juni griff die KVP jedoch nur mit 8200 Mann ein. Das waren nicht einmal 7 Prozent ihres Personalbestands, und dies, obwohl viele Bezirksbehörden und Kreisdienststellen der DVP seit den Morgenstunden die Unterstützung der KVP-Einheiten der näheren Umgebung dringlichst erbaten. So forderte das VPKA Brandenburg bereits gegen 9.00 Uhr die Unterstützung der am Rande der Stadt liegenden Bereitschaft Hohenstücken an, das MdI jedoch untersagte einen KVP-Einsatz strikt[25].

Das hatte eine Reihe von Ursachen. Offenbar gab es vor allem von sowjetischer, aber auch seitens der SED-Führung noch ein beträchtliches Mißtrauen gegenüber den Militärformationen der DDR. Die KVP war für den inneren Einsatz weder ausgebildet noch ausgerüstet. Man befürchtete angesichts der zugespitzten inneren Probleme vor allem ein politisches Versagen der KVP oder gar eine Solidarisierung der bewaffneten Kräfte mit den Arbeitern. Indizien für das Vertrauensdefizit sind die Unterstellung des Chefs der Landeinheiten Hoffmann unter Staatssicherheitsminister Wilhelm Zaisser und die Ausklammerung der KVP aus allen weiteren Einsatzvorbereitungen in der Nacht vom 16. zum 17. Juni. Allein die Bereitschaft Oranienburg wurde für den 17. Juni nach Berlin befohlen. Der in den DDR-Bezirken trotz Anforderung anderer Sicherheitsorgane hinausgezögerte KVP-Einsatz verhinderte ebenso ein wirksames Eingreifen wie ein Befehl vom 17. Juni 1953, der allein die Bewaffnung mit Karabiner und Pistole erlaubte. Munition wurde, so sie überhaupt zur Ausgabe gelangte (dazu war die Genehmigung des sowjetischen Beraters notwendig), zumeist auf den Fahrzeugen belassen[26].

In Ost-Berlin bewegten sich ab 10.00 Uhr sowjetische Truppen in das Stadtzentrum und kamen gegen 12.00 Uhr mit der Verkündung des Ausnahmezustands zum Einsatz. Mit über 500 Panzern und mit Schützenketten räumten sie Straßen und Plätze Ost-Berlins, wobei auch Handfeuerwaffen und Maschinengewehre angewendet wurden, so daß mehrere Tote und viele Verwundete zu beklagen waren. Bereits frühzeitig kamen hier Einheiten der Politschule der KVP aus Berlin-Treptow an der Oberbaumbrücke und im Stadtzentrum zum Einsatz[27]. Die Hauptkräfte der KVP, die Bereitschaft Oranienburg, wurden erst am Nachmittag mit Räum- und Sicherungsaufgaben betraut, wobei sie zumeist hinter den sowjetischen Truppen operierten.

In Brandenburg verlor die Polizei wie erwähnt etwa gegen 10.00 Uhr die Kontrolle über das Geschehen, die Demonstranten hatten die SED-Kreisleitung, das Jugendklubhaus, die Haftanstalt und das Amtsgericht gestürmt, das Wachpersonal entwaffnet und die Häftlinge befreit. Erst nach 12.00 Uhr kam angesichts der eskalierenden Situation über das MdI aus der SKK-Zentrale Karlshorst die Einsatzgenehmigung für die KVP. In weit zugespitzter Situation vor dem Volkspolizeikreisamt (VPKA) und auf dem Marktplatz vermochten die KVP-Angehörigen ohne Waffeneinsatzgenehmigung nicht, die ihnen übertragene Aufgabe zu erfüllen und die Proteste zu unterbinden. Erst das Eingreifen sowjetischer Einheiten mit Panzern ermöglichte gegen 13.00 Uhr, die im VPKA eingeschlossenen Schutzpolizisten zu befreien und allmählich die Demonstrantenmenge zu zerstreuen[28].

Am 17. Juni erwies sich die KVP dort, wo sie in zumeist eskalierter Situation zum Einsatz kam, mit den zugestandenen Mitteln als nicht in der Lage, die Erhebung zu zerschlagen. Das geschah durch das Eingreifen sowjetischer Truppen. Zwei Beispiele sollen das unterlegen. In Gera erhielten die Kursanten der Artillerietechnischen Schule der KVP gegen 17.00 Uhr den Befehl, den Markplatz der Stadt von Demonstranten zu räumen. Während dieser Aktion trafen etwa 40 vollbesetzte Fahrzeuge mit Kumpeln aus den nahegelegenen Uran-Gruben der Sowjetischen Aktiengesellschaft (SAG) Wismut ein. In einem großen Handgemenge kippten die Kumpel ein vollbesetztes Einsatzfahrzeug der KVP um, trieben die bewaffneten Einsatzkräfte auseinander und erbeuteten einige Karabiner. Schutzpolizei und KVP verbarrikadierten sich im Gebäude der Bezirksdirektion der Deutschen Volkspolizei (BDVP) und konnten erst durch den Einsatz sowjetischer Panzer befreit werden[29].

Das Unvermögen der KVP vielerorts, die gestellten Einsatzaufgaben zu lösen, ist auf eine größere Zahl objektiver und subjektiver Ursachen zurückzuführen. Wohl an erster Stelle zu nennen ist, daß die KVP-Einheiten nicht in eigener oder DDR-Führungskompetenz eingesetzt werden konnten. Die Erteilung der Genehmigung über die SKK brauchte Stunden, wie die Vorgänge vor der Haftanstalt Kleine Steinstraße in Halle belegen. Seit dem Morgen des 17. Juni zogen die Demonstranten, vom VEB Waggonbau Ammendorf kommend, an der Kaserne der KVP in der Stalinallee vorbei. Die KVP zeigte keine Reaktion, auch als sich die BDVP Halle hier um Hilfe bemühte. Erst um 14.30 Uhr wurde der Einsatz für die KVP-Einheit freigegeben; die zum Schutz der Justizhaftanstalt mit 21 Karabinern und 3 Pistolen ausgerückten 24 KVP-Angehörigen sahen sich einer Menge von über tausend Protestierenden gegenüber. Der Kommandoleiter ließ, angesichts des strikten Befehls, keine Waffengewalt anzuwenden, die Schußwaffen in der Haftanstalt einschließen und war bemüht, mit seinen Männern einen Sperrkordon zu bilden, der jedoch binnen kurzer Zeit zerstreut wurde. Ein zweites Kommando gelangte zwar in die Justizhaftanstalt, wurde dort jedoch eingeschlossen. Auch hier konnten nur sowjetische Panzer die Menge auflösen und die Eingeschlossenen befreien. Erst als am Nachmittag ZK-Mitglied Fred Oelßner die Leitung der DDR-Einsatzkräfte übernahm und der Leiter der Politischen Verwaltung der KVP Dölling den Schußwaffeneinsatz für die KVP-Einheiten anwies, gelang es, zusammen mit sowjetischen Einheiten die Unruhen in Halle zu ersticken[30]. Allgemein erlangten die Sicherheitsorgane mit der Verlagerung der Befehlskompetenz auf die Bezirksebene in den späten Nachmittagsstunden des 17. Juni das Konzept des Handelns schrittweise zurück[31].

Die Befürchtungen der politischen Führung, die KVP-Angehörigen könnten sich auf die Seite der protestierenden Bevölkerung stellen, erwies sich als weitgehend unbegründet. Befehlsverweigerungen und Solidarisierungen mit den Arbeitern bildeten am 17. Juni eher die Ausnahme, wenngleich sie insbesondere bei den Mannschaftsdienstgraden durchaus vorkamen. In den Akten sind für die KVP und die VP-See insgesamt 101 derartige Fälle erfaßt worden[32]. Die Betroffenen wurden verhaftet und dem MfS übergeben. Die genannte Zahl allerdings spiegelt nicht das gesamte Ausmaß von renitentem Verhalten wider. Viele Dienststellenleiter schalteten das MfS oder die Justizorgane nicht ein, sondern nutzten den ihnen verfügbaren Disziplinarkatalog gegen Befehlsverweigerer, ohne die Widersetzlichkeiten weiterzumelden.

Zudem setzte das geltende Ausnahmerecht eine bedeutende Hemmschwelle für die Befehlsverweigerung, fehlende Informationen über die wahren Hintergründe der Volkserhebung ließen vielmehr den Einsatz als gerechtfertigt erscheinen. Die Mehrheit der KVP-Offiziere und ein großer Teil der Mannschaften glaubte infolge der politischen Erziehung, eines einseitigen Informationssystems während der Unruhen, durch die materielle Korrumpierung und die Abschottung von der Bevölkerung eher an einen Putschversuch von außen als an eine sozial-politische Erhebung. Viele KVP-Angehörige verstanden sich damit in ihrem Handeln während der Unruhen als Verteidiger des Sozialismus und Wahrer des Friedens. Diese Sichtweise untermauerten die Politoffiziere durch ausgewählte Informationen während der

Einsatztage. Andere KVP-Soldaten handelten unter dem Zwang des Befehls und des Ausnahmerechts, mancher auch mit Abenteuerlust, ohne erkennbaren Widerstand. Nur wenige wagten, angesichts der bekannten Tätigkeit von MfS-Mitarbeitern und -Informanten, ihre moralischen Bedenken offen kundzutun oder sich dem Einsatz zu verweigern[33].

Aufgrund der erwiesenen politischen Zuverlässigkeit der KVP und der Einsatzprobleme des Vortages erhielten die Militäreinheiten der DDR am 18. Juni einen klaren Schießbefehl und traten bei der Niederhaltung von Streiks und Demonstrationen in den Vordergrund. Die Sowjetarmee zog sich nach dem blutigen Eingreifen zu Beginn der Volkserhebung nunmehr aus politischen Gründen in den Hintergrund zurück und sicherte die Maßnahmen von KVP, Schutzpolizei und MfS ab. Gleichzeitig wurden KVP-Angehörige in Zivil im Zusammenwirken mit dem MfS zur Bespitzelung der Bevölkerung sowie aktiv in die Verhaftungsmaßnahmen während und nach den Unruhen einbezogen. Bis zum 23. Juni führte allein die KVP 2329 Personen dem MfS bzw. den Justizorganen zu[34]. Die Einsätze der KVP zur Sicherung der Demarkationslinie zu Berlin (West), zum Schutz bestimmter Objekte sowie gegen die im Juli 1953 noch einmal aufflackernde Streikbewegung dauerten bis zum Oktober 1953 an.

Aufs Ganze gesehen funktionierte die KVP während der Volkserhebung politisch als Machtinstrument des SED-Regimes — sie ließ sich gegen die Bevölkerung einsetzen. Allerdings hatten Einsatzbereitschaft, Führung und Handeln der KVP speziell am 17. Juni bewiesen, daß die Truppen der DDR für den Einsatzfall nach innen in keiner Weise die nötigen Voraussetzungen mitbrachten. Rückschlüsse ließen sich allerdings auch für die Einsatzfähigkeit nach außen ziehen. So war die KVP-Führung außerstande, ein koordiniertes Eingreifen der einzelnen Einheiten zu gewährleisten. Das Alarmsystem hatte versagt, die Meldetätigkeit lief über das offene Telefonnetz, weil nicht genügend Funkgeräte verfügbar waren. Es existierten keine praktikable Alarmordnung, kein Sturmgepäck bzw. Marschverpflegungskontingente. Die Essenversorgung und Sanitätsbetreuung klappten in der ersten Einsatzwoche überhaupt nicht[35]. Manche Bereitschaft wußte nicht einmal, wo ihre Einsatzkommandos lagen. Der 17. Juni verdeutlichte vor allem, daß neben dem völlig ungenügenden Nachrichtensystem die fehlende Motorisierung eine entscheidende Schwachstelle der KVP war[36].

Die politische Führung der DDR zog aus der intensiven Einsatzanalyse der KVP-Spitze über das Eingreifen während der Unruhen Schlußfolgerungen in zweierlei Richtung. Die KVP hatte sich nunmehr auch für den inneren Einsatz vorzubereiten. Das gesamte Territorium der DDR wurde hierzu in Einsatzbereiche unterteilt, die bestimmte Einheiten zugewiesen bekamen und für die diese Einsatzpläne zu erarbeiten und entsprechende Vorbereitungen zu treffen hatten[37]. Zur zentralen Führung der Einsatzkräfte entstanden die bis 1989 fortexistierenden Einsatzstäbe in den Bezirken aus führenden Funktionären der SED, der Armee, des MfS und der Polizei[38]. Damit erhielt die KVP neben der bisherigen äußeren jetzt eine innere Funktion zur Sicherung des SED-Herrschafts- und Gesellschaftssystems, die auch 1956 auf die NVA übertragen wurde.

Für die KVP brachten die Juni-Unruhen weitere tiefgreifende Veränderungen mit sich. Da im wesentlichen die Führungsebene versagt hatte, die Befehlsgebung und zentrale Handlungsfähigkeit während der Unruhen eingeschränkt war, reorganisierte man die KVP, die VP-See und die Aeroklubs. Es entstand ein einheitlicher Stab, der dem Chef der KVP und Stellvertreter des Innenministers, Generalleutnant Hoffmann, unterstand und nunmehr alle drei Teilstreitkräfte zentral führte. Als Hoffmanns Stellvertreter fungierten der Chef des Stabes, Generalleutnant Vincenz Müller, und der Chef der Politischen Verwaltung, Generalmajor Rudolf Dölling[39]. 1954 verlegten der Stab der KVP seinen Sitz von Berlin nach Strausberg, der Stab der VP-See nach Rostock und die Verwaltung der Aeroklubs nach Cottbus; die Furcht, eine erneute Erhebung in Berlin könnte die gesamte Armeeführung lahmlegen, war ein offensichtlicher Hintergrund.

Die tiefe Wirtschaftskrise (1953) hatte verdeutlicht, daß die DDR vor allem ökonomisch nicht in der Lage war, 4 Armeekorps aufzustellen und zu unterhalten. Der »Neue Kurs« der SED, in seinen militärpolitischen Konsequenzen in dem Spitzengespräch mit der SKK am 4. Juni 1953 festgelegt, beinhaltete die Reduzierung der KVP, die nunmehr im Herbst 1953 durchgeführt wurde. Die SED nutzte die Entlassungen, um zugleich eine politische Säuberung des Militärs vorzunehmen. Die Stärke der KVP sollte auf 86 276 Mann eingefroren, die Seepolizei um knapp 2000 Mann verringert werden, während für die Spezialisten in den Luftstreitkräften (etwa 5800 Mann) keine Reduzierungen vorgesehen waren. Insgesamt sollten fast 24 000 Mann entlassen werden[40].

Das implizierte auch strukturelle Veränderungen. Während das Armeekorps in Pasewalk (Nord) erhalten blieb, wurden nun die noch mehrheitlich kadrierten Einheiten der Territorialverwaltungen Dresden, Schwerin und Leipzig zusammengefaßt und ein Armeekorps (Süd) mit 2 Infanterie- und einer Panzerbereitschaft sowie selbständigen Einheiten in der Sollstärke von 30 224 Mann gebildet. Speziell für den Einsatz im Berliner Raum entstand die mech. Bereitschaft Potsdam, die dem KVP-Stab direkt unterstellt war. Die bestehenden 21 Schulen der verschiedenen Waffendienste mit einer Gesamtstärke von 11 000 Mann führten ihre Ausbildung fort. Darüber hinaus blieben die 5 selbständigen Kommandos, der Stab, die Registrierverwaltungen und Rückwärtige Einheiten bestehen.

Insgesamt setzte die SED-Führung 1954 auf die Konsolidierung des Bestehenden, nicht auf den extensiven Ausbau der Streitkräfte. Qualitative Prozesse hin zur Festigung des Personalbestands, zur geregelten fachlichen und politischen Ausbildung sowie zur Formung der KVP zu funktionierenden Streitkräften wurden eingeleitet. Bis 1955 erfolgte die personelle und materielle Aufstockung nur in kleinen Schritten, es gab zudem kaum Strukturveränderungen.

Im Ausbildungsjahr 1953/54 gelang es zunehmend, in den Einheiten die Beherrschung der vorhandenen Waffentechnik durchzusetzen. Dazu trugen verschiedene Faktoren bei. Da das Einheitsgefüge im wesentlichen belassen wurde, konnten sich die Einheiten innerlich festigen, entstand ein Zusammengehörigkeitsgefühl der Kameraden. Zudem kamen immer mehr Offiziere und Unteroffiziere aus den Schulen der KVP, aber auch von Lehrgängen in der UdSSR zurück. Das wirkte sich deutlich auf Qualität und Inhalte der vermittelten Lehrstoffe aus. In den Landeinheiten verbesserten sich bis Ende 1954 die Beherrschung des Waffenhandwerks ebenso deutlich wie das taktische Verhalten bis auf Bataillonsebene. Die VP-See verzeichnete Erfolge bei der Befähigung der Besatzungen zum Führen ihrer Boote bei einfachen Seelagen, die Zahl der Havarien nahm allmählich ab. Auch für die Aeroklubs konnte nach relativ wenigen Ausbildungserfolgen im Zeitraum 1952/53 im Folgejahr eine wesentlich größere Zahl ihrer Angehörigen Grundkenntnisse in der fliegerischen Befähigung und der flugtechnischen Sicherstellung erwerben. Aufgrund der Probleme 1952/53 und der daraus resultierenden Notwendigkeit, 1954 noch Grundlagen des Waffenhandwerks zu vermitteln, ließen sich die ehrgeizigen Ziele der politischen und militärischen Führung der DDR zur Entwicklung der militärischen Einsatzfähigkeit und zum Handeln auf Divisions- bzw. Armeekorpsebene sowie im Zusammenwirken der Waffengattungen praktisch noch nicht verwirklichen.

Von der »Kaderarmee« zu nationalen Streitkräften

Im Dezember 1954 fiel auf einer Konferenz des Ostblocks in Moskau die Entscheidung, bei Realisierung der Pariser Verträge als politische und militärische Antwort eine sozialistische Verteidigungskoalition zu bilden[41]. Die DDR war der einzige Teilnehmerstaat des geplanten Paktes ohne reguläre Armee, wenngleich getarnt mit der KVP wesentliche Voraussetzungen für den Streitkräfteaufbau begründet waren. Umgehend sollte die DDR jetzt alle militärischen, staatsrechtlichen und politischen Voraussetzungen schaffen, um den geforderten eigenständigen Verteidigungsbeitrag leisten zu können[42].

Die SED-Führung leitete nun die Entwicklung der KVP zum Grundstock für die aufzustellenden nationalen Streitkräfte ein. Am 14. Dezember 1954 legte Hoffmann einen Plan »Maßnahmen zur Vorbereitung der Umwandlung der KVP in eine Kaderarmee« vor[43]. Dieser sah vor, vor allem die weitere politische und innere Disziplinierung des Personalbestands durchzusetzen sowie die ausbildungsmäßigen Voraussetzungen für die Ausführung operativer Manöver im Zusammenwirken aller drei Teilstreitkräfte zu schaffen. Erneut plante Hoffmann die Erweiterung der Streitkräfte um ein drittes Armeekorps, welches jedoch nie realisiert wurde[44].

Am 14. Mai 1955 unterzeichnete die DDR, obwohl sie völkerrechtlich noch nicht souverän und ein Friedensvertrag mit den alliierten Siegermächten nicht zustande gekommen war, den Warschauer Vertrag und wurde Mitglied des östlichen Verteidigungspaktes. Daraus resultierte die Verpflichtung zur Schaffung regulärer Streitkräfte, welche von vornherein als Koalitionsarmee aufgestellt werden sollten. Vorbereitet seit Ende 1954, wurde dazu der Aus- und Umbau der KVP ab Frühsommer 1955 forciert. Im April gliederte das MdI zur Verbesserung der Führungsstruktur die Stellvertreterbereiche des Chefs des Hauptstabes neu und schuf weitere Fachverwaltungen. Zur Vorbereitung der Bildung eines Verteidigungsministeriums löste die SED die KVP im August aus dem MdI heraus. Damit waren wichtige Voraussetzungen zur Bildung eines eigenständigen Verteidigungsministeriums und zur Umwandlung der KVP in eine reguläre Armee vollzogen. Mit der Schaffung des Amtes für Technik ab 1. September 1955 entstand das künftige Führungsorgan für eine Verteidigungsindustrie, deren Entwicklung im Zusammenhang mit der Volkserhebung 1953 in bedeutenden Teilen abgebrochen worden war.

Das Jahr 1955 war militärpolitisch in erster Linie dadurch geprägt, daß Moskau und die DDR-Führung die staats- und völkerrechtlichen Voraussetzungen für die Aufstellung einer Armee in der DDR schufen. Dazu zählte die Aufhebung des Kriegszustandes der UdSSR mit Deutschland im Januar 1955, was den fehlenden Friedensvertrag ersetzen sollte. Mit dem am 20. September 1955 unterzeichneten Vertrag über die Beziehungen zwischen der UdSSR und der DDR gingen offiziell wichtige Souveränitätsrechte an die DDR als Staat über; die UdSSR behielt sich jedoch über den Staatsvertrag, den Warschauer Pakt und den RGW entscheidende Hebel der Einflußnahme vor und vereinbarte in einem geheimen Zusatzabkommen die weitere Stationierung sowjetischer Truppen auf dem DDR-Gebiet. Unmittelbar danach, am 26. September, ergänzte die SED- und Staatsführung die Verfassung um die Pflicht zur Verteidigung des DDR (Art. 5) und gab sich das Recht zur Gesetzgebung zum militärischen Schutz (Art. 112). Damit waren auch die letzten staatsrechtlichen Voraussetzungen erfüllt, um die KVP in eine nationale Armee umzuwandeln.

Eines der Hauptprobleme bildete 1955 die Personalgewinnung für die KVP. Ein Teil der 1952 Geworbenen beendete in diesem Jahr die dreijährige Dienstzeit, so daß sich ein erheblicher Personalbedarf deutlich abzeichnete. Die Freiwilligenwerbung war bereits in der Großwerbeaktion 1952 an ihre Grenzen gestoßen und hatte damit der politischen und militärischen Führung signalisiert, daß das Nachwuchsreservoir im Grunde erschöpft war. Tendenzen zur Vollbeschäftigung in der Wirtschaft und gute zivile berufliche Perspektiven, pazifistische Einstellungen sowie verbreitete Vorbehalte gegen die KVP in der Bevölkerung machten den Militärdienst nicht sonderlich attraktiv. Da aber andererseits bei den Mannschaftsdienstgraden ein Loch von rund 18 000 nicht besetzten Stellen klaffte, erwog die KVP-Führung, ohne an eine zumindest von den führenden Militärs gern gesehene Wehrpflicht zu denken, eine heimliche erste Wehrerfassung der männlichen Bevölkerung bis zum fünfzigsten Lebensjahr durch die Registrierabteilungen mit Unterstützung der Paß- und Meldestellen der DVP durchzuführen[45]. Zur Nachwuchsgewinnung in der KVP nutzte man ab April 1955 nicht mehr nur die 1952 aufgebauten Kreisregistrierabteilungen und Bezirksregistrierkommissionen; die Anwerbung erfolgte in starkem Maße auf Vorschlag bzw. durch eine Delegierung Jugendlicher durch FDJ- und SED-Organisationen in Betrieben und Institutionen. Es ging dabei vorrangig um eine im Sinne der herrschenden Ideologie hohe politische Überzeugung von den Idealen des Sozialismus. Das hing auch damit zusammen, daß viele junge Menschen angesichts des Aufbaus von Streitkräften und der 1955/56 DDR-weit befürchteten Einführung der allgemeinen Wehrpflicht das Land verließen. 1955 und 1956 verdoppelte sich die Zahl der DDR-Flüchtlinge in der Altersgruppe zwischen 18 und 25 Jahren auf 41 000 im Vergleich zu 1954 bzw. lag 1956 noch immer bei 36 000 Personen.

Das Bestreben der KVP-Spitze, in Ausrüstung und Bewaffnung eine Angleichung an sowjetisches Niveau zu erlangen, blieb auch 1955 hinter den Erwartungen zurück. Der Ausrüstungsstand an Handfeuerwaffen konnte als gut bezeichnet werden, wenngleich Scharfschützengewehre und rückstoßfreie Geschütze (RPG und SB-82) nur in sehr geringer Stückzahl verfügbar waren. Die Ausrüstung mit Artilleriewaffen schätzte die KVP-Führung trotz des Mangels an schweren Geschützen als befriedigend ein. Erhebliche Probleme bereitete den Militärs jedoch der Motorisierungsgrad der Einheiten. Es mangelte insbesondere an Panzern und Schützenpanzern, aber auch an Lkw sowie anderen geländegängigen Fahrzeugen und Spezial-Kfz aus DDR-eigener Produktion. Seit Ende 1953 fehlten der KVP insgesamt etwa 100 schwere Panzer IS II, 300 mittlere Panzer T-34, 60 Sturmgeschütze SU-100 und SU-85, 250 SPW sowie nahezu 1500 Kfz[46]. Auch 1954 erfolgten keine Großlieferungen aus der UdSSR, 1955 befand sich die Sowjetunion selbst in Lieferschwierigkeiten, so daß sich die DDR-Führung an Polen wandte und im August 1955 die Lieferung von 155 T-34 noch im laufenden Jahr und von 130 im Folgejahr vereinbarte[47]. Ähnlich problematisch war die Ausstattung der KVP mit Fernmeldetechnik, die eine kontinuierliche Führung im Einsatzfalle gar nicht zuließ. Die beiden Hauptmängel bei der Ausrüstung der Landeinheiten, das Fehlen von Nachrichtenübertragungsmitteln und die mangelnde Motorisierung, die bereits während des Einsatzes gegen die Volkserhebung 1953 deutlich geworden waren, konnten bis Ende 1955 als Problem nicht gelöst werden.

Gravierend waren 1954/55 die Mängel in der Ausstattung der VP-See und der Aeroklubs. Bereits im Juni 1954 beklagte die DDR-Führung in einem Schreiben an die UdSSR, daß die Kräfte der VP-See für den Schutz der 300 km langen Ostseeküste nicht ausreichten. Es sei notwendig, bis 1959 die VP-See um 6000 Mann aufzustocken und den Bootsbestand zu verdoppeln. Dazu müßten 8 Küstenschutz-, 36 Torpedoschnell-, 24 Schnell-, 12 Basisminensuch- und 30 Minensuchboote neugebaut und an der Küste 8 Batterien Küstenartillerie aufgestellt werden[48]. Ende 1955 verfügten die 8904 Seepolizei-Angehörigen über einen Kampfbestand von 10 Minenleg- und Räumschiffen (MLR), 20 Küstenschutzbooten, 24 Räumbooten, 6 Reedeschutzbooten sowie von Schul- und verschiedenen Hilfsschiffen und -booten[49]. Damit besaß die VP-See den Charakter leichter Sicherungskräfte, die Aufgaben zum Schutz der Küste bei normaler See vor allem am Tage durchführen konnten und erste Erfahrungen im Minenleg- und Räumeinsatz erlangt hatten. Um wenigstens in den Strukturen den Aufgaben der Küstensicherung gerecht zu werden, wurden 1954 der Küstenabschnitt I (Ost) und 1955 der Küstenabschnitt II (West) gebildet, aus denen sich nach Gründung der NVA die 3. und 4. Flottille der DDR-Marine bildeten. Damit entstanden bis Ende 1955 Einsatzstrukturen für eine militärische Küstensicherung. Von einer militärischen Einsatzfähigkeit waren die Marineeinheiten jedoch hinsichtlich ihres Schiffsbestands sowie im Personal- und Ausbildungsstand weit entfernt. Die See-Einheiten sahen sich zum Schutz ihrer Flottenbasen sowie zu Sicherungsdiensten in den DDR-Hoheitsgewässern befähigt, verfügten jedoch nur über erste Kenntnisse im Überwasserkampf, in der U-Boot- oder Seeanlandungsabwehr.

Auch die Entwicklung der DDR-Fliegerkräfte stand 1955 noch weit hinter den von der politischen und militärischen Führung der DDR gesteckten Zielen zurück. Die der Verwaltung der Aeroklubs (VdAK) Ende 1955 unterstehenden 3 Aeroklubs hatten fliegerisches und fliegertechnisches Personal herangebildet, welches im wesentlichen die im Bestand befindlichen 39 Übungsjagdflugzeuge Jak-11 sowie die 46 Schulflugzeuge Jak-18 beherrschte. In den Bereichen der VdAK dienten insgesamt 9047 Mann[50]. Der einer Jagdfliegerdivision entsprechende Aeroklub gliederte sich in 3 Geschwader zu 3 Staffeln. Den Flugbetrieb der 9 Geschwader stellten nur 5 Technische Basen sicher, was die Einsatzfähigkeit speziell im Kriegsfalle jedoch deutlich einschränkte. Bereits in den Strukturen war in der VdAK eine DDR-Luftwaffe mit vornehmlich defensivem Luftverteidigungscharakter angelegt. Die Aeroklubs hatten jedoch auch Ende 1955 ihren reinen Ausbildungscharakter nicht verloren. Es fehlten wirkliche Kampfflugzeuge — die Einführung der MiG-15 aus der UdSSR war 1955 erneut vorgesehen, diese Düsenjäger wurden jedoch erst 1956 geliefert. Weiter fehlte es an Flieger- und Sicherungstechnik, Ersatzflugplätzen für das variable Handeln, aber letztlich auch noch deutlich am fachlichen Können des Personals, so daß beim Übergang zur NVA lediglich ein Grundstock für den Aufbau von einsatzfähigen Luftstreitkräften zur Verfügung stand.

Trotz der genannten Defizite zielte die Militärpolitik der SED- und der KVP-Führung seit Ende 1954 darauf, mit Blick auf die Teilnahme der DDR an der sozialistischen Militärkoalition unbedingt die Funktions- und Einsatzfähigkeit ihrer »getarnten Armee« zu erreichen und nachweisen. War dies mit den See- und Luftstreitkräften nur sehr bedingt möglich, so boten die seit 1948/49 schrittweise aufgebauten Landstreitkräfte objektiv die besten Voraussetzungen für die Entwicklung von Einsatzstrukturen. 1955 richtete sich die Ausbildung hier auf eine strikte Verbesserung der Kampfbereitschaft und Einsatzfähigkeit aus. An neuen Ausbildungsinhalten kamen seit Ende 1954 der Schutz vor den Folgen eines Nuklearwaffeneinsatzes, das Forcieren von Wasserhindernissen und verstärkt die Nachtausbildung hinzu[51]. In allen größeren Einheiten wurde eine Schutzkompanie gebildet, der Schutz vor Atomschlägen fand Eingang in die militärische Ausbildung und Übungslagen[52]. Den weiterbestehenden Mängeln in der Fachkenntnis und der Didaktik der Offiziere bei der Schulung ihrer Untergebenen versuchte man 1955 mit einer Vielzahl von Lehrvorführungen, Unterweisungen und Anweisungen zu begegnen[53].

Die operative Ausbildung zielte auf die Befähigung der KVP, Angriffshandlungen im Rahmen von Divisionen durchzuführen. Im April 1955 erarbeitete die operative Abteilung Lektionen, die sich vor diesem Hintergrund mit der Fliegerabwehr, der Taktik des Gegners, der Organisation der Nachrichtenübermittlung, den Aufgaben der Artillerie wie dem Einsatz der Panzer und der Luftwaffe sowie der pioniermäßigen, chemischen und rückwärtigen Sicherstellung befaßten[54].

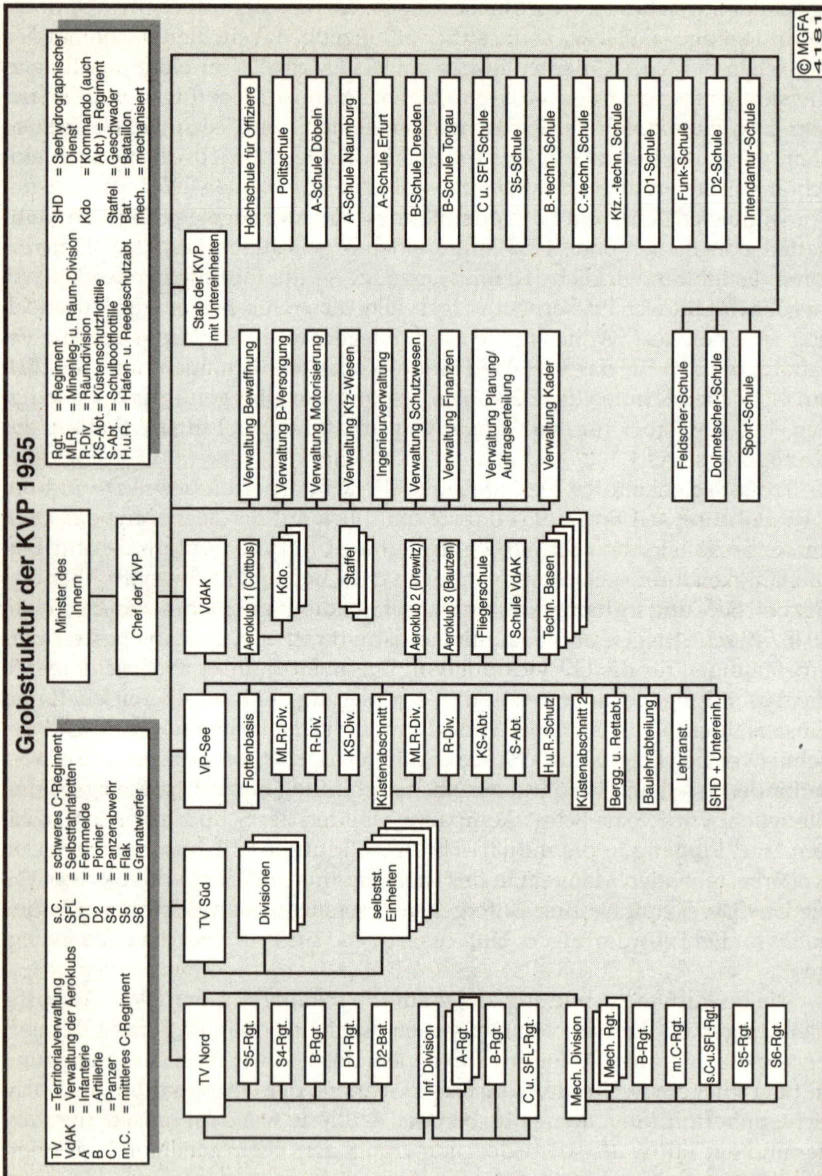
Grobstruktur der KVP 1955
TV = Territorialverwaltung
VdAK = Verwaltung der Aeroklubs
A = Infanterie
B = Artillerie
C = Panzer
m.C. = mittleres C-Regiment
s.C. = schweres C-Regiment
SFL = Selbstfahrlafetten
D1 = Fernmelde
D2 = Pionier
S4 = Panzerabwehr
S5 = Flak
S6 = Granatwerfer
Rgt. = Regiment
MLR = Minenleg- u. Räum-Division
R-Div = Räumdivision
KS-Abt. = Küstenschutzflottille
S-Abt. = Schulbootflottille
H.u.R. = Hafen- u. Reedeschutzabt.
SHD = Seehydrographischer Dienst
Kdo = Kommando (auch Abt.) = Regiment
Staffel = Geschwader
Bat. = Bataillon
mech. = mechanisiert
Minister des Innern
Chef der KVP
TV Nord
S5-Rgt.
S4-Rgt.
B-Rgt.
D1-Rgt.
D2-Bat.
Inf. Division
A-Rgt.
B-Rgt.
C u. SFL-Rgt.
Mech. Division
Mech. Rgt.
B-Rgt.
m.C-Rgt.
s.C-u.SFL-Rgt.
S5-Rgt.
S6-Rgt.
TV Süd
Divisionen
selbstst. Einheiten
VP-See
Flottenbasis
MLR-Div.
R-Div.
KS-Div.
Küstenabschnitt 1
MLR-Div.
R-Div.
KS-Abt.
S-Abt.
H.u.R.-Schutz
Küstenabschnitt 2
Bergg. u. Rettabt.
Baulehrabteilung
Lehranst.
SHD + Untereinh.
VdAK
Aeroklub 1 (Cottbus)
Kdo.
Staffel
Aeroklub 2 (Drewitz)
Aeroklub 3 (Bautzen)
Fliegerschule
Schule VdAK
Techn. Basen
Stab der KVP mit Untereinheiten
Verwaltung Bewaffnung
Verwaltung B-Versorgung
Verwaltung Motorisierung
Verwaltung Kfz-Wesen
Ingenieurverwaltung
Verwaltung Schutzwesen
Verwaltung Finanzen
Verwaltung Planung/ Auftragserteilung
Verwaltung Kader
Feldscher-Schule
Dolmetscher-Schule
Sport-Schule
Hochschule für Offiziere
Politschule
A-Schule Döbeln
A-Schule Naumburg
A-Schule Erfurt
B-Schule Dresden
B-Schule Torgau
C u. SFL-Schule
S5-Schule
B.-techn. Schule
C.-techn. Schule
Kfz.-techn. Schule
D1-Schule
Funk-Schule
D2-Schule
Intendantur-Schule
© MGFA 4181

In der Ausbildung des militärischen Führungspersonals der KVP, die in zwei Gruppen — unmittelbare KVP-Führung und Ebene der Divisionsstäbe — durchgeführt wurde, erlernte die Militärelite der DDR am »Sandkasten«, in Lehrvorführungen und Kommandostabsübungen das Führen und Sicherstellen von Handlungen einer Division und eines Armeekorps. Dabei ging es im Sommer 1955 vorrangig um Angriffs- und Durchbruchsoperationen und das Zusammenwirken der Waffengattungen und Dienste[55].

An der fachlichen Ausbildung in den Einheiten der KVP läßt sich deutlich die Zielstellung ablesen, die militärische Einsatzfähigkeit der KVP nachzuweisen und die funktionale Kluft zu den anderen Bündnisarmeen zu verringern. Die DDR wollte sich und ihre Militärformationen möglichst schnell als vollwertigen Militärpartner in den Warschauer Pakt einbringen, und zwar auch deshalb, weil man über den Pakt die vollständige Souveränität der DDR zu erlangen hoffte.

Als Gradmesser der Fähigkeiten der KVP diente die zum Abschluß des Ausbildungsjahres 1954/55 auf dem Truppenübungsplatz Nochten befohlene zweiseitige Übung im Verbandsrahmen mit Truppen. Während 1954 noch viele Übungen mit der nicht befriedigenden Lösung der Aufgaben beider Seiten und dem Offensichtlichwerden von Schwächen in der Führung und im taktischen Verhalten endeten, bereitete die militärische Führung der KVP den Abschluß des Ausbildungsjahres 1954/55 den ganzen Sommer hindurch vor. KVP- und Staatsführung waren sich darüber einig, daß der Übungskomplex im Herbst 1955 — die sogenannte Nochtener Übung — der UdSSR und den anderen im Warschauer Pakt verbündeten Staaten bereits ein Funktionieren von ausgewählten Einheiten beweisen sollte. Seit April waren hierzu Übungen im Verbandsrahmen durch den Hauptstab der KVP vorbereitet und durchgeführt worden. Vom 11. bis 14. Juli fand dann die Kommandostabsübung der TV Süd, vom 20. bis 23. Juli die der TV Nord statt. Sie bildeten die Grundlage für die vom 27. September bis 4. Oktober auf dem Truppenübungsplatz Nochten an der polnischen Grenze stattfindende zweiseitige Übung. In dieser Bewährungsprobe kamen über 2000 Kfz, Panzer und SPW zum Einsatz, erstmalig griffen auch Jak-11 der Aeroklubs als Schlachtflieger in das Manövergeschehen ein. Das Infanterieregiment Halle legte im Rahmen seiner Aufgabenstellung in 18 Stunden 280 Marschkilometer vom Standort auf das Übungsfeld zurück. Alles in allem gelang der KVP-Führung vor den Spitzen der SED und sowjetischen Beobachtern ein beeindruckendes vielgeprobtes Schauspiel taktischer Handlungen zu demonstrieren. Die Leistungen der KVP-Angehörigen fanden durchaus allgemeine Würdigung. Intern allerdings wurden erneut Mängel in der Truppenführung und der Sicherstellung der Kampfhandlungen festgestellt, die letztlich der militärischen Führung ins Bewußtsein riefen, daß 1955 mit der KVP keine kriegseinsatzfähige Armee in der DDR existierte, die sich mit den Armeen anderer Staaten militärisch messen konnte.

Bei allen Mängeln, die der KVP Ende 1955 gemessen mit der Elle des damaligen Verständnisses von modernen Streitkräften noch anhafteten, darf nicht aus den Augen verloren werden, daß die DDR-Führung über ein beachtliches Militärpotential verfügte. Dies wiegt um so mehr, als der potentielle Hauptgegner der DDR im SED-Feindbild — die Bundesrepublik Deutschland — erst zu diesem Zeitpunkt mit dem Aufbau militärischer Formationen der Bundeswehr begann.

Seit Mitte des Jahres 1955 hatte die DDR-Führung Moskau auf die Genehmigung zur Schaffung regulärer Streitkräfte gedrängt, die KPdSU-Führung die Entscheidung jedoch mit Blick auf die Genfer Konferenz im Sommer 1955 aus politischen, rechtlichen und taktischen Gründen hinausgezögert. Anfang 1956 war es dann soweit. In der Bundesrepublik hatte der Aufbau der Bundeswehr begonnen, nunmehr konnte die Schaffung der NVA, welche die Volkskammer per Gesetz vom 18. Januar 1956 beschloß, als »Reaktion auf die Militarisierung der Bundesrepublik« verkündet werden. Tatsache ist, daß die Einheiten der KVP im Prinzip bis auf wenige Ausnahmen nur umbenannt zu werden brauchten. Der qualitative Entwicklungsprozeß zu einer wirklich einsatzfähigen Armee allerdings zog sich bis zum Ende der 50er Jahre hin. Die KVP wurde mit der Umwandlung der Einheiten schrittweise aufgelöst, und mit Wirkung vom 31. Dezember 1956 an hörte sie auf zu existieren[56].

Leitung

1952–1953	Chef der KVP (Land): Heinz Hoffmann
	Chef der VP-Luft: Heinz Keßler
	Chef der VP-See: Waldemar Verner
1953–1955	Chef der KVP (eingeschlossen VP-See und Aeroklubs): Heinz Hoffmann

Wichtige Daten

Januar 1952	Beginn der Aufstellung der VP-Luft aus dem Referat z.b.V.
1. Juli 1952	Aufstellungsbeginn der KVP und VP-See aus den Einheiten der HVA und HVS
August 1952	Aufstellung der TV Pasewalk
Oktober 1952	Aufstellung der TV Dresden, Leipzig und Dessau

4. Juni 1953	Beschluß zur Reduzierung der KVP und Einstellung von Projekten im Zusammenhang mit der ökonomischen Krise
17. Juni 1953	Erster Einsatz von KVP-Einheiten gegen die protestierende Bevölkerung. Ende der Einsätze im Oktober 1953
14. Dezember 1954	Beschluß zur Schaffung einer »Kaderarmee«
14. Mai 1955	Beitritt der DDR zum Warschauer Pakt
Oktober 1955	Nochtener Übung
18. Januar 1956	Volkskammergesetz zur Schaffung der NVA
31. Dezember 1956	Auflösung der letzten Dienststellen der KVP

Quellen- und Literaturauswahl

Quellen der Stiftung Archiv der Parteien und Massenorganisationen der DDR (SAPMO) im Bundesarchiv vermitteln Eindrücke über die Vorgaben der SED- und Staatsführung zur Entwicklung der KVP und zu Aufgabenstellungen sowohl von sowjetischer als auch ostdeutscher Seite. Von wesentlicher Bedeutung sind die Bestände des Politbüros, des Sekretariats des ZK der SED (DY 30/I IV 2/2/. .. und I IV 2/3/...), der Nachlässe Grotewohl (NY 90/...), Ulbricht (NY 182...) und Pieck (NY 36/...), der Abteilungen Sicherheit (IV 2/14/...), Jugend (IV 2/16/...) und Parteiorgane (IV 2/5/...) sowie des Büros Ulbricht (I IV 2/202...).

Das Bundesarchiv-Militärarchiv (BA-MA) in Freiburg besitzt in den Beständen DVH 1–5/..., DVM 1–4/... und DVL 1–2/... mit den jeweils laufenden Nummern den schriftlichen Nachlaß der KVP, VP-See und VP-Luft mit Befehlen, Weisungen und Berichten über die KVP bis hin zu Chroniken einzelner Dienststellen. Im Bestand Nationaler Verteidigungsrat (DVW 1/ 39543–554 und 39584) befinden sich die richtungweisenden Beschlüsse der Sicherheitskommission zur KVP.

Letztlich befinden sich beim Bundesbeauftragten für die Unterlagen des Staatssicherheitsdienstes der ehemaligen Deutschen Demokratischen Republik (BStU) im Bestand Sekretariat des Ministers (SdM...) einige Berichte zur KVP, der HA I und der Verwaltung 2000.

Als die wichtigsten Veröffentlichungen zur Geschichte der KVP sind zu nennen:

Die Aufrüstung in der Sowjetischen Besatzungszone Deutschlands, hrsg. vom Bundesministerium für gesamtdeutsche Fragen, Bonn 1958

Baarß, Klaus-Jürgen, Lehrgang X. In geheimer Mission an der Wolga, Berlin, Bonn, Hamburg 1995

Diedrich, Torsten, Der 17. Juni 1953 in der DDR. Bewaffnete Gewalt gegen das Volk, Berlin 1991

Diedrich, Torsten, Der 17. Juni 1953 in der DDR. Zu militärhistorischen Aspekten bei Ursachen und Verlauf der Unruhen, in: Militärgeschichtliche Mitteilungen, 51 (1992), H. 2, S. 357–384

Diedrich, Torsten, Die Kasernierte Volkspolizei und der 17. Juni 1953. Zum Polizeieinsatz gegen die Demonstrierenden, in: Die Deutsche Polizei und ihre Geschichte. Beiträge zu einem distanzierten Verhältnis, hrsg. von Peter Nitschke, Hilden 1996, S. 231–257

Diedrich, Torsten und Rüdiger Wenzke, Von der Polizeitruppe zur Volksarmee. Geschichte der Kasernierten Volkspolizei 1952–1956 (in Vorbereitung)

Elchlepp, Friedrich, Gründung der Seestreitkräfte der DDR, in: Schiff und Zeit/Panorama maritim, Nr. 42, 1993, S. 45–57

Elchlepp, Friedrich, Die Volkspolizei-See in den Jahren 1952/53, in: Schiff und Zeit/Panorama maritim, Nr. 38, 1993, S. 27–34

Elchlepp, Friedrich, Von der Volkspolizei-See zur DDR-Marine, in: Schiff und Zeit/Panorama maritim, Nr. 41, 1993, S. 35–45

Entmilitarisierung und Aufrüstung in Mitteleuropa 1945–1956, hrsg. vom Militärgeschichtlichen Forschungsamt, Herford, Bonn 1983

Fischer, Alexander, Anfänge der Wiederbewaffnung in der SBZ/DDR (1945/46–1955/56), in: Wiederbewaffnung in Deutschland nach 1945, hrsg. von Alexander Fischer, Berlin 1986

Forster, Thomas M., Die NVA. Kernstück der Landesverteidigung der DDR, 6. Aufl., Köln 1983

Hagemann, Frank, Die Politarbeit in der Kasernierten Volkspolizei, in: Militärgeschichte, 7 (1997), H. 3, S. 8–15

Die kasernierte Volkspolizei in der sowjetischen Besatzungszone Deutschlands, hrsg. vom Bundesministerium für gesamtdeutsche Fragen, Bonn 1955

Luftfahrt Ost 1945–1990. Geschichte der deutschen Luftfahrt in der Sowjetischen Besatzungszone (SBZ), der Sowjetunion und der Deutschen Demokratischen Republik (DDR), hrsg. von Jürgen Michels und Jochen Werner, Bonn 1994

Roth, Heidi und Torsten Diedrich, Wir sind Kumpel — uns kann keiner. Der 17. Juni 1953 in der SAG Wismut, in: »Strahlende Vergangenheit«. Studien zur Geschichte des Uranbergbaus der Wismut, hrsg. von Rainer Karlsch und Harm Schröter, St. Katharinen 1996, S. 228–262

Rupieper, Hermann-Josef, Probleme bei der Schaffung der Kasernierten Volkspolizei (KVP), der Kaderschmiede der Nationalen Volksarmee, in: Militärgeschichtliche Mitteilungen, 41 (1987), S. 175–189

Volksarmee schaffen — ohne Geschrei! Studien zu den Anfängen einer »verdeckten Aufrüstung« in der SBZ/DDR 1947–1952, im Auftrag des Militärgeschichtlichen Forschungsamtes hrsg. von Bruno Thoß, München 1994

Wenzel, Otto, Kriegsbereit. Der Nationale Verteidigungsrat der DDR 1960 bis 1989, Köln 1995

Wenzke, Rüdiger, Militärjustiz und Disziplinarrecht in der NVA, in: Militärgeschichte, 5 (1995), H. 3, S. 45–51

Wenzke, Rüdiger, Wehrmachtoffiziere in den DDR-Streitkräften, in: Nationale Volksarmee — Armee für den Frieden. Beiträge zu Selbstverständnis und Geschichte des deutschen Militärs 1945–1990, hrsg. von Detlef Bald, Reinhard Brühl und Andreas Prüfert, Baden-Baden 1995, S. 143–156

Wettig, Gerhard, Entmilitarisierung und Wiederbewaffnung in Deutschland 1943–1955, München 1967

Wettig, Gerhard, Die politischen Überlegungen bei der ostdeutschen Wiederbewaffnung 1947–1952, in: Aspekte der deutschen Wiederbewaffnung bis 1955, hrsg. vom Militärgeschichtlichen Forschungsamt, Boppard am Rhein 1975

Wettig, Gerhard, Neue Erkenntnisse aus sowjetischen Geheimdokumenten über den militärischen Aufbau in der SBZ/DDR 1947–1952, in: Militärgeschichtliche Mitteilungen, 53 (1994), Nr. 2, S. 399–419

Wiederbewaffnung in Deutschland nach 1945, hrsg. von Alexander Fischer, Berlin 1986

Zudem existiert eine Reihe unveröffentlichter Studien zum Thema:

Elchlepp, Friedrich und Frank Bieler, Über die Bildung der Hauptverwaltung der Seepolizei und Hauptfragen der Entwicklung der Volkspolizei-See bis 1955, Studie, Potsdam 1971

Heitsch, Heinrich, Chronologie der Entwicklung der Führungsorgane der KVP in der Zeit vom Frühjahr 1952 bis Ende 1955. VS-Aufstellung von Befehlen und Führungsdokumenten, DIMG, Potsdam 1971

Heitsch, Heinrich, Die schrittweise Herausbildung eines zentralen Führungsorgans der Kasernierten Volkspolizei (KVP) und dessen Rolle bei der Ausprägung des Charakters dieser bewaffneten Kräfte (Juli 1952 bis Ende 1955), VS-Studie, DIMG, Potsdam 1971

Schützle, Kurt, Zur geschichtlichen Entwicklung der Kasernierten Volkspolizei (KVP) 1952–1956, VS-Studie, MGI, Potsdam 1984

Zorn, Heinz-Bernhard, Der Aufbau der Volkspolizei-Luft, später Aeroklubs (1950–1955), Materialstudie, Potsdam 1970

Anmerkungen

1 Siehe hierzu den Beitrag Ehlert, Die Hauptverwaltung für Ausbildung in diesem Band.

2 Vgl. BA-MA, DVH 3/2072, Bl. 5, Politbürobeschluß zur Verleihung von Generals- und Admiralsrängen vom 1.10.1952. Weitere Generalsränge wurden im Oktober 1952 Dr. Otto Korfes, Friedrich Dickel, Kurt Vogel, Walter Freytag, Paul Blechschmidt, Felix Scheffler und Fritz Köhn verliehen, Wilhelm Mayer wurde 1953 Generalmajor und Stellvertreter des Ministers.

3 Vgl. DVH 2/3979, Bl. 20, Angaben zum Offiziersbestand vom 15.9.1953.

4 Hierzu ausführlicher: Diedrich/Wenzke, Von der Polizeitruppe.

5 Vgl. BA-MA, DVH 3/2070, Bl. 44, Bericht über die Entstehung der KVP vom 16.12.1953.

6 Vgl. ebd.

7 Vgl. Elchlepp, Die Volkspolizei-See, S. 30.

8 Vgl. SAPMO-BArch, NY 90/699, Bl. 38, Notizen Grotewohls aus der Besprechung mit SKK-Vertretern vom 4.6.1953.

9 Siehe hierzu mehr bei Baarß, Lehrgang X.

10 Vgl. SAPMO-BArch, NY 90/699, Bl. 38, Notizen Grotewohls aus der Besprechung mit SKK-Vertretern vom 4.6.1953.

11 Vgl. BA-MA, DVH 3/3123, Bl. 16 f.

12 Der Kämpfer, 1 (1953), Nr. 7, vom 13.6.1953, S. 6.

13 Hierzu ausführlicher: Diedrich/Wenzke, Von der Polizeitruppe.
14 Vgl. hierzu BA-MA, DVH 3/2010, Bl. 53 ff., Statut vom 25.2.1954.
15 SAPMO-BArch, DY 30 I IV 2/202/62, Beschluß des Politbüros vom 23.9.1953.
16 Vgl. BStU, SdM 1201, Bl. 255 ff., Einschätzung der Lage in der NVA von Ende 1956.
17 Vgl. hierzu wie auch insgesamt ausführlicher: Diedrich/Wenzke, Von der Polizeitruppe.
18 Vgl. BA-MA, DVH 3/ 3601, Bl. 129.
19 Vgl. ebd., DVH 3/2770, Bl. 192, Auszug aus dem Bericht über besondere Vorkommnisse 1955.
20 Vgl. ebd.
21 Vgl. SAPMO-BArch, DY 30 I IV 2/2/342, Bl. 122, Anlage zum Protokoll der Sitzung vom 15.1.1954.
22 Vgl. Wenzke, Militärjustiz, S. 41.
23 Hinzu kam, daß die SED bis 1950 in ideologischer Auseinandersetzung mit der Bundesrepublik offiziell einen bewußt auf Entmilitarisierung in der DDR orientierten Kurs postuliert hatte, der jetzt zur Ablehnung der KVP mit SED-eigenen Slogans führte (vgl. u.a. SAPMO-BArch, DY 30 IV 2/5/908, Bl. 29 ff., Fernschreiben der Bezirksleitung der SED Leipzig vom 17.1.1956; IV 2/5/692, Bl. 53, Telefonischer Bericht der BL Cottbus vom 4.12.1954).
24 Vgl. Diedrich, Der 17. Juni, S. 26.
25 Vgl. BA-MA, DVH 3/3436, Bl. 134, Einsatzbericht vom 18.6.1953.
26 Siehe dazu auch Erinnerungsbericht Brettschneider, Potsdam 1990 (beim Autor).
27 Vgl. SAPMO-BArch, I IV 2/202 — 14, o.B., Bericht des Einsatzstabes der KVP im MfS vom 18.6.1953.
28 Vgl. BA-MA, DVH 3/3436, Bl. 134 ff.
29 Vgl. Roth/Diedrich, Wir sind Kumpel, S. 244 ff.
30 Vgl. BA-MA, DVH 3/3435, Bl. 10 ff., Bericht der KVP-Dienststelle 2915 vom 20. 6. 1953.
31 Vgl. ebd., DVH 3/3436, Bl. 367, Bericht der KVP-Dienststelle Halle III.
32 Vgl. ebd., DVH 3/3437, Bl. 21 ff., Bericht über Vorkommnisse während des Einsatzes, o.D.
33 Vgl. Diedrich, Die Kasernierte Volkspolizei, S. 250 f.
34 Vgl. BA-MA, DVH 3/2070, Bl. 87, Statistik zum Erfahrungsbericht über den Einsatz der KVP während der Juni-Unruhen 1953.
35 Vgl. ebd., DVH 3/2070, Bl. 65 ff., Abschlußbericht zum Einsatz der KVP von Ende 1953.
36 Vgl. ebd., DVH 3/2238a, Bl. 1 ff., Erfahrungsbericht der Verwaltung für Kfz-Wesen vom 21.6.1953.
37 Vgl. BA-MA, DVH 3/2205, Bl. 1 ff., Befehl 123/53 des Ministers des Innern zur Vorbereitung der KVP auf den inneren Einsatz vom 7.7.1953.
38 Vgl. hierzu SAPMO-BArch, I IV 2/202 -14, o.B., Geheime Anordnung zur Bildung von Einsatzleitungen vom 16.7.1953; ebd., I IV 2/2/344, Bl. 69 ff., Beschluß des Politbüros über Maßnahmen in Ausnahmefällen vom 26.1.1954.
39 Vgl. ebd., DY 30/ I IV 2/2/322, Bl. 74, Bestätigung der MdI-Struktur. Vorlage auf der Politbürositzung vom 8.9.1953.
40 Vgl. BA-MA, DVH 3/2006, Bl. 70 f., Befehl 7/53 des Ministers des Innern vom 23.9.1953.
41 Vgl. Neues Deutschland, vom 2.12.1955.
42 Vgl. SAPMO-BArch, IV 2/1/69, Bl. 27, Rede Ulbrichts auf der 22. Tagung des ZK der SED.
43 Vgl. BA-MA, DVH 3/2062, Bl. 83 ff.
44 Ende 1955 legte die DDR-Führung in Moskau noch einmal Vorstellungen über die künftige Struktur der DDR-Streitkräfte vor, wobei aus dem Stab der KVP das Verteidigungsministerium und aus den beiden TV Militärbezirke gebildet werden sollten. Mitte 1956 sollte zudem ein dritter Militärbezirk gebildet werden. Im Juni 1956 legte die DDR-Regierung jedoch die NVA-Gesamtstärke, um ein Viertel gekürzt, auf 90 000 Mann fest, der dritte Militärbezirk wurde aus der Planung gestrichen (vgl. SAPMO-BArch, DY 30 I IV 2/202 — 244, o.B., Entwurf eines Schreibens von Ulbricht an Chruščev vom 16.12.1955).
45 Vgl. SAPMO-BArch, I IV 2/202 — 64, o.B., Auskunftsbericht Hoffmanns an das Politbüro Ende 1953.

[46] Vgl. BA-MA, DVH 3/2073, Bl. 92, Vorschlag zur Reorganisation der KVP vom 8.7.1953.
[47] Vgl. ebd., AZN 29 994, o.Bl., Abkommen zwischen der DDR und der VRP vom 5.8.1955.
[48] Vgl. SAPMO-BArch, I IV 2/202/70, Bl. 1, Schreiben der DDR-Regierung vom 1.6.1954.
[49] Vgl. BA-MA, DVM 2/5371, Bl. 11.
[50] Vgl. ebd., DVH 3/2692, Bl. 139, Stärke und Ausrüstungsmeldung der KVP.
[51] Vgl. ebd., DVH 3/2025, Bl. 61 ff., Befehl 33/55 vom 15.3.1955.
[52] Vgl. ebd., DVH 3/3685, Bl. 1 ff., Ausbildungsvorschrift zum Atomschutz 1955 o.D.; ebd., DVH 3/2026, Bl. 17 ff., Befehl 46/55 des Chefs der KVP vom 22.4.1955.
[53] Vgl. ebd., DVH 3/2026, Bl. 1 ff., Befehl 41/55 des Chefs der KVP über die Ausarbeitung von Lektionen vom 6.4.1955.
[54] Vgl. ebd., DVH 3/2026, Bl. 1 ff., Befehl des Chefs der KVP vom 6.4.1955.
[55] Vgl. ebd., DVH 3/2040, Bl. 48, Themenstellungen für Kommandostabsübungen 1955.
[56] Vgl. ebd., VA-01/ 1814, Bl. 74, Befehl 99/56 des MfNV vom 17.10.1956.

Jens Gieseke

Das Ministerium für Staatssicherheit (1950–1990)

Als »Schild und Schwert der Partei« war das Ministerium für Staatssicherheit (MfS) das wichtigste innenpolitische Repressionsinstrument der SED. Zugleich nahm es Funktionen der äußeren Sicherheit der DDR wahr. Seine Kernaufgaben waren die einer politischen Geheimpolizei, eines Spionageabwehr- und Auslandsnachrichtendienstes und eines strafprozessualen Untersuchungsorgans (mit eigenen Untersuchungshaftanstalten). Daneben waren eine ganze Reihe weiterer, vornehmlich polizeilicher Aufgaben, vom Personenschutz für führende DDR-Funktionäre über die Paßkontrollen an den Grenzübergängen der DDR bis zur »Absicherung« von geheimen Außenhandelsaktionen, in das Aufgabenspektrum des MfS integriert.

Das MfS verstand sich als »spezielles Organ der Diktatur des Proletariats, das in der Lage ist und über alle Mittel verfügt, unter Führung der Partei gemeinsam mit den anderen staatlichen Organen und bewaffneten Kräften und in enger Verbundenheit mit den Werktätigen die Arbeiter-und-Bauern-Macht und die revolutionäre Entwicklung zuverlässig gegen jede konterrevolutionäre Tätigkeit innerer und äußerer Feinde [...] zu schützen sowie die innere Sicherheit und Ordnung allseitig zu gewährleisten«[1]. Interne und externe Bedrohungspotentiale wurden vom MfS als untrennbare Einheit verstanden, entsprechend eng war die Kooperation von »Abwehr« und »Aufklärung«. Verschärft wurde diese Sicht der MfS-Tätigkeit als Element der globalen Systemauseinandersetzung zwischen Sozialismus und Imperialismus durch die besondere Situation des in der DDR praktizierten »Sozialismus in einem halben Lande« unter den Bedingungen der deutschen Zweistaatlichkeit. Innere gesellschaftliche Konflikte wurden im Rahmen dieser hermetischen Sicherheitslogik der SED prinzipiell als extern durch westdeutsche oder andere »imperialistische« Geheimdienste und Untergrundorganisationen gesteuert verstanden.

Vorbild des Ministeriums für Staatssicherheit war die sowjetische Geheimpolizei, die 1917 als »Außerordentliche Kommission zur Bekämpfung von Konterrevolution und Sabotage« (russisch abgekürzt: »Tscheka«) gegründet wurde. Ursprünglich als zeitweiliges Instrument des revolutionären Terrors im Bürgerkrieg gebildet, entwickelten sich die Tscheka und ihre Nachfolgerinnen unter Stalin zu einer Institution des gesellschaftlichen und innerparteilichen Massenterrors[2]. Auch in den poststalinistischen Systemen sowjetischen Typs gehörten Staatssicherheitsdienste wie das MfS, entweder als eigenständige Apparate oder als Teile der Innenministerien, zu den konstitutiven Elementen der Herrschaftsordnung. Die MfS-Mitarbeiter bezeichneten sich im Geiste dieser sowjetischen Tradition gerne als »Tschekisten«.

Die politische Anleitung durch die SED lag beim Ersten bzw. Generalsekretär des Zentralkomitees (ZK) und beim Politbüro sowie in den 50er Jahren bei der Sicherheitskommission bzw. ab 1960 beim (ausschließlich mit SED-Mitgliedern besetzten) Nationalen Verteidigungsrat. Im Apparat des Zentralkomitees waren der Sekretär und die Abteilung für Sicherheitsfragen (mit einem Sektor MfS) zuständig. In den Bezirken und Kreisen lag die Anleitungskompetenz jeweils beim Ersten Sekretär der SED-Bezirks- bzw. Kreisleitung. Die SED verfügte im MfS über eigene Parteiorganisationen, geführt von einer zentralen Kreisleitung in Berlin, die direkt dem Zentralkomitee unterstellt war. Eine wichtige, in der historischen Entwicklung abnehmende Bedeutung hatte daneben das sowjetische Komitee für Staatssicherheit (russisch abgekürzt: KGB) bzw. dessen Vorläufer[3].

Der Apparat des MfS war zentralistisch aufgebaut und gliederte sich in das eigentliche Ministerium mit seinen Hauptverwaltungen, Hauptabteilungen, Abteilungen usw. sowie die Länder- bzw. Bezirksverwaltungen und Kreisdienststellen, die eine Präsenz auf allen Ebenen der territorialen Struktur gewährleisten sollten. Daneben verfügte es von 1951 bis 1982 über eine den Bezirksverwaltungen gleichgestellte Objektverwaltung im Uranabbaubetrieb »Sowjetische Aktiengesellschaft (SAG)«/»Sowjetisch-Deutsche Aktiengesellschaft (SDAG) Wismut« und eine Reihe von Objektdienststellen in wichtigen Betrieben und Institutionen der DDR. Die verschiedenen »Fach«-Zweige der Staatssicherheit waren grundsätzlich nach dem sogenannten Linienprinzip organisiert: So bestand z.B. die Linie »Sicherung der Volkswirtschaft« aus einer Hauptabteilung (HA) in der Berliner Zentrale sowie entsprechenden Abteilungen in allen Bezirksverwaltungen, die die gleiche Numerierung trugen (HA bzw. Abt. XVIII)[4].

Das Ministerium verfügte über einen fast ständig wachsenden Personalbestand an hauptamtlichen Mitarbeitern. Zum Zeitpunkt seiner Auflösung war eine Personalstärke von 91 000 hauptamtlichen Mitarbeitern erreicht. Entsprechend dem politischen Auftrag des Ministeriums waren nahezu alle Mitarbeiter Mitglieder der SED. Die Zahl der inoffiziellen Mitarbeiter, der »Hauptwaffe« des MfS[5], erreichte in den späten 80er Jahren einen Stand von etwa 173 000 Personen. Das MfS wurde nach militärischen Grundsätzen geführt. Es galten das Prinzip der militärischen Einzelleitung und das Befehlsprinzip;

die Mitarbeiter standen überwiegend in Dienstverhältnissen als Berufssoldaten und unterstanden militärischem Disziplinarrecht. Seit 1957 trug der Minister für Staatssicherheit einen militärischen Dienstgrad (ab 1980 Armeegeneral).

Im System der militärischen Landesverteidigung wirkte das MfS als Militärabwehrdienst, kooperierte auf dem Gebiet der Militärspionage eng mit der Verwaltung Aufklärung des Ministeriums für Nationale Verteidigung[6], unterhielt eigene Einheiten für Diversions- und Sabotageakte im feindlichen Hinterland und bereitete für den Kriegs- und inneren Spannungsfall u.a. die Einrichtung von Isolierungslagern für »feindlich-negative« DDR-Bürger vor. Der Minister war Mitglied der Sicherheitskommission des Politbüros bzw. ihres 1960 gebildeten Nachfolgegremiums, des Nationalen Verteidigungsrates, die Chefs der territorialen Diensteinheiten gehörten den Bezirks- bzw. Kreiseinsatzleitungen an. Daneben verfügte das MfS mit dem Wachregiment »Feliks E. Dzierzynski« über eine eigene militärische Formation. Unter den bewaffneten Organen der DDR kam dem MfS eine besondere Rolle zu, insofern es die Aufgabe hatte, alle anderen Institutionen und Organisationen der inneren und äußeren Sicherheit, insbesondere die Volkspolizei und die Nationale Volksarmee, zu überwachen.

Vorläufer 1945 bis 1950

Der Gründung des MfS im Februar 1950 ging in mehreren Etappen der Aufbau eines polizeistaatlichen Apparats in der Sowjetischen Besatzungszone (SBZ) und der 1949 gegründeten DDR voran. Eigentliche Schöpfer des MfS waren die sowjetischen Sicherheitsorgane. Unter Führung von Einheiten der sowjetischen Geheimdienste NKWD und NKGB, die selber umfangreiche Apparate in der SBZ aufbauten und unter anderem »Speziallager« einrichteten, erfolgte bereits unmittelbar nach der Besetzung Deutschlands die Bildung von Gruppen deutscher Kommunisten, zumeist ehemaliger Partisanen, sowie Kommissariaten für politische Kriminalität in den lokalen Polizeidienststellen. Mit dem Aufbau von Landespolizeibehörden wurden dann 1945/46 erste Strukturen einer überörtlichen politischen Polizei geschaffen. Hierbei, wie auch beim weiteren Aufbau polizeistaatlicher Strukturen, spielte das Land Sachsen eine Vorreiterrolle. Nach der Bildung der Deutschen Verwaltung des Innern (DVdI) im August 1946 wurde die politische Polizei vereinheitlicht: Als Teil der Kriminalpolizei firmierte sie fortan unter der Bezeichnung K 5. An ihrer Spitze stand das Referat K 5 der DVdI-Abteilung Kriminalpolizei, in den Landeskriminalämtern gab es entsprechende Dezernate, in den Kriminalaußenstellen Kommissariate[7]. Ihr offizielles Aufgabenspektrum umfaßte bereits den Kern der späteren geheimpolizeilichen Aufgaben des MfS: Verfolgung von Attentaten, Sabotageakten, Verstößen gegen die Befehle der Sowjetischen Militäradministration, Sabotage am Aufbau, Sprengstoff- und Waffenvergehen, Weiterführung von NS-Organisationen, falschen Angaben von ehemaligen Mitgliedern der Nationalsozialistischen Deutschen Arbeiterpartei (NSDAP), Verbrechen gegen die Menschlichkeit, »Entfernung und Beschmutzung demokratischer Propaganda«, Verbreitung von Gerüchten und Parolen und sonstigen Verstößen gegen den Neuaufbau[8]. Die Einheiten der K 5 fungierten in erster Linie als Hilfsorgane der NKWD-Dienststellen, die willkürliche Verhaftungen von vermeintlichen oder tatsächlichen NS-Aktivisten sowie von Gegnern der von den Kommunisten und der Besatzungsmacht betriebenen Transformationspolitik (Sozialdemokraten, Politiker bürgerlicher Parteien) veranlaßten oder selbst vornahmen.

Ein Zuwachs eigener Kompetenzen und eine massive personelle Verstärkung erfuhr die K 5 1947 im Zuge der Umsetzung des SMAD-Befehls 201 zur Entnazifizierung. In Sachsen stieg die Zahl der K-5-Mitarbeiter von etwa 160 (1946) auf fast 700 im April 1948 an[9]. Die K 5 war, mehr noch als die anderen Teile der Volkspolizei, eine absolute Domäne der kommunistischen Kaderpolitik. Spitzenpositionen waren mit langjährigen Mitgliedern der Kommunistischen Partei Deutschlands (KPD), vor allem Vertrauten der Sowjetmacht und ehemaligen KZ-Häftlingen, besetzt.

Der eigentliche Startschuß zur Bildung eines eigenen, von der Volkspolizei getrennten Geheimapparats fiel im Mai 1949, nachdem Stalin eine entsprechende Initiative der SED-Führung im Dezember 1948 zunächst im Sinne eines »Zickzack«-Kurses zum Sozialismus aufgeschoben hatte[10]. Unter Führung des bis dahin als Vizepräsident der DVdI für Personalfragen und den Aufbau einer Parteiorganisation in der Polizei (Abteilung Polit-Kultur) zuständigen Erich Mielke wurde die K 5 aus der Kriminalpolizei herausgelöst. Es wurden eigenständige Apparate (zuweilen unter der Bezeichnung »D«) aufgebaut, die dann mit der Gründung der DDR im Oktober 1949 als Hauptverwaltung zum Schutz der Volkswirtschaft des Ministeriums des Innern bzw. Länderverwaltungen zum Schutz der Volkswirtschaft bezeichnet wurden. Diese Verwaltungen wurden im Februar 1950 entsprechend dem Gründungsgesetz des MfS in Ministerium bzw. Länderverwaltungen für Staatssicherheit umbenannt. Zwar kann die K 5 funktional als unmittelbarer Vorläufer des MfS betrachtet werden, von den knapp 1600 Mitarbeitern (Juni 1949)[11] wurden aber nur etwa zehn Prozent in den Geheimapparat »zum Schutz der Volkswirtschaft« übernommen. Daneben wurden in der zweiten Jahreshälfte 1949 aus allen Zweigen der Volkspolizei sowie dem Parteiapparat vor allem leitende und erfahrene Kader hinzugezogen.

Während diese Entwicklungsetappen der politischen Polizei in der SBZ mittlerweile in den Grundzügen rekonstruiert werden können, ist die Rolle zweier anderer Institutionen bislang kaum ergründet. Der bei der Deutschen Wirtschaftskommission (DWK) angesiedelte Ausschuß bzw. die in den Innenministerien der Länder aufgebauten Ämter zum Schutz des Volkseigentums hatten u.a. die Funktion, an der Durchsetzung von Enteignungen mitzuwirken und setzten hierzu auch die Kriminalisierung von Unternehmern ein. Sie wurden im Frühjahr 1949, offiziell infolge der Erledigung ihrer Aufgaben, aufgelöst und in wesentlichen Teilen der Hauptverwaltung Finanzen der DWK angegliedert. Entgegen langlebigen Legenden war nicht Erich Mielke Vorsitzender dieses Ausschusses, sondern Dr. Friedrich Lange (SED), später Mitarbeiter der Staatlichen Plankommission[12]. Die Vermutung, daß der Ausschuß zum Schutz des Volkseigentums ein Vorläufer der Hauptverwaltung zum Schutz der Volkswirtschaft gewesen sei, konnte (trotz der Namensähnlichkeit) durch Archivstudien nicht bestätigt werden. Personelle Verbindungen zwischen dem MfS und dem Apparat des Ausschusses bestanden nur in einer verschwindend geringen Zahl von Fällen.

Daneben wurden auf Anweisung Ulbrichts seit 1947 in den Länderregierungen »Ämter für Information« aufgebaut, die u.a. mit Hilfe von Spitzeln Stimmungsberichte aus der Bevölkerung zu erstellen hatten. Obwohl in diesem Falle recht deutlich ist, daß die Aufgabenstellung der Berichterstattung eines Nachrichtendienstes recht nahekam, läßt es sich ausschließen, daß die Informationsämter 1949/50 organisatorisch oder personell in den Apparat des MfS eingingen. Sie bestanden auch nach der MfS-Gründung weiter. Das zentrale Amt für Information leitete seit der Staatsgründung im Oktober 1949 Gerhart Eisler; es wurde 1952 aufgelöst und verfügte zu diesem Zeitpunkt über die Hauptabteilungen Studien, Presse, Friedens- und Planpropaganda, Rundfunk und Auslandsinformation[13]. Inwiefern es geheimdienstliche Funktionen ausübte, läßt sich derzeit nicht abschließend bestimmen.

Gründung und Aufbau 1950 bis 1953

Die offizielle Gründung des MfS erfolgte mit dem von der Volkskammer der DDR am 8. Februar 1950 einstimmig verabschiedeten »Gesetz über die Bildung des Ministeriums für Staatssicherheit«, dem ein entsprechender Beschluß des SED-Politbüros vom 24. Januar 1950 voranging[14]. Ulbricht führte als Minister für Staatssicherheit Wilhelm Zaisser am 16. Februar 1950 in sein

Amt ein. Erich Mielke fungierte als Staatssekretär und Stellvertreter Zaissers. Der Minister wurde zugleich in den Parteivorstand und das Politbüro der SED kooptiert. Der Gesetzestext enthielt keinerlei Angaben zu den Aufgaben und Befugnissen des Ministeriums. Innenminister Karl Steinhoff (SED) nannte in seiner Begründung als »hauptsächlichste Aufgaben, die volkseigenen Betriebe und Werke, das Verkehrswesen und die volkseigenen Güter vor Anschlägen verbrecherischer Elemente sowie gegen alle Angriffe zu schützen, einen entschiedenen Kampf gegen die Tätigkeit feindlicher Agenturen, Diversanten, Saboteure und Spione zu führen, unsere demokratische Entwicklung zu schützen und unserer demokratischen Friedenswirtschaft eine ungestörte Erfüllung der Wirtschaftspläne zu sichern«[15]. Eine Kontrolle durch parlamentarische oder exekutive Instanzen war nicht vorgesehen, das MfS — formell ein Organ des Ministerrats — handelte, wie es der stellvertretende Ministerpräsident Otto Nuschke (CDU) 1952 bezeichnete, als »Behörde eigener Verantwortung«[16].

Faktisch stand das MfS auch weiterhin unter sowjetischer Führung. Offiziere des Ministeriums für innere Angelegenheiten und des Ministeriums für Staatssicherheit der UdSSR waren unmittelbar präsent und in allen Fragen der operativen Arbeit federführend. Jedem Leiter einer Diensteinheit war ein Instrukteur zur Seite gestellt, der alle Aktivitäten überwachte und gegebenenfalls einschritt. In wichtigen Fällen behielten sich die sowjetischen Organe auch die Führung bzw. Übernahme des weiteren Verfahrens vor, so etwa nach der Verschleppung des Mitarbeiters des Untersuchungsausschusses Freiheitlicher Juristen Walter Linse, der vom MfS 1952 aus Berlin (West) entführt und 1953 in Moskau wegen Agententätigkeit hingerichtet wurde[17]. Bis 1952 lag sogar die Berichterstattung aus den Länderverwaltungen an das Ministerium in der Hand des sowjetischen Instrukteurapparats, der weit über hundert Offiziere zählte[18]. Daneben war das MfS ausschließlich dem Willen der SED-Parteispitze unterworfen. Die Anleitungsstrukturen der SED waren allerdings noch schwach ausgebildet. Im Politbüro war Minister Zaisser selbst für die Staatssicherheit zuständig, die Verbindung zwischen ZK-Apparat und der Parteiorganisation im MfS nur rudimentär vorhanden[19].

Die Ausführungen Steinhoffs gaben das Aufgabenspektrum des MfS nur verklausuliert wieder, deuteten aber durchaus zutreffend an, daß es grundsätzlich in allen gesellschaftlichen Bereichen, der Industrie und Landwirtschaft, dem politischen System mit seinen staatlichen Institutionen sowie Parteien und Massenorganisationen, nicht zuletzt den Religionsgemeinschaften vermeintliche oder tatsächliche Gegner der Transformation zur Volksdemokratie nach sowjetischem Vorbild aufzuspüren und dingfest zu machen hatte. Während der Neuauflage der stalinistischen Parteisäuberungen in den frühen

50er Jahren kam dem MfS zudem die Aufgabe zu, gemeinsam mit der Zentralen Parteikontrollkommission (ZPKK) Untersuchungen gegen »parteifeindliche Elemente« wie z.B. angebliche Trotzkisten und Titoisten zu führen. Zu den prominentesten Opfern gehörten das Politbüro-Mitglied Paul Merker, der stellvertretende Vorsitzende der westdeutschen KPD, Kurt Müller, und Reichsbahndirektor Wilhelm Kreikemeyer, der auf ungeklärte Weise in der MfS-Untersuchungshaft verstarb[20].

Nach Abschluß der ersten Aufbauphase verfügte das MfS 1952 über folgende operative Diensteinheiten: Abteilung I: Volkspolizei(VP)-Bereitschaften (Vorläufer der Militärabwehr); Abteilung II: Arbeit in Westdeutschland; Abteilung III: Volkswirtschaft; Abteilung IV: Spionageabwehr; Abteilung V: Politischer Untergrund, Parteien, Kirchen; Abteilung VI: Ziviler Staatsapparat; Abteilung VII: Volkspolizei; Abteilung VIII: Festnahmen/Observationen; Abteilung IX: Untersuchungsorgan; Abteilung X: Fahndung; Abteilung XI: Chiffrierdienst; Abteilung XIII: Verkehr; Abteilung XIV: Untersuchungshaft/Strafvollzug; Abteilung Erfassung und Statistik. Daneben gab es »rückwärtige« Abteilungen für Personal, Finanzen und Verwaltung und Wirtschaft sowie ein Sekretariat.

Die Hauptmethode der Staatssicherheit bestand in dieser Phase »terroristisch-administrativer Machtgewinnung und -sicherung«[21] in willkürlichen Verhaftungen und der Geständniserpressung durch nächtliche Dauerverhöre und andere Foltermethoden[22]. Ziel der Untersuchungsverfahren war es, die angebliche Agententätigkeit der Verhafteten für westliche Geheimdienste und Untergrundorganisationen wie der Kampfgruppe gegen Unmenschlichkeit, des Bundes Deutscher Jugend oder der Ostbüros westdeutscher Parteien und des Deutschen Gewerkschaftsbundes (DGB) nachzuweisen. Nach der 2. Parteikonferenz der SED, auf der Ulbricht mit dem Beginn des »Aufbaus des Sozialismus« eine neuerliche »Verschärfung des Klassenkampfes« ankündigte, steigerte das MfS seine Aktivitäten erheblich. Allein von August bis Dezember 1952 wurden 1476 Personen verhaftet[23]. Zu den prominentesten Opfern der Verfolgung gehörten der Handels- und Versorgungsminister Karl Hamann (LDPD), der im Dezember 1952 wegen »Sabotage an der planmäßigen Versorgung der Bevölkerung« verhaftet wurde, und Außenminister Georg Dertinger (CDU), den einen Monat später der Vorwurf der »Spionage« traf. Zur Jahreswende 1952/53 richteten sich die Verfolgungen zeitweilig auch verstärkt gegen die jüdischen Gemeinden und lösten eine Fluchtwelle von über 400 Juden aus[24].

Als Folge der Verwaltungsreform 1952 wurden die 5 Länderverwaltungen aufgelöst und durch 14 Bezirksverwaltungen ersetzt, daneben blieb die »Verwaltung Groß-Berlin« sowie die 1951 gegründete Objektverwaltung Wismut bestehen. In den verkleinerten 217 Stadt- und Landkreisen bzw. Ostberliner Stadtbezirken mußte die Zahl der Kreisdienststellen annähernd verdoppelt werden. Dies gelang der Staatssicherheit aufgrund personeller und organisatorischer Schwächen allerdings nicht sofort. Im März 1953 existierten erst 192 Kreisdienststellen, ausgespart blieben zunächst die Sitze der Bezirksverwaltungen, in einigen Fällen wurden Stadt- und Landkreise von einer gemeinsamen Dienststelle bearbeitet[25].

Zum Zeitpunkt der offiziellen Gründung verfügte das Ministerium über etwa 1100 Mitarbeiter, die ganz überwiegend in den Länderverwaltungen für Staatssicherheit tätig waren. Die Zentrale hatte zu diesem Zeitpunkt etwa 30 bis 40 Mitarbeiter, wurde aber schnell ausgebaut[26]. Im Zusammenhang mit der »Verschärfung des Klassenkampfes« wurde der hauptamtliche Apparat im Jahre 1952 von etwa 4500 Mitarbeitern (Ende 1951) auf etwa 8800 Mitarbeiter nahezu verdoppelt[27]. Die Führungsspitze des MfS setzte sich fast durchgängig aus langjährigen Kommunisten zusammen, die im sowjetischen Auftrag als Agenten oder Partisanen gedient oder in nationalsozialistischen Konzentrationslagern und Zuchthäusern gesessen hatten. Die Zahl solcher politisch, militärisch und geheimdienstlich erfahrenen Kader war allerdings gering. Hinzu kamen weitere »Genossen« der Weimarer KPD, die die nationalsozialistische Zeit in der inneren Emigration überlebt hatten, vor allem aber junge SED-Mitglieder oder Mitglieder der Freien Deutschen Jugend (FDJ), die erst nach 1945 ins Erwachsenenalter getreten waren. Seit dem sprunghaften Ausbau des Jahres 1952 stellte das MfS fast ausschließlich solche jungen Kader ein. Das MfS-Personal stammte ganz überwiegend aus unterprivilegierten, proletarischen Verhältnissen und verfügte fast ausschließlich lediglich über eine elementare Allgemeinbildung. Die polizeilichen und geheimdienstlichen Kenntnisse waren ebenfalls gering. Ab 1951 wurden an der Schule des MfS in Potsdam-Eiche Aus- und Fortbildungskurse durchgeführt, die Masse der Mitarbeiter erwarb ihre Kenntnisse allerdings in der praktischen Arbeit, vor allem vermittelt durch die sowjetischen Geheimdienstoffiziere.

Im Gegensatz zur Nationalen Volksarmee und ihren Vorläufern verzichtete das MfS auf den Einsatz von — im leninistischen Sinne — »bürgerlichen Fachleuten«. Polizeibeamte aus der Zeit vor 1945 (sowohl der Weimarer Republik als auch etwa der Gestapo) wurden ebensowenig eingestellt wie NSDAP-Mitglieder und andere NS-Aktivisten[28]. Von der Gründung an war es vielmehr um avantgardistische Reinheit bemüht. Aus diesem Grunde wurden auch keine Mitglieder von Blockparteien und nur ganz wenige ehemalige Sozialdemokraten eingestellt. 1953 waren rund 92 Prozent Mitglied der SED, die anderen wurden als »Parteimitglieder ohne Buch«[29] betrachtet, es handelte sich vor allem um junge Mitarbeiter, die Mitglied der FDJ waren. Hauptrekrutierungsfelder des MfS waren die Volkspolizei (einschließlich VP-Bereitschaften bzw. Kasernierte Volkspolizei), die hauptamtlichen Apparate von SED und FDJ sowie der Staats- und Wirtschaftsapparat.

Die Sonderrolle des MfS innerhalb der bewaffneten Organe der DDR bestand bereits seit seiner Gründung. Aus der Funktion als Abwehrorgan gegen feindliche Aktivitäten sowohl in der allgemeinen Volkspolizei (Abteilung VII) als auch in den VP-Bereitschaften bzw. der Kasernierten Volkspolizei (Abteilung I) resultierte ein umfassender Überwachungs- und Kontrollauftrag. Nachdem 1952 Pläne zur Zusammenlegung des MfS mit dem Ministerium des Innern verworfen worden waren, unterstellte das Politbüro die Deutsche Grenzpolizei und die Transportpolizei nach sowjetischem Vorbild dem Minister für Staatssicherheit. Diese Apparate blieben allerdings intern unter Leitung des stellvertretenden Ministers Chefinspekteur Hermann Gartmann vollständig separiert und wurden auch weiterhin durch die zuständigen MfS-Diensteinheiten mit geheimdienstlichen Mitteln überwacht.

Das MfS verfügte über militärisch strukturierte kasernierte Wacheinheiten, die vermutlich seit 1950 in Berlin-Adlershof sowie an den Sitzen der Länderverwaltungen (Schwerin, Potsdam, Halle, Erfurt, Dresden) aufgebaut wurden und auch nach der Einrichtung der Bezirksverwaltungen an diesen Standorten bestehen blieben[30]. Die Gesamtstärke dieser Einheiten betrug zum Jahresende 1952 3020 Mann (154 Offiziere, 537 Unteroffiziere und 2329 Mannschaftsdienstgrade)[31]. Die größte Einheit, das Wachregiment Berlin mit 1866 Mann, gliederte sich neben dem Stab, einer Stabs- und einer Transportkompanie in vier Bataillone sowie eine Reihe kleinerer Wachkommandos[32]. Die Hauptaufgabe lag im Wachdienst an den Gebäuden des MfS und wichtigen Partei- und Regierungsgebäuden. Die Wacheinheiten verfügten über eine leichte Infanteriebewaffnung.

Während des Juni-Aufstands 1953 hatte das MfS seine Funktion im Falle innerer Unruhen unter Beweis zu stellen. Die Wacheinheiten schützten die Partei- und -Regierungsgebäude, wie z.B. das Haus der Ministerien in Berlin, die Mitarbeiter anderer Diensteinheiten bildeten Einsatzgruppen, um »Rädelsführer« festzunehmen (was erst nach dem Eingreifen der sowjetischen Truppen in nennenswertem Maße gelang) oder versuchten, die Dienstgebäude des MfS zu schützen. Fünf MfS-Kreisdienststellen (in Bitterfeld, Görlitz, Jena, Niesky und Merseburg) wurden von Demonstranten gestürmt, ein Mitarbeiter bei der Verteidigung einer Haftanstalt in Magdeburg erschossen. Nicht zuletzt überwachten die Abteilungen I und VII auch die Einsätze der Volkspolizei und Kasernierten Volkspolizei, um etwaige Verbrüderungen mit den Demonstranten zu verhindern[33].

Nach der Niederschlagung der Unruhen hatte das MfS maßgeblichen Anteil an den Massenverhaftungen von Demonstranten und angeblichen westlichen Drahtziehern. Ihre wichtigste Funktion hatte die Staatssicherheit allerdings nicht erfüllt: Vorboten und Ansätze des Aufstands frühzeitig zu erkennen und im Keim zu ersticken. Unter dem Vorwurf, mit Rudolf Herrnstadt eine »Fraktion« gebildet zu haben, sowie aufgrund des Versagens des MfS wurde Wilhelm Zaisser am 18. Juli 1953 als Minister entlassen und auf dem 15. Plenum des Zentralkomitees der SED aus dem Politbüro und Zentralkomitee, im Januar 1954 schließlich aus der Partei ausgeschlossen[34].

Die Ära Wollweber 1953 bis 1957

Nachfolger Zaissers wurde Ernst Wollweber. Generalleutnant Erich Mielke wurde nach einer Überprüfung seiner Amtsführung wieder als stellvertretender Chef eingesetzt[35]. Zur Demonstration der stärkeren Kontrolle und Unterordnung wurde die Staatssicherheit nach sowjetischem Vorbild in ein Staatssekretariat (SfS) im Ministerium des Innern (MdI) unter Willi Stoph umgewandelt. Allerdings blieb der Apparat intern weitgehend eigenständig und erlangte am 24. November 1955 wieder den Status eines Ministeriums. Die SED-Führung band die Staatssicherheit nun auch politisch erheblich enger an sich: Wollweber wurde zwar im April 1954 ins Zentralkomitee aufgenommen, doch ein Sitz im Politbüro blieb ihm verwehrt. Die Zuständigkeit für die Staatssicherheit dort übernahm Ulbricht persönlich, er richtete zudem die Abteilung für Sicherheitsfragen unter Leitung von Gustav Roebelen sowie die Sicherheitskommission des Politbüros als spezielles Beratungs- und Beschlußgremium ein[36]. Allerdings hatten auch weiterhin die sowjetischen »Freunde« erheblichen Einfluß, gegen den im Zweifel nichts entschieden werden konnte.

Die Aufgaben der Staatssicherheit wurden im September 1953 in einem u.a. vom neuen Chef der KGB-Residentur, Pitovranov, formulierten Beschluß des Politbüros (an dem allerdings nur die Politbüromitglieder Ulbricht, Grotewohl, Matern, Schirdewan und Stoph sowie die MfS-Spitze mitwirkten) definiert: 1. Aufklärungsarbeit nach Westen; 2. aktive Spionageabwehr; 3. »Agenturarbeit« in den Blockparteien, Massenorganisationen, Kirchen, der Intelligenz und der Jugend »zwecks Aufdeckung von illegalen antidemokratischen Organisationen und Gruppen«; 4. Kampf gegen Schädlingstätigkeit, Sabotage und Diversion in der Volkswirtschaft; 5. Abwehrtätigkeit unter dem Personal der kasernierten, See-, Luft-, Transport- und übrigen Volkspolizei; 6. Schutz der verantwortlichen Funktionäre der Partei und Regierung;

7. Zusammenarbeit der Staatssicherheit mit der Volkspolizei. Mit dieser Aufgabenbeschreibung bestätigte der Beschluß im wesentlichen die seit 1950 wahrgenommenen Aufgaben[37].

Der Außenpolitische Nachrichtendienst (APN), der unter der Tarnbezeichnung Institut für Wirtschaftswissenschaftliche Forschung (IWF) arbeitete, wurde nun in den Apparat der Staatssicherheit als Hauptabteilung XV eingegliedert. Dieser Auslandsspionagedienst war 1951 unter offizieller Leitung des Staatssekretärs im Ministerium für Auswärtige Angelegenheiten Anton Ackermann (SED) gebildet worden, unterstand allerdings zunächst faktisch dem sowjetischen Außenministerium[38]. Als 1. Stellvertretender Leiter und eigentlicher Kopf hatte zunächst der langjährige Sowjetagent Richard Stahlmann (alias Arthur Illner) fungiert. Die Auslandsspionage stand seit Anfang 1953 unter der Führung von Generalmajor Markus Wolf, der bei der Eingliederung zu einem der Stellvertreter Wollwebers ernannt wurde. 1956 wurde die Hauptabteilung XV zur Hauptverwaltung Aufklärung (HV A) umstrukturiert.

Als Reaktion auf die Junikrise begann die Staatssicherheit 1953 mit dem Aufbau eigenständiger Informationsgruppen, die die gesammelten Meldungen zu Stimmungsberichten zusammenfassen sollten. Der praktische Nutzen der Gruppen blieb allerdings aufgrund der geringen Größe und mangels qualifizierten Personals gering. Auch die Werbung von inoffiziellen Mitarbeitern sollte intensiviert werden, doch die wichtigste Methode blieben nach wie vor die Verhaftungen. Um rasche Erfolge bemüht, nahm die Staatssicherheit, beginnend mit der Aktion »Feuerwerk« im November 1953, unter erheblichem propagandistischen Aufwand mehrere hundert vermeintliche Agenten fest. Nach vorliegenden Schätzungen entführte sie im Zuge solcher Verhaftungsaktionen, sowie in Einzeloperationen, etwa 600 bis 700 Menschen aus dem Westen in den Machtbereich der SED, darunter allein 120 der etwa 400 bis 1961 geflüchteten MfS-Mitarbeiter[39]. Den vom Politbüro im September 1953 formulierten Auftrag, die »Hintermänner und Organisatoren des faschistischen Putschversuches«, als der der 17. Juni mittlerweile gewertet wurde, zu finden, konnte sie auch mit Hilfe solcher spektakulären Aktionen gleichwohl nicht erfüllen.

1955 setzte Wollweber aufgrund sowjetischer Weisungen neue Akzente. Die Arbeit nach dem Westen sollte erheblich verstärkt werden, sowohl was die »Aufklärung« als auch was die Durchführung von »aktiven Maßnahmen«, d.h. verdeckter Operationen, im gegnerischen Lager betraf. In den Bezirksverwaltungen wurden eigene Aufklärungsabteilungen der Linie XV gebildet und die Spionageaufgaben der Abwehrlinien ausgeweitet[40]. So wurden z.B. in der Linie III (Volkswirtschaft) eigene Referate bzw. Arbeitsgruppen für die

Aktivitäten gegen westliche Konzerne eingerichtet, die u.a. auch Industrie- und Militärspionage betreiben sollten[41]. Für diese neue Schwerpunktsetzung sollte zum Teil auch die Arbeit gegen die inneren »Feinde« zurücktreten.

Nach den Enthüllungen von Chruščev auf dem XX. Parteitag der Kommunistischen Partei der Sowjetunion (KPdSU) im Februar 1956 über die Verbrechen Stalins gerieten Wollweber und andere führende SED-Funktionäre in offenen Konflikt mit Ulbricht. Die Niederschlagung der ungarischen Revolution im November 1956 durch sowjetische Truppen festigte jedoch Ulbrichts Position wieder. Wollweber trat nach schrittweiser Entmachtung schließlich am 1. November 1957 zurück. Auf dem 35. Plenum des ZK der SED im Februar 1958 wurde er, wiederum wegen angeblicher Fraktionsbildung (mit Karl Schirdewan und Gerhart Ziller), aus dem ZK ausgeschlossen, durfte aber Parteimitglied bleiben[42].

Im Zuge der in der DDR nur sehr begrenzt wirksamen Entstalinisierung wurden im Sommer 1956 rund 25 000 Häftlinge vorfristig aus den Gefängnissen der DDR entlassen, darunter auch zahlreiche vom MfS verfolgte politische Häftlinge, wie z.B. etwa 400 Funktionäre von Blockparteien, fast 700 Sozialdemokraten, mehrere hundert von sowjetischen Militärtribunalen verurteilte »Kriegsverbrecher« und nicht zuletzt eine Reihe von Kommunisten wie Paul Merker und der nach dem 17. Juni verhaftete einstmalige Justizminister Max Fechner[43]. Zugleich wurde intern die gängige Folterpraxis der Dauerverhöre und anderer Drangsalierungen in Frage gestellt. Bis zum Herbst 1956 führten die MfS-Mitarbeiter erheblich weniger neue Verhaftungen durch. Diese Phase der Verunsicherung und der Unklarheit über den weiteren politischen Kurs brach mit der Niederschlagung des Aufstands in Ungarn ab. Es folgte eine neuerliche Welle der Repression, deren prominenteste Opfer der nationalkommunistische Philosoph Wolfgang Harich und der Leiter des Aufbau-Verlages, Walter Janka, wurden.

Der Personalapparat wurde auf der Grundlage der erprobten Rekrutierungstechniken ausgebaut. Bis 1955 wuchs er auf einen Stand von fast 14 900 Mitarbeitern. In den folgenden zwei Jahren wurde der Ausbau auf Anweisung Wollwebers gestoppt, er strebte eine Reduktion des Personalbestandes um 10 bis 20 Prozent an. Ob dieser Personalstopp im Zusammenhang mit Liberalisierungsplänen stand, wie ihm später Ulbricht und Honecker vorhielten, läßt sich nicht abschließend klären, offiziell begründete Wollweber ihn mit Beschlüssen des Ministerrats über den Stellenabbau im Staatsapparat. An den Rekrutierungsprioritäten änderte sich wenig — ideologische Linientreue war das entscheidende Einstellungskriterium. Zur Steigerung des außerordentlich niedrigen Bildungsniveaus baute die MfS-Führung das Schulungssystem aus, doch auch die interne Aufwertung der Potsdamer Ausbildungsstätte zur »Hochschule« im Jahr 1955 konnte nicht darüber hinwegtäuschen, daß das Gros der Mitarbeiter nur über niedrigste polizeiliche oder geheimdienstliche Ausbildungsstandards verfügte, was die Anwendung primitiver und brutaler Methoden begünstigte. Eine Kampagne im selben Jahr, mit der gezielt Abiturienten für den MfS-Dienst geworben werden sollten, brachte eine Reihe von neuen Kadern in den Apparat, die allerdings noch intensiver ideologischer Schulung bedurften. Die Zahl der inoffiziellen Mitarbeiter lag 1953 bis 1955 nach groben Schätzungen bei etwa 20 000 bis 30 000. Die Qualität des Spitzelnetzes blieb aber aufgrund der ungleichmäßigen Verteilung und der hohen Fluktuation auf insgesamt recht niedrigem Niveau[44].

Ab 1954 war die Staatssicherheit auch in der Sicherheitskommission des Politbüros sowie den Bezirks- und Kreiseinsatzleitungen eingebunden, die die Vorbereitungen für den Fall einer kriegerischen Auseinandersetzung oder/und innerer Unruhen in der DDR leiteten. Die wichtigsten Kader unterstanden der Nomenklatur der Sicherheitskommission. In diesem und den folgenden Jahren wurden die bewaffneten Verbände des SfS/MfS mehrfach umstrukturiert. Die Kasernierten Wacheinheiten wurden 1954 zunächst der Hauptabteilung Personenschutz unterstellt. Im Zusammenhang mit der Bildung der Nationalen Volksarmee und der Neustrukturierung der bewaffneten Organe plante die Parteiführung die Bildung »innerer Truppen« mit erheblicher Personalstärke. Zu diesem Zweck wurden die Wacheinheiten in den ehemaligen Landeshauptstädten (außer dem Wachregiment Berlin) mit Teilen der zuvor dem MdI unterstellten Bereitschaftspolizei zusammengeführt. Gemeinsam mit der Grenzpolizei und der Transportpolizei unterstanden sie ab 1955 dem stellvertretenden Minister Gartmann. Da Wollweber die so geformte Hauptverwaltung Innere Sicherheit (nach eigener Aussage) als Fremdkörper im MfS betrachtete, wurde sie im Frühjahr 1957 dem MdI unterstellt. Damit blieb das Wachregiment Berlin der einzige militärische Verband des MfS.

Als Schlußfolgerung aus den Erfahrungen des ungarischen Aufstands von 1956 und des 17. Juni 1953 verabschiedete das Politbüro im November 1956 einen Mehrstufenplan zur Niederschlagung innerer Unruhen durch die bewaffneten Organe der DDR sowie, falls notwendig, auch durch sowjetische Truppen. Die Aufgaben des Ministeriums für Staatssicherheit konzentrierten sich vor allem auf die »1. Etappe« des Einsatzplans, in der Unruhen zunächst durch die Volkspolizei, bewaffnete MfS-Einheiten sowie die paramilitärischen Kampfgruppen der Arbeiterklasse mit »einfachen polizeilichen Mitteln« wie Wasserwerfern und Absperrungen niedergeschlagen werden sollten. NVA-Einheiten sollten nur in Ausnahmefällen eingesetzt werden. Die Befehlsgewalt in dieser niedrigsten Eskalationsstufe lag — allerdings nur bis zur Ausgliederung der inneren Truppen — beim Minister für Staatssicherheit (ausgenommen NVA-Einheiten) bzw. auf Bezirksebene beim dortigen Chef der MfS-Bezirksverwaltung. Bei höheren Eskalationsstufen hätte sich das MfS dann der Befehlsgewalt des Ministers für Nationale Verteidigung bzw. der sowjetischen Befehlsträger unterordnen müssen[45].

Transformation zu einem modernen bürokratischen Geheimdienst 1957–1971

Mit der Ernennung Erich Mielkes rückte im November 1957 ein Mann an die Spitze des Ministeriums, der seit 1945 eine zentrale Rolle beim Aufbau der politischen Polizei und des MfS gespielt hatte. Im Gegensatz zu seinen Vorgängern hatte er sich dem Ersten Sekretär der SED, Walter Ulbricht, durch bedingungslose Unterordnung und intrigantes Verhalten gegenüber seinen dienstlichen Vorgesetzten für das Amt empfohlen. Die Betonung des Subordinationsverhältnisses fand nicht zuletzt seinen Ausdruck darin, daß mit der Ernennung zum Minister keine Aufwertung in der Parteihierarchie verbunden war. Mielke, seit 1950 Mitglied des Zentralkomitees, blieb die Aufnahme in das Politbüro bis zum Ende der Ära Ulbricht verwehrt[46]. Der Apparat der Staatssicherheit unterstand damit nun unangefochten der politischen Anleitung Ulbrichts. Die Achse zwischen dem Ersten Sekretär und dem Minister bildete fortan die entscheidende Determinante im Verhältnis zwischen der Partei und ihrem »Schild und Schwert«. Die Kontrolle durch die formell zuständigen Parteiinstanzen wie der ZK-Abteilung für Sicherheitsfragen bzw. dem zuständigen ZK-Sekretär, Erich Honecker, blieb dagegen schwach[47].

Die sowjetische Präsenz im MfS-Apparat wurde 1958 erheblich reduziert. Von den zuvor allgegenwärtigen sowjetischen »Beratern« blieben nur noch 32 Verbindungsoffiziere im Ministerium. Der Charakter des Verhältnisses zum KGB war damit stärker von Kooperation als von Subordination geprägt, erreichte aber niemals den Status voller Gleichberechtigung. Das KGB unterhielt bis 1990 eine Außenstelle seiner 1. Hauptverwaltung (Aufklärung) in Berlin-Karlshorst mit etwa 800 bis 1200 Mitarbeitern sowie eine Residenz seiner Militärabwehr (3. Hauptverwaltung) bei der Gruppe der Sowjetischen Streitkräfte in Deutschland (GSSD)[48].

Mielke, der die Stalinkritik des XX. KPdSU-Parteitags demonstrativ abgelehnt haben soll[49] und aus seiner Verehrung für den »großen Sowjetführer« auch später keinen Hehl machte, betrieb zunächst ein größeres Personalrevirement unter dem Gesichtspunkt, entscheidende Positionen nun mit »absolut zuverlässigen Genossen zu besetzen«[50]. Die stellvertretenden Minister Martin Weikert und Otto Last waren als angebliche Parteigänger Wollwebers schon im Oktober 1957 in niedrigere Positionen versetzt worden.

Die wichtigste Neuerung in der Aufgabenstellung des Ministeriums ergab sich aus den Lehren der Entstalinisierungskrise: Die inneren Unruhen in Polen und Ungarn sowie das Aufbegehren von sozialistischen Intellektuellen und Studenten in der DDR gaben Ulbricht Anlaß, Wollwebers verstärkte Orientierung auf die unmittelbaren Aktivitäten von westlichen Geheimdiensten und Untergrundorganisationen zu korrigieren[51]. Ulbricht legte den Schwerpunkt wieder stärker auf die Bekämpfung innerer oppositioneller Kräfte in der DDR, die von »imperialistischer« Ideologie beeinflußt, »aufgeweicht« und »zersetzt« seien. Diese auf dem 35. Plenum des ZK 1958 eingeleitete Kurskorrektur führte zu dem für die weitere Feindbilddefinition des MfS zentralen Begriff der »politisch-ideologischen Diversion« (PID), mit dem alle Formen innerer Opposition in sozialistischen Ländern auf den Einfluß »imperialistischer Feindzentralen« zurückgeführt wurden: »Die ideologische Diversion ist die Methode des Feindes zur Zersetzung der Partei, um ihre führende Rolle beim Aufbau des Sozialismus zu beseitigen, zur Aufweichung der DDR und des ganzen sozialistischen Lagers[52].« Besonders Positionen eines demokratischen und stalinismuskritischen Sozialismus innerhalb und außerhalb der SED wurden als »Sozialdemokratismus, Opportunismus, Revisionismus« zum Objekt der Bekämpfung durch das MfS erklärt[53]. Das Theorem der »politisch-ideologischen Diversion« bildete die Grundlage für das Streben nach geheimdienstlicher Präsenz in allen Lebensbereichen, wie es in den folgenden Jahrzehnten für das MfS bestimmend wurde.

Zwischen dem V. Parteitag der SED 1958 und dem Mauerbau 1961 spielte das MfS eine zentrale Rolle bei der Bekämpfung der »Republikflucht«, deren Inspiratoren und Organisatoren dingfest gemacht werden sollten, sowie bei der Kollektivierung der Landwirtschaft. In den Werbe- und Kampfbrigaden, die die Kollektivierungskampagne vorantrieben, war eine große Zahl von MfS-Mitarbeitern engagiert. Bauern wurden in Verhören psychisch unter Druck gesetzt und von Schnellgerichten mit Strafen für tatsächliche oder fiktive Vergehen bedroht, wenn sie sich nicht zum Eintritt in die Landwirtschaftlichen Produktionsgenossenschaften (LPG) bereitfanden[54].

Nach der Schließung der Sektorengrenze in Berlin nutzte das MfS die neue Lage zu einer umfangreichen Verhaftungswelle, vor allem von DDR-Bürgern, die ihren Unmut über die Aktion des 13. August zum Ausdruck gebracht hatten[55]. Dieser neuerliche Höhepunkt unmittelbarer Zwangsmaßnahmen zeugt davon, daß das klassische Instrumentarium der stalinistischen Geheimpolizei auch weiterhin ein wesentliches und als latente Bedrohung vielleicht das wichtigste Instrument der MfS-Arbeit blieb. Doch als Folge der zweiten Entstalinisierungswelle nach dem XXII. KPdSU-Parteitag im Oktober 1961, und nicht zuletzt aufgrund der machtpolitischen Konsolidierung nach dem »heimlichen Gründungstag der DDR« im August 1961 gewannen andere Methoden der geheimdienstlichen Überwachung an Stellenwert. Das Maß physischer Gewaltanwendung gegen Untersuchungshäftlinge ging zurück. Neben die Verhaftungen trat die präventive Erkundung potentieller Unruheherde als wichtigstes Arbeitsfeld. Das Repertoire kriminalistischer und geheimdienstlicher Methoden wurde verbreitert, die ständig steigende Zahl der hauptamtlichen Mitarbeiter sowie die quantitative und qualitative Verbesserung des Spitzelnetzes ermöglichte die Ausweitung des geheimpolizeilichen Wirkens in das Vorfeld oppositioneller Äußerungen und Aktivitäten. Mit der Systematisierung der Auswertungs- und Informationstätigkeit und dem Ausbau der entsprechenden Organe in den 60er Jahren erweiterte das MfS auch seine geheimdienstliche Berichterstattung an die SED-Spitze sowie die interne analytische Arbeit.

Die Wirtschaftsreformen des »Neuen Ökonomischen Systems« seit 1963 nahm das MfS zum Anlaß für verstärkte Aktivitäten in der Volkswirtschaft. Zeitweilig war eine Fusion der Hauptabteilungen III (Volkswirtschaft), V (Staatsapparat, Kirchen, Untergrund) und XIII (Verkehr) zur Konzentration auf die »Produktionssphäre« vorgesehen. Die Aufdeckung feindlicher Aktivitäten dort sei, so Mielke, die Hauptaufgabe des MfS, um zur Produktivitätssteigerung beizutragen[56]. Ab 1964 wurde die Verankerung des MfS in der Wirtschaft mit dem Aufbau eines umfassenden Systems von Sicherheitsbeauftragten, an dessen Spitze die Abteilung Inspektion des Ministerrats stand, erheblich gefestigt und 1969 noch einmal verstärkt. In der Spitze der Wirtschaftsbürokratie (Ministerien, Ämter), den zentralgeleiteten Vereinigungen Volkseigener Betriebe, sowie 459 wichtigen Kombinaten, Betrieben und Einrichtungen wurden als Sicherheitsbeauftragte Offiziere im besonderen Einsatz (OibE) eingesetzt. Oberster Wirtschafts-OibE war seit 1968 der Staatssekretär und Leiter der Abteilung Inspektion im Ministerrat Harry Möbis[57].

Zur Logik der Verbreiterung des tschekistischen Aufgabenspektrums im Geiste der Prävention gehörte nicht nur das Bestreben, in jedem Bereich der Gesellschaft präsent zu sein, sondern auch die verstärkte Integration von Tätigkeitsfeldern, die eher am Rande der eigentlichen Kernaufgaben angesiedelt waren, wie z.B. die Übernahme der Paßkontrollen an den Grenzübergangsstellen der DDR 1962 und der Überwachung des Reiseverkehrs beiderseits der deutsch-deutschen Grenze nach den ersten Passierscheinabkommen 1963/64[58]. Mit der Eingliederung der zuvor bei der Grenzpolizei angesiedelten Grenzaufklärung in die MfS-Militärabwehr 1961/62 sowie einer Regelung der Zusammenarbeit mit der Militärspionageeinheit des Verteidigungsministeriums 1961 wurden die Aufgabenabgrenzungen gegenüber den anderen bewaffneten Organen endgültig geklärt[59].

Trotz der Sicherung der Machtgrundlagen durch den Mauerbau, der starken politischen Orientierung auf ökonomische Prozesse und der zumindest bis zum 11. ZK-Plenum 1965 von der Parteiführung zugelassenen Liberalisierung auf kulturellem und jugendpolitischem Feld wurde der Ausbau des Personalapparats in den 60er Jahren nicht gedrosselt. Beim Amtsantritt Mielkes Ende 1957 hatte das MfS eine personelle Stärke von 17 400 Mitarbeitern, bis 1967 wuchs es auf 32 900 Bedienstete. War schon in diesem Zeitraum das Personalwachstum ungebrochen, so stieg die Wachstumsrate ab 1968 sogar noch erheblich an. 1971 war ein Stand von 45 500 hauptamtlichen MfS-Mitarbeitern erreicht. Dabei wuchsen grundsätzlich alle Zweige des Apparats. Schwerpunkte resultierten vor allem aus dem Auf- und Ausbau personalintensiver Aufgabenfelder wie den Grenzkontrollen und dem Personenschutz der »führenden Repräsentanten« des SED-Staates (u.a. im Zusammenhang mit der Einrichtung der Wandlitzer Waldsiedlung für die Mitglieder des Politbüros), aber auch aus dem überdurchschnittlichen Wachstum des zentralen Ministerialapparats gegenüber den Bezirksverwaltungen und Kreisdienststellen. Die Staatssicherheit wurde zur poststalinistischen Großbürokratie mit universalem sicherheitspolitischem Anspruch.

Zugleich wurden die Anstrengungen zur Systematisierung und Professionalisierung der Kaderwerbung und -schulung vermehrt. Die Ausbildungsgänge wurden akademischem Niveau zumindest angenähert, namentlich mit dem Ausbau der Bildungsstätte in Potsdam-Eiche zu einer »Juristischen Hochschule« (1965) mit dreijährigen Direkt- und fünfjährigen Fernstudiengängen und der offiziellen Verleihung des Promotionsrechts 1968. Seit seinem Amtsantritt als Minister leitete Mielke zudem eine innere Konsolidierung des Mitarbeiterbestandes und eine Senkung der hohen Fluktuationsrate und der Zahl der Disziplinarvergehen ein. Der Politbürobeschluß zum Einsatz gegen innere Unruhen von 1956 hatte das MfS vor neue Aufgaben gestellt: Das Wachregiment Berlin mußte auf entsprechende Kampfeinsätze vorbereitet werden. Des weiteren entstanden Pläne zur Vorbereitung auf den Spannungs- und Verteidigungsfall, die mehrere Aspekte umfaßten. 1958 begann das MfS, alle Mitarbeiter militärisch für Einsätze im inneren Krisen- oder Verteidigungsfall auszubilden[60]. Die (seit 1953 existierende) Sabotageeinheit des MfS wurde 1962 mit der 15. Verwaltung der NVA vereinigt, die seit 1958 mit der Ausbildung von westdeutschen Untergrundkämpfern für »Partisaneneinsätze« und mit dem Aufbau eines logistischen Netzes in der Bundesrepublik begonnen hatte. 1964 befahl Mielke die Ausbildung von militärischen Einzelkämpfern mit Spezialausbildung (Funker,

Taucher, Fallschirmspringer, Sprengspezialisten)[61]. Außerdem sind schon seit 1959 erste Hinweise darauf zu finden, daß »feindlich-negative« Kräfte im Spannungsfall in Isolierungshaft genommen werden sollten. In den 60er Jahren wurden diese Pläne weiterentwickelt und in der Mobilmachungsdirektive 1/67 in ein detailliertes System zur Schaffung von Isolierungslagern gefaßt[62]. Daneben hatte das MfS im Verteidigungsfall verschiedene sicherstellende Aufgaben (Schutzräume für Regierung, Nachrichtenverbindungen). Das Wachregiment des MfS wurde erheblich ausgebaut, 1967 wurde ihm der Ehrenname »Feliks E. Dzierżyński«, nach dem Begründer der Tscheka, verliehen. Es verfügte 1970 über eine Personalstärke von rund 7900 Mann.

Als Bilanz des Ausbaus, der Aufgabenausweitung und der Professionalisierung in den ersten zehn Jahren unter Mielkes Führung lassen sich die Wahrnehmung und die Reaktion des ostdeutschen Geheimdienstapparats auf den »Prager Frühling« und seine Niederschlagung im August 1968 lesen. Dieser letzte Versuch einer reformkommunistischen Humanisierung und Demokratisierung des politischen Systems vor der finalen Krise des Monopolsozialismus entsprach geradezu idealtypisch der MfS-Feindperzeption einer »politisch-ideologischen Diversion«. Das MfS versuchte nicht nur, mit eigenen Kräften Einfluß auf die Entwicklungen in der Tschechoslowakei zu nehmen; nach der erfolgreichen Niederschlagung diente es dem tschechoslowakischen Bruderorgan auch als Ratgeber für die Säuberung und Straffung des Apparats. Wichtiger war die innenpolitische Krisenbilanz: Es kam in der DDR zu über 2100 Protestäußerungen und mehr als 500 Ermittlungsverfahren, vornehmlich wegen »staatsfeindlicher Hetze«, gegen DDR-Bürger, die ihre Solidarität mit den tschechischen und slowakischen Völkern öffentlich bekundet hatten, doch das MfS konnte resümieren: »Es gab keine ernsthaften, einen größeren Bevölkerungskreis oder bestimmte Bevölkerungsgruppen umfassende Mißstimmungen, Unruhen oder Vorkommnisse, die sich zu politischen Aktionen gegen die DDR und die Maßnahmen der fünf Warschauer Vertragsstaaten hätten ausweiten können[63].« Insofern hatte sich die Präsenz der Staatssicherheit durchaus bewährt. Allerdings erwies sich das Netz der präventiven Überwachung als lückenhaft: Nicht mal ein Viertel aller registrierten Protestaktionen wurde aufgeklärt und in den Fällen, wo das MfS erfolgreich war, stellte sich heraus, daß es sich in der Regel um Personen handelte, die zuvor nicht negativ aufgefallen waren.

Das MfS in der Ära Honecker 1971–1989

Mit dem Sturz Ulbrichts und der Ernennung Erich Honeckers zum Ersten Sekretär des Zentralkomitees der SED rückte auch Erich Mielke in der Parteihierarchie auf. Auf dem VIII. Parteitag der SED 1971 wählte ihn das Zentralkomitee zum Kandidaten des Politbüros. Fünf Jahre später wurde er stimmberechtigtes Mitglied im obersten Führungsgremium der Einheitspartei. Doch die Position des Ministers für Staatssicherheit in der Hierarchie des SED-Staates ist damit nur unvollkommen beschrieben: Entscheidende Fragen der MfS-Tätigkeit beriet Honecker mit Mielke in wöchentlichen Vier-Augen-Gesprächen. Der Minister gehörte damit zum engsten Führungskreis innerhalb der Politbürokratie. Der Aufstieg ins Politbüro erweiterte Mielkes politischen Spielraum. Während nach außen hin der Eindruck einer bedingungslosen Unterordnung unter den Parteichef vorherrschte, deuten einige Indizien darauf hin, daß das Verhältnis durchaus auch von Konflikten und »Gruppeninteressen« der Staatssicherheit beeinflußt war[64].

Die auf internationale Anerkennung konzentrierte Außenpolitik der DDR und die damit verbundene partielle Öffnung zum Westen stellte das Ministerium für Staatssicherheit in den 70er Jahren vor eine »außerordentliche Bewährungsprobe«[65]. Das Ziel der Staats- und Parteiführung, die außenpolitische Isolation der DDR zu durchbrechen und aus der internationalen Reputation Legitimität zu schöpfen, verlangte Konzessionen hinsichtlich der gesellschaftlichen Öffnung der DDR, deren Konsequenzen die Staatssicherheit aufzufangen hatte. Insbesondere auf den Abschluß des deutsch-deutschen Grundlagenvertrags 1972 reagierte die SED mit umfangreichen innenpolitischen Sicherungsmaßnahmen, um die fortan zunehmenden Kontakte von DDR-Bürgern zu Westdeutschen unter Kontrolle halten zu können. Zur Herausforderung wurde auch die internationale Debatte um die Einhaltung der Menschen- und Bürgerrechte, vor allem nach der Unterzeichnung der Schlußakte der Konferenz für Sicherheit und Zusammenarbeit in Europa (KSZE) in Helsinki 1975. Die damit von der SED offiziell anerkannten Garantien der Meinungsfreiheit und der Freizügigkeit nahmen viele DDR-Bürger zum Anlaß, innenpolitische Veränderungen zu fordern. Neben den quantitativ eher kleinen, aber politisch bedeutsamen Bürgerrechtsinitiativen rückten ausreisewillige DDR-Bürger in den Mittelpunkt der MfS-Verfolgung. Die »Zurückdrängung von unrechtmäßigen Übersiedlungsersuchen« wurde zu einer der wichtigsten Aufgaben[66].

Den zunehmenden Druck spiegelt die Anfang der 80er Jahre formulierte Definition der »politisch-ideologischen Diversion« wider: »Mit der politisch-ideologischen Diversion strebt der Feind in einem langfristig angelegten, mehrstufigen Prozeß subversive Ziele an. Sie bestehen in der langfristigen Zersetzung des sozialistischen Bewußtseins bzw. der Störung und Verhinderung seiner Herausbildung, in der Untergrabung des Vertrauens breiter Bevölkerungskreise zur Politik der kommunistischen Parteien und der sozialistischen Staaten, in der Inspirierung antisozialistischer Verhaltensweisen bis hin zur Begehung von Staatsverbrechen, in der Mobilisierung feindlich-negativer Kräfte in den sozialistischen Staaten, in der Entwicklung einer feindlichen, ideologischen, personellen Basis in den sozialistischen Staaten, in der Inspirierung politischer Untergrundtätigkeit sowie im Hervorrufen von Unzufriedenheit, Unruhe, Passivität und politischer Unsicherheit unter breiten Bevölkerungskreisen[67].«

Die Bemühungen der DDR-Führung um internationale Anerkennung und die sprunghaft wachsenden »feindlichen« Einflüsse durch Westkontakte von DDR-Bürgern schmälerten den Spielraum des MfS für offene Gewaltmaßnahmen. Die Staatssicherheit nahm diese Veränderung allerdings keineswegs zum Anlaß, ihre Aktivitäten zu drosseln — im Gegenteil: Sie steigerte den Grad der verdeckten Überwachung und modifizierte ihre Methoden. Mit Hilfe des erheblich ausgebauten Netzes von inoffiziellen Mitarbeitern sollte nicht nur jede »feindliche« Aktivität bereits im Ansatz aufgedeckt, sondern auch mit konspirativen Mitteln, die für den Betroffenen nicht erkennbar waren, bekämpft werden. Bevor Festnahmen vorgenommen wurden, die potentiell immer das Interesse der nun in der DDR akkreditierten westlichen Journalisten erregen konnten, sollte zunächst alles unternommen werden, um Gruppen von Menschenrechtsaktivisten oder Ausreisewilligen oder auch einzelne »auffällige« Bürger mit verdeckten Mitteln von ihren Aktivitäten abzubringen. So wurden mit den Mitteln der in den 70er Jahren verstärkt in die MfS-Arbeit integrierten »operativen Psychologie« »Zersetzungsmaßnahmen« ergriffen, um Konflikte zwischen Gruppenmitgliedern zu erzeugen oder zu schüren, ihre Anbindung an kirchliche Institutionen zu schwächen oder zu vereiteln, Oppositionelle in ihrem Engagement zu bremsen und auszuschalten[68]. Der differenzierte Einsatz der MfS-Instrumente läßt sich am Beispiel der Reaktionen auf die Ausbürgerung des Liedermachers Wolf Biermann 1976 deutlich nachvollziehen. Während die prominenten Unterzeichner der Protestresolution, vor allem Schriftsteller und andere Künstler, intensiv überwacht, mit verschiedenen Mitteln drangsaliert und schließlich teilweise zur Ausreise aus der DDR getrieben wurden, schreckte die Staatssicherheit bei protestierenden DDR-Bürgern, die nicht das Interesse der (westdeutschen) Öffentlichkeit erreichen konnten, vor Verhaftungen und monatelanger Untersuchungshaft nicht zurück[69].

Wohin es führen würde, der »politisch-ideologischen Diversion« freien Lauf zu lassen, meinten Partei- und MfS-Führung wiederum in einem ihrer verbündeten Nachbarländer verfolgen zu können. Wie schon 1968 in der ČSSR versuchte das MfS Einfluß auf den Konflikt in Polen 1980/81 zu nehmen, der durch die Gründung der unabhängigen Gewerkschaft »Solidarność« ausgelöst wurde und in der Verhängung des Kriegsrechts gipfelte. 1980 war eine MfS-Operativgruppe Warschau mit Zweigstellen in vier weiteren polnischen Städten gebildet worden, die ein eigenes Spitzelnetz im Nachbarland aufbaute. Die Desinformationsabteilung der HV A betrieb umfangreiche Propagandaoperationen zur Diskreditierung der Solidarność-Aktivisten. Aus Sicht des MfS stand Polen an der Schwelle, vom sozialistischen Bruderland zum »Operationsgebiet« zu werden, zeitweise war diese bereits überschritten. Und wie schon während des »Prager Frühlings« galt es, die Ausbreitung oppositionellen Gedankenguts in der DDR zu verhindern, was nach Einschätzung der Berichterstatter der Zentralen Auswertungs- und Informationsgruppe (ZAIG) unter anderem auch deshalb gelang, weil potentielle Unruhestifter der Ansicht gewesen seien, eine Streikbereitschaft würde in der DDR bereits »im Keime erstickt« werden[70]. Das Ausmaß der Besorgnis trat, nachdem es beim Brandt-Besuch in Erfurt 1970 zu spontanen Sympathiebekundungen größeren Umfangs gekommen war, wiederum bei der Visite eines Bundeskanzlers 1981 zutage. So wurde Helmut Schmidt eine Reise nach Rostock aus Furcht vor einer Eskalation nach »Gdańsker Muster« verwehrt. Für die Absicherung der Reiseroute nach Hubertusstock und Güstrow plante das MfS fast 17 000 Mann ein sowie ebenso viele Volkspolizisten[71].

Die Verschärfung der inneren Überwachung als Reaktion auf die äußere Entspannung führte im Ministerium für Staatssicherheit zu einem erheblich verstärkten Personalausbau. Dieser Prozeß setzte bereits mit dem Jahr 1968 ein und führte bis 1983 zu einer Expansion des Apparats von 32 900 (1967) auf 81 500 Mitarbeiter am Ende des Jahres 1982 — im Durchschnitt wurden jährlich mehr als 3200 zusätzliche Mitarbeiter eingestellt. Von sachlichen Begründungszwängen sowie finanziellen und arbeitskraftpolitischen Grenzen war dieses hypertrophe Wachstum weitgehend losgelöst. In immer wiederkehrenden Wendungen gingen MfS-Führung und Leiter der Diensteinheiten wie selbstverständlich von einem »hohen Kaderbedarf» aus. Die Dynamik der Kaderwerbung war von verschiedenen Faktoren bestimmt: Politisch rückte das MfS immer mehr in die Rolle eines Allheilmittels zur Bekämpfung der als allgegenwärtig empfundenen »feindlichen« Einflüsse. Den rasantesten Zuwachs unter den operativen Zweigen des Apparats erlebte die Hauptabteilung II (Spionageabwehr) mit einer annähernden Vervierfachung ihres Personalbestands. Ihrem Aufgabenbereich wurden nicht nur die geheimdienstliche Durchdringung und Kontrolle der seit 1972 eingerichteten zahlreichen neuen diplomatischen Vertretungen westlicher Staaten und der Ständigen Vertretung der Bundesrepublik zugeordnet, sondern auch die Überwachung akkreditierter Journalisten sowie die Überprüfung aller versuchten oder erfolgten Kontaktaufnahmen von DDR-Bürgern zu diesen Stellen. Daß gerade diese Diensteinheit, die ja — der offiziellen Aufgabenstellung nach — klassische Funktionen eines Abwehrgeheimdienstes zu erfüllen schien, zum eigentlichen Zentrum des nach innen gerichteten Teils des Ministeriums wurde, unterstreicht die nachgerade paranoide Grundauffassung von Partei und Staatssicherheit, daß alle Dissidenz und jegliches abweichende Verhalten in der Bevölkerung der DDR auf den direkten oder indirekten Einfluß »imperialistischer« Geheimdienste zurückzuführen sei[72].

Die markante Spitzenreiterrolle der Spionageabwehr in der Expansion der »langen 70er Jahre« kann freilich nicht darüber hinwegtäuschen, daß alle Zweige des arbeitsteiligen Apparats ausgebaut wurden: Sowohl die verschiedenen Diensteinheiten der Berliner Zentrale als auch die Bezirksverwaltungen und Kreisdienststellen profitierten vom fortwährenden Personalzufluß. Grad und Intensität der Durchdringung aller Sphären der DDR-Gesellschaft nahmen damit in ungekanntem Maße zu. Die von Mielke immer wieder gestellte Leitfrage aller tschekistischen Prävention, die Frage »Wer ist wer?«, konnte für immer mehr Bürger der DDR einigermaßen verläßlich beantwortet werden.

Eine wesentliche Rolle für die Wachstumsdynamik spielte neben dem politischen Auftrag offenbar eine erhebliche Verselbständigung der MfS-Großbürokratie. Gerade die Kaderverwaltung und die »rückwärtigen« Diensteinheiten wuchsen in weit überdurchschnittlichem Maße; außerdem wies die Berliner Zentrale kontinuierlich ein erheblich höheres Wachstum als die territorialen Verwaltungen und Dienststellen auf. Vermutlich entsprach dieser Trend allgemeinen Tendenzen im Staats- und Wirtschaftsapparat der DDR, er wurde aber dadurch verstärkt, daß das MfS von jeglicher externen Kontrolle und Einbindung in Planungsmechanismen der Volkswirtschaft und des Staatshaushalts faktisch weitgehend ausgenommen war[73]. Kosten-Nutzen-Analysen spielten daher für die strategischen Perspektiven während der 70er Jahre keine Rolle bzw. wurden den sicherheitspolitischen Erfordernissen untergeordnet.

Der ständige Zustrom neuer Kader war von einer erheblichen Steigerung des Qualifikationsniveaus der Mitarbeiter begleitet. In aufwendigen Programmen wurden »Perspektivkader« mit langjährigem Vorlauf an zivilen Hochschulen auf ihre Aufgaben vorbereitet, Offiziere erhielten Zusatzausbildungen an der MfS-Hochschule oder z.B. an der Sektion Kriminalistik der

Humboldt-Universität zu Berlin. Die Suche nach Nachwuchs wurde schon in die Schulen verlegt, wo das MfS gemeinsam mit der NVA bereits in der siebten Klasse den Auswahl- und Werbungsprozeß von Berufsoffiziers- und Berufsunteroffiziersbewerbern einleitete. Die u.a. aufgrund der wachsenden Westkontakte von DDR-Bürgern verschärften Sicherheitsüberprüfungen potentieller Einstellungskandidaten führten zu einer deutlichen Tendenz der »Selbstrekrutierung« aus den Reihen der Ehefrauen und Kinder von MfS-Mitarbeitern und anderen zuverlässigen Funktionären. Das wichtigste Mittel, um zu einer effizienteren Erfüllung der Aufgaben zu kommen, war eine entsprechende Optimierung seiner »Hauptwaffe«, des Netzes der inoffiziellen Mitarbeiter. Der »schnellstmöglichen Schaffung der erforderlichen operativen Kräfte, insbesondere Inoffizieller Mitarbeiter (IM)/Gesellschaftlicher Mitarbeiter (GMS)«[74], maß Mielke »größte Bedeutung« bei, um den neuen Herausforderungen zu begegnen[75]. Ihre Zahl wurde von rund 100 000 im Jahre 1968 auf etwa 180 000 im Jahre 1975 gesteigert und erreichte damit ihren höchsten Stand in der Geschichte der Staatssicherheit[76]. Die Qualität des IM-Netzes gab allerdings fortwährend Anlaß zur Kritik: Es wurden zu viele SED-Mitglieder geworben, viele Spitzel lieferten kaum wertvolle Informationen und gerade in den brisantesten Bereichen (z.B. in »feindlich-negativen Kreisen«), erwies sich die Rekrutierung von geheimen Zuträgern als schwierig[77]. Seit der zweiten Hälfte der 70er Jahre bewegte sich die Zahl der inoffiziellen Mitarbeiter nahezu konstant in einer Größenordnung von 170 000 bis 180 000 Personen, allerdings stand hinter diesen Zahlen eine erhebliche Fluktuation: etwa zehn Prozent der IM beendeten bzw. begannen pro Jahr ihre geheime Liaison mit dem MfS[78].

In den 70er Jahren vollendete das Ministerium für Staatssicherheit seine Entwicklung zu einem hochgradig differenzierten Universalapparat aus »operativen« Diensteinheiten der inneren Abwehr und äußeren Aufklärung, verschiedenen Querschnittsabteilungen, technischen Diensten, eigenen Ausbildungsstätten, einem umfänglichen inneren Verwaltungs-, Versorgungs- und Überwachungsapparat. Ein großer Teil dieser Zweige hatte Entsprechungen auf der Ebene der Bezirksverwaltungen, manche auch in den Kreisdienststellen. Die Berliner Zentrale zählte zuletzt über sechzig selbständige Diensteinheiten (einschließlich der Abteilungen der HV A), von denen die wichtigsten hier in einem knappen Überblick porträtiert werden sollen, um die Vielfalt der Aufgabenfelder und das Zusammenspiel zu illustrieren[79].

Die Arbeit der Hauptverwaltung Aufklärung, also des Auslandsspionagedienstes, rückte mit der Enttarnung eines engen Mitarbeiters des Bundeskanzlers Willy Brandt als DDR-Agent 1974 schlagartig in den Blick der westlichen Öffentlichkeit. Der Fall des Kanzlerspions Günter Guillaume, der schon in den 50er Jahren im MfS-Auftrag in die Bundesrepublik übergesiedelt war und seitdem an seinem Aufstieg in der Sozialdemokratischen Partei Deutschlands (SPD) gearbeitet hatte, offenbarte, daß es der HV A gelungen war, mit solchen Agentenschleusungen Spitzenpositionen des westdeutschen öffentlichen Lebens zu besetzen und für ihre Zwecke zu nutzen. Zum Spektrum der MfS-Auslandsspionage gehörte neben der klassischen politischen und militärischen Spionage, die vor allem gegen die Bundesrepublik, aber auch gegen andere westliche Staaten und supranationale Organisationen gerichtet war, auch die für die Volkswirtschaft der DDR bedeutsame Industrie- und Technologiespionage (Sektor Wissenschaft und Technik), sowie die Einflußnahme auf das öffentliche Leben der gegnerischen Staaten mit Hilfe von »aktiven Maßnahmen«, z.B. Kampagnen zur Diskreditierung von prominenten Politikern mit Hilfe von in die Öffentlichkeit lancierten echten oder gefälschten Informationen[80]. Die HV A spielte auch in allen deutsch-deutschen Verhandlungen eine eminente Rolle. Sie kundschaftete nicht nur mit Hilfe ihrer Agenten die Absichten der westlichen Verhandlungsseite aus, sondern war auch in der DDR-Verhandlungsdelegation mit einer Reihe von Offizieren und inoffiziellen Mitarbeitern, bis hin zum Verhandlungsleiter und späteren Leiter der Ständigen DDR-Vertretung in Bonn, Michael Kohl, konspirativ vertreten[81]. Grundsätzlich galt für die Arbeit der HV A das Prinzip der »Einheit von Aufklärung und Abwehr«, also eine systematische arbeitsteilige Kooperation mit den anderen Diensteinheiten des MfS, die z.B. eine Mitwirkung bei der Verfolgung von inneren Oppositionellen einschloß, sofern sich dabei Aufgaben im »Operationsgebiet«, also der Bundesrepublik oder Berlin (West), ergaben[82]. Die enge Kooperation mit anderen Diensteinheiten war auch auf dem Gebiet der Unterstützung von Dritte-Welt-Staaten und antikolonialen Befreiungsbewegungen bedeutsam. Seit den 60er Jahren berieten MfS-Offiziere in Kuba, Sansibar bzw. Tansania und Ghana (bis zum Sturz Nkrumahs 1966), seit Mitte der 70er Jahre in Moçambique, Angola und Äthiopien die Regierungen beim Aufbau von Geheimdiensten. Gute Kontakte bestanden 1969 bis 1971 auch in den Sudan, zuweilen nach Südjemen, in den 80er Jahren nach Nicaragua[83]. Außerdem wurden Guerillakämpfer von Befreiungsbewegungen in Rhodesien (ZAPU), Namibia (SWAPO) und Südafrika (ANC) in der DDR ausgebildet[84].

Die Hauptabteilung I war für die »Abwehr« im Verantwortungsbereich des Ministeriums für Nationale Verteidigung zuständig. Hierunter fiel insbesondere die Überwachung der Nationalen Volksarmee und der Grenztruppen der DDR. Die Hauptabteilung I war voll in die Militärstruktur der DDR mit ihren Militärbezirken und weiteren Untergliederungen integriert, sie firmierte dort unter der Bezeichnung »Verwaltung 2000«. Aus diesem

Grunde fand sie auch keine Entsprechung auf der Ebene der Bezirksverwaltungen, dort gab es lediglich einzelne Mitarbeiter bzw. kleinere Arbeitsgruppen, die die jeweilige Wehrbezirksverwaltung zu überwachen hatten. Die Hauptabteilung I hatte neben der Militärabwehr auch Aufklärungsaufgaben: Der Militärspionagedienst des Ministeriums für Nationale Verteidigung war durch Verbindungsoffiziere und IM eng mit dem MfS verknüpft, die Aufklärungseinheit der Grenztruppen, die Spionagearbeit im direkten Umfeld der DDR-Staatsgrenze leistete, bestand ausschließlich aus hauptamtlichen MfS-Mitarbeitern (Abteilungen »Aufklärung Grenzkommando Nord/Mitte/Süd« der HA I).

Zu den Aufgaben der Hauptabteilung II (Spionageabwehr) gehörten neben der Überwachung von diplomatischen Vertretungen und ausländischen Journalisten die innere Sicherheit des MfS, die Spionageabwehr im Außenministerium der DDR sowie an jeglichem anderen »Angriffspunkt« gegnerischer Geheimdienste (auf der Grundlage sehr weiter Definitionen). Sie unterhielt die nach und nach gegründeten MfS-Operativgruppen in Moskau, Warschau, Prag, Budapest und Sofia. Als besonderes Aufgabengebiet sicherte sie auch die Kooperation von SED und Freiem Deutschem Gewerkschaftsbund (FDGB) mit der westdeutschen Deutschen Kommunistischen Partei (DKP) und der Sozialistischen Einheitspartei Westberlins (SEW) geheimdienstlich ab. Allein in der Berliner Zentrale verfügte die Hauptabteilung II im Jahre 1989 nach ihrem rasanten Wachstum in den 70er Jahren über rund 1500 Mitarbeiter.

Die Einheiten für Paßkontrollen und »Sicherung des Reiseverkehrs« sind 1970 zur Hauptabteilung VI zusammengelegt worden. Im Aufgabenbereich dieser Diensteinheit ergab sich eine enge Verzahnung mit den Grenztruppen der DDR, die u.a. das Kommando an den Grenzübergangsstellen führten. Die Zollverwaltung war noch enger an das MfS gebunden, ihr seit 1963 amtierender Leiter, Oberst Gerhard Stauch, war Offizier im besonderen Einsatz (OibE) des MfS[85]. Neben den unmittelbaren Grenzkontrollen und den damit zusammenhängenden geheimdienstlichen Aufgaben gehörten alle Fragen der Kontrolle des Reiseverkehrs in die und aus der DDR, einschließlich der Überwachung der Interhotels, zur Zuständigkeit der Hauptabteilung VI.

Eine ähnliche Funktion wie die Hauptabteilung I für das DDR-Militär hatte die Hauptabteilung VII für die Volkspolizei und die anderen dem Ministerium des Innern zugeordneten Institutionen, wie die Kampfgruppen der Arbeiterklasse, den Stab der Zivilverteidigung, aber auch die Staatliche Archivverwaltung. Neben der allgemeinen Überwachungstätigkeit in diesen Apparaten ergaben sich einige besondere Einfluß- und Kooperationsbeziehungen: Häufig diente die Polizei als Hilfs- und Unterstützungsorgan im Rah-

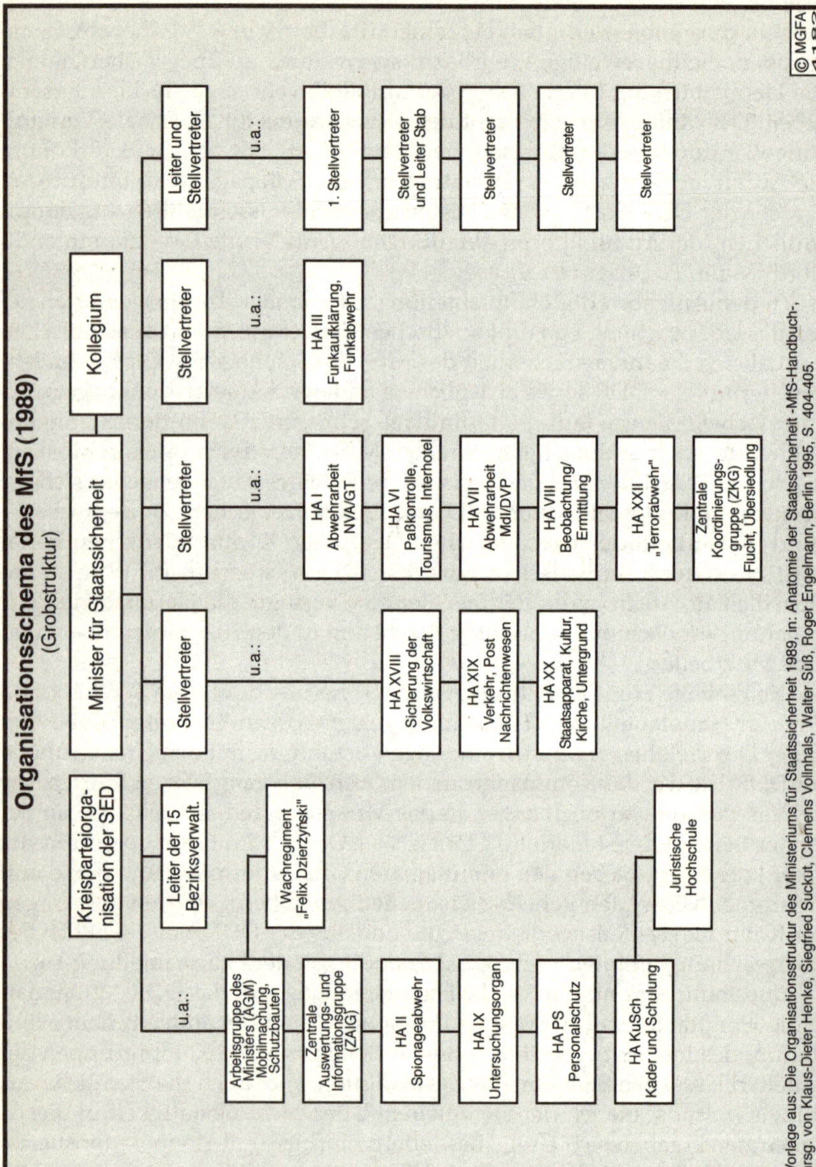

Vorlage aus: Die Organisationsstruktur des Ministeriums für Staatssicherheit 1989, in: Anatomie der Staatssicherheit -MfS-Handbuch-, hrsg. von Klaus-Dieter Henke, Siegfried Suckut, Clemens Vollnhals, Walter Süß, Roger Engelmann, Berlin 1995, S. 404-405.

men des »Politisch-operativen Zusammenwirkens« (POZW). Das Arbeitsgebiet I der Kriminalpolizei (politische Kriminalität) arbeitete ohnehin permanent mit dem MfS zusammen. Schließlich ergaben sich enge Beziehungen zur Verwaltung Strafvollzug des MdI, der die Haftanstalten der DDR unterstanden. Das — neben den eigenen Untersuchungshaftanstalten — wichtigste vom MfS genutzte Gefängnis war die Strafvollzugsanstalt Bautzen II, die formell unter MdI-Leitung stand, faktisch aber weitgehend vom MfS kontrolliert wurde. Hier verbüßten die vom MfS verfolgten politischen Häftlinge (z.B. Walter Janka, Rudolf Bahro u.v.a.) ihre Strafe[86].

Als weitere operative Diensteinheiten sind die Hauptabteilungen XVIII (Volkswirtschaft) und XIX (Verkehr, Post, Fernmeldewesen) zu nennen, unter deren Beobachtung die Volkswirtschaft und die Infrastruktur der DDR standen. Zum Überwachungsbereich der Hauptabteilung XVIII (bis 1964 HA III) und ihrer Zweigstellen in den Bezirken gehörten neben den Betrieben und Kombinaten auch die Planbürokratie bis hin zu den zahlreichen Industrie- und anderen Wirtschaftsministerien, der Apparat des Ministerrats und der Staatlichen Plankommission, aber auch die verschiedenen Wissenschaftsakademien. Im Dienstbereich der Hauptabteilung XVIII waren zuletzt sechs Objektdienststellen (OD) eingerichtet (in den Chemischen Kombinaten Buna, Leuna und Bitterfeld, im Gaskombinat »Schwarze Pumpe«, im Kombinat Carl Zeiss Jena und im Atomkraftwerk Lubmin/Greifswald)[87]. In die Zuständigkeit der Hauptabteilung XIX fielen neben Reichsbahn, Post, Flughäfen usw. auch die Transportpolizei. Aufgrund der zentralistischen Organisationsform der Volkswirtschaft und der vitalen Bedeutung der ökonomischen Entwicklung für die SED-Politik kam der Hauptabteilung XVIII eine wichtige Funktion zu. Das Spektrum der Verknüpfungen reichte von Aufgaben des Betriebsschutzes und der Industriespionageabwehr über Sicherheitsüberprüfungen in militärisch relevanten Hochtechnologiebereichen bis hin zu Lückenbüßerfunktionen im ökonomischen Planungsprozeß und der Technologieentwicklung, die durch entsprechende Spionageaktivitäten »unterstützt« wurde. Die Wirkungen des MfS-Einflusses auf die DDR-Wirtschaft erscheinen widersprüchlich: Einerseits finden sich Beispiele, in denen die Staatssicherheit über ihren Parallelapparat ökonomisch belastende Mißstände aufdecken und beseitigen konnte, andererseits trug z.B. die rigide Geheimnisschutzdoktrin erheblich dazu bei, technologische Innovation durch die Entfernung von Spezialisten »aus Sicherheitsgründen« zu behindern[88].

Als eigentlicher Kern des Ministeriums für Staatssicherheit ist gelegentlich die Hauptabteilung XX (bis 1964 HA V) bezeichnet worden. Eine solche Funktionszuschreibung ist aufgrund des verhältnismäßig geringen Umfangs von etwa 460 Mitarbeitern (1989) im Ministerium (und etwa doppelt so vielen in den Bezirksverwaltungen) zwar übertrieben, sie verweist aber zu Recht auf die zentrale innenpolitische Bedeutung dieses MfS-Zweiges für die Bekämpfung von oppositionellen Regungen in der DDR. Hier waren die Abteilungen zum Kampf gegen die »politisch-ideologische Diversion« bzw. ihre Steigerungsform, der »politischen Untergrundtätigkeit« (PUT) angesiedelt, hier wurden die christlichen Kirchen und andere Religionsgemeinschaften sowie der gesamte Kultur- und Medienbetrieb überwacht. Daneben war die Hauptabteilung XX für die Kontrolle der Blockparteien und gesellschaftlichen Organisationen der DDR, des Gesundheits- und Bildungswesens sowie des Sports verantwortlich. Sieht man von der SED ab, die vom MfS nicht systematisch überwacht werden durfte, deckten die Hauptabteilung XX und ihre Zweige in den Bezirken und Kreisen praktisch das gesamte öffentliche Leben der DDR ab. Zur Verfolgung von oppositionellen Aktivitäten als Aufgabe der Hauptabteilung XX gehörte auch die geheimdienstliche »Bearbeitung« von »Zentren der PID/PUT« in Westdeutschland und Berlin (West). Hierunter fiel die Ausforschung von deutschlandpolitischen Institutionen und Forschungsinstituten sowie die Verfolgung von ausgereisten oder ausgebürgerten DDR-Oppositionellen, wie z.B. des Jenaer Schriftstellers und Psychologen Jürgen Fuchs, der mit Psychoterror und Anschlägen drangsaliert wurde[89].

Die geheimdienstliche Durchdringung der Kirchen durch die Hauptabteilung XX war so wichtig, weil es sich bei ihnen um die einzigen gesellschaftlichen Institutionen handelte, die nicht den Prinzipien des Demokratischen Zentralismus und damit dem direkten Zugriff der Einheitspartei unterworfen waren, und sich unter kirchlicher Obhut ein erheblicher Teil des oppositionellen Potentials der 70er und 80er Jahre sammelte. Das MfS sollte hier mit Hilfe von Einflußagenten auf konspirativem Wege den SED-Interessen Geltung verschaffen. Besonders den theologischen Fakultäten der staatlichen Universitäten und den Kirchenjuristen kam hierbei große Bedeutung zu. Wie weit der Einfluß des MfS auf die kirchenleitenden Gremien und ihren Kurs tatsächlich reichte, ist umstritten[90].

Einen Schwerpunkt der Hauptabteilung XX bildete seit den 70er Jahren die Durchdringung der Literatur- und Theaterszene der DDR, der eine wichtige Artikulationsfunktion für gesellschaftliche Stimmungen und Kritik zukam, die auf direktem politischem Weg nicht formuliert werden konnten. Aufgrund der öffentlichen Reputation dieser — der DDR meist in kritischer Loyalität verbundenen — Intellektuellen legte die Staatssicherheit das Gewicht auf die vorbeugende Überwachung des Literaturbetriebs und bediente sich nicht zuletzt zahlreicher Künstler und Kulturfunktionäre, die ihr als inoffizielle Mitarbeiter dienten. Parallel zur staatlichen und SED-Kulturbürokratie und den Künstlerverbänden wirkte die MfS-Kulturabteilung als hintergründig wirksame Zensurbehörde, die die Produktion kritischer Literatur nach Kräften zu behindern trachtete, aber auch mißliebige Autoren, z.B. unter dem Vorwand von Devisenvergehen bei Westveröffentlichungen, kriminalisierte[91].

Neben diesen großen Hauptabteilungen, die im wesentlichen seit der MfS-Gründung (z.T. unter anderen Strukturbezeichnungen) bestanden hatten, sind einige wichtige Diensteinheiten zu nennen, die erst in den 70er und 80er Jahren das Aufgabenspektrum des MfS ergänzten (bzw. erst dann einen Umfang erreichten, der die Schaffung eigenständiger Aufgabengebiete nahelegte). So wurde 1972 die Arbeitsgruppe XVII gegründet, die die sogenannten Besucherbüros in Berlin (West) betrieb, in denen Westberliner Einreisen in die DDR beantragen mußten. Das Personal der Besucherbüros bestand aus hauptamtlichen und inoffiziellen Mitarbeitern des MfS.

Als Reaktion auf die weltweite Zunahme terroristischer Anschläge baute die Staatssicherheit ab 1975 eine eigene Einheit zur »Terrorabwehr« (Abteilung XXII) auf, deren Aufgaben über die eigentliche Verhinderung von Terrorangriffen gegen die DDR bald weit hinausreichten. In dieser Diensteinheit wurden nicht nur das gesamte links- und rechtsradikale Spektrum der Bundesrepublik beobachtet, sondern auch zahlreiche andere westdeutsche Organisationen und Institutionen, von denen DDR-kritische Aktivitäten erwartet wurden. Besonderes Augenmerk galt dabei Versuchen dieser Organisationen, ihren Aktionsradius auf die DDR auszudehnen. So wurde in den 70er Jahren mit erheblichem Aufwand der Versuch der maoistischen, später proalbanischen Kommunistischen Partei Deutschlands/Marxisten-Leninisten (KPD/ML) vereitelt, eine Sektion DDR zu schaffen[92]. Über diese »Gefahrenabwehr« hinaus spielte die Abteilung XXII zunehmend eine aktive Rolle in der internationalen Terrorszene. So war sie u.a. für die Überwachung und Kontrolle arabischer Terroristen zuständig, die die DDR als Ruheraum und Transitland nutzten. Zu den spektakulärsten Operationen der Abteilung XXII gehörte die Aufnahme von zehn »Aussteigern« der bundesdeutschen Terrorgruppe »Rote Armee Fraktion (RAF)« Anfang der 80er Jahre. Diese wurden mit neuen Identitäten ausgestattet und beruflich in der DDR integriert. In den Jahren 1980 bis 1982 waren auch mehrmals aktive RAF-Mitglieder in der DDR und wurden dort vom MfS im Umgang mit Waffen trainiert[93]. Das hinter diesen streng geheimen und mit hohem außenpolitischen Risiko verbundenen Operationen stehende Kalkül ist bislang nicht abschließend geklärt, hier mischten sich offenbar Motive »antiimperialistischer Solidarität« mit dem Bestreben, die Aktivitäten kontrollieren und beeinflussen zu können[94].

1976 wurden eine Zentrale Koordinierungsgruppe (ZKG) sowie entsprechende Bezirkskoordinierungsgruppen (BKG) zur Bekämpfung von Westfluchten und Ausreiseanträgen gebildet. Ursprünglich sollte die ZKG die Aktivitäten des MfS gegen die Flucht von DDR-Bürgern und westliche Fluchthilfeorganisationen koordinieren. Seit 1977 war sie aber auch für die nach der Verabschiedung der KSZE-Schlußakte sprunghaft ansteigenden Ausreiseanträge zuständig. Sie sollte westliche Institutionen und Organisationen, die Ausreisewillige unterstützten, bekämpfen und in der DDR jegliche Versuche unterbinden, den Ausreiseanträgen durch »feindlich-negative« Aktivitäten, insbesondere den Zusammenschluß unter Gleichgesinnten, Nachdruck zu verleihen. Während die Zahl der erfolgreichen Fluchten und aufgedeckten Fluchtversuche bis 1985 ständig zurückging[95], stieg die Zahl der Antragsteller auf "ständige Ausreise" unaufhaltsam an. 1984, als ein Stand von 50 000 Anträgen erreicht war, öffnete die DDR-Führung kurzzeitig die Schleusen und ließ fast 30 000 DDR-Bürger ausreisen. Doch die erhoffte Lageberuhigung blieb aus, der Sogeffekt war stärker: Bis Ende 1985 stieg die Zahl der Antragsteller bereits wieder auf 53 000 an und erreichte schließlich im Sommer 1989 einen Stand von 125 000 Ausreisewilligen. Die Ausreisebewegung wurde damit zu einem der wichtigsten Aktionsfelder des MfS, doch das »Schwert« der Partei erwies sich hier als stumpf — weder durch Repression und Kriminalisierung noch durch die Genehmigung der Ausreise von besonders hartnäckigen Antragstellern gelang es, das Problem in den Griff zu bekommen[96].

Im Jahre 1983 wurde außerdem eine selbständige Arbeitsgruppe Bereich Kommerzielle Koordinierung (AG BKK) gebildet. Die AG BKK übernahm von der Hauptabteilung XVIII die geheimdienstliche Steuerung und Überwachung des 1966 im damaligen Ministerium für Außenhandel und innerdeutschen Handel gegründeten Bereichs Kommerzielle Koordinierung (KoKo). An der Spitze der »KoKo« stand zunächst der MfS-Offizier Horst Roigk, 1967 wurde Alexander Schalck-Golodkowski zum Leiter ernannt und zuvor im Range eines Obersten als MfS-Offizier im besonderen Einsatz verpflichtet. Auch die anderen leitenden Positionen waren mit OibE besetzt. Dieser Bereich hatte die Aufgabe, durch Waffenverkäufe und andere Handelsaktionen die Devisenlage der DDR »außerhalb des Plans« aufzubessern und Produkte, die westlichen Embargobestimmungen unterlagen, verdeckt zu beschaffen[97]. In diesem Zusammenhang gewannen auch die seit 1963 praktizierten »Häftlingsfreikäufe« und andere humanitäre Bemühungen der Bundesrepublik immer mehr an Bedeutung. Hierfür war der Offizier für Sonderaufgaben Oberst Heinz Volpert zuständig, der zugleich die KoKo-OibE führte. Insgesamt wurden im Rahmen dieser deutsch-deutschen Vereinbarungen 33 755 politische Gefangene in die Bundesrepublik entlassen, 2000 Kinder, die durch den Mauerbau von ihren Eltern getrennt worden waren, diesen übergeben und 250 000 andere Familienzusammenführungen organisiert. Dafür erhielt die DDR Waren und Devisen im Gesamtwert von rund 3,5 Milliarden DM[98].

Dem Ministerium für Staatssicherheit stand neben der im Mittelpunkt stehenden Arbeit mit inoffiziellen Mitarbeitern das komplette geheimdienstliche und kriminalistische Instrumentarium zur Verfügung. Für die verschiedenen Methoden waren jeweils Querschnittsdiensteinheiten zuständig. Die Abteilung M und ihre territorialen Ableger organisierten eine umfassende Kontrolle der Postsendungen. In den Hauptpostämtern der DDR verfügten sie über eigene Räume, in denen MfS-Mitarbeiter (in diesem Falle meist Mitarbeiterinnen) die ein- und ausgehende Post in Stichproben und gezielt kontrollierten. Ergänzt wurde die Postkontrolle durch die Abteilung 26, die für akustische und optische Überwachungsmaßnahmen aller Art zuständig war. Hierunter fielen Telefonüberwachung, aber auch die Kontrolle von Räumen mittels Mikrofonen und Kameras. Allein in Ost-Berlin konnten 1989 gleichzeitig 20 000 Telefone abgehört werden[99]. Die Beschattung sowie gegebenenfalls Festnahme von Personen u.ä. fielen in den Aufgabenbereich der Hauptabteilung VIII. Mit Hilfe dieser verschiedenen personalstarken Diensteinheiten konnte eine »Rund-um-Kontrolle« von Personen, die ins Visier des MfS geraten waren, praktiziert werden. Die technischen Geräte lieferten der Operativ-technische Sektor sowie die Abteilung Bewaffnung/Chemischer Dienst. Eine eher auf äußere Aufgaben zielende Querschnittsdiensteinheit war die Hauptabteilung III, die den Funkverkehr in der DDR zu kontrollieren hatte, zugleich aber mit erheblichem Aufwand die Richtfunkstrecken zwischen Berlin (West) und der Bundesrepublik sowie andere Funkkommunikationen im »Operationsgebiet« abhörte.

Von besonderer Bedeutung für den geheimpolizeilichen Charakter des MfS blieb auch in den 70er und 80er Jahren die Hauptabteilung IX, das »Untersuchungsorgan« der Staatssicherheit, welches durch die Strafprozeßordnung der DDR mit Exekutivbefugnissen in der Strafverfolgung ausgestattet war (Paragraph 88 der Strafprozeßordnung von 1968). Hier wurden Ermittlungsverfahren durchgeführt, die entweder politische Straftatbestände betrafen oder aus anderen Gründen »politisch-operativ« relevant waren. Physische Gewalt bildete in den Vernehmungen von Häftlingen der 70er und 80er Jahre zwar die Ausnahme, ansonsten setzten die Untersuchungsführer aber das ganze Spektrum psychischen Drucks ein, um die Verhörten zu Aussagen bzw. Geständnissen der ihnen vorgeworfenen Verbrechen zu bewegen[100]. Im Zuge der Anklageerhebung und der Gerichtsverfahren hatte das Untersuchungsorgan des MfS eine Bedeutung, die über seine formale Stellung weit hinausreichte. So führte sie faktisch in politischen Prozessen die

Regie bis zur Urteilsfindung, in prominenten Fällen holte sie beim Staats- und Parteichef Honecker einen »Vorschlag« für das Strafmaß ein. Das MfS behielt sich das Recht vor, Teile der Ermittlungsakten, die »inoffiziell« gewonnene Informationen enthielten, unter Verschluß zu halten. Die für politische Verfahren zuständigen Staatsanwaltschaften und Gerichte standen unter kaderpolitischer Kontrolle des MfS, sie waren mit inoffiziellen Mitarbeitern und in wichtigen Positionen mit Offizieren im besonderen Einsatz durchsetzt. Nicht zuletzt kam es zu intensiven Kontakten mit den Verteidigern, die zuweilen den Charakter einer inoffiziellen Zusammenarbeit trugen[101].

Die Häftlinge des MfS wurden während des Ermittlungsverfahrens in den Untersuchungshaftanstalten der Linie XIV gefangen gehalten. Sie waren dort verschiedenen Drangsalierungen ausgesetzt, die Zellen konnten abgehört werden, außerdem setzte das MfS Mithäftlinge als »Zelleninformatoren« ein, die die Gefangenen gegen die Gewährung von Strafmilderung ausspionierten. In den Untersuchungshaftanstalten des MfS wurden in besonderen Fällen auch verurteilte Gefangene (z.B. fahnenflüchtige MfS-Mitarbeiter), zum Teil als sogenannte Nummernhäftlinge, untergebracht.

In den vierzig Jahren seiner Existenz führte die Linie IX über 90 000 Ermittlungsverfahren durch. Die Zahl der jährlichen Verfahren sank von durchschnittlich 3200 in den 50er Jahren auf etwa 1700 in den 70er Jahren. Ein Beispiel: 1978 wurden ingesamt 1766 MfS-Verfahren durch die Justizorgane entschieden, in 1653 erfolgte eine Verurteilung, meist zu mehrjährigen Haftstrafen. An der Spitze der Delikte stand die (versuchte) Republikflucht mit 627 Fällen[102], gefolgt von »Straftaten gegen die staatliche und öffentliche Ordnung« (221), »staatsfeindlichen Verbindungen« (206), »Hetze« (151) und »staatsfeindlichem Menschenhandel« (103). Die Kriminalisierung der wachsenden Zahl ausreisewilliger DDR-Bürger sorgte in den 80er Jahren für einen neuerlichen Anstieg auf über 2500 Verfahren im jährlichen Durchschnitt. Trotz der Tendenz, Verhaftungen und Strafverfahren aufgrund ihrer außenpolitischen Wirkung zu vermeiden und durch andere Mittel zu ersetzen, sowie einer formalen »Verrechtlichung« der politischen Justiz (insbesondere durch die Strafrechtsreform von 1968) blieb die justitielle Verfolgung von politischen Gegnern ein zentrales, im Kern unangetastetes Element der SED-Herrschaftspraxis[103]. Insgesamt sollen nach vorläufigen Schätzungen 1945 bis 1989 in der SBZ/DDR 170 000 bis 280 000 Menschen aus politischen Gründen zu Haftstrafen verurteilt worden sein[104].

Als Querschnittsdiensteinheit bleibt schließlich die ZAIG zu erwähnen, die in den Bezirksverwaltungen, Kreisdienststellen und zentralen Diensteinheiten ihre Entsprechungen in Auswertungs- und Kontrollgruppen (AKG) fand. Sie bildeten ein System zur Informationssammlung und -verarbeitung, das dazu diente, Stimmungs- und Lageberichte für verschiedene Adressaten, namentlich die Parteispitzen in Kreisen, Bezirken und im Zentralkomitee, zu erstellen. So mußten etwa die Kreisdienststellenleiter regelmäßig, meist wöchentlich, dem 1. Sekretär der SED-Kreisleitung Bericht erstatten. Daneben nahmen die Gruppen verschiedene Stabsfunktionen zur internen Organisation, Koordination und Kontrolle wahr. Mit der Berichterstattung verband sich für das MfS die Chance, ganz wesentlich zum Informationsstand der Entscheidungsträger in der DDR beizutragen. Ob und wie es diese Chance genutzt hat, läßt sich noch nicht abschließend beurteilen. Erste Untersuchungen deuten darauf hin, daß die Berichte zwar relativ breit und präzise auf die das MfS interessierenden Phänomene eingingen, sich aber analytisch weitgehend auf dem vorgegebenen Terrain der Parteiideologie und ihres Feindbildes bewegten. Die durch die breite inoffizielle Verankerung und die konspirativen Methoden vorhandene potentielle Funktion als korrektiv wirkende »Ersatzöffentlichkeit« wurde auf den verschiedenen Stufen der analytischen Verarbeitung innerhalb des Apparats durch die Erfolgszwänge und ideologische Disziplinierung der beteiligten Mitarbeiter bereits weitgehend konterkariert. Lieferte das MfS trotzdem Negativmeldungen an die Politbürokratie, dann stießen diese zuweilen auf Ablehnung oder Ignoranz, wie die rückblickende Bilanz Erich Honeckers zeigt: »Ich selbst habe den Berichten wenig Beachtung geschenkt, weil all das, was dort drin stand, man auch aus den Berichten westlicher Medien gewinnen konnte[105].«

Neben diesen wichtigsten »Fach«- und Querschnittslinien verfügte das MfS noch über eine Reihe weiterer operativer und operativ-technischer Diensteinheiten, von denen die größte der Personenschutz für die »führenden Repräsentanten der DDR« war. Dahinter hatte sich im Laufe des ungebremsten Wachstums der 70er Jahre ein »rückwärtiger« Apparat herausgebildet, der erheblich zu dem immensen Volumen beitrug. Allein die Hauptabteilung Kader und Schulung hat ihren Umfang von 1968 bis 1982 verfünffacht.

Auch in den 70er und 80er Jahren gehörte die Vorbereitung auf den Verteidigungs- bzw. Spannungsfall zu den Aufgaben des MfS. In allen Diensteinheiten existierten zu diesem Zweck sogenannte Arbeitsgruppen des Leiters, die die spezifischen Maßnahmen vorzubereiten hatten. An der Spitze dieses Systems stand die Arbeitsgruppe des Ministers (AGM), die u.a. die Schutzbunkeranlagen für die Staats- und Parteiführung baute und unterhielt und alle vorbereitenden Aktivitäten des MfS koordinierte. Bis 1988 gehörte zum Dienstbereich der AGM auch eine Spezialtruppe mit militärischer bzw. paramilitärischer Spezialausbildung, die »Zentralen Spezifischen Kräfte« der AGM/S (nach ihrem Leiter Heinz Stöcker). 1988 wurde sie als »Antiterroreinheit« mit der Abteilung XXII zur Hauptabteilung XXII zusammengefaßt.

Die AGM/S setzte z.B. bis 1987 gemeinsam mit der Abteilung IV, dann der Abteilung XVIII der HV A die Aktivitäten zur Vorbereitung von Sabotageakten im »Operationsgebiet« fort, daneben bildete sie entsprechende Kader aus Staaten der Dritten Welt aus. Ob hier auch die Angehörigen der geheimnisumwitterten »Militärorganisation« der westdeutschen DKP ihre Ausbildung für den »Partisanenkampf« erhielten, konnte bislang nicht abschließend geklärt werden[106].

Die Verhängung des Kriegsrechts in Polen 1981 und die Masseninhaftierungen von Solidarność-Aktivisten in Lagern vermitteln einen Eindruck von der geplanten Funktionsweise der Isolierungslager in der DDR, deren Planung ebenfalls zu den Aufgaben der AGM gehörte. Allerdings reichten die ostdeutschen Dimensionen des »Vorbeugekomplexes« offenbar erheblich über ihr polnisches Pendant hinaus. Nach den ständig aktualisierten Listen in den MfS-Diensteinheiten waren bis 1988 etwa 3000 »feindlich-negative« DDR-Bürger zur Festnahme vorgesehen, weitere 11 000 sollten in die geplanten Isolierungslager gesperrt und mehr als 70 000 verschärfter Überwachung unterworfen werden[107].

Das Wachregiment »Feliks E. Dzierżyński« wurde seit Beginn der 70er Jahre von knapp 8000 Mann auf rund 11 000 Mann erweitert und hatte damit Divisionsstärke erreicht. Im Gegensatz zum sonstigen MfS-Apparat stellten hier Zeitsoldaten, die ihren dreijährigen Wehrdienst ableisteten, den überwiegenden Teil der Truppe: 1989 standen etwa 2500 Berufssoldaten mehr als 8500 Wehrdienstleistende gegenüber. Das Wachregiment war vom MfS-Apparat in mehrerlei Hinsicht abgesondert: Es unterhielt eigene rückwärtige Einheiten (Rückwärtiger Dienst, Finanzen, Kader) und wurde mittels inoffizieller Mitarbeiter von den Hauptabteilungen I sowie »Kader und Schulung« überwacht. Die strengen kaderpolitischen Anforderungen galten für die Zeitsoldaten nicht in vollem Maße, diese bildeten aber ein wichtiges Kaderreservoir für den MfS-Dienst. Militärisches Kernstück des Wachregiments waren 5 Kommandobereiche mit insgesamt 4 Mot. Schützenbataillonen, 10 Schützenbataillonen sowie 4 Schützenkompanien. In Friedenszeiten lag die Hauptaufgabe des Wachregiments im Wach- und Sicherungsdienst an den Dienstgebäuden des MfS sowie den Gebäuden der Staats- und Parteiführung. Bei Großveranstaltungen wurden sie als Sicherungskräfte eingesetzt. Regelmäßig wurden Einheiten auch zu »Feuerwehreinsätzen« in wirtschaftlichen Engpässen, z.B. bei der Getreideernte, abgeordnet. Im Kriegs- bzw. inneren Spannungsfall hätte das Wachregiment die ihm anvertrauten Regierungs- und Parteiobjekte schützen sollen. Angesichts des erheblichen Umfangs ist davon auszugehen, daß ein solcher Auftrag gegebenenfalls eine weite Auslegung erfahren hätte.

Das Wachregiment verfügte über eine Bewaffnung bis hin zu Schützenpanzerwagen und Mörsern, aber nicht über schweres militärisches Gerät. Die MfS-Mitarbeiter der anderen Diensteinheiten galten in der Regel ebenfalls als Waffenträger und waren mit Pistolen ausgerüstet, daneben standen große Mengen von Maschinenpistolen zur Verfügung. Nach der Auflösung wurde folgender Waffenbestand des MfS (einschließlich Wachregiment) festgestellt: 124 503 Pistolen, 76 592 Maschinenpistolen, 3611 Scharfschützengewehre, 449 leichte Maschinengewehre, 766 schwere Maschinengewehre, 3527 Panzerbüchsen, 342 Flugabwehr-Maschinengewehre, 48 Polizeiflinten und 3303 Leuchtpistolen[108]. Der immense Umfang zeigt deutlich, daß das Ministerium für Staatssicherheit bürgerkriegsfähig ausgerüstet sein sollte, um im Falle eines neuerlichen »17. Juni«, dessen Erfahrungen immer den geistigen Bezugspunkt entsprechender Planungen bildeten[109], auf die Verteidigung der Machtzentren vorbereitet zu sein.

In den frühen 80er Jahren hatte das Ministerium für Staatssicherheit den Apparat in seinem größten Umfang entfaltet und in mancherlei Hinsicht auch den höchsten Grad der Bedeutung und Macht im Herrschaftssystem der SED und der Gesellschaft der DDR erreicht. Es gab kaum ein Feld des gesellschaftlichen Lebens, in dem die Staatssicherheit nicht in der einen oder anderen Weise »sichernd« eingriff. Doch der Geist immerwährender sicherheitspolitischer Prosperität, der in den 70er Jahren zu der beispiellosen Expansion des tschekistischen Imperiums geführt hatte und dessen ideologischer Kern in Stalins These von der ständigen Verschärfung des Klassenkampfs zu suchen ist, wurde nun durch neue Töne gestört. Die massive Verschlechterung der ökonomischen Lage der DDR führte das erste Mal zu einer (allerdings nur minimalen) Kürzung der finanziellen Zuweisungen an das MfS von 3,001 (1982) auf 2,976 Milliarden Mark (1983, ohne Valutamittel). In den folgenden Jahren stieg der Etat zwar wieder, die gewohnten Zuwachsraten wurden aber nicht mehr erreicht. 1989 erhielt das MfS schließlich 3,6 Milliarden Mark aus dem Staatshaushalt der DDR. Die Ausgaben in konvertierbaren Devisen (vor allem DM) lagen in den 80er Jahren relativ konstant bei jährlich 33 bis 34 Millionen Valutamark[110].

Als Reaktion auf die Zuspitzung der Wirtschaftslage erließ Mielke im Februar 1983 einen allgemeinen Stellenstopp, der zwar durch einige Ausnahmeregelungen abgemildert wurde, aber eine erhebliche Reduktion der Wachstumsraten zur Folge hatte und 1986 noch einmal verschärft wurde. Ging zuvor mit jedem »Aufgabenzuwachs« mehr oder minder automatisch auch eine Zuweisung neuer Stellen einher, so wurde nun auch im MfS der Blick auf Schwerpunktsetzungen und »Effektivierung« gerichtet. Während die MfS-Führung auf eine Verringerung des nicht unmittelbar »operativ« tätigen Apparats zielte, erwies sich die Beharrungskraft der Bürokratie als stark. Während die Zahl der MfS-Offiziere und -Unteroffiziere im normalen Dienst weiterhin stieg, trafen die Kürzungen vor allem die Stellen der Offiziere im besonderen Einsatz, deren Zahl seit 1983 um ein Drittel sank (1989: 2232), sowie der Hauptamtlichen Inoffiziellen Mitarbeiter (HIM), die sogar auf halbe Stärke abgebaut wurden (1989: 2118). Der größte Teil der betroffenen HIM und OibE wurde auf reguläre Mitarbeiterstellen übernommen[111]. Zu den ökonomischen Zwängen kam ein Engpaß in der Nachwuchsrekrutierung, der sich seit Ende der 70er Jahre abzeichnete: Während eine große Zahl von langgedienten Tschekisten der frühen Einstellungsjahrgänge auf das Rentenalter zusteuerte oder vorzeitig invalidisiert werden mußte, rissen die geburtenschwachen Jahrgänge Lücken in die Arbeitskräfteplanung der DDR und damit auch in das Rekrutierungspotential des MfS. Kosten-Nutzen-Abwägungen, die bislang hinter den Erfordernissen des ständigen »Aufgabenzuwachses« zurückstanden, rückten damit stärker in den Mittelpunkt strategischer Strukturplanung im MfS. Am 31. Oktober 1989, dem letzten Stichtag der Mitarbeiterstatistik unter gewohnten Bedingungen, verfügte das Ministerium über einen Personalbestand von 91 015 Mitarbeitern, darunter die genannten OibE sowie die seit 1986 in der Statistik geführten HIM. Neben den Soldaten des Wachregiments waren davon etwa 36 000 in der Berliner Zentrale tätig, weitere gut 43 000 in den Bezirksverwaltungen, Kreis- und Objektdienststellen.

Der materielle und personelle Druck nahm zu, zugleich blieben die verschärften gesellschaftlichen Krisensymptome nicht ohne Wirkung auf die MfS-Tätigkeit. Auf das Kardinalproblem der ständig steigenden Zahl von Ausreisewilligen ist bereits eingegangen worden. In der Bekämpfung der politischen Opposition, die sich seit Ende der 70er Jahre in immer neuen Anläufen, vornehmlich in Umwelt-, Friedens- und Menschenrechtsgruppen unter dem Dach der evangelischen Kirche formierte, verengte sich der Spielraum durch die starke Inakzeptanz direkter Repressionsmaßnahmen in der Öffentlichkeit. Auch mit dem perfiden Psychoterror der verdeckten »Zersetzungsmaßnahmen«, Zwangsausbürgerungen und einem »Overkill« im Einsatz von inoffiziellen Mitarbeitern, der dazu führte, daß in Oppositionsgruppen zuweilen mehr IM als »echte« Mitglieder saßen, gelang es nicht, die zahlenmäßig kleine, aber aktive Bewegung zu brechen.

Auch die Wirtschaftskrise erzeugte zusätzlichen Druck, namentlich auf die Mitarbeiter der Linie XVIII. Gerade auf diesem Feld avancierte das MfS zu einem »Mädchen für alles«, das die Folgen der verfehlten Investitionspolitik zu tragen hatte und die »Schuldigen« für die sprunghaft ansteigenden Ausfälle durch verschlissene Produktionsmittel finden mußte, ohne Kritik an wirtschaftspolitischen Entscheidungen der Politbürokratie zu üben. Auf der anderen Seite wurde die Staatssicherheit, wie der Chef der Hauptabteilung XVIII schon 1983 klagte, von vielen Wirtschaftsfunktionären als »Rettungsanker« betrachtet, um »beim Vorsitzenden der Staatlichen Plankommission zusätzliche Mittel ›locker zu machen‹«[112]. Einen entsprechenden Nutzen als »Schmiermittel« der Wirtschaft versprachen sich offenbar auch viele andere offizielle und inoffizielle Partner von den Gesprächen mit Vertretern des scheinbar allmächtigen geheimen Apparats — dahinter stand allerdings zugleich eine Überschätzung der Möglichkeiten sowie eine Fehleinschätzung des Auftrags und der Funktionsweise des MfS.

Die Kumulation der Systemdefizite und die daraus resultierenden »Aufgabenerweiterungen« trafen vor allem die Basis des Apparats. Hier, in den Kreisdienststellen, waren zwar nur 13 Prozent aller hauptamtlichen, aber mehr als die Hälfte der inoffiziellen Mitarbeiter angesiedelt. Durch die »veränderte politische Lage«, so erläuterte Minister Mielke auf einer Dienstkonferenz im Oktober 1988, hätten sich die Aufgaben der Kreisdienststellen wesentlich erweitert. Als wichtigste Probleme führte er die Bekämpfung der »politischen Untergrundtätigkeit«, die »Zurückdrängung von Übersiedlungsersuchen«, Sicherheitsüberprüfungen im Zusammenhang mit dem »enorm gestiegenen Reiseverkehr«, die Analyse von Bevölkerungsreaktionen auf politische Entscheidungen sowie die »Realisierung von stabilitätsfördernden Maßnahmen« in wichtigen Bereichen der Volkswirtschaft an. Aufgrund dieser Belastungen gäbe es unter den Mitarbeitern die Auffassung, daß ein großer Teil ihrer Tätigkeit »eigentlich mit der Arbeit am Feind kaum noch etwas zu tun« habe und die »Grenzen der operativen Belastbarkeit erreicht« seien[113].

Auflösung 1989/90

Die Schwierigkeiten, die das Ministerium für Staatssicherheit in der zweiten Hälfte der 80er Jahre beschäftigten, waren drückend, doch ließen sie sich im Rahmen des ideologischen Feindbildmusters einer »imperialistischen Globalstrategie«, wie es in den Parteiversammlungen und Schulungen immer wieder gepredigt wurde, erklären und bestätigten insofern in immanenter Perspektive die Mission des MfS. Diese Konstellation wurde durch den in der Sowjetunion unter Generalsekretär Michail Gorbačev seit dem XXVII. Parteitag der KPdSU 1986 erkennbar eingeleiteten Reformkurs in Frage gestellt, der nicht zuletzt die Axt an die Wurzeln der ideologischen Legitimation der SED-Herrschaft und der Staatssicherheit legte. Seit diesem Zeitpunkt sind auch im nach außen hin monolithischen, von Mielke mit harter Hand geführten hauptamtlichen Apparat zumindest vereinzelte kritische Stimmen, vornehmlich jüngerer Mitarbeiter zu verzeichnen, die z.B. ihr Unverständnis über das Verbot der sowjetischen Zeitschrift »Sputnik« in der DDR zum Ausdruck brachten[114]. Im April 1989 verbot Mielke aus Sorge um den negativen Einfluß sowjetischen Reformgeistes sogar ein Zusammentreffen von Vertretern der Parteiorganisationen des KGB und des MfS und machte dem stellvertretenden KGB-Chef Šebaršin schwere Vorwürfe über den sowjetischen Kurs[115].

Wenig später geriet die Lage in der DDR außer Kontrolle, nachdem die Staats- und Parteiführung trotz offenkundiger Fälschungen an den Ergebnissen der im Mai 1989 durchgeführten Kommunalwahlen festhielt sowie auf die brutale Niederschlagung der Studentenbewegung auf dem Pekinger Platz des Himmlischen Friedens mit demonstrativer Zustimmung reagierte, und sich zugleich mit der faktischen Grenzöffnung in Ungarn für DDR-Bürger ein Schlupfloch im Eisernen Vorhang öffnete[116]. Mielkes ahnungsvolle Frage, ob ein neuer »17. Juni« drohe, wurde von seiner Generalität zwar unter Hinweis auf die eigenen Machtmittel verneint[117], aber es gelang der Staatssicherheit nicht, die Gründung des Neuen Forums als oppositioneller Sammelbewegung, einer Sozialdemokratischen Partei der DDR (SDP) und weiterer Bürgerrechtsgruppen zu verhindern, obwohl sie in den Initiatorenkreisen mit zahlreichen inoffiziellen Mitarbeitern vertreten war und im Falle der SDP mit Ibrahim Böhme sogar den Geschäftsführer stellte.

Nachdem die Berliner Demonstration am Abend des 40. Jahrestages der DDR-Gründung, dem 7. Oktober 1989, noch von Polizei und MfS auseinandergetrieben worden war, schreckten die Befehlsträger zwei Tage später vor einem gewaltsamen Vorgehen zurück, als in Leipzig etwa 70 000 Menschen für Reformen in der DDR auf die Straße gingen. Nach dem Sturz Honeckers am 18. Oktober 1989 unterwarf sich das Ministerium für Staatssicherheit, getreu seinem Verständnis als »Schild und Schwert der Partei«, dem von seinem Nachfolger Egon Krenz proklamierten Kurs des »Dialogs« und der »Wende« und beschränkte sich auf defensive Maßnahmen und die Beobachtung der Demonstrationen[118]. Die Auflösung der Staatssicherheit gehörte zu den wichtigsten Forderungen der Demonstranten, die regelmäßig auch an den Bezirksverwaltungen und Kreisdienststellen vorbeizogen. Da Mielke das Eindringen von Demonstranten in die Gebäude der Staatssicherheit befürchtete, befahl er die Vernichtung bzw. Auslagerung von operativen Unterlagen, die das Ausmaß der Überwachung hätten sichtbar werden lassen.

Angesichts der Konfusion in der Partei- und Ministeriumsspitze kam im MfS erheblicher Unmut unter den Mitarbeitern auf — Hinweise darauf, daß die Mitarbeiter eine gewaltsame Niederschlagung der Demonstrationen gefordert hätten, finden sich freilich (von einzelnen Ausnahmen abgesehen) nicht. Die Demoralisierung fand ihren Höhepunkt mit dem jämmerlichen Auftritt Erich Mielkes anläßlich seiner Rede als Mitglied der Volkskammer, der er seit 1950 angehörte, am 13. November 1989. Nachdem Abgeordnete der Blockparteien sich darüber beschwert hatten, von Mielke als »Genossen« angesprochen zu werden, bekannte er: »Ich liebe doch alle« und wurde vor laufenden Fernsehkameras ausgelacht. Am 7. November war er als Minister mit der gesamten Regierung Stoph zurückgetreten, einen Tag später nahm er auch als Politbüro-Mitglied seinen Abschied. Am 3. Dezember wurde Erich Mielke aus der SED ausgeschlossen, am 7. Dezember schließlich verhaftet.

Der neue Ministerpräsident der DDR, Hans Modrow, gab in seiner Regierungserklärung am 17. November bekannt, daß das MfS in ein Amt für Nationale Sicherheit (AfNS) umgewandelt werde. Zum Chef dieses Amtes wählte die Volkskammer den bislang als stellvertretenden Minister fungierenden Generalmajor Wolfgang Schwanitz. Dieser verfolgte einen widersprüchlichen »Reform«-Kurs. Während offiziell eine Anpassung der Staatssicherheit an westlich-rechtsstaatliche Modelle vollzogen werden sollte, und zwar durch die Entflechtung von Staat und Partei, durch eine gesetzliche Regelung für die AfNS-Arbeit, durch eine Konzentration der AfNS-Aufgaben auf die Verfolgung von »Verfassungsfeinden«, bemühte sich Schwanitz zugleich darum, das Netz der inoffiziellen Mitarbeiter möglichst unbeschadet zu erhalten, den Personalbestand und die MfS-Struktur im Kern zu konservieren und nur die relativ geheimdienstfernen Aufgaben wie Personenschutz, Paßkontrollen usw. an andere Staatsorgane abzugeben.

Doch diese Pläne wurden Anfang Dezember zunichte gemacht. Am 4. Dezember 1989 besetzten Bürgerrechtler gemeinsam mit Staatsanwälten das Bezirksamt für Nationale Sicherheit in Erfurt, um die weitere Vernichtung von Unterlagen zu verhindern. Im Verlaufe dieses und des folgenden Tages wurden zahlreiche weitere Kreis- und Bezirksämter von Demonstranten, Staatsanwälten und z.T. Volkspolizei in Beschlag genommen und die Akten versiegelt. Das Kollegium des AfNS erklärte am gleichen Tag geschlossen seinen Rücktritt, zwei Tage später entband Schwanitz achtzehn Spitzenkader von ihren Aufgaben. Die am 7. Dezember 1989 vom zentralen Runden Tisch geforderte Auflösung des AfNS wurde noch einige Tage verzögert, aber am 14. Dezember folgte der Ministerrat auch dieser Forderung. Als letzten Versuch, Strukturen der Staatssicherheit zu retten, beschloß die Regierung zugleich die Weiterführung der HV A als »Nachrichtendienst der DDR« (Leiter: HV A-Chef Generaloberst Werner Großmann) mit geplanten 4000 Mitarbeitern sowie die Einrichtung eines »Verfassungsschutzes der DDR« (10 000 Mitarbeiter), dessen Leiter der ehemalige Chef der Bezirksverwaltung für Staatssicherheit in Frankfurt/Oder, Generalmajor Heinz Engelhardt, werden sollte. Engelhardt wurde zugleich mit der Auflösung des AfNS beauftragt.

Auch diese Pläne gab Ministerpräsident Modrow schließlich auf öffentlichen Druck hin auf. Am 12. Januar 1990 gab er vor der Volkskammer bekannt, daß vor den geplanten Wahlen keine neuen Geheimdienste eingerichtet würden. Am 15. Januar schließlich übernahm auch in der Zentrale der Staatssicherheit in Berlin-Lichtenberg ein Bürgerkomitee in einer »Sicherheitspartnerschaft« mit Staatsanwaltschaft und Volkspolizei die Aufsicht, am Abend des gleichen Tages stürmte eine aufgebrachte Menge unter nicht abschließend geklärten Umständen das Gelände und verwüstete einen Teil der Räume. Das Amt für Nationale Sicherheit wurde bis zum 31. März 1990 aufgelöst, die Mitarbeiter wurden aus dem Dienst entlassen bzw. teilweise von anderen staatlichen Stellen (z.B. die Paßkontrolleinheiten durch die Grenztruppen der DDR) übernommen. Die Hauptverwaltung Aufklärung bekam unter Billigung des zentralen Runden Tisches die Möglichkeit, seine Aktenbestände in eigener Verantwortung bis zum 30. Juni 1990 aufzulösen; sie wurden fast restlos vernichtet.

Leitung

Minister für Staatssicherheit
1950–1953 Wilhelm Zaisser

Staatssekretär für Staatssicherheit im MdI
1953–1955 Ernst Wollweber

Minister für Staatssicherheit
1955–1957 Ernst Wollweber
1957–1989 Erich Mielke

Leiter des Amtes für Nationale Sicherheit
1989 (Nov.–Dez.) Wolfgang Schwanitz

Beauftragter für die Auflösung des MfS/AfNS und Leiter des Verfassungsschutzes der DDR
1989/90 Heinz Engelhardt

Leiter des Nachrichtendienstes der DDR
1989/90 Werner Großmann

Wichtige Daten

8. Februar 1950	Gesetz über die Bildung des MfS
23. Juli 1953	Das MfS wird zum Staatssekretariat für Staatssicherheit im MdI heruntergestuft
24. November 1955	Rückwandlung des Staatssekretariats in ein Ministerium
13. November 1989	Rede Erich Mielkes vor der DDR-Volkskammer
17. November 1989	Bildung des AfNS
14. Dezember 1989	Regierungsbeschluß zur Auflösung des AfNS und zur Einrichtung eines »Nachrichtendienstes der DDR« sowie eines »Verfassungsschutzes der DDR«
15. Januar 1990	Übernahme der MfS-Zentrale in Berlin durch ein Bürgerkomitee
31. März 1990	Endgültige Auflösung des AfNS
20. Dezember 1991	Gesetz über die Unterlagen des Staatssicherheitsdienstes der ehemaligen DDR

Quellen- und Literaturauswahl

Die wissenschaftliche Erforschung der Staatssicherheit befindet sich nach wie vor im Fluß und ist von einem gesättigten Wissensstand weit entfernt. Grundlegende Informationen, die für andere bewaffnete Organe der DDR seit langer Zeit vorliegen, konnten erst nach der Öffnung der Archive des MfS und der SED erarbeitet werden. Mit der vom Bundesbeauftragten für die Unterlagen des Staatssicherheitsdienstes verwalteten schriftlichen Hinterlassenschaft des MfS steht der Forschung ein trotz der Aktenvernichtungen in Maß und Qualität historisch einmaliger Quellenbestand zur Verfügung[119]. Daneben sind die sicherheitspolitischen Materialien der SED (in der Stiftung Archiv der Parteien und Massenorganisationen der DDR im Bundesarchiv) sowie — namentlich für die Einbeziehung in die Militärplanungen — die Unterlagen der Sicherheitskommission und des Nationalen Verteidigungsrates (im Bundesarchiv-Militärarchiv Freiburg) von herausragender Bedeutung. Als grundlegende Quellendokumentationen sind der Band »Inoffizielle Mitarbeiter des Ministeriums für Staatssicherheit« und das »Wörterbuch der Staatssicherheit« zu nennen. Auch die meisten der im folgenden genannten Darstellungen enthalten wichtige Dokumente.

Die seit 1990 erschienene Literatur zur Staatssicherheit ist mittlerweile nahezu unüberschaubar und höchst heterogen. Bis 1995 erschienene Arbeiten sind über die beim Bundesbeauftragten herausgegebene »Bibliographie zum

Staatssicherheitsdienst« erschlossen. Hierin sind Monographien und Aufsätze ebenso verzeichnet wie die umfangreiche »graue« Literatur, namentlich die von der Abteilung Bildung und Forschung des Bundesbeauftragten sowie den Landesbeauftragten herausgegebenen Publikationsreihen. Einen Überblick über Stand und aktuelle Tendenzen der Forschung vermittelt ein Literaturbericht von Roger Engelmann, der zu Recht konstatiert, daß ein erheblicher Teil der bislang erschienenen über tausend Titel »keinen oder nur begrenzten wissenschaftlichen Charakter« trägt[120].

Eine umfassende Darstellung der Geschichte des Ministeriums für Staatssicherheit liegt bislang nicht vor. Unter den vorliegenden Gesamtdarstellungen repräsentiert das in mehreren Auflagen erschienene Standardwerk von Karl Wilhelm Fricke »Die DDR-Staatssicherheit« den bis 1989 erreichten Wissensstand, der durch die neuere Forschung in den Grundzügen bestätigt wurde. Für das MfS zum Zeitpunkt seiner Auflösung vermitteln David Gill und Ulrich Schröter (»Ministerium für Staatssicherheit. Anatomie des Mielke-Imperiums«) ein präzises Bild. Peter Siebenmorgen legt in dem Band »Staatssicherheit der DDR« den Schwerpunkt auf die Auslandsspionage, hierin sind auch einige Informationen zu den Geheimdiensten der anderen bewaffneten Organe (Militärischer Geheimdienst, Grenzaufklärung) enthalten. Einen knappen systematischen Überblick bietet Clemens Vollnhals in dem Aufsatz »Das Ministerium für Staatssicherheit. Ein Instrument totalitärer Herrschaftsausübung«. David Childs und Richard Popplewell haben eine englischsprachige Überblicksdarstellung (»The Stasi. The East German Intelligence and Security Service«) vorgelegt, die allerdings nur zum geringen Teil auf eigenen Archivstudien der Verfasser beruht und somit von der Auswahl sowie der äußerst heterogenen Qualität der herangezogenen Literatur geprägt ist. Der jüngste Forschungsstand zu einer ganzen Reihe von zentralen Aspekten der Herrschaftsgeschichte des MfS ist dem von Siegfried Suckut und Walter Süß herausgegebenen Sammelband »Staatspartei und Staatssicherheit« zu entnehmen.

Auf eine nähere Vorstellung der Spezialliteratur muß hier verzichtet werden. Als Basiswerk ist das von der Abteilung Bildung und Forschung des Bundesbeauftragten publizierte MfS-Handbuch »Anatomie der Staatssicherheit« zu nennen, das seit 1995 in Lieferungen erscheint. Geplant sind Darstellungen zur Entwicklungsgeschichte des MfS, zu den wichtigsten Diensteinheiten, sowie zu den hauptamtlichen und inoffiziellen Mitarbeitern[121]. Die Rolle des MfS im System der Landesverteidigung sowie die Verknüpfungen mit anderen bewaffneten Organen sind bislang kaum erforscht. Hinweise zur Einbindung in den Nationalen Verteidigungsrat und die territorialen Einsatzleitungen sind den Arbeiten von Otto Wenzel, Michael Arnold und Armin Wagner zu entnehmen. Des weiteren liegen die Studie »Vorbereitung auf den Tag X. Die geplanten Isolierungslager des MfS« von Thomas Auerbach sowie eine erste Darstellung der NVA- und MfS-Aktivitäten zum Aufbau einer Sabotage- und Untergrundtruppe in den 50er und 60er Jahren von Stephan Fingerle und Jens Gieseke (»Partisanen des Kalten Kriegs«) vor.

Zitierte Literatur

Aktenlage. Die Bedeutung der Unterlagen des Staatssicherheitsdienstes für die Zeitgeschichtsforschung, hrsg. von Klaus-Dietmar Henke und Roger Engelmann, Berlin 1995 (= Analysen und Dokumente. Wissenschaftliche Reihe des Bundesbeauftragten ..., Bd 1).

Anatomie der Staatssicherheit. Geschichte, Struktur, Methoden. MfS-Handbuch, hrsg. von Klaus-Dietmar Henke, Siegfried Suckut, Clemens Vollnhals, Walter Süß, Roger Engelmann, Berlin 1995 ff.*

Andert, Reinhold und Wolfgang Herzberg, Der Sturz. Erich Honecker im Kreuzverhör, Berlin, Weimar 1990

Arnold, Michael, Minderheitenvotum zum Schlußbericht des Sonderausschusses zur Untersuchung von Amts- und Machtmißbrauch infolge der SED-Herrschaft, Sächsischer Landtag, Drucksache 1/4773

Auerbach, Thomas, Vorbereitung auf den Tag X. Die geplanten Isolierungslager des MfS, Berlin 1995 (= BStU, Analysen und Berichte 1/95)*

Bailey, George, Sergej A. Kondraschow und David E. Murphy, Die unsichtbare Front. Der Krieg der Geheimdienste im geteilten Berlin, Berlin 1997

Bibliographie zum Staatssicherheitsdienst der DDR, zsgst. von Hildegard von Zastrow, 2., erw. Aufl., Berlin 1996 (= BStU, BF informiert 15/1996)*

Bohnsack, Günter und Herbert Brehmer, Auftrag Irreführung. Wie die Stasi Politik im Westen machte, Hamburg 1992

Buthmann, Reinhard, Kadersicherung im Kombinat VEB Carl Zeiss Jena, Berlin 1997

Chaker, Irene, Die Arbeit der Hauptverwaltung Aufklärung (HV A) im »Operationsgebiet« und ihre Auswirkungen auf oppositionelle Bestrebungen in der DDR, in: Materialien der Enquetekommission »Aufarbeitung von Geschichte und Folgen der SED-Diktatur in Deutschland« (12. Wahlperiode des Deutschen Bundestages), hrsg. vom Deutschen Bundestag, Bd 8, S. 126–242

Childs, David und Richard Popplewell, The Stasi. The East German Intelligence and Security Service, Houndsmill, London 1996

Conquest, Robert, Der große Terror. Sowjetunion 1934–1938, München 1992

Die DDR vor dem Mauerbau. Dokumente zur Geschichte des anderen deutschen Staates 1949–1961, hrsg. von Dierk Hoffmann, Karl-Heinz Schmidt und Peter Skyba, München, Zürich 1993

Diedrich, Torsten, Die Kasernierte Volkspolizei und der 17. Juni 1953. Zum Polizeieinsatz gegen die Demonstrierenden, in: Die Deutsche Polizei und ihre Geschichte. Beiträge zu einem distanzierten Verhältnis, hrsg. von Peter Nitschke, Hilden 1996 (= Schriftenreihe der Deutschen Gesellschaft für Polizeigeschichte e.V., Bd 2), S. 231–257

3. Tätigkeitsbericht des Bundesbeauftragten für die Unterlagen des Staatssicherheitsdienstes der ehemaligen Deutschen Demokratischen Republik, Berlin 1997*

Eisenfeld, Bernd, Die Zentrale Koordinierungsgruppe: Bekämpfung von Flucht und Übersiedlung, Berlin 1995 (= Anatomie der Staatssicherheit. MfS-Handbuch III/17)*

Engelmann, Roger, Diener zweier Herren. Das Verhältnis der Staatssicherheit zur SED und den sowjetischen Beratern 1950–1959, in: Staatspartei und Staatssicherheit, S. 51–72

Engelmann, Roger, Forschungen zum Staatsicherheitsdienst der DDR-Tendenzen und Ergebnisse, in: Spionage für den Frieden, S. 181–212

Fingerle, Stephan und Jens Gieseke, Partisanen des Kalten Krieges. Die Untergrundtruppe der Nationalen Volksarmee 1957 bis 1962 und ihre Übernahme durch die Staatssicherheit, in: Jahrbuch für Historische Kommunismusforschung 1996, Berlin 1996, S. 132–147

Flocken, Jan von und Michael F. Scholz, Ernst Wollweber. Saboteur, Minister, Unperson, Berlin 1994

Foitzik, Jan, Die stalinistischen »Säuberungen« in den ostmitteleuropäischen kommunistischen Parteien. Ein vergleichender Überblick, in: Kommunisten verfolgen Kommunisten. Stalinistischer Terror und »Säuberungen« in den kommunistischen Parteien Europas seit den dreißiger Jahren, hrsg. von Hermann Weber und Dietrich Staritz, Berlin 1993, S. 401–423

Fricke, Karl Wilhelm, Die DDR-Staatssicherheit. Entwicklung, Strukturen, Aktionsfelder, 3., aktual. und erg. Aufl., Köln 1989

Fricke, Karl Wilhelm, Entführungsopfer postum rehabilitiert. Das Schicksal des Rechtsanwalts Walter Linse, in: Deutschland Archiv, 29 (1996), 5, S. 713–717

Fricke, Karl Wilhelm, Opposition und Widerstand in der DDR. Ein politischer Report, Köln 1984

Fricke, Karl Wilhelm, Organisation und Tätigkeit der DDR-Nachrichtendienste, in: Spionage für den Frieden?, S. 213–224

Fricke, Karl Wilhelm, Postskriptum zum Fall Walter Linse, in: Deutschland Archiv, 29 (1996), 6, S. 917–919

Fricke, Karl Wilhelm, Staatssicherheit, Ministerium für (MfS), in: Lexikon des DDR-Sozialismus, hrsg. von Rainer Eppelmann u.a., Paderborn u.a. 1996, S. 595–601

Fuchs, Jürgen, Unter Nutzung der Angst. Die »leise Form« des Terrors — Zersetzungsmaßnahmen des MfS, Berlin 1994 (= BStU, BF informiert 2/1994)*

Fuchs, Jürgen, Vernehmungsprotokolle. November 1976 bis September 1977, Reinbek bei Hamburg 1978

Die geheimen Anweisungen zur Diskriminierung Ausreisewilliger. Dokumente der Stasi und des Ministeriums des Innern, hrsg. von Hans-Hermann Lochen und Christian Meyer-Seitz, Köln 1992

Gieseke, Jens, Erst braun, dann rot? Zur Frage der Beschäftigung ehemaliger Nationalsozialisten als hauptamtliche Mitarbeiter des MfS, in: Staatspartei und Staatssicherheit, S. 131–151

Gieseke, Jens, Die hauptamtlichen Mitarbeiter des Ministeriums für Staatssicherheit, Berlin 1995 (= Anatomie der Staatssicherheit. MfS-Handbuch IV/1)*

Gill, David und Ulrich Schröter, Das Ministerium für Staatssicherheit. Anatomie des Mielke-Imperiums, Berlin 1991

Glaeßner, Gert-Joachim, Staatssicherheitsdienst, in: Pipers Wörterbuch zur Politik, Bd 4: Sozialistische Systeme. Politik — Wirtschaft — Gesellschaft, München 1986, S. 473–478

Goerner, Martin-Georg, Die Kirche als Problem der SED. Strukturen kommunistischer Herrschaftsausübung gegenüber der evangelischen Kirche 1945 bis 1958, Berlin 1997

Haendcke-Hoppe-Arndt, Maria, Die Hauptabteilung XVIII: Volkswirtschaft, Berlin 1997 (= Anatomie der Staatssicherheit. MfS-Handbuch III/10)*

Hertle, Hans-Hermann und Franz Otto Gilles, Stasi in der Produktion — Die »Sicherung der Volkswirtschaft« am Beispiel der Struktur der Objektdienststellen des MfS in den Chemiekombinaten, in: Aktenlage, S. 118–137

Heym, Stefan, Der Winter unseres Mißvergnügens: Aus den Aufzeichnungen des OV Diversant, München 1996

Hohwieler, Joachim, NVA und innere Sicherheit. Der Einsatz der Armee im eigenen Land, in: Nationale Volksarmee — Armee für den Frieden. Beiträge zu Selbstverständnis und Geschichte des deutschen Militärs 1945–1990, hrsg. von Detlef Bald, Reinhard Brühl und Andreas Prüfert, Baden-Baden 1995, S. 75–90

Ich liebe euch doch alle! Befehle und Lageberichte des MfS Januar–November 1989, hrsg. von Armin Mitter und Stefan Wolle, Berlin 1990

In Sachen Biermann. Protokolle, Berichte und Briefe zu den Folgen einer Ausbürgerung, hrsg. von Roland Berbig [u.a.], Berlin 1994 (= Forschungen zur DDR-Geschichte, Bd 2)

Inoffizielle Mitarbeiter des Ministeriums für Staatssicherheit. Richtlinien und Durchführungsbestimmungen, hrsg. von Helmut Müller-Enbergs, Berlin 1996 (= Analysen und Dokumente. Wissenschaftliche Reihe des Bundesbeauftragten ..., Bd 3)

Jablonski, Marietta, »Verhören bis zum Geständnis«. Der Operativ-Vorgang Optima, hrsg. vom Landesbeauftragten für die Stasi-Unterlagen Sachsen-Anhalt, Magdeburg 1996 (= Betroffene erinnern sich, Bd 3)

Kießling, Wolfgang, Partner im »Narrenparadies«. Der Freundeskreis um Noel Field und Paul Merker, Berlin 1994

Kießling, Wolfgang, Willi Kreikemeyer. Der verschwundene Reichsbahnchef, Berlin 1997 (= hefte zur ddr-geschichte, 42)

Die Kirchenpolitik von SED und Staatssicherheit. Eine Zwischenbilanz, hrsg. von Clemens Vollnhals, Berlin 1996 (= Analysen und Dokumente. Wissenschaftliche Reihe des Bundesbeauftragten ..., Bd 7)

Kopp, Fritz, Chronik der Wiederbewaffnung in Deutschland, Köln 1958

Kondraschew, Sergei A., Stärken und Schwächen der sowjetischen Nachrichtendienste, insbesondere in Bezug auf Deutschland in der Nachkriegszeit, in: Spionage für den Frieden?, S. 145–153

Kowalczuk, Ilko-Sascha, Frost nach dem kurzen Tauwetter: Opposition, Repressalien und Verfolgungen 1956/57 in der DDR. Eine Dokumentation des Ministeriums für Staatssicherheit, in: Jahrbuch für Historische Kommunismusforschung 1997, Berlin 1997, S. 167–215

Krüger, Joachim, Votum für bewaffnete Gewalt. Ein Beschluß des SED-Politbüros vom November 1956, in: Beiträge zur Geschichte der Arbeiterbewegung, 34 (1992), 4, S. 75–85

Kunze, Reiner, Deckname »Lyrik«. Eine Dokumentation. Frankfurt a.M. 1990

Lang, Jochen von, Erich Mielke. Eine deutsche Karriere, Berlin 1991

Leggett, George H., The Cheka. Lenin's Political Police: The Allrussian Extraordinary Commission for Combating Counter-revolution and Sabotage. December 1917 to February 1922, Oxford 1981

Lewytzkyi, Boris, Vom roten Terror zur sozialistischen Gesetzlichkeit. Der sowjetische Sicherheitsdienst, München 1961

Major, Patrick, »Mit Panzern kann man doch nicht für den Frieden sein«. Die Stimmung der DDR-Bevölkerung zum Bau der Berliner Mauer am 13. August 1961 im Spiegel der Parteiberichte der SED, in: Jahrbuch für Historische Kommunismusforschung 1995, Berlin 1995, S. 208–223

Marquardt, Bernhard, Die Zusammenarbeit zwischen KGB und MfS, in: Karl Wilhelm Fricke und Bernhard Marquardt, DDR Staatssicherheit, Bochum 1995, S. 50–193

Mertens, Lothar, Davidstern unter Hammer und Zirkel. Die jüdischen Gemeinden in der SBZ/DDR und ihre Behandlung durch Partei und Staat 1945–1990, Hildesheim, Zürich, New York 1997

MfS-Sonderhaftanstalt Bautzen II, hrsg. vom Hannah-Arendt-Institut für Totalitarismusforschung, Dresden 1994

Mielke, Erich, Interview: »Ich sterbe in diesem Kasten«, in: Der Spiegel, (1992), 26, S. 38–53

Mielke, Erich, Mit hoher Verantwortung für den zuverlässigen Schutz des Sozialismus, in: Einheit, 30 (1975), 1, S. 43–53

Müller-Enbergs, Helmut, Der Fall Rudolf Herrnstadt. Tauwetterpolitik vor dem 17. Juni, Berlin 1991

Müller-Enbergs, Helmut, Zum Verhältnis von Norm und Praxis in der Arbeit mit Inoffiziellen Mitarbeitern des Ministeriums für Staatssicherheit, in: Aktenlage, S. 56–76

Naimark, Norman M., The Russians in Germany. A History of the Soviet Zone of Occupation, 1945–1949, Cambridge, Mass., London 1995

Organisationsplan des »Amtes für Information« in der Sowjetzone, in: PZ-Archiv, 3 (1952), S. 22

Die Organisationsstruktur des Ministeriums für Staatsicherheit 1989, Berlin 1995 (= Anatomie der Staatssicherheit. MfS-Handbuch V/1)*

Otto, Wilfriede, Zur Biographie von Erich Mielke. Legende und Wirklichkeit, Berlin 1994 (= hefte zur ddr-geschichte, 23)

Pirker, Theo [u.a.], Der Plan als Befehl und Fiktion. Wirtschaftsführung in der DDR, Opladen 1995

Potthoff, Heinrich, Bonn und Ost-Berlin 1969–1982. Dialog auf höchster Ebene und vertrauliche Kanäle. Darstellung und Dokumentation, Bonn 1997

Przybylski, Peter, Tatort Politbüro. Die Akte Honecker, Berlin 1991

Raschka, Johannes, »Für kleine Delikte ist kein Platz in der Kriminalitätsstatistik«. Zur Zahl der politischen Häftlinge während der Amtszeit Honeckers, Dresden 1997 (= Berichte und Studien, hrsg. vom Hannah-Arendt-Institut für Totalitarismusforschung)

Rehlinger, Ludwig A., Freikauf. Die Geschäfte der DDR mit politisch Verfolgten 1961–1989, Berlin, Frankfurt a.M. 1991

Richter, Michael, Die Staatssicherheit im letzten Jahr der DDR, Weimar, Köln, Wien 1996

Runge, Irene und Uwe Stellbrink, Markus Wolf: »Ich bin kein Spion«. Gespräche mit Markus Wolf, Berlin 1990

Sarotte, Mary Elise, Spying Not Only On Strangers: Documenting Stasi Involvement In Cold War German-German Negotiations, in: Intelligence and National Security, 11 (1996), 4, S. 764–778

Schleicher, Hans-Georg und Ulf Engel, DDR-Geheimdienst und Afrika-Politik, in: Außenpolitik. Zeitschrift für internationale Fragen, 47 (1996), 4, S. 300–409

Schneider, Dieter Marc, Innere Verwaltung/Deutsche Verwaltung des Innern, in: SBZ-Handbuch. Staatliche Verwaltungen, Parteien, gesellschaftliche Organisationen und ihre Führungskräfte in der Sowjetischen Besatzungszone Deutschlands 1945–1949, hrsg. von Martin Broszat und Hermann Weber, München 1990, S. 207–217

Schröder, Wilhelm Heinz und Jürgen Wilke, Politische Gefangene in der DDR — Eine quantitative Analyse. Wissenschaftliche Expertise für die Enquete-Kommission des Deutschen Bundestages »Überwindung der Folgen der SED-Diktatur im Prozeß der deutschen Einheit«, Köln 1997

Schumann, Silke, Parteierziehung in der Geheimpolizei. Zur Rolle der SED im MfS der fünfziger Jahre, Berlin 1997 (= Analysen und Dokumente. Wissenschaftliche Reihe des Bundesbeauftragten ..., Bd 9)

Schumann, Silke, Die Parteiorganisation der SED im MfS 1950-1957, in: Staatspartei und Staatssicherheit, S. 105–129

Sethmann, Hans-Jürgen, Die Sondernetze des Staatssicherheitsdienstes der DDR, in: Post- und Telekommunikationsgeschichte, Regionalbereich Ost, 1996, H. 1, S. 36–38

Seul, Arnold, Das Ministerium für Staatssicherheit und die DDR-Volkswirtschaft, in: Materialien der Enquete-Kommission »Aufarbeitung von Geschichte und Folgen der SED-Diktatur in Deutschland« (12. Wahlperiode des Deutschen Bundestages), hrsg. vom Deutschen Bundestag, Bd 8, S. 532–584

Siebenmorgen, Peter, »Staatssicherheit der DDR«. Der Westen im Fadenkreuz der Stasi, Bonn 1993

Spionage für den Frieden? Nachrichtendienste in Deutschland während des Kalten Krieges, hrsg. von Wolfgang Krieger und Jürgen Weber, München, Landsberg am Lech 1997

Staatspartei und Staatssicherheit. Zum Verhältnis von SED und MfS, hrsg. von Siegfried Suckut und Walter Süß, Berlin 1997 (= Analysen und Dokumente. Wissenschaftliche Reihe des Bundesbeauftragten ..., Bd 8)

Staritz, Dietrich, Geschichte der DDR, erw. Neuaufl., Frankfurt a.M. 1996

Stasi-Akte »Verräter«. Bürgerrechtler Templin: Dokumente einer Verfolgung, Hamburg 1993 (= Spiegel-Spezial, 1/1993)

Suckut, Siegfried, Generalkontrollbeauftragter der SED oder gewöhnliches Staatsorgan? Probleme der Funktionsbestimmung des MfS in den sechziger Jahren, in: Staatspartei und Staatssicherheit, S. 153–169

Süß, Sonja, Subtilere Formen der Repression in der späteren DDR — Strategien der Zersetzung des MfS gegen »feindlich-negative« Gruppen und Personen. Wissenschaftliche Expertise für die Enquete-Kommission des Deutschen Bundestages »Überwindung der Folgen der SED-Diktatur im Prozeß der deutschen Einheit«, Berlin 1997

Süß, Walter, Die Durchdringung der Gesellschaft mittels des MfS — Fallbeispiel: Jena im Jahre 1989, in: Die SED-Herrschaft und ihr Zusammenbruch, hrsg. von Eberhard Kuhrt [u.a.], Opladen 1996, S. 116–137 (= Am Ende des realen Sozialismus, Bd 1)

Süß, Walter, Entmachtung und Verfall der Staatssicherheit. Ein Kapitel aus dem Spätherbst 1989, Berlin 1994 (= BStU, BF informiert 5/1994)*

Süß, Walter, Zum Verhältnis von SED und Staatssicherheit, in: Die SED. Geschichte — Organisation — Politik. Ein Handbuch, hrsg. von Andreas Herbst, Gerd-Rüdiger Stephan und Jürgen Winkler, Berlin 1997, S. 215–240

Tantzscher, Monika, »Maßnahme Donau und Einsatz Genesung«. Die Niederschlagung des Prager Frühlings 1968/69 im Spiegel der MfS-Akten, Berlin 1994 (= BStU, Analysen und Berichte 1/94)*

Tantzscher, Monika, »Was in Polen geschieht, ist für die DDR eine Lebensfrage!« — Das MfS und die polnische Krise 1980/81, in: Materialien der Enquete-Kommission »Aufarbeitung von Geschichte und Folgen der SED-Diktatur in Deutschland« (12. Wahlperiode des Deutschen Bundestages), hrsg. vom Deutschen Bundestag, Bd 5/3, S. 2601–2760

Die Volkskammer-Delegierten vor der Presse, in: SBZ-Archiv, 3 (1952), 18, S. 273–275

Vollnhals, Clemens, Das Ministerium für Staatssicherheit. Ein Instrument totalitärer Herrschaftsausübung, in: Sozialgeschichte der DDR, hrsg. von Hartmut Kaelble, Jürgen Kocka und Hartmut Zwahr, Stuttgart 1994, S. 498–518

Vollnhals, Clemens, Der Schein der Normalität. Staatssicherheit und Justiz in der Ära Honecker, in: Staatspartei und Staatssicherheit, S. 215–249

Wagner, Armin, Der Nationale Verteidigungsrat der DDR als sicherheitspolitisches Exekutivorgan der SED, in: Staatspartei und Staatssicherheit, S. 171–200

Walther, Joachim, Sicherungsbereich Literatur. Schriftsteller und Staatssicherheit in der Deutschen Demokratischen Republik, Berlin 1996 (= Analysen und Dokumente. Wissenschaftliche Reihe des Bundesbeauftragten ..., Bd 6)

Wegmann, Bodo, Die struktur-historische Darstellung der Entwicklung des geheimen militärischen Nachrichtendienstes der Deutschen Demokratischen Republik, 1952 bis 1990, hrsg. vom DRA-Studienkreis, Neustadt 1997 (Nr. XXXI/4)

Weinke, Annette, Der Justizfall Kurt Müller und seine Bedeutung für die kommunistische Parteisäuberungswelle im geteilten Deutschland, in: Zeitschrift für Geschichtswissenschaft, 45 (1997), 4, S. 293–310

Wenzel, Otto, Kriegsbereit. Der Nationale Verteidigungsrat der DDR 1960 bis 1989, Köln 1995
Werkentin, Falco, Politische Justiz in der Ära Ulbricht, Berlin 1994 (= Forschungen zur DDR-Geschichte, Bd 1)
Wer war Wer in der DDR. Ein biographisches Handbuch, hrsg. von Bernd-Rainer Barth [u.a.], Frankfurt a.M. 1995
Wilhelm Pieck — Aufzeichnungen zur Deutschlandpolitik 1945–1953, hrsg. von Rolf Badstübner und Wilfried Loth, Berlin 1994
Das Wörterbuch der Staatssicherheit. Definitionen zur »politisch-operativen Arbeit«, hrsg. von Siegfried Suckut, Berlin 1996 (= Analysen und Dokumente. Wissenschaftliche Reihe des Bundesbeauftragten ..., Bd 5)
Wolf, Markus, Spionagechef im Geheimen Krieg. Erinnerungen, München 1997
Wunschik, Tobias, Hauptabteilung XXII »Terrorabwehr«, Berlin 1996 (= Anatomie der Staatssicherheit, MfS Handbuch III/16)*
Wunschik, Tobias, Die maoistische KPD/ML und die Zerschlagung ihrer »Sektion DDR« durch das MfS, Berlin 1997 (= BStU, BF informiert 18/1997)*
Zersetzung der Seele. Psychologie und Psychiatrie im Dienste der Stasi, hrsg. von Klaus Behnke und Jürgen Fuchs, Hamburg 1995

* Die Publikationen des Bundesbeauftragten für die Stasi-Unterlagen sind nicht über den Buchhandel, sondern unter folgender Anschrift gegen eine Schutzgebühr erhältlich: BStU, Abteilung Bildung und Forschung, Postfach 218, 10106 Berlin.

Anmerkungen

1 Mielke, Verantwortung, S. 43 f.
2 Vgl. Leggett, Cheka; Lewytzkyi, Vom roten Terror; Glaeßner, Staatssicherheitsdienst.
3 Vgl. Süß, Verhältnis.
4 In den Kreisdienststellen gab es zwar ebenfalls entsprechende Zuständigkeiten, sie waren aber entsprechend dem »Territorialprinzip« grundsätzlich für die umfassende »Gewährleistung der staatlichen Sicherheit» im Gebiet ihres Kreises, unabhängig von fachlichen Abgrenzungen, zuständig.
5 Vgl. Richtlinie I/79 für die Arbeit mit Inoffiziellen Mitarbeitern (IM) und gesellschaftlichen Mitarbeitern für Sicherheit (GMS), in: Inoffizielle Mitarbeiter, S. 305.
6 Vgl. Wegmann, Die struktur-historische Darstellung.
7 Mit der Aufwertung der Kripo zur DVdI-Hauptabteilung wurde das K 5-Referat zur Abteilung.
8 Vgl. BArch, DO-1/7/355, Bl. 219, Straftatenklasse 5 der Grundeinteilung der Straftaten, o.D. [1947].
9 Vgl. BStU, ZA, AS 229/66, Bl. 269 ff.; 362–422, Jahresbericht Dezernat K 5 im Lande Sachsen 1947; ebd., Bl. 594, Jahresbericht K 5 Sachsen 1948. Eine gültige Darstellung der Vorgeschichte des MfS ist bislang nicht veröffentlicht worden (vgl. zuletzt Naimark, The Russians in Germany, S. 353–397).
10 Vgl. Wilhelm Pieck, S. 248, 268 f.; BStU, ZA, AS 364/66, Bl. 151 f., Schreiben des Leiters der Abteilung K 5, Jamin, an die Leiter der Dezernate K 5 vom 6.5.1949.
11 Vgl. BArch, DO-1/7/150, Bl. 56, Soll- und Iststärke der Volkspolizei, Stand 25.6.1949.

12 So schon Schneider, Innere Verwaltung, S. 215.
13 Vgl. Organisationsplan; Wer war wer, S. 160 f. Naimark verweist auf die Ämter als Elemente des in der SBZ aufgebauten Polizeistaates, einen direkten Zusammenhang zum MfS stellt er nicht her (vgl. Naimark, Russians, S. 364–366; BStU, ZA, AS 231/66, AS 521/66; AS 104/67, Stimmungsberichte der Ämter).
14 Der Politbürobeschluß ist abgedruckt in: DDR vor dem Mauerbau, S. 55.
15 Provisorische Volkskammer, Protokoll der 10. Sitzung am 8.2.1950, S. 213.
16 Volkskammer-Delegierte, S. 275.
17 Vgl. Fricke, Entführungsopfer; Fricke, Postskriptum.
18 Vgl. Kondraschew, Stärken, S. 152; Engelmann, Diener zweier Herren, S. 53; Bailey, Kondraschow, Murphy, Die unsichtbare Front, S. 379–402.
19 Vgl. Engelmann, Diener zweier Herren, S. 54; Schumann, Parteierziehung, S. 8.
20 Vgl. Kießling, Partner; Staritz, Geschichte, S. 77; Weinke, Justizfall; Kießling, Kreikemeyer.
21 Foitzik, »Säuberungen«, S. 423.
22 Zur inneren Logik dieses Instrumentariums vgl. Conquest, Terror, S. 132–158.
23 Vgl. Inoffizielle Mitarbeiter, S. 29.
24 Vgl. Mertens, Davidstern, S. 54–58.
25 Zusammengestellt nach: BStU, ZA, HA KuSch 1358, Befehl Nr. 97/53 des Ministers vom 4.3.1953.
26 Vgl. Gieseke, Die hauptamtlichen Mitarbeiter, S. 98. Dort (S. 98–101) auch alle weiteren Daten zur Personalentwicklung.
27 Angaben ohne kasernierte Wacheinheiten.
28 Vgl. Gieseke, Erst braun, dann rot?.
29 BStU, ZA, KL SED 572, Bl. 504, Wilhelm Zaisser auf der SED-Delegiertenkonferenz im MfS, 14./15.6.1952.
30 Vgl. Kopp, Chronik, S. 63.
31 Vgl. BStU, ZA, HA KuSch 1358, Bl. 20, Befehl Nr. 21/53 des Ministers vom 1.1.1953.
32 Vgl. BArch, DO-1/36/157, Bl. 253, Stärkemeldung des Wachregiments Berlin vom 2.1.1953.
33 Vgl. Diedrich, Die Kasernierte Volkspolizei und der 17. Juni, S. 251 f.
34 Vgl. Müller-Enbergs, Herrnstadt.
35 Zur Person: Flocken, Scholz, Wollweber.
36 Vgl. Engelmann, Diener zweier Herren, S. 56.
37 SAPMO-BArch, DY 30 J IV 2/202/62, Bl. 10, Beschluß des Politbüros vom 23.9.1953; vgl. Engelmann, Diener zweier Herren, S. 58.
38 Vgl. Fricke, Organisation, S. 215.
39 Vgl. Gieseke, Die hauptamtlichen Mitarbeiter, S. 81; Fricke, Staatssicherheit, S. 599.
40 Vgl. Engelmann, Diener zweier Herren, S. 63 f.
41 Vgl. Haendcke-Hoppe-Arndt, Hauptabteilung XVIII, S. 21.
42 Vgl. Engelmann, Schumann, Kurs.
43 Vgl. Werkentin, Politische Justiz, S. 374–376.
44 Vgl. Inoffizielle Mitarbeiter, S. 35–37.
45 Dokumentiert in: Krüger, Votum; vgl. Hohwieler, NVA und Innere Sicherheit.
46 Zur Person vgl. Lang, Mielke; Otto, Biographie.
47 Vgl. Suckut, Generalkontrollbeauftragter, S. 168.
48 Vgl. Engelmann, Diener zweier Herren, S. 71; Marquardt, Zusammenarbeit, S. 57; Fricke, DDR-Staatssicherheit, S. 43.
49 So die Erinnerung seines Stellvertreters Markus Wolf (Runge, Stellbrink, Markus Wolf, S. 39 f.).
50 BStU, ZA, SdM 1553, Bl. 230, Protokoll der Kollegiumssitzung am 21. und 22.11.1957.
51 Vgl. Kowalczuk, Frost.
52 BStU, ZA, SdM 1554, Bl. 63, Protokoll der Kollegiumssitzung am 20.2.1958; vgl. Engelmann, Schumann, Kurs, S. 26 und 69.
53 Vgl. BStU, ZA, DSt 101156, Schreiben von Bruno Beater an die Leiter der Bezirksverwaltungen vom 21.11.1960.
54 Vgl. Haendcke-Hoppe-Arndt, Hauptabteilung XVIII, S. 24.

55 Vgl. Major, Panzer; Werkentin, Politische Justiz.
56 Vgl. Haendcke-Hoppe-Arndt, Hauptabteilung XVIII, S. 30.
57 Vgl. ebd., S. 50.
58 Die beiden hierfür gebildeten Diensteinheiten (Arbeitsgruppe Paßkontrolle und Fahndung, Arbeitsgruppe Sicherung des Reiseverkehrs) wurden 1970 zur Hauptabteilung VI vereinigt.
59 Vgl. Siebenmorgen, Staatssicherheit, S. 158.
60 Vgl. BStU, ZA, DSt 100193, Befehl 183/57 des Ministers: Militärische Ausbildung für Mitarbeiter des MfS.
61 Vgl. Fingerle, Gieseke, Partisanen, S. 144.
62 Vgl. Auerbach, Vorbereitung.
63 Zit. nach: Tantzscher, »Maßnahme Donau«, S. 35 f. und 122. Zu den Verfolgungsmaßnahmen gegen vermeintliche Sympathisanten vgl. Jablonski, »Verhören«.
64 Vgl. exemplarisch: Przybylski, Tatort Politbüro, S. 345 ff.
65 BStU, ZA, DSt 102209, S. 1, Referat Erich Mielkes auf der Dienstkonferenz am 10.3.1972.
66 Vgl. Anweisungen zur Diskriminierung.
67 Stichwort Politisch-ideologische Diversion, in: Wörterbuch, S. 303.
68 Grundlegend: Süß, Subtilere Formen; vgl. Richtlinie 1/76 zur Entwicklung und Bearbeitung Operativer Vorgänge, in: Gill, Schröter, Ministerium, S. 346–402; Stasi-Akte Verräter; Fuchs, Nutzung; Zersetzung der Seele; Kunze, Deckname »Lyrik«.
69 In Sachen Biermann; Heym, Winter; Fricke, Opposition, S. 179–181.
70 BStU, ZA, ZAIG 4151, Zur Reaktion der Bevölkerung der DDR im Zusammenhang mit der Lage in der Volksrepublik Polen; Tantzscher, Polen.
71 Helmut Schmidt persönlich erhielt von Wolfgang Vogel ein Exemplar der Sicherungskonzeption (vgl. Potthoff, Bonn und Ost-Berlin, S. 68 f.).
72 Vgl. Gieseke, Die hauptamtlichen Mitarbeiter, S. 41–43.
73 Vgl. Pirker u.a., Plan, S. 107.
74 GMS: Gesellschaftlicher Mitarbeiter für Sicherheit - »Bürger der DDR mit einer auch in der Öffentlichkeit bekannten staatsbewußten Einstellung und Haltung, der sich für eine vertrauensvolle Zusammenarbeit mit dem MfS bereit erklärt und [...] an der Lösung unterschiedlicher politisch-operativer Aufgaben mitarbeitet« (Wörterbuch, S. 145).
75 Vgl. BStU, ZA, DSt 102209, S. 62, Referat Erich Mielkes auf der Dienstkonferenz am 10.3.1972.
76 Vgl. Inoffizielle Mitarbeiter, S. 54, 59.
77 Vgl. Müller-Enbergs, Verhältnis, S. 73.
78 Vgl. Inoffizielle Mitarbeiter, S. 59.
79 Einen vollständigen Überblick nach dem Stand des Jahres 1989 vermittelt: Organisationsstruktur 1989.
80 Vgl. Bohnsack, Brehmer, Auftrag Irreführung.
81 Vgl. Sarotte, Spying Not Only On Strangers.
82 Vgl. Chaker, HV A; Engelmann, Forschungen, S. 200.
83 Vgl. Wolf, Spionagechef, S. 361–403.
84 Vgl. Schleicher, Engel, DDR-Geheimdienst. ZAPU: Zimbabwe African People's Union; SWAPO: South-West African People's Organization; ANC: African National Congress.
85 Vgl. BStU, ZA, KS 9500/90; vgl. Wer war wer, S. 705.
86 Vgl. MfS-Sonderhaftanstalt Bautzen II. Wie der Titel bereits andeutet, wird dort die unzutreffende Auffassung vertreten, das MfS habe auch formell die Federführung innegehabt.
87 Eine weitere OD bestand in der Technischen Universität Dresden, sie gehörte zur Linie XX.
88 Vgl. Haendcke-Hoppe-Arndt, Hauptabteilung XVIII; Buthmann, Kadersicherung; Seul, Ministerium, Hertle, Gilles, Otto, Stasi.
89 Vgl. Fuchs, Nutzung.
90 Als Bilanz der Forschung vgl. Kirchenpolitik; für die 50er Jahre vgl. Goerner, Kirche.
91 Vgl. Walther, Sicherungsbereich Literatur.
92 Vgl. Wunschik, KPD/ML.
93 Vgl. Wunschik, Hauptabteilung XXII, S. 41–48.

94 Vgl. Mielke, Interview, S. 50 f.

95 Nach MfS-Angaben flüchteten 1985 noch 627 DDR-Bürger in den Westen, 1509 wurden beim Versuch ertappt. Hierin sind auch DDR-Bürger enthalten, die legale Besuchsreisen zum Verbleib im Westen nutzten. Die Zahl der letzteren stieg mit der Zunahme genehmigter Westreisen ab 1986 erheblich an (vgl. Eisenfeld, Zentrale Koordinierungsgruppe, S. 49).

96 Vgl. ebd., S. 50.

97 Haendcke-Hoppe-Arndt, Hauptabteilung XVIII, S. 44 f.

98 Vgl. Rehlinger, Freikauf, S. 247.

99 Vgl. Sethmann, Sondernetze.

100 Vgl. Fuchs, Vernehmungsprotokolle.

101 Einen konzisen Überblick vermittelt: Vollnhals, Schein.

102 Ein Teil der versuchten Republikfluchten wurde nicht vom MfS, sondern von der Volkspolizei verfolgt. Vgl. Raschka, Delikte, S. 39.

103 Vgl. Vollnhals, Schein, S. 220 f.

104 Vgl. Schröder, Wilke, Politische Gefangene.

105 Andert, Herzberg, Der Sturz, S. 312.

106 Vgl. Fingerle, Gieseke, Partisanen, S. 16 f.

107 Auerbach, Vorbereitung, S. 5 und 24.

108 Vgl. Gill, Schröter, Ministerium, S. 94.

109 Vgl. die Diskussion der MfS-Spitze im August 1989: Dienstbesprechung beim Minister für Staatssicherheit vom 31.8.1989 (in Auszügen zitiert in: Ich liebe euch doch alle, S. 113–138, hier S. 125).

110 Vgl. BStU, ZA, Abt. Finanzen 642, Bl. 4 f., 10 f., Statistik zur Entwicklung des Haushalts des Ministeriums für Staatssicherheit 1960–1988 [o.A., o.D.]; Gill, Schröter, Ministerium, S. 91.

111 Vgl. Gieseke, Die hauptamtlichen Mitarbeiter, S. 101; Inoffizielle Mitarbeiter, S. 89 f.

112 Haendcke-Hoppe-Arndt, Hauptabteilung XVIII, S. 97.

113 BStU, ZA, DSt 103527, Referat Erich Mielkes auf der zentralen Dienstkonferenz zu ausgewählten Fragen der politisch-operativen Arbeit der Kreisdienststellen und deren Führung und Leitung vom 26.10.1988 (zit. nach Süß, Durchdringung, S. 117 f.).

114 Vgl. Gieseke, Die hauptamtlichen Mitarbeiter, S. 83.

115 Mielke, Verantwortung, S. 32.

116 Zum folgenden vgl. Süß, Entmachtung; Gieseke, Die hauptamtlichen Mitarbeiter, S. 82–92; Richter, Staatssicherheit.

117 Vgl. Dienstbesprechung am 31.8.1989 (Auszug), in: Ich liebe euch doch alle, S. 125.

118 Süß, Entmachtung, S. 9 f.

119 Vgl. die Tätigkeitsberichte des BStU, zuletzt erschienen ist der 3. Tätigkeitsbericht, Berlin 1997.

120 Engelmann, Forschungen, S. 181.

121 Bis zum Herbst 1997 lagen folgende Abschnitte vor: Organisationsstruktur 1989, Hauptamtliche Mitarbeiter, Hauptabteilung XXII (Terrorabwehr), Zentrale Koordinierungsgruppe Flucht/Übersiedlung, Juristische Hochschule Potsdam-Eiche, Hauptabteilung XVIII (Volkswirtschaft).

Rüdiger Wenzke

Die Nationale Volksarmee (1956–1990)

Die Nationale Volksarmee (NVA) galt als das »Kernstück« der Landesverteidigung der DDR. Sie bildete eine staatliche Institution von herausragendem Rang und war das bedeutendste bewaffnete Organ der DDR. Der ihr im Jahre 1968 übertragene Verfassungsauftrag bestand darin, »die sozialistischen Errungenschaften des Volkes gegen alle Angriffe von außen« zu schützen[1]. Die NVA war zugleich eine Parteiarmee, die den Verteidigungsauftrag für den Schutz der DDR als Machtinstrument im Sinne der SED zu erfüllen hatte. Sie stand unter der Führung der Partei, handelte nach deren Beschlüssen und wurde rückhaltlos durch die Politik der SED vereinnahmt. Eine parlamentarische Kontrolle existierte ebensowenig wie es demokratische Mitgestaltungsmöglichkeiten für die Soldaten in der Armee gab. Die Armee repräsentierte stets auch ein Drohpotential zur inneren Stabilisierung des Systems, obwohl die Streitkräfte seit dem Mauerbau 1961 offiziell keine innere Funktion mehr zu erfüllen hatten. Durch die enge Symbiose zwischen Partei und Armee erhielten die Streitkräfte nicht zuletzt auch eine wichtige innenpolitische Sozialisierungsfunktion. Sie gehörten zu den Bereichen der DDR-Wirklichkeit, von denen im besonderen Maße obrigkeitsstaatliches Denken und dogmatisch-konservatives Verhalten ausgingen. In ihrer 34jährigen Existenz dienten in der NVA von 1956 bis 1990 rund 2,5 Millionen DDR-Bürger. Sie wurden während ihrer Dienstzeit mit rigiden inneren Verhältnissen und einer permanenten politisch-ideologischen Indoktrination konfrontiert.

Die DDR war 1955 Gründungsmitglied der Warschauer Vertragsorganisation, des östlichen Militärpakts geworden, zu dessen Aufgaben die Sicherung des sozialistischen Systems und die Verteidigung der DDR gehörten. Die NVA wurde daher von Anfang an unter sowjetischer Anleitung als Koalitionsarmee im Warschauer Pakt aufgebaut und gegliedert. Dabei entwickelte sie sich im Laufe der Zeit zu einer ernstzunehmenden militärischen Kraft im Bündnis und emanzipierte sich als eine professionelle, zunehmend selbstbewußte Armee. Die engen Beziehungen zur Sowjetunion schlossen aber nicht nur gemeinsames militärisches Handeln, Unterstützung und Hilfe ein, sondern stets auch Unterordnung und Abhängigkeit.

Beim Aufbau und bei der Entwicklung der NVA kamen die für alle Streitkräfte im Warschauer Pakt verbindlichen Prinzipien des sowjetischen Modells zur Anwendung: die Führung der Streitkräfte durch die kommunistische Partei, das Klassenprinzip bei der Auswahl der Kader, die Zentralisation im Aufbau und in der Führung der Armee, die Verwirklichung der militärischen Einzelleitung, die Gewährleistung einer ständig hohen Gefechtsbereitschaft sowie die Verwirklichung der »Einheit« von Volk und Armee.

Die DDR-Volksarmee war stets auch ein Spiegelbild der gesellschaftlichen Stabilität bzw. Instabilität des sozialistischen Systems. Sie durchlief mehrere Entwicklungsetappen: Bis zum Mauerbau 1961 und der Einführung der Wehrpflicht 1962 wurden die Grundlagen einer einsatzfähigen militärischen Organisation auf- und ausgebaut. Dabei galt es, das Führen von einfachen Gefechtshandlungen ebenso zu erlernen wie im politischen Bereich die Unterordnung der Armee unter die SED zu zementieren. Diese Aufstellungsphase war gekennzeichnet durch die Suche nach einer eigenen Identität sowie nach Anerkennung bei der Bevölkerung und im Bündnis. Danach setzte ein Jahrzehnt ein, in dem es darum ging, in der Bewaffnung und Ausrüstung, in der Ausbildung und Organisation den wachsenden Anforderungen einer modernen Koalitionsarmee gerecht zu werden. Die NVA erreichte in dieser Zeit schrittweise die innere Geschlossenheit des Führungskorps sowie weitgehend stabile innere Verhältnisse. Mit dem Wechsel von den 60er zu den 70er Jahren begann ein dritter Abschnitt, der vor allem durch eine planmäßige professionelle Entwicklung der Streitkräfte charakterisiert wurde. Militärisches Können, Organisationsfähigkeit, Leistungsbereitschaft, Loyalität und Professionalität zeichneten die NVA auf dem Höhepunkt dieser Entwicklung aus. Mitte der 80er Jahre zeigten sich — wie in anderen Bereichen der Gesellschaft — zunehmend Erscheinungen der Stagnation und der Verkrustung, die auch durch Reformansätze nicht mehr aufgehalten werden konnten. 1989/90 befand sich die NVA in einem ausweglosen Dilemma. Ihr innerer Bezugspunkt, d.h. als Parteiarmee und Armee der DDR, war infolge des Zusammenbruchs des Systems verlorengegangen. Der Wandel in der internationalen Ordnung entzog ihr darüber hinaus ihre internationale Legitimierung, die sie in den 50er Jahren als Teil des sowjetischen Machtbereichs erhalten hatte.

Die Existenz der NVA endete am 2. Oktober 1990. Ohne das ein Schuß gefallen war, wurde die NVA abgewickelt. Ihre Reste gingen in der Armee des ehemaligen Gegners auf.

Gründung und Anfangsjahre (1955/56–1961/62)

Noch bevor die Gründung des »ersten deutschen Arbeiter-und-Bauern-Staates« im Oktober 1949 offiziell erfolgt war, verfügte die im Osten herrschende SED zur Erhaltung und Stabilisierung ihrer Macht bereits über militärisch orientierte Polizeikräfte. Unter dem Deckmantel einer »antifaschistisch-demokratischen« Entwicklung war es der SED-Führung mit Hilfe der sowjetischen Besatzungsmacht gelungen, erste Schritte zur Aufrüstung und Militarisierung in ihrem Herrschaftsbereich einzuleiten. Unter strenger Geheimhaltung bildete sich so Anfang der 50er Jahre ein Truppenkörper heraus, der immer stärker die charakteristischen Merkmale von Streitkräften annahm[2].

Anfang der 50er Jahre forcierte die DDR-Führung im Rahmen der sich verändernden militärpolitischen Lage den Ausbau des bisher vorhandenen militärischen Nukleus zu regulären Linieneinheiten. Als offizielle Geburtsstunde dieser qualitativ und quantitativ neu konzipierten Truppen, die den Namen »Kasernierte Volkspolizei« (KVP) erhielten, wurde der 1. Juli 1952 deklariert[3]. Tatsächlich erreichte die KVP schon bald mit ihrer Stärke von über 100 000 Mann Reichswehrformat.

Das Mitte der 50er Jahre vorhandene Entwicklungsniveau der KVP, vor allem hinsichtlich ihrer Personalstruktur, bot prinzipiell eine solide Grundlage für den weiteren militärischen Auf- und Ausbau in der DDR. Es war aber nicht zu übersehen, daß die kasernierten Truppen in vielen Fragen noch weit von den Strukturen, der Ausbildung, der Ausrüstung und Bewaffnung, der Kampfkraft sowie der Einsatzbereitschaft künftiger »sozialistischer Koalitionsstreitkräfte« entfernt waren. Nicht zuletzt galt es, den Führungsanspruch der SED innerhalb des stärksten bewaffneten Organs der Republik weiter durchzusetzen und zu festigen.

Die Vorbereitung der NVA-Gründung

Die entscheidenden Vorbereitungen für den offenen Übergang zur Schaffung regulärer Streitkräfte in der DDR liefen 1954/55 an. Dieser Kurs wurde vom Ersten Sekretär des ZK der SED, Walter Ulbricht, im Dezember 1954 mit einer »neuen politischen Lage«, die aus dem Beitritt der Bundesrepublik zur NATO resultiere, begründet. In der Tat beeinflußten diese Vorgänge, die man in Ost-Berlin im Kontext des Kalten Krieges als unmittelbare Bedrohung perzipierte, in nicht unerheblichem Maße das Vorgehen und das Tempo der Militarisierung der ostdeutschen Seite. Andererseits hatte freilich die SED-

Führung ein ausgeprägtes Eigeninteresse an der bereits 1952 angekündigten, aber damals noch zurückgestellten offiziellen Schaffung »Nationaler Streitkräfte«. Die Lösung der Streitkräftefrage galt für sie nicht nur als ein Ausdruck der »vollen« Souveränität des Staates DDR, sondern sie war auch von besonderer Wichtigkeit in der politischen Auseinandersetzung mit der Bundesrepublik, deren NATO-Beitritt die deutsche Spaltung aus Sicht der SED zementierte. Die Schaffung einer offiziellen Armee gehörte zur inneren Stabilisierung des Systems und bildete als Symbol der Eigenstaatlichkeit auch eine wichtige Voraussetzung für die aktive Teilnahme der DDR an der sich abzeichnenden militärischen Ostintegration.

In diesem Zusammenhang unterbreitete der Chef der KVP, Generalleutnant Heinz Hoffmann, Ende 1954 einen Vorschlag für praktische Maßnahmen zur »Vorbereitung der Umwandlung der Kasernierten Volkspolizei in eine Kaderarmee«[4], der im Grunde auf der militärpolitischen Entwicklungskonzeption der 2. Parteikonferenz der SED vom Juli 1952 aufbaute. In der KVP liefen nunmehr alle Maßnahmen auf eine Umwandlung der »Polizeitruppe« in eine »bewußte, schlagkräftige Kaderarmee« hinaus[5].

Parallel dazu wurden die entscheidenden politischen Weichen für den Übergang zur NVA gestellt. Als Gegengewicht zur NATO und der 1954/55 begonnenen Einbeziehung der Bundesrepublik in den westlichen Militärpakt hob die östliche Führungsmacht im Mai 1955 den Warschauer Pakt aus der Taufe. Die DDR übernahm darin die Verpflichtung, mit dem Schutz des eigenen Landes zugleich angemessen zur Verteidigung des Paktes beizutragen. Der Warschauer Vertrag bestimmte den Rahmen, in dem sich fortan die Streitkräfte des Ostblocks als Koalitionsarmeen zu entwickeln hatten.

Nicht zuletzt mit Blick auf die Bundesrepublik sah sich die SED-Führung auch veranlaßt, den Militäraufbau und die Militarisierungsbestrebungen in der DDR auf eine formal rechtliche bzw. gesetzliche Grundlage zu stellen. Im September 1955, wenige Tage nach der Reise von Bundeskanzler Konrad Adenauer in die UdSSR, schlossen die DDR und die Sowjetunion den »Vertrag über die Beziehungen zwischen der DDR und der UdSSR (Staatsvertrag)«.

Dieser Vertrag war praktisch die wichtigste völkerrechtliche Grundlage für die Schaffung von Streitkräften in der DDR; er stellte sozusagen die generelle Erlaubnis der östlichen Siegermacht des Zweiten Weltkrieges für den offiziellen Armeeaufbau dar. Mit der Bestätigung der Stationierung von fast einer halben Million Sowjetsoldaten in Ostdeutschland machte die sowjetische Führung aber zugleich deutlich, daß sie auch künftig nicht gewillt war, die Wacht an der Trennlinie beider Systeme und Militärblöcke in Mitteleuropa unter die alleinige Verantwortung der DDR-Armee zu stellen.

Die gesetzlichen Grundlagen für den regulären Streitkräfteaufbau wurden ebenfalls im Frühherbst 1955 geschaffen[6]. Mit den Verfassungsergänzungen vom September 1955 erhielt die Staatsgewalt das Recht, eine Armee aufzustellen und einzusetzen sowie die Wehrhoheit auszuüben. Damit war eine wichtige Basis der DDR-Wehrverfassung errichtet worden, die in den folgenden Jahren weiter ausgebaut wurde. Der Dienst »zum Schutz des Vaterlandes« und der »Errungenschaften der Werktätigen« wurde dabei als eine »ehrenvolle nationale Pflicht« der Bürger der DDR deklariert.

Die Gründung der NVA

Die Verkündung der Schaffung von regulären Streitkräften in der DDR war nach diesen Vorbereitungen nur eine Frage der Zeit. Bereits Mitte 1955 war von der DDR-Führung der Vorschlag zum Aufbau von Streitkräften an die sowjetische Führung herangetragen worden; im August sollte dann entsprechend diesen Plänen ein Antrag in die Volkskammer eingebracht werden. Auf Veranlassung der UdSSR mußte jedoch der formale Gesetzgebungsakt über die Schaffung der NVA noch hinausgezögert werden.

Am 18. Januar 1956 verabschiedete die Volkskammer einstimmig das »Gesetz über die Schaffung der Nationalen Volksarmee und des Ministeriums für Nationale Verteidigung« sowie den »Beschluß über die Einführung der Uniformen für die Nationale Volksarmee«. SED-Politbüromitglied Willi Stoph, Stellvertreter des Vorsitzenden des Ministerrates und bereits in der Uniform eines Generalobersten, begründete im Namen der SED-Fraktion und in Verschleierung des militärischen Charakters der KVP den Gesetzentwurf: »Bisher gab es in der Deutschen Demokratischen Republik nur Polizeikräfte, dazu gehörte auch die Kasernierte Volkspolizei. Es ist jedoch an der Zeit, entsprechend dem elementaren Recht, das jedem souveränen, unabhängigen Staat zusteht, eine Nationale Volksarmee in unserer Republik zu schaffen. Die Nationale Volksarmee wird aus Land-, Luft- und Seestreitkräften bestehen, die für die Verteidigung der Deutschen Demokratischen Republik notwendig sind[7].« Das Gesetz trat mit seiner Verkündung in Kraft. Der 18. Januar 1956 galt seitdem als offizieller Gründungstag der NVA. Einen Tag später wurde Generaloberst Stoph vom DDR-Ministerpräsidenten Otto Grotewohl zum »Minister für Nationale Verteidigung der DDR«, so die offizielle Bezeichnung, berufen. In der Funktion eines DDR-Verteidigungsministers verbanden sich — anders als zum Beispiel in der Bundesrepublik — die Aufgaben eines Ministers und eines Generalinspekteurs. Stoph war also für die politische und militärische Führung, Ausbildung und Erziehung der Streitkräfte unmittelbar und direkt verantwortlich. Er gehörte als Politbüromitglied und als Mitglied der SED-Sicherheitskommission dem obersten Führungszirkel der SED an und nahm zugleich seine Verantwortung auf staatlicher Ebene als Mitglied des Ministerrates wahr.

Ganze Einheiten der KVP »wechselten« in den folgenden Wochen und Monaten geschlossen zur NVA. In der Öffentlichkeit versuchte die SED-Propaganda den Eindruck zu erwecken, daß die Schaffung von Streitkräften von den Bürgern gewünscht worden sei. Doch bei weitem nicht alle DDR-Bürger schlossen sich den geforderten Willensbekundungen zur Schaffung der NVA an. Besonders unter einem »großen Teil der Jugendlichen« registrierte man Bedenken und Vorbehalte. Die meisten Ablehnungen waren sowohl pazifistisch als auch politisch begründet: »Wenn wir keine Waffe in die Hand nehmen, gibt es auch keinen Krieg«; »Volksarmee einverstanden — aber ohne uns«; »Wir wollen nicht auf unsere Brüder schießen«; »1945 haben wir geschworen, nie wieder eine Waffe in die Hand zu nehmen und lehnen es auch heute ab[8].«

Streitkräfteorganisation, Ausrüstung und Bewaffnung in der Aufbauphase

Am 10. Februar 1956 unterzeichnete der Minister für Nationale Verteidigung der DDR den ersten Grundsatzbefehl über den Aufbau der NVA. Der Befehl 1/56 bestimmte den Aufbau von Landstreitkräften mit Infanterie- und Panzerverbänden sowie mechanisierten Divisionen, von Seestreitkräften mit Minenleg- und Räumverbänden und einer Küstenschutzdivision, sowie von Luftstreitkräften und Luftverteidigungskräften mit Fliegerdivisionen und einer Flakdivision. Außerdem waren Truppenteile, Einrichtungen und Offiziersschulen in direkter Unterstellung unter das Ministerium vorgesehen, bei deren Aufstellung zum Teil ebenfalls auf vorhandene Formationen zurückgegriffen werden konnte.

Für die Aufstellung der NVA in einer Gesamtstärke von 120 000 Mann waren mehrere Etappen vorgesehen. Weitere Befehle über die Bildung des Ministeriums in Strausberg, der Landstreitkräfte mit den Militärbezirken Leipzig und Pasewalk (ab November 1956 Neubrandenburg) sowie über die Schaffung der Strukturen der anderen Teilstreitkräfte folgten. Alle Stäbe und Verwaltungen hatten bis zum 1. März 1956 arbeitsfähig zu sein. Dieser Tag, an dem die Führungsorgane der NVA ihre Einsatzbereitschaft meldeten, wurde seit 1957 als »Tag der Nationalen Volksarmee« alljährlich feierlich begangen.

Das Ministerium für Nationale Verteidigung (MfNV) wurde aus dem Führungsstab der KVP gebildet und befand sich in Strausberg bei Berlin. In seiner unmittelbaren Verantwortung für die Entwicklung der Streitkräfte erhielt es den Auftrag, vor allem die Gefechtsbereitschaft und Einsatzplanung zu gewährleisten, die operativ-taktische Ausbildung und die politische Arbeit zentral zu führen sowie die gesamte personelle und materielle Sicherstellung der Armee zu leiten[9]. Für die Aufgaben der Streitkräfte und der Wehrverwaltung gab es keine Trennung. Letztere wurden — anders als in der Bundesrepublik, in der Beamte dafür zuständig waren — in der NVA ausschließlich mit vom militärischen Teil wahrgenommen. Darüber hinaus fielen im Laufe der Jahre weitere Aufgaben in den Verantwortungsbereich des Verteidigungsministeriums, die normalerweise in die Zuständigkeit zivil-öffentlicher Institutionen gehörten, wie z.B. die Förderung des Kinder- und Jugendsports in den Armeesportklubs. Aus dem Politapparat der KVP hervorgehend, entstand zudem im Ministerium für Nationale Verteidigung die Politische Verwaltung (PV) der NVA, die einer Abteilung des ZK der SED gleichgestellt war. In der Hierarchie folgten unter dem Minister seine Stellvertreter im Generalsrang. Die wichtigsten Positionen hatten die Chefs des obersten Politorgans und des Hauptstabes inne.

Führung der NVA, März 1956

Generaloberst Willi Stoph	–	Minister für Nationale Verteidigung
Generalmajor Heinrich Dollwetzel	–	1. Stellvertreter des Ministers
Generalmajor Friedrich Dickel	–	Stellvertreter des Ministers und Chef der Politischen Verwaltung
Generalleutnant Vincenz Müller	–	Stellvertreter des Ministers und Chef des Hauptstabes
Oberst Erwin Freyer	–	Stellvertreter des Ministers für Technik und Bewaffnung
Generalmajor Hermann Rentzsch	–	Chef des Militärbezirkes Pasewalk
Generalmajor Fritz Johne	–	Chef des Militärbezirkes Leipzig
Generalmajor Heinz-Bernhard Zorn	–	Chef der Luftstreitkräfte
Oberst Gerhard Bauer	–	Chef der Luftverteidigung
Konteradmiral Fritz Scheffler	–	Chef der Seestreitkräfte

Andere führende Offiziere der KVP/NVA wie die Generale Heinz Hoffmann, Rudolf Dölling, Heinz Keßler und Vizeadmiral Waldemar Verner befanden sich im Frühjahr 1956 noch zum Studium in der Sowjetunion. Sie sollten bald wieder Spitzenpositionen in der NVA einnehmen.

Die gesamte politische und militärische Führungstätigkeit war in den 50er Jahren darauf gerichtet, in kürzester Frist eine einsatzbereite und schlagkräftige Armee aufzubauen, die im Sinne der SED als politisch und militärisch zuverlässig galt. Das Aufbauwerk wurde durch mehrere hundert sowjetische Militärberater unterstützt, gleichzeitig aber auch kontrolliert.

Die NVA-Verbände entstanden in der Regel aus Vorläuferformationen der KVP. Den ersten NVA-Verband — die 1. Mechanisierte Division Potsdam — erklärte man am 30. April 1956 mit der Übergabe der Truppenfahne als aufgestellt. Bereits im Sommer machten sich aufgrund personeller und materieller Engpässe sowie neuer sowjetischer Vorgaben einige Veränderungen im strukturellen und personellen Aufbau der NVA notwendig. So legte der DDR-Ministerrat — nicht zuletzt auch als propagandistischer Schachzug gegen die Aufstellung der Bundeswehr gedacht — im Juni 1956 fest, die vorgesehene Gesamtstärke der Armee von 120 000 auf 90 000 Mann zu verringern. Das bedeutete, daß in den folgenden Monaten Truppenteile und Einheiten aufgelöst, andere kadriert oder zusammengelegt werden mußten.

Ende 1956 dienten 85 650 Mann in der NVA, davon 66 750 bei den Landstreitkräften, 10 400 bei den Luftstreitkräften und der Luftverteidigung sowie 8500 bei den Seestreitkräften.

In den *Landstreitkräften* ging man ohne Verzug dazu über, die vorhandenen Kampfverbände auf zwei einheitliche taktische Verbände — die motorisierte Schützendivision (MSD) und die Panzerdivision (PD) — umzustellen. Bereits Ende 1956 konnte der Aufbau der Landstreitkräfte mit der Aufstellung der 1. MSD (Potsdam), der 8. MSD (Schwerin), der 9. PD (Eggesin), der 4. MSD (Erfurt), der 11. MSD (Halle) und der 7. PD (Dresden) strukturell im wesentlichen abgeschlossen werden. Dazu kam noch die 6. MSD (Prenzlau), die jedoch aufgrund personeller und wirtschaftlicher Probleme im November 1958 wieder aufgelöst wurde[10]. Die Verwaltungen der Militärbezirke wurden im Mai 1957 in Kommandos umbenannt.

Die NVA-Verbände erhielten 1956/57 aber nicht nur neue Strukturen, sondern auch eine zunehmend modernere Ausrüstung sowie eine ihrer Gliederung entsprechende Bewaffnung und Technik. Die Einführung dieser Waffen und Gerätschaften, mit denen teilweise auch die Sowjetarmee, namentlich die in der DDR stationierten Truppen der Gruppe der Sowjetischen Streitkräfte in Deutschland (GSSD) ausgerüstet waren, bildete eine wichtige Voraussetzung für das künftige Zusammenwirken mit den »Waffenbrüdern« im Warschauer Pakt. Zur Erstbewaffnung der NVA-Schützenverbände gehörten u.a. noch die bereits aus der KVP bekannten Pistolen TT-33, Karabiner

38/44, Maschinenpistolen (MPi) 41, leichte Maschinengewehre (lMG) DP, die schweren Maschinengewehre (sMG) »Maxim« und SG 43, die Panzerbüchsen RPG-2 sowie verschiedene Schützenpanzerwagen(SPW). Nunmehr begann die durchgängige Ausstattung mit der MPi K (Kalaschnikow), den SPW-Typen 152 und 40. Schrittweise erfolgte die Ausrüstung mit weiteren Gefechtsfahrzeugen und Waffensystemen sowjetischer Bauart, darunter Panzern T-34/85 und T-54 (vorerst in Panzerdivisionen), selbstfahrenden Panzerabwehrkanonen (85-mm-Pak) sowie 57-mm-Fliegerabwehrkanonen (Flak), über die aber ebenfalls teilweise schon die KVP verfügt hatte. Bis zum Anfang der 60er Jahre erhöhten sich die Gefechtsmöglichkeiten, die Beweglichkeit und die Feuerkraft der mot. Schützeneinheiten beträchtlich.

Den Verwaltungen *Luftstreitkräfte (LSK)* in Cottbus und *Luftverteidigung (LV)* in Strausberg-Eggersdorf, aus denen sich Ende Mai 1957 die Teilstreitkraft *Luftstreitkräfte/Luftverteidigung (LSK/LV)* unter dem gemeinsamen »Kommando« in Eggersdorf bildete, unterstanden anfangs 5 Offiziersschulen, 2 Fliegerdivisionen (Cottbus und Drewitz) und 1 Flakartilleriedivision (Strausberg/Eggersdorf). Aus den als »Aeroklubs« getarnten Fliegerkräften der KVP konnte die NVA 99 Jak-11 (NATO: MOOSE), 34 Jak-18 (NATO: MOUSE), zwei AN-2 (NATO: COLT) und einige Transportflugzeuge übernehmen. Die NVA-Geschwader rüsteten nunmehr auf Jagdflugzeuge der MiG-Serie — MiG-15 BIS (NATO: FAGOT) und MiG-17 F (NATO: FRESCO C) — um und bauten im Bereich der Hubschrauber- und Transportfliegerkräfte neue Strukturen auf. Die Aufgabe der Jagdflieger war es, das Abfangen von Luftzielen am Tage und in der Nacht zu trainieren. Fast alle Flugplätze befanden sich in der Nähe der polnischen Grenze. Die Flakartillerie erhielt die automatische Flak 57 mm und die halbautomatische Flak 100 mm. Bei den funktechnischen Truppen waren Funkmeßstationen vom Typ P-8 und P-10 zur Luftraumaufklärung sowie Geschützrichtstationen im Einsatz. Ende der 50er Jahre setzte sich die rasche Umrüstung vor allem bei den Flugzeugen weiter fort. Die MiG-17 F wurden mit Allwetterjägern MiG-17 PF (NATO: FRESCO D) sowie mit MiG-19 PM (NATO: FARMER D) ergänzt.

Die *Seestreitkräfte* hatten als »VP-See« bis Ende 1955 fast ausschließlich nur über Minenräumkräfte und allgemeine Sicherungsfahrzeuge, die auf DDR-Werften gebaut worden waren, verfügt. Nunmehr kamen sowjetische Küstenschutzschiffe (Fregatten) der Riga-Klasse, vollwertige U-Bootjäger des Projekts 201 M sowie zweirohrige Torpedoschnell(TS)-Boote des Projekts 183 hinzu. Die Seestreitkräfte, deren Kommando sich in Rostock befand, gliederten sich Ende 1956 in Flottillen, die strukturmäßig den Divisionen der anderen Teilstreitkräfte entsprachen, sowie in die Seeoffiziersschule Stralsund, in landgebundene Waffengattungen, Spezialtruppen und Dienste. Aufgabenorientiert entstanden schrittweise Stoß-, Sicherungs-, Sicherstellungs- und Landungskräfte. Die DDR-Marine besaß keine U-Boote.

Am 1. Dezember 1956 waren alle Befehle und Anordnungen der KVP außer Kraft getreten, die Kasernierte Volkspolizei damit endgültig aufgelöst. Die junge DDR-Volksarmee stand am Beginn ihres Weges zu einer modernen sozialistischen Bündnisarmee.

Bereits auf seiner ersten Tagung im Januar 1956 hatte der Politische Beratende Ausschuß des Warschauer Vertrages beschlossen, bewaffnete Kontingente der NVA nach ihrer Schaffung in die »Vereinten Streitkräfte« des Paktes einzubeziehen. Der DDR-Verteidigungsminister rückte formell zu einem der Stellvertreter des Oberkommandierenden der Paktstreitkräfte auf.

Die Aufnahme in die Vereinten Streitkräfte bedeutete, sich von Anfang an strikt am Vorbild der Sowjetarmee zu orientieren und sich in die Militärorganisation des Warschauer Paktes einzuordnen. Die DDR-Volksarmee mußte daher in ihrer Struktur, Gliederung und Entwicklung den Anforderungen als Koalitionsarmee, als Armee an der Seite der GSSD, genügen. Schrittweise bildeten sich erste Kontakte zu den »Waffenbrüdern« im Pakt heraus. Die erste gemeinsame Übung von Stäben und Truppen der NVA und GSSD fand im August 1957 statt.

Die Streitkräfte waren im System der bewaffneten Organe der DDR nicht nur als das stärkste, sondern auch als das wichtigste Element zur Gewährleistung der äußeren Sicherheit konzipiert worden. Zumindest in den Aufbaujahren hatte die NVA darüber hinaus eine innere Funktion zu erfüllen. So war im Zusammenhang mit den Ereignissen in Ungarn und Polen im Oktober 1956 in einem SED-Politbürobeschluß festgelegt worden, die NVA zur Zerschlagung »konterrevolutionärer Provokationen«, d.h. bei der Bekämpfung befürchteter innerer Unruhen, einzusetzen. In den folgenden Jahren ging man zwar von dieser ambivalenten Aufgabenstellung ab, was sich 1962 in einem Beschluß des Nationalen Verteidigungrates über den generellen Nichteinsatz von Militäreinheiten im Innern manifestierte, eine gewisse Option für einen wie auch immer gearteten inneren Einsatz der Armee blieb jedoch auch nach 1962 bestehen[11].

Personalentwicklungen im Zeichen des »Freiwilligenprinzips«

Der Beschluß der SED-Führung, die NVA vorerst auf eine Gesamtstärke von 90 000 Mann festzulegen und auf der Grundlage der »Freiwilligkeit« aufzubauen, war vor allem eine politische Entscheidung. Das sogenannte Freiwilligenprinzip prägte in einem nicht unerheblichen Maße die Entwicklung des inneren Gefüges der NVA bis zu ihrem Übergang zur Wehrpflichtarmee 1962.

Jeder NVA-Angehörige mußte einen Schwur leisten und eine Verpflichtungserklärung abgeben. Der erste NVA-Schwur, der später durch einen sowjetisch geprägten Fahneneid abgelöst wurde, lautete:

»Ich schwöre: meinem Vaterland, der Deutschen Demokratischen Republik, allzeit treu zu dienen, sie auf Befehl der Arbeiter-und-Bauern-Regierung unter Einsatz meines Lebens gegen jeden Feind zu schützen, den militärischen Vorgesetzten unbedingten Gehorsam zu leisten, immer und überall die Ehre unserer Republik und ihrer Nationalen Volksarmee zu wahren[12].«

Im Prinzip konnte jeder junge männliche DDR-Bürger in die NVA eintreten, wenn er »ehrlich zur Arbeiter-und-Bauern-Macht« stand. Offiziere mußten sich für eine Mindestdienstzeit von zehn Jahren verpflichten und galten als Berufssoldaten. Die Werbung lag vor allem in den Händen der NVA selbst und wurde von der SED, den Massenorganisationen und den örtlichen Staatsorganen unterstützt.

Personalstärke der NVA, Dezember 1956[13]

Offiziere	17800
Unteroffiziere	24800
Mannschaften	43050
Gesamt	85650

Die besondere Aufmerksamkeit der SED galt der Entwicklung der militärischen Führungsschicht, dem Offizierkorps der NVA. Ziel ihrer »Kaderpolitik« war es, die Armee unter der Kontrolle der Partei zu halten, ihre Einsatzbereitschaft zu gewährleisten und die kommunistische Erziehung durchzusetzen. Mit der Einführung der Dienstlaufbahnordnung[14] und ihrer Durchführungsbestimmungen im Frühjahr/Sommer 1956, die die Rechte und Pflichten der aktiven Soldaten und Reservisten erstmals ausführlich festlegten, war ein entscheidender Schritt auf dem Wege zu einer systematischen Personalführung der knapp 18 000 Offiziere getan.

Die wichtigsten Kommandeursstellungen wurden mit bewährten kommunistischen Führungskadern besetzt. Militär- und Parteielite war in den Spitzenpositionen eng miteinander verquickt. 1958 gehörten fünf Generale/Admirale dem ZK der SED als Mitglied bzw. Kandidat an. Minister Stoph war Mitglied des SED-Politbüros und der Sicherheitskommission der Partei. Neben den Armeeposten hatten einige Generale darüber hinaus auch Parlamentssitze inne.

Die Militärelite der NVA bestand Ende 1956 aus 26 aktiven Generalen und Admiralen. Mehr als die Hälfte von ihnen kam aus der kommunistischen Jugendbewegung und aus der KPD. Sie waren in der Regel im Widerstand gegen das NS-Regime und im Spanischen Bürgerkrieg auf seiten der »Internationalen Brigaden« aktiv gewesen. Nicht wenige hatten in Konzentrationslagern und Gefängnissen der Nazis gesessen. Einige waren in die Sowjetunion emigriert, wo sie zumeist in der »Antifa-Arbeit« des Nationalkomitees Freies Deutschland (NKFD) eingesetzt wurden. Nur wenige von ihnen besaßen bereits ausreichende militärische Kenntnisse, die sie sich im Ersten Weltkrieg, im Spanischen Bürgerkrieg, in der Roten Armee oder im Zweiten Weltkrieg, zum großen Teil aber erst beim Aufbau der kasernierten Kräfte in der DDR und auf Lehrgängen in der UdSSR erworben hatten.

Die andere Gruppe in der NVA-Militärelite bildeten Offiziere und Unteroffiziere der ehemaligen Wehrmacht. So bekamen in der Führung der NVA zeitweise auch vier Wehrmachtgenerale Leitungsverantwortung übertragen, ohne aber in Kommandeursstellen eingesetzt zu werden. Die höchste Position aus der Gruppe der ehemaligen Wehrmachtangehörigen nahm Generalleutnant Vincenz Müller ein. Der bisherige Chef des Stabes der KVP wurde Chef des Hauptstabes der jungen NVA. Müller hatte bereits im Krieg als Generalleutnant ein Armeekorps befehligt und war 1944 in sowjetische Gefangenschaft gegangen. Hier schloß er sich dem NKFD und dem Bund Deutscher Offiziere (BDO) an. Generalleutnant Müller galt bis zu seiner Entlassung im Jahre 1958 als der »militärische Kopf« der DDR-Streitkräfte. Neben diesen Generalen kamen noch einige hundert ehemaliger Wehrmachtoffiziere als »Militärspezialisten« vor allem im Ministerium sowie in den Kommandos der Teilstreitkräfte, in den Divisionen und an Schulen zum Einsatz[15].

Die Furcht, daß die militärische Führung der Armee zu stark unter den Einfluß ehemaliger Wehrmachtoffiziere, im SED-Verständnis »klassenfremder Elemente«, gelangen könnte, sowie zunehmende politische Bedenken — auch im Hinblick auf die propagandistische Auseinandersetzung mit der Aufstellung der Bundeswehr, der man den Aufbau mit »Nazi-Generalen« vorhielt — veranlaßte die SED, Richtlinien zur raschen Aussteuerung »Ehemaliger« aus den Reihen der NVA zu fixieren. Auf der Grundlage eines Politbürobeschlusses vom 15. Februar 1957 wurden in den folgenden zwei Jahren 293 ehemalige Offiziere, das betraf etwas mehr als die Hälfte aller zu diesem Zeitpunkt in der NVA diensttuenden Wehrmachtoffiziere, in die Reserve versetzt, zur Berufsvorbereitung freigestellt, pensioniert bzw. entlassen. Im März 1964 dienten nur noch 67 ehemalige Offiziere der Wehrmacht aktiv in den Streitkräften. Sie waren vor allem in der Lehrtätigkeit, im medizinischen Dienst, in der militärwissenschaftlichen Arbeit und in zentralen Einrichtungen tätig. Neben den einzelnen Generalen und den relativ wenigen Offizieren fanden vor allem Feldwebel und Unteroffiziere der Wehrmacht Eingang in das NVA-Offizierkorps. Etliche von ihnen stiegen als Stabsoffiziere und Generale rasch in verantwortliche Dienststellungen auf.

Als Ausdruck der politischen Zuverlässigkeit galten die »richtige« soziale Zusammensetzung des Offizierkorps mit eindeutiger Dominanz der »Arbeiterklasse« sowie die Zugehörigkeit zur SED.

Im Gründungsjahr der NVA entstammten 73,5 % ihrer Offiziere der sozialen Herkunft nach (Beruf des Vaters) aus der Industriearbeiterschaft, 8 % kamen aus Landarbeiterfamilien, 11,6 % entstammten Angestelltenkreisen und nur 3,4 % wurden als Bauer eingestuft. Die stets als »Arbeiter-und-Bauern-Armee« apostrophierte NVA war also zumindest nach der sozialen Zusammensetzung ihres Offizierkorps eher eine »Arbeiter-und-Angestellten-Armee«.

Dieser Umstand wird noch deutlicher, betrachtet man die soziale Lage, also den Status der Offiziere vor Eintritt in die bewaffneten Kräfte. Danach waren 61,1 % der Offiziere in der Industrie als Arbeiter tätig gewesen. Knapp ein Fünftel arbeitete zuvor als Angestellter und fast 12 % waren Landarbeiter, aber nur 0,1 % Bauer. Der Anteil der Schüler (Abiturienten) belief sich auf 6,3 %[16]. Der relativ hohe Angestelltenanteil entstand auch dadurch, daß eine Reihe von Offizieren, vor allem im Politbereich, vor ihrem Eintritt in die Armee als Funktionäre in Staat, Partei und FDJ gewirkt hatten.

79,5 % aller NVA-Offiziere gehörten 1956 der SED als Mitglied oder Kandidat an. Im gesamten Führungskorps der Armee gab es 66 Personen, die bereits vor 1933 politisch in der KPD oder SPD organisiert gewesen waren. Unter ihnen befanden sich Mitte 1956 u.a. 3 stellvertretende Minister, der Chef Rückwärtige Dienste der NVA, 4 Verwaltungschefs und 7 Abteilungsleiter im Ministerium sowie der Chef eines Militärbezirks und der Kommandeur einer Division. Die Zahl dieser »bewährten« kommunistischen Klassenkämpfer nahm in den folgenden Jahren aber ab. Obwohl die sogenannten Blockparteien einige Vertreter im Offizierkorps nachweisen konnten — Mitte 1956 wurden in einer Statistik noch 25 NDPD- und 8 DBD-Mitglieder erfaßt —, besaßen sie keinerlei politischen Einfluß in der militärischen Führungsschicht. Zu Anfang der 60er Jahre gab es unter den Offizieren der NVA im Prinzip keine Mitglieder anderer Parteien mehr.

Zum NVA-Offizierkorps zählten 1956 etwa 3000 Politoffiziere. Das Gros dieser Offiziere unterschied sich von ihren Kameraden, den sogenannten Fachoffizieren, vor allem dadurch, daß sie kaum über militärische Kenntnisse verfügten. Die besondere Aufmerksamkeit galt hier der absoluten politischen Zuverlässigkeit und Treue zur Partei. Der sehr hohe Anteil von »Arbeitern« und die 100prozentige Mitgliedschaft in der SED waren Ausdruck dafür.

Obwohl schon in der Zeit vor Gründung der NVA Aktivitäten unternommen worden waren, die fachliche Qualifizierung der KVP-Offiziere zu verbessern, blieben die erreichten Fortschritte bis Mitte des Jahrzehnts noch eher gering. Von einem militärisch ausreichend qualifizierten Offizierkorps konnte demzufolge in der Aufbauphase keine Rede sein. Die meisten diensttuenden früheren Arbeiter und Landarbeiter besaßen im Höchstfall eine 8-klassige Schulbildung, so daß dementsprechend im Offizierkorps drei Viertel der Offiziere diesen Volksschulabschluß vorweisen konnten. Immerhin blieben 4,6 %, das waren über 800 Offiziere, in ihrem Bildungsstatus noch darunter[17]. Die militärische Qualifikation bot ebenfalls ein wenig befriedigendes Bild. Rund ein Viertel aller NVA-Offiziere verfügten Mitte 1956 über kaum mehr als eine kurze militärische Grundausbildung. Der Aus- und Weiterbildung des Offizierkorps wurde deshalb große Aufmerksamkeit gewidmet. In der NVA gab es anfangs 16 Lehranstalten, die nach Waffengattungen und Diensten strukturiert waren, außerdem eine Militärmedizinische Sektion an der Universität Greifswald. Auf einigen Spezialgebieten besuchten Offizierkader bereits Schulen der sowjetischen Streitkräfte.

Die Weiterbildung von Offizieren zur Qualifizierung für höhere Dienststellungen erfolgte in Lehrgängen an der Hochschule für Offiziere, in einjährigen Qualifizierungslehrgängen an den Offiziersschulen und an sowjetischen Akademien. Im System der Aus- und Weiterbildung wurde 1959 den Offiziersschulen der NVA der Status einer Fachschule zuerkannt, und im gleichen Jahr schuf man mit der Gründung der Militärakademie »Friedrich Engels« in Dresden eine akademische Bildungsstätte der DDR-Streitkräfte.

Als »Kaderschmiede« für den Führungsnachwuchs nahm darüber hinaus am 1. September 1956 eine Kadettenschule der NVA in Naumburg ihren Dienst auf. Diese Schule sollte Schüler ab der 6. Klasse auf den Eintritt als Offiziersschüler in die NVA vorbereiten. Der Lehrplan glich in vielem dem der allgemeinen Schulen, war aber durch eine vormilitärische Ausbildung, erweiterten Englischunterricht sowie einen verstärkten Sportunterricht ergänzt worden. Umfangreiche Sondervorhaben wie die Durchführung von Sommerlagern auf Rügen und Winterlagern in Bärenstein, Arbeitseinsätze in Betrieben sowie die Teilnahme an sogenannten Arbeitsgemeinschaften boten den Kadetten ein breites Spektrum an außerschulischer Betätigung. Dem kam die zum Teil sehr gute materielle Ausstattung der Schule mit einem Hallenbad, einem Sportplatz, einem Kino und verschiedenen Werkstätten entgegen. Insgesamt stand aber dem großen materiellen Aufwand nur ein geringer politischer Nutzen gegenüber, der zudem durch beträchtliche Erziehungsprobleme an der Schule weiter in Frage gestellt wurde. Fünf Jahre nach ihrer Gründung stellte die Kadettenschule ihre Tätigkeit ein[18].

Die Unteroffiziere wurden vor allem aus dem Personalbestand der Mannschaften gewonnen und hatten eine mindestens vierjährige Dienstzeit zu absolvieren. Ihr Bildungsstand war sehr gering: 83 % hatten die acht Klassen der Volksschule absolviert, aber fast 17 % konnten nur auf einen niedrigeren Abschluß verweisen. Immerhin war jeder dritte Unteroffizier in der SED organisiert. Das System zur Aus- und Weiterbildung der Unteroffiziere war bis zur Mitte der 60er Jahre mehrfach Veränderungen unterworfen. Ihre Heranbildung, deren Dauer etwa 10 Monate betrug, erfolgte maßgeblich in Regimentsschulen und Lehreinheiten sowie in besonderen Lehrgängen an Offiziersschulen, ab 1958 in Lehrbataillonen und Einsatzkompanien und ab 1961 überwiegend in Unteroffiziersausbildungsregimentern. Die Weiterbildung der Unteroffiziere wurde in den Kompanien der Truppenteile durchgeführt. Das Leistungsvermögen und der Auffüllungsstand bei Unteroffizieren blieben über viele Jahre hinweg unbefriedigend. Erste Verbesserungen traten ab Mitte 1960 ein, als man die Laufbahnbestimmungen für Unteroffiziere veränderte. U.a. wurden die Dienstzeiten differenziert, die Dienstbezüge erhöht und die Versorgungsleistungen verbessert sowie der neue Dienstgrad Unterfeldwebel eingeführt.

Die nach Ableistung ihres »freiwilligen« NVA-Dienstes ausgeschiedenen Soldaten, Unteroffiziere und Offiziere wurden in die Reserve versetzt. Sie bildeten mit Bürgern, die eine mehrwöchige militärische Ausbildung in der Armee erhalten hatten, die Reserve der NVA. Hier hatte die SED-Führung, obwohl es noch keine allgemeine Wehrpflicht gab, bereits ein beachtliches personelles Potential geschaffen. Rund 300 000 Männer, darunter über 11 000 Offiziere, gehörten am Übergang zu den 60er Jahren zum nachgewiesenen Reservistenbestand der Armee (einschließlich der Reservisten der Grenzpolizei, der KVP und der Bereitschaftspolizei). Insgesamt hätte die SED-Führung zu diesem Zeitpunkt auf über 400 000 Bürger mit einer militärischen Ausbildung zurückgreifen können; das waren immerhin 14 % der in Frage kommenden männlichen Bevölkerung der Geburtsjahrgänge 1915–1943. Im Jahr 1957 war mit der systematischen Ausbildung von Reservisten begonnen worden. Zur Schaffung von zusätzlichen Reserven an Offizieren, Unteroffizieren und Soldaten erfolgten u.a. sogenannte Kurzausbildungen von Funktionären der SED, der FDJ und von Mitarbeitern staatlicher Verwaltungen sowie die Ausbildung von Studenten während ihres Studiums zu Reserveoffizieren.

Die Durchsetzung des SED-Führungsanspruchs

Die Bildung von Polit- und Parteiorganen nach dem Vorbild der Sowjetarmee war seit Ende der 40er Jahre untrennbar mit dem Aufbau militärischer Formationen in der DDR verbunden. In den Teilstreitkräften, Militärbezirken und Divisionen der NVA hatte man 1956 unverzüglich Politabteilungen geschaffen sowie in den Regimentern und Einheiten Stellvertreter der Kommandeure für politische Arbeit eingesetzt.

Die Politorgane leiteten die politische Arbeit und die Indoktrination der Soldaten auf der Grundlage des Marxismus-Leninismus sowie der Beschlüsse von Partei und Regierung. Sie hatten die Pflicht, »alle Angehörigen der Nationalen Volksarmee zur Liebe und Ergebenheit gegenüber der Arbeiter-und-Bauern-Macht in der Deutschen Demokratischen Republik und der Sozialistischen Einheitspartei Deutschlands« zu erziehen[19]. Die Mitarbeiter der Politorgane wurden nicht gewählt, sondern auf Vorschlag des Leiters der Politischen Verwaltung durch den Verteidigungsminister eingesetzt. Der Politischen Verwaltung z.T. direkt unterstellt, unterstützten darüber hinaus verschiedene Presseorgane wie die 1956 gegründete Zeitung »Volksarmee« die »Politarbeit« der SED in den Streitkräften.

Neben den Politorganen verkörperten — wie schon in der KVP — die SED-Parteiorganisationen am unmittelbarsten den politischen Führungsanspruch der SED den Streitkräften gegenüber. Sie bestanden in nahezu allen Struktureinheiten der NVA. Das »Fundament der Partei« bildeten in den Truppenteilen der Teilstreitkräfte, in den Stäben, Kommandos, Verwaltungen, Schulen und Dienststellen die Grundorganisationen. 1958 wurde es möglich, auch in den Bataillonen der Landstreitkräfte und in selbständigen Einheiten der LSK/LV und der Seestreitkräfte Parteiorganisationen mit den Rechten einer Grundorganisation zu bilden. In den kleinen Einheiten bis zu den Kompanien wirkten Parteigruppen.

SED-Mitglieder in der NVA, 1956–1963[20]

Jahr	Mitglieder/Kandidaten
1956	34993
1958	37762
1963	57518

Die »führende Rolle« der SED wurde trotz dieser organisatorischen Dominanz von der Parteiführung keineswegs als ausreichend angesehen[21]. Deshalb sollte sie noch stärker in den militärischen Strukturen verankert werden. Den Hauptweg dazu sah man vor allem darin, die Einheit der politischen und militärischen Führung, Erziehung und Bildung zu propagieren und durchzusetzen.

Die forcierte Durchsetzung des Prinzips der »Einzelleitung«, das die Einheit von politischer und militärischer Truppenführung in der Hand des Kommandeurs verkörperte, stieß aber nach Gründung der NVA offensichtlich auf massive Ablehnung in Teilen des Offizierkorps. Nicht wenige NVA-Offiziere fühlten sich ausschließlich als militärische Fachleute, die sich für die politische und ideologische Indoktrinierung ihrer Unterstellten nicht verantwortlich zeigten bzw. nicht verantwortlich machen lassen wollten. Andererseits glaubten nicht wenige der zumeist militärisch inkompetenten Politoffiziere, den Fachoffizieren ihre nur aus der Führungsrolle der Partei abgeleitete Autorität zeigen zu müssen. Diesen sich ausweitenden Unstimmigkeiten in den Stäben und in der Truppe trat die SED-Führung seit dem Frühjahr 1957 offen entgegen. Walter Ulbricht und Erich Honecker trafen im Juni 1957 in Eggersdorf mit leitenden Parteifunktionären der NVA zusammen und berieten das weitere Vorgehen zur Stabilisierung und Vergrößerung des Parteieinflusses in der Armee.

Wenige Monate später, im Januar 1958, verabschiedete das Politbüro dazu den prinzipiellen Beschluß »Über die Rolle der Partei in der Nationalen Volksarmee«[22]. Er schrieb den generellen Einfluß der SED und die »Einzelleitung« in der NVA verbindlich fest. »Jeder Kommandeur, jeder Vorgesetzte muß sich bewußt sein, daß er in erster Linie politischer Funktionär ist und seine Arbeit im Auftrag der Partei der Arbeiterklasse durchführt[23].«

Die Kommandeure wurden nunmehr u.a. verpflichtet, die Sekretäre der Parteiorganisationen zu militärischen Leitungsbesprechungen hinzuzuziehen. Die Parteifunktionäre erhielten das Recht, die militärische Tätigkeit der Kommandeure auf Parteiversammlungen zu kritisieren und bekamen zudem größte Vollmachten bei allen Personalentscheidungen. Auch wenn in der Folgezeit die Umsetzung des Politbürobeschlusses nur schleppend vorankam, beseitigte er im Grunde alle Festlegungen und Widerstände, die einer größeren Einflußnahme der SED und ihrer Mitglieder in der Armee bisher noch entgegengestanden hatten. 1957/58 hatte die SED-Führung somit endgültig ihren Machteinfluß auf alle Seiten des militärischen Lebens ausbauen und verbindlich festschreiben können. Ein Ausdruck dessen war auch der institutionelle Ausbau des Politsystems, der vor allem in der Umwandlung der bisherigen Politischen Verwaltung in die Politische Hauptverwaltung (PHV) als höchstes leitendes Partei- und Politorgan in der NVA im Oktober 1961 sichtbar wurde.

Innerer Zustand und »Experimente«

Der komplizierte Aufbauprozeß der NVA war auch von Komplikationen in den inneren Verhältnissen der Streitkräfte begleitet. Mangelhafte materielle Voraussetzungen für eine ordentliche Dienstdurchführung, eine unbefriedigende medizinische und kulturelle Betreuung der Armeeangehörigen in abgelegenen Standorten, der rüde Umgangston sowie verbreitete Verantwortungslosigkeit und teilweise Willkür von Vorgesetzten führten nicht selten zu Mißstimmung und Unlust in allen Dienstgradgruppen vom Soldaten bis zum Offizier. Tendenzen einer gewissen Demoralisierung der Truppe zeigten sich in der hohen Zahl von Desertionen und besonderen Vorkommnissen, in einer hohen Selbstmordrate und in Rissen des inneren Gefüges. Als besonders »besorgniserregend« wurde die Desertionsrate und die Anzahl der Unerlaubten Entfernungen (UE) eingeschätzt. Zwar stellte man allgemein einen Rückgang der Fahnenfluchten seit der KVP-Zeit fest, jedoch war die Zahl der aus der NVA desertierenden Soldaten immer noch recht hoch. Sie stieg bis 1961 sogar wieder an.

Anzahl der Desertionen in der NVA, 1955–1959[24]

Jahr	Anzahl
1955	350
1956	233
1957	329
1958	213
1959	107

Um die zum Teil katastrophalen inneren Verhältnisse in der NVA, insbesondere im personellen Bereich, zu verbessern, griff die SED-Führung Ende der 50er Jahre chinesische Erfahrungen auf, deren Nutzung im Konnex der damals noch ungestörten Freundschaft mit der Volksrepublik China als legitim angesehen wurde. So legte ein Politbürobeschluß im Januar 1959 fest, daß alle Offiziere, Generale und Admirale jährlich vier Wochen Dienst als Soldat in der Truppe zu leisten hatten. Sie mußten als Mannschaftsoldat gemeinsam mit den Mannschaften in der Kompanie leben, essen, schlafen, arbeiten, an der Ausbildung und an der Partei- und FDJ-Arbeit teilnehmen. Eine Änderung der Dienstbezüge erfolgte jedoch nicht.

Annähernd parallel zur Tätigkeit von Offizieren als Soldat in den Einheiten begann ein weiteres Experiment »chinesischen Ursprungs« in der NVA. »Einsätze in der Produktion« sollten helfen, vor allem die Beziehungen zum »einfachen Volk«, speziell zur »Arbeiterklasse«, zu stärken[25]. In den DDR-Streitkräften waren dazu in der zweiten Hälfte des Jahres 1958 entsprechende Vorbereitungen angelaufen. Zielgruppen bildeten anfangs jene Offiziersschüler, die bisher nicht im Arbeitsprozeß tätig geworden waren, also z.B. gleich nach dem Abitur an die Offiziersschule kamen, und alle anderen Offiziere ohne »Produktionserfahrung«. Die Offiziersschüler mußten zwischen 6 und 12 Monaten in die Betriebe. Offiziere, vor allem aus dem Polit- und Parteibereich, sollten für etwa 1 Monat freigestellt werden.

Die zeitweiligen Einsätze von Generalen und Offizieren als Soldat in der Truppe bzw. in der »Produktion« blieben Episoden in der Geschichte der NVA. 1960/61 wurden alle diesbezüglichen Befehle und Anordnungen außer Kraft gesetzt, weil sie nicht die gewünschten politischen und ideologischen Wirkungen zeigten. Das offensichtliche Scheitern der Aktion ließ die Frage zu einem Tabu-Thema werden.

Mauerbau 1961

Die NVA hatte am Beginn der 60er Jahre ihre Aufstellungsphase im wesentlichen abgeschlossen. Die erste Probe, sich im Sinne der SED politisch und militärisch zu bewähren, legten die Streitkräfte beim Mauerbau im Sommer 1961 ab[26].

In der Nacht vom 12. zum 13. August 1961 sperrten über 5000 Grenz-, Bereitschafts- und Schutzpolizisten sowie 4500 Kampfgruppenangehörige die Sektorengrenzen in und um Berlin ab. Sie bildeten eine erste »Sicherungsstaffel«. Weitere »Sicherungsstaffeln« setzten sich aus Formationen der Landstreitkräfte der NVA bzw. der GSSD zusammen. Die Truppen der NVA — vor allem die 1. MSD im Bestand von 4500 Mann, 140 Panzern und 200 SPW sowie die 8. MSD mit 3000 Soldaten, 100 Panzern und 120 SPW — standen in einer Tiefe von rund 1000 m von der Grenze hinter den Polizei- und Kampfgruppeneinheiten. Ihre Gefechtsstände befanden sich in Oranienburg sowie im Magerviehhof in Berlin-Lichtenberg. In der sowjetischen Garnison Karlshorst bildeten zudem Vertreter des DDR-Verteidigungsministeriums, der Stadtkommandantur und der GSSD einen gemeinsamen Gefechtsstand für den Fall des Eingreifens der Westalliierten. Andere Teile der NVA waren ebenfalls in Alarmbereitschaft versetzt worden; sie übernahmen u.a. zusätzliche Sicherungsmaßnahmen an der innerdeutschen Grenze und verstärkten die Aufklärung und Beobachtung des Luftraumes und des Küstenabschnittes. Die Schußwaffe durfte generell nur auf Befehl des Ministers angewendet werden. Nach der Erfüllung ihres Auftrages zur »zuverlässigen Sicherung der Staatsgrenze« kehrte die Masse der eingesetzten NVA-Kräfte bis zum 22. September in ihre Standorte zurück. Bereits wenige Tage zuvor, am 15. September 1961, war die Deutsche Grenzpolizei (DGP) dem MfNV unterstellt und das Kommando der Grenztruppen der NVA gebildet worden[27].

Konsolidierung und Ausbau als Koalitionsarmee (1961/62–1969/70)

Anfang der 60er Jahre deuteten sich beachtliche Veränderungen in der ostdeutschen Streitkräfteentwicklung an. Diese Wandlungen entsprachen einerseits den SED-Absichten, die nach dem Mauerbau 1961 auf eine schnellere wirtschaftliche und soziale Entwicklung der DDR sowie eine dauerhafte politische Stabilisierung des SED-Regimes zielten. Dazu kamen andererseits neue Anforderungen, die man aus der »imperialistischen Bedrohung« durch den Westen, aus der rasanten Entwicklung der Militärtechnik — auch »Revolution im Militärwesen« genannt — sowie aus der notwendigen Einbeziehung der NVA in den Warschauer Pakt ableitete.

Die NVA sollte in den 60er Jahren zum Kern der DDR-Landesverteidigung ausgebaut werden. Damit verbunden war die Forderung der Militärs, die DDR-Volksarmee zu einem anerkannten militärischen Partner im Bündnis werden zu lassen. Dazu mußte sie vor allem modern ausgerüstet, kampfstark strukturiert, personell gestärkt und nicht zuletzt im Innern konsolidiert werden.

Die Einführung der Wehrpflicht

Vorbereitet durch die Verfassungsergänzung von 1955 und die Verabschiedung des Verteidigungsgesetzes im Jahre 1961 sowie propagandistisch mit der Vereitelung der »aggressiven Absichten der Bonner Ultras« begründet, letztlich aber erst durch die Einmauerung der DDR ermöglicht, erfolgte mit dem Gesetz vom 24. Januar 1962 die Einführung der allgemeinen Wehrpflicht in der DDR[28].

Die Wehrpflicht wurde nunmehr neben dem freiwilligen Dienst zum grundlegenden Prinzip der Auffüllung der Streitkräfte. Sie erstreckte sich auf männliche Bürger der DDR vom 18. bis zum vollendeten 50. Lebensjahr. Bei Offizieren endete sie mit Vollendung des 60. Lebensjahres. Im Verteidigungsfall unterlagen alle Männer zwischen 18 und 60 Jahren der Wehrpflicht. Die Dauer des Grundwehrdienstes betrug 18 Monate, die Gesamtdauer des Reservistendienstes sollte bei Soldaten und Unteroffizieren 21 Monate nicht überschreiten. Nicht gemustert werden durften u.a. Mitglieder und Kandidaten des Politbüros der SED, Mitglieder des Staatsrates, des Ministerrates, des Präsidiums der Volkskammer sowie die SED-Bezirkschefs und die Vorsitzenden der »Blockparteien«.

Der nach sowjetischem Vorbild formulierte neue (und bis Anfang 1990 gültige) Fahneneid der NVA lautete:

> »Ich schwöre:
> Der Deutschen Demokratischen Repubik, meinem Vaterland, allzeit treu zu dienen und sie auf Befehl der Arbeiter-und-Bauern-Regierung gegen jeden Feind zu schützen.
>
> Ich schwöre:
> An der Seite der Sowjetarmee und der Armeen der mit uns verbündeten sozialistischen Länder als Soldat der Nationalen Volksarmee jederzeit bereit zu sein, den Sozialismus gegen alle Feinde zu verteidigen und mein Leben zur Erringung des Sieges einzusetzen.
>
> Ich schwöre:
> Ein ehrlicher, tapferer, disziplinierter und wachsamer Soldat zu sein, den militärischen Vorgesetzten unbedingten Gehorsam zu leisten, die Befehle mit aller Entschlossenheit zu erfüllen und die militärischen und staatlichen Geheimnisse immer streng zu wahren.
>
> Ich schwöre:
> Die militärischen Kenntnisse gewissenhaft zu erwerben, die militärischen Vorschriften zu erfüllen und immer und überall die Ehre unserer Republik und ihrer Nationalen Volksarmee zu wahren.
>
> Sollte ich jemals diesen meinen feierlichen Fahneneid verletzen, so möge mich die harte Strafe der Gesetze unserer Republik und die Verachtung des werktätigen Volkes treffen[29].«

Die seit 1962 durchgeführten halbjährlichen Einberufungen brachten die erwartete personelle Kontinuität in die NVA. Im Laufe der Jahre gelang es, bis zu 5 Mobilmachungsverbände aufzustellen und die Reservistenqualifizierung bzw. -ausbildung[30] zu intensivieren.

Wehrpflicht und Wehrdienst wurden nach 1962 auf der Grundlage des Gesetzes mit weiteren Durchführungsbestimmungen und Anordnungen geregelt. Strukturell änderte sich indes am Wehrsystem der DDR über lange Jahre nichts. 1968 arbeitete man die Wehrpflicht in die neue Verfassung ein und erhob den Dienst zur Verteidigung der DDR zur »Ehrenpflicht«.

Wehrdienstverweigerung und Dienst als Bausoldat

Ein verfassungsmäßig garantiertes Recht der Wehrdienstverweigerung oder Zivildienst gab es in Ostdeutschland bis zum Frühjahr 1990 nicht. Vor allem auf Drängen der Kirche entschloß sich die Parteiführung in den 60er Jahren jedoch, eine Regelung für einen waffenlosen Dienst innerhalb der NVA einzuführen[31]. Mit der Anordnung des Nationalen Verteidigungsrates vom 7. September 1964 wurde religiös gebundenen Bürgern die Möglichkeit eines waffenlosen Wehrdienstes (»Wehrersatzdienst«) eingeräumt; dafür wurden Baueinheiten in der NVA geschaffen[32]. Die als Bau- oder auch als Spatensoldaten bezeichneten NVA-Angehörigen hatten vor allem die Aufgabe, Arbeitsleistungen zu erbringen. Ihre Dienstzeit betrug 18 Monate. Sie konnten weder befördert noch degradiert werden und leisteten statt des Fahneneides ein Gelöbnis.

Im November 1964 wurden erstmals 220 Wehrpflichtige zum Dienst in den Baueinheiten herangezogen. Konflikte, die aus dem Widerspruch zwischen der pazifistischen Gewissensentscheidung der Bausoldaten und der sehr engen Einbindung in das Armeesystem herrührten, waren programmiert. Bestrafungen und Maßregelungen wegen Gelöbnis- und Befehlsverweigerung waren ebenso keine Seltenheit wie Auseinandersetzungen über Sonntagsarbeit und Gottesdienstausgang.

Die evangelischen Kirchen standen von Anfang an auf der Seite der Wehrdienstverweigerer und Bausoldaten. Mitte 1965 legte eine Expertengruppe der Konferenz der Evangelischen Kirchenleitungen in der DDR mit der Handreichung »Zum Friedensdienst der Kirche — Empfehlungen des Arbeitskreises für Wehrdienstfragen« die bis dahin weitgehendsten Aussagen zur Wehrdienstproblematik vor[33]. In den folgenden Jahren nahm die Beratung von Wehrpflichtigen durch kirchliche Mitarbeiter zunehmend organisierte Formen an, eine Militärseelsorge gab es jedoch nicht. Auch die Bausoldaten selbst wandten sich mit Erklärungen und Beschwerden aus ihrer Dienstzeit — zumeist über die Kirche — an die Öffentlichkeit, so beispielsweise die Prenzlauer und Garzer Bausoldaten im Frühjahr 1966. Später gewannen die Bausoldaten zunehmende Bedeutung für die sich etablierende Unabhängige Friedensbewegung in der DDR.

Strukturell waren 1964 bei den Kommandos der Militärbezirke und Teilstreitkräfte je ein Baupionierbataillon entstanden[34], die sich aus Bausoldaten des sogenannten Wehrersatzdienstes in Baueinheiten und aus oftmals »kaderpolitisch« problematischen Baupionieren in Baupionierkompanien zusammensetzten. Ab 1974 wurden die Bausoldaten überwiegend dezentralisiert eingesetzt, vor allem in Stäben, Schulen, Erholungsheimen und Krankenhäusern der NVA. In den 80er Jahren erfolgte aus offenbar ökonomischen Gründen eine erneute Zusammenfassung und Einbindung der Bausoldaten in feste militärische Strukturen von Einheiten mit vorwiegend Bauaufgaben. Der Einsatz von Bausoldaten erfolgte aber auch — unter oft unzumutbaren Bedingungen — im Braunkohletagebau, in chemischen Großbetrieben oder beim Gleisbau der Reichsbahn.

Nach bisherigen Erkenntnissen leisteten zwischen 1964 und 1990 etwa 12 000 bis 15 000 Bausoldaten aktiven Dienst in der NVA[35]. Wehrplichtige, die sowohl den Dienst an der Waffe als auch den waffenlosen Wehrdienst als Bausoldat verweigerten, galten als »Totalverweigerer« und mußte mit einer strafrechtlichen Verfolgung durch die Militärgerichtsbarkeit und letztlich mit einer Haftstrafe rechnen. Jährlich gab es in der DDR mehrere hundert »Totalverweigerer«, die zum großen Teil der Glaubensgemeinschaft »Zeugen Jehovas« angehörten. Alle Wehrpflichtigen, die in den Jahren von 1962–1989 gegenüber den staatlichen Stellen bekundeten, daß sie keinen Waffendienst bzw. überhaupt keinen Wehrdienst zu leisten gewillt waren, bildeten einen wesentlichen Teil des »politischen Widerstandes gegen die Militarisierung der DDR-Gesellschaft«[36]. Obwohl die öffentliche Wirksamkeit der Bausoldatenbewegung durch die staatliche Repression relativ gering blieb, erreichte die Wehrdienstproblematik vor allem in den 80er Jahren eine hohe politische Brisanz und war immer wieder ein Punkt der Auseinandersetzungen zwischen Kirche und Staat.

Modernisierung und Neuausstattung in allen Teilstreitkräften

Auf der Grundlage von Empfehlungen des Oberkommandierenden der Vereinten Streitkräfte und in Abstimmung mit den anderen Warschauer-Pakt-Armeen begann in der NVA Anfang der 60er Jahre die Umrüstung auf eine Bewaffnung und Ausrüstung neuer Qualität. Die augenscheinlichste Veränderung fand dabei mit der Einführung von Raketen verschiedener Zweckbestimmung statt.

Die *Landstreitkräfte* erhielten ab 1962 schrittweise taktische und operativtaktische Boden-Boden-Raketen, die eine Reichweite bis zu 300 km hatten[37].

Den operativ-taktischen Raketen vom sowjetischen Typ »8 K 11/R-170« (NATO: SCUD-A) und »8 K 14/R-300« (NATO: SCUD-B) war in der NVA vor allem eine nukleare Rolle zugedacht. Die DDR-Volksarmee verfügte damit zwar erstmals über nukleare Trägermittel, nicht aber über Kernsprengköpfe. Diese befanden sich ausschließlich in der Verfügungsgewalt der Sowjetarmee und waren in zwei Depots der GSSD für die beiden Militärbezirke gelagert[38]. Mit der Einführung der Raketen erhöhte sich die Feuerkraft der Landstreitkräfte beträchtlich. Aus einer anfangs zentralen selbständigen Artilleriebrigade entstand Mitte der 60er Jahre die 5. Raketenbrigade. Von 1962 bis 1967 rüstete man die Divisionen mit Raketensystemen der taktischen Ebene wie »Luna/R-30« (NATO: FROG-5) und »Luna-M/R-65« (NATO: FROG-7)[39] aus. Gleichzeitig entstanden dazugehörige logistische und technische Komponenten für die Raketentruppen. Gemeinsam mit der Artillerie bildeten die Raketentruppenteile die neue Waffengattung »Raketentruppen und Artillerie«.

Auch die anderen Waffengattungen der NVA-Landstreitkräfte erhielten modernes Gerät zugeführt: die Mot.-Schützentruppen u.a. die MPi KM, die Panzerbüchse RPG-7, den SPW 40 und den Achtrad-Schützenpanzer SPW 60; die Panzertruppen u.a. den mittleren Kampfpanzer T-55; die ebenfalls neu formierten Truppen der Truppenluftabwehr u.a. die 57-mm-Zwillingsflak auf dem Fahrgestell des T-54. Die Möglichkeiten der Panzerabwehr in den Landstreitkräften vergrößerten sich um fast das anderthalbfache durch die Zuführung von zwei Versionen von Panzerabwehrlenkraketen auf geländegängigen Fahrzeugen GAZ-69 bzw. auf leichtgepanzerten SPW 40 P. Ab 1963 entstanden in den Artillerieabteilungen Werferbatterien, die mit dem Geschoßwerfer BM-24 ausgerüstet waren[40]. Entsprechend dem sowjetischen Vorbild existierten neben den Waffengattungen der Landstreitkräfte auch Spezialtruppen (Aufklärungs-, Pionier-, Nachrichten- und Chemische Truppen) sowie Truppen der Rückwärtigen Dienste, die ebenfalls modernere Bewaffnung und Ausrüstung erhielten.

Die neue Entwicklungsetappe in den *LSK/LV* war vor allem durch den Auf- und Ausbau eines einheitlichen Luftverteidigungssystems im Warschauer Pakt geprägt[41]. Dazu gehörten ein einheitliches Luftaufklärungs- und Luftlagesystem, ein System des gemeinsamen Raketen- und Jagdfliegereinsatzes usw. Im Frühjahr 1962 gingen Personal und Material — Jagdflieger, Fla-Raketen, Funktechnische Einheiten und Gefechtsstände — der LSK/LV in das Diensthabende System (DHS) des Warschauer Paktes über. Das einheitliche Luftverteidigungssystem des Warschauer Vertrages, das vom Oberbefehlshaber der sowjetischen Luftverteidung befehligt wurde, umfaßte damit die Luftverteidigung von der Elbe bis zum Stillen Ozean. Das DHS war u.a. gekennzeichnet durch diensthabende Besatzungen bei den Jagdfliegerkräften im 24-Stunden-Dienst sowie bei den Fla-Raketentruppen und Funktechnischen Truppen im 10-Tage-Rhythmus, die die Unverletzlichkeit des Luftraumes der DDR gewährleisten sollten. Das DHS war damit Tag und Nacht einsatzbereit.

Die bisherigen Verbände und Truppenteile der NVA-Teilstreitkraft formierten sich in diesem Konnex zu 2 gemischten Luftverteidigungsdivisionen (1. LVD in Cottbus und 3. LVD in Neubrandenburg), die jeweils aus 3 Jagdfliegergeschwadern, aus Funktechnischen Truppen sowie aus den durch die Auflösung der Flakregimenter neuaufgestellten Fliegerabwehrraketenregimentern (FRR) bestanden. Die Struktur und die Ausrüstung der Luftverteidigungskräfte innerhalb des Bündnisses waren einheitlich: 1 Jagfliegergeschwader bestand generell aus 3 Staffeln zu je 3 Ketten zu je 2 Paaren. Zu den in den 60er Jahren neu- bzw. umgebildeten Verbänden und Einheiten der LSK/LV zählten auch die Offiziersschule »Franz Mehring« in Kamenz, 2 Jagdfliegerausbildungsgeschwader, 1 Nachrichtenregiment, 1 Hubschraubergeschwader sowie die Transport- und Verbindungsfliegerstaffel. Zur Erfüllung ihrer Aufgaben erhielten die LSK/LV ab 1962 leistungsfähigere Jagdflugzeuge vom Typ MiG-21 (NATO: FISHBED), die bis in die 80er Jahre die Standardjäger der NVA blieben, sowie Mehrzweckhubschrauber vom Typ Mi-2 (NATO: HOPLITE), Mi-4 (NATO: HOUND) und Mi-8 (NATO: HIP). Die FRR wurden zunächst mit dem Fla-Raketensystem SA-75 »Dwina« (NATO: GUIDELINE 1), mit dem Luftziele bis zu 25 km Reichweite bekämpft werden konnten, sowie mit dem System »Wolchow« (NATO: GUIDELINE 3/5) ausgerüstet.

Die *Seestreitkräfte*, die seit 1960 den Namen »Volksmarine« trugen, erhielten im Mai 1963 ebenfalls eine neue Struktur. Vorrangiges Ziel dieser Veränderungen war es, die seit Ende der 50er Jahre aufgebauten Stoßkräfte als »Kernstück« der DDR-Seestreitkräfte zur Führung offensiver Kampfhandlungen zu befähigen. Nunmehr gliederte sich die Volksmarine in die 1. und 4. Flottille (Peenemünde bzw. Rostock-Warnemünde), zu deren Bestand die Sicherungskräfte gehörten, in die 6. Flottille (Bug-Dranske), in der alle Stoßkräfte zusammengefaßt waren, in die 6. Grenzbrigade Küste, die dem Kommando Volksmarine nur operativ unterstellt war, sowie in die Hubschrauberstaffel, das Kampfschwimmerkommando, die Offiziersschule sowie andere Dienststellen und sicherstellende Einheiten. Diese Organisationstruktur blieb in dieser Form bis in die 80er Jahre im wesentlichen bestehen.

Die Kampfkraft der Stoßkräfte erhöhte sich vor allem durch neu eingeführte Raketenschnell(RS)-Boote des Projekts 205 sowjetischer Herkunft. Die nicht nuklearfähige Seezielrakete P-15 (NATO: STYX) wurde zum Haupteinsatzmittel der Raketenkräfte der Volksmarine. Das erste Raketenschießen absolvierten zwei RS-Boote und die Küstenraketenabteilung im Mai 1964 in der Ostsee. Neben der RS-Brigade gehörten 2 Torpedoschnellbootbrigaden, die Küstenschutzschiffsabteilung und eine Landungsbrigade zur 6. Flottille. Die TS-Boote Projekt 183 wurden ab Ende des Jahrzehnts schrittweise durch TS-Boote des Projekts 206 ersetzt. Bei den leichten TS-Booten kamen vor allem die Projekte »Iltis« und »Hydra« zum Einsatz. Die KSS-Abteilung, bestehend aus 4 Schiffen der ersten Generation, wurde 1965 der 4. Flottille in Warnemünde unterstellt und vor allem bei Truppen- und Flottenbesuchen eingesetzt. Bereits Anfang der 60er Jahre hatte man begonnen, eine Landungskapazität im Rahmen der Volksmarine aufzubauen, obwohl die NVA keine eigenständige Marineinfanterie besaß. Für taktische Landungen wurden anfangs das MSR 29 in Prora, später das MSR 28 in Rostock speziell vorbereitet und ausgebildet. Das Landungsboot Projekt 46 und das Landungsschiff »Robbe« kamen aus DDR-Produktion. Minenleger und Minensucher bildeten als Sicherungskräfte einen Schwerpunkt der Typenstruktur der Volksmarine. Nach den Projekten »Habicht« und »Krake« kam Ende der 60er Jahre mit dem Projekt »Kondor I« eine Art Einheitsfahrzeug mit verbesserten Minensucheigenschaften und modernerer Bewaffnung in die Marine[42]. Neben den Minenabwehrkräften bildete eine ständige U-Jagdkapazität einen zweiten Schwerpunkt in den allgemeinen Sicherungskräften. Zu den vorhandenen sowjetischen U-Jägern des Projekts 201 M führte man die DDR-Entwicklung des Projekts »Hai« in die Einheiten ein. Schrittweise begann man mit dem Aufbau von Marine-Hubschrauberkräften. 1963 war die »Hubschrauberstaffel der Volksmarine« in Parow gebildet worden, die in den 70er Jahren zum »Hubschraubergeschwader der Volksmarine« aufwuchs, aus dem dann Anfang der 80er Jahre das Marinehubschraubergeschwader hervorging. Anfangs aus Hubschraubern vom Typ Mi-4 in Normalversion bestehend, erfolgte ab 1965 die Übernahme von Hubschraubern Mi-4 M mit einer Spezialausrüstung für die U-Boot-Suche. Die Küstenartillerie erhielt 1962 Boden-Überwasser-Raketen vom Typ »Sopka«(NATO: SAMLET) zugeführt.

Juniorpartner im Bündnis

Die Führung des Warschauer Paktes und so auch die Führung der NVA gingen seit Anfang der 60er Jahre in bewußter Verkennung und Verwischung der sicherheitspolitischen und militärischen Realitäten von der Annahme einer Aggression, eines massierten Überfalls der NATO auf die sozialistischen Länder aus[43]. Es galt grundätzlich, daß nach einem Angriff des Westens der Aggressor offensiv auf seinem eigenen Territorium zerschlagen werden sollte. Um die eigenen Streitkräfte darauf vorzubereiten, waren eine ständig hohe

Gefechtsbereitschaft, eine hohe Mobilmachungsbereitschaft sowie ein enges Zusammenwirken der Kräfte zwischen den Koalitionsstreitkräften, Teilstreitkräften, Waffengattungen und Diensten notwendig. Die damit verbundenen Forderungen bestimmten jahrzehntelang das Denken und Handeln der NVA-Führung.

Der Politische Beratende Ausschuß des Warschauer Paktes hatte 1958 die Einbeziehung der NVA in die Vereinten Streitkräfte bestätigt. Damit wurde die Bündnisfähigkeit der ostdeutschen Armee anerkannt, gleichwohl sie zu diesem Zeitpunkt kaum in der Lage gewesen wäre, wichtige Aufgaben in Operationen des Bündnisses zu übernehmen. Zudem schienen diese Aufgaben sowie die notwendigen Maßnahmen bei der operativen Vorbereitung des DDR-Territoriums für die NVA-Führung bis Anfang 1961 insgesamt noch weitgehend unbestimmt. Bereits wenige Monate später nahmen die NVA-Landstreitkräfte zum ersten Mal an einer Kommandostabs- und Truppenübung unter Leitung des Oberkommandierenden der GSSD teil, in der man das Zusammenwirken zwischen Fronten[44] und Teilen der verbündeten Streitkräfte übte. Die DDR-Volksarmee erwies sich dabei in der Lage, die ihr gestellten Aufgaben zu erfüllen. Im September 1962 erfolgte in einer Übung — wiederum erstmalig — die Unterstellung des Stabes einer sowjetischen Division unter einen Stab der NVA.

Nachdem bis Anfang der 60er Jahre nur taktische Übungen sowie gemeinsame Kommandostabs- und Truppenübungen mit sowjetischen Stäben und Einheiten durchgeführt wurden, kam es ab 1961/62 auch mit anderen »Bruderarmeen« — vor allem mit der Polnischen Armee und der ČSSR-Volksarmee — zu gemeinsamen Übungen und Manövern. Das Hauptziel der Manöver und Übungen als bedeutende Elemente der Ausbildung bestand darin, den Leistungsstand und die Einsatzbereitschaft zu überprüfen und das Zusammenwirken der verbündeten Armeen zu trainieren[45]. Gemeinsame Truppenübungen mit der Sowjetarmee und den unmittelbar benachbarten Streitkräften Polens und der Tschechoslowakei fanden im Herbst 1962 statt. Ein Jahr später, im September 1963, leitete erstmals der DDR-Verteidigungsminister ein Manöver des Warschauer Paktes, das unter der Bezeichnung »Quartett« mit Beteiligung der NVA, der GSSD, der polnischen und tschechosloswakischen Armee auf dem Territorium der DDR stattfand. In ihm kamen sowohl Truppen der Landstreitkräfte als auch der LSK/LV zum Einsatz. Der damalige Oberkommandierende der Vereinten Streitkräfte, Marschall Andrej A. Grečko, äußerte in diesem Zusammenhang, daß sich die NVA nunmehr nicht mehr von den anderen »Bruderarmeen« unterscheide[46].

Zu den herausragenden gemeinsamen Ausbildungsmaßnahmen auf dem Boden der DDR gehörte zweifellos das Manöver »Waffenbrüderschaft«, das

1970 unter Leitung von Armeegeneral Heinz Hoffmann und erstmalig unter Beteiligung aller Armeen der Teilnehmerstaaten des Warschauer Paktes durchgeführt wurde. Es bezog im übrigen auch Kräfte der Kampfgruppen und der VP-Bereitschaften ein.

Übungen und Manöver der NVA im Warschauer Pakt, 1961–1988 (Auswahl)[47]

Bezeichnung	Zeitraum	Charakter	Teilnehmer	Territorium	Leitender
Burja	28.9.–10.10.1961	KSÜ	NVA,PA, SoA, ČVA	ČSSR,DDR, VRP,UdSSR	OK VST
Vitr	23.–27.9.1962	TÜ	NVA,SoA, ČVA	ČSSR, DDR	M ČSSR
Baltyk-Odra	5.–10.10.1962	TÜ	NVA,SoA, PA	VRP, DDR	M VRP
Quartett	9.–14.9.1963	Manöver	NVA,SoA, PA,ČVA	DDR	M DDR
Oktobersturm	16.–22.10.1965	Manöver	NVA,SoA, PA,ČVA	DDR	OK GSSD
Moldau	19.–22.9.1966	Manöver	NVA,ČVA, UVA,SoA	ČSSR	M ČSSR
Böhmerwald	20.–30.6.1968	KSÜ	NVA,UVA, PA,ČVA, SoA	ČSSR,DDR, VRP,UdSSR	OK VST
Oder-Neiße	21.–28.9.1969	Manöver	NVA,PA, SoA,ČVA	VRP, Ostsee	M VRP
Waffenbrüder-schaft	12.–18.10.1970	Manöver	NVA,ČVA, PA,BVA,UVA, SSR,SoA	DDR, Ostsee	M DDR

Bezeichnung	Zeitraum	Charakter	Teilnehmer	Territorium	Leitender
Schild 72	4.–16.9.1972	TÜ	NVA, UVA, PA,SoA,ČVA	ČSSR	M ČSSR
Schild 76	9.–16.9.1976	TÜ	NVA,PA, SoA, ČVA	VRP	M VRP
Waffenbrüder-schaft 80	4.–12.9.1980	Manöver	NVA,ČVA, PA,SoA,BVA, UVA,SSR	DDR, Ostsee	M DDR
Sojus 81	17.3–7.4.1981	KSÜ	NVA,SoA, ČVA,PA	DDR,VRP, UdSSR,ČSSR	OK VST
Schild 82	25.9.–1.10.1982	TÜ	NVA,SoA, PA,ČVA,BVA, UVA,SSR	VRB	M VRB
Sojus 83	30.5.–9.6.1983	KSÜ	NVA,SoA, PA,ČVA,BVA, UVA,SSR	DDR,VRP	OK VST
Schild 84	5.–14.9.1984	TÜ	NVA,SoA, PA,ČVA,BVA, UVA,SSR	ČSSR	M ČSSR
Schild 88	5.–8.6.1988	TÜ	NVA,PA, SoA,ČVA	VRP	M VRP

Erst in den 60er Jahren erfolgte in Umsetzung der früheren Paktbeschlüsse die *tatsächliche* Einbeziehung der NVA in die strategische Planung der Vereinten Streitkräfte. Nachdem 1963 in der DDR eine zweiseitige strategische Kartenübung auf dem Westlichen Kriegsschauplatz[48] unter Leitung des sowjetischen Verteidigungsminsters stattgefunden hatte, erhielt die NVA nunmehr operative Planungsdokumente für ihre künftige Einsatzaufgabe zugewiesen, in denen u.a. auch die Unterstellungsverhältnisse der Verbände beschrieben waren[49].

Auf dem Weg zu einem homogenen Offizierkorps

Die »Wahrung des Klassencharakters« der Armee und vor allem ihres Führungskorps blieb trotz oder gerade wegen der Einführung der allgemeinen Wehrpflicht das Hauptanliegen der Kaderpolitik der SED in den Streitkräften. Wie stark der politischen Führung stets daran gelegen war, die NVA weiterhin als »Arbeiter- und-Bauern-Armee« zu legitimieren, belegen nicht nur die jährliche penible statistische Erfassung und Analyse der Personalstrukturen, sondern auch die gezielten Anweisungen und Anordnungen zur Steuerung des gewünschten hohen »Arbeiteranteils« in der NVA.

Vergleicht man die Werte vom 1. Juli 1956 mit denen vom 31. Dezember 1970, so ergibt sich ein um 2,9 % kleinerer Teil Offiziere mit der sozialen Herkunft »Arbeiter«. Bei der »sozialen Lage« verringerte sich der Arbeiteranteil um 8,6 %. Der Schüleranteil wuchs dagegen um 16,8 %. Dieser Anstieg ergab sich daraus, daß ein größerer Teil von Abiturienten sofort nach Abschluß der Oberschule das Studium an einer Offiziersschule aufnahm.

Personalstärke der NVA, 1963[50]

Offiziere	25 546
Unteroffiziere	28 910
Mannschaften	92 500

Ein wirklicher Umschwung im Offizierkorps der NVA hatte sich seit den 50er Jahren jedoch in der Bildungs- und Qualifikationsstruktur vollzogen. Der Anteil der Offiziere, die lediglich Volksschulausbildung besaßen, war stark im Sinken begriffen. Eine Vielzahl von Lehrgängen, Abendschulen u.ä. hatte dazu beigetragen, den allgemeinen Bildungsstand zu erhöhen[51]. Allein im Jahr 1960 befanden sich knapp 16 % des gesamten Offizierkorps im Fern- oder Abendstudium. Offiziere mit Hoch- und Fachschulabschlüssen traten immer mehr in den führenden und mittleren Positionen in Erscheinung. Die Anzahl der Offiziere mit Hochschulabschluß stieg von 1956 bis 1965 fast um das Fünffache. Auch die Rekrutierungsbedingungen hatten sich verschärft. War es bis 1960 noch möglich und teilweise auch unumgänglich, Offiziersbewerber mit einer Grundschulausbildung aufzunehmen, so mußte der künftige NVA-Offizier ab 1962 mindestens den Abschluß der 10. Klasse nachweisen.

Die Erfahrungen bei der Einführung der neuen Technik machten sehr bald deutlich, daß die fachliche Qualifikation der Offiziere mehr und mehr zu einem Schlüsselproblem wurde. Die politische, militärische, militärtechnische, naturwissenschaftliche und pädagogische Ausbildung der NVA-Offiziere sollte auf ein neues Niveau gehoben werden. Hatte sich bisher die systematische Heranbildung junger Führungskader an Offiziersschulen der Waffengattungen der Teilstreitkräfte vollzogen, so wurden Ende 1963 diese Schulen aufgelöst. Neugebildete Offiziersschulen der Landstreitkräfte in Löbau und der LSK/LV in Kamenz nahmen ihre Lehrtätigkeit auf. Bei den Seestreitkräften war diese Struktur einer einheitlichen Schule bereits kurz nach der NVA-Gründung eingeführt worden.

Obwohl es nicht gelang, den enormen Nachholbedarf an qualifizierten Fachleuten vollständig zu decken, konnten Mitte der 60er Jahre zumindest alle Divisions- und ein großer Teile der Regimentskommandeure eine abgeschlossene akademische Ausbildung nachweisen. Bis 1966 hatten bereits über 600 NVA-Offiziere sowjetische Militärakademien absolviert. Kommandeure, die auf der Militärakademie Dresden qualifiziert worden waren, nahmen in verstärktem Umfang militärische Führungsfunktionen wahr.

Die sehr spezialisierte Ausbildung der Kader zeitigte aber auch Nachteile. So blieben Offiziere manchmal viele Jahre lang auf ihren Arbeitssektor beschränkt und erhielten keinen Überblick über andere Bereiche. Zudem wurde die Fähigkeit, selbständige Entscheidungen im System der Führung zu treffen, wenig gefördert und somit der Handlungsspielraum der Offiziere bewußt eingeengt.

Das NVA-Offizierkorps in Zahlen 1956–1989 (Auswahl)[52]

	1956	1961	1966	1971	1976	1981	1986	1989
Gesamtzahl der Offiziere								
Ist-Angabe	17646	21419	26803	31530	35370	39181	38818	40573
(davon in Prozent)								
Soziale Herkunft								
Arbeiter	81,5	79,0	81,8	78,6	69,8	65,2	60,9	59,1
Angestellte	11,6	12,9	11,2	12,8	14,8	14,4	13,4	12,9
Soziale Lage								
Arbeiter	72,9	66,7	68,6	64,3	63,8	58,9	53,3	51,5
Schüler/ Studenten	6,3	15,6	18,0	23,1	25,2	33,2	41,2	43,9
Allgemeinbildung								
8. Klasse	74,1	67,2	28,4	7,4	0,6	n.e.	n.e.	n.e.
12.Klasse	10,8	16,1	23,2	39,4	58,2	n.e.	n.e.	n.e.
Hochschulbildung								
MAK	-	3,0	4,4	8,2	11,8	14,4	15,6	15,2
OS	25,9	59,4	65,6	61,6	41,2	26,3	14,9	9,8
OHS	-	-	-	-	17,3	36,9	48,8	41,6
Promotion A (Ist-Angabe)	-	-	-	-	647	694	748	789
SED								
Mitglieder/ Kandidat	79,5	95,6	95,6	98,2	95,3	96,4	96,3	-
Dienstalter in Jahren								
Durchschnitt	5,6	-	11,2	13,8	15,2	15,9	15,8	15,7
Lebensalter in Jahren								
Durchschnitt	27,7	29,0	31,4	34,0	35,4	36,6	35,4	35,2

Bestimmend für die Entwicklung des Führungspersonals in den Stäben und Truppenteilen war das System der Kadernomenklatur. Die SED sicherte sich durch dieses Verfahren den Einfluß auf alle Personalentscheidungen: »Vor der Bestätigung durch das Politbüro, das Sekretariat des Zentralkomitees, den Nationalen Verteidigungsrat bzw. die Abteilung für Sicherheitsfragen kann kein Offizier die vorgesehene Nomenklaturfunktion einnehmen, mit der Führung beauftragt bzw. zur Einarbeitung versetzt oder kommandiert werden[53].« Das SED-Politbüro und der NVR entschieden z.B. über alle Ernennungen von Generalen und Admiralen sowie über Beförderungen im Generalsrang. Zum Nomenklaturbereich des Verteidigungsrates gehörten u.a. die stellvertretenden Minister, die Chefs der Militärbezirke und die Kommandeure der Divisionen, die Chefs von Verwaltungen und Leiter von Militärschulen. Regimentskommandeure, Chefredakteure der Militärpresseorgane, höhere Politoffiziere u.a. mußten durch die ZK-Abteilung für Sicherheitsfragen »bestätigt« werden — dieser Personenkreis umfaßte allein über 300 Offiziere. Als eine der wichtigsten Personalentscheidungen für die Entwicklung der NVA erwies sich die Übergabe des Ministeramtes von Armeegeneral Stoph an Generaloberst Heinz Hoffmann im Juli 1960. Hoffmann, seit Ende Februar 1961 Armeegeneral, führte die DDR-Volksarmee bis zu seinem Tod im Jahr 1985.

Insgesamt war in den 60er Jahren aus der sehr inhomogen zusammengesetzten Führungsschicht der KVP und der frühen NVA ein politisch und militärisch geschlossenes Offizierkorps entstanden. Die politische Zuverlässigkeit, an der spätestens seit Ende der 50er Jahre keine Zweifel mehr bestanden, konnte noch weiter erhöht werden, was sich nicht zuletzt in der fast 100prozentigen SED-Mitgliedschaft der NVA-Offiziere ausdrückte. Die Verschmelzung von sehr verschiedenen politisch-sozialen Gruppierungen, die vor 1945 als gegeneinander abgeschlossen galten, war im wesentlichen beendet. »Sorgfältige Personalauswahl, politische Indoktrination, einseitige Informationspolitik und das Verbot von Westkontakten machten die Berufssoldaten der NVA zu einer verläßlichen Funktionselite in der DDR. Das wurde durch soziale Privilegien honoriert, was die übrige Bevölkerung mit Mißfallen und Ablehnung registrierte[54].«

Ausbau des Politsystems

Als höchstes leitendes Partei- und Politorgan in der NVA fungierte die Politische Hauptverwaltung. Dem Politapparat, der über verschiedene Strukturelemente bis auf die Kompanieebene organisiert war, gehörten seit den 60er Jahren zwischen 5000 und 6000 Mitarbeiter an. Ihre Hauptaufgabe bestand darin, das gesamte militärische Leben mittels einer umfassenden politisch-ideologischen Indoktrination umfassend zu beeinflussen, den politischen Zweck der militärischen Tätigkeit zu legitimieren und zu vermitteln sowie die NVA-Angehörigen zu hohen Leistungen zu mobilisieren. Das schloß Aufgaben zur politischen Überwachung und Kontrolle des Personalbestandes ein. Die Politorgane hatten gegenüber den 50er Jahren ihren Wirkungs- und Einflußbereich erweitert. Die PHV gliederte sich in die Stellvertreterbereiche für ideologische und für organisationspolitische Arbeit. Ihrem Chef unterstanden zudem die Parteikontrollkommisson (PKK) und die Parteirevisionskommission sowie die 10. Verwaltung, die für Konterpropaganda zuständig war. Dem höchsten Politorgan in der NVA waren auch das Militärgeschichtliche Institut der DDR in Potsdam, der Militärverlag, das Filmstudio der NVA, der Buch-und Zeitschriftenvertrieb der NVA und die Druckerei der NVA in Berlin, die Militärbibliothek (anfangs in Strausberg) und das Armeemuseum (von 1961–1972 in Potsdam) in Dresden angegliedert. Im Kulturbereich existierten zahlreiche Zirkel und künstlerische Arbeitsgemeinschaften, 250 Truppen- und 30 Fachbibliotheken, 23 Orchester sowie das Künstler verschiedener Genres umfassenende Ensemble »Erich Weinert«[55].

Neben den Gliederungen des Politapparats waren SED-Parteiorganisationen auf allen militärischen Ebenen präsent. Existierte in der Kompanie eine Parteigruppe, so gab es in den Bataillonen Grundorganisationen, die ab der Regimentsebene von Zentralen Parteileitungen (ZPL) geführt wurden. Von den Parteiorganisationen ging in der Regel ein erheblicher politischer, ideologischer und disziplinierender Einfluß auf alle Angehörigen der Einheit, des Stabes usw. aus, der nicht selten mit einem erheblichen Druck auf den einzelnen Soldaten verbunden sein konnte.

Die formale Mitgliedschaft in der SED war in den 60er Jahren für jeden Offizier bereits selbstverständlich. Sie galt als ein Beleg für die Treue zum »Arbeiter-und-Bauern-Staat«. Der Anteil der Mitglieder und Kandidaten der SED war von 79,5 % im Jahre 1956 auf 98,2 % im Jahre 1970 gewachsen. Danach lag er beständig zwischen 95 und 99 %. Bei den wenigen parteilosen Offizieren handelte es sich überwiegend um junge Zugführer, Angehörige des medizinischen Personals (Ärzte) und um Offiziere auf Zeit (OaZ). Ende der 60er Jahre gehörten zudem knapp 45 % der Berufsunteroffiziere, fast 80 % der Offiziersschüler, mehr als 35 % der Zivilbeschäftigten, etwa 31 % der Soldaten auf Zeit sowie rund 8 % der Wehrpflichtigen im Grundwehrdienst der Partei an[56]. Auch diese Zahlen erhöhten sich im Laufe der Jahre nur wenig. Die Jugendarbeit der PHV und die Tätigkeit der FDJ konnten trotz hoher Mitgliederzahlen, zahlreicher »Jugendinitiativen« und Wettbewerbe in den Streitkräften keinen entscheidenden politischen Einfluß auf die Armeeangehörigen erlangen.

Im Offizierkorps und bei großen Teilen der Berufsunteroffiziere waren durchaus »marxistisch-leninistische« Grundüberzeugungen die Regel, die sich nach außen in einem »festen Klassenstandpunkt«, d.h. in der Überein-

Strukturschema der Politischen Hauptverwaltung (PHV) - vereinfacht

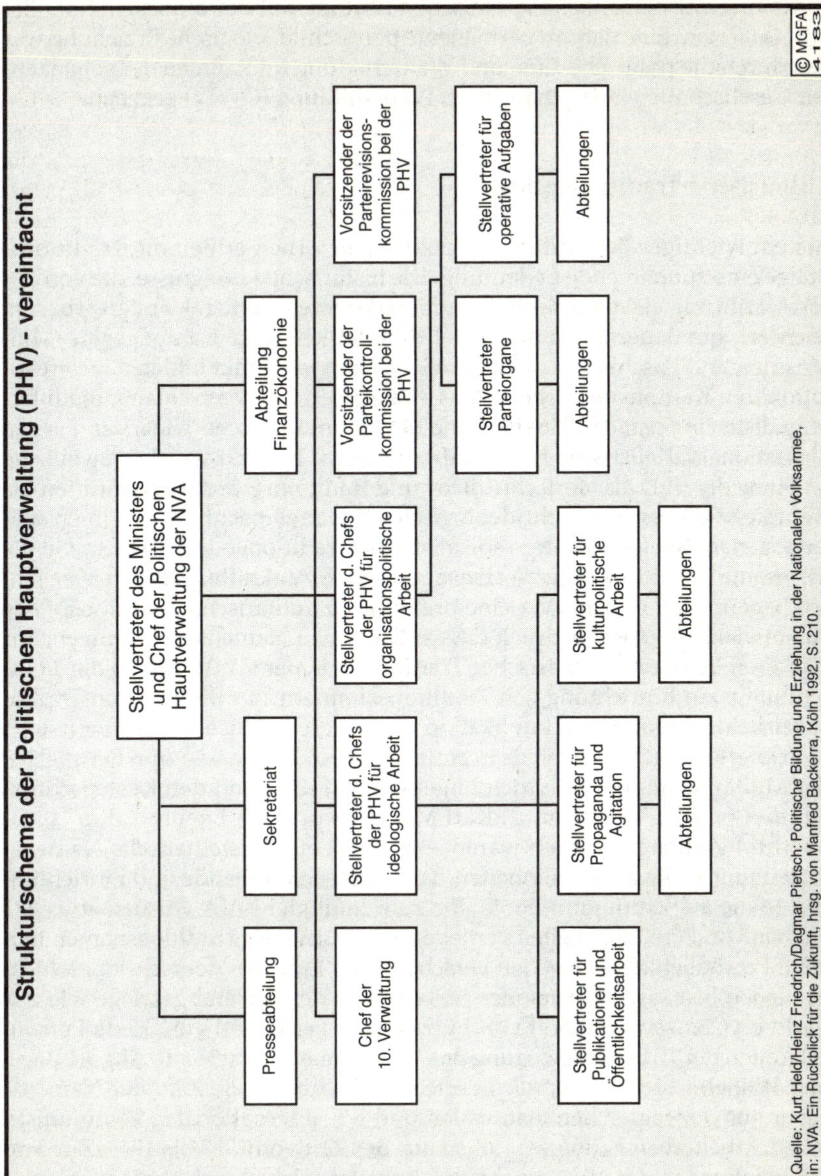

Quelle: Kurt Held/Heinz Friedrich/Dagmar Pietsch: Politische Bildung und Erziehung in der Nationalen Volksarmee, in: NVA. Ein Rückblick für die Zukunft, hrsg. von Manfred Backerra, Köln 1992, S. 210.

stimmung der persönlichen politischen Haltung mit der offiziellen SED-Politik, äußerten. Eine nahezu permanente politisch-ideologische Erziehung war u.a. durch die politische Aus- und Weiterbildung im Rahmen der sogenannten Gesellschaftswissenschaftlichen Weiterbildung (GWW) gegeben.

Militärische Traditionspflege

Als ein wichtiger Bestandteil der politischen Arbeit erhielt die Traditionspflege eine zunehmende Bedeutung. Die historischen Ereignisse, die von der NVA-Führung als militärische Tradition der Streitkräfte reklamiert wurden, reichten vom Bauernkrieg des 16. Jahrhunderts bis zum Kampf gegen »Militarismus und Faschismus« 1933–1945. Den Schwerpunkt bildeten die »revolutionären Kämpfe der Arbeiterklasse« nach 1918 in Deutschland, die Interbrigadisten in Spanien 1936–1939 und der kommunistische Widerstand gegen die nationalsozialistische Herrschaft. In diesem Kontext wurden jeweils die im Sinne der SED als »fortschrittlich« und traditionswürdig eingestuften Ereignisse und Personen wehrideologisch nutzbar gemacht. Dazu kamen später sogenannte eigenständige sozialistische Traditionen der NVA sowie gemeinsame Traditionen der Warschauer-Pakt-Streitkräfte. Seit den 60er Jahren begann sich in der NVA eine organisierte militärische Traditionspflege zu entwickeln[57]. Als Ausdruck dessen kam es zu Namensverleihungen, zur stärkeren Betonung militärischer Traditionen in der GWW und in der Politschulung, zur Einrichtung von Traditionszimmern, zur Bildung von Traditionszirkeln, zur forcierten Publikation militärgeschichtlicher Literatur usw.[58]. So erfolgte — nachdem bereits in einigen Fällen Namen wie zum Beispiel bei der Militärakademie »Friedrich Engels« in Dresden und den Küstenschutzschiffen (»Ernst Thälmann«, »Karl Marx«, »Friedrich Engels«, »Karl Liebknecht«) verliehen worden waren — ab 1964 eine systematische Namensverleihung an Kasernen, Einheiten, Truppenteile, Verbände und Einrichtungen sowie an Schiffe und Boote. Bis zum Ende der NVA wurden etwa 225 Namen von Persönlichkeiten verliehen[59]. Die Liste der Traditionsnamen umfaßte Persönlichkeiten aus den verschiedenen Epochen deutscher Geschichte. Neben historischen Personen aus der Zeit der Befreiungskriege wie z.B. Carl von Clausewitz, Adolf von Lützow und Ferdinand von Schill, Persönlichkeiten der Arbeiterbewegung des 19. Jahrhunderts wie z.B. August Bebel und Wilhelm Liebknecht, rekrutierte sich die übergroße Zahl der Namensgeber aus der regionalen, nationalen und z.T. internationalen kommunistischen Arbeiterbewegung, vor allem aus der Zeit von 1933 bis 1945. Zur Traditionspflege in der NVA trugen nicht zuletzt solche Einrichtungen wie das seit 1961 in Potsdam, ab 1972 in Dresden ansässige Armeemuseum der DDR bei.

Auf Grund des legitimatorischen Anspruchs der NVA, die Wurzeln von Faschismus und Militarismus beseitigt zu haben, griff man auch auf nationale Formen und Terminologie zurück, inhaltlich jedoch stets mit dem Vorzeichen »sozialistisch« versehen. So knüpfte die Armee beim militärischen Brauchtum stärker an die überlieferten Formen des Zeremoniells vorheriger deutscher Armeen an. Alljährlich fanden in Ost-Berlin Militärparaden statt, wobei es am 8. Mai 1965 und am 29. Oktober 1967 sogar zu zwei gemeinsamen Ehrenparaden mit Truppen der GSSD kam. Zum Alltagsbild der DDR-Hauptstadt gehörte der Wachwechsel vor dem »Mahnmal für die Opfer des Faschismus und Militarismus«, der von Karl Friedrich Schinkel erbauten »Neuen Wache« Unter den Linden. Der »Kleine Wachaufzug« hatte am 1. Mai 1962 seine Premiere, als Angehörige des Wachregiments der NVA vor dem Mahnmal aufzogen. Am gleichen Tag und an der gleichen Stelle fand auch der erste »Große Wachaufzug« der NVA statt, der seit dieser Zeit an jedem Mittwoch, am 1. März, am 1. und 8. Mai, am 7. Oktober und an Gedenktagen für die Opfer des »Faschismus und Militarismus« durchgeführt wurde. 1962 wurde auch zum ersten Mal das Zeremoniell des »Großen Zapfenstreichs« in der NVA vollzogen.

Innerer Dienst, EK-Bewegung und Militärjustiz

So wenig wie von Rechtsstaatlichkeit im SED-Staat insgesamt die Rede sein konnte, so wenig waren rechtsstaatliche Prinzipien in den Streitkräften zu finden. Für die Berufssoldaten existierten keine ordentlichen Dienstverträge, sondern nur einseitige, zumeist sehr pauschale Verpflichtungen. Noch geringere Möglichkeiten und Rechte zur Mitgestaltung des militärischen Lebens hatten die wehrpflichtigen Soldaten. Für sie ließen die Vorschriften im Grunde genommen nur die »initiativreiche« Erfüllung von Befehlen und die formale Wahrnehmung staatsbürgerlicher Grundrechte (z.B. Wahlrecht) zu. Eine Ausnahme bildete das Beschwerderecht, das in den Dienstlaufbahnbestimmungen bzw. in der Disziplinarvorschrift der NVA verankert war. Im Mittelpunkt dieser »Eingaben« standen zumeist eher unpolitische Kritiken und Vorschläge zur Entwicklung der Dienst- und Lebensbedingungen in der Armee sowie Versorgungsfragen. Dazu gehörten immer wieder Beschwerden über die hohen dienstlichen Belastungen von Offizieren, über ungelöste Wohnungsfragen, über fehlende Arbeitsplätze für Ehefrauen von Berufssoldaten oder über den Mangel an Möglichkeiten zur Gestaltung eines kulturellen Lebens im Standort. Wehrpflichtige kritisierten die Qualität und Quantität der Verpflegung, der medizinischen Betreuung, der allgemein-hygienischen Bedingungen, der Militärhandel-Versorgung, der Bekleidung und Ausrüstung, der Unterbringung sowie die mangelnden Freizeitangebote.

Die Folgen der zum Teil schlechten Lebensbedingungen in der Truppe waren nicht nur im Bereich der Disziplin zu spüren, sie wirkten sich nicht zuletzt auch auf die Beziehungen zwischen den Dienstgradgruppen aus. Die Persönlichkeit des Soldaten und seine privaten Probleme fanden bei den meisten Vorgesetzten kaum Gehör. Nur etwa ein Drittel der Soldaten, zwei Fünftel der Unteroffiziere und rund die Hälfte der Offiziere meinten in einer anonymen Umfrage, daß ihr unmittelbarer Vorgesetzter ihren Vorstellungen über einen Vorgesetzten in einer sozialistischen Armee entspricht[60].

Zu den typischen Merkmalen des inneren Gefüges der NVA, mit dem jeder Offizier, Unteroffizier und wehrpflichtige Soldat während seiner Dienstzeit konfrontiert wurde, gehörte das überzogene Maß der praktizierten »Wachsamkeit und Geheimhaltung«. In der NVA war im Prinzip alles geheim — von der militärischen Bezeichnung der Truppenteile bis hin zur Aufstellung des Inventars einer Dienststelle. An vorderster Stelle stand das absolute Kontaktverbot mit Bürgern westlicher Staaten, vor allem mit den Bürgern der Bundesrepublik. Offiziere und ihre Familienangehörigen mußten jede »westliche« Verbindung im familiären Bereich abbrechen. Ein striktes Verbot betraf auch das Hören und Sehen westlicher Rundfunk- und Fernsehprogramme.

Mit der Einführung der Wehrpflicht hatte auch eine bisher eher unscheinbare Bewegung Auftrieb erhalten, die sich in den folgenden Jahren zu einem schwerwiegenden Problem in der Entwicklung der inneren Verhältnisse der NVA auswuchs. Die sogenannte EK-Bewegung (EK = Entlassungskandidat) wurde insbesondere von Wehrpflichtigen des dritten Diensthalbjahres getragen. Ursprüngliches Ziel dieser Massenerscheinung in der Armee war es, daß die EK auf Kosten der anderen Diensthalbjahre die letzten Monate ihrer aktiven Dienstzeit möglichst bequem hinter sich bringen wollten. Eine strenge Rangordnung, in der nur das Diensthalbjahr zählte, sollte dafür sorgen.

Als häufigste Erscheinungsform der EK-Bewegung traten in der Truppe und in der Öffentlichkeit ihre speziellen Erkennungsmerkmale auf: das Sichtbarmachen des Termins der Versetzung in die Reserve durch Bandmaße, Kalender oder Tippscheine der Wettart »6 aus 49«, die Anfertigung sogenannter EK-Souvenirs aus Schulterstücken, Kragenbinden, Taschentüchern, Bindern usw.

Vor allem galt der Besitz des Bandmaßes, verbunden mit dem rituellen Abschneiden jeweils eines Zentimeters ab dem 150. Tag vor der Entlassung und das Verstreuen der Abschnitte vor den Zimmern der Offiziere als Symbol der EK. Allgemein üblich war es auch, die sogenannte EK-Kugel im Flur des Unterkunftsgebäudes zu rollen, nachdem die Soldaten mit ihren EK-Symbolen herausgetreten waren. Regelmäßig kam es an den Entlassungstagen zu chaotischen Zuständen und Alkoholexzessen auf Bahnhöfen und in Reisezügen.

Die EK stellten zumindest im Innendienst eine beachtenswerte Macht dar, der die Kommandeure und Politorgane eher hilflos gegenüberstanden. Oftmals lag die Führung in den Einheiten nach Dienstschluß nicht in der Hand der Vorgesetzten, sondern wurde von den Angehörigen des 3. Diensthalbjahres übernommen. Dabei kam es vor, daß bestimmte Erscheinungen der Bewegung von manchen Offizieren und Unteroffizieren nicht nur toleriert, sondern auch zur Durchsetzung der eigenen Interessen ausgenutzt wurden. Versuche, einzelne Erscheinungsformen der EK-Bewegung in »positive« Bahnen zu lenken, scheiterten. Die erstmalige Ausgabe von Reservistentüchern und -geschenken sowie die Verleihung von Reservistenabzeichen im Jahre 1968 wurden in den folgenden Jahren von den aus der Armee Entlassenen angenommen, ohne daß es damit aber zu einer spürbaren Eindämmung der EK-Bewegung gekommen wäre.

Oft hatten auch »Verletzungen der sozialistischen Beziehungen« in der Truppe ihren Ursprung in der EK-Bewegung. Sie zeigten sich in Disziplinverletzungen, Verantwortungslosigkeit, Nachlässigkeit, in der Mißachtung der Persönlichkeit Unterstellter sowie in entwürdigenden und teilweise sadistischen Vorgängen zwischen Wehrpflichtigen verschiedener Diensthalbjahre. Aber auch Vorgesetzte beteiligten sich an derartigen »Behandlungen« bzw. verstießen im Umgang mit ihren Unterstellten, besonders des 1. Diensthalbjahres, gegen die bestehenden Vorschriften. Bei schwerwiegenden Vorkommnissen ging man disziplinarisch und strafrechtlich gegen die Delinquenten vor.

Grundlage für die Verfolgung von Straftaten in der NVA bot in den 60er Jahren vor allem das zusammen mit dem Wehrpflichtgesetz erlassene 2. Gesetz zur Ergänzung des Strafgesetzbuches. Dieses Militärstrafgesetz fand 1968 in überarbeiteter Form Eingang in das neue Strafgesetzbuch der DDR. Ab 1963 entstanden zudem die institutionellen Grundlagen für das System der Militärjustiz in der DDR. Die seit Anfang der 50er Jahre bestehenden Staatsanwaltschaften der Volkspolizei (für die KVP) waren bereits 1956/57 in Militärstaatsanwaltschaften umgewandelt worden. Für die Rechtsprechung waren aber noch ausschließlich zivile Gerichte zuständig. Mit der Militärgerichtsordnung (MGO) vom April 1963 begründete die DDR-Führung den organisatorischen Aufbau sowie die personelle und sachliche Zuständigkeit von neu geschaffenen Militärgerichten. Diese entstanden im Sommer 1963 als Bestandteil des Gerichtssystems der DDR und bildeten vor diesem Hintergrund keine Sonder- oder Ausnahmegerichte. Zum System der Militärgerichtsorgane gehörten die Militärgerichte, die Militärobergerichte, das Kollegium für Militärstrafsachen (später Militärkollegium beim Obersten Gericht) und die Hauptabteilung Militärgerichte im Justizministerium. Die Rechtsprechung der Militärgerichte leitete das Oberste Gericht der DDR.

Vor Militärgerichten wurden ab 1963 grundsätzlich alle Straftaten behandelt, die Beziehungen zum militärischen Bereich aufwiesen. Die Anzahl der Strafverfahren schwankte stark. Wurden Ende der 60er Jahre noch rund 2500 Strafverfahren registriert, so sank deren Zahl z.B. in den 80er Jahren auf weit unter 1000. Der Militärgerichtsbarkeit unterlagen neben den Militärpersonen (Soldaten, Unteroffiziere, Offiziere, Generale im aktiven und im Reservistenwehrdienst) auch Zivilbeschäftigte der NVA und Angehörige der Grenztruppen sowie der Zivilverteidigung.

Den Schwerpunkt der Delikte in der Armee bildeten die sogenannten Militärstraftaten, die stets etwa ein Drittel aller Fälle ausmachten. Hierzu zählten Fahnenflucht, die als eines der schwersten Militärverbrechen galt, unerlaubte Entfernung von der Truppe, Befehlsverweigerung, Angriffe auf Vorgesetzte und Mißbrauch von Dienstbefugnissen. In der Reihenfolge der »Schwerpunkt-Straftaten« folgten die Eigentumsdelikte, Verkehrsdelikte, vorsätzliche Körperverletzungen und sonstige kriminelle Straftatbestände[61].

In minderschweren Fällen konnten die Militärgerichte die Strafsachen zur Verhängung einer Disziplinarmaßnahme an den Kommandeur der Einheit abgeben, aus der der Täter stammte. Das allgemeine Disziplinarrecht der NVA war in der Dienstvorschrift 010/0/006 (DV 10/6) niedergelegt, von der es bis 1989 mehrere Fassungen gab. Sie enthielt neben einer umfangreichen Liste von Belobigungen auch den Katalog der zu verhängenden Strafen. Disziplinarbefugnisse hatten die jeweiligen direkten sowie die höheren Vorgesetzten, bis hin zu den Stellvertretern des Ministers und dem Minister selbst.

Seit den 50er Jahren wurde der Strafvollzug an verurteilten Militärpersonen im Strafvollzugskommando des MdI Berndshof, Kreis Ueckermünde, durchgeführt[62]. Grundwehrdienstleistende und Soldaten auf Zeit verbüßten hier wegen krimineller Delikte bzw. Militärstraftaten[63] Freiheitsstrafen bis zu zwei Jahren bzw. Strafarrest. Später erfolgte die Einrichtung einer Strafvollzugs- und Disziplinareinheit in Schwedt/Oder. Von November 1982 bis Ende 1989 verbüßten in Schwedt annähernd 800 Gefangene ihre Freiheits- bzw. Arreststrafen. Bei den bis zu zwei Jahren Haft Verurteilten — höhere Strafen mußten in anderen Justizvollzugsanstalten abgesessen werden — dominierten Strafen wegen Körperverletzung, Sittlichkeitsdelikten, Tätlichkeiten gegen andere Armeeangehörige und Fahnenflucht. Aber auch Wehrdienstverweigerer und politisch Verurteilte mußten ihre Strafen dort abbüßen. In der Schwedter Disziplinareinheit wurden im gleichen Zeitraum zudem etwa 2500 NVA-Angehörige, überwiegend Wehrpflichtige, nach schweren Disziplinverstößen, wie unerlaubter Entfernung und Alkoholmißbrauch, untergebracht. Sie konnten in der Regel bis zu drei Monaten in die Diszplinareinheit — bei insgesamt leichteren Bedingungen als die Strafgefangenen — eingewiesen werden. Der Anteil der Strafgefangenen im Militärbereich war in bezug zur Gesamtzahl der Strafgefangenen in der DDR aber eher marginal[64].

Unnachgiebig wurden in der NVA sogenannte Angriffe auf die staatliche und politische Ordnung verfolgt. Als »staatsfeindlich« galten u.a. wiederholte Aussagen und Handlungen, die sich massiv gegen die SED, gegen die Bündnistreue mit der UdSSR, gegen die »sozialistischen Streitkräfte«, die politische Schulung, gegen die Massenmedien und die Politik der DDR richteten. Oftmals war der Zusammenhang von Militärstraftaten und politischen Delikten sehr eng. Insbesondere in politischen und militärischen Spannungsperioden ging man mit großer Härte gegen Kritiker der Parteilinie, gegen »Abweichler« und politisch Andersdenkende in der Armee vor[65].

Am Ende der 60er Jahre stellte sich die NVA insgesamt als eine relativ modern ausgerüstete und strukturierte Koalitionsarmee dar, die speziell auf das Zusammenwirken mit der GSSD ausgerichtet war. Sie hatte einen festen Platz in der ersten operativen Staffel der Warschauer-Pakt-Streitkräfte erhalten. Die DDR und ihr Militär wurden immer stärker in das operative Gesamtkonzept des Warschauer Paktes einbezogen. Schienen für die NVA-Führung Anfang der 60er Jahre die eigentlichen Aufgaben ihrer Armee noch weitgehend unbestimmt, so wurde bald neben den Aufgaben der Kampftruppen eine zweite Hauptaufgabe der NVA erkennbar: die Sicherstellung und Sicherung der Bewegungs- und Operationsfreiheit von Gruppierungen der Vereinten Streitkräfte auf dem Gebiet der DDR. Nicht zuletzt aufgrund des bewiesenen Reifegrades bei der Durchführung von Übungen, Manövern sowie bei der Krisenbewältigung im Pakt war die DDR-Volksarmee am Ende der 60er Jahre zu einem Musterschüler und angehenden Juniorpartner der Führungsmacht im Warschauer Vertrag aufgestiegen. In der Armee selbst hatte sich eine relativ geschlossene, im großen und ganzen kompetente militärische Elite herausgebildet und konsolidiert. Sie war der SED treu ergeben und erwarb sich zunehmend fachliche Anerkennung im Bündnis. Der überdimensionierte Personalaufwand im Polit- und Parteibereich sollte der SED helfen, ihre Führungsrolle in der Armee noch umfassender durchzusetzen.

Umstrukturierung, Modernisierung, Stagnation — Die NVA in den 70er und 80er Jahren

Der VIII. Parteitag der SED 1971 brachte Erich Honecker an die Spitze der SED und damit auch an die Spitze des Nationalen Verteidigungsrates der DDR. Honecker, ab 1976 auch Staatschef, übte damit in Personalunion bis zum Herbst 1989 die oberste militärische Kommandogewalt gegenüber der NVA und allen anderen bewaffneten Kräften in der DDR aus.

Der Parteitag erhob die Gestaltung der »entwickelten sozialistischen Gesellschaft« im Osten Deutschlands zur zentralen Aufgabe. In diesem Zusammenhang stellte er den Streitkräften den Auftrag, »die Staatsgrenze, das Territorium und das Küstenvorfeld der Deutschen Demokratischen Republik sowie die verbündeten sozialistischen Staaten gemeinsam mit der Sowjetarmee und den anderen Bruderarmeen des Warschauer Vertrages zuverlässig zu schützen«[66].

Mit dem Machtantritt Honeckers verbunden, wurden im Konnex mit materiellen Fortschritten im zivilen Bereich auch für die Armee Entwicklungen spürbar, die anfänglich den Soldaten zugute kamen. Es entstanden neue Kasernen, Wohnungen, Wirtschaftsgebäude und Kultureinrichtungen. Die Besoldung wurde erhöht. Die Zivilbeschäftigten der NVA erhielten im Rahmen des gleichgeschalteten Gewerkschaftsbundes FDGB im Jahr 1973 eine eigenständige Gewerkschaft.

In den Jahren 1978 bis 1982 erneuerte die DDR entsprechend den »veränderten Bedingungen« faktisch ihre gesamte Wehrgesetzgebung. Am 13. Oktober 1978 beschloß die Volkskammer das Verteidigungsgesetz der DDR, das u.a. erstmalig grundlegende Bestimmungen über die Mobilmachung in der DDR enthielt. Zur Erhöhung der Wehrbereitschaft wurde ab dem Schuljahr 1978/79 in den 9. und 10. Klassen der Schulen (POS) das Fach Wehrunterricht eingeführt. Am 1. Mai 1982 trat das Gesetz über den Wehrdienst (Wehrdienstgesetz) in Kraft. Es war mit seinen angrenzenden Bestimmungen wie der Einberufungsordnung, den Dienstlaufbahnordnungen, der Reservistenordnung, der Besoldungsverordnung, der Unterhaltsverordnung, der Förderungsverordnung u.a. auf die Erfassung aller Reserven in der männlichen und weiblichen Bevölkerung gerichtet. Erstmalig wurde mit dem Wehrdienstgesetz auch weiblichen Bürgern der DDR die Möglichkeit zum aktiven Wehrdienst gegeben.

Die Hauptanstrengungen der Partei- und Armeeführung waren weiter darauf gerichtet, den hohen Stand der Kampfkraft und Gefechtsbereitschaft der DDR-Volksarmee zu gewährleisten bzw. auszubauen. Die Entspannungstendenzen in der internationalen Politik der 70er Jahre taten dem keinen Abbruch. Eine nochmalige Forcierung trat vor allem am Beginn der 80er Jahre ein, als es aus Sicht des Warschauer Paktes darum ging, sich dem sogenannten Hochrüstungs- und Konfrontationskurs der USA und ihrer Verbündeten entgegenzustellen. Erst im Rahmen der neuen Außen-, Sicherheits- und Militärpolitik unter Michail Gorbačev sowie angesichts wachsender innenpolitischer bzw. wirtschaftlicher Schwierigkeiten in der DDR zeichneten sich nach 1986/87 auch für die SED-Militärpolitik und für die Entwicklung der NVA erste zaghafte Veränderungen ab.

Für hohe Gefechtsbereitschaft: Neue Strukturen und moderne Waffensysteme

Als einen Schritt zur Vervollkommnung der Führungsstruktur und der Angleichung an die Maßstäbe der Ausbildung in der Sowjetarmee vollzog die NVA-Führung am 1. Dezember 1972 die Bildung des Kommandos der Landstreitkräfte in Potsdam-Geltow. Damit war — analog der Schaffung der Kommandos der LSK/LV und der Seestreitkräfte im Jahre 1957 — eine einheitliche Struktur der Führungen der Teilstreitkräfte entstanden. Das Kommando Landstreitkräfte sollte nunmehr den Ausbildungsprozeß der Militärbezirke und Lehreinrichtungen führen — die Dienststellung des Stellvertreters des Ministers für Ausbildung und seiner Verwaltung für die gesamte Armee war abgeschafft worden. Im Kriegsfall hatte das Kommando vor allem Aufgaben der Führung territorialer Einrichtungen bzw. des Ersatzheeres zu erfüllen.

Führung der NVA, Dezember 1972

Armeegeneral Heinz Hoffmann	–	Minister für Nationale Verteidigung
Admiral Waldemar Verner	–	Stellvertreter des Ministers und Chef der Politischen Hauptverwaltung
Generaloberst Heinz Keßler	–	Stellvertreter des Ministers und Chef des Hauptstabes
Generalleutnant Werner Fleißner	–	Stellvertreter des Ministers und Chef Technik und Bewaffnung

Generalleutnant Helmut Poppe	–	Stellvertreter des Ministers und Chef Rückwärtige Dienste
Generalleutnant Horst Stechbarth	–	Stellvertreter des Ministers und Chef der Landstreitkräfte
Generalmajor Wolfgang Reinhold	–	Stellvertreter des Ministers und Chef der Luftstreitkräfte/Luftverteidigung
Vizeadmiral Wilhelm Ehm	–	Stellvertreter des Ministers und Chef der Volksmarine
Generalleutnant Erich Peter	–	Stellvertreter des Ministers und Chef der Grenztruppen der DDR
Generalleutnant Siegfried Weiß	–	Hauptinspekteur der NVA

Die 70er und 80er Jahren waren — ungeachtet aller politischer Entwicklungen im internationalen Bereich — charakterisiert durch weitere Anstrengungen zur Modernisierung und Umrüstung der Truppen und Flottenkräfte. Da die operativ-taktischen und taktischen Verbände der NVA im Koalitionsbestand und dabei vorwiegend im engen Zusammenwirken mit der Sowjetarmee zu handeln hatten, wurde angestrebt, ihre Struktur und technische Ausstattung denen der sowjetischen Streitkräfte stärker anzugleichen. In erster Linie ging es dabei um eine vorwiegend qualitative Entwicklung der kampfkraftbestimmenden Elemente wie Raketensysteme und Panzer.

Die NVA wurde kontinuierlich als konventionelle Armee ausgebaut und erhielt neue bzw. modernisierte Waffensysteme und Ausrüstungen aus den Produktionsstätten der UdSSR, der anderen Paktstaaten und des eigenen Landes. Als »neue« Modelle firmierten dabei auch Systeme, die in der Sowjetarmee in der Regel schon zehn Jahre zuvor eingeführt worden waren[67].

Die Basisstruktur in den *Landstreitkräften* mit 2 Panzerdivisionen und 4 Mot.-Schützendivisionen blieb im wesentlichen bestehen, wenn auch die Divisionen selbst strukturell verändert und personell reduziert wurden. Die Fallschirmjäger wurden Anfang der 80er Jahre zu »Luftlandetruppen« aufgewertet. 1984 wurden den Kommandos der Militärbezirke 2 Kampfhubschraubergeschwader unterstellt, die die neue Waffengattung Armeefliegerkräfte begründeten.

Der Verstärkung der Feuerkraft der Landstreitkräfte dienten in den 70er und 80er Jahren in erster Linie die Einführung weiterer Raketensysteme sowie Umgliederungen in den Verbänden. 1975/76 erhielt auch der Militärbezirk III eine eigene Raketenbrigade. Die Raketenbrigaden in den Militärbezirken waren vor allem mit den operativ-taktischen Systemen R-300 (SCUD-B)

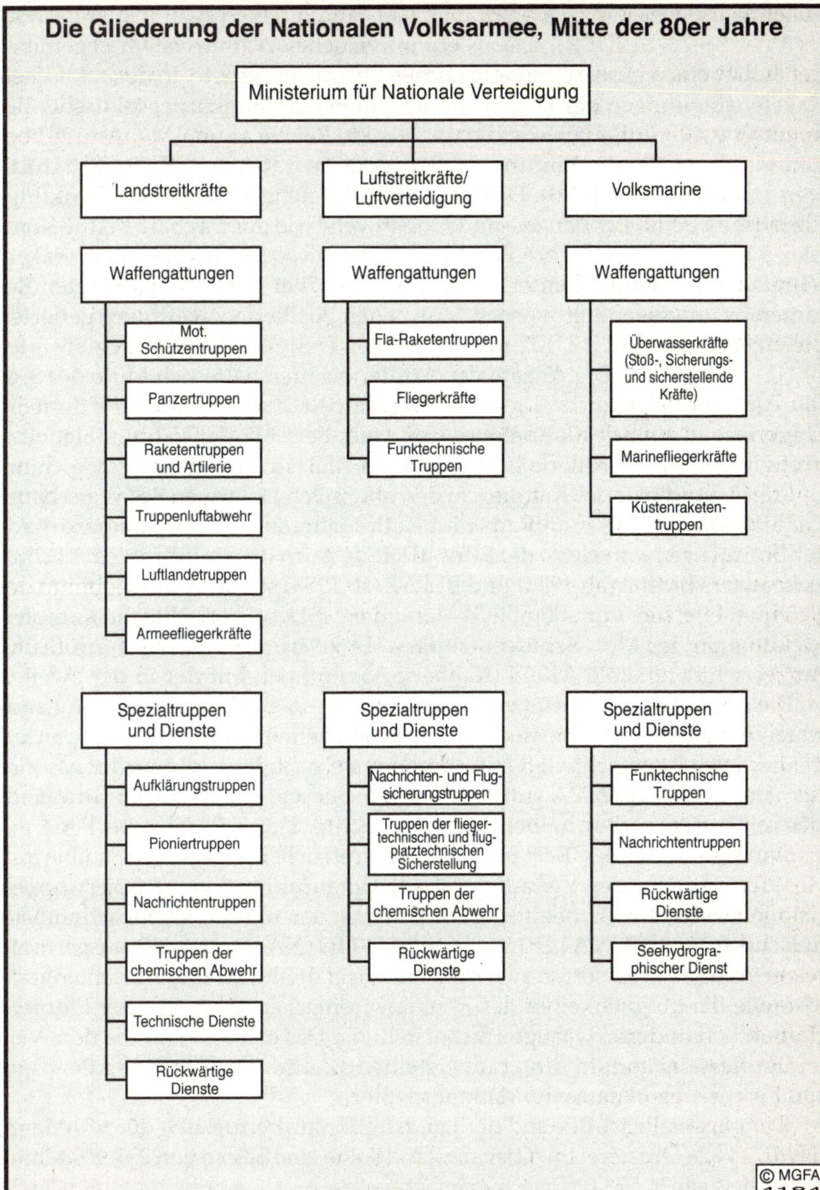
Die Gliederung der Nationalen Volksarmee, Mitte der 80er Jahre
Ministerium für Nationale Verteidigung
Landstreitkräfte
Luftstreitkräfte/ Luftverteidigung
Volksmarine
Waffengattungen
Waffengattungen
Waffengattungen
Mot. Schützentruppen
Panzertruppen
Raketentruppen und Artilerie
Truppenluftabwehr
Luftlandetruppen
Armeefliegerkräfte
Fla-Raketentruppen
Fliegerkräfte
Funktechnische Truppen
Überwasserkräfte (Stoß-, Sicherungs- und sicherstellende Kräfte)
Marinefliegerkräfte
Küstenraketen-truppen
Spezialtruppen und Dienste
Spezialtruppen und Dienste
Spezialtruppen und Dienste
Aufklärungstruppen
Pioniertruppen
Nachrichtentruppen
Truppen der chemischen Abwehr
Technische Dienste
Rückwärtige Dienste
Nachrichten- und Flug-sicherungstruppen
Truppen der flieger-technischen und flug-platztechnischen Sicherstellung
Truppen der chemischen Abwehr
Rückwärtige Dienste
Funktechnische Truppen
Nachrichtentruppen
Rückwärtige Dienste
Seehydrogra-phischer Dienst
© MGFA 4184

ausgerüstet. Neu hinzu kam in den 80er Jahren das System 9 K 714 »Oka« (NATO: SS-23/SPIDER), das als ein universelles Waffensystem gegenüber der SCUD einen großen technologischen Sprung bedeutete. In den taktischen Raketenabteilungen der Divisionen befanden sich Flugkörper taktischer Bestimmung älterer Bauart wie die ungelenkte Rakete »Luna-M«. Ab 1983 begann in der 9. PD die Einführung der modernen Rakete 9 K 79 »Totschka« (NATO: SS-21/SCARAB). Dazu kamen zahlreiche Modelle von Lenkflugkörper-Systemen zur Panzer- und Flugabwehr wie der tragbare PALR-Komplex 9 K 11 »Maljutka« (NATO: AT-3/SAGGER) oder die Ein-Mann-Rakete »Strela«. Die Flakregimenter waren Ende der 70er Jahre in Fla-Raketen-Regimenter umgewandelt worden. Zur neuen Artilleriebewaffnung gehörten die 100-mm-Pak MT-12, 122-mm-Haubitzen D-30, 40rohrige Geschoßwerfer BM-21 und RM-70. Die Anzahl der Artilleriewaffen hatte sich Mitte der 80er Jahre im Vergleich zu 1971 mehr als verdoppelt. Zudem waren die Systeme überwiegend auf Selbstfahrlafetten (SFL) montiert. Mit der 152-mm-Haubitze auf SFL erhielt die Artillerie 1979 zum ersten Mal ein nuklearfähiges Geschütz.

Als Hauptträger des Kampfes in den offensiven Doktrinen des Warschauer Paktes galten gepanzerte Rad- und Kettenfahrzeuge. Zum Standard-Rad-Schützenwagen avancierte der SPW/BTR-70. Auch die Einführung des Schützenpanzers BMP-1 (ab 1973) und BMP-2 (ab 1983) steigerte die Mobilität der Truppenteile, hier vor allem im Bestand der MSD, und erhöhte die Kampfeigenschaften der Mot.-Schützentruppen. Dazu trug ebenso die Einführung der Maschinenpistole AK-74 (Kaliber 5,45 mm) bei. Mit der in der zweiten Hälfte der 70er Jahre einsetzenden Zuführung des T-72 erhielten die Landstreitkräfte neben dem bewährten T-55 einen neuen mittleren Kampfpanzer, der bis 1990 in verschiedenen Komponenten nachgerüstet wurde. Als modernster Typ in der NVA galt der T-72 M1, der u.a. in der Turmfront Wandstärken bis zu einem halben Meter erreichte. Der T-72, dessen Feuergeschwindigkeit die des T-55 bei erhöhter Treffsicherheit um 100 % übertraf, verkürzte zudem den Zeitaufwand zur Heranführung von Panzertruppen um ein Drittel. Die Armeefliegerkräfte waren u.a. mit Kampfhubschraubern der Typen Mi-8 TB (NATO: HIP E) und Mi-24D (NATO: Hind D) ausgerüstet. Nicht zuletzt verbesserten sich die Leistungsfähigkeit der Nachrichtengeräte sowie die Möglichkeiten des Funkelektronischen Kampfes, der Pionier-, chemischen und rückwärtigen Sicherstellung. Das galt auch für die dem Verteidigungsministerium direkt unterstellten »Zentralen Truppen«, die insgesamt mehrere zehntausend Mann umfaßten.

Der personelle Ist-Bestand der Landstreitkräfte betrug 1987 105 983 Mann, davon 14 826 Offiziere. Im Kriegszustand sollte eine Stärke von 257 960 Mann, einschließlich 31 538 Offiziere, erreicht werden[68].

Gliederung der Landstreitkräfte, 1987

Kommando Landstreitkräfte

Luftsturmregiment 40
40. Artilleriebrigade
Fla-Raketen-Ausbildungszentrum 40
Raketenausbildungszentrum 40
Ingenieur-Bau-Bataillon 40
Nachrichtenbataillon 40
Offiziershochschule »Ernst Thälmann«
Offiziershochschule »Otto Winzer«
Militärtechnische Schule »Erich Habersaath«
Stabsmusikkorps

Kommando Militärbezirk III (Leipzig)

3. Raketenbrigade
Artillerieregiment 3
Artillerieaufklärungsabteilung 3
Geschoßwerferabteilung 3
Panzerjägerabteilung 3
Fla-Raketen-Regiment 3
Kampfhubschraubergeschwader 3
Nachrichtenregiment 3
Pontonregiment 3
Pionierbrückenbaubataillon 44
Pionierregiment 3
Funktechnisches Bataillon 3
Funk- und Funktechnisches Aufklärungsbataillon 3
Spezialaufklärungsbataillon 3
Wach- und Sicherstellungsbataillon 3
Instandsetzungsbataillon 3
Bataillon materielle Sicherstellung 3
Unteroffiziersschule I/Ausbildungszentrum 6 »Rudolf Egelhofer«
Unteroffiziersschule II/Ausbildungszentrum 17 »Kurt Bennewitz«
Unteroffiziersschule IV/Ausbildungszentrum 10 »Paul Fröhlich«
7. Panzerdivision
4. Mot.-Schützendivision

11. Mot.-Schützendivision
Truppenübungsplätze (4)
Armee-Lazarette (3)
Wehrbezirkskommandos mit nachgeordneten Einrichtungen (8)
Militärjustizorgane

Kommando Militärbezirk V (Neubrandenburg)

5. Raketenbrigade
Artillerieregiment 5
Artillerieaufklärungsabteilung 5
Panzerjägerabteilung 5
Fla-Raketen-Regiment 5
Kampfhubschraubergeschwader 5
Nachrichtenregiment 5
Pontonregiment 5
Pionierbrückenbaubataillon 32
Pionierregiment 5
Funktechnisches Bataillon 5
Funk- und Funktechnisches Aufklärungsbataillon 5
Spezialaufklärungsbataillon 5
Wach- und Sicherstellungsbataillon 5
Instandsetzungsbataillon 5
Bataillon materielle Sicherstellung 5
Unteroffiziersschule III/Ausbildungszentrum 20 »Max Matern«
Ausbildungszentrum 19
9. Panzerdivision
1. Mot.-Schützendivision
8. Mot.-Schützendivison
Truppenübungsplätze (5)
Armee-Lazarette (3)
Wehrbezirkskommandos mit nachgeordneten Einrichtungen (7)
Militärjustizorgane

In den *LSK/LV* bemühte man sich, eingebunden in das einheitliche System der Luftverteidigung des Warschauer Vertrages, die Gefechtsmöglichkeiten der ersten Staffel des Luftverteidigungssystem im Nordbereich der DDR durch die Einführung weitreichender Fla-Raketen-Systeme und Umrüstungen auf modernere MiG-Flugzeuge zu erhöhen.

Bereits die Auswertung des Nahostkrieges von 1967 hatte der NVA-Führung neue Aufgaben gezeigt. Dabei ging es nicht nur um eine verstärkte Sicherung der Flugplätze, um eine gedeckte Unterbringung, neue Hangars usw., sondern vor allem um ein engeres Zusammenwirken von Land- und Luftstreitkräften. Letzteres erforderte, eine spezielle Komponente der Fliegerkräfte, die Jagdbombenfliegerkräfte, aufzubauen. Als eine kostengünstige Variante bot sich anfangs die Nutzung umgerüsteter MiG-17F an. 1971 formierte sich dann das erste Jagdbombenfliegergeschwader (JBG 37) in Drewitz. 1984 kam das JBG 77 in Laage hinzu, das mit Flugzeugen Suchoj Su-22 M4 (NATO: FITTER K) ausgerüstet war. Anfang der 80er Jahre mußte die militärische Führung der DDR der Forderung des Vereinten Kommandos der Paktstreitkräfte nach einer weiteren Verstärkung der Luftunterstützung der Landstreitkräfte durch Jagdbomber und Kampfhubschrauber gerecht werden. So sollte u.a. jeder Militärbezirk (Armee) über mindestens ein Jagdbombenflieger- und Kampfhubschraubergeschwader verfügen. Dazu wurde in Strausberg/Eggersdorf ein Führungsorgan der Front- und Armeefliegerkräfte (FO FAFK) gebildet, das praktisch den Stab einer dritten Fliegerdivision darstellte[69]. Diesem Führungsorgan unterstanden das bereits bestehende JBG 37, welches ab 1979/80 schrittweise Maschinen vom Typ MiG-23 BN (NATO: FLOGGER) erhielt, zwei neu aufgestellte Kampfhubschraubergeschwader (1975 und 1982) sowie die bis 1975 gebildeten Transport- und Verbindungsfliegerstaffeln der NVA. Als 1984 die beiden Kampfhubschraubergeschwader in die Verantwortung der Landstreitkräfte übergingen, erhielt das bisherige FO FAFK die Bezeichnung Führungsorgan Front- und Militärtransportfliegerkräfte (FO FMTFK). Ihm unterstanden nunmehr neben dem JBG 37 das 1984 neu gebildete JBG 77 in Laage und das Marinefliegergeschwader (MFG 28), ebenfalls in Laage stationiert. Beide Geschwader erhielten Su-22 M4. Bei den Jagdfliegern kamen im Mai 1989 neben den Abfangjägern verschiedener Versionen der MiG-21 und MiG-23 Jagdflugzeuge der vierten Generation vom Typ MiG-29 (NATO: FULCRUM) in die Einheiten. Die Einführung der MiG-23 erbrachte z.B. eine Vergrößerung der Eindringtiefe in das Territorium des Gegners von bisher 90 auf bis zu 600 km bei gleichzeitiger Erhöhung der Waffenzuladung. Die MiG-29 war u.a. mit einer 30-mm-Bordkanone und modernsten Lenkflugkörpern ausgerüstet. Zum Bestand der LSK/LV gehörten darüber hinaus u.a. Passagierflugzeuge vom Typ Tu-134 (NATO: CRUSTY), Tu-154M (NATO: CARRLESS) und Il-62M (NATO: CLASSIC) in den Regierungsfliegerstaffeln, Transportflugzeuge vom Typ AN-26 (NATO: CURL), Schul- und Verbindungsflugzeuge vom Typ L-39 sowie verschiedene Hubschraubertypen der Mi-Serie.

Hatten bereits in der Mitte der 70er Jahre die Funktechnischen Truppen ihre endgültige Struktur in den LSK/LV (7 Funktechnische Bataillone) erreicht, so begannen zu diesem Zeitpunkt bei den Fla-Raketen-Truppen erst die Veränderungen. So wurden einige Regimenter in Fla-Raketen-Brigaden umformiert. Aus den ursprünglich 20 Raketenabteilungen entstanden bis 1989 nunmehr 41 Abteilungen. Die Fla-Raketen-Kräfte der LVD verfügten über Raketenkomplexe der Typen »Wolchow«, »Newa« (NATO: SA-3), »Wega« (NATO: SA-5) und »Angara« (NATO: SA-10). Das letztere war dem amerikanischen System »Patriot« vergleichbar[70]. Die beginnende Ausstattung mit dem »Angara«-System in der NVA blieb dem Westen bis 1990 verborgen, da es sich noch nicht in den Stellungen befand. Das Gefechtsschießen der Fla-Raketen-Truppen fand auf dem Raketenschießplatz Archeluk in der Kalmückensteppe (UdSSR) statt.

Zahlreiche Erstaufstellungen, Umstrukturierungen, Umrüstungen und Modernisierungen kennzeichneten die Entwicklungsetappe der LSK/LV seit dem Beginn der 70er Jahre. Am Ende dieser Etappe bestand die Teilstreitkraft aus insgesamt gut ausgerüsteten und vornehmlich defensiv ausgerichteten Jagdflieger- und Fliegerabwehrraketenkräften. Ihre knapp 35 000 Angehörigen waren in der Lage, gemeinsam mit den Verbündeten die Lufthoheit der DDR zu gewährleisten und feindliche Luftkriegsmittel bis zu einer Höhe von 35 000 Metern zu bekämpfen. Eine Luftangriffskomponente zur Unterstützung der Landstreitkräfte war mit den beiden Jagdbombenfliegergeschwadern nur in geringem Umfang gegeben.

Struktur der LSK/LV, 1989

Kommando der LSK/LV

Transportfliegergeschwader 44
Fliegertechnisches Bataillon 44
Flugplatzpionierbataillon 14
Pionierbaubataillon 14
Nachrichtenregiment 14
Zentraler Gefechtsstand 14
Vereinigte Hauptzentrale 14
Amt für Luftraumkoordinierung
Fliegerausbildungsgeschwader 15
Fliegertechnisches Bataillon 15
Nachrichten- und Flugsicherungsbataillon 15
Fliegerausbildungsgeschwader 25

Fliegertechnisches Bataillon 25
Transportfliegerausbildungsstaffel 45
Fliegertechnisches Bataillon 45
Hubschrauberausbildungsgeschwader 35
Fliegertechnisches Bataillon 35
Offiziershochschule »Franz Mehring«
Offiziershochschule »Otto Lilienthal«
Militärtechnische Schule
Institut für Luftfahrtmedizin
Sauerstoffgewinnungs- und Versorgungseinheit 15
Musikkorps, Lager, selbständige Einheiten und Objekte

1. Luftverteidigungsdivision

Jagdfliegergeschwader 1
Jagdfliegergeschwader 3
Jagdfliegergeschwader 7 (1989 aufgelöst)
Jagdfliegergeschwader 8
Fla-Raketen-Regiment 31
51. Fla-Raketen-Brigade
Technische Abteilung 5140
Technische Abteilung 4140
41. Fla-Raketen-Brigade
Funktechnisches Bataillon 31
Funktechnisches Bataillon 41
Funktechnisches Bataillon 51
Funktechnisches Bataillon 61

3. Luftverteidigungsdivision

Jagdfliegergeschwader 2
Jagdfliegergeschwader 9
Fla-Raketenregiment 13
Fla-Raketenregiment 23
43. Fla-Raketen-Brigade
Funktechnisches Bataillon 23
Funktechnisches Bataillon 33
Funktechnisches Bataillon 43

Führungsorgan Front- und Militärtransportfliegerkräfte

Jagdbombenfliegergeschwader 37
Jagdbombenfliegergeschwader 77
Marinefliegergeschwader 28
Transportfliegerstaffel 24
Transporthubschraubergeschwader 34
Taktische Aufklärungsfliegerstaffel 47
Taktische Aufklärungsfliegerstaffel 87
Verbindungsfliegerstaffel 14
Sauerstoffgewinnungs- und Versorgungseinheit 77
Teile des Nachrichten und Flugsicherungsbataillons 37

Der Auftrag, eine hohe Gefechtsbereitschaft sicherzustellen, bestimmte seit den 70er Jahren auch die Tätigkeit der Kommandeure und Truppen in der *Volksmarine*. Dabei ging es um die Erhöhung der Gefechtsmöglichkeiten zur Bekämpfung der leichten und mittleren Überwasserkräfte des Gegners, insbesondere seiner Raketenzerstörer und -schnellboote, sowie um die Modernisierung der U-Bootabwehrkräfte und der Räumkräfte.

Zu strukturellen Veränderungen kam es 1971/72 u.a. durch die Umgliederung der bisher typenreinen RS- und TS-Brigaden zu insgesamt 3 Raketen-Torpedo-Schnellbootbrigaden(RTS). Damit entsprachen die Strukturen denen der sowjetischen Baltischen Rotbannerflotte und der Polnischen Seekriegsflotte. Bei den leichten Torpedoschnellbooten rüstete man auf kampfstärkere Typen des Projekts 131 um.

Die Gliederung der Volksmarine mit ihren 3 Flottillen als relativ autarke Verbände und die aufgabenorientierte Unterscheidung ihrer Einsatzmittel in Stoßkräfte, Sicherungskräfte, Landungskräfte und Sicherstellungskräfte war seit den 60er Jahren im wesentlichen unverändert geblieben. Im August 1985 begann man in Laage mit der Aufstellung eines Marinefliegergeschwaders (MFG). Das MFG 28 war zwar bis 1989 noch in Unterstellung der LSK/LV, sollte im Ernstfall aber dem Kommando der Volksmarine operativ unterstellt werden. Für die Lösung von Gefechtsaufgaben im Zusammenwirken mit Schiffsstoßkräften standen dem Geschwader Maschinen des Typs Suchoi SU-22 M 4 zur Verfügung. Im Hubschraubergeschwader befanden sich inzwischen Maschinen der Typen Mi-8 TB und Mi-14 (NATO: HAZE).

Ende der 80er Jahre galt die Volksmarine mit 5 kleinen Raketenschiffen des Projekts 1241, 12 RS-Booten 205, 6 TS-Booten Projekt 206, kleinen TS-Booten des Projekts 131.4, 16 kleinen UAW-Schiffen der Parchim-Klasse, 30 Hochsee-Minensuch-und-Räum-Schiffen des Projekts 89.2, 3 KSS des Projekts 1159, 3 Aufklärungsschiffen, 8 Hochseeversorgern sowie mit 12 mittleren Landungsschiffen des Projekts 108 als modern und auftragsgerecht ausgerüstet.

In den 80er Jahren stellte die Volksmarine eine »konsequent durchstrukturierte, offensivfähige Randmeermarine« dar[71]. Sie bildete mit ihren rund 14 200 Soldaten nach wie vor die kleinste Teilstreitkraft der NVA und gehörte mit ihrem gesamten Kampfbestand zu den »Verbündeten Ostseeflotten (VOF)«, die aus den unterstellten Kontingenten der drei Flotten des Paktes gebildet worden waren und sowjetischem Oberkommando unterstanden.

Struktur der Volksmarine, Ende der 80er Jahre

Kommando der Volksmarine

Küstenraketenregiment 18
Marinehubschraubergeschwader 18
Küstenverteidigungsregiment 18
Kampfschwimmerkommando 18
Nachrichtenbataillon/-regiment 18
Marinebaubataillon 18
Marinepionierbataillon/-regiment 18
Funk/Funktechnisches Störbataillon 18
Hauptgefechtsstand
Seehydrographischer Dienst
Offiziershochschule »Karl Liebknecht«
Flottenschule »Walter Steffens«
Schiffsstammabteilung
Lager, Depots u.a.
(Nur operativ unterstellt:
6. Grenzbrigade Küste
Marinefliegergeschwader 28)

1. Flottille

1. Sicherungsbrigade
1. Landungsschiffsbrigade
1. Bergungs- und Hilfsschiffsabteilung

4. Flottille

4. Sicherungsbrigade
4. Küstenschutzschiffbrigade
4. Vermessungs-(Aufklärungs-)schiffsabteilung
4. Hilfsschiffsabteilung

6. Flottille

1. RS-Boots-Brigade
3. RS-Boots-Brigade
5. RS-Boots-Brigade
7. RS-Boots-Brigade
9. TS-Boots-Brigade
Raketen-Technische Abteilung
Hilfsschiffsabteilung

Rüstung und Rüstungswirtschaft

Die Streitkräfteplanung in der DDR beruhte wie in den Jahren zuvor in erster Linie auf Empfehlungen des Warschauer Paktes zu Fragen der Struktur, Stärke, Ausrüstung, Mobilmachungsbereitschaft und der operativen Vorbereitung des Territoriums. Sie umfaßte jeweils einen Fünfjahreszeitraum. Die Empfehlungen wurden dem Ministerium für Nationale Verteidigung vorgelegt, das über bestimmte Forderungen mit einem gewissen Spielraum verhandeln konnte. Die Ergebnisse wurden in Protokollen über die »Bereitstellung von Truppen und Flottenkräften der DDR in den Bestand der Vereinten Streitkräfte« fixiert und vom Vorsitzenden des Nationalen Verteidigungsrates abgezeichnet.

Die Beschaffung von Waffensystemen und Ausrüstung erfolgte nach den Vorgaben des Bündnisses, was nichts anderes bedeutete, als daß das Militärmaterial in der Regel aus der UdSSR oder anderen Paktstaaten importiert werden mußte. Die Höhe dieser Importe einschließlich der Ersatzteile erreichte in der ersten Hälfte der 80er Jahre mit jährlich über 4 Milliarden Mark ihren Kulminationspunkt.

Die DDR verfügte angesichts dieser Auflagen seit den 50er Jahren nur über eine relativ kleine Rüstungsindustrie[72]. Aus der eigenen Produktion kamen u.a. Kriegsschiffe[73], Lastwagen, Stahlhelme, Uniformen, Schutzbekleidung, Spreng-,

Leucht- und Signalmittel, Pistolenschießanlagen, Feldlabore, Pioniertechnik, Minen, Funk- und Fernmeldetechnik, Tarnmittel, Sicherstellungstechnik, optische Geräte wie der Ziel-Entfernungsmesser TPD-K 1 für den Kampfpanzer T-72, aber auch die Maschinenpistole AKM und das 5,45 mm-Sturmgewehr AK 74 (plus Schützenwaffenmunition M-74), Handgranaten, reaktive Panzerbüchsen RPG-18 und Panzerabwehrlenkraketen vom Typ »Konkurs« (NATO: AT-5 SPANDREL). Die letztgenannten Waffen wurden in der DDR auf der Grundlage sowjetischer Lizenzen hergestellt.

Eine große Rolle spielte die Instandsetzung von militärischem Gerät, Bewaffnung und Ausrüstung in Industriebetrieben der DDR wie der Flugzeugwerft Dresden und den Instandsetzungswerken in Pinnow und Ludwigsfelde. Sie wurde Mitte der 80er Jahre mit beträchtlichem technologischen Aufwand, aber geringer volkswirtschaftlicher Effizienz in über 300 Betrieben durchgeführt. Ein Hauptproblem bestand in der instabilen Ersatzteilversorgung.

Mit militärtechnischen Forschungen und Entwicklungen für die NVA waren neben dem Militärtechnischen Institut der Armee verschiedene Forschungseinrichtungen, Betriebe und Kombinate beauftragt worden, die vorwiegend auf den Gebieten der Sicherstellungstechnik (u.a. Entfernungsmesser, Kampfstoffanzeiger, Trainer, Korrosionsschutz von Geräten und Munition) arbeiteten.

Nach dem Stand der Modernität ihrer Bewaffnung und Ausrüstung nahm die NVA in den 80er Jahren im Warschauer Pakt hinter der Sowjetarmee zweifellos die zweite Stelle ein. Vor allem aufgrund der wirtschaftlichen Misere des SED-Staates kam es aber in den letzten Jahren verstärkt zu Einschränkungen bei der bis dahin vorrangigen Versorgung der Streitkräfte, zu Reduzierungen bei der Durchsetzung des notwendigen Bedarfs der NVA in der Industrie sowie zu Störungen des Imports. Die Folge war, daß sich die Übernahme modernster sowjetischer Waffensysteme verzögerte oder deren Einführung nur in kleinen Stückzahlen, bzw. — wie beim Panzer T-80 — überhaupt nicht mehr erfolgte.

Militärische Professionalisierung

Nach dem Dienstverhältnis unterschied man in der NVA folgende Gruppen: Soldaten im Grundwehrdienst (von 1962–1989: 18 Monate Wehrpflicht), Soldaten, Unteroffiziere und Offiziere auf Zeit (mindestens drei Jahre Dienstzeit), Berufsunteroffiziere auf Zeit (mindestens 10 Jahre), Fähnriche (ab 1973; mindestens 15 Jahre) sowie Berufsoffiziere mit einer Mindestdienstzeit von 25 Jahren. Der niedrigste Dienstgrad war »Soldat« bzw. »Matrose«. Als höchsten Dienstgrad führte man 1982 den »Marschall der DDR« ein, der aber bis zum Ende der NVA nicht verliehen wurde[74].

Die militärischen Dienstgrade in NVA und Grenztruppen, 1982[75]

Dienstgradgruppen	**Landstreitkräfte, LSK/LV Grenztruppen (ohne Grenzbrigade Küste und Bootseinheiten der Grenzkommandos)**	**Volksmarine, Grenztruppen (nur Grenzbrigade Küste und Bootseinheiten der Grenzkommandos)**
Soldaten	Soldat Gefreiter Stabsgefreiter	Matrose Obermatrose Stabsmatrose
Unteroffiziersschüler	Unteroffiziersschüler	Unteroffiziersschüler
	(Die Unteroffiziersschüler waren dem Dienstgrad nach den Gefreiten bzw. Obermatrosen gleichgestellt)	
Fähnrichschüler	Fähnrichschüler	Fähnrichschüler
	(Die Fähnrichschüler waren dem Dienstgrad nach gleichgestellt: im 1. Jahr der Ausbildung den Unteroffizieren bzw. Maaten; im 2. Jahr der Ausbildung den Feldwebeln bzw. Meistern)	
Unteroffiziere	Unteroffizier Unterfeldwebel Feldwebel Oberfeldwebel Stabsfeldwebel	Maat Obermaat Meister Obermeister Stabsobermeister
Offiziersschüler	Offiziersschüler	Offiziersschüler
	(Die Offiziersschüler waren dem Dienstgrad nach gleichgestellt: während der Berufs- bzw. Hochschulreifeausbildung den Soldaten bzw. Matrosen; während der Ausbildung an den Offiziershochschulen im 1. Studienjahr den Feldwebeln bzw. Meistern; im 2. Studienjahr den Oberfeldwebeln bzw. Obermeistern; im 3. Studienjahr den Stabsfeldwebeln bzw. Stabsobermeistern; im 4. Studienjahr den Fähnrichen)	

Dienstgradgruppen	**Landstreitkräfte, LSK/LV Grenztruppen (ohne Grenzbrigade Küste und Bootseinheiten der Grenzkommandos)**	**Volksmarine, Grenztruppen (nur Grenzbrigade Küste und Bootseinheiten der Grenzkommandos)**
Fähnriche	Fähnrich Oberfähnrich Stabsfähnrich Stabsoberfähnrich	Fähnrich Oberfähnrich Stabsfähnrich Stabsoberfähnrich
Offiziere – Leutnante	Unterleutnant Leutnant Oberleutnant	Unterleutnant Leutnant Oberleutnant
– Hauptleute	Hauptmann	Kapitänleutnant
– Stabsoffiziere	Major Oberstleutnant Oberst	Korvettenkapitän Fregattenkapitän Kapitän zur See
– Generale	Generalmajor Generalleutnant Generaloberst Armeegeneral	Konteradmiral Vizeadmiral Admiral Flottenadmiral

Die Angehörigen der NVA wurden zum ersten Dienstgrad innerhalb einer Dienstgradgruppe, zum ersten Generalsdienstgrad, zum »Marschall der DDR« oder in eine Dienststellung ernannt und innerhalb der Dienstgradgruppen bzw. als General befördert. Die Zuständigkeit für die Ernennung und Beförderung regelte der Minister für Nationale Verteidigung. Generale wurden vom Vorsitzenden des Nationalen Verteidigungsrates ernannt bzw. befördert. Die Ernennung zum »Marschall der DDR« sollte im Verteidigungszustand oder für außergewöhnliche militärische Leistungen auf Beschluß des Staatsrates durch dessen Vorsitzenden erfolgen. Die Herabsetzung im Dienstgrad bzw. in der Dienststellung war eine Disziplinarstrafe und erfolgte auf der Grundlage einer entsprechenden Dienstvorschrift.

Mit Beginn der 70er Jahre verfügte die NVA über ein zunehmend aufeinander abgestimmtes und in sich geschlossenes System der Aus- und Weiterbildung ihrer Offiziere[76]. Der NVA-Offizier sollte militärischer Führer und politischer Erzieher seiner Untergebenen im Sinne der SED sein. Dazu hatte er sich ein fundiertes gesellschaftswissenschaftliches, militärisches, mathematisch-naturwissenschaftliches, ingenieurtechnisches und pädagogisches Wissen und Können anzueignen.

Zur Heranbildung und Qualifizierung ihrer Führungskader schuf die NVA neben den bereits bestehenden Einrichtungen mit Hochschulstatus — der Militärakademie in Dresden als höchster militärischer Bildungsstätte der DDR und der Militärmedizinischen Sektion der Ernst-Moritz-Arndt-Universität Greifswald — in den 70er Jahren neue wissenschaftliche Einrichtungen bzw. verlieh schon vorhandenen Bildungsstätten Hochschulcharakter. Dazu gehörten die Sektion Militärisches Transport- und Nachrichtenwesen an der Hochschule für Verkehrswesen »Friedrich List«, Dresden (1971), das Militärgeschichtliche Institut der DDR, Potsdam (1972), die Militärpolitische Hochschule in Berlin-Grünau (1972) und die Militärmedizinische Akademie in Bad Saarow-Pieskow (1981).

Im Jahr 1971 war allen Offiziersschulen der Teilstreitkräfte ebenfalls der Hochschulstatus verliehen worden. Darüber hinaus wurden NVA-Kader an Offiziersschulen der UdSSR und anderer Warschauer Paktstaaten (z.B. in einigen technischen Studienrichtungen) sowie an zivilen Hochschulen der DDR (z.B. Militärdolmetscher, Militärbauwesen) ausgebildet.

Mitte der 80er Jahre hatten rund 2400 aktive Offiziere sowjetische Militärakademien absolviert, so z.B. die Militärakademie »M.V. Frunze« (Mot.-Schützentruppen), die Militärakademie der Luftstreitkräfte »Ju. A. Gagarin« und die Seekriegsakademie »Marschall der Sowjetunion A.A. Grečko«. Dieses Auslandsstudium dauerte in der Regel vier Jahre und war auf die Ebenen Regiment/Division zugeschnitten. Offiziere, die für höhere Funktionen vorgesehen waren, konnten für ein zweijähriges Studium an die Akademie des Generalstabes der Streitkräfte der UdSSR »K.E. Vorošilov« nach Moskau delegiert werden. Dort wurden vor allem Kader für die Führungsebene Armee und Front ausgebildet. Von 1955 bis 1990 studierten 283 NVA-Offiziere an dieser Akademie, aus denen sich der größte Teil der Generale der DDR-Volksarmee rekrutierte.

Ein wichtiger Schritt zur weiteren Profilierung des NVA-Offizierkorps bedeutete die seit September 1983 eingeführte vierjährige Offiziersausbildung mit der Ernennung zum Leutnant und dem Abschluß des ersten akademischen Grades, z.B. den eines »Diplomingenieurökonomen«. In 35 Ausbildungsprofilen erhielten die Offiziersschüler eine Ausbildung, die sie zum

Einsatz für die ersten beiden Offiziersdienststellungen — Zugführer und Kompaniechef — befähigen und für die Bataillonsebene vorbereiten sollte. Bei Truppenoffizieren (Mot.-Schützen) nahm die militärische und militärtechnische Ausbildung etwa 60 % der 5000 Stunden umfassenden Gesamtausbildungszeit ein. Rund 20 % beanspruchte die gesellschaftswissenschaftliche Ausbildung, die in solchen Fächern wie »Wissenschaftlicher Kommunismus«, »Politische Ökonomie«, »Geschichte der Arbeiterbewegung und Militärgeschichte«, »Politische Führung und Erziehung« ausschließlich die marxistisch-leninistische Weltanschauung und Gesellschaftstheorie der SED vermittelte. War vor 1983 die Ausbildung von Politoffizieren in Lehrgängen an der Miiltärpolitischen Hochschule in Berlin-Grünau erfolgt, so führte man nunmehr das eigenständige Ausbildungsprofil »Politoffizier« ebenfalls an den Offiziershochschulen ein. Der Anteil der politischen Ausbildung betrug hier 50 % der Gesamtausbildungszeit. Erstmalig nahmen 1984 weibliche Offiziersschüler in einigen Studiengängen das Studium an NVA-Offiziershochschulen auf.

Der weiteren Qualifizierung der Offiziere dienten zudem postgraduale Studien, akademische Kurse, Verwendungslehrgänge, Fremdsprachenlehrgänge, technische Qualifizierungslehrgänge, die militärische Weiterbildung in der Truppe und die Stabsdienstausbildung sowie die Gesellschaftswissenschaftliche Weiterbildung mit monatlich 14 Stunden. Ende 1988 konnten rund 42 % aller NVA-Offiziere auf einen Abschluß einer Offiziershochschule (ohne Diplom) und knapp 28 % sogar auf einen akademischen Abschluß verweisen, darunter befanden sich etwa 15 % Absolventen von Militärakademien. Zum gleichen Zeitpunkt verzeichnete die Statistik 771 promovierte und 119 habilitierte Offiziere (»Dr. sc.«)[77].

Bereits im Mai 1973 war die Dienstlaufbahn des Fähnrichs neu in die NVA eingeführt worden. Fähnriche waren zumeist als technische Spezialisten oder in administrativen Dienststellungen tätig. Sie bildeten eine eigene Dienstgradgruppe und nahmen eine Zwischenstellung zwischen Berufsunteroffizieren und Offizieren ein. Fähnriche wurden an militärischen Lehreinrichtungen bzw. zivilen Fachschulen herangebildet und erwarben den zivilen Fachschulabschluß z.B. als Ingenieurpädagoge. Sie konnten bis zum Dienstgrad Stabsoberfähnrich befördert werden. Unteroffiziere auf Zeit und Berufsunteroffiziere übten zum Teil Funktionen aus, die in westlichen Armeen von Mannschaften wahrgenommen wurden. Sie erhielten ihre Ausbildung in der Regel an Ausbildungszentren und Militärtechnischen Schulen. Berufsunteroffiziere konnten die Meisterqualifikation erwerben und hatten die Möglichkeit, Fähnrich zu werden. In der NVA (ohne Grenztruppen) dienten Ende 1989 3861 Fähnriche und 6697 Berufsunteroffiziere[78].

Doktrinäre Vorstellungen und operatives Denken

Der hohe Grad ihrer Fremdbestimmung durch die Sowjetunion gehörte zu den Besonderheiten der DDR-Volksarmee: Die NVA wurde seit ihrer Gründung nach sowjetischen Vorstellungen und Bedürfnissen gegliedert und strukturiert. Die UdSSR führte die NVA auf den Weg zu einer modernen Koalitionsarmee, die speziell auf das Zusammenwirken und die Ergänzung der GSSD ausgerichtet war. Dabei war die NVA stets »vorbildlich in der Umsetzung der Empfehlungen des Oberkommandos« der Vereinten Streitkräfte des Warschauer Pakts[79]. Obwohl bereits 1958 der größte Teil der sowjetischen Militärberater offiziell abgezogen worden war, gab es auch in den folgenden Jahren zahlreiche sogenannte Militärspezialisten der »Bruderarmee« in den Stäben der NVA. So war im DDR-Verteidigungsministerium eine Gruppe sowjetischer Generale und Offiziere offiziell als Vertreter des Vereinten Oberkommandos tätig. In den Kommandos der Teilstreitkräfte, an der Militärakademie, in den Divisionen und einigen Raketentruppenteilen der Landstreitkräfte gab es ebenfalls sowjetische Verbindungsoffiziere. Sie sammelten Informationen über die NVA, über ihre Mobilmachungs- und Gefechtsbereitschaft und nahmen an wichtigen Übungen teil.

Die NVA besaß keinen Generalstab im klassischen Sinne[80]. Der NVA-Hauptstab vereinigte aber wichtige Elemente eines Generalstabes in seiner Struktur. Er bildete das militärische Planungs- und Koordinierungsorgan der Armee. Hier waren so wichtige Bereiche wie die für die operative Planung und Gefechtsbereitschaft, die Mobilmachung, die Auffüllung und die Aufklärung angesiedelt. Dazu kam 1988 als weiterer Stellvertreterbereich des Chefs des Hauptstabes ein Bereich, der für das Nachrichtenverbindungssystem und die Automatisierung der Truppenführung zuständig war. Zum Hauptstab gehörten im weiteren der Militärgeographische Dienst, die Verwaltung Internationale Verbindungen, die Verwaltung Militärwissenschaften sowie der Bereich Sicherstellung des Ministeriums, der u.a. auch den Kommandanten-Dienst — eine Art Militärpolizei — führte[81].

Der militärische Auftrag der NVA wurde über vier Jahrzehnte hinweg im Kern durch ihren Bündnisstatus und durch die sowjetische Militärdoktrin geprägt. Eigenständige militärdoktrinäre Auffassungen und strategische Vorstellungen der DDR-Streitkräfte gab es offenbar nur in beschränktem Umfang. So folgte man der bis zum Ende der 60er Jahre dominierenden sowjetischen Auffassung über die Führung von Präventivschlägen ebenso wie der dann folgenden Prämisse von der Idee der am Kriegsbeginn stehenden strategischen Verteidigungsoperation und des entschlossenen Angriffs als Hauptmethode zur Erringung des Sieges. Die im Mai 1987 von der Sowjetunion unter dem Einfluß von Gorbačev verkündete neue Militärdoktrin spiegelte zwar ein neues Denken zur Verhinderung von Kriegen wider, aber nach wie vor ging man davon aus, dem vermuteten Aggressor eine »vernichtende Abfuhr« zu erteilen.

Die NVA war umfassend in das operative Gesamtkonzept des Westlichen Kriegsschauplatzes und der GSSD (ab Frühsommer 1989 »Westgruppe der Truppen« [WGT]) integriert. Bis zur Mitte der 80er Jahre wären in einem Krieg zwei Fronten, die 1. Front und die 2. Front als Teil der 1. Strategischen Staffel auf dem Gebiet der DDR gebildet worden. Die NVA wäre Teil dieser beiden Fronten geworden, ohne jedoch eine selbständige Rolle zu übernehmen. Die Landstreitkräfte der DDR-Volksarmee und die Truppen der GSSD hätten sich zur 1. Front formiert, die mit 6 Armeen und 1 Armeekorps in der ersten operativen Staffel einzusetzen waren. Die dafür ausgewählten Verbände und Einheiten befanden sich ständig auf einem sehr hohen Niveau der Gefechtsbereitschaft und waren weitgehend mobilmachungsunabhängig. Die 2. Front (Küstenfront) sollte vor allem von der Polnischen Armee unter einer nur zeitweiligen Beteiligung von Kräften der NVA gebildet werden[82].

Die Vereinten Streitkräfte hatten im Grunde seit den 60er Jahren die konkrete operative Aufgabe, den politischen und militärischen Gegner im Westen — nach seinem angenommenen, tatsächlich aber nie geplanten Angriff auf den Warschauer Pakt — durch massive, tiefe Schläge gegen seine Verteidigung auf dem Boden der Bundesrepublik und in der Tiefe der Territorien Dänemarks und der Benelux-Staaten erfolgreich zu schlagen. Der Hauptteil des Kampfes war dabei zweifellos von den Truppen der GSSD/WGT mit ihren 5 Feldarmeen und der sowjetischen Luftarmee zu leisten. Die Landstreitkräfte der NVA sollten in diesem Konnex mit 6 aktiven und 5 Mob.-Divisionen in der ersten operativen Staffel der 1. Westfront und mit Teilen der Küstenfront, die Volksmarine im Rahmen der Vereinten Ostseeflotten unter Führung des Chefs der Baltischen Flotte der UdSSR und die Luftstreitkräfte im System der Luftverteidigung der Vereinten Streitkräfte bzw. mit Kräften der 16. Luftarmee der GSSD/WGT in operativer Unterstellung des Befehlshabers der 1. Front handeln. Für die Einnahme von Berlin (West) war die Bildung einer gesonderten Gruppierung, bestehend aus Kräften der NVA, der Grenztruppen, der GSSD sowie aus Angehörigen von VP-Bereitschaften und Kampfgruppenbataillonen, vorgesehen. Die Aufgabe der NVA im Kriegsfall bestand im weiteren darin, die Handlungen der verbündeten Streitkräfte auf dem eigenen Territorium zu unterstützen und die Operationsfreiheit der Streitkräfte des Paktes sicherzustellen, d.h. Nachschubwege zu sichern, Instandsetzungen durchzuführen und die Versorgung der Truppe zu gewährleisten. Daher verfügten die Landstreitkräfte über zahlreiche Pionier- und Ingenieurbaueinheiten. Dazu kamen territoriale Verteidigungsaufgaben.

Ab Mitte der 80er Jahre erhielten militärische Vorstellungen von Verteidigungsoperationen zunehmend Bedeutung, und es kam in der Folge auch zu Änderungen in der Einsatzplanung der NVA; so wäre auf dem Territorium der DDR zunächst nur eine Front aus der GSSD und der NVA gebildet worden[83].

Die NVA wurde von Anfang an auch als eine Mobilmachungsarmee konzipiert und entwickelt[84]. Für den Kriegsfall war in den 80er Jahren ein Personalumfang von insgesamt 430 000 bis 500 000 Mann vorgesehen. Die Kräfte der ersten operativen Staffel sollten in der Lage sein, ohne vorherige Mobilmachung die ihnen übertragenen Aufgaben zu erfüllen. Zu dieser Staffel gehörten vor allem die Divisionen, Brigaden und Regimenter der Landstreitkräfte, alle wesentlichen Einsatzkräfte der LVD und die Frontfliegerkräfte sowie alle Stoß- und Landungskräfte und alle schwimmenden und fliegenden Sicherungskräfte der Volksmarine. Für die Verbände und Truppenteile der zweiten operativen Staffel sowie der Spezialverbände zur Unterstützung der verbündeten Armeen waren weitgehende Mobilmachungsvorbereitungen vorgesehen. Die Mobilmachung konnte offen und getarnt ausgelöst oder im Zusammenhang mit der Auslösung höherer Stufen der Gefechtsbereitschaft befohlen werden. Die NVA unterschied in den 80er Jahren als erste Stufe die »Ständige Gefechtsbereitschaft«, die den »Normalzustand« der meisten Einheiten und Stäbe beschrieb. Die »Erhöhte Gefechtsbereitschaft« löste bereits erste Maßnahmen aus, die die Bereitschaft der Truppen zur Erfüllung von Gefechts- und Mobilmachungsaufgaben erhöhen sollten. Die Stufe »Gefechtsbereitschaft bei Kriegsgefahr« legte u.a. das Beziehen geheimer Dezentralisierungsräume fest und bereitete den Übergang auf die höchste Stufe, die »Volle Gefechtsbereitschaft« vor. In dieser Stufe wurden alle Kräfte vollständig mobil gemacht und in höchste Bereitschaft zur Erfüllung von Gefechtsaufgaben versetzt sowie die Mobilmachung der NVA abgeschlossen.

Das Mobilmachungssystem der NVA war straff und auftragsorientiert organisiert. Die herangeführten Personal- und Materialreserven waren im Kriegsfall vor allem zur Verstärkung der Landstreitkräfte vorgesehen. Hier plante man 5 Mob.-Divisionen ein, die innerhalb von wenigen Tagen aus einigen hundert Mann Basistruppen und Unteroffizierschülern zu Divisionen mit Personalstärken von 10 000 Reservisten werden sollten. Diesen Kräften, die in Friedenszeiten zur Tarnung an die Unteroffiziersschulen angeschlossen waren, standen dann als 6., 10., 17., 19., und 20. MSD für den Einsatz bereit. Dazu kamen noch Brigaden, Regimenter und Bataillone in den Landstreitkräften, in den LSK/LV und in der Volksmarine, die personell und materiell vor allem aus kadrierten oder nicht aktiven Truppenteilen aufwachsen sollten. Unterstützungs- und Sicherstellungsaufgaben der auf dem Territorium der DDR handelnden Stäbe und Truppen sollten von weiteren Mobilmachungskräften übernommen werden. Das betraf z.B. Instandsetzungsbrigaden, Versorgungsbrigaden, Kfz-Regimenter, Lazarette, Straßenbrückenbaubataillone usw.

Internationale Aktivitäten der NVA

Das internationale Wirken der NVA hatte sich in den 50er und 60er Jahren fast ausschließlich auf die sozialistischen Staaten, vor allem im Warschauer Pakt, beschränkt. Dabei waren Anfänge einer bi- und multilateralen Zusammenarbeit auf den Gebieten der militärtechnischen Forschung und Entwicklung sowie der Militärwissenschaft ebenso zu verzeichnen wie der Austausch von Militärattachés und Militärdelegationen. Die erste offizielle Auslandsdelegation der NVA unter Leitung des Verteidigungsministers reiste im übrigen im Jahr 1957 nicht in die Sowjetunion, sondern in die Volksrepublik China.

Mitte der 60er Jahre war der ostdeutsche Staat trotz aller Anstrengungen, die internationale Isolation zu durchbrechen, noch immer nur von zwölf Ländern des sozialistischen Lagers diplomatisch anerkannt. Dennoch war bereits 1959 unter strengster Geheimhaltung eine erste Lieferung militärischen Materials (Waffen und Munition) aus der DDR nach Guinea verschifft worden[85]. Aber erst ab 1966 kam es zu einer relativ kontinuierlichen Militärhilfe für sogenannte befreundete junge Nationalstaaten bzw. zu Unterstützungsleistungen für »fortschrittliche nationale Befreiungsbewegungen«. Dabei handelte es sich vorwiegend um Bewaffnung und Technik, Munition, Ersatzteile usw. So erhielten z.B. 1967/68 Ägypten und Syrien Jagdflugzeuge vom Typ MiG-17, Geschütze und 20 000 Handfeuerwaffen von der NVA.

Nach der weltweiten völkerrechtlichen Anerkennung der DDR im Rahmen der Aufnahme in die Vereinten Nationen zu Anfang der 70er Jahre dehnte sich nicht nur der Radius der NVA-Aktivitäten auf Afrika, Indochina und Lateinamerika aus, sondern es erweiterten sich auch der Umfang und die Qualität der Unterstützungsleistungen beträchtlich. Von 1966 bis 1989 erfolgten an insgesamt 26 Länder und Organisationen militärische Lieferungen im Wert von über 641,4 Mill. Mark aus der DDR[86]. Unter den Empfängerstaaten befanden sich solche Länder wie Vietnam, das in den 70er Jahren große Mengen Infanteriebewaffnung erhielt, und Äthiopien, dem 1978, 1984 und 1989 u.a. Panzer vom Typ T-34/85 und Panzerabwehrkanonen geliefert wurden. Die Exporte erfolgten zumeist über den DDR-Außenhandel bzw. über den sogenannten Solidaritätsfonds, der in erster Linie aus Spendenmitteln der Bevölkerung gespeist wurde. Unterstützungsaufgaben übernahm die NVA auch im Rahmen der Ausbildung von Militärpersonal. Von 1973 bis 1989 bildete die DDR-Volksarmee insgesamt knapp 3000 Militärangehörige aus 20 Ländern und Befreiungsorganisationen aus. Als spezielle Ausbildungseinrichtung wurde die Offiziershochschule »Otto Winzer« im Dezember 1981 in Prora (Rügen) eröffnet, an der ausländische Kader in zwei- bis vierjährigen Studiengängen eine politische, mathematisch-naturwissenschaftliche, militärische und militärtechnische Ausbildung erhielten. Während des Dienstes trugen die »Offiziersschüler« NVA-Uniformen ohne Embleme. Im Ausgang und im Urlaub war Zivilkleidung vorgeschrieben; zu nationalen Festtagen durften nationale Uniformen angelegt werden. Rund eintausend Absolventen aus Afghanistan, Äthiopien, der Jemenitischen Arabischen Republik, Kambodscha, aus dem Kongo, aus Kuba, Nigeria, Nordkorea, Moçambique, Palästina (PLO), Syrien, Tansania, der Volksdemokratischen Republik Jemen und aus Vietnam verließen die Schule u.a. als Infanterie,- Panzer-, Artillerie-, Pionier- oder Fernmeldeoffizier mit Hochschulabschluß.

An weiteren neun Schulen der NVA bestanden ebenfalls Ausbildungskapazitäten für ausländische Soldaten aus den Staaten des Warschauer Paktes und anderen befreundeten Ländern. Darüber hinaus entsandte die NVA Spezialisten in das Ausland, die in verschiedenen Ländern (u.a. in Vietnam, Angola, Moçambique, Äthiopien, Irak und Jemen) den dortigen militärischen Aufbau als Berater unterstützten. In Ausnahmefällen, wie in Moçambique Mitte der 80er Jahre, waren einzelne Generale und Offiziere der NVA im Ausland zur Organisierung der bewaffneten Macht des Gastlandes und vor allem des Schutzes von DDR-Entwicklungshelfern in vorderer Front aktiv tätig[87]. Ein direkter Kampfeinsatz von NVA-Truppen in der »Dritten Welt« fand jedoch nicht statt.

Andere Hauptbetätigungsfelder der NVA bildeten die medizinische Betreuung verwundeter und erkrankter Militärpersonen aus jungen Nationalstaaten und Befreiungsbewegungen, die Bereitstellung von Urlaubsplätzen in der DDR sowie die Unterstützung im Bereich des Militärsports. Die Ausweitung der Kontakte zu anderen Staaten der Dritten Welt wie Mexiko und Peru sowie zu bündnisfreien europäischen Staaten wie Österreich, Schweden oder der Schweiz dienten vor allem der Information und dem Prestige der NVA-Führung. Flottenbesuche und Ausbildungsfahrten führten Schiffe der Volksmarine über die Ostsee hinaus bis ins Mittelmeer. Im Zuge der international vereinbarten Maßnahmen zur Entspannung und Vertrauensbildung kam es in den 80er Jahren zu Manöverbeobachtungen und weiteren Kontakten zur Bundeswehr und anderen NATO-Armeen. So nahmen NVA-Offiziere im Sommer 1987 erstmals als Beobachter an einer NATO-Übung in der Bundesrepublik Deutschland teil.

Internationale Aktivitäten verzeichnete die NVA-Führung auch auf einem anderen Gebiet: dem Leistungssport. Unter dem Dach der Armeesportorganisation »Vorwärts« (ASV), die im August 1956 gebildet worden war und bis zum Januar 1991 bestand, verbarg sich nicht nur eine zentralistisch gelenkte Organisation zur Durchführung des Massen- und Freizeitsports der Armeeangehörigen, sondern auch eine Kaderschmiede des internationalen Spitzensports. In den Leistungssportzentren der NVA herangezogen und trainiert, erreichten die Athleten der Armeeklubs allein bei Olympischen Spielen bis 1988 64 Goldmedaillen sowie zahlreiches olympisches Silber und Bronze. Dazu kamen weit über 200 Welt- und Europameisterschaftstitel. Die Sportler, die zumeist mit zahlreichen Privilegien ausgestattet waren, sollten durch ihre Erfolge nicht nur die Identifikation mit dem sozialistischen Staat vorantreiben, sondern auch als »Diplomaten im Trainingsanzug« zur Reputationsverbesserung der Armee und der DDR im Ausland beitragen.

Als ein stark beachtetes Ereignis stellte sich nicht zuletzt der mehrtätige Aufenthalt des ersten Deutschen, des NVA-Oberstleutnants Sigmund Jähn, im All dar. Der Offizier war am 26. August 1978 mit dem sowjetischen Oberst Valerij P. Bykovskij zu einem gemeinsamen Raumflug in einer Sojus-Kapsel gestartet.

Die NVA in internationalen und blockinternen Krisen

Nach ihrer aktiven Teilnahme am Mauerbau 1961 wurden die DDR-Streitkräfte im Rahmen des Bündnisses auch wiederholt in die Bewältigung von internationalen und blockinternen Krisen einbezogen.

Als die UdSSR im Herbst 1962 mit der Stationierung von Mittelstreckenraketen auf Kuba — d.h. im unmittelbaren Bereich des Frühwarnsystems der USA — eine gefährliche Krise auslöste und die USA durch ihre Gegenmaßnahmen diese weiter verschärfte, war auf sowjetischen Befehl auch in der NVA die Stufe der »Erhöhten Gefechtsbereitschaft« ausgelöst worden. Die damit zusammenhängenden Maßnahmen wie Urlaubs- und Ausgangssperren, die Verstärkung der diensthabenden Systeme usw. galten von Mitte Oktober bis etwa Mitte November 1962.

Wenige Jahre später löste in der ČSSR ein Versuch zur Reformierung des bestehenden Sozialismusmodells die bis dahin schwerste Krise im Warschauer

Pakt aus. Prager Reformkommunisten um Alexander Dubček wollten nach eigener Einschätzung in ihrem Land die »Einheit von Sozialismus und Demokratie« herbeiführen. Am 21. August 1968 beendete die militärische Intervention von fünf sozialistischen »Bruderländern« abrupt das tschechoslowakische Experiment, das später als »Prager Frühling« in die Geschichte einging. An der Vorbereitung und Durchführung der Intervention waren auch die DDR und ihre Nationale Volksarmee aktiv beteiligt[88].

Ende Juli 1968 hatte die Phase der direkten Einbeziehung der NVA in die sowjetisch dominierte Militäraktion zur Niederschlagung des »Prager Frühlings« begonnen. An der als Übung getarnten Operation »Donau« sollten zwei NVA-Divisionen, die 7. PD (Dresden) und die 11. MSD (Halle), teilnehmen. Für die PD war eine Unterstellung unter die 20. Gardearmee der GSSD, für die 11. MSD waren Aufgaben als Reserve der zentralen Führung zur Deckung der »Staatsgrenze West« vorgesehen.

Am 21. August 1968, kurz nach 1.00 Uhr morgens, hatte DDR-Verteidigungsminister Armeegeneral Hoffmann die Stufe »Erhöhte Gefechtsbereitschaft« für die gesamte NVA ausgelöst. Die Armee war damit vorbereitet, bei Notwendigkeit unverzüglich in aktive Handlungen eingreifen zu können. Die meisten Einheiten der NVA verblieben aber in ihren Kasernen, nur einige Regimentseinheiten und Bataillone verließen ihre Standorte und wurden zeitweise feldmäßig untergebracht.

Entsprechend den Planungen des Oberkommandierenden des Warschauer Paktes sollten Stäbe und Truppen der 7. PD und der 11. MSD direkt am Einmarsch der verbündeten sowjetischen, polnischen, ungarischen und bulgarischen Verbände und Einheiten teilnehmen, der in der Nacht vom 20. zum 21. August begonnen hatte. Beide NVA-Divisionen befanden sich in voller Gefechtsbereitschaft in ihren Konzentrierungsräumen im Süden der DDR. Aber weder die 7. PD noch die 11. MSD marschierten am 20./21. August 1968 oder in den Tagen danach in die Tschechoslowakei ein bzw. besetzten diese. Die 7. PD und die 11. MSD verließen aus militärischen und offenbar auch politischen Gründen nachweisbar nicht den Boden der DDR. Dennoch ist der Aufenthalt von NVA-Soldaten in der Tschechoslowakei im August 1968 dokumentiert. Hierbei handelte es sich vor allem um Angehörige des NVA-Nachrichtenregiments 2 (Niederlehme), die am 23./24. August im Landmarsch im Bestand sowjetischer Truppen, aus Polen kommend, in das Hauptquartier der Interventionsstreitkräfte in der Tschechoslowakei, nach Milowice, verlegten. Dort hatten sie die Funkverbindungen zwischen der im Stab der Interventen tätigen NVA-Verbindungsgruppe, die aus wenigen Offizieren bestand, und dem Ministerium in Strausberg zu sichern. In Milowice befanden sich bis Ende Oktober 1968 somit neben einigen Offizieren 6 Unteroffiziere und 13 Funker. Auf dem Boden der ČSSR handelten zudem — oft nur kurzzeitig — offenbar einige Aufklärungs- und Versorgungskräfte in geringer Stärke. Wiederholt überschritten auch Grenzsoldaten die Staatsgrenze, um auf tschechischem Gebiet sogenannte Hetzlosungen und gegen die DDR gerichtete Plakate gewaltsam zu entfernen. Der Einsatz von Kampf- oder Besatzungstruppen der NVA in der ČSSR ist dagegen zu keinem Zeitpunkt belegbar.

Nachdem der Oberkommandierende der Vereinten Streitkräfte bereits am 11. September 1968 gestattet hatte, die erhöhte Gefechtsbereitschaft für die Nationale Volksarmee, mit Ausnahme der 7. Panzerdivision und der 11. Mot.-Schützendivision, aufzuheben, erfolgte Mitte Oktober die Rückverlegung der beiden Divisionen in ihre Kasernen. Die NVA war somit von Anfang an militärisch und logistisch in die Vorbereitung und Durchführung der völkerrechtswidrigen Militäroperation gegen die ČSSR einbezogen, auch wenn sie sich nicht unmittelbar am Einmarsch beteiligte. Ihre Aktivitäten waren eindeutig gegen die Souveränität des Nachbarlandes gerichtet und stellten zudem eine Verletzung des Artikels 8 (1) der DDR-Verfassung dar.

Wenig harmonisch entwickelten sich Anfang der 80er Jahre zeitweise auch die Beziehungen zum »Bruderland« Polen. Getarnt als militärische »Ausbildungsmaßnahme«, beabsichtigte die sowjetische Führung, eine militärische Intervention von 15 sowjetischen und 2 tschechoslowakischen Divisionen sowie Kräften der NVA gegen die »Konterrevolution« der Solidarność-Bewegung in Polen durchzuführen. Bis zum 7. Dezember 1980 hatten die teilnehmenden Stäbe und Truppen der DDR-Volksarmee — eine Führungsgruppe des Kommandos des MB V, die 9. PD (Eggesin) ohne das Panzerbataillon T-72 und ohne die Raketenabteilung 9, die SFL-Abteilung des Artillerieregiments und Objektsicherungskräfte, 3 Mot.-Schützenbataillone des MSR 28 und eine Operative Gruppe des MfNV — ihre Einsatzvorbereitung abgeschlossen[89]. Der Handlungsraum der 9. PD sollte in der Region Koszalin liegen. Nachdem sich die Situation in Polen Mitte Dezember 1980 weiter zuspitzte, kam es in der NVA zur Durchführung von Maßnahmen der erhöhten Gefechtsbereitschaft. Die für einen Einsatz vorgesehenen Einheiten nahmen Marschbereitschaft ein. Letztendlich fanden aber keine weiteren Aktivitäten seitens der NVA statt. Ein Einmarsch der verbündeten Truppen in Polen blieb aus[90]. Im April 1982 wurde in der NVA — nach Vorgabe der sowjetischen Seite — die Aufhebung der im Zusammenhang mit der Lageentwicklung in Polen befohlenen militärischen Maßnahmen angeordnet.

Geheime Sonderbereiche

Für die Militärüberwachung, die im wesentlichen die Spionageabwehr, den Geheimnisschutz, die Durchführung von Sicherheitsüberprüfungen sowie die Verhinderung von Fahnenfluchten in der Armee und den Grenztruppen umfaßte, war seit den 50er Jahren die Hauptabteilung I (HA I) als Teil des MfS zuständig, die im Bereich des MfNV unter der Bezeichnung »Verwaltung 2000« firmierte. Zu ihrer Aufgabe gehörte es zudem, die politisch-ideologische Gesinnung des Personalbestands zu beobachten und zu kontrollieren sowie in diesem Sinne Informationen und Meinungen aus allen Dienstgradgruppen zu sammeln. Um diese Aufgaben lösen zu können, erfolgte eine umfassende informelle Durchdringung aller militärischen Ebenen. Bei den Grundwehrdienstleistenden der Landstreitkräfte kam auf etwa 100 Mann ein Informeller Mitarbeiter (IM). Stärkere Konzentrationen von MfS-Informanten ergaben sich bei den Grenztruppen (20:1), aber auch in verschiedenen Stäben.

Die Struktur der HA I mit ihren mehr als 2000 Mitarbeitern lehnte sich an die militärischen Strukturen an[91]. Ihrem Leiter im Generalsrang unterstanden u.a. drei Stellvertreterbereiche: der 1. Stellvertreter mit den Abteilungen »Äußere Abwehr«, »LSK/LV« und »Volksmarine«; der Bereich Stellvertreter beim Kommando Landstreitkräfte und der Verantwortungsbereich Stellvertreter Kommando Grenztruppen. Innerhalb dieser Bereiche gab es verschiedene Abteilungen und Unterabteilungen, die an den jeweiligen Standorten der NVA-Stäbe ihren Dienstsitz hatten. Die personell größte Abteilung der HA I mit rund 250 Mann bestand in den 80er Jahren im Verteidigungsministerium. In den Militärbezirken der Landstreitkräfte waren jeweils etwa 170 Mann, in der für die Volksmarine bzw. die LSK/LV zuständigen Abteilung 116 und 179 MfS-Mitarbeiter tätig[92]. In den Divisionen und Regimentern existierten in nachgeordneten Strukturen sogenannte Operativgruppen, auf Bataillonsebene wirkten zumeist einzelne Verbindungsoffiziere, die sogenannten VO, die in der Regel offiziell in der Truppe bekannt waren. Die Vertreter des MfS nahmen an den Leitungsbesprechungen der Armeeführung ebenso teil wie an Sitzungen anderer Führungsgremien. Auf der Ebene der MfS-Bezirksverwaltungen suchte man dagegen die Strukturen der HA I vergebens, hier gab es nur einzelne Mitarbeiter, die z.B. die Wehrbezirkskommandos überwachten. Engere Kontakte und Beziehungen bestanden von der Verwaltung 2000 zu Organen der Militärabwehr der UdSSR, Polens und der ČSSR.

Die Ausrüstung der HA I mit Waffen und Kraftfahrzeugen, ihre Unterbringung und Versorgung hatten durch die NVA zu erfolgen. Alle Angehörigen der Verwaltung versahen ihren Dienst in NVA-Uniformen der jeweiligen Waffengattung »ihrer« Dienststelle. Sie rekrutierten sich zum überwiegenden Teil aus dem Personalbestand der NVA. Sie hatten in den Kasernen besonders gesicherte Räume, zu denen Außenstehende keinen Zutritt hatten. Die MfS-Angehörigen waren nicht den Einheitskommandeuren unterstellt und handelten nach eigenem Ermessen. Diese Sonderstellung versuchten sie nicht selten mit dem Nimbus der Überlegenheit und Höherstellung über die NVA-Angehörigen zu verbinden.

Mitte Januar 1990 wurden die Strukturen der Verwaltung 2000 in der Armee aufgelöst und ihre Mitarbeiter bis zu ihrer späteren Entlassung beurlaubt. Der Aufbau einer neuen Militärabwehr gegen Spionage, Sabotage und terroristische Anschläge blieb bereits im Ansatz stecken.

Die HA I bildete zweifellos das wichtigste Kontroll- und Einflußorgan des MfS in den Streitkräften, das durch IM alle Bereiche des Militärs durchsetzt hatte. Das galt auch für den selbständigen Militärnachrichten(spionage)dienst der NVA, der dem Minister für Nationale Verteidigung unter verschiedenen Bezeichnungen, zuletzt als »Bereich Aufklärung«, direkt unterstellt war[93]. Seine Aufgabe bestand vor allem in der militärischen und rüstungstechnischen Spionage gegen die Bundeswehr, gegen die NATO sowie gegen deren militärpolitische und militärplanerische Aktivitäten. Der Bereich, der seinen Sitz in der Ostberliner Oberspreestraße hatte, umfaßte rund 2100 Mitarbeiter. Zur Informationsbeschaffung im Operationsgebiet Bundesrepublik bzw. in Westeuropa stand ein Netz von »Kundschaftern« und anderen Aufklärungskräften zur Verfügung. Bis 1989/90 waren etwa 1,5 Millionen Daten über Gliederung und Struktur, über 2000 Angaben zu ausgewähltem Führungspersonal sowie 9500 Angaben zu Übungen der Bundeswehr und anderer NATO-Streitkräfte auf Datenbanken gespeichert. Darüber hinaus gab es tausende Angaben über die Dislozierung von Militärobjekten, über das Straßen- und Eisenbahnnetz usw.

Der Militärische Nachrichtendienst war in Verwaltungen, Abteilungen, Unterabteilungen, Selbständige Unterabteilungen, Arbeitsgruppen und operative Außenstellen gegliedert. Die 1. Verwaltung betrieb Agenturaufklärung, die nachrichtendienstlich auf bestimmte »Hauptobjekte« der NATO ausgerichtet war. Die 2. Verwaltung steuerte u.a. den offiziellen Auslandsdienst, also die Militärattachés und ihre Gehilfen. Die 3. Verwaltung hatte die operativ-taktische Aufklärung unter sich, welche die Funkaufklärung und die Truppenaufklärung umfaßte. Hinter der 4. Verwaltung verbarg sich die operative Sicherstellung, die für die Bereitstellung der notwendigen Technik sorgte. Als 5. Verwaltung galt der Informationsdienst, der das eingehende Material zu Lageberichten und Studien verarbeitete. Zum Bereich Aufklärung der

NVA gehörten auch das Funkaufklärungsregiment 2 in Dessau, das der 3. Verwaltung unterstand, und eine als »Militärwissenschaftliches Institut (MWI)« bezeichnete Schule für Agenturaufklärung in Klietz.

Zwischen der NVA-Verwaltung und dem MfS bestanden enge Kontakte. Zudem war die Aufklärung durch »Offiziere im besonderen Einsatz« (OibE) und IM unterwandert. Eine Grundsatzvereinbarung aus dem Jahre 1983 regelte das Zusammenwirken zwischen dem Verteidigungs- und Staatssicherheitsministerium auf dem Gebiet der Militäraufklärung.

Mitte März 1990 wies ein Befehl des Verteidigungsministers die Auflösung des nunmehr als »Informationsdienst« bezeichneten Aufklärungsbereiches an. Schrittweise stellte man die nachrichtendienstliche Tätigkeit im Westen ein. Ende 1990 wurde der noch etwa 550 Mitarbeiter starke, als »Informationsdienst beim Ministerium für Abrüstung und Verteidigung« in die Bundeswehr übernommene ehemalige Militärische Nachrichtendienst der DDR endgültig aufgelöst.

In »geheimer Mission« und unter strengster Konspiration arbeitete im MfNV die »Abteilung für operative Zusammenarbeit mit den zentralen Staatsorganen«, über deren genaue Tätigkeit nur der Minister und der Chef des Hauptstabes informiert waren. In Verantwortung dieser Abteilung, die aus zehn Offizieren bestand und der ein NVA-General vorstand, waren bis 1988 etwa 150 Zivilisten aus der Bundesrepublik Deutschland in Einrichtungen der NVA ausgebildet worden. Bereits zwischen 1957 und 1962 hatte es in der NVA Strukturen und Aktivitäten gegeben, die auf die Aus- und Weiterbildung potentieller kommunistischer Untergrundkämpfer (Partisanen) der Bundesrepublik zielten. Die dafür verantwortliche »Verwaltung 15« des MfNV wurde 1962 in das MfS übernommen[94].

Die Lehrgänge in den 80er Jahren hatten eine Dauer von ein bis drei Monaten und wurden vorwiegend auf den Übungsplätzen Streganz und Storkow durchgeführt. Die Zivilisten, Mitglieder kommunistischer Organisationen in der Bundesrepublik, erhielten in der DDR eine militärische Grund-, Schieß- und Pionierausbildung. Die Sicherstellung der Ausbildung, die An- und Abreise der Lehrgangsteilnehmer erfolgte in Verantwortung des MfS.

Zwischen Stagnation und Hoffnung

Am 2. Dezember 1985 verstarb der langjährige DDR-Verteidigungsminister Armeegeneral Heinz Hoffmann. Der Tod des 75jährigen beendete eine Ära in der Entwicklung des DDR-Militärs, die wesentlich von der charismatisch wirkenden Persönlichkeit Hoffmanns mitgeprägt worden war. Mit dem nunmehr notwendigen Führungswechsel an der Spitze der Streitkräfte verband sich bei vielen Soldaten und Zivilbeschäftigten die Erwartung, daß die verkrusteten und teilweise überlebten Strukturen der Armee aufbrechen würden. An erster Stelle erhoffte man sich die Rücknahme der überspitzten Forderungen bei der Gefechtsbereitschaft, die als eine Hauptursache für Frustration und Stagnation in der Truppe galten. An zweiter Stelle stand der Wunsch nach grundsätzlichen Verbesserungen in den inneren Verhältnissen, vor allem in den Dienst- und Lebensbedingungen für alle Angehörigen der NVA. Diese Hoffnungen auf konkrete Veränderungen — von Reformen war keine Rede — erfüllten sich nicht. Der Wechsel von Hoffmann zu Armeegeneral Heinz Keßler, dem bisherigen Stellvertreter und Chef der PHV, im Ministeramt war im Grunde nur ein Ausdruck der Kontinuität bisheriger Auffassungen über die Streitkräfte im Sozialismus. Es ergaben sich weder grundsätzliche Veränderungen in den militärischen Strukturen noch ein Wandel im Personalbereich oder im inneren Gefüge. »Die erzkonservativen Auffassungen der Führungsspitze und ihrer Statthalter in den nachfolgenden Ebenen behinderten jeglichen Freimut und ließen reformerische Absichten nicht einmal vom Keim her zu. Somit erstarrte zwangsläufig im Vorfeld der sich bereits zaghaft andeutenden gesellschaftlichen Veränderungen das militärische Gefüge noch weiter und erstickte Aufrichtigkeit, Risikobereitschaft und Mut in all ihren kleinen Ansätzen[95].«

Lediglich im Zusammenhang mit der Einführung einer neuen Militärdoktrin im Warschauer Pakt im Mai 1987 kam es vor allem im friedens- und sicherheitspolitischen Bereich — freilich nur im bescheidenen Umfang — zur Herausbildung eines »Neuen Denkens«[96]. Die Hauptaussagen der neuen Doktrin, keinen Krieg zuzulassen, keinen Staat als Feind zu betrachten und die Verteidigung streng defensiv auszurichten, stürzten die NVA-Führung aber in das Dilemma, einerseits eine friedenspolitische Staatsdoktrin zu propagieren und andererseits den Verteidigungswillen der Soldaten zu erhalten[97]. Vor allem die Politische Hauptverwaltung der NVA war im wachsenden Maße nicht mehr in der Lage, ihren im Sinne der SED politisch orientierenden und disziplinierenden Einfluß in der Armee wahrzunehmen. Einzelne und oft formale Korrekturen am Feindbild der NVA, in der Anlage von Übungen oder der

Abbau angriffsfähiger Potentiale konnten nicht darüber hinwegtäuschen, daß reformunwillige Kräfte in der politischen und militärischen Führung der Streitkräfte die neuen Doktringrundsätze insgesamt nur zögerlich oder gar nicht praktisch umzusetzen gedachten.

Die Armee verfügte Ende 1989 über rund 168 000 Mann. Rund 45 % von ihnen waren Wehrpflichtige und immerhin 40 % Berufssoldaten. Die Landstreitkräfte bildeten mit 99 300 Mann den personellen Hauptteil. In den Luftstreitkräften dienten 4700, in der Luftverteidigung 29 500 Mann. Die Volksmarine zählte 14 100 Angehörige, und in der Führung sowie in den direkt unterstellten Truppen und Einrichtungen waren 20 400 Mann tätig. Etwa zwei Drittel des NVA-Personals befand sich in Truppenteilen und Stäben, die den Vereinten Streitkräften des Pakts unterstellt waren.

Anfang 1989 kündigte die DDR an, im Rahmen der Truppenreduzierungen im Warschauer Pakt ihre Volksarmee um 10 000 Mann zu reduzieren, die Verteidigungsausgaben um 10 % zu kürzen und den Verteidigungscharakter der Armee auszubauen. Hinter dieser »Honecker-Initiative«, die offensichtlich ohne ausreichende Beteiligung der Militärs erfolgte, steckten vor allem der Drang nach politischem Prestigegewinn im Westen und ökonomische Zwänge. Um die angestrebte Verringerung der Personalstärke zu erreichen, wurden im Laufe der Jahre 1989/90 sechs Panzerregimenter (PR 8, Goldberg, PR 23, Stallberg, PR 1, Beelitz, PR 16, Großenhain, PR 11, Sondershausen und PR 4, Gotha) sowie ein Fliegergeschwader (JG 7, Drewitz) aufgelöst. Die freiwerdenden 600 Panzer und 50 Kampfflugzeuge rüstete man für zivile Zwecke um, verschrottete sie oder verkaufte sie an Länder der Dritten Welt, wie z.B. Panzer nach Äthiopien. Zusätzlich war vorgesehen, bis Ende 1990 weitere 4000 Armeeangehörige freizusetzen und 2500 Zivilplanstellen zu streichen. Bis November 1989 hatte die NVA die Masse der zugesagten Kampfflugzeuge und Panzer abgerüstet. Die MSD verfügten somit praktisch über keine Panzerregimenter mehr. In bezug auf die Gesamtstreitkräfte belief sich das Reduzierungsquantum zwar auf etwa 6 % der Sollstärke, jedoch blieben die grundlegenden offensivfähigen Streitkräftestrukturen noch erhalten. Bei den ausgesonderten Waffen handelte es sich zudem ausnahmslos um veraltete Typen.

Der einseitige Reduzierungsbeschluß der politischen Führung hatte die NVA relativ unvorbereitet getroffen, so daß die Umsetzung nur mit Schwierigkeiten möglich war, doch die Probleme, die aus der sich rapide verschlechternde Wirtschaftslage resultierten, waren von der NVA schon längere Zeit nicht mehr aufzufangen.

Mit den zunehmenden Schwierigkeiten der DDR-Volkswirtschaft erhielt die NVA in den 80er Jahren im wachsenden Maß die Funktion eines ökono-

Fortsetzung Seite 511

Angehöriger der Deutschen Grenzpolizei auf Streife im Raum Dermbach/Rhön, 1950

Appell in einem Lager des »Dienst für Deutschland«, Herbst 1952

Pak- Ausbildung in der KVP

Ein Panzerspähwagen der Bereitschaftspolizei sichert das Vorgehen von Kampfgruppenangehörigen, 1957

Transportpolizisten bei der Streckensicherung, 1960

Kontrolle eines Güterzuges auf dem Grenzzollamt Seddin, 1970

NVA-Offiziere unterstützen die Ausbildung von Kampfgruppenangehörigen und GST-Mitgliedern

oben: Kräfte der Volkspolizei bei der Einsatzplanung
unten: Angehörige der ZV in Schutzanzügen üben das Bergen von Geschädigten, 1978

Angehörige des Grenzregiments »Martin Schwantes« bei einem Einsatz, 1980

Auf einem Feldgefechtsstand der GSSD

Teilnehmer einer GST-Wehrspartakiade beim Bestimmen der Marschrichtungszahl, 1985

Mot.-Schützen des Regiments »Hans Beimler«, 1982

NVA-Hubschrauber Mi-8 beim Absetzen von Mot.-Schützen, 1987

Kleine Torpedoschnellboote der Volksmarine während der Seeausbildung, 1982

Parade der NVA in Ost-Berlin, 1987

– Auswahl –

Soldat
(mot. Schützen)

Gefreiter
(Raketentruppen
und Artillerie)

Stabsgefreiter
(Luftstreitkräfte)

Unteroffizier
(Grenztruppen
der DDR)

Unterfeldwebel
(Luftverteidigung)

Feldwebel
(Nachrichten)

Oberfeldwebel
(Pioniere und techn.
Truppen)

Stabsfeldwebel

Uffz.-Schüler
(Panzer)

Fähnrichschüler
(1. Studienjahr,
Grenztruppen der DDR)

Offiziersschüler in
Hochschulreife-
ausbildung

Offz.-Schüler
(3. Studienjahr,
Artillerie)

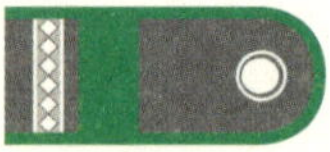
Postenführer
(Grenztruppen
der DDR)

Ärmelstreifen
für Hauptfeldwebel
(getragen auf beiden
Unterärmeln)

Ärmelwinkel für
Soldaten und
Unteroffiziere auf Zeit
(Volksmarine goldfarben)

Ärmelabzeichen
für Fähnriche

Fähnrich
(Raketentruppen
und Artillerie)

Oberfähnrich
(Luftstreitkräfte)

Stabsfähnrich
(Nachrichten)

Stabsoberfähnrich
(Panzer)

Unterleutnant
(Luftstreitkräfte)

Leutnant
(Fallschirmjäger)

Oberleutnant
(Panzer)

Hauptmann
(Nachrichten)

Major
(rückw. Dienste)

Oberstleutnant
(Panzer)

Oberst
(mot. Schützen)

Kokarde
(Generale goldfarben)

Generalmajor
(Grenztruppen der DDR)

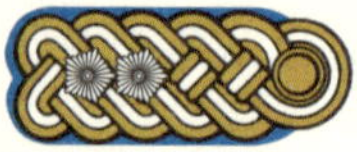
Generalleutnant
(Luftstreitkräfte)

Generaloberst
(Landstreitkräfte)

Armeegeneral

Marschall der DDR

Dienstgradabzeichen an Flieger- und Technikeranzügen

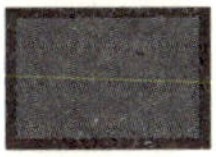
Soldat

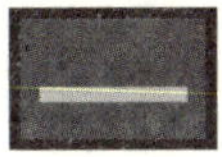
Gefreiter

Stabsgefreiter

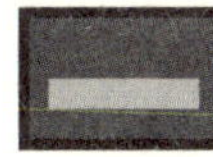
Unteroffizier

Unterfeldwebel

Feldwebel

Oberfeldwebel

Stabsfeldwebel

Uffz.-Schüler

Fähnrichschüler
1. Studienjahr

Offz.-Schüler
1. Studienjahr

Offz.-Schüler
4. Studienjahr

Fähnrich

Oberfähnrich

Stabsfähnrich

Stabsoberfähnrich

Unterleutnant

Leutnant

Oberleutnant

Hauptmann

Major

Oberstleutnant

Oberst

Gilt analog
für die
Dienstgrade
der
Volksmarine

Generalmajor

Generalleutnant

Generaloberst

Dienstlaufbahnabzeichen

Militärjustizorgane
Soldaten und Unteroffiziere — Fähnriche und Offiziere

Medizinischer
Dienst
Offiziere

Militärmusiker
Fähnriche

Matrose (seem. Laufbahn)
Obermatrose (techn. Laufbahn)
Stabsmatrose (Küstendienstlaufbahn)
Maat (seem. Laufbahn)
Obermaat (techn. Laufbahn)
Meister (Verwaltungslaufbahn)
Obermeister (techn. Laufbahn)
Stabsobermeister (seem. Laufbahn)
Uffz.-Schüler (seem. Laufbahn)
Fähnrichschüler (1. Studienjahr)
Offiziersschüler in Hochschulreifeausbildung
Offiziersschüler (2. Studienjahr, Seeoffizierslaufbahn)
Fähnrich (techn. Laufbahn)
Oberfähnrich (seem. Laufbahn)
Stabsfähnrich (Küstendienstlaufbahn)
Stabsoberfähnrich (med. Laufbahn)
Kokarde
Ärmelabzeichen der Fähnriche (auf dem linken Oberärmel)

– Auswahl –

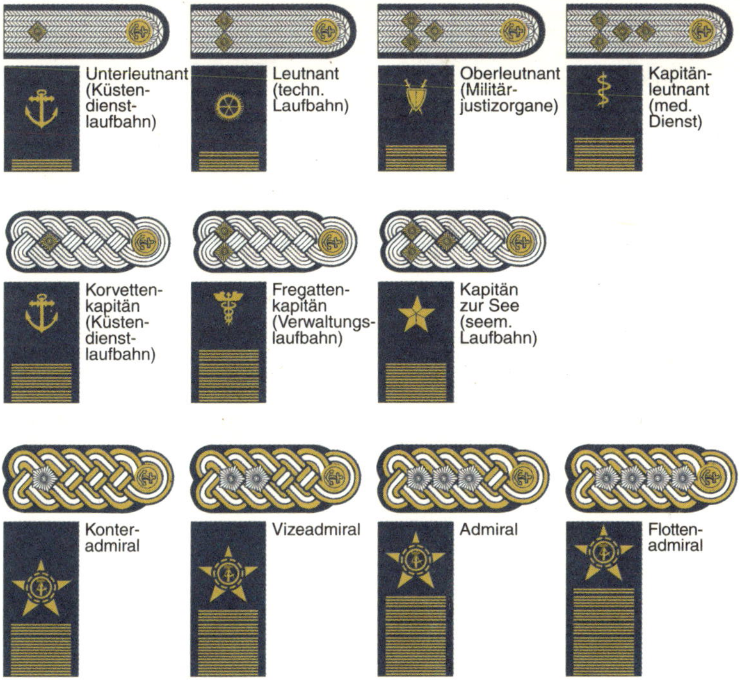

Abzeichen der Sonderausbildung für Matrosen und Maate (Ärmelabzeichen)

– Auswahl –

Anwärter der VP

Unterwachtmeister der VP

Wachtmeister der VP

Oberwachtmeister der VP

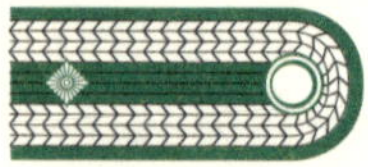
Hauptwachtmeister der VP

Meister der VP

Obermeister der VP

Offz.-Schüler der VP (1. Studienjahr)

Ärmelabzeichen Schutzpolizei

Ärmelabzeichen Abschnittsbevollmächtigter

Kokarde

Armwinkel
ab 5 Dienstjahre

ab 10 Dienstjahre

ab 15 Dienstjahre

ab 20 Dienstjahre

Unterleutnant der VP

Leutnant der VP

Oberleutnant der VP

Hauptmann der VP

Major der VP

Oberstleutnant der VP

Oberst der VP

Generalmajor

Generalleutnant

Generaloberst

Armeegeneral

Unterassistent

Assistent

Oberassistent

Untersekretär

Sekretär

Obersekretär

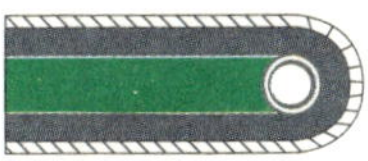
Hauptsekretär

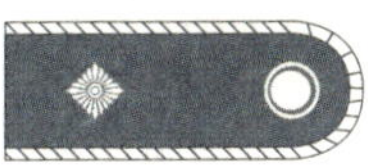
Unterkommissar

Kommissar

Oberkommissar

Hauptkommissar

Rat

Oberrat

Inspekteur

Hauptinspekteur

Chefinspekteur

Kokarde

– Auswahl –

»Kampfgruppen der Arbeiterklasse«

Truppführer, Gruppenführer, Geschützführer, Werferführer

Zugführer

Stellvertreter des Kommandeurs des selbständigen Zuges

Kommandeur des selbständigen Zuges

Stellv. des Hundertschaftskdr., Stellv. des Batteriekdr.

Hundertschaftskommandeur, Batteriekommandeur

Gehilfe des Stellvertreters des Bataillonskommandeurs, Propagandist, Fahrlehrer

Stellvertreter des Stabschefs, Bataillonsarzt

Stellvertreter des Bataillonskommandeurs, Parteisekretär

Bataillonskommandeur

Innendienstleiter

Emblem

Zivilverteidigung

Truppführer und Gleichgestellte

Gruppenführer und Gleichgestellte

Stellvertretender Zugführer

Zugführer, Leiter einer Einrichtung der Spezialbehandlung

Stellvertreter des Kommandeurs einer Abteilung, Kommandeur einer Brigade Medizinische Hilfe

Kommandeur einer Abteilung, Stellvertreter des Stabschefs für Operativ einer Bereitschaft bzw. eines Stabes der Einsatzkräfte

Mitarbeiter und Gehilfen der Führungsorgane der Einsatzkräfte

Stellvertreter des Kommandeurs einer Bereitschaft, Stellvertreter des Kommandeurs eines Stabes der Einsatzkräfte

Kommandeur Bereitschaft, Kommandeur eines Stabes der Einsatzkräfte

Emblem der Zivilverteidigung

– Auswahl –

Ausbildungseinheiten

Gruppenführer

Zugführer

Stellvertreter des Hundertschaftskommandeurs

Hundertschaftskommandeur

Sektionen und Grundorganisationen

Stellvertreter des Sektionsleiters

Sektionsleiter

Stellvertreter des Vorsitzenden der Grundorganisation

Vorsitzender der Grundorganisation

Kreisvorstände

Instrukteur im Kreisvorstand

Oberinstrukteur im Kreisvorstand

Leiter von Kreisausbildungszentren

Stellvertreter des Vorsitzenden des Kreisvorstandes

Vorsitzender des Kreisvorstandes

Bezirksvorstände

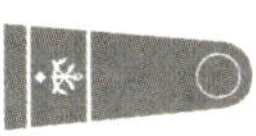
Instrukteur im Bezirksvorstand

Oberinstrukteur im Bezirksvorstand

Abteilungsleiter im Bezirksvorstand

Stellvertreter des Vorsitzenden des Bezirksvorstandes

Vorsitzender des Bezirksvorstandes

Zentralvorstand

Instrukteur im Zentralvorstand

Oberinstrukteur im Zentralvorstand

Sektorenleiter im Zentralvorstand

Abteilungsleiter im Zentralvorstand

Hauptabteilungsleiter im Zentralvorstand

Stellvertreter des Vorsitzenden des Zentralvorstandes

– Auswahl –

Radovoj
Soldat

Efrejtor
Gefreiter

Mladšij seržant
Unteroffizier

Seržant
Feldwebel

Nur Soldaten und Unteroffiziere im Grundwehrdienst tragen den Buchstaben CA

Staršij seržant
Oberfeldwebel

Staršina
Stabsfeldwebel

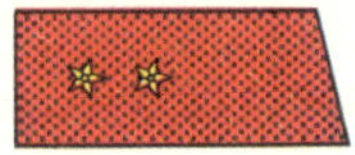

Praporščik
Fähnrich

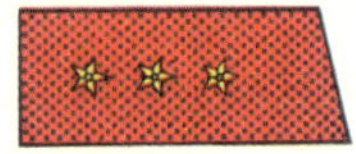

Staršij
praporščik
Oberfähnrich

Waffengattungsabzeichen

mot. Schützen

Artillerie

Panzer

Luftstreitkräfte

Luftlandetruppen

(getragen von Soldaten, Unteroffizieren und Fähnrichen auf dem linken Oberärmel)

Mladšij lejtenant
Unterleutnant

Lejtenant
Leutnant

Staršij lejtenant
Oberleutnant

Kapitan
Hauptmann

Major
Major

Podpolkovnik
Oberstleutnant

Polkovnik
Oberst

Mützenemblem

General-major
Generalmajor

General-lejtenant
Generalleutnant

General-polkovnik
Generaloberst

General armii
Armeegeneral

Maršal
Marschall
(der Waffengattung)

Glavnij maršal
Hauptmarschall
(der Waffengattung)

Maršal Sovetskogo Sojuza
Marschall der Sowjetunion

– Auswahl –

mischen Nothelfers. Waren in den Jahren zuvor geschlossene Armee-Einheiten nur zeitweise zu Sondereinsätzen bei der Ernteeinbringung, im Verkehrswesen oder in den Braunkohletagebauen eingesetzt worden, so erfolgte ihr Einsatz nunmehr oft über längere Zeiträume hinweg in kritischen industriellen sowie Versorgungs- und Dienstleistungsbereichen. Dazu gehörten die chemische Industrie, Sonderbauvorhaben in Berlin, der Fährhafenbau Mukran, die Deutsche Reichsbahn und das Ministerium für Kohle und Energie. Die leeren Kasernen der abgerüsteten Panzerregimenter sollten als Basis dienen, um Rekruten nach einer dreimonatigen Grundausbildung von dort aus für den Rest ihres Wehrdienstes ausschließlich »in Schwerpunkte der Volkswirtschaft« zu schicken. Diese »Ausbildungsbasen« ließen sich freilich im Ernstfall schnell in Standorte von Mot-.Schützenregimentern umwandeln, da die eingelagerten Bestände der Reserveverbände unangetastet blieben. 1989 arbeiteten 10 000 Armeeangehörige ständig in 64 Kombinaten und Betrieben. Als billige Arbeitskräfte erbrachten sie dem Staat allein von Januar bis April 1989 einen Nutzen von 338,6 Millionen Mark[98]. Für die Landstreitkräfte bedeutete dieser wirtschaftspolitisch begründete Zugriff auf die Truppe u.a., daß die Hälfte aller Mot.-Schützenregimenter in der Produktion tätig und damit militärisch kaum noch gefechtsbereit war. Die permanenten Einsätze in der Volkswirtschaft stärkten zudem kaum das Ansehen der NVA, sondern untergruben eher die Wehrmotivation der Armeeangehörigen und die Akzeptanz der Streitkräfte in der Bevölkerung[99].

Umbruch und Ende

Nach den Kommunalwahlen vom Mai 1989 spitzten sich die Widersprüche zwischen Volk und SED-Führung immer weiter zu. Der Wahlbetrug, die Rechtfertigung der Ereignisse in China, die Massenflucht von DDR-Bürgern über Ungarn, die Botschaftsbesetzungen und die damit verbundene Unterdrückung von Diskussionen sowie das Verleugnen von eigenen Fehlern durch die SED-Spitze waren — freilich noch nicht so erkannte — Vorboten dafür, daß die schleichende Erosion das Ende der DDR einleiten sollte. Die NVA konnte sich dem Sog der tiefgreifenden Krise des SED-Staates nicht entziehen.

Armee gegen das Volk?

Die Zuspitzung der inneren Krisensituation in der DDR im Sommer 1989 veranlaßte die SED-Führung, auch Teilkräfte der NVA für einen eventuellen Polizeieinsatz zur Unterstützung der »Ordnungs- und Sicherheitskräfte« einzuplanen. Es galt vor allem, den 40. Jahrestag der DDR am 7. Oktober 1989 vor möglichen »Störungen« zu schützen. Ein Befehl von Ende September 1989, der als Sicherheitsbefehl für die Periode der Feierlichkeiten um den 7. Oktober erlassen wurde, enthielt dazu den Auftrag für die Bildung armeeuntypischer »Hundert-Mann-Einsatzkommandos« in den Streitkräften, die in den Standorten in Bereitschaft gehalten werden sollten[100].

Die ersten Einsätze dieser »NVA-Hundertschaften« erfolgten aber bereits kurze Zeit später in Dresden. Noch am Abend des 4. Oktober 1989 war der südliche Militärbezirk in erhöhte Gefechtsbereitschaft versetzt und eine gemeinsame Gruppierung aus Kräften der 7. PD, der Militärakademie sowie der Offiziershochschulen Löbau, Kamenz und Bautzen geschaffen worden. In Dresden wurden so bis zu 24 Hundertschaften gebildet, vornehmlich aus Offizieren und Offiziersschülern der genannten Verbände, die anfangs mit Schußwaffen, dann aber nur noch mit Schlagstöcken ausgerüstet waren. Über ihre Aktivitäten, die bis zum 10. Oktober dauerten, hieß es in einem später verfaßten Untersuchungsbericht: »Am 05.10.1989 rückten von 01.00 Uhr bis 03.00 Uhr drei und in der Zeit vom 05.10.1989, 22.00 Uhr bis 06.10.1989, 01.00 Uhr fünf Hundertschaften aus ihren Objekten aus. Es kam zu keinen unmittelbaren Kontakten mit der Zivilbevölkerung [...] Gegen 21.00 Uhr am 06.10.1989 verließen fünf Hundertschaften mit dem Ziel der Absperrung am Hauptbahnhof ihre Objekte. Eine dieser Hundertschaften wurde gemeinsam mit der Volkspolizei zum Freimachen zweier VP-Fahrzeuge als Räumkette eingesetzt[101].«

So wie in Dresden waren auch im Raum Leipzig aus NVA-Einheiten Hundertschaften gebildet und mit Schlagstöcken ausgerüstet worden. Ihre Aufgaben bestanden vor allem in der Errichtung von Absperrungen und in der Objektsicherung. Zusätzlich zu den im Raum Leipzig bestehenden 27 Hundertschaften wurden vom 14. bis zum 17. Oktober drei weitere Hundertschaften des Luftsturmregiments 40 (Fallschirmjäger) aus Lehnin nach Leipzig verlegt, ohne jedoch zum Einsatz zu gelangen.

In Berlin wurden zeitweilig 20 bis 30 Hundertschaften zur Sicherung von Institutionen, aber vor allem zur Verstärkung der Grenzsicherungen in Bereitschaft gebracht. In der Nacht vor der wohl größten Kundgebung in Ost-Berlin am 4. November verlegten 14 Hundertschaften der 1. MSD in die DDR-Hauptstadt. Nach der Grenzöffnung am 9. November kontrollierten zwei Hundertschaften den unmittelbaren Grenzraum hinter den Sperrgittern am Brandenburger Tor.

Weitere Aktivitäten von Armee-Hundertschaften vermerkte der Untersuchungsbericht in Karl-Marx-Stadt (Chemnitz), Plauen und Frankfurt/Oder sowie in Schwedt. Insgesamt hatten in der Zeit vom 4. Oktober bis zum 11. November zeitweise bis zu 183 Hundertschaften, d.h. rund 20 000 NVA-Soldaten, in Bereitschaft gestanden. Nachweislich in 40 Fällen verließen sie ihre Kasernen. Die Handlungen beschränkten sich zumeist auf die Bildung von Sperrketten zur Sicherung von Gebäuden und Institutionen. Eine gewaltsame Auflösung von Demonstrationen durch die Armee, wie beispielsweise von den chinesischen Machthabern wenige Monate zuvor in Peking praktiziert, hat es nicht gegeben.

Reformversuche in der NVA

Der gesellschaftliche Prozeß der Delegitimierung und der Prozeß der ideologischen und professionellen Destabilisierung der Streitkräfte hatten im Spätherbst 1989 ein weit fortgeschrittenes Stadium erreicht, so daß grundlegende Veränderungen in der NVA schon längst überfällig waren.

Noch bis Mitte November 1989 war es Keßler und seinen Gefolgsleuten gelungen, den insbesondere seit der Grenzöffnung spürbaren Druck der Basis und die Forderungen von Soldaten nach mehr Mitspracherecht und eigenen Interessenvertretungen abzublocken. Mißstände, Kritik und Unmut wurden so wie in anderen Bereichen der DDR-Gesellschaft auch in der Armee in bisher nicht gekannter Weise öffentlich. So prangerte man u.a. Privilegien der Generalität und des höheren Offizierkorps an, die sich vor allem auf die Wohnungsvergabe, Bezugsrechte für Pkw, Prämien usw. bezogen. Obwohl das Prinzip von Befehl und Gehorsam noch funktionierte, scheute man sich nicht mehr, auch die sogenannten Autoritäten in der konservativen Armeeführung anzugreifen. Erst Admiral Theodor Hoffmann, der Keßler am 18. November 1989 auf dem Ministerposten ablöste, versuchte, militärische Auswüchse der Vergangenheit (z.B. bei der ständigen Gefechtsbereitschaft) zu beseitigen und erste Erleichterungen für die Truppe zu schaffen.

Führung der NVA, Januar 1990 (Auswahl)

Admiral Theodor Hoffmann	–	Minister für Nationale Verteidigung
Generalleutnant Manfred Grätz	–	Stellvertreter des Ministers und Chef des Hauptstabes
Generalleutnant Horst Skerra	–	Stellvertreter des Ministers und Chef der Landstreitkräfte

Generalleutnant Rolf Berger	–	Stellvertreter des Ministers und Chef der LSK/LV
Vizeadmiral Hendrik Born	–	Stellvertreter des Ministers und Chef der Volksmarine
Vizeadmiral Hans Hofmann	–	Stellvertreter des Ministers und Chef RD
Generalleutnant Hans Süß	–	Hauptinspekteur der NVA und Vorsitzender der Kommission Militärreform

Die Dienststellungen der Ministerstellvertreter »Chef der Politischen Hauptverwaltung« und »Chef der Grenztruppen« wurden abgeschafft bzw. nicht neu besetzt.

Am 20. November 1989 leitete Admiral Hoffmann auf einer Kommandeurstagung die Militärreform in den DDR-Streitkräften ein. Wenige Tage später nahm eine von Generalleutnant Hans Süß geleitete »Kommission Militärreform der DDR« ihre Tätigkeit auf[102]. Darüber hinaus konstituierte sich eine Regierungskommission Militärreform[103]. Ein »Runder Tisch« beim Minister für Nationale Verteidigung sollte das demokratische Mitspracherecht der Parteien, Organisationen und Bewegungen im Lande sichern. Die Militärreform zielte insbesondere auf die Umwandlung der NVA von einer Parteiarmee in eine dem Volk wirklich verbundene Armee sowie auf Strukturveränderungen entsprechend der neuen militärpolitischen Leitsätze der DDR. Es gab Vorstellungen, die NVA in eine Ausbildungs- und Basisarmee zu verwandeln, die lediglich über einige gefechtsbereite Truppenteile und Einheiten zur Gewährleistung des DHS und der Küstenverteidigung verfügen sollte. In Planungen umfaßte die neue Struktur 2 Armeekorps mit 12 Brigaden sowie 2 LVD und 2 Flottillen[104].

Weitere Aufgaben der Militärreform wurden in der Beseitigung des Demokratiedefizits in den Streitkräften sowie in der Verbesserung der Dienst- und Lebensbedingungen der Armeeangehörigen gesehen. Nicht wenige dieser Ziele standen in engem Zusammenhang mit einer Vielzahl von Eingaben und Vorschlägen von Soldaten aller Dienstgrade, die oft auf Mißstände in ihren Einheiten hinwiesen. In vielen Fällen wurde der Kampf gegen das starre innere System der DDR-Volksarmee zum Ausgangspunkt basisdemokratischer Aktivitäten und zur Grundlage von Veränderungen im Rahmen der Reform. Befördert wurden die freimütigen Diskussionen in der Armee nicht zuletzt durch die seit der Grenzöffnung entstehenden Kontakte nach Westen, durch die beginnende Auflösung des Politapparats sowie durch das seit dem 1. Dezember 1989 offiziell aufgehobene Verbot des Empfangs westlicher Sendungen in den Kasernen. Damit waren wichtige »Säulen« des bisherigen rigiden inneren Systems in der NVA gestürzt.

Die innere Lage der Armee blieb aber weiterhin äußerst gespannt. Sie nahm zum Jahreswechsel 1989/90 zusätzlich eine dramatische Entwicklung. In der Silvesternacht rebellierten Soldaten einer NVA-Einheit in Beelitz erstmals in größerem Ausmaß gegen die Armeeführung. Die Kaserne in Beelitz wurde besetzt und bestreikt. So wie in Beelitz kam es im Januar 1990 in über 40 weiteren Standorten zu Streiks und Demonstrationen, bei denen die Massenproteste teilweise scharfe Formen annahmen. Nach anfänglicher Ratlosigkeit gelang es der Armeeführung aber, die Situation in der NVA vor allem mit Zugeständnissen wieder zu stabilisieren[105].

Bis zur Volkskammerwahl am 18. März 1990 brachte die Militärreform — trotz ihres nur zögerlichen Verlaufs — erste Ergebnisse. Das betraf die Formulierung neuer militärdoktrinärer Leitsätze ebenso wie den Aufbau neuer Streitkräftestrukturen, die Verbesserung der materiellen und sozialen Situation der Soldaten und die Demokratisierung der inneren Verhältnisse in der NVA. Gerade im letztgenannten Bereich konnten seit November 1989 einige beachtliche Ergebnisse vorgelegt werden. Dazu gehörte an erster Stelle der endgültige Zusammenbruch der SED-Organisation und des Politapparats innerhalb der Armee. Damit war die Vorherrschaft der Partei und die Grundlage einseitiger ideologischer Indoktrination formal beseitigt. Die SED/PDS-Parteiorganisationen stellten Ende 1989 ihre Tätigkeit in der NVA ein, die Politorgane — die PHV, 6 Politische Verwaltungen in den Kommandos, 64 Politabteilungen in den Divisionen und 258 Arbeitsgruppen für politische Arbeit in den Regimentern und Bataillonen — wurden bis zum 15. Februar 1990 endgültig aufgelöst, die Ausbildung im Profil »Politoffizier« eingestellt. Auf der Grundlage eines Ministerbefehls vom 16. Januar 1990 sollte eine »Staatsbürgerliche Arbeit« in den Streitkräften organisiert werden.

Im weiteren versuchte man, demokratisch-rechtsstaatliche Strukturen, die einem modernen Wehrwesen gerecht werden, in die NVA einzuführen. Als innovativ galten dabei verschiedene Regelungen über die Einrichtung der Funktion von Vertrauensmännern, Festlegungen zum Wehrdienst und zum Innendienst. Die vorhandenen Demokratiedefizite bei Vorgesetzen und Unterstellten bauten sich aber nur schrittweise ab. Ein wichtiges Feld stellten die Verbesserungen der Dienst-, Arbeits- und Lebensbedingungen dar. Hierzu zählten die Reduzierung der Dauer der Wehrpflicht von 18 auf zwölf Monate und des Dienstes auf Zeit von drei Jahren auf zwei Jahre, was zu Entlassungen bei etwa 40 000 Soldaten und Unteroffizieren sowie 19 000 Reservisten führte. Dazu gehörte auch die Einführung eines Zivildienstes, die Abschaffung der ständigen Gefechtsbereitschaft, die Einführung der Fünf-Tage-Arbeitswoche usw. Ein Ausschuß zur Untersuchung von Amtsmißbrauch, Korruption und persönlicher Bereicherung in der NVA und den Grenztruppen

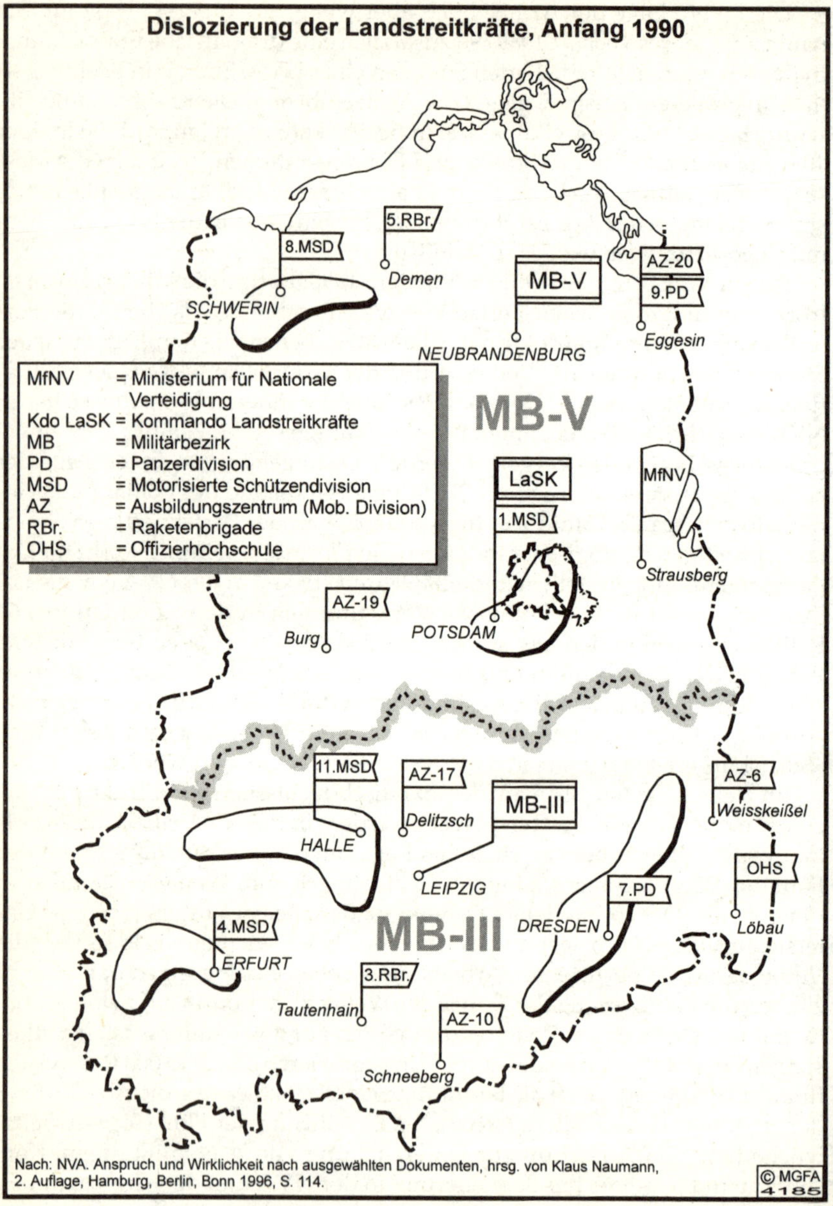

Nach: NVA. Anspruch und Wirklichkeit nach ausgewählten Dokumenten, hrsg. von Klaus Naumann, 2. Auflage, Hamburg, Berlin, Bonn 1996, S. 114.

Dislozierung der Luftstreitkräfte/Luftverteidigung, Anfang 1990

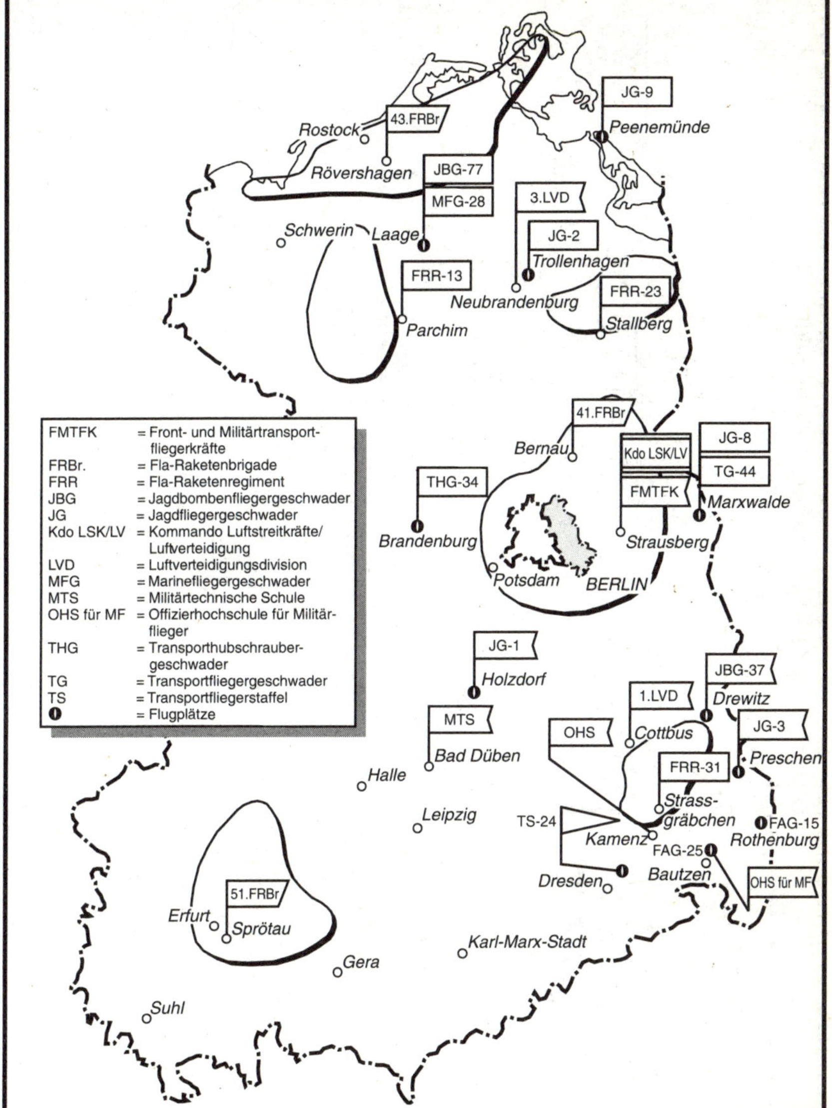

Quelle: NVA. Anspruch und Wirklichkeit nach ausgewählten Dokumenten, hrsg. von Klaus Naumann, 2. Auflage, Hamburg, Berlin, Bonn 1996, S. 148.

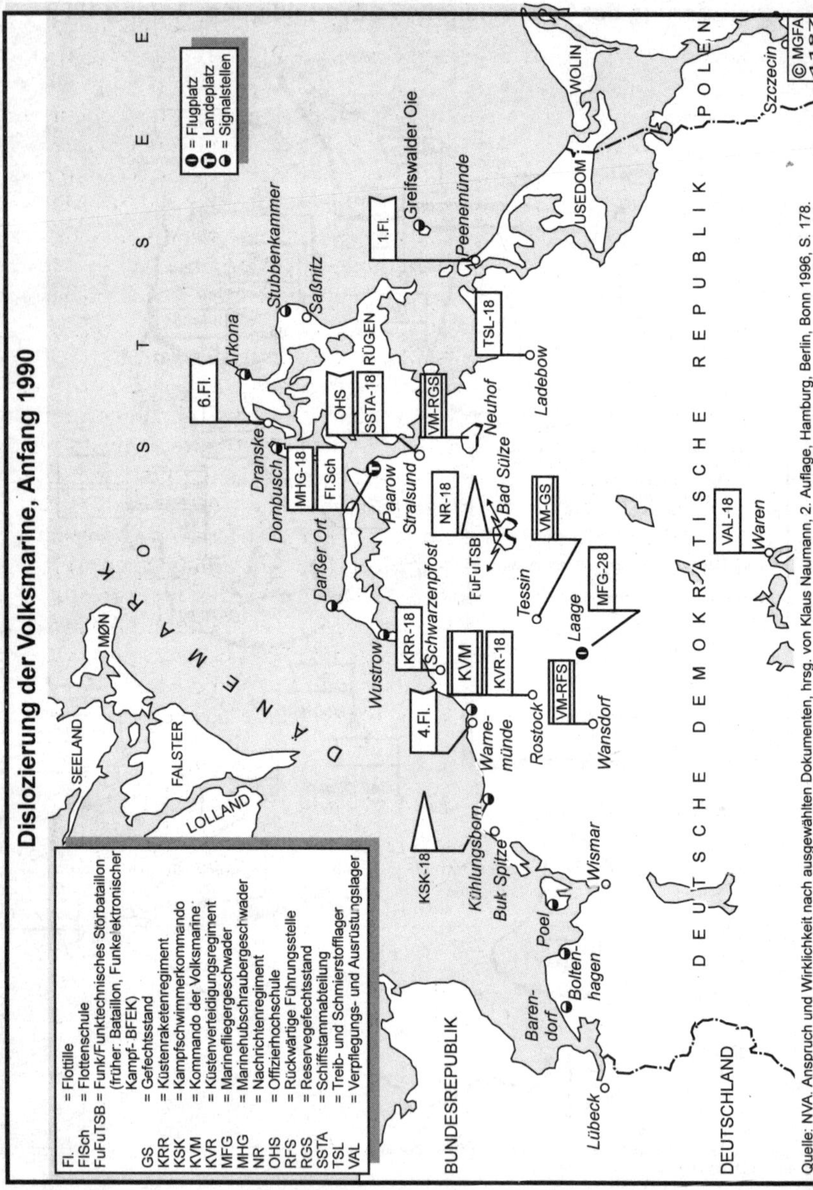

Dislozierung der Volksmarine, Anfang 1990

Quelle: NVA. Anspruch und Wirklichkeit nach ausgewählten Dokumenten, hrsg. von Klaus Naumann, 2. Auflage, Hamburg, Berlin, Bonn 1996, S. 178.

legte am 15. März 1990 seinen Abschlußbericht vor. Der Ausschuß ging fast 500 Hinweisen zu Unregelmäßigkeiten in den Bereichen Einfamilienhäuser, Gästehäuser, Jagdwesen, Geschenken, Nutzung von Flugzeugen usw. nach[106].

Der Umbruch in der NVA wirkte sich auf die einzelnen Bereiche in unterschiedlicher Weise aus. Einschneidende Folgen hatten in erster Linie Veränderungen in der Personalstärke und -struktur der Armee. So wurden in relativ kurzer Zeit mehrere zehntausend Soldaten, darunter fast zwei Drittel Berufskader, entlassen. Alle Politoffiziere mußten aus der NVA ausscheiden. Die Folgen waren persönliche Unsicherheiten, Ängste und Werteverluste. Viele der Entlassenen blickten voller Sorgen um die eigene soziale Sicherheit auf die sich weiter vollziehende Entwicklung.

Im März 1990 konstatierte die NVA-Führung, daß der Zustand der Gefechtsbereitschaft der Streitkräfte nicht mehr den Forderungen entsprach. Zwar konnte der Gefechtsdienst der Volksmarine und die Teilnahme am DHS der Luftverteidigung mit zum Teil stark reduzierten Kräften gewährleistet werden, jedoch galt die Erfüllung von operativen und Gefechtsaufgaben sowie die Mobilmachungsbereitschaft als beträchtlich eingeschränkt. Die NVA mußte ihre Anstrengungen vor allem darauf konzentrieren, die komplizierte innere Lage zu beherrschen und die Sicherheit der militärischen Anlagen zu gewährleisten. Immerhin verfügte die DDR-Volksarmee im Frühjahr 1990 über 227 Kasernen, 90 Lager und Werkstätten, 7 Truppenübungsplätze, 16 Flugplätze, mehr als 300 »Objekte verschiedener Zweckbestimmung« wie Institute, Sportzentren u.ä. Sie verfügte aber auch über rund 64 000 Wohnungen, 43 Kur- und Erholungsheime sowie über 6 Kinderferienlager.

Führungsorgane und Truppen der NVA, Anfang 1990[107]

Bezeichnung	Zentrale Truppen	Landstreitkräfte	LSK/LV	Volksmarine	Gesamt
Führungsorgane	4	229	2	1	236
Verbände	2	9	2	3	16
Truppenteile	25	142	58	29	254
Lehreinrichtungen	13	39	12	5	69
Einheiten	5	54	17	25	101
Einrichtungen	174	145	70	52	441
Gesamt	223	618	161	115	1117

In der NVA dienten zu diesem Zeitpunkt noch etwa 135 000 Offiziere, Fähnriche, Unteroffiziere und Mannschaften sowie rund 32 000 Zivilbeschäftigte. Die Grenztruppen, die noch dem Verteidigungsminister unterstanden, verfügten über 28 000 Mann im aktiven Wehrdienst und 3800 Zivilbeschäftigte. Das Reservistenpotential umfaßte 2,6 Millionen militärisch ausgebildete Reservisten, darunter über eine Million im Alter bis zu 35 Jahren. Im Mobilmachungsfall sollten knapp 400 000 Reservisten einberufen werden. Seit Ende 1989 hatte sich die Personalstärke der NVA durch Entlassungen und Fahnenflucht aber um knapp 50 000 Mann auf etwa 73 % reduziert.

Die Grundstruktur der NVA hatte sich bis Anfang 1990 nur unwesentlich verändert. Die Armee bestand weiterhin aus den drei Teilstreitkräften sowie aus Truppenteilen und Einrichtungen zentraler Unterstellung. Die Grenztruppen, die dem Innenministerium zugeordnet werden sollten und sich auf dem Weg zu einem »Grenzschutz« befanden, wurden personell stark reduziert und schließlich Ende September 1990 aufgelöst. Ebenfalls von seiner Führungsverantwortung entbunden wurde das Ministerium für Nationale Verteidigung für den Bereich der Zivilverteidigung sowie von seiner Unterstützung für die GST.

Von der NVA zur Bundeswehr

Am 18. März 1990 fanden die ersten freien Wahlen zur Volkskammer in der DDR statt. Zum »Minister für Abrüstung und Verteidigung der DDR« im Kabinett von Ministerpräsident Lothar de Maizière wurde der ehemalige Bausoldat der NVA Rainer Eppelmann berufen. Damit stand erstmalig ein Zivilist an der Spitze der DDR-Streitkräfte; einen sichtbaren personellen Wechsel in der militärischen Führung gab es dagegen nicht.

Führungsstellenbesetzung im Ministerium für Abrüstung und Verteidigung, April 1990 (Auswahl)

Rainer Eppelmann	–	Minister für Abrüstung und Verteidigung
Werner E. Ablaß	–	Stellvertreter des Ministers und Staatssekretär
Bertram Wieczorek	–	Parlamentarischer Staatssekretär
Frank Marczinek	–	Staatssekretär für Abrüstung
Michael Hahn	–	Soldatenbeauftragter

Klaus Gille	–	Umweltbeauftragter
Admiral Theodor Hoffmann	–	Chef der NVA
Generalleutnant Manfred Grätz	–	Chef des Hauptstabes
Generalleutnant Horst Skerra	–	Chef der Landstreitkräfte
Generalleutnant Rolf Berger	–	Chef der LSK/LV
Vizeadmiral Hendrik Born	–	Chef der Volksmarine
Generalmajor Klaus Listemann	–	Chef Ausbildung
Vizeadmiral Hans Hofmann	–	Chef Sicherstellung
Generalmajor Walter Tzschoppe	–	Chef Militärbauwesen und Unterbringung/Ökologie

Im Frühjahr und Sommer 1990 stellte sich den Angehörigen der NVA vor dem Hintergrund der Vorbereitung der deutschen Einheit immer stärker die Frage, ob die DDR-Streitkräfte ihre Eigenständigkeit behalten oder ob sie mit der Bundeswehr zusammenwachsen oder gar gänzlich untergehen würden. Minister Eppelmann erklärte dazu auf einer Kommandeurstagung der NVA Anfang Mai 1990, daß es auch nach der deutschen Einheit auf dem Gebiet der DDR eine zweite deutsche Armee geben werde, die in kein Militärbündnis integriert sei. Auch die ranghohen NVA-Militärs wollten die NVA in ein späteres, noch undefiniertes europäisches Sicherheitssystem einbringen und unterstützten die »Zweiarmeentheorie«[108]. Obwohl Bundesverteidigungsminister Gerhard Stoltenberg spätestens im Juni 1990 auch öffentlich keinen Zweifel darüber ließ, daß es die NVA im vereinten Deutschland nicht mehr geben werde, leisteten die Berufs- und Zeitsoldaten der NVA am 20. Juli 1990 einen Eid auf die DDR[109]. Der neue Fahneneid lautete: » Ich schwöre, getreu dem Recht und den Gesetzen der Deutschen Demokratischen Republik meine militärischen Pflichten stets diszipliniert und ehrenhaft zu erfüllen. Ich schwöre, meine ganze Kraft zur Erhaltung des Friedens und zum Schutz der Deutschen Demokratischen Republik einzusetzen[110].« Zur Vereidigung mußte das Emblem mit Hammer und Zirkel an den Soldatenmützen durch eine schwarz-rot-goldene Kokarde ersetzt werden. Die Verunsicherung der Soldaten über die bevorstehende Auflösung der NVA blieb jedoch bestehen.

Ungeachtet dessen erfüllte die überwiegende Mehrheit der NVA-Soldaten ihren Auftrag und bewies Disziplin und persönliche Einsatzbereitschaft. Insofern zeigte sich die DDR-Volksarmee bis zuletzt als eine »kontrollierte und berechenbare Streitkraft«[111]. Das wurde besonders in solchen Bereichen wie der Sicherung von Waffen und Kampftechnik gegen unbefugten Zugriff deutlich. Die NVA war noch unübersehbar mit moderner Waffentechnik, Militärgerät und Bewaffnung ausgerüstet. Dazu gehörten 15 000 Waffensysteme, u.a. 2570 mittlere Panzer der Typen T-55 und T-72, 6440 SPW und SPz, 2390 Artilleriesysteme verschiedener Kaliber, 80 Raketensysteme bis zu einer Reichweite von 300 km, 299 Kampfflugzeuge, 187 Hubschrauber, 79 Kampfschiffe und 3330 Fliegerabwehrmittel, hunderttausende Tonnen Munition, Treibstoffe usw. Außerdem waren noch weitere Bestände an SPW, Granatwerfern usw. von den Grenztruppen, den Kampfgruppen und dem Amt für Nationale Sicherheit (AfNS) bis zum 1. März 1990 übernommen und in NVA-Lager überführt worden[112].

Am 10. September 1990 kündigte Minister Stoltenberg für den 3. Oktober die Einrichtung eines Bundeswehr-Kommandos Ost (BwKdo Ost) als zentrale Führungseinrichtung aller Truppen, Stäbe und Einrichtungen der dann von der Bundeswehr zu übernehmenden NVA in Strausberg an. Dieses Kommando sollte die Streitkräfte in den neuen Ländern nach den Grundsätzen der Bundeswehr in eine neue Struktur überführen. Fünf Tage später gab es nochmals Veränderungen in den Führungspositionen der NVA: Generalmajor Lothar Engelhardt löste Admiral Hoffmann als Chef der NVA ab. Neu besetzt wurden u.a. die Posten des Chefs des Hauptstabes mit Generalmajor Michael Schlothauer, des Chefs der Landstreitkräfte mit Generalmajor Hans-Christian Reiche und des Chefs Sicherstellung mit Generalmajor Olivier Anders. Am 28. September erhielten jedoch alle noch verbliebenen Generale und Admirale ihre Entlassung aus dem aktiven Dienst[113]. Zugleich wurde das Dienstverhältnis aller weiblichen Armeeangehörigen mit Ausnahmen im medizinischen Dienst beendet. Bereits am 24. September 1990 war die Unterzeichnung des Protokolls über die Herauslösung der NVA aus der Militärorganisation des Warschauer Paktes erfolgt. Damit ging die Geschichte der NVA als Koalitionsarmee bereits wenige Tage vor dem endgültigen Aus der DDR-Volksarmee zu Ende.

Am 3. Oktober 1990 hörte die NVA gemeinsam mit ihrem Staat auf zu bestehen. Mit dem Inkrafttreten des Einigungsvertrages übernahm der Bundesverteidigungsminister die Befehls- und Kommandogewalt über die rund 89 800 verbliebenen ehemaligen NVA-Angehörigen, darunter 23 155 Offiziere, 22 579 Unteroffiziere und 43 066 Mannschaftsdienstgrade[114]. Dazu kamen noch etwa 48 300 Zivilbeschäftigte. Wurden die Grundwehrdienstleistenden sofort als Soldaten der Bundeswehr übernommen, ruhte das Dienstverhältnis der rund 50 000 Berufs- und Zeitsoldaten zunächst. Sie konnten in einem vorläufigen Status — anfangs ausschließlich mit dem sogenannten Feldanzug »NATO-oliv« uniformiert — und mit angeglichenen, meist niedrigeren Dienstgraden als bisher übernommen werden oder aus dem Militärdienst ausscheiden. Bereits bis Ende 1990 verringerte sich die Zahl der aus der NVA stammenden Soldaten um 24 000 auf insgesamt 69 000 Mann. Weitere starke Personalreduzierungen folgten. Zugleich wurden 1300 Offiziere und Unteroffiziere der Bundeswehr/West in den Osten kommandiert[115].

Alle Dienststellen, Truppenteile und Einrichtungen im Beitrittsgebiet — eine Sonderstellung nahmen u.a. die Wehrkreiskommandos ein, die von der zivilen Bundeswehrverwaltung »übernommen« wurden — unterstellte man der zentralen Führung durch das BwKdo Ost. Es bildete eine befristet eingerichtete, teilstreitkraftübergreifende, gemischt besetzte, zentrale höhere Kommandobehörde und war dem Bundesverteidigungsministerium direkt unterstellt[116].

Führung im Bereich des BwKdo Ost, Oktober 1990 (Auswahl)

Generalleutnant Jörg Schönbohm	–	Befehlshaber, Strausberg
Generalmajor Werner von Scheven	–	Stellvertretender Befehlshaber, Strausberg
Brigadegeneral Peter Jacobs	–	Chef des Stabes, Strausberg
Generalarzt Winfried Martin Kron	–	Abteilungsleiter, Strausberg
Brigadegeneral Heribert Göttelmann	–	Abteilungsleiter (Heer), Potsdam
Flottillenadmiral Dirk Horten	–	Abteilungsleiter (Marine), Rostock
Generalmajor Bernhard Mende	–	Luftwaffendivison, Eggersdorf
Oberst i.G. Gunter Lange	–	Luftwaffendivison, Eggersdorf
Oberst i.G. Rolf Ocken	–	Zentrale Militärische Dienststellen Ost

Die Aufgabe des BwKdo Ost bestand vor allem darin, eine neue Führungsstruktur aufzubauen, die übernommenen Materialien der NVA zu erfassen und zu sichern, Truppenteile, Einheiten und Einrichtungen der NVA aufzulösen bzw. umzuwandeln und die überwiegende Mehrzahl der NVA-Angehörigen zu entlassen sowie neue Truppenteile der Bundeswehr aufzubauen. In Strausberg hatte auch eine Außenstelle des Bundesministeriums für Verteidigung ihren Sitz, die bis zum September 1997 unter ihrem Leiter Werner E. Ablaß ministerielle Funktionen wahrnahm.

Bis Ende Juni 1991 wurden mehr als 350 Dienststellen und Truppenteile aufgelöst, aber auch über 200 neu aufgestellt. Von der Kampftechnik der DDR-Volksarmee, die man zum größten Teil verschrottete, ins Ausland verschenkte oder verkaufte, übernahm die Bundeswehr nur geringe Anteile, so z.B. einige hundert SPz vom Typ BMP sowie 24 Jagdflugzeuge MiG-29. Am 1. Juli 1991 erfolgte die Auflösung des BwKdo Ost. Alle bis zu diesem Zeitpunkt neu aufgestellten Verbände und Einheiten der Bundeswehr in den neuen Bundesländern wurden nunmehr den Inspekteuren der Teilstreitkräfte unterstellt.

Leitung

Minister für Nationale Verteidigung der DDR

1956–1960	Willi Stoph
1960–1985	Heinz Hoffmann
1985–1989	Heinz Keßler
1989–1990	Theodor Hoffmann

Minister für Abrüstung und Verteidigung

1990	Rainer Eppelmann

Wichtige Daten

14. Mai 1955	Schaffung des Warschauer Paktes
18. Januar 1956	Offizielle Gründung der NVA
14. Januar 1958	SED-Politbürobeschluß »Über die Rolle der Partei in der NVA«
4. November 1960	Die Seestreitkräfte erhalten den Namen »Volksmarine«
15. September 1961	Bildung des Kommandos Grenztruppen in der NVA
24. Januar 1962	Einführung der allgemeinen Wehrpflicht
12.–18. Oktober 1970	Manöver »Waffenbrüderschaft«
25. März 1982	Volkskammer beschließt Wehrdienstgesetz
2. Oktober 1990	Auflösung der NVA

Quellen- und Literaturauswahl

Die überlieferten Originalakten der NVA befinden sich in ihrer Mehrheit im Bundesarchiv-Militärarchiv (BA-MA) Freiburg. Sie umfassen prinzipiell alle Bereiche der militärischen und politischen Entwicklung der DDR-Volksarmee. Als wichtige übergreifende Bestände kristallisieren sich dabei insbesondere das »Sekretariat des Ministers«, der »Chef Hauptstab«, die »Politische Hauptverwaltung« und der »Nationale Verteidigungsrat« heraus. Verschiedene spezielle Gebiete wie »Aufklärung« oder »Operativ« sind dagegen oft nur im offensichtlich »ausgedünnten« Zustand bzw. in Fragmenten erhalten. Von besonderer Bedeutung für die Erforschung der NVA-Geschichte sind darüber hinaus die Bestände der SED in der Stiftung Parteien und Massenorganisationen der DDR im Bundesarchiv (SAPMO-BArch) in Berlin-Lichterfelde. Hier sind vor allem die Materialien des Politbüros und des Sekretariats des ZK der SED, der ZK-Sicherheitsabteilung, der Büros Walter Ulbricht, Erich Honecker und Egon Krenz zu nennen. Umfangreiche Bestände, die über die ökonomische Sicherstellung der Streitkräfte in zentralen Staats- und Wirtschaftsorganen Auskunft geben können, befinden sich ebenfalls im Bundesarchiv Berlin sowie in seiner Außenstelle Coswig. Über die Arbeit der Hauptabteilung I des MfS und einige Probleme des inneren Zustands der NVA geben Dokumente und Materialien aus dem Archiv des Bundesbeauftragten für die Unterlagen des Staatssicherheitsdienstes der ehemaligen DDR (BStU) Auskunft, die aber derzeit noch einen relativ geringen Bearbeitungsstand aufweisen. Zur Geschichte der NVA-Entwicklung liegen zudem mehrere unveröffentlichte Studien aus dem früheren Militärgeschichtlichen Institut der DDR vor, die zu verschiedenen Bereichen zum Teil recht umfangreiches und detailliertes Material bieten. Einen Gesamtüberblick über die grundlegende Literatur über die NVA vermittelt vor allem die 1996 erschienene Bibliograpie »Die Militär- und Sicherheitspolitik in der SBZ/DDR«.

Ablaß, Werner E., Zapfenstreich. Von der NVA zur Bundeswehr, Düsseldorf 1991

Anordnungs- und Mitteilungsblatt des Ministeriums für Nationale Verteidigung, Teil A, 1956, Nr. 3

Arlt, Kurt, Zum Engagement der NVA in der »Dritten Welt«, in: Vom Kalten Krieg, S. 669–683

Armee für Frieden und Sozialismus. Geschichte der Nationalen Volksarmee der DDR, 2., durchges. und erw. Aufl., Berlin (Ost) 1987

Bartel, Frank, DDR-Spezialkatalog. Bd 1: Staatliche Auszeichnungen der DDR 1949–1990; Bd 2: Nichtstaatliche Auszeichnungen der bewaffneten Organe der DDR 1952–1990, Berlin 1990/91

Basler, Hans-Henning, Das operative Denken der NVA, in: NVA. Anspruch, S. 179–219

Buchholz, Frank, Armee für Frieden und Sozialismus — Die Geschichte der bewaffneten Organe der DDR, München 1991 (= Texte zum Studium der Internationalen Beziehungen, 7)

Buddrus, Michael, »Kaderschmiede für den Führungsnachwuchs«? Die Kadettenschule der Nationalen Volksarmee in Naumburg 1956–1961. Ein Beitrag zur Geschichte der Militär- und Jugendpolitik der SED, in: Von der SBZ zur DDR. Studien zum Herrschaftssystem in der Sowjetischen Besatzungszone und in der Deutschen Demokratischen Republik, hrsg. von Hartmut Mehringer, München 1995 (= Schriftenreihe der Vierteljahrshefte für Zeitgeschichte, Sondernummer), S. 167–232

Deim, Hans-Werner, Die NVA in der Ersten Strategischen Staffel der Vereinten Streitkräfte des Warschauer Vertrages, in: NVA. Ein Rückblick, S. 311–331

Diedrich, Torsten, Die militärische Grenzsicherung an der innerdeutschen Demarkationslinie und der Mauerbau 1961, in: Vom Kalten Krieg, S. 127–143

Diedrich, Torsten und Rüdiger Wenzke, Von der Polizeitruppe zur Volksarmee. Geschichte der Kasernierten Volkspolizei 1952–1956 (in Vorb.)

Dokumente der Sozialistischen Einheitspartei Deutschlands. Beschlüsse und Erklärungen des Zentralkomitees sowie seines Politbüros und seines Sekretariats, Bd 7, Berlin (Ost) 1961

Ein Staat — eine Armee. Von der NVA zur Bundeswehr, hrsg. von Dieter Farwick, Frankfurt a.M., Bonn 1992

Eisenfeld, Bernd, Eine »legale Konzentration feindlich-negativer Kräfte«. Zur politischen Wirkung der Bausoldaten in der DDR, in: Deutschland Archiv, 28 (1995), 3, S. 256–271

Eisenfeld, Bernd, Kriegsdienstverweigerung in der DDR — ein Friedensdienst? Genesis, Befragung, Analyse, Dokumente, Frankfurt a.M. 1978

Engelhardt, Heinrich, Das Mobilmachungssystem der NVA, in: NVA. Anspruch, S. 301–316

Engelhardt, Heinrich, NVA-Luftstreitkräfte/Luftverteidigung, in: NVA. Anspruch, S. 129–148

Engelhardt, Heinrich, Unterstützung befreundeter Staaten und progressiver nationaler Befreiungsbewegungen durch die NVA, in: NVA. Anspruch, S. 317–329

Eppelmann, Rainer, Wendewege. Briefe an die Familie, hrsg. von Dietmar Herbst, Bonn, Berlin 1992

Eschler, Stephan, Staatsdienst im Zeichen des goldenen Spatens. Wehrdienstverweigerung in der DDR und die Positionen der evangelischen Kirchen zur Wehrdienstfrage, in: Vom Krieg, S. 94–117

Feder, Klaus und Uta Feder, Auszeichnungen der Nationalen Volksarmee der Deutschen Demokratischen Republik, Berlin 1994

Fingerle, Stephan, Waffen in Arbeiterhand? Zur Rekrutierung der Offiziere der Nationalen Volksarmee, in: Nationale Volksarmee — Armee für den Frieden, S. 119–142

Fingerle, Stephan und Jens Gieseke, Partisanen des Kalten Krieges. Die Untergrundtruppe der Nationalen Volksarmee 1957 bis 1962 und ihre Übernahme durch die Staatssicherheit, Berlin 1996 (= BF informiert, hrsg. vom Bundesbeauftragten für die Unterlagen des Staatssicherheitsdienstes der ehemaligen Deutschen Demokratischen Republik, Abteilung Bildung und Forschung, Nr. 14/1996)

Fischer, Egbert und Horst Wendt, »Der Dienst der Bausoldaten«. Eine echte Alternative zum Wehrdienst in der NVA?, in: Vom Krieg, S. 118–132

Forster, Thomas M., Die NVA. Kernstück der Landesverteidigung der DDR, 6. Aufl., Köln 1983

Gall, Ulrich, Technik und Bewaffnung. Zwischen Vorrang, Mangel und Abhängigkeiten, in: NVA. Ein Rückblick, S. 285–307

Gesetzblatt der Deutschen Demokratischen Republik, Teil I, 1955–1989

Gießmann, Hans-Joachim, Der militärische Nachlaß der NVA — Nachwirkungen ihrer Auflösung, in: Berliner Debatte. Initial, 8 (1997), 6, S. 67–78

Gießmann, Hans-Joachim, Das unliebsame Erbe. Die Auflösung der Militärstruktur der DDR, Baden-Baden 1992 (= Militär, Rüstung, Sicherheit, Bd 74)

Göpel, Helmut, Aufklärung, in: NVA. Anspruch, S. 221–239

Göpel, Helmut, Die Berlin-Operation, in: NVA. Anspruch, S. 286–300

Göpel, Helmut, NVA-Landstreitkräfte, in: NVA. Anspruch, S. 77–120

Gutsche, Reinhardt, Nur ein Erfüllungsgehilfe? Die SED-Führung und die militärische Option zur Niederschlagung der Opposition in Polen in den Jahren 1980/81, in: Geschichte und Transformation des SED-Staates. Beiträge und Analysen, hrsg. von Klaus Schroeder, Berlin 1994, S. 166–179

Hampel, Heinz, Im Ministerium für Nationale Verteidigung, in: NVA. Ein Rückblick, S. 181–203

Hanisch, Wilfried, In der Tradition von Müntzer, Scharnhorst und Engels? Zum Traditionsverständnis und zur Traditionspflege in der NVA, in: NVA. Ein Rückblick, S. 255–268

Hanisch, Wilfried und Paul Heider, Die Rolle der NVA von der Wende bis zur Vereinigung der beiden deutschen Staaten, unveröff. Studie am MGFA Potsdam, Potsdam 1993

Hanisch, Wilfried und Rüdiger Wenzke, Die Geschichte des Offizierkorps der ehemaligen NVA, in: Soldat — Ein Berufsbild im Wandel, Bd 2: Offiziere, hrsg. von Paul Klein, Jürgen Kuhlmann und Horst Rohde, Dortmund 1993, S. 61–75

Harms, Karl, Im Oberkommando der Vereinten Streitkräfte, in: NVA. Ein Rückblick, S. 333–356

»Hart und kompromißlos durchgreifen.« Die SED contra Polen 1980/81. Geheimakten der SED-Führung über die Unterdrückung der polnischen Demokratiebewegung, hrsg. von Michael Kubina und Manfred Wilke, Berlin 1995 (= Studien des Forschungsverbundes SED-Staat an der Freien Universität Berlin)

Held, Kurt, Heinz Friedrich und Dagmar Pietsch, Politische Bildung und Erziehung in der NVA, in: NVA. Ein Rückblick, S. 205–231

Herbst, Andreas, Winfried Ranke und Jürgen Winkler, So funktionierte die DDR, Bd 1–3, Reinbek bei Hamburg 1994

Hertle, Hans-Hermann, Der Fall der Mauer aus Sicht der NVA und der Grenztruppen der DDR, in: Deutschland Archiv, 28 (1995), 9, S. 901–919

Hoffmann, Heinz Karl, Traditionsnamen in der Nationalen Volksarmee und in den Grenztruppen der DDR, T. 1–3, in: Militärgeschichte, 25 (1986), 2, S. 152–159; 4, S. 333–341; 26 (1987), 1, S. 63–67. Ergänzungen in: 26 (1987), 2, S. 171–174; 27 (1988), 2, S. 197–199; 28 (1989), 5, S. 506–510

Hoffmann, Theodor, Kommando Ostsee. Vom Matrosen zum Admiral, Berlin, Bonn, Hamburg 1995

Hoffmann, Theodor, Das letzte Kommando. Ein Minister erinnert sich, Berlin, Bonn, Herford 1993

Hohwieler, Joachim, NVA und innere Sicherheit. Der Einsatz der Armee im eigenen Land, in: Nationale Volksarmee — Armee für den Frieden, S. 75–90

Jablonsky, Walter, Die NVA in den Vereinten Streitkräften des Warschauer Paktes, in: NVA. Anspruch, S. 29–76

Jablonsky, Walter, NVA-Volksmarine, in: NVA. Anspruch, S. 149–178

Johnson, Ross A., Robert W. Dean und Alexander Alexiev, Die Streitkräfte des Warschauer Paktes in Mitteleuropa: DDR, Polen und ČSSR, Stuttgart 1982

Kabus, Andreas, Auftrag Windrose. Der militärische Geheimdienst der DDR, Berlin 1993

Karlsch, Rainer, Wirtschaftliche Belastungen durch bewaffnete Organe, unveröff. Studie, Berlin 1997

Keubke, Klaus-Ulrich und Manfred Kunz, Uniformen der Nationalen Volksarmee der DDR 1956–1986, Berlin 1990

Knabe, Frithjof H., Unter der Flagge des Gegners. Wertewandel im Umbruch in den Streitkräften — von der NVA zur Bundeswehr, Opladen 1994

Koch, Uwe, Die Baueinheiten der Nationalen Volksarmee der DDR — Einrichtung, Entwicklung und Bedeutung, in: Materialien der Enquete-Kommission »Aufarbeitung von Geschichte und Folgen der SED-Diktatur«, hrsg. vom Deutschen Bundestag, Bd II/3, Baden-Baden 1995, S. 1835–1899

Koop, Volker, Abgewickelt. Auf den Spuren der Nationalen Volksarmee, Bonn 1995

Koop, Volker und Dietmar Schössler, Erbe NVA — Eindrücke aus ihrer Geschichte und den Tagen der Wende, hrsg. von der Akademie der Bundeswehr für Information und Kommunikation, Waldbröl 1992

Kopenhagen, Wilfried, Die andere deutsche Luftwaffe, 2. Aufl., Stuttgart 1994

Kopenhagen, Wilfried, Die Mot.-Schützen der NVA, Solingen 1995

Koszuszeck, Paul A., Militärische Traditionspflege in der Nationalen Volksarmee der DDR. Eine Studie zur historischen Legitimation und politisch-ideologischen Erziehung und Bildung der Streitkräfte der DDR, Frankfurt a.M. 1991

Lapp, Peter Joachim, Die NVA 1956–1990, in: Materialien der Enquete-Kommission »Aufarbeitung von Geschichte und Folgen der SED-Diktatur«, hrsg. vom Deutschen Bundestag, Bd II/3, Baden-Baden 1995, S. 1900–1972

Löffler, Hans-Georg, Einige Erfahrungen aus der Lehr- und Übungstätigkeit in der NVA und in den Armeen der Warschauer Pakt-Organisationen, in: Mars. Jahrbuch für Wehrpolitik und Wehrwesen 1996, Osnabrück 1996, S. 448–455

Löffler, Hans-Georg, Gefechtsbereitschaft — das Ziel der Ausbildung, in: NVA. Ein Rückblick, S. 91–112

Markus, Wolfgang, Die NVA und die Ereignisse in Polen 1980/81, in: Die Nationale Volksarmee im Kalten Krieg, S. 101–113

Mehl, Hans und Knut Schäfer, Die andere deutsche Marine, 2. Aufl., Stuttgart 1995

Mehl, Hans, Knut Schäfer und Ulrich Israel, Vom Küstenschutzboot zum Raketenschiff, Berlin (Ost) 1986

Merkel, Gerhard und Wolfgang Wünsche, Die Nationale Volksarmee der DDR — Legitimation und Auftrag. Alte und neue Legenden kritisch hinterfragt, Berlin 1996 (= hefte zur ddr-geschichte, 35)

Die Militär- und Sicherheitspolitik der SED 1945 bis 1988. Dokumente und Materialien, Berlin (Ost) 1989

Die Militär- und Sicherheitspolitik in der SBZ/DDR. Eine Bibliographie (1945–1995), im Auftrag des Militärgeschichtlichen Forschungsamtes hrsg. von Hans Ehlert, bearb. von Hans-Joachim Beth, München 1996

Nagel, Bernd, Aus- und Weiterbildung der Offiziere in der NVA, in: Ein Staat — eine Armee, S. 268–300

Nationale Volksarmee — Armee für den Frieden. Beiträge zu Selbstverständnis und Geschichte des deutschen Militärs 1945–1990, hrsg. von Detlef Bald, Reinhard Brühl und Andreas Prüfert, Baden-Baden 1995 (= Militär- und Sozialwisenschaften, Bd 17)

Die Nationale Volksarmee der Deutschen Demokratischen Republik (Eine Dokumentation), Berlin (Ost) 1961

Die Nationale Volksarmee im Kalten Krieg. Militärisches Denken und Handeln an Schnittpunkten des Kalten Krieges. Zur Rolle der NVA in internationalen Krisen- und Konfliktsituationen. (Wissenschaftliches Seminar vom 13.–15. Juni 1994), hrsg. von Andreas Prüfert, Bonn 1995 (= Forschung aktuell, Bd 3)

Nielsen, Harald, Rolle und Aufgaben der Nationalen Volksarmee der DDR in nuklearen Operationen auf dem Westlichen Kriegsschauplatz. Studie im Rahmen des Nuclar History Program, o.O. 1993

NVA. Anspruch und Wirklichkeit nach ausgewählten Dokumenten, hrsg. von Klaus Naumann, 2. Aufl., Hamburg, Berlin, Bonn 1996

NVA. Ein Rückblick für die Zukunft. Zeitzeugen berichten über ein Stück deutscher Militärgeschichte, hrsg. von Manfred Backerra, Köln 1992

Die Organisationsstruktur des Ministeriums für Staatssicherheit 1989, in: Anatomie der Staatssicherheit. Geschichte, Struktur und Methoden — MfS-Handbuch —, hrsg. von Klaus-Dietmar Henke [u.a.], Berlin 1995

Protokoll der Verhandlungen des VIII. Parteitages der SED, Bd 1, Berlin (Ost) 1971

Scheler, Wolfgang, Neues Denken über Krieg und Frieden im nuklearen Zeitalter, in: Militärwesen, Berlin (Ost), 31 (1987), 1, S. 13–19; 2, S. 9–15

Scheler, Wolfgang, Die Sinnkrise des Militärs. Eine geistige Vorbedingung für das Verhalten der NVA in der demokratischen Revolution, in: Die Nationale Volksarmee im Kalten Krieg, S. 133–145

Schönbohm, Jörg, Zwei Armeen und ein Vaterland. Das Ende der NVA, Berlin 1992

Schöne, Bernhard, Die NVA und das subsaharische Afrika. Zu den militärischen Auslandsbeziehungen der DDR, in: Die DDR und Afrika. Zwischen Klassenkampf und neuem Denken, hrsg. von Ulrich van der Heyden, Ilona Schleicher und Hans-Georg Schleicher, Münster 1993, S. 31–44

Sozialistische Militärpolitik und Wehrbereitschaft. Militärpolitisches Grundwissen für die sozialistische Wehrerziehung. Leitfaden, Berlin (Ost) 1987

Strafgesetzbuch der Deutschen Demokratischen Republik — StGB —. Textausgabe mit Register, hrsg. vom Ministerium der Justiz, 10. Aufl., Berlin (Ost) 1988

Trost, Edgar, Probleme der Personalauswahl, in: Ein Staat — eine Armee, S. 170–205

Verfassung der Deutschen Demokratischen Republik vom 6. April 1968, Berlin (Ost) 1968

Volksarmee schaffen — ohne Geschrei! Studien zu den Anfängen einer ›verdeckten Aufrüstung‹ in der SBZ/DDR 1947–1952, im Auftrag des Militärgeschichtlichen Forschungsamtes hrsg. von Bruno Thoß, München 1994 (= Beiträge zur Militärgeschichte, Bd 51)

Volksarmee. Wochenzeitung. Dokumentation, Berlin (Ost) 1963

Vom Kalten Krieg zur deutschen Einheit. Analysen und Zeitzeugenberichte zur deutschen Militärgeschichte 1945 bis 1995, im Auftrag des Militärgeschichtlichen Forschungsamtes hrsg. von Bruno Thoß, München 1995

Vom Krieg zur Militärreform. Zur Debatte um Leitbilder in Bundeswehr und Nationaler Volksarmee, hrsg. von Detlef Bald und Andreas Prüfert, Baden-Baden 1997 (= Militär- und Sozialwissenschaften, Bd 20)

Wagner, Armin, Der Nationale Verteidigungsrat der DDR als Sicherheitspolitisches Exekutivorgan der SED, in: Staatspartei und Staatssicherheit. Zum Verhältnis von SED und MfS, hrsg. von Siegfried Suckut und Walter Süß, Berlin 1997, S. 169–198

Wagner, Hans Joachim, Hauptarten der Technik, in: Ein Staat — eine Armee, S. 81–111

Walther, Klaus, Uniformeffekten der bewaffneten Organe der DDR. Spezialkatalog, Bd 2: Ministerium für Nationale Verteidigung 1956–1990, Ministerium für Staatssicherheit 1957–1990, Berlin 1994

Weber, Hans-Werner, Gläubigkeit, Opportunismus und späte Zweifel. Anmerkungen zu den Veränderungen im politischen-moralischen Bewußtsein des Offizierkorps der NVA, in: NVA. Ein Rückblick, S. 43–66

Wegmann, Bodo, Die struktur-historische Darstellung der Entwicklung des geheimen militärischen Nachrichtendienstes der Deutschen Demokratischen Republik, 1952 bis 1990, hrsg. vom DRA-Studienkreis, Neustadt 1997 (Nr. XXXXI/4)

Wenzel, Otto, Kriegsbereit. Der Nationale Verteidigungsrat der DDR 1960 bis 1989, Köln 1995

Wenzke, Rüdiger, Die Fahnenflucht in den Streitkräften der DDR, in: Armeen und ihre Deserteure. Vernachlässigte Kapitel einer Militärgeschichte der Neuzeit, hrsg. von Ulrich Böckling und Michael Sikora, Göttingen 1998, S. 252–287

Wenzke, Rüdiger, Militärjustiz und Disziplinarrecht in der NVA, in: Militärgeschichte, 1995, H. 3, S. 45–51

Wenzke, Rüdiger, Die NVA und der Prager Frühling. Die Rolle Ulbrichts und der DDR-Streitkräfte bei der Niederschlagung der tschechoslowakischen Reformbewegung, Berlin 1995

Wenzke, Rüdiger, Wehrmachtoffiziere in den DDR-Streitkräften, in: Nationale Volksarmee — Armee für den Frieden, S. 143–156

Wenzke, Rüdiger, Die Wehrpflicht im Spiegel der marxistisch-leninistischen Theorie und der »realsozialistischen« Praxis in der DDR, in: Die Wehrpflicht. Entstehung, Erscheinungsformen und politisch-militärische Wirkung, im Auftrag des Militärgeschichtlichen Forschungsamtes hrsg. von Roland G. Foerster, München 1994, S. 119–130

Wilke, Jürgen, Politische Gefangene in der DDR — Eine quantitative Analyse. Wissenschaftliche Expertise für die Enquête-Kommission des Deutschen Bundestages »Überwindung der Folgen der SED-Diktatur im Prozeß der deutschen Einheit«, Köln 1997

Zeittafel zur Militärgeschichte der Deutschen Demokratischen Republik 1949–1988, 2. Aufl., Berlin (Ost) 1989

Anmerkungen

1 Verfassung, S. 13.

2 Vgl. dazu ausführlich Volksarmee schaffen — ohne Geschrei, S. 11 ff. Siehe auch den Beitrag von H. Ehlert über die HVA in diesem Band.

3 Vgl. den Beitrag von T. Diedrich über die KVP in diesem Band. Siehe auch Diedrich/Wenzke, Geschichte der KVP.

4 Vgl. BA-MA, DVH 3/2062, Bl. 83 ff., Vorschlag von Hoffmann vom 14.12.1954.

5 Vgl. ebd., DVH 3/2040, Bl. 62, Direktive des Chefs der KVP vom 9.7.1955.

6 Schon im Sommer 1955 hatte das Politbüro des ZK der SED den Beitritt der DDR zu mehreren Konventionen internationaler Organisationen beschlossen, so u.a. zur Konvention über die Behandlung von Kriegsgefangenen und zum Schutz von Zivilpersonen in Kriegszeiten (vgl. SAPMO-BArch, DY 30 J IV 2/2/426, Bl. 4, Protokoll der Politbürositzung vom 21.6.1955).

7 Die Nationale Volksarmee (Dokumentation), S. 42.

8 Vgl. SAPMO-BArch, DY 30 IV 2/5/908, Bl. 31 ff., Informationsbericht der Bezirksleitung Leipzig an das ZK der SED vom 19.1.1956.

9 Die Ausgaben des MfNV — hierunter fielen u.a. die Ausgaben des Ministeriums, des speziellen Außenhandels, der Wehrforschung und später auch die Ausgaben für die Grenztruppen — beliefen sich im Aufstellungsjahr der NVA auf fast 1623 Millionen Mark. Sie stiegen in den folgenden Jahren bis 1989 auf knapp 14 117 Millionen Mark, wobei 1988 das Ausgabenmaximum mit mehr als 14 794 Millionen Mark erreicht wurde (vgl. Karlsch, Wirtschaftliche Belastungen, S. 20 f.).

10 Einheiten der 6. MSD wurden später zum Aufbau von Mobilmachungsdivisionen herangezogen.

11 Vgl. Hohwieler, NVA und innere Sicherheit, S. 75 ff.

12 Die Nationale Volksarmee (Dokumentation), S. 21.

13 BA-MA, VA-01/26495, Bl. 107. Analyse zur Entwicklung der NVA, 1966.

14 Vgl. Anordnungs- und Mitteilungsblatt, Teil A, 1956, Nr. 3, S. 1 ff.

15 Vgl. Wenzke, Wehrmachtoffiziere, S. 143 ff.

16 Alle Angaben zur Sozialstrukutur in: BA-MA, VA-01/21887, Bl. 124, Übersicht über die Personalstrukturentwicklung der Offizierkader der NVA vom 1.7.1956.

17 Vgl. ebd.

18 Vgl. Buddrus, Kaderschmiede, S. 167 ff.

19 Zit. nach Militär- und Sicherheitspolitik der SED, S. 213.

20 Zusammengestellt nach BA-MA, AZN Strausberg, P-1266, Bl. 16; P-1942, Bl. 128, Statistische Angaben über die Parteimitgliedschaft in der NVA.

21 »Wir sind der Meinung, daß es notwendig ist, auf Grund der vorhandenen Unzulänglichkeiten in der politischen Arbeit und der Tätigkeit der Parteiorganisationen einige tiefgreifende Veränderungen vorzunehmen«, so forderte die ZK-Sicherheitsabteilung, (vgl. SAPMO-BArch, DY 30 2/12/9, Bl. 2, Stellungnahme der ZK-Sicherheitsabteilung, Sektor Nationale Verteidigung, vom 30.12.1957).

22 Vgl. BA-MA, AZN Strausberg, 32600, Bl. 16 ff, Über die Rolle der Partei in der Nationalen Volksarmee vom 14.1.1958.

23 Ebd., Bl. 17.

24 Vgl. Wenzke, Fahnenflucht.

25 Der sogenannte »Produktionseinsatz« von Funktionären (sprich Offizieren) war keine Sonderregelung in der Armee. In der Parteiführung war dazu der Beschluß gefaßt worden, daß »alle Mitarbeiter des Parteiapparates, die sich im Angestelltenverhältnis befinden, verpflichtet sind, jedes Jahr mindestens einen Monat körperliche Arbeit in der Produktion zu leisten. Den Mitarbeitern des Staatsapparates und der Massenorganisationen wird empfohlen, das gleiche zu tun« (Dokumente der SED, Bd 7, S. 540 f., Kommuniqué der 4. Tagung des ZK vom 17.1.1959).

26 Vgl. u.a. Diedrich, Militärische Grenzsicherung, S. 135 ff.

27 Die Entwicklung der Grenztruppen wird in diesem Beitrag nicht behandelt. Siehe dazu den Beitrag von P.J. Lapp in diesem Band.

28 Vgl. Wenzke, Wehrpflicht, S. 119 ff.

29 Gesetzblatt der DDR, Teil I, 1962, S. 6.

30 In der DDR unterschied man gediente Reservisten und ungediente Reservisten. Zu letzteren gehörten diejenigen Männer, die aus unterschiedlichen Gründen keinen Wehrdienst geleistet hatten. Sie mußten Reservistenwehrdienst in Form der Reservistenausbildung leisten. Die anderen konnten bis zu drei Monaten jährlich zur militärischen Weiterbildung (Reservistenqualifizierung) eingezogen werden. Darüber hinaus bestand die Möglichkeit der kurzfristigen Einberufung zu Reservistenübungen. Sogenannte Reservistenkollektive in Betrieben sollten die Reservistenarbeit der zuständigen Wehrorgane, die »sozialistische Wehrerziehung«, den Wehrsport, die militärische Nachwuchswerbung usw. unterstützen.

31 Vgl. dazu u.a. Eisenfeld, Kriegsdienstverweigerung, S. 256 f.; Wenzke, Wehrpflicht, S. 129 f.; Eschler, Staatsdienst, S. 95.

32 Vgl. Gesetzblatt der DDR, 1964, Teil I, Nr. 11, S. 129 f. Nach Paragraph 5, Absatz 3, lautete das Gelöbnis der Bausoldaten: »Ich gelobe: Der Deutschen Demokratischen Republik, meinem Vaterland, allzeit treu zu dienen und meine Kraft für die Erhöhung der Verteidigungsbereitschaft einzusetzen.
Ich gelobe: Als Angehöriger der Baueinheiten durch gute Arbeitsleistungen aktiv dazu beizutragen, daß die Nationale Volksarmee an der Seite der Sowjetarmee und der Armeen der mit uns verbündeten sozialistischen Länder den sozialistischen Staat gegen alle Feinde verteidigen und den Sieg erringen kann.
Ich gelobe: Ehrlich, tapfer, diszipliniert und wachsam zu sein, den Vorgesetzten unbedingten Gehorsam zu leisten, ihre Befehle mit aller Entschlossenheit zu erfüllen und die militärischen und staatlichen Geheimnisse immer streng zu wahren.
Ich gelobe: Gewissenhaft die zur Erfüllung meiner Aufgaben erforderlichen Kenntnisse zu erwerben, die gesetzlichen und militärischen Bestimmungen zu erfüllen und überall die Ehre unserer Republik und meiner Einheit zu wahren.«

33 Vgl. Eschler, Staatsdienst, S. 99 f.

34 MB III: Baupionierbataillon 3 in Bärenstein; MB V: Baupionierbataillon 5 in Prenzlau; LSK/LV: Baupionierbataillon 14 in Garz; Volksmarine: Baupionierbataillon 7 in Nonnewitz. Die Bezeichnungen und Standorte haben sich in den folgenden Jahren teilweise mehrfach geändert.

35 Vgl. dazu eigene Berechnungen sowie Angaben bei Eisenfeld, Eine »legale Konzentration, S. 270; Fischer, Wendt, Der Dienst der Bausoldaten, S. 130.

36 Eschler, Staatsdienst, S. 114.

37 Die Einteilung der Raketen erfolgte nach der Zuordnung der Systeme zur operativen (Armee), operativ-taktischen (Armeekorps) bzw. taktischen (Division) Führungsebene.

38 Vgl. Nielsen, Rolle, S. 100 ff.

39 Die Bezeichnung der einzelnen Raketensysteme in der Literatur ist oft unterschiedlich. Der in der NATO als FROG-7 bezeichnete Raketenkomplex führte eigentlich die Bezeichnung »9 K 52« für den Gesamtkomplex, den in Publikationen zumeist zu findenden Namen »Luna-M« für das System. In der NVA trug er die taktische Bezeichnung »R-65«. Im folgenden werden — außer bei der Erstnennung — die geläufigen DDR-Bezeichnungen genutzt.

40 Vgl.Kopenhagen, Mot.-Schützen, S. 211.

41 Vgl.Engelhardt, NVA-Lufttreitkräfte/Luftverteidigung, S.129–147, hier S. 137; Kopenhagen, Die andere deutsche Luftwaffe.

42 Vgl. Mehl, Schäfer, Die andere deutsche Marine, S. 45 f. Siehe auch Mehl/Schäfer/Israel, Vom Küstenschutzboot zum Raketenschiff; Jablonsky, NVA-Volksmarine, S. 149 ff.

43 Die SED-Führung hatte durchaus die Möglichkeit zu erkennen, daß weder die Bundeswehr noch andere NATO-Streitkräfte aggressionsbereit gewesen bzw. zu einem überraschenden strategischen Angriff auf das östliche Bündnis befähigt waren. Dennoch versuchte die DDR-

Führung der eigenen Bevölkerung und den Angehörigen der Streitkräfte die NATO in einer permanenten Desinformationskampagne als aggressiv und jederzeit aggressionsbereit darzustellen (zu dieser Problematik vgl. u.a. Jablonsky, Die NVA, S. 48 ff.; Basler, Operatives Denken, S. 179 ff.).

44 Unter einer Front verstand man einen operativ-strategischen Verband von Streitkräften, bestehend aus Verbänden und Truppenteilen verschiedener Teilstreitkräfte.

45 Siehe dazu auch Löffler, Einige Erfahrungen, S. 448 ff.

46 Volksarmee. Eine Dokumentation, 1963, Nr. 8, S. 5.

47 Zusammengestellt nach Löffler, Gefechtsbereitschaft, S. 92 f.; Zeittafel, S. 134 ff. Abkürzungen: BVA = Bulgarische Volksarmee; ČVA = Tschechoslowakische Volksarmee; PA = Polnische Armee; SoA = Sowjetarmee; SSR = Streitkräfte der Sozialistischen Republik Rumänien; UVA = Ungarische Volksarmee; VRP = Volksrepublik Polen, VRB = Volksrepublik Bulgarien; KSÜ = Kommandostabsübung; TÜ = Truppenübung; OK VST = Oberkommandierender der Vereinten Streitkräfte; OK GSSD = Oberkommandierender der GSSD; M = Verteidigungsminister.

48 Der Westliche Kriegsschauplatz — in der sowjetischen Militärstrategie ein Gebiet, in dem strategische Streitkräftegruppierungen entfaltet werden und Kriegshandlungen durchführen können —, umfaßte ein Territorium, das im Norden von Leningrad (Petersburg) bis Island und im Süden von Jugoslawien bis Gibraltar reichte.

49 Nielsen, Rolle, S. 30.

50 Vgl. BA-MA, AZN Strausberg, 32613, Bl. 48, NVA-Stärkemeldung vom 31.12.1963 (einschließlich Grenztruppen).

51 Vgl. Hanisch/Wenzke, Geschichte Offizierkorps, S. 64.

52 Zusammengestellt nach Unterlagen der Verwaltung Kader des Ministeriums für Nationale Verteidigung. Zur akademischen Bildung gehörte die Ausbildung an den Militärakademien, der Militärmedizinischen Sektion der Universität Greifswald, der Militärpolitischen Hochschule sowie das Diplomstudium an den Offiziershochschulen bzw. an zivilen Universitäten und Hochschulen. Die angegebene Gesamtzahl der Offiziere schließt nicht mit ein: den Stellenplan »R«, Offiziershörer, Sportinstrukteure, Verwaltung Aufklärung, 10. Verwaltung und freigestellte Offiziere, so daß rund 3000 Offiziere zur obengenannten Zahl zu addieren wären. Abkürzungen: MAK = Militärakademische Ausbildung; OS = Offiziersschule; OHS = Offiziershochschule; n.e. = nicht erhoben.

53 SAPMO-BArch, DY 30 IV 2/12/38, Richtlinie über die Zusammenarbeit der ZK-Abteilung Sicherheit mit dem Verteidigungsministerium vom 11.7.1963.

54 Schönbohm, Zwei Armeen, S. 43.

55 Vgl. Held/Friedrich/Pietsch, Politische Bildung, S. 213 ff. Die Zahlenangaben beziehen sich auf die späten 80er Jahre.

56 BA-MA, AZN Strausberg, P-1266, Bl. 17, Statistische Angaben über die SED-Mitgliedschaft in der NVA vom 31.12.1968.

57 Vgl. u.a. Hanisch, In der Tradition, S. 261 ff.

58 Vgl. ausführlich Koszuszeck, Militärische Traditionspflege, S. 164 ff.

59 Vgl. Hoffmann, Traditionsnamen.

60 Vgl. BA-MA, AZN Strausberg, P-2978, Bl. 136 ff., Bericht über soziologische Untersuchungen in der NVA, August 1973.

61 Vgl. Wenzke, Militärjustiz, S. 45 ff.

62 Siehe dazu eine Aufstellung über die Häftlinge im Militärstrafvollzug Berndshof, in: Wilke, Politische Gefangene, S. 96.

63 Im Kapitel 9 des DDR-Strafgesetzbuches von 1968 waren die Militärstraftaten definiert und die jeweiligen Strafmaße fixiert. So konnten z.B. schwere Fälle von Fahnenflucht mit Freiheitsstrafen von zwei bis zu zehn Jahren und Befehlsverweigerung mit Freiheitsstrafen bis zu fünf Jahren, mit Verurteilung auf Bewährung oder Strafarrest bestraft werden (vgl. Strafgesetzbuch, S. 65 ff.).

64 Vgl. Wilke, Politische Gefangene, S. 86 f.

65 Vgl. Wenzke, NVA und Prager Frühling, S. 180 ff. Gesicherte Aussagen über politische Straftaten und politische Gefangene im Militärbereich bedürfen weiterer Untersuchungen.

66 Protokoll VIII. Parteitag, S. 88.

67 Vgl. Wagner, Hauptarten der Technik, S. 81 ff.

68 Vgl. Göpel, NVA-Landstreitkräfte, S. 118.

69 Vgl. Kopenhagen, Die andere deutsche Luftwaffe, S. 32.

70 Die Boden-Luft-Raketen firmierten in der NATO unter der Bezeichnung SA/SAM (Surface to Air Missiles).

71 Jablonsky, NVA-Volksmarine, S. 149.

72 Vgl. dazu ausführlicher Gall, Technik und Bewaffnung, S. 294 ff. Zu den DDR-Betrieben mit militärischer Produktion gehörten u.a. der Volkseigene Betrieb (VEB) Mechanische Werkstätten Königswartha, der VEB Lehrgeräte- und Reparaturwerk Mittenwalde, der VEB Geräte- und Werkzeugbau Wiesa, der VEB Spreewerk Lübben und der VEB Labortechnik Ilmenau.

73 In der DDR wurden bis 1989 vor allem auf der Peene-Werft Wolgast 258 Kriegsschiffe für die NVA sowie auch zahlreiche Schiffe für die sowjetische Seekriegsflotte gebaut.

74 Zu Uniformierung, Effekten und Auszeichnungen der NVA vgl. Keubke/Kunz, Uniformen; Bartel, Spezialkatalog; Walther, Uniformeffekten; Feder, Auszeichnungen.

75 Vgl. Gesetzblatt 1982, Teil I, Nr. 12, S. 230.

76 Vgl. dazu u.a. Nagel, Aus- und Weiterbildung, S. 268 ff.

77 Vgl. BA-MA, AZN Strausberg, 32243, Bl. 18, Statistik zum NVA-Offizierkorps 1989 (einschl. Grenztruppen).

78 Errechnet nach ebd., Bl. 89, 91.

79 Harms, Im Oberkommando, S. 354 f.

80 1982 hatte Armeegeneral Hoffmann zwar die Umbennung des Hauptstabes in »Generalstab« auf die Tagesordnung des SED-Politbüros gebracht. Das Vorhaben scheiterte jedoch offensichtlich am Einspruch der sowjetischen Seite.

81 Vgl. Hampel, Im Ministerium, S. 189 f.

82 Nielsen, Rolle, S. 21 ff.

83 Ebd., S. 25 ff., 34 f.

84 Vgl. Engelhardt, Mobilmachungssystem, S. 301 ff.

85 Vgl. Arlt, Engagement der NVA, S. 670.

86 Vgl. Engelhardt, Unterstützung befreundeter Staaten, S. 324.

87 Vgl. Arlt, Engagement der NVA, S. 680 ff.

88 Vgl. ausführlich Wenzke, NVA und Prager Frühling, S. 115 ff.

89 Vgl. BA-MA, VA-01/40593, Bl. 32 ff., Befehl Nr. 118/80 des MfNV vom 6.12.1980. Siehe auch »Hart und kompromißlos durchgreifen«, S. 197 ff.

90 Vgl. ausführlich Gutsche, Nur ein Erfüllungsgehilfe?, S. 166–179; Markus, Die NVA und die Ereignisse in Polen, S. 101–114.

91 Vgl. Die Organisationsstruktur des MfS, S. 217 ff.

92 Vgl. ebd.

93 Vgl. dazu ausführlich Kabus, Auftrag Windrose; Göpel, Aufklärung, S. 221 ff.; Wegmann, Struktur-historische Darstellung, S. 12 ff. Die Bezeichnungen der Vorläufer des Bereichs Aufklärung lauteten: Allgemeine Verwaltung/Dienststelle 1000 (1952/53), Verwaltung 19/Verwaltung für Koordinierung (1953/56), Verwaltung 12 (1956/63), Verwaltung Aufklärung (1964/83).

94 Vgl. Fingerle/Gieseke, Partisanen, S. 13 ff.

95 Weber, Gläubigkeit, S. 53 f.

96 Vertreter und Anhänger des »Neuen Denkens« fanden sich anfangs vor allem in der intellektuellen Elite innerhalb des akademischen Bereiches der Streitkräfte. Vgl. u.a. Scheler, Neues Denken, S. 13 ff.; 9 ff.

97 Vgl. Scheler, Sinnkrise, S. 133.

98 Vgl. BA-MA, DVW 1/39539, Bl. 138, Protokoll des NVR vom 16.6.1989.

99 Die NVA unterhielt vielfältige, wenngleich in der Praxis oft sehr lockere und manchmal rein formale Verbindungen zu Betrieben, Institutionen, Schulen und Kultureinrichtungen. Mit der gängigen Formel von der »Einheit von Volk und Armee« wollte man vor allem die Stellung der NVA in der Gesellschaft festigen. Anerkennung fanden die außermilitärischen Aktivitäten der Armee bei der Beseitigung von Katastrophenfolgen, wie z.B. im Winter 1979/80, als Tausende Soldaten halfen, die Versorgung der Bevölkerung in eingeschneiten und abgeschnittenen Ortschaften im Norden der Republik sicherzustellen.

100 Vgl. BA-MA, VA-01/37601, Bl. 271 ff., Information des MfNV-Untersuchungsausschusses, o.D. Siehe auch Hanisch/Heider, Die Rolle der NVA, S. 16 ff.

101 BA-MA, VA-01/37601, Bl. 271 f., Information des MfNV-Untersuchungsausschusses, o.D.

102 Vgl. ebd., VA-01/37602, Bl. 2 ff., Befehl des Ministers über die Bildung und Arbeit der »Kommission Militärreform« vom 7.12.1989.

103 Vgl. ebd., VA-01/37598, Bl. 2 ff., Beschlußvorlage über die Bildung der Regierungskommission »Militärreform der DDR« vom 19.12.1989; Protokoll der konstituierenden Sitzung der Regierungskommission vom 16.1.1990.

104 Vgl. ebd., VA-01/37617, Bl. 134 ff., Vorschläge und Konzeptionen zur Militärreform 1989/90.

105 Vgl. Hanisch/Heider, Die Rolle der NVA, S. 47 ff.

106 Am 7.12.1989 war der Ausschuß des Verteidigungsministeriums zur Untersuchnung von Amtsmißbrauch, Korruption und persönlicher Bereicherung in der NVA, den Grenztruppen und der Zivilverteidigung gebildet worden, der am 15.3.1990 seinen Abschlußbericht vorlegte. Der Ausschuß erhielt 461 Hinweise auf Verstöße gegen geltende Bestimmungen und Gesetze. Unter Kritik standen dabei u.a. der bereits 1966 begonnene Ausbau der Jagdwirtschaft Hintersee — bis 1985 das »private« Jagdgebiet von Heinz Hoffmann — zu einem repräsentativen Gästejagdgebiet für einige wenige leitende Kader, für das allein im Jahr 1989 mehr als 3,7 Millionen Mark an Ausgaben aus dem Verteidigungshaushalt eingeplant worden waren (vgl. BA-MA, VA-01/37602, Bl. 101 ff. Abschlußbericht des Untersuchungsausschusses Amtsmißbrauch in der NVA vom 15.3.1990; siehe auch Veröffentlichungen in den Publikationsorganen »Militärreform«, Nr. 14/1990, und »trend«, Nr. 9/1990).

107 BA-MA, VA-01/37601, Bl. 464, Auskunftsangaben über die NVA vom 1.1.1990.

108 Vgl. Schönbohm, Zwei Armeen, S. 26 f.

109 Die im Mai 1990 einberufenen Soldaten hatten bereits den am 26.4.1990 von der Volkskammer beschlossenen neuen Fahneneid geleistet.

110 Vgl. Gesetzblatt der DDR, Teil I, 1990, Nr. 25.

111 Schönbohm, Zwei Armeen, S. 30.

112 Vgl. Hoffmann, Kommando (Anlage 5), S. 320 ff.

113 Generale der NVA wurden nicht in das Dienstverhältnis der Bundeswehr übernommen. Ausnahmen bildeten ein General des medizinischen Dienstes der NVA als Oberstarzt und fünf ehemalige Generale als zivile Berater mit befristeten Arbeitsverträgen.

114 Zum personellen und militärischen Nachlaß der NVA siehe u.a. Gießmann, Der militärische Nachlaß, S. 67 ff., hier: S. 72 f.

115 Vgl. hierzu u.a. Gießmann, Erbe, S. 35 ff.; Koop, Schössler, Erbe NVA, S. 307.

116 Vgl. Schönbohm, Zwei Armeen, S. 32.

Wolfgang Mittmann

Die Transportpolizei (1945–1990)

Jeder moderne Industriestaat, der über ein leistungsfähiges Eisenbahnnetz verfügt, unterhält zugleich eine auf die speziellen Sicherheitsbedürfnisse der Eisenbahn abgestimmte Polizeiorganisation. Die Geschichte der deutschen Bahnpolizei ist mit der Historie des Eisenbahnwesens in Deutschland eng verknüpft. Beide wurden von den ökonomischen und politischen Entwicklungen des 19. und 20. Jahrhunderts geprägt. So fällt die Geburtsstunde der deutschen Bahnpolizei in das Eröffnungsjahr der Eisenbahnstrecke Nürnberg — Fürth. Am 25. November 1835 erließ der besorgte Magistrat der »Königl. Bayr. Stadt Nürnberg als Polizeisenat« die erste »bahnpolizeiliche Anordnung« und übertrug dem Eisenbahnaufsichtspersonal die Wahrnahme polizeilicher Befugnisse auf dem Bahngebiet[1]. Die in den Folgejahren rasch entstehenden Eisenbahngesellschaften orientierten sich am Nürnberger Modell. Als sich nach der Reichsgründung im Jahre 1871 der Trend zur Verstaatlichung der Eisenbahnunternehmungen verstärkte, verhängte die Reichsregierung ein einheitliches »Bahnpolizei-Reglement für die Eisenbahnen Deutschlands«. Es enthielt die wesentlichen Anforderungen an das Verhalten des Publikums beim Aufenthalt auf Bahnanlagen und in den Zügen, und es verpflichtete die Bahnpolizeibeamten zur Durchsetzung von Maßnahmen, die dem Schutz der Reisenden und des Beförderungsgutes dienen sollten[2].

Die militärstrategische Bedeutung des Eisenbahnwesens wurde im Weltkrieg 1914–1918 sichtbar. Die Eisenbahn ermöglichte den raschen Transport ganzer Heeresgruppen, und sie sorgte für den unerläßlichen Nachschub. Aber Sabotageakte an den Gleisanlagen und Luftangriffe auf Bahnhöfe und Züge legten zugleich die Achillesferse des Eisenbahntransportwesens bloß.

Erst 1921, nachdem die Verstaatlichung der Eisenbahnen in Form der Deutschen Reichsbahngesellschaft vollendet war, verfügte das Reichsverkehrsministerium als oberste Bahnpolizeibehörde die Schaffung eines hauptamtlichen »Eisenbahnüberwachungsdienstes«, der in einen Fahndungs-, einen Streifen- und einen Wächterdienst aufgegliedert wurde. Beamte, die strafverfolgende Aufgaben wahrzunehmen hatten, wurden zu Hilfsbeamten der Staatsanwaltschaften bestellt[3].

Im Zuge der Neuordnung der Polizeigewalt im Dritten Reich erfolgte die Umbenennung des Überwachungsdienstes in »Eisenbahnschutzpolizei«. Eine »freiwillige« Polizeireserve formierte sich zu einem »Bahnschutz«, der 1939, nach Ausbruch des Krieges, Objektschutzaufgaben übernahm. Hinsichtlich ihrer Fachaufsicht gehörte die Bahnpolizei nach wie vor ins Ressort des Reichsverkehrsministers, sie fiel aber auf Grund eines Erlasses des Reichsministers des Innern vom Juli 1938 zugleich unter den Sammelbegriff der »Ordnungspolizei« und wurde bei besonderen Anlässen den territorialen Polizei- oder Wehrmachtführern unterstellt[4].

Nach der Niederlage des Hitlerregimes im Jahre 1945 kam es den Alliierten u.a. darauf an, das Eisenbahnnetz in den von ihnen besetzten Gebieten eigenen militärischen Interessen unterzuordnen. Die sowjetische Militärführung legte großen Wert auf eine rasche Wiederherstellung der zerstörten Strecken, um sie als Verbindungswege für ihre rückwärtigen Dienste, d.h. logistisch zu nutzen, aber auch um die Reparationstransporte aus der SBZ in die UdSSR zu gewährleisten. Diese Transporte und besonders gefährdete Objekte, wie Brücken, Befehlsstellwerke und wichtige Bahnhöfe, ließ sie von sowjetischen Wachkompanien sichern. Da man zugleich einer Flut von Eisenbahnüberfällen und Plünderungen Herr werden mußte, zog die Besatzungsmacht Hilfskräfte aus den Reihen der deutschen Eisenbahner und des offiziell nicht aufgelösten Bahnschutzes zu Ordnungs- und Wachdienstaufgaben heran. Das deutsche Wachpersonal unterstand zwar den Leitern der Bahnhöfe, war aber letztendlich von den Kommandanturen der Roten Armee abhängig. Die überaus spärlichen Quellen zur Geschichte der Transportpolizei in der DDR behaupten, daß mit dem SMAD-Befehl Nr. 8 vom 11. August 1945, der das Eisenbahnwesen in der sowjetischen Besatzungszone in »des Volkes Hände« übergab, auch die Grundlage für die Errichtung eines »antifaschistischen Eisenbahner-Ordnungsdienstes« gegeben wurde. Die Grundsätze seien in einem weiteren SMAD-Befehl vom 1. September 1945[5] ergangen. Tatsache ist, daß dieser Befehl bis zum heutigen Tage nicht nachgewiesen wurde.

Überlieferten Traditionen folgend, sollten die Strukturen der Bahnschutzorganisation als Sonderpolizei für das Gebiet der Sowjetischen Besatzungszone weitergeführt werden. Oberste Dienstbehörde war folglich die Zentralverwaltung Verkehr. Auf der Ebene der Reichsbahndirektionen oblag den Bahnschutzämtern (auch Dezernate 19) die Dienstaufsichtspflicht über die Bahnpolizei[6]. Die Legitimation dieser Struktur ergab sich aus der Verfügung Nr. 74 des Generaldirektors der Deutschen Reichsbahn (DR) vom 25. Oktober 1945[7]. Der Bahnschutz übte keine Polizeigewalt im Sinne des Polizeiverwaltungsgesetzes aus.

Erst am 10. Mai 1946 beschloß der Alliierte Kontrollrat einvernehmlich für Deutschland, daß in allen Besatzungszonen Bahnpolizeiorganisationen aufzubauen sind, die im Rahmen ihrer ordnungs- und sicherheitspolizeilichen Aufgaben den militärischen Nachschub für die Besatzungsmächte sowie alle Transporte zur Versorgung der Bevölkerung sichern sollten[8].

Am 30. Juli 1946 erging der SMAD-Befehl Nr. 212, in welchem die einheitliche Zusammenfassung der Polizei aller Dienstzweige in der SBZ befohlen wurde. Eine zentrale Instanz — die Deutsche Verwaltung des Innern (DVdI) — war als oberste Polizeibehörde vorgesehen. Dem ersten Entwurf für die neue Polizeistruktur in der SBZ lag eine Studie über den Aufbau und die Arbeitsweise des sowjetischen Milizapparats zugrunde. Die Archivmaterialien belegen, daß die Deutsche Volkspolizei zweifellos nach sowjetischem Vorbild errichtet wurde[9].

Sowohl Bahnschutz- als auch Wasserschutzhauptamt wurden nun aus der Verantwortung der Verkehrsverwaltung herausgelöst und in die DVdI als »Abteilung Eisenbahn- und Wasserpolizei« eingegliedert. Zum Leiter der Abteilung wurde Ferdinand Loll berufen. Seinem Vertreter unterstanden die vier Wasserschutzämter Berlin, Dresden, Magdeburg und Schwerin mit einer Gesamtstärke von 684 Bediensteten[10].

Im Erlaß der DVdI Nr. 1766/47 über Organisation, Aufbau und Zuständigkeit der hauptamtlichen Bahnpolizei ist ausgeführt: »Die Eingliederung der Bahnpolizei in die Deutsche Verwaltung des Innern in der SBZ bedingt ihre Anpassung an die Organe der örtlichen Polizei, da sie neben den Aufgaben des bisherigen Bahnschutzes zugleich auch die Aufgaben der ordentlichen Polizei auf dem Bahngelände übernommen hat. Sie wird damit ordentliche Bahnpolizei[11].«

Die Bahnpolizei bestand nunmehr aus der Eisenbahnschutzpolizei und dem zur Eisenbahnkriminalpolizei umformierten bisherigen Reichsbahnfahndungsdienst. Analog zu den Reichsbahndirektionen Berlin, Magdeburg, Halle, Dresden, Cottbus, Greifswald, Schwerin und Erfurt entstanden 8 Bahnpolizeiämter mit nachgeordneten Inspektionen und Wachen. Die Gesamtstärke von 5470 Mitarbeitern setzte sich aus 5125 Schutz- und 345 Kriminalpolizisten zusammen. Die Bewaffnung bestand aus Pistolen und Karabinern[12]. Die Eisenbahnschule Lützow bei Schwerin wurde zur Zentralen Ausbildungsstätte für die Bahnpolizei[13].

Die neuen Leitungsstrukturen stellten die Bahnpolizisten vor erhebliche Schwierigkeiten. Einerseits waren sie an die Befehle und Weisungen der DVdI gebunden, andererseits hatten sie den betrieblichen Interessen der Deutschen Reichsbahn Rechnung zu tragen. Die Bahn erlangte ihre Bedeutung als wichtigster Verkehrsträger zurück. Der Gütertransport verzeichnete steigende Tendenzen. Die Zahl der Fahrgäste in Reise- und Berufsverkehr stieg. Die Leitung der DVdI suchte den schwelenden Interessenkonflikt mit dem Hinweis aufzulösen: »Auf Grund der vorläufigen Verordnung der DVdI für die Eisenbahnpolizei in der SBZ vom 8.1.1949 regelt sich die Zuständigkeit zwischen der Eisenbahnpolizei und den Dienststellen der Eisenbahn wie folgt:

a) die Eisenbahnpolizei ist zum Dienstzweig der Volkspolizei erklärt worden. Die alleinige vorgesetzte Behörde ist die DVdI in der SBZ[14].«

Am 16. Februar 1949 setzte der Präsident der DVdI, Dr. Kurt Fischer, die Dienstvorschrift DVP 40 für die Eisenbahnpolizei in Kraft[15]. Die Aufgaben der Eisenbahnpolizei für das gesamte Gebiet der Reichsbahn in der SBZ waren wie folgt abgesteckt:

1. Ruhe, Ordnung und Disziplin auf dem Reichsbahngebiet herzustellen und aufrechtzuerhalten;
2. das der Reichsbahn anvertraute Gut und das Reichsbahneigentum zuverlässig vor Diebstahl und Zerstörung zu schützen;
3. wichtige Eisenbahntransporte vor gegnerischen und räuberischen Überfällen zu schützen;
4. strategische und lebenswichtige Objekte und Anlagen der Deutschen Reichsbahn zu bewachen;
5. Schieber und Spekulanten, die den Neuaufbau und die Planung der demokratischen Wirtschaftsformen zum eigenen Vorteil zu stören versuchen, wirkungsvoll zu bekämpfen;
6. die sich aus der Eisenbahn-, Bau- und Betriebsordnung ergebenden Pflichten zu erfüllen.

Als Einsatzformen galten der Zugbegleitdienst im Personen- und Güterverkehr, der Streifendienst auf den Personen- und Güterbahnhöfen und der Postendienst zur Objektbewachung sowie zur Sicherung stationärer Anlagen und der freien Strecke.

Im zweiten Halbjahr 1949 wurde das Personal der Bahnpolizei einem gründlichen »Reinigungsprozeß« mit dem Ziel unterzogen, »die Anzahl der politisch zuverlässigen und politisch-moralisch gefestigten Kader wesentlich zu erhöhen und ungeeignete Kräfte aus den Reihen der Bahnpolizei zu entfernen«. Diese Maßnahme fußte auf dem berüchtigten Befehl Nr. 2 des Präsidenten der DVdI vom 14. Januar 1949 über die Festigung der Grenzpolizei, der zunächst nur für die Einheiten der Grenzpolizei gedacht war, in den folgenden Monaten aber auch in anderen Dienstzweigen der Polizei zur Anwendung kam. 479 Bahnpolizeiangehörige fielen der Überprüfung zum Opfer[16].

Der bisherige Bahnpolizeichef Ferdinand Loll wurde abgelöst. Der Stellenplan für die Eisenbahnpolizei wies am 17. Mai 1949 bereits eine Stärke von 7400 Bediensteten aus[17].

Ein besonderes Kapitel bildete die Dienstverrichtung der Transportpolizei auf dem Territorium der Deutschen Reichsbahn in Berlin (West). 1945 hatten die westlichen Alliierten das gesamte Eisenbahnnetz in Berlin der UdSSR überlassen und sie akzeptierten auch die Tätigkeit einer Bahnpolizei, die von der Verwaltung der Deutschen Reichsbahn nach der alten Bau- und Betriebsordnung geführt wurde. Mit der Änderung des Bahnpolizeistatus in der SBZ und der Ausweitung ihrer Befugnisse auf dem Reichsbahngebiet ergaben sich jedoch Interessenkonflikte. Nach westlichem Verständnis zählten nur die zur Aufrechterhaltung des unmittelbaren Betriebsdienstes gehörenden Einrichtungen und die Bearbeitung der eisenbahntypischen Delikte in die örtliche und sachliche Zuständigkeit der Bahnpolizei. Und so gerieten vermeintliche oder tatsächliche Befugnisüberschreitungen je nach politischer Großwetterlage immer wieder zu handfesten Auseinandersetzungen zwischen Bahnpolizei und Westberliner Polizeieinheiten bis hin zu spektakulären Prozessen vor der Westberliner Justiz. Um eine einvernehmliche Lösung haben sich die Besatzungsmächte seltsamerweise nie bemüht. Die Konflikte wurden auf dem Rücken der ostdeutschen Streifenpolizisten ausgetragen[18].

Als am 22. Mai 1949 in Berlin (West) 11 600 Eisenbahner in den Ausstand traten, weil man ihnen nach der Währungsreform die Auszahlung der Löhne in Westmark vorenthielt, wurden Ostberliner Eisenbahner als Streikbrecher eingesetzt. Zwischen ihnen und den Streikenden kam es zu gewalttätigen Auseinandersetzungen, die den Einsatz der Bahnpolizei zur Folge hatten. Als die Westberliner Polizei für die Streikenden Partei ergriff, eskalierte die Situation. Schüsse fielen, es gab Tote und Verletzte auf beiden Seiten. Erst der Einsatz der alliierten Militärpolizei vermochte den Status quo wieder herzustellen. Das Auftreten der Bahnpolizei während des Eisenbahnerstreiks, der von der DDR-Propaganda als »UGO-Putsch« dargestellt wurde, hat allerdings den Eindruck einer »sowjetzonalen Bedrohung«, den die Westberliner seit den Tagen der Berlinblockade empfanden, eher noch verstärkt[19].

Die Gründung der DDR und der sich verschärfende Kalte Krieg zeitigten auch für die Transportpolizei Veränderungen. Der offiziell als »Anpassung« bezeichnete Zentralisierungsprozeß der Ordnungsmacht in der SBZ war 1949 bei weitem nicht abgeschlossen. »Um die Verkehrswege in der SBZ wirksam zu sichern, ist es erforderlich, die Polizeidienstzweige, denen die Sicherung dieser Verkehrswege obliegt (Eisenbahnpolizei und Wasserschutz), unter einer einheitlichen zentralen Leitung zusammenzufassen.« Mit dieser Begründung ordnete der Präsident der DVdI, Fischer, im Befehl Nr. 200/49 die Bildung der Transportpolizei (Trapo) an. In der ebenfalls neuerrichteten Hauptverwaltung Deutsche Volkspolizei entstand eine Hauptabteilung Transportpolizei mit den Abteilungen Schutzpolizei, Kriminalpolizei und Wasserschutz. Die nachgeordneten 8 Dienststellen am Sitz der jeweiligen Reichsbahndirektionen wurden in »Volkspolizeiämter Transport« umbenannt[20].

Die Anforderungen an die Transportleistungen der Deutschen Reichsbahn stiegen immer schneller. Die Sicherung der Unversehrtheit der Reparationsleistungen an die UdSSR, der Gütertransporte im Ex- und Importverkehr sowie der Züge mit Kohlen und Erntegut wurden zur Hauptaufgabe für die Transportpolizei. Ein ausgeklügeltes System der Güterzugbegleitung auf den Strecken und der Standbewachung in den Bahnhöfen wurde unter der Bezeichnung »Zugspinne« entwickelt[21].

Am 10. Januar 1950 erließ der Chef der Deutschen Volkspolizei den Befehl Nr. 2/50 über die Bildung von Zugbegleitkommandos (ZBK) in den Personenzügen. Ihre Aufgabe war die Bekämpfung des Schiebertums auf den Reisestrecken der Deutschen Reichsbahn von und nach Berlin (West), die Unterbindung der Einfuhr westlichen Schriftgutes in die DDR und die Kontrolle der Personenbewegung im Reiseverkehr mit dem Ziel, Gegner der DDR und Fluchtwillige festzunehmen[22].

Die Kommandos bestanden aus einem Kommandoleiter und seinem Stellvertreter sowie zwei Streifenpolizisten und einer Sachbearbeiterin als »Schreibkraft und für die körperliche Durchsuchung zugeführter weiblicher Personen, bei denen der Verdacht einer strafbaren Handlung besteht«. Einige Zeit später wurde die Stärke der Kommandos sogar auf acht Streifenpolizisten erhöht.

Die SED-Führung erwartete von der Transportpolizei die Verhinderung westlicher Propaganda und die Bekämpfung von Tätigkeiten westlicher Organisationen, die sich der politisch-psychologischen Kriegführung gegen die DDR widmeten. Dem Bericht der Hauptabteilung Transportpolizei für das Jahr 1951 ist zu entnehmen, daß 217 »Spione«, 367 Personen mit westlichem Propagandamaterial, aber auch 22 229 sogenannte Schwarzhändler und 5784 andere Rechtsverletzer gestellt wurden. Daß diese Zahlen mit Vorsicht zu interpretieren sind, bedarf keines Kommentars.

Solche Repressivmaßnahmen stießen keineswegs auf ungeteilten Beifall der DDR-Bevölkerung und im anderen Teil Deutschlands. Über den Sender RIAS wurden die Namen von ZBK-Angehörigen verbreitet, um sie in der Öffentlichkeit bloßzustellen. Die Leitung der Transportpolizei reagierte mit Einladungen an die Presse und an Abgeordnete der Volksvertretungen. Sie sollten sich von der ordnungsgemäßen Dienstverrichtung der Transportpolizisten und den Ergebnissen der Kontrollfahrten überzeugen[23].

Mit der Dienstanweisung 54/51 des Chefs der DVP wurde die alleinige Zuständigkeit der Transportkriminalpolizei für die Untersuchung aller Straftaten auf dem Eisenbahngebiet festgeschrieben. Der Befehl Nr. 13/53 des Leiters der Hauptabteilung Transportpolizei legte die Bildung von Unfalluntersuchungskommissionen in allen Transportpolizeiämtern fest, während die

Befehle Nr. T 16/53 und 17/53 Mord- und Brandkommissionen in der Transportpolizei installierten, die dem Leiter der Hauptabteilung Trapo unmittelbar unterstellt waren[24].

Die Verwaltungsreform in der DDR im Jahre 1952 brachte eine weitere Strukturveränderung für die Transportpolizei. Die Wasserschutzpolizei wurde ausgegliedert und der örtlichen Volkspolizei angeschlossen. In der Trapo selbst entstanden 39 Transportpolizeiämter, die den Grenzen der Reichsbahnämter angepaßt waren. Die neugebildeten Ämter hatten keine nachgeordneten Wachen und Reviere. Sie bestanden aus den operativen Abteilungen Kriminalpolizei, der Schutzpolizei (vereinigt mit dem Betriebsschutz, der 1950 auch für die stationären Anlagen der DR, wie Ausbesserungs- und Betriebswerke, gebildet worden war) und der Abteilung Transport, in der die Zugbegleitkommandos und die Transportbegleitkommandos des Systems »Zugspinne« geführt wurden. Chef der Transportpolizei war VP-Chefinspekteur Otto Auerswald[25].

Die »Arbeitsergebnisse« der Transportpolizei erweckten das Interesse des 1950 geschaffenen Ministeriums für Staatssicherheit. Unter der Begründung, die Eisenbahn sei der natürliche Reiseweg zahlreicher staatsfeindlicher Elemente und bevorzugtes Angriffsziel gegnerischer Geheimdienstoperationen, wurde die Transportpolizei mit Befehl des Ministers des Innern und des Ministers für Staatssicherheit vom 31. Dezember 1952 ebenso wie die Grenz- und die Bereitschaftspolizei dem MfS unterstellt[26]. Für diese drei Polizeibereiche wurde im MfS ein Führungsstab unter Oberst Hermann Gartmann errichtet. In der Hauptabteilung Trapo entstand ein Operativstab, der die 39 Transportpolizeiämter führte. Diese Maßnahmen entsprachen dem Ziel der SED-Führung, die Organe der »inneren Sicherung« zu zentralisieren und das MdI für den Streitkräfteaufbau zu »entlasten«.

Nach den Ereignissen des 17. Juni 1953 forcierten Partei- und Staatsführung den Kurs zur Militarisierung des Polizeiapparats in der DDR. Für die Transportpolizei bedeutete das einen radikalen Bruch mit den bisherigen Organisationsstrukturen. Die Transportpolizeiämter wurden mit Beginn des Jahres 1954 aufgelöst. An ihrer Stelle entstanden 14 Abschnitte der Transportpolizei, deren Zahl ein Jahr später auf 8 Abschnitte verringert wurde (ihre Dienstbereiche entsprachen den Grenzen der Reichsbahndirektionen). Der Personalbestand von etwa 8900 Mann wurde in Kompanien, Züge und Gruppen aufgeteilt und weitgehend kaserniert untergebracht. Damit erhielt auch die Trapo militärische Strukturen.

Im Zuge der aufkommenden Fluktuation verjüngte sich der Personalbestand in den folgenden Jahren rasch. Es entstanden 78 Objektsicherungskompanien, 10 Kompanien ZBK und 28 Arbeitsgebiete der Kriminalpolizei sowie im Abschnitt Berlin eine zusätzliche Kompanie für die Dienstverrichtung auf den Reichsbahnanlagen in den Westsektoren[27]. Die Wirkungsbereiche und Standorte der Kompanien wurden unabhängig von der Struktur der Deutschen Reichsbahn festgelegt. Es überwogen militärstrategische Aspekte, wie die Lage der Objekte und stationären Betriebe, ihre Bedeutung für die freien Strecken und die Streckenführung von und nach Berlin (West). Die bahnpolizeiliche Tätigkeit im eigentlichen Sinne wurde nur noch auf den größeren Bahnhöfen geleistet. Im Prinzip standen die mit Pistolen, Karabinern, Maschinenpistolen und leichten Maschinengewehren ausgerüsteten Kompanien der Transportpolizei Gewehr bei Fuß. Sie bewachten Eisenbahnbrücken, Viadukte, Tunnel, wichtige Stellwerke und Fernmeldeeinrichtungen der Deutschen Reichsbahn.

Die Ausbildungsprogramme der Transportpolizeischule in Nordhausen, an der Offiziere und Unterführer ausgebildet wurden, waren straff militärisch orientiert und gipfelten in »Härtelehrgängen« für die Kursanten. Der Ausbildungsstand in den Kompanien wurde durch regelmäßige Frühjahrs- und Herbstinspektionen überprüft. Zur Unterstützung der politisch-ideologischen Erziehungsarbeit erschien ab Januar 1955 die Monatszeitschrift »Der Transportpolizist«[28].

Im Zusammenhang mit der Bildung der Hauptverwaltung Innere Sicherheit (HVIS) im MfS Ende 1956 wurde auch die Transportpolizei dieser Hauptverwaltung unterstellt. Doch bereits am 24. Januar 1957 beschloß das Präsidium des Ministerrates der DDR, mit Wirkung vom 1. Februar 1957 die Vormundschaft des MfS für die Transportpolizei aufzuheben. Der Befehl 6/57 des Ministers des Innern und des Ministers für Staatssicherheit ordnete die erneute Eingliederung der Grenz-, der Bereitschafts- und der Transportpolizei in das Ministerium des Innern an[29]. Der neue Chef der Hauptabteilung Trapo, Oberst der VP Hans Beyermann, begründete die Notwendigkeit in der Zeitschrift »Die Volkspolizei«: »Die einheitliche Führung aller zum inneren Schutz bestimmten Kräfte bewirkt, daß alle eventuellen Versuche des Gegners, unsere gesellschaftliche Ordnung anzugreifen, zum Scheitern verurteilt sind[30].«

Militärische Ambitionen faßten auch in der Deutschen Volkspolizei verstärkt Fuß. Militärische Dienstgrade wurden für das gesamte Offizierkorps eingeführt. In den Ausbildungsprogrammen überwogen Übungen zur Durchführung des Straßen- und Häuserkampfes. Die Struktur der Transportpolizei blieb zunächst unangetastet. 75,6 % des Personalbestandes war weiterhin im Objektschutz tätig, während 6,5 % im ZBK und 5,3 % in der Kriminalpolizei Dienst versahen. Die restlichen 12,6 % waren auf den Bahnhöfen mit Personenverkehr und in der Intendantur gebunden[31].

Am 30. April 1958 hob der Minister des Innern die Kasernierung für alle Kräfte der Transportpolizei auf[32]. Mit dem Befehl 35/59 des Ministers des Innern und Chefs der Deutschen Volkspolizei über die Verbesserung der Führungstätigkeit in der Transportpolizei begann die zweite Phase der anstehenden Strukturreform[33].

Unter Beibehaltung der Hauptabteilung Transportpolizei und der 8 Transportpolizeiabschnitte entstanden Transportpolizeiämter für das Gebiet jedes Reichsbahnamtes mit nachgeordneten Revieren, Gruppenposten und Wachen. Darüber hinaus wurden jedem Abschnitt 1 bis 2 Einsatzkompanien und 1 Ausbildungseinheit zugeordnet. Der vorwiegend militärische Schutz der Objekte und Anlagen der Eisenbahn wurde aufgegeben. Der Einsatz von Streifen auf Güter- und Personenbahnhöfen sowie auf der freien Strecke bestimmte fortan den polizeilichen Charakter des Dienstes in der Transportpolizei. Die allgemeine Aufgabe lautete offiziell, »im Rahmen der übertragenen Befugnisse, alle Gefahren abzuwenden, Rechtsverletzungen und Straftaten vorzubeugen bzw. sie zu untersuchen und aufzuklären«.

Als weiteres Zeichen der Angleichung an die örtlichen Polizeistrukturen wurde das System der Abschnittsbevollmächtigten (ABV) auf die Transportpolizei übertragen. Der Streckenbevollmächtigte (SBV) war für die Aufrechterhaltung der Ordnung und Sicherheit auf mehreren Bahnhöfen eines Streckenabschnitts verantwortlich. Erst später setzte sich die Bezeichnung »Abschnittsbevollmächtigter der Transportpolizei« — ABV(T) durch[34]. Die Abteilung Kriminalpolizei übernahm die Kommissariatsstrukturen der örtlichen Kriminalpolizei.

Im Frühjahr 1960 wurde Generalmajor Paul Ludwig zum Chef der Transportpolizei berufen. Unter seiner Führung erhöhte sich die Zahl der Alarm- und Einsatzübungen für die Transportpolizei. Geübt wurden Streckenbesetzungen, die Blockierung von Bahnhöfen, die Suche nach »Diversanten« und flüchtigen Rechtsbrechern.

Am 13. August 1961 riegelten Einsatzkompanien der Transportpolizei, die aus abkommandierten Kräften zusammengestellt waren, die Streckenführungen der S- und Fernbahn an den Sektorengrenzen sowie den U-Bahn-Verkehr in Berlin ab[35].

Mit dem Mauerbau veränderten sich auch die Bedingungen für die Arbeit der Transportpolizei im Innern der DDR. Die Voraussetzungen für die Tätigkeit der Zugbegleitkommandos entfielen. Die ZBK-Einheiten, die der Kriminalpolizei zugeordnet waren, wurden weitgehend aufgelöst und kamen später nur noch in geringem Umfang in den Zügen des Interzonen- bzw. des Transitverkehrs zum Einsatz.

Der wirtschaftliche Aufschwung und das die Schiene bevorzugende Transportkonzept der DDR-Regierung bedingten ein starkes Anwachsen des Güterverkehrs in den 60er Jahren. Der Transport von volkswirtschaftlich hochwertigen Gütern nahm zu. Die Begleitung bestimmter gefährlicher Transportgüter, die organisierte Vormeldung, Transportlaufüberwachung und Kontrolle solcher Wagenladungen überwog fortan in der Aufgabenstellung für die Transportpolizei. Sämtliche Konsumgüter wurden im Stückgut- und Wagenladungsverkehr befördert. Der Kampf gegen Transportgutdiebstähle war deshalb weiterhin ein permanenter Schwerpunkt in der kriminalpolizeilichen Arbeit.

Mit der Einführung der allgemeinen Wehrpflicht 1962 erleichterte sich auch die Personalzuführung für die Transportpolizei. Auf Beschluß des Nationalen Verteidigungsrates (NVR) vom 11. Januar 1962 wurde der Dienst in der Bereitschaftspolizei dem Wehrdienst als »Wehrersatzdienst« gleichgesetzt. Im April erweiterte der NVR diese Regelung auf die Einsatzkompanien der Abschnitte der Trapo[36]. Die Wehrkreiskommandos wurden angewiesen, Wehrpflichtige, insbesondere Angehörige der DR, für einen dreijährigen freiwilligen Dienst in den Einsatzkompanien zu werben.

1967 übernahm Oberst der VP Helmut Nedwig die Leitung der Hauptabteilung Transportpolizei. Der Personalbestand betrug zu diesem Zeitpunkt knapp 6900 Mann. Diese Stärke reichte nicht aus, um die militärischen Aufgaben zur Sicherung des DDR-Territoriums als Durchmarsch- und Nachschubzone der Vereinten Streitkräfte des Warschauer Paktes auf dem Eisenbahngebiet im Falle des Verteidigungszustands zu erfüllen. Reserven bildeten die gemäß Richtlinie des Chefs der Transportpolizei für die Schaffung und Ausbildung freiwilliger Helfer der Transportpolizei vom 13. April 1955[37] geschaffenen Gruppen der freiwilligen Helfer von Reichsbahnbediensteten und die seit Juli 1953 bestehenden »Kampfgruppen der Arbeiterklasse«, deren Mitglieder gleichfalls aus dem Eisenbahnpersonal rekrutiert wurden. Die Kampfgruppen der Trapo wurden gemäß Befehl 127/55 des MfS für ihre speziellen Aufgaben zur Sicherung von Eisenbahnknotenpunkten und wichtigen Objekten von der Hauptabteilung Trapo geschult[38], nahmen allerdings bis Anfang 1960 auf Grund der erstarrten militärischen Strukturen der Transportpolizei keinen herausragenden Platz ein. Erst in der Direktive über die Aufgaben der bewaffneten Kräfte und zivilen Organe des Ministeriums des Innern einschließlich der Kampfgruppen und der Formationen und Einrichtungen der Dienste des Luftschutzes und des Betriebsschutzes im Verteidigungszustand vom November 1962 war für die Transportpolizeireviere die Auffüllung der freiwilligen Helfergruppen auf Zugstärke vorgesehen. Hinzu kamen jeweils eine Kompanie der Kampfgruppen, denen die Sicherung von Reichsbahnobjekten der Kategorie II obliegen sollte[39]. Nachdem 1962 die allgemeine Wehrpflicht eingeführt worden war, entstanden 8 Einsatzkompanien der Transportpolizei, in denen Wehrpflichtige zur Wehrersatzdienstleistung herangezogen wurden. Der militärische Ernstfall sah die Verstärkung der 8 Kompanien mit einer Stärke von 856 Mann auf 8 Sicherungsbataillone mit 3224 Mann vor. Die Abschnitte der Transportpolizei unterstanden für diesen Fall den Transportkommandanturen der Nationalen Volksarmee[40].

Im Januar 1970 wurden die 8 Transportpolizeiabschnitte auf Befehl des Ministers des Innern und Chefs der Deutschen Volkspolizei aufgelöst[41]. In jedem Bezirk wurde statt dessen ein Transportpolizeiamt mit nachgeordneten Revieren und Gruppenposten gebildet. Es bestanden in jedem Amt:

- die Abteilungen Schutzpolizei, einschließlich Operativgruppe ZB (hervorgegangen aus den Zugbegleitkommandos) für polizeiliche Observationen von ausgewählten Objekten bzw. in den Interzonenzügen des Reiseverkehrs;
- die Abteilung Kriminalpolizei mit 7 Kommissariaten, darunter das K I, das ein Informantennetz aus dem Personalbestand der Eisenbahner führte (Leiter K I und dessen Stellvertreter waren in der Regel Offiziere des MfS im besonderen Einsatz — OibE);
- die Abteilung Stab/Nachrichten, die für Dokumentation, Lageeinschätzung und Stabsplanung verantwortlich zeichnete. Über den Operativen Diensthabenden wurden die Diensthabenden Systeme der Schutz- und der Kriminalpolizei geführt.

Die Transportpolizeiämter wurden den Chefs der Bezirksbehörden der Volkspolizei unterstellt. In Berlin gab es zudem ein Transportpolizeiamt II für die Dienstdurchführung auf dem Streckennetz der Deutschen Reichsbahn in Berlin (West). Der Hauptabteilung Transportpolizei unter Leitung von Oberst der VP Manfred Simon kam nur noch fachlich-koordinierende Bedeutung zu.

Ab 1986 wurde auch in der Transportpolizei die »Auflösung gewalttätiger Gruppierungen im geschlossenen Formationseinsatz« geübt. Die hierfür notwendige Sonderausrüstung wie Schilde, Schutzhelme und Schlagstöcke wurde unter strengster Geheimhaltung in den Waffenkammern der Ämter und Reviere eingelagert. Die Mannschaften wurden zudem im Einsatz von Handgranaten unterwiesen.

In den Bezirkseinsatzleitungen, die nach den Führungsdokumenten des Nationalen Verteidigungsrates im militärischen Ernstfall die Führung in den Bezirken der DDR übernehmen sollten, waren die Leiter der Transportpolizeiämter nicht vertreten. Entsprechend der vorgesehenen Unterstellung unter die Transportkommandanturen der NVA wirkten sie in den Einsatzleitungen des Verkehrswesens bei den Reichsbahndirektionen mit.

Bis zu ihrer Auflösung am 30. September 1990 blieb die Transportpolizei in den Befehlsstrukturen der Volkspolizeibezirksbehörden eingebunden. Am 1. März 1990 betrug die Personalstärke 5600 Polizisten plus 800 Wehrersatzdienstleistende in den Einsatzkompanien, so daß die Gesamtstärke mit 6400 Mann anzusetzen ist. Unter dem Kommando des letzten Leiters der Hauptabteilung Trapo, VP-Oberst Manfred Zeuner, wurde die Personalstärke auf 2008 abgeschmolzen. 1700 Transportpolizisten wurden am 3. Oktober 1990 als Bahnpolizei in den Bundesgrenzschutz-Ost der Bundesrepublik Deutschland übernommen[42].

Es gibt keinen Zweifel an der allgemeinen Notwendigkeit einer bahnpolizeilichen Tätigkeit zur Absicherung der Transporte und des Eisenbahngebietes. Geht man aber davon aus, daß die Bahnpolizei der Bundesbahn im Jahre 1989 etwa 2700 Bahnpolizisten beschäftigte[43], während auf dem um zwei Drittel kleineren Reichsbahnterritorium mindestens 6400 ausgebildete Transportpolizisten (ohne Kampfgruppen und VP-Helfer) unter Waffen standen, wird deutlich, daß der Trapo im Sicherheitskonzept der SED die Rolle einer militärischen Reservetruppe für den Ernstfall zugewiesen war. Die häufigen Strukturveränderungen dienten vor allem der Perfektionierung zentraler Befehlsstrukturen. Erst in zweiter Linie legitimierten allgemeine polizeiliche Aufgaben die Tätigkeit der Transportpolizei auf dem Reichsbahngebiet. Der relativ hohe Standard an öffentlicher Ordnung und Sicherheit, der hierbei erreicht werden konnte, blieb nicht ohne Auswirkungen auf das Leistungsvermögen der Deutschen Reichsbahn, die im System der DDR-Volkswirtschaft eine wichtige Rolle spielte.

Leitung

1946–1949	Ferdinand Loll
1950–1956	Otto Auerswald
1957–1959	Hans Beyermann
1959–1960	Wilhelm Kinsky
1960–1967	Paul Ludwig
1967–1970	Helmut Nedwig
1970–1984	Manfred Simon
1984–1990	Manfred Zeuner

Wichtige Daten

1. September 1945	SMAD-Befehl zur Bildung von Bahnpolizeiformationen
14. Dezember 1949	Bildung der Transportpolizei in der DVdI/MdI
1. Januar 1950	Die Transportpolizei erhält eine Hauptabteilung im MdI als Führungsorgan

1. Januar 1953	Eingliederung der Trapo in das MfS
1. Februar 1957	Wiedereingliederung der Trapo in das MdI
1. Januar 1970	Auflösung der Transportpolizeiabschnitte und Bildung von Transportpolizeiämtern in den Bezirken
30. September 1990	Auflösung der Trapo der DDR

Quellen- und Literaturauswahl

Über die Entwicklung der Transportpolizei der SBZ/DDR befinden sich die wesentlichsten Quellen im BArch, Abteilung Lichterfelde, in den Beständen DVdI und MdI (DO-1/MdI) sowie beim Bundesbeauftragten für die Unterlagen des Staatssicherheitsdienstes der ehemaligen DDR.
An Veröffentlichungen sind nur wenige zu nennen:

Amtsblatt der Reichsbahndirektion Greifswald, Nr. 2 vom 8.12.1945

Auerswald, Otto, Schützen wir die Arbeit von Millionen fleißiger Hände, in: Die Volkspolizei, 4 (1951), H. 3, S. 13–15

Der Aufbau und die Entwicklung der Transportpolizei in der Zeit von 1945–1955, hrsg. vom Ministerium des Innern, Hauptabteilung Transportpolizei, Berlin (Ost) 1968

Balzert-Rettinghaus, Rudolf, Die Bahnpolizei. Eine Chronik, Groß-Umstadt 1986

Beyermann, Hans, Über die Aufgaben der Transportpolizei, in: Die Volkspolizei, 10 (1957), H. 13, S. 9 f.

Börner, Charlotte, Ich erhielt Einblick in die Arbeit der ZBK, in: Die Volkspolizei, 5 (1952), H. 6, S. 17

Ehlers, Klaus, Aufgaben der Bahnpolizei der BRD, in: Die Volkspolizei, 43 (1990), H. 9, S. 17 ff.

Geschichte der Transportpolizei 1945–1961, hrsg. vom Ministerium des Innern, Hauptabteilung Transportpolizei, Berlin (Ost) 1969

Kaul, Friedrich Karl, Ankläger auf der Anklagebank, Berlin (Ost) 1952

Malle, Wolfgang, Bahnpolizei vorgestern und heute, in: Die Bundesbahn, 1980, S. 693–698

Preuss, Erich, Der Reichsbahnreport, 2. Aufl., Berlin 1994

Wir vom BGS — Zeitschrift des Bundesgrenzschutzes, 1992, H. 8/9, S. 14 f.

Anmerkungen

1 Vgl. Malle, Bahnpolizei, S. 693–698.
2 Vgl. Balzert-Rettinghaus, Die Bahnpolizei, S. 9 ff.
3 Vgl. Malle, Bahnpolizei, S. 694.
4 Vgl. Balzert-Rettinghaus, Die Bahnpolizei, S. 34.
5 Vgl. Aufbau und Entwicklung der Transportpolizei, S. 21.
6 Vgl. BArch, DO-1/MdI/7.0 Nr. 251, Bl. 47–50, Studie Lissigkeit vom 15.10.1945.

7 Vgl. Amtsblatt der Reichsbahndirektion Greifswald, Nr. 2 vom 8.12.1945.
8 Vgl. Balzert-Rettinghaus, Die Bahnpolizei, S. 41.
9 Vgl. BArch, DO-1/MdI/7.0 Nr. 18, Bl. 81 ff., Weisung zur einheitlichen Zusammenfassung der Polizei aller Dienstzweige in der SBZ laut Befehl Nr. 212 der SMAD.
10 Vgl. ebd., DO-1/MdI/7.0 Nr. 18, Bl. 40, Strukturplan der Abteilung Eisenbahn- und Wasserpolizei.
11 Ebd., DO-1/MdI/7.0 Nr. 356, Bl. 1–5, Schreiben der DVdI vom 24.1.1947 zur Eingliederung der Bahnpolizei in die DVdI laut Erlaß der DVdI Nr. 1766/47.
12 Vgl. ebd., DO-1/MdI/7.0 Nr. 151, Bl. 49, Personalstärke der Eisenbahnpolizei im Dezember 1947.
13 Vgl. Geschichte der Transportpolizei, S. 31.
14 BArch, DO-1/MdI/7.0 Nr. 356, Bl. 123 ff., Weisung der DVdI (o.D.)
15 Vgl. ebd., Bl. 118–124, Dienstvorschrift DVP 40.
16 Vgl. ebd., DO-1/MdI/7.0 Nr. 151, Bl. 86, Bericht zur Überprüfung des Personalbestands der Bahnpolizei.
17 Vgl. ebd., DO-1/MdI/7.0 Nr. 155, Bl. 2, Stellenplan vom 17.5.1949.
18 Vgl. Kaul, Ankläger, S. 64 ff.
19 Vgl. Preuss, Reichsbahnreport, S. 163 ff.
20 Vgl. BArch, DO-1/MdI/7.0 Nr. 234, Bl. 80 f., Befehl Nr. 200/49 des Präsidenten der DVdI.
21 Vgl. Aufbau und Entwicklung der Transportpolizei, S. 34–44.
22 Vgl. BArch, DO-1/MdI/02.2, Befehl Nr. 2/50 des Chefs der DVP vom 10.1.1950.
23 Vgl. Börner, Einblick.
24 Vgl. Geschichte der Transportpolizei, S. 85 ff. und 113.
25 Vgl. Auerswald, Schützen wir.
26 Vgl. BArch, DO-1/MdI/02.2, Befehle des MdI und MfS vom 31.12.1952.
27 Vgl. Geschichte der Transportpolizei, S. 99.
28 Vgl. BArch, DO-1/MdI/12.0, Befehl Nr. T 16/54 des Leiters der Hauptabteilung Transportpolizei vom 24.3.1954.
29 Vgl. ebd., DO-1/MdI/02.2, Befehle Nr. 6/576 des MdI und des MfS vom 25.1.1957.
30 Beyermann, Aufgaben.
31 Vgl. Geschichte der Transportpolizei, S. 193.
32 Vgl. BArch, DO-1/MdI/02.2, Befehl des MdI vom 30.4.1958.
33 Vgl. ebd. Befehl Nr. 35/59.
34 Vgl. ebd., Begründung zur »Beschlußvorlage des Ministers des Innern über die Verbesserung der Arbeit der Transportpolizei vom 30.4.1958«.
35 Vgl. Geschichte der Transportpolizei, S. 215.
36 Vgl. BA-MA, DVW 1/39467, Bl. 8, Protokoll der NVR-Sitzung vom 6.4.1962.
37 Vgl. BArch, DO-1/MdI/12.0, Nr. 19684, Richtlinien des Chefs der Trapo vom 13.4.1955.
38 Vgl. BA-MA, DVH 3/2011, Bl. 35, Befehl 127/55 des MfS vom 2.5.1955.
39 Vgl. ebd., DVW 1/39470, Bl. 16 f.
40 Vgl. ebd., DVW 1/39484, Bl. 51 ff.
41 Vgl. BArch, DO-1/MdI/12.0, Befehl Nr. 0024/69 des MdI über Veränderung der Führungsstruktur der Trapo.
42 Vgl. Tätigkeitsbericht BGS, in: Wir vom BGS.
43 Vgl. Ehlers, Aufgaben.

Wolfgang Jahn

Der Luftschutz und die Zivilverteidigung der DDR (1955–1990)

Der Luftschutz und die zivile Verteidigung hatten aufgrund der Erfahrungen beider Weltkriege sowie der rasanten Entwicklung der Militärtechnik nach 1945 an Bedeutung gewonnen. Dem trug auch die Sowjetunion in ihrer Militärdoktrin Rechnung. Sie enthielt u.a. die Auffassung, daß es in einer globalen bewaffneten Auseinandersetzung keine Grenzen zwischen Front und Hinterland mehr geben würde. Damit würden die Aufgaben zur Unterstützung der eigenen Streitkräfte, vornehmlich bei der Aufrechterhaltung ihrer Operationsfreiheit, aber auch zur Organisation des Schutzes der Bevölkerung, der Volkswirtschaft und der lebensnotwendigen Einrichtungen sowie des Schutzes vor den Folgen von Havarien, Katastrophen u.ä. die Bedeutung eines strategischen Faktors erhalten.

Der Aufbau des Luftschutzes

Ausgehend von den vorgenannten Prämissen und mit praktischer sowjetischer Unterstützung erfolgte die Schaffung des Luftschutzes in der DDR im Konnex mit dem schrittweisen Aufbau einer Landesverteidigung »zum Schutze der sozialistischen Errungenschaften«.

Bereits im Frühjahr 1952 beschäftigte sich die SED-Führung mit der Problematik des Aufbaus eines »lokalen Luftschutzes«. In der Folgezeit wurden dann — als eine erste praktische Maßnahme — spezielle Einrichtungen für die Bekämpfung von Katastrophen geschaffen. Anfang 1954 entstand dazu im Ministerium des Innern (MdI) eine »Zentrale Katastrophenkommission (ZKK)« zur Leitung, Koordinierung und Kontrolle der Katastrophenverhütung mit Nachfolgebehörden auf Bezirks- und Kreisebene. Ihre Aufgaben umfaßten den Feuerschutz, den Katastrophenschutz (Rettungsdienst), den Gesundheitsdienst, das Nachrichtenwesen, die Tarnung und Verdunklung, den chemischen (Gas-)Schutz und die Aufklärung. Die Katastrophenkommissionen hatten das Recht, im jeweiligen Territorium mit verbindlicher Wirkung gegenüber den Staats- und Wirtschaftsorganen sowie den Bürgern erforderliche Maßnahmen im Rahmen der Katastrophenverhütung und -bekämpfung anzuordnen. Bei den Feuerwehren entstanden darüber hinaus spezielle Züge und Einsatzgruppen sowie Nachrichten- und Sanitätstrupps.

Auf dieser Grundlage wurden im Sommer 1955 die Planungen zum Aufbau einer zivilen Komponente der Landesverteidigung in Form einer Luftschutzorganisation weitergeführt. Am 16. August 1955 beschloß das SED-Politbüro die Errichtung eines zivilen Luftschutzes in der DDR[1]. »Die Hauptaufgabe des zivilen Luftschutzes besteht in der Organisation eines wirksamen Schutzes der Zivilbevölkerung, der Volkswirtschaft und der Kultur der Deutschen Demokratischen Republik vor Luftangriffen mit Sprengstoffen, chemischen, bakteriologischen und radioaktiven Kampfstoffen[2].«

Für den Aufbau der neuen Behörde war das MdI unter Innenminister Willi Stoph verantwortlich, das am 24. Oktober 1955 die Anordnung Nr. 5/55 »Maßnahmen zur Organisierung des zivilen Luftschutzes der DDR« erließ[3]. Intern anfangs noch als Verwaltung »Ziviler Luftschutz« im MdI geführt, erhielt die neue Verwaltung in der Praxis die für die Öffentlichkeit eher unverfängliche Bezeichnung »Aktiver Brandschutz«. Zu ihrem Leiter wurde Erich Rathmann berufen, der zuvor als Politstellvertreter in der Hauptabteilung Feuerwehr tätig gewesen war. Die Auswahl seiner Mitarbeiter erfolgte vorrangig aus dieser Hauptabteilung sowie aus den Abteilungen Feuerwehr der Bezirksbehörden der Deutschen Volkspolizei (BDVP) und der Volkspolizeikreisämter. Bereits im September 1955 erhielt die Verwaltung Aktiver Brandschutz eine zentrale Ausbildungsschule in Beeskow. Unmittelbar danach begann der erste der drei- bis vierwöchigen Lehrgänge mit 100 Teilnehmern.

Der Aufbau des zivilen Luftschutzes vollzog sich unter sowjetischer Beobachtung und Einflußnahme. Drei sowjetische Berater standen den leitenden Kadern des DDR-Luftschutzes in dieser Zeit direkt zur Seite. 1955/56 erhielten erstmals 20 Offiziere des MdI eine spezielle Ausbildung an der Zentralen Lehreinrichtung der örtlichen Luftverteidigung (Luftschutz) in Leningrad.

Die MdI-Verwaltung Aktiver Brandschutz wurde am 1. April 1956 aus dem Organisationszusammenhang der Feuerwehr herausgelöst. Die Leitung übernahm nunmehr Inspekteur Johannes Börner. In der Verwaltung waren 60 Offiziere, 7 Wachtmeister und 2 Zivilbeschäftige angestellt[4]. In den Bezirken wurde der »Aktive Brandschutz« den Chefs der BDVP, in den Kreisen den Leitern der Volkspolizeikreisämter unterstellt. Die neue MdI-Verwaltung erhielt den Auftrag, vor allem rechtliche, organisatorische und personelle Voraussetzungen für den Aufbau eines Luftschutzes in der DDR zu schaffen. In der Folgezeit wurden Fachausschüsse unter Beteiligung von Spezialisten und Wissenschaftlern sowie ein Technisch-wissenschaftliches Kabinett für Forschungs- und Entwicklungsaufgaben auf dem Gebiet des Luftschutzes gebildet. Darüber hinaus begann man, Spezialeinheiten für Gasschutz, für Entaktivierung sowie für andere spezielle Schutzmaßnahmen aufzustellen.

Beim Aufbau der unbewaffneten Luftschutzorgane in den Bezirken, Kreisen, Städten, Fachministerien und Großbetrieben fand sowohl das Territorial- als auch das Produktionsprinzip Anwendung.

Beim Territorialprinzip fungierten die jeweiligen Vorsitzenden der Räte der Bezirke und Kreise als Leiter des Luftschutzes. Es entstanden sogenannte Luftschutzstäbe, die sich aus leitenden Kadern der Staatsorgane zusammensetzten. Sie trugen die Verantwortung für die Durchführung der festgelegten Maßnahmen des Luftschutzes.

Alle größeren Städte unterteilte man entsprechend dem Grad ihrer Gefährdung durch Luftangriffe, ihrer Verwundbarkeit und ihrer strategischen Bedeutung in Luftschutzkategorien. Die Stadtverwaltungen hatten Vorsorge zur Einrichtung bzw. zum Bau geeigneter Schutzräume zu tragen. In Häusern und Häusergruppen sollten Luftschutzbeauftragte bestimmt und Luftschutzgruppen gebildet werden. »Bei allen Raum- und Städteplanungen ist die Anwendung der Bestimmungen des zivilen Luftschutzes zu gewährleisten [...] Bei allen Neubauten ist ab 1956 der Ausbau von Luftschutzkellern mit Notausgang zu beginnen [...] In allen Städten, Betrieben, Objekten, auf den Verkehrswegen usw. sind Sicherungsmaßnahmen vom Standpunkt des zivilen Luftschutzes vorzusehen[5].« In den Wohnbezirken wurde diese Anordnung jedoch nur zögerlich umgesetzt.

Beim Produktionsprinzip oblag die Verantwortung für den Luftschutz in den Fachministerien, Verwaltungen und Betrieben den Ministern, den Werkleitern, Direktoren bzw. staatlichen Leitern. In der Praxis übernahm zumeist der jeweilige Brandschutzverantwortliche in Personalunion als Luftschutzbeauftragter diese Aufgabe. In den Betrieben sollten zudem die Kampfgruppen der Arbeiterklasse in den Aufbau des zivilen Luftschutzes einbezogen werden.

Um die umfangreichen Aufgaben zum Aufbau einer wirksamen Luftschutzorganisation erfüllen zu können, mußte man ehrenamtliche Mitarbeiter aus der Bevölkerung gewinnen. Mitte der 50er Jahre wurde daher begonnen, in Wohngebieten, Betrieben und Einrichtungen geeignete Helfer — mehr oder weniger freiwillig — zu rekrutieren. Um die Personalgewinnung für die Streitkräfte und die anderen bewaffneten Organe nicht zu gefährden, sollten für den Luftschutz vorwiegend weibliche Personen bzw. für den militärischen Dienst nicht in Frage kommende Männer (z.B. ältere Geburtsjahrgänge) ausgewählt werden. Die neuen ehrenamtlichen Mitarbeiter in den Städten, Verwaltungen und Betrieben wurden in Lehrgängen für ihre neuen Aufgaben geschult.

Das Verständnis über einen zivilen Luftschutz beinhaltete von Anfang an eine enge Zusammenarbeit mit dem militärischen Bereich, bis Anfang 1956 in Gestalt der Kasernierten Volkspolizei (KVP), danach der Nationalen Volksarmee (NVA). Die aktive militärische Luftverteidigung blieb allein den Streitkräften zugeordnet. Auch das Luftwarnsystem der DDR, das seine Zentrale in Fredersdorf bei Strausberg hatte, unterstand direkt der Armee. Eine Abstimmung und Zusammenarbeit mit den Militärs sollte vielmehr bei der gemeinsamen Erprobung der Einwirkung militärischer Mittel auf Industrie- und Zivilbauten, bei Problemen der Tarnung und Verdunklung, bei der Kategorisierung der Städte und Betriebe, bei der Ausbildung von Spezialkadern des Luftschutzes sowie bei der Nutzung von Technik und Lehrmitteln erfolgen.

Da dem Schutz der Armeeangehörigen und der Bevölkerung vor chemischen, bakteriologischen und atomaren Waffen angesichts der raschen Ausrüstung der Supermächte mit Massenvernichtungsmitteln die besondere Aufmerksamkeit der SED-Führung galt, hielt sie es für notwendig, die Zusammenarbeit zwischen dem Luftschutz und dem Deutschen Roten Kreuz (DRK) der DDR sowie mit dem Gesundheitsministerium zu forcieren. Besonderer Wert wurde dabei u.a. auf die Einrichtung von Entgiftungskammern, Entaktivierungs- und Sanitätsstationen gelegt. Dem meteorologischen Dienst der DDR übertrug man frühzeitig im Rahmen des chemischen Schutzdienstes Aufgaben zur Erkennung des Einsatzes von Massenvernichtungsmitteln.

Bis 1957 konnten so wesentliche Voraussetzungen für einen nunmehr offiziellen Aufbau des Luftschutzes geschaffen werden[6].

Die Ausgestaltung des Luftschutzes

Am 11. Februar 1958 verabschiedete die Volkskammer das »Gesetz über den Luftschutz in der DDR«. Dieser Tag wurde später offiziell als Geburtsstunde der Zivilverteidigung der DDR deklariert. Seit 1978 galt der 11. Februar als »Tag der Zivilverteidigung«, der jährlich feierlich begangen wurde.

Das Luftschutzgesetz der DDR bestimmte die Funktion und Aufgaben des Luftschutzes, die in erster Linie auf die Erhöhung der Verteidigungsfähigkeit, auf den wirksamen Schutz der Bevölkerung, der Wohngebiete und Betriebe, auf die Sicherung kultureller Werte sowie auf die Sicherung der Lebensbedürfnisse der Bevölkerung und wichtiger Einrichtungen gerichtet sein sollten.

Das Gesetz bildete die Grundlage für sogenannte Schutzkonzeptionen, die aus Sicht der SED-Führung die Prioritäten für die Arbeit des Luftschutzes und zivile Verteidigungsanstrengungen setzten. An erster Stelle stand der Schutz vor Massenvernichtungsmitteln, der durch die Schaffung von Schutzräumen sowie durch die Aufstellung von Kräftegruppen, Formationen und Diensten des Luftschutzes zur Rettung, Bergung, Entgiftung, Entseuchung und Entaktivierung zu gewährleisten war. Beim Schutz der Wirtschaft ging es um die Sicherung der Versorgungs- und Produktionsanlagen und die schnellste Beseitigung der Schäden. Zudem mußten Fragen der Evakuierung von Teilen der nichtberufstätigen Bevölkerung aus den Ballungsgebieten gelöst werden.

Der Dienst im Luftschutz fand darüber hinaus im Verteidigungsgesetz vom September 1961 seinen Niederschlag, das in den Dienst zum »Schutz der Republik und der Bevölkerung« auch den Luftschutzdienst einschloß. Die »Luftschutzdienstpflicht« galt für Frauen vom vollendeten 16. bis 60. und für Männer vom vollendeten 16. bis 65. Lebensjahr[7].

Mit den neuen Gesetzen und Bestimmungen wurden die bestehenden Strukturen des Luftschutzes weiter ausgeprägt, die bis 1958 nach Einschätzung sowjetischer Berater das »zurückgebliebenste Gebiet« bei der Vorbereitung und Durchführung des Aufbaus der Landesverteidigung und der Militarisierung der DDR- Gesellschaft darstellten[8]. Die Leitung des Luftschutzes oblag dem Minister des Innern. Aus der bisherigen Verwaltung Aktiver Brandschutz entstand am 1. Juli 1958 das Kommando Luftschutz im MdI unter Oberst Johannes Börner.

Die Verantwortung für den Luftschutz in den Bezirken, Kreisen, Städten, Stadtbezirken und Gemeinden trugen die örtlichen Staatsorgane. In den Betrieben und Einrichtungen waren die jeweiligen Leiter dafür verantwortlich. Zur Koordinierung der Aufgaben entstanden bei den Räten und Leitern Luftschutzstäbe, die sich aus haupt- und nebenamtlichen Mitarbeitern zusammensetzten.

Dem Kommando Luftschutz unterstanden nach seiner Bildung das Technisch-wissenschaftliche Kabinett, die zentrale Lehranstalt für Luftschutz in Beeskow, die noch im Aufbau befindlichen Luftschutzbataillone, die Bezirkskommandos des Luftschutzes sowie die Dienste des Luftschutzes mit ihren zentralen Stäben. Letztere waren zuständig für die Aufstellung von Formationen, die sich in Trupps, Gruppen, Züge, Bereitschaften und Abteilungen gliederten. Der Ordnungs- und Sicherheitsdienst, Brandschutzdienst, Medizinische Dienst, Veterinärdienst, Nachrichtendienst, Warn- und Alarmdienst, Bergungs- und Instandsetzungsdienst, Transportdienst, Versorgungsdienst, Chemische Dienst, Technische Dienst, Verdunklungsdienst und Schutzraumdienst nahmen ihre Arbeit auf. Leiter der Dienste waren die jeweiligen Fachminister bzw. die Leiter zentraler staatlicher Organe. Die Lutschutzstäbe wurden in die operative Leitung der jeweiligen Katastrophenkommissionen integriert.

Nach einer Analyse der Einsatzbereitschaft der Dienste und Formationen des Luftschutzes vom November 1961 waren »die Stäbe der Dienste aller Ebenen im wesentlichen besetzt und in der Lage, ihre Aufgaben bei unkomplizierten Lagen zu lösen«[9]. Die hauptamtlichen Leiter der Stäbe hatten in der Mehrzahl in Lehrgängen eine Grundlagenausbildung erhalten. Die Masse der nebenamtlichen Mitarbeiter auf Bezirks- und Kreisebene konnte jedoch noch nicht auf ausreichende theoretische Kenntnisse zurückgreifen. Für die aufzustellenden Luftschutzformationen fehlte es u.a. an individuellen Schutzausrüstungen, Spezialtechnik usw.

Mit dem Luftschutzgesetz war auch die Verordnung des Ministerrates über die »Organisation freiwilliger Luftschutzhelfer (OfL)« verabschiedet worden[10]. Am 22. November 1958 erhielt die Organisation freiwilliger Luftschutzhelfer ein spezielles Statut. Die Mitarbeit der Bevölkerung im Luftschutz war nach diesem Statut freiwillig und konnte im Selbstschutz in den Wohngebieten, im Betriebsluftschutz oder in den Diensten des Luftschutzes erfolgen. Mitglied konnten Männer und Frauen ab Vollendung des 14. Lebensjahres werden. Bei ihrer Arbeit stützte sich die OfL auf die Wohnparteiorganisationen der SED, die Nationale Front, die URANIA, das DRK, die Freiwilligen Feuerwehren, die Gesellschaft für Sport und Technik (GST) und den Freien Deutschen Gewerkschaftsbund (FDGB).

1958 erklärten sich 1200 Bürger bereit, als haupt- und ehrenamtliche Instrukteure in der »Organisation freiwilliger Luftschutzhelfer« mitzuarbeiten. Sie wurden in drei- bis vierwöchigen Lehrgängen ausgebildet und sollten dann ab 1959 für eine »Bevölkerungsschulung« eingesetzt werden. Doch der erhoffte Personal- und Mitgliederzulauf blieb aus. Nur etwa ein Drittel der geforderten Führungskader konnte bis zum November 1961 für die Komitees der OfL gewonnen und ausgebildet werden[11]. Die Bevölkerung in den Wohngebieten wurde z.B. mit Schulungen nur zu einem geringen Prozentsatz erreicht. Der angestrebte Massencharakter blieb eine Fiktion. Die OfL zählte Ende 1959 nur etwa 100 000 Mitglieder. Sie galt angesichts dessen bereits zu diesem Zeitpunkt als kaum arbeitsfähig. Die SED-Führung richtete ihre Anstrengungen daher stärker darauf, den »Luftschutzgedanken« mittels Ausstellungen, Vorträgen, Flugblattaktionen oder über das Mitteilungsblatt »Luftschutz-Information« stärker zu propagieren. Ziel war es, die Bevölkerung im Rahmen der kommunistischen Propaganda und allgemeiner Kriegsfurcht über Fragen des Luftschutzes aufzuklären, ihre Bereitschaft zur aktiven Mitarbeit zu wecken und vor allem weitere Mitglieder und Instrukteure für die Luftschutzorganisation zu gewinnen. Im Sommer 1958 hatte man nach eigenen Angaben über 70 000 DDR-Bürger mit Informationsveranstaltungen erreicht. Zwei Jahre später registrierte man etwa 2,5 Millionen DDR-Bürger, die sich in Schulungen nach einem 12-Stunden-Programm, in Vorträgen und »individuellen Gesprächen« mit dem Luftschutz vertraut gemacht hätten[12]. Besonders auf dem Lande war die Bereitschaft der Bevölkerung, an Luftschutzschulungen teilzunehmen, jedoch oft unbefriedigend. 1960 wurden daher alle Publikationsorgane von der politischen Führung angewiesen, »die Probleme des Luftschutzes mit in die militärpolitische und naturwissenschaftliche Propaganda aufzunehmen«[13]. 1964 registrierte man rund 7000 Trupps des Bevölkerungs-Selbstschutzes der OfL[14]. Sie unterstanden den örtlichen Luftschutzkommissionen bzw. Luftschutzstäben.

Erstmals stand Ende der 50er Jahre auch die Ausbildung der Studenten im Luftschutz auf der Tagesordnung. Absolventen der Fach- und Hochschulen sollten als spätere Führungskader auf die Aufgaben des Luftschutzes vorbereitet werden. Die Ausbildung der Studenten erfolgte auf den Gebieten des Atomschutzes, des Brandschutzes, der »Ersten Hilfe« und der Grund- und Schießausbildung.

Für den betrieblichen Luftschutz war bis 1958 der Selbstschutz in Betrieben mit über 500 Beschäftigten verbindlich. Nun wurde auch in Betrieben unter 500 Beschäftigten und in staatlichen Behörden (Schulen, Krankenhäuser, Verwaltungen), in denen der Betriebsluftschutz bisher nicht Pflicht war, der »erweiterte Selbstschutz« eingeführt. Einsatzkräfte aus derartigen Einrichtungen bildeten »Universalzüge« mit Trupps bzw. Gruppen u.a. für Aufklärung, Brandschutz, medizinischen Schutz, Bergung und Instandsetzung, chemischen Schutz, Fernsprecher und Melder.

In Betrieben mit erweitertem Selbstschutz waren im Herbst 1961 rund 27 Prozent der geforderten Formationen aufgestellt. Ihre Ausrüstung und Ausbildung war in der Regel mangelhaft.

Im Oktober 1964 gab es etwa 4000 Aufklärungstrupps des Selbstschutzes in den Betrieben.

Zu Beginn der 60er Jahre glaubte die SED nicht nur, die Machtfrage im Ostteil Deutschlands endgültig zu ihren Gunsten gelöst zu haben, sondern sie ging auch davon aus, daß der DDR zur »Verteidigung des Sozialismus« gegen einen möglichen Angriff des Westens neue Aufgaben erwuchsen. Die militärdoktrinären Auffassungen, die die SED im wesentlichen von der Sowjetunion übernahm, hielten einen plötzlichen überraschenden Überfall mit Kernwaffen sowie Schläge der gegnerischen Luftwaffe gegen wichtige Ziele des Landes für möglich. Den Folgen eines derartigen Angriffs müsse, so die dominierende Ansicht, mit neuen Mitteln und Maßnahmen vorgebeugt werden. Insbesondere sollte die bisherige Führung und Organisation des zivilen und freiwilligen Luftschutzes verändert werden. Die SED-Führung drang nun stärker auf eine straffe Leitung und militärische Durchdringung des Luftschutzes.

Das bedeutete auch, mehr volkswirtschaftliche Kapazitäten für den Ausbau des Luftschutzes zu binden. Die Planungen der DDR im Rahmen ihrer Verteidigungsanstrengungen von 1960 bis 1965 beinhalteten, rund 185,4 Mill. Mark in den Bau von Luftschutzeinrichtungen zu investieren. Vorgesehen war die Errichtung von 65 Führungspunkten für die Bezirks- und Kreiseinsatzleitungen sowie für die operativen Luftschutzstäbe, von sogenannten Leitungspunkten in den Kreisen und in Großbetrieben, von Beobachtungsstellen in Städten, von chemischen Labors, weiterhin von geschützten Arbeitsräumen für Partei- und Staatsorgane und schließlich auch von 430 »Musterbauten« von Schutzbauwerken für rund 100 000 Menschen[15]. 1960 standen die meisten dieser Vorhaben allerdings nur auf dem Papier. Schwierigkeiten machten vor allem die dafür notwendigen Baukapazitäten, die im Grunde nicht zur Verfügung standen. So blieben zumeist die Schutzbauten für die Bevölkerung auf der Strecke.

Im März 1963 befaßte sich der Nationale Verteidigungsrat (NVR) mit einer Konzeption »Über den Aufbau und die Organisation des Luftschutzes«[16], auf dessen Grundlage der Ministerrat der DDR am 22. August 1963 den »Beschluß über die grundsätzlichen Aufgaben, die Struktur und Organisation des Luftschutzes in der DDR« verkündete. Diese Konzeption stellte den Eintritt in die Vorbereitungsphase für eine mehr von militärischen Erfordernissen geprägte Etappe der Entwicklung des Luftschutzes zur Zivilverteidigung (ZV) im Rahmen eines umfassenden Systems der Landesverteidigung in der DDR dar. Wichtige Veränderungen betrafen die Organisation des Luftschutzes in den zentralen Organen des Staatsapparates. In den Städten und Gemeinden sollte an die Stelle der bisherigen verschiedenen Organisationsformen ein einheitliches ehrenamtliches System des Selbstschutzes treten. Ab 1964 erhielt das Kommando Luftschutz die Bezeichnung »Verwaltung Luftschutz«, zu deren Leiter Oberst der Volkspolizei (VP) Rudolf Trinks bestimmt wurde. Die Bezirks- und Kreiskommandos bzw. die Stäbe des Luftschutzes wurden als Abteilungen Luftschutz in die BDVP bzw. Volkspolizeikreisämter eingegliedert. Die OfL, die den neuen Erfordernissen nicht mehr gewachsen war, beendete 1966 ihre Tätigkeit.

An die Stelle der Dienste des Luftschutzes, die bisher zentral geführt worden waren, traten Bezirks- und Kreisformationen auf ehrenamtlicher Basis, die als Luftschutzbereitschaften bzw. Brandschutzabteilungen bezeichnet wurden. In den Jahren 1964 bis 1967 entstanden solche Formationen in allen Bezirken.

Einen neuen Stellenwert erhielten vorübergehend auch die kaserniert untergebrachten und damit ständig einsatzbereiten Luftschutzeinheiten. Das erste Luftschutzbataillon war bereits 1959 im Bezirk Potsdam aufgestellt worden. Bis 1964 folgten weitere Einheiten, so in den Bezirken Leipzig, Magdeburg und Karl-Marx-Stadt (Chemnitz). Die Bataillone waren Spezialeinheiten. Ihre rund 15 000 Angehörigen hatten sich zu einem dreijährigen Dienst in diesen Einheiten verpflichtet. Entsprechend dem Verteidigungsgesetz von 1961 galt der Dienst in diesen Einheiten als Wehrersatzdienst. Sie verfügten über Spezialtechnik sowie über eine leichte Bewaffnung[17]. Die Luftschutzangehörigen waren mit khakifarbenen Uniformen mit himbeerroten (»malinoroten«) Kragenspiegeln ausgestattet.

Da die Luftschutzbataillone aber praktisch kaum wirksam wurden, gliederte man sie bis Mitte des Jahrzehnts wieder aus dem Luftschutz aus und integrierte sie in die Volkspolizeibereitschaften.

Waren die Luftschutzformationen der DDR Anfang der 60er Jahre für den Kriegsfall offenbar nur bedingt einsetzbar, so bewährten sie sich verschiedentlich bei der Beseitigung von Hochwasser- und Sturmschäden, bei Waldbränden sowie bei vorbeugenden Maßnahmen und Einsätzen im Havarie- und Katastrophenschutz. Luftschutzeinheiten kamen erstmals 1961 in den Kreisen Zwickau nach einem Dammbruch (Oberrothenbach) und Gotha zur Bekämpfung von Hochwasserschäden sowie zur Bekämpfung von Sturmschäden und Sturmflutschäden in den Bezirken Rostock, Schwerin und Magdeburg zum Einsatz.

Dennoch wurde der Luftschutz nicht nur in Übungen und Havariesituationen aktiv. So unterstützten Luftschutzangehörige die anderen bewaffneten Kräfte beim Mauerbau am 13. August 1961 in Berlin. In der Nacht vom 12. zum 13. August hatte man Teile der Luftschutzbataillone Karl-Marx-Stadt, Leipzig und Magdeburg sowie die Lehreinheit Liegau alarmiert und in den Raum Berlin in Marsch gesetzt. Dazu kam der Einsatz von Spezialeinheiten, vor allem Pionierkompanien und Formationen der Dienste aus den Kreisen Oranienburg, Nauen, Potsdam, Zossen und Königs Wusterhausen des Bezirkes Potsdam. Bergungs- und Instandsetzungszüge, Geräte-, Transport- und Versorgungszüge legten »Grenzsicherungsstreifen« an, bauten »Grenzsicherungsanlagen« (Draht- und Mauerhindernisse, Grabenanlagen) oder garantierten die Versorgung der eingesetzten Einheiten. Die Transportdienste sicherten seit dem 14. August 1961 den Berufsverkehr nach Berlin[18].

Vom Luftschutz zur Zivilverteidigung

Mitte der 60er Jahre änderte sich die bestehende Luftschutzkonzeption und führte in der Folge zu strukturellen und organisatorischen Umgestaltungen.

Der Luftschutz wurde in ein umfassendes System der Territorial- und Zivilverteidigung umgebildet. Nach sowjetischem Vorbild sollte nunmehr eine in das System der Landesverteidigung eingegliederte Zivilverteidigung (ZV) entstehen. Katastrophen verstand man zunehmend als Sonderfälle eines hauptsächlich unter militärischem Aspekt gesehenen Notstands.

DDR-Verteidigungsminister Heinz Hoffmann definierte 1966 den Begriff Zivilverteidigung als »einheitlich organisierter Schutz des Hinterlandes und der Bevölkerung vor gegnerischer Waffenwirkung«[19]. Für ihn stand bereits zu diesem Zeitpunkt fest, daß die Zivilverteidigung vorrangig militärischen Interessen zu dienen hatte. Er sah es sogar als eine ihrer Aufgaben an, die NVA, die Bereitschaftspolizei und die Kampfgruppen, »im Einsatz gegen [...] Sabotagetrupps und Diversanten-Gruppen des Gegners« direkt zu unterstützen[20].

Auf ihrem VII. Parteitag legte die SED fest, die »sozialistische Landesverteidigung« konsequenter als einheitliches Ganzes zu entwickeln. Die Zivilverteidigung mit ihren Stäben, Formationen, Aufklärungskräften und Spezialeinrichtungen ordnete sich dabei neben den territorialen Stäben und Einrichtungen der NVA, den Kampfgruppen, der Polizei und dem MfS in die sogenannten territorial gebundenen Kräfte der Landesverteidigung ein.

Am 14. September 1967 beschloß der DDR-Ministerrat die Schaffung eines Systems der Zivilverteidigung. Die ZV definierte sich nunmehr als ein »System staatlicher und gesellschaftlicher Maßnahmen«, deren Organisation das Ziel hatte, »wichtige Bedingungen für die Tätigkeit der staatlichen Führung und der Volkswirtschaft während des Verteidigungszustandes zu schaffen«[21]. Ihre Hauptaufgaben sollten in der Gewährleistung eines optimalen Schutzes der Bevölkerung, besonders vor Massenvernichtungsmitteln, in der Schaffung wichtiger Bedingungen für die Aufrechterhaltung der staatlichen Führung, der Arbeit der Volkswirtschaft, vor allem der für die Verteidigung und Versorgung der Bevölkerung wichtigen Betriebe und Einrichtungen der Industrie, des Verkehrs- und des Nachrichtenwesens, der Energie- und der Wasserwirtschaft, der Landwirtschaft, in der Durchführung von Bergungs-, Rettungs- und unaufschiebbaren Instandsetzungsarbeiten sowie in der Unterstützung der Bewegungsfreiheit der handelnden Streitkräfte des Warschauer Paktes und der bewaffneten Organe der DDR bestehen. Die Einsatzbereitschaft für den Katastrophenschutz wäre bei Erfüllung dieser Aufgaben gleichfalls gesichert.

Für die staatliche Führungsstruktur der Zivilverteidigung waren laut Verfassung der DDR die Volkskammer, der Staatsrat, der Ministerrat und der Nationale Verteidigungrat die maßgebenden Gremien. Die unmittelbare Führung der Zivilverteidigung lag vorerst weiterhin beim Innenminister, der diese im Auftrag des Vorsitzenden des Ministerrates wahrnahm. Am 12. November 1967 entstand mit dem Stab der Zivilverteidigung eine neue Führungsstruktur im Ministerium. Der zentrale Stab setzte sich anfangs aus folgenden Hauptabteilungen zusammen:

1. Bevölkerungsschutz mit den Diensten: Warn- und Informationsdienst, Kernstrahlungs- und chemische Kontrolle, Gesundheitsdienst, Selbstschutz, Schutzraumbau, Kulturgutschutz;
2. Katastrophenschutz;
3. Sicherstellung und Einsatzverwaltungen;
4. Einsatzkräfte der ZV;
5. Ausbildung und Schulen.

Als Stellvertreter des Leiters der ZV und Chef des Stabes firmierte Oberst der VP Trinks. Bis Ende 1967 wurden in allen Bezirken und Kreisen den jeweiligen Ratsvorsitzenden Stäbe der ZV beigeordnet. Diese Stäbe waren das Instrument zur Durchsetzung der militärischen Gesamtleitung der Zivilverteidigung. Als Stabschefs und Offiziere wählte man dafür befähigte Kader des bisherigen Luftschutzes, der Volkspolizei, der Feuerwehr und Reserveoffiziere aus. 1968 waren in den Stäben der ZV 821 Offiziere, 42 Wachtmeister und 235 hauptamtliche Zivilbeschäftigte tätig. Dazu kamen etwa 5000 nebenamtliche Mitarbeiter der Stäbe, vorwiegend verantwortliche Funktionäre der Staats- und Wirtschaftsorgane[22]. Mit Wirkung vom 1. März 1968 wurden die bisher den Chefs der BDVP bzw. Leitern der Volkspolizeikreisämter unterstehenden territorialen Einsatzkräfte und Einrichtungen des Luftschutzes den Vorsitzenden der Räte und Leitern der ZV in den Bezirken und Kreisen unterstellt.

Die Umgestaltung des Luftschutzes zur Zivilverteidigung erfolgte zunächst im Verborgenen. Doch schon Mitte 1968 entschied die SED, die Aufgaben und Maßnahmen der Zivilverteidigung im Rahmen der gesamten Landesverteidigung der DDR wieder »offensiv« zu behandeln[23].

Große Aufmerksamkeit schenkte man in dieser Zeit der materiellen Ausrüstung der Zivilverteidigung, so u.a. mit Schutzmasken für die Bevölkerung.

Nach fast vierjähriger Vorbereitungszeit beschloß die Volkskammer am 16. September 1970 das »Gesetz über die Zivilverteidigung« und setzte damit das Luftschutzgesetz von 1958 außer Kraft[24]. Die ZV etablierte sich als untrennbarer Bestandteil der Landesverteidigung. Luftschutz, Katastrophenschutz und Sanitätseinheiten des DRK wurden de jure in das System der ZV integriert.

In den Wohngebieten der Städte wurde mit dem Aufbau von Selbstschutzkomitees begonnen. Ihre Leiter waren in der Regel die Vorsitzenden der Wohnbereiche bzw. die Vorsitzenden der Wohnparteiorganisationen der

SED. Die Selbstschutzkomitees basierten auf den Grundsätzen der Selbst- und gegenseitigen Hilfe. In den Betrieben begann die Aufstellung von ZV-Formationen und Sanitätszügen des DRK. In den staatlichen Verwaltungen entstanden besondere Einsatzgruppen. In größeren Betrieben wurden hauptamtliche Selbstschutzbeauftragte eingesetzt.

Zivilverteidigung unter militärischer Befehlshoheit

Auf der Tagesordnung der 48. Sitzung des NVR vom 24. November 1975 stand eine Beschlußvorlage zur »Änderung der Verantwortung für die unmittelbare Führung der Zivilverteidigung«[25]. Verteidigungsminister Heinz Hoffmann begründete die Notwendigkeit eines solchen Schrittes aus der »Forderung der sozialistischen Militärdoktrin, die Landesverteidigung als einen einheitlichen Prozeß zu betrachten«. Zudem hätten die Verteidigungsminister des Warschauer Vertrages gemeinsam gefordert, die Zivilverteidigung in ihren Ländern zu vervollkommnen, da sie »in einem modernen Krieg die Bedeutung eines strategischen Faktors erlangen würde«[26]. Die DDR folgte der Entwicklung in den verbündeten Staaten, in denen die Zivilverteidigung bereits der militärischen Führung unterstellt worden war. Eine Konsultation im Generalstab der Streitkräfte und im Stab der Zivilverteidigung der UdSSR bestätigte dann auch übereinstimmende Auffassungen über die weiteren Veränderungen in der DDR-Zivilverteidigung. Die Umgestaltung war in zwei Etappen geplant. Im Zeitraum von Januar 1976 bis Dezember 1977 sollten die Organisationsstrukturen für die Integration der ZV in das Gesamtsystem der Landesverteidigung geschaffen werden. Das schloß ein, bereits bis zum Mai 1976 die »in den Stäben und Schulen der ZV vorhandene Bewaffnung, Ausrüstung und Technik des Ministeriums des Innern« an das Verteidigungsministerium zu übergeben[27]. Die 1978 einsetzende zweite Etappe hatte dann eine noch »festere Einordnung« in die Gesamtlandesverteidigung zu sichern.

Am 1. Juni 1976 wechselte die ZV offiziell in die Zuständigkeit des Ministeriums für Nationale Verteidigung. Die Leitung der ZV übernahm Generalleutnant Fritz Peter, zuvor Chef des Stabes im Kommando Landstreitkräfte der NVA. Als sein Stellvertreter und Chef des Stabes firmierte Oberst Dr. Rolf Fischer — ebenfalls aus der NVA kommend. Das zentrale Führungsorgan der ZV war die Hauptverwaltung ZV mit Sitz in Berlin. Auf der Bezirks- und Kreisebene gab es zudem militärisch geführte und hauptamtlich besetzte Zivilverteidigungsstäbe.

Die Verantwortung für die Führung und die Entwicklung der Zivilverteidigung lag von nun ab beim Minister für Nationale Verteidigung, der sie im Rahmen seiner gesamtstaatlichen Verantwortung für die Organisierung der Landesverteidigung wahrzunehmen hatte. Dazu war ihm der Leiter der Zivilverteidigung der DDR unterstellt. Die ZV selbst gehörte aber formal nicht zur NVA.

Die Minister, die Leiter der anderen zentralen Staatsorgane, die Vorsitzenden der örtlichen Räte, die Leiter der Kombinate, Betriebe und Einrichtungen sowie die Vorsitzenden der Genossenschaften fungierten als Leiter der Zivilverteidigung in ihrem Verantwortungsbereich. Die Vorsitzenden der örtlichen Räte hatten z.B. die Pflicht und das Recht, allen staatlichen Organen, Betrieben, Genossenschaften sowie den Bürgern Weisungen und Auflagen zu erteilen, die als im Interesse der Zivilverteidigung, einschließlich des Katastrophenschutzes, im jeweiligen Territorium für erforderlich erachtet wurden. Ein Weisungsrecht gegenüber den bewaffneten Organen der DDR oder den verbündeten Streitkräften bestand dagegen nicht. Die Ratsvorsitzenden und Oberbürgermeister waren in ihrer Eigenschaft als ZV-Leiter Mitglied der jeweiligen Einsatzleitungen, die der Kommandostruktur des Nationalen Verteidigungsrates zugeordnet waren und im Verteidigungs-, Krisen- oder Mobilmachungsfall Führungsaufgaben zu übernehmen hatten.

Der Minister für Nationale Verteidigung hatte das Zusammenwirken mit den Teilnehmerstaaten des Warschauer Paktes auf dem Gebiet der Zivilverteidigung zu gewährleisten, die Partei- und Staatsführung zu informieren, die Entwicklung und Erprobung neuer Mittel und Methoden zum Schutz der Bevölkerung und der Volkswirtschaft zu sichern sowie die ZV in Ausbildungs- und Überprüfungsmaßnahmen der Landesverteidigung einzubeziehen. Die Verantwortung für den Katastrophenschutz oblag weiterhin dem Minister des Innern, namentlich der Feuerwehr. Die zentrale staatliche Führung der ZV hatten nach wie vor der Ministerratsvorsitzende bzw. in den Ebenen darunter die Vorsitzenden der Räte inne. Eine koordinierende Funktion bei der Bekämpfung von Katastrophen sollten die Stäbe der ZV wahrnehmen. Damit war der Zuständigkeitswirrwarr nahezu perfekt.

Das »Gesetz über die Landesverteidigung der DDR« (Verteidigungsgsetz) vom 13. Oktober 1978 faßte im Abschnitt II die Aufgaben der Zivilverteidigung und die Mitarbeit der Bevölkerung nochmals zusammen und legte dazu die rechtlichen Bestimmungen fest: »Die Bürger der Deutschen Demokratischen Republik und ihre gesellschaftlichen Organisationen und Vereinigungen haben das Recht und die Pflicht, an der Vorbereitung und Durchführung der Maßnahmen der Zivilverteidigung, einschließlich zur Vorbeugung und Bekämpfung von Katastrophen und zur Beseitigung ihrer Folgen, mitzuwirken. Das schließt die Organisierung von Schutzmaßnahmen, die Teilnahme an der Ausbildung und an Übungen sowie an der Durchführung von Rettungs- und Hilfeleistungsmaßnahmen ein[28].« Festgeschrieben wurde erneut eine Dienstpflicht für Männer vom 16. bis 65. Lebensjahr, für Frauen bis zum 60. Lebensjahr.

Die ZV bildete von nun ab einen Bestandteil der Territorialkräfte der Landesverteidigung. »Die Führung der Zivilverteidigung der DDR erfolgt auf der Grundlage der Beschlüsse der Partei- und Staatsführung sowie der Befehle und Weisungen des Ministers für Nationale Verteidigung im Rahmen und als Bestandteil der einheitlichen Leitung der Verteidigungs- und Sicherheitsmaßnahmen der DDR[29].« Es galten allgemein die Führungsgrundsätze der NVA, für den Katastrophenfall die Einsatzgrundsätze der Volkspolizei. Für das staatliche Gesundheitswesen waren im Rahmen der ZV die theoretischen Grundsätze der Militärmedizin verbindlich, für das Verkehrswesen die Dokumente des Ministers für Verkehr. Die enge Zusammenarbeit mit den Organen des Brandschutzes, des DRK und mit den Sicherheitsorganen wurde fortgeführt. Die bisherigen Organisations- und Leitungsstrukturen (Territorial- und Produktionsprinzip) der ZV fanden im sogenannten militärischen Prinzip ihre Ergänzung. Letzteres wurde immer stärker zum eigentlichen Rückgrat der Zivilverteidigung.

Die Hauptaufgaben der ZV bestanden im wesentlichen im Schutz der Bevölkerung vor Massenvernichtungsmitteln, in der Organisierung des Schutzes der Volkswirtschaft und lebensnotwendiger Produktion unter Kriegsbedingungen, in der Gewährleistung von Rettungs-, Bergungs- und Instandsetzungsarbeiten sowie in der Hilfeleistung für die betroffene Bevölkerung. Die Maßnahmen der ZV waren vorrangig auf territoriale Schwerpunkte (Industrie- und Bevölkerungsballungsgebiete, den grenznahen Raum zur Bundesrepublik und überflutungsgefährdete Gebiete) sowie auf verteidigungswichtige Zweige der Volkswirtschaft ausgerichtet. Sie hatten weiterhin Aufgaben zur Gewährleistung der Operationsfreiheit eigener Streitkräfte und der Truppen des Warschauer Vertrages zu erfüllen. In einer »Entwicklungskonzeption« von 1977 wurde angeregt, im Interesse der Gewährleistung der Operationsfreiheit der Vereinten Streitkräfte zu prüfen, »inwieweit der Zivilverteidigung schrittweise Aufgaben zur Pioniersicherstellung übertragen werden können«[30].

Nach der Unterstellung der Zivilverteidigung unter das Ministerium für Nationale Verteidigung entstanden die endgültigen Strukturen der Zivilverteidigung der DDR. Kernstück der Zivilverteidigung bildeten die sogenannten Einsatzkräfte, d.h. die ausgebildeten und in Einheiten zusammengefaßten Kräfte.

Die *militärisch organisierten Kräfte* der ZV unterstanden der Hauptverwaltung Zivilverteidigung im Ministerium für Nationale Verteidigung. Ihnen gehörten Ende der 70er Jahre rund 1500 Mann mit militärischen Dienstgraden

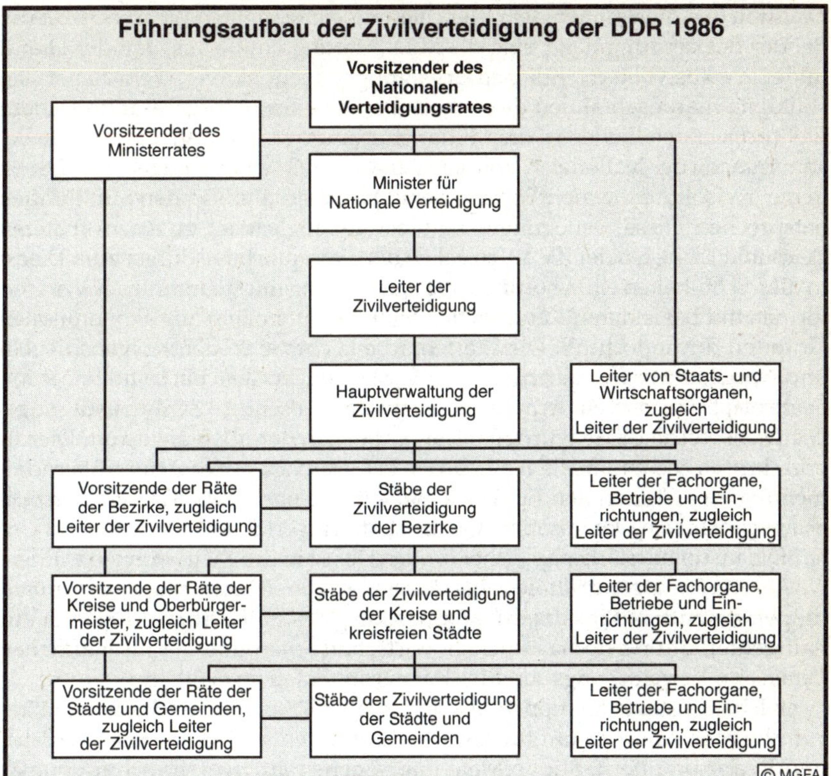

Quelle: Sozialistische Militärpolitik und Wehrbereitschaft. Leitfaden, Berlin (Ost) 1987, S. 257.

an[31]. Aktiven Dienst in der ZV leisteten Soldaten, Unteroffiziere auf Zeit, Berufsunteroffiziere und Berufsoffiziere. Ihre Dienstgrade glichen denen der NVA und hatten bis zum Oberst den Zusatz »der ZV«. Aufgabe dieser Kader war es, die staatlichen Leiter in den Territorien und in der Wirtschaft bei der Aufdeckung möglicher Gefahrenherde zu unterstützen sowie geeignete Maßnahmen zur Vorbeugung von Havarien u.ä. einzuleiten. Die kasernierten Einheiten besaßen eine militärische Struktur (Bataillon). Sie bestanden aus einer ABC-Aufklärungskompanie, zwei Kompanien für Spezialbehandlung, einem Stabszug, einem Fernmeldezug, einem Versorgungszug, einem Zug für »Polittechnik« und weiteren speziellen Gruppen.

Am 1. Januar 1978 traten neue Bestimmungen über den Dienst in der Zivilverteidigung in Kraft. Die »Dienstlaufbahnordnung — ZV« bestimmte den

Dienst in der ZV als einen dem Wehrdienst gleichgestellten Wehrersatzdienst. Bei der Begründung dazu ging die SED-Führung davon aus, daß der Dienst in der ZV aus völkerrechtlichen Erwägungen nicht aktiver Wehrdienst sein sollte, da man nach außen den Status als zivile Schutzorganisation sichern wollte. Dennoch hielten es die Militärs für unumgänglich, grundlegende Bestimmungen der Nationalen Volksarmee auf die ZV zu übertragen. Der Dienst in der ZV sollte im wesentlichen einem Dienstverhältnis in den Streitkräften entsprechen. Diese Festlegungen schufen die Möglichkeit, zu einem späteren Zeitpunkt Einheiten der ZV aufzustellen und wehrpflichtige Bürger zum Dienst in diesen Einheiten einzuberufen. Die Ausstattung mit steingrauen NVA-Uniformen mit besonderen Kennzeichen hielt man vor allem aus ökonomischen Gründen für opportun[32]. Die Waffenfarbe (sichtbar an den Kragenspiegeln und Ärmelpatten) für die uniformierten ZV-Angehörigen blieb »malino (himbeer)rot«. Dazu kam ein Ärmelstreifen mit der Aufschrift »Zivilverteidigung«. Die Dienstverhältnisse wurden insgesamt denen der NVA angepaßt. Dienstvorschriften, Zeremonielle u.ä. wurden z.T. formal aus der Armee übernommen und verstärkten den Eindruck einer streng nach militärischen Prinzipien ausgerichteten Organisation. Qualifizierte und erfahrene Offiziere und Unteroffiziere sollten stärker als bisher für den Dienst in der ZV gewonnen werden.

Als *ZV-Einsatzverwaltungen* bestanden in zahlreichen staatlichen Verwaltungen besondere Einsatzkräfte (»Spezialkräfte«). Sie hatten Aufgaben zur Aufrechterhaltung des staatlichen, wirtschaftlichen und gesellschaftlichen Lebens im Verteidigungs- und im Katastrophenfall zu erfüllen.

Solche Einsatzformationen bestanden ab 1978 u.a. in der Bauwirtschaft, vor allem im Ministerium für Bauwesen und den nachgeordneten Bezirks- und Kreisbauämtern. Hier bildete man eigene Bauzüge, die schwerpunktmäßig zum Wiederingangsetzen von zerstörten Betrieben eingesetzt werden sollten. Spezifische Aufgaben wurden auch der Verkehrsverwaltung, die z.B. in den Bezirken und Kreisen Transportzüge für die ZV zu stellen hatte, der Postverwaltung, die für die Aufrechterhaltung des Fernsprechverkehrs zuständig war, sowie der Landwirtschaftsverwaltung, der Polizeiverwaltung, der Wirtschaftsverwaltung, der Gesundheitsverwaltung oder dem Amt für Atomsicherheit und Strahlenschutz übertragen.

Im Ernstfall sollten diese Einsatzkräfte von einer Vielzahl freiwilliger Helfer unterstützt werden. Sie bildeten vorrangig in Betrieben und Verwaltungen sogenannte *ZV-Formationen*. Ihre Stärke entsprach der einer Kompanie (zwischen 100–120 Mann). Eine ZV-Formation setzte sich aus 3–4 Zügen zusammen, so aus einem Bergungs- und Instandsetzungszug zum Auffinden und Bergen von verschütteten Menschen, einem Sanitätszug, zuständig für erste medizinische Hilfe, aus einem Versorgungszug und einem Zug zur Kernstrahlungs- und chemischen Aufklärung und Kontrolle. In Großbetrieben mit eigenen Sanitätszügen des DRK bestand der Sanitätszug aus einer Geräteeinheit. Betriebliche Brandschutzgruppen sollten im Verteidigungsfall in die betrieblichen ZV-Formationen einbezogen werden. In bestimmten Betrieben und Verwaltungen, z.B. in der Wasserwirtschaft, bestand die Möglichkeit, strukturmäßige ZV-Einheiten mit eigenem Profil zu bilden. Die ZV-Formation war die größte taktische Einheit im Bereich der freiwilligen Zivilverteidigung. ZV-Formationen, die zu Übungen oder bei Einsätzen auf Bezirksebene zusammengezogen wurden, hießen ZV-Gruppierung.

Zu den *Diensten des Bevölkerungsschutzes* gehörten der Warndienst, der Informationsdienst des Staatlichen Komitees für Fernsehen und des Staatlichen Rundfunkkomitees, die Kernstrahlungs- und chemische Kontrolle, der Wetterdienst, der Schutzbau und der Selbstschutz.

Als wichtig ist der medizinische Schutzdienst der Bevölkerung hervorzuheben. Neben dem DRK war er für den gesamten medizinischen Schutz der Zivilbevölkerung zuständig. Zu seinen Obliegenheiten im Verteidigungs- bzw. Katastrophenfall gehörte es, die Einrichtung von Geschädigtensammelpunkten und -stellen zu gewährleisten, die medizinische Einstufung der Geschädigten und die Weiterleitung Geschädigter in Krankenhausbereiche, z.B. in zu Notlazaretten umfunktionierte Ferienheime, zu sichern. Der medizinische Schutzdienst der ZV leitete zudem die Rettungs- und Sanitätszüge des DRK an.

Zu den *besonderen Einsatzkräften des Katastrophenschutzes* gehörten neben dem DRK und den VP-Bereitschaften vor allem die Feuerwehr. Organisatorisch war auch die Feuerwehr zweigeteilt: neben den Pflichtfeuerwehren in Großstädten, größeren Städten und Betrieben mit hauptamtlichen Kräften gab es freiwillige Wehren in Gemeinden und Betrieben. Mitte der 70er Jahre registrierte man in der DDR rund 9000 freiwillige Feuerwehren mit mehr als 340 000 Mitgliedern. Feuerwehrdienst zählte zur nachmilitärischen Ausbildung. Im Verteidigungs- und im Katastrophenfall waren die Feuerwehren in der Einsatzführung dem Leiter der ZV unterstellt.

Bewährungsproben erlebten die Einsatzkräfte des Katastrophenschutzes in den 70er und 80er Jahren u.a. bei der Flugzeugkatastrophe am 14. August 1972 bei Königs Wusterhausen sowie bei Überschwemmungen und anderen Naturkatastrophen wie Waldbränden, Eisstau, Gebirgsschlägen usw. Seit 1969 bestand in der DDR ein »Operativstab Winterdienst«, der im Rahmen des Katastrophenschutzes einem in den Wintermonaten häufig drohenden Zusammenbruch der Energiewirtschaft vorbeugen sollte.

Ende der 70er Jahre ging man noch von der Annahme aus, daß der sichere Schutz der Bevölkerung, insbesondere der Kinder, in einem mit modernen

Massenvernichtungsmitteln geführten Krieg vor allem durch einen wirkungsvollen baulichen Schutz zu gewährleisten sei.

1978 beschloß der Nationale Verteidigungsrat »Grundsätze für die Organisierung der geschützten Unterbringung der Bevölkerung bis 1990«[33]. Bis Ende der 70er Jahre existierten nur für 29 Prozent der Beschäftigten in den Betrieben der Volkswirtschaft und für 9 Prozent der Menschen in den Wohngebieten Schutzplätze. Mit dem langfristigen Programm sollte dieser Engpaß nun beseitigt und die geschützte Unterbringung der Bevölkerung auf dem gesamten Territorium am Wohnort und Arbeitsplatz gewährleistet werden. Dafür legte man eine Klassifizierung der Räume in Druckwellenschutzräume, Trümmerschutzräume und Strahlenschutzräume an. Die Schutzräume waren im Zusammenhang mit Neu-, Um- und Erweiterungsbauten sowie Rekonstruktions- und Werterhaltungsmaßnahmen einzurichten. Die Planungen sahen vor, zwischen 1981 und 1985 über 2,5 Millionen Schutzräume zu bauen. Dafür waren Ausgaben in Höhe von 450 Millionen Mark vorgesehen. Doch bereits im November 1979 erfolgte eine erste Korrektur, da es an Geld, Material und Arbeitskräften fehlte. Ab Mitte der 80er Jahre sahen die Bauplanungen keine Schutzräume mehr vor.

Eine wichtige Voraussetzung, um die Wirksamkeit der Zivilverteidigung zu erhöhen, war die Kategorisierung von Orten und Objekten der Wirtschaft in der DDR[34]. Die dazu entwickelten Grundsätze sahen dafür verschiedene Kriterien vor, so die militärisch-administrative und ökonomische Bedeutung, die Bevölkerungsgröße sowie die militärgeographische Lage. Die Einstufung der Städte erfolgte in die Kategorien I bis III, für die Objekte der Volkswirtschaft wurden die Kategorien A bis C festgelegt.

Zur Kategorie I gehörten Ost-Berlin und Bezirksstädte mit besonders großen Bevölkerungs- und Industrieballungen (in der Regel über 200 000 Einwohner) sowie mit bedeutender militärgeographischer Lage wie Leipzig, Dresden, Karl-Marx-Stadt, Magdeburg, Halle, Rostock, Erfurt und Frankfurt/O. Die Kategorie II bildeten die übrigen Bezirksstädte, Städte mit über 50 000 Einwohnern sowie Ballungen wichtiger Industrieanlagen wie Potsdam, Gera, Schwerin, Cottbus, Neubrandenburg, Suhl, Zwickau, Jena, Dessau, Brandenburg, Görlitz, Halle-Neustadt, Plauen, Stralsund, Weimar, Greifswald, Wismar, Altenburg, Merseburg, Wittenberg, Freiberg und Riesa. In die Kategorie III fielen weitere politisch-adminitrative Zentren und Städte mit ökonomischen Konzentrationen sowie militärgeographischer Bedeutung.

Als »Objekte« der Kategorie A wurde z.B. solche Betriebe und Einrichtungen eingestuft, die Forderungen der Streitkräfte einschließlich der Schutz- und Sicherheitsorgane und der ZV zu erfüllen hatten: die Energiewirtschaft, das Post- und Fernmeldewesen, das Verkehrswesen, die Wasserwirtschaft, die Industrie, das Bauwesen (alle Objekte mit zentraler Bedeutung) sowie die Lager der Staatlichen Verwaltung der Staatsreserve. Die Kategorien B und C umfaßten Objekte, die ebenfalls Forderungen der Streitkräfte einschließlich der Schutz- und Sicherheitsorgane und der ZV zu erfüllen hatten und nicht von der Kategorie A erfaßt wurden bzw. die für die Versorgung und medizinische Betreuung der Bevölkerung tätig waren.

Diese Einstufungen hatten Bedeutung hinsichtlich der Bereitstellung von Schutzbauten, der Planungen zur medizinischen Hilfeleistung sowie nicht zuletzt der Zuordnung von Investitionen.

Führungsorgane und Einsatzkräfte der ZV bewährten sich auch in den 70er und 80er Jahren im Zusammenwirken mit staatlichen Stellen und Angehörigen der bewaffneten Kräfte wiederholt bei Katastropheneinsätzen, so u.a. zum Jahreswechsel 1978/79 bei der Beseitigung der Folgen der komplizierten Schneelage in den Nordbezirken, im Frühjahr 1981 bei der Hochwasserbekämpfung in den Bezirken Dresden und Gera oder im Juli 1983 bei der Bekämpfung eines Großbrandes im Bezirk Cottbus.

Ausbildung und Erziehung auf höherem Niveau

Große Teile der DDR-Bevölkerung, vor allem Frauen, die Leiter der ZV, die leitenden Kader und Mitarbeiter staatlicher Organe sowie gesellschaftlicher Organisationen, die Führungsorgane und die Einsatzkräfte mußten seit den 70er Jahren eine ZV-Ausbildung absolvieren.

Die Ausbildung der Bevölkerung im Grundwissen der ZV erfolgte für alle im Ausbildungsprozeß oder im Berufsleben befindlichen Bürger. Die nichtberufstätige Bevölkerung sollte durch Aufklärungsmaßnahmen, vorwiegend im Rahmen der massenpolitischen Arbeit, und durch Einbeziehung in die Übungen der ZV erfaßt werden.

Für jede Bevölkerungsgruppe gab es exakte Anweisungen und Vorstellungen. Die Rekrutierung und Ausbildung von Zivilschutzhelfern war Bestandteil der allgemeinen »sozialistischen Wehrerziehung«. Die vor- und nachmilitärische Schulung nahm dabei einen herausragenden Platz ein.

Schüler der Polytechnischen Oberschulen (POS) wurden im Rahmen der Brandschutzalarmübungen bzw. Übungen über das Verhalten bei Katastrophengefahr unterwiesen. Seit 1973/74 erhielten Schüler erste Kenntnisse in der Selbst- und gegenseitigen Hilfe vermittelt. Weitere Möglichkeiten sollten im Fachunterricht (Biologie, Chemie, Physik) genutzt werden. Eine große Bedeutung in der Verbreitung von ZV-Kenntnissen kam dem seit 1979 an den Schulen eingeführten Wehrunterricht der Klassen 9 und 10 zu. Aber auch außerunterrichtliche Arbeitsgemeinschaften wie »Junge Sanitäter« und »Junge Brandschutzhelfer« ab Klasse 5 dienten bereits der Unterweisung im Zivilschutz.

Weiblichen Schülern der Erweiterten Oberschulen (EOS), Lehrlingen der Berufsschulen und Fachschulen, an denen keine berufsspezifische ZV-Ausbildung stattfand, und männlichen Schülern und Lehrlingen, die aus gesundheitlichen Gründen nicht an der vormilitärischen und Lagerausbildung der GST teilnehmen konnten, vermittelte man ebenfalls eine ZV-Ausbildung. Das Ziel dieses Unterrichts bestand vor allem in der Befähigung zur »Ersten Hilfe« nach Waffeneinwirkung und bei Katastrophen sowie in der Vorbereitung auf eine rasche Eingliederung in die Sanitätsformationen des DRK.

Eine ZV-Ausbildung war auch Bestandteil der Berufsausbildung der Lehrlinge, der Aus- und Weiterbildung der Facharbeiter und Meister, der Weiterbildung leitender Kader und des Studiums der Studenten der Universitäten, Hoch- und Fachschulen. Die ZV-Ausbildung der Studenten wurde für alle weiblichen und wehrdienstuntauglichen männlichen Studenten des Direktstudiums in nach militärischen Prinzipien organisierten Lehrgängen durchgeführt. Die Ausbildung erfolgte mit dem Ziel, die Studenten zu Führungskadern, vorrangig zu Sanitätszugführern, zu qualifizieren.

Jedem Arbeiter und Angestellten sollten darüber hinaus im Rahmen der Belehrungen über den Arbeitsschutz bestimmte Kenntnisse (z.B. auch die Signale der ZV) vermittelt werden. Facharbeiter und Meister sollten darauf vorbereitet sein, auch unter Verteidigungsbedingungen die Produktion aufrechtzuerhalten.

Für die Ausbildung der militärischen Kräfte und der ehrenamtlichen Angehörigen der ZV standen Kreisausbildungsstützpunkte und Bezirksschulen zur Verfügung. Die Ausbildung leitender Kader erfolgte an der Schule für Zivilverteidigung und Feuerwehrwesen in Nardt/Lausitz sowie vor allem an der höchsten Lehreinrichtung der ZV, dem seit dem 1. Juni 1978 bestehenden Institut für Zivilverteidigung »Otto Grotewohl« in Beeskow. Die Vorgängerinstitutionen der Beeskower Ausbildungseinrichtung für leitende Kader reichen bis in das Jahr 1955 zurück. Damals war in der brandenburgischen Kleinstadt eine »Zentralschule des Aktiven Brandschutzes« eingerichtet worden, die später als »Spezialschule des MdI für Luftschutz« fungierte. Im November 1967 entstand daraus die »Zentralschule für Zivilverteidigung«. Fünf Jahre später erhielt sie den Status einer Fachschule. 1978/79 vollzog sich der Übergang zur Hochschulausbildung. Aus der Fachschule entstand eine Hochschule mit drei Sektionen — Gesellschaftswissenschaften, Taktik und Stabsarbeit sowie Führung der ZV[35].

Das Beeskower Institut war für die Heran- und Weiterbildung von Offizieren der ZV zuständig und zeichnete für die Ausbildung der Leiter ZV der

Bezirke, Kreise, Stadtbezirke und Städte mit über 20 000 Einwohnern, der Leiter der Kombinate und verteidigungswichtiger Betriebe, der Stabschefs, des Führungspersonals der Bereitschaften und Stäbe der Einsatzkräfte sowie leitender Kader der zentralen Staatsorgane und wirtschaftsleitenden Organe verantwortlich.

Die hauptamtlichen Mitarbeiter der ZV wurden im Direktstudium in Beeskow aus- und weitergebildet. Die Heranbildung von Offizieren dauerte vier Jahre. Die Absolventen erhielten seit 1979 ein Hochschuldiplom und wurden zum Leutnant ernannt. Sie nahmen nach dem Studium in Stäben, an Lehreinrichtungen der ZV sowie bei der Studentenausbildung eine Tätigkeit auf. Ein Teil der Offiziere der ZV konnte auf eine Ausbildung in der Sowjetunion verweisen.

Anfang der 70er Jahre hatte man fast alle Ratsvorsitzenden und über 600 Betriebsdirektoren mit dem Grundwissen der Zivilverteidigung vertraut gemacht. In der erste Hälfte der 80er Jahre registrierte man fast 90 000 Personen, die am Institut der ZV in Beeskow oder an den Bezirksschulen eine Ausbildung erhalten hatten. Die Ausbildung der Leiter der ZV in den Bezirken und Kreisen sowie der Betriebe und Kombinate dauerte in der Regel fünf bis zehn Tage. Die Kommandeure der Einsatzkräfte absolvierten einen achtwöchigen Kurs. Weiterbildungslehrgänge für Führungskräfte waren alle fünf Jahre vorgesehen.

Zur Überprüfung der Einsatzbereitschaft und des Ausbildungsstandes der Stäbe und Formationen der ZV wurden regelmäßig Übungen und Leistungsvergleiche durchgeführt. Die Stäbe hatten alle zwei Jahre eine Stabsübung und alle fünf Jahre eine Kommandostabsübung zu absolvieren. Einsatzübungen standen in Städten einmal in jedem Jahr und in Betrieben alle fünf Jahre auf dem Ausbildungsprogramm. Der erste zentrale Leistungsvergleich der ZV-Einsatzkräfte fand im Jahr 1970 in Halle/Saale statt. Im Oktober 1982 war die DDR Gastgeber eines Treffens der Leiter der ZV der Staaten des Warschauer Vertrages. Zugleich fand eine gemeinsame Übung von ZV-Kräften aus der DDR, der ČSSR und Polens unter der Bezeichnung »Zaščita 82« statt.

Rückkehr zum Katastrophenschutz ?

Mitte der 80er Jahre kam es im Warschauer Pakt zu Veränderungen in der Militärdoktrin, die nunmehr von der Prämisse ausging, daß es in einem Kernwaffenkrieg keine Sieger geben werde. Betroffen davon war auch die Sicht auf Rolle, Aufgaben sowie Möglichkeiten der Zivilverteidigung. Parallel dazu war seit den 70er Jahren die Akzeptanz der Zivilverteidigung in der Bevölkerung immer stärker gesunken[36]. Die Führung der SED mußte feststellen, daß bei der Durchführung von ZV-Maßnahmen Widersprüche zu ihrer Einschätzung der politischen Lage auftraten, was zu Eingaben der Bürger und zur Beunruhigung unter der Bevölkerung führte. Es sei »nicht zu übersehen, daß angesichts der wachsenden Kriegsgefahr und der gestiegenen Vernichtungskraft moderner Waffensysteme Zweifel am Sinn einiger Maßnahmen der ZV auftreten. Falsche Forderungen sowie einseitige falsche Argumentationen haben diese Zweifel bestärkt, zusätzliche Angst und Sorge hervorgerufen.« Mehrfach sei der mögliche Einsatz von Kernwaffen und anderen Massenvernichtungsmitteln überbetont worden[37].

Angesichts der veränderten Situation setzte sich in der SED-Führung schrittweise die Auffassung durch, den Auftrag der Zivilverteidigung modifizieren zu müssen. So hielt sie es für angebracht, nicht nur die Propagandamaterialien, sondern auch die Ausbildungsprogramme an den Schulen und Universitäten, die Lehrpläne und Lehrunterlagen für die ZV- und Sanitätsausbildung zu überprüfen. In einer Vorlage des Nationalen Verteidigungsrates hieß es jetzt: »Die Vermittlung von Grundwissen der ZV an die Werktätigen ist auf Maßnahmen der Selbst- und gegenseitigen Hilfe, des individuellen und kollektiven Schutzes sowie auf Verhaltensregeln in Gefahrensituationen auszurichten [...] Bei der Vorbereitung und Durchführung von Übungen und Überprüfungsmaßnahmen sind Lagen zugrundezulegen, die sich aus Katastrophen, schweren Havarien und dem Einsatz herkömmlicher Waffen des Gegners ergeben [...] Die Einbeziehung von Werktätigen und Teilen der nichtberufstätigen Bevölkerung ist nur in Ausnahmefällen vorzusehen und dabei auf ein unumgängliches Minimum zu beschränken[38].«

Die medienpolitische Arbeit, Publikationen, Vorträge, Ausstellungen u.ä. sollten in diesem Sinne ausschließlich auf die Motivation der ZV-Angehörigen und der freiwilligen Mitarbeiter zur Vorbeugung und Bekämpfung von Havarien, Katastrophen und anderen Gefahren ausgerichtet sein.

Die Zivilverteidigung mutierte so in den letzten Jahren ihres Bestehens — zumindest formal und nach außen hin — vorrangig wieder zu einem Zivil- und Katastrophenschutz.

Der Charakter einer zivilen Hilfsorganisation wurde nunmehr demonstrativ herausgestellt.

Kräfte der ZV konzentrierten sich mehr auf die Beseitigung von Hochwasser- und Sturmschäden, auf die Bekämpfung von Waldbränden sowie auf vorbeugende Maßnahmen und Einsätze im Havarie- und Katastrophenschutz. In der Ausbildung sollte noch stärker als bisher ein ökonomischer Nutzen erarbeitet werden, u.a. durch den Bau von Drainageanlagen, Trinkwasserleitungen in ländlichen Regionen, Brücken, durch die Ausbesserung von Straßen. Im Zeitraum von 1981 bis 1985 schufen Einsatzkräfte der ZV im Rahmen von Ausbildungsmaßnahmen, Übungen und Einsätzen Werte in Höhe von rund 136 Millionen Mark[39]. Für besondere Leistungen konnten der Ehrentitel »Verdienter Angehöriger der ZV«, die »Verdienstmedaille der ZV« und die Medaille »Für den selbstlosen Einsatz bei der Bekämpfung von Katastrophen« verliehen werden.

Aber auch in den 80er Jahren wurden bei Übungen weiterhin Maßnahmen des Schutzes vor ABC-Waffen und des Verhaltens bei radioaktiver Verseuchung geprobt. Die Übungsprogramme gingen immer wieder über den Bevölkerungsschutz hinaus und beinhalteten den Objektschutz sowie die Sicherung von Versorgungseinrichtungen, Verkehrswegen usw. Überdies hatten sie zur »Produktionssicherheit« und Versorgungszuverlässigkeit beizutragen. Aufgaben im Rahmen der Territorialverteidigung, die z.B. der Absicherung der Operationsfreiheit der verbündeten Streitkräfte dienten, gehörten ebenfalls weiterhin zum Auftrag der Zivilverteidigungkräfte.

Ende 1989 waren in den Stäben und Schulen der ZV knapp 1800 hauptamtliche Mitarbeiter tätig. Die Einsatzkräfte umfaßten insgesamt rund 490 000 Frauen und Männer als ehrenamtliche Helfer.

Im Frühjahr 1990 wurde die Zivilverteidigung der DDR schrittweise in einen ausschließlich für den Schutz der Bevölkerung vor Natur- und technischen Katastrophen einzusetzenden »Zivilschutz« umgewandelt[40]. Seine neu konzipierten Strukturen konnten jedoch nicht mehr wirksam werden; die ehrenamtlichen Formationen waren Mitte des Jahres schon nicht mehr existent. Am 3. September 1990 erließ der Minister für Abrüstung und Verteidigung den Auflösungsbefehl für den Zivilschutz.

Bis zum 30. Juni 1991 wurde der Zivilschutz, der aus der ehemaligen Zivilverteidigung der DDR hervorgegangen war, vollständig aufgelöst. Sofern Materialien, Einrichtungen, Anlagen und andere Vorrichtungen auch künftig für den zivilen Bevölkerungsschutz als verwendbar angesehen wurden, gingen sie in die Verantwortung der Länderverwaltungen über.

Leitung

Leiter des Luftschutzes

1955–1963	Karl Maron
1963–1967	Friedrich Dickel

Leiter der Zivilverteidigung

1967–1976	Friedrich Dickel
1976–1990	Fritz Peter

Leiter der Hauptverwaltung Zivilschutz

1990	Roland Peupelmann

Wichtige Daten

16. August 1955	SED-Politbürobeschluß zur Schaffung eines zivilen Luftschutzes
11. Februar 1958	Gesetz über den Luftschutz in der DDR (offizieller Gründungstag der ZV)
1. Juli 1958	Beginn der Tätigkeit des Kommandos Luftschutz beim Minister des Innern
20. September 1961	Einführung der Luftschutzdienstpflicht
14. September 1967	Beschluß des Ministerrates über die Schaffung eines Systems der ZV
16. September 1970	Gesetz über die ZV
1. Juni 1976	Wechsel der ZV vom Innenministerium in die Zuständigkeit des Ministers für Nationale Verteidigung
1. Januar 1978	Inkrafttreten neuer Dienstlaufbahnbestimmungen
1. Juni 1978	Umbildung der Fachschule der ZV in das Institut für ZV
2. Februar 1984	Beschluß des NVR über die Modifizierung der Aufgaben der ZV
30. Juni 1991	Auflösung der ZV

Quellen- und Literaturauswahl

Entscheidende Führungsdokumente zur Entwicklung des Luftschutzes bzw. der ZV der DDR befinden sich in den Archivbeständen der SED-Führung (SAPMO-BArch Berlin) sowie im Bestand des Nationalen Verteidigungsrates (BA-MA Freiburg). Der größte Teil des überlieferten Archivmaterials der ZV aus den Stäben, Einheiten, Schulen usw. ist ebenfalls im Freiburger Militärarchiv zu finden. Einzelne Bestände und Dokumente werden z.Z. noch im Amt für Zivilschutz gelagert.

Gesetzblatt der Deutschen Demokratischen Republik, Teil I, 1955–1990

Günther, H., Zur Entwicklung der Zivilverteidigung in den Teilnehmerstaaten des Warschauer Vertrages, in: Militärwesen, 24 (1980), 1, S. 36–40; 24 (1980), 2, S. 38–42

Herbst, Andreas, Winfried Ranke und Jürgen Winkler, So funktionierte die DDR, Bd 2: Lexikon der Organisationen und Institutionen, Hamburg 1994

Hoffmann, Heinz, Die Militärpolitik der SED und die Erhöhung der Verteidigungsbereitschaft der DDR in: Ders., Sozialistische Landesverteidigung. Aus Reden und Aufsätzen 1963–1970, Teil I, Berlin (Ost) 1971, S. 333–345

Nawrocki, Joachim, Bewaffnete Kräfte in der DDR. Nationale Volksarmee und andere militärische sowie paramilitärische Verbände. Aufbau, Bewaffnung, Aufgaben, Berlin 1979

Niederstraßer, Herbert und Heinz Schmieder, Zur Entwicklung der Zivilverteidigung der Deutschen Demokratischen Republik von den Anfängen bis 1978, unveröff. Diss. Potsdam 1982

Niederstraßer, Karin, Zur Entwicklung des Instituts der Zivilverteidigung »Otto Grotewohl« 1958–1983, unveröff. Diss. Potsdam 1988

Niederstraßer, Karin, Zur Geschichte der Zivilverteidigung in der DDR, unveröff. Materialstudie, Beeskow 1989

Oberliessen, Franz-Josef, Zivilverteidigung — unbekannte Militarisierung?, Frankfurt a.M. 1982

Rühmland, Regina, Die Zivilverteidigung in der Deutschen Demokratischen Republik — ihre Entwicklung und Struktur sowie ihre Einbettung in das System der Landesverteidigung unter besonderer Berücksichtigung des Kriegsbildes und der wehrgeographischen Faktoren, Diss. Münster 1982

Sedlick, Werner, Horst Schneider, Helmut Uhde und Adolf Grünwald, Thesen zur Zivilverteidigung, in: Information Nr. 2, hrsg. von der Arbeitsgruppe Geschichte der NVA und Integration ehemaliger NVA-Angehöriger in Gesellschaft und Bundeswehr beim Landesverband Ost des Deutschen Bundeswehr Verbandes, Berlin 1997, S. 25–33

Wenzel, Otto, Kriegsbereit. Der Nationale Verteidigungsrat der DDR 1960 bis 1989, Köln 1995

Die Zivilverteidigung in der DDR, bearb. von Regina Rühmland, 2. Aufl., Bonn 1982

Anmerkungen

1 Vgl. SAPMO-BArch, J IV 2/2/435, Bl. 29 ff., Protokoll der Politbürositzung vom 16.8.1955 (Anlage 6). Diesem Politbürobeschluß lag eine Beschlußvorlage des MdI zugrunde (vgl. BA-MA, DVH 3/2074, Bl. 39 ff., Beschlußvorlage zur Organisierung des zivilen Luftschutzes vom 25.6.1955).

2 SAPMO-BArch, J IV2/2/435, Bl. 29, Protokoll der Politbürositzung vom 16.8.1955 (Anlage 6).

3 Vgl. BA-MA, DVH 3/2016, Bl. 43 ff., Anordnung des Stellvertreters des Vorsitzenden des Ministerrates der DDR vom 24.10.1955.

4 Vgl. Niederstraßer/Schmieder, Entwicklung, S. 61.

5 SAPMO-BArch, J IV/2/2/435, Bl. 36, Protokoll Politbürositzung vom 16.10.1955.

6 Vgl. Niederstraßer, Geschichte, S. 5 f.

7 Vgl. Gesetzblatt der DDR, 1961, T. I, S. 175 f.

8 BA-MA, DVW 1/39564, Bl. 15, Protokoll der 22. Sitzung der Sicherheitskommission des ZK der SED vom 30.7.1958 (Anlage 2).

9 Vgl. ebd., DVW 1/39465, Bl. 140, Protokoll der 8. Sitzung des NVR vom 29.11.1961 (Anlage 16).

10 Vgl. Gesetzblatt der DDR, 1958, T. I, S. 124; Niederstraßer, Schmieder, Entwicklung, S. 119 f.

11 Vgl. BA-MA, DVW 1/39465, Bl. 143, Protokoll der 8. Sitzung des NVR vom 29.11.1961 (Anlage 16).

[12] Vgl. ebd., DVW 1/39460, Bl. 22, Protokoll der 3. Sitzung des NVR vom 19.10.1960.
[13] Ebd., Bl. 29.
[14] Vgl. Niederstraße/ Schmieder, Entwicklung, S. 172 f.
[15] Vgl. BA-MA, DVW 1/39460, Bl. 25, Protokoll der 3. Sitzung des NVR vom 19.10.1960.
[16] Vgl. ebd., DVW 1/39471, Bl. 100 ff., Protokoll der 14. Sitzung des NVR vom 13.3.1963 (Anlage 10).
[17] Vgl. Niederstraßer/Schmieder, Entwicklung, S. 103 f.
[18] Vgl. ebd., S. 153 f.
[19] Hoffmann, Militärpolitik der SED, S. 344.
[20] Vgl. ebd.
[21] Vgl. BA-MA, DVW 1/39484, Bl. 38, Protokoll der 27. Sitzung des NVR vom 27.10.1966 (Anlage 5).
[22] Vgl. ebd., DVW 1/39492, Bl. 121, Protokoll der 35. Sitzung des NVR vom 21.11.1968 (Anlage 10).
[23] Vgl. ebd., Bl. 128 ff.
[24] Vgl. Gesetzblatt der DDR 1970, T. I, S. 289.
[25] Vgl. BA-MA, DVW 1/39507, Bl. 190, Protokoll der 48. Sitzung des NVR vom 24.11.1975.
[26] Vgl. ebd., Bl. 198.
[27] Vgl. ebd., Bl. 192.
[28] Gesetzblatt der DDR, 1978, T. I, Nr. 35, S. 378.
[29] BA-MA, DVW 1/39511, Bl. 144, Protokoll der 52. Sitzung des NVR vom 30.9.1977 (Anlage 4).
[30] Vgl. ebd., Bl. 149.
[31] Vgl. Wenzel, Kriegsbereit, S. 101.
[32] BA-MA, DVW 1/39511, Bl. 161 f., Protokoll der 52. Sitzung des NVR vom 30.9.1977.
[33] Vgl. ebd., DVW 1/39513, Bl. 105 ff., Protokoll der 54. Sitzung des NVR vom 10.3.1978.
[34] Vgl. ebd., DVW 1/39519, Bl. 117 ff., Protokoll der 58. Sitzung des NVR vom 7.9.1979.
[35] Vgl. Niederstraßer, Entwicklung des Instituts, S. 295.
[36] Vgl. BA-MA, DVW 1/39510, Bl. 177, Protokoll der 51. Sitzung des NVR vom 20.5.1977. In einem Bericht aus dem Bezirk Potsdam wurde auf Fragen und Vorbehalte in der Bevölkerung verwiesen wie »Die Entspannung macht Fortschritte, warum dann soviel Wesen um die ZV?« oder »Gegen Massenvernichtungsmittel gibt es keinen Schutz! Ich nehme an der Schulung nur teil, weil es angewiesen wurde bzw. die Teilnahme im sozialistischen Wettbewerb gewertet wird« (vgl. ebd.).
[37] Ebd., DVW 1/39529, Bl. 99, Protokoll der 68. Sitzung des NVR vom 2.2.1984.
[38] Ebd., Bl. 101.
[39] Vgl. ebd., DVW 1/39534, Bl. 138, Protokoll der 73. Sitzung des NVR vom 5.12.1986.
[40] Vgl. Herbst/Ranke/Winkler. So funktionierte die DDR, Bd 2, S. 1233.

Manfred Suwalski

Die Entwicklung der Zollverwaltung der DDR (1945–1990)

Zur Entwicklung der Zollverwaltung der DDR, zu ihren Aufgaben und Funktionen in der SED-Militär- und Sicherheitspolitik liegen bisher kaum Untersuchungsergebnisse vor.

Vorliegende Arbeiten zur Geschichte der Zollverwaltung, die am ehemaligen Institut der Zollverwaltung in Plessow als Dissertationen geschrieben wurden, gehen zwar ausschließlich von der offiziellen SED-Geschichtsinterpretation aus, sind aber im Hinblick auf eine Reihe von Fakten und Zusammenhängen durchaus verwertbar[1]. Zur Rolle der Zollverwaltung in der Sicherheitspolitik, ihrer immer stärkeren Einbindung in und Unterordnung unter die Tätigkeit des Ministeriums für Staatssicherheit (MfS), fehlen allerdings bis heute Untersuchungen.

Die Aufgaben der Zollverwaltung der DDR unterschieden sich systembedingt grundsätzlich von denen einer Zollbehörde in freier Marktwirtschaft. Da das ostdeutsche Zollwesen auf die Durchsetzung des staatlichen Außenhandelsmonopols ausgerichtet war, demzufolge nur besonders berechtigte Wirtschaftseinheiten grenzüberschreitende Warenbewegungen veranlassen durften, standen administrative Maßnahmen im Vordergrund der Zolltätigkeit. Die Entwicklung der DDR-Zollverwaltung muß in diese politischen Rahmenbedingungen eingeordnet werden.

Das Amt für Kontrolle des Warenverkehrs und Zoll 1945–1952

Nach der am 8. Mai 1945 vollzogenen Kapitulation Deutschlands übernahmen die Oberbefehlshaber der vier Siegermächte die oberste Regierungsgewalt in Deutschland. Ausgehend vom Potsdamer Abkommen, wurde Deutschland als wirtschaftliche Einheit und letztlich auch als ein einheitliches Zollgebiet betrachtet. Es sollten wichtige zentrale Verwaltungen, darunter auf dem Gebiet des Finanzwesens und des Außenhandels, geschaffen werden. Für das Gebiet der Sowjetischen Besatzungszone (SBZ) wurden aber bereits im August 1945 eigene Zentralverwaltungen errichtet. Die Organisationsstruktur der Reichsfinanzverwaltung blieb allerdings im wesentlichen erhalten[2].

Mit dem Befehl der SMAD vom 23. Juli 1945 wurden die Finanzorgane mit der Erhebung von Verbrauchsteuern und der Steueraufsicht beauftragt. An den Grenzen der SBZ zu Polen und zur Tschechoslowakei waren jedoch ausschließlich sowjetische Behörden tätig. Mit einem weiteren Befehl der SMAD vom 14. Oktober 1947 wurde an den Grenzen der SBZ zu Polen, der Tschechoslowakei sowie an der Seegrenze die Errichtung von Zollämtern einschließlich eines Grenzaufsichtsdienstes angeordnet. Organisatorisch und fachlich unterstanden die Zollämter der Deutschen Finanzverwaltung, ihre Führung nahm die Außenhandelsverwaltung der SMAD wahr.

Aber bereits mit Erlaß vom 31. Januar 1948 legte der Präsident der Deutschen Zentralfinanzverwaltung die Einstellung der Tätigkeit des Zollgrenzschutzes fest. Die Kontrolle der Außengrenze oblag damit der Landespolizei. Die Kontrolle des Warenverkehrs über die Demarkationslinie zwischen der SBZ und den westlichen Besatzungszonen wurde bis 1948 durch die sowjetische Besatzungsmacht und von 1948 bis 1951 durch die Deutsche Grenzpolizei ausgeübt.

Nach der Gründung der DDR am 7. Oktober 1949 kamen die Zolldienststellen, die vorher dem Finanzministerium der Länder und der Deutschen Wirtschaftskommission unterstanden, als Dienstzweig Zoll der Abgabenverwaltung zum Ministerium der Finanzen der DDR. Grundlage bildete das Abgabengesetz der DDR vom 9. Februar 1950.

Eine Zäsur trat im Jahre 1950 ein. Auf der Grundlage des »Gesetzes zum Schutz des innerdeutschen Handels«[3] vom 21. April 1950 wurde das »Amt für Kontrolle des Warenverkehrs« (AKW) beim Ministerium für innerdeutschen Handel, Außenhandel und Materialversorgung geschaffen. Das Gesetz verlangte sowohl den Transport der Waren über gesondert festgelegte Kontrollpunkte als auch das Mitführen von Warenbegleitscheinen. Bei Zuwiderhandlungen waren drastische Strafen angedroht. Für die Durchsetzung und Strafverfolgung war das AKW zuständig. Entsprechend dem besonderen Status von Berlin wurde durch Verordnung des Magistrats von Ost-Berlin eine analoge Regelung für den östlichen Sektor erlassen.

Mit der »Verordnung zum Schutze des innerdeutschen Warenverkehrs« vom 26. Juli 1951[4] erfolgte die Ausdehnung des Geltungsbereichs des Gesetzes auf die Demarkationslinie. Durch Befehl Nr. 154/50 des Chefs der Deutschen Volkspolizei wurden zur Absicherung dieser Festlegung 333 Angehörige der Grenzpolizei dem AKW unterstellt, das damit auch den Warenverkehr zwischen der DDR und der Bundesrepublik kontrollierte.

Im Gegensatz zum Zoll, wo nach der Entnazifizierung eine Reihe von Fachleuten der ehemaligen Reichsfinanzverwaltung übernommen wurden, stand in der Personalpolitik des AKW nicht fachliches Wissen, sondern politische Zuverlässigkeit im Vordergrund. So waren 1950 etwa 64 Prozent der Angehörigen des AKW Mitglied der SED. Als Leiter des AKW wurde Anton (Toni) Ruh, langjähriges KPD-Mitglied und Mitarbeiter im Zentralsekretariat der SED, eingesetzt. Mit dem AKW wurde ein Kontrollorgan geschaffen, das in der sich abzeichnenden Ost-West-Konfrontation eine Garantie für die Umsetzung der Beschlüsse der SED bildete. Schwerpunkte der Tätigkeit des AKW bildeten polizei- und überwachungsrechtliche Aufgaben nach sowjetischem Vorbild.

1952 waren in der DDR folgende Organe für Zoll- und Warenkontrollaufgaben zuständig:

- Zolldienststellen der Abgabenverwaltung beim Ministerium für Finanzen, zuständig für die Abgabenerhebung und Kontrolle an der Zollgrenze zu Polen und zur Tschechoslowakei;
- Zolldienststellen beim Magistrat von Ost-Berlin, zuständig für die Abgabenerhebung in Ost-Berlin;
- Amt für Kontrolle des Warenverkehrs beim Ministerium für innerdeutschen Handel, Außenhandel und Materialversorgung, zuständig für Warenkontrollen an der Demarkationslinie und am Ring um Berlin;
- Amt für Kontrolle des Warenverkehrs beim Magistrat von Ost-Berlin, zuständig für Warenkontrollen an den Sektorengrenzen.

Das Amt für Zoll und Kontrolle des Warenverkehrs (AZKW) 1952–1962

Am 28. August 1952 wurde die »Verordnung über die Errichtung eines Amtes für Zoll und Kontrolle des Warenverkehrs«[5] erlassen. Mit dieser Regelung wurden Zoll und AKW zu einer zentral geleiteten Verwaltung zusammengefaßt und dem Minister für Außenhandel und innerdeutschen Handel unterstellt. Lediglich die beim Magistrat von Ost-Berlin bestehenden Zoll- und Kontrollorgane blieben als eigenständige Dienststellen erhalten, auch wenn sie der Dienst- und Fachaufsicht des AZKW unterstellt wurden.

Eingeordnet in den Ausbau des Staatsapparats der DDR und seiner weiteren Zentralisierung, erfolgte die Bildung des AZKW mit dem Ziel, für den gesamten Bereich des grenzüberschreitenden Warenverkehrs ein zentral geleitetes Organ zur Verfügung zu haben, das von SED-Kadern geführt wird. Folglich wurden von den rund 1000 Mitarbeitern des Zolls nach einer personalpolitischen Überprüfung lediglich 10 Prozent in das AZKW übernommen. Alle Führungspositionen des AZKW wurden von Mitarbeitern des AKW besetzt, die alle Mitglieder der SED waren.

Zum Leiter des AZKW wurde Chefinspekteur Ruh ernannt. Er unterstand direkt dem Minister für Außenhandel und innerdeutschen Handel. Dem Leiter des AZKW waren strukturmäßig die Hauptverwaltung Zoll (Grenzzoll, Binnenzoll sowie Zollfahndung, Zollvergehen und Zoll Berlin), die Hauptverwaltung Kontrolle des Warenverkehrs (Demarkationslinie, Ring um Berlin, Sektorengrenze, Ermittlung und Recht) sowie eine Reihe weiterer Abteilungen unterstellt.

Von den bisher existierenden Hauptzollämtern blieben lediglich die Hauptzollämter Dresden, Zwickau, Erfurt, Halle, Frankfurt/Oder und Rostock bestehen. Die drastische Reduzierung des Zollapparats ergab sich vor allem aus den politischen Veränderungen in der DDR. So wurde nach dem sowjetischen Modell des staatlichen Außenhandelmonopols der gesamte Außenhandel staatlich geplant und gelenkt. Zölle spielten deshalb keine Rolle mehr. Bereits 1951 wurden Planeinfuhren von der Zollerhebung befreit, die Erhebung von Verbrauchsteuern an die Finanzämter übertragen. Der Schwerpunkt der Tätigkeit des AZKW lag damit in der Überwachung des Außenhandelsmonopols und der Kontrolle des grenzüberschreitenden Warenverkehrs. Dazu gehörten u.a. die Überwachung der Einhaltung der gesetzlichen Bestimmungen, der Kampf gegen Schmuggel und Spekulation, die Überwachung der Ein- und Ausfuhr von Devisen und Zahlungsmitteln, aber auch der Kampf gegen die Einfuhr »feindlicher Materialien«. Typische Zollaufgaben traten damit zunehmend in den Hintergrund.

In diesem Zusammenhang hatte das AZKW eine Aufgabe zu erfüllen, die in den Folgejahren immer größere Bedeutung erlangte: die Bekämpfung von im Zusammenhang mit dem grenzüberschreitenden Warenverkehr stehenden »feindlichen Handlungen«[6]. Diese Aufgabe beinhaltete die Zusammenarbeit zwischen dem AZKW und dem MfS und führte in der Folgezeit letztlich zu einer immer stärkeren Unterordnung zolldienstlicher Aufgaben unter die Sicherheitspolitik der SED.

Ende 1952 bekam das AZKW mit der Kontrolle des innerdeutschen Postverkehrs eine weitere Aufgabe von erheblicher Dimension übertragen. 1953 wurden die restlichen Hauptzollämter aufgelöst und in Zollämter umgewandelt.

Als eine Folge des 17. Juni 1953 begann man mit der militärischen Ausbildung des AZKW nach den Richtlinien der Kampfgruppen. Daneben erfolgte die Uniformierung und Bewaffnung der im operativen Dienst tätigen Mitarbeiter mit Pistolen. Ausdruck des Übergangs von einer zivilen Verwaltung zu einer nach militärischen Prinzipien geführten Einrichtung war auch die Einführung eines Dienstvertrages im Jahre 1954, der mit der Verpflichtung verbunden war, mindestens zwei Jahre Dienst im AZKW zu leisten. Zugleich wurde eine Disziplinar- und eine Bekleidungsordnung erlassen.

Verbunden waren diese Entwicklungen mit weiteren kaderpolitischen Überprüfungen. So entließ man im Zeitraum vom 1. Juli 1953 bis 30. November 1953 von den 4175 Mitarbeitern des AZKW 1197 wegen politischer Unzuverlässigkeit[7].

Zugleich erfolgte die Erhöhung des Einflusses der SED. Waren noch 1952 13,7 Prozent aller Angehörigen des AZKW Mitglied der SED, betrug der Anteil 1956 42 Prozent und 1957 44 Prozent.

Nach Abschluß des Staatsvertrages zwischen der UdSSR und der DDR vom September 1955 wurden die bisher beim Magistrat von Ost-Berlin bestehenden eigenständigen Zoll- und Warenkontrolldienststellen aufgelöst und das AZKW der DDR auch mit der Kontrolle des Warenverkehrs über die Sektorengrenzen beauftragt.

Die mit dem Staatsvertrag verbundene Verantwortung der DDR für die Kontrolle und Sicherung ihrer Grenzen führte zum weiteren Ausbau der Grenzsicherungskräfte. In diesem Zusammenhang wurden die bisher von der Grenzpolizei wahrgenommenen Aufgaben an den Grenzübergangsstellen am Außenring von Berlin, an den Sektorengrenzen und an der Grenze zur Bundesrepublik an das AZKW übertragen. Mit dem Befehl Nr. 05/57 des Ministers für Außenhandel und innerdeutschen Handel erhielt das AZKW eine grenzpolizeiliche Funktion. Das betraf die Paßkontrolle, die Fahndungstätigkeit und die bewaffnete Sicherung der Kontrollobjekte. Dafür wurden dem AZKW 1100 neue Stellen bewilligt und die Bewaffnung verstärkt.

Hinsichtlich der übernommenen zusätzlichen Aufgaben unterstand das AZKW operativ dem Minister des Innern. Daß die Übernahme grenzpolizeilicher Aufgaben nicht ungeteilte Zustimmung fand, zeigt das Protokoll einer Sitzung des Politbüros der SED, wo namentlich Erich Honecker Zweifel an der Fähigkeit des AZKW äußerte, Kontrollpunkte zu übernehmen[8]. Offenbar konnte sich Honecker nicht sofort durchsetzen, aber 1961 wurde das AZKW wieder von dieser Aufgabe entbunden.

Die Entwicklung in den Jahren 1955–1958 führte zu einer verstärkten Ausprägung des AZKW als ein den anderen bewaffneten Kräften der DDR gleichgestelltes Organ. Ausdruck dessen war auch, daß ab 1957 nur noch Mitarbeiter in das AZKW eingestellt wurden, die eine bestimmte gesundheitliche Tauglichkeitsstufe besaßen. Ebenfalls ab 1957 galt die Festlegung, daß die Mitgliedschaft der AZKW-Angehörigen in der Gewerkschaft ruhte. Dies wurde damit begründet, daß die Beschäftigten Uniform- und Waffenträger seien. Die militärische Ausbildung erfolgte unter Anleitung der Deutschen Grenzpolizei. Für das AZKW wurde eine Dienstlaufbahnordnung erlassen, nach der die Dienstzeit nicht mehr befristet wurde. Daneben begann die systematische Ausbildung von Führungspersonal an einer eigenen Ausbildungsstätte, der Zollschule, aus der später das Institut der Zollverwaltung »Heinrich Rau« in Plessow hervorging.

1958 führte das ZK der SED eine Untersuchung zum Parteieinfluß im AZKW durch. Auf einer Sitzung des Sekretariats des ZK der SED wurden die Ergebnisse ausgewertet und für die Entwicklung des AZKW weitreichende Beschlüsse gefaßt[9]. Die Führung der SED schätzte den Einfluß der Partei im AZKW als ungenügend ein. Der Leiter des AZKW wurde beauftragt, unverzüglich Änderungen einzuleiten. Das betraf insbesondere die Gewährleistung des Parteieinflusses auf die Personalarbeit. Dazu wies die SED die Bildung einer »Kaderabteilung« in der zentralen Verwaltung an.

Andere Beschlüsse beinhalteten eine Abgrenzung der Verantwortung für die Arbeit im AZKW zwischen der Abteilung für Handel, Versorgung und Außenhandel und der Abteilung für Sicherheitsfragen beim ZK der SED. Danach war die Abteilung für Sicherheitsfragen künftig für die Koordinierung der operativen Arbeit des AZKW mit den Sicherheitsorganen zuständig. Alle anderen Fragen blieben wie bisher bei der Abteilung für Handel, Versorgung und Außenhandel.

Die durch die SED-Führung geäußerte Kritik an der Arbeit des AZKW konnte nicht ohne Konsequenzen für ihren Leiter bleiben. Mit Wirkung vom 1. Juni 1958 wurde der Oberst Gerhard Stauch von der Politischen Verwaltung der Hauptverwaltung der Deutschen Volkspolizei zum AZKW versetzt und in die Funktion des 1. Stellvertreters des Leiters des AZKW eingewiesen. Im April 1961 übernahm er die Leitung des AZKW. Ruh, der von 1933 bis 1945 in westlicher Emigration war und während dieser Zeit zeitweise für den britischen Geheimdienst gearbeitet hatte, wurde abgelöst und ging als Botschafter nach Rumänien, wo er 1964 starb. 1963 wurde Stauch als Leiter der Zollverwaltung bestätigt und zum Chefinspekteur ernannt.

Mit dem Ziel, eine straffere Führungsstruktur zu erreichen, beschloß das Sekretariat des ZK der SED, Bezirksverwaltungen des AKZW zu bilden. Unter Berücksichtigung der Standorte der Brigaden der Grenzpolizei erfolgte dies in Rostock, Magdeburg, Berlin, Leipzig, Dresden, Schwerin, Potsdam, Frankfurt/Oder, Erfurt und Karl-Marx-Stadt. Mit den vorgenommenen Veränderungen wurde im wesentlichen die Grundstruktur der Zollverwaltung erreicht, die bis 1989 bestand.

Die Abriegelung der Sektorengrenze am 13. August 1961 in Berlin erfolgte unter aktiver Einbeziehung des AZKW. Bereits Tage zuvor waren Kräfte kaserniert untergebracht worden. Die Mitarbeiter des AZKW der Bezirksverwaltungen Berlin und Potsdam, durch Kräfte aus anderen Bezirken verstärkt, faßte man zu militärischen Einheiten zusammen. Teile des AZKW wurden der 13. Grenzbereitschaft unterstellt und für den pioniermäßigen Ausbau der Grenze herangezogen.

Nach dem Mauerbau war ein Schwerpunkt der Tätigkeit nunmehr die Kontrolle an den eingerichteten Übergängen zu den Berliner Westsektoren, wobei das Ziel auch in der Verhinderung der Flucht von DDR-Bürgern bestand.

Nach einem Beschluß des NVR zur Kontrolle des grenzüberschreitenden Personenverkehrs und der Paßkontrolle[10] wurde das AKZW von der Paßkontrolle entbunden und diese Aufgabe den Paßkontrolleinheiten (PKE) übertragen, die der Hauptabteilung VI des MfS unterstanden.

Die militärische Sicherung der Kontrollpunkte übernahmen die Grenztruppen. In diesem Zusammenhang wurden 427 Angehörige des AZKW durch die PKE übernommen. 97 AZKW-Mitarbeiter wechselten zur Postzollfahndung (PZF), einer speziellen Diensteinheit des MfS, die an den Postzollämtern tätig war[11].

Am 30. November 1961 wurde in einer Rechtsvorschrift zum Postverkehr festgelegt, daß nur noch solche Druckerzeugnisse zur Einfuhr zugelassen werden, die den »Interessen der DDR« nicht widersprechen. Mit der Kontrolle wurde das AZKW beauftragt. Damit war die rechtliche Grundlage geschaffen, nach der die Zollverwaltung bis 1989 als Zensurbehörde für die Einfuhr von Literatur fungierte, eine Tätigkeit, deren Umfang mit wachsendem Post- und Reiseverkehr bis 1989 ständig zunahm.

Die Zollverwaltung von 1962 bis 1990

Im November 1961 bestätigte das Politbüro der SED ein neues Zollgesetz, das am 30. April 1962 in Kraft trat[12]. Das AZKW wurde in »Zollverwaltung« umbenannt. Politisch bedeutsam war, daß auf zollrechtlichem Gebiet endgültig eine Trennung vom bis dato einheitlichen deutschen Zollgebiet erfolgte. Die DDR bildete nunmehr ein eigenes Zollgebiet. Offen gehalten wurde jedoch der Status von Berlin. Ganz bewußt nahm die SED-Führung in Kauf, daß das Zollgesetz im Widerspruch zur damaligen Verfassung der DDR stand, in deren Artikel 118 Deutschland als einheitliches Zoll- und Handelsgebiet, umgeben von einer gemeinschaftlichen Zollgrenze, beschrieben war.

Das Zollwesen war noch konsequenter als bisher auf die Durchsetzung des staatlichen Außenhandelsmonopols ausgerichtet. Nur besondere Außenhandelsbetriebe durften grenzüberschreitende Warenbewegungen veranlassen. Das Zollgesetz übertrug der Zollverwaltung auch eine Reihe von Befugnissen. Die Unterstellung des Leiters der Zollverwaltung unter den Minister für Außenhandel blieb bestehen.

In Ausgestaltung des Zollgesetzes wurden eine Reihe von Durchführungsbestimmungen erlassen, darunter in den Folgejahren erweiterte Ein- und Ausfuhrverbote, wie z.B. für Suchtmittel und Schußwaffen, aber auch das Verbot der Einfuhr von »antisozialistischen Druckerzeugnissen«. In der Ausfuhr dominierten Verbote, die ökonomisch begründet waren, z.B. bei hoch subventionierten Waren.

Da die Zollverwaltung im kommerziellen Warenverkehr lediglich Überwachungsfunktionen innehatte, lag der Schwerpunkt der Tätigkeit beim grenzüberschreitenden Reise- und Postverkehr und dort wiederum beim Verkehr mit der Bundesrepublik. Von den 1962 eingerichteten 48 Grenzzollämtern befanden sich lediglich 13 an den Grenzen zu Polen und zur Tschechoslowakei.

Aus der Kontrolle des grenzüberschreitenden Verkehrs ergab sich eine enge Zusammenarbeit zwischen der Zollverwaltung und dem MfS. Zuständig für die Zollverwaltung war vor allem die Hauptabteilung VI des MfS, speziell die Abteilung Zoll-Abwehr. Neben der Abwehrarbeit unter den Zollmitarbeitern koordinierte die Abteilung die Zusammenarbeit zwischen Zoll und MfS und wertete die Ergebnisse der Zollarbeit für die MfS-Tätigkeit aus. Es kann davon ausgegangen werden, daß grundsätzlich alle den Zoll betreffenden Entscheidungen, einschließlich zu operativen und personellen Fragen, vom MfS zu bestätigen waren. Die gesamte Tätigkeit des Zolls wurde von Mitarbeitern des MfS überwacht. Zudem waren Offiziere des MfS in der Zollverwaltung direkt tätig.

1964 faßte das Sekretariat des ZK der SED einen Beschluß zur Parteiarbeit und zum Parteiaufbau in der Zollverwaltung. Neben der Verstärkung des Parteieinflusses durch den Einsatz hauptamtlicher Parteifunktionäre in der Hauptverwaltung und den Bezirksverwaltungen ging es auch um die stärkere Einbeziehung der Zollverwaltung in die Arbeit des MfS. Danach war für die Anleitung der Zollverwaltung der Sektor für Staatssicherheit der Abteilung für Sicherheitsfragen beim ZK der SED zuständig. Ein Resultat dessen war, daß die eigentlichen Aufgaben des Zolls immer stärker in den Hintergrund traten. Folgerichtig wurde die Zollverwaltung in operativen Fragen dem MfS unterstellt[13]. Alle Aufgabenstellungen für den Zoll enthielten neben den originären zolldienstlichen Funktionen, den Auftrag »feindliche Handlungen« zu bekämpfen. So hieß es in einer Aufgabenstellung der Abteilung Zollfahndung auf dem Gebiet des Postzolls: »Aufklärung von Objekten, die mit feindlichen Organisationen und deren Mittelspersonen im Rahmen des Paket- und Päckchenverkehrs oder mit Kontaktpersonen unmittelbar in Beziehung stehen[14].«

Die Einzelbereiche der Zollverwaltung waren sehr unterschiedlich mit der Tätigkeit des MfS konfrontiert. Während sich diese Zusammenhänge für die

Mitarbeiter des eigentlichen Zolls kaum zeigten, bestand für andere Bereiche die Aufgabe, ihre Zusammenarbeit mit dem MfS auszubauen. Das betraf insbesondere den Bereich des Postverkehrs. Obwohl mit der Postzollfahndung eine Diensteinheit des MfS bestand, die Zolluniformen trug und alle Postsendungen vor dem Zoll fahndungsmäßig kontrollierte, wurden mit den 1. Zügen an den Postzollämtern spezielle Diensteinheiten der Zollverwaltung geschaffen, deren Schwerpunkt in der Bekämpfung der Einfuhr von Materialien der sogenannten ideologischen Diversion bestand. Diese 1. Züge, deren Personal sich aus besonders überprüften Mitarbeitern rekrutierte, wurden teilweise unmittelbar durch die Abteilung Zoll-Abwehr des MfS angeleitet[15]. Im Zusammenwirken zwischen Postzollämtern, Abteilung Postverkehr der Hauptverwaltung des Zolls und dem Sachgebiet Postverkehr der Abteilung Zollfahndung führte der Zoll operative Ermittlungen und legte Karteien an, die sich ausschließlich auf obengenannte Aufgabenstellung bezogen[16].

In ähnlicher Weise wurden auch Bereiche der Abteilung Zollfahndung unmittelbar für das MfS tätig. So erfolgte beispielsweise die Heranziehung von Observationskräften des Zolls für MfS-Aktionen, wenn nicht genügend eigenes Personal zur Verfügung stand[17]. Andererseits war es beim MfS durchaus üblich, sich im Rahmen von Ermittlungen gegen DDR-Bürger als Mitarbeiter der Zollverwaltung auszuweisen, um gedeckt Informationen zu erlangen, da dem MfS eigene gesetzliche Befugnisse fehlten.

Auch bei der Kontrolle des grenzüberschreitenden Reiseverkehrs standen Sicherheitsaspekte im Vordergrund. So hieß es in einer Dienstanweisung der Zollverwaltung: »Durch die Zollkontrolle ist der konkrete Beitrag zur Verhinderung der Organisierung und Durchführung feindlicher Handlungen gegen die DDR unter Ausnutzung des grenzüberschreitenden Reise- und Güterverkehrs zu gewährleisten[18].«

Die SED-Führung, die regelmäßig Berichte über die Tätigkeit der Zollverwaltung erhielt, widmete diesen Fragen besondere Aufmerksamkeit. In einer parteiinternen Information wurde eingeschätzt, daß es bei einigen Offizieren und einem Teil der Kontrolleure Unklarheiten über den Charakter der Zollverwaltung als Sicherheitsorgan gebe und gesetzliche Bestimmungen zu nachgiebig ausgelegt würden. Aus den regelmäßigen Berichten der Zollverwaltung an die Abteilung für Sicherheitsfragen leitete letztere Schlußfolgerungen für die Tätigkeit des Zolls ab. So forderte ein Parteifunktionär z.B. für die Kontrolle an der Grenze zur Tschechoslowakei, den Beitrag zur Bekämpfung von Straftaten gegen den Paragraphen 213 StGB der DDR — illegales Verlassen der DDR — zu erhöhen[19].

Mitte der 80er Jahre führten die Kontrollen der DDR-Zollorgane im Reiseverkehr mit den Nachbarstaaten Polen, ČSSR und Bundesrepublik Deutschland zu über 60 000 Ordnungsstrafverfahren jährlich. Die Masse dieser Verfahren betraf den Einzug von sogenannten antisozialistischen Druckerzeugnissen und Materialien. Darüber hinaus mußten pro Jahr mehr als 30 Millionen Pakete und Päckchen allein im Verkehr mit der Bundesrepublik überwacht werden. Auch hier kam es zu Hunderttausenden Gesamt- oder Teileinziehungen bzw. zu Rücksendungen.

In Ausgestaltung der Zusammenarbeit Zoll — MfS wurden mehrere Vereinbarungen getroffen. Hervorzuheben sind die Rahmenvereinbarungen für den Reiseverkehr[20] und den Postverkehr[21].

Unabhängig von der Einbeziehung der Zollverwaltung in die Tätigkeit des MfS wurden aber auch bestimmte Personen oder Warensendungen von jeglicher Zollkontrolle befreit. So existierte im von Alexander Schalck-Golodkowski geleiteten Bereich Kommerzielle Koordinierung des Ministeriums für Außenhandel eine Arbeitsgruppe Zoll, die eine zu diesem Bereich abkommandierte Diensteinheit der Hauptabteilung VI des MfS darstellte. Die Arbeitsgruppe hatte die Aufgabe, sogenannte Avisierungen oder Grenzfreimachungen zu veranlassen, mit denen Personen und Warenlieferungen von der Zollkontrolle befreit wurden. Daneben konnten auch die Leiter der ZK-Abteilungen für Sicherheit sowie die Leiter der Haupt- und selbständigen Abteilungen des MfS sowie die Leiter der Bezirksverwaltungen des MfS solche Avisierungen veranlassen.

Das MfS war ferner für die Abwehrarbeit unter den Mitarbeitern der Zollverwaltung zuständig. Obwohl dazu in den Archiven kaum Unterlagen auffindbar sind, kann davon ausgegangen werden, daß alle wichtigen Personalentscheidungen des Zolls mit dem MfS abgestimmt werden mußten. Daneben unterlagen die Zollmitarbeiter und ihre nächsten Familienangehörigen bestimmten Überwachungsmaßnahmen des MfS. Auf den Postzollämtern wurden Warensendungen fahndungsmäßig nach Empfängern, die Zöllner waren, überprüft. Belegbar ist, daß Unterkünfte von Zollmitarbeitern in Wohnheimen in deren Abwesenheit durch besonders ausgewählte Mitarbeiter des Zolls im Zusammenwirken mit dem MfS durchsucht wurden[22]. Allerdings geht aus den vorhandenen Dokumenten hervor, daß seit den 60er Jahren trotz aller Sicherheitsüberprüfungen etwa 70 Zöllner in die Bundesrepublik flüchteten[23].

Die Einsatzpläne der Zollverwaltung für Spannungszeiten wurden vor der Übergabe der Dokumente an das Bundesarchiv 1990 komplett vernichtet. Aus der Analyse der vorhandenen Materialien zu besonderen Einsätzen des Zolls wie bei den Krisen »ČSSR 1968«, »Polen 1980/81« und der Zeit ab etwa Mai 1989 läßt sich schlußfolgern, daß seine Aufgabe vorwiegend in der verstärkten Kontrolle an den Grenzzollämtern bestand. Dazu wurden zusätzliche Kräfte aus den Verwaltungen, Binnenzollämtern und der Schule bereitgestellt. Durch ein An- und Abmeldesystem, Hausbereitschaften sowie die ständige Besetzung von Operativstäben in den Bezirksverwaltungen und der Hauptverwaltung waren alle Mitarbeiter der Zollverwaltung im Alarmierungsfall kurzfristig erreichbar. Dieses System wurde regelmäßig in Alarmübungen überprüft. Für alle männlichen Mitarbeiter der Zollverwaltung standen Waffen (Pistolen und Maschinenpistolen) zur Verfügung, die mit entsprechender Munition in den Dienststellen lagerten. Zur Ausrüstung der Mitarbeiter gehörte neben Stahlhelm und Schutzausrüstung auch ein Sturmgepäck. Damit war die Zollverwaltung in der Lage, auch als militärischer Verband zu handeln. Alle Mitarbeiter des Zolls, unabhängig von der konkreten ausgeübten Tätigkeit, waren verpflichtet, regelmäßig an einer militärischen Ausbildung teilzunehmen.

Ab 1976 wurde die Zollverwaltung über das MfS in Planungen des Militärbereichs der Staatlichen Plankommission der DDR für die Tätigkeit der Außenhandelsorgane im Verteidigungs- bzw. Kriegsfall einbezogen. Für die Zollorgane waren nach den erarbeiteten Vorschlägen militärische Transporte auf der Basis einheitlicher Dokumente vereinfacht abzufertigen. Zolloffiziere sollten in militärische Verbindungsstäbe entsandt werden. In von den Streitkräften besetzten Gebieten war die Überwachung des Warenverkehrs zu übernehmen. Die wenigen aufgefundenen Dokumente belegen zumindest, daß unter strengster Geheimhaltung Planungen auch für die Zollverwaltung vorgenommen wurden, die sich in die Militärdoktrin des Warschauer Paktes einordneten.

Die Struktur der Zollverwaltung unterlag nach 1962 keinen wesentlichen Änderungen mehr. Allerdings führten vor allem der mit dem KSZE-Prozeß verstärkte Reiseverkehr und der systematische Ausbau des Sicherheitsapparats zu einer quantitativen Verstärkung des Zollapparats.

Zusammenfassend läßt sich feststellen, daß sich die Zollverwaltung der DDR im Verlauf der Entwicklung unter Führung der SED immer mehr von typischen zöllnerischen Aufgaben entfernte. Die völlige Unterwanderung der Zollverwaltung durch das MfS wurde durch die politische Entwicklung 1989 verhindert, obwohl seit 1983 die Besetzung wichtiger Funktionen in der Zollverwaltung durch hohe MfS-Offiziere erfolgte. Die Zusammenarbeit von Zoll und MfS unterlag allerdings strengster Geheimhaltung, so daß einem Großteil der Mitarbeiter der Zollverwaltung in den mittleren und unteren Ebenen diese Zusammenhänge kaum bekannt waren. Die DDR-Zollverwaltung erwies sich in ihrer Gesamtheit im Bereich des grenzüberschreitenden Warenverkehrs als ein zuverlässiges Instrument der Partei- und Staatsführung der DDR.

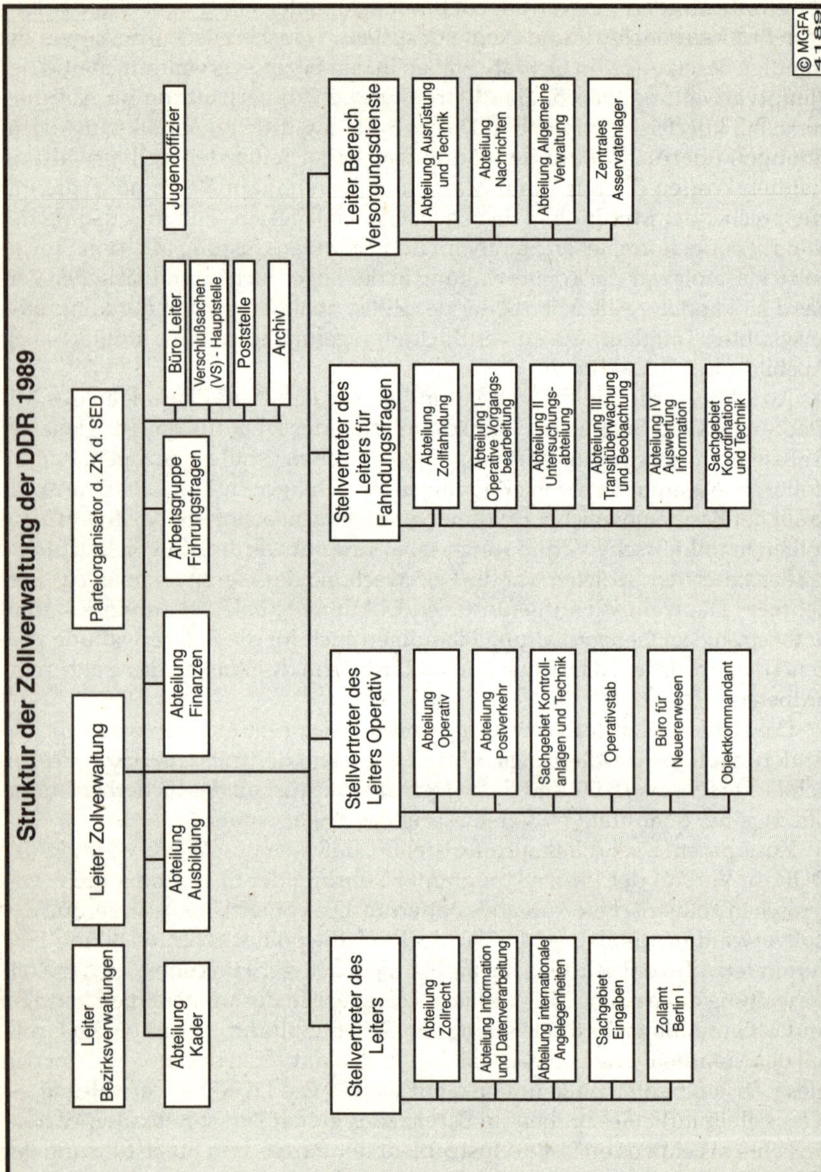
Struktur der Zollverwaltung der DDR 1989
Leiter Bezirksverwaltungen
Leiter Zollverwaltung
Parteiorganisator d. ZK d. SED
Abteilung Kader
Abteilung Ausbildung
Abteilung Finanzen
Arbeitsgruppe Führungsfragen
Büro Leiter
Verschlußsachen (VS) - Hauptstelle
Poststelle
Archiv
Jugendoffizier
Stellvertreter des Leiters
Abteilung Zollrecht
Abteilung Information und Datenverarbeitung
Abteilung internationale Angelegenheiten
Sachgebiet Eingaben
Zollamt Berlin I
Stellvertreter des Leiters Operativ
Abteilung Operativ
Abteilung Postverkehr
Sachgebiet Kontrollanlagen und Technik
Operativstab
Büro für Neuererwesen
Objektkommandant
Stellvertreter des Leiters für Fahndungsfragen
Abteilung Zollfahndung
Abteilung I Operative Vorgangsbearbeitung
Abteilung II Untersuchungsabteilung
Abteilung III Transitüberwachung und Beobachtung
Abteilung IV Auswertung Information
Sachgebiet Koordination und Technik
Leiter Bereich Versorgungsdienste
Abteilung Ausrüstung und Technik
Abteilung Nachrichten
Abteilung Allgemeine Verwaltung
Zentrales Asservatenlager
© MGFA 4189

Personalstärke der DDR-Zollverwaltung

Jahr	Soll	Ist	davon PZF
1960	6198	5642	
1961	6201	5720	
1962	6201	5336	
1965	5284	4937	196
1966	5351	5231	196
1967	4835	4678	198
1968	5565	5301	199
1969	6081	5927	199
1970	6651	6023	341
1972	6651	6411	342
1973	6651	6396	360
1974	7402	6808	360
1975	7457	7062	360
1976	7457	7274	360
1977	7719	7594	360
1978	7784	7619	360
1979	7860	7751	360
1980	7860	7784	360
1981	8080	7966	360
1982	8647	7976	360
1983	8448	8044	360
1984	8441	8044	360
1985	8557	8167	360
1986	8723	8192	*
1987	8486	7959	
1988	8519	8062	
1989	8501	8237	

* Ab 1986 sind in der Personalstärke der Zollverwaltung die Mitarbeiter der Postzollfahndung (PZF) nicht mehr ausgewiesen.
Quelle: BArch, DL: 203, Az 010212.

Im Frühjahr 1990 wurden die 8 Bezirksverwaltungen des Zolls in Zolldirektionen umbenannt. Zusätzlich bildete man 21 Hauptzollämter sowie Kommissariate mit Grenzaufsichtsstellen und eine 500 Mann starke Zollfahndung. 1990 umfaßte der Personalbestand des Zolls rund 10 000 Bedienstete.

Am 3. Oktober 1990 hörte die DDR-Zollverwaltung als eigenständige Verwaltung auf zu existieren. Ein nicht unbedeutender Teil der Mitarbeiter wurde nach den Regelungen des Einigungsvertrages in den Bundesdienst übernommen, nachdem bereits mit Unterstützung der Bundesfinanzverwaltung eine Angleichung der Strukturen und Aufgaben in kürzester Zeit erfolgt war[24].

Leitung

Leiter des AKW

1950–1952 Toni Ruh

Leiter des AZKW

1952–1961 Toni Ruh

Leiter der Zollverwaltung der DDR

1961–1989 Gerhard Stauch
1990 Günther Arndt

Wichtige Daten

21. April 1950	Bildung des AKW
28. August 1952	Bildung des AZKW
30. April 1962	Das Gesetz über das Zollwesen der DDR tritt in Kraft. Bildung der Zollverwaltung der DDR
3. Oktober 1990	Ende der Tätigkeit der DDR-Zollverwaltung

Quellen- und Literaturauswahl

Die allgemeine Quellenlage zum Zoll ist nicht als besonders gut einzuschätzen. Die Bestände der DDR-Zollverwaltung befinden sich im Bundesarchiv Berlin-Lichterfelde (BArch). Durch frühere Kassationen wurden ganze Sachkomplexe, zum Beispiel zum Reiseverkehr DDR — Bundesrepublik, nicht in die Archive überführt. Insgesamt sind mit den dort vorliegenden Quellen jedoch Grundzüge der Zollentwicklung — vor allem auf dem Gebiet der Organisation und Planung — zu rekonstruieren. Zollangelegenheiten sind auch in SAPMO-BArch Berlin nachvollziehbar. Das betrifft insbesondere Akten des SED-Politbüros, der ZK-Abteilung für Sicherheitsfragen sowie der Büros Walter Ulbricht, Erich Honecker und Egon Krenz. In größerem Umfang sind Quellen zur Zollverwaltung zudem beim BStU in Berlin auffindbar. Eine tiefergreifende Erschließung dieses Materials bedarf aber noch eines erheblichen Aufwandes. Zu Einzelfragen befinden sich weitere Quellen im Deutschen Zollmuseum in Hamburg sowie im Bildungszentrum der Bundesfinanzverwaltung in Plessow.

Engler, Wolfgang, Werner Schiefer, Wilhelm Scholz und Joachim Wöllner, Chronik des Leipziger Zolls von 1165–1995, hrsg. vom Hauptzollamt Leipzig, Chemnitz 1995

Fricke, Karl Wilhelm, MfS intern. Macht, Strukturen, Auflösung der DDR-Staatssicherheit, Köln 1991

Gesetzblatt der Deutschen Demokratischen Republik, Teil I, 1949–1989

Mundt, Kurt, Zur Entwicklung der Zollverwaltung der DDR im Zeitraum von 1961 bis 1970; unveröffentl. Diss. Plessow 1984

Pötter, Jürgen, Zur Entwicklung der Zollverwaltung der DDR im Zeitraum von 1952 bis 1961, unveröffentl. Diss. Plessow 1988

Rau, Heinrich, Ansprache zum 5. Jahrestag des AZKW, in: Der Zolldienst, 1957, 9

Schmidt, Karlheinz, Vom Reichszoll zum Zoll 2000. Die Geschichte der Zollverwaltung im Zeitraum von 1945 bis 2000, in: Deutsche Zoll- und Polizeischrift, Jahrbuch 1996, Rellingen 1997, S. 3–19

Stiehle, Hans-Joachim und Manfred Suwalski, Zum Stand der Neugestaltung des Zoll- und Verbrauchssteuerrechts der DDR, in: Deutsch-Deutsche Rechtszeitschrift, 1990, 8, S. 270–272

Anmerkungen

1 Vgl. Pötter, DDR-Zoll 1952–1961; Mundt, DDR-Zoll 1962–1970.

2 Vgl. Schmidt, Zoll, S. 8.

3 Vgl. Gesetzblatt der DDR, T. I, 1950, Nr. 43 vom 21.4.1950.

4 Vgl. ebd., 1951, Nr. 90 vom 28.7.1951.

5 Vgl. ebd., 1952, Nr. 121 vom 4.9.1952.

6 Vgl. Rau, Ansprache, S. 2.

7 Vgl. BArch, DL 203, Az 01–01–06, Bl. 9, Jahresbericht über geleistete Kaderarbeit vom 4.1.1954.

8 SAPMO-BArch, DY 30 I IV 2/2/583, Bl. 18, Protokoll der Sitzung des Politbüros der SED vom 4.3.1958.

9 Vgl. ebd., DY 30/IV 2/3/603, Protokoll der Sitzung des Sekretariats des ZK der SED vom 4.6.1958.

10 Vgl. BArch, DL 203, Az 00–02–01, Bl. 12, Befehl Nr. 3/62 des Leiters der Zollverwaltung.

11 Vgl. ebd., Az 00–07–01, Bl. 1, Schreiben des Leiters der Zollverwaltung an den 1. Stellvertreter des Ministers für Staatssicherheit vom 12.2.1964.

12 Gesetzblatt der DDR, T. I, 1962, Nr. 3 vom 31.3.62.

13 Vgl. SAPMO-BArch, DY 30/IV 2/3/995, Bl. 3, Protokoll Nr. 57/64 der Sitzung des Sekretariats des ZK der SED vom 22.7.1964.

14 BArch, DL 203, Az 00–07–03, Bl. 34, Aufgabenstellung der Abteilung Zollfahndung vom 9.11.1966.

15 Vgl. BStU, ZA, XV 3634/77, Bd 4, Bl. 28, Vermerk der Abteilung Zoll-Abwehr über die durchgeführte Beratung mit Spezialisten der 1. Züge der Postzollämter Leipzig vom 23.6.1981.

16 Vgl. ebd., Bd 7, Bl. 7 f., Information der Abteilung Zollfahndung, Sachgebiet III an die Abteilung Postverkehr vom 5.9.1979.

17 Vgl. ebd., Bd 18, Bl. 102, Vermerk der Abteilung Zoll-Abwehr über eine Absprache mit der Abt. VI der BVfS Dresden vom 17.9.1980.

18 BArch, DL 203–316, Az 06–01–07, Bl. 2, Weisung des Stellvertreters operativ vom 6.7.1970.

19 Vgl. SAPMO-BArch, DY 30/IV Az/12/142, Schreiben des Leiters der Abteilung für Sicherheitsfragen an Honecker vom 9.12.1963.

20 Vgl. BArch, DL 203, Az 00–02–01, Bl. 4 ff., Rahmenvereinbarung zwischen der Zollverwaltung und dem MfS über das Zusammenwirken mit den PKE von 1984.

21 Vgl. Fricke, MfS intern, S. 48.

22 Vgl. SAPMO-BArch, DY/30 IV Az/12/17, Bl. 3, Bericht an Honecker zur Überprüfung von Mitarbeitern des Zolls vom 13.2.1964.

23 Vgl. BArch, DL 203, Az-00–08–03, Bl. 17, Desertion von Angehörigen der Zollverwaltung.

24 Vgl. Stiehle/Suwalski, Neugestaltung des Zollrechts, S. 271.

Kurt Arlt

Sowjetische (russische) Truppen in Deutschland (1945–1994)

Mit der Westgruppe der Truppen — von 1945 bis 1954 als Gruppe der Sowjetischen Besatzungstruppen in Deutschland und danach bis 1989 als Gruppe der Sowjetischen Streitkräfte in Deutschland[1] bezeichnet — war seit dem Ende des Zweiten Weltkrieges im Osten Deutschlands die stärkste Streitkräftegruppierung stationiert, die je von einem Staat außerhalb der eigenen Grenzen über einen derartig langen Zeitraum unterhalten wurde. Bis zum vollständigen Abzug am 31. August 1994 galt diese militärische Formation als Verkörperung der Deutschland nach dem Zweiten Weltkrieg auferlegten Verpflichtungen und der ungelösten deutschen Frage. Die »Gruppe«, wie sie im Sprachgebrauch der sowjetischen Militärs bezeichnet wurde, war das wohl wichtigste Instrument der von der Sowjetunion verfolgten Sicherheitspolitik gegenüber Nachkriegsdeutschland. Sie griff am 17. Juni 1953 in der DDR und am 21. August 1968 in der ČSSR ein, verblieb aber 1989 während der »Wende« in der DDR in den Kasernen. Ihr militärisches Potential stellte lange Jahre eine Bedrohung für die Staaten im mitteleuropäischen Raum dar, die erst ausgangs der 80er Jahre abgebaut werden konnte.

Jede fremde Truppenstationierung bringt Konflikte und Reibungsflächen. Jahrzehnte hindurch war das Verhältnis zwischen den Deutschen und den Angehörigen der Streitkräftegruppierung durch gegenseitige Vorwürfe aus der jüngsten Geschichte, Unkenntnis über den anderen, aber auch ideologische Verklärung und einseitige Sichten belastet. Die Zeit zwischen der Wiedervereinigung Deutschlands und dem Abzug des letzten Soldaten der Westgruppe der Truppen war zu kurz, um das notwendige Wissen und Verständnis zu entwickeln.

Die Gruppe der Sowjetischen Besatzungstruppen in Deutschland (1945–1954)

Besatzungsstatut und Besatzungstruppen

Mit der Unterzeichnung der bedingungslosen Kapitulation durch die Wehrmachtführung hatte der Krieg in Europa sein Ende gefunden. Am 5. Juni 1945 traten die »Berliner Deklaration«[2] und weitere Dokumente in Kraft, in denen die Deutschland auferlegten Maßnahmen einschließlich seiner Besetzung, Aufteilung in Besatzungszonen und Kontrolle verkündet wurden. Dabei gehörte die Absicht, mit starken Besatzungstruppen die bedingungslose Erfüllung der alliierten Forderungen gegenüber Deutschland zu erzwingen, zu einem der von den »Großen Drei« beschlossenen und in der Folge auch in weitestgehender Übereinstimmung von allen vier Kontrollmächten[3] in die Tat umgesetzten Grundsätze.

Die sowjetische Führung hatte bereits im Mai die notwendigen Entscheidungen getroffen. Am 6. Juni 1945 erließ der Rat der Volkskommissare der UdSSR eine Anordnung zur Bildung der Sowjetischen Militäradministration in Deutschland (SMAD)[4]. In Verbindung mit den Befehlen des Obersten Chefs der SMAD Nr. 1 und Nr. 5 vom 9. Juni 1945 bzw. 9. Juli 1945[5] waren damit die ersten Strukturen für die Besatzungs*verwaltung* vorgegeben. Besatzungs*truppen* in Gestalt einer zu schaffenden »Gruppe der Sowjetischen Besatzungstruppen in Deutschland« hingegen sollten das militärische Instrument verkörpern, mit dem die UdSSR die Ziele der Besatzungspolitik in der ihr zugewiesenen Zone zu realisieren suchte.

Bei Kriegsende standen die 1. Belorussische Front (Oberbefehlshaber Marschall der Sowjetunion Georgij K. Žukov) und die 2. Belorussische Front in einer Stärke von rund 1 110 000 Mann[6] sowie Restkräfte der in die Tschechoslowakei vorgestoßenen 1. Ukrainischen Front, Verbände des NKVD[7], Marinekräfte und andere sowjetische Sonderformationen sowie zwei polnische Armeen auf dem Gebiet der späteren Sowjetischen Besatzungszone (SBZ). Am 29. Mai 1945 — noch vor der Bekanntgabe der Anordnung zur Bildung der SMAD — wies das Hauptquartier des Oberkommandos der Sowjetischen Streitkräfte in der Direktive Nr. 11096 Žukov an, mit Wirkung vom 10. Juni 1945 die 1. Belorussische Front in »Gruppe der Sowjetischen Besatzungstruppen in Deutschland« (GSBT) umzubenennen. Gleichzeitig legte sie den Bestand der Gruppierung fest[8]. Zur GSBT sollten demnach gehören:

- Oberkommando der GSBT — gebildet aus dem Oberkommando der 1. Belorussischen Front,
- 2. Stoßarmee (bisher im Bestand der 2. Belorussischen Front) mit dem Stab in Schwerin,
- 8. Gardearmee mit dem Stab in Weimar,
- 5. Stoßarmee mit dem Stab im »Olympischen Dorf«[9],
- 3. Stoßarmee mit dem Stab in Stendal,
- 47. Armee mit dem Stab in Halle,
- 1. Gardepanzerarmee mit dem Stab in Radebeul (bei Dresden),
- 2. Gardepanzerarmee mit dem Stab in Fürstenberg/Havel,

- 16. Luftarmee mit dem Stab in Woltersdorf (südöstlich von Berlin),
- als selbständige Verbände das 1. Gardepanzerkorps (bisher im Bestand der 2. Belorussischen Front), das 11. Panzerkorps und das 2. Gardekavalleriekorps,
- die Dneprflottille[10].

Mit der gleichen Direktive wurden die Rückverlegung und Auflösung weiterer auf dem Gebiet der SBZ stehender Großverbände sowie die personelle Ergänzung der Besatzungstruppen vorbereitet. In der Folgezeit setzten entsprechende Truppenverschiebungen zum Ordnen, Umdislozieren und Rückverlegen ein. Ein Teil der vorgesehenen Stationierungsräume stand jedoch noch nicht zur Verfügung, da Thüringen sowie Teile von Sachsen, Sachsen-Anhalt und Mecklenburg von anglo-amerikanischen Truppen besetzt waren. Vereinbarungsgemäß rückten mit dem Abzug der westlichen Alliierten zwischen dem 1. und 4. Juli 1945 sowjetische Truppen in diese Gebiete ein, während die Rote Armee dafür die westlichen Bezirke von Berlin räumte. Erst damit ergab sich die beabsichtigte relativ gleichmäßige Aufteilung der Besatzungstruppen auf die sowjetisch besetzte Zone mit einer Truppenverdichtung um Berlin. Das Oberkommando der GSBT mit den militärisch wichtigen Strukturelementen (die sogenannte Feldführung) nahm seinen Sitz vorerst in Potsdam und wurde von dem für militärische Fragen zuständigen 1. Stellvertreter des Oberkommandierenden, Armeegeneral Vasilij D. Sokolovskij, geführt.

Das von Sturmgeschützen, Panjewagen und verschlissenen Uniformen geprägte Bild der Roten Armee erfuhr nach Kriegsende rasch Ergänzungen und Veränderungen: Während die Eingliederung zahlreicher Garde- und Stoßverbände in die GSBT eine über dem allgemeinen Durchschnitt der Roten Armee liegende Anzahl von Panzer- und Artillerieeinheiten bedeutete, wurde die Bewaffnung und Ausrüstung der übrigen Verbände aus den Beständen der aufgelösten Divisionen und mit Beutegut vereinheitlicht und verbessert. Die GSBT verfügte mit ihren nahezu kriegsstarken Armeen, entsprechenden Verstärkungsmitteln (9 Artilleriedivisionen, 9 Flak-Divisionen u.a.), den Fliegerkräften sowie der in operativer Hinsicht mit ihr zusammenwirkenden sogenannten Südbaltischen Flotte über eine beträchtliche Kampfkraft, auch wenn die im Herbst 1945 einsetzenden Entlassungen[11] das Ausscheiden vieler kriegserfahrener Soldaten bedeuteten. Noch im Jahre 1945 wurden die 47. Armee und die 5. Stoßarmee in die Sowjetunion zurückverlegt.

Die Besatzungstruppen richten sich ein

Die Divisionen und Regimenter zogen sich in Kasernen, auf Übungsplätze und Fliegerhorste der Wehrmacht zurück, so daß kein exaktes Bild über tatsächlich stationierte Kräfte, Aufgaben o.ä. zu gewinnen war. Die Truppen fanden in dem mit modern angelegten Kasernen und Übungsplätzen übersäten Stationierungsgebiet eine bessere Infrastruktur vor, als sie jemals in der Sowjetunion zur Verfügung gestanden hätte. Als Besatzungsmacht mit nahezu uneingeschränkten Befugnissen nahm die GSBT alle von der Wehrmacht genutzten Anlagen, wie Unterkunftsgebäude, Flugplätze, Depots, Bunker, Schießplätze, Forschungsstellen usw., unter ihre Kontrolle und Befehlsgewalt, nutzte sie im Bedarfsfalle weiter oder traf die entsprechenden Entscheidungen für Demontage, Zerstörung bzw. zivile Verwendung. Zeitgleich wurde die deutsche Bevölkerung aus ganzen Wohnvierteln — meist in Kasernennähe — exmittiert, um den gewaltigen Troß der Besatzungstruppen, die verschiedensten Sondereinheiten, die Militärverwaltung und später auch die Offiziersfamilien unterzubringen; auf diese Weise entstanden die charakteristischen, für Deutsche nicht zugänglichen Bezirke[12]. Zudem beschlagnahmte die Besatzungsmacht Kleinunternehmen, Kinos, Villen, Schulen oder Kurheime, um sie für ihre Zwecke zu nutzen. In den ehemaligen großen Wehrmachtstandorten Dresden, Jüterbog, Potsdam, Neustrelitz u.a. bestimmten wiederum Uniformen das Straßenbild, zumal neben den Berufsmilitärs auch die in der Besatzungsverwaltung tätigen Verwaltungs- und Wirtschaftsfachleute, die zur Begutachtung und Demontage von Forschungseinrichtungen und Rüstungsbetrieben entsandten Wissenschaftler und Techniker, die Mitarbeiter des NKVD und andere Personengruppen Uniform trugen.

Wenngleich im Verlaufe der Zeit viele der kleineren Einrichtungen an die staatlichen Stellen der SBZ/DDR (nur in Ausnahmefällen an die früheren Besitzer) zurückgegeben wurden, beanspruchte die Besatzungsmacht in den Folgejahren neue Liegenschaften zur Ausweitung von Übungsplätzen, zur Schaffung zusätzlicher militärischer Anlagen oder zur Errichtung von Wohnhäusern für die Familien. In späterer Zeit entsprachen bestimmte Standorte — wie z.B. in Ostsachsen — nicht mehr den Dislozierungsanforderungen der GSBT und wurden aufgegeben, während andere eher unbedeutende ehemalige Wehrmachtstandorte im Westteil der SBZ/DDR wie Hillersleben oder Ohrdruf erheblich ausgebaut wurden[13]. In bestimmten Regionen (um Jüterbog, Dallgow-Döberitz oder Fürstenberg) ergab sich eine solche Konzentration sowjetischer Truppen, daß diese selbst von Militärs als problematisch erachtet wurde und sich die deutsche Bevölkerung fast in der Minderheit sah.

Der Auftrag der Besatzungstruppen im System der Besatzungsmacht

Besatzungstruppen und Militärverwaltung waren eng miteinander verzahnt: Die gesamte Zeit des Bestehens der SMAD hindurch (1945 bis 1949) war der Oberkommandierende der Besatzungstruppen gleichzeitig Oberster Chef der Militärverwaltung, und auch die Funktion des Vorsitzenden der Sowjetischen Kontrollkommission (SKK, 1949 bis 1953), des Nachfolgers der SMAD, wurde vom jeweiligen Oberkommandierenden wahrgenommen. Der bereits genannte Befehl Nr. 5 des Obersten Chefs der SMAD übertrug den Befehlshabern von Armeen gleichzeitig die Funktion eines Chefs der Militäradministration auf Landes- bzw. Provinzebene mit regionaler Zuständigkeit der Armeen (2. Stoßarmee für Mecklenburg, 3. Stoßarmee für Sachsen-Anhalt, 2. Gardepanzerarmee für Brandenburg, 1. Gardepanzerarmee für Sachsen, 8. Gardearmee für Thüringen).

Legitimiert durch den auf den alliierten Konferenzen erzielten grundsätzlichen Konsens hinsichtlich der Forderungen gegenüber Deutschland, die u.a. deutsche Reparationen, die Schaffung eines demokratischen Staatswesens sowie die Ausrottung von »Militarismus und Nazismus« vorsahen[14], begann die Sowjetunion in ihrer Besatzungszone schon frühzeitig mit der Umsetzung getroffener Vereinbarungen. Die Besatzungsverwaltung unternahm große Anstrengungen zur Schaffung eines »neuen«, anderen Deutschlands, zur Überwindung der Kriegsfolgen und zum schrittweisen Wiederaufbau der Wirtschaft, wobei jedoch von Beginn an eigene deutschlandpolitische Zielvorstellungen Moskaus sowie die Spezifik des politisch-ideologischen Systems und die wirtschaftliche Lage der UdSSR der Entwicklung in der SBZ ihren Stempel aufdrückten.

Den Besatzungstruppen kamen insbesondere drei Aufgaben zu: In sicherheitspolitischer Hinsicht sah die Sowjetunion in einer längerfristigen Stationierung ihrer Truppen in Deutschland die Garantie dafür, dauerhaft »Sicherheit vor einer deutschen Aggression« zu gewinnen[15], denn solange die »Hufeisen der Kosakenpferde« in den Straßen Berlins zu hören seien, könne man »in der Sowjetunion ruhig schlafen«[16]. An einem schnellen Abzug der Besatzungstruppen konnte sie allein aus diesem Grunde nicht interessiert sein.

Die Besatzungstruppen stellten zweitens die wichtigste organisatorische und technische Kraft dar, auf die sich die Besatzungsverwaltung bei der Vielzahl der im zerstörten und besetzten Deutschland anstehenden Probleme — von der dringendsten Versorgung der Bevölkerung über die notdürftigste Instandsetzung der Verkehrsanlagen bis hin zur Wiederherstellung von Sicherheit und Ordnung — stützte. Mit ihren erheblichen materiellen und personellen Möglichkeiten sollte die GSBT drittens sichern, daß Entmilitarisierung, Entnahme von Reparationen sowie Abtransport von Kriegsbeute und Restitutionsgut umfassend, schnell und möglichst bei strenger militärischer Geheimhaltung erfolgten.

Anfänglich nahm die GSBT durchaus die »Verantwortung für das Schicksal der Bevölkerung Ostdeutschlands«[17] — so in einem späteren Selbstzeugnis pathetisch formuliert — wahr, zumal die Besatzungsverwaltung in den ersten Nachkriegsmonaten noch im Aufbau begriffen war und mit Kompetenzproblemen, mangelnder Erfahrung, personellen Schwierigkeiten u.a. rang. Sie hatte wesentlichen Anteil daran, daß für die erschöpfte, apathische und vom Krieg gezeichnete Bevölkerung lebensnotwendige Fragen wie Zuteilung von Lebensmitteln, notdürftigste medizinische Versorgung, Bekämpfung der Kriminalität u.a. schnell organisiert und im weiteren in die Hand neugeschaffener deutscher Verwaltungsstellen gelegt werden konnten. Gerade hier bewiesen Angehörige der Besatzungstruppen Tatkraft und Verständnis für die Alltagssorgen der Bevölkerung. Andererseits waren die den Besatzungstruppen aus der Wahrnehmung der Zivilverwaltung erwachsenden Probleme nicht zu übersehen: Viele Militärs nahmen sich nur ungern der komplizierten und vielschichtigen »zivilen« Sorgen an; die 1945 einmarschierten Truppen verfügten über zu wenige Verwaltungsfachleute; nicht selten zeigten sich die als Orts- oder Kreiskommandanten eingesetzten Truppenoffiziere überfordert. Erst mit der im Spätsommer 1945 einsetzenden verstärkten Zuführung von Fachleuten aus verschiedenen Volkskommissariaten und der Auswahl geeigneter Offiziere verbesserten sich Aufgabenabstimmung und -abgrenzung zwischen Besatzungstruppen und Militärverwaltung. Bis zum Frühjahr 1946 liefen noch viele Befehlsstränge innerhalb der SMAD über das Oberkommando der Besatzungstruppen, wie auch die eingespielten Strukturen der militärischen Verbände für verschiedenste Verwaltungsaufgaben herangezogen wurden. Erst mit der Ausgliederung der Militärverwaltung aus den Strukturen der Armeen im März 1946 wurden GSBT und Militärverwaltung organisatorisch und technisch vollständig getrennt.

Ein außerordentlich wichtiges Betätigungsfeld der Besatzungstruppen, das wegen seiner strategischen Bedeutung für die Sowjetunion soweit wie möglich jedem Einblick der Öffentlichkeit und insbesondere der westlichen Alliierten entzogen war und auf dem faktisch schon vor Kriegsschluß fieberhaft gearbeitet wurde, stellte der Bereich der Entmilitarisierung und der Demontagen dar. Die Übernahme des Wehrmachtgutes (Waffen, Munition, Fahrzeuge, Depots usw.) oder dessen Vernichtung bei fehlender Verwendungsmöglichkeit, die Zerstörung militärischer Anlagen, die Erfassung, Bewachung und Demontage von Betrieben und Forschungseinrichtungen der Rüstungs- und der zivilen Wirtschaft, das Aufspüren von Kriegsbeute und Restitutionsgut in Gestalt von Kunst- und Kulturgegenständen, der Abtransport dieser Güter in die Sowjetunion und schließlich die Beseitigung der zahlreichen Minenfelder und anderen gefährlichen Hinterlassenschaften des Krieges erforderten nicht nur den Einsatz der Spezialverbände wie der sogenannten Beutebrigaden, der Pioniere, des Militärtransportwesens und zahlreicher Fachleute zu verschiedensten technischen Fragen, sondern auch ganzer Infanterieeinheiten z.B. zur Bewachung oder Verladung des Gutes. Das Ausmaß der Ströme an Reparationsgütern und der Anteil der Besatzungstruppen an der militärischen und wirtschaftlichen Entwaffnung Deutschlands[18] sind wegen des fehlenden Zugangs zu den entsprechenden russischen Archivalien bis heute nur unvollkommen zu bestimmen, lassen sich jedoch allein an zwei Zahlen ermessen: Im November 1945 rollten täglich 16 Eisenbahnzüge mit Reparationsgütern in die UdSSR[19], allein in Sachsen wurden 979 Betriebe demontiert[20]. Erst als die Sowjetunion die Entmilitarisierung in ihrer Besatzungszone als abgeschlossen ansah und die Reparationen zunehmend als Warenlieferungen erfolgten, wurde die GSBT von Aufträgen der Militärverwaltung entlastet.

Den Besatzungstruppen waren in der unmittelbaren Nachkriegszeit, als sie das Hauptinstrument der sich etablierenden Militärverwaltung darstellten, außerordentliche Vollmachten bis zur Anwendung des sowjetischen Kriegsrechts und damit selbst der Waffeneinsatz eingeräumt worden. In dieser Eigenschaft und aufgrund ihrer Einbindung in das stalinistische Machtsystem war die GSBT an rechtswidrigen Praktiken und Härten sowjetischer Besatzungspolitik beteiligt, wenngleich die Hauptverantwortung z.B. für die Verschleppungen und die Internierungslager auf dem Gebiet der SBZ bei den Dienststellen des Volkskommissariats für Innere Angelegenheiten lag. Die Besatzungstruppen konnten sich auch für die Folgezeit zumindest gegenüber den deutschen Verwaltungsstellen viele ihrer Sonderrechte sichern und stellten einen »Staat im Staate«[21] dar — eine Position, an der man über den gesamten Stationierungszeitraum hinweg nie rütteln ließ und auf die nicht wenige der aus der Truppenstationierung resultierenden Probleme zurückzuführen waren.

Besatzungstruppen und Bevölkerung

Das Verhältnis zwischen der Bevölkerung und den Besatzungstruppen war in der Nachkriegszeit außerordentlich gespannt, zu großen Teilen sogar feindselig, und konnte nur langsam entkrampft werden. Der von Deutschland entfesselte brutale Eroberungs- und Vernichtungskrieg gegen die Sowjetunion hatte 1944/45 mit voller Wucht auf die deutsche Zivilbevölkerung zurückgeschlagen: Erfüllt von Rachegefühlen und nicht selten auch verroht durch den Krieg, von einer jahrelang auf Haß und Vernichtung des Feindes zielenden Propaganda verbal von Schuld freigesprochen, hatten sich Soldaten und Offiziere der Roten Armee mit Erreichen deutschen Bodens Unrecht und Verbrechen gegenüber der Zivilbevölkerung zuschulden kommen lassen[22], so daß sich die durch die Goebbelsschen Schreckensvisionen beeinflußten Deutschen vielfach in ihren Befürchtungen bestätigt sahen. Während die sowjetische militärische Führung im Verlauf des Krieges von ihren Einheiten begangene Plünderungen, Vergewaltigungen oder Morde eher nicht wahrnehmen wollte, solange nur der Kampfauftrag nicht gefährdet war, hielt sie es gegen Kriegsende für notwendig, mit einer speziellen Direktive des Oberkommandos auf eine »humanere Behandlung der Deutschen«[23] zu drängen und durch härteres Vorgehen derartiges Verhalten einzudämmen. Offiziell existierten die auch nach Kriegsschluß anhaltenden Ausschreitungen nicht und wurden niemals zugegeben. Dabei hatte die Führung der Besatzungstruppen in internen Lageeinschätzungen durchaus erkannt, daß dies das Verhältnis zur Bevölkerung in der SBZ weiter belasten, die Rote Armee diskreditieren und letztlich den Interessen der Sowjetunion schaden mußte. Immer wieder wurde deshalb in der üblichen verschlüsselten Form dazu aufgerufen, »blinde Rachegefühle, Rassenhaß oder Geringschätzung des deutschen Volkes« nicht zuzulassen, da »unwürdiges Verhalten eines einzelnen Rotarmisten« die Ehre der gesamten Roten Armee beflecke[24]; mehrfach wurden entsprechende Befehle erlassen[25].

Hinzu kamen weitere Konfliktfelder: Wenn die Verwirklichung der alliierten Beschlüsse mit der Zwangsumsiedlung erheblicher deutscher Bevölkerungsteile, Demontage von Industrieanlagen, Internierung von »Aktivisten des nationalsozialistischen Regimes« usw. schon per se von breiten Kreisen des deutschen Volkes abgelehnt wurde, so machten es die außerordentlich rigorose Eintreibung der Reparationen durch die Sowjetunion, die vom stalinistischen System der UdSSR geprägte Besatzungspraxis, die Enteignungen und Verhaftungen sowie die zunehmende Umgestaltung der gesellschaftlichen Strukturen noch schwerer, die Bevölkerung der SBZ zu gewinnen und das Mißtrauen gegenüber uniformierten Repräsentanten der Besatzungsmacht abzubauen. Viele Deutsche waren angesichts des eigenen Leids nicht bereit, über Mitschuld und Wiedergutmachungspflicht der deutschen Gesellschaft oder über die Ursachen für dieses widerspruchsvolle Bild des Sowjetsoldaten nachzudenken. Ebenso konnten und wollten sie oft nicht unterscheiden zwischen menschlichem und fairem Verhalten des einzelnen Angehörigen der Besatzungsmacht und den aus den Zwängen kommunistischer Ideologie und Herrschaft erwachsenden Ungerechtigkeiten und Härten, zwischen den einfachen Wehrpflichtigen in der Gruppe der Besatzungstruppen und den Mitarbeitern des für die Verhaftungen, Internierungen und Verschleppungen verantwortlichen NKVD.

Die Besatzungstruppen im Kalten Krieg

Das Auseinanderbrechen der Antihitlerkoalition und die sich verschärfenden Auseinandersetzungen um die künftige Entwicklung Deutschlands blieben nicht ohne Einfluß auf die Besatzungstruppen. Die Hoffnung der deutschen Bevölkerung auf ein schnelles Ende der militärischen Besetzung sollten sich nicht erfüllen. Während 1945 und teilweise noch 1946 die sowjetischen Besatzungstruppen im Ergebnis der Demobilisierung und Umstellung der Streitkräfte auf Friedensstrukturen mehrfach reduziert wurden, löste dann der eskalierende Kalte Krieg eine gegenteilige Entwicklung aus. Schrittweise wurde die Dislozierung den Erfordernissen einer drohenden bewaffneten Auseinandersetzung mit den einstigen Verbündeten angepaßt. Ein neuer kampfstarker Großverband — die 4. mechanisierte Gardearmee — wurde anstelle der ehemaligen 2. Stoßarmee eingefügt. Der ursprüngliche sicherheitspolitische Auftrag, Deutschland militärisch niederzuhalten, trat hinter die Aufgabe zurück, mit Vorbereitungen zur »Abwehr einer Aggression« den im Ergebnis des Zweiten Weltkriegs festgeschriebenen sowjetischen Machtbereich zu sichern[26]. Diese Veränderungen gingen mit militärtechnischen Modernisierungsprozessen einher. 1947 setzte eine Umrüstung und Umstrukturierung zur Erhöhung von Stoßkraft, Feuerkraft und Beweglichkeit ein, die bis über das Jahr 1950 hinaus anhielt. So wurden u.a. Schützendivisionen zu mechanisierten Divisionen mit eigenen Panzereinheiten umgegliedert, die Heeresverbände erhielten teilweise Schützenpanzerwagen, die Fliegergeschwader rüsteten auf die ersten Strahlflugzeuge um[27]. Offensichtlich wurde im Zuge dieser Maßnahmen auch die bisher in Polen stationierte 18. Armee als Eingreifreserve des sowjetischen Oberkommandos weiter nach Westen verlegt und mit ihrem Stab in Forst (Lausitz) stationiert. Nach der für die unmittelbare Nachkriegzeit angenommenen Stärke der GSBT von rund 500 000 Mann dürften nun etwa 600 000 sowjetische Soldaten auf dem Gebiet der SBZ/DDR stationiert gewesen sein. Im übrigen kann dieser Prozeß nicht losgelöst von der einsetzenden gewaltigen Aufrüstungswelle in den Staaten Osteuropas, die in der SBZ/DDR zur Schaffung der kasernierten Polizeibereitschaften als Vorstufe regulärer Streitkräfte führte[28], und von dem im Juni 1950 ausbrechenden Koreakrieg betrachtet werden. Mit ihrer Truppenstärke, Bewaffnung, kriegsnahen Ausbildung, hohen Bereitschaftsstufe und nicht zuletzt stark ausgeprägten Offensivkomponente war die Gruppe der Besatzungstruppen für die Erfordernisse der Militärverwaltung auf deutschem Boden erheblich überdimensioniert, so daß sie jenseits von Elbe und Werra zunehmend als Bedrohung empfunden werden mußte. Ein gefährliches Muskelspiel stellte in dieser Hinsicht die Berlinblockade dar. Als Antwort auf den Zusammenschluß der westlichen Zonen und vor allem auf die Einführung der separaten westdeutschen Währung in den westlichen Sektoren von Berlin im Juni 1948 sperrte die Sowjetunion am 24. Juni 1948 die Versorgungswege nach Berlin (West) und versetzte ihre Truppen in Alarmbereitschaft. Moskau hielt es jedoch im weiteren für angezeigt, die Blockade nicht über eine bestimmte Schwelle hinaus — etwa bis zur Unterbindung der Luftbrücke — zu entwickeln. Im Mai 1949 konnte der Konflikt beigelegt werden[29].

Sowjetische Panzer zur politischen Machtsicherung in der DDR

Die Gründung der beiden deutschen Staaten blieb für den sicherheitspolitischen Auftrag der Gruppe der Besatzungstruppen ohne unmittelbare Auswirkungen: Die Bildung der Bundesrepublik Deutschland hatte für die sowjetischen Truppen keine neue militärische Lage geschaffen, und die Proklamation der DDR wurde in der GSBT eher am Rande zur Kenntnis genommen. Da sich die Regierung der UdSSR in ihrer Erklärung vom 10. Oktober 1949 zur Übergabe der obersten Regierungsgewalt an die DDR die grundsätzlichen Rechte und Befugnisse als Kontrollmacht gegenüber Deutschland vorbehalten hatte, erfuhren weder der Status der Besatzungstruppen noch die bisherigen Stationierungsmodalitäten irgendwelche Veränderungen; selbst eine Namensänderung wurde als nicht notwendig erachtet. Die GSBT blieb das ausschlaggebende Instrument Moskaus zur Sicherung der politischen Verhältnisse in der DDR, das sich im Hintergrund hielt, solange die eigenen Machtmittel der SED-Führung nicht überfordert waren.

Die Ereignisse um den 17. Juni 1953 zeigten dann aber mit aller Deutlichkeit, daß die Sowjetunion über mögliche Entwicklungen in der DDR entschied und dazu jederzeit das militärische Potential der Besatzungstruppen in die Waagschale werfen konnte. Angesichts der wachsenden Unfähigkeit der DDR-Führung zur Stabilisierung der Lage und zur Eindämmung der Arbeiterunruhen wurden bereits am 16. Juni 1953 Truppen in und um Berlin bereitgestellt, die jedoch »nur im Falle der äußersten Notwendigkeit« eingreifen sollten[30]. Nach anfänglichem Abwarten des Oberkommandos und unterschiedlichem Vorgehen der Truppenkommandeure in den einzelnen Regionen der DDR kam es mit der Eskalation des Aufstands in der zweiten Tageshälfte des 17. Juni und in den Folgetagen zu einer massiven Intervention der GSBT[31]. Allein in Berlin waren 3 Divisionen mit insgesamt 500 Panzern eingesetzt, weitere 13 Divsionen hatten in nahezu vollem Bestand ihre Kasernen verlassen, um in zahlreichen Städten gegen die Aufständischen und Demonstranten einzuschreiten und eine Ausweitung des Aufstands zu unterbinden. Nachdem allein mit der geballten Präsenz von Truppen und Panzern keine abschreckende Wirkung erzielt wurde und die Aufständischen teilweise über Demonstrationen hinaus zu aktiven Handlungen wie Erstürmung von Gefängnissen, Dienststellen des Ministeriums für Staatssicherheit, Kreisleitungen der SED oder Abrechnung mit Vertretern der DDR-Staatsmacht übergingen, setzten die Besatzungstruppen ihre Waffen ein. Folgt man der Meldung des Oberkommandierenden der GSBT, Generaloberst Andrej A. Grečko, an den sowjetischen Generalstab vom 17. Juni 1953, so beliefen sich die Opfer unter den Aufständischen allein an diesem Tag auf 84 Tote und Verwundete[32]. Den Besatzungstruppen ist in diesem Zusammenhang nicht nur die Anwendung der Schußwaffe anzulasten, sie nahmen nach sowjetischem Kriegsrecht standrechtliche Erschießungen vor, während Militärgerichte langjährige Haftstrafen mit sofortiger Verbringung in die Sowjetunion verhängten. Über die Befindlichkeit der Armeeangehörigen bei ihrem Einsatz gegen die Bevölkerung der DDR wurde nichts bekannt, jedoch legen die permanente ideologische Beeinflussung mit dem vom Kalten Krieg geprägten Feindbild, die unzureichend und verzerrt übermittelten Informationen über die Situation in Deutschland und insbesondere in der DDR sowie das auf Härte und Rechtlosigkeit basierende Gefüge sowjetischer Streitkräfte die Vermutung nahe, daß es kaum innere Widerstände gegeben haben dürfte. Die in der Literatur zum 17. Juni 1953 immer wieder aufgegriffene angebliche Erschießung von 18 Angehörigen der GSBT wegen Befehlsverweigerung[33] läßt sich bis heute nicht belegen.

Die Gruppe der Sowjetischen Streitkräfte in Deutschland (1954 bis 1989)

Veränderungen im sicherheitspolitischen Umfeld

In dem Maße, wie der Repressivapparat der DDR nach den Ereignissen des 17. Juni 1953 stabilisiert und ausgebaut wurde, trat die »Polizeifunktion«

der GSBT wieder in den Hintergrund. Es lag zweifellos auch in der Absicht der politischen Verantwortungsträger in der UdSSR und der DDR, die Besatzungstruppen so bald wie nur möglich aus dem öffentlichen Blickfeld herauszunehmen und auf die militärischen Übungsplätze zurückzuführen. Nicht zuletzt der gescheiterte Volksaufstand löste eine Neubestimmung des Platzes der DDR als Vorfeld sowjetischer strategischer Ziele gegenüber Deutschland aus. Die Erklärung der UdSSR-Regierung vom 25. März 1954 über die Herstellung der vollen Souveränität der Deutschen Demokratischen Republik stand am Beginn einer Reihe von Schritten, die der DDR die Entwicklung von einer Besatzungszone zu einem Staat mit etwa der gleichen Stellung wie der der anderen Partner im sowjetischen Machtbereich ermöglichen sollte.

Die sowjetischen Truppen auf dem Gebiet der DDR lebten allerdings unverändert ihr Eigenleben. Die einen Tag nach der genannten Erklärung vorgenommene Umbenennung der GSBT in »Gruppe der Sowjetischen Streitkräfte in Deutschland«[34] (GSSD) hatte in diesem Zusammenhang nicht einmal symbolische Bedeutung, denn sie blieb in der Öffentlichkeit vorerst unbekannt. Ebenso veränderten sich weder durch den Abschluß des Warschauer Vertrages am 14. Mai 1955[35], der die Grundlage der Militärorganisation der Vertragsstaaten bildete, noch durch den zwischen der DDR und der UdSSR am 20. September 1955 unterzeichneten Staatsvertrag[36] Stellung, Rechte und Befugnisse oder Unterstellungsverhältnis der Truppen. Die GSSD verkörperte die militärische Macht auf dem Gebiet der DDR, ihr war die 1956 gebildete Nationale Volksarmee in gleicher Weise wie vorher die Kasernierte Volkspolizei nachgeordnet. Ein mit dem Staatsvertrag vereinbartes Protokoll über die Stationierung sowjetischer Truppen auf dem Gebiet der DDR[37] stellte im wesentlichen nur eine Fixierung der bestehenden Rechte der sowjetischen Streitkräfte (Nutzung von Anlagen und Liegenschaften, Belieferung mit Waren und Rohstoffen, Dienstleistungen, Stationierungskosten, Rechtsprechung, Maßnahmen bei Gefährdung der Sicherheit u. a.) dar, zumal sich die Regierung der UdSSR in einem Beschluß vom 20. September 1955 erneut alle aus den Vereinbarungen der vier Mächte resultierenden Rechte und Verpflichtungen gesichert hatte. Von praktischer Bedeutung für die GSSD war jedoch, daß mit den in den Jahren 1955 und 1956 abgeschlossenen Verträgen und der Verteidigungsgesetzgebung in der DDR günstigere Rahmenbedingungen für eine Nutzung der Wirtschaft, der Infrastruktur und der militärischen Anstrengungen der DDR im Interesse der sowjetischen Truppen geschaffen worden waren.

Das Stationierungsabkommen

Erst am 12. März 1957 kam — vermutlich auf Initiative der DDR-Führung — ein Stationierungsabkommen[38] zustande, dem weitere Vereinbarungen zu Einzelbereichen folgten[39]. Hier wurden erstmals Rechte der DDR als Stationierungsland und bestimmte Pflichten der Stationierungstruppen in Verhandlungen artikuliert und in Vertragsform gebracht (u.a. Nichteinmischung in die inneren Angelegenheiten, Einhaltung der Rechtsnormen der DDR, Konsultationen bei Veränderungen der Stärke und der Standortverteilung, Nutzung von Immobilien und Dienstleistungen der DDR, Bildung einer gemischten Kommission zur Regelung strittiger Fragen). Danach behielt die GSSD ihren aus den alliierten Vereinbarungen hergeleiteten Auftrag und erfüllte gleichzeitig »Aufgaben im Gesamtsystem der sowjetischen Streitkräfte und der Vereinten Streitkräfte des Warschauer Vertrages«[40]. Dies implizierte, daß die Stationierung auf übergeordneten, nicht allein im Ermessen der DDR liegenden Grundsätzen basierte. Es bedeutete eine Fortschreibung der bisherigen völkerrechtlichen Grundlagen der Truppenstationierung und schränkte die Souveränität des Stationierungslandes erheblich ein — beispielsweise war das Oberkommando der GSSD im Falle von Maßnahmen zur Abwehr einer eventuellen Gefährdung der »Sicherheit der sowjetischen Streitkräfte« lediglich zu einer »entsprechenden Konsultation« der DDR-Regierung verpflichtet.

In der Praxis wurden die Regelungen des Stationierungsabkommens nur unzureichend durchgesetzt. Die sowjetische Seite war kaum zu Abstrichen an hergebrachten Rechten und Gepflogenheiten bereit. So erfolgten Veränderungen der Truppenstärken und der Dislozierung nicht in gegenseitiger Abstimmung, denn »die sowjetische militär-politische Leitung und das Oberkommando der GSSD trafen solcherlei Entscheidungen selbständig«[41]. Die Kommandeure, aufgrund der Stellung der Armee im eigenen Land an Sonderrechte gewöhnt und von der deutschen Bevölkerung eine Art Dankbarkeit für die Befreiung und den Schutz der DDR erwartend, nahmen es vielfach mit den militärischen Sicherheitsbestimmungen, der Inanspruchnahme von Liegenschaften, der Straßenverkehrsordnung, der Einhaltung von Rechtsnormen, der Rücksichtnahme auf die Bevölkerung, der Informationspflicht gegenüber DDR-Behörden, dem Umweltschutz u.a. nicht sonderlich genau und erhielten oft genug noch Rückendeckung durch das Oberkommando. Die DDR-Führung, die sich aus ideologischen und sicherheitspolitischen Gründen vorbehaltlos zur Truppenstationierung bekannte, akzeptierte stillschweigend diese Tatbestände und war bestenfalls punktuell um Abhilfe bemüht[42].

Ähnlich ungenaue Regelungen betrafen auch die Stationierungskosten. In der unmittelbaren Nachkriegszeit wurden die Besatzungskosten auf Befehlsbasis, d.h. ohne vertragliche Regelungen mit deutschen Stellen, eingefordert. Erst Ende 1945 wurden die Besatzungskosten genauer bestimmt, sie standen jedoch immer außerhalb deutschen Einspruchsrechts[43]. Betrugen sie 1949 etwa 2,18 Mrd. Mark, wurden sie bis 1957 schrittweise auf 800 Mill. Mark reduziert[44]. Mit Wirkung vom 1. Januar 1959 verzichtete die UdSSR auf direkte Stationierungskosten; dafür übernahm die DDR die Aufwendungen für Bauvorhaben, Wohnungsbau, Instandsetzungen, Mieten, Pachten, Manöverschäden u.ä. in Höhe von etwa 199 Mill. Mark. Ob die Ausgaben zu diesem Zeitpunkt exakt bilanziert und nicht wie andere Verteidigungsausgaben der DDR manipuliert waren, muß dahingestellt bleiben. Die tatsächlichen Kosten wuchsen in den Folgejahren erheblich an, da das Ausmaß der Leistungen aufgrund des zunehmenden Verschleißes der Anlagen und Wohnsiedlungen, des aufwendigeren Neubaus von militärischen Objekten sowie der zunehmenden Übungstätigkeit und ihrer Folgen stieg. Hinzu kam, daß die Behörden der DDR sich den Forderungen der sowjetischen Militärs kaum entziehen konnten und keine Möglichkeiten einer genauen Kontrolle über die Verwendung der Mittel hatten.

Die GSSD in der »ersten strategischen Staffel«

Die Mitte der 50er Jahre erfolgte Umstellung der sowjetischen Streitkräfte auf die Bedingungen eines mit Kernwaffen zu führenden Krieges löste in der GSSD — nachdem sie im Zuge eines vorübergehenden allgemeinen Abbaus der konventionellen Komponente durch den Abzug eines Armeestabes (18. Armee) und zweier Divisionen 1956/57 um etwa 33 000 Mann reduziert worden war[45] — eine praktisch bis in die Mitte der 80er Jahre anhaltende Kette von Umrüstungen und Veränderungen aus. Dieser Prozeß betraf vor allem folgende Bereiche:

- Schaffung motorisierter Schützendivisionen, die zur Führung selbständiger und weiträumiger Kampfhandlungen befähigt sind,
- Verstärkung der gepanzerten Verbände durch Einführung weiterentwickelter Typen von Panzern, Schützenpanzern und Schützenpanzerwagen,
- Ausrüstung mit Waffensystemen zum Einsatz atomarer Munition (Flugzeuge, Raketen und Artilleriemittel),
- breite Einführung der Raketentechnik (Boden-Boden-Raketen kürzerer und mittlerer Reichweite, Raketen zur Panzer- und Flugabwehr, Mehrfachwerfer),

- Ausstattung mit modernen Strahlflugzeugen zur Luftraumsicherung und zur Erdkampfunterstützung sowie mit Hubschraubern (zur Kampfunterstützung, für Transportaufgaben, als Verbindungsmittel),
- verstärkter Ausbau der Kräfte zur Überwindung von Gewässern und Sperren (Brückenbau-, Ponton-, Pioniereinheiten),
- Schaffung von Verbänden und Einheiten für den Einsatz im feindlichen Hinterland (Luftsturm- und Luftlandeverbände, Einheiten »für Sonderaufgaben«),
- Einführung verbesserter Mittel für die Truppenführung und Waffenleitung sowie Aufstellung von Einheiten zur elektronischen Kampfführung[46].

Die Maßnahmen waren Ausdruck des besonderen Bemühens der sowjetischen politischen und militärischen Führung, die GSSD stets auf dem Stand des modernsten und kampfstärksten Großverbandes der Sowjetarmee zu halten. Die sowjetischen Truppen in Deutschland nahmen stets — zumindest jedoch bis zum Krieg in Afghanistan — eine besondere Stellung unter den Gruppen und Militärbezirken der sowjetischen Streitkräfte ein: Früher als diese wurden sie mit modernen Waffen ausgerüstet (etwa seit der Mitte der 80er Jahre verfügten sie u.a. über Panzer T-80 bzw. modernisierte Versionen des T-64, Panzerhaubitzen 122 und 152 mm, Schützenpanzer BMP-1 und -2, Boden-Boden-Lenkflugkörper SS-1c und SS-21, Mehrfachraketenwerfer BM-24 und BM-27, Kampfhubschrauber Mi-24, Fla-LFK-Systeme SA-8 und SA-13, Erdkampfflugzeuge Su-25, Jagdbomber Su-24 und Jagdflugzeuge MiG-29). Hier wurden bestimmte zur späteren Übernahme in den gesamten Streitkräften vorgesehene Ausbildungsmethoden und Führungssysteme erprobt, die Personalbereitstellung und die Gerätezuführung für die GSSD standen an vorderster Stelle. Alle diese Maßnahmen unterstrichen nicht nur den elitären Charakter dieser Truppengruppierung innerhalb der Sowjetarmee, sondern machten deutlich, daß es sich bei der GSSD um eine voll angriffsfähige Gruppierung handelte. Alle ihre Einheiten und Verbände waren komplett mit Personal, Gerät, Munition und Versorgungsgütern ausgestattet und zur unverzüglichen Aufnahme von Kampfhandlungen bereit. Sie verfügten über eine hohe Beweglichkeit, Stoß- und Feuerkraft und waren in der Lage, über größere Entfernungen zu handeln und dabei Sperrsysteme und Wasserläufe zu überwinden. Mit ihrer Schlagkraft verkörperte die GSSD ein beträchtliches Abschreckungspotential im Rahmen der sowjetischen Sicherheitspolitik, dem in NATO-Kreisen jederzeit die gebotene Aufmerksamkeit entgegengebracht wurde.

Die in der DDR stationierten sowjetischen Truppen bereiteten sich allseitig auf einen mit Massenvernichtungswaffen zu führenden Krieg vor. Die entsprechende Ausrüstung und Ausbildung unterlagen strengster Geheimhaltung, so daß bis heute nur spärliche Erkenntnisse darüber vorhanden sind. Hinsichtlich der eingelagerten atomaren Munition — zum Vorhandensein chemischer Munition auf dem Gebiet der DDR gibt es nach wie vor keine sicheren Erkenntnisse — dürften der DDR-Führung bestenfalls die Tatsache als solche, jedoch kaum Details bekannt gewesen sein. Der Bevölkerung der DDR wurde erst recht nicht eröffnet, welches gefährliche Potential in der Nachbarschaft lagerte.

Die GSSD verfügte über ein breites Arsenal von Mitteln für die Lagerung, die Einsatzvorbereitung und den Verschuß von Kernmunition, das jedoch weitgehend in zentraler sowjetischer Verfügungsgewalt gewesen sein dürfte. Im Falle eines Kernwaffenkrieges sollten der GSSD — und im weiteren der ebenfalls mit atomaren Trägermitteln ausgerüstenen NVA — Kernsprengköpfe übergeben und zum Verschuß »freigegeben« werden. Anhand der vergleichbaren Struktur und Ausrüstung der NVA können wesentliche Teile dieses Systems rekonstruiert werden: Jede Division verfügte mit einem Raketenartilleriebataillon über taktische Kernwaffeneinsatzmittel, dem Befehlshaber einer Armee standen eine Raketenartilleriebrigade mit Lenkflugkörpern von etwa 300 km Reichweite und Atomartillerie zur Verfügung. Zusätzliche Raketenartilleriebrigaden und Flugzeuge für den Kernwaffeneinsatz befanden sich noch in der Hand des Oberkommandierenden der GSSD[47].

Für den Fall einer militärischen Auseinandersetzung mit den NATO-Staaten war der GSSD eine Schlüsselfunktion im Streitkräftesystem des Warschauer Vertrages zugedacht: Sie sollte als Front (vergleichbar mit einer Armeegruppe der NATO) unter Aufnahme des Gros der NVA das Kernelement der »ersten strategischen Staffel« bilden. Die Dislozierung, eine harte militärische Ausbildung und die »ständige Einsatzbereitschaft aller diensthabenden Kräfte und Mittel sowie aller Armeeangehörigen«[48], die durch diensthabende Einheiten aller Waffengattungen, ein straffes Führungssystem, kurze Alarmierungszeiten u.a. erreicht wurde, hätten einen Eintritt der Hauptkräfte in den Kampf ohne Zeitverzug und ohne größere Verlegungen ermöglicht. Nach Abwehr — bezeichnenderweise unter Verzicht auf ein tiefgestaffeltes Verteidigungssystem auf dem Gebiet der DDR — eines allen Planungen zugrunde gelegten »Angriffs der NATO-Staaten« war vorgesehen, zur Offensive überzugehen und nach Heranführung weiterer Fronten (aus den westlichen Militärbezirken der UdSSR) unter Umständen mit Einsatz von Atomwaffen die Kriegsentscheidung auf dem Territorium Westeuropas zu erzwingen[49].

Diese militärstrategische Konzeption, die ohne Einschränkungen von der DDR-Staatsführung mitgetragen wurde, erlegte der DDR beträchtliche Lasten auf. Die neuen Waffensysteme erforderten größere Übungsplätze, Flugplätze, Fahrzeughallen und zusätzliche Anlagen. Die DDR-Wirtschaft hatte zweckgebunden für die GSSD Vorräte an Betriebsstoffen, Lebensmitteln u.a. zu halten und im Kriegsfall bestimmte Einrichtungen wie Krankenhäuser, Reparaturwerke und Transportunternehmen zur Verfügung zu stellen. Trotz Schaffung von Kettenmarschstraßen zwischen den einzelnen Übungsplätzen führte die intensive Übungstätigkeit der sowjetischen Truppen dazu, daß Militärtransporte ein ständiges Ärgernis in dem ohnehin überbeanspruchten Verkehrsnetz der DDR bildeten. Zudem fanden seit der Mitte der 60er Jahre verstärkt große Manöver sowohl im Rahmen der GSSD als auch unter Einbeziehung weiterer Streitkräfte der Warschauer Vertragsstaaten statt. Neben den Schießübungen und Tiefflügen bewirkte der allgemein niedrige Standard der Sicherheitsbestimmungen eine zu keinem Zeitpunkt auszuschließende Gefährdung der Bevölkerung; immer wieder waren schwere Unfälle und Havarien zu verzeichnen.

Stärke und Ausrüstung der Truppen — und um so mehr die militärische Planung — unterlagen der Geheimhaltung und wurden selbst der politischen und militärischen Führung des Stationierungslandes nur in äußerst begrenztem Umfang mitgeteilt. Die von den sowjetischen Militärs betriebene Geheimhaltung und Desinformation erregten wegen der bisweilen damit verfolgten eigennützigen Ziele das Mißfallen der Bündnispartner[50]. Sie hatten jedoch noch weitere Auswirkungen: Sie brachten auch die sowjetischen Abrüstungsinitiativen in Mißkredit und machten sie unglaubwürdig. Truppenreduzierungen in der GSSD, wie z.B. der im Oktober 1979 vom Generalsekretär des ZK der KPdSU Leonid I. Brežnev verkündete Abzug von 20 000 Mann, 1000 Panzern und weiterer Militärtechnik[51], waren nicht verifizierbar und wurden daher im westlichen Ausland mit Skepsis aufgenommen.

Als Instrument sowjetischer Sicherheitspolitik in Zentraleuropa blieb die GSSD bei Verschlechterungen der politischen Großwetterlage nicht unbeteiligt. In der Regel reagierte sie mit kurzzeitiger Erhöhung der Bereitschaftsstufen (Kubakrise im Herbst 1962, Kriege im Nahen Osten u.a.); Drohgebärden wie etwa die im April 1965 in unmittelbarer Nähe von Berlin (West) durchgeführte große Truppenübung bildeten eher eine Ausnahme.

Am 13. August 1961 bei der Abriegelung der Grenzen der DDR zu Berlin (West) und zur Bundesrepublik hielt sich die GSSD im Hintergrund, obwohl ihre Verbände in erhöhte Bereitschaft versetzt worden waren. Nur vereinzelt, wie am Check Point Charly in Berlin, wo sich sowjetische und amerikanische Panzer gegenüberstanden, zeigte sie ihre Präsenz. Obwohl die sowjetische Führung den Westmächten bereits im Vorfeld signalisiert hatte, daß deren Rechte nicht angetastet würden, schloß sie aber offensichtlich eine Lageverschärfung und selbst einen militärischen Konflikt nicht aus. Kennzeichen dafür war nicht zuletzt die Tatsache, daß der Oberkommandierende Generaloberst Ivan I. Jakubovskij vorübergehend (für die Zeit vom August 1961 bis zum März 1962) durch den kriegserfahrenen Marschall Ivan St. Konev ersetzt wurde[52].

Demgegenüber zeigte sich bei der unter sowjetischem Kommando erfolgten Operation gegen die ČSSR im August 1968, daß sich das militärische Potential der GSSD jederzeit schnell und mit Wucht gegen unbotmäßige Mitglieder des eigenen Bündnissystems anwenden ließ. Am 21. August 1968 bildeten die Verbände der GSSD die rechte Flanke der Invasionskräfte[53]. Von den in der DDR stationierten sowjetischen Truppen marschierten zwei Armeen (7 Divisionen mit insgesamt 2000 Panzern und 2000 Schützenpanzerwagen) bei Unterstützung durch die 16. Luftarmee ein. Ein Teil dieser Divisionen ging in die auf dem Gebiet der ČSSR gebildete Zentralgruppe der sowjetischen Truppen ein, an ihre Stelle traten aus der Sowjetunion herangeführte Divisionen[54].

Wünsdorf oder »Wjunsdorf«?

Kein Ort versinnbildlichte in derartig extremer Weise den Status und die Allmacht des sowjetischen Militärs in der DDR wie gerade der südlich der Stadt Zossen gelegene Ort Wünsdorf, in dem sich nahezu den gesamten Zeitraum hindurch der Sitz des Oberkommandos der »Gruppe« befand. Wünsdorf und die unmittelbare Umgebung haben eine lange militärische Tradition, hier wurden im Zuge der deutschen Vorbereitung auf den Zweiten Weltkrieg unterirdische Führungsstellen mit kompletter Infrastruktur, Anlagen zur Entwicklung und Erprobung militärischer Technik, Schießplätze und Fliegerhorste angelegt. Mehrere Jahre hatte das Oberkommando des Heeres hier seinen Sitz[55]. Mit relativ geringen Schäden fielen die Anlagen 1945 in die Hand der Roten Armee, die Teile davon demontierte und zerstörte, andere jedoch weiternutzte. 1946 verlegte das bisher in Potsdam stationierte Oberkommando der Besatzungstruppen nach Wünsdorf. Damit begann der weitere Ausbau dieses Militärstandortes: Wünsdorf entwickelte sich zu einer der größten Garnisonen der DDR, in der für die einheimische Bevölkerung fast kein Platz mehr war. Die deutschen Bewohner wurden in mehreren Wellen nahezu vollständig ausgesiedelt. Die größte Aussiedlungsaktion erfolgte 1953, als mit der Auflösung der Sowjetischen Kontrollkommission (SKK), der Nachfolgerin der SMAD, der Oberkommandierende der GSBT und bisherige Vorsitzende der SKK seinen Sitz in Wünsdorf nahm. In diesem Zusammenhang verlegten verschiedene Arbeitsbereiche von Berlin-Karlshorst nach Wünsdorf und wurden der GSBT unterstellt. Die durch den Ort führende wichtige Fernverkehrsstraße Nr. 96 wurde gesperrt, die deutsche Verwaltungshoheit reduzierte sich auf einen Bruchteil des ursprünglichen Territoriums. »Wjunsdorf« als eine Art Exklave auf dem Gebiet der DDR lebte ein abgeschlossenes, von sowjetischen Interessen, Gesetzen und Gewohnheiten geprägtes Leben. Als Sitz des Oberkommandos, des Stabes einer Luftarmee und einer Vielzahl zentraler Dienststellen der Besatzungstruppen nahm es in der sowjetischen militärischen Hierarchie einen höheren Platz als vergleichsweise Leningrad oder Kiew ein. Auf einer Fläche von 6200 ha gab es hier neben Kasernen und Wohnsiedlungen Werkstätten, Übungsplätze, Depots, Geschäfte, Schulen, eine Brotfabrik, eine Druckerei, ein Theater, ein Museum, einen Sportklub u.a. mehr. Hier lebten einschließlich der Familienangehörigen 35 000 Militärangehörige und zivile Mitarbeiter[56]. Zu Wünsdorf gehörten der Flugplatz Sperenberg mit täglichen Kurierflügen nach Moskau und die eigens eingerichtete Zugverbindung Wünsdorf — Brest — Moskau.

Das Oberkommando in Wünsdorf führte nicht nur die ihm unterstellten Armeen und Divisionen und nahm — zwar in Abstimmung mit Moskau, aber ohne Mitspracherecht von DDR-Behörden — die uneingeschränkte Entscheidungsbefugnis zu allen Fragen wahr, die Stärke, Dislozierung, Ausrüstung, Übungstätigkeit oder Ausbildung der eigenen Truppen betrafen. Darüber hinaus hatte es in der ihm für den Kriegsfall zugedachten Rolle des höchsten militärischen Stabes auf dem Territorium der DDR ein gewichtiges Wort in grundlegenden Fragen der Landesverteidigung der DDR einzubringen. Insoweit war das Ministerium für Nationale Verteidigung der DDR zwar zu Fragen des Ausbaus der militärischen Infrastruktur und der Logistik der Ansprechpartner, jedoch kaum zur Einsatzplanung der militärischen Verbände der GSSD. Im politischen Leben der DDR trat das Oberkommando lange Zeit wenig in Erscheinung und pflegte nur eingeschränkt Kontakte. Erst im Juni 1960 kam ein Besuch des damaligen Ersten Sekretärs des ZK der SED Walter Ulbricht in einem Verband der GSSD zustande[57]. Die DDR-Führung unter Erich Honecker hielt es demgegenüber angezeigt, engere Verbindung zur GSSD zu suchen und sie namens der Bevölkerung der DDR und der Angehörigen der NVA der »herzlichen Freundschaft« und der »Waffenbrüderschaft« zu versichern. Regelmäßige Besuche in höheren Stäben oder in Verbänden gehörten fortan zum festen Bestandteil des politischen Protokolls, dem sich die nachfolgenden Leitungsebenen der SED und des Staates anschlossen. Ob Wünsdorf auf Weisung Moskaus eine gewisse Rolle bei Auseinandersetzungen in der SED-Führung spielte — durch einen Geheimflug eines Politbüromitglieds vom GSSD-Flugplatz Sperenberg nach Moskau soll Ende April 1971 Brežnevs Zustimmung zur Absetzung Ulbrichts eingeholt worden sein[58] —, ist freilich kaum nachprüfbar.

Innenleben und äußeres Erscheinungsbild der GSSD

Grundsätzlich war der Dienst in der GSSD von ähnlichen Bedingungen geprägt, wie sie in den vergleichbaren Militärbezirken auf dem Gebiet der Sowjetunion vorzufinden waren. Die zumeist sehr jungen, verschiedenen Nationalitäten angehörenden Wehrpflichtigen erwartete ein harter militärischer Dienst bei absoluter Unterordnung unter den Willen des Vorgesetzten, mit Reglementierung jeder Bewegung und jedes Gedankens, unter größtenteils spartanisch einfachen Lebensverhältnissen und in weitgehender Abgeschiedenheit von der Außenwelt. Es war die Aufgabe der Kommandeure aller Stufen, der Offiziere für politische Arbeit, der in den Einheiten bestehenden Grundorganisationen der KPdSU und des Komsomol[59] sowie nicht zuletzt der Mitarbeiter der sogenannten Sonderabteilungen[60], mit der Macht des Befehls, über ständige Erziehung und bei Nutzung aller Mittel der ideologischen Beeinflussung die Fähigkeit und die bedingungslose Bereitschaft zur Erfüllung jedes militärischen Auftrags zu entwickeln. Die intensive militärische Ausbildung und die Gewährleistung einer ständigen Einsatzbereitschaft von Mensch und Technik hatten oberste Priorität, hingegen galt den Lebensverhältnissen in den Kasernen, der Ausstattung und Versorgung der Wehrpflichtigen, der Unterhaltung der Anlagen oder den Formen des Umgangs mit den Wehrpflichtigen weniger Aufmerksamkeit.

Die Ableistung des auf zwei Jahre bemessenen Wehrdienstes in Deutschland bedeutete für die Wehrpflichtigen zusätzliche Erschwernisse. Ohne Urlaubsanspruch, auf briefliche Kontakte mit den Verwandten und Bekannten angewiesen, bei einem Minimum an zugeteilter Information aus der Heimat über die in den Dienststellen verfügbaren Medien, in unterschiedlichen Kulturkreisen aufgewachsen und zum Teil nur schlecht Russisch als die Sprache des Dienstalltags beherrschend, konnte sich die Masse der nach dem Abschluß der allgemeinbildenden Schule einberufenen und aus den Tiefen der Sowjetunion stammenden jungen Soldaten (Angehörige von Nationalitäten aus den Westgebieten der UdSSR waren in der GSSD kaum anzutreffen) nur mühsam den radikal veränderten Lebensumständen anpassen. Die Welt war im Grunde genommen auf Ausbildung, Wachdienst, Essen, Schlafen und bescheidene kulturelle Betreuung reduziert, für die verständlichen Wünsche junger Leute nach Geselligkeit, Ungezwungenheit, Kontaktaufnahme zum anderen Geschlecht usw. blieb kein Platz. Die seltenen Ausgänge in der Gruppe unter Führung eines Offiziers mit Besichtigung von Sehenswürdigkeiten der DDR konnten Fehlendes nicht ersetzen. Das ständige Eingezwängtsein in das »Kollektiv«, die lückenlose Beaufsichtigung und Bevormundung sowie die Tristesse des Kasernenlebens führten immer wieder zu Konflikten, die zwischen Unteroffizieren und Wehrpflichtigen, zwischen den Angehörigen verschiedener Nationalitäten sowie zwischen den einzelnen Einberufungsjahrgängen aufbrachen und sich in Disziplinarproblemen, Drangsalierungen, Schlägereien und sogar Selbstmorden zeigten. Sie waren jedoch auch außerhalb der Kasernenmauern wahrnehmbar, wenn Wehrpflichtige aus Verzweiflung Fluchtversuche unternahmen oder zur eigenmächtigen Lösung angestauter Probleme Straftaten gegenüber der deutschen Bevölkerung begingen. Viele Jahre wußten nur Insider um die teilweise unzumutbaren Dienst- und Lebensbedingungen. Der deutschen Öffentlichkeit gelangten sie in breiterem Maße erst nach der »Wende« zur Kenntnis, als die sowjetischen Militärs im Hinblick auf den bevorstehenden Abzug mehr Transparenz gestatteten.

In einer anderen Situation befanden sich die Berufssoldaten, bei denen die auf zwei bis drei Jahre befristete Versetzung nach Deutschland eher Vorteile gegenüber dem Dienst in der Sowjetunion brachte. Für sie bedeutete dies in der Regel größere Aufstiegschancen (z.B. haben sich nahezu alle führenden sowjetischen Militärs der Nachkriegszeit ihre Sporen in der »Gruppe« verdient), zumeist bessere Wohnverhältnisse für die Familie und bessere Versorgungsleistungen als in der Heimat. Sie bewegten sich innerhalb der Garnison ohne Einschränkungen, konnten sich durch die Auszahlung eines Soldanteils in Mark der DDR hinreichend mit gefragten Konsumgütern ausstatten und vermochten sich bestimmte Freiräume außerhalb des Kasernenlebens zu schaffen[61].

Den gesamten Stationierungszeitraum hindurch lebten die sowjetischen Truppen ein Leben neben der deutschen Öffentlichkeit. Für die Mehrzahl der Armeeangehörigen waren die Fremdheit der außerhalb der Kasernenmauern herrschenden Bedingungen, die Vermittlung eines verzerrten Bildes über den eigenen Auftrag und die Situation in Deutschland und in der DDR sowie die fehlenden Möglichkeiten für eine Kontaktaufnahme zur deutschen Bevölkerung eine unüberwindliche Barriere. Die Ghettoisierung in den Wohnsiedlungen und die regelmäßige Personalrotation bewirkten ein übriges. Enge Kontakte zwischen den GSSD-Angehörigen und Deutschen waren nicht erwünscht, auf beiden Seiten befürchtete die politische Führung wohl Auswirkungen des ohnehin erkennbaren Widerspruchs zwischen der Propaganda und der Realität. Die immer wieder herausgestellte deutsch-sowjetische Freundschaft kam am ehesten noch im individuellen Bereich zustande: Gelegentlich konnten in der Nähe der Kasernen lebende DDR-Bürger ein über mehrere »Generationen« von GSSD-Angehörigen andauerndes Vertrauensverhältnis aufbauen; Offiziere der NVA trafen in der »Gruppe« Kameraden aus der Zeit des gemeinsamen Studiums an sowjetischen Militärakademien wieder und bemühten sich um eine Neubelebung der Kontakte. Immer jedoch blieben diese Beziehungen spröde und der Gefahr eines abrupten Abbruchs ausgesetzt. Die organisierten »Freundschaftstreffen« von Betriebsbelegschaften, Studentengruppen oder Schulklassen mit Einheiten der GSSD haben kaum entscheidende Impulse für das bessere gegenseitige Verstehen vermitteln können.

Recht verbreitet waren auf gemeinsamen materiellen Interessen beruhende Beziehungen zwischen Betrieben der DDR und Dienststellen der GSSD: Der (wohl nicht immer legale) Einsatz ganzer Einheiten in Betrieben und Landwirtschaftlichen Produktionsgenossenschaften half letzteren über zeitweise Engpässe bei Arbeitskräften hinweg und verschaffte andererseits den Soldaten ein willkommenes Taschengeld oder Lebensmittel zur Bereicherung des eintönigen Kasernenessens[62].

Die sowjetische Seite war in ihrer Erziehungsarbeit und Propaganda bemüht, ein Bild zu vermitteln, wonach der Angehörige der GSSD die DDR wie seine eigene Heimat schütze und sich selbstlos für sie einsetze[63]. In der Praxis wurde dies jedoch durch negative Begleiterscheinungen wie die bereits genannten Konflikte im Zusammenleben der Armeeangehörigen, Verkehrsdelikte, Straftaten unterschiedlichen Grades und Eigenmächtigkeiten von Kommandeuren beeinträchtigt. Immer wieder ereigneten sich Fahnenfluchten unter Mitnahme von Schußwaffen, schwere Verkehrsunfälle infolge unzureichender Beherrschung oder technischer Unzuverlässigkeit der Militärtechnik, Vergewaltigungen, Einbrüche u.a.[64]. Zwar unterlagen die Straftaten der Verfolgung, jedoch wurde dabei weder der rechtliche Rahmen bestehender Vereinbarungen voll in Anspruch genommen noch wurden die begünstigenden Umstände aufgedeckt und konsequent beseitigt. Wegen der unterschiedlichen Interessenlage — den DDR-Behörden waren aus Gründen der Staatsräson die Hände gebunden, während sich die Verantwortlichen der GSSD eher ungern dieser Fragen annahmen — gelang es nur unzureichend, derartigen Erscheinungen mit aller Entschlossenheit entgegenzutreten.

GSSD und NVA

Obwohl sowjetische Offiziere als Berater von Beginn an die bewaffneten Kräfte der DDR begleiteten, bestand in den ersten Jahren eine scharfe Trennlinie zur »Gruppe«: Die Berater erhielten ihre Aufgabenstellung aus dem Moskauer Generalstab, und selbst deutsche Kommunisten hatten sich nicht für die sowjetischen Truppen zu interessieren. Demgegenüber suchte die

Führung der Kasernierten Volkspolizei und später der NVA aus naheliegenden Gründen den Kontakt zu Wünsdorf, doch erst im Mai 1960 kam es zu einem Besuch des damaligen Verteidigungsministers Armeegeneral Willi Stoph in einem Regiment der GSSD[65]. Die erste Übung der GSSD unter Einbeziehung einer NVA-Division hatte allerdings bereits im August 1957 stattgefunden[66].

Mit dem Ausbau der Militärorganisation des Warschauer Vertrages, der in den 60er Jahren einsetzenden Modernisierung der NVA und der Einbeziehung aller Bereiche der DDR in die Landesverteidigung öffnete sich die GSSD in breiterem Maße für gemeinsame Maßnahmen. Die von der NVA-Führung angestrebten »Waffenbrüderschaftsbeziehungen« erhielten im Mai 1970 mit der vom Oberkommandierenden Armeegeneral Viktor G. Kulikov erlassenen »Direktive zur weiteren Vertiefung der Waffenbrüderschaft« ihre Sanktionierung für die Verbände und Einheiten der GSSD. In der Folge gelang es, durch gemeinsame Übungen, Leistungsvergleiche auf militärischem Gebiet, Informationsaustausch zu neuer Militärtechnik oder Ausbildungsfragen, Sportfeste, sogenannte Freundschaftstreffen, Exkursionen u.a. relativ beständige Beziehungen zwischen den Stäben und Truppen beider Armeen zu entwickeln. Die Einbeziehung von Einheiten der GSSD und der NVA in das »Diensthabende System«, die Ausrüstung der NVA mit weitgehend gleichen Waffensystemen und die Anpassung der Ausbildung in der NVA an Methoden und Kriterien der Sowjetarmee schufen die Basis für Kontakte zum »Regiment nebenan« und brachten den Einheiten der NVA durchaus Nutzen. Freilich wirkte bei den »Waffenbrüderschaftsbeziehungen« immer eine gewisse Zahlenhascherei und Übersteigerung mit[67].

In dieser Hinsicht gaben sich die Angehörigen der GSSD wesentlich nüchterner. Während die Wehrpflichtigen darin eine Abwechslung im eintönigen Alltag des Dienstes sahen, empfanden die Offiziere nicht selten den zusätzlichen Aufwand, die obligatorische Propaganda und den bei solchen Gelegenheiten nicht ausbleibenden Vergleich mit dem höheren Lebensstandard der DDR-Bevölkerung und der NVA-Angehörigen als lästig. Im Unterschied zu den NVA-Offizieren waren die »Waffenbrüderschaftsbeziehungen« für sie zudem nur eine Episode ihres wechselvollen militärischen Dienstes, der sie keine herausragende Bedeutung beimaßen.

Die Kontakte zwischen den Angehörigen der GSSD und der NVA konnten kaum von längerem Bestand sein, da ihnen in der Regel die über offizielle Veranstaltungen hinausgehende Basis fehlte und die allgemeinen Rahmenbedingungen sich eher hinderlich auswirkten.

Die Westgruppe der Truppen (1989–1994)

»Perestroika« in der Heimat und »Wende« in der DDR

Mitte der 80er Jahre hatte die Gruppe der Sowjetischen Streitkräfte wohl den Scheitelpunkt ihrer militärischen Bedeutung und Kampfstärke erreicht. Ihre rund 400 000 Mann, 7000 Kampfpanzer, 6500 Schützenpanzer, 4000 schweren Geschütze und Geschoßwerfer, 700 Kampfflugzeuge und 350 Kampfhubschrauber sowie 220 Boden-Boden-Raketensysteme[68] bildeten weiterhin einen Eckpfeiler im strategischen Vorfeld der Sowjetunion und sicherten den dort etablierten »realen Sozialismus«.

Die praktische Umsetzung der vom Generalsekretär des ZK der KPdSU Michail S. Gorbačev initiierten »Perestroika« und die somit möglich gewordene Übertragung des in Helsinki eingeleiteten politischen Entspannungsprozesses auf den militärischen Bereich konnten auf Dauer nicht an den sowjetischen Streitkräften vorübergehen. Die anhaltenden Veränderungen im politischen Umfeld liefen letztlich auf eine Abkehr vom bisherigen Auftrag der Streitkräfte hinaus. Als Mittel zur Durchsetzung sowjetischer außenpolitischer Interessen nicht mehr gefragt, ging die Sowjetarmee zunehmend ihrer privilegierten Stellung in der Gesellschaft verlustig und sah sich nach dem gescheiterten Afghanistankrieg einer nie dagewesenen Kritik in der Öffentlichkeit ausgesetzt. Die sowjetischen Militärs standen der »Perestroika« mißtrauisch gegenüber, folgten ihr nur zögerlich und verharrten »in einer langen Lethargie«[69].

Auch auf die GSSD wirkten diese Umbrüche. Die auf der Stockholmer Konferenz vereinbarten vertrauens- und sicherheitsbildenden Maßnahmen erlegten ihr mit der notwendigen Ankündigung von Übungen mit mehr als 13 000 Mann und 300 Panzern, der Informationspflicht zu Truppenbewegungen, den einzuräumenden Kontrollmöglichkeiten u.ä. deutliche Einschränkungen der Handlungsfreiheit auf. Im März 1987 fand erstmals eine Übung der GSSD unter Zulassung von Beobachtern aus 20 Staaten statt. Im Mai 1987 verkündeten die Teilnehmerstaaten des Warschauer Vertrages ihre neue Militärdoktrin. Sie brachte eine stärkere Hinwendung zu Fragen der Verteidigung, ein Abgehen von den bisherigen Offensivstrukturen war vorerst allerdings nicht zu beobachten. Es bedurfte deutlicherer Anstöße: Am 7. Dezember 1988 kündigte Gorbačev an, im Zeitraum zwischen 1988 und 1991 die 1983 als Gegengewicht zum Doppelbeschluß der NATO-Staaten vom Dezember 1979 stationierten SS-12-Raketen, 4 Panzerdivisionen und Einheiten mit ausgesprochenem Offensivcharakter (Luftsturm-, Landeübersetz- und

Pioniersturmkräfte) vom Territorium der DDR abzuziehen und den Verbänden eindeutig defensive Strukturen zu geben[70]. Die Umbenennung der GSSD in »Westgruppe der Truppen« (WGT) im Juni 1989 war wohl nicht nur eine Anpassung des Namens an veränderte Bedingungen, sondern eher die Aufgabe eines Anspruchs — der Stern der sowjetischen Truppen in Deutschland war im Sinken begriffen.

Der Verlauf der friedlichen Revolution in der DDR im Herbst 1989 zeigte, daß keine der Seiten ein klares Konzept für den Umgang mit der anderen besaß: Bei den Demonstrationen und in den Programmen der Bürgerbewegungen fanden sich keine Aussagen etwa gegen die Westgruppe als Ganzes oder Forderungen nach deren Abzug. Immer gegenwärtig waren jedoch die Erinnerung an den 17. Juni 1953 sowie das belastende Moment, daß auf eigenem Territorium eine starke dritte Kraft existierte, deren Reaktion nicht voraussehbar war. Um so bereitwilliger gestand man später den sowjetischen Militärs das Verdienst zu, sich nicht in die inneren Angelegenheiten der DDR eingemischt und Zurückhaltung geübt zu haben. Freilich begann sich im Zuge der Erkämpfung demokratischer Freiheiten der Bürgerwille gegen einige bereits genannte Begleiterscheinungen sowjetischer Truppenstationierung deutlicher zu artikulieren.

Die politische Führung der DDR war zeitig auf Distanz zur »Perestroika«-Politik gegangen und hatte mit mehr oder minder deutlichem Mißtrauen auf einzelne Aktivitäten Moskaus reagiert. Daß es in der Zeit der »Wende« kein direktes Hilfeersuchen der DDR-Führung an Gorbačev gegeben hat, war offensichtlich auch darauf zurückzuführen, daß man sich der Ernsthaftigkeit seiner Politik der Nichteinmischung und Selbstbestimmung bewußt war.

Das Oberkommando in Wünsdorf war im Ergebnis der Entwicklung im eigenen Land und der fortschreitenden militärischen Entspannung verunsichert. Zweifellos war es von den Ereignissen in der DDR beunruhigt, beließ aber die Truppen in ihren Kasernen. Die politische und militärische Führung der Sowjetunion wollte unter allen Umständen einen wie auch immer gearteten Einsatz der Westgruppe an der sensiblen Nahtstelle der beiden Paktsysteme verhindern[71]. Es bleibt offen, ob angesichts der immer lauter erhobenen Forderungen nach Abzug der sowjetischen Truppen in den Nachbarländern der DDR bereits zu diesem Zeitpunkt erste Gedanken in Moskau und Wünsdorf Raum griffen, daß die Tage der Westgruppe gezählt seien[72].

Die Stationierung im wiedervereinigten Deutschland

Bereits im Vorfeld der Wiedervereinigung sah sich die Westgruppe mit Problemen bisher unbekannten Ausmaßes und völlig neuer Art konfrontiert. Den politischen Veränderungen in der DDR (einschließlich des Austritts der DDR aus der Militärorganisation des Warschauer Vertrages und des Rückzugs der NVA aus Vereinbarungen mit der WGT), den offenen Grenzen zur Bundesrepublik, der Informationsfreiheit und der Währungsunion stand die Führung der Westgruppe relativ ohnmächtig gegenüber; unter Zuhilfenahme bekannter ideologischer Klischees forderte sie ihre Truppen auf, die »Wachsamkeit« zu erhöhen und in der militärischen »Pflichterfüllung gegenüber der Heimat« nicht nachzulassen. Die kurze Phase der Ungewißheit ging buchstäblich mit dem Tag der Wiedervereinigung zu Ende. Bereits am 4. Oktober 1990 wurde das unter Leitung von Generalmajor Hartmut Foertsch stehende Deutsche Verbindungskommando zu den sowjetischen Truppen in Deutschland gebildet[73]. Nachdem bei dem Treffen zwischen Bundeskanzler Helmut Kohl und Gorbačev in Železnovodsk am 16. Juli 1990 prinzipiell und dann im »Vertrag über die abschließende Regelung in bezug auf Deutschland« vom 12. September 1990[74] in völkerrechtlich verbindlicher Form der Abzug aller sowjetischen Truppen von deutschem Boden vereinbart worden war, wurden im Oktober 1990 in Folgevereinbarungen die Details festgelegt[75]. Danach sollten bis zum 31. Dezember 1994 (später wurde der 31. August 1994 vereinbart) alle sowjetischen Truppen abgezogen werden; als Gegenleistung verpflichtete sich die Bundesregierung, 15 Mrd. DM zur Deckung der Kosten für Aufenthalt, Umschulung des Personals, Abzug der Truppen, Wohnungsbau auf dem Gebiet der UdSSR u.a. zu tragen[76].

Für die verbleibende Stationierungszeit regelten diese Verträge die Rechte und Pflichten der Bundesrepublik und andererseits der Westgruppe. Damit hatten sich die Aufenthaltsbedingungen für die WGT deutlich verändert. Die sowjetischen Truppen waren nunmehr in einem tatsächlich souveränen Staat disloziert. Die bisherigen aus dem Status einer Siegermacht gegenüber Deutschland erwachsenen oder beanspruchten Sonderrechte hatten größtenteils ihre Daseinsberechtigung verloren, Zuständigkeiten und Mitspracherechte der Westgruppe endeten im Grunde an den Grenzen der Kasernen und Übungsplätze. Die weiterhin intensiv betriebene Ausbildung der Truppen, in der das Oberkommando ein Mittel zur Aufrechterhaltung der Disziplin sah, erfuhr spürbare Einschränkungen (z.B. durch das Verbot von Truppenverlegungen über öffentliche Straßen, Flugverbot an Sonn- und Feiertagen, kein Panzerschießen mit Vollkalibermunition u.a.), wobei auch die Westgruppe durch Verzicht auf Regimentsübungen, auf Tiefflüge oder auf Nutzung einzelner Übungsplätze ein bestimmtes Entgegenkommen bewies[77]. Die Versorgung der Truppen mit Lebensmitteln, Brennstoffen und anderen für die Aufrechterhaltung des Dienstbetriebes notwendigen Dingen war der neuen Situation anzupassen. Sie mußten — soweit sie nicht aus der Sowjetunion herangeführt werden konnten — nach marktwirtschaftlichen Grundsätzen in Deutschland erworben werden. Angesichts des eng begrenzten Limits der zur Verfügung stehenden DM-Bestände und der Unerfahrenheit der verantwortlichen Offiziere bereitete dies nicht wenige Probleme, entzog aber andererseits jeglichen Überlegungen hinsichtlich einer Streckung des Abzugsplans den Boden.

Die Angehörigen der Westgruppe durchlebten in der Zeit zwischen der deutschen Wiedervereinigung und der Rückverlegung in die Heimat erhebliche psychische Belastungen und mußten eine deutliche Erschütterung ihres Selbstwertgefühls hinnehmen. Im Streben der DDR-Bevölkerung nach der Einheit sahen sie nicht zuletzt eine »Undankbarkeit« den sowjetischen Truppen gegenüber; erst nach und nach entwickelten sich das Verständnis für den Wunsch nach Souveränität und Abzug der fremden Streitkräfte sowie ein Vertrauen auf neuer Grundlage. Das bisherige Bild von der Bundesrepublik als Feind ließ sich nicht mehr aufrechterhalten, selbst der Wehrpflichtige der WGT konnte sich jetzt relativ leicht und direkt ein eigenes Bild vom bisher verketzerten Kapitalismus machen. Beide Seiten bemühten sich um Unvoreingenommenheit und Entgegenkommen, und dennoch war das Empfinden, im Gegensatz zu den westlichen Alliierten für die letzte Zeit geduldeter Gast auf deutschem Boden zu sein, immer vorhanden. Mit gewisser Bitterkeit vermerkte das Oberkommando in Wünsdorf die ausweichende Haltung der Bundeswehr hinsichtlich gemeinsamer militärischer Maßnahmen[78].

Sorge und Ungewißheit bewirkten die inneren Probleme der Heimat und der Westgruppe. Aus der Entfernung mußten die Angehörigen der WGT mit ansehen, wie die Sowjetunion in den Strudel der gesellschaftlichen Umwälzungen und des wirtschaftlichen Niedergangs geriet. Während des Putschversuchs in Moskau im August 1991 nahm das Oberkommando in Wünsdorf eine abwartende Haltung ein. Weitere Unruhe brachte der dem Putschversuch folgende Präsidentenerlaß über die Einstellung der Tätigkeit von politischen Parteien in den Streitkräften, der etwa 45 000 Mitglieder der KPdSU und 4200 Politoffiziere in der Westgruppe betraf. Nach der Auflösung der Sowjetunion im Dezember 1991 war die Westgruppe »heimatlos«, bis sie dann endlich am 4. März 1992 mit der Erklärung von Präsident Boris El'cin der Russischen Föderation unterstellt wurde. Nunmehr weigerten sich die meisten Staaten der Gemeinschaft Unabhängiger Staaten (GUS), ihre Wehrpflichtigen in die Westgruppe zu entsenden, so daß — zusätzlich zu der immer schärfere Formen annehmenden Wehrdienstverweigerung in Rußland — die verbliebenen Verbände und Einheiten vorübergehend z.T. nicht einmal 50 Prozent der Mannschaften aufwiesen.

Die Nachrichten über die ungelösten Probleme der bereits zurückverlegten Verbände, die Entlassung einer großen Anzahl von Berufssoldaten ohne ausreichende Absicherung ihrer weiteren Existenz und die gleichgültige, nicht selten sogar ablehnende Haltung der Behörden in den Heimatstandorten vergrößerten noch die allgemeine Zukunftsungewißheit.

Es war unter diesen Umständen nicht verwunderlich, daß die Motivation für eine ordnungsgemäße Erfüllung der dienstlichen Aufgaben nachließ. Mancher sah eher die Chance, sich noch in der Westgruppe die entsprechenden Voraussetzungen für einen Neubeginn in der Heimat zu schaffen, sich auf legalem Wege — ein Teil der Bezüge wurde nunmehr auch in D-Mark, also in »harter Währung« ausgezahlt — finanziell zu sanieren oder über verschiedenste Geschäfte und Manipulationen schnellen Gewinn zu machen. Nicht jeder konnte der Versuchung widerstehen, durch Veräußern von Kraftstoff, Lebensmitteln und sogar Waffen privates Kapital zu schlagen, zumal schon zu Zeiten der DDR im Umfeld sowjetischer Kasernen Schmuggelgeschäfte abgewickelt wurden und unter den freizügigeren Verhältnissen der Bundesrepublik ein wesentlich größerer Absatzmarkt vorhanden war[79]. Mehrfach berichteten sowjetische Zeitungen auch über die von hohen Militärs unternommenen Versuche, durch Zusammenarbeit mit zum Teil zwielichtigen Firmen militärisches Gut zu »privatisieren« und zusätzliche Devisen zu erwirtschaften[80].

Trotz dieser Umstände ist zu konstatieren, daß die Westgruppe sich als verläßlicher Vertragspartner zeigte und die Vertragseinhaltung zu keinem Zeitpunkt in Gefahr gewesen ist.

Der Abzug der Westgruppe

Im Oktober 1990 gehörten zur Westgruppe folgende Großverbände:

- 1. Panzerarmee* (Armeestab in Dresden) mit der 20. mot. Schützendivision* (Grimma), 9. Panzerdivision (Riesa) und 11. Panzerdivision* (Dresden);
- 2. Panzerarmee* (Fürstenberg/Havel) mit der 21. mot. Schützendivision (Perleberg), 94. mot. Schützendivision* (Schwerin), 207. mot. Schützendivision (Stendal) und 16. Panzerdivision* (Neustrelitz);
- 3. Armee (Magdeburg) mit der 7. Panzerdivision* (Roßlau), 10. Panzerdivision* (Altengrabow), 12. Panzerdivision* (Neuruppin) und 47. Panzerdivision* (Hillersleben);
- 8. Armee (Nohra/bei Weimar) mit der 27. mot. Schützendivision* (Halle), 39. mot. Schützendivision* (Ohrdruf), 57. mot. Schützendivision* (Naumburg) und 79. Panzerdivision* (Jena);

- 20. Armee* (Eberswalde-Finow) mit der 35. mot. Schützendivision (Krampnitz), 90. Panzerdivision* (Bernau) und 6. mot. Schützenbrigade* (Berlin-Karlshorst);
- 16. Luftarmee (Wünsdorf) mit der 6. Jagdfliegerdivision* (Merseburg), 16. Jagdfliegerdivision* (Ribnitz-Damgarten), 126. Jagdfliegerdivision (Zerbst), 125. Jagdbombenfliegerdivision (Rechlin) und 105. Jagdbombenfliegerdivision (Großenhain);
- zwei Raketenbrigaden, sechs Flugabwehrraketenbrigaden, die 34. Artilleriedivision sowie weitere Kampf- und Kampfunterstützungsbrigaden[81].

(Anmerkung: Die mit * gekennzeichneten Verbände trugen den Gardetitel.) Hinzu kam noch eine erhebliche Anzahl von Depots, zentralen Einrichtungen, Reparaturwerken und kleineren Einheiten.

Insgesamt beanspruchte die Westgruppe zu diesem Zeitpunkt 1550 Liegenschaften mit einer Gesamtfläche von rund 290 000 ha, dies entsprach etwa 2,7 % des Territoriums der DDR[82]. Laut den Angaben der Westgruppe sollten 337 800 Soldaten, 208 400 Zivilangestellte bzw. Familienangehörige, 4116 Kampfpanzer, 7948 gepanzerte Fahrzeuge, 3578 Artillleriesysteme, 623 Flugzeuge, 615 Hubschrauber, 94 129 Kraftfahrzeuge sowie 2 602 000 t materieller Mittel (davon 677 000 t Munition) abgezogen bzw. abtransportiert werden[83].

Die Abzugsvereinbarungen setzten das Oberkommando in Wünsdorf unter erheblichen Druck. Aus Wünsdorfer Sicht schienen die bemessene Frist zu kurz und die Vertragsbedingungen durch die sowjetische Seite »sehr schlecht ausgehandelt«[84], um organisiert und mit minimalen Verlusten den Abzug zu realisieren. Eine Verzögerung des Abzugs hätte jedoch für die Sowjetunion neben moralischem Schaden auch zusätzliche finanzielle Lasten bedeutet. Kritische Stimmen in der sowjetischen Öffentlichkeit forderten daher nachdrücklich einen raschen Rückzug aus Deutschland.

Der Abzug selbst verlief nach anfänglichen Schwierigkeiten exakt nach Zeitplan und ohne besorgniserregende Zwischenfälle. Bestimmte Probleme, die zum Teil längerer Verhandlungen der gemeinsamen Gremien bedurften, bereiteten die Verifizierung des Abzugs, die Übergabe der Liegenschaften, der Umweltschutz und die Wertbestimmung der durch die WGT in Eigenleistung errichteten Bauten. Ebenso versuchte das Oberkommando in Wünsdorf ein Junktim zwischen dem Voranschreiten des von der Bundesrepublik finanzierten Baus von 44 000 Wohnungen für die zurückkehrenden Truppen und dem Abzug der Verbände herzustellen.

Die Rückverlegung erfolgte im See-, Eisenbahn- und Lufttransport. Der größte Teil des Geräts wurde über die Ostseehäfen Mukran, Rostock und Wismar abtransportiert; wegen der hohen Frachtkosten wurde nur ein relativ ge-

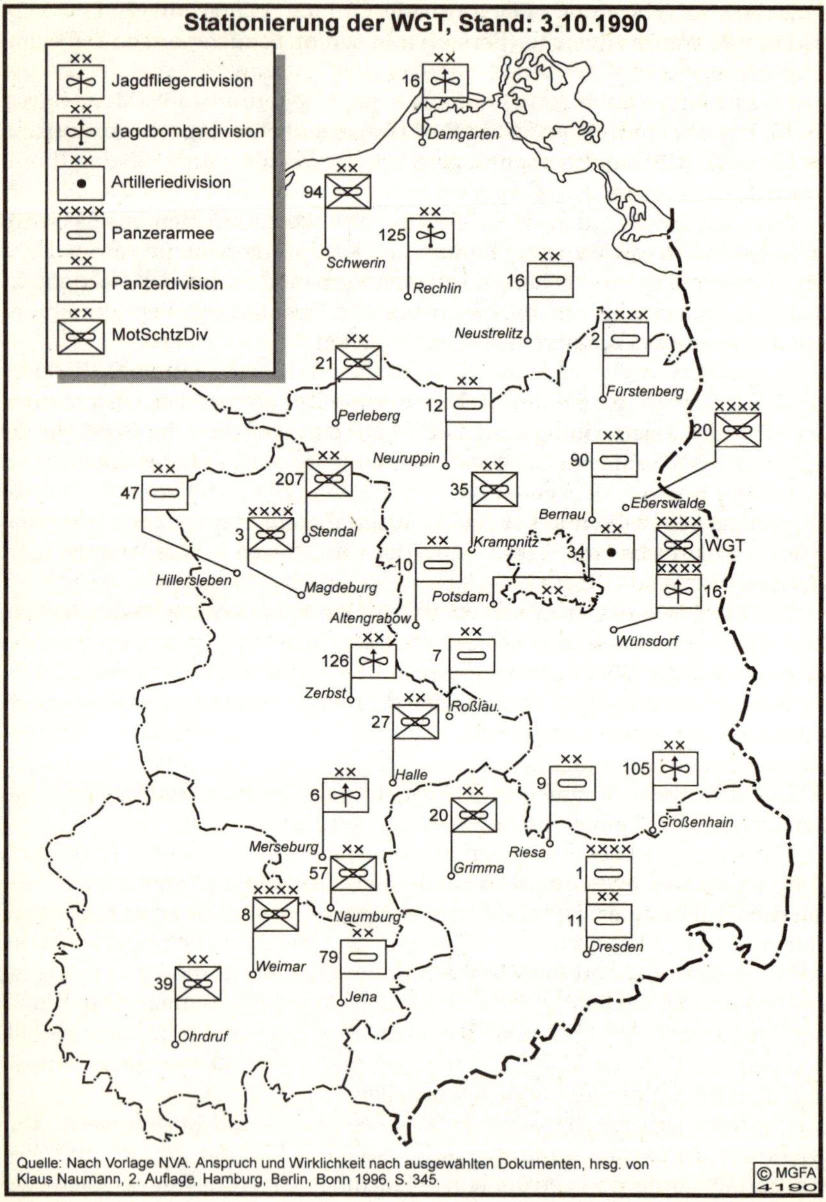

Quelle: Nach Vorlage NVA. Anspruch und Wirklichkeit nach ausgewählten Dokumenten, hrsg. von Klaus Naumann, 2. Auflage, Hamburg, Berlin, Bonn 1996, S. 345.

ringer Teil der Bewaffung und Ausrüstung auf dem Schienenwege über polnisches und tschechoslowakisches Gebiet befördert. Die Kernwaffen der Westgruppe sollen bereits vor dem 3. Oktober 1990 fortlaufend reduziert und bis Juni 1991 vollständig abgezogen worden sein[85]. Seit August 1992 wurden auf der Grundlage einer gesonderten Vereinbarung 2632 gepanzerte Fahrzeuge vor Ort zerlegt und als Schrott in Deutschland verkauft. Mit den dadurch freigewordenen Eisenbahnwagen erfolgte der — vertraglich nicht vereinbarte, aber von der deutschen Seite weitgehend geduldete — Abtransport von Installationen, Betonplatten und Baustoffen. Ähnliche Vorstellungen entwickelte das Oberkommando auch für die Vernichtung von Munition, allerdings wurde dies wegen der Auslastung der vorhandenen Kapazitäten mit NVA-Munition abgelehnt. Schrittweise und in einigen Fällen unter Berücksichtigung deutscher Bitten nach Vorrangigkeit bestimmter Standorte räumten und übergaben die Verbände und Einheiten der Westgruppe Kasernen, Übungsplätze und Wohnungen. Eine Nachnutzung durch interessierte deutsche Stellen sollte sich jedoch aufgrund des baulichen Zustandes und der Altlasten in vielen Fällen als schwierig gestalten.

Der Aufenthalt der WGT und der Verlauf des Abzuges konnten als Prüffeld für die Ernsthaftigkeit und Verläßlichkeit der neuen Beziehungen zwischen Deutschland und der Russischen Föderation gelten. Den Bemühungen beider Seiten war es zu verdanken, daß dieser Beweis erbracht wurde. Am 31. August 1994 wurden in Anwesenheit von Präsident El'cin und Bundeskanzler Kohl feierlich die letzten Soldaten der Westgruppe verabschiedet — ein Kapitel deutsch-russischer Nachkriegsgeschichte fand damit in angemessener Weise seinen Abschluß.

Leitung

Oberkommandierende der in Deutschland stationierten sowjetischen (russischen) Truppen:

1945–1946	Georgij Konstantinovič Žukov
1946–1949	Vasilij Danilovič Sokolovskij
1949–1953	Vasilij Ivanovič Čujkov
1953–1957	Andrej Antonovič Grečko
1957–1960	Matvej Vasil'evič Zacharov
1960–1961	Ivan Ignat'evič Jakubovskij
1961–1962	Ivan Stepanovič Konev
1962–1965	Ivan Ignat'evič Jakubovskij
1965–1969	Petr Kirillovič Koševoj

1969–1971	Viktor Georgievič Kulikov
1971–1972	Semen Konstantinovič Kurkotkin
1972–1980	Evgenij Filippovič Ivanovskij
1980–1985	Michail Mitrofanovič Zajcev
1985–1986	Petr Georgievič Lušev
1986–1987	Valerij Aleksandrovič Belikov
1987–1990	Boris Vasil'evič Snetkov
1990–1994	Matvej Prokop'evič Burlakov

Wichtige Daten

10. Juni 1945	Bildung der Gruppe der Sowjetischen Besatzungstruppen in Deutschland
17. Juni 1953	Niederschlagung der Volkserhebung durch massiven militärischen Einsatz der Sowjetischen Besatzungstruppen
26. März 1954	Umbenennung der bisherigen Gruppe der Sowjetischen Besatzungstruppen in »Gruppe der Sowjetischen Streitkräfte in Deutschland«
12. März 1957	Abkommen zwischen den Regierungen der DDR und der UdSSR über die zeitweilige Stationierung sowjetischer Streitkräfte auf dem Territorium der Deutschen Demokratischen Republik
21. August 1968	GSSD mit insgesamt 2 Armeestäben, 7 Heeresdivisionen und Verbänden der 16. Luftarmee am Einmarsch in die ČSSR beteiligt
29. Juni 1989	Umbenennung der GSSD in »Westgruppe der Truppen«
12. September 1990	Vertrag über die abschließende Regelung in bezug auf Deutschland
31. August 1994	Abzug der letzten russischen Soldaten aus Deutschland

Quellen- und Literaturauswahl

Die Aktenbestände zu den in Deutschland stationierten sowjetischen (russischen) Truppen befinden sich im Zentralen Archiv des Ministeriums für Verteidigung der Russischen Föderation (CAMO RF) in Podol'sk bei Moskau. Diese Archivalien unterliegen bis heute sämtlich der Geheimhaltung und sind der Forschung nicht zugänglich; lediglich Einzeldokumente wurden zur Veröffentlichung freigegeben. Teilweise lassen sich Materialien zu Kontakten von DDR-Dienststellen mit den sowjetischen Truppen (u.a. zu den Bereichen Zusammenarbeit mit der NVA, Bereitstellung von Waren und Dienstleistungen für die sowjetischen Truppen, Strafverfolgung, Beschwerden von Bürgern) in deutschen Archiven finden. Die außerordentlich restriktiv praktizierten Geheimhaltungsbestimmungen in der ehemaligen Sowjetunion bzw. in Rußland erschweren bis heute Veröffentlichungen über die sowjetischen (russischen) Truppen und sind vor allem die Ursache dafür, daß in Rußland wie in Deutschland die »Gruppe« noch nicht zum Gegenstand ernsthaften historischen Interesses wurde. Zwar kann inzwischen auf einige aus der Feder von Journalisten stammende Publikationen (in der Mehrzahl den Problemen des Abzugs der Westgruppe gewidmet) verwiesen werden, quellengesättigte militärhistorische Untersuchungen fehlen jedoch vollständig.

Für den Beitrag sind u.a. folgende russische Dokumente verwendet worden: Aus dem Archiv des Ministeriums für Verteidigung der Russischen Föderation (Central'nyj archiv Ministerstva Oborony Rossijskoj Federacii — CAMO RF), Podol'sk:

F. 402, Op. 9575, D. 910, Bl. 231 — Direktive des Hauptquartiers des Oberkommandos Nr. 11072 vom 20.4.1945 (Kopie)

F. 3, Op. 11556, D. 18, Bl. 206 f. — Befehl des Oberkommandierenden der Gruppe der Sowjetischen Besatzungstruppen in Deutschland vom 9. September 1945 (Kopie)

Aus dem Staatlichen Archiv der Russischen Föderation (Gosudarstvennyj archiv Rossijskoj Federacii — GARF), Moskau:

F. 7212, Op. 1, D. 1 — Materialzusammenstellung zur Geschichte der Sowjetischen Militäradministration des Landes Sachsen vom Oktober 1948

Speziell zum Stationierungsabkommen wurden aus dem Bundesarchiv-Militärarchiv (BA-MA), Freiburg i. Br., verwendet:

DVW 1/40492 — Analyse des Abkommens der Regierung der DDR und der Regierung der UdSSR über Fragen, die mit der zeitweiligen Stationierung sowjetischer Streitkräfte auf dem Territorium der DDR zusammenhängen — Stationierungsabkommen — vom 12. März 1957

DVW 1/44217 — Protokoll über die Bedingungen der Stationierung sowjetischer Truppen auf dem Gebiet der Deutschen Demokratischen Republik (Kopie des Originals in deutscher Sprache als Dokument Nr. 3 des Anhangs)

Folgende Literatur wurde genutzt:

Abschied in Würde. Die »Westgruppe der Truppen« verließ Deutschland, in: Wehrtechnik, 26 (1994), Nr. 9, S. 8–12

Ammer, Thomas, Sowjetische Soldaten in Deutschland. Interview mit einem ehemaligen Offizier der Westgruppe der Sowjetischen Streitkräfte in Deutschland, in: Deutschland-Archiv, 25 (1992), Nr. 5, S. 513–519

Amtsblatt des Kontrollrats in Deutschland, Ergänzungsblatt Nr. 1, Berlin 1945

Arlt, Kurt, Das Wirken der Sowjetischen Militäradministration in Deutschland (SMAD) im Spannungsfeld zwischen den Beschlüssen von Potsdam und den sicherheitspolitischen Interessen Moskaus 1945–1949, in: Volksarmee schaffen — ohne Geschrei! Studien zu den Anfängen einer ›verdeckten Aufrüstung‹ in der SBZ/DDR 1947–1952, im Auftrag des Militärgeschichtlichen Forschungsamtes hrsg. von Bruno Thoß, München 1994, S. 91–139

Armee für Frieden und Sozialismus. Geschichte der Nationalen Volksarmee der DDR, 2. Aufl., Berlin (Ost) 1987

Auf Gefechtsposten. Ein Buch über die Gruppe der Sowjetischen Streitkräfte in Deutschland, Berlin (Ost) 1977

Basistov, Ju. und Skotnikov, Ju., V duche družby i bratstva, in: Voennyj vestnik, 1975, Nr. 6, S. 21–24

Bassistow, Juri W., Die DDR — ein Blick aus Wünsdorf, in: Jahrbuch für Historische Kommunismusforschung 1994, Berlin 1994, S. 214–224

Der Bau der Mauer durch Berlin. Die Flucht aus der Sowjetzone und die Sperrmaßnahmen des kommunistischen Regimes vom 13. August 1961, Bonn 1986

Befehle des Obersten Chefs der Sowjetischen Militärverwaltung in Deutschland. Aus dem Stab der Sowjetischen Militärverwaltung in Deutschland, Sammelheft 1, 1945, Berlin 1946

Belikow, Waleri, Die Rolle der Gruppe der Sowjetischen Streitkräfte in Deutschland bei der Umsetzung der Militärdoktrin sowie der Festigung der Waffenbrüderschaftsbeziehungen zur Nationalen Volksarmee, in: Militärwesen, 32 (1988), Sonderheft Januar, S. 50–52

Benz, Wolfgang, Deutschland seit 1945. Entwicklungen in der Bundesrepublik und in der DDR. Chronik, Dokumente, Bilder, München 1990

Bitva za Berlin (Krasnaja Armija v poveržennoj Germanii), Moskva 1995 (= Russkij archiv: Velikaja Otečestvennaja, t. 15)

Boltunov, Michail, Germanija vozvratila nam ZGV. Počemu-to chuže vsech ob etom istoričeskom fakte podumali publicisty, in: Čest' imeju, l994, Nr. 11, S. 19–25

Brandenburg, Ulrich, Die »Freunde« ziehen ab: Sowjetische und post-sowjetische Truppen in Deutschland, in: Außenpolitik, 44 (1993), Nr. 1, S. 78–87

Burlakow, Matwej, Wir verabschieden uns als Freunde. Der Abzug — Aufzeichnungen des Oberkommandierenden der Westgruppe der sowjetischen Streitkräfte, Bonn, Fribourg, Ostrava 1994

Butlar, Florian von, Stefanie Endlich und Anette Leo, Fürstenberg-Drögen. Schichten eines verlassenen Ortes, Berlin 1994

Butlar, Walrab von, Ziele und Zielkonflikte in der sowjetischen Deutschlandpolitik 1945–1947, Stuttgart 1980

Cox, David, Retreating from the Cold War. Germany, Russia and the Withdrawal of the Western Group of Forces, Hampshire, London 1996

Davydov, A., O česti i dostoinstve sovetskogo voina, in: Krasnaja Armija, vom 18.10.1945

Deutscher, Isaac, Reportagen aus Nachkriegsdeutschland, Hamburg 1980

Diedrich, Torsten, Der 17. Juni 1953 in der DDR. Bewaffnete Gewalt gegen das Volk, Berlin 1991

Dokumente zur Außenpolitik der Regierung der Deutschen Demokratischen Republik, Bd 3, Berlin (Ost) 1956

Dokumente zur Außenpolitik der Regierung der Deutschen Demokratischen Republik, Bd 5, Berlin (Ost) 1958

Fischer, Alexander, Sowjetische Deutschlandpolitik im Zweiten Weltkrieg 1941–1945, Stuttgart 1975

Foertsch, Hartmut, Der Abzug russischer Truppen aus Deutschland. »Keiner sagt: ›Jungs, kommt bald wieder‹«, in: Europäische Sicherheit, 43 (1994), Nr. 3, S. 125–127

Foertsch, Hartmut, Beginn einer Partnerschaft? Deutsches Verbindungskommando zur WGT, in: Information für die Truppe, 38 (1994), Nr. 8, S. 8–12
Frank, Hans, Die Westgruppe der Truppen (WGT), in: NVA. Anspruch und Wirklichkeit nach ausgewählten Dokumenten, hrsg. von Klaus Naumann, 2. Aufl., Hamburg, Berlin, Bonn 1996, S. 331–350
Fricke, Karl-Wilhelm, Okkupanten oder Waffenbrüder? Die Gruppe der Sowjetischen Streitkräfte in Deutschland, in: Deutschland-Archiv, 15 (1982), Nr. 3, S. 269–275
Garelow, M.A., Woher droht Gefahr?, in: Militärgeschichte, 28 (1989), Nr. 4, S. 358–364
Gaudlitz, Frank und Thomas Kumlehn, Die Russen gehen. Der Abzug einer Armee, Berlin 1993
Grif sekretnosti snjat. Poteri Vooružennych Sil SSSR v vojnach, boevych dejstvijach i voennych konfliktach. Statističeskoe issledovanie, Moskva 1993
Gruppa sovetskich vojsk v Germanii, in: Voennyj vestnik, 1975, Nr. 6, S. 6–14
Die GSTD. Vier Jahrzehnte Sowjettruppen in Deutschland, in: Soldat und Technik, 29 (1986), Nr. 11, S. 622–639
Hagen, Manfred, DDR — Juni '53. Die erste Volkserhebung im Stalinismus, Stuttgart 1992
Hoffmann, Theodor, Das letzte Kommando. Ein Minister erinnert sich, Berlin, Bonn, Herford 1993
Holzweißig, Gunter und Jürgen Rühle, 13. August 1961. Die Mauer in Berlin, Köln 1981
Kaiser, Gerhard, Sperrgebiet. Die geheimen Kommandozentralen in Wünsdorf seit 1871, Berlin 1993
Karlsch, Rainer, Allein bezahlt? Die Reparationsleistungen der SBZ/DDR 1945–1953, Berlin 1993
Keiderling, Gerhard, »Als Befreier unsere Herzen zerbrachen«. Zu den Übergriffen der Sowjetarmee in Berlin 1945, in: Deutschland-Archiv, 28 (1995), Nr. 3, S. 234–243
Komsomol'skaja pravda, vom 1.4.1992
Koop, Volker, Zwischen Recht und Willkür. Die Rote Armee in Deutschland, Bonn 1996
Kopelew, Lew, Aufbewahren für alle Zeit, Hamburg 1976
Krasnaja Armija, vom 26. 9.1945
Krasnaja Zvezda, vom 9.9.1945
Kuby, Erich, Die Russen in Berlin 1945, München, Bern, Wien 1965
Kuz'min, I.N., Krušenie GDR. Istorija, Posledstvija. 2., erg. Aufl., Moskau 1996
Leithäuser, Joachim G., Der Aufstand im Juni. Ein dokumentarischer Bericht, in: Der Monat, 5 (1953), Nr. 60, S. 595–624; Nr. 61, S. 45–66
Lippert, Günter, Die GSTD. Speerspitze der Roten Armee, in: Internationale Wehr-Revue, 20 (1987), Nr. 5, S. 553–563
Logunov, Valentin, Vyvod Zapadnoj gruppy vojsk iz Germanii — besprecedentnaja operacija v voennoj praktike, in: Rossijskaja gazeta, vom 16.5.1990
Logvin, V., Nachodjas' za rubežom, bud'te osobenno bditel'ny, vysoko deržite čest' i dostoinstvo sovetskogo voina, in: Krasnaja Armija, vom 18.5.1945
Mahler, Gerhard, Sowjetische Truppen in Deutschland — konventionelle Bedrohung der Bundesrepublik Deutschland, Kiel 1988

Maksimyčev, Igor', Edut naši kazaki ..., in: Meždunarodnaja žizn', 1991, Nr. 5, S. 58–67
Die Organisation des Warschauer Vertrages. Dokumente und Materialien 1955–1985. 3., erw. Aufl., Berlin (Ost) 1985
Oschlies, Wolf, 30 Jahre »Gruppe sowjetischer Streitkräfte in Deutschland«, in: Deutschland-Archiv, 8 (1975), Nr. 10, S. 1019–1021
Panian, Reinhard, Sie gehen als Freunde. Der Abzug der Westgruppe der Truppen (WGT) aus Deutschland — Eine Bilanz zur Halbzeit, in: Truppenpraxis, 37 (1993), Nr. 3, S. 323–326
Prieß, Lutz und Manfred Wilke, Die DDR und die Besetzung der Tschechoslowakei am 21. August 1968, in: Aus Politik und Zeitgeschichte, 42 (1992), Nr. 36, S. 26–34
SBZ-Handbuch. Staatliche Verwaltungen, Parteien, gesellschaftliche Organisationen und ihre Führungskräfte in der Sowjetischen Besatzungszone Deutschlands 1945–1949, hrsg. von Martin Broszat und Hermann Weber, München 1990
Seifert, Wolfgang, Zu den völkerrechtlichen Grundlagen der Stationierung sowjetischer Truppen in der DDR, in: Deutschland-Archiv, 15 (1982), Nr. 5, S. 473–476
17. Juni 1953. Arbeiteraufstand in der DDR, hrsg. von Karl Wilhelm Fricke und Ilse Spittmann, 2., erw. Aufl., Köln 1988
Sipols, W., Tschelyschew, I. und V. Belezki, Jalta — Potsdam: Basis der europäischen Nachkriegsordnung, Berlin (Ost) 1985
Sovetskie vojska v Germanii 1945–1994. Pamjatnyj al'bom, Moskva 1994
Sovetskie Vooružennye Sily. Istorija stroitel'stva, Moskva 1978
Sovetskij voin, vom 18.9.1991
Der Tag X — 17. Juni 1953. Die »innere Staatsgründung« der DDR als Ergebnis der Krise 1952/54, hrsg. von Ilko-Sascha Kowalczuk [u.a.], 2., durchges. Aufl., Berlin 1996
Teheran, Jalta, Potsdam. Konferenzdokumente der Sowjetunion, hrsg. vom Ministerium für Auswärtige Angelegenheiten der UdSSR, 3 Bde, Köln 1986
Teheran, Jalta, Potsdam. Die sowjetischen Protokolle von den Kriegskonferenzen der »Großen Drei«, hrsg. und eingel. von Alexander Fischer, Köln 1968
The Post-Stalin Succession Struggle and the 17 June 1953 Uprising in East Germany: The Hidden History. Declassified Documents from U.S., Russian, and Other European Archives, ed. by Christian F. Ostermann, Washington 1996
UdSSR gab ein Beispiel: TASS zum Abzug sowjetischer Truppen aus der DDR, in: Neues Deutschland, vom 2.8.1980
Um ein antifaschistisch-demokratisches Deutschland. Dokumente aus den Jahren 1945–1949, hrsg. vom Ministerium für Auswärtige Angelegenheiten der DDR und vom Ministerium für Auswärtige Angelegenheiten der UdSSR, Berlin (Ost) 1968
Volksarmee schaffen — ohne Geschrei! Studien zu den Anfängen einer ›verdeckten Aufrüstung‹ in der SBZ/DDR 1947–1952, im Auftrag des Militärgeschichtlichen Forschungsamtes hrsg. von Bruno Thoß, München 1994
Wenzke, Rüdiger, Die NVA und der Prager Frühling. Die Rolle Ulbrichts und der DDR-Streitkräfte bei der Niederschlagung der tschechoslowakischen Reformbewegung, Berlin 1995 (= Forschungen zur DDR-Geschichte, Bd 5)
Wetzlaugk, Udo, Die Alliierten in Berlin, Berlin 1988

Zajcev, M., Vsegda v boevoj gotovnosti, in: Voennyj vestnik, 1985, Nr. 6, S. 6–32
Zeittafel zur Militärgeschichte der Deutschen Demokratischen Republik 1949 bis 1988. 2., erw. und durchges. Aufl., Berlin (Ost) 1989

Anmerkungen

1 Im folgenden findet die in der DDR übliche Bezeichnung »Gruppe der Sowjetischen *Streitkräfte*« Verwendung. Außerhalb der DDR war eher der gleichermaßen korrekt aus dem Russischen übersetzte Begriff »Gruppe der Sowjetischen *Truppen* in Deutschland« gebräuchlich.

2 Vgl. Erklärung in Anbetracht der Niederlage Deutschlands und der Übernahme der obersten Regierungsgewalt hinsichtlich Deutschlands durch die Regierungen des Vereinigten Königreichs, der Vereinigten Staaten von Amerika und der Union der Sozialistischen Sowjet-Republiken und durch die Provisorische Regierung der Französischen Republik, in: Amtsblatt, Ergänzungsblatt Nr. 1. Berlin 1945, S. 7 ff.

3 Frankreich wurde nach entsprechenden vorbereitenden Vereinbarungen durch ein Zusatzabkommen vom 26. Juli 1945 in aller Form einbezogen.

4 Vgl. Anordnung für die Sowjetische Militäradministration über die Verwaltung der Sowjetischen Besatzungszone in Deutschland, in: Um ein antifaschistisch-demokratisches Deutschland, S. 51 ff.

5 Veröffentlicht in: Befehle des Obersten Chefs, S. 9 bzw. 13 f.

6 Stärken der beiden Fronten per 8.5.1945 ermittelt nach: Grif sekretnosti snjat, S. 219 f.

7 NKVD (in der deutschen Umgangssprache zumeist: NKWD) — Narodnyj Komissariat Vnutrennich Del [Volkskommissariat für Innere Angelegenheiten]; Repressivapparat in der Sowjetunion, der zur Festigung der inneren und äußeren Sicherheit mit legalen und geheimdienstlichen Methoden alle Lebensbereiche überwachte und erbarmungslos gegen echte und vermeintliche Feinde der Sowjetmacht vorging; in der SBZ zuständig für die Gewährleistung eines entsprechenden Besatzungsregimes, damit maßgeblicher Anteil an der Liquidierung des Nationalsozialismus und an der späteren Sowjetisierung in der SBZ/DDR; im März 1946 zum Ministerium für Innere Angelegenheiten und Ministerium für Staatssicherheit umgegliedert.

8 Vgl. CAMO RF, F. 3, Op. 11556, D. 18, Bl. 153–155 (Kopie).

9 »Olympisches Dorf« — westlich von Berlin-Spandau zur Vorbereitung der Olympischen Spiele 1936 errichtete und bis Kriegsende von der Wehrmacht genutzte Anlagen.

10 In einigen Publikationen wird auch die 4. Gardepanzerarmee dem ursprünglichen Bestand der GSBT zugeordnet. Diese Armee gehörte jedoch damals der auf dem Gebiet der ČSR aus der 1. Ukrainischen Front gebildeten Zentralgruppe der sowjetischen Truppen an (vgl. Bitva, S. 421).

11 Vgl. Sovetskie Vooružennye Sily, S. 374 bzw. Krasnaja Armija, vom 26.9.1945.

12 Im Russischen als »gorodok« — »Städtchen, Siedlung« — bezeichnet.

13 Eine Übersicht der wichtigsten Stationierungsorte (Stand: Jahresbeginn 1990) ist enthalten bei Frank, Die Westgruppe, S. 345 ff.

14 Zum Verlauf der Konferenzen von Teheran (Dezember 1943), Jalta (Februar 1945) und Potsdam (Juli/August 1945) aus sowjetischer Sicht sowie zu den Zielen sowjetischer Deutschlandpolitik in der Kriegs- und unmittelbaren Nachkriegszeit siehe: Teheran, Jalta, Potsdam. Die sowjetischen Protokolle; Teheran, Jalta, Potsdam. Konferenzdokumente; Fischer, Sowjetische Deutschlandpolitik; von Butlar, Ziele; Sipols/Tschelyschew/Belezki, Jalta — Potsdam.

15 Leitartikel der Krasnaja Zvezda vom 9.9.1945.

16 Maksimyčev, Edut, S. 58.

17 Zajcev, Vsegda, S. 8.

[18] Zur Frage der Reparationsleistungen der SBZ/DDR ausführlich bei Karlsch, Allein bezahlt; zu sicherheitspolitischen Aspekten der militärischen und wirtschaftlichen Entwaffnung vgl. Arlt, Das Wirken, S. 91–139.

[19] Vgl. Burlakow, Wir verabschieden uns, S. 22.

[20] Vgl. Materialzusammenstellung, GARF, F. 7212, Op. 1, D. 1, Bl. 64.

[21] Diesen Begriff verwendete man übrigens auch in der Sowjetunion im Hinblick auf die in Deutschland stationierten Truppen, allerdings eher in dem Sinne, es habe sich um eine voll funktionsfähige, autarke und durch die große Entfernung von Moskau auch in gewisser Weise eigenverantwortliche Gruppierung gehandelt (vgl. Boltunov, Germanija, S. 19).

[22] Es würde den Rahmen dieses Beitrags sprengen, das Verhalten der Angehörigen der Roten Armee wie auch der Mitarbeiter der Besatzungsverwaltung gegenüber den Deutschen in seiner Widersprüchlichkeit, mit allen Facetten und auch in seinen sich verändernden Erscheinungsformen darstellen zu wollen. Verwiesen sei auf die relativ umfangreiche Literatur, von der hier stellvertretend genannt sein sollen: Keiderling, Befreier; Kuby, Die Russen; Kopelew, Aufbewahren; SBZ-Handbuch; Deutscher, Reportagen.

[23] Direktive Nr. 11072 vom 20.4.1945, CAMO RF, F. 402, Op. 9575, D. 910, Bl. 231 (Kopie).

[24] Vgl. derartige Aufrufe bei Logvin, Nachodjas' za rubežom; Davydov, O česti.

[25] Das Ausmaß dieses Verhaltens und die unzureichende Wirksamkeit der bisher eingeleiteten Gegenmaßnahmen verdeutlicht ein Befehl Žukovs vom 9. September 1945, der wegen »Marodierens einzelner Armeeangehöriger« (»maroderskie dejstvija otdel'nych voennoslužaščich«) erlassen wurde und die kasernierte Unterbringung aller Offiziere und Unteroffiziere zum Zwecke der ständigen Beaufsichtigung ihrer Unterstellten vorsah. Bereits am 20. September 1945 verlangte jedoch Stalin die Aufhebung dieses »als der Disziplin und dem Ansehen der Roten Armee gegenüber den Alliierten schädlichen« Befehls (vgl. CAMO RF, F. 3, Op. 11556, D. 18, Bl. 206 f., Kopie).

[26] Dies belegt u. a. ein 1989 veröffentlichter Übungsplan der GSBT vom November 1946, dem ein Angriff aus dem Westen zugrunde lag (in deutscher Fassung publiziert in Garelow, Woher, S. 358 ff.).

[27] Auf Gefechtsposten, S. 75.

[28] Zu den Anfängen der Wiederbewaffnung in der SBZ/DDR siehe Volksarmee schaffen.

[29] Zum Verlauf und zu den Folgen der Berlinblockade vgl. Wetzlaugk, Die Alliierten.

[30] Abschrift einer telefonisch von Grečko am 17. Juni 1953 nach Moskau übermittelten Information zur Lage in Berlin ausgangs des 16. Juni, veröffentlicht in: The Post-Stalin Succession, Dokument Nr. 14.

[31] Neuere Darstellungen zum 17. Juni 1953 bei Fricke/Spittmann, 17. Juni; Hagen, DDR; Diedrich, Der siebzehnte Juni; Kowalczuk, Der Tag X.

[32] Vgl. The Post-Stalin Succession, Dokument Nr. 15.

[33] Nach dem Bericht eines geflüchteten sowjetischen Offiziers erstmals veröffentlicht in Leithäuser, Der Aufstand, S. 55.

[34] Vgl. Direktive des Generalstabs der Streitkräfte der UdSSR Nr. Org./1/59047 vom 26.3.1954 (Kopie im Besitz des Autors).

[35] Siehe Vertrag über Freundschaft, Zusammenarbeit und gegenseitigen Beistand (Warschauer Vertrag), veröffentlicht in: Die Organisation, S. 19 ff.

[36] Siehe Vertrag über die Beziehungen zwischen der Deutschen Demokratischen Republik und der Union der Sozialistischen Sowjetrepubliken vom 20. September 1955 (Staatsvertrag), in: Dokumente, Bd 3, S. 280–283.

[37] Vgl. BA-MA, DVW 1/44217, Protokoll über die Bedingungen der Stationierung sowjetischer Truppen auf dem Gebiet der Deutschen Demokratischen Republik (Kopie des Originals in deutscher Sprache als Dokument Nr. 3 des Anhangs).

[38] Vgl. Abkommen zwischen der Regierung der Deutschen Demokratischen Republik und der Regierung der Sozialistischen Sowjetrepubliken über Fragen, die mit der zeitweiligen Stationierung sowjetischer Streitkräfte auf dem Territorium der Deutschen Demokratischen Republik zusammenhängen« (Stationierungsabkommen), in: Dokumente, Band 5, S. 677 ff.

39 Dabei handelte es sich um folgende Regelungen: Abkommen zwischen der Regierung der Deutschen Demokratischen Repulik und der Union der Sozialistischen Sowjetrepubliken über die Ordnung und die Bedingungen der Inanspruchnahme von Objekten und Leistungen verschiedener Art durch die zeitweilig auf dem Territorium der Deutschen Demokratischen Republik stationierten sowjetischen Streitkräfte vom 25. Juli 1957, Rechtshilfeabkommen vom 2. August 1957, Vereinbarung zwischen dem Ministerium der Finanzen der Deutschen Demokratischen Republik und dem Oberkommando der Sowjetischen Streitkräfte in der Deutschen Demokratischen Republik über das Verfahren zur Regelung von materiellen Schadenersatzansprüchen vom 27. Dezember 1957.

40 Gruppa sovetskich vojsk, S. 7.

41 Bassistow, Die DDR, S. 215 (B. war die gesamten 60er Jahre hindurch im Oberkommando der GSSD als Abteilungsleiter der Politischen Verwaltung tätig und wirkte häufig als persönlicher Dolmetscher der Oberkommandierenden).

42 Trotz klar erkennbaren Handlungsbedarfs wurden in der DDR bis 1988 völkerrechtliche und praktische Fragen des Stationierungsabkommens nicht angesprochen, geschweige denn untersucht. Kritische Einschätzungen ließen sich noch eher in der BRD finden, u.a. bei Fricke, Okkupanten, S. 269–275; Seifert, Zu den völkerrechtlichen Grundlagen, S. 473–476. Erst am 25. November 1988 wurde vom Nationalen Verteidigungsrat der DDR der SED-Führung eine entsprechende Untersuchung vorgelegt, die den Sachstand in den verschiedensten Bereichen erfaßte (vgl. BA-MA, DVW 1/40492, Analyse des Abkommens der Regierung der DDR und der Regierung der UdSSR über Fragen, die mit der zeitweiligen Stationierung sowjetischer Streitkräfte auf dem Territorium der DDR zusammenhängen — Stationierungsabkommen — vom 12. März 1957).

43 Zu den Besatzungskosten im Zeitraum 1945 bis 1953 siehe Karlsch, Allein bezahlt, S. 217 ff.

44 Angaben nach BA-MA, DVW 1/40492, S. 74, Analyse des Abkommens der Regierung der DDR und der Regierung der UdSSR über Fragen, die mit der zeitweiligen Stationierung sowjetischer Streitkräfte auf dem Territorium der DDR zusammenhängen — Stationierungsabkommen — vom 12. März 1957.

45 Vgl. Die GSTD, S. 622 f.; Zeittafel, S. 62.

46 Detaillierte Angaben zu Gliederung und Strukturen bei Lippert, Speerspitze, S. 553–563; Die GSTD, S. 622–639.

47 Vgl. hierzu auch: Die GSTD, S. 27 f.

48 Belikow, Die Rolle der Gruppe, S. 51.

49 Vgl. Bassistow, Die DDR, S. 215 ; mehr zum Auftrag der GSSD bei: Mahler, Sowjetische Truppen.

50 Vgl. Hoffmann, Kommando, S. 86.

51 Vgl. UdSSR gab ein Beispiel: TASS zum Abzug sowjetischer Truppen aus der DDR, in: Neues Deutschland, vom 2.8.1980.

52 Über den 13. August 1961 siehe u.a. Bau der Mauer; Holzweißig/Rühle, 13. August.

53 Zum Einmarsch in die ČSSR im August 1968 siehe Prieß/Wilke, Besetzung; Wenzke, NVA.

54 Vgl. Sovetskie vojska, S. 38 f.

55 Ausführlicher zur Geschichte der Garnison Wünsdorf von 1871 bis 1994 siehe Kaiser, Sperrgebiet.

56 Vgl. Sovetskie vojska, S. 225.

57 Vgl. Zeittafel, S. 126.

58 So Bassistow, Die DDR S. 221 f.

59 Russsische Kurzbezeichnung für »Kommunistischer Jugendverband«.

60 Offizielle Bezeichnung für die in der Sowjetarmee wirkenden Strukturelemente des Komitees für Staatssicherheit (KGB) der UdSSR.

61 Ein ungeschminktes Bild der Dienst- und Lebensbedingungen vermittelt der ehemalige Oberleutnant der WGT A. Kuznecov (vgl. Ammer, Sowjetische Soldaten, S. 513–519).

62 Anschauliche Schilderungen der Alltagserfahrungen verschiedenster Vertreter der DDR-Bevölkerung mit Angehörigen der GSSD finden sich u.a. bei: von Butlar/Endlich/Leo, Fürstenberg-Drögen; Gaudlitz/Kumlehn, Die Russen.

[63] Vgl. hierzu die mit Pathos geschilderten Rettungstaten von Angehörigen der GSSD gegenüber DDR-Bürgern: Auf Gefechtsposten; Basistov/Skotnikov, V duche družby, S. 21–24.

[64] Zum Problem der Straffälligkeit von Angehörigen der GSSD und der Strafverfolgung durch die DDR-Behörden vgl. die detaillierte, allerdings recht einseitige Abhandlung von Koop, Zwischen Recht und Willkür.

[65] Vgl. Zeittafel, S. 125.

[66] Vgl. ebd., S. 85.

[67] Vgl. hierzu die teilweise euphorischen Wertungen in: Armee, insbesondere S. 541 ff.

[68] Zahlenangaben nach Lippert, Speerspitze, S. 563. Die Sowjetunion hat erst mit den Abzugsverhandlungen konkrete Zahlen vorgelegt, bis zu diesem Zeitpunkt basierten die in der westlichen Presse veröffentlichten Angaben nur auf Schätzungen und wichen daher erheblich voneinander ab. Die von L. verwendeten Angaben liegen etwa im Mittelbereich der bei verschiedenen Autoren anzutreffenden Zahlen.

[69] Maksimyčev, Edut, S. 58.

[70] Vgl. Sovetskie vojska, S.78 ff.

[71] Vgl. hierzu Kuz'min, Krušenie GDR.

[72] Diese These findet sich bei Maksimyčev, Edut, S. 59.

[73] Vgl. Foertsch, Beginn, S. 16.

[74] Wortlaut u.a. bei Benz, Deutschland, S. 299 ff.

[75] Hierbei handelt es sich um das Abkommen über einige überleitende Maßnahmen vom 9.10.1990 und den Vertrag über die Bedingungen des befristeteten Aufenthalts und die Modalitäten des planmäßigen Abzugs der sowjetischen Truppen aus dem Gebiet der Bundesrepublik Deutschland vom 12.10.1990.

[76] Vgl. Panian, Sie gehen, S. 323 ff.

[77] Weitere Aussagen dazu: Ebd., S. 324; Logunov, Vyvod.

[78] Vgl. Burlakow, Wir verabschieden uns, S. 134 f.

[79] Rechtsverletzungen durch Angehörige der Westgruppe wurden auch vom Oberkommando der WGT nicht in Abrede gestellt (vgl. Burlakow, Wir verabschieden uns, S. 158 f.). Sie wurden von den deutschen Medien immer wieder als sensationsträchtiges Thema behandelt, nahmen aber doch nie die vorhergesagten gefährlichen Ausmaße an.

[80] Siehe u. a. Sovetskij voin, vom 18.9.1991, oder Komsomol'skaja pravda, vom 1.4.1992.

[81] Vgl. Sovetskie vojska, S. 15 ff.

[82] Vgl. Foertsch, Beginn, S. 18 f.

[83] Vgl. Panian, Sie gehen, S. 325.

[84] Abschied in Würde, S. 8.

[85] Vgl. Burlakow, Wir verabschieden uns, S. 126.

Hans-Joachim Beth

Zeittafel (1945–1994)

1945

8. Mai Unterzeichnung der Urkunde über die bedingungslose Kapitulation Deutschlands in Berlin-Karlshorst.

25. Mai Der sowjetische Stadtkommandant von Berlin, Generaloberst Nikolaj E. Berzarin, befiehlt die Organisierung von Polizei, Gericht und Staatsanwaltschaft in Berlin.

29. Mai Direktive des Hauptquartiers der sowjetischen Streitkräfte zur Bildung der Gruppe der Sowjetischen Besatzungstruppen in Deutschland (GSBT).

5. Juni Viermächteerklärung in Anbetracht der Niederlage Deutschlands und der Übernahme der obersten Regierungsgewalt. Sie sieht u.a. die vollständige Entwaffnung Deutschlands vor.

9. Juni Befehl Nr. 1 des Obersten Chefs der Sowjetischen Militäradministration (SMAD) und Oberkommandierenden der sowjetischen Besatzungstruppen, Marschall Georgij Žukov, über die Schaffung der SMAD.

4.–16. Juli Bildung von Landes- und Provinzialverwaltungen in der SBZ, denen Polizeiabteilungen unterstehen.

2. August Unterzeichnung des Potsdamer Abkommens.

1. September Die SMAD erläßt einen Befehl zur Aufstellung von Bahnpolizeieinheiten.

6. November Direktive Nr. 16 des Alliierten Kontrollrates in Deutschland über die Bewaffnung der deutschen Polizei.

1946

5. März Fulton-Rede des britischen Premierministers Winston Churchill. Er erklärt, daß sich aufgrund der »expansionistischen Pläne und Bekehrungsabsichten« der UdSSR zwischen Ost und West ein »Eiserner Vorhang« gebildet habe.

März Organisatorische Trennung von SMAD und GSBT durch Ausgliederung der Verwaltungsinstanzen aus den Strukturen der Armeen.

April SMAD-Instruktion für die Anwendung von Schußwaffen durch die deutsche Polizei.

10. Mai Der Alliierte Kontrollrat beschließt den Aufbau von Bahnpolizeiorganisationen in allen Besatzungszonen.

30. Juli Bildung der Deutschen Verwaltung des Innern (DVdI) auf der Grundlage des SMAD-Befehls Nr. 212. Erich Reschke wird zum Präsidenten berufen. Einheitliche Zusammenfassung aller Dienstzweige der Polizei. Das Referat K 5 der Abteilung Kriminalpolizei wird Führungsorgan der politischen Polizei.

November/Dezember Mit der Bildung von Landesregierungen in der SBZ werden die Polizeiorgane den Abteilungen Polizei in den Innenministerien der Länder unterstellt.

November Auf Befehl der SMAD beginnt der Aufbau einer Grenzpolizei durch die Innenministerien der Länder und Provinzen.

1947

12. März USA-Präsident Harry S. Truman verkündet vor dem amerikanischen Kongreß die nach ihm benannte Doktrin, die die Hilfe der USA für alle in ihrer Freiheit bedrohten Länder zum Inhalt hat und sich konkret gegen die Ausweitung des Kommunismus in Europa richtet.

September Rede des sowjetischen Chefdelegierten Andrej A. Ždanov auf der Gründungsveranstaltung des Kommunistischen Informationsbüros (Kominform), bei der er die Welt in zwei Lager, das imperialistisch-antidemokratische (westliche) und das antiimperialistisch-demokratische Lager unter der Führung der UdSSR, teilt.

14. Oktober Die SMAD befiehlt die Errichtung von Zollämtern einschließlich eines Grenzaufsichtsdienstes an den Grenzen zu Polen und der Tschechoslowakei sowie an der Seegrenze.

1948

31. Januar Der Zollgrenzschutz stellt seine Tätigkeit ein, seine Kontrollfunktionen gehen an die Landespolizeien über.

1. April SMAD-Befehl zur Bildung des »Ringes um Berlin«, eines doppelten Grenzkontrollsystems am Stadtrand von Berlin.

21./22. April Die Innenministerkonferenz in Werder/Havel beschließt die Schaffung zentralisierter Polizeiverbände.

Mai/Juni Die SMAD genehmigt die Aufstellung von kasernierten Polizeikräften.

20.–23. Juni Währungsreform in den drei Westzonen zunächst ohne Berlin (West). In der SBZ wird folgend ebenfalls eine Währungsreform angeordnet, die ganz Berlin einschließt. Die Westmächte führen daraufhin die westdeutsche Währung auch in den Westsektoren Berlins ein.

24. Juni Sperrung der Versorgungswege zu den Westsektoren Berlins durch die sowjetische Besatzungsmacht als Reaktion auf die Währungsreform. Beginn der Berlinblockade.

13. Juli Ernennung von Kurt Fischer zum Präsidenten der DVdI.

13. Juli Das Präsidium der DVdI berät den Beschluß des SED-Parteivorstands über die Bildung einer Hauptabteilung Polit-Kultur (PK) bei der DVdI und den Einsatz von PK-Leitern als Stellvertreter der Chefs der Landespolizeibehörden sowie der Leiter nachgeordneter Dienststellen und Einheiten.

23./24. Juli Auf der staatspolitischen Konferenz der SED in Werder wird eine zentrale Leitung und Organisation der Polizei beschlossen.

26.–28. Juli Spaltung der Berliner Polizei.

Juli Beginn der Aufstellung von kasernierten Polizeibereitschaften in der SBZ.

Juli Die Landespolizeibehörden in der SBZ werden unmittelbar der DVdI unterstellt, die damit als zentrale Polizeiverwaltung in der SBZ fungiert.

22. September Bei der DVdI wird die Hauptabteilung Grenzpolizei und Bereitschaften gebildet.

1949

1. Januar Einführung einheitlicher Dienstgrade und Dienstgradabzeichen für die Polizei.

14. Januar Befehl Nr. 2 des Präsidenten der DVdI zur »Festigung« der Grenzpolizei, der Grundlage einer politischen Überprüfung aller Dienstzweige der Polizei im laufenden Jahr wird und zu zahlreichen Entlassungen führt.

25. Januar Schaffung des Rates für gegenseitige Wirtschaftshilfe (RGW/Comecon) der sozialistischen Länder.

16. Februar Der Präsident der DVdI setzt die Dienstvorschrift DVP 40 für die Eisenbahnpolizei in Kraft, die deren Aufgaben bestimmt.

4. April 12 Staaten unterzeichnen in Washington den Nordatlantikvertrag (NATO).

25. April Die sowjetische Nachrichtenagentur TASS teilt mit, daß in der UdSSR erfolgreich ein Atomwaffenversuch durchgeführt wurde. Damit ist das Atombombenmonopol der USA gebrochen.

27. April Die am »Ring um Berlin« eingesetzten Kräfte werden in eine der Hauptabteilung Grenzpolizei unterstehende Grenzbereitschaft umgewandelt.

12. Mai Ende der Berlinblockade.

12. Mai Offizielle Einführung des Namens »Volkspolizei« (VP).

17. Mai Bildung des Betriebsschutzes der VP in volkseigenen und SAG-Betrieben.

Mai Herauslösung des Referats K 5 aus der Kriminalpolizei. Unter Führung Erich Mielkes Aufbau einer Hauptverwaltung zum Schutz der Volkswirtschaft bei der DVdI und von Länderverwaltungen zum Schutz der Volkswirtschaft.

20. Juli Bildung einer eigenständigen Hauptabteilung Grenzpolizei bei der DVdI.

Juli Umbenennung der Hauptabteilung Grenzpolizei und Bereitschaften in Verwaltung für Schulung (VfS).

September Umwandlung der Grenzbereitschaft »Ring um Berlin« in eine Grenzpolizeiabteilung »Ring um Berlin«, die dem Präsidenten der DVdI direkt unterstellt ist.

7. Oktober Gründung der Deutschen Demokratischen Republik.

10. Oktober Auflösung der SMAD. Bildung der Sowjetischen Kontrollkommission (SKK) zur Überwachung der weiteren Erfüllung des Potsdamer Abkommens und anderer Deutschland betreffender alliierter Beschlüsse.

12. Oktober Mit der Konstituierung der Regierung der DDR gehen die Aufgaben der DVdI an das Ministerium des Innern (MdI) über. Beim MdI werden die Hauptverwaltung Deutsche Volkspolizei (HVDVP), aus der Verwaltung für Schulung (VfS) die Hauptverwaltung für Ausbildung (HVA) sowie die Hauptverwaltung zum Schutz der Volkswirtschaft gebildet. Karl Steinhoff wird zum Minister des Innern berufen, Kurt Fischer als Chef der Deutschen Volkspolizei eingesetzt. Generalinspekteur der VP Wilhelm Zaisser wird Chef der HVA.

14. Dezember Der Präsident der DVdI ordnet die Bildung der Transportpolizei an. In der neuerrichteten HVDVP entsteht eine Hauptabteilung Transportpolizei mit den Abteilungen Schutzpolizei, Kriminalpolizei und Wasserschutz.

Dezember Die Hauptabteilung Grenzpolizei (Leiter: Chefinspekteur der VP Josef Schütz) wird in die HVDVP eingegliedert.

1950

1. Januar Bildung einer Hauptabteilung Feuerwehr bei der HVDVP.

7. Januar Die Grenzpolizei übernimmt die Überwachung der Küstengewässer der DDR.

10. Januar Befehl des Chefs der Deutschen Volkspolizei über die Bildung von Zugbegleitkommandos der Transportpolizei.

8. Februar Die Provisorische Volkskammer der DDR beschließt das Gesetz über die Bildung des Ministeriums für Staatssicherheit (MfS), das aus der Hauptverwaltung zum Schutz der Volkswirtschaft im MdI entsteht.

16. Februar Wilhelm Zaisser wird Minister für Staatssicherheit.

Februar Einrichtung einer Hauptabteilung z.b.V. im MdI als Keimzelle der späteren Hauptverwaltung Seepolizei (HVS).

18./19. März Erste zentrale Konferenz der Parteiorganisation der SED in der HVA.

21. April Gesetz zum Schutz des innerdeutschen Handels. Auf seiner Grundlage wird das Amt für Kontrolle des Warenverkehrs (AKW) beim Ministerium für innerdeutschen Handel, Außenhandel und Materialversorgung geschaffen. Errichtung von insgesamt 16 Kontrollpassierposten (KPP).

26. April Generalinspekteur der VP Heinz Hoffmann wird zum Leiter der Hauptverwaltung für Ausbildung berufen.

10. Juni Die SKK überträgt den Grenzsicherungsorganen der DDR Kontrollaufgaben an den Grenzkontrollpassierpunkten.

15. Juni Bildung der Hauptverwaltung der Seepolizei (HVS) beim Ministerium des Innern. Leiter wird Generalinspekteur der VP Waldemar Verner.

25. Juni Beginn des Koreakrieges. Nordkoreanische Truppen überschreiten die Demarkationslinie zu Südkorea, die UNO beschließt das Eingreifen einer UNO-Streitmacht.

6. Juli In Zgorzelec wird das Abkommen zwischen der DDR und der Republik Polen über die Anerkennung der Oder-Neiße-Grenze unterzeichnet.

26. Juli Der Zentralrat der FDJ beschließt die Bildung von wehrsportlichen Interessengemeinschaften (Motorsport, Wassersport, Flugsport, Modellbau).

1. September Karl Maron wird anstelle des verstorbenen Kurt Fischer Chef der Deutschen Volkspolizei.

30. Oktober Einrichtung eines Referats z.b.V. (Luft) bei der HVA als Keimzelle der späteren VP-Luft.

16. November Dem MdI wird der gesamte Strafvollzug übertragen.

15. Dezember Die Volkskammer beschließt das Gesetz zum Schutze des Friedens, das Kriegspropaganda, Rassen- und Völkerhetze unter Strafe stellt.

1951

1. Januar Unterstellung der Grenzpolizeibereitschaften unter die Hauptabteilung Grenzpolizei in der HVDVP. Bildung von Hauptabteilungen Betriebsschutz und Paß- und Meldewesen bei der HVDVP.

27. Dezember Bildung von Schnellkommandos als ständige bewegliche Einsatzreserve der Schutzpolizei.

1951 Bildung eines Außenpolitischen Nachrichtendienstes unter der Tarnbezeichnung Institut für Wirtschaftswissenschaftliche Forschung.

1952

10. März Erste Stalin-Note an die USA, Großbritannien und Frankreich mit dem Vorschlag, Friedensverhandlungen mit einer gesamtdeutschen Regierung aufzunehmen. Sie wird von den Westmächten mit der Forderung nach freien Wahlen abgelehnt.

1.–7. April Bei einem Aufenthalt von Wilhelm Pieck, Otto Grotewohl und Walter Ulbricht in Moskau werden von Stalin die Weichen für eine verstärkte Militarisierung in der DDR gestellt.

9. Mai Willi Stoph wird Minister des Innern.

16. Mai Die Grenzpolizei wird als Deutsche Grenzpolizei (DGP) dem MfS unterstellt.

26. Mai Der Ministerrat beschließt Maßnahmen zur verstärkten Grenzsicherung.

27. Mai Beginn der Zwangsaussiedlung von über 12 000 Menschen aus dem Grenzgebiet.

27. Mai Unterzeichnung des Vertrages über die »Europäische Verteidigungsgemeinschaft« (EVG) in Paris.

27.–30. Mai Auf ihrem IV. Parlament in Leipzig übernimmt die FDJ die Patenschaft über die Volkspolizei. Sie fordert die Schaffung von Einrichtungen für den Schieß-, den Segel- und Motorflug- sowie den Wasserfahrtsport.

1. Juni Eine »Instruktion für den Schutz der Staatsgrenze« tritt in Kraft. Sie beinhaltet auch eine Erweiterung der Schußwaffengebrauchsbestimmung an der Demarkationslinie.

1. Juli Offizielle Umbildung der HVA in die Kasernierte Volkspolizei (KVP) und der HVS in die Volkspolizei-See (VP-See). An ihrer Spitze stehen Generalinspekteur der VP Heinz Hoffmann bzw. der Generalinspekteur der VP Waldemar Verner. Neubildung der Volkspolizei-Luft (VP-Luft) unter Generalinspekteur der VP Heinz Keßler.

9.–12. Juli Auf ihrer 2. Parteikonferenz verkündet die SED die Schaffung starker »Nationaler Streitkräfte« in der DDR.

22. Juli Umbenennung der Polit-Kultur-Organe der KVP, VP-See und VP-Luft in Politische Verwaltungen bzw. Abteilungen, der Polit-Kultur-Organe der Volkspolizei in Politorgane.

23. Juli Im Zusammenhang mit der Verwaltungsreform in der DDR werden 14 Bezirksbehörden der Deutschen Volkspolizei und neue Volkspolizeikreisämter gebildet. In der Transportpolizei entstehen in der Folge 39 Transportpolizeiämter, der Wasserschutz wird ausgegliedert und den örtlichen Polizeibehörden unterstellt. Im Bereich des MfS werden neben der Verwaltung Groß-Berlin und einer schon bestehenden Objektverwaltung 14 Bezirksverwaltungen und mehr als 200 Kreisdienststellen geschaffen.

24. Juli Der Ministerrat beschließt die Schaffung der Organisation »Dienst für Deutschland«. Bildung einer Hauptverwaltung Dienst für Deutschland im MdI.

Juli Bildung einer Abteilung Katastrophenschutz im MdI.

Juli–September Bildung von Kommissionen für die Werbung von Freiwilligen für den Dienst in den bewaffneten Organen in den volkseigenen Betrieben.

7. August Der Vorsitzende des Ministerrats der DDR, Otto Grotewohl, erläßt die Verordnung über die Bildung der Gesellschaft für Sport und Technik (GST).

14.–16.August Der Zentralrat der FDJ bestimmt die Aufgaben der FDJ zur Unterstützung der Arbeit der GST.

28. August Verordnung über die Errichtung eines Amtes für Zoll und Kontrolle des Warenverkehrs (AZKW).

August Ernennung der ersten freiwilligen Grenzpolizeihelfer.

17. September Befehl des Ministers des Innern zur Einführung militärischer Dienstgrade und Rangabzeichen in der KVP.

25. September Zulassung freiwilliger Helfer zur Unterstützung der Volkspolizei.

Herbst Bildung von Registrierverwaltungen bzw. -abteilungen in den Bezirken und Kreisen zur Werbung für den Militärdienst.

6. Oktober Einführung militärischer Dienstgrade in der DGP.

10. Dezember Der Chef der Deutschen Volkspolizei befiehlt den Aufbau eines Systems von Abschnittsbevollmächtigten (ABV) der Volkspolizei, die das unmittelbare Bindeglied zur und damit zugleich ein Kontrollorgan der Polizei über die Bevölkerung im jeweiligen Abschnitt (z.B. Wohngebiet) darstellen sollen.

Ende 1952 Dem AZKW wird die Kontrolle des innerdeutschen Postverkehrs übertragen.

1953

1. Januar Unterstellung der Transportpolizei unter das MfS.

Januar Der »Dienst für Deutschland« wird aufgelöst.

März Schaffung einer Organisation »Arbeitseinsatz Dienst für Deutschland« in Unterstellung unter das Ministerium für Arbeit, die bald darauf auf Anweisung Walter Ulbrichts (7. Juni) aufgelöst wird.

27. Mai Anstelle der Sowjetischen Kontrollkommission in Deutschland wird das Amt des Hohen Kommissars der UdSSR in Deutschland geschaffen.

4. Juni Spitzengespräch der politischen Führung der DDR mit dem sowjetischen Hohen Kommissariat, u.a. über militärpolitische Probleme. Beschluß zur Reduzierung der KVP.

17. Juni Volkserhebung in der DDR. Niederschlagung durch massiven militärischen Einsatz der sowjetischen Besatzungstruppen und der bewaffneten Kräfte der DDR.

21. Juni Auf seiner 14. Tagung regt das ZK der SED die Schaffung von Arbeiterwehren (Kampfgruppen) an.

16. Juli Anordnung zur Bildung von Einsatzleitungen für den inneren Einsatz.

18. Juli Entlassung Wilhelm Zaissers als Minister für Staatssicherheit. Wenige Tage danach (23. Juli) wird das MfS in ein Staatssekretariat (SfS) im MdI umgewandelt. Staatssekretär wird Ernst Wollweber.

24.–26. Juli Die 15. Tagung des ZK der SED beschließt u.a. die Schaffung eines bewaffneten Organs (Kampfgruppen) in den VEB, VEG, MTS und staatlichen Verwaltungen.

27. Juli Das Waffenstillstandsabkommen von Panmunjon beendet den Koreakrieg.

1. August Veränderungen in der Führung der bewaffneten Organe. Generalleutnant Heinz Hoffmann werden die KVP, die VP-See und die VP-Luft unterstellt. Chef der HVDGP ist Generalmajor Hermann Gartmann, Chef der HVDVP Generalinspekteur der VP Karl Maron.

12. August Bildung einer Abteilung für Sicherheitsfragen im ZK der SED. Ihr Leiter ist Gustav Roebelen.

23. September Umbenennung der VP-Luft in »Verwaltung der Aeroklubs«.

23. September Im Zusammenhang mit der im Juni beschlossenen Reduzierung der KVP befiehlt der Minister des Innern die Entlassung von fast 24 000 Mann.

23. September Politbürobeschlüsse zur Einrichtung einer Sicherheitskommission des Politbüros des ZK der SED und zur Staatssicherheit. Übernahme des 1951 im Ministerium für Auswärtige Angelegenheiten gebildeten Auslandsspionagedienstes als Hauptabteilung XV in den Apparat der Staatssicherheit.

30./31. Oktober II. Zentrale Arbeitskonferenz der DVP bestätigt das Konzept zur Aufstellung von Volkspolizeibereitschaften.

9. Dezember Grundsatzbeschluß des Sekretariats des ZK der SED über die »Ausbildung von Kampfgruppen«.

1954

Anfang 1954 Auflösung der Transportpolizeiämter und Schaffung von zunächst 14 Abschnitten der Transportpolizei.

26. Januar Das Politbüro des ZK der SED beschließt einen Stufenplan für den Einsatz der bewaffneten Organe bei inneren Unruhen.

28. Januar Befehl des Ministers des Innern über »Maßnahmen zur Abwehr von Angriffen auf die Staatsordnung der DDR«.

4. Februar Verordnung über die Verhütung und Bekämpfung von Katastrophen. Bildung einer Zentralen Katastrophenkommission im MdI.

25. März Erklärung der Regierung der UdSSR über die »volle Souveränität« der DDR in den bilateralen Beziehungen beider Staaten.

26. März Direktive des Generalstabs der Streitkräfte der UdSSR über die Umbenennung der Gruppe der Sowjetischen Besatzungstruppen in Gruppe der Sowjetischen Streitkräfte in Deutschland (GSSD).

28. Mai Der Ministerrat bestimmt den 1. Juli zum Tag der Volkspolizei.

Juni Bildung von Staatsanwaltschaften in den Dienstzweigen der bewaffneten Organe des MdI.

23. Oktober Ein als »Pariser Verträge« bezeichneter Komplex von Abkommen wird von den Außenministern der 14 NATO-Staaten und vom Bundeskanzler der Bundesrepublik Deutschland unterzeichnet. Aufgrund dieser Verträge wird am 5. Mai die Souveränität der Bundesrepublik proklamiert. Am 7. Mai erfolgt ihre Aufnahme in die Westeuropäische Union (WEU) und am 9. Mai in die NATO.

29. November–2. Dezember Erste Konferenz osteuropäischer Staaten zur Gewährleistung von »Frieden und Sicherheit in Europa« in Moskau. Im Falle der Ratifizierung der Pariser Verträge drohen die Teilnehmerstaaten mit Maßnahmen zur Organisierung gemeinsamer Streitkräfte. In der DDR beginnen Vorbereitungen zur Schaffung regulärer Streitkräfte.

14. Dezember Der Chef der KVP, Generalleutnant Heinz Hoffmann, unterbreitet Vorschläge für die »Umwandlung der KVP in eine Kaderarmee«.

1955

4. Januar Beschlüsse des Politbüros der SED über die Organisierung, Bewaffnung und Ausbildung der Kampfgruppen sowie über die Aufgaben der

GST. Die GST erhält die Aufgabe, die vormilitärische Ausbildung in der DDR auf breiter Basis zu organisieren und wehrpolitische Erziehungsarbeit zu leisten. Noch im gleichen Monat wird Richard Staimer Vorsitzender der GST.

25. Januar Erlaß des Präsidiums des Obersten Sowjets der UdSSR über die Beendigung des Kriegszustandes zwischen der UdSSR und Deutschland.

31. März Die Sicherheitskommission des Politbüros der SED beschließt die Aufstellung von »Inneren Truppen« für innere Einsatz- und Sicherungsaufgaben.

12. April Das Politbüro des ZK der SED beschließt eine Reorganisation des MdI, bestätigt die Planungen zur Aufstellung von Inneren Truppen und überträgt dem MdI (HVDVP) die Unterstützung und Anleitung der Kampfgruppen.

1. Mai Im SfS entsteht unter Leitung von Generalmajor Ottomar Pech die Verwaltung Innere Truppen. Aus den Wacheinheiten des MfS in Schwerin, Potsdam, Halle, Erfurt und Dresden sowie den VP-Bereitschaften werden schrittweise die Inneren Truppen gebildet.

11.–14. Mai Zweite Konferenz europäischer Staaten zur Gewährleistung des Friedens und der Sicherheit in Europa in Warschau. Albanien, Bulgarien, Ungarn, die DDR, Polen, Rumänien, die UdSSR und die ČSR unterzeichnen den Vertrag über Freundschaft, Zusammenarbeit und gegenseitigen Beistand (Warschauer Vertrag).

21. Mai Die Volkskammer ratifiziert den Warschauer Vertrag, der am 4. Juni in Kraft tritt.

25.–27. Mai V. Parlament der FDJ. Im neuen Statut werden alle FDJ-Mitglieder verpflichtet, »Sozialismus und Frieden aktiv zu verteidigen«.

1./2. Juni Die 24. Tagung des ZK der SED setzt die Schaffung »regulärer« Streitkräfte der DDR auf die Tagesordnung.

1. Juli Der Chef der DVP, Karl Maron, wird zum Minister des Innern berufen.

16. August Das Politbüro des ZK der SED beschließt Maßnahmen zur Organisierung des zivilen Luftschutzes.

1. September Schaffung eines Amtes für Technik als Führungsorgan der Verteidigungsindustrie.

20. September Ein Staatsvertrag zwischen der DDR und der UdSSR deklariert die »uneingeschränkte Souveränität« der DDR. Eine zusätzliche Vereinbarung legt den weiteren Verbleib der GSSD auf dem Hoheitsgebiet der DDR fest.

26. September Die Volkskammer verabschiedet ein Gesetz zur Ergänzung der Verfassung. Damit erhält die Regierung das Recht, eine Armee aufzustellen. Art. 5 bestimmt den »Dienst zum Schutz des Vaterlandes« zur »ehrenvollen nationalen Pflicht«.

27. September–4. Oktober Erste große Übung mit Gegnerdarstellung und großem Einsatz von Personal und Technik zur Demonstration der Kampfbereitschaft der KVP (Nochtener Übung).

24. Oktober Anordnung des MdI zur Organisierung des zivilen Luftschutzes.

12. November Ernennung der ersten 101 Freiwilligen der Bundeswehr.

24. November Der Ministerrat beschließt, das SfS wieder in ein Ministerium umzuwandeln. Minister wird Ernst Wollweber.

1. Dezember Die DGP übernimmt die alleinige Kontrolle der Staatsgrenzen der DDR. Der Transit der Alliierten nach Berlin (West) wird allerdings weiterhin durch die GSSD kontrolliert.

1956

18. Januar Die Volkskammer beschließt das Gesetz über die Schaffung der Nationalen Volksarmee (NVA) und des Ministeriums für Nationale Verteidigung (MfNV). Die KVP steht hierfür als Kaderarmee mit mehr als 100 000 Mann bereit.

19. Januar Generaloberst Willi Stoph wird zum Minister für Nationale Verteidigung berufen.

27./28. Januar Auf der ersten Tagung des Politischen Beratenden Ausschusses des Warschauer Vertrages wird der Antrag der DDR angenommen, bewaffnete Kontingente der DDR in die Vereinten Streitkräfte einzugliedern.

10. Februar Der Befehl Nr. 1/1956 des Ministers für Nationale Verteidigung bestimmt die Einzelheiten des Aufbaus der NVA. Die Armee soll eine Gesamtstärke von 120 000 Mann erreichen.

1. März Das MfNV, die Verwaltungen der Militärbezirke der Landstreitkräfte, die Verwaltungen der Luftstreitkräfte und der Luftverteidigung sowie der Seestreitkräfte melden ihre Einsatzbereitschaft. Ab 1957 wird dieser Tag als »Tag der Nationalen Volksarmee« begangen.

12. April Beschlüsse des Ministerrats über die Einführung des Schwurs in der NVA und über die Verleihung von Truppenfahnen.

12. April Der Ministerrat überträgt dem MfNV die Anleitung der GST.

15. April Bildung von Bezirks- und Kreiskomandos der NVA.

30. April Übergabe der Truppenfahne an den zuerst aufgestellten Verband der NVA, die 1. Mechanisierte Division der Landstreitkräfte in Potsdam.

1. Mai Die Inneren Truppen erhalten den Namen Bereitschaftspolizei.

14. Mai Erklärung der Regierung der UdSSR über den beabsichtigten Abzug von 33 000 Mann der GSSD aus der DDR.

28. Juni Beschluß des Ministerrates zur Verringerung der vorgesehenen Gesamtstärke der NVA von 120 000 auf 90 000 Mann.

Juni Unruhen und Streiks in Posen und anderen Städten Polens.

7. Juli Der Bundestag beschließt die Einführung der allgemeinen Wehrpflicht in der Bundesrepublik Deutschland.

24. August Die Sicherheitskommission des Politbüros beschließt die Bildung der Hauptverwaltung Innere Sicherheit (HVIS) im MfS.

1. September Generalmajor Heinz Keßler wird Chef der Luftstreitkräfte und der Luftverteidigung der NVA.

14.–16. September I. Kongreß der GST in Karl-Marx-Stadt (Chemnitz). Der Kongreß, der mit der Annahme eines Statuts der Organisation die Aufbauphase der GST abschließt, stellt die Aufgabe, die NVA durch die Vermittlung militärischer und technischer Kenntnisse sowie durch die körperliche Ertüchtigung der Jugend zu unterstützen. Vor allem Schieß- und Geländesport sollen gefördert werden.

16. Oktober Beschluß des Politbüros des ZK der SED über die Entwicklung der NVA bis 1960.

23. Oktober Beginn des Volksaufstandes in Ungarn.

8. November Als Reaktion auf die Polenkrise und den Ungarn-Aufstand beschließt das Politbüro des ZK der SED einen Mehrstufenplan zur Niederschlagung innerer Unruhen. In der 1. Etappe sollen Volkspolizei, MfS und Kampfgruppen, in der 2. Etappe die NVA zum Einsatz kommen.

12.–14. November Die 29. Tagung des ZK der SED beschließt den verstärkten Ausbau der Kampfgruppen.

17. November Bildung der Militärstaatsanwaltschaft.

1. Dezember Die Umwandlung der KVP in die NVA ist abgeschlossen.

1956 Umstrukturierung der Hauptabteilung XV im MfS zur Hauptverwaltung Aufklärung unter Generalmajor Markus Wolf.

1957

1. Januar Vizeadmiral Waldemar Verner wird zum Chef der Seestreitkräfte ernannt.

7. Januar Gemeinsame Erklärung der DDR und der UdSSR zu Fragen der Stationierung sowjetischer Truppen in der DDR und zur Lufthoheit.

10. Januar Befehl 04/57 des Ministers des Innern schreibt Verantwortung der DVP für Kampfgruppen fest.

9. Februar Die Sicherheitskommission des Politbüros beschließt die Einführung einheitlicher Dienstgrade für alle Organe des MdI, darunter auch für die Volkspolizei.

15. Februar Die Hauptverwaltung Innere Sicherheit wird aus dem MfS ausund in das MdI eingegliedert, bevor sie im März 1957 aufgelöst wird.

15. Februar Das Politbüro des ZK der SED beschließt die weitgehende Entfernung ehemaliger Wehrmachtoffiziere aus der NVA.

1. März Die DGP wird ebenso wie die Transport- und die Bereitschaftspolizei wieder dem MdI unterstellt. Bildung des Kommandos der DGP in Pätz.

12. März Unterzeichnung des Regierungsabkommens zwischen der DDR und der UdSSR über die zeitweilige Stationierung sowjetischer Streitkräfte auf dem Territorium der DDR (Stationierungsabkommen).

15. Mai Schaffung des Kommandos Bereitschaftspolizei.

21. Mai Erstmalige Bestätigung der Bestimmungen für die Arbeit der Politorgane der NVA, der Instruktion für die Arbeit der Parteiorganisationen der SED in der NVA und der Instruktion für die Arbeit der FDJ-Organisationen in der NVA durch das ZK der SED bzw. das Sekretariat des Zentralrats der FDJ.

31. Mai Für die Verwaltungen der Militärbezirke Leipzig und Neubrandenburg sowie die Verwaltung der Seestreitkräfte wird die Bezeichnung Kommando eingeführt. Neues Führungsorgan der Luftstreitkräfte und der Luftverteidigung wird das Kommando der LSK/LV.

12./13. Juni Eggersdorfer Tagung zur weiteren Entwicklung der Streitkräfte. Hochrangige Militärs und leitende Parteifunktionäre bekräftigen die Einheit von politischer und militärischer Führung, die der Stabilisierung und Vergrößerung des Parteieinflusses der SED dienen soll.

25.–27. Juni Erste gemeinsame taktische Übung der Seestreitkräfte der NVA, der Baltischen Flotte der UdSSR und der Polnischen Seekriegsflotte.

14. August Einführung der Brigadestruktur in der DGP.

17.–23. August Übung von Führungsorganen und Truppen der GSSD unter erstmaliger Beteiligung einer NVA-Division.

1. November Erich Mielke wird anstelle von Ernst Wollweber zum Minister für Staatssicherheit berufen.

11. Dezember Ein Strafrechtänderungsgesetz tritt in Kraft. Es legt erstmalig militärstrafrechtliche Tatbestände fest.

1958

14. Januar Beschluß des Politbüros des ZK der SED »Über die Rolle der Partei in der Nationalen Volkarmee«.

16. Januar Einführung des Schwurs der DGP und der Verpflichtung für den Dienst in der DGP auf der Grundlage der am 1. Januar in Kraft getretenen Dienstlaufbahnbestimmungen.

11. Februar Die Volkskammer beschließt das Gesetz über den Luftschutz in der DDR (Luftschutzgesetz). Der Tag gilt als Gründungstag der Zivilverteidigung der DDR. Der Ministerrat erläßt eine Verordnung über die Organisation freiwilliger Luftschutzhelfer.

1. März Generalleutnant Heinz Hoffmann wird Chef des Hauptstabes der NVA, Generalmajor Rudolf Dölling Chef der Politischen Verwaltung der NVA.

4. März Auflösung des Amtes für Technik und Bildung der VVB UNIMAK als Führungsorgan für die Rüstungsindustrie der DDR.

30. April Der Minister des Innern verfügt die Aufhebung der Kasernierung der Transportpolizei. Beginn einer Strukturreform in der Transportpolizei.

24. Mai Auf der Tagung des Politischen Beratenden Ausschusses des Warschauer Vertrages in Moskau wird die Einbeziehung von Verbänden der NVA in die Vereinten Streitkräfte bestätigt.

5. Juni Verordnung des Ministerrats über die Zulassung freiwilliger Helfer der DGP.

1. Juli Das Kommando Luftschutz, die Bezirks- und Kreiskommandos und andere Einrichtungen des Luftschutzes nehmen ihre Tätigkeit auf.

September Zur Erhöhung der Wehrbereitschaft beginnt an den Universitäten, Hoch- und Fachschulen die vormilitärische Ausbildung für männliche Studenten.

November/Dezember Beginn der Bildung von Kampfgruppenbataillonen (allgem.) durch Zusammenfassung mehrerer Hundertschaften.

1959

1. Januar Die UdSSR verzichtet auf direkte Stationierungskosten für die GSSD, die DDR bleibt für die Aufwendungen für Bauvorhaben, Instandsetzungen, Mieten, Pachten, Manöverschäden verantwortlich.

5. Januar Gründung der Militärakademie »Friedrich Engels« in Dresden.

22. Januar Die Sicherheitskommission im Politbüro des ZK der SED beschließt einen Einsatzplan für die bewaffneten Kräfte der DDR zur Gewährleistung der staatlichen Sicherheit.

19. Mai Das Politbüro des ZK der SED bestätigt das Gelöbnis für die Angehörigen der Kampfgruppen.

1. August Vizeadmiral Waldemar Verner wird Stellvertreter des Ministers für Nationale Verteidigung und Chef der Politischen Verwaltung der NVA.

September Erste Bezirksspartakiade (Leistungsvergleich) der Kampfgruppen in Halle.

1960

Januar Die Sicherheitskommission des Politbüros der SED verabschiedet Grundsätze der Mobilmachungsarbeit.

10. Februar Gesetz über die Bildung des Nationalen Verteidigungsrates (NVR) der DDR. Beschluß zur Bildung des Volkskammerausschusses für Nationale Verteidigung.

11. Februar Walter Ulbricht wird Vorsitzender, Erich Honecker Sekretär des NVR.

9. März Konstituierung des Volkskammerausschusses für Nationale Verteidigung unter Leitung von SED-Politbüromitglied Paul Fröhlich.

15. Mai Anstelle von Generalmajor Paul Ludwig wird Oberst Erich Peter Kommandeur der DGP.

15. Juni Eine Ordnung »für die Arbeit und die Betreuung der Angehörigen der Reserve der Nationalen Volksarmee« tritt in Kraft.

23.–25. Juni II. Kongreß der GST in Magdeburg beschließt neues Statut der GST.

1. Juli Generalmajor Sigfrid Riedel wird Stellvertreter des Ministers für Nationale Verteidigung und Chef des Hauptstabes der NVA.

14. Juli Anstelle von Armeegeneral Willi Stoph wird Generaloberst Heinz Hoffmann zum Minister für Nationale Verteidigung berufen.

28. Oktober Gemeinsame Übung von 13 Kampfgruppenbataillonen der Bezirksreserve und weiterer KG-Hundertschaften der Bezirke Erfurt, Gera und Suhl mit Kräften der Bereitschaftspolizei, der DVP und der NVA.

4. November Den Seestreitkräften der NVA wird der Name »Volksmarine« verliehen.

1960 Beginn der Bildung von Kampfgruppenbataillonen (mot.) in allen Bezirken der DDR.

1961

3. Januar Mit Befehl 1/61 ordnet der Minister des Innern die Schaffung von Abteilungen Kampfgruppen im MdI und in den Bezirksverwaltungen der DVP an.

13. März Vereinbarung zwischen der Pionierorganisation »Ernst Thälmann« und der GST über wehrerzieherische Arbeit mit Kindern und Jugendlichen.

3.–5. August In Moskau bestätigen die Ersten Sekretäre der kommunistischen und Arbeiterparteien der Länder des Warschauer Vertrages die von der KPdSU und der SED begründeten Schritte zur Sperrung der bis dahin offenen Grenzen der DDR zur Bundesrepublik Deutschland und zu Berlin (West).

10. August Marschall der Sowjetunion Ivan S. Konev löst Generaloberst Ivan I. Jakubovskij als Oberkommandierender der GSSD ab.

12. August Der Ministerrat beschließt die Schließung der Grenze der DDR zur Bundesrepublik Deutschland und zu Berlin (West). Mit der Leitung der Aktion wird der Sekretär des NVR Erich Honecker beauftragt.

13. August Einheiten der NVA, der Kampfgruppen, der DGP, der DVP, der Transportpolizei, des AZKW und des Luftschutzes riegeln — unterstützt von Truppen der GSSD — die Grenze der DDR zur Bundesrepublik Deutschland und zu Berlin (West) ab und beginnen mit der Errichtung der Mauer.

16. August Unter der Losung »Das Vaterland ruft — schützt die sozialistische Republik!« fordert der Zentralrat der FDJ alle männlichen Mitglieder der FDJ zum Dienst in den bewaffneten Kräften auf.

20. August Im Zusammenhang mit der Grenzschließung ordnet Erich Honecker an: »Gegen Verräter und Grenzverletzer ist die Schußwaffe anzuwenden.«

23. August Appell der Berliner Kampfgruppen nach dem Abschluß ihres Einsatzes. Die Berliner FDJ-Bezirksleitung meldet die Aufstellung des FDJ-Freiwilligen-Regiments Berlin.

24. August Als erster Flüchtling wird der Schneider Günter Litwin an der Berliner Mauer erschossen.

15. September Die DGP wird dem MfNV unterstellt. Bildung des Kommandos der Grenztruppen unter Oberst Erich Peter.

20. September Die Volkskammer verabschiedet das Gesetz zur Verteidigung der DDR (Verteidigungsgesetz).

September Konteradmiral Heinz Neukirchen wird Chef der Volksmarine.

1. Oktober Aus der Politischen Verwaltung der NVA wird die Politische Hauptverwaltung (PHV) der NVA; die Politabteilungen in den Kommandos der Teilstreitkräfte und der Militärbezirke erhalten den Status Politischer Verwaltungen.

1. Oktober An der Grenze der DDR zur Bundesrepublik beginnt die Zwangsaussiedlung von »operativ verdächtigen« DDR-Bürgern aus ihren Wohnorten.

9. Oktober Der Ministerrat ermächtigt den Verteidigungsminister, die Dienstzeit bestimmter NVA-Angehöriger, deren Dienstzeit 1961 ausläuft, um 6 Monate zu verlängern.

1. November Die 6. Grenzbrigade der DGP wird als Grenzbrigade Küste operativ dem Kommando der Volksmarine unterstellt, bleibt aber Teil der Grenztruppen.

29. November Der NVR beschließt eine »Vorläufige Ordnung für die Mobilmachungsarbeit in der Volkswirtschaft«.

November/Dezember Errichtung massiver Grenzsicherungsanlagen an der Grenze zu Berlin (West); Anlage kombinierter Sperren (Minen-, Draht- und S-Rollensperren) an der Grenze zur Bundesrepublik Deutschland.

1962

11. Januar Der NVR beschließt, den Dienst in der Bereitschaftspolizei dem Dienst in der NVA gleichzusetzen (Wehrersatzdienst).

24. Januar Die Volkskammer beschließt das Gesetz über die allgemeine Wehrpflicht (Wehrpflichtgesetz); der Grundwehrdienst dauert 18 Monate. Gleichzeitig verabschiedet sie ein Militärstrafgesetz (2. Gesetz zur Änderung des Strafgesetzbuches). Der Staatsrat erläßt die Dienstlaufbahnordnung mit dem Fahneneid. Der NVR erläßt die Erfassungs-, Musterungs- und Reservistenordnungen. Der Ministerrat erläßt die Besoldungs-, Unterhalts- und Förderungsverordnungen.

30. Januar–1. Februar Die Verteidigungsminister des Warschauer Vertrages beraten in Prag über die Vereinheitlichung der Gefechtsausbildung der verbündeten Streitkräfte und über ein Luftverteidigungssystem des Warschauer Vertrages.

23. Februar–1. März FDJ und GST führen erstmals eine »Woche der Verteidigungsbereitschaft« durch.

13. März Die DDR erklärt in einem Schreiben an den UNO-Generalsekretär ihren Verzicht »auf Erwerb, Herstellung und Stationierung von Atomwaffen«.

6. April Der NVR faßt einen Beschluß zur »Organisierung des inneren Einsatzes«. Danach ist jedem Bezirk der DDR eine selbständige Einheit der Bereitschaftspolizei zur Verfügung zu stellen. Außerdem wird der Dienst in den Einsatzkompanien der Trapo als Wehrersatzdienst bestätigt.

30. April Ein neues Zollgesetz tritt in Kraft. Umbenennung des AZKW in Zollverwaltung. Leiter wird Chefinspekteur Gerhard Stauch.

April Erstmalige Einberufung von Wehrpflichtigen zur Ableistung des Wehrdienstes in VP-Bereitschaften.

30. Mai Die 5. Tagung des Zentralvorstandes der GST beschließt — entsprechend der von Verteidigungsminister Heinz Hoffmann geforderten Ausrichtung auf die Bedürfnisse der NVA — für bestimmte militärische Laufbahnen eine vormilitärische Spezialausbildung.

1. Juli Das Kommando Bereitschaftspolizei wird als militärisches Führungsorgan aufgelöst und durch ein fachliches Leitungsorgan (zunächst Inspektion) ersetzt.

20. Juli Die Verordnung des Ministerrates »über die Sicherung und den Schutz des Küstengebietes der DDR« tritt in Kraft.

16. Oktober Das Politbüro des ZK der SED beschließt die Bildung von »Kommissionen für sozialistische Wehrerziehung« bei den Vorsitzenden der Bezirke und Kreise.

23. Oktober Im Zusammenhang mit der Kubakrise ordnet der Oberkommandierende der Vereinten Streitkäfte des Warschauer Vertrages Maßnahmen zur Erhöhung der Gefechtsbereitschaft an.

23. November Der NVR beschließt eine Direktive über die Aufgaben der bewaffneten Kräfte und zivilen Organe des MdI im Verteidigungszustand.

1963

25. Februar Konteradmiral Wilhelm Ehm wird Chef der Volksmarine.

26./27. Februar Anstelle von Richard Staimer wird Kurt Lohberger in den Zentralvorstand der GST kooptiert und zum Vorsitzenden der Organisation gewählt.

13. März Der NVR verabschiedet eine Konzeption über den Aufbau und die Organisation des Luftschutzes.

18. März Vereinbarung des Ministeriums für Volksbildung und des Zentralvorstands der GST zur Unterstützung der Wehrerziehung an den Schulen.

4. April Der Staatsrat erläßt eine Militärgerichtsordnung. Auf ihrer Grundlage werden Militärgerichte, Militärobergerichte, die Hauptabteilung Militärgerichte beim Ministerium der Justiz und das Kollegium für Militärstrafsachen beim Obersten Gericht geschaffen.

21. Juni Verordnung des Ministerrates »über Maßnahmen zum Schutz der Staatsgrenze zwischen der DDR und Westberlin«, die am gleichen Tag vom Verteidigungsminister, vom Innenminister und vom NVR in mehreren Anordnungen umgesetzt bzw. ergänzt wird.

1. August Anweisung des Staatssekretariats für Hoch- und Fachschulwesen zur vormilitärischen Ausbildung der Studenten.

16. August Verordnungen des Ministerrats »über die Inanspruchnahme von Leistungen im Interesse der Verteidigung und des Schutzes der DDR« (Leistungsverordnung) sowie »über die Entschädigung und Bezahlung von Sach- und Dienstleistungen nach dem Verteidigungsgesetz« (Entschädigungsverordnung).

22. August Beschluß des Ministerrats über Aufgaben, Struktur und Organisation des Luftschutzes in der DDR.

9.–14. September Manöver »Quartett« mit über 41 000 Angehörigen der Land- und Luftstreitkräfte der NVA, der Sowjetarmee, der Polnischen Armee und der Tschechoslowakischen Volksarmee im Süden der DDR. Erstmalig leitet der DDR-Verteidigungsminister eine Übung des Warschauer Paktes.

15. November Generalleutnant Friedrich Dickel wird Minister des Innern und Chef der DVP.

1964

19. März Verordnung des Ministerrats zum Schutz der Staatsgrenze der DDR. Am selben Tag erlassen der Verteidigungsminister und der Innenminister die gemeinsame »Anordnung über die Ordnung in den Grenzgebieten und den Territorialgewässern der DDR« (Grenzordnung).

4. Mai Die Volkskammer beschließt eine neues Jugendgesetz. Danach haben FDJ und GST bessere Möglichkeiten zu schaffen, um die Jugendlichen auf den Wehrdienst vorzubereiten.

12. Juni Die DDR und die UdSSR schließen in Moskau einen Vertrag über Freundschaft, gegenseitigen Beistand und Zusammenarbeit.

7. September Anordnung des NVR zur Aufstellung von Baueinheiten für Wehrpflichtige, die aus religiösen Gründen den Wehrdienst verweigern.

1964 Aufbau eines Systems von Sicherheitsbeauftragten und »Offizieren im besonderen Einsatz« (OibE) durch das MfS in der Wirtschaft.

1965

6. Januar Der Minister für Nationale Verteidigung erläßt erstmals eine »Ordnung über die Zusammenarbeit zwischen der NVA und den Bruderarmeen der sozialistischen Staaten zur Vertiefung der Waffenbrüderschaft«.

25. Mai Beschluß des Sekretariats des Bundesvorstandes des FDGB über die Aufgaben der Gewerkschaften bei der Wehrerziehung und der Zusammenarbeit mit der GST.

16. Juni Der NVR beschließt Grundsätze des Führungssystems im Verteidigungsfall.

1966

2. Juni Beschluß des Sekretariats des ZK der SED über die Tätigkeit der Schutzpolizei und ihre Entwicklung zur operativen Hauptkraft der DVP.

30. September Der Nationalrat der Nationalen Front berät in Zwickau mit religiös gebundenen Wehrpflichtigen und Reservisten über das »bewußte Mitwirken der Christen an der Verteidigung der Heimat«.

26. Oktober Grundsätze über die Schaffung eines Systems der Zivilverteidigung der DDR werden verabschiedet.

1966 In 13 Großbetrieben werden Flak-Batterien der Kampfgruppen geschaffen.

1967

26. Januar Der Nationale Verteidigungsrat beschließt die Schaffung der Funktion von Generalbevollmächtigten für die Verteidigungswirtschaft, für die staatliche Verwaltung und für den Außenhandel sowie eines Staatlichen Komitees für die Verteidigungswirtschaft.

15. März Generaloberst Heinz Keßler wird Chef des Hauptstabes der NVA. Generalleutnant Herbert Scheibe wird Chef der LSK/LV.

Juni Der Zentralrat der FDJ, der Zentralvorstand der GST und das Ministerium für Volksbildung vereinbaren, alljährlich für Schüler der 8.–10. Klassen die »Hans-Beimler-Wettkämpfe« der FDJ zur Wehrertüchtigung durchzuführen.

1.–18. August Einseitige Grenzmarkierung an der gesamten Grenze der DDR zur Bundesrepublik Deutschland. Errichtung erster Metallgitterzäune.

14. September Der Ministerrat beschließt die Schaffung eines Systems der Zivilverteidigung. Erlaß einer Verordnung über die Pflicht zur Teilnahme an Ausbildungsveranstaltungen und Übungen der Zivilverteidigung.

12. November Bildung eines Stabes der Zivilverteidigung im MdI.

1967 Die Mobilmachungsdirektive 1/67 des MfS sieht die Schaffung von Isolierungslagern vor.

1968

1. Februar Der Zentralvorstand der GST wird zu einer außerordentlichen Tagung ins MfNV einberufen. Nach den Worten von Verteidigungsminister Hoffmann hat sich die GST auf die Erfordernisse des modernen Krieges wie der Landesverteidigung einzustellen. Die Organisation erhält eine militärische Führung. Anstelle von Kurt Lohberger wird Generalmajor Günther Teller Vorsitzender des Zentralvorstandes der GST.

23. Februar–1. März Erstmals wird die »Woche der Waffenbrüderschaft« zentral in der NVA und der GSSD begangen.

25. März Der NVR beschließt eine Gesamtkonzeption zur Territorialverteidigung der DDR.

6. April Durch Volksentscheid wird eine neue Verfassung der DDR angenommen. Sie bestimmt den »Schutz des Friedens und des sozialistischen Vaterlandes« als Recht und Ehrenpflicht jedes Bürgers der DDR. Die NVA wird zur »Waffenbrüderschaft« mit der Sowjetarmee und den anderen verbündeten Armeen verpflichtet.

11./12. Juni Die Volkskammer verabschiedet das Gesetz über die Aufgaben und Befugnisse der Deutschen Volkspolizei, das am 1. Juli 1968 in Kraft tritt.

1. Juli Der Außenminister der DDR Otto Winzer unterzeichnet in Moskau den internationalen Vertrag über die Nichtweiterverbreitung von Kernwaffen.

21. August Einmarsch von Truppen des Warschauer Paktes in die ČSSR zur Niederschlagung der Reformbewegung. Die GSSD ist mit insgesamt 2 Armeestäben, 7 Heeresdivisionen und Verbänden der 16. Luftarmee beteiligt. NVA-Truppen werden in Bereitstellungsräumen in der DDR als Reserve bereitgehalten.

12.–14. September IV. Kongreß der GST in Ostberlin bestimmt die Organisation »als Schule des Soldaten von morgen«.

1969

15. April Die »Ordnung über die Pflege und Wahrung revolutionärer und fortschrittlicher militärischer Traditionen sowie über die Traditionsarbeit in der NVA (Traditionspflegeordnung)« tritt in Kraft.

30. Mai Vereinbarung zwischen dem Ministerium für Volksbildung, dem Zentralvorstand der GST, dem Zentralrat der FDJ und dem Präsidium des Deutschen Roten Kreuzes der DDR über die Wehrerziehung an den erweiterten Oberschulen, den Spezialschulen und den kommunalen Berufsschulen.

30. Juli Der NVR beschließt das Statut des MfS.

22. Oktober Anstelle der Abschnittsverwaltungen der Transportpolizei werden in den Bezirken der DDR Transportpolizeiämter geschaffen, die den Chefs der jeweiligen Bezirksbehörde der DVP bzw. dem Präsidenten der Volkspolizei Berlin unterstellt sind.

1969 Umbildung der Abteilung Kampfgruppen im MdI in eine Hauptabteilung.

1970

Frühjahr Übung »Frühling 70« der Zivilverteidigung in Schwerin als erster zentraler Leistungsvergleich von ZV-Einheiten.

13.–16. August I. Wehrspartakiade der GST mit 5000 Teilnehmern in Schwerin.

16. September Die Volkskammer beschließt das Gesetz über die Zivilverteidigung in der DDR. Damit wird das Luftschutzgesetz von 1958 außer Kraft gesetzt.

12.–18. Oktober Manöver »Waffenbrüderschaft« aller Armeen des Warschauer Vertrages in mehreren Bezirken der DDR. Erstmalige Teilnahme von Kräften der Territorialverteidigung der DDR, darunter einer VP-Bereitschaft und von zwei Kampfgruppenbataillonen (mot.).

1971

11. Februar Die DDR tritt dem Vertrag über das Verbot der Stationierung von Kernwaffen und anderen Massenvernichtungswaffen auf dem Meeresgrund bei.

Februar Umgliederung der Grenztruppen. Auflösung der Grenzbrigaden und Schaffung von Grenzkommandos.

14. Mai Das neu gebildete Grenzkommando Mitte und die Grenztruppen an der Berliner Grenze werden dem Kommando der Grenztruppen unterstellt.

15.–19. Juni Der VIII. Parteitag der SED in Berlin stellt die Aufgabe, die Verteidigungskraft zu erhöhen und erteilt den Streitkräften den »Klassenauftrag«, die DDR gemeinsam mit den verbündeten Armeen zuverlässig zu schützen.

3. September Vertreter Frankreichs, Großbritanniens, der UdSSR und der USA paraphieren nach siebzehnmonatigen Verhandlungen das Viermächteabkommen über Berlin.

30. September Der NVR beschließt Grundsätze für die Entwicklung der Kampfgruppen. Umgliederung der Kampfgruppen in Bezirkskampf-, Kreiskampf- und Sicherungskräfte.

1. Dezember Einbeziehung der Volksmarine in den gemeinsamen Gefechtsdienst der verbündeten sozialistischen Ostseeflotten.

1972

1. März Generalmajor Wolfgang Reinhold wird zum Chef der LSK/LV ernannt. Generaloberst Herbert Scheibe wird Leiter der Abteilung für Sicherheitsfragen des ZK der SED.

10. April Der Außenminister der DDR, Otto Winzer, unterzeichnet in Moskau die Konvention über das Verbot der Entwicklung, Herstellung und Lagerung bakteriologischer und toxischer Waffen sowie über deren Vernichtung.

14. September Der Zentralrat der FDJ beschließt die Bildung von Bewerberkollektiven der FDJ für militärische Berufe.

1. Dezember Bildung des Kommandos der Landstreitkräfte der NVA in Potsdam-Geltow. Chef der Landstreitkräfte wird Generalleutnant Horst Stechbarth.

21. Dezember Unterzeichnung des Vertrages über die Grundlagen der Beziehungen zwischen der Bundesrepublik Deutschland und der Deutschen Demokratischen Republik (Grundlagenvertrag) in Berlin.

1973

1. Juli Das Sekretariat des Bundesvorstandes des FDGB beschließt die Bildung der Gewerkschaft der Zivilbeschäftigten der NVA.

18. September Aufnahme der Bundesrepublik Deutschland und der Deutschen Demokratischen Republik in die Vereinten Nationen.

30. Oktober Beginn der Wiener Verhandlungen über die gegenseitige Reduzierung der Streitkräfte und Rüstungen in Mitteleuropa (MBFR). Unter den 19 Teilnehmerstaaten befinden sich die Bundesrepublik Deutschland und die DDR.

30. November Der NVR beschließt, anstelle der bisherigen Generalbevollmächtigten für Verteidigungswirtschaft, für staatliche Verwaltung und für Außenhandel auf dem Gebiet der Landesverteidigung 6 Bevollmächtigte für Planung, Leistungen, Produktion, Finanzen und Banken, Versorgung sowie Bildung und Recht einzusetzen.

1974

Frühjahr Umbenennung des Kommandos Grenze der NVA in Grenztruppen der DDR. Damit sind die Grenztruppen nicht mehr Gegenstand der Wiener MBFR-Verhandlungen.

27. September Die Volkskammer beschließt das Gesetz zur Ergänzung und Änderung der Verfassung der DDR.

27. September Anordnung des NVR über Aufgaben, Zuständigkeit und Organisation der Militärgerichte (Militärgerichtsordnung).

1975

1. Januar Eine neue Dienstlaufbahnordnung — Wehrersatzdienst — des MdI tritt in Kraft.

13. Februar Verordnung des Ministerrats über die Förderung der aus dem aktiven Wehrdienst entlassenen Angehörigen der NVA (Förderungsverordnung).

1. August Erich Honecker unterzeichnet für die DDR in Helsinki die Schlußakte der Konferenz über Sicherheit und Zusammenarbeit in Europa (KSZE).

7. Oktober Unterzeichnung des Vertrages über Freundschaft, Zusammenarbeit und gegenseitigen Beistand zwischen der DDR und der UdSSR in Moskau.

24. November Der NVR beschließt, die Führung der Zivilverteidigung vom MdI auf das MfNV zu verlagern.

1975 Mit 180 000 erreicht die Zahl der Inoffiziellen Mitarbeiter des MfS ihren höchsten Stand.

1975 Das MfS baut mit der Abteilung XXII eine Einheit zur »Terrorabwehr« auf.

1976

18.–22. Mai IX. Parteitag der SED in Berlin. Im neuen Programm der Partei wird ausdrücklich »der Schutz des Friedens und der sozialistischen Errungenschaften« als Aufgabe formuliert.

1. Juni Die Zivilverteidigung, die bisher dem Minister des Innern unterstand, wird dem Minister für Nationale Verteidigung unterstellt. Leiter der ZV wird Generalleutnant Fritz Peter.

1976 Das MfS bildet eine Zentrale Koordinierungsgruppe sowie Bezirkskoordinierungsgruppen zur Bekämpfung von Fluchtvorhaben und Ausreiseanträgen in die Bundesrepublik Deutschland.

1977

30. September Der NVR berät eine Konzeption zur weiteren Entwicklung und zu den Organisationsprinzipien der Zivilverteidigung.

1978

1. Januar Die Anordnung des NVR vom 1. November 1977 über den Dienst in der Zivilverteidigung (Dienstlaufbahnordnung ZV) tritt in Kraft.

1. Juni Bildung der Hauptverwaltung der Zivilverteidigung.

26. August–3. September Im Rahmen des »Interkosmosprogramms der sozialistischen Länder« nimmt Oberstleutnant Siegmund Jähn für die DDR am gemeinsamen Weltraumflug UdSSR-DDR teil.

4. September An den allgemeinbildenden Oberschulen der DDR wird Wehrunterricht als Fach eingeführt.

13. Oktober Die Volkskammer beschließt das neugefaßte Gesetz über die Landesverteidigung der DDR (Verteidigungsgesetz).

1979

10. Januar Generaloberst Heinz Keßler wird Chef der PHV der NVA; Generalleutnant Fritz Streletz wird zum Chef des Hauptstabes der NVA berufen.

14. Juli Anstelle des aus dem Dienst ausgeschiedenen Generalleutnant Erich Peter wird Generalmajor Klaus-Dieter Baumgarten Chef der Grenztruppen.

1. Oktober Eine Verordnung des Ministerrats über Sperrgebiete für die Landesverteidigung (Sperrgebietsordnung) tritt in Kraft.

6. Oktober In Berlin kündigt Leonid I. Brežnev an, daß die UdSSR innerhalb eines Jahres 20 000 Militärangehörige und 1000 Panzer aus der DDR abziehen wird. Zwischen dem 5. Dezember 1979 und dem 25. Juli 1980 werden mehrere Militärtransporte verabschiedet.

26. Oktober Die DDR wird mit Wirkung vom 1. Januar 1980 für zwei Jahre zum nichtständigen Mitglied des UNO-Sicherheitsrates gewählt.

1980

4.–12. September Manöver »Waffenbrüderschaft 80« der Armeen aller Teilnehmerstaaten des Warschauer Vertrages in verschiedenen Bezirken der DDR.

21. November Direktive des Vorsitzenden des NVR über Rolle, Platz, Aufgaben, Organisation und Ausbildung der Kampfgruppen.

6. Dezember Auf Anweisung von Erich Honecker werden in einem Befehl mit Hinweis auf die »konterrevolutionäre Lage« in Polen konkrete Vorkehrungen für militärische Handlungen von DDR-Truppen im Rahmen »gemeinsamer Ausbildungsmaßnahmen« mit sowjetischen und tschechoslowakischen Verbänden getroffen.

1981

11.–16. April X. Parteitag der SED. Formulierung eines »gemeinsamen Klassenauftrages« an die NVA sowie an die »Schutz- und Sicherheitsorgane«.

9. Mai Veröffentlichung eines Aufrufs der kirchlichen Friedensbewegung zum Sozialen Friedensdienst.

15. Mai Verordnung über den Katastrophenschutz.

8.–18. November Friedensdekade der von der Kirche getragenen Friedensbewegung unter dem Motto »Gerechtigkeit — Abrüstung — Frieden«. Ausgabe der Aufnäher »Schwerter zu Pflugscharen«.

1982

18. Februar Die UdSSR, die ČSSR, die DDR und die Volksrepublik Polen legen bei den Wiener MBFR-Verhandlungen einen Entwurf für ein Abkommen über die gegenseitige Verminderung von Streitkräften und Rüstungen in Mitteleuropa vor.

25. März Die Volkskammer beschließt das Gesetz über den Wehrdienst in der DDR (Wehrdienstgesetz), das am 1. Mai 1982, anstelle des Wehrpflichtgesetzes von 1962, in Kraft tritt. Die bisherige Grenzordnung wird durch ein Grenzgesetz ersetzt.

6. April Beschluß des Sekretariats des Zentralvorstands der GST über die Tätigkeit der Reservisten der NVA in der GST.

23. April Der NVR berät Planungen für die Überführung der DDR vom Friedens- in den Kriegszustand.

22. November Unter politischem Druck des Westens beginnt der Abbau der ab 1970 montierten Selbstschußanlagen SM-70 an der Grenze zur Bundesrepublik (Abschluß der Arbeiten am 30. November 1984). Bau von Schutzstreifenzäunen mit Signaldrähten.

24. November Der Zentralvorstand der GST kooptiert Vizeadmiral Günter Kutzschebauch zu seinem Mitglied und wählt ihn anstelle des im Juni verstorbenen Günther Teller zum Vorsitzenden der GST.

1983

1. Juli Der NVR stimmt einer Vorlage zum beschleunigten Ausbau »moderner Grenzsicherungsanlagen« zu. Bis 1985 werden darauf alle Splitter- und Bodenminen demontiert und durch einen Sperrzaun ohne Minen, aber verbesserter Elektronik (»Grenzsignalzaunanlage 83«) ersetzt.

7.–9. September Abschluß des Madrider KSZE-Treffens mit der Annahme eines Schlußdokuments.

25. Oktober Mitteilung des NVR über eine Vereinbarung von DDR und UdSSR über die Stationierung von Raketenkomplexen operativ-taktischer Bestimmung (SS-20) auf dem Territorium der DDR.

24./25. November Die 7. Tagung des Zentralkomitees der SED behandelt Fragen des militärischen Gleichgewichts in Europa nach der Stationierung amerikanischer Mittelstreckenraketen in der Bundesrepublik Deutschland und anderen westeuropäischen Ländern.

1984

17. Januar Beginn der Konferenz über vertrauens- und sicherheitsbildende Maßnahmen und Abrüstung in Europa in Stockholm.

2. Februar Beschluß des NVR über die Modifizierung der Aufgaben der Zivilverteidigung in Richtung auf Zivil- und Katastrophenschutz.

15. Mai Das Verteidigungsministerium der UdSSR teilt mit, daß in der DDR zusätzliche sowjetische operativ-taktische Raketenkomplexe größerer Reichweite stationiert werden.

1985

11. März Michail S. Gorbačev wird Generalsekretär des ZK der KPdSU. Er initiiert eine Reformierung der sowjetischen Politik (Glasnost, Perestroika), die eine Entspannung der internationalen Beziehungen und einen Abbau der militärischen Blockkonfrontation fördert.

26. April Unterzeichnung eines Protokolls über die Verlängerung des Warschauer Vertrages für die nächsten 20 Jahre.

19. Juni In Bonn legen SPD und SED den gemeinsamen Entwurf eines Rahmenabkommens zur Bildung einer chemiewaffenfreie Zone in Europa vor.

3. Dezember Generaloberst Heinz Keßler wird zum Armeegeneral befördert und anstelle des am Tag zuvor verstorbenen Heinz Hoffmann zum Minister für Nationale Verteidigung berufen.

10. Dezember Generalleutnant Horst Brünner wird zum Stellvertreter des Ministers für Nationale Verteidigung und Chef der PHV der NVA berufen.

1986

8. Januar Das Sekretariat des ZK der SED beschließt, daß nunmehr auch Mitglieder der Blockparteien den Kampfgruppen angehören dürfen.

21. Oktober Delegationen der SED und der SPD legen in Bonn »Grundsätze für einen atomwaffenfreien Korridor in Mitteleuropa« vor.

1987

23.–30. März Der gemeinsamen Truppenübung der GSSD und der NVA im Raum Gardelegen, Magdeburg, Wittenberg, Lübben und Brandenburg wohnen erstmals 68 Beobachter aus 20 KSZE-Staaten bei.

27. März Wolfgang Herger, Leiter der Abteilung für Sicherheitsfragen des ZK der SED, wird zum Vorsitzenden des Volkskammerausschusses für Nationale Verteidigung gewählt.

28./29. Mai Die Tagung des Politischen Beratenden Ausschusses der Teilnehmerstaaten des Warschauer Vertrages verabschiedet das Dokument »Über die Militärdoktrin der Teilnehmerstaaten des Warschauer Vertrages«.

3. Juli Der NVR beschließt »Grundsätze für die wehrerzieherische Tätigkeit der FDJ, des DTSB und der GST im Verteidigungszustand«.

7.–11. September Offizieller Besuch von Erich Honecker in der Bundesrepublik Deutschland. Im gemeinsamen Kommuniqué wird die Verantwortung beider deutscher Staaten betont, daß von deutschem Boden nie wieder Krieg ausgehen darf.

10.–12. September Vier britische Offiziere inspizieren entsprechend dem Stockholmer Dokument zur Einhaltung und Kontrolle ankündigungspflichtiger militärischer Tätigkeiten vom 19. September 1986 in der DDR Truppen der GSSD und der NVA.

30. November Vizeadmiral Theodor Hoffmann wird Nachfolger von Admiral Wilhelm Ehm als Chef der Volksmarine.

8. Dezember Unterzeichnung eines Vertrages zwischen der UdSSR und den USA über die Liquidierung ihrer landgestützten Raketen mittlerer und kürzerer Reichweite. Auf seiner Grundlage beginnt am 25. Februar 1988 der Abzug von Raketen des Typs SS-12 aus der GSSD (Waren/Müritz, Bischofswerda).

1988

5. Februar Der NVR beschließt die Rückunterstellung der Kampfgruppen unter die operative Führung des MdI im Verteidigungszustand ab 1991.

1. März Das Politbüro des ZK der SED legt den Auftrag der Kampfgruppen wieder vorrangig auf die Abwehr »subversiver« und »konterrevolutionärer Handlungen« fest.

28. November Eine Inspektionsgruppe der NVA inspiziert im Rahmen der Logistikübung »Sachsentroß« Truppen der Bundeswehr.

7. Dezember Michail S. Gorbačev verkündet auf der 43. UNO-Vollversammlung eine Abrüstungsinitiative der UdSSR, in deren Rahmen 4 Panzerdivisionen, Luftsturmeinheiten und weitere Spezialtruppen aus der DDR abgezogen und aufgelöst werden.

1989

15. Januar Verabschiedung des Abschlußdokuments des Wiener KSZE-Folgetreffens.

23. Januar Der Vorsitzende des Staatsrates der DDR Erich Honecker gibt den Beschluß des Nationalen Verteidigungsrates der DDR bekannt, die Nationale Volksarmee bis Ende 1990 um 10 000 Mann zu reduzieren. 600 Panzer und 50 Kampfflugzeuge sollen außer Dienst gestellt, die Verteidigungsausgaben der DDR um 10 % verringert werden.

30. Januar In einer Erklärung veröffentlicht das Komitee der Verteidigungsminister des Warschauer Vertrages »Angaben über die zahlenmäßige Stärke der Streitkräfte und Rüstungen von Warschauer Vertrag und NATO in Europa und den angrenzenden Seegebieten«.

2. Februar Beendigung der Wiener Verhandlungen über die gegenseitigen Verminderungen von Streitkräften und Rüstungen in Europa.

6. Februar Letztes Todesopfer an der Berliner Mauer ist der 20jährige Chris Gueffroy. Drei Jahre später wird der Todesschütze, ein ehemaliger DDR-Grenzsoldat, im ersten »Mauerschützenprozeß« wegen Totschlags verurteilt.

22. März Abschluß der Verhandlungsrunde der KSZE-Staaten in Wien über neue vertrauens- und sicherheitsbildende Maßnahmen in Europa.

28./29. März Wehrpolitisches Seminar von Militärwissenschaftlern und Offizieren der NVA und der Bundeswehr in Hamburg.

28. April Mit der Versetzung mehrerer hundert Soldaten in die Reserve beginnt die Verwirklichung der im Januar angekündigten Abrüstungsinitiative der DDR.

2. Mai Ungarn beginnt mit dem Abbau der Grenzanlagen zu Österreich.

16. Juni Letzte (78.) Tagung des Nationalen Verteidigungsrates.

29. Juni Umbenennung der »Gruppe der Sowjetischen Streitkräfte in Deutschland« in »Westgruppe der Truppen« (WGT).

18. Juli Mitteilung über den Abschluß des Abzugs eines sowjetischen Bombergeschwaders mit 30 Flugzeugen vom Typ Su-24 aus der DDR.

19. August Hunderte DDR-Bürger nutzen das »Paneuropäische Picknick« in Sopron (Ungarn) zur Flucht nach Österreich.

11. September Ungarn öffnet seine Grenze zu Österreich.

30. September Bundesaußenminister Hans-Dietrich Genscher teilt den DDR-Flüchtlingen in der Botschaft der Bundesrepublik in Prag mit, daß sie in die Bundesrepublik Deutschland ausreisen dürfen.

2. Oktober Bei einer Demonstration in Leipzig für Reformen in der DDR werden mehrere Demonstranten von Sicherheitskräften festgenommen.

5. Oktober Im Zentrum Dresdens kommen Angehörige der Bereitschaftspolizei und der NVA mit Schlagstöcken gegen Demonstranten zum Einsatz.

7. Oktober Polizeieinsatz in Berlin gegen oppositionelle Demonstranten.

18. Oktober Egon Krenz löst Erich Honecker als Generalsekretär der SED ab.

24. Oktober Die Volkskammer wählt nach dem Rücktritt Honeckers Egon Krenz zum Vorsitzenden des Staatsrates und Vorsitzenden des NVR.

24. Oktober In den Garnisonen Beelitz, Gotha, Goldberg, Sondershausen, Großenhain und Stallberg wird mit militärischem Zeremoniell die Auflösung von 6 Panzerregimentern der NVA beendet.

4. November Eine Sicherheitspartnerschaft zwischen den Organisatoren einer Großdemonstration auf dem Berliner Alexanderplatz und der DVP sorgt für einen gewalt- und störungsfreien Verlauf der Veranstaltung.

7. November Rücktritt der Regierung Stoph.

9. November Öffnung der Grenze der DDR zur Bundesrepublik und zu Berlin (West).

13. November Hans Modrow wird mit der Bildung einer neuen Regierung beauftragt.

17. November Vor der Volkskammer stellt Ministerpräsident Hans Modrow seine Regierung vor und gibt eine Regierungserklärung ab. Darin kündigt er u.a. die Umwandlung des MfS in ein Amt für Nationale Sicherheit (AfNS) an.

18. November Admiral Theodor Hoffmann wird Verteidigungsminister in der Modrow-Regierung. Sein Nachfolger als Chef der Volksmarine wird Vizeadmiral Hendrik Born.

20. November Kommandeurstagung zur Einleitung der Militärreform in der DDR.

24. November Anstelle von Wolfgang Reinhold wird Generalleutnant Rolf Berger Chef der Luftstreitkräfte/Luftverteidigung der NVA.

1. Dezember Neustrukturierung der Grenztruppen. Anstelle der Grenzkommandos Nord, Mitte und Süd werden Grenzbezirks- und Grenzkreiskommandos als Grundlage eines künftigen Grenzschutzes gebildet.

3. Dezember Auf der 12. Tagung des ZK der SED treten das Politbüro und das ZK zurück.

4. Dezember Bürgerrechtler besetzen das Bezirksamt für Nationale Sicherheit in Erfurt.

6. Dezember Egon Krenz tritt als Vorsitzender des Staatsrates und Vorsitzender des NVR zurück. Gleichzeitig werden alle Mitglieder des NVR von ihrer Funktion abberufen, womit dessen Tätigkeit faktisch endet.

6. Dezember Innenminister Generalleutnant der VP Lothar Ahrendt ordnet die Entwaffnung der Kampfgruppen an.

7. Dezember Verhaftung Erich Mielkes.

7. Dezember Bildung eines Ausschusses zur Untersuchung von Amtsmißbrauch, Korruption und persönlicher Bereicherung in der NVA, den Grenztruppen und der Zivilverteidigung, der am 15. März 1990 seinen Abschlußbericht vorlegt.

14. Dezember Der Ministerrat beschließt die Auflösung des AfNS bis zum 31. März 1990 sowie die Bildung eines Nachrichtendienstes und eines Verfassungsschutzes der DDR.

14. Dezember Der Ministerrat beschließt, die Angehörigen der Personenkontrolleinheiten (PKE) zu entlassen bzw. in die Grenztruppen einzugliedern.

14. Dezember Der Ministerrat beschließt die Auflösung der Kampfgruppen zum 30. Juni 1990. Der Beschluß wird durch die Befehle 121/89 des Innenministers und 141/89 des Ministers für Nationale Verteidigung umgesetzt.

Jahresende Die Parteiorganisationen der SED bzw. PDS stellen ihre Tätigkeit in der NVA ein.

1990

1. Januar Neubesetzung leitender Funktionen im Verteidigungsministerium. Generalleutnant Manfred Grätz wird Chef des Hauptstabes. Generalleutnant Horst Skerra wird Chef der Landstreitkräfte. Generaloberst Horst Brünner scheidet aus dem Dienst aus, da die von ihm bisher geleitete Politische Hauptverwaltung ihre Tätigkeit eingestellt hat. Bis zum 15. Februar 1990 werden alle Politorgane in der NVA aufgelöst.

2. Januar Verteidigungsminister Theodor Hoffmann trifft in der Garnison Beelitz mit den seit Silvester streikenden Soldaten zusammen und führt mit deren Vertretern Gespräche über den Forderungskatalog.

3. Januar Ministerpräsident Modrow weist die Umbildung der Grenztruppen zu einem dem Innenministerium unterstehenden Grenzschutzorgan der DDR an.

5. Januar In der NVA und den Grenztruppen tritt anstelle der Anrede »Genosse« bzw. »Genossin« die Anrede »Herr« bzw. »Frau« oder »Fräulein«.

13. Januar Der Ministerrat beschließt die Ausgliederung der Zivilverteidigung aus dem Verantwortungsbereich des Verteidigungsministeriums.

15. Januar In Berlin besetzt ein Bürgerkomitee die Zentrale des früheren MfS.

17. Januar In Wien treffen der stellvertretende Verteidigungsminister der DDR und Chef des Hauptstabes der NVA, Generalleutnant Manfred Grätz, und der Generalinspekteur der Bundeswehr, Admiral Dieter Wellershoff, zu einem Gespräch zusammen.

19. Januar Gründung des Verbandes der Berufssoldaten der DDR.

22. Januar In Berlin-Grünau konstituiert sich ein »Runder Tisch« beim Verteidigungsminister« (ursprünglich als Konsultativrat geplant).

27. Januar Die militärische Führung der GST tritt zurück, der Zentralvorstand löst sich auf.

Januar Auflösung der Verwaltung 2000, des Überwachungsorgan des MfS im Bereich der NVA und der Grenztruppen.

14. Februar Der Ministerrat beschließt, den Minister für Nationale Verteidigung von seiner Verantwortung für die GST zu entbinden.

20. Februar In einer Erklärung bezeichnet das DDR-Verteidigungsministerium die Ausweitung der NATO bis an die Oder-Neiße-Linie und die Übernahme der NVA in die Organisation der NATO als unrealistisch.

26. Februar Die 14. Sitzung des Zentralen Runden Tisches erörtert als 2. Tagesordnungspunkt die Militärpolitik und die Militärreform der DDR. Sie beschließt, daß bei der Regierung ein Amt für Abrüstung und Konversion geschaffen wird.

27. Februar Der Runde Tisch beim Minister für Verteidigung beschließt »Militärpolitische Leitsätze der Deutschen Demokratischen Republik«.

Februar Verordnung über den Zivildienst.

1. März Generalleutnant Klaus Baarß wird zum Hauptinspekteur der NVA, Generalmajor Dieter Teichmann zum Chef der Grenztruppen berufen.

2. März Der Ministerrat beschließt, die Grenztruppen dem Innenministerium zu unterstellen und in einer Übergangszeit ein territorial strukturiertes Grenzschutzorgan zu formieren.

9. März Der Runde Tisch beim Minister für Verteidigung berät Neufassungen des Wehrdienst- und des Dienstpflichtgesetzes.

16. März Der Ministerrat beschließt die Schaffung eines Amtes für Abrüstung und Konversion.

18. März Freie Wahlen zur Volkskammer.

31. März Endgültige Auflösung des Amtes für Nationale Sicherheit.

März Der Verteidigungsminister befiehlt die Auflösung des nunmehr als »Informationsdienst« bezeichneten Bereichs Aufklärung in der NVA.

2. April Verteidigungsminister Theodor Hoffmann erläßt den Befehl 46/90 zur Bildung eines Grenzschutzes.

12. April Die Volkskammer der DDR wählt Lothar de Maizière zum Ministerpräsidenten. Rainer Eppelmann wird Minister für Abrüstung und Verteidigung, Werner E. Ablaß wird Staatssekretär in diesem Ministerium.

12. April Die Volkskammer beschließt den Beitritt der DDR zur Bundesrepublik nach Art. 23 des Grundgesetzes.

24. April Besetzung der Führungsfunktionen des Ministeriums für Abrüstung und Verteidigung. Admiral Theodor Hoffmann wird Chef der NVA.

24./25. April Taktische Übung von Luftverteidigungskräften der DDR, Polens und der Westgruppe der Streitkräfte der UdSSR im Norden der DDR.

26. April Die Volkskammer beschließt einen neuen Fahneneid für die Wehrpflichtigen der NVA.

27. April Erstes Treffen des Ministers für Abrüstung und Verteidigung Rainer Eppelmann mit Bundesverteidigungsminister Gerhard Stoltenberg in Köln.

29. April Moskau-Besuch einer Delegation der Regierung de Maizière. U.a. Gespräche über den bündnispolitischen Status eines vereinigten Deutschlands.

April Bildung eines Bundes Technischer Sportverbände e.V. anstelle der GST, der sich aber bis zum Jahresende auflöst.

2. Mai Kommandeurstagung der NVA in Strausberg.

7.–10. Mai Besuch einer Militärdelegation der DDR unter Leitung des Ministers für Abrüstung und Verteidigung in der Sowjetunion.

7. Mai Erste Einberufungen von Wehrpflichtigen zum Zivildienst.

23. Mai Bericht des Generalinspekteurs der DVP Karl-Heinz Schmalfuß an Innenminister Peter-Michael Diestel über die Beendigung der Tätigkeit der Kampfgruppen.

27./28. Mai Gespräche des Ministers für Abrüstung und Verteidigung Rainer Eppelmann mit dem Bundesminister für Verteidigung Gerhard Stoltenberg in Strausberg. Einigung über eine Rahmenrichtlinie für Kontakte zwischen Soldaten der NVA und der Bundeswehr.

13./14. Juni Tagung der Verteidigungsminister des Warschauer Vertrages in Strausberg.

26. Juni Der Minister für Abrüstung und Verteidigung Rainer Eppelmann befiehlt die Einstellung der Grenzüberwachung an den Grenzen zur Bundesrepublik.

Frühjahr Schrittweise Umwandlung der Zivilverteidigung in einen Zivilschutz.

Frühjahr Umbenennung der 8 Bezirksverwaltungen des Zolls in Zolldirektionen und Bildung von zusätzlich 21 Hauptzollämtern sowie Kommissariaten mit Grenzaufsichtsstellen und einer Zollfahndung.

1. Juli Der Vertrag über die Wirtschafts-, Währungs- und Sozialunion mit der Bundesrepublik Deutschland tritt in Kraft. Wegfall der Grenzkontrollen zwischen beiden deutschen Staaten.

16. Juli Bundeskanzler Helmut Kohl erzielt in seinen Gesprächen mit dem Präsidenten der UdSSR Michail S. Gorbačev im Kaukasus mit dem Acht-Punkte-Programm den sicherheitspolitischen Durchbruch. Die UdSSR stimmt zu, daß Gesamtdeutschland Mitglied der NATO wird.

20. Juli Neu-Vereidigung der Offiziere der NVA.

23. August Die Volkskammer erklärt für die DDR den Beitritt zum Geltungsbereich des Grundgesetzes ab 3. Oktober.

31. August Unterzeichnung des Vertrages zwischen der Bundesrepublik Deutschland und der Deutschen Demokratischen Republik über die Herstellung der Einheit Deutschlands (Einigungsvertrag).

3. September Der Minister für Abrüstung und Verteidigung befiehlt, den Zivilschutz bis Ende 1990 aufzulösen.

12. September Unterzeichnung des Vertrages über die abschließende Regelung in bezug auf Deutschland (Zwei-Plus-Vier-Vertrag) in Moskau.

12. September Kommandeurstagung in Strausberg über den Weg der NVA in die deutsche Einheit.

13. September Die Volkskammer verabschiedet ein Gesetz über die Aufgaben der Polizei (Organisation auf Landesebene).

15. September Generalmajor Lothar Engelhardt wird Chef der NVA, Generalmajor Michael Schlothauer wird Chef des Hauptstabes und Generalmajor Hans-Christian Reiche Chef der Landstreitkräfte.

21. September Befehl 49/90 des Ministers für Abrüstung und Verteidigung über die Auflösung der Grenztruppen.

24. September Armeegeneral Petr G. Lušev und Minister Rainer Eppelmann unterzeichnen in Berlin ein Protokoll über den Austritt der DDR aus dem Warschauer Vertrag.

30. September Auflösung der Transportpolizei.

30. September Entlassung aller noch in der NVA verbliebenen Generale und Admirale aus dem aktiven Dienst.

2. Oktober Um 24.00 Uhr hört die Nationale Volksarmee auf zu existieren.

3. Oktober Beitritt der DDR nach Artikel 23 Grundgesetz zur Bundesrepublik Deutschland.

3. Oktober Herstellung der bundesdeutschen Polizeihoheit auf Landesebene. Auflösung der Bereitschaftspolizei. 1700 Transportpolizisten werden als Bahnpolizei in den Bundesgrenzschutz-Ost der Bundesrepublik Deutschland übernommen.

3. Oktober Die Zollverwaltung der DDR stellt ihre Tätigkeit ein, ein Teil ihrer Mitarbeiter wird entsprechend dem Einigungsvertrag in Bundesdienst übernommen.

4. Oktober Offizielle Indienststellung des Bundeswehr-Kommandos Ost, des Heereskommandos, des Luftwaffenkommandos, des Marinekommandos und der Wehrbereichskommandos VII und VIII.

4. Oktober Bildung des Deutschen Verbindungskommandos zu den sowjetische Streitkräften in Deutschland.

10. Oktober Erste Kommandeurstagung des Bundeswehr-Kommandos Ost in Strausberg.

12. Oktober Vertrag zwischen der Bundesrepublik Deutschland und der UdSSR »über die Bedingungen des befristeten Aufenthalts und die Modalitäten des planmäßigen Abzugs« der sowjetischen Truppen aus Deutschland.

19. Oktober Erstes feierliches Gelöbnis von Wehrpflichtigen im Bereich des Bundeswehr-Kommandos Ost in Bad Salzungen.

9. November Vertrag über gute Nachbarschaft, Partnerschaft und Zusammenarbeit zwischen der Bundesrepublik Deutschland und der UdSSR.

14. November Vertrag zwischen der Bundesrepublik Deutschland und der Republik Polen über die Bestätigung der zwischen ihnen bestehenden Grenze.

30. November Ernennung und Vereidigung der ersten Soldaten auf Zeit für zwei Jahre im Bundeswehr-Kommando Ost.

1991

18. Februar Abkommen über die Regelung der Nutzung des Luftraums durch die Westgruppe der Truppen im Aufenthaltsgebiet.

30. Juni Die Auflösung des im Frühjahr 1990 anstelle der Zivilverteidigung geschaffenen Zivilschutzes ist abgeschlossen.

1. Juli Außerdienststellung des Bundeswehr-Kommandos Ost, das seit dem 3. Oktober 1990 den Umfang der Streitkräfte im Osten Deutschlands von 90 000 auf 56 000 Mann verringert, 350 Truppenteile aufgelöst und 250 neu aufgebaut sowie Unmengen an Ausrüstung, Waffen und Munition der ehemaligen NVA in Gewahrsam genommen hat.

20. Dezember Gesetz über die Unterlagen des Staatssicherheitsdienstes der ehemaligen DDR.

1992

4. März Erlaß des Präsidenten Rußlands zur Unterstellung aller noch außerhalb der GUS stationierten Truppen der ehemaligen Sowjetunion unter russische Rechtsprechung.

12. November Prozeßbeginn in Berlin gegen Erich Honecker, Willi Stoph, Erich Mielke und andere ehemalige Mitglieder des Politbüros bzw. des Nationalen Verteidigungsrates wegen der Todesschüsse an der Mauer und einem ähnlichen Regime an der innerdeutschen Grenze. Es folgen weitere Prozesse u.a. gegen hochrangige Militärs der DDR.

1994

31. August Gemeinsame deutsch-russische Veranstaltung in Berlin in Anwesenheit von Präsident Boris El'cin und Bundeskanzler Helmut Kohl anläßlich des Abzugs der letzten russischen Soldaten aus Deutschland.

Abbildungsverzeichnis

Grafiken

Fotografien

Dienstgrad- und Dienststellungsabzeichen

Abkürzungen

ABI	Arbeiter-und-Bauern-Inspektion
Abt.	Abteilung
ABV	Abschnittsbevollmächtigter
ABV(T)	Abschnittsbevollmächtigter der Transportpolizei
ADD	Arbeitseinsatz Dienst für Deutschland
AfNS	Amt für Nationale Sicherheit
AG	Arbeitsgemeinschaft
AG BKK	Arbeitsgruppe Bereich Kommerzielle Koordinierung
AGM	Arbeitsgruppe des Ministers
AKG	Auswertungs- und Kontrollgruppe
AKW	Amt für Kontrolle des Warenverkehrs
ANC	African National Congress
APN	Außenpolitischer Nachrichtendienst
A/S	Ausbildung/Schulen
AZ	Ausbildungszentrum
AZKW	Amt für Zoll und Kontrolle des Warenverkehrs
BA-MA	Bundesarchiv/Militärarchiv
BArch	Bundesarchiv
BDO	Bund Deutscher Offiziere
BDVP	Bezirksbehörde der Deutschen Volkspolizei
BefH	Befehlshaber
BEL	Bezirkseinsatzleitung
Bepo	Bereitschaftspolizei
BfW	Büro für Wirtschaftsfragen
BGS	Bundesgrenzschutz
BKG	Bezirkskoordinierungsgruppe
BKK	Bezirkskampfkräfte
BL	Bezirksleitung
BMVg	Bundesministerium der Verteidigung
BS	Betriebsschutz
BStU	Der Bundesbeauftragte für die Unterlagen des Staatssicherheitsdienstes der ehemaligen Deutschen Demokratischen Republik
Btl	Bataillon
BV	Bezirksverwaltung
BVfS	Bezirksverwaltung für Staatssicherheit
CAMO RF	Central'nyj archiv Ministerstva Oborony Rossijskoj Federacii (Zentralarchiv des Verteidigungsministeriums der Russischen Föderation)
CDU	Christlich-Demokratische Union
ČSFR	Tschechoslowakische Föderative Republik
ČSR	Tschechoslowakische Republik
ČSSR	Tschechoslowakische Sozialistische Republik
DA	Demokratischer Aufbruch
DD	Dienst für Deutschland
DDR	Deutsche Demokratische Republik
DFD	Demokratischer Frauenbund Deutschlands
DGP	Deutsche Grenzpolizei
DHS	Diensthabendes System
Dir.	Direktor
Div	Division
DKP	Deutsche Kommunistische Partei
DNVP	Deutschnationale Volkspartei

DOSAAF	Dobrovolnoe obščestvo sodejstvija armii, aviacii i flotu SSSR (Freiwilligenorganisation zur Unterstützung von Armee, Luftwaffe und Flotte der UdSSR)
DR	Deutsche Reichsbahn
DRK	Deutsches Rotes Kreuz
DTSB	Deutscher Turn- und Sportbund
DV	Dienstvorschrift
DVdI	Deutsche Verwaltung des Innern
DVP	Deutsche Volkspolizei
DWK	Deutsche Wirtschaftskommission
EK	Entlassungskandidat
EOS	Erweiterte Oberschule
EVG	Europäische Verteidigungsgemeinschaft
FDGB	Freier Deutscher Gewerkschaftsbund
FDJ	Freie Deutsche Jugend
Flak	Fliegerabwehrkanone
Fla-	Fliegerabwehr-
GARF	Gosudarstvennyj archiv Rossijskoj Federacii (Staatsarchiv der Russischen Föderation)
GMS	Gesellschaftlicher Mitarbeiter für Sicherheit
GPB	Grenzpolizeibereitschaft
GR	Grenzregiment
GSBT	Gruppe der Sowjetischen Besatzungstruppen in Deutschland
GSSD	Gruppe der Sowjetischen Streitkräfte in Deutschland
GST	Gesellschaft für Sport und Technik
GT	Grenztruppen
GÜST	Grenzübergangsstelle
GUS	Gemeinschaft Unabhängiger Staaten
GWW	Gesellschaftswissenschaftliche Weiterbildung
HA	Hauptabteilung
HA GP	Hauptabteilung Grenzpolizei
HA GP/B	Hauptabteilung Grenzpolizei und Bereitschaften
HA PK	Hauptabteilung Polit/Kultur
HIM	Hauptamtlicher Inoffizieller Mitarbeiter
HS	Hundertschaft
HV A	Hauptverwaltung Aufklärung
HVA	Hauptverwaltung für Ausbildung
HVDD	Hauptverwaltung Dienst für Deutschland
HVDGP	Hauptverwaltung Deutsche Grenzpolizei
HVDVP	Hauptverwaltung Deutsche Volkspolizei
HVIS	Hauptverwaltung Innere Sicherheit
HVL	Hauptverwaltung der Luftpolizei
HVS	Hauptverwaltung der Seepolizei
IM	Inoffizieller Mitarbeiter
IWF	Institut für Wirtschaftswissenschaftliche Forschung
JA/IzJ	Jugendarchiv beim Institut für zeitgeschichtliche Jugendforschung Berlin
JBG	Jagdbombenfliegergeschwader
JG	Jagdfliegergeschwader
Kdo	Kommando
Kdr	Kommandeur
KEL	Kreiseinsatzleitung
Kfz	Kraftfahrzeug
KG	Kampfgruppe(n)
KGB	Komitet Gosudarstvennoj Bezopasnosti (Komitee der Staatssicherheit)
KGB	Kampfgruppenbataillon
KGH	Kampfgruppenhundertschaft
KGS	Kampfgruppenschule
KJVD	Kommunistischer Jugendverband Deutschlands
KK-	Kleinkaliber-
KKK	Kreiskampfkräfte
KL	Kreisleitung
KoKo	Bereich Kommerzielle Koordinierung

KPD	Kommunistische Partei Deutschlands
KPD/ML	Kommunistische Partei Deutschlands/Marxisten-Leninisten
KPdSU	Kommunistische Partei der Sowjetunion
KPÖ	Kommunistische Partei Österreichs
KPP	Kontrollpassierposten
KPTsch	Kommunistische Partei der Tschechoslowakei
KSE-	(Verhandlungen über die) konventionellen Streitkräfte in Europa
KSS	Küstenschutzschiff
KSZE	Konferenzen für Sicherheit und Zusammenarbeit in Europa
KVAE	Konferenz über vertrauensbildende und sicherheitsbildende Maßnahmen und Abrüstung in Europa
KVP	Kasernierte Volkspolizei
KZ	Konzentrationslager
LaSK	Landstreitkräfte
LDPD	Liberal-Demokratische Partei Deutschlands
LdVP	Landesbehörde der Volkspolizei
Lkw	Lastkraftwagen
lMG	leichtes Maschinengewehr
LPG	Landwirtschaftliche Produktionsgenossenschaft
LSK/LV	Luftstreitkräfte/Luftverteidigung
Lt	Leutnant
Ltr	Leiter
LVD	Luftverteidigungsdivision
M	Mitglied
MAK	Militärakademie
MB	Militärbezirk
MBFR	Mutual Balanced Force Reductions
MdB	Mitglied des Bundestages
m.d.F.b.	mit der Führung beauftragt
MdI	Ministerium des Innern
MdNVR	Mitglied des Nationalen Verteidigungsrates
MdPB	Mitglied des Politbüros
MdSK	Mitglied der Sicherheitskommission
MdZK	Mitglied des Zentralkomitees
mech.	mechanisiert
MFG	Marinefliegergeschwader
MfNV	Ministerium für Nationale Verteidigung
MfS	Ministerium für Staatssicherheit
MG	Maschinengewehr
MGI	Militärgeschichtliches Institut
MGO	Militärgerichtsordnung
MHG	Marinehubschraubergeschwader
Min.	Minister
MLR-	Minenleg- und Räum-
Mob.	Mobilmachung
mot.	motorisiert
MPi	Maschinenpistole
MSD	Motorisierte Schützendivision
MSR	Motorisiertes Schützenregiment
MTS	Maschinen-Traktoren-Station
MTW	Mannschaftstransportwagen
MWI	Militärwissenschaftliches Institut
NATO	North Atlantic Treaty Organization (Nordatlantikpaktorganisation)
NKFD	Nationalkomitee »Freies Deutschland«
NKGB	Narodnyj Komitet Gosudarstvennoj Bezopasnosti (Volkskomitee für Staatssicherheit)
NKVD	Narodnyj Komissariat Vnutrennich Del (Volkskommissariat für Innere Angelegenheiten)
NÖS	Neues Ökonomisches System der Planung und Leitung der Volkswirtschaft
NS	Nationalsozialismus bzw. nationalsozialistisch
NSDAP	Nationalsozialistische Deutsche Arbeiterpartei

NVA	Nationale Volksarmee
NVR	Nationaler Verteidigungsrat
OaZ	Offizier auf Zeit
o.B.	ohne Blattangabe
OB	Oberbürgermeister
OD	Objektdienststellen
o.D.	ohne Datierung
ODD	Organisation Dienst für Deutschland
Offz	Offizier
OfL	Organisation freiwilliger Luftschutzhelfer
OHS	Offiziershochschule
OibE	Offizier im besonderen Einsatz
Pak	Panzerabwehrkanone
PALR	Panzerabwehrlenkraketen
PD	Panzerdivision
PDS	Partei des Demokratischen Sozialismus
PdVP	Präsidium der Volkspolizei
PHV	Politische Hauptverwaltung
PID	Politisch-ideologische Diversion
PK	Polit-Kultur
PKE	Paßkontrolleinheiten
PKK	Parteikontrollkommission
Pkw	Personenkraftwagen
POS	Polytechnische Oberschule
POZW	Politisch-operatives Zusammenwirken
PSW	Panzerspähwagen
PUT	Politische Untergrundtätigkeit
PV	Parteivorstand
PV	Politische Verwaltung
PZF	Postzollfahndung
RAD	Reichsarbeitsdienst
RAF	Rote Armee Fraktion
RD	Rückwärtige Dienste
Ref.	Referent
RFB	Roter Frontkämpferbund
RG	rückstoßfreies Geschütz
Rgt	Regiment
RGW	Rat für Gegenseitige Wirtschaftshilfe
RIAS	Rundfunk im amerikanischen Sektor
RS-Boot	Raketenschnellboot
RS-Brigade	Raketenschnellbootbrigade
RSFSR	Russische Sozialistische Föderative Sowjetrepublik
RTS-Brig.	Raketen-Torpedo-Schnellbootbrigade
SAG	Sowjetische Aktiengesellschaft
SAJ	Sozialistische Arbeiterjugend
SAPMO	Stiftung Archiv der Parteien und Massenorganisationen der DDR im Bundesarchiv
SBV	Streckenbevollmächtigter
SBZ	Sowjetische Besatzungszone
SDAG	Sowjetisch-Deutsche Aktiengesellschaft
SDP	Sozialdemokratische Partei
SED	Sozialistische Einheitspartei Deutschlands
Sekr.	Sekretär
SEW	Sozialistische Einheitspartei Westberlins
SFL	Selbstfahrlafette
SfS	Staatssekretariat für Staatssicherheit
SHD	Seehydrogaphischer Dienst
SK	Sicherheitskommission
SK	Sicherungskräfte
SKK	Sowjetische Kontrollkommission
SMAD	Sowjetische Militäradministration in Deutschland
sMG	schweres Maschinengewehr
SPD	Sozialdemokratische Partei Deutschlands
SPK	Staatliche Plankommission
SPW	Schützenpanzerwagen
SR	Sozialistische Republik
StGB	Strafgesetzbuch
Stv.	Stellvertreter
SWAPO	South-West African People's Organization
THG	Transporthubschraubergeschwader
TNT	Trinitrotoluol
TPA	Transportpolizeiabschnitt
Trapo	Transportpolizei
TS-Boote	Torpedoschnellboote
Tscheka	Vserossijskaja Česvyčajnaja Komissija po bor'be s kontr-

revoljuciej i sabotažem (Gesamtrussische Außerordentliche Kommission für den Kampf gegen Konterrevolution und Sabotage)

TV Territorialverwaltung
UAW U-Boot-Abwehr
UdSSR Union der Sozialistischen Sowjetrepubliken
UE Unerlaubte Entfernung
Uffz Unteroffizier
UGO Unabhängige Gewerkschaftsopposition
UNO United Nations Organization
USA United States of America
USPD Unabhängige Sozialdemokratische Partei Deutschlands
VdAK Verwaltung der Aeroklubs
VEB Volkseigener Betrieb
VEG Volkseigenes Gut
VfS Verwaltung für Schulung
VM Volksmarine
VO Verbindungsoffizier
VOF Verbündete Ostseeflotten
VP Volkspolizei
VPB Volkspolizeibereitschaft
VPD Volkspolizeidienststelle
VPK Volkspolizeikompanie
VPKA Volkspolizeikreisamt
VPKÄ Volkspolizeikreisämter
VPS Volkspolizeischule
VR Volksrepublik
VSBM (Verhandlungen über) vertrauens- und sicherheitsbildende Maßnahmen in Europa
VSK Vereinte Streitkräfte
VTK Abzeichen für vormilitärische und technische Kenntnisse
VVB Vereinigung Volkseigener Betriebe
WBK Wehrbezirkskommando
WGT Westgruppe der Truppen
WVO Warschauer Vertrags-Organisation
ZAIG Zentrale Auswertungs- und Informationsgruppe
ZAPU Zimbabwe African People's Union
ZBK Zugbegleitkommando
z.b.V. zur besonderen Verwendung
ZGV Zapadnaja Gruppa Vojsk (Westgruppe der Truppen)
ZK Zentralkomitee
ZKG Zentrale Koordinierungsgruppe
ZKK Zentrale Katastrophenkommission
ZPKK Zentrale Parteikontrollkommission
ZPL Zentrale Parteileitung
ZR Zentralrat
ZSfK Zentrale Schule für Kampfgruppen
ZSKG Zentrale Schule der Kampfgruppen
ZV Zivilverteidigung

Sachregister

Personenregister

Autorenverzeichnis

Kurt Arlt, Jg. 1943, Diplomhistoriker, seit 1990/91 wissenschaftlicher Mitarbeiter am Militärgeschichtlichen Forschungsamt Potsdam. Veröffentlichungen u.a.: Das Wirken der Sowjetischen Militäradministration in Deutschland (SMAD) im Spannungsfeld zwischen den Beschlüssen von Potsdam und den sicherheitspolitischen Interessen Moskaus 1945–1949, in: Volksarmee schaffen — ohne Geschrei! Studien zu den Anfängen einer »verdeckten Aufrüstung« in der SBZ/DDR 1947–1952. Im Auftrag des Militärgeschichtlichen Forschungsamtes hrsg. von Bruno Thoß, München 1994, S. 91–139.

Hans-Joachim Beth, Jg. 1936, Dr. phil., 1965–1990 Redakteur bzw. stellv. Chefredakteur der Zeitschrift »Militärgeschichte«. Veröffentlichungen u.a.: Die Militär- und Sicherheitspolitik in der SBZ/DDR. Eine Bibliographie (1945–1995). Im Auftrag des Militärgeschichtlichen Forschungsamtes hrsg. von Hans Ehlert, München 1996 (Bearbeiter).

Torsten Diedrich, Jg. 1956, Dr. phil., 1984–1990 wissenschaftlicher Assistent am Militärgeschichtlichen Institut der DDR in Potsdam, seit 1990/91 wissenschaftlicher Mitarbeiter am Militärgeschichtlichen Forschungsamt Potsdam. Zahlreiche Veröffentlichungen zur Militärgeschichte der DDR, u.a.: Der 17. Juni 1953 in der DDR. Bewaffnete Gewalt gegen das Volk, Berlin 1991; Aufrüstungsvorbereitung und -finanzierung in der SBZ/DDR in den Jahren 1948 bis 1953 und deren Rückwirkungen auf die Wirtschaft, in: Volksarmee schaffen — ohne Geschrei! Studien zu den Anfängen einer »verdeckten Aufrüstung« in der SBZ/DDR 1947–1952. Im Auftrag des Militärgeschichtlichen Forschungsamtes hrsg. von Bruno Thoß, München 1994, S. 273–336.

Hans Ehlert, Jg. 1947, Dr. phil., 1967 Eintritt in die Bundeswehr, Studium Universität Bonn, seit 1984 wissenschaftlicher Mitarbeiter am Militärgeschichtlichen Forschungsamt Freiburg/Potsdam. Veröffentlichungen zur Militärgeschichte der Bundesrepublik und der DDR, u.a.: Innenpolitische Auseinandersetzungen um die Pariser Verträge und die Wehrverfassung

1954 bis 1956, in: Anfänge westdeutscher Sicherheitspolitik 1945–1956, Bd 3: Die NATO-Option, hrsg. vom Militärgeschichtlichen Forschungsamt, München 1993, S. 235–560; Die Militär- und Sicherheitspolitik in der SBZ/DDR. Eine Bibliographie (1945–1995). Im Auftrag des Militärgeschichtlichen Forschungsamtes hrsg. von Hans Ehlert, München 1996.

Jens Gieseke, Jg. 1964, M.A., seit 1993 wissenschaftlicher Mitarbeiter in der Abteilung Bildung und Forschung beim Bundesbeauftragten für die Unterlagen des Staatsicherheitsdienstes der ehemaligen Deutschen Demokratischen Republik, Berlin. Veröffentlichungen u.a.: Die hauptamtlichen Mitarbeiter des Ministeriums für Staatssicherheit, Berlin 1995.

Paul Heider, Jg. 1931, Prof. Dr. phil., 1984–1989 stellv. Direktor, 1989/90 Direktor des Militärgeschichtlichen Instituts der DDR in Potsdam. Zahlreiche Veröffentlichungen zur Militärpolitik der KPD, zur Geschichte und Vorgeschichte des Zweiten Weltkrieges, zum NKFD und zum BDO sowie zur Rolle der NVA 1989/90, u.a.: Zum Transformationsprozeß der Nationalen Volksarmee auf dem Weg in die deutsche Einheit, in: Vom Kalten Krieg zur deutschen Einheit. Analysen und Zeitzeugenberichte zur deutschen Militärgeschichte 1945 bis 1995. Im Auftrag des Militärgeschichtlichen Forschungsamtes hrsg. von Bruno Thoß unter Mitarbeit von Wolfgang Schmidt, München 1995, S. 419–442.

Wolfgang Jahn, Jg. 1955, Dr. phil. habil., 1981–1992 wissenschaftlicher Mitarbeiter an der Universität Leipzig; zur Zeit am Landesmuseum Oldenburg tätig. Veröffentlichungen u.a. zur Militärgeschichte des Altertums.

Peter Joachim Lapp, Jg. 1941, Dr. rer. pol., Dipl.-Sozw. und Dipl.-Pol., Journalist/Publizist. Veröffentlichungen u.a.: Die Volksmarine der DDR, Koblenz 1985 (zus. mit Jürgen Ritter); Frontdienst im Frieden — Die Grenztruppen der DDR, 2. Aufl., Koblenz 1987; Die Grenze. Ein deutsches Bauwerk, Berlin 1997 (zus. mit Jürgen Ritter).

Thomas Lindenberger, Jg. 1955, Dr. phil., Projektleiter am Zentrum für Zeithistorische Forschung in Potsdam. Arbeitsgebiet: Sozialgeschichte der DDR und Geschichte der Deutschen Volkspolizei. Veröffentlichungen u.a.: Straßenpolitik. Zur Sozialgeschichte der öffentlichen Ordnung in Berlin 1900–1914, Bonn 1995; Physische Gewalt. Studien zur Geschichte der Neuzeit, Frankfurt a.M. 1995 (Hrsg. zus. mit Alf Lüdtke).

Wolfgang Mittmann, Jg. 1939, Kriminalhauptkommissar a.D., Autor von Kriminalromanen, Hörspielen und TV-Texten, 1957–1990 Angehöriger der Transportpolizei. Veröffentlichungen u.a.: Die Kriminalliteratur der DDR

1949–1990 (Bibliographie), Berlin 1991 (Hrsg. zus. mit Reinhard Hillich); Fahndung — Große Fälle der Volkspolizei, Berlin 1995; Tatzeit — Große Fälle der Volkspolizei, Berlin 1998.

Jörn Steike, Jg. 1963, Dr. jur., Wehrdienst in der DDR-Bereitschaftspolizei, Jura-Studium in Berlin (Ost), 1986 Übersiedlung in die Bundesrepublik, Jura-, Politik- und BWL-Studium in München und Hagen, seit 1995 Rechtsanwalt mit eigener Kanzlei in München. Veröffentlichungen u.a.: Die Bereitschaftspolizei der DDR, München 1992; Die Steuerung der Militärjustiz der DDR, München 1997.

Manfred Suwalski, Jg. 1952, Dr. jur., seit 1990 Mitarbeiter am Bildungszentrum der Bundesfinanzverwaltung in Plessow.

Armin Wagner, Jg. 1968, M.A., Eintritt in die Bundeswehr 1987, Studium Bundeswehr-Universität Hamburg, wissenschaftlicher Mitarbeiter am Militärgeschichtlichen Forschungsamt Potsdam. Veröffentlichungen u.a.: Der Nationale Verteidigungsrat der DDR als sicherheitspolitisches Exekutivorgan der SED, in: Staatspartei und Staatssicherheit. Zum Verhältnis von SED und MfS, hrsg. von Siegfried Suckut und Walter Süß, Berlin 1997, S. 169–198.

Rüdiger Wenzke, Jg. 1955, Dr. phil., 1981–1990 wissenschaftlicher Assistent/Oberassistent am Militärgeschichtlichen Institut der DDR in Potsdam, seit 1990/91 wissenschaftlicher Mitarbeiter am Militärgeschichtlichen Forschungsamt Potsdam. Zahlreiche Veröffentlichungen zur Militärgeschichte der DDR, u.a.: Auf dem Wege zur Kaderarmee. Aspekte der Rekrutierung, Sozialstruktur und personellen Entwicklung des entstehenden Militärs in der SBZ/DDR bis 1952/53, in: Volksarmee schaffen — ohne Geschrei! Studien zu den Anfängen einer »verdeckten Aufrüstung« in der SBZ/DDR 1947–1952. Im Auftrag des Militärgeschichtlichen Forschungsamtes hrsg. von Bruno Thoß, München 1994, S. 205–272; Die NVA und der Prager Frühling 1968. Die Rolle Ulbrichts und der DDR-Streitkräfte bei der Niederschlagung der tschechoslowakischen Reformbewegung, Berlin 1995.